미국 상표법

문 삼 섭

세창출판사

❙ 머리말 ❙

지식재산권 분야에서 자주 인용되는 경구에 "거인들의 어깨 위에 올라선 난쟁이가 거인들보다 더 멀리 볼 수 있다"라는 말이 있다. 로마시대 철학자이자 시인인 마르쿠스 루카누스(Marcus Annaeus Lucanus)가 처음 사용했다고 알려진 이 경구는 베르나르드 샤르트르(Bernard de Chartres), 아이작 뉴턴(Isaac Newton)과 찰스 다윈(Charles Robert Darwin) 등의 명사들에 의해 언급됨으로써 더욱더 유명해졌다. 이 경구는 선인들의 지난 업적을 기초로 현재의 창작자가 더욱 발전시킨다는 것을 의미한다고 볼 수 있다. 이러한 의미에서 현재의 모든 창작자는 거인들과 같은 선인들에게 자신들의 창작물에 대해 많은 빚을 지고 있다고 말할 수 있다. 필자가 이 책을 집필하면서 가장 먼저 떠오른 생각이 위의 경구였다.

현재 미국의 상표제도에 관하여 나종갑 교수의 『미국상표법 연구』와 같은 훌륭한 책이 출판되어 국내 학계에서 사랑받고 있으며, 김형진 미국 변호사의 『미국상표법』도 1999년에 출판되었고, 미국의 상표제도와 관련한 좋은 논문들도 상당히 많이 발표되고 있다. 다만, 미국의 특허제도와 관련된 책자와 논문들에 비해서는 아직 종류가 다양하지 않고 그 내용이 기업에서 상표관련 업무를 담당하는 일반 직원들이 이해하기에는 다소 어려울 수 있다는 한계를 안고 있다. 이는 미국의 상표제도와 관련된 자료에 대한 국내 시장의 수요가 많지 않기 때문이기도 하겠지만 미국의 상표제도에 대한 다양하고도 체계적인 연구가 아직까지는 부족한 것에도 연유된다고 생각한다.

필자는, 사용주의를 채택하고 있어 우리나라의 상표제도와 많이 다르지만 전세계의 상표제도에 막강한 영향력을 행사하고 있는 미국의 상표제도를 연구해 보고 싶은 생각이 있었지만 그동안 시간상의 한계와 게으름 때문에 뒤로 미루다가 1년간 미국의 상표제도를 연구할 기회를 얻게 되었고, 기왕 연구를 한다면 그 결과를 조금 더 쉽게 정리하고 보완해서 책자의 형태로 출판하는 것도 미국의 상표제도를 이해하고자 하는 독자들에게 의미 있는 일이라고 생각하게 되어 이 책을 출간하게 되었다. 필자는 미국의 상표제도를 연구하기 시작할 때 일단 선배들이 연구한 자료를 기초로 하고 미국의 상표관련 교과서, 논문, 판례, 심사기준과 법령자료 등을 참고하였다. 특히 우종균 변리사가 간단하게 요약 정리한 「미국 상표법」 자료, 특허청이 2006년에 용역 의뢰하여 김태윤 변리사를 연구책임자로 하여 유미특허법인이 집필한 『미국 상표법 · 제도에 관한 분석 및 시사점』 책자와 나종갑 교수의 2005년 『미국상표법연구』는 미국의 상표제도의 전체적인 체계와 내용을 이해하는 데 많은 도움을 받았으며, 특허청 김동욱 과장의 "한 · 미 상표침해이론 비교 및 상표정책 방향" 논문은 미국의 「관련상품 이론」(related goods doctrine)을 쉽고 정확히 이해하는 데 많은 도움을 받았다. 필자와 같은 난쟁이에게 그분들은 거인들과 같았다. 이 지면을 빌려 그분들께 감사드린다.

이 책은 우리나라의 상표제도나 용어에 익숙한 우리나라의 독자에 맞도록 미국의 연방상표법상의 용어보다는 우리나라의 상표법상의 용어로 수정하여 표현하거나 번역하도록 노력하였다. 아울러 독자의 대상을 우리나라의 상표제도에 어느 정도 익숙한 기업의 상표관련 업무담당자 또는 특허법률사무소의 상표관련 변리사나 변호사, 직원들로 맞춰서 책의 내용을 보다 쉽게 이해할 수 있도록 가능한 한 많은 사례를 포함시키는 한편 혼동하기 쉬운 용어와 내용은 가능한 한 도표로 비교 · 정리하였다. 나아가 우리나라와 미국의 상표제도를 서로 비교 · 분석하여 양국의 제도적인 공통점과 차이점을 보다 쉽게 파악할 수 있도록 노력하였다. 다만, 필자의 천학비재와 시간의 부족으로 인한 연구의 일천함과 천성적인 게으름으로 다소 누락되거나 잘못 설명되거나 번역된 부분이 있을 수 있다는 점도 미리 언급해 두고 싶다. 이 부분은 추후에 기회가 된다면 필자가 수정 · 보완하거나 박학다식한 후배들의 몫으로 남긴다는 생각으로 스스로 위안해 본다. 이 책이 미국의 상표제도 전체를 완전하게 이해할 수 있는 교과서로서는 많이 부족하겠지만 독자들이 미국의 상표제도를 보다 쉽게 접근할 수 있는 이해서로서의 역할만 하게 된다면 난쟁이로서의 필자의 몫은 다한 것이라고 본다.

이 책을 출간하기까지에는 많은 분들의 도움이 있었다. 어려운 출판 여건하에서도 흔쾌히 이 책을 발간해 주신 세창출판사 이방원 사장님, 이 책자의 원고를 정리하고 편집하기 위해 수고해 주신 임길남 상무님, 김명희 실장님을 비롯한 출판사 직원분들과 필자의 미국에서의 해외 훈련기간 중 바쁘신 일정에도 불구하고 필자에게 많은 조언과 도움을 주신 미국 버지니아주에 소재한 WIPA(Washington International Patent Academy)의 대표이신 이택수 변리사님께도 감사의 말씀을 드린다.

마지막으로 항상 든든한 후원자로서 이 책자의 집필을 물심양면으로 격려하고 지원한 아내와 딸 그리고 아들에게도 깊은 사랑과 감사의 뜻을 표한다.

2019. 3
著者 識

차 례

▌제1장▐ 미국의 상표 보호 체계

제1절 총 설 ······ 1

Ⅰ. 商標와 Trademark / 1

Ⅱ. 상표권의 상표 사용에의 부속 원칙 / 4

Ⅲ. 사용주의 / 6

Ⅳ. 상표 보호 이론 / 8

Ⅴ. 상표 보호의 법원 / 10

제2절 미국의 상표 보호 체계 ······ 12

Ⅰ. 보통법과 제정법의 공존 / 12

Ⅱ. 연방상표법과 주상표법의 공존 / 15

Ⅲ. 연방상표법과 특허법, 저작권법과의 관계 / 21

제3절 미국의 연방상표 관련 기관, 법령 및 심사기준 등 ······ 31

Ⅰ. 의 의 / 31

Ⅱ. 연방상표법에 따른 상표의 출원 · 심사 · 등록 · 심판 관련 기관 / 31

Ⅲ. 연방상표법의 체계 / 32

Ⅳ. 연방상표법 시행규칙 / 33

Ⅴ. 상표심사기준 / 33

Ⅵ. 상표심사가이드 / 33

Ⅶ. 특허상표청에서 인정되는 상품 및 서비스 목록 / 34

Ⅷ. 상표심판편람 / 34

Ⅸ. 미국이 가입한 상표관련 국제조약 / 34

제4절 우리나라의 제도와 비교 · 분석 ······ 35

Ⅰ. 우리나라의 제도 / 35

Ⅱ. 미국의 제도와 비교 / 37

▌제2장▐ 연방상표법의 개정 연혁

제1절 총 설 ······ 40

제2절 유럽 주요 국가의 상표법 제 · 개정 연혁 ······ 41

Ⅰ. 영 국 / 41

Ⅱ. 프랑스 / 43

Ⅲ. 독 일 / 44
제3절 1870년 미국 최초의 연방상표법 제정 ······ 45
Ⅰ. 1870년 연방상표법 제정 전 / 45
Ⅱ. 1870년 최초의 연방상표법 제정 / 45
Ⅲ. 1876년 개정 / 47
제4절 1879년 연방대법원에 의한 연방상표법의 위헌 판결 ······ 48
Ⅰ. 의 의 / 48
Ⅱ. 위헌 판결 근거 / 48
Ⅲ. 결 과 / 49
제5절 1881년 연방상표법 제정 ······ 50
Ⅰ. 배 경 / 50
Ⅱ. 주요 내용 / 50
제6절 1905년 연방상표법 ······ 51
Ⅰ. 미국 내 주 간의 상거래에 사용된 상표도 상표등록 허용 / 51
Ⅱ. 기술적 상표의 등록 불허 / 51
제7절 1920년 연방상표법 ······ 52
Ⅰ. 배 경 / 52
Ⅱ. 주요 내용 / 52
제8절 1946년 Lanham Act 탄생 ······ 53
Ⅰ. 배 경 / 53
Ⅱ. 주요 내용 / 54
제9절 미국 연방상표법의 주요 개정 연혁 ······ 55
Ⅰ. 1958년 상표심판원 설립 / 55
Ⅱ. 1962년 개정법에 의한 혼동의 주체와 개념의 확장 / 55
Ⅲ. 1975년 변호사 비용 배상제도 도입 및 특허청의 명칭을 특허상표청으로 개명 / 56
Ⅳ. 1982년 연방순회항소법원 설립 / 57
Ⅴ. 1984년 개정 / 57
Ⅵ. 1988년 상표법개정법 제정 / 58
Ⅶ. 1993년 NAFTA시행법 제정 / 61
Ⅷ. 1994년 UR 협정법 제정 / 61
Ⅸ. 1995년 연방희석화방지법 제정 / 62
Ⅹ. 1996년 위조상품방지소비자보호법 제정 / 62
Ⅺ. 1998년 상표법조약시행법 제정 / 62
Ⅻ. 1999년 개정 / 63
XIII. 2002년 마드리드 의정서 시행법 제정 / 64
XIV. 2006년 개정 / 64
XV. 2008년 지식재산을 위한 자원 및 조직 우선화법 제정 / 67

제10절 우리나라의 상표법 개정 연혁과 비교 · 분석 ………… 67

▍제3장▍ 연방상표법상 상표의 종류

제1절 총 설 ………… 69
제2절 상 표 ………… 69
Ⅰ. 의 의 / 69
Ⅱ. 연 혁 / 74
Ⅲ. 하우스 마크 / 75
Ⅳ. 패밀리 상표 / 76
Ⅴ. 트레이드 드레스 / 77
Ⅵ. 상호와 비교 / 77
Ⅶ. 도메인 이름과 비교 / 80
제3절 서비스표 ………… 81
Ⅰ. 의 의 / 81
Ⅱ. 연 혁 / 83
Ⅲ. 상표와 비교 / 83
제4절 증명표장 ………… 84
Ⅰ. 의 의 / 84
Ⅱ. 연 혁 / 86
Ⅲ. 종 류 / 86
Ⅳ. 상표 또는 서비스표와 비교 / 88
Ⅴ. 특 징 / 88
제5절 단체표장 ………… 90
Ⅰ. 의 의 / 90
Ⅱ. 연 혁 / 91
Ⅲ. 종 류 / 91
Ⅳ. 증명표장과 비교 / 92
제6절 우리나라의 제도와 비교 · 분석 ………… 93
Ⅰ. 상표의 종류 / 93
Ⅱ. 제도 도입 연혁 / 94

▍제4장▍ 연방상표법의 보호 대상

제1절 총 설 ………… 98
제2절 문 자 ………… 99
Ⅰ. 의 의 / 99
Ⅱ. 외국 문자의 보통명칭 등의 해당 여부 판단 / 99
Ⅲ. Phantom 상표 / 99
Ⅳ. 등록 사례 / 102
제3절 숫 자 ………… 102

Ⅰ. 의 의 / 102 Ⅱ. 등록 사례 / 102
제4절 슬로건 …… 103
Ⅰ. 의 의 / 103 Ⅱ. 보호 연혁 / 104
Ⅲ. 등록 사례 / 105
제5절 도 형 …… 106
Ⅰ. 의 의 / 106 Ⅱ. 등록 사례 / 107
제6절 색 채 …… 107
Ⅰ. 의 의 / 107 Ⅱ. 보호 연혁 / 108
Ⅲ. 출원 시 도면작성 방법 / 113 Ⅳ. 등록 사례 / 115
제7절 입체적 형상 …… 116
Ⅰ. 의 의 / 116 Ⅱ. 출원 시 도면작성 방법 / 116
Ⅲ. 등록 사례 / 117
제8절 홀로그램 …… 118
Ⅰ. 의 의 / 118 Ⅱ. 등록 사례 / 118
제9절 동 작 …… 119
Ⅰ. 의 의 / 119 Ⅱ. 출원 시 도면작성 방법 / 120
Ⅲ. 등록 사례 / 120
제10절 위 치 …… 122
Ⅰ. 의 의 / 122 Ⅱ. 등록 사례 / 122
제11절 소 리 …… 124
Ⅰ. 의 의 / 124 Ⅱ. 보호 연혁 / 125
Ⅲ. 출원 시 도면작성 방법 / 125 Ⅳ. 등록 사례 / 125
제12절 냄 새 …… 126
Ⅰ. 의 의 / 126 Ⅱ. 보호 연혁 / 126
Ⅲ. 출원 시 도면작성 방법 / 127 Ⅳ. 등록 사례 / 127
제13절 맛 …… 128
제14절 촉 감 …… 128
Ⅰ. 의 의 / 128 Ⅱ. 등록 사례 / 129
제15절 빛 …… 130
제16절 트레이드 드레스 …… 131
Ⅰ. 의 의 / 131 Ⅱ. 보호 연혁 / 131

Ⅲ. 종 류 / 138
Ⅳ. 연방상표법상 트레이드 드레스 보호의 법적 근거 / 146
Ⅴ. 트레이드 드레스의 보호 요건 / 146
Ⅵ. 트레이드 드레스와 디자인특허의 차이점 / 151
제17절 우리나라의 제도와 비교 · 분석 152
Ⅰ. 우리나라의 제도 / 152 Ⅱ. 미국의 제도와 비교 / 155

▌제5장▐ 상표권의 발생

제1절 총 설 156
Ⅰ. 보통법상의 상표권 / 156
Ⅱ. 주상표법에 따라 등록된 상표의 상표권 / 157
Ⅲ. 연방상표법에 따라 등록된 상표의 상표권 / 157
제2절 보통법상 상표권의 발생 158
Ⅰ. 의 의 / 158 Ⅱ. 상표의 사용 / 159
Ⅲ. 보통법상 상표권의 범위 / 165
제3절 연방상표법에 따른 상표의 상업적 사용 및
등록상표의 상표권의 지역적 범위 169
Ⅰ. 의 의 / 169 Ⅱ. 상표의 상업적 사용 / 170
Ⅲ. 연방상표법상 등록상표의 상표권의 지역적 범위 / 177
제4절 연방상표법에 따른 상표등록의 혜택 181
Ⅰ. 의 의 / 181
Ⅱ. 주등록부에 대한 상표등록의 혜택 / 181
Ⅲ. 보조등록부에 대한 상표등록의 혜택과 한계 / 191
제5절 우리나라의 제도와 비교 · 분석 194
Ⅰ. 우리나라의 제도 / 194 Ⅱ. 미국의 제도와 비교 / 195

▌제6장▐ 연방상표법상 상표의 등록요건

제1절 총 설 200
Ⅰ. 의 의 / 200

Ⅱ. 상표의 등록요건과 보호 요건 / 200
제2절 식별력 201
Ⅰ. 의 의 / 201
Ⅱ. 고유의 식별력 / 201
Ⅲ. 사용에 의한 식별력 / 202
Ⅳ. 식별력의 존부에 대한 판단 기준 / 212
제3절 부등록사유 227
Ⅰ. 의 의 / 227
Ⅱ. 상표의 부등록사유 / 227
Ⅲ. 정 리 / 280
Ⅳ. 상표등록이 거절된 경우 / 282
제4절 우리나라의 제도와 비교 · 분석 282
Ⅰ. 우리나라의 제도 / 282
Ⅱ. 미국의 제도와 비교 / 290

▌제7장▐ 연방상표법상 상표의 선택 · 출원 · 심사 · 등록 및 그 이후의 절차

제1절 총 설 298
제2절 상표의 선택 298
Ⅰ. 상표 조사 / 298
Ⅱ. 상표 조사 대상 / 300
Ⅲ. 상표 조사 방법 / 302
제3절 상표의 출원 303
Ⅰ. 상표출원의 기초 / 303
Ⅱ. 상표의 실제 사용에 기초한 상표출원 / 305
Ⅲ. 상표의 사용의사에 기초한 상표출원 / 309
Ⅳ. 외국에서의 상표등록 또는 상표출원에 기초한 상표출원 / 312
Ⅴ. 마드리드 의정서에 의한 국제출원 / 314
Ⅵ. 대리인 / 315
제4절 출원상표에 대한 심사 316
Ⅰ. 의 의 / 316
Ⅱ. 심사의 순서 / 317
Ⅲ. 방식심사 / 318
Ⅳ. 실체심사 / 320
Ⅴ. 심사관의 거절통지에 대한 출원인의 답변서 제출 / 322
Ⅵ. 심사관에 의한 심사중지 / 329
Ⅶ. 심사관과의 면담 / 329
Ⅷ. 제3자의 항의서 제출 / 330
Ⅸ. 상표등록의 이의신청 / 331
Ⅹ. 거절결정 / 331
Ⅺ. 거절결정에 대한 불복 / 332

제5절 상표의 등록 ·· 334
Ⅰ. 의 의 / 334　　Ⅱ. 상표권의 존속기간 / 334
Ⅲ. 상표등록의 효력 / 335
제6절 상표권의 유지 ·· 338
Ⅰ. 의 의 / 338　　Ⅱ. 상품에 대한 등록상표 표시 / 338
Ⅲ. 상표사용선언서 제출 / 339　　Ⅳ. 불가쟁의선언서 제출 / 350
Ⅴ. 상표권의 존속기간 갱신 / 353
제7절 우리나라의 제도와 비교 · 분석 ·· 354
Ⅰ. 상표의 사용의사 / 354　　Ⅱ. 우선심사제도 / 355
Ⅲ. 상표등록 후 상표사용선언서 제출제도 / 357
Ⅳ. 상표등록 후 5년 경과 시 불가쟁력의 효력 발생 / 357
Ⅴ. 거절결정에 대한 심사관의 재심사제도 / 358
Ⅵ. 지정상품에 대한 개별상품 심사제도 / 358
Ⅶ. 부분거절 및 부분포기 제도 / 359　　Ⅷ. 제3자의 항의서 제출제도 / 360
Ⅸ. 상표등록의 이의신청제도 / 360　　Ⅹ. 주등록부 vs. 보조등록부 / 361
Ⅺ. 상표등록 후 등록상표의 보정과 상표의 구성 중 일부분에 대한 권리불요구 / 361
Ⅻ. 공존사용등록제도 / 362

▎제8장 ▎ 마드리드 의정서에 의한 미국에서의 상표등록

제1절 총 설 ·· 363
Ⅰ. 마드리드 협정 / 363
Ⅱ. 마드리드 의정서 / 366
Ⅲ. 우리나라와 미국의 마드리드 의정서 가입 / 371
Ⅳ. 미국의 마드리드 의정서 가입 시 선언사항 등 / 372
Ⅴ. 미국의 마드리드 의정서 가입에 따른 효과 / 372
제2절 우리나라 특허청을 본국관청으로 하여 미국을 지정국으로 지정하는 국제출원 ·· 373
Ⅰ. 의 의 / 373
Ⅱ. 본국관청으로서 우리나라 특허청에서의 절차 / 375

제3절 국제사무국에서의 절차 …… 382
Ⅰ. 의 의 / 382 Ⅱ. 방식심사 / 382
Ⅲ. 국제등록 / 387 Ⅳ. 국제공고 / 389
Ⅴ. 지정국 중의 하나로서 미국의 특허상표청에 대한 지정통지 / 390
제4절 미국 특허상표청의 지정국관청으로서의 절차 …… 391
Ⅰ. 미국 특허상표청의 심사처리 절차 / 391
Ⅱ. 국제등록에 의한 국내등록의 대체 / 398
Ⅲ. 국제등록명의인의 상표사용선언서 제출 / 400
Ⅳ. 미국에서 보호확대가 결정된 상표의 불가쟁력 / 401
Ⅴ. 미국에서 보호확대가 결정된 상표에 대한 상표권의 양도 / 401
제5절 국제등록의 기초출원 또는 기초등록에의 종속과 독립 …… 402
Ⅰ. 의 의 / 402
Ⅱ. 국제등록의 기초출원 또는 기초등록에의 종속 / 402
Ⅲ. 국제등록의 기초출원 또는 기초등록으로부터의 독립 / 404
Ⅳ. 국제등록의 종속성에 따른 국제등록명의인의 구제:
국제등록의 국내출원으로의 전환 / 404
제6절 국제등록의 관리 …… 406
Ⅰ. 의 의 / 406 Ⅱ. 사후지정 / 406
Ⅲ. 국제등록의 존속기간 갱신 / 410 Ⅳ. 국제등록의 변경 / 413
Ⅴ. 사용권 / 417
제7절 우리나라의 제도와 비교 · 분석 …… 419
Ⅰ. 조약의 가입과 선언사항 / 419
Ⅱ. 국제등록에 의한 국내등록의 대체 / 420
Ⅲ. 국내출원으로 전환된 상표출원의 특례 / 422

▎제9장 ▎ 상표권의 양도 및 등록상표의 사용허락

제1절 총 설 …… 428
제2절 상표권의 양도 …… 428
Ⅰ. 의 의 / 428
Ⅱ. 상표와 영업의 분리 양도 금지의 원칙 / 429

Ⅲ. 절 차 / 430
제3절 상표등록을 받을 수 있는 권리의 양도 ………… 432
Ⅰ. 상표의 실제 사용을 기초로 한 상표출원 / 432
Ⅱ. 상표의 사용의사를 기초로 한 상표출원 / 432
제4절 등록상표의 사용허락 ………… 432
Ⅰ. 의 의 / 432 Ⅱ. 종 류 / 433
Ⅲ. 사용권자가 상표권자의 동의 없이 타인에게 등록상표의 사용을 재허락할 수 있는지의 여부 / 434
Ⅳ. 상표권자의 사용권자에 의해 생산되는 상품에 대한 품질관리 의무 / 434
Ⅴ. 사용권 설정등록 / 437
Ⅵ. 사용권자의 금반언(禁反言) 원칙 / 437
제5절 우리나라의 제도와 비교 · 분석 ………… 438
Ⅰ. 우리나라의 제도 / 438 Ⅱ. 미국의 제도와 비교 / 442

❙ 제10장 ❙ 상표권의 효력 상실

제1절 총 설 ………… 444
제2절 등록상표의 불사용 ………… 444
Ⅰ. 의 의 / 444
Ⅱ. 등록상표의 3년간 계속 불사용 / 445
제3절 등록상표의 타인에 의한 무단 사용 묵인이나 오용 ………… 447
제4절 영업과 분리된 상표권의 양도 ………… 447
제5절 품질관리가 수반되지 않은 등록상표의 사용허락 ………… 448
제6절 상표의 보통명칭화 ………… 448
Ⅰ. 의 의 / 448 Ⅱ. 상표의 보통명칭화의 유형 / 448
Ⅲ. 상표관리의 중요성 / 449
Ⅳ. 상표의 보통명칭화를 방지하기 위한 상표관리 전략 / 449
제7절 우리나라의 제도와 비교 · 분석 ………… 451
Ⅰ. 우리나라의 제도 / 451 Ⅱ. 미국의 제도와 비교 / 453

▌제11장▐ 상표심판제도

제1절 총 설 ······ 457
Ⅰ. 상표심판 / 457　Ⅱ. 상표심판원 / 457
제2절 종 류 ······ 458
Ⅰ. 의 의 / 458　Ⅱ. 결정계 심판 / 458
Ⅲ. 당사자계 심판 / 458
제3절 결정계 심판 ······ 459
Ⅰ. 심판 대상 / 459　Ⅱ. 심판 청구기간 / 459
Ⅲ. 심판 절차 / 459　Ⅳ. 심결에 대한 불복청구 / 460
제4절 당사자계 심판 ······ 463
Ⅰ. 상표등록의 이의신청에 대한 심판 / 463
Ⅱ. 상표등록의 취소심판 / 465　Ⅲ. 공존사용등록심판 / 470
Ⅳ. 저촉심판 / 476
제5절 우리나라의 제도와 비교 · 분석 ······ 478
Ⅰ. 우리나라의 제도 / 478　Ⅱ. 미국의 제도와 비교 / 478

▌제12장▐ 상표권 침해

제1절 총 설 ······ 483
Ⅰ. 의 의 / 483　Ⅱ. 연방상표법 규정 / 483
Ⅲ. 등록상표의 상표권 침해 / 484　Ⅳ. 미등록상표의 상표권 침해 / 484
Ⅴ. 혼동 가능성이 있는 타인의 상표등록 배제 및 등록 취소 / 485
제2절 상표권 침해의 성립 요건 ······ 485
Ⅰ. 의 의 / 485
Ⅱ. 상표의 상업적 사용 여부에 대한 판단 / 487
Ⅲ. 혼동 가능성에 대한 판단 / 489
Ⅳ. 비경쟁상품에 대한 상표권 침해: 관련상품 이론 / 522
제3절 간접침해 ······ 532
Ⅰ. 의 의 / 532　Ⅱ. 기여책임 / 533
Ⅲ. 대위침해 / 534

제4절 우리나라의 제도와 비교 · 분석 535
Ⅰ. 우리나라의 제도 / 535
Ⅱ. 미국의 제도와 비교 / 539

▌제13장▐ 상표권 침해에 대한 구제 수단

제1절 총 설 546
제2절 침해 금지명령 546
Ⅰ. 의 의 / 546
Ⅱ. 종 류 / 547
제3절 정정 광고 549
제4절 압수와 폐기 549
제5절 금전적 손해배상 550
Ⅰ. 의 의 / 550
Ⅱ. 상표권자의 실제 손해 / 550
Ⅲ. 침해자의 이익 / 550
Ⅳ. 증액배상제도 / 551
Ⅴ. 법정손해배상제도 / 551
Ⅵ. 징벌적 배상제도 / 553
Ⅶ. 변호사 비용 / 553
제6절 위조상표범에 대한 형사 처벌 554
제7절 선의의 상표권 침해자 등에 대한 구제 조치 제한 555
Ⅰ. 선의의 인쇄업자와 출판업자에 의한 상표권 침해 / 555
Ⅱ. 선의의 신문, 잡지, 기타 정기간행물의 발행인 또는 전자통신에 의한 유료 광고물의 배포자에 의한 상표권 침해 / 556
Ⅲ. 도메인 이름 등록기관, 도메인 이름 등록부 관리기관, 기타 도메인 이름 등록관청의 책임 / 557
제8절 우리나라의 제도와 비교 · 분석 558
Ⅰ. 우리나라의 제도 / 558
Ⅱ. 미국의 제도와 비교 / 559

▌제14장▐ 상표권 침해 주장에 대한 항변

제1절 총 설 561
제2절 적극적인 항변 수단 561
Ⅰ. 상표등록의 유효성 공격 / 561
Ⅱ. 상표의 기능성 주장 / 562
Ⅲ. 상표권의 포기 주장 / 562
Ⅳ. 형평법에 의한 항변 / 566

제3절 소극적인 항변 수단 …… 568
Ⅰ. 피고의 선사용 / 568
Ⅱ. 선사용자의 상표가 사용된 지역으로부터 멀리 떨어진 지역에서의 후사용자의 선의의 사용 / 569
Ⅲ. 공정사용 / 572
Ⅳ. 패러디 및 연방헌법 수정조항 제1조에 따른 표현의 자유 / 580
Ⅴ. 진정상품 병행수입 / 581
Ⅵ. 기타 항변 / 590
제4절 우리나라의 제도와 비교 · 분석 …… 590
Ⅰ. 우리나라의 제도 / 590
Ⅱ. 미국의 제도와 비교 / 592

▎제15장 ▎ 유명상표의 희석과 사이버스쿼팅 행위 방지

제1절 총 설 …… 594
Ⅰ. 희석이론 / 594
Ⅱ. 사이버스쿼팅방지 소비자보호법 / 596
제2절 유명상표의 희석행위 방지법 …… 596
Ⅰ. 희석이론의 발전 / 596
Ⅱ. 희석의 유형 / 603
Ⅲ. 희석행위에 대한 구제 수단 / 606
Ⅳ. 연방희석화방지법과 각 주의 희석화방지법과의 관계 / 606
Ⅴ. 희석이론에 대한 비판 / 607
제3절 사이버스쿼팅방지 소비자보호법 …… 608
Ⅰ. 배 경 / 608
Ⅱ. 보호 대상 / 610
Ⅲ. 연방상표법상 사이버스쿼팅 행위의 성립 요건 / 610
Ⅳ. 구제 수단 / 613
Ⅴ. 발효 시기 / 614
제4절 우리나라의 제도와 비교 · 분석 …… 615
Ⅰ. 유명상표의 희석행위 방지 규정 / 615
Ⅱ. 사이버스쿼팅 행위 방지 규정 / 618

▎제16장 ▎ 퍼블리시티권의 보호

제1절 총 설 …… 621

Ⅰ. 의 의 / 621 Ⅱ. 타 개념과의 구분 / 622
제2절 퍼블리시티권의 발전 연혁 ······ 624
Ⅰ. 프라이버시권의 한계 / 624 Ⅱ. 퍼블리시티권의 등장 / 624
제3절 퍼블리시티권의 정당성과 필요성 ······ 625
Ⅰ. 정당성 / 625 Ⅱ. 필요성 / 627
제4절 퍼블리시티권의 보호 주체 및 대상 ······ 628
Ⅰ. 보호 주체 / 628 Ⅱ. 보호 대상 / 629
제5절 퍼블리시티권의 양도와 이용허락 ······ 633
Ⅰ. 퍼블리시티권의 양도성 / 633
Ⅱ. 퍼블리시티권의 양도 또는 이용허락과 법률관계 / 634
제6절 퍼블리시티권의 상속성 및 존속기간 ······ 635
Ⅰ. 퍼블리시티권의 상속성(사후 존속 여부) / 635
Ⅱ. 보호 주체의 사망 후 퍼블리시티권의 인정요건 / 636
Ⅲ. 퍼블리시티권의 존속기간 / 637
제7절 퍼블리시티권의 침해 유형 ······ 639
Ⅰ. 의 의 / 639 Ⅱ. 광 고 / 639
Ⅲ. 상품에 대한 이용 / 639
Ⅳ. 보도, 연예오락, 창작품에의 이용 / 640
Ⅴ. 기타의 이용 / 640
제8절 퍼블리시티권의 침해에 대한 구제 ······ 641
Ⅰ. 의 의 / 641 Ⅱ. 침해 금지명령 / 641
Ⅲ. 손해배상 / 641 Ⅳ. 징벌적 손해배상 / 642
Ⅴ. 각 주별 퍼블리시티권 침해에 대한 구제 수단 / 642
제9절 우리나라의 제도와 비교 · 분석 ······ 643
Ⅰ. 우리나라의 제도 / 643 Ⅱ. 미국의 제도와 비교 / 647

[부록 1] 미국과 우리나라의 상표제도 비교 ······ 649
[부록 2] 연방상표법에 따른 상표의 출원 · 심사 · 등록에 관한 절차도 ······ 658
[부록 3] 상표등록을 위한 상품 및 서비스 분류 ······ 663
[부록 4] 미국의 주별 상표등록관련 웹사이트 주소 ······ 677

[부록 5] INTA Model State Trademark Bill ············ 679
[부록 6] 미국의 연방항소법원 및 연방지방법원의 약칭 ············ 694
[부록 7] 미국 연방대법원의 상표관련 판례 ············ 696
[부록 8] 미국의 연방항소법원별 혼동 가능성 판단을 위한 복합요소의 판단 기준 ·· 707
[부록 9] 미국의 상표관련 판례집의 종류 및 판례 인용문 해설 ············ 716
[부록 10] 미국의 자유무역협정 체결국 목록 ············ 721
[부록 11] 한 · 미 자유무역협정 중 상표관련 규정 ············ 723

참고 문헌 / 738
찾아보기 / 743

❙ 연구목록 ❙

[연구 1] 商標 = trademark ··· 1

[연구 2] 표장(mark) vs. 상표(trademark) ··· 3

[연구 3] 보통법상의 상표권 vs. 연방상표법상 등록상표의 상표권 ··· 7

[연구 4] 상표의 중복 보호와 각 상표권 간의 독립 ··· 13

[연구 5] 보통법상의 상표권 vs. 연방상표법에 따라 등록된 상표의 상표권 ··· 14

[연구 6] 주상표법에 따라 등록된 상표의 상표권(TM) vs. 연방상표법에 따라 등록된 상표의 상표권(®) ··· 16

[연구 7] 주상표법에 따라 등록된 상표의 상표권(TM) vs. 연방상표법에 따라 등록된 상표의 상표권(®) ··· 19

[연구 8] 보통법상의 상표권 vs. 주상표법에 따라 등록된 상표의 상표권(TM) vs. 연방상표법에 따라 등록된 상표의 상표권(®) ··· 20

[연구 9] 연방상표법 vs. 특허법/저작권법 ··· 21

[연구 10] 상표권, 실용특허권과 실용적 기능성 이론의 관계 ··· 23

[연구 11] 제조물품의 특허법과 연방상표법에 의한 중복 보호 가능성 ··· 23

[연구 12] 상표권, 디자인특허권과 심미적 기능성 이론의 관계 ··· 24

[연구 13] 상표권과 저작권에 의한 중복 보호 ··· 27

[연구 14] 상표권, 디자인특허권, 저작권에 의한 중복 보호 ··· 30

[연구 15] 미국의 사용주의 vs. 우리나라의 등록주의 ··· 38

[연구 16] Actual Use, Intent-to-use, Token Use 및 Constructive Use의 상호 관계 ··· 60

[연구 17] 보조등록부상 등록된 상표의 주등록부 등록을 위한 상표출원 ··· 73

[연구 18] 상표 vs. 상호 vs. 도메인 이름 ··· 79

[연구 19] 우리나라의 상표법상 지리적 표시 단체표장 vs. 지리적 표시 증명표장 ··· 95

[연구 20] 우리나라의 지리적 표시 보호에 관한 상표법 vs. 농수산물 품질관리법 ··· 96

[연구 21] 색채만으로 구성된 상표의 등록요건(보호 요건) ··· 108

[연구 22] 특허권과 상표권에 의한 중복 보호 제한: 기능성 이론 ··· 110

[연구 23] 트레이드 드레스의 보호 요건으로서 비기능성과 식별력 판단 ··· 137

[연구 24] 트레이드 드레스의 보호 요건 ··· 147

[연구 25] 보통법상 상표권의 연방상표법에 의한 보호 ··· 159
[연구 26] Tacking 원칙의 적용 사례 ··· 161
[연구 27] 상표의 출원 · 등록 및 등록유지를 위한 상표의 사용 ··· 170
[연구 28] 상표권의 지역적 범위 ··· 179
[연구 29] 선사용자의 보통법상의 상표권 vs. 연방상표법상 상표등록에 의한 상표권 ··· 180
[연구 30] 상표의 사용의사에 기초한 상표출원 시 출원일 상표 사용 의제 효과 ··· 183
[연구 31] 상표의 실제 사용에 기초한 상표출원 시 출원일 상표 사용 의제 효과 ··· 185
[연구 32] 후사용자가 선사용자보다 연방상표법에 따라 상표를 선등록한 경우 ··· 186
[연구 33] 연방상표법에 따른 상표등록의 효과 ··· 188
[연구 34] 연방상표법에 따라 주등록부에 상표등록 시 Constructive Notice의 효과 ··· 188
[연구 35] 연방상표법에 따라 주등록부에 상표등록 시 불가쟁력의 효력 발생 ··· 191
[연구 36] 상표의 사용의사에 기초한 보조등록부에 대한 상표출원 불가능 ··· 192
[연구 37] 주등록부 vs. 보조등록부 ··· 193
[연구 38] 재사용 의사 없는 등록상표의 불사용과 상표권의 포기 ··· 196
[연구 39] 사용주의 vs. 등록주의 ··· 197
[연구 40] 1차적 의미 vs. 2차적 의미 ··· 205
[연구 41] 상표의 구성 중 일부분에 대한 사용에 의한 식별력 주장 사례 ··· 206
[연구 42] 보조등록부상의 상표등록과 사용에 의한 식별력 및 불가쟁력 ··· 208
[연구 43] 상표의 등록요건으로서 2차적 의미의 취득 요건 ··· 210
[연구 44] 식별력의 정도에 따른 문자상표의 분류 및 식별력의 강약 ··· 213
[연구 45] 권리불요구 사례 ··· 219
[연구 46] Merely Descriptive vs. Merely Deceptively Misdescriptive vs. Deceptive ··· 258
[연구 47] 지리적 용어로 구성된 상표의 구분과 등록 가능성 ··· 266
[연구 48] Primarily Geographically Descriptive Mark vs. Primarily Geographically Deceptively Misdescriptive Mark vs. Deceptive Geographical Mark ··· 269
[연구 49] 부등록사유, 보조등록부 등록 및 사용에 의한 식별력 인정 가능성 여부 ··· 281
[연구 50] 상표의 조사와 선택 ··· 299
[연구 51] Actual Use, Intent-to-use, Token Use, Constructive Use ··· 309
[연구 52] 상표의 사용 요건과 상표등록부 ··· 311
[연구 53] 상표의 출원 · 등록요건으로서의 상표의 사용, 상표의 사용의사 및

상표등록부의 종류와 상표등록 후 상표사용선언서 ···· 315
[연구 54] 요지변경에 해당하지 않는다고 판단한 사례 ···· 325
[연구 55] 요지변경에 해당한다고 판단한 사례 ···· 327
[연구 56] 상표심판원 심판관의 심결에 대한 불복절차 ···· 334
[연구 57] 주등록부와 보조등록부에 대한 상표등록 시 연방상표법상의 혜택 비교 ···· 337
[연구 58] 상표등록 후 등록상표의 보정이 인정된 사례 ···· 344
[연구 59] 상표의 사용과 연방상표법상 상표등록 및 불가쟁력의 효력 발생 ···· 352
[연구 60] 마드리드 협정 vs. 마드리드 의정서 ···· 367
[연구 61] 파리협약에 따른 개별국 해외 상표출원 절차 vs. 마드리드 의정서에 따른 해외 상표출원 절차 ···· 369
[연구 62] 본국관청, 국제사무국 및 지정국관청에서의 절차 ···· 374
[연구 63] 우리나라 특허청을 본국관청으로 하여 미국을 지정국으로 지정하는 국제출원 ···· 376
[연구 64] 국제출원 및 미국 특허상표청의 미국 내 보호확대 결정 ···· 392
[연구 65] 국제등록의 기초출원 또는 기초등록에의 종속과 국제등록의 국내출원으로의 전환 ···· 405
[연구 66] 사후지정에 의한 지정국(미국)의 추가 ···· 407
[연구 67] 상표권자의 사용권자가 생산하는 상품에 대한 품질관리 ···· 436
[연구 68] 등록상표의 불사용과 상표권의 포기 ···· 445
[연구 69] 등록상표의 불사용과 상표권의 상표 사용에의 부속 원칙 ···· 446
[연구 70] 상표심판원 심판관의 심결에 대한 불복절차 ···· 461
[연구 71] 연방법원의 구성과 상표와 관련된 관할권 ···· 462
[연구 72] 미국의 상표등록의 취소심판제도에 대응되는 우리나라 심판제도 ···· 465
[연구 73] 보통법, 주상표법 및 연방상표법에 의한 상표 보호의 독립 ···· 470
[연구 74] Tea Rose-Rectanus 원칙과 연방상표법 제2조 (d)항 ···· 471
[연구 75] 공존사용등록 요건 ···· 472
[연구 76] 우리나라에서의 특허심판원 심판관의 심결에 대한 불복과 심급구조 ···· 481
[연구 77] 미국에서의 상표심판원 심판관의 심결에 대한 불복과 심급구조 ···· 482
[연구 78] 연방상표법상 상표권 침해의 성립여부 판단 ···· 486
[연구 79] 연방상표법상 혼동 개념의 발전 ···· 489
[연구 80] 혼동 가능성 vs. 혼동의 개연성 vs. 실제 혼동 ···· 493

[연구 81] 연방상표법상 혼동의 시점에 관한 이론의 발전 ········· 496
[연구 82] 연방항소법원별 혼동 가능성 판단을 위한 복합요소의 판단 기준 ········· 502
[연구 83] 요부관찰 시 양 상표가 유사하다고 판단한 사례 ········· 504
[연구 84] 양 상표의 칭호가 유사하다고 판단한 사례 ········· 505
[연구 85] 양 상표의 칭호가 비유사하다고 판단한 사례 ········· 506
[연구 86] 양 상표의 외관이 유사하다고 판단한 사례 ········· 507
[연구 87] 양 상표의 외관이 비유사하다고 판단한 사례 ········· 508
[연구 88] 양 상표가 유사하다고 판단한 사례 ········· 509
[연구 89] 양 상표가 유사하다고 판단한 사례 ········· 510
[연구 90] 양 상표가 비유사하다고 판단한 사례 ········· 510
[연구 91] 양 문자상표의 관념이 유사하다고 판단한 사례 ········· 511
[연구 92] 문자상표와 도형상표의 관념이 서로 유사하다고 판단한 사례 ········· 512
[연구 93] 양 상표의 관념이 비유사하다고 판단한 사례 ········· 512
[연구 94] 외국어 균등의 원칙에 따라 양 상표가 유사하다고 판단한 사례 ········· 514
[연구 95] 상품의 관련성이 있다고 판단한 사례 ········· 515
[연구 96] 상품의 관련성이 없다고 판단한 사례 ········· 516
[연구 97] 경쟁상품 vs. 비경쟁 관련상품 vs. 비경쟁 비관련상품 ········· 516
[연구 98] 상품과 서비스 간 관련성이 있다고 판단한 사례 ········· 518
[연구 99] 상표의 유사성과 상품의 관련성 및 혼동 가능성 판단 ········· 519
[연구 100] 문자상표의 식별력 강약 ········· 520
[연구 101] 양 상표의 상품이 관련성이 있다고 판단한 사례 ········· 523
[연구 102] 혼동이론, 관련상품 이론 및 복합요소의 판단 기준의 상호 관계 ········· 525
[연구 103] 혼동이론, 관련상품 이론과 복합요소의 판단 기준의 상호 관계 ········· 525
[연구 104] 혼동이론의 발전과 관련상품 및 복합요소의 판단 기준 ········· 526
[연구 105] 경쟁상품 vs. 비경쟁 관련상품 ········· 527
[연구 106] 희석이론의 등장과 제정법화 과정 ········· 530
[연구 107] 혼동이론 vs. 희석이론 ········· 531
[연구 108] 혼동이론 및 희석이론에 따른 상표권의 보호 범위 확장 ········· 531
[연구 109] 혼동이론과 희석이론에 따른 상표권의 침해 가능 범위 ········· 532
[연구 110] 우리나라의 대법원 판례상 혼동 가능성 판단 ········· 537
[연구 111] 혼동이론, 유사상품 이론 및 복합요소의 판단 기준의 상호 관계 ········· 538

[연구 112] 혼동 가능성의 판단 기준 ······ 541
[연구 113] 후사용자의 멀리 떨어진 지역에서의 선의의 사용에 의한 항변 ······ 569
[연구 114] 연방상표법상 주등록부에 상표등록 시 Constructive Notice의 효과 ······ 570
[연구 115] 희석이론과 상표권의 상표 사용으로부터의 독립 ······ 595
[연구 116] 프라이버시권 vs. 퍼블리시티권 ······ 622
[연구 117] 상표권 vs. 퍼블리시티권 ······ 622
[연구 118] 미국의 주별 퍼블리시티권 보호 대상 ······ 632
[연구 119] 미국의 주별 보호 주체의 사후 퍼블리시티권의 인정 여부와 존속기간 ······ 638
[연구 120] 미국의 주별 퍼블리시티권 침해에 대한 구제 수단 ······ 642
[연구 121] 저작권 vs. 퍼블리시티권 ······ 647

❙ 범례 ❙

법 §34① i	대한민국 상표법 제34조 제1항 제1호
법 §22 i	대한민국 상표법 제22조 제1호
법 §5준용, 특허법 §3	대한민국 상표법 제5조에서 준용하는 특허법 제3조
특허법 §67의2	대한민국 특허법 제67조의2
실용신안법 §15	대한민국 실용신안법 제15조
디자인보호법 §64	대한민국 디자인보호법 제64조
부정경쟁방지법	대한민국 부정경쟁방지 및 영업비밀 보호에 관한 법률
영	대한민국 상표법 시행령
규칙	대한민국 상표법 시행규칙
기준	대한민국 상표심사기준
연방상표법 §2(a)	미국 연방상표법 제2조 (a)항
마드리드 의정서	Protocol Relating to the Madrid Agreement Concerning the International Registration of Marks
마드리드 협정	Madrid Agreement Concerning the International Registration of Marks
상표법조약	Trademark Law Treaty
ACPA	Anticybersquatting Consumer Protection Act
CAFC	Court of Appeals for the Federal Circuit
CCPA	Court of Customs and Patent Appeals
FTDA	Federal Trademark Dilution Act
INTA	International Trademark Association
MPIA	Madrid Protocol Implementation Act
TBMP	Trademark Trial and Appeal Board Manual of Procedure
TDRA	Trademark Dilution Revision Act
TESS	Trademark Electronic Search System
TLRA	Trademark Law Revision Act

TMEP	Trademark Manual of Examining Procedure
TTAB	Trademark Trial and Appeal Board
USPTO	United States Patent and Trademark Office
WIPO	World Intellectual Property Organization
WTO	World Trade Organization

제 1 장

미국의 상표 보호 체계

제1절 총 설

Ⅰ. 商標와 Trademark[1)]

1. 商 標

상표(商標)는 한자로 '商'과 '標'가 결합된 단어로 '商'은 상행위(商行爲)의 대표적인 행위로서 시장(market place)에서의 去來(trade)를 의미하고 '標'는 자기의 상품을 확인하고 타인의 상품과 자기의 상품을 식별하는 표지(標識)나 표장(標章)으로서의 'mark'나 'sign'을 의미한다. 따라서 商標라는 단어는 상거래에서 상인이 자기의 상품을 확인하고(identify) 다른 상인의 상품과 자기의 상품을 식별하기(distinguish)

연구 1 商標 = trademark

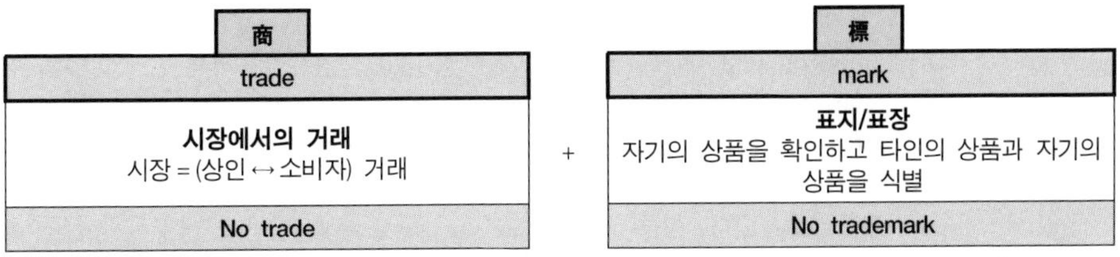

1) 문삼섭, "미국의 상표제도상 상표권과 상표의 사용 간 관련성에 관한 소고—보통법에 따른 상표권의 발생과 연방상표법에 따른 상표출원 · 심사 · 등록 및 등록 후 단계를 중심으로", 「창작과 권리」, 제89호, 세창출판사, 2017.12, 57~58면에서 인용.

위해 사용하는 표지나 표장이라는 의미를 함축하고 있어 영미법계의 "No Trade, No Trademark"라는 법언과도 그 의미가 일맥상통하고 있음을 알 수 있다.

2. Trade mark, Trade-mark, Trademark?

상표라는 단어는 미국의 연방상표법과 각 주의 상표법, 세계지식재산기구(World Intellectual Property Organization: WIPO)에서는 'trademark', 영국,[2] 호주,[3] 인도[4]와 유럽연합[5]의 상표법에서는 'trade mark', 캐나다의 상표법에서는 'trade-mark'[6]로 표기되고 있다. 미국에서 'trademark'라는 영어 단어는 초기에는 'trade-mark'로 표기되어 사용되었으나[7] 현재는 'trademark'라고 표기되어 사용되고 있는데 외관상 'trademark'라는 단어는 'trade mark'나 'trade-mark'라는 단어보다 시장에서의 거래를 나타내는 'trade'와 상품의 식별표지나 표장을 의미하는 'mark'가 훨씬

---

2) 영국 상표법의 공식 명칭은 'Trade Marks Act 1994'이고 본문에서도 상표를 'trade mark'로 표기하고 있다.

3) 호주 상표법의 공식 명칭은 'Trade Marks Act 1995'이고 본문에서도 상표를 'trade mark'로 표기하고 있다.

4) 인도 상표법의 공식 명칭은 'Trade Marks Act 1999'이고 본문에서도 상표를 'trade mark'로 표기하고 있다.

5) 유럽연합의 상표법이라고 볼 수 있는 유럽연합 상표규정의 공식 명칭은 'European Union Trade Mark Regulation'이고 본문에서도 상표를 'trade mark'로 표기하고 있다.

6) 캐나다 상표법의 공식 표기는 'Trade-marks Act'이고 본문에서도 상표를 'trade-mark'라고 표기하고 있다. 캐나다에서는 'trade mark'가 상거래상 상품에 실제 사용됨에 따라 상품의 출처표시로서의 기능을 가질 때 'trade-mark'화된다는 의미로 'trade-mark'로 표기하기 시작하였다고 한다. 다만, 캐나다 특허청의 홈페이지에서 상표제도에 대한 소개는 'trademark'로 표기하여 설명하고 있다.

7) 미국에서도 초기 연방상표법의 개정법안과 법원의 판결에서 상표를 'trade-mark'로 표기하는 사례를 흔히 볼 수 있다. 1870년 미국의 최초 연방상표법의 내용을 일부 개정하는 1876년 개정법의 원래 법안의 명칭은 'An act to punish the counterfeiting of trade-marks and the sale or dealing in of counterfeit trade-mark goods'이고 1881년 연방상표법의 원래 법안의 명칭은 'An act to authorize the registration of trade-marks and protect the same'이었으며, 1905년 연방상표법의 원래 법안의 명칭은 'An act to authorize the registration of trade-marks used in commerce with foreign nations or among the several States or with Indian tribes, and to protect the same.'이다. 이후 1946년 Lanham Act도 원래 법안의 명칭이 'An act to provide for the registration and protection of trade-marks used in commerce, to carry out the provisions of certain international conventions, and for other purposes.'였으며 조문에서 상표를 'trade-mark'로 표기하였으나 1988년 상표법개정법부터는 조문에서 상표를 'trademark'로 표기하기 시작하였다.

밀접하다는 것을 시각적으로 보여 주고 있다.

3. Mark(표장) vs. Trademark(상표)

'Mark'와 'trademark'의 개념을 구분하면 미국의 상표제도 발전 초기의 보통법상 'mark' 또는 'sign'은 상품에 부착하기 전의 자기 상품의 출처를 확인하고 타인의 상품과 자기의 상품을 식별할 수 있는(capable) 표지나 표장[8]을 의미하여 아직 상품에 사용하기 전 단계로서의 개념이다. 반면 'trademark'는 상인이 자기의 상품을 확인하고 타인의 상품과 자기의 상품을 구분하기 위하여 선택한 특정한 'mark'나 'sign'을 자기의 상품에 부착하여 시장에서 거래함으로써 소비자들이 그 상인의 상품의 출처로 인식된 표지나 표장으로서의 개념이다. 따라서 'mark'는 상품의 출처표시로서의 기능을 수행하기 전의 상품과 독립된 개념이라면 'trademark'는 상품에 부착되어 시장에서 거래됨으로써 특정한 상인의 상품의 출처표시로서의 기능을 수행하기 시작한 개념으로 구분할 수 있다.

연구 2 표장(mark) vs. 상표(trademark)

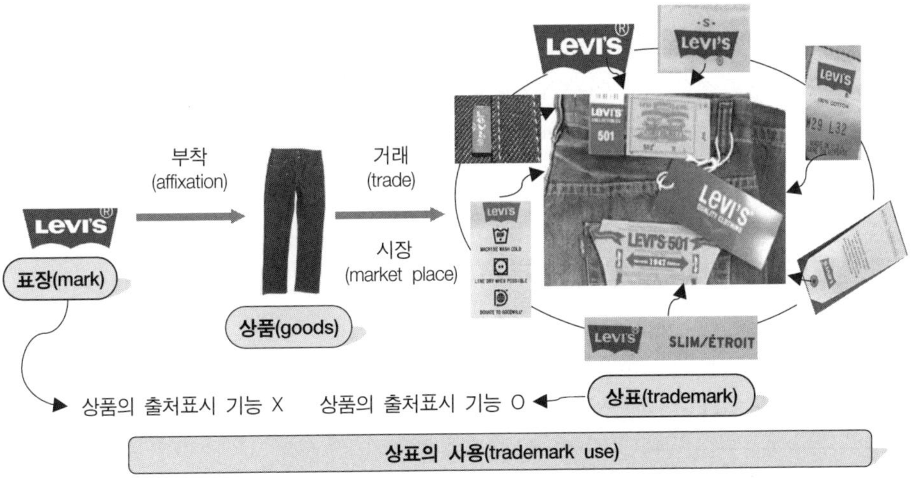

8) 미국의 연방상표법에서는 '모든 문자, 명칭, 심벌, 고안(device) 또는 이들의 결합'(any word, name, symbol, or device, or any combination thereof)로 규정하고 있다. 연방상표법 제45조 참고.

다만 미국의 연방상표법에서는 'mark'를 상표(trademark), 서비스표(service mark), 증명표장(certification mark), 단체표장(collective mark)을 모두 포괄하는 넓은 의미의 상표로 정의하고 있기 때문에[9] 상품의 출처표시로서의 기능을 수행하기 전의 자기 상품의 출처를 확인하고 타인의 상품과 자기의 상품을 식별할 가능성이 있는 표지나 표장을 의미하는 'mark'의 개념과 특정한 상인의 상품을 확인하고 타인의 상품과 자기의 상품을 식별하는 상표, 서비스표, 증명표장, 단체표장을 모두 포괄하는 넓은 의미의 상표를 의미하는 'mark'의 개념을 혼동하기도 한다.

4. Trademark → Trademark Use

'商標'라는 단어와 이에 대응하는 영어 단어인 'trademark'는 '시장에서의 거래'를 의미하는 'trade'와 상품을 식별할 수 있는 '표지'나 '표장'을 의미하는 'mark'가 결합되어 생성된 단어라는 점에서 「거래」와는 분리되어 존재할 수 없음을 알 수 있으며, 거래는 상품의 공급자인 상인과 수요자인 소비자가 시장(market place)에서 상품을 사고 파는 과정을 의미하므로 상표라는 단어는 「시장의 거래에서 상표의 상품에 대한 사용」을 전제로 한다고 말할 수 있다. 따라서 상표는 본래 상표의 사용을 전제로 하는 단어로서 어느 특정한 상인에게 상표에 대한 권리를 부여하고자 하는 경우 반드시 그 상표라는 단어가 가진 시장에서의 거래에서 사용되고 있다는 것을 전제로 하여 보호하는 것이 법철학적으로나 이론적으로 타당하다고 볼 수 있다.[10] 미국의 상표 보호 체계는 이러한 법철학적 · 이론적 배경하에서 탄생하고 발전되었다고 볼 수 있다.

II. 상표권의 상표 사용에의 부속 원칙[11]

1. Trademark → Trademark Use → Trademark Right

새롭고 유용하며 창작성을 갖춘 발명이나 인간의 사상과 감정을 표현한 독창

9) The term 'mark' includes any trademark, service mark, collective mark, or certification mark. 연방상표법 제45조 참조.

10) 이러한 관점에서 영미법계에서 탄생한 법언이 "No Use, No Right"와 "Use It or Lose It"이라고 생각된다.

11) 나종갑, "상표의 독립 및 종속의 이분법과 이의 변화", 「법조」, 제54권 제3호, 법조협회, 2005, 141~144면 참조.

적인 저작물은 그 자체(in gross)로서 보호할 만한 가치가 있어 특허권이나 저작권으로 보호된다. 그러나 어느 한 상인이 자기의 상품을 확인하고 자기의 상품과 다른 상인의 상품을 식별하기 위하여 선택한 문자나 기호 등의 상표는 사용과 독립하여 그 자체로서는 보호할 만한 가치를 갖고 있다고 보기 어렵다. 따라서 상표권은 특허권이나 저작권과 달리 전통적으로 상인이 특정한 표지나 표장을 상표로 사용하기 위하여 단순히 선택하였다고 하여 인정되는 권리는 아니었다. 전통적인 저작권법에서 「아이디어/표현의 이분법」(Idea/Expression Dichotomy)에 따라 아이디어는 보호해 주지 않고 아이디어를 표현한 저작물만을 보호해 주는 것과 유사하게 보통법(common law)을 취하고 있는 영미법계에서는 「상표권의 상표 사용으로부터 독립/부속의 이분법」(In gross/Appurtenant Dichotomy)에 따라 상인이 상표로서 사용하는 행위와 독립된 상표 그 자체에 대해서는 아무런 권리를 부여하지 않고 상인이 그 상표를 영업활동(commercial activity)에서 상품과 관련하여 실제 사용하는 경우 비로소 그에 부속하여(appurtenant) 일정한 권리를 부여하였다.[12)13)]

2. 상표권의 상표 사용에의 부속 원칙

보통법상 상표권의 발생과 그 상표권의 보호 범위의 확장과 축소 및 상표권 효력의 상실은 상표의 사용과 불가분의 관계를 갖는다. 따라서 상표를 상품에 실제로 사용하면 상표권은 상표의 등록 여부에 관계없이 발생하며, 보통법상 상표권

---

12) 미국의 연방대법원은 United Drug Co. v. Theodore Rectanus Co., 248 U.S. 90 (1918) 사건에서 "상표에는 기존의 영업이나 상표가 사용된 거래에 부속되는 권리 이외에는 아무런 재산이 없다. 상표법은 단지 넓은 의미의 부정경쟁방지법의 한 분야이다. 어느 특정한 상표에 대한 권리는 단순한 그 상표의 선택이 아닌 그 상표의 사용으로부터 발생한다. 상표의 기능은 단지 어느 특정한 상인(A)의 상품이라는 것을 표시하고 다른 상인(B)의 상품을 그 상인(A)의 상품인 것처럼 판매하는 것으로부터 그 상인(A)의 신용을 보호하는 데 있으며, 상표는 영업과 관련되지 않으면 재산이 될 수 없다."라고 판시하였다. 원문을 소개하면 다음과 같다. "There is no such thing as property in a trademark except as a right appurtenant to an established business or trade in connection with which the mark is employed. The law of trademarks is but a part of the broader law of unfair competition; the right to a particular mark grows out of its use, not its mere adoption; its function is simply to designate the goods as the product of a particular trader and to protect his goodwill against the sale of another's product as his, and it is not the subject of property except in connection with an existing business." 나종갑, 앞의 논문, 152~153면에서 사례 인용.

13) 문삼섭, 앞의 논문, 65~67면 참조.

의 지역적 보호 범위와 상품에 관한 보호 범위는 원칙적으로 상표를 실제 사용한 지역과 상품으로 한정되었고 그 상표를 재사용할 의사 없이 사용을 중단하면 상표권은 포기된 것으로 보았다.

이러한 보통법상의 「상표권의 상표 사용에의 부속 원칙」은 자연스럽게 상표권의 발생과 관련하여 「사용주의」 원칙으로 발현되고 상표의 상품에 대한 「출처표시 기능」과 관련하여 상품의 출처에 관하여 소비자의 혼동을 방지하고자 하는 「혼동이론」(confusion theory)으로 발전하게 되었다.

3. 상표권의 상표 사용으로부터의 독립

상품에 관한 유통체계의 복잡화와 전문화, 경제활동의 증가와 교역의 확대, 광고 매체와 수단의 발달로 상표의 기능이 단순한 상품의 출처표시기능뿐만 아니라 「광고 선전 기능」과 「재산적 기능」도 발휘하고 그 기능들이 현대의 상거래에서 더욱더 중요시됨에 따라 전통적인 「상표권의 상표 사용에의 부속 원칙」도 연방상표법에 따른 상표등록에 의해 상표를 실제로 사용하지 않는 지역에까지 상표권의 지역적 범위가 확장되고 상표를 실제 사용하지 않는 비경쟁 상품에 대해서도 상표권의 침해를 인정하기 위한 「관련상품 이론」(related goods doctrine), 유명상표의 보호를 위한 「혼동이론의 확대 적용」이나 상품의 출처 또는 후원관계 등에 관한 소비자의 혼동 가능성이 없는 경우에도 상표권의 침해를 인정하는 「희석이론」(dilution theory) 등에 의해서 점차 수정되거나 그 예외가 인정되고 있어 최근 들어 「상표권의 상표 사용으로부터의 독립」이 인정되는 범위가 점점 확장되고 있다.

Ⅲ. 사용주의

1. 의 의

상표권의 발생과 관련하여 상표등록을 담당하는 행정관청이 상표등록부에 상표를 등록하는 형식적인 행위에 의하여 상표권이 발생하는 것이 아니라 상표의 실제 사용에 의하여 상표권이 발생한다는 원칙을 「사용주의」라고 말한다. 이러한 사용주의 원칙은 보통법상의 「상표권의 상표 사용에의 부속 원칙」이 상표권의 발생과 관련하여 발현된 원칙이라고 말할 수 있다.

2. 보통법상 상표권의 성격

연방상표법에 따라 등록된 상표는 특허상표청에 비치된 상표등록부에 등록되어 공시된다. 특히 상표가 연방상표법상의 「주등록부」에 등록되는 경우 i) 상표등록의 유효성, ii) 등록상표의 소유권, iii) 등록상표의 배타적인 사용권에 대한 일응의 추정력 등의 효력이 발생하지만 보통법상의 상표권은 법원에서의 상표권 침해 소송 또는 특허심판원에서의 상표등록의 이의신청 또는 상표등록의 취소심판 사건과 같은 상표와 관련된 구체적·개별적인 쟁송사건에서 상표권자의 상표의 최선사용(priority)과 사용 지역 등에 대한 주장과 입증을 통하여 인정되는 권리이다.

3. 사용주의 원칙과 연방상표법에 따른 상표등록

미국에서는 보통법상의 상표권이 연방상표법에 따라 출원인이 미국의 특허상표청에 상표를 출원하고 그 출원된 상표에 대하여 심사관이 심사를 한 이후에 「상표등록」이라고 하는 행정처분에 의해서 발생하는 것이 아니라, 상표소유자의 상표의 「선택」(adoption)과 「실제 사용」(actual use)에 의하여 발생한다. 따라서 미국에서는 어느 상인이 보통법상의 상표권을 확보하기 위하여 연방상표법에 따라 상표를 특허상표청에 반드시 등록할 필요는 없다. 그러나 연방상표법에 따라 상표를 등록하는 경우 보통법상 특정한 지역에 한정된 상표권의 보호 범위를 「미국 전역」으로 확대할 수 있고 연방상표법에서 규정하고 있는 등록상표에 대한 다양한 혜택을 누릴 수 있다. 따라서 보통법상 상표권이 발생한 상표를 연방상표법에 따라 특허상표청에 출원하여 등록하는 것은 상표권의 취득보다는 상표권자의 보통법상의 권리를 보다 확장하고 강화하기 위한 취지라고 볼 수 있다.

연구 3 보통법상의 상표권 vs. 연방상표법상 등록상표의 상표권

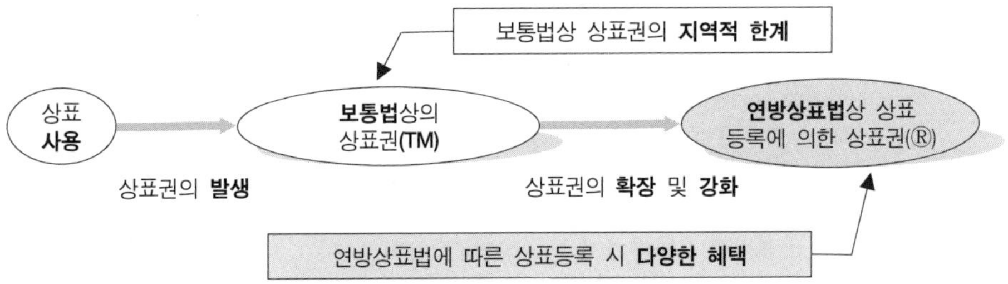

Ⅳ. 상표 보호 이론

1. 의 의

1) 불법행위법 또는 부정경쟁방지법에 의한 상표 보호

(1) 의 의 영미법에서 상표의 보호는 「불법행위법」(torts law)상의 사기(詐欺)와 기망(欺罔)의 법리에서 출발하여 「부정경쟁방지법」(unfair competition law)상 타인의 상표를 무단으로 자기의 상품에 사용하여 타인의 상품인 것처럼 속여서 상품을 판매하거나 서비스를 제공하는 「사칭통용행위」(詐稱通用行爲, passing off, palming off) 이론으로 발전하였다. 이러한 초기의 상표 보호 이론은 침해자의 「주관적인 소비자의 기망 의사」(subjective intent to deceive the consumer)를 보호 요건으로 하고 있어 원고가 이를 입증하여야 한다는 부담이 있었다.[14] 그러나 선사용자의 상표와 동일한 상표를 후사용자가 동일한 상품에 사용하는 경우 후사용자의 고의가 추정되어 상표권의 침해를 인정하게 되면서 상표권의 침해사건에서도 점차 침해자의 주관적인 의사인 고의를 상표권 침해의 성립요건으로 요구하지 않게 되었다.[15]

(2) 보통법상 상표 보호에 관한 사용주의의 기원 영미법에서 보통법상 불법행위법에 의한 사기(詐欺)와 기망(欺罔) 또는 부정경쟁방지법상 사칭통용행위의 법리에 의할 경우, 그 보호의 대상은 상표의 「선사용자」가 아니라 후사용자가 기망 의사를 갖고 선사용자의 상표를 무단으로 사용하고 그로 인해 사기나 기망을 당하거나 후사용자의 사칭통용행위로 인하여 손해가 발생한 「소비자」였다. 따라서 이러한 보통법상의 법리에 따라 소비자가 보호되기 위해서는 먼저 선사용자에 의한 상표 사용이 있고, 그 이후에 후사용자의 기망 의사에 의한 선사용자 상표의 무단 사용행위가 있어야만 소비자에 대한 사기나 기망이 성립할 수 있게 된다. 즉, 선사용자에 의한 상표의 사용이 보통법상 상표 보호의 전제조건이 되었고 영미법상 사용주의는 여기에서 비롯되었다.[16]

---

14) 우종균, "미국 상표법", 특허청, 4~5면 참조.

15) 상표권의 침해소송에서 침해자의 주관적인 고의를 요건으로 하지 않게 됨에 따라 상표에 대한 권리는 「재산권」으로 발전하게 된다. 이러한 점에서 혼동이론에 따라 상품의 출처에 관한 소비자의 혼동 가능성이 있는 경우 상표권의 침해를 인정하게 되면서 상표권은 「부정경쟁방지법」에 의한 보호에서 「재산권」에 의한 보호로 발전하게 되었다. 황영익, "한국과 미국 상표법상 표장의 식별력에 대한 비교연구", 특허청, 2007, 18면 참조.

2) 주상표법과 연방상표법에 따른 상표등록에 의한 상표 보호

불법행위법과 부정경쟁방지법에 의한 상표의 보호는 시장에서 실제 사용하는 상표를 타인이 도용하거나 부정한 목적을 가진 타인의 사용으로부터 소비자를 구체적 · 개별적으로 보호하였으나 경업자나 일반 공중은 보호되는 상표들이 어느 상품들에 대하여 사용되고 있는지를 객관적으로 쉽게 확인하기 위해서는 많은 시간과 비용을 부담하여야 하므로 장래의 상표분쟁을 사전에 예방하는 데에는 한계가 있었다. 이러한 문제점을 다소 해소하기 위하여 각 주에서는 주상표법을 제정하여 상표사용자로 하여금 상표를 등록하도록 하고 모든 출원 또는 등록된 상표를 각 주의 상표등록부에 공시함으로써 경업자나 일반 공중은 어떠한 상표들이 어느 상품들에 대하여 사용하고 있는지를 상표등록부를 통해 쉽게 확인할 수 있게 됨에 따라 잠재적인 상표분쟁을 사전에 예방하는 데 도움을 주게 되었다. 그러나 이때까지의 상표등록은 주 차원이었으므로 19세기 말 미국 내 주 간의 상거래와 외국과의 상거래가 활발해짐에 따라 연방차원의 상표등록제도의 마련이 절실하게 요구되었으며 이러한 필요는 마침내 1870년 연방상표법의 제정으로 발전하게 되었다.

2. 혼동이론

현대 상표법에서는 상표의 보호는 소비자의 상품의 출처나 후원관계 등에 대한 혼동(consumer confusion) 방지라는 이론으로 발전하게 되면서 상표권자는 더 이상 침해자의 소비자를 대상으로 하는 주관적인 기망 의사를 입증하지 않아도 되었다.[17][18]

3. 희석이론

희석이론은 유명상표의 경우 유명상표의 소유자와 「경쟁관계」나 「혼동 가능성」이 없다고 하더라도 유명상표의 식별력 약화나 명성의 손상으로부터 상표권자

---

16) 우종균, 앞의 자료, 4면 참조.

17) 우종균, 앞의 자료, 1~2면 참조.

18) President & Trustees of Colby College v. Colby College-New Hampshire, 508 F.2d 804 (1st Cir. 1975). 이 사건에서 법원은 혼동 가능성이 입증된 이상 피고가 선의라는 것만으로는 상표권 침해의 책임을 면할 수 없다고 판시하였다.

를 보호하여야 한다는 이론으로 주로 유명상표의 소유자를 침해자로부터 보호하기 위한 취지에서 마련된 이론이다.

4. 미국 연방상표법의 목적

미국의 연방상표법은 「상표권자의 상표권 보호」와 「소비자 보호」라고 하는 두 가지 목적을 동시에 추구하고 있다.[19)][20)]

V. 상표 보호의 법원

1. 미국의 법체계

1) 의 의

미국의 법체계는 초기에는 영국의 전통적인 법체계에 따라 「보통법」과 「형평법」[21)]을 주요 법원으로 하였으나 이후 「제정법」이 보완적인 법원으로 발전하

---

19) Senate Report No. 1333, 79th Cong., 2d Sess. 3 (1946). 동 보고서상 상표법의 목적을 다음과 같이 기술하고 있다. "The purpose underlying any trade-mark statute is twofold. One is to protect the public so it may be confident that, in purchasing a product bearing a particular trade-mark which it favorably knows, it will get the product which it asks for and wants to get. Secondly, where the owner of a trade-mark has spent energy, time, and money in presenting to the public the product, he is protected in his investment from its misappropriation by pirates and cheats."

20) Christian Louboutin v. Yves Saint Laurent America 696 F.3d 206 (2nd Cir. 2012). 이 사건에서 제2 연방순회구 항소법원도 다음과 같이 판시하였다. "Principal purpose of federal trademark law is to secure the public's interest in protection against deceit as to the sources of its purchases, and the businessman's right to enjoy business earned through investment in the good will and reputation attached to a trade name."

21) 형평법(equity)은 연혁적으로 보통법이 발전한 영국의 법원에서 시작되어 발전되어 온 제도로 초기에는 국왕이 임명한 법관이 「보통법 법원」에서 보통법(common law)을 근거로 하여 판단을 하였다. 그러나 법관의 법의 해석과 적용만으로는 실질적인 공정성을 확보할 수 없어서 교회의 성직자가 형평의 원리에 입각하여 보통법 법원과 다른 「형평법 법원」에서 국왕이 임명한 법관에 의한 재판을 보완하는 것에서부터 출발하였으나 점차 전문적인 법관이 성직자를 대신하였다. 즉, 형평법은 보통법의 존재를 전제로 하여 그 불완전함을 보완하기 위하여 제한적으로 적용하기 위하여 탄생한 것으로 볼 수 있다. 초기에는 보통법 법원과 형평법 법원이 구분되어 있어 각각의 법원에 별도로 소송을 제기하여야 하는 불편함이 있었다. 영국은 1875년 재판구조를 개혁하여 동일한 법원에서 보통법과 형평법에 기초

였으며 근래에는 게르만 관습이 판례법으로 집적된 「보통법」과 연방의회에서 성문으로 제정한 「제정법」이 주요 법원(法源, source of law)으로 자리 잡고 있다.

2) 보통법

보통법은 정형적이고 일반적으로 발생하는 보통의 사건에 대해서는 그 공동체의 구성원들에게 보편적으로 통용되는 일련의 관행들[22](a set of customs)이 형성되어 있다는 믿음에 기초하고 있다. 보통법 체계(common law system)를 취하고 있는 미국에서는 법원의 판사가 이러한 보통법에 기초하여 구체적인 사실관계에 적용할 일련의 관행을 발견해서 이를 판결문에 선언하면 그 선언은 선례(precedent)가 되어 이후에 발생하는 동일하거나 유사한 사건에 대한 재판은 그 선례에 따르는 「선례구속(先例拘束)의 원칙」(doctrine of stare decisis)에 의해 대륙법계(civil law system)의 제정법과 유사한 효력을 갖게 된다.

3) 제정법

제정법으로는 「연방법」(federal act)과 「주법」(state act)으로 구성되어 있으며, 판례를 조문의 형식으로 성문화한 「Restatement」[23]는 제2차적인 법원(secondary source of law)으로 인식되고 있다.[24] 아울러 미국의 연방헌법과 미국이 가입한 상표와 관련된 파리협약, WTO/TRIPS 협정, 마드리드 의정서, 상표법 조약 등과 같은 국제조약과 한 · 미 자유무역협정과 같은 미국과 외국 간의 자유무역협정상의 상표관련 규정 등도 상표 보호를 위한 실체적 또는 절차적인 측면의 제정법으로

한 각각의 소송을 하나의 소송으로 제기하여 심리할 수 있도록 개선하였다. 상표법 분야에서 형평법은 주로 상표권 침해와 관련된 소송에서 상표권자에게 부여하는 구제수단으로서 금지명령, 예비적 금지명령 등에서 적용된다. 형평법상의 구제수단은 법(law)에 의한 구제수단인 금전적 손해배상이 불충분할 때에만 적용되며 법에 의한 평결은 법관이 아닌 배심원이 할 수 있지만 형평법상의 판결은 배심원은 할 수 없고 법관만이 가능하다.

22) 예를 들면 "누구나 자기의 상품을 다른 사람의 상품인 것처럼 사칭하거나(passing off, palming off) 다른 사람의 노력을 무단으로 착복해서는 아니 된다"는 원칙 등을 말한다.

23) 「Restatement」는 미국 상표제도의 운용상 특유한 것으로 상표법의 해석이나 상표에 관한 사회적 사실의 법률적용 문제 등에 있어서 논란이 될 만한 부분에 대하여 명망이 있는 법률가, 학자, 판사 또는 교수 등으로 구성된 American Law Institute가 피력하는 공식적 입장이나 의견의 표명이라고 할 수 있다. Restatement에서의 의견은 관련분야에 미치는 지대한 영향력이나 명망으로 인하여 통상 각 주의 상표법과 연방상표법의 개정 시 상표법의 조문으로 반영되는 경우가 많다(유재복, "상표의 희석이론에 관한 연구", 2001, 배재대학교 법무대학원 석사학위 논문, 25면에서 인용).

24) 손영식, "부정경쟁행위 방지에 관한 미국법 고찰", 특허청, 2007 참조.

미국 내에서 상표 보호의 법원이 되고 있다.

2. 상표 보호의 법원

미국에서는 초기에는 전술한 불법행위법상의 사기와 기망의 법리에서 상표를 보호하기 시작하였고 이후 부정경쟁방지법상 타인의 상표를 자기의 상품에 무단으로 사용하여 타인의 상품인 것처럼 속여서 판매하거나 서비스를 제공하는 경우 사칭통용행위 이론으로 상표를 보호하였다. 이와 관련하여 축적된 「판례법」인 보통법을 각 주에서 성문화하여 상표에 관한 제정법인 「주상표법」과 각 주의 「부정경쟁방지법」, 연방차원의 상표등록에 관한 절차와 실체에 관한 제정법인 「연방상표법」으로 발전하게 되었다. 따라서 미국의 상표 보호에 관한 주요 법원으로는 ⅰ) 보통법으로서의 판례법, ⅱ) 각 주의 주상표법, ⅲ) 각 주의 부정경쟁방지법, ⅳ) 연방상표법과 관련 하위법령, ⅴ) 미연방 헌법과 상표 보호와 관련된 각종 양·다자 국제조약, ⅵ) 2차적인 법원으로서 Restatement 등을 들 수 있다.

제2절 ▌미국의 상표 보호 체계

Ⅰ. 보통법과 제정법의 공존

1. 의 의

1) 보통법

미국은 연방차원의 상표 보호와 관련된 제정법인 1870년 최초의 연방상표법이 제정되기 전에는 보통법과 각 주의 상표법에 기초하여 상표가 보호되었다. 연방상표법인 1946년 Lanham Act는 당시의 미국에서의 합법적인 상거래 관행들(legitimate business practices)을 조문화한 것으로서 보통법상의 원칙들을 반영하고 있으며 이후의 1962년 개정법, 1988년 상표법개정법 등도 법원의 판례에서 선언된 원칙들을 제정법화한 것이다.

2) 제정법

상표의 사용의사에 기초한 상표출원의 허용을 주요 내용으로 하는 1988년 상표법개정법, 미국의 상표법조약 가입을 위한 1998년 「상표법조약시행법」(Trademark Law Treaty Implementation Act), 미국이 마드리드 의정서에 가입하기 위한 2002년 「마드리드 의정서 시행법」(Madrid Protocol Implementation Act) 등은 보통법의 내용을 반영하였다기보다 미국의 연방상표법을 개선하고 국제화하기 위한 개정법으로 대륙법계의 제정법으로서의 특징들을 반영하고 있다고 볼 수 있다.

3) 보통법과 제정법의 공존

미국에서는 연방상표법이라고 하는 제정법이 연방의회에 의해 제정되어 시행되고 있음에도 법원의 판례가 미등록상표의 보호는 물론 제정법의 해석과 관련하여 중요한 역할을 수행하고 있기 때문에 미국의 상표 보호 체계는 보통법과 제정법이 공존하는 체제라고 말할 수 있다.[25)]

2. 보통법과 제정법의 적용

1) 보통법과 주상표법, 연방상표법에 의한 상표의 중복 보호

상인이 상표를 선택하여 상거래상 상품에 사용하면 보통법에 의하여 상표를 보호받을 수 있다. 아울러 상표소유자가 그 상표를 사용하고 있는 주에서 그 주의 상표법에 따라 상표를 등록한 경우에는 그 주의 상표법에서 정하고 있는 보호를 중복적으로 받을 수 있으며, 연방상표법에 따라 상표를 등록한 경우에는 연방상표

연구 4 상표의 중복 보호와 각 상표권 간의 독립

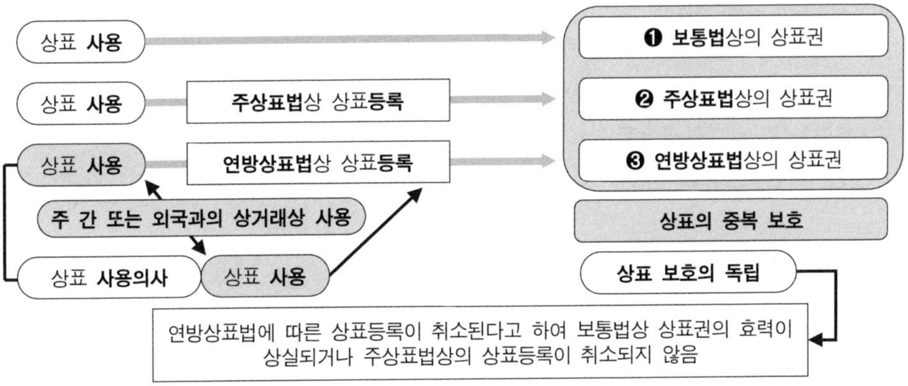

25) 문삼섭, 앞의 논문, 59~60면 참조.

법에 따른 보호도 받을 수 있다.[26)]

2) 보통법과 주상표법, 연방상표법에 의한 상표 보호의 독립

연방상표법에 따른 상표등록이 거절된다고 하더라도 보통법이나 주상표법상의 상표권이 부인되는 것이 아니므로 보통법이나 주상표법상의 상표권의 취득요건을 충족하는 경우 보통법이나 주상표법상의 상표권은 향유할 수 있다. 즉, 연방상표법상 상표등록이 거절된다는 의미는 연방상표법상 등록상표에 부여하는 많은 혜택을 향유할 수 없다는 의미이지 보통법이나 주상표법에 의한 상표권마저 부인하는 것을 의미하지는 않는다.

연구 5 보통법상의 상표권 vs. 연방상표법에 따라 등록된 상표의 상표권

Texas주 어느 한 지역에서 상표의 실제 사용에 의한 보통법상의 상표권

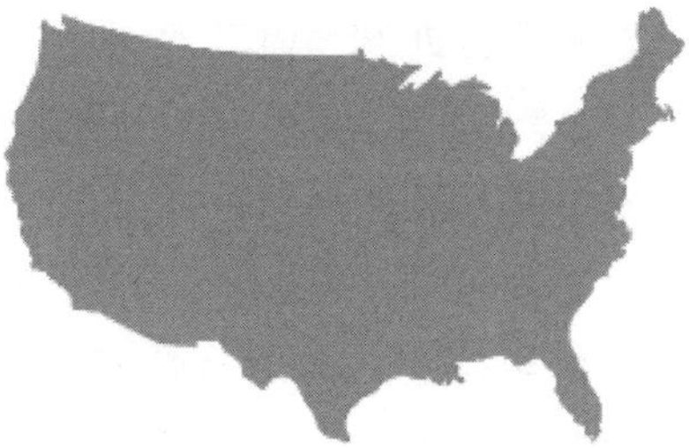

연방상표법에 따라 등록한 상표의 상표권

○ **[보통법에 의한 상표권]** 갑(甲)이 Texas주의 어느 한 지역에서 A 상표를 a 상품에 대하여 2016년 10월 20일에 사용했다면 2016년 10월 20일 그 지역에서 갑의 A 상표의 a 상품에 대한 보통법상의 상표권이 발생하게 된다.

○ **[연방상표법에 따라 등록된 상표의 상표권]** 갑이 그 후 2017년 1월 10일에 미국의 특허상표청에 연방상표법에 따라 상표의 미국 내 주 간의 상거래 또는 외국과의 상거래상의

---

26) 통상 상표의 실제 사용에 기초하여 미국의 연방상표법에 따라 상표를 등록하는 경우에는 보통법상의 상표권을 기초로 하여 미국의 연방상표법에 따른 상표권을 취득했다고 말할 수 있으며, 상표의 사용의사에 기초하여 미국의 연방상표법에 따라 상표를 주등록부에 등록하기 위하여 출원하는 경우에도 등록은 당해 상표의 실제 사용을 전제로 하기 때문에 이 경우에도 보통법상의 상표권을 전제로 하여 연방상표법에 따른 상표권이 발생했다고 말할 수 있다.

사용에 기초하여 상표출원을 하여 2017년 10월 30일에 상표를 등록한 경우 갑의 A 상표의 a 상품에 대한 「**미국 전역**」에서의 상표권이 2017년 10월 30일에 발생하게 된다.

3. 보통법과 제정법 간 불일치 또는 저촉 문제

미국에서는 제정법과 보통법상의 관습법이 공존하기 때문에 이들 상호 간 불일치되거나 저촉되는 문제점이 발생할 수 있을 것으로 예상되지만 연방상표법과 주상표법은 대부분 보통법의 주요 내용을 제정법화한 것이어서 상호 정합성을 갖는 것이 일반적이다. 다만, 제정법과 보통법 간의 불일치나 저촉이 발생하는 경우에는 제정법이 우선하여 적용되며 제정법상 미비한 규정이나 제정법상 규정의 구체적인 해석과 불명확한 부분은 보통법인 선판결례 등을 통해 보완하고 있다.

II. 연방상표법과 주상표법의 공존

1. 의 의

1) 주상표법에 따른 상표등록

미국은 50여 개의 주(states)로 구성된 연방국가로 구성되어 있으며 각 주의 정부는 독자적인 사법부, 행정부의 조직은 물론 입법부의 조직을 가지고 있어 일정한 범위 내에서 독립된 법제정권을 가지고 있다. 상표에 관해서도 각 주는 연방상표법과 별개로 독자적인 주상표법을 따로 두고 상표등록을 하고 있으며, 연방상표법은 각 주의 상표법을 대체(preemption)하지 않고[27] 병존하는 중복보호 제도(two-tier system)를 취하고 있다. 주상표법에 따른 상표등록은 연방상표법에 따른 상표등록보다 비용과 절차면에서 유리하며 연방상표법에 따른 상표의 보호는 주 간의 상거래 또는 외국과의 상거래에서 상표의 사용을 전제로 하지만 주상표법에서는 이를 전제로 하지 않기 때문에 주 내에서의 거래에만 사용되는 상표를 등록하거나 연방상표법상 등록요건을 충족하지 못하는 상표를 주상표법에 따라 등록하여 보호하는 적절한 수단으로 활용되고 있다.

---

27) 우종균, 앞의 자료, 9면 참조.

2) 주상표법에 따라 등록된 상표의 상표권과 연방상표법에 따라 등록된 상표의 상표권 간의 상호 비교

주상표법에 따라 등록된 상표의 상표권과 연방상표법에 따라 등록된 상표의 상표권의 주요 내용을 서로 비교하면 다음 표와 같이 정리할 수 있다.[28]

연구 6 주상표법에 따라 등록된 상표의 상표권(TM) vs. 연방상표법에 따라 등록된 상표의 상표권(Ⓡ)

비고	**주상표법**에 따라 등록된 상표의 상표권**(TM)**	**연방상표법**에 따라 등록된 상표의 상표권(Ⓡ)
등록기관	각 주의 국무장관실(Secretary of State's Office)	특허상표청(USPTO)
등록비용과 기간	저렴/단기	비쌈/장기
상표 사용 요건	반드시 상표를 사용하여야만 주상표법상 상표출원 가능	상표의 실제 사용 또는 사용의사에 기초하여 연방상표법상 상표출원 가능
상표 사용의 지역적 범위 요건	**주 내** 거래로 충분(주 간의 상거래 또는 외국과의 상거래를 요건으로 하지 않음)	**주 간**의 상거래 또는 **외국**과의 상거래
상표가 등록될 경우 **미국 전역**에서 **출원일(우선일)**에 사용된 것으로 의제	없음	**주등록부**에 등록 시 있음
상표권의 지역적 범위	**주 경계 내 전역**[29] 또는 실제 상표 사용 지역 + ∝[30]	**미국 전역**
미국 전역에서의 상표의 소유권과 배타적 사용권 추정	없음[31]	**주등록부**에 등록 시 있음
불가쟁력의 효력 발생	발생하지 않음	**주등록부**에 상표를 등록한 날로부터 5년 후 **발생**
파리협약에 따른 우선권 주장	우선권주장 **불가**	우선권주장 **가능**(6개월)
마드리드 의정서상 기초출원/기초등록 적격 및 연계	· 기초출원/기초등록 **부적격** · 연계 **불가**	· 기초출원/기초등록 **적격** · 연계 **가능**
Ⓡ 표시 사용	· 사용 **불가** · TM, SM 표시는 가능	사용 **가능**
세관등록을 통한 침해품의 수입금지 효과	없음	**주등록부**에 등록 시 있음
징벌적 배상제도	주상표법상 징벌적 배상제도 허용하는 경우 가능	**징벌적 배상제도** 불인정
관할법원	**주**법원	**연방**법원

---

28) 문삼섭, 앞의 논문, 61~64면 참조.

29) 미국 텍사스주의 영업 및 거래법 제16장 상표편 제16.15 (b)에 따르면 "Registration of a

3) 연방상표법과 주상표법의 공존[32)]

(1) 연방상표법상 상표권과 주상표법상 상표권의 공존　미국에서는 연방상표법과 각 주에서 마련하고 있는 주상표법이 공존하면서 상표를 보호하고 있다. 즉, 연방상표법은 주상표법을 대체하지 않고[33)] 양자가 병존하여 적용된다.[34)] 따라서 주상표법에 따라 상표가 등록되는 경우 그 주의 전역 또는 당해 상표가 사용되고 알려진 그 주의 일정한 지역 내에서만 보호되지만[35)][36)][37)] 연방상표법에 따라

mark under this chapter is constructive notice throughout this state of the registrant's claim of ownership of the mark throughout this state."라고 규정하여 주법에 따라 상표를 등록하면 주 경계 내에서 상표권자에 의한 상표권의 소유가 통지된 것으로 의제되도록 규정하고 있다.

30) 미국의 미시간주 법원은 일관되게 상표권은 상표의 사용에 의하여 발생하며 상표권의 지역적 한계는 상표가 실제 사용된 지역으로 한정된다고 판시하고 있다. Empire Nat'l Bank of Traverse City v. Empire of Am. FSA, 559 F.Supp. 650, 655 (W.D. Mich. 1987) 참고.

31) 「표준 주상표법안」(Model State Trademark Bill) 제5조 (b)항에서는 주상표법에 따른 상표등록의 효과를 다음과 같이 규정하고 있다. "(b) Any certificate of registration issued by the Secretary under the provisions hereof or a copy thereof duly certified by the Secretary shall be admissible in evidence as competent and sufficient proof of the registration of such mark in any actions or judicial proceedings in any court of this state."

32) J. Thomas McCarthy, McCarthy on Trademarks and Unfair Competition, Fourth Edition, Westlaw Database, §22:2. 참조.

33) RBC Nice Bearings, Inc. v. Peer Bearing Co., 676 F. Supp. 2d 9, 34 (D. Conn. 2009). aff'd, 410 Fed. Appx. 362 (2d Cir. 2010).

34) 미국의 연방상표법과는 달리 특허법과 저작권법은 연방법만 존재하고 각 주에서는 따로 법을 두고 있지 않다.

35) Texas주의 상표법을 예로 들면 텍사스주의 상표권은 그 주 내에서만 보호된다고 규정하고 있다.

Sec. 16.102. Infringement of Registered Mark.

(a) Subject to Section 16.107, a person commits an infringement if the person:

(1) without the registrant's consent, uses anywhere in this state a reproduction, counterfeit, copy, or colorable imitation of a mark registered under this chapter in connection with selling, distributing, offering for sale, or advertising goods or services when the use is likely to deceive or cause confusion or mistake as to the source or origin of the goods or services; or

(2) reproduces, counterfeits, copies, or colorably imitates a mark registered under this chapter and applies the reproduction, counterfeit, copy, or colorable imitation to a label, sign, print, package, wrapper, receptacle, or advertisement intended to be used in selling or distributing, or in connection with the sale or distribution of, goods or services in this state.

36) 물론 주상표법에 따라 상표를 등록한다고 하더라도 그 주의 전역에서 보호를 인정해 주지

상표가 등록되는 경우에는 원칙적으로 「미국 전역」에서 상표권으로 보호된다. 아울러 연방상표법상 「주등록부」(principal register)에 상표를 등록하는 경우 i) 상표 등록의 유효성, ii) 등록상표의 소유권, iii) 등록상표의 배타적인 사용권에 대한 일응의 추정력이 발생하지만 주상표법에 따라 상표를 등록하는 경우 증거의 효력만을 제공할 뿐 미국 내에서의 배타적인 사용권을 부여하지는 않는다.

(2) **주상표법상 상표권의 연방상표법상의 상표권 제한 불가** 주상표법상의 상표권과 연방상표법상의 상표권은 공존하지만 주상표법상의 상표권은 연방상표법상의 상표권을 제한할 수는 없다.[38] 따라서 어느 상인(甲)이 주상표법에 따라 어떤 상표(A)를 특정한 상품(a)에 대하여 먼저 등록하고 다른 상인(乙)이 연방상표법에 따라 그 상표와 동일한 상표(A)를 동일한 상품(a)에 대하여 나중에 등록한 경우라 하더라도 주상표법에 따른 상표의 선등록으로 인한 상표권자 甲의 상표권은 연방상표법에 따른 상표의 후등록으로 인한 상표권자 乙의 상표권을 제한할 수는 없다. 한편 연방상표법 제43조 (c)항 (6)에서는 연방상표법에 따라 주등록부에 상표를 등록한 경우에는 주의 희석화방지법에 의하여 당해 연방상표법상의 등록상표가 타인의 상표를 불법적으로 희석하고 있다는 주장에 대하여 완전한 항변이 된다고 규정하고 있다.[39]

(3) **주상표법에 의한 연방상표법상 상표권의 보호 확장** 주상표법상의 상표권은 연방상표법상의 상표권을 제한할 수는 없지만 연방상표법에 저촉되지 않는

않고 실제로 상표가 사용되고 알려진 지역 내에서만 보호해 주는 주상표법도 있다.

37) Empire Nat'l Bank v. Empire of America FSA, 559 F. Supp. 650, 222 USPQ 518 (W.D. Mich. 1983). 이 사건에서 법원은 미시간주의 상표법에 따라 상표를 등록하였다고 하여 상표권자에게 자동으로 미시간주 전 영역에 대한 상표권을 부여하지 않고 단지 당해 등록상표가 사용되고 알려진 영역에까지만 상표권이 확장된다고 판단하였다.

38) Purolator, Inc. v. EFRA Distributors, Inc., 687 F.2d 554, 216 USPQ 457 (1st Cir. 1982).

39) (6) Ownership of valid registration a complete bar to action. — The ownership by a person of a valid registration under the Act of March 3, 1881, or the Act of February 20, 1905, or on the principal register under this Act shall be a complete bar to an action against that person, with respect to that mark, that —

(A) is brought by another person under the common law or a statute of a State; and

(B)

(i) seeks to prevent dilution by blurring or dilution by tarnishment; or

(ii) asserts any claim of actual or likely damage or harm to the distinctiveness or reputation of a mark, label, or form of advertisement.

다면 연방상표법에 따른 상표권을 보다 확장할 수는 있다. 예를 들면 연방상표법에서는 징벌적 배상제도를 허용하고 있지 않지만 주상표법에서는 징벌적 배상제도를 인정할 수 있으며, 연방상표법에서는 「특별한 경우」(exceptional case)에만 상표권자가 침해자에게 변호사 비용을 청구할 수 있지만 주상표법에서는 특별한 경우가 아니라고 하더라도 상표권자가 침해자에게 변호사 비용까지 청구할 수 있도록 규정할 수도 있다. 이 경우 동일한 상표를 주상표법과 연방상표법에 따라 등록한 경우 상표권자는 주상표법에 따른 징벌적 배상 또는 변호사 비용까지 상표권을 침해한 자에 대하여 청구할 수 있다.

연구 7 주상표법에 따라 등록된 상표의 상표권(TM) vs. 연방상표법에 따라 등록된 상표의 상표권(Ⓡ)

텍사스주 상표법에 따라 상표등록 시 상표권

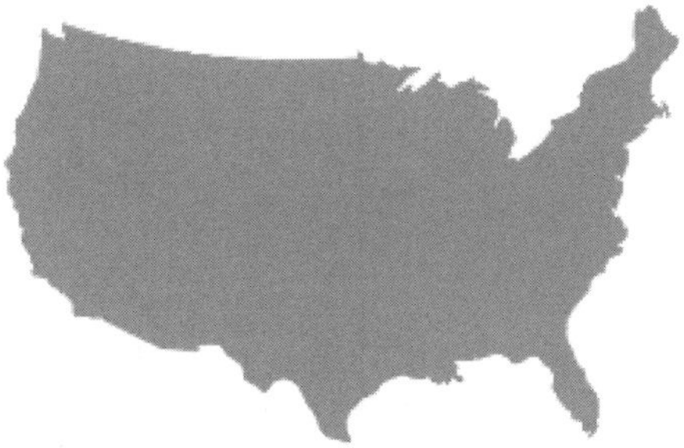

연방상표법에 따라 상표등록 시 상표권

○ **[텍사스주 상표법에 따라 등록된 상표의 상표권]** 갑(甲)이 Texas주의 상표법에 따라 상표를 등록하면 「**텍사스주**」 내에서만 효력을 갖는 상표권이 발생한다.

○ **[연방상표법에 따라 등록된 상표의 상표권]** 갑이 그 후 미국의 연방상표법에 따라 특허상표청에 상표를 출원하여 등록한 경우 갑은 「**미국 전역**」에 대한 상표권이 발생하게 된다.

○ **[주상표법과 연방상표법에 따른 중복 보호]** 이 경우 갑의 상표는 텍사스주 내에서는 텍사스주의 상표법과 연방상표법에 따라 중복하여 보호되며 나머지 주에서는 연방상표법에 의해서만 보호된다.

2. 보통법에 따른 상표권, 주상표법에 따라 등록된 상표의 상표권, 연방상표법에 따라 등록된 상표의 상표권 비교

보통법에 따른 상표권과 주상표법에 따라 등록된 상표의 상표권 그리고 연방상표법에 따라 등록된 상표의 상표권의 특징들을 상호 비교하면 다음의 표와 같이 정리된다.[40]

연구 8 보통법상의 상표권 vs. 주상표법에 따라 등록된 상표의 상표권(TM) vs. 연방상표법에 따라 등록된 상표의 상표권(®)

	주상표법에 따라 **등록**된 상표의 **상표권(TM)**	**보통법상 미등록**된 상표의 **상표권(TM)**		**연방상표법**에 따라 **등록**된 상표의 **상표권**(®)
	주상표법상 상표 보호		**연방상표법상 상표 보호**	
상표의 사용 지역 ➡	**주 내** 거래		**주 간**의 상거래 또는 **외국**과의 상거래	
상표의 실제 사용 여부 ➡	실제 사용		실제 사용	· 실제 사용 · **사용의사** + 실제 사용 · 외국에서의 상표**등록** + 외국의 상표등록증 제출 · 외국에서의 상표**출원** + 미국 내 실제 사용 또는 외국의 상표등록증 제출 · 마드리드 의정서에 따른 국제출원
상표등록부 ➡	상표등록부	-	-	주등록부 + 보조등록부
동일·유사 상표의 등록배제효 ➡	**주의 상표등록부**상 선등록되거나 선출원된 상표와 혼동 가능성이 있는 상표의 등록 배제	X	X	**연방상표등록부**상 선등록되거나 선출원된 상표와 혼동 가능성이 있는 상표의 등록 배제
® 표시 ➡	X	X	X	® 표시 사용 가능
세관에 상표권 침해상품 수입금지 요청 ➡	X	X	X	**주등록부** 등록 시 세관에 상표권 침해물품에 대한 수입 금지 요청 가능
불가쟁력 발생 ➡	X	X	X	**주등록부** 등록 시 발생
상표권의 지역적 범위 ➡	**주** 경계 내 **전역** 또는 실제 상표 사용 지역 + ∝	실제 상표 사용 지역 + ∝	실제 상표 사용 지역 + ∝	**미국 전역** (nationwide)
근거 ➡	주상표법상 관련 규정	보통법	**연방상표법** §43(a)(1) **(미등록상표)**	**연방상표법** §32(1) **(등록상표)**

40) 문삼섭, 앞의 논문, 64~65면 참조.

3. 연방상표법과 주상표법 간의 불일치 또는 저촉 문제

연방상표법과 주상표법이 공존할 경우 상호간의 불일치나 저촉의 문제가 발생될 수 있다. 하지만 각 주의 상표법은 「표준 주상표법안」(Model State Trademark Bill)이나 「통일된 기만적 거래행위 규제법」(Uniform Deceptive Trade Practices Act), 「연방희석화방지법」(Federal Trademark Dilution Act of 1995), 「연방희석화방지법 재개정법」(Trademark Dilution Revision Act of 2006) 등에 기초하여 제 · 개정되었기 때문에 연방상표법과 상호 정합성을 유지하는 것이 일반적이다. 다만, 연방상표법과 주상표법 간 불일치나 저촉이 발생하는 경우에는 연방상표법이 주상표법에 우선하여 적용되고 있다.

Ⅲ. 연방상표법과 특허법, 저작권법과의 관계

1. 의 의

연방상표법은 미국 연방헌법 제1조 제8절 제3항의 「주 간의 상거래 조항」(Interstate Commerce Clause)을 근거로 제정된 법률임에 반하여 특허법과 저작권법은 미국 연방헌법 제1조 제8절 제8항의 「특허 및 저작권 조항」(Patent and Copyright Clause)을 근거로 제정된 법률이다. 또한 연방상표법의 경우 주상표법과 병존하는 관계에 있지만 특허법과 저작권법은 각주에서 별도의 제정법을 두지 않고 있어 주법과 병존하는 관계가 아닌 발명과 저작물의 보호에 관한 유일한 법률이라고 볼 수 있다.

연구 9 연방상표법 vs. 특허법/저작권법

연방 상표법	➡	연방헌법 제1조 제8절 제3항 (**주 간**의 **상거래 조항**)[41]	➡	주상표법, 주부정경쟁방지법과 **병존**
특허법 저작권법	➡	연방헌법 제1조 제8절 제8항 (**특허 및 저작권 조항**)[42]	➡	주특허법, 주저작권법 **없음**

---

41) The Congress shall have power … to regulate Commerce with foreign Nations, and among several States, and with the Indian Tribes.

42) The Congress shall have power … to promote the Progress of Science and useful Arts, by

2. 연방상표법과 특허법과의 관계

1) 의 의

미국의 특허법에서는 실용특허(utility patent)의 경우 신규하고 유용한 방법, 제조물, 화학조성물(화학물질 포함) 및 이들의 신규하고 유용한 개량 발명을 보호 대상으로 하고 있으며, 디자인특허(design patent)는 제조물품의 신규하고 독창적이며 장식적인 형상 등의 외관을 그 보호 대상으로 하고 물품의 기계적 기능의 발명은 보호하지 않고 있다. 따라서 실용특허의 경우 제품의 기능(how it works)을 보호하는 데 반하여 디자인특허의 경우 제품의 장식적 또는 심미적인 외관(how it looks and feels)을 보호한다고 말할 수 있다. 한편 연방상표법상 상표는 자기의 상품을 확인하고 자타 상품을 식별할 수 있는 표장(how it identifies and distinguishes)을 보호하는 점에서 실용특허 및 디자인특허와 구별된다.[43]

2) 상표권과 특허권에 의한 중복 보호 여부

(1) 의 의 　상표와 특허의 제도적인 차이에도 불구하고 연방상표법상 상표의 보호 대상이 확대되어 입체적 형상, 트레이드 드레스 등도 상표로서 보호될 수 있기 때문에 특허법상의 보호 대상이 연방상표법상의 보호 대상에도 포함된다고 할 때 특허법과 상표법에 의한 중복 보호가 가능한지의 여부가 문제될 수 있다. 이는 특허법에 따라 제한된 존속기간 동안만 보호되는 특허권이 연방상표법에 따라 영구적인 상표권으로 보호될 경우 특허법의 제정 취지에 반하게 되고 경업자는 시장에서 효율적으로 경쟁을 할 수 없게 되는 결과를 초래하기 때문이다.

(2) 기능성 이론 　기능적인 형상이나 트레이드 드레스를 상표로 보호하는 것을 제한하여야 한다는 논의는 트레이드 드레스의 보호와 관련하여 「기능성 이론」으로 발전되어 왔다. 기능성 이론은 원래 학설과 판례법에 의하여 형성되어 온

---

securing for limited Times to Authors and Inventors the exclusive Right to their respective Writings and Discoveries.

43) 아울러 상표는 문자, 명칭, 소리, 냄새로 구성되어 등록될 수 있지만 디자인특허는 이것들로 구성되어 등록될 수 없다. 또한 디자인특허는 신규성과 독창성을 등록요건으로 하지만 상표는 신규성과 독창성을 등록요건으로 하지 않고 대신 식별력을 등록요건으로 하며, 디자인특허는 디자인권자가 등록된 디자인을 실시하여야 하는 의무가 없어 등록디자인의 불실시로 인한 디자인특허권의 효력 상실이 발생할 수 없으나 상표는 상표소유자의 상표의 선택과 사용에 의하여 상표권이 발생하며, 등록상표를 계속하여 사용하지 않을 경우 상표권의 효력이 상실될 수 있다는 점에서 차이가 있다. 신경섭, 미국특허 이야기, 한솜미디어, 2003, 241~242면 참조.

이론으로 “색채, 입체적 형상, 소리, 냄새 등 어떤 제품의 특성이 기능적일 때에는 이러한 제품의 기능적인 특성은 상표법이 아닌 특허법의 보호 영역에 속하는 것이므로 상표법에 의한 보호를 인정해 줄 수 없다는 이론”을 말한다.

연구 10 상표권, 실용특허권과 실용적 기능성 이론의 관계

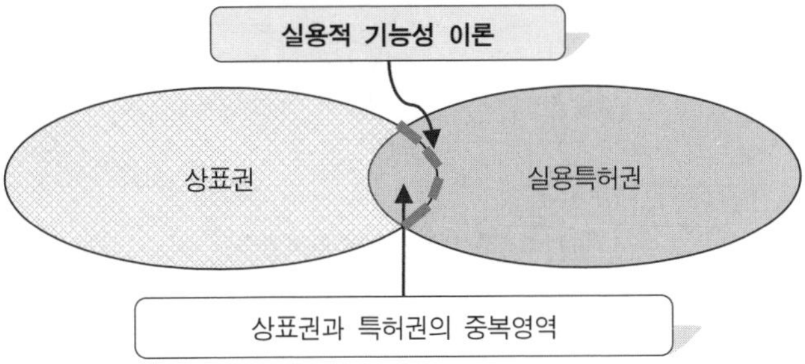

그런데 어떤 입체적 형상이나 트이드 드레스가 미국의 특허법상 보호 대상에 해당하고 상표로서도 기능을 하는 경우 「실용적인 기능성」[44](utilitarian functionality, mechanical functionality)이나 「심미적 기능성」[45](aesthetic functionality)을 가지지 않는 이상 상표로서의 보호를 배제할 수는 없다.

연구 11 제조물품의 특허법과 연방상표법에 의한 중복 보호 가능성

제조 물품	신규성 + 독창성을 갖춘 장식적 특징 + 비기능성	➡	특허법 (**디자인특허**)	**중복 보호**
	식별력 + 비기능성	➡	연방상표법 (입체상표, **트레이드 드레스**)	

현재 법원에 의하여 실용적인 기능성은 일반적으로 받아들여지고 있으나, 심미적인 기능성에 관해서는 회의적인 견해가 많아 일반적으로 받아들여지고 있지

44) 이 이론에 따라 어떤 제품의 특성이 제품의 원가, 사용 편의성을 향상시키는 경우 실용적 기능성이 있다고 하여 상표로서의 보호를 인정하지 않고 있다.
45) 일부 법원에서는 이 이론에 따라 어떤 제품의 장식적인 특성이 상품의 상업적 성공에 중요한 요소로 작용하는 경우 심미적인 기능성이 있다고 하여 상표로서의 보호를 인정하지 않았다.

는 않다. 따라서 실용특허와 상표의 중복 보호 가능성보다는 디자인특허와 상표의 중복 보호의 가능성이 훨씬 크다고 볼 수 있다.

연구 12 상표권, 디자인특허권과 심미적 기능성 이론의 관계

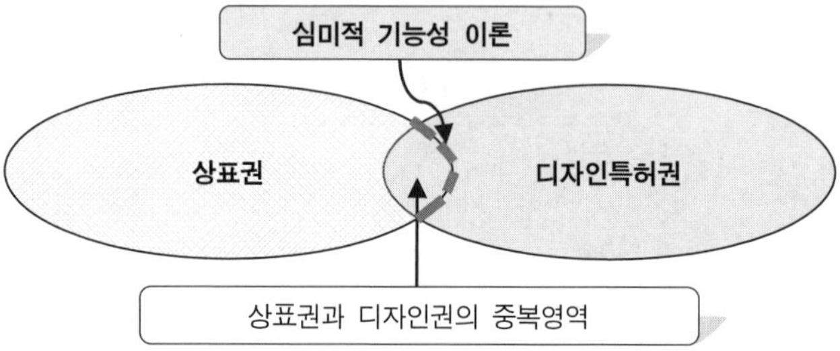

(3) 기능성 인정 사례

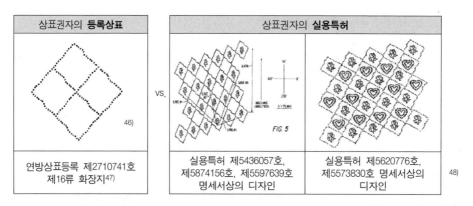

상표권자의 **등록상표**		상표권자의 **실용특허**	
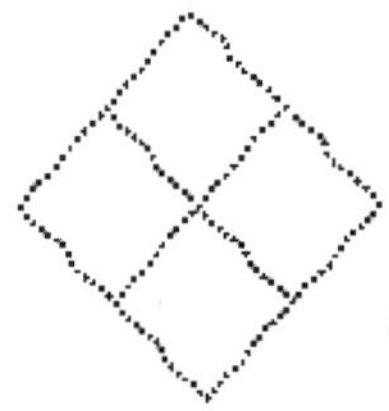 46)	VS.	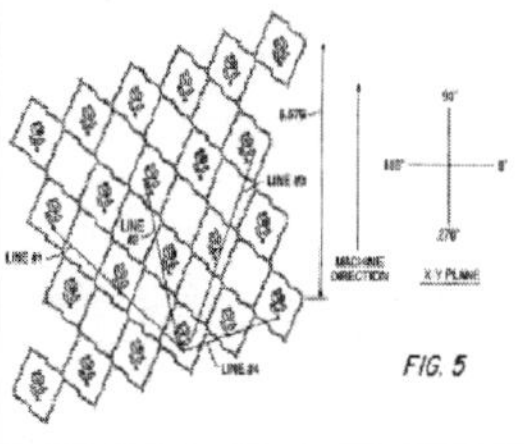	
연방상표등록 제2710741호 제16류 화장지[47]		실용특허 제5436057호, 제5874156호, 제5597639호 명세서상의 디자인	실용특허 제5620776호, 제5573830호 명세서상의 디자인

48)

46) 상표권자는 화장지와 관련하여 다음과 같은 연방상표법에 따라 등록된 상표들을 가지고 있었다.

제1778352호

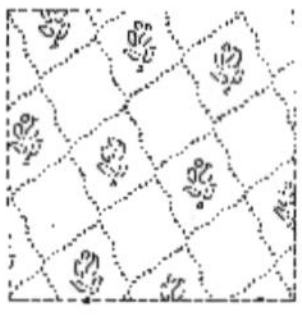
제1806076호

제1979345호

(4) 중복 보호 사례 미국에서는 디자인특허권의 기초를 이루는 특허법의 목적과 본질이 연방상표법의 그것과 상이하므로 어느 한 권리에 부속되지 않고 동일한 대상에 대하여 연방상표법과 특허법에 따른 등록요건을 충족하는 경우 상표권과 디자인특허권을 중복하여 취득할 수 있다.[49]

 ,[50]  ,[51]  ,[52]  ,[53]

---

47) 상표에 대한 설명: The mark consists of wavy, diagonal lines which intersect at right angles to form a repeating diamond pattern. The dotted lines are a feature of the mark and do not indicate color.

48) Georgia-Pacific Consumer Prods., LP v. Kimberly-Clark Corp. 647 F.3d 723, 99 USPQ2d 1538 (Jul. 28, 2011). 이 사건에서 상표권자인 Georgia-Pacific Consumer Prods사는 지정상품인 '화장지'에 대하여 화장지롤의 퀼티드 다이아몬드 디자인(quilted diamond pattern design)을 연방상표법에 따라 상표로 등록하였고 아울러 화장지롤의 퀼티드 다이아몬드 디자인에 대한 실용특허, 디자인특허와 저작권을 가지고 있었다. 1심법원은 상표권자인 Georgia-Pacific Consumer Prods사가 비록 화장지롤의 퀼티드 다이아몬드 디자인에 대하여 연방상표법에 따른 등록상표를 가지고 있다고 하더라도 상표권자가 가지고 있는 실용특허의 명세서상의 기능성을 고려할 때 연방등록상표는 기능성이 있어 상표로서 보호받을 수 없다고 판단하였다. 상표권자가 1심의 판결에 불복하자 2심인 제7 연방순회구 항소법원은 ⅰ) 상표권자가 실용특허를 가지고 있으며, ⅱ) 상표권자가 가진 각각의 실용특허의 명세서에서 화장지롤의 퀼티드 다이아몬드 디자인의 부드러움과 부피감과 잘 풀림에 대한 효용성에 대하여 설명하고 있다는 점에서 실용적인 기능성이 인정되므로 비록 연방상표법에 따라 상표등록이 되었다고 하더라도 상표로서 보호되지 못한다고 판시하였다. 아울러 상표권자가 연방상표법에 따라 상표로 등록한 화장지롤의 다이아몬드 디자인 이외에도 경업자는 6각형, 8각형 등의 다양한 대체가능한 디자인을 가지고 있다고 하지만 경업자가 여러 다양한 대체가능한 디자인이 있다는 사실 자체만으로는 상표가 비기능적이라고 판단할 수 없다고 판시하였다.

49) *In re* Mogen David Wine Corp., 328 F.2d 925, 140 USPQ 575 (CCPA 1964).

50) 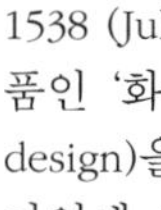 연방상표등록 제5108559호, 지정상품: 제3류 Eau de perfume, eau de toilette and eau de cologne, fragrances and perfumery, perfumes, scented body spray, toilet water.

51) 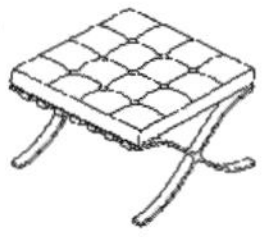 연방상표등록 제2894977호, 지정상품: 제20류 Arm chairs, bar stools, bean bag chairs, booster chairs, baby, chairs, (bean bag, desk, dining, folding, high, rocking, chaise lounge), high chairs, ottomans, rocking chairs, step stools, stools. 상표에 대한 설명: Color is not claimed as a feature of the mark. The mark consists of a configuration of a stool with a metal frame supporting a leather cushion.

,[54] ,[55] [56]

---

52) 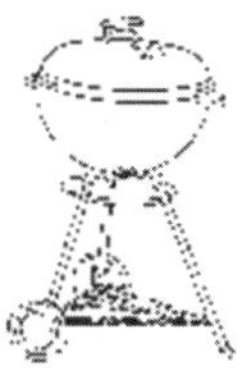 연방상표등록 제1481521호, 지정상품: 제11류 Barbeque grills. 상표에 대한 설명: The mark consists of a three-dimensional pictorial representation of the distinctive configuration of the kettle and leg portions of applicant's barbecue grills. The kettle portion includes a bottom of generally semi-spherical shape having a top of generally semi-ellipsoid shape and supported by three downwardly and outwardly extending legs projecting from the bottom of the bottom portion.

53)  연방상표등록 제2687866호, 지정상품: 제12류 Automobiles and their structural parts. 상표에 대한 설명: The mark consists of a configuration of an automobile which features retro-inspired, techno-style design elements such as an aggressive street-rod stance, chrome handles, flared sills, a pronounced grille and bullet-shaped tail lights. The dotted lines are provided to show the position of the mark and are not claimed as part of the mark.

54)  연방상표등록 제4123899호, 지정상품: 제11류 Lighting apparatus, namely, lamps. 상표에 대한 설명: Color is not claimed as a feature of the mark. The mark consists of a three-dimensional configuration of a floor lamp including a rectangular cuboid base with a small footprint, a single-piece arcing arm, and a hemispherical lamp fixture with ornamental holes.

55)  연방상표등록 제3898366호, 지정상품: 제14류 Horologic and chronometric instruments, namely, watches. 상표에 대한 설명: Color is not claimed as a feature of the mark. The mark consists of a configuration of a round and thick watch case (i.e., deep) with a thick outer metal bezel surrounding the watch face that slopes downward from the inside of the case to the outside; a removable, screw down cap that covers a central crown, such that in looking at the watch from the front, there are three metal rings of increasing thickness with engraved striations, a fourth thick metal ring, and a rounded cap, all of which is attached to the watch with a chain link; two smaller crowns positioned above and below the central crown. that are capped with non-removable caps that mimic the cap on the central crown; single horned extensions at the top and bottom of the watch case connecting it to the strap, such that the strap fits between the extensions with only one single extension on each side; a lug that extends through the strap/bracelet and the single horned extension with pyramid-shaped caps; Arabic numerals in curly font; and a metal bracelet that consists of H-shaped links alternating with rectangular shaped links, the width of the H-shaped links being half that of the rectangular link.

56) 연방서비스표등록 제1217887호, 지정서비스: 제41류 Entertainment services in the form of professional football games and exhibitions. 서비스표에 대한 설명: The drawing is

3. 연방상표법과 저작권법과의 관계

1) 의 의

연방상표법상 보호 대상인 상표는 자기의 상품을 확인하고 자기의 상품을 타인의 상품과 식별하는 기능을 가진 표장으로서 문자, 도형, 캐릭터, 소리 등으로 구성된다. 한편 미국의 저작권법상의 보호 대상인 저작물은 저작자의 사상과 감정의 표현물로 어문저작물, 음악저작물, 연극저작물, 무언극 또는 무용저작물, 회화, 그래픽 및 조각저작물, 영화와 그 밖의 시청각저작물, 녹음물, 건축저작물 등으로 구성된다.

2) 상표권과 저작권에 의한 중복 보호 여부

(1) 의 의　　통상 문자상표의 경우 짧은 단어나 어구로 구성되는 데 반하여 어문저작물인 시나 소설, 희곡 등은 상당한 분량으로 구성된다. 그런데 비교적 짧은 광고용 카피가 슬로건으로 이용되어 상표로서 보호되는 경우에는 상표권과 저작권으로 중복하여 보호될 수 있다. 특히 상표의 보호 대상이 확대되어 입체적 형상, 소리, 캐릭터, 트레이드 드레스도 상표로서 보호될 수 있기 때문에 이러한 입체적 형상, 소리, 캐릭터, 트레이드 드레스가 저작권법상 보호 대상인 저작물에 해당되는 경우 상표법에 의한 상표권, 저작권법에 의한 저작권으로 중복하여 보호될 수 있다.

연구 13 상표권과 저작권에 의한 중복 보호

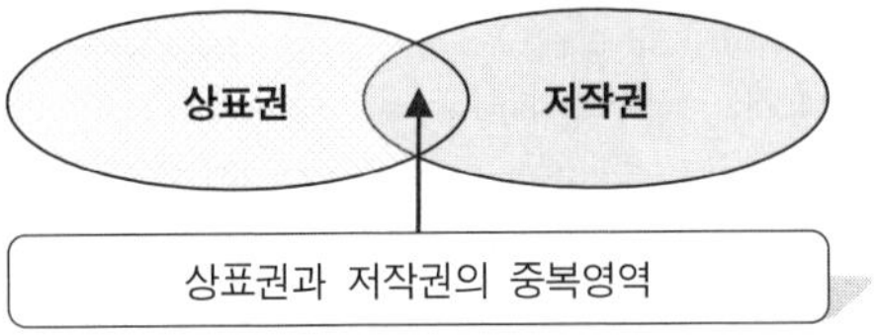

two-dimensional representation of the mark, which consists of the design elements and color combinations appearing on a three-dimensional football uniform worn by players in applicant's games and exhibitions. The mark is lined for the colors blue and gold.

(2) 중복 보호 사례

,57)  ,58) 

,59)  ,60)  61)

---

57) 연방상표 · 서비스표등록 제2683933호, 지정상품: 제1류 Chemicals, namely, surfactants, isopropanol and acetone in unfinished form for use as additives and solvents for other chemicals and for general industrial use. 제4류 Gasoline, diesel fuel, kerosene, natural gas, gas oils, diesel oils, furnace fuel oils, motor lubricating oils, transmission oils and lubricating greases. 지정서비스: 제35류 Retail store services featuring convenience store items and gasoline; advertising, namely, promoting the sale of gasoline and petroleum products of others through the distribution of printed and audio promotional materials. 제37류 Automobile and truck service station services.

58)  연방상표등록 제5027914호, 지정상품: 제28류 Children's multiple activity toys; toy rockets.

59) 

연방상표등록 제2393442호, 지정상품: 제16류 Paper, cardboard and goods made from these materials, namely, stickers, posters, postcards, [pictures,] announcement cards, greeting cards, christmas cards, gift cards, [playing cards,] [occasion cards,] writing paper and envelopes, [note cards,] diaries, [notepaper,] photo albums, calendars, note books, height cards, [binders,] sketch books, invitations, printed matter, namely, children's activity books, children's books, coloring books, baby books, [general feature magazines,] children's magazines, stationery, namely, pens, pencils, pencil cases, [india-rubber erasers, pencil erasers,] pencil sharpeners and bookends, [printing blocks, rubber stamps, adhesives for stationery or household purposes,] arts and crafts materials for children, namely, paint, water-colors, pencils, color-pencils, colored chalk, [felt pens, paint brushes, typewriters,] paper teaching material for children, [plastic bags and plastic bubble packs for packaging,] paper napkins, paper party hats, paper towels, paper handkerchiefs, tissues, [diapers made of paper or cellulose,] giftwrap paper, [packing paper wrapping paper].

60) 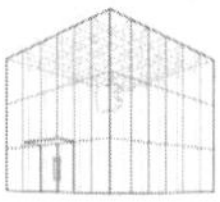 연방서비스표등록 제4021593호, 지정서비스: 제35류 Retail store services featuring computers, computer software, computer peripherals and consumer electronics, and demonstration of products relating thereto. 서비스표에 대한 설명: Color is not claimed as a feature of the mark. The mark consists of the distinctive design and layout of a retail store comprised of a cube-shaped building constructed almost exclusively of transparent glass, with transparent glass walls and roof, transparent glass double doors and a transparent glass awning and featuring a pendant of an

3) 상표권과 저작권의 저촉[62]

저작권법상 보호되는 저작물을 저작권자의 허락을 받지 않고 타인이 상표로 사용하거나 연방상표법에 따라 상표로 출원하는 경우 연방상표법에서는 이러한 상표를 부등록사유나 상표등록의 취소사유로는 규정하지 않고 있다.[63] 법원은 저작권 침해소송에서 피고가 연방상표법에 따라 서비스표를 등록했다고 하지만 서비스권의 소유 여부에 관계없이 원고의 저작권을 침해하는 경우 피고는 그 침해에 대하여 책임을 져야 한다고 판단하였으며,[64] 상표권 침해소송에서 저작권자로부터 허락을 받은 저작물로 상표를 구성하였다고 하더라도 타인의 상표권을 침해할 권리까지 보장하지는 않는다고 판단하여 상표권 침해를 인정하였다.[65]

---

apple with a bite removed suspended from the ceiling.

61)  연방서비스표등록 제1761655호, 지정서비스: 제36류 Conducting a securities exchange and related stock market services. 서비스표에 대한 설명: The mark consists of a representation of an actual building facade with the wording "NEW YORK STOCK EXCHANGE" located beneath the pediment.

62) 조영선, "저작권과 상표권의 저촉 · 중복보호 등에 관한 법률문제", 「저스티스」, 통권 제153호, 2016, 64~65면 참조.

63) 따라서 출원상표가 저작권을 침해한 상표에 해당하는지의 여부에 대해서는 심사관이 심사를 하지 않으므로 상표로 등록될 수 있다. 아래는 피카소의 개그림과 동일한 표장을 상표로 출원하여 등록받은 사례이다.

피카소의 저작물		등록상표
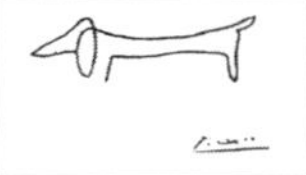	vs.	
		연방상표등록 제3677412호, 지정상품: 제18류 Purses, handbags, backpacks, rucksacks, school bags, briefcases, suitcases, fur, clothing for domestic pets, umbrellas. 제25류 training shoes, golf shoes, leather shoes, boots, jumpers, button-front aloha shirts, polo shirts, sports shirts, t-shirts, neckties, socks, caps, leather belts, scarves, sweaters.

64) Boyle v. U.S., 200 F.3d 1369, 53 USPQ2d. 1433 (fed. Cir. 2000). 이 사건에서 법원은 서비스표권자는 연방상표법에서 정하는 여러 가지 권리가 부여되지만 타인의 저작물을 저작권자의 허락 없이 임의적으로 이용할 권리는 포함되어 있지 않다고 판단하였다.

65) Nova Wines, Inc. v. Adler Fels Winery LLC, 467 F. Supp. 2d. 965, 983, 85 USPQ2d. 1202 (N.D. Cal. 2006). 이 사건은 Nova Wines사가 Playboy사로부터 마릴린 먼로의 누드 사진 이용에 관한 허락을 받아 자사의 포도주 라벨에 마릴린 먼로의 누드사진을 이용하고 그 후 Adler Fels Winery사가 마릴린 먼로의 누드사진의 저작권을 관리하고 있는 Playboy사가 아닌 다른 회사로부터 마릴린 먼로의 누드사진의 이용허락을 받아 자사의 포도주의 라벨에 이용허락을 받은 마릴린 먼로의 누드사진을 이용하자 Nova Wines사가 Adler Fels Winery사

4. 정 리

미국에서 연방상표법, 특허법, 저작권법과의 관계에 의해 보호 대상의 중복 여부를 그림으로 나타내면 다음과 같다.

연구 14 상표권, 디자인특허권, 저작권에 의한 중복 보호

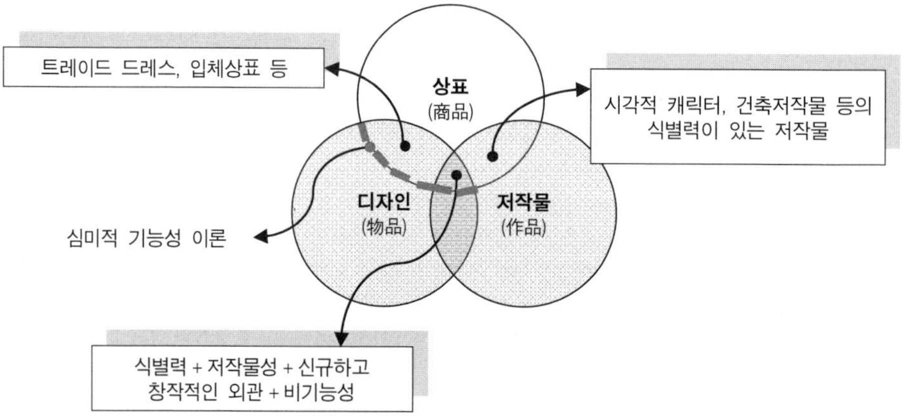

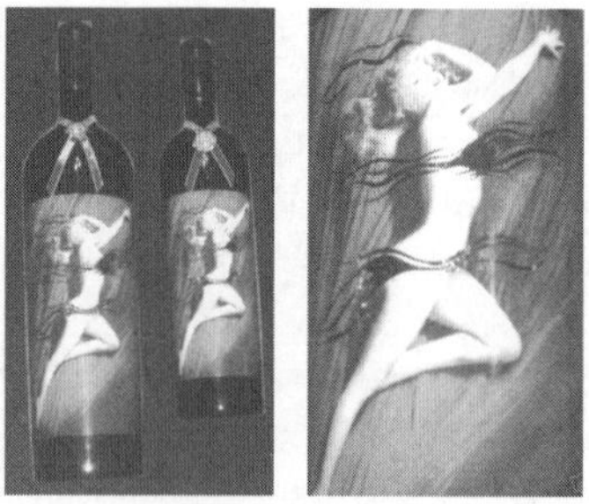

를 상대로 상표권 침해를 이유로 Adler Fels Winery사가 마릴린 먼로의 사진을 상표로서 사용하는 것을 금지하는 소송을 제기한 사건이다. Adler Fels Winery사는 자사의 포도주 라벨에 이용하는 마릴린 먼로의 누드사진은 저작권을 관리하는 회사로부터 허락을 받았다고 항변하였으나 법원은 비록 피고인 Adler Fels Winery사가 저작권 관리회사로부터 마릴린 먼로의 사진의 이용에 대한 허락을 받아서 사용하였지만 Nova Wines사의 상표권을 침해할 권리까지 보장받은 것은 아니라면서 Adler Fels Winery사의 포도주 라벨에 마릴린 먼로 사진의 이용을 금지하였다.

제3절 ▌미국의 연방상표 관련 기관, 법령 및 심사기준 등

Ⅰ. 의 의

연방상표법에 따른 상표의 출원, 심사, 등록, 심판에 관한 절차와 실체에 관해서는 우선 연방상표법과 미국이 가입한 국제조약이 적용되지만 주로 절차적인 것은 특허상표청장이 정한 「연방상표법 시행규칙」의 적용을 받게 된다. 아울러 심사관이 상표심사 시 참고하는 「상표심사기준」, 「상표심사가이드」, 상표심판원의 심판관이 심판절차에서 사건을 심리할 때 참고하는 「상표심판편람」이 적용되게 된다.

Ⅱ. 연방상표법에 따른 상표의 출원 · 심사 · 등록 · 심판 관련 기관

1. 특허상표청

미국의 특허상표청(United States Patent and Trademark Office: USPTO)의 역사는 약 200년이 넘는 역사를 가진 관청으로서 1790년 미국의 조지 워싱턴 대통령 시기에 특허법이 제정되었고 국무부(Department of State) 소관으로 특허가 발급되었으나 이후 상무부(Department of Commerce) 소관으로 변경되었고 1802년경에 특허를 전담하는 기관이 상무부에 설립되는데 이것이 특허청의 모태가 되었다. 이후 1881년 연방상표법이 제정됨에 따라 특허청의 업무에 상표의 출원과 등록업무까지 담당하게 되었다. 그 후 특허뿐만 아니라 상표의 출원 · 심사 및 등록 업무를 수행하는 관청의 이름을 「특허청」이라고 호칭하는 것은 잘못이라고 판단하여 1975년에는 특허청을 「특허상표청」으로 개명하게 된다. 미국의 특허상표청은 현재 버지니아주 알렉산드리아에 본부를 두고 있으며, 다른 주에도 총 4개의 지역사무소(regional USPTO Office)를 두고 있다.[66)]

---

66) 미국의 특허상표청은 현재 버지니아주 알렉산드리아에 본청이 있고 미시간주의 디트로이

2. 상표심판원

1950년대부터 상표출원이 급증함에 따라 상표심사 업무의 가중과 심사관의 거절결정 등에 대한 불복을 특허청장에게 청구하는 사건의 적체를 가져오게 되었다. 이러한 문제를 해소하기 위해 1958년에는 「특허청장」에 대한 심사관의 거절결정에 대한 항고제도를 폐지하고 「상표심판원」(Trademark Trial and Appeal Board: TTAB)을 설립하여 상표심판원에 항고를 제기할 수 있도록 개선하였다.

Ⅲ. 연방상표법의 체계

통상 Lanham Act로 불리우는 미국의 연방상표법의 각 조문은 종래 보통법상 축적된 원칙들을 성문화한 것으로서 우리나라의 상표법과 같이 별개의 독립된 법이 아니라 미국의 법전 제15편 「상업 및 교역편」(United States Code, Title 15, Commerce & Trade) 중에서 상표에 관하여 규정한 제22장(Chapter 22 — Trademarks)에서 규정하고 있으며 12개의 편(Title)으로 구성되어 있다.

트, 텍사스주의 달라스, 콜로라도주의 덴버, 캘리포니아주의 산호세 실리콘밸리에 총 4개의 지역사무소를 두고 있다.

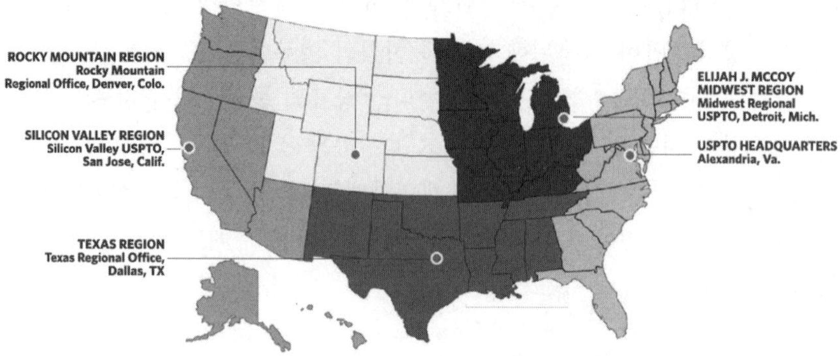

출처: 미국 특허상표청 Performance and Accountability Report 2016.

IV. 연방상표법 시행규칙

연방상표법 제41조[67]의 규정에 따라 미국의 특허상표청장이 제정한 상표와 관련된 절차규정으로 연방행정법인 Code of Federal Regulations(C.F.R.)의 37 Code of Federal Regulations에서는 특허 및 상표와 관련된 절차를 규정하고 있다. 이 중에서 상표에 관한 시행규칙은 Subchapter A의 Part 2, 6, 11에 해당된다. Part 2에서는 상표사건에 관한 실무 규칙(Rules of Practice in Trademark Cases), Part 6에서는 상품 및 서비스 분류(Classification of Goods and Services under the Trademark Act), Part 11에서는 특허상표청에 대한 타인의 대리(Representation of Others before the United States Patent and Trademark Office)에 대하여 규정하고 있다.

V. 상표심사기준

연방상표법에 따른 상표의 출원 · 심사와 등록 등에 관련된 절차와 실체에 관한 심사기준(Trademark Manual of Examining Procedure: TMEP)으로 심사관이 출원된 상표에 대한 심사 시 기준으로 적용된다. 다만, 심사관이 이 기준을 위반하였다고 하더라도 출원인이나 상표권자는 이를 근거로 소송이나 심판을 제기할 수는 없다. 현재 2018년 10월에 개정된 상표심사기준이 적용되고 있다.

VI. 상표심사가이드

상표심사기준에 반영하기 전에 새로 도입한 상표심사와 관련된 기준을 적용하기 위하여 마련된 심사가이드(Trademark Examination Guides, Notes and Announcements)이다. 상표심사와 관련하여 상표심사기준과 상표심사가이드 간 불일치가 있을 경우에는 상표심사가이드가 상표심사기준을 대체한다.

---

67) 미국의 연방상표법 제41조에서는 "The Director shall make rules and regulations, not inconsistent with law, for the conduct of proceedings in the Patent and Trademark Office under this chapter."라고 규정하고 있다.

Ⅶ. 특허상표청에서 인정되는 상품 및 서비스 목록

특허상표청에서 인정되는 상품 및 서비스 목록(Acceptable Identification of Goods and Services Manual)이란 특허상표청 심사관이 출원상표의 지정상품에 대한 심사 시 상품의 명칭이 불명확하거나 포괄적인 일반명칭에 해당한다는 등의 거절 이유를 통지하지 않고 인정될 수 있는 구체적인 상품과 서비스의 목록을 의미한다. 미국에서는 국제 상품 및 서비스분류인 니스분류의 상품류의 포괄적인 제목(class heading)을 상표출원서에 기재하는 것을 허용하지 않고 구체적인 상품이나 서비스 명칭의 기재만을 허용하고 있다. 따라서 출원인은 상표출원 시 이 목록을 참고하여 상품이나 서비스를 상표출원서에 지정하는 것이 바람직하다.

Ⅷ. 상표심판편람

상표심판원에서 다루는 ⅰ) 상표등록의 이의신청, ⅱ) 상표등록의 취소심판, ⅲ) 공존사용등록 등에 관한 심판절차를 규정한 심판편람(Trademark Trial and Appeal Board Manual of Procedure: TBMP)으로 상표심판원 심판관이 심판사건에 대한 심리를 진행할 때 참고하는 기준이다.

Ⅸ. 미국이 가입한 상표관련 국제조약

미국은 산업재산권 보호를 위한 파리협약, 상품과 서비스의 국제분류에 관한 니스협정, 상표법조약, 마드리드 의정서, WTO 설립협정, 상표 및 상호 보호를 위한 미주협약(Convention for the Protection of Trademarks and Commercial Names) 등의 상표관련 국제조약에 가입하고 있다.

제4절 ▌우리나라의 제도와 비교 · 분석

Ⅰ. 우리나라의 제도

1. 등록주의

1) 의 의

우리나라의 현행 상표법상 상표권은 출원된 상표가 특허청의 상표등록부에 설정등록됨으로써 발생하는 「등록주의」를 취하고 있다(법 §82①). 따라서 출원인의 상표출원에 대한 심사관의 등록결정이 있고 상표등록을 받고자 하는 자가 소정의 상표등록료를 특허청에 등록료 납부기간 내에 납부하면(법 §72① i), 특허청장이 특허청에 비치된 상표등록부에 상표권을 설정등록함으로써 상표권이 발생하게 된다.

2) 연 혁

(1) **1949년 제정상표법** 우리나라의 1949년 제정상표법(1949. 11. 28. 법률 제71호)에서는 국내에서 상표를 정당히 영업상 「사용하는 자」는 자기의 상표를 상표등록부에 등록할 수 있으며,[68] 동종의 상품에 사용할 동일 또는 유사한 상표에 대한 2 이상의 등록출원이 경합하였을 때에는 영업상 「최선사용자」에 한하여 등록한다고 규정하였다.[69]

(2) **1958년 개정법** 1958년 개정법(1958. 3. 11. 법률 제480호)에서는 국내에서 상표를 정당히 영업상 「사용하는 자」는 자기의 상표를 상표등록부에 등록할 수 있으며,[70] 동종의 상품에 사용할 동일 또는 유사한 상표에 대한 2이상의 등록출원이 경합하였을 때에는 「선출원자」를 등록한다고 규정하였다.[71]

---

68) 1949년 제정상표법 제2조에서는 "국내에서 상표를 정당히 영업상 사용하는 자는 본법과 본법에 의하여 발하는 명령의 정하는 바에 의하여 자기의 상표를 상표등록부에 등록할 수 있다."라고 규정하였다.

69) 1949년 제정상표법 제3조 제1항 참조.

70) 1958년 개정법 제2조에서는 "국내에서 상표를 정당히 영업상 사용하는 자는 본법과 본법에 의하여 발하는 명령의 정하는 바에 의하여 자기의 상표를 상표등록부에 등록할 수 있다."라고 규정하였다.

(3) **1973년 개정법** 1973년 개정법(1973. 2. 8. 법률 제2506호)에서는 국내에서 상표를 「사용하는 자」 또는 「사용하고자 하는 자」는 자기의 상표를 등록받을 수 있는 권리를 가지며,[72] 동일 또는 유사한 상품에 사용할 동일 또는 유사한 상표에 대하여는 「최선출원자」에 한하여 등록을 받을 수 있다고 규정하였다.[73]

(4) **정 리** 우리나라의 상표법도 1949년 제정상표법에서부터 1973년 개정법이 시행되기 전까지는 국내에서 상표를 정당히 영업상 「사용하는 자」만이 자기의 상표를 등록받을 수 있도록 규정하여 상표의 출원요건으로서 상표의 사용을 요구하였으나, 1973년 개정법이 시행된 이후부터는 국내에서 상표를 정당히 영업상 「사용하는 자」는 물론이고 「사용하고자 하는 자」도 자기의 상표를 등록받을 수 있는 권리를 갖도록 개정하여 상표의 출원요건으로서 상표의 사용을 요구하지 않게 되었다. 아울러 동종의 상품에 사용할 동일 또는 유사한 상표에 대한 2 이상의 등록출원이 경합하였을 때에는 1949년 제정상표법에서는 선사용주의를 취하였으나 1958년 개정법이 시행된 이후부터는 선출원주의로 전환하였다.

2. 제정법주의

우리나라는 대륙법계를 취하고 있으므로 상표법과 상표법 시행령, 상표법 시행규칙 등과 같이 제정법 체계에 의하여 상표의 출원, 심사 및 등록 절차가 진행되고 상표등록의 거절과 상표권의 효력 등이 발생한다. 물론 판례도 상표와 관련된 법령의 해석에 있어서 제정법의 보조적인 역할을 하지만 기본적으로 제정법인 상표관련 법령에 따른다.

3. 상표법과 부정경쟁방지법과의 관계

우리나라에서는 원칙적으로 상표법은 출원된 상표의 등록 절차와 그 효력 등에 관한 법으로 「등록상표」를 상표권으로서 보호하기 위한 법이라고 말할 수 있다.[74] 한편 부정경쟁방지법은 국내에서 널리 알려진 「미등록상표」의 보호뿐만 아

71) 1958년 개정법 제3조 제1항 참조.

72) 1973년 개정법 제3조에서는 "국내에서 상표를 사용하는 자 또는 사용하고자 하는 자는 이 법 또는 이 법에 의하여 발하는 명령의 정하는 바에 의하여 자기의 상표를 등록받을 수 있는 권리를 가진다."라고 규정하였다.

73) 1973년 개정법 제13조 제1항 참조.

74) 물론 미등록된 유명상표의 경우 타인에 의한 상표등록을 배제한다는 측면에서 미등록상표

니라 다양한 부정경쟁행위를 방지하기 위한 법으로서 상표법과 부정경쟁방지법과의 관계를 설정한다면 부정경쟁방지법이 상표법의 일반법이라고 말할 수 있다.

4. 상표권과 타인의 디자인권, 저작권과의 관계

1) 타인의 저작권 등을 침해하는 상표의 등록여부

우리나라 상표법에서는 상표권자 · 전용사용권자 또는 통상사용권자는 그 등록상표를 사용할 경우에 그 사용 상태에 따라 그 상표등록출원일 전에 출원된 타인의 특허권 · 실용신안권 · 디자인권 또는 그 상표등록출원일 전에 발생한 타인의 저작권과 저촉되는 경우에는 지정상품 중 저촉되는 지정상품에 대한 상표의 사용은 특허권자 · 실용신안권자 · 디자인권자 또는 저작권자의 동의를 받지 아니하고는 그 등록상표를 사용할 수 없도록 규정하고 있다(법 §92①). 따라서 타인의 디자인권이나 저작권을 침해하는 표장으로 상표등록을 받을 수는 있으나 정당한 권한을 가진 디자인권자나 저작권자의 동의를 받지 않고는 등록상표를 사용할 수 없다.

2) 타인의 저작권을 침해하는 등록상표의 사용 시 정당한 사용으로의 인정 여부

비록 상표법에서는 저작권과 저촉되는 등록상표는 저작권자의 동의를 받지 아니하고는 사용할 수 없도록 규정하고 있으나(법 §92①) 법원은 상표권자가 저작권자의 동의를 받지 않고 당해 등록상표를 사용하는 경우 비록 타인의 저작권을 침해하는 것은 별론으로 하고 상표등록의 취소의 요건과 관련하여 상표의 정당한 사용으로 해석하고 있다.75)

Ⅱ. 미국의 제도와 비교

1. 사용주의 vs. 등록주의

우리나라와 미국은 기본적으로 상표권의 발생부터 상이하다. 미국의 경우 상표소유자가 상표를 선택하여 거래에서 실제 사용하면 보통법상 상표권이 발생하는 사용주의를 취하고 있으나, 우리나라는 출원인이 특허청에 상표를 출원하여 심사관에 의한 심사를 받고 심사관으로부터 등록결정을 받은 후 소정의 등록료를 납

를 소극적으로 보호하고 있다는 점은 논외로 한다.

75) 대법원 2001. 11. 27. 선고 98후2962 판결 참조.

부하면 특허청장이 그 상표를 상표등록부에 설정등록하여야 비로소 상표권이 발생하는 등록주의를 취하고 있다는 점에서 근본적인 차이가 있다. 다만, 우리나라의 경우에도 등록주의를 원칙으로 하면서 상표의 사용의사가 없는 상표, 미등록된 주지 · 저명상표와 동일 또는 유사한 상표 등에 대해서는 상표등록을 거절하고 착오로 등록 시 상표등록을 무효로 할 수 있도록 상표법에서 규정하고 있으며 선사용권의 인정, 불사용취소심판제도 등과 같은 사용주의적인 요소를 가미함으로써 등록주의의 폐단을 해소하기 위해 노력하고 있다.

연구 15 미국의 사용주의 vs. 우리나라의 등록주의

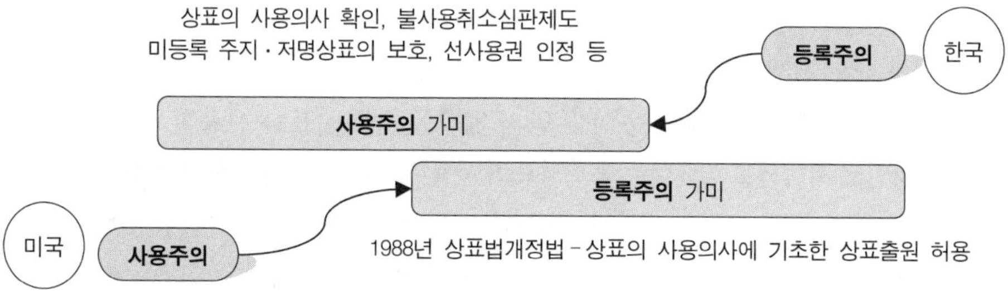

2. 상표법과 부정경쟁방지법과의 관계

우리나라의 상표법은 원칙적으로 「등록상표」를 보호하는 법이고 부정경쟁행위를 규제하기 위한 법률로서 부정경쟁방지법을 별도로 두고 있다. 그러나 미국의 연방상표법은 기본적으로 「등록상표」를 보호하지만 연방상표법에 따라 등록되지 아니한 미등록상표에 대한 상표권 침해, 유명상표의 희석행위, 사이버스쿼팅행위, 허위광고 행위 등과 같은 다양한 부정경쟁행위를 방지하기 위한 규정도 연방상표법 제43조에서 규정하고 있다는 점에서 차이가 있다. 이러한 점에서 미국의 현행 Lanham Act를 「연방상표법」으로 번역하지 않고 「연방상표 및 부정경쟁방지법」으로 번역하기도 한다.[76] 사견으로는 후자가 보다 타당한 번역이라고 생

76) 육소영, "미국법상의 상표의 희석화 보호규정에 대한 분석", CLIS Monthly, 2003권 2호, 정보통신정책연구원, 2003, 2면 참조.

각하지만 본서에서는 편의상 우리나라에서 보다 많이 호칭되는 연방상표법으로 번역하여 논하기로 한다.

3. 상표권과 타인의 디자인권, 저작권과의 관계

우리나라에서는 상표법상 타인의 디자인권이나 저작권을 침해하는 표장으로도 상표등록은 받을 수는 있지만 정당한 권한을 가진 디자인권자나 저작권자의 동의를 받지 않고는 등록상표를 사용할 수 없다(법 §92①). 한편 미국의 연방상표법에서는 특허법이나 저작권법상 보호되는 표장을 타인이 창작자나 저작권자의 허락을 받지 않고 연방상표법에 따라 상표로 출원하는 경우 연방상표법에서는 출원상표의 부등록사유나 상표등록의 취소사유로 규정하지 않고 있다. 따라서 이러한 경우에 해당한다고 하더라고 연방상표법상 상표등록은 가능하다고 본다. 다만, 상표가 등록된 후에 상표권자가 그 등록상표를 사용하는 경우 타인의 디자인특허권이나 저작권의 침해에 대해서는 책임을 져야 한다.

제 2 장
연방상표법의 개정 연혁[1)]

제1절 총 설

미국의 연방상표법은 상거래상 사용되는 상표를 보호하여 궁극적으로 상표 소유자의 축적된 신용을 보호하는 한편 상품의 출처 또는 후원관계 등의 혼동으로부터 소비자를 보호하는 법이다. 따라서 연방상표법은 상거래 상황의 변화에 따라 적절하게 상표를 보호하는 방안을 모색하여야 하는바 이러한 개선방안을 모색하는 과정이 연방상표법의 개정 연혁이라고 말할 수 있다. 미국은 1870년 연방상표법이 처음으로 제정된 이래 미국 내 주 간의 상거래 또는 외국과의 상거래의 급속한 확장, 명품에 대한 관심의 증대와 이로 인한 위조상품의 범람, 인터넷 전자상거래의 발전과 인터넷 도메인 이름의 등장 등 복잡하고 다기한 영업과 상거래 환경의 변화에 적절히 대응하기 위하여 지속적으로 연방상표법을 개정하여 현재에 이르고 있다. 이하에서는 미국의 연방상표법 제정에 많은 영향을 미친 주요 유럽 국가들의 상표법 제 · 개정 연혁을 먼저 알아보고 미국의 연방상표법의 개정 연혁을 개략적으로 살펴보고자 한다.

---

1) 특허청, 미국 상표법 · 제도에 관한 분석 및 시사점, 2006, 6~22면; 나종갑, 미국상표법연구, 한남대학교 출판부, 2005, 31~37면 참조.

제2절 유럽 주요 국가의 상표법 제 · 개정 연혁

Ⅰ. 영 국

1. 보통법상 상표 보호

영미법상 상표에 관한 최초의 판례로 알려진 사건은 1618년 「Sothern v. How 사건」으로 법원은 이 사건과 관련하여 비록 피고가 원고의 직물제품에 대하여 사용하여 명성을 얻고 있는 상표와 동일한 상표를 피고가 조악한 자신의 직물제품에 사용하여 소비자를 기만하였다고 하더라도 원고는 자신의 상표에 대한 독점권을 인정할 수 없다는 판결을 내렸다. 영국은 이후 이와 유사한 사건에서도 상표에 대하여 재산권으로 인정하여 상표소유자의 권리가 침해된 것으로 판단하지 않고 후사용자의 사용으로 소비자에 대한 사기로서의 불법행위 또는 후사용자가 선사용자의 상표를 사용하여 자기의 상품이 선사용자의 상품인 것처럼 사칭하여 소비자를 혼동하게 하는 부정경쟁행위의 한 유형인 사칭통용행위(詐稱通用行爲, passing-off)로 보아 금지하였다.[2)]

2. 상표법 제정

1) 1266년 제빵업자 상표표시법

영국은 1266년 「제빵업자 상표표시법」(Bakers Marking Law)을 제정하여 모든 제빵업자로 하여금 자기가 제조하여 판매하는 빵을 확인하기 위한 상표를 표시하도록 의무화하였다. 이 법의 목적은 만일 특정한 제빵업자가 생산한 빵의 중량에 잘못이 있는 경우 누구의 잘못인지를 확인하기 위한 목적이었다. 그 후 1363년에는 은세공업자도 자신이 생산한 제품에 자기의 상표를 표시하도록 의무화되었다.

2) 1862년 상품표장법

1862년에는 「상품표장법」(Merchandise Marks Act)을 제정하여 사기를 치거나 사기를 칠 의도로 타인의 상표를 모방하는 것을 형법상 범죄로 규정하였다. 이러

---

2) 황영익, "한국과 미국 상표법상 표장의 식별력에 대한 비교연구", 특허청, 2007, 8면 참조.

한 상품표장법은 상표의 출원이나 등록에 관한 규정이 아니었으므로 미국의 연방상표법상 상표의 출원 · 심사 · 등록에 관한 규정에 영향을 미치지 못하였다.

3) 1875년 상표등록법

(1) **의 의** 1875년에는 「상표등록법」(Trade Marks Registration Act)을 제정하여 1876년 런던에 「상표등록청」(Trade Marks Registration Office)이 설립되고 1876년 1월 1일부터 상표의 출원과 등록업무를 시작하였다. 이 법은 기본적으로 「사용주의」에 입각하여 상표를 등록할 수 있었다. 이 법에 따라 Bass Brewery사가 1876년 1월 1일에 맥주에 대하여 출원한 아래의 상표가 영국의 등록상표 제1호로 현재까지 등록을 유지하고 상표권자에 의하여 사용되고 있다.[3][4]

(2) **주요 내용** 상표등록법에서는 상표등록은 상표권자가 등록상표를 상표등록부상의 지정상품에 대하여 배타적으로 사용할 수 있는 권리를 갖는다는 일응의 증거(*prima facie* evidence)가 되도록 규정하였다. 아울러 상표가 등록된 후 5년이 경과하면 상표등록은 상표권에 대한 법정 증거력(constructive evidence)을 갖도록 하였다. 또한 선사용자로 하여금 보통법상의 상표권을 근거로 하여 상표등록법상 상표를 등록한 자에 대하여 일정기간 동안 그 상표등록의 유효성을 다툴 수 있도록 규정하였다. 이러한 영국의 상표등록법상의 규정들은 미국의 연방상표법 제정에 많은 영향을 미치게 된다.

4) 1938년 상표법

1938년 상표법에서는 사용의사(intent-to-use)에 의한 상표출원을 허용하는 한편 심사주의, 출원공고주의, 연합상표제도(associated trademark), 방호표장제도(defensive mark system), 상표사용동의제도(consent-to-use system) 등을 도입하였다. 영국은 1938년 상표법에서 사용의사에 의한 상표출원을 허용함으로써 출원인은 상표를 실제 사용하지 않더라도 상표를 사용할 진정한 의사만 있으면 상표를 출원

3) http://respectfortrademarks.org/tricks-of-the-trademark/history-of-trademarks/ 참고.
4) 황영익, 앞의 논문 7면 참조.

할 수 있게 되었다. 이러한 사용의사에 의한 상표출원제도는 영연방 국가에 영향을 미쳐서 캐나다는 1954년, 호주는 1955년에 사용의사에 의한 상표출원제도가 도입되었고, 미국에서는 1988년 상표법개정법에서 사용의사에 기초한 상표출원제도가 도입되었다.[5)]

5) 1994년 상표법

영국은 현재 유럽공동체상표지침(European Trade Marks Directive)[6)]을 반영하고 연합상표제도와 방호표장제도를 폐지하는 한편 상표권은 상표의 실제 사용 여부와 관계없이 등록만으로 발생할 수 있도록 규정하고 미등록된 상표는 부정경쟁방지법상의 사칭통용행위의 금지에 관한 규정에 의하여 보호를 하도록 하는 것 등을 주요 내용으로 하는 1994년 상표법(Trade Marks Act 1994)을 시행하고 있다.

Ⅱ. 프랑스

1. 1803년 공장, 제조 및 작업장에 관한 법률

프랑스에서는 1803년 「공장, 제조 및 작업장에 관한 법률」(Factory, Manufacture and Workplace Act)을 제정하여 타인의 인장을 자신의 것으로 사칭하여 통용하는 행위(passing-off)를 한 자에 대해서는 형사 처벌하도록 하였으며, 1810년과 1824년의 형법에 타인의 이름을 무단으로 사용하거나 상품의 제조 지역의 명칭을 잘못 사용하는 경우 형사 처벌하도록 규정하였다.

2. 1857년 상품제조 및 거래에 관한 상표법

프랑스에서는 상표의 사용에 의하여 상표권이 취득할 수 있는 사용주의에 기초한 「상표기탁제도」를 주요 내용으로 하는 세계 최초의 종합적인 상표법인 「상품제조 및 거래에 관한 상표법」(Act on Marks of Manufacture and Trade)을 1857년 6월 23일 제정하였다. 이 법에 따라 프랑스 각 지역의 지방상사법원들이 상표의 기탁을 받는 관청으로서의 역할을 수행하였으나 1920년에 「국가상표등록부」(National

---

5) 우종균, "상표법상 사용주의와 등록주의의 기원", 특허청, 2003, 4~6면 참조.

6) First Council Directive 89/104/EEC of 21 December 1988 to approximate the laws of the Member States relating to trade marks.

Trademark Register) 제도가 도입되면서 상표를 기탁하는 관청이 한 곳으로 집중되었다.

3. 1964년 상표법

상표의 사용에 의하여 상표권을 취득할 수 있는 사용주의 체제에서 상표등록에 의해서만 상표권을 취득할 수 있는 등록주의 체제로 전환하고 서비스표 제도를 도입한 1964년 상표법이 제정되었다.

4. 1991년 상표법

프랑스의 현행 상표법은 1991년 상표법으로 유럽공동체상표지침을 반영하는 한편 유명상표의 보호, 입체상표, 소리상표, 출원공고제도의 도입 등을 포함하고 있다.

Ⅲ. 독 일

1. 1874년 상표보호법

독일은 1874년 11월 30일 「무심사주의」를 근간으로 하는 등록제도를 주요 내용으로 하는 독일 최초의 상표법인 「상표보호법」(Gesetz über Markenschutz)을 제정하여 1875년 5월 1일부터 시행하였다. 이 법에 의할 경우 상표는 「상업등기부」(Commercial Register)에 등록되었다.

2. 1894년 상표보호법

1894년 5월 12일 독일은 「심사주의」를 근간으로 하는 「등록주의」를 주요 내용으로 하는 「상표보호법」(Gesetz zum Schutz der Warenbezeichungen)으로 상표제도를 개편하였다. 이 법에 따라 상표등록부가 마련되어 상표는 상업등기부가 아닌 「상표등록부」(Zeichenrolle)에 등록하도록 개선하였다. 독일은 상표권의 취득과 관련하여 선출원주의에 입각한 등록주의를 취하였으나 예외적으로 유명상표의 경우 상표의 사용에 의해서도 상표가 보호될 수 있었다. 1894년 상표보호법은 이후 출원공고제도를 도입하는 것을 주요 내용으로 하는 1957년 개정과 상표의 사용을 기초로 하는 심사제도를 주요 내용으로 하는 1967년 개정, 서비스표 제도의 도입을 주요 내용으로 하는 1979년 개정이 있었다. 1990년 10월 3일 동독과 서독이 통일되어 동독과 서독의 상표권의 지역적 효력 범위를 확장하기 위한 「산업재산권확장법」이 1992년 5월 1일에 제정되었다.

제3절 ∥ 1870년 미국 최초의 연방상표법 제정

Ⅰ. 1870년 연방상표법 제정 전

미국이 영국의 식민지 체제하에 있을 때부터 1870년 미국 최초의 연방상표법이 제정되기 전까지 상표는 영국 상표법으로부터 영향을 받은 각 주의 보통법에 의하여 보호되어 왔다. 그러나 각 주의 보통법에 의한 상표의 보호는 소비자에 대한 사기나 기망행위로서 「불법행위」가 성립하는 것으로 보거나 자기의 상품이 타인의 상품인 것처럼 소비자를 오인 · 혼동시키는 「부정경쟁행위」의 한 유형인 「사칭통용행위」(詐稱通用行爲, passing-off, palming-off)로 보았을 뿐 아직 상표소유자의 「재산권」인 상표권을 침해한 것이라고는 보지 않았다.

Ⅱ. 1870년 최초의 연방상표법 제정

1. 배 경

1) 토마스 제퍼슨의 연방의회에 대한 연방상표법 제정 권고

1791년 국무장관(Secretary of State)인 토마스 제퍼슨은 보스턴의 범포(帆布, sailcloth) 제조업자인 Samuel Breck의 청원에 따라 연방의회에 연방차원의 상표법 제정을 권고하였으나 실행되지는 못하였다. 다만, 연방이 아닌 각 주 차원에서의 상표에 관한 법이 제정되었다. 예를 들면 미시간주의 경우 1842년에 벌목업자는 자신의 통나무에 대한 상표를 자기의 통나무를 목재로 생산하는 카운티에 등록하도록 하는 법률을 제정하였다.

2) 연방상표법 제정 배경

미국은 남북전쟁(1861~1865)이 끝나고 전후 복구에 따른 산업의 활성화와 정치·경제의 안정에 따라 상거래가 활발해지게 되자 제조업자들이 상거래상 자신들의 상품을 확인하고 자신들의 상표를 타인이 허락을 받지 않고 사용하는 것을 금지하여야 할 필요를 느끼게 되었다. 이에 연방의회는 이러한 사회적 요구를 수용하여 미국 연방헌법 제1조 제8절 제8항의 「특허 및 저작권 조항」(Patent and Copyright Clause)[7]을 근거로 상표의 등록과 상표권 침해에 대한 「민사적 구제」와 「형평법상의 구제」 등을 주요 내용으로 1870년 7월 8일에 미국 최초의 연방상표법[8]을 제정하였다.

2. 주요 내용

1870년에 제정된 미국 최초의 연방상표법은 기존의 판례법을 대체하는 것이 아니라 연방 차원에서 상표를 등록하기 위한 근거법적인 성격이 강했고 출원인은 상표를 미국 내 주 간의 상거래에 사용하거나 외국과의 상거래에서 사용했는지의 여부나 상표의 실제 사용 여부와 무관하게 상표를 등록받을 수 있었다.[9] 1870년 연방상표법에 따라 미국에서 최초로 출원된 상표는 1870년 7월 28일에 J. J. Turner & Co.사에 의하여 출원된 비료상품에 대한 "EXCELSIOR No. 1 Peruvian Guano" 상표이고 최초로 등록된 상표는 Averill Chemical Paint사가 1870년 8월 30일에 출원하여 10월 25일에 등록한 액체페인트에 대한 다음의 상표이다.[10][11][12]

---

7) The Congress shall have power … to promote the progress of science and useful arts, by securing for limited times to authors and inventors the exclusive right to their respective writings and discoveries.

8) 원래의 법안 명칭은 "An act to revise, consolidate and amend the statutes relating to patents and copyrights"이다.

9) 우종균, "미국 상표법", 특허청, 5면 참조.

10) http://respectfortrademarks.org/tricks-of-the-trademark/history-of-trademarks/ 참고.

11) https://znakitowarowe-blog.pl/the-oldest-registered-trademarks-in-the-world/ 참고. 다만, 현재는 이 두 상표는 모두 사용되지 않아 상표권이 존속하고 있지 않다. 현존하는 상표권 중에서 가장 오래된 연방상표는 Samson Rope Technologies사가 1884년 5월 27일 로프와 끈류 상품에 등록한 다음의 상표이다. 참고로 코카콜라사는 1892년 5월 14일에 연방상표로 아래의 상표를 출원하여 1893년 1월 31일에 등록(연방상표등록 제22406호)을 받았다.

,
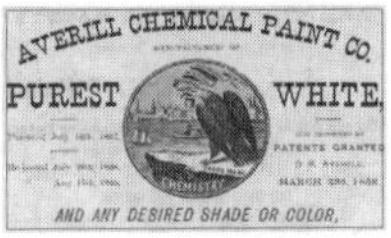

,

13)

Ⅲ. 1876년 개정

1870년 연방상표법은 미국 연방헌법 제1조 제8절 제8항의「특허 및 저작권 조항」을 근거로 상표권 침해에 대한 구제책으로서 상표권의 침해금지와 상표권의 침해에 따른 손해배상제도를 두고 있었으나 이것만으로는 상표권자를 충분하게 보호할 수 없다고 판단하여 1876년 개정법에서는 상표권 침해에 대한「형사적 구제」등에 관한 규정을 새로 추가하였다.[14]

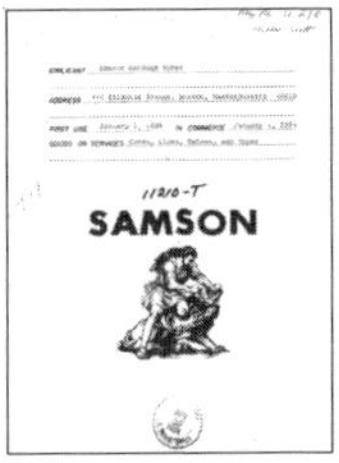

12) 1870년 연방상표법에 따른 상표등록부는 다음과 같이 작성되었다.

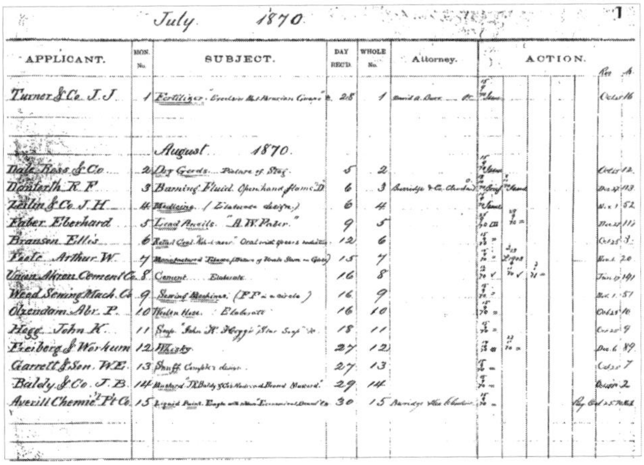

July 1870

APPLICANT.	MON. No.	SUBJECT.	DAY REC'D.	WHOLE No.	Attorney.	ACTION.
Turner & Co. J. J.	1	Fertilizer.	28	1	[illegible]	Oct 16
August 1870.						
Dale Ross & Co.	2	Dry Goods. Picture of Stag.	5	2		Oct 12
Danforth R. F.	3	Burning Fluid.	6	3	[illegible]	[illegible]
Zeilin & Co. J. H.	4	Medicine.	6	4		52
Faber Eberhard	5	Lead Pencils. "A. W. Faber."	9	5		[illegible]
Branson Ellis	6	Retail Coal.	12	6		Oct 25 3
Teale Arthur W.	7	Manufactured Tobacco	15	7		20
Union Akron Cement Co.	8	Cement. Elaborate	16	8		Jan 191
Weed Sewing Mach. Co.	9	Sewing Machines. (F.F. in a circle)	16	9		51
Olzendam Abr. P.	10	Woolen Hose. Elaborate	16	10		Oct 25 10
Hagg John K.	11	Soap.	18	11		9
Freiberg & Workum	12	Whisky	27	12		Dec 6 89
Garrett & Son. W. E.	13	Snuff.	27	13		7
Baldy & Co. J. B.	14	Mustard.	29	14		2
Averill Chemic'l Pt Co.	15	Liquid Paint.	30	15	[illegible]	[illegible]

출처: https://znakitowarowe-blog.pl/the-oldest-registered-trademarks-in-the-world/.

13) 출처: https://www.rareamericana.com/averill-chemical-paint-perfect-solution/.

제4절 ▌1879년 연방대법원에 의한 연방상표법의 위헌 판결

Ⅰ. 의 의

1876년 개정법이 시행된 후 샴페인 또는 위스키 등의 위조상품을 소지하고 판매하는 행위가 연방상표법에 위반된다고 기소된 1879년의 「United States v. Steffens 사건」[15] 등의 상표관련 소송(trademark cases)에서 연방상표법을 제정한 연방의회가 연방헌법에서 부여한 정당한 권한의 범위 내에서 연방상표법을 제정한 것인지의 여부가 쟁점이 되어 연방대법원(U.S. Supreme Court)에 상고되었는데 연방대법원은 연방상표법이 연방의회가 연방헌법이 부여한 정당한 권한의 범위를 넘어서 제정된 법에 해당되므로 연방헌법에 위반된다(unconstitutional)는 위헌 판결을 내리게 된다.

Ⅱ. 위헌 판결 근거

1. 의 의

연방대법원은 연방의회가 제정한 연방상표법의 제정 근거로서, ⅰ) 연방헌법상의 「특허 및 저작권 조항」(Patent and Copyright Clause), ⅱ) 「주 간의 상거래 조항」(Interstate Commerce Clause)[16]의 적용 여부를 모두 검토하였다.

---

14) 원래의 법안 명칭은 "An act to punish the counterfeiting of trade-marks and the sale or dealing in of counterfeit trade-mark goods"이다.

15) United States v. Steffens, 100 U.S. 82 (1879). 1876년 개정법상 위조상품에 대한 형사처벌 조항에 따라 상표권 침해자가 기소된 사건에서 1870년 연방상표법과 1876년 개정법이 연방헌법이 연방의회에 부여한 정당한 권한행사에 의거한 것인지의 여부가 문제된 사건이다.

16) The Congress shall have power … to regulate commerce with foreign nations, and among the several states, and with the Indian tribes.

2. 특허 및 저작권 조항

연방대법원은 우선 「특허 및 저작권 조항」과 관련한 근거에 대해서는 상표권은 인간의 노력의 산물인 발명이나 저작물을 보호하는 특허권이나 저작권과 달리 이미 존재하는 표지나 표장을 상표로 선택하여 사용하는 것만으로 보통법에 의하여 부여된 권리이므로 상표는 발명자나 저작자에게 발명과 저작물에 대한 일시적인 배타권을 부여하는 연방헌법상의 「특허 및 저작권 조항」에 근거하여 보호될 수 없다고 판단하였다.

3. 주 간의 상거래 조항

연방대법원은 「주 간의 상거래 조항」과 관련한 근거에 대해서는 연방의회는 어느 한 주와 다른 주 간의 상거래(interstate commerce) 또는 미국과 외국 간의 상거래 행위나 인디언 부족과의 상거래 행위에 대하여 관할권을 행사하여 연방법률을 제정할 수 있지만 미국 내 어느 한 주 내에서의 거래(intrastate commerce) 행위는 연방정부의 권한에 속하는 것이 아니라 그 주민이 거주하는 주정부의 권한에 속한다고 판단하였다. 연방대법원은 이러한 상기의 이유를 근거로 1870년 연방상표법과 1876년 개정법은 연방헌법이 연방의회에 부여한 권한을 넘어서서 제정된 위헌법률에 해당된다고 판시하였다.[17]

Ⅲ. 결 과

1879년 연방대법원에 의한 1870년 연방상표법과 1876년 개정법의 위헌 판결은 1878년 11월 21일 17명의 미국 상인과 제조업자에 의해서 뉴욕에서 비영리기구로 설립된 USTA(United States Trademark Association)[18]가 1881년 연방상표법이 제정될 수 있도록 지원하는 계기가 되었다.[19]

---

17) 우종균, 앞의 자료, 5면 참조.

18) USTA는 다수의 회원이 미국이 아닌 외국의 회원인 점을 고려하여 1993년에 명칭을 INTA(International Trademark Association)로 변경하였다.

19) http://www.inta.org/History/Pages/History.aspx 참조.

제5절 ▌1881년 연방상표법 제정

Ⅰ. 배 경

미국 연방의회는 1879년 상표사건에서 1870년에 제정된 최초의 연방상표법과 1876년 개정법이 연방대법원에서 연방헌법에 위반된다는 위헌판결을 받게 되자 연방헌법 제1조 제8절 제3항의 「주 간의 상거래 조항」(Interstate Commerce Clause)을 근거로 1881년 3월 3일에 연방상표법[20]을 다시 제정하였다.

Ⅱ. 주요 내용

1881년의 연방상표법에서는 다음과 같은 사항을 주요 내용으로 하고 있다.

i) 1870년 최초의 연방상표법에서는 상표출원을 하기 전에 출원인에게 상표의 사용 의무를 부과하지 않았으나, 1881년의 연방상표법에서는 출원인이 상표출원을 하기 전에 상표를 사용하도록 요구하였다.

ii) 상표권의 존속기간을 상표등록일로부터 30년으로 규정하였다.[21]

iii) 「외국 또는 인디언 부족」과의 상거래에 사용된 상표만을 적용대상으로 한정하였으며 미국 내 주 간의 상거래에 사용된 상표에 대해서는 적용하지 않았다.

20) 원래 법안 명칭은 "An act to authorize the registration of trade-marks and protect the same"이었다.

21) 1905년 연방상표법에서 상표권의 존속기간이 20년으로 개정되었다.

제6절 ▌1905년 연방상표법

Ⅰ. 미국 내 주 간의 상거래에 사용된 상표도 상표등록 허용

연방의회는 1879년 연방대법원의 위헌판결에 영향을 받아 1881년 연방상표법 제정 시에는 명백하게 위헌이 되지 않는 「외국 또는 인디언 부족」과의 상거래에 사용된 상표로만 그 적용 대상을 한정하였다. 이후 미국 내 주 간의 상거래가 활성화되자 연방의회는 미국 내 주 간의 상거래에 사용된 상표도 연방상표로 등록하여 보호해 줄 필요가 있어 1905년 연방상표법에서는 「미국 내 주 간의 상거래」(interstate commerce)에 사용된 상표도 등록을 받을 수 있도록 개정하였다.[22)]

Ⅱ. 기술적 상표의 등록 불허

1905년 연방상표법상 임의선택 상표나 조어상표, 창작상표와 같은 고유의 식별력이 있는 상표[23)]는 상표로서 등록받을 수 있었으나 상품의 성질을 직접적으로 설명하는 상표, 지리적인 명칭이나 용어만으로 구성된 상표, 자연인의 흔한 성과 같은 기술적 상표(descriptive mark)는 원칙적으로 상표등록을 받을 수 없었다. 다만, 1905년 연방상표법이 시행된 1905년 2월 20일을 기준으로 그전에 10년간 독점적으로(exclusively) 사용된 기술적 상표는 예외적으로 상표등록을 허용하였다.

---

22) 개정된 법안의 명칭은 "An act to authorize the registration of trademarks used in commerce with foreign nations or among the several States or with Indian tribes and to protect the same"이었다.

23) 이를 「technical trademarks」라고 칭하였다.

제7절 ‖ 1920년 연방상표법

Ⅰ. 배 경

1920년에는 1910년 8월 20일 아르헨티나 부에노스 아이레스에서 남미의 국가들과 체결한 「상표 및 상호 보호를 위한 미주협약」(Convention for the Protection of Trademarks and Commercial Names)을 이행하는 한편 미국의 연방상표법을 20세기의 상거래 현실에 맞도록 대폭 개정하였다.

Ⅱ. 주요 내용

1920년 연방상표법에서는 식별력이 없는 상표라 하더라도 상표소유자에 의하여 미국 내 주 간의 상거래 또는 외국과의 상거래나 인디언 부족과의 상거래에서 「진정한 의사」(bona fide intention)로 상표를 1년 이상 사용하는 경우 상표등록을 허용하였다.[24] 따라서 1920년 연방상표법에서는 비록 사용에 의한 식별력을 취득한 경우 상표등록을 허용한다는 명시적인 규정을 두고 있지는 않았지만 1년 이상 진정한 의사로 사용된 상표의 등록을 허용함으로써 1년 이상 진정한 의사로 독점적으로 사용된 상표의 경우 실질적으로는 사용에 의한 식별력을 취득한 것과 유사한 효과를 갖게 되었다.

---

24) All other marks not registrable under the act of February 20, 1905, as amended, except those specified in paragraphs (a) and (b) of section 5 of that act, including collective marks of natural or juristic persons, and nations, States, municipalities, and the like, exercising legitimate control over the use of the trade-mark sought to be registered even though not possessing an industrial or commercial establishment, which have been in bona fide use for not less than one year in interstate or foreign commerce, or commerce with the Indian tribes by the proprietor thereof, upon or in connection with any goods of such proprietor upon which a fee of $15 has been paid to the Commissioner of Patents and such formalities as required by the said Commissioner have been complied with:

제8절 ‖ 1946년 Lanham Act 탄생

Ⅰ. 배 경

1. 현대적인 단일 연방상표법 제정 필요

1945년 2차 세계대전이 끝나고 전후복구에 따른 경제가 살아나기 시작하고 국제간의 상거래가 활성화되면서 미국 내에서도 상표에 대한 관심이 증대되었다. 아울러 종전에는 연방상표법과 관련된 법률이 여러 연방법률들에 산재되어 통일된 연방상표법으로서 체계를 갖추고 있지 못하였다. 따라서 독일, 영국, 프랑스 등과 같은 통일된 연방차원의 단일한 상표법을 제정할 필요가 있었다.

2. 국제조약 이행을 위한 법률개정 필요

미국은 1905년 연방상표법이 시행된 이후 다른 외국과 상표와 관련된 국제조약을 체결하였으나 이를 이행하기 위한 미국 내 후속적인 법률개정 작업이 이루어지지 않아 이들 조약에 따른 호혜주의 원칙에 따라 미국인이 다른 외국에서 적절히 보호받지 못하는 문제가 발생하였다.

3. 변화된 상거래 환경을 연방상표법에 반영 필요

미국 내 영업과 상거래의 관행도 급속히 변경되어 이러한 변화된 상거래 환경에 맞도록 연방상표법을 개정할 필요가 있었다. 이러한 사회적 배경하에서 텍사스주 민주당 하원의원인 Fritz Garland Lanham은 1938년 1월 19일 「연방상표법」 제정을 제안하여 1946년 7월 5일에 제정되었고 그 후 1년 후인 1947년 7월 5일부터 이 법이 발효되었다.[25][26] 미국은 Lanham Act의 제정으로 비로소 영국, 프랑스

25) 미국의 연방상표법을 발의한 의원의 이름을 따서 통상 'Lanham Act'라고도 칭한다.

26) 1946년 Lanham Act의 제정으로 1881년 연방상표법과 1905년 연방상표법은 명시적으로 철폐되었지만 1881년 연방상표법과 1905년 연방상표법에 따라 등록된 상표는 1946년 Lanham Act에서도 계속 유효하며 상표권의 존속기간을 계속 갱신할 수 있도록 하였으며, 1920년 연방상표법에 따라 등록된 상표는 1946년 Lanham Act의 발효일로부터 6개월 또는 상표등록일부터 20년 중 나중에 오는 날짜에 상표권의 존속기간이 만료되도록 하였다. 종

와 독일의 상표법과 비견될 수 있는 현대적인 단일한 연방상표법 체계를 갖추게 된다.

II. 주요 내용

1946년의 연방상표법에서는 다음과 같은 내용을 포함하고 있다.

i) 출원된 상표에 대한 「심사제도」와 「출원공고제도」를 도입하고 「서비스표제도」를 새로 도입하였다.

ii) 「미국 내 주 간의 상거래 또는 외국과의 상거래에 사용된 상표」를 적용대상으로 하였다.

iii) 기술적 상표라고 하더라도 「사용에 의하여 식별력을 취득한 상표」는 주등록부상 상표등록을 허용하였다. 1920년 연방상표법상 「1년 이상의 진정한 의사에 의한 독점적 사용」(exclusive use) 요건을 개정하여 특정한 기간을 정하지 않고 사용에 의한 식별력을 취득한 경우 원칙적으로 주등록부에 상표등록을 허용하는 한편 출원인이 기술적 상표를 「상표출원일 전」 5년간 「실질적으로 독점적」(substantially exclusive)이고 계속적으로 상업상 사용한 경우 사용에 의한 식별력 취득의 일응의 증거(*prima facie* evidence)로 인정할 수 있도록 규정하였다.

iv) 타인의 상표출원 전에 그 타인이 상표를 사용하는 지역 이외의 지역에서 상표를 선의로 사용한 자들에게도 동일 또는 유사한 상표를 공존하여 등록할 수 있는 「공존사용등록제도」(concurrent use registration)를 도입하였다.

v) 상표등록 후 5년이 지나고 상표권자가 등록상표를 계속적으로 사용하는 경우 그 상표등록에 대하여 「불가쟁력」의 효력이 발생하도록 하여 상표권의 안정성을 도모하였다.

vi) 상표등록부와 관련하여 「주등록부」(principal register)와 「보조등록부」(supplemental register) 제도를 도입하였다.

vii) 1920년 연방상표법상 상표권의 침해 요건으로서 「실질적으로 동일한 성

전의 법에 따라 등록된 상표들은 1946년 Lanham Act의 보조등록부에 등록되었고 외국에 상표등록이 필요한 경우에는 상표권의 존속기간갱신등록이 허용되었다.

질의 상품」(merchandise of substantially the same descriptive properties)에 부착한 상표라는 요건을 삭제하고 대신 소비자의 상품의 출처에 관한 혼동 가능성을 상표권의 침해 요건으로 규정하였다. 다만, "상품이나 서비스의 「출처」에 관하여 「소비자」에게 혼동이나 오인을 일으킬 가능성이 있거나 소비자를 기만할 가능성이 있을 경우"라는 조건을 두어 ⅰ) 「실제 소비자」(actual purchasers)가 혼동의 가능성이 있을 것과 ⅱ) 상품이나 서비스의 직접적인 「출처」(source)에 관한 혼동의 가능성이 있어야 한다는 것을 명확히 하였다.

제9절 ▌미국 연방상표법의 주요 개정 연혁

Ⅰ. 1958년 상표심판원 설립

1950년대에는 TV 보급의 확대로 소비자의 상표에 대한 인식이 깊어짐에 따라 상표출원이 급증하였고 이러한 상표출원의 급증은 특허청의 상표심사 업무의 적체와 심사관의 거절결정 등에 대한 불복을 특허청장에게 청구하는 사건이 많아짐에 따라 1958년에는 「특허청장」에 대한 심사관의 거절결정에 대한 항고제도를 폐지하고 「상표심판원」을 설립하여 심사관의 거절결정에 대한 항고를 상표심판원에 제기할 수 있도록 개선하였다.

Ⅱ. 1962년 개정법에 의한 혼동의 주체와 개념의 확장

1. 혼동의 주체 확장

1946년 Lanham Act에서는 피고에 의한 상표의 사용이 "상품이나 서비스의 출처에 관하여 소비자에게 혼동이나 오인을 일으킬 가능성이 있거나 소비자를 기만할 가능성이 있을 경우"에는 상표권자의 상표권을 침해한 것으로 규정하고 있었다. 그런데 법원은 이 규정을 지극히 제한적으로 해석하여 혼동 가능성을 「상품의 판매 시」(at the point of sale) 「실제 소비자」(actual purchasers)를 기준으로 판단하였다. 연방의회는 이러한 법원의 해석을 바로잡기 위해서 "상품이나 서비스의 출처에 관하여 소비자"란 자구를 삭제하여 피고에 의한 상표의 사용이 "혼동이나 오인을 일으킬 가능성이 있거나 기만할 가능성이 있을 경우"로 변경함으로써 혼동의 가능성을 판단할 때 「실제 소비자」뿐만 아니라 「잠재적 소비자」(potential purchaser)를 기준으로 판단할 수 있도록 하였다. 이로서 혼동의 시점도 혼동의 주체로서 「소비자」라는 조건을 삭제함으로써 혼동의 시점과 관련하여 「상품구매 시 혼동이론」(point of sale confusion theory)에서 「상품구매 후 혼동이론」(post-sale confusion theory)으로까지 확대하여 해석할 수 있게 되었다.

2. 혼동의 개념 확대

상품의 직접적인 「출처」의 혼동이 아니라고 하더라도 소비자가 분쟁 당사자간 「후원관계」(sponsorship)나 어떠한 「연관관계」(connection) 또는 「가맹회사관계」(affiliation)가 있는 것으로 혼동할 가능성이 있는 경우에도 상표권의 침해를 인정하였다.

Ⅲ. 1975년 변호사 비용 배상제도 도입 및 특허청의 명칭을 특허상표청으로 개명

1. 1967년 Fleischmann Distilling Corp. v. Maier Brewing Company 사건

1946년 Lanham Act에서는 상표권의 침해소송에서 승소한 당사자에게 변호사 비용을 받을 수 있도록 명시적으로 규정하고 있지 않았으나 법원은 승소한 당사자가 변호사 비용도 배상받을 수 있도록 판결을 내리는 것이 일반적인 관행이었다. 그러나 연방대법원이 1967년 「Fleischmann Distilling Corp. v. Maier Brewing Company 사건」[27]에서 미국의 연방상표법은 상표권의 침해소송에서 승소한 당사자에게 변호사 비용을 받을 수 있는 권리를 부여하지 않는다고 판시함에 따라 상표권자가 상표권의 침해소송에서 승소한다고 하더라도 더 이상 변호사 비용을 피고로부터 배상받을 수 없게 되었다.

---

27) 386 U.S. 714 (1967).

2. 1975년 변호사 비용 배상제도 도입

연방의회는 1975년 상표권의 침해소송에서 승소한 당사자는 상표권의 침해가 「고의」에 의한 경우와 같이 예외적인 경우(exceptional case) 합리적인 변호사 비용(reasonable attorney fees)을 침해자로부터 배상받을 수 있도록 연방상표법을 개정하였다.

3. 1975년 특허청을 특허상표청으로 개명

특허업무뿐만 아니라 상표업무까지 관장하는 행정기관의 명칭을 「특허청」(Patent Office)이라고 호칭하는 것은 잘못이라고 판단하여 특허청을 「특허상표청」(Patent and Trademark Office)으로 개명하게 된다.

Ⅳ. 1982년 연방순회항소법원 설립

종전의 「관세특허항소법원」(Court of Customs and Patent Appeals: CCPA)을 「연방순회항소법원」(Court of Appeals for the Federal Circuit: CAFC)으로 개명하였다.

Ⅴ. 1984년 개정

1. 상표위조법 제정

1980년대에 들어오면서 명품에 대한 소비자의 수요가 증가하여 위조상품의 제조와 거래가 폭증하게 되자 이를 해결하기 위하여 미국 연방의회는 1984년에 상표를 위조하는 경우 상표권자에게 ⅰ) 3배 배상(treble damages), ⅱ) 변호사 비용의 배상과 같은 구제 조치 부여 등을 주요 내용으로 하는 「상표위조법」(Trademark Counterfeiting Act of 1984)을 제정하여 연방상표법에 반영하였다.

2. 상표명확화법 제정

연방의회는 제9 연방순회구 항소법원이 1982년 「Anti-Monopoly, Inc. v. General Mills Fun Group, Inc. 사건」[28]과 관련하여 상표가 보통명칭에 해당하는

지의 여부를 판단할 때 「소비자의 구매 동기」(purchaser's motivation)가 결정적인 기준이라고 판단하자 이후 상표관련 쟁송에서 이 판례의 적용을 입법적으로 배제시키는 한편 향후 법원의 보통명칭의 판단에 관한 명확한 기준을 새로 정립하기 위해 1984년 「상표명확화법」(Trademark Clarification Act)을 제정하여 상표가 보통명칭에 해당하는지의 여부를 판단할 때에는 「소비자의 구매 동기」(purchaser's motivation)가 아니라 「상표의 주된 의미에 대한 소비자의 인식」(primary significance of the term to the public)이 기준이 되어야 한다고 규정하였다.

VI. 1988년 상표법개정법 제정

1. 의 의

1988년의 「상표법개정법」(Trademark Law Revision Act of 1988)은 미국상표협회(USTA)에 의해서 구성된 「상표검토위원회」(Trademark Review Commission)가 1987년에 발간한 상표법 개정 방안에 관한 보고서를 근간으로 하여 연방상표법을 다음과 같이 개정하여 1989년 11월 16일에 시행하였다.

2. 주요 내용

1) 상표의 사용의사에 기초한 상표출원 허용

(1) 상표의 사용의사에 기초한 상표출원 1988년 상표법개정법이 시행되기 전에는 출원인이 연방상표를 등록받기 위해서는 i) 상표의 실제 사용에 기초한 상표출원, ii) 외국에서의 상표등록에 기초한 상표출원, iii) 외국에서의 상표출원에 기초하여 조약에 의한 우선권을 주장하는 상표출원만 허용하였고 미국 내에서 아직 상업적으로 사용하지 않은 상표에 대해서는 상표출원을 할 수 있는 기초를 제공하지 않았다. 그런데 종전에 상표권의 취득과 관련하여 사용주의를 취하였던 영국이 1938년, 캐나다가 1954년에 상표법을 개정하여 「등록주의」로 전환함에 따라[29] 미국을 제외한 대부분의 국가에서는 상표권의 취득과 관련하여 사용주의가 아닌 등록주의를 채택하게 되었다. 이에 따라 비록 출원인이 상표를 출원하는 시

28) Anti-Monopoly, Inc. v. General Mills Fun Group, Inc. 684 F.2d 1326 (9th Cir. 1982).
29) 김형진, 미국상표법, 지식공작소, 1999, 110면 참조.

점에서는 상표를 실제 사용하고 있지 않다고 하더라도 향후 상표를 사용할 진정한 의사만 있으면 상표를 출원하여 등록을 받을 수 있었다. 또한 외국인이 등록주의 국가에서 상표를 등록하고 그 등록을 기초로 미국에 상표를 출원하는 경우 그 외국인은 당해 상표를 미국 내에서는 실제로 사용하지 않더라도 상표등록을 받을 수 있었기 때문에 미국에서는 오히려 내국인이 상표등록을 받는 데 차별을 받는다는 불만이 제기되었다. 이러한 문제점을 해결하기 위하여 종래부터 인정되어 왔던 상표의 실제 사용에 기초한 상표출원 방식 외에 상표를 상업적으로 사용하고자 하는 진정한 의사(bona fide intention)에 기초해서도 상표를 출원할 수 있도록 개선하였다.

(2) **명목상의 사용 제한** 종래에는 원칙적으로 상표의 실제 사용에 기초해서만 상표를 출원할 수 있었기 때문에 연방상표로 출원하기 위한 목적으로 상표를 출원하기 직전에 출원하고자 하는 상표를 부착한 최소한의 상품만을 특정인에게 판매하는 명목상의 사용(token use)이 많았었다.[30] 그런데 개정법에 따라 상표의 사용의사에 기초한 상표출원도 허용하는 한편 상표의 상업적 사용(use in commerce)을 "단지 상표권을 보유하기 위한 사용이 아니라 정상적인 상거래 과정에서 상표를 진정한 의사를 가지고 사용하는 것"으로 새롭게 정의하였기 때문에 「명목상의 사용」(token use)은 정상적인 상거래 과정에서의 상표의 사용으로 인정받지 못하게 되었다.

(3) **사용에 의한 식별력 취득 요건 완화** 1988년 상표법개정법에서는 1946년 Lanham Act에서 출원인이 기술적 상표를 「상표출원일 전」 5년간 「실질적으로 독점적」(substantially exclusive)이고 계속적으로 상업상 사용한 경우 사용에 의한 식별력 취득의 일응의 증거(*prima facie* evidence)로 인정할 수 있도록 한 규정을 개정하여 출원인이 상표를 출원한 날이 아닌 사용에 의한 식별력을 취득하였음을 「주장한 날」을 기준으로 이전 5년간 실질적으로 독점적이고 계속적으로 상업상 사용한 경우 사용에 의한 식별력 취득의 일응의 증거로 인정되도록 개선하였다. 이에 따라 출원인은 상표출원 시에는 5년의 상표의 사용기간이 완성되지 않았다고 하

30) 연방상표법에 따른 상표출원의 전제요건인 상표의 사용요건을 형식적으로 충족시키기 위하여 최소한의 상품만을 판매함으로써 실질적으로는 상표출원만을 위한 최소한의 상품에 대한 상표의 사용을 「명목상의 사용」(token use)이라고 칭하였다. 백준현, "개정 미연방상표법", 「변호사」, 제21집, 제524호, 서울지방변호사회, 1991, 331~332면 참조.

더라도 상표가 출원된 이후에 5년의 상표의 사용기간이 완성된 경우에도 출원상표의 사용에 의한 식별력 취득의 일응의 증거로 인정받을 수 있게 되었다.

(4) **미국 전역에서 출원일(조약에 의한 우선권 주장을 하는 경우 우선일)을 상표의 사용일로 의제** 1988년 상표법개정법이 시행되는 1989년 11월 16일 또는 그 후에 출원된 상표로서 특허상표청의 「주등록부」에 등록되는 경우 상표의 실제 사용일이 출원일(우선일)보다 늦더라도 출원일(우선일)에 상표가 사용된 것으로 의제하게 되었다(constructive use).

연구 16 Actual Use, Intent-to-use, Token Use 및 Constructive Use의 상호 관계

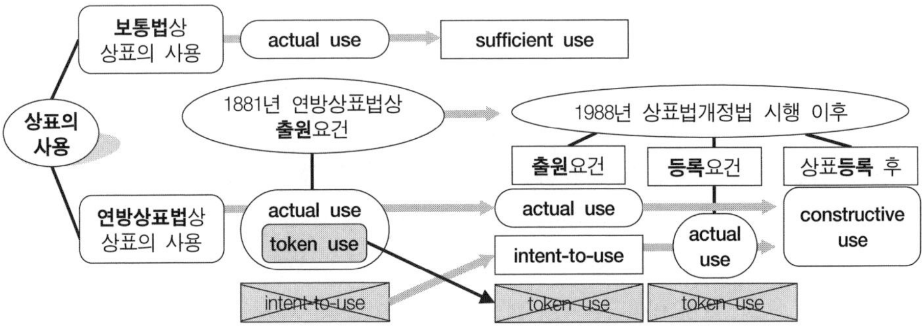

2) 상표권의 존속기간을 10년으로 단축

상표를 등록만 해 놓고 사용하지 않는 비사용 저장상표(deadwood)를 상표등록부에서 제거하기 위하여 상표권의 존속기간을 20년에서 10년으로 단축하였다.

3) 트레이드 드레스 보호 규정 마련

연방법 차원의 부정경쟁행위를 방지하기 위한 규정인 연방상표법 제43조 (a)항을 개정하여 트레이드 드레스도 보호할 수 있도록 근거를 명확히 하는 한편 「자기의 상품」에 관한 포장이나 광고에 허위의 기재를 하는 경우는 물론 「타인의 상품」에 관하여 허위의 기재나 광고를 하는 것도 금지시킬 수 있도록 개선하였다. 또한 미등록상표에 대해서도 상품의 출처뿐만 아니라 후원관계 등에 관하여 소비자의 혼동 가능성이 있는 경우 상표권의 침해에 해당하도록 규정하였다.

Ⅶ. 1993년 NAFTA시행법 제정

미국은 북미자유무역협정(North American Free Trade Agreement: NAFTA)을 이행하기 위하여 1993년 「북미자유무역협정시행법」(NAFTA Implementation Act)을 제정하였다. 종전에는 주된 의미로 지리적 출처를 기만적으로 잘못 표시한 상표(primarily geographically deceptively misdescriptive mark)는 주등록부에의 등록은 거절되었지만 보조등록부에의 등록은 허용하였으며 예외적으로 사용에 의한 식별력을 취득한 경우 주등록부에 대한 상표등록을 허용하였다. 그러나 북미자유무역협정시행법에 따라 1993년 12월 8일 또는 그 후에는 사용에 의한 식별력을 취득하였다고 하더라도 「주등록부」에는 상표를 등록할 수 없게 되었다. 아울러 「보조등록부」에의 등록은 주된 의미로 지리적 출처를 기만적으로 잘못 표시한 상표가 1993년 12월 8일 전에 상업적으로 사용된 경우에만 예외적으로 허용되게 되었다.

Ⅷ. 1994년 UR 협정법 제정

1. 포도주 또는 증류주에 대한 지리적 표시의 보호

미국 내 GATT 협정을 이행하기 위하여 1994년 The Uruguay Round Agreements Act를 제정함에 따라 연방상표법은 WTO 협정이 미국에서 발효된 날인 1996년 1월 1일 또는 그 후에 처음으로 사용된 지리적 표시로서 포도주 또는 증류주에 또는 포도주 또는 증류주와 관련하여 원산지 이외의 장소를 표시하는 상표를 부등록 사유의 하나로 새로 규정하였다.

2. 상표권 포기의 일응의 증거로서 등록상표의 불사용 기간 연장

종전에는 등록상표를 계속하여 2년간 사용하지 않을 경우 상표권 포기의 일응의 증거가 되도록 규정하였으나 UR 협정법의 시행에 따라 등록상표의 불사용 기간을 2년에서 3년으로 연장하였다.

Ⅸ. 1995년 연방희석화방지법 제정

미국의 30여 개 주법에서는 인정되어 왔으나 연방상표법에서는 인정되지 않았던 유명상표에 관한 희석화 방지규정을 연방 차원에서 도입하여 비록 유명상표의 소유자와 「경쟁관계」나 「혼동 가능성」이 없다고 하더라도 유명상표의 식별력을 약화시키거나 유명상표의 명성을 손상시키는 행위를 금지시킬 수 있는 권한을 부여하는 「연방희석화방지법」(Federal Trademark Dilution Act of 1995)을 제정하여 1996년 1월 16일부터 시행하였다. 이로써 미국은 유명상표의 희석으로부터의 보호를 주차원이 아닌 연방차원에서 통일되게 적용할 수 있게 되었다.

Ⅹ. 1996년 위조상품방지소비자보호법 제정

연방의회는 1984년 「상표위조법」(Trademark Counterfeiting Act of 1984)으로도 상표권자가 위조상품으로부터 충분하게 보호받지 못한다고 판단하여 위조상품에 대한 단속과 처벌을 강화하기 위하여 「진정상품의 가액」(value of the genuine goods)에 근거한 민사상의 벌금(civil fine)과 위조상표의 단위 상품의 건당(per counterfeit mark per type of goods) 최소 1천 달러 이상 100만 달러 이하에 달하는 「법정손해배상제도」(statutory damages) 도입을 주요 내용으로 하는 「위조상품방지소비자보호법」(Anticounterfeiting Consumer Protection Act of 1996)을 1996년 7월에 제정하였다.

Ⅺ. 1998년 상표법조약시행법 제정

1. 상표법조약 가입을 위한 연방상표법 개정

연방의회는 전 세계의 상표법을 절차적인 측면에서 통일하고 간소화하는 것을 목적으로 하는 「상표법조약」(Trademark Law Treaty)을 미국의 연방상표법에 반영하기 위한 「상표법조약시행법」(Trademark Law Treaty Implementation Act)을 1998년 10월 30일 제정하여 1999년 10월 30일부터 시행하였다. 이 법에서는 상표법조약의 주요 내용인 출원일 부여를 위한 상표출원의 요건 완화, 포기된 상표출원의 특허상표청장에 대한 청원을 통한 회복 등을 연방상표법에 반영하였다.

2. 전체적으로 기능적인 상표를 부등록사유로 규정

전체적으로 기능적인 상표에 해당하는 경우에는 출원상표의 등록을 거절하고 착오로 등록된 경우 상표등록을 취소할 수 있는 사유로 규정하였다.

3. 상표의 사용의사를 기초로 한 상표출원의 경우 상표등록을 받을 수 있는 권리의 양도

상표의 사용의사를 기초로 한 상표출원은 상표가 아직 사용되지 않아 신용이 발생하지 않았기 때문에 출원인이 출원상표를 실제 사용하고 상표출원의 기초를 상표의 실제 사용으로 보정(amendment for alleged use)을 한 이후에야 양도가 가능하도록 규정하였다.

XII. 1999년 개정

1. 연방희석화방지법 개정법

1) 배 경

1995년 연방희석화방지법에서는 연방상표법상 유명상표의 희석행위를 금지할 수 있는 규정은 마련하였지만 타인의 유명상표를 희석시키는 상표를 출원하는 경우 그 상표의 등록을 거절하거나 착오로 등록된 경우 그 등록을 취소시킬 수 있는 근거 규정을 두지 않았었다. 따라서 1999년에는 「연방희석화방지법 개정법」(Trademark Amendments Act of 1999)을 마련하여 1995년의 「연방희석화방지법」에 따른 구제 조치와 트레이드 드레스의 보호 요건을 보완하였다.[31]

2) 주요 내용

ⅰ) 유명상표를 희석시키는 출원상표에 대하여 이의신청에 의한 상표등록의 거절이유, 착오로 등록 시 상표등록의 취소사유로 규정하였다.

ⅱ) 연방상표법에 따라 주등록부에 상표로 등록되지 않은 트레이드 드레스는

31) 우종균, 앞의 자료, 7면 참조.

그 보호를 주장하는 자가 트레이드 드레스가 기능적이지 않다는 점을 입증하도록 트레이드 드레스의 보호에 관한 규정을 정비하였다.

2. 사이버스쿼팅방지 소비자보호법 제정

도메인 이름을 선등록하여 정당한 상표권자에게 되파는 「사이버스쿼팅 행위」(cybersquatting)에 대해 전통적인 혼동이론과 희석이론으로 완전히 규제하는 것이 어렵다고 판단하여 사이버스쿼팅 행위로부터 상표권자를 보다 적극적으로 보호하기 위하여 「사이버스쿼팅방지 소비자보호법」(Anticybersquatting Consumer Protection Act of 1999)을 제정하였다.[32]

XIII. 2002년 마드리드 의정서 시행법 제정

미국은 마드리드 의정서에 가입하기 위하여 마드리드 의정서상의 관련 규정을 연방상표법에 반영하기 위한 「마드리드 의정서 시행법」(Madrid Protocol Implementation Act of 2002)을 제정하였다. 미국은 2003년 8월 2일 마드리드 의정서에 가입하였고 2003년 11월 2일부터 본국관청으로서의 국제출원서의 접수업무와 지정국관청으로서의 국제등록된 상표에 대한 심사업무를 개시하였다.

XIV. 2006년 개정

1. 연방희석화방지법 재개정법

1) 배 경

1995년 「연방희석화방지법」(Federal Trademark Dilution Act of 1995)은 하원에서 안건에 대한 보고서만 발표하고 공청회 개최를 통한 법적용의 범위와 한계 등에 대한 충분한 토론과 논의 절차를 거치지 않고 통과되어 1996년부터 시행하였기 때문

32) Anticybersquatting Consumer Protection Act of 1999는 1999년 11월 클린턴 대통령에 의하여 정식으로 서명되어 발효된 지식재산권 개혁에 관한 일괄법안인 "The Intellectual Property and Communications Omnibus Reform Act of 1999"의 일부분이다.

에 구체적인 상표분쟁 사건을 담당하는 법원마다 관련 규정을 주관적으로 해석하여 적용함에 따라 분쟁 당사자들은 소송의 결과를 예측하기 어려웠다.[33] 특히 이러한 문제점은 2003년 「Moseley 사건」[34]에서 최고조에 달하였다. 제6 연방순회구 항소법원은 이 사건과 관련하여 희석의 정황증거(circumstantial evidence)가 충분하다면 「실제 희석」의 증거가 없다고 하더라도 희석으로 인한 침해를 인정하여야 한다고 판시하였으나, 연방대법원은 이에 대한 상고심에서 원심을 파기하고 「실제 희석」(actual dilution)의 증거가 있어야 한다고 판시하였다. 연방의회는 연방대법원의 판결 후 이러한 문제점을 입법적으로 해결하기 위하여 마련한 것이 「연방희석화방지법 재개정법」(Trademark Dilution Revision Act of 2006)이다.

2) 적 용

2006년 연방희석화방지법 재개정법은 상표권 침해금지의 청구와 관련해서는 그 이전에 발생한 희석행위에 근거하여 청구된 사건에 대해서도 소급하여 적용되지만 금전적 손해배상의 청구와 관련해서는 이 법이 시행된 2006년 10월 6일 이후에 발생한 피고의 고의적인(willful) 희석행위에 대해서만 적용된다.[35] 따라서 2006년 10월 6일 전에 발생한 희석행위에 대한 금전적 손해배상의 청구에 대해서는 1995년 연방희석화방지법상의 관련규정을 적용하여야 한다.[36]

2. 위조상품금지법과 미국 상품 및 서비스 보호법 제정[37]

1) 배 경

1996년 「위조상품방지소비자보호법」(Anticounterfeiting Consumer Protection Act

---

33) 김동욱, "미 연방희석화 개정법(TDRA of 2006) 핵심 내용", 특허청, 참조.

34) Moseley v. V Secret Catalogue, Inc., 537 U.S. 418 (2003).

35) 연방상표법 제43조 (c)항 (5)(B)에서 다음과 같이 규정하고 있다.

"(B) in a claim arising under this subsection —

(i) by reason of dilution by blurring, the person against whom the injunction is sought willfully intended to trade on the recognition of the famous mark; or

(ii) by reason of dilution by tarnishment, the person against whom the injunction is sought willfully intended to harm the reputation of the famous mark."

36) 1995년 연방희석화방지법에 따르면 유명상표의 희석화와 관련된 금전적 손해배상을 청구하기 위해서는 희석 가능성이 아니라 실제 희석이 발생하여야 한다.

37) (사)한국지식재산학회, "미국법상 상표침해의 형사책임", 「상표권 침해소송의 이론과 실무」, 법문사, 2016, 112~140면 참조.

of 1996)에 의할 경우 위조상표를 상품에 부착하여 사용하는 경우에는 형사 처벌이 가능하지만 위조된 상표라벨만을 수입하는 자에 대해서는 형사 처벌을 할 수 없는 문제가 있었다. 즉, 위조된 상표라벨만을 수입하여 유통하는 행위는 상표의 상품에 대한 사용이 아니므로 형사 처벌이 불가능한 것이다. 이후 2000년 「United States v. Giles 사건」[38]에서 제10 연방순회구 항소법원은 유명상표의 상표라벨을 위조한 혐의로 기소된 피고에 대하여 연방법상 상품에 부착되지 않는 상표라벨의 불법 거래를 금지하고 있지 않기 때문에 위조된 상표라벨의 취득이나 유통행위는 「위조상품방지소비자보호법」의 위반에 해당되지 않는다고 판단하여 무죄를 선고하였다. 따라서 연방의회는 「United States v. Giles 사건」의 판결을 폐기하고 위조된 상표라벨을 제작하거나 유통하는 행위에 대한 형사 처벌 규정을 새로 마련할 필요가 있었다. 한편 저작권 침해의 경우 위조라벨을 저작물에 부착하지 않는 경우에도 형사 처벌이 가능하도록 연방법에서 규정하고 있었다. 연방의회는 연방저작권법상의 관련 조항을 참고하여 상표법에서도 동일한 취지의 규정을 마련할 필요가 있어 「위조상품금지법」(Stop Counterfeiting in Manufactured Goods Act)[39]과 「미국 상품 및 서비스 보호법」(Protecting American Goods and Services Act)[40]을 제정하였다.

2) 주요 내용

(1) **상표라벨 위조에 대한 형사 처벌** 위조상표의 정의 규정을 개정하여 위조상표가 상품에 사용된 경우에는 물론 상품에 사용되도록 만들어지거나 마케팅되거나 달리 의도된 경우에도 위조상표에 해당된다고 규정하여 상표라벨의 위조 행위를 한 자에 대하여 형사 처벌을 할 수 있도록 하였다.

(2) **위조상품 제조 장비 등의 몰수 및 폐기** 위조상품을 제조하기 위하여 사용되는 장비나 물건을 필수적으로 몰수하고 미국정부가 다른 요청을 하지 않는 한 반드시 폐기하도록 규정하였다.

(3) **상표권의 보호 범위 확대** 불법 거래(traffic)에 수입이나 수출을 포함하는 한편 「경제적 이득」(financial gains)의 개념을 위조상품의 거래로부터 실제로 이득

38) U.S. v. Giles, 213 F.3d 1247, (10th Cir. 2000).
39) 미국 연방법률집(U.S. Code) 제18편 형법 및 형사소송법 제2320조 (a), (b), (c), (d), (f), (g)에 해당한다.
40) 미국 연방법률집(U.S. Code) 제18편 형법 및 형사소송법 제2320조 (e)에 해당한다.

을 취한 경우뿐만 아니라 이득을 취할 수 있는 상태도 포함하도록 하여 상표권의 보호 범위를 확대하였다.

XV. 2008년 지식재산을 위한 자원 및 조직 우선화법 제정

2008년에는 이른바 「PRO-IP ACT」라고 칭하는 「지식재산을 위한 자원 및 조직 우선화법」(Prioritizing Resources and Organization for Intellectual Property Act of 2008)을 제정하여 위조상품으로 인한 상표권 침해에 대한 손해배상과 형사 처벌을 강화하는 한편 백악관에 지식재산권 보호를 감독하고 관리하기 위한 「지식재산집행조정관」(Intellectual Property Enforcement Coordinator)을 신설하여 범정부적인 지식재산권 정책 조정기능을 강화하였다.

제10절 ‖ 우리나라의 상표법 개정 연혁과 비교 · 분석

1. 상표법 개정 배경

상표법의 개정 연혁을 우리나라와 미국을 서로 비교할 경우 우리나라는 주로 파리협약 가입, WTO 가입, 상표법조약 가입, 한 · 미 자유무역협정의 이행 등과 같은 주로 외생적인 변수와 외국 기업의 국내 투자를 촉진하는 한편 국내 산업의 발전을 위하여 상표법을 개정해 왔다. 미국도 물론 외생적인 변수도 적지 않게 작용하였지만 보통법에 따른 합리적인 상거래 관행을 제정법화하는 한편 미국 내에서의 상품 및 서비스의 거래 관행 및 환경의 변화, 대법원 판례의 반영 또는 배제와 기술의 발전 등과 같은 미국의 내생적인 변수에 의해 연방상표법이 주로 개정되어 왔다는 점에서 차이가 있다.

2. 내국인의 해외 상표출원을 지원하기 위한 상표법 개정 및 상표관련 국제조약 가입

미국은 내국인의 해외 상표출원을 지원하기 위하여 1946년 「보조등록부제도」

를 채택하는 한편 1988년「상표의 사용의사에 기초한 상표출원제도」허용, 조약에 의한 우선권제도를 인정받기 위하여 1887년에「파리협약」, 상표등록을 위한 상품분류의 국제적인 통일을 위하여 1972년「니스협정」, 전 세계 무역장벽의 철폐와 완화를 통한 자유무역의 증진을 위하여 1995년에 WTO, 전 세계의 상표법 통일화 경향에 발맞추기 위하여 2000년에「상표법조약」, 2009년에「싱가포르 조약」에 각각 가입하였고 미국인이 미국 내의 상표등록 또는 상표출원을 기초로 하나의 출원으로 여러 체약국에서 상표를 보호받을 수 있도록 2003년「마드리드 의정서」에 가입하였다. 우리나라는 파리협약은 1980년, WTO는 1995년, 니스협정은 1999년, 상표법조약은 2002년, 싱가포르 조약은 2016년, 마드리드 의정서는 2003년에 각각 가입하였다.

제 3 장

연방상표법상 상표의 종류

제1절 총 설

미국의 연방상표법[1)]과 보통법상 보호되는 넓은 의미의 상표(mark)의 종류로는 다음과 같이 4가지 표장이 있다.

i) 좁은 의미의 상표(trademark)

ii) 서비스표(service mark)

iii) 증명표장(certification mark)

iv) 단체표장(collective mark).

제2절 상 표

Ⅰ. 의 의

연방상표법상 좁은 의미의 상표는 "자기의 상품을 확인하고(identify) 자기의 상품을 타인에 의해 제조되거나 판매되는 상품과 식별하며(distinguish) 상품의 출

1) The term 'mark' includes any trademark, service mark, collective mark, or certification mark. 연방상표법 제45조 참조.

처가 알려지지 않았더라도 상품의 출처를 표시하기 위하여 어느 한 특정인에 의해 사용되거나 또는 상표를 상업적으로 사용하고자 하는 진정한 의사(bona fide intention)를 가지고 연방상표법상의 상표등록부에 등록하기 위하여 출원한 모든 문자, 명칭, 심벌, 고안(device) 또는 이들의 결합"을 말한다.[2)]

1. 상품의 출처

상품의 출처는 소비자가 구체적인 출처를 알지 못하는 「익명의 출처」이더라도 관계없이 어떠한 상품이 추상적인 출처에서 유래된 것이면 충분하다. 즉, 소비자가 그 상품을 제조한 업체의 명칭이 구체적으로 무엇인지 알 필요는 없다.

2. 상표의 상업적 사용

1) 상표의 사용

상표의 사용이란 "상표가 시장에서 어느 특정한 상인이 자기의 상품을 확인하기 위하여 사용되는 것"을 말한다. 상품에 대한 상표의 사용은 어느 특정한 상인이 상표를 상품 자체나 상품에 부착하는 라벨이나 태그에 표시하여 그 상품이 판매되거나 또는 상점에서 판매되기 위해 상점으로 운송되는 경우 상표가 상품에 사용되었다고 말할 수 있다. 서비스표는 물리적으로 서비스에 부착할 수 없으므로 서비스에 대한 서비스표의 사용은 서비스표가 서비스의 판매나 광고를 하는 과정에서 사용되거나 전시되고 그 서비스가 상업적으로 제공되는 경우 서비스표가 서비스에 사용되었다고 말할 수 있다.

2) 상 업

상업(commerce)이란 "미국 연방의회가 합법적으로 규제할 수 있는 모든 거래"[3)]로서 "미국 내 주 간의 상거래 또는 미국과 외국 간의 상거래"를 의미한다. 따

---

2) The term 'trademark' includes any word, name, symbol, or device, or any combination thereof —

(1) used by a person, or

(2) which a person has a bona fide intention to use in commerce and applies to register on the principal register established by this chapter,

to identify and distinguish his or her goods, including a unique product, from those manufactured or sold by others and to indicate the source of the goods, even if that source is unknown. 연방상표법 제45조 참조.

라서 미국 연방의회가 합법적으로 규제할 수 없는 미국의 어느 한 주 내에서만의 거래는 연방상표법상의 상업의 정의에 포함되지 않는다.

3) 상표의 상업적 사용

상표의 「상업적 사용」(use in commerce)이란 "정상적인 상거래의 과정에서 진정한 의사를 가지고 상표를 사용하는 것으로서 미국 내 주 간의 상거래 또는 미국과 외국 간의 상거래에서 사용하는 것"을 말하고 단지 상표권을 보유하기 위한 「명목상의 사용」(token use)은 이에 해당하지 않는다.[4] 따라서 단지 미국의 어느 한 주 내에서만의 거래는 상업적 사용에 해당하지 않는다.[5][6]

3. 상표등록부

1) 의 의

전 세계 대부분의 나라에서는 하나의 상표등록부만을 두고 있으나 미국에서는 「주등록부」(principal register)와 「보조등록부」(supplemental register)를 병행하여 운영하고 있다. 주등록부는 고유의 식별력이 있는 상표나 사용에 의하여 식별력을 취득한 상표를 등록하기 위한 상표등록부인 반면 보조등록부는 출원인의 상품이나 서비스를 식별할 가능성은 있으나(capable of distinguishing) 주등록부에는 등록될 수 없는 기술적 상표, 흔한 성 등의 등록을 위한 상표등록부이다.[7]

2) 보조등록부 운영의 취지

미국에서도 1870년 최초의 연방상표법에서는 보조등록부 제도를 두고 있지 않았으나 미국인이 외국에 자기의 상표를 등록하고자 하는 경우 미국에서 상표등록이 되어 있을 것을 요건으로 하는 경우가 많았다. 그런데 미국에서는 상표등록

---

3) The word 'commerce' means all commerce which may lawfully be regulated by Congress. 연방상표법 제45조 참조.

4) The term 'use in commerce' means the bona fide use of a mark in the ordinary course of trade, and not made merely to reserve a right in a mark. 연방상표법 제45조 참조.

5) 이 경우 보통법상의 상표권이나 각 주의 주상표법에 따라 등록된 상표의 상표권으로 보호받을 수는 있으나 연방상표법에 따른 보호는 받지 못한다.

6) 이와 같이 연방상표법에서는 상표가 상업적으로 사용되어야 한다는 요건이 필요한 이유는 연방정부는 각 주의 경계 내에서만 이루어지는 거래에 대해서는 헌법상의 권한을 위임받지 못했기 때문이다.

7) 이러한 점에서 보조등록부는 기술적 상표들이 식별력을 취득할 수 있는 온실과 같은 역할을 하고 있다고 볼 수 있다.

의 일반적인 요건인 식별력의 유무에 대한 심사가 다른 외국에 비해 상대적으로 엄격했기 때문에 상표등록을 받기 어려워 미국인이 자기 상표를 외국으로 출원할 때 다른 외국의 내국인에 비해 상대적으로 불리하다는 문제점이 지적되어 왔다. 보조등록부 제도는 이러한 문제점을 개선하기 위하여 고유의 식별력이 없는 기술적 상표를 미국에서 등록해 주고 미국인들이 미국에서의 보조등록부의 등록을 기초로 외국에 상표출원을 보다 쉽게 하기 위해 1946년 Lanham Act에서 처음으로 도입한 제도이다.[8)]

3) 연 혁[9)]

(1) **1946년 Lanham Act 전** 1946년 Lanham Act가 시행되기 전에는 고유의 식별력이 있는 상표만을 등록해 주었기 때문에 보조등록부를 별도로 두지 않았다.

(2) **1946년 Lanham Act** 1946년 Lanham Act에 의해 상표소유자가 기술적 상표를 보조등록부에 등록할 수 있게 되어 미국의 내국인이 국내 상표등록을 기초로 보다 쉽게 해외에 상표를 출원하여 등록받을 수 있게 되었지만 상표소유자가 보조등록부에 상표를 등록하는 경우 자신의 상표가 기술적 상표라는 점을 스스로 인정하는 결과가 되어 타인이 보조등록부에 등록된 상표를 자신의 상품의 성질을 기술하는 데 사용할 수 있었다.

(3) **1988년 상표법개정법** 1988년 상표법개정법에서는 1946년 Lanham Act의 문제점을 해소하고자 상표소유자가 보조등록부에 상표를 등록하는 경우 자신의 상표가 기술적 상표라는 점을 시인하는 것은 아니라고 규정하게 되었다.[10)] 따라서 보조등록부에 상표를 등록하는 경우 상표권자는 주등록부에 등록된 상표의 상표권과 동일한 미국 전역에 대한 배타적인 효력을 갖지는 못하지만 보통법에 따

8) 우종균, "미국 상표법", 특허청, 38면 참조.

9) 심미랑, "상표법상 사용에 의한 식별력 취득시점 및 증명방법에 관한 고찰", 「서울대학교 법학」, 제53권 제3호, 2012, 606~607면 참조.

10) The Trademark Law Revision Act of 1988, Pub. L. No. 100-667, 102 Stat. 3935 (1988) 참조.
§ 27 (15 U.S.C. § 1095). Principal registration not precluded by supplemental registration
Registration of a mark on the supplemental register, or under the Act of March 19, 1920, shall not preclude registration by the registrant on the principal register established by this chapter. Registration of a mark on the supplemental register shall not constitute an admission that the mark has not acquired distinctiveness.

른 상표권 침해소송을 제기하여 자신의 상표가 사용에 의한 식별력을 취득하였다는 것을 증명하여 자기의 상표를 보호받을 수 있게 되었다. 한편 보조등록부에 등록한 상표가 사용에 의한 식별력을 취득한 경우 상표권자는 보조등록부에서 주등록부로 바로 상표등록의 변경을 할 수는 없고 보조등록부에 등록된 상표를 주등록부에 등록하기 위한 새로운 출원을 하여야 한다.

연구 17 보조등록부상 등록된 상표의 주등록부 등록을 위한 상표출원

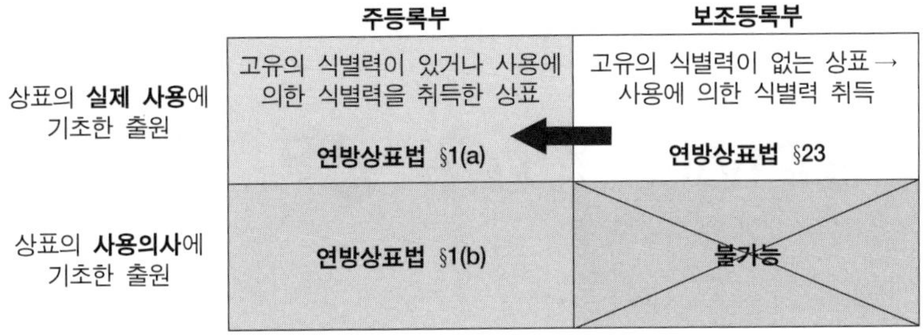

4) 고유의 식별력이 있는 상표의 보조등록부 등록 여부

주등록부에 명백히 등록될 수 있는 상표는 보조등록부에 등록될 수 없다.[11] 이 경우 출원인은 보조등록부에 대한 상표출원은 주등록부에 대한 상표출원으로 출원을 변경하여야 하며 그렇지 아니하면 상표등록은 거절된다.[12] 또한 보조등록부에 대한 상표출원을 하였다고 하여 출원상표가 식별력이 없다는 것을 특허상표청이 인정하는 것은 아니다.

5) 상표등록의 취소

보조등록부에 상표를 등록하기 위하여 출원된 상표는 상표등록의 이의신청을 위하여 상표공보에 「출원공고」되지 아니한다. 다만, 보조등록부에 등록된 경우 상표공보에 「등록공고」된다. 또한 보조등록부에의 상표등록으로 손해를 입고

---

11) Nazon v. Ghiorse, 119 USPQ2d 1178, 1182 (TTAB 2016); see *In re* U.S. Catheter & Instrument Corp., 158 USPQ 53, 53 (TTAB 1968); *In re* Hunt, 132 USPQ 564, 565 (0TTAB 1962).

12) Daggett & Ramsdell, Inc. v. I. Posner, Inc., 115 USPQ 96 (Comm'r Pats. 1957).

있거나 입게 될 것이라고 믿는 자는 「누구나」 상표가 등록된 이후 상표등록의 취소심판을 청구할 수 있다.13)

4. 모든 문자, 명칭, 심벌, 고안 또는 이들의 결합

연방상표법상 상표에 해당될 수 있는 표장에 대한 규정은 「한정적 · 열거적」으로 규정한 것이 아니라 상표에 해당될 수 있는 표장들을 「예시적」으로 규정한 것이다. 따라서 상표로 등록될 수 있는 표장으로는 문자나 숫자, 명칭, 2차원의 도형뿐만 아니라 슬로건, 상품의 포장, 상품 자체의 형상, 색채, 동작, 홀로그램을 포함하며 심지어 소리, 냄새까지 가능하다.14)

iPhone, Coca-Cola, NIKE, Jeep

II. 연 혁

1946년 Lanham Act에서는 상표를 "자기의 상품을 확인하고 타인에 의해 제조되거나 판매되는 상품과 식별하기 위하여 제조업자나 상인에 의하여 채택되고 사용되는 모든 문자, 명칭, 심벌, 고안 또는 이들의 결합"으로 정의하였다.15) 이후

---

13) 따라서 보조등록부에 상표가 등록되어 있다고 하더라도 당사자계 심판 중에서 상표등록의 이의신청에 대한 심판이나 저촉심판의 대상이 되지 아니하고 오직 상표등록의 취소심판의 대상만 해당된다.

14) 연방대법원도 Qualitex Co. v. Jacobson Products Co. (93-1577), 514 U.S. 159 (1995). 사건에서 상표의 개념을 예시적 개념으로 해석하여 색채도 그 자체로서 상표가 될 수 있다고 판시하였다. "The language of the Lanham Act describes that universe in the broadest of terms. It says that trademarks 'includ[e] any word, name, symbol, or device, or any combination thereof.' Since human beings might use as a 'symbol' or 'device' almost anything at all that is capable of carrying meaning, this language, read literally, is not restrictive. The courts and the Patent and Trademark Office have authorized for use as a mark a particular shape, a particular sound, and even a particular scent. If a shape, a sound, and a fragrance can act as symbols why, one might ask, can a color not do the same?"

15) The term 'trade-mark' includes any word, name, symbol, or device or any combination thereof adopted and used by a manufacturer or merchant to identify his goods and

1988년 상표법개정법에서는 현재와 같은 정의 규정으로 개정되었다.

Ⅲ. 하우스 마크

하우스 마크(house mark)는 태생적으로는 「상품 표지」(product mark)가 아닌 「인적 표지」(personal mark)의 한 종류로서 "특정한 건물에 거주하는 가족"을 의미하였으나[16] 현재는 주로 법인에 의하여 광범위한 상품들에 사용되는 표장으로 특정한 상품에 대한 상표와 구분하고 있다. 다음의 사례에서 TOYOTA는 전체 자동차 생산라인의 하우스 마크로, SIENNA, COROLLA, CAMRY, PRIUS는 개별 상품인 자동차의 상표로 사용되고 있다.

하우스 마크	TOYOTA	TOYOTA	TOYOTA	TOYOTA
상품 상표	SIENNA	COROLLA	CAMRY	PRIUS

기업들은 통상 상호를 하우스 마크로 많이 사용하고 있으며 하우스 마크와 개별 상품에 대한 상표를 병기하여 사용하기도 하는데 하우스 마크도 상표나 서비스표의 일종으로 미국의 특허상표청에 등록할 수 있다.[17] 미국 특허상표청은 출원인이 어떤 특정한 표장을 하우스 마크로 실제로 사용하고 있거나 사용하고자 하는 진정한 의사가 있고 상표등록결정 이후에 하우스 마크로 사용하는 경우 상표등록을 허용하고 있다. 따라서 출원인은 하우스 마크를 실제 사용에 기초하여 출원하는 경우 하우스 마크로 사용한 상표의 사용 견본을 제출하여야 하며, 출원인이 하우스 마크의 사용의사에 기초하여 상표로 출원하는 경우 출원인은 출원상표를 하우스 마크로 사용하고자 하는 의사와 하우스 마크의 성격과 출원인이 출원상표를 하우스 마크로 사용할 역량을 갖추고 있다는 것을 심사관에게 잘 설명하고 상표등록결정 이후에 하우스 마크로 사용하는 경우 상표등록이 인정된다.[18]

---

distinguish them from those manufactured or sold by others.

16) 나종갑, "커먼로상 상표법의 형성: 영국을 중심으로", 「지식재산연구」, 제10권 제3호, 한국지식재산연구원, 2015.9, 73면 참조.

17) 하우스 마크로 상표를 출원하는 경우 지정상품은 "A house mark for …"와 같이 기재한다.

Funrise,[19] VENUS,[20] ,[21] ,[22] Jacobs Gardner[23]

Ⅳ. 패밀리 상표

패밀리 상표(family of marks)란 "상표나 서비스의 구성 중 일부분을 공통으로 하고 있는 여러 상표나 서비스표의 그룹"을 말한다.[24] 소비자는 이러한 패밀리 상표에 대해서는 상품이나 서비스의 출처가 동일하거나 일정한 관련성이 있는 것으로 인식하게 된다. 대표적인 사례가 맥도날드사의 상품이나 서비스에 "MC" 표장을 부착한 MCRIB, MCMUFFIN, MCFLURRY, MCCAFE, MCPIZZA를 들 수 있다.

---

18) TMEP 1402.03(b) House Marks 참조.

19) 연방상표등록 제3352295호, 지정상품: 제28류 A house mark for a line of toys.

20) 연방상표등록 제3694736호, 지정상품: 제30류 A house mark appearing on a full line of crackers.

21) 연방서비스표등록 제2348576호, 지정서비스: 제42류 House mark for computer assisted research services in a wide variety of fields and for obtaining public records information including, but not limited to, information in legal directories, telephone directories ….

22) 연방상표등록 제1810329호, 지정상품: 제1류 House mark for a full line of industrial adhesives, adhesives for use in the fields of electronics, medical devices and computers, general purpose adhesives, cyanoacrylate adhesives, adhesives for use in engineering, uv curable adhesives for bonding, encapsulating and sealing applications, acrylic adhesives, thermally conductive adhesives, silicone adhesives, adhesives for use with threaded and cylindrical assemblies adhesives for use in home repair and improvement, adhesives for use in arts and crafts, adhesive sealants and adhesives for automotive use, a full line of chemical preparations for automotive repair and maintenance.

23) 연방상표등록 제1539301호, 지정상품: 제16류 House mark for a line of office stationery supplies.

24) "A group of marks having a recognizable common characteristic, wherein the marks are composed and used in such a way that the public associates not only the individual marks, but the common characteristic of the family, with the trademark owner." J & J Snack Foods Corp. v. McDonald's Corp., 932 F.2d 1460, 1462, 18 USPQ2d 1889, 1891 (Fed. Cir. 1991) 참조.

Ⅴ. 트레이드 드레스

트레이드 드레스(trade dress)는 제정법인 연방상표법이 아닌 판례법에 의하여 형성된 개념으로, 종전에는 상품의 포장이나 용기, 상품 자체의 디자인으로 다른 상품이나 서비스와 식별하게 하는 그 상품의 전체적인 외관이나 장식으로 한정하기도 하였지만, 요즘에는 점차 색채, 소리, 냄새, 맛 등을 통해 다른 상품이나 서비스와 식별하게 하는 그 「상품이나 서비스의 독특한 전체적인 이미지」(the distinctive, total image of a product or service)라는 개념으로 발전하였다.[25] 트레이드 드레스도 ⅰ) 전체적으로 비기능적이고, ⅱ) 상품이나 서비스의 출처표시로서의 기능을 한다면 상표나 서비스표로 보호될 수 있다.

Ⅵ. 상호와 비교

1. 상호와 상표

상호(trade name, commercial name)란 "어느 특정인의 영업(business)이나 직업(vocation)을 나타내기 위하여 사용되는 명칭"을 말한다.[26] 상호는 통상 'Inc.,' 'Corp.,' 'Company,' 'LLC,'라는 명칭이 붙는다. 상표와 상호는 모두 표지의 구성이 유사하고 상품에 관한 출처표시 또는 품질보증 등의 기능을 수행한다는 공통점도 가지고 있으나 상표는 「상품의 식별표지」인 데 반하여 상호는 상거래상 영업의 주체로서 「인적 표지」에 해당하는 점에서 차이가 있다. 따라서 상호는 상품이나 서비스의 출처를 표시하는 기능을 갖지 못하면 상표로서 등록될 수 없다.[27] 다만, 상호가 구체적인 상품에 부착되어 사용하거나 서비스에 관련하여 사용되어 실제 소비자 또는 잠재적인 소비자가 그 상호를 상품이나 서비스의 식별표지로 인식한다면 상표나 서비스표로서의 기능도 수행한다고 볼 수 있다. 이러한 점을 고려하

---

25) 사람이 dress를 입어 독특한 이미지를 만들듯이 상품이나 서비스도 색채, 외관의 모양, 포장, 소리, 냄새 등을 통해 독특한 전체적인 이미지(the distinctive, total image of a product or service)를 갖게 되는데 이를 트레이드 드레스라고 정의할 수 있다.

26) 미국의 연방상표법 제45조에 따르면 상호는 The terms 'trade name' and 'commercial name' mean any name used by a person to identify his or her business or vocation으로 정의된다.

27) Bell v. Streetwise Records, Ltd., 761 F.2d 67, 75 (1st Cir. 1985).

여 연방상표법 제2조 (d)항에서는 출원상표가 선사용하고 있는 타인의 상호와 유사하여 출원인의 상품에 또는 출원인의 상품과 관련하여 사용될 때 혼동이나 오인을 일으키거나 기만하게 할 우려가 있는 경우 그 상표의 등록을 거절하도록 규정하고 있으며,[28] 연방상표법 제43조 (a)항에서는 타인의 이름(name)을 사용하여 혼동이나 오인을 일으키거나 기만하게 할 우려가 있는 행위를 한 자는 그러한 행위에 의하여 손해를 입힌 자에 대하여 민사상의 책임을 지도록 규정하여 타인의 상호의 침해에 대해서도 연방법원에 의한 구제를 인정하고 있다.[29]

---

28) No trademark by which the goods of the applicant may be distinguished from the goods of others shall be refused registration on the principal register on account of its nature unless it —

(d) Consists of or comprises a mark which so resembles a mark registered in the Patent and Trademark Office, or a mark or trade name previously used in the United States by another and not abandoned, as to be likely, when used on or in connection with the goods of the applicant, to cause confusion, or to cause mistake, or to deceive: Provided, That if the Director determines that confusion, mistake, or deception is not likely to result from the continued use by more than one person of the same or similar marks under conditions and limitations as to the mode or place of use of the marks or the goods on or in connection with which such marks are used, concurrent registrations may be issued to such persons when they have become entitled to use such marks as a result of their concurrent lawful use in commerce prior to (1) the earliest of the filing dates of the applications pending or of any registration issued under this chapter; (2) July 5, 1947, in the case of registrations previously issued under the Act of March 3, 1881, or February 20, 1905, and continuing in full force and effect on that date; or (3) July 5, 1947, in the case of applications filed under the Act of February 20, 1905, and registered after July 5, 1947. Use prior to the filing date of any pending application or a registration shall not be required when the owner of such application or registration consents to the grant of a concurrent registration to the applicant. Concurrent registrations may also be issued by the Director when a court of competent jurisdiction has finally determined that more than one person is entitled to use the same or similar marks in commerce. In issuing concurrent registrations, the Director shall prescribe conditions and limitations as to the mode or place of use of the mark or the goods on or in connection with which such mark is registered to the respective persons.

29) (a) (1) Any person who, on or in connection with any goods or services, or any container for goods, uses in commerce any word, term, name, symbol, or device, or any combination thereof, or any false designation of origin, false or misleading description of fact, or false or misleading representation of fact, which —

(A) is likely to cause confusion, or to cause mistake, or to deceive as to the affiliation, connection, or association of such person with another person, or as to the origin,

연구 18 상표 vs. 상호 vs. 도메인 이름

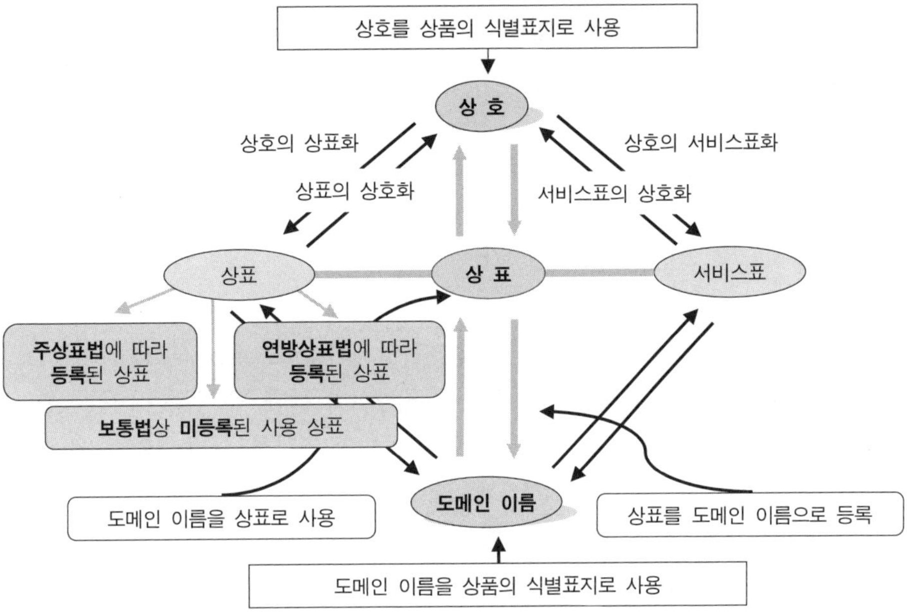

sponsorship, or approval of his or her goods, services, or commercial activities by another person, or

(B) in commercial advertising or promotion, misrepresents the nature, characteristics, qualities, or geographic origin of his or her or another person's goods, services, or commercial activities, shall be liable in a civil action by any person who believes that he or she is or is likely to be damaged by such act.

(2) As used in this subsection, the term 'any person' includes any State, instrumentality of a State or employee of a State or instrumentality of a State acting in his or her official capacity. Any State, and any such instrumentality, officer, or employee, shall be subject to the provisions of this chapter in the same manner and to the same extent as any nongovernmental entity.

(3) In a civil action for trade dress infringement under this chapter for trade dress not registered on the principal register, the person who asserts trade dress protection has the burden of proving that the matter sought to be protected is not functional.

2. 미국에서의 상호 등록[30)]

1) 개인의 상호등록

미국에서 개인이 자기의 본명(real name) 대신 다른 이름으로 자영업(sole proprietors) 등의 형태로 사업을 하고자 하는 자는 카운티(county)에 그 사업체의 이름(fictitious business name)인 상호를 등록하여야 한다.[31)] 이렇게 카운티에 상호를 등록하도록 하는 이유는 카운티에 소재하는 기업체에게 세금을 부과하기 위한 것이므로 신고된 상호와 동일한 상호가 이미 카운티 내에 존재하고 있는지도 조사하지 않고 등록해 주기도 한다.

2) 법인의 상호등록

미국에서 주식회사(corporation)나 유한책임회사(Limited Liability Company: LLC)를 설립하는 경우에는 주정부에 상호를 등록하여야 한다. 주정부는 기등록된 상호와 동일(또는 기만적으로 유사)[32)]한 상호가 있는지 조사한 후 동일(또는 기만적으로 유사)한 상호가 없는 경우 신청된 상호를 등록해 준다. 주정부에 주식회사나 유한책임회사의 상호를 등록하였다면 해당 주에서만 타인이 동일(또는 기만적으로 유사)한 상호를 등록하는 것을 배제하는 효력만 가질 뿐 동일한 주 내에서도 자영업(sole proprietors)을 운영하고자 하는 타인의 동일한 상호의 사용이나 등록을 배제하는 효력을 부여하지는 않는다. 아울러 다른 주에서의 타인에 의한 동일한 주식회사나 유한책임회사의 상호 등록을 배제할 수도 없다.

VII. 도메인 이름과 비교

도메인 이름(domain name)은 "「인터넷상 전자 주소의 일부분」으로 도메인 이름의 등록기관, 등록소, 등록당국에 의하여 등록되고 부여된 영문자와 숫자로 조합된 명칭"을 말한다.[33)] 상표는 「상품의 식별표지」인 데 반하여 도메인 이름은 「인

30) 김형진, 미국상표법, 지식공작소, 1999, 102~105면 참조.

31) 이를 DBA 등록이라고도 칭한다. 이 경우 DBA란 "Doing Business As"의 약자이다.

32) 각 주마다 상호의 등록에 관한 법령이 별도로 있기 때문에 어느 주에서는 동일한 상호의 등록만을 배제하기도 하고, 어느 주에서는 기만적으로 유사한(deceptively similar) 상호의 등록까지 배제하는 주도 있다.

33) 미국의 연방상표법 제45조에 따르면 도메인 이름은 "The term 'domain name' means any

터넷상 웹 주소」라는 점에서 차이가 있다.

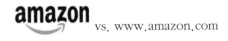

amazon vs. www.amazon.com

제3절 ▌서비스표

Ⅰ. 의 의

연방상표법상 서비스표는 "자기의 서비스를 확인하고 자기의 서비스를 타인의 서비스와 식별하며 서비스의 출처가 알려지지 않았더라도 서비스의 출처를 표시하기 위하여 어느 한 특정인에 의해 사용되거나 또는 서비스표를 상업적으로 사용하고자 하는 진정한 의사를 가지고 연방상표법상의 상표등록부에 등록하기 위하여 출원한 모든 문자, 명칭, 심벌, 고안 또는 이들의 결합"을 말한다. 한편 라디오나 텔레비전 프로그램의 제명, 캐릭터의 명칭, 기타 독특한 특징들은 그것들이나 프로그램이 광고주의 상품을 광고한다고 하더라도 서비스표로 등록될 수 있다.[34)]

---

alphanumeric designation which is registered with or assigned by any domain name registrar, domain name registry, or other domain name registration authority as part of an electronic address on the Internet."으로 정의된다.

34) The term 'service mark' means any word, name, symbol, or device, or any combination thereof —

(1) used by a person, or

(2) which a person has a bona fide intention to use in commerce and applies to register on the principal register established by this chapter,

to identify and distinguish the services of one person, including a unique service, from the services of others and to indicate the source of the services, even if that source is unknown. Titles, character names, and other distinctive features of radio or television programs may be registered as service marks notwithstanding that they, or the programs, may advertise the goods of the sponsor. 미국의 연방상표법 제45조 참조.

Greyhound, M, amazon, COSTCO WHOLESALE

최근에는 정당의 정치적 활동도 서비스의 일종으로 보아 미국의 대선에 사용된 민주당과 공화당의 구호도 서비스표로 등록되고 있다.

MAKE AMERICA GREAT AGAIN ,[35)] HILLARY FOR AMERICA ,[36)]

UNITED WE STAND AMERICA,[37)] United We STAND, United We Stand

1. 서비스의 개념

서비스란 "타인을 위하여 용역을 제공하는 행위"를 말한다.[38)] 따라서 자기 자신의 상품 판매나 다른 서비스의 제공과 단순하게 관련된 통상의 판촉 활동은 서비스의 개념에 포함되지 않는다.[39)]

2. 모든 문자, 명칭, 심벌, 고안 또는 이들의 결합

연방상표법상 서비스표에 해당될 수 있는 표장에 대한 규정으로 「한정적 · 열거적」으로 규정한 것이 아니라 서비스표에 해당될 수 있는 표장들을 「예시적」으로 규정한 것이다. 따라서 서비스표로서 등록될 수 있는 표장으로는 문자나 숫자, 명칭, 2차원의 도형뿐만 아니라 슬로건, 상품의 포장, 상품 자체의 형상, 색채, 동

---

35) 연방서비스표등록 제4773272호, 지정서비스: 제35류 Political action committee services, namely, promoting public awareness of political issues.

36) 연방서비스표등록 제5276825호, 지정서비스: 제35류 Political campaign services, namely, promoting public awareness of hillary clinton as a candidate for public office, providing online information regarding political issues and the 2016 presidential election.

37) 연방서비스표등록 제1844852호, 지정서비스: 제42류 Conducting voter registration drives, voter forums, polls and referendums in the field of public policy, for non-business, non-marketing purposes; and issues and candidate research activities and dissemination of information in the field of public policy.

38) *In re* Canadian Pacific, Ltd, 754 F.2d 992 (Fed. Cir. 1985). 이 사건에서 법원은 서비스를 "The performance of labour for the benefit of another"라고 정의하였다.

39) *In re* Dr. Pepper Co., 836 F.2d 508 (Fed. Cir. 1987). 이 사건에서 법원은 "Ordinary or routine promotional activities of one's own goods do not constitute a registrable service."라고 판시하였다.

작, 홀로그램을 포함하며 심지어 소리, 냄새까지 가능하다. 한편 개인의 성명, 캐릭터의 명칭, 라디오나 텔레비전 프로그램의 명칭 등도 서비스표로 등록할 수 있다.

II. 연 혁

서비스표에 대한 등록제도는 1946년 Lanham Act에서 새로 도입한 제도로서 서비스표를 "자기의 서비스를 확인하고 타인의 서비스로부터 식별하기 위하여 서비스의 판매나 광고에서 사용되는 표장으로 상업적으로 사용되는 라디오나 기타의 광고에서의 표장, 명칭, 심벌, 제명, 명칭, 슬로건, 캐릭터의 명칭과 독특한 특징들을 제한 없이 포함한다."고 정의하였다.[40] 이후 1988년 상표법개정법에서는 현재와 같은 정의 규정으로 개정되었다.

III. 상표와 비교

상표가 자타 「상품」의 식별표지라면 서비스표는 자타 「서비스」의 식별표지라는 점에서만 차이가 있다.[41] 따라서 서비스표는 상표와 동일한 절차로 등록이 가능하며 등록이 될 경우 등록상표에 부여하는 것과 동일한 보호를 받는다.[42]

---

40) "The term 'service mark' means a mark used in the sale or advertising of services to identify the services of one person and distinguish them from the services of others and includes without limitation the marks, names, symbols, titles, designations, slogans, character names, and distinctive features of radio or other advertising used in commerce."

41) 제9 연방순회구 항소법원은 Chance v. Pac-tel Teletrac Inc., 242 F.3d 1151 (2001) 사건에서 "The only difference between a trademark and a service mark is that a trademark identifies goods while a service mark identifies services."라고 판시하였다.

42) 미국의 연방상표법 제3조에서 "Subject to the provisions relating to the registration of trademarks, so far as they are applicable, service marks shall be registrable, in the same manner and with the same effect as are trademarks, and when registered they shall be entitled to the protection provided herein in the case of trademarks. Applications and procedure under this section shall conform as nearly as practicable to those prescribed for the registration of trademarks."라고 규정하고 있다.

제4절 ‖ 증명표장

Ⅰ. 의 의

연방상표법상 증명표장은 “상품이나 서비스의 지역적 원산지나 기타의 출처, 재료, 제조 방식, 품질, 정밀도, 기타 다른 특성을 증명하거나(certify) 상품 또는 서비스에 관한 작업이나 노동이 노동조합이나 단체의 구성원에 의하여 수행된 것을 증명하기 위한 것으로 그 표장의 소유자가 아닌 다른 사람에 의해 사용되거나 증명표장의 소유자가 본인이 아닌 타인에게 그 표장의 상업적 사용을 허락하려는 진정한 의사를 가지고 연방상표법상의 상표등록부에 등록[43]하기 위하여 출원한 모든 문자, 명칭, 심벌, 고안 또는 이들의 결합”을 말한다.[44] 증명표장의 주요 기능은

43) 증명표장의 등록증에는 증명표장이 증명하는 상품의 특성이 기재된다.

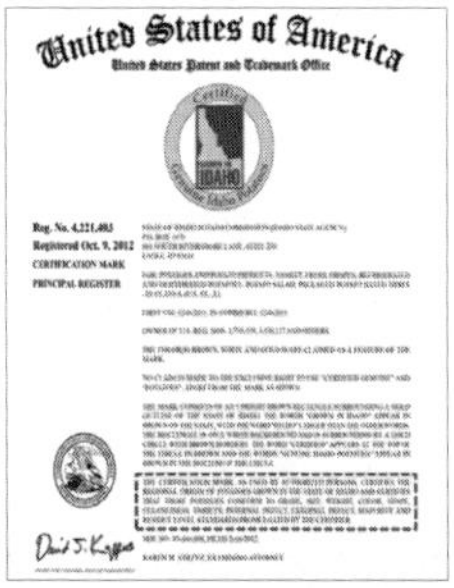

THE CERTIFICATION MARK, AS USED BY AUTHORIZED PERSONS, CERTIFIES THE REGIONAL ORIGIN OF POTATOES GROWN IN THE STATE OF IDAHO AND CERTIFIES THAT THOSE POTATOES CONFORM TO GRADE, SIZE, WEIGHT, COLOR, SHAPE, CLEANLINESS, VARIETY, INTERNAL DEFECT, EXTERNAL DEFECT, MATURITY AND RESIDUE LEVEL STANDARDS PROMULGATED BY THE CERTIFIER.

The certification mark, as intended to be used by authorized persons, is intended to certify that the goods provided have met standards adopted by the certifier, such as meeting the necessary product safety, technical, design, and performance standards for use on woollen items, and that persons authorized by Applicant will manufacture the goods in accordance with processes developed by applicant.

44) The term ‘certification mark’ means any word, name, symbol, or device, or any combination thereof —

상품의 특성을 증명하는 것이므로 일반적으로 상표의 구성에 'approved by,' 'inspected,' 'conforming to,' 'certified' 등과 같은 증명과 관련된 단어가 포함되는 경우가 많다.

,[45] ,[46] ,[47] [48]

(1) used by a person other than its owner, or

(2) which its owner has a bona fide intention to permit a person other than the owner to use in commerce and files an application to register on the principal register established by this chapter,

to certify regional or other origin, material, mode of manufacture, quality, accuracy, or other characteristics of such person's goods or services or that the work or labor on the goods or services was performed by members of a union or other organization.

미국의 연방상표법 제45조 참조.

45) 연방증명표장등록 제5018253호, 지정상품: Detergents and cleaning preparations., 증명표장에 대한 설명: The certification mark, as intended to be used by authorized persons, is intended to certify that the goods provided have met standards adopted by the certifier, such as meeting the necessary product safety, technical, design, and performance standards for use on woollen items, and that persons authorized by Applicant will manufacture the goods in accordance with processes developed by applicant.

46) 연방증명표장등록 제4970062호, 지정상품: Dietary and nutritional supplements made from Alaska seafood., 증명표장에 대한 설명: Color is not claimed as a feature of the mark. The mark consists of a fishing boat with a triangular shaped mountain in the background and the words 'ALASKA SEAFOOD' over the top of the mountain and the words 'CERTIFIED RESPONSIBLE FISHERIES' in an oval band around the mark.

47) 연방증명표장등록 제3530137호, 지정상품: Potatoes and potato products, namely, fresh, frozen, refrigerated and dehydrated potatoes., 증명표장에 대한 설명: Color is not claimed as a feature of the mark. The mark consists of An upright rectangle surrounding an outline of the State of Idaho. The words 'Grown in Idaho' appear on the state, with the word 'IDAHO' larger than the other words. The rectangle is surrounded by a circle. The word 'Certified' appears at the top of the circle and the words '100% Idaho Potatoes' appear in the bottom of the circle.

48) 연방증명표장등록 제3770704호, 지정상품: Appliances and housewares, namely, coffee makers, dishwashers, dryers, freezers, irons, steamers, ovens, refrigerators, vacuums, washers, Beauty and personal care products, namely, shampoo, conditioner, toothpaste, toothbrushes, hair dye, cosmetics, skin lotion, skin powders, cosmetic brushes, tweezers, clippers, and cosmetic scissors, Insect repellent, Cleaning, kitchen, and household items,

II. 연 혁

1946년 Lanham Act에서는 증명표장을 "상품이나 서비스의 지역적 원산지나 기타의 출처, 재료, 제조 방식, 품질, 정밀도, 기타 다른 특성을 증명하거나 상품 또는 서비스에 관한 작업이나 노동이 노동조합이나 단체의 구성원에 의하여 수행된 것을 증명하기 위한 것으로 표장의 소유자가 아닌 한 사람 또는 2 이상의 사람들의 상품이나 서비스에 또는 그들과 관련하여 사용되는 표장"으로 정의하였다.[49] 이후 1988년 상표법개정법에서는 현재와 같은 정의 규정으로 개정되었다.

III. 종 류

1. 의 의

증명표장을 보다 구체적으로 유형화하면 다음과 같이 구분할 수 있다.

i) 상품의 「지역적 원산지」(regional origin)를 증명하는 증명표장

---

namely, paper towels, napkins, water filtration systems, dish washing detergent, toilet paper, air freshener, laundry detergent, paper cups, storage boxes, trash bags, plastic wrap, jewelry cleaner, window cleaner, and household cleaning preparations, Plastic household utensils, namely, forks, knives, and spoons, Childcare products and toys, namely, stuffed animals, children's clothing, disposable diapers, and children's accessories, namely, backpacks and lunch boxes, Health aids and remedies, namely, lozenges, allergy medication, fiber supplements, blood pressure monitors, massagers, heating pads, cough medicine, Food and beverages, namely, canned food, canned soup, pasta, eggs, cooking oils, pasta sauce, meat, sugar substitutes, cooking sprays, rice, pretzels, chips, Home building and decorating products, namely, cabinetry, countertops, carpeting, flooring, roofing, siding, windows, home furniture, garage doors, garage door openers, garden supplies, home heating systems, home air conditioning systems, interior doors, mattresses, paints, wall paper, home water treatment systems, Consumer electronics, namely, rechargeable batteries, cell phone, cell phone accessories.

49) "The term 'certification mark' means a mark used upon or in connection with the products or services of one or more persons other than the owner of the mark to certify regional or other origin, material, mode of manufacture, quality, accuracy or other characteristics of such goods or services or that the work or labor on the goods or services was performed by members of a union or other organization."

ii) 상품이나 서비스의 「품질」이나 「규격」을 증명하는 증명표장

iii) 「특정한 단체」에 의해서 생산된 상품이나 제공되는 서비스를 증명하는 증명표장.

2. 구체적인 유형

1) 상품의 지역적 원산지를 증명하는 증명표장

'Cumberland 포도주'나 'Rouquefort 치즈' 등과 같은 지리적 표시가 대표적인 사례로서 어떤 상품이 특정한 지역적 원산지에서 생산되거나 가공되었음을 증명하는 것이다. 이 경우 지리적 출처를 단지 기술하는 용어(geographically descriptive term)는 2차적인 의미를 취득하였는지를 묻지 아니하고 증명표장으로 등록 가능하다.

2) 상품이나 서비스의 품질이나 규격을 증명하는 증명표장

이 증명표장은 상품이나 서비스가 일정한 품질이나 재료, 제조방식, 품질, 정밀도와 같은 특정한 규격에 관한 기준이나 조건을 충족하고 있음을 증명하는 것이다.

3) 특정한 단체에 의해서 생산된 상품이나 제공되는 서비스를 증명하는 증명표장

이 증명표장은 노조(labor union)와 같은 단체에 의하여 생산된 상품이나 그에 의하여 제공된 서비스를 증명하는 것이다.

Ⅳ. 상표 또는 서비스표와 비교

상표와 서비스표는 주로 상품이나 서비스의 「출처를 표시하는 기능」을 수행하지만, 증명표장은 그 표장이 정하고 있는 특정한 기준인 상품이나 서비스의 생산 지역, 생산 방식, 재료, 품질 또는 다른 특성에 부합한다는 것을 「증명하는 기능」을 수행한다는 점에서 차이가 있다. 아울러 상표와 서비스표는 통상 표장의 소유자가 사용하지만 증명표장은 표장의 소유자가 아닌 자에 의해 사용되는 점에서 차이가 있다.

Ⅴ. 특 징

소비자는 상품이나 서비스에 대한 정보를 증명표장에 의존하기 때문에 연방상표법에서는 다음과 같이 증명표장의 사용에 관하여 일정한 제한을 두고 있다. 만약 증명표장의 소유자가 이러한 제한을 위반하였을 경우에는 증명표장등록의 취소사유에 해당된다.[50)]

ⅰ) 증명표장의 소유자는 그의 상품이나 서비스에 대해서는 증명표장을 사용할 수 없다.[51)]

ⅱ) 증명표장과 동일한 표장은 상표나 서비스표로 등록할 수 없다.

ⅲ) 증명표장의 소유자는 타인에 의한 증명표장의 사용을 통제하여야 한다.[52)]

---

50) 미국의 연방상표법 제14조 (5) 참조.

51) 이는 증명표장의 소유자가 증명표장을 자기의 상품이나 서비스에 사용하도록 허락할 경우 증명의 기준을 객관적으로 적용하기보다 주관적으로 적용할 개연성이 있기 때문이다.

52) 따라서 증명표장의 소유자는 타인에 의한 증명표장의 사용을 감시하고 타인이 증명표장을 증명하는 목적 이외로 사용하거나 실제로 증명의 기준에 미달하는 상품을 허위로 증명하지 말아야 한다.

iv) 증명표장의 소유자는 증명표장을 증명하기 위한 목적 이외의 다른 용도로 사용하는 것을 허락해서는 안 된다.

v) 증명표장의 소유자는 증명하는 기준이나 조건들을 충족하고 있는 어떠한 자의 상품이나 서비스에 대하여 증명하는 것을 차별적으로 거절해서는 안 된다.53)

vi) 증명표장은 상품이나 서비스의 출처를 표시하는 표장이 아니므로 출원인은 증명표장을 사용할 상품이나 서비스를 Class A(상품), Class B(서비스)로 표시한다.54)55)

---

53) 따라서 증명의 기준을 통과한 상품이나 서비스에 대하여 증명을 차별적으로 거절해서는 안 된다.

54) 증명표장의 등록증에 기재된 상품 또는 서비스의 사례를 들면 다음과 같다.

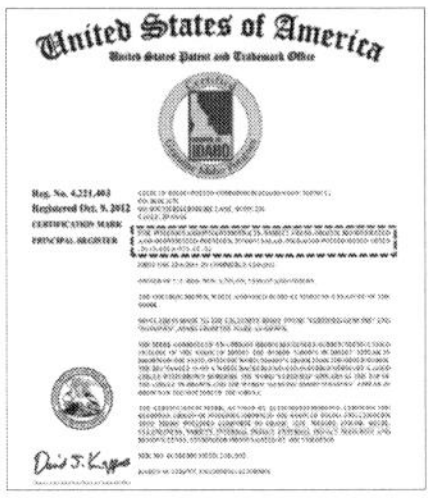

FOR: POTATOES AND POTATO PRODUCTS, NAMELY, FRESH, FROZEN, REFRIGERATED AND DEHYDRATED POTATOES; POTATO SALAD, PACKAGED POTATO BASED MIXES , IN CLASS A (U.S. CL. A).

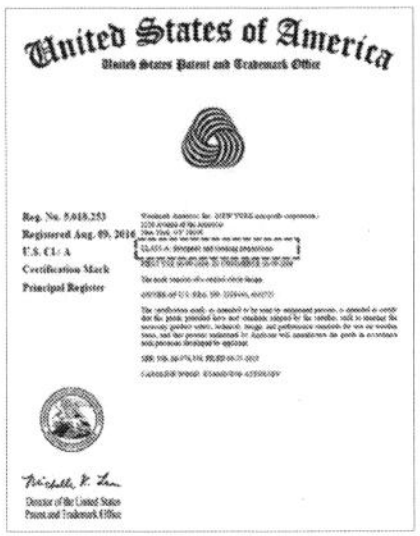

CLASS A: detergents and cleaning preparations

55) 하나의 출원으로 Class A와 Class B에 대하여 모두 출원할 수 있다.

제5절 ▌단체표장

Ⅰ. 의 의

연방상표법상 단체표장은 "협동조합, 사단, 기타 공동 단체 또는 조직의 회원에 의하여 사용되거나 협동조합, 사단, 기타 공동 단체 또는 조직이 상거래에서 사용하고자 하는 진정한 의사를 가지고 연방상표법상의 상표등록부에 등록하기 위하여 출원한 상표나 서비스표, 노동조합, 사단, 기타 조직의 소속 회원이라는 것을 나타내기 위한 표장"을 말한다.[56)]

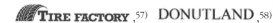

TIRE FACTORY ,[57)] DONUTLAND ,[58)] ,[59)] UNITED STATES SUBMARINE VETERANS [60)]

56) The term 'collective mark' means a trademark or service mark —
(1) used by the members of a cooperative, an association, or other collective group or organization, or
(2) which such cooperative, association, or other collective group or organization has a bona fide intention to use in commerce and applies to register on the principal register established by this chapter,
and includes marks indicating membership in a union, an association, or other organization.
미국의 연방상표법 제45조 참조.

57) 연방단체서비스표등록 제4774919호, 지정서비스: 제35류 Retail tire store services, namely, automotive and truck tires, wheels, brakes, shocks, struts, batteries, and related automobile accessories.

58) 연방단체서비스표등록 제5122265호, 지정서비스: 제43류 Restaurant services featuring donuts and non-alcoholic beverages.

59) 연방단체회원표장등록 제5076558호, Collective Membership Mark indicating membership in an association of motorcycle riders.

60) 연방단체회원표장등록 제4876604호, Indicating membership in an organization of United States Submarine Veterans.

II. 연 혁

1946년 Lanham Act에서는 단체표장을 "협동조합, 사단, 기타 공동 단체 또는 조직에 의하여 사용되거나 협동조합, 사단, 기타 공동 단체 또는 조직의 회원에 의해서 사용되는 상표 또는 서비스표와 노동조합, 협회, 기타 단체의 소속 회원이라는 것을 나타내기 위한 표장"으로 정의하였다.[61] 이후 1988년 상표법개정법에서는 현재와 같은 정의 규정으로 개정되었다.

III. 종 류

1. 의 의

단체표장을 보다 구체적으로 세분화하면 다음과 같이 구분할 수 있다.[62]

i) 단체상표(collective trademark)와 단체서비스표(collective service mark),

ii) 단체회원표장(collective membership mark).

2. 구체적인 유형

1) 단체상표와 단체서비스표

단체상표와 단체서비스표는 어느 특정한 단체에 속하는 회원의 상품과 서비스를 확인하고 비회원의 상품과 서비스로부터 식별하기 위하여 그 단체가 선택한 표장을 말한다. 따라서 비록 단체 자체는 그 단체상표로 상품을 판매하거나 단체서비스표로 서비스를 제공하지는 않더라도 그 회원들이 상품이나 서비스표로 사용하는 단체상표나 단체서비스표를 광고하거나 선전할 수 있다.

---

61) "The term 'collective mark' means a trade-mark or service mark used by the members of a cooperative, an association, or other collective group or organization and includes marks used to indicate membership in a union, an association or other organization."

62) Opticians Ass'n v. Independent Opticians of America, Inc., 920 F.2d 187 (3d Cir. 1993). 이 사건에서 제3 연방순회구 항소법원은 단체표장을 이와 같이 분류하였다.

2) 단체회원표장

단체회원표장은 어느 특정한 단체 그 자신이나 그 회원들이 자기의 상품이나 서비스를 확인하고 비회원의 상품이나 서비스와 식별하기 위한 표지로 사용하지 않고 단지 어느 특정한 단체에 속하는 회원들이 그 단체의 소속 회원이라는 것을 나타내는 단체표장이다.

Ⅳ. 증명표장과 비교

1. 기 능

단체표장은 어떤 특정한 단체나 그 회원이 사용하는 상표나 서비스표 또는 어떤 특정한 단체의 회원임을 표시하는 표장으로서 상품이나 서비스 또는 구성원의 「출처를 표시하는 기능」을 주로 수행하고 품질보증 기능은 부차적이지만, 증명표장은 상품이나 서비스의 생산 지역, 생산 방식, 재료, 품질 또는 다른 특성을 「증명하는 기능」을 주로 수행한다는 점에서 차이가 있다.

2. 사용 주체

단체표장은 보통 표장의 소유자가 사용하지만 증명표장은 표장의 소유자가 아닌 자에 의해 사용되는 점에서 차이가 있다. 다만, 어떤 단체가 단체상표나 단체서비스표를 사용할 수 있는 실질적인 기준을 마련하고 그 기준을 충족하는 상품을 생산하거나 서비스를 제공하는 자만을 그 단체의 회원으로 인정한다면 단체상표와 단체서비스표도 간접적으로 증명표장과 유사한 증명하는 기능을 수행할 수도

있다고 본다.[63]

제6절 ▌우리나라의 제도와 비교 · 분석

Ⅰ. 상표의 종류

우리나라의 상표법에서는 표장의 종류로서 5가지를 규정하고 있다.

i) 상표[64]

ii) 서비스표[65][66]

iii) 단체표장[67]

iv) 증명표장[68]

v) 업무표장[69]

우리나라와 미국의 제도를 비교하면 양 국가 모두 상표, 서비스표, 단체표장, 증

---

63) Margreth barrett, Emanuel Law Outlines, International Property, 3rd Edition, Wolters Kluwer, 2012, 235면 참조.

64) 상표법 제2조 제1항 제1호에서 상표를 "자기의 상품(지리적 표시가 사용되는 상품의 경우를 제외하고는 서비스 또는 서비스의 제공에 관련된 물건을 포함한다. 이하 같다)과 타인의 상품을 식별하기 위하여 사용하는 표장(標章)을 말한다."라고 정의하고 있다.

65) 2016년 개정법에서는 서비스표를 상표에 포함시켜 정의하고 있다.

66) 상표법에서는 서비스표를 광의의 상표에 포함시켜 상표로 규정하지만 여기서는 미국의 상표제도와 비교하기 위하여 상표와 서비스표로 구분하기로 한다.

67) 상표법 제2조 제1항 제3호에서 단체표장을 "상품을 생산 · 제조 · 가공 · 판매하거나 서비스를 제공하는 자가 공동으로 설립한 법인이 직접 사용하거나 그 소속 단체원에게 사용하게 하기 위한 표장을 말한다."라고 정의하고 있다.

68) 상표법 제2조 제1항 제7호에서 증명표장을 "상품의 품질, 원산지, 생산방법 또는 그 밖의 특성을 증명하고 관리하는 것을 업(業)으로 하는 자가 타인의 상품에 대하여 그 상품이 품질, 원산지, 생산방법 또는 그 밖의 특성을 충족한다는 것을 증명하는 데 사용하는 표장을 말한다."라고 정의하고 있다.

69) 업무표장의 등록 사례를 들면 다음과 같다.

, , ,

명표장을 운영하는 점에서는 공통점을 가지지만 우리나라에서는 영리를 목적으로 하지 아니하는 업무를 하는 자가 그 업무를 나타내기 위하여 사용하는 표장인 업무표장 제도를 운영하고 있는 점에서 미국의 제도와 차이를 보이고 있다.

II. 제도 도입 연혁

1. 우리나라

1) 상 표

상표는 우리나라가 1949년 제정 상표법에서부터 보호하여 오늘에 이르고 있다.

2) 서비스표

서비스표는 「영업표」[70]라는 명칭으로 1949년 제정 상표법에서부터 보호하여 왔다. 우리나라가 1980년 파리협약에 가입함에 따라 1980년 개정법(1980. 12. 31. 법률 제3326호)에서 영업표라는 명칭을 「서어비스표」로 개칭하였으며, 1990년 개정법(1990. 1. 13. 법률 제4210호)에서부터 「서비스표」라고 용어를 변경하여 오늘에 이르고 있다.

3) 단체표장

단체표장은 우리나라가 1980년 파리협약에 가입함에 따라 1980년 개정법에서 새로 도입된 제도이다.[71] 2004년 개정법(2004. 12. 31. 법률 제7290호)에서는 지리적 표시를 단체표장의 한 유형으로 보호하기 위하여 「지리적 표시 단체표장제도」[72]를 도입하여 오늘에 이르고 있다.

---

70) 1949년 제정 상표법에 의하면 "영업표라 함은 영업을 하는 자가 광고, 포장물, 용기, 문방구 기타 사무용품 등에 표시하는 것으로서 자기의 영업을 일반에게 식별시키기 위하여 사용하는 기호, 문자, 도형 또는 그 결합의 특별현저한 것을 말한다."라고 정의하고 있다.

71) 1980년 개정법에 따르면 "단체표장이라 함은 동종업자 및 이와 밀접한 관계가 있는 업자가 설립한 법인이 그 감독하에 있는 단체원의 영업에 관한 상품 또는 서어비스업에 사용하게 하기 위한 표장을 말한다."고 정의하고 있다.

72) "지리적 표시 단체표장"이란 지리적 표시를 사용할 수 있는 상품을 생산 · 제조 또는 가공하는 자가 공동으로 설립한 법인이 직접 사용하거나 그 소속 단체원에게 사용하게 하기 위한 표장을 말한다.

4) 증명표장

(1) 의 의 증명표장제도와 증명표장의 한 유형으로서 지리적 표시 증명표장[73]제도는 우리나라와 미국이 자유무역협정을 체결하면서 양국 간 합의 사항을 이행하기 위하여 2011년 개정법(2011. 12. 2. 법률 제11113호)에서 새로 도입하였다.

(2) **지리적 표시 단체표장과 지리적 표시 증명표장의 비교** 지리적 표시 단체표장과 지리적 표시 증명표장을 서로 비교하면 다음과 같다.[74]

연구 19 우리나라의 상표법상 지리적 표시 단체표장 vs. 지리적 표시 증명표장

구분	지리적 표시 단체표장	지리적 표시 증명표장
정의	지리적 표시를 사용할 수 있는 상품을 생산·제조 또는 가공하는 자가 공동으로 설립한 법인이 직접 사용하거나 그 소속 단체원에게 사용하게 하기 위한 표장	지리적 표시를 증명하는 것을 업으로 하는 자가 타인의 상품에 대하여 그 상품이 정해진 지리적 특성을 충족한다는 것을 증명하는 데 사용하는 표장
권리 주체	· **법인**(해당 지리적 표시를 사용할 수 있는 상품을 생산 · 제조 또는 가공하는 자로 구성된 법인) · **지자체**가 권리 주체가 될 수 **없음**	· **법인에 한정되지 않음**(지리적 표시를 증명하는 것을 업으로 하는 자) · **지자체**도 권리 주체가 될 수 **있음**
사용 주체	· 권리자 또는 소속단체원	· 권리자는 사용할 수 없음 · 규정된 품질 기준을 충족하는 자

2. 미 국

1) 표장의 종류 및 발전 연혁

미국은 상표, 서비스표, 단체표장, 증명표장이라는 4가지 종류의 표장이 보통법과 연방상표법에 의하여 보호되어 오고 있으나, 우리나라는 1949년 제정상표법상 상표와 서비스표만 존재하였으며 파리협약 가입을 위해서 1980년 개정법에서 단체표장이, 한 · 미 자유무역협정 이행을 위한 2011년 개정법에서 증명표장이 도입되었다는 점에서 차이가 있다.

2) 지리적 표시

미국은 지리적 표시를 독자적인 법이 아니라 상표법상 단체표장제도 또는 증

---

73) "지리적 표시 증명표장"이란 상품의 품질, 원산지, 생산방법이나 그 밖의 특성의 증명을 업으로 하는 자가 상품의 생산 · 제조 또는 가공을 업으로 하는 자의 상품이 정하여진 지리적 특성을 충족하는 것을 증명하는 데 사용하게 하기 위한 지리적 표시로 된 증명표장을 말한다.

74) 특허청, 업무편람, 2017, 참조.

명표장제도를 활용하여 보호하고 있다. 그러나 우리나라에서는 지리적 표시를 상표법상 「지리적 표시 단체표장」과 「지리적 표시 증명표장」 제도[75]는 물론 독자적인 농수산물 품질관리법상의 「지리적 표시」 제도[76]를 통해서도 보호[77]해 주고 있다는 점에서 차이가 있다. 국내법상 상표법과 농수산물 품질관리법에 의한 지리적 표시의 보호 대상과 권리구제 수단을 비교하면 다음과 같다.[78]

연구 20 우리나라의 지리적 표시 보호에 관한 상표법 vs. 농수산물 품질관리법

구분	상표법	농수산물 품질관리법
제도의 목적	상표를 보호함으로써 상표 사용자의 업무상 신용 유지를 도모하여 산업발전에 이바지하고 수요자의 이익을 보호	농수산물의 적절한 품질관리를 통하여 농수산물의 안전성을 확보하고 상품성을 향상하며 공정하고 투명한 거래를 유도함으로써 농어업인의 소득 증대와 소비자 보호에 이바지
보호 대상	등록대상을 **농수산물** 및 **농수산가공품**으로 한정하지 않으므로 도자기, 목기와 같은 **수공예품**도 보호 대상에 포함	**농수산물** 및 **농수산가공품**으로 한정

75) 2017년 8월 현재 상표법상 등록된 지리적 표시는 363건이며, 농수산물 품질관리법에 의해서 등록된 지리적 표시는 현재 180건에 이르고 있다.

76) 농수산물 품질관리법상의 지리적 표시 마크는 다음과 같이 변경되었다.

K P G I → Korea Protected Geographical Indication 지리적표시등록 → 지리적표시 (PGI) 농림수산식품부

77) 농수산물 품질관리법에 따라 등록된 지리적 표시의 경우 다음의 표장을 기재하고 있다.

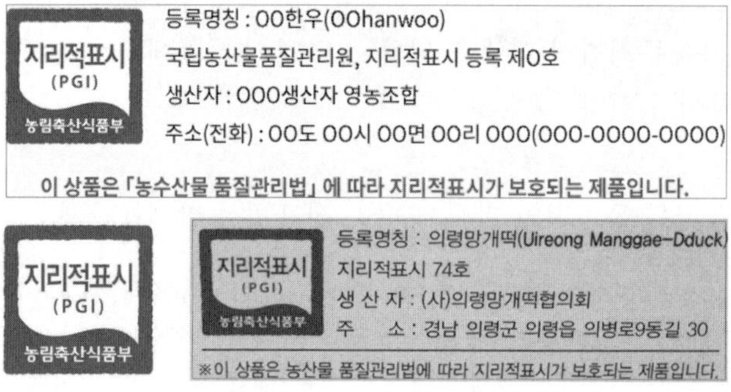

78) 특허청, 업무편람, 2017, 참조.

등록 표시	®	지리적표시 (PGI) 농림수산식품부
권리 구제	· 민사적 구제 · 형사적 구제(지리적 표시 단체표장권 또는 지리적 표시 증명표장권 침해죄에 해당하는 경우 7년 이하의 징역 또는 1억 원 이하의 벌금. 거짓표시자에게 3년 이하의 징역 또는 3천만 원 이하의 벌금)	· 민사적 구제 · 형사적 구제(**지리적 표시권 침해죄에 대한 형사적 구제수단은 없음.** 다만, 거짓표시자에게 3년 이하의 징역 또는 3천만 원 이하의 벌금)
해외 보호	파리협약에 의한 우선권 주장을 할 수 있으며 마드리드 의정서에 따른 국제출원제도를 활용하여 해외에서 표장으로 권리 취득 가능	파리협약에 의한 우선권 주장을 할 수 없으며, 국가마다 개별국 출원이나 독자적인 지리적 표시 등록제도 또는 양 · 다자간 지리적 표시 보호 목록 교환 등의 방식에 의해 보호받을 수 있음

제 4 장
연방상표법의 보호 대상

제1절 총 설

상표제도의 역사는 상표의 보호 대상의 확대의 역사라고 말할 수 있다. 상표제도의 발전 초기에는 문자, 숫자, 도형 그리고 종속적인 구성요소로서 색채와 이들의 결합만이 상표의 보호 대상이었으나 기술의 발전에 따라 상품의 식별수단이 다양화되고 컬러 TV, 인터넷, 휴대폰 등 상표를 사용할 수 있는 다양한 광고매체가 등장하고 이러한 표장들을 일반 공중에게 공적으로 공시할 수 있는 기술들이 개발됨에 따라 단일 색채, 3차원의 형상, 건물의 외관, 위치, 홀로그램, 동작, 소리와 냄새까지 상표의 보호 대상에 포함시키고 있다. 미국의 연방상표법에서는 원칙적으로 상표의 기본적인 기능인 상품의 출처표시 기능을 수행한다면 어떠한 표장도 상표로서 보호가 가능하며, 연방상표법에서 규정하고 있는 보호 대상인 「모든 문자, 명칭, 심벌, 고안 또는 이들의 결합」(any word, name, symbol, or device, or any combination thereof)은 「예시적 규정」에 불과하다.[1]

1) *In re* Kotzin, 276 F.2d 411 (CCPA 1960).

제2절 ▌문 자

Ⅰ. 의 의

문자로 구성된 상표는 소비자가 그 표장을 어느 특정한 상품의 출처표시로 인식할 수 있다면 상표로 등록될 수 있다. 다만, 문자로 구성된 상표가 상품의 특성을 단지 설명하는 기술적 상표인 경우에는 고유의 식별력이 없으므로 사용에 의한 식별력을 취득하지 않는 한 상표등록이 거절된다.

Ⅱ. 외국 문자의 보통명칭 등의 해당 여부 판단

상표가 외국 문자로 구성된 경우 「외국어 균등의 원칙」(doctrine of foreign equivalents)에 의하여 영어로 번역하여 보통명칭 또는 기술적 상표에 해당하는지의 여부를 판단한다. 즉, 영어로 번역한 상표가 지정상품의 보통명칭이나 기술적 상표에 해당하면 상표등록이 거절된다.

Ⅲ. Phantom 상표

1. 의 의

Phantom 상표란 "상표의 전체 구성 중 일부분이 가변적인 문자, 숫자 또는 문자와 숫자 결합 등으로 구성되어 그 가변적인 구성 부분을 'XXX', '* * *' 또는 '- - -' 등으로 표시하고 나머지 불가변적인 구성 부분은 제대로 표시한 상표"를 말한다.

2. 보호 연혁

1) 1990년대 중반 전후

Phantom 상표는 1990년대 중반 이전에는 상표등록을 일반적으로 허용하였으나 1990년대 중반 후부터는 1상표 1출원주의 원칙에 위반된다는 이유로 상표등록을 거절하였다.

2) 1999년 연방순회항소법원 LIVING xxxx 사건

1999년 연방순회항소법원은 「LIVING xxxx」, 「LIVING xxxx FLAVOR」, 「LIVING xxxx FLAVORS」 사건에서 연방상표법에 따라 상표가 주등록부에 등록될 경우 상표등록일부터 상표권자의 등록상표에 대한 소유권이 미국 전역에 공시되었다고 의제되기 때문에[2] 등록상표는 실제 상업적으로 사용되는 상표를 반영하여 어느 경업자라도 상표등록부를 검색할 때 등록상표와 동일 또는 유사한 상표를 검색할 수 있어야 하는데 phantom 상표의 경우 수많은 조합의 상표로 구성될 수 있어 경업자로 하여금 출원상표 또는 등록상표의 완전한 검색을 어렵게 하여 경업자에 대한 충분한 공시의 효과가 있다고 볼 수 없다는 이유로 phantom 상표의 등록을 거절하는 심사관의 거절결정을 지지하게 되자[3] 미국의 특허상표청은 phantom 상표에 대한 상표등록을 계속 거절하였다.

3) 2001년 연방순회항소법원 Dial-A-Mattress 사건

2001년 연방순회항소법원은 「Dial-A-Mattress 사건」[4]에서 등록상표인 "**(212) M-A-T-T-R-E-S**"는 출원상표인 "1-888-M-A-T-T-R-E-S"가 사용에 의한 식별력을 취득하였다는 증거자료로 활용될 수 있으며 비록 상표의 구성 중 가변적인 부분인 "**(212)**"는 지역 전화번호로서 치환 가능한 숫자가 제한적이므로 등록상표가 비록 phantom 상표로 구성되었지만 그 등록은 유효하다고 판단하였다.

4) 2004년 상표심판원의 Dial-A-Mattress 사건

2004년 상표심판원은 「Dial-A-Mattress 사건」[5]에서 모든 phantom 상표가 상표등록에서 배제되는 것은 아니라고 판단하였음에도 불구하고 특허상표청은 출

---

2) 미국의 연방상표법 제22조에서는 "Registration of a mark on the principal register provided by this chapter or under the Act of March 3, 1881, or the Act of February 20, 1905, shall be constructive notice of the registrant's claim of ownership thereof."라고 규정하고 있다.

3) *In re* Int'l Flavors & Fragrances Inc., 183 F.3d 1361, 51 USPQ2d 1513 (Fed. Cir. 1999).

4) *In re* Dial-A-Mattress Operating Corp., 240 F.3d 1341, 57 USPQ2d 1807 (Fed. Cir. 2001).

5) *In re* Dial-A-Mattress Operating Corp., No. 76290744 (June 15, 2004).

원상표가 phantom 상표로 구성될 경우 1상표 1출원주의 원칙[6]에 위반된다는 이유로 원칙적으로 주등록부에는 물론 보조등록부에의 등록도 허용하지 않고 있다.[7][8] 다만, 가변적인 상표의 구성부분이 제한적인 경우로서 상표의 도면에서 상표의 성격을 적절히 표현하고 경업자가 충분히 검색할 수 있는 경우 예외적으로 상표등록을 허용하고 있다.[9]

3. 부등록 사례

,[10] ___ IN VEGAS,[11] DON'T MESS WITH ME, MY ___'s A LAWYER[12]

---

6) TMEP 807.01 Drawing Must Show Only One Mark 참조.

7) TMEP 1214 "Phantom" Elements in Marks 참조.

8) *In re* International Flavors & Fragrances Inc., 183 F.3d 1361 51 USPQ2d 1513 (Fed. Cir. 1999), Cineplex Odeon Corp. v. Fred Wehrenberg Circuit of Theatres Inc., 56 USPQ2d 1538 (TTAB 2000).

9) TMEP 1214.01 Single Application May Seek Registration of Only One Mark 참조.
연방서비스표등록 제1589453호, 등록서비스표: (212) M-A-T-T-R-E-S, 지정서비스: 제42류 Retail outlet services and retail store services featuring mattresses. 서비스표에 대한 설명: The drawing is lined to indicate that the area code will change.

10) 연방상표출원 일련번호 제75325286호, 지정상품: 제9류 Series of musical sound recordings, musical video recordings, interactive CDs featuring music and entertainment and interactive multimedia software recorded on CD-Roms featuring music and entertainment. 상표에 대한 설명: The mark consists of a phantom mark with the terms "ULTIMATE ---- PARTY 19--" and design in which the dashed lines indicate the insertion of changeable elements, specifically, the genre of music and the year. The stippling in the drawing is for shading purposes only.

11) 연방상표 · 서비스표출원 일련번호 제78697929호.

12) 연방상표출원 일련번호 제78184898호, 지정상품: 제14류 For use jewelry, clothing or other personal items, namely, bracelets, sweatshirts, address labels, coasters, barware, caps, pens, or handbags.

Ⅳ. 등록 사례

Coca-Cola, Calvin Klein, GUESS, SAMSUNG

제3절 숫 자

Ⅰ. 의 의

숫자로 구성된 상표도 소비자가 그 표장을 어느 특정한 상품의 출처표시로 인식할 수 있다면 상표로 등록될 수 있다. 다만 숫자로 구성된 상표가 상품의 특성이나 성질에 대하여 기술적인 의미를 가지는 경우에는 고유의 식별력이 없으므로 상표등록이 거절된다.

Ⅱ. 등록 사례

61,[13] 76,[14] 777,[15] 747,[16] 76,[17] 66,[18] 3,[19] 2000,[20] 4711[21]

---

13) 연방상표등록 제3160399호, 지정상품: 제9류 Electrical wire connectors.

14) 연방상표등록 제4789834호, 지정상품: 제9류 Downloadable software in the nature of a mobile application for providing information about fuel and retail service station locations.

15) 연방상표등록 제3893221호, 지정상품: 제21류 Cosmetic brushes, nail brushes.

16) 연방상표등록 제1674979호, 지정상품: 제12류 Airplanes and structural parts therefor.

17) 연방상표등록 제521424호, 지정상품: 제4류 Gasoline, lubricating oils and greases, and diesel fuel oils.

18) 연방상표등록 제646273호, 지정상품: 제1류, 제4류 Radiator stop leak and anti-freeze, hydraulic brake fluids, hydrocarbons such as methane, ethane, butane, ethylene, etc., mercaptans, sulfides, natural gas, and solvents.

19) 연방상표등록 제5148269호, 지정상품: 제25류 Clothing, namely, hats, caps, scarves, tee shirts, sweatshirts, shorts, pants, jackets, shoes, socks, headbands, jerseys, underpants,

제4절 ▌슬로건

Ⅰ. 의 의

미국의 상표심사기준상 슬로건(slogan)은 "광고나 선전에서 사용되는 주의를 끄는 간단한 문구"(brief attention-getting phrase used in advertising or promotion)[22] 또는 "상품을 광고하기 위하여 사용되는 캐치프레이즈"(catch phrase used to advertise a product)[23]를 말한다. 슬로건으로 구성된 표장이라고 하더라도 그 표장이 식별력이 있다면 상표등록이 가능하다.[24] 다만, 다음에 해당하는 경우에는 상표로서 식별력이 없어 상표등록이 거절된다.[25]

i) 슬로건이 단지 설명적인 경우

ii) 슬로건이 정보를 제공하는 것으로 보일 뿐 소비자에게 상표로서 인식되지 않은 경우[26]

iii) 슬로건이 광고 메시지의 일부분인 경우[27]

iv) 슬로건이 너무 길거나 광고카피 문구에 묻혀 버리는 경우.

---

gloves, wristbands, visors, vests, and undergarments.

20) 연방상표등록 제1369404호, 지정상품: 제34류 Lighters.

21) 연방상표등록 제45617호, 지정상품: 제3류, 제5류, Cologne water[florida water], and perfumery.

22) TMEP 1213.05(b)(i); https://www.merriam-webster.com/dictionary/slogan 참조.

23) TMEP 1213.05(b)(i); Webster's New World College Dictionary (4th ed. 2010) 참조.

24) 미국의 연방상표법 제23조 (c)항에서는 슬로건이 보조등록부에 상표로서 등록이 가능하다는 것을 명시적으로 규정하고 있다.

"(c) For the purposes of registration on the supplemental register, a mark may consist of any trademark, symbol, label, package, configuration of goods, name, word, slogan, phrase, surname, geographical name, numeral, device, any matter that as a whole is not functional, or any combination of any of the foregoing, but such mark must be capable of distinguishing the applicant's goods or services."

25) 특허청, 우리기업 해외진출을 위한 해외지식재산권보호 가이드북 미국, 2013, 84면에서 인용.

26) *In re* Illinois Bronze Power & Paint Co., 188 USPQ 459, 463 (TTAB).

27) *In re* Morganroth, 208 USPQ 284, 288 (TTAB 1980).

JUST DO IT., i'm lovin' it', Think different., DE BEERS A DIAMOND IS FOREVER

RINGLING BROS. THE GREATEST SHOW ON EARTH BARNUM & BAILEY,

, TRUMP PENCE MAKE AMERICA GREAT AGAIN! 2016

II. 보호 연혁[28]

1. 1946년 Lanham Act 시행 전

연방상표법상 슬로건이 상표의 보호 대상에 해당하는지의 여부에 대하여 아무런 규정을 두고 있지 않았고 슬로건은 기술적 상표에 해당한다고 보아 사용에 의한 식별력을 취득하지 않은 한 상표등록을 인정하지 않았다.

2. 1946년 Lanham Act 시행 이후

1946년 Lanham Act상 슬로건을 보조등록부에 등록할 수 있는 표장의 유형으로 명시적으로 규정하고 있었으나 주등록에 등록할 수 있는 표장의 유형으로 명시하고 있지 않았다. 따라서 법원은 이러한 연방상표법의 규정을 엄격히 해석하여 슬로건은 식별력이 없다고 판단하여 보호에 소극적이었다. 그러나 제2차 세계대전이 끝나고 전후복구에 따른 경제 붐이 일고 국제간의 무역거래가 활성화되면서 점차 슬로건에 대한 기업들의 관심이 증대되고 그에 따라 슬로건으로 구성된 상표의 출원이 증가하자 법원은 슬로건이 고유의 식별력을 가진 경우 상표소유자가 사용에 의한 식별력을 입증하지 않더라도 보호를 인정해 주기 시작하였다. 그 대표적인 사례가 1952년의 「American Enka Corp. v. Marzall 사건」[29]이다. 이 사건에서 법원은 슬로건도 상표로서 기능할 수 있다고 판단하였다.[30] 특허상표청도 이

28) 나종갑, 미국상표법연구, 한남대학교 출판부, 2005, 82~84면 참조.

29) American Enca Corp. v. Marzall, 92 USPQ 111 (D.D.C. 1952).

30) The District Court of the District of Columbia는 "Certain combinations of works, albeit that they are also slogans, may properly function as trademarks"라고 판시하면서 "THE FATE OF A FABRIC HANGS BY A THREAD" 슬로건의 연방상표청의 주등록부에의 상표등록이 허용

판결에 영향을 받아 1955년에는 "MOVING AIR IS OUR BUSINESS"31) 슬로건에 대해 사용에 의한 식별력을 인정하여 주등록부에의 상표등록을 허용하게 된다.32)

Ⅲ. 등록 사례

i) HAIR COLOR SO NATURAL ONLY HER HAIRDRESSER KNOWS FOR SURE33)

ii) DON'T LEAVE HOME WITHOUT IT34)

iii) WE BRING GOOD THINGS TO LIFE35)

iv) LET'S MAKE THINGS BETTER36)

v) DRIVE YOUR WAY37)

된다고 판시하였다.

31) 연방상표등록 제605698호, 지정상품: 제11류 Electric fans for circulating air.

32) *Ex Parte* Robbins & Myers, Inc., 104 USPQ 403 (1955).

33) 

연방상표등록 제905961호, 지정상품: 제3류 Tinting, dyeing and coloring preparation.

34) 

연방서비스표등록 제1151224호, 지정서비스: 제36류 Charge Card Services.

35) 

연방상표등록 제1203481호, 지정상품: 제11류 Portable electric hair dryers, electric toasters, electric skillets and kettles for domestic use.

36) 

연방상표등록 제2540156호, 지정상품: 제11류 Electric light bulbs.

vi) A DIAMOND IS FOREVER[38]

vii) GOOD TO THE LAST DROP[39]

viii) WHERE'S THE BEEF?[40]

제5절 도 형

Ⅰ. 의 의

도형이란 동식물 · 천체 · 기물(器物) 등 사실적인 형상을 도안화한 것을 말한다. 이러한 도형은 고유의 식별력이 있으면 사용에 의한 식별력을 취득하였다는 것을 출원인이 입증하지 않더라도 상표등록이 가능하다. 한편 고유의 식별력이 없는 도형은 사용에 의한 식별력을 취득하여야만 상표등록이 가능하다.

---

37) HYUNDAI Drive your way 연방상표등록 제3178164호, 지정상품: 제12류 Motor vehicles and structural parts therefor.

38) 

연방상표 · 서비스표등록 제3376133호, 지정상품: 제14류 Jewellery, including diamond jewellery, and imitation jewellery, precious and semi-precious stones, including diamonds, horological and chronometric instruments, 지정서비스: 제35류 Retail store services, wholesale ordering services, all of the foregoing in the field of precious metals and their alloys and goods in precious metals or coated therewith, jewellery, including diamond jewellery and imitation jewellery, precious stones including diamonds and semi-precious stones, horological and chronometric instruments.

39) 

연방상표등록 제676419호, 지정상품: 제30류 Coffee and tea.

40) 

연방서비스표등록 제1410896호, 지정서비스: 제42류 Restaurant and carry out restaurant services.

II. 등록 사례

제6절 ▮ 색 채

I. 의 의

색채는 상품의 전체 또는 일부의 외부 표면에 사용되거나 상품의 포장 전체나 그 일부를 구성하여 소비자에게 상품의 장식적인 특성으로 인식되기 때문에 단일 색채만으로 구성된 상표는 고유의 식별력이 없으므로[41] 상표등록이 거절되지만 사용에 의한 식별력을 취득하면 상표로 등록될 수 있다. 다만, 식별력이 있다고 하더라도 「기능성 이론」에 따라 다음에 해당하는 경우 상표로서 등록될 수 없다.[42]

i) 색채가 상품의 사용(use)이나 목적(purpose)에 필수 불가결한 경우[43]

ii) 색채의 사용이 상품의 비용(cost)이나 품질(quality)에 영향을 미치는 경우

iii) 색채를 보호하는 경우 경업자가 다른 적절한 색채를 찾는 것이 어려워지거나 효과적인 경쟁이 제한되어 경업자가 명성과 관련이 없는 중대한 불이익(significant nonreputation-related disadvantage)을 받을 가능성이 있는 경우.[44]

---

41) 연방대법원은 Wal-Mart Stores, Inc. v. Samara Brothers, Inc., 529 U.S. 205, 209 (2000) 사건에서 Qualitex Co. v. Jacobson Products, Co., 514 U.S. 159, 162-63 (1995) 사건에서의 판단을 언급하면서 단일색채는 절대로 고유의 식별력이 없다고 판단하였다.

42) 우종균, "미국 상표법", 특허청, 11면 참조.

43)  상표심판원은 '공중전화 부스'와 '전화 부스'와 관련하여 노란색과 오렌지색은 비상시 모든 조명 환경에서 더 잘 보이게 하는 기능을 하므로 기능적이다고 판단하였다. *In re* Orange Communications, Inc., 41 USPQ2d 1036 (TTAB 1996).

44) 상표에 대한 설명 : The mark consists of the color red as applied to the entire surface of the goods. The phantom outlining of the configuration of the goods forms no part of the mark but is

연구 21 색채만으로 구성된 상표의 등록요건(보호 요건)

색채만으로 구성된 상표의 등록요건 (보호 요건)	=	❶ 비기능성 요건	+	❷ 식별력 요건
		실용적 기능성이 없어야 함		~~고유의 식별력 **없음**~~
				반드시 **사용에 의한 식별력**을 취득하여야 함

II. 보호 연혁[45]

1. 1985년 전

1) 의 의

미국의 연방대법원이 1906년 「A. Leschen & Sons Rope Co. v. Broderick & Bascom Co. 사건」[46]에서 적색과 기타 여러 색채로 된 밧줄은 그 보호 범위가 너무 넓기 때문에 색채는 상표권의 보호 범위에 속하지 않는다고 판시한 바와 같이 1985년 전까지는 색채가 문자나 도형, 입체적 형상 등과 결합되지 않은 색채만으로 구성된 상표는 i) 색채고갈이론, ii) 색조혼동이론, iii) 기능성 이론, iv) 대체적 보호 수단의 이용 가능성 이론 등을 근거로 하여 상표등록이 거절되었다.

2) 전통적인 색채상표 부등록이론

(1) **색채고갈이론** 색채고갈이론(color depletion theory, color monopolization theory)이란 "이 세상에서 쉽게 구분을 할 수 있는 색채는 극히 제한되기 때문에 이

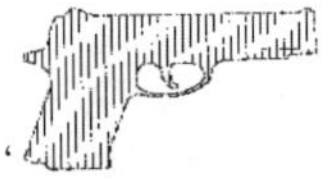
등록상표 도면

상표의 사용 견본

merely intended to show position. The mark is lined for the color red. 상표심판원은 출원상표는 지정상품인 Hand-held nonfunctioning plastic training equipment in the shape of knives, radios, flashlights, pistols, rifles, handguns and shotguns for use in training law enforcement personnel'과 관련하여 빨강색은 지정상품의 안전한 사용에 필수적이며, 연방법률과 뉴욕시의 법에서도 빨강색이 지정상품의 안전한 사용과 관련하여 요구되고 있으며, 빨강색을 어느 특정인에게 독점시킬 경우 다른 경업자는 안전과 관련된 빨강색을 상품에 사용할 수 없게 되어 경쟁이 제한됨으로써 경업자가 명성과 관련이 없는 중대한 불이익(non-reputation-related disadvantage)을 받을 가능성이 있으므로 빨강색은 기능적이라고 판단하였다. *In re* Armament Systems and Procedures, Inc., Serial No. 75107678 (TTAB 2005).

45) 우종균, 앞의 자료, 11~12면 참조.

46) 201 U.S. 166 (1906).

러한 색채들이 모두 상표로 등록되면 시장에 새로 진입하는 경업자는 색채가 이미 고갈되어 더 이상 색채를 자기의 상표로 선택할 수 없게 되는 불합리한 상황이 발생할 수 있으므로 색채는 상표등록을 받을 수 없다는 이론"이다. 이 이론은 「Campbell Soup Co. v. Armour & Co. 사건」[47]과 관련하여 제3 연방순회구 항소법원이 대표적으로 인용하게 된다.

(2) **색조혼동이론**　　색조혼동이론(shade confusion theory)이란 "색채가 상표로 등록되면 상표권의 침해소송에서 쟁점은 유사한 색채 간 색조의 혼동 가능성 여부로 귀결되는데 그 판단이 매우 어렵고 주관적이므로 색채는 상표등록을 받을 수 없다는 이론"이다. 이 이론은 「NutraSweet Co. v. Stadt Corp. 사건」[48]과 관련하여 제7 연방순회구 항소법원이 대표적으로 인용하게 된다.

(3) **기능성 이론**

가. 의 의　　기능성 이론(doctrine of functionality)은 원래 학설과 미국의 판례법에 의하여 형성되어 온 이론으로 "색채, 형상, 소리, 냄새 등 어떤 제품의 특성이 기능적일 때에는 이러한 제품의 기능적인 특성은 상표법이 아닌 특허법의 보호 영역에 속하는 것이므로 상표법에 의한 보호를 인정해 줄 수 없다는 이론"이다.

나. 기능성 이론의 발전

a) 실용적 기능성　　기능성 이론이 법원의 판례에서 등장하기 시작한 초기에는 대부분의 법원은 어떤 제품의 특성이 제품의 「실용적 기능성」(utilitarian functionality, mechanical functionality)인 제품의 원가, 제품 사용의 편의성을 향상시키는 요소로 한정하여 정의하였다.

---

47) 

Campbell Soup Co. v. Armour & Co., 175 F.2d 795, 81 USPQ 430 (3d Cir.), cert. denied, 338 U.S. 847 (1949). 이 사건에서 제3 연방순회구 항소법원은 원고가 제조하는 유명한 수프 캔 라벨의 붉은색과 흰색 상표의 보호 여부가 다투어졌던 것으로 색채의 고갈을 이유로 색채만의 상표는 도형이나 기하학적인 모양 등의 디자인과의 조합에 의하여 현저히 식별되지 않는 한 상표로서 보호받을 수 없다고 판시하였다. 특허청, 비전형적 상표의 효과적인 보호 및 운영방안 연구, 2006, 14면 참조.

48) NutraSweet Co. v Stadt Corp., 917 F.2d 1024, 16 USPQ2d 1959 (7th Cir. 1990), cert. denied, 499 U.S. 983 (1991). 이 사건에서 제7 연방순회구 항소법원은 색채는 식별력이 있는 도형(4각형, 별모양 등)과 결합되어 상표로서 보호된다면 상표권 침해의 유무판단은 색조의 유사 판단 여부에 의해서만 결정될 수 있으며, 사건마다 사실관계에 따라 상표등록의 유효성에 대한 법적 판단이 법원에 의해 좌우된다는 것은 다른 경업자의 경쟁을 저해할 우려가 있다는 점을 들어 인공감미료 포장의 엷은 청색에 대하여 상표로서의 보호를 부정하였다. 특허청, 비전형적 상표의 효과적인 보호 및 운영방안 연구, 2006, 14면 참조.

b) 심미적 기능성　　대부분의 법원은 기능성의 의미를 실용적 기능성으로 한정하였으나 일부 법원은 제품의 외관을 개선하여 판매를 증진시키기 위하여 작용하는 장식적인 요소까지도 포함시켜 「심미적 기능성」(aesthetic functionality) 이론으로까지 발전시켰다. 이들 법원의 판단에 따르면 심미적 기능성 이론은 "어느 특정한 제품의 장식적인 특성이 「상품의 상업적 성공에 중요한 요소」(important ingredient in the commercial success of the product)로 작용하는 경우 그 형상에 관해서는 실용특허권(utility patent), 디자인특허권(design patent)이나 저작권이 존재하지 않는 경우 경업자의 자유로운 경쟁을 보장하기 위하여 모방을 허용하여야 한다는 이론"이다.

연구 22 특허권과 상표권에 의한 중복 보호 제한: 기능성 이론

특허	실용특허 (utility patent)	➡	실용적 기능성 (utilitarian functionality, mechanical functionality)	vs.	상표
	디자인특허 (design patent)	➡	심미적 기능성 (aesthetic functionality)		

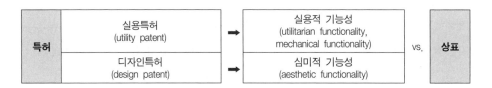

다. 기능성 이론의 취지　　만일 제한된 기간 동안만 권리가 보호되는 특허권이 영구적인 존속기간을 가질 수 있는 상표권으로 보호될 경우 특허법의 제정 취지에 반하게 되고 다른 경업자는 시장에서 효율적으로 경쟁을 할 수 없는 결과를 초래하기 때문이다.

라. 기능성의 판단 기준

a) 일반 기준　　어떠한 제품의 특성이 기능적인지 아닌지의 판단은 ⅰ) 그 제품의 특성이 제품의 사용 목적에 필수적이거나 제품의 생산비용 또는 품질에 영향을 미치고, ⅱ) 경업자가 그 특정한 제품의 특성을 복제하지 않고서는 다른 대체적인 요소를 통해 효율적으로 경쟁할 수 없는 경우와 같이 경업자가 명성과 관련이 없는 중대한 불이익(significant nonreputation-related disadvantage)을 받을 가능성이 있는 경우를 말한다.

b) 색채상표에 관한 판단 기준　　색채상표는 입체적 형상에 관한 기능성 판단 기준과는 다르게 제품의 실용성을 증대시키거나 제품의 생산비용을 감소시키는 기능은 거의 하지 못한다. 다만 ⅰ) 색채가 제품의 크기, 성능 또는 강도를 나타내기 위

하여 사용된 경우, ii) 경업자가 다른 색채를 사용하여야 할 경우에는 비용이 더 많이 드는 경우 등에는 기능적으로 작용할 수 있다.

(4) **대체적 보호 수단의 이용가능성 이론** 대체적 보호 수단의 이용가능성 이론이란 "색채는 문자나 도형 등과 같은 식별력 있는 다른 요소와 결합하면 상표등록이 가능하며, 트레이드 드레스의 한 요소로서 보호가 가능하는 등 대체적인 보호수단이 존재하므로 색채만으로 구성된 상표를 보호해 줄 만한 실익이 별로 없다는 이론"이다.[49)]

2. 1985년 연방순회항소법원의 Owens-Corning Fiberglas Corporation 사건

연방순회항소법원은 1985년 「Owens-Corning Fiberglas Corporation 사건」[50)]에서 유리섬유 절연재에 대한 분홍색의 상표등록을 거절하는 심사관의 거절결정을 지지하는 상표심판원의 심결을 파기하고 색채를 처음으로 상표로서 인정하였다. 연방순회항소법원은 비록 색채고갈이론이나 기능성 이론을 적용할 여지는 있었으나 1946년 연방상표법의 목적이 상표의 보호 대상을 넓게 확대시키는 것이므로 색채만으로 구성된 상표라고 하여 무조건 상표등록을 거절해서는 안 된다는 점을 확실히 하였다. 그러나 이 판결 이후에도 연방항소법원들 간에도 전통적인 색채상표의 부등록이론에 따라 색채만으로는 상표로서 보호될 수 없다는 판결과 색채만으로도 상표로서 보호해야 한다는 판결이 병존하였다.

3. 1995년 연방대법원의 Qualitex 사건 이후

1) 의 의

연방대법원은 1995년 「Qualitex 사건」[51)]에서 단일 색채도 사용에 의한 식별력과 비기능성을 조건으로 상표로서 보호가 가능하다고 판시함으로써 색채만으로 구성된 상표도 보호될 수 있다는 점을 확실히 하였다.

2) 1995년 Qualitex 사건

원고인 Qualitex사는 녹금색(green-gold)을 다림질 패드 상품에 대하여 상표등록[52)]을 하고 이를 사용하던 중에 피고인 Jacobson Products사가 원고의 다림질 패

---

49) 특허청, 비전형적 상표의 효과적인 보호 및 운영방안 연구, 2006, 15면 참조.

50) *In re* Owens-corning Fiberglas Corporation, 774 F.2d 1116 (Fed. Cir. 1985).

51) Qualitex Co. v. Jacobson Products Co. 514 U.S. 159 (1995).

드 제품의 녹금색을 복제하여 판매하자 원고는 피고를 상대로 법원에 상표권 침해, 트레이드 드레스 침해 및 부정경쟁행위의 금지와 이로 인한 손해배상을 청구하였다. 1심 법원은 원고 제품의 색채가 상표로서 식별력을 가지고 있으며 기능성이 인정되지 않기 때문에 상표권 침해, 트레이드 드레스 침해와 부정경쟁행위에 해당한다고 판단하였다.[53] 그러나 2심 법원인 제9 연방순회구 항소법원은 연방상표법이 색채상표의 등록을 명시적으로 금지하고 있지는 않지만 전통적인 색채상표의 부등록이론인 색채고갈이론, 색조혼동이론 등을 들어 색채만으로 구성된 상표는 보호되지 않기 때문에 상표권 침해를 인정하는 원심판결을 파기하였다.[54] 이에 대하여 연방대법원은 연방상표법상 색채만으로 구성된 상표의 보호를 원천적으로 금지하는 명문의 규정은 없으며, 색채 그 자체는 지정상품인 다림질 패드 제품과 관련하여 임의선택 상표 또는 암시적 상표로 보기 어려워 고유의 식별력이 있다고 볼 수는 없지만 사용에 의한 식별력을 취득하여 타인의 상품으로부터 상표권자의 상품을 식별할 수 있다면 단어, 명칭, 도형 등과 같은 표장과 마찬가지로 상표로 보호될 수 있다고 연방대법원 판사 전원 일치의 의견으로서 항소심 판결을 파기하였다.[55]

3) 2000년 Wal-Mart 사건

2000년 「Wal-Mart 사건」[56]에서도 연방대법원은 1995년 Qualitex 사건에서의 판결을 재확인하여 색채상표는 고유의 식별력은 없고 오직 사용에 의한 식별력을 취득한 경우에 한하여 상표등록이 가능하다고 판시하여 색채 자체도 사용에 의한 「식별력」과 「비기능성」을 조건으로 상표로서 보호가 가능하다는 것을 명백하게

---

52)

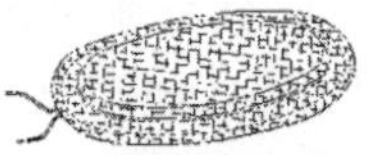

등록상표 도면

상표의 사용 견본

연방상표등록 제1633711호, 지정상품: 제7류 Machine parts, namely, press pads and covers for press pads for commercial and industrial presses. 상표에 대한 설명: The mark consists of a particular shade of green-gold applied to the top and side surfaces of the goods. The representation of the goods shown in phantom lining not a part of the mark and serves only to indicate position. The drawing is lined for the color gold.

53) Qualitex Co. v. Jacobson Products Co. Inc., 21 USPQ2d 1459 (CD Ca. 1991).

54) Qualitex Co. v. Jacobson Products Co. Inc., 13 F3d 1297, 29 USPQ2d 1277 (Ca. 1994).

55) 배대헌, “단일색채의 상표등록 여부에 대한 검토—Qualitex 사건판결을 중심으로—”, 「지식재산논단」, 제1권 제1호 참조.

56) Wal-Mart Stores, Inc. v. Samara Brothers, Inc., 529 U.S. 204 (2000).

판시하였다.[57]

Ⅲ. 출원 시 도면작성 방법

1. 의 의

출원상표에 색채를 포함하고 있는 경우 색채상표의 도면을 제출하고, 색채를 구체적으로 특정하며 상표의 구성 중 어느 부분이 색채로 구성되었고 상표의 구성요소로서 색채를 권리로 주장하고 있음을 상표출원서에 기재하여야 한다.[58]

2. 연 혁

종래에는 출원인이 색채상표를 출원하고자 하는 경우 상품이나 상품의 용기의 도면에 빗금을 그어 색채를 표시하도록 하는 Color Lining System을 운영하였으나[59] 1998년 상표법조약시행법이 시행된 1999년 10월 30일부터는 상표출원 시 색채상표의 도면을 제출하고 상표의 색채부분에 대한 설명을 하도록 개선하였다. 출원인은 정확한 색채를 설명하기 위하여 Pantone Matching System[60]에 따라 색채를 설명할 수 있다.

---

57) 서강열, "색채상표의 국제 보호 현황(상)—미국의 대법원 판례를 중심으로—", 「지식재산21」, 제53호, 특허청, 1999.3.

58) 37 C.F.R. §2.52(b)(1). "If the mark includes color, the drawing must show the mark in color, and the applicant must name the color(s), describe where the color(s) appear on the mark, and submit a claim that the color(s) is a feature of the mark."

59) 상표출원 시 상표의 도면에 각각의 색채에 대하여 다음과 같이 빗금으로 표시하도록 하였다. 상표권자에게 발급해 주는 상표등록부에도 상표의 도면을 빗금으로 표시하였다.

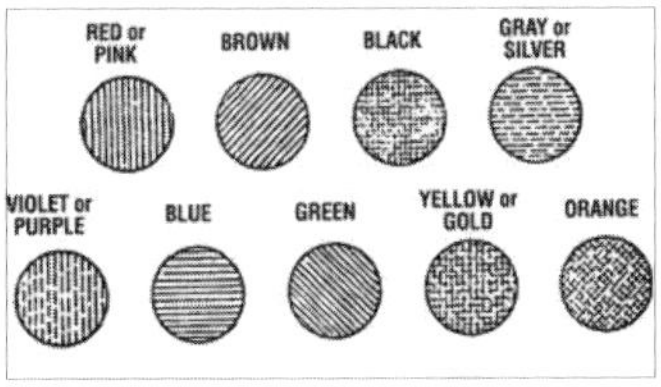

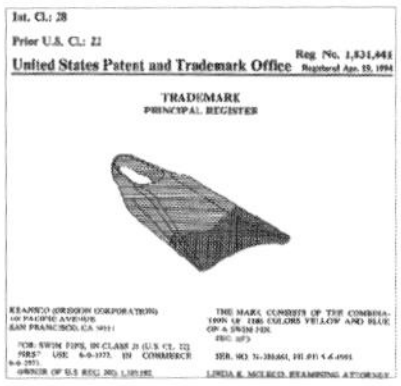

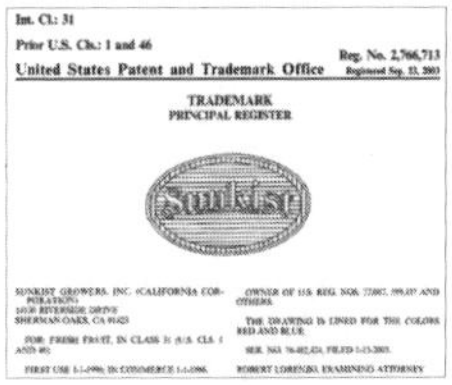

60)  Pantone Matching System이란 미국의 Pantone사가 판톤잉크를 다양한 비율로 배합하여 1,114가지의 유·무광 컬러들을 아트지에 인쇄하여 부채꼴 모양으로 펼쳐보며 색채의 선택을 용이하게 할 수 있도록 만든 색채에 관한 구성표이다.

i) Color Lining System 사례 1  (The mark consists in part of the configuration of the goods consisting of a diamond-shaped dosage tablet, combined with the color blue as applied to the entire surface of the goods. The drawing is lined for the color blue.)[61]

ii) Color Lining System 사례 2  (The mark consists of the color blue as represented in Pantone Matching System 304C and as applied to the bottom end of the handles of the goods. The dotted outline of the goods in intended to show the position of the mark and is not a part of the mark. The mark is lined for the color blue.)[62]

iii) 색채상표 도면 제출 사례 1  [The color(s) MAROON is/are claimed as a feature of the mark. The mark consists of the stylized letter "M" appearing in maroon(Pantone 201U).][63]

iv) 색채상표 도면 제출 사례 2  (The color(s) red is/are claimed as a feature of the mark. The mark consists of the color red (Pantone code No. 485C) as applied to the entire engine housing of machines for bending, rounding, rolling, forming, cutting and shaping metals. The matter shown in dotted lines on the drawing shows positioning of the mark on the goods, and the configuration of the machines is not claimed as a feature of the mark.).[64]

---

61) 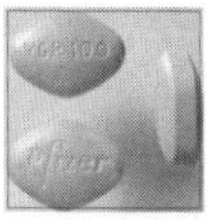 연방상표등록 제2593407호, 지정상품: 제5류 Pharmaceutical preparation for the treatment of sexual dysfunction.

62) 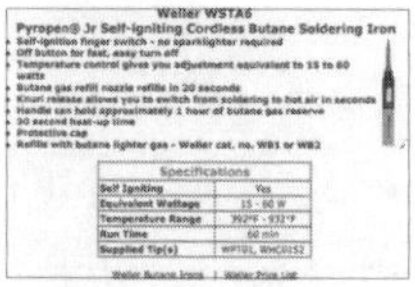 연방상표등록 제2541817호, 지정상품: 제7류 Hand tools, namely, non-electric soldering irons.

63) 

연방서비스표등록 제5091251호, 지정서비스: 제44류 Healthcare, medical services, providing medical information.

64)  연방상표등록 제5189212호, 지정상품: 제7류 Bending machines, bending machines for metalworking, metal forming machines, metal working machines, rolling machines for rolling metals, machine tools, namely, powered machines for cutting or shaping or finishing metals or other materials, metal working machine tools, numerically controlled machines and machine tools used for machining parts, rolling mills, rolling mills for metalworking, bending, rounding,

Ⅳ. 등록 사례

,65) ,66) ,67) ,68) 69)

---

rolling machines for angles, beams, pipes, section and profiles, angle rolls, metal working machines, namely, angel bending rolls, metal working machines, namely, beam benders, metal working machines, namely, beams rollers, metal working machines, namely, pipe benders, metal working machines, namely, pipe rollers, metal working machines, namely, tube benders, metal working machines, namely, machines to round roller-coaster rails, metal working machines, namely, machine to round rails.

65) 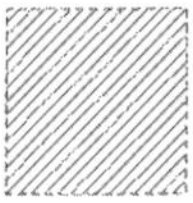  연방서비스표등록: 제2901090호, 지정서비스: 제39류 Transportation and delivery of personal property by air and motor vehicle. 서비스표권자: United Parcel Service of America, Inc. 서비스표에 대한 설명: Color is not claimed as a feature of the mark. The mark consists of the color chocolate brown, which is the approximate equivalent of Pantone Matching System 462C, as applied to the entire surface of vehicles and uniforms. The mark consists of the color brown alone. The broken lines indicate the position of the mark and do not form part of the mark. The drawing is lined for the color brown.

66) 

연방상표등록 제3155678호, 지정상품: 제28류 Tennis equipment tour bags for competitive play. 상표에 대한 설명: The color(s) red is/are claimed as a feature of the mark. The mark consists of the color red used on substantially the entire outer surface of tennis equipment tour bags. The mark consists of the color red used on substantially the entire outer surface of tennis equipment tour bags. The matter shown in the drawing in broken lines is not part of the mark and no claim is made to that matter.

67) 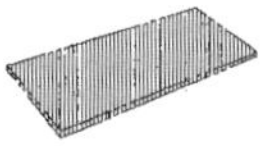 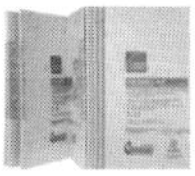 연방상표등록 제2090588호, 지정상품: 제17류 Foam insulation for use in building and construction. 상표에 대한 설명: The mark consists of the color pink as applied to the entirety of the goods. The dotted outline of the goods is intended to show the position of the mark and is not a part of the mark. The drawing is lined for the color pink.

68) 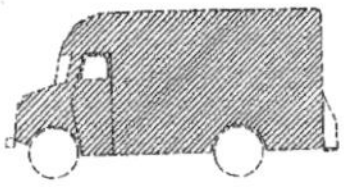  연방서비스표등록 제2131693호, 지정서비스: 제39류 Motor vehicle transportation and delivery of personal property, 서비스표에 대한 설명: The mark consists of the color brown applied to the vehicles used in performing the services. The drawing is lined for the color brown.

69) 연방상표등록 제3485025호, 지정상품: 제11류 Domestic gas and electric cooking appliances, namely, ranges, dual-fuel ranges, cooktops, and barbeque grills. 상표에 대한 설명: The color(s) red is/are claimed as a feature of the mark. The mark consists of a red knob

제7절 ▌입체적 형상

Ⅰ. 의 의

입체상표란 "상표의 구성이 2차원의 평면이 아니라 3차원의 입체적인 형상으로 구성된 상표"를 말한다.

Ⅱ. 출원 시 도면작성 방법

입체상표를 출원할 때에는 상표를 한눈에 알아볼 수 있도록 표현한 1개의 상표의 도면과 그 상표가 입체상표임을 나타내는 설명을 상표출원서에 기재하여야 한다.[70]

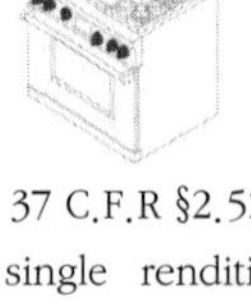

or knobs of the goods. The broken lines are intended only to exemplify a position of the mark and do not form part of the mark. The color white is shown only as environment and does not form a part of the mark.

70) 37 C.F.R §2.52(b)(2). "If the mark has three-dimensional features, the drawing must depict a single rendition of the mark, and the applicant must indicate that the mark is three-dimensional."

III. 등록 사례

,71) ,72) ,73) ,74) ,75) 76)

---

71)  연방상표등록 제3028381호, 지정상품: 제30류 Candy, confectionery bits for baking. 상표에 대한 설명: Color is not claimed as a feature of the mark. The mark consists of the configuration of a conically-shaped chocolate piece approximately 12-16 mm high as measured from the base to the pinnacle and 14-18 mm in diameter as measured at the base of the chocolate piece.

72)  연방상표등록 제1057884호, 지정상품: 제32류 Soft drinks. 상표에 대한 설명: The mark consists of the three dimensional configuration of the distinctive bottle as shown.

73)  연방서비스표등록: 제1043802호, 지정서비스: 제42류 Restaurant services.

74)  연방상표등록 제5108559호, 지정상품: 제3류 Eau de perfume, eau de toilette and eau de cologne, fragrances and perfumery, perfumes, scented body spray, toilet water, eau de perfume, eau de toilette and eau de cologne, fragrances and perfumery, perfumes, scented body spray, toilet water. 상표에 대한 설명: Color is not claimed as a feature of the mark. The mark consists of a three-dimensional configuration of a container bottle having a circular shape at the top and circular shape at the bottom, with both circles interlocking with each other at the middle.

75)  연방서비스표등록 제5028732호, 지정서비스: 제43류 Restaurant services. 서비스표에 대한 설명: Color is not claimed as a feature of the mark. The mark consists of a three-dimensional configuration of the interior of a building, with an open kitchen area with booths along the side and a rounded table area across from the kitchen, a border hanging over the open kitchen and rounded table area, and pendant lights hanging above the booths. The walls feature the wording "HUDDLE UP HUDDLE HAPPY" and "HUDDLE IN THE HOUSE" in the rounded borders along the ceiling.

76) 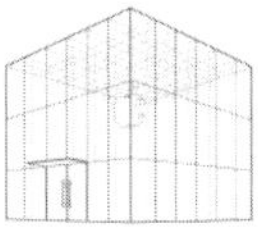 연방서비스표등록 제4021593호, 지정서비스: 제35류 Retail store services featuring computers, computer software, computer peripherals and consumer electronics, and demonstration of products relating thereto. 서비스표에 대한 설명: Color is not claimed as a feature of the mark. The mark consists of the distinctive design and layout of a retail store comprised of a cube-shaped building constructed almost exclusively of transparent glass, with transparent glass walls and roof, transparent glass double doors and a transparent glass awning and featuring a pendant of an apple with a bite removed suspended from the ceiling.

제8절 | 홀로그램

Ⅰ. 의 의

홀로그램이란 "두 개의 레이저광이 서로 만나 일으키는 빛의 간섭효과를 이용하여 사진용 필름과 유사한 표면에 3차원적 이미지를 기록한 상표"를 말한다. 미국의 상표심사기준에 의하면 다양한 형태로 쓰이는 홀로그램은 소비자가 이를 상품의 출처를 표시하는 상표로 인식한다는 증거가 없으면 상표등록을 거절하고 있다.[77] 홀로그램은 실제로 빛의 방향에 따라 2개 또는 그 이상의 다른 모양을 가진 이미지로 구성되는 경우가 많은데 이 경우 심사관은 1상표 1출원 원칙에 위반된다고 하여 상표등록을 거절하고 있다.

Ⅱ. 등록 사례

,[78] 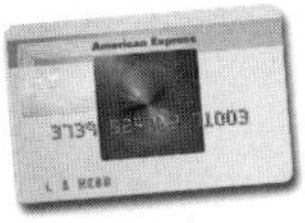,[79] 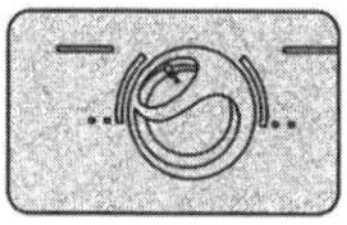,[80]  [81]

---

77) *In re* Upper Deck Co. 59 USPQ2d 1688 (TTAB 2001). 이 사건에서 상표심판원은 경업자도 위조상품의 방지를 위해 홀로그램을 카드에 사용하고 있어 소비자가 출원인의 홀로그램을 상품의 출처를 표시하는 것으로 인식한다는 증거가 없기 때문에 트레이딩 카드에 있어 다양한 모양, 크기, 위치에 사용되는 홀로그램은 상표로서 기능할 수 없다고 판단하였다.

, 

78) 연방상표등록 제3888210호, 지정상품: 제18류 Handbags, Backpacks, Rucksacks, School bags, Briefcases, Suitcases, Fur, Clothing for domestic pets, Umbrellas. 상표에 대한 설명: Color is not claimed as a feature of the mark. The mark consists of hexagonal or beehive main patterns with occasional six-pointed stars spread in an alternate mode. Other

제9절 ▌동 작

Ⅰ. 의 의

동작이란 "일정한 시간의 흐름에 따라서 변화하는 일련의 그림이나 동적 이미지"를 말한다. 연방상표법에서는 동작상표에 관하여 명시적으로 규정하고 있지는 않지만, 동작으로 구성된 상표도 연방상표법의 상표의 정의 규정 중 "심벌이나 고안"의 개념에 포함시켜 상표로서 보호해 주고 있다.[82] 미국에서는 1957년에 최초로 "Audio and visual representation of a coin spinning on a hard surface"에 대한 서비스표등록[83]이 있었으며, 컬럼비아 트라이스타사(Columbia Tristar Pictures)의 로고 화면 등의 동작상표가 등록되었다.

---

six-pointed small stars are placed within the occasional stars. Each nodal point of the patterns is thick-dotted. Another set of hexagonal or beehive shade patterns are spread in multi-lined hatching mode and overlapped in contract to the main patterns. The shade patterns are crossed over with the main patterns such that the main patterns also forms cubic hologram images.

79) 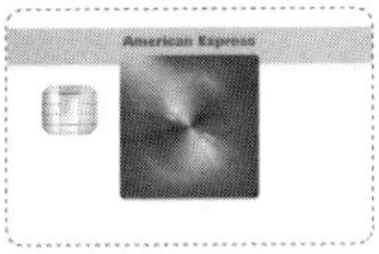
연방서비스표등록 제3045251호, 지정서비스: 제36류 Charge card and credit card services. 서비스표권자: American Express Company Corporation. 서비스표에 대한 설명: Color is not claimed as a feature of the mark. The mark consists in part of a hologram image in the center of the mark. The stippling is a feature of the mark.

80) 연방상표등록 제3628131호, 지정상품: 제9류 Batteries for cellular or mobile phones. 상표에 대한 설명: Color is not claimed as a feature of the mark. The mark consists of design elements and a hologram. The stippling in the mark represents a hologram with iridescent effect superimposed on the design elements.

81) 연방상표등록 제2619227호, 지정상품: 제9류 Autographed sports memorabilia, namely, batting helmets, football helmets and hockey helmets. 상표에 대한 설명: The mark consists of an oval hologram with a repeating holographic image consisting of the words upper deck authenticated memorabilia and design.

82) Thomas P. Arden, Protection of Nontraditional Marks, INTA New York 2000, 3~4면 참조.

83) 연방서비스표등록 제641872호, 서비스표에 대한 설명: The mark comprises the audio and visual representation of a coin spinning on a hard surface, used in TV advertising.

Ⅱ. 출원 시 도면작성 방법

동작상표를 출원할 때에는 동작상표의 상업적 인상을 가장 잘 표현할 수 있는 동작 중의 어느 한순간(single point in the movement)을 나타내는 하나의 정지 화면이나 동작의 다양한 순간을 나타내는 최대 5개의 정지 화면(freeze frames)을 표현한 도면과 그에 대한 설명서를 제출할 수 있다.[84] 동작상표의 사용 견본은 비디오테이프나 CD-ROM, 기타 적절한 매체를 통하여 제출하면 된다. 아울러 출원인은 상표출원서에 상표에 대한 설명을 기재하여야 한다.

Ⅲ. 등록 사례

등록된 사례를 크게 둘로 구분하면 i) 상표의 도면이 없이 상표에 대한 설명에서 동작만을 설명하는 경우,[85] ii) 상표의 도면과 함께 상표에 대한 설명에서 동작을 설명하는 경우로 나눌 수 있다.

,[86]

,[87]
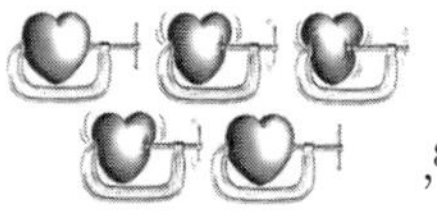
,[88]

84) 37 C.F.R. §2.52(b)(3). "If the mark has motion, the drawing may depict a single point in the movement, or the drawing may depict up to five freeze frames showing various points in the movement, whichever best depicts the commercial impression of the mark. The applicant must also describe the mark."

85) 연방상표등록 제2323892호, 지정상품: 제11류 High intensity search lights. 상표에 대한 설명: The mark consists of a pre-programmed rotating sequence of a plurality of high intensity columns of light projected into the sky to locate a source at the base thereof. 연방서비스표등록 제641872호, 지정서비스: 제36류 Banking services. 서비스표에 대한 설명: The mark comprises the audio and visual representation of a coin spinning on a hard surface, used in tv advertising.

86) 연방상표등록 제4729878호, 상표에 대한 설명: The color(s) white, blue, light blue, green and gray is/are claimed as a feature of the mark. The mark consists of a motion mark consisting of the stylized wording 'salonpas' in white stylized lettering carried on a blue banner featuring a light blue starburst; the blue banner having a gray top edge and a green bottom edge. The

,89)

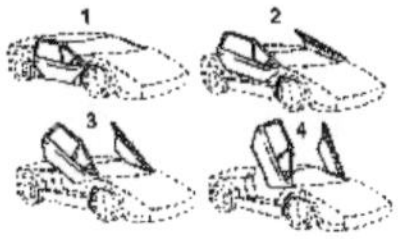

,90)

,91)

motion mark further consists of an animated sequence of images in which the blue banner with green lower edge appear close up. As the perspective moves away from the banner, the letters of the word 'salonpas' appear sequentially from left to right and become smaller in size until they completely spell out the word 'salonpas.' After 'salonpas' is spelled out, the starburst behind the word 'salonpas' briefly becomes brighter; The gray in the background of the drawing represents background and is not part of the mark.

87) 서비스표등록 제4986463호, 서비스표에 대한 설명: The color(s) gray, white, light orange and dark orange is/are claimed as a feature of the mark. The mark consists of a motion mark depicting a gray and white rectangle representing a stylized one dollar bill with the central image of a man resembling George Washington in gray and white inside a gray and white oval and the number '1' in white inside a gray inner circle and a white outer circle on each of the corners. The rectangle has a border with leaf designs in white with gray borders on each end and leaf designs in white with gray borders next to the bottom of the oval on each side and leaf designs in white with gray borders next to each of the upper corner circles. Appearing on the lower right hand side of the rectangle is the wording 'HYPOTHETICAL PRESENTATION' in white. The mark includes motion consisting of a line that moves from left to right with the gray and white changing, respectively, to light orange and dark orange as the line moves to the right until the entire mark is light orange and dark orange.

88) 연방서비스표등록 제4711266호, 서비스표에 대한 설명: Color is not claimed as a feature of the mark. The mark consists of a motion mark. The mark consists of an animation presented in a lenticular label affixed to the goods. The animation consists of a depiction of a heart being squeezed by a clamp. The drawing of the mark includes five freeze frames showing various points in the movement. The stippling is for shading purposes only.

89) 

연방상표등록 제1975999호, 지정상품: 제9류 Motion picture film, prerecorded [video cassettes] video discs and laser discs featuring full length motion pictures for general release, and digital, analog and microchip based storage and/or retrieval devices in the nature of computer and video equipment in film and disc[and cassette] formats featuring full length motion pictures, motion picture films featuring full length movies for general release downloadable from the Internet. 상표에 대한 설명: The mark consists of a moving image of a flash of light from which rays of light are emitted against a background of sky and clouds. The scene then pans downward to a torch being held by a lady on a pedestal. The word 'COLUMBIA' appears across the top running through the torch and then a circular rainbow appears in the sky encircling the lady.

90) 연방상표등록 제2793439호, 지정상품: 제12류 Automobiles. 상표에 대한 설명: The mark

제10절 ▌위 치

Ⅰ. 의 의

위치상표란 "기호 · 문자 · 도형 각각 또는 그 결합이 일정한 형상이나 모양을 이루고 이러한 일정한 형상이나 모양이 지정상품의 특정 위치에 부착되는 것에 의하여 상품의 출처를 표시하는 상표"를 말한다.

Ⅱ. 등록 사례

,[92] ,[93] ,[94] ,[95] ,[96]

consists of the unique motion in which the door of a vehicle is opened. The doors move parallel to the body of the vehicle but are gradually raised above the vehicle to a parallel position. The matter shown in dotted lines is not part of the mark.

91) 연방서비스표등록 제5040974호, 지정서비스: 제36류 Mortgage banking services, namely, origination, acquisition, servicing, securitization and brokerage of mortgage loans. 서비스표권자: Quicken Loans Inc. 서비스표에 대한 설명: Color is not claimed as a feature of the mark. The mark consists of a motion mark comprising a rocket ship vibrating and lifting off at a diagonal upward angle from left to right. The rocket ship is shown in full at first as it vibrates and gradually takes off and leaves the screen at a diagonal upward angle.

92) 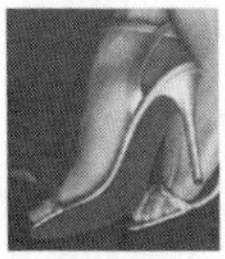 연방상표등록 제3361597호, 지정상품: 제25류 Women's high fashion designer footwear. 상표에 대한 설명: The color(s) red is/are claimed as a feature of the mark. The mark consists of a red lacquered outsole on footwear that contrasts with the color of the adjoining ("upper") portion of the shoe. The dotted lines are not part of the mark but are intended only to show placement of the mark.

93)  연방상표등록 제4627111호, 지정상품: 제9류 Eyewear. 상표에 대한 설명: Color is not claimed as a feature of the mark. The mark consists of a

,97) ,98) ,99)  100)

---

three-tone stripe pattern along the temple arms of eyewear, comprised of a long stripe, adjacent to a shorter stripe, adjacent to a longer stripe that extends to the end of the temple arms, all three stripes in contrasting shades. The dotted outline of the eyewear frame is not part of the mark but is intended to show the position of the mark.

94) 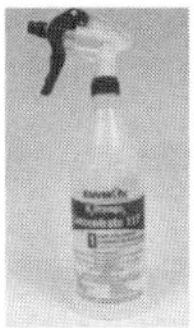 연방상표등록 제5066156호, 지정상품: 제21류 Spray bottles for light duty cleaners, sold empty. 상표에 대한 설명: The color(s) green is/are claimed as a feature of the mark. The mark consists of the color green as applied to the nozzle, trigger handle, cap connector and upper portion of the body of a light-duty cleaner spray bottle and the matter shown in broken lines is not part of the mark and serves only to show the position or placement of the mark.

95)  연방상표등록 제5061200호, 지정상품: 제25류 Apparel, namely, bottoms, pants, jeans. 상표에 대한 설명: Color is not claimed as a feature of the mark. The mark consists of a stitching pattern displaying two (2) lines that extend from the left side of the pocket to the right side. The two (2) lines extend from the left side upward to a peak and then extends downward forming a triangular shape in the middle of the pattern which extends upward and curves to the right side of the pocket. The dotted lines in the drawing are not part of the mark and only serve to indicate the position of the mark as claimed on the goods.

96) 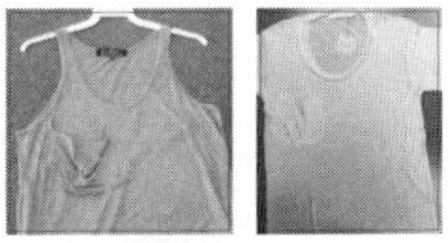 연방상표등록 제3776484호, 지정상품: 제25류 T-shirts and Tops. 상표에 대한 설명: Color is not claimed as a feature of the mark. The mark consists of a loosely shaped pocket for use on apparel.

97)  연방상표등록 제4881710호, 지정상품: 제30류 Bakery goods, namely, cupcakes. 상표에 대한 설명: The color(s) pink (Pantone 1905c), black and white is/are claimed as a feature of the mark. The mark consists of a three-dimensional configuration of a box in the color pink (Pantone 1905c) with a circular flower design in the colors black and white at the top of the front edge of the box. The broken lines are used to indicate the placement of the mark on packaging for the goods and the shape of the box is not claimed as a feature of the mark.

98)  연방상표등록 제5017106호, 지정상품: 제25류 Athletic shoes, Tennis shoes. 상표에 대한 설명: Color is not claimed as a feature of the mark. The mark consists of five diagonal stripes on the side of a shoe, the middle stripe being slightly wider than the other four stripes. The broken lines in the drawing that depict a shoe are included merely to show the position of the mark and are not part of the mark.

99) 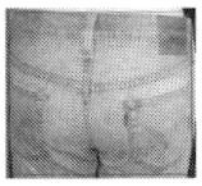 연방상표등록 제1157769호, 지정상품: 제25류 Trousers. 상표에 대한 설명: The mark consists of a small marker or tab affixed to the exterior of the garment at the hip pocket.

제11절 ▌소 리

Ⅰ. 의 의

미국의 연방상표법상 상표의 정의에 소리(sound)를 명시적으로는 포함하고 있지 않지만 상표의 정의 규정상 "심벌이나 고안(device)"의 개념에 포함될 수 있다고 해석하여 상표로서 보호를 인정하고 있다. 독특하고 명확한 소리로서 상품이나 서비스의 출처를 나타내는 경우 고유의 식별력이 있어 상표등록이 가능하지만 보통 흔한 소리나 이를 모방한 소리는 고유의 식별력이 없으므로 사용에 의한 식별력을 취득하였다는 증명이 없는 경우 상표등록이 거절된다.[101]

---

100)  연방서비스표등록 제3956102호, 지정서비스: 제35류 Retail bakery shops. 제43류 Café services. 서비스표에 대한 설명: The color(s) white, black, and pink is/are claimed as a feature of the mark. The mark consists of three-dimensional trade dress for the appearance of a retail bakery shop offering cafe services, produced by a combination of a building with a white exterior, black awnings and significant glass storefront, having visible, through the glass, pink boxes and cupcakes displayed on elevated trays. The dashed lines, such as showing the contours of the building, are not part of the mark and are used to indicate the position of such features.

101) Harley-Davidson사는 1994년에 오토바이를 지정상품으로 하여 사용에 의한 식별력을 주장하면서 오토바이 엔진 소리를 상표로 출원하였다(연방상표출원 일련번호: 제74485223호, 상표에 대한 설명: The mark consists of the exhaust sound of applicant's motorcycles, produced by V-Twin, common crankpin motorcycle engines when the goods are in use). 심사관은 소리상표의 식별력을 인정하여 상표를 출원공고하였는데 Harley-Davidson사의 경업자인 Kawasaki사를 비롯한 9개사는 오토바이의 배기기관의 소리는 오토바이가 사용하고 있는 배기 파이프의 종류, 오토바이의 작동 환경, 오토바이가 가속, 감속, 정차 중, 작동 중인지에 따라 달라지는데 Harley-Davidson사의 출원상표는 보호받고자 하는 소리상표에 대한 설명이 부정확하므로 상표등록이 되어서는 안 된다며 상표등록의 이의신청을 제기하였다. 이 사건은 양 당사자 간 6년간의 논란 끝에 Harley-Davidson사가 문제가 된 상표출원을 취하하면서 종결되었다. Kawasaki Motors Corp., U.S.A. v. H-D Michigan, Inc. et al, 43 USPQ2d 1521 (TTAB 1997).

II. 보호 연혁

미국에서도 초기에는 소리상표에 대하여 관심이 없었으나 NBC가 3화음의 차임벨을 서비스표로 등록[102]하고 MGM 영화사가 사자의 울음소리를 상표와 서비스표로 등록[103]한 이후 그 출원과 등록이 지속적으로 증가하고 있다.[104]

III. 출원 시 도면작성 방법

소리상표를 도면으로 표시할 필요가 없으며 상표로 등록받고자 하는 소리를 구체적으로 설명하면 된다. 상표의 사용 견본은 녹음테이프나 악보를 제출하면 된다.

IV. 등록 사례

i) 서비스표에 대한 설명: The mark consists of the sound of a human voice yodeling "YAHOO".[105]

---

102) 연방서비스표등록 제916522호. 지정서비스: 제38류 Broadcasting of television programs. 서비스표에 대한 설명: The mark comprises a sequence of chime-like musical notes which are in the key of c and sound the notes g, e, c, the "g" being the one just below middle c, the "e" the one just above middle c, and the "c" being middle c, thereby to identify applicant's broadcasting service.

103) 연방상표 · 서비스표등록 제1395550호, 지정상품: 제9류 Motion picture films and pre-recorded video tapes. 지정서비스: 제41류 Entertainment services namely, production and distribution of motion pictures and providing film and tape entertainment for viewing through the media of television, cinema and other media. 상표 · 서비스표에 대한 설명: The mark comprises a lion roaring.

104) 특허청, 우리기업 해외진출을 위한 해외지식재산권보호 가이드북 미국, 2013, 86면에서 인용.

105) 연방서비스표등록 제2442140호, 지정서비스: 제42류 Computer services and online computer services, namely, creating indexes of information, of websites, and of other resources available on computer networks, providing search engines for searching and

ii) 서비스표에 대한 설명: The mark is a sound. The mark consists of the sound of a human voice saying "SKEE WEE".[106)]

iii) 서비스표에 대한 설명: The mark is a sound. The mark consists of a woman saying "WINGLISH".[107)]

제12절 냄 새

I. 의 의

미국의 연방상표법상 상표의 정의에 냄새(smell, scent, fragrance)를 명시적으로는 포함하고 있지 않지만 상표의 정의 규정상 "심벌이나 고안(device)"의 개념에 포함될 수 있다고 해석하여 상표로서 보호를 인정하고 있다. 다만, 냄새는 고유의 식별력은 없지만 사용에 의한 식별력을 취득한 경우에만 상표등록을 허용하고 있다. 한편, 냄새가 향수나 방향제와 같이 실용적인 목적으로 사용되는 경우에는 기능성을 이유로 상표등록이 거절된다.

II. 보호 연혁

냄새를 상표로서 보호하고자 하는 시도나 노력이 많지 않았으나 법원은 1990

---

retrieving information on computer networks, and providing a wide range of general interest information via computer networks. 서비스표권자: Yahoo! Inc.

106) 연방서비스표등록 제5116853호, 지정서비스: 제35류 Association services, namely, promoting the interest of a sorority organization and its members. 서비스표권자: Alpha Kappa Alpha Sorority, Inc.

107) 연방서비스표등록 제5110150호, 지정서비스: 제43류 Provision of food and drink in restaurants, restaurant, restaurant and bar services, restaurant and bar services, including restaurant carryout services, restaurant and catering services, restaurant services, namely, providing of food and beverages for consumption on and off the premises. 서비스표권자: Roosters Management Corp.

년에 「*In re* Clarke 사건」108)에서 냄새는 고유의 식별력은 없지만 사용에 의한 식별력을 취득하여 상품의 식별표지로 기능을 한다면 상표로서 보호하지 못할 이유가 없다고 판시함으로써 바느질용 및 자수용 실의 향기에 대한 상표등록109)을 허용하였다.

Ⅲ. 출원 시 도면작성 방법

냄새로 구성된 상표를 도면으로 표시할 필요가 없으며 상표로 등록받고자 하는 냄새를 구체적으로 설명하면 된다.

Ⅳ. 등록 사례

i) 상표에 대한 설명: The mark consists of a cherry scent.110)
ii) 상표에 대한 설명: The mark consists of the scent of bubble gum.111)
iii) 상표에 대한 설명: The mark consists of the grape scent of the goods.112)
iv) 서비스표에 대한 설명: The mark consists of the scent of chocolate.113)

---

108) *In re* Clarke, 17 USPQ2d 1238 (TTAB 1990).
109) 연방상표등록 제1639128호, 지정상품: 제23류 Sewing thread and embroidery yarn. 상표에 대한 설명: The mark is a high impact, fresh, floral fragrance reminiscent of plumeria blossoms.
110)  연방상표등록 제2463044호, 지정상품: 제4류 Synthetic lubricants for high performance racing and recreational vehicles.
111) 연방상표등록 제4754435호, 지정상품: 제25류 Shoes, sandals, flip flops, and accessories, namely, flip flop bags.
112)  연방상표등록 제2568512호, 지정상품: 제4류 Lubricants [and motor fuels] for land vehicles, [aircraft], and watercraft.
113) 연방서비스표등록 제4966487호, 지정서비스: 제35류 Retail store services featuring jewelry, diamond jewelry, gemstone jewelry, gems, watches, rings, earrings, bracelets, bangles, cufflinks, necklaces, pendants, jewelry pins and consumer goods, trade show services,

제13절 ▌맛

맛(taste, flavor) 상표 또는 미각 상표란 '미감으로 인식되는 상표'를 말한다. 맛은 고유의 식별력이 없으므로 출원인은 맛이 상품의 출처표시 기능을 수행하고 있으며 소비자가 맛을 상표로 인식하고 있어 사용에 의한 식별력을 취득하였다는 것과 기능적이지 않다는 것을 입증하여야 한다.[114)]

제14절 ▌촉 감

Ⅰ. 의 의

촉감(texture, touch)도 상표로서 고유의 식별력을 가질 수 있으며, 비록 고유의 식별력이 없다고 하더라도 사용에 의한 식별력을 취득하는 경우 상표등록이 가능하다. 따라서 촉감도 다른 상표와 마찬가지로 상품의 출처 표시로서 기능을 한다면 상표등록이 가능하다. 촉감 상표로서 전 세계 최초의 등록상표로 알려진 것은 에콰도르에서 상표로 등록된 "OLD PARR 위스키 병 표면의 잔 줄무늬 촉감" 상표이다.[115)]

---

namely, kiosks and display cases for the presentation and sale to others of jewelry, diamond jewelry, gemstone jewelry, gems, watches, rings, earrings, bracelets, bangles, cufflinks, necklaces, pendants, jewelry pins and consumer goods.

114) 출원인은 '항우울제'를 지정상품으로 하여 오렌지 맛을 상표로 출원하였다. 심사관은 오렌지 맛이 지정상품인 '항우울제'와 관련하여 상표로서 식별력이 없으며, 의약품에서 기분 좋은 맛은 우울증 환자의 순응을 향상시키는 데 효과적인 기능을 한다는 기능성을 이유로 상표등록을 거절하였으며, 상표심판원도 심사관의 거절결정을 지지하는 심결을 하였다. *In re* N.V. Organon (TTAB, June 14, 2006) 참조.

115) 상표등록 제35499호, 2004. 4. 27. 등록.

II. 등록 사례

 ,116) 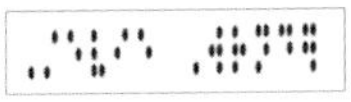 ,117)  ,118)  ,119) 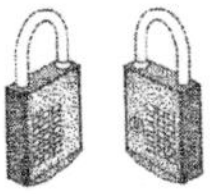 120)

116)  연방상표등록 제3155702호, 지정상품 제33류 Wines. 상표에 대한 설명: The mark consists of a velvet textured covering on the surface of a bottle of wine. The dotted line in the drawing is not a feature of the mark but is intended to show the location of the mark on a typical container for the goods, the dark/lower part of the container drawing shows the mark. The stippling in the drawing is not a feature of the mark, but a representation of how one type of velvet covering may appear in visual form. The mark is a sensory, touch mark.

117)  연방상표등록 제3495229호, 지정상품: 제25류 Clothing, namely, t-shirts, sweatshirts and hooded sweatshirts. 상표에 대한 설명: Color is not claimed as a feature of the mark. The mark consists of the wording 'STEVIE WONDER' in Braille code and the corresponding raised dots

118)  연방상표등록 제3896100호, 지정상품: 제33류 Wines. 상표에 대한 설명: Color is not claimed as a feature of the mark. The mark consists of a leather texture wrapping around the middle surface of a bottle of wine. The mark is a sensory, touch mark.

119)  연방상표등록 제1539867호, 지정상품: 제33류 Tequila. 상표에 대한 설명: The mark consists of a unique glass bottle surrounded by vertical ribs which protrude from the surface. The ribs completely surround the bottle, except for the front central area, which is indented and of smooth texture, and to which the label is attached, a small area on the upper rear of the bottle, and a very small area on the bottom front of the bottle. The lining and stippling shown in the drawing are a feature of the mark and does not indicate color.

120) 연방상표등록 제1510522호, 지정상품: 제6류 Padlocks. 상표에 대한 설명: The mark comprises a distinctive pebble grain texture as applied to a padlock body. The drawing of the mark consists of a multiview, showing the front and back. The stippling on the drawing represents both the pebble grain design and the color silver.

제15절 ▌빛

빛의 장식(lighting display)에 의하여 상품이나 서비스를 식별할 수 있다면 상표나 서비스표로 등록될 수 있다.

,121)

122)

121) 연방서비스표등록 제3688409호, 지정서비스: 제35류 Promoting public awareness of the importance of the early detection of breast cancer. 서비스표에 대한 설명: The color(s) white, pink, green and black is/are claimed as a feature of the mark. The mark consists of a white capitol building illuminated in different shades of pink and white lighting, with green trees in the foreground and black shadowing all around.

122) 

연방서비스표등록 제3697306호, 지정서비스표: 제43류 Hotel services. 서비스표에 대한 설명: The color(s) green is/are claimed as a feature of the mark. The mark consists of green lighting formed by four light fixtures placed in a symmetrical fashion near the entryway of the building. One set of two green lights is evenly placed on columns to the right and left of the entryway and direct the green lighting downward thereby casting a green shadow down the length of the column; while the other set of two green lights is evenly placed on the building wall above the entryway and direct the green lighting upwards, casting a green shadow up the length of the wall and roof overhang. The matter shown by the dotted lines is not a part of the mark and serves only to show the position of the mark.

제16절 ▌트레이드 드레스

Ⅰ. 의 의

트레이드 드레스는 미국 연방상표법상의 여러 개념들에 관한 정의 규정인 제45조와 미등록된 트레이드 드레스의 침해에 대하여 민사소송을 제기할 수 있도록 규정한 연방상표법 제43조 (a)항 또는 미국의 지식재산과 관련된 다른 법령에서도 구체적으로 정의되어 있지 않다. 따라서 트레이드 드레스는 제정법이 아닌 다수의 판례법에 의하여 형성되고 발달된 개념으로 볼 수 있다.[123] 트레이드 드레스는 판례법에 의하여 형성된 개념인 만큼 법원마다 다양하게 정의되고 있으며 그 외연을 넓혀가고 있다. 즉, 종전에는 상품의 포장이나 용기, 상품 자체의 디자인으로 다른 상품이나 서비스와 식별되는 그 상품의 전체적인 외관이나 장식에 한정하기도 하였지만 최근에 이르러서는 점차 색채, 소리, 냄새, 맛 등을 통해 「어느 특정한 상품이나 서비스의 출처를 나타내는 상품이나 서비스의 독특한 전체 이미지와 종합적인 외관」(the distinctive, total image and overall appearance of a product or service)이라는 개념으로 발전하고 있다.

Ⅱ. 보호 연혁

1. 1946년 Lanham Act

1) 의 의

1946년의 Lanham Act에서는 트레이드 드레스에 대한 명시적인 보호 규정이 없었다. 따라서 트레이드 드레스는 저작권법, 특허법이나 각 주의 판례법이나 부정경쟁방지법을 근거로 하여 법원의 일부 구체적인 사건에서 보호된 사례는 있었으나, 연방상표법상 부정경쟁행위의 방지에 관한 규정인 제43조 (a)항의 해석상

---

123) 우종균, 앞의 자료, 12면 참조.

트레이드 드레스가 포함되는지의 여부가 불명확하였기 때문에 연방법원은 트레이드 드레스의 보호에 대하여 소극적인 입장을 견지하였다.

2) 1964년 Sears-Compco 사건

연방대법원은 1964년의 「Sears, Roebuck & Co. v. Stiffel Co. 사건」[124][125]과 「Compco Corp. v. Day-Brite Lighting, Inc. 사건」[126][127]에서 디자인특허로 등록되

---

124) 376 U.S. 225 (1964).

125) 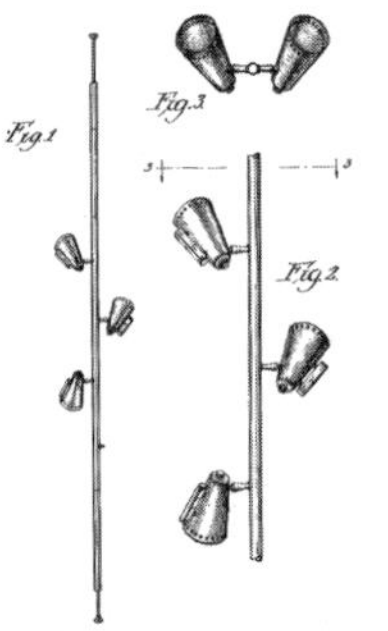

전등을 제조하는 회사인 Stiffel사는 왼쪽의 'pole lamp' 디자인을 디자인특허 제180251호로 등록하고 이를 시장에서 판매하여 상업적인 성공을 거두었다. 이에 백화점인 Sears, Roebuck & Co사가 Stiffel사의 'pole lamp' 디자인을 모방하여 생산하자 Stiffel사가 Sears, Roebuck & Co사를 상대로 특허권 침해와 일리노이주의 부정경쟁방지법에 의한 거래상 출처의 혼동을 이유를 소송을 제기하였다. 1심에서는 특허가 진보성이 결여되었다는 이유로 특허의 무효를 인정하여 특허권 침해를 부정하였으나 'pole lamp' 디자인이 혼동을 야기할 정도로 유사하여 부정경쟁행위에 해당함을 인정하여 Sears, Roebuck & Co사의 동일한 디자인 제품의 판매를 중지하고 Stiffel사에게 손해배상을 하도록 판결을 내렸다. 2심인 제7 연방순회구 항소법원은 'pole lamp' 디자인의 유사성 때문에 상품의 출처의 혼동을 야기할 수 있다고 인정하여 1심의 판결을 지지하였다. 그러나 연방대법원은 특허권의 존속기간이 만료되거나 특허요건을 갖추지 못한 것은 공중의 영역(public domain)에 놓인 것이며 이것들은 누구라도 생산하고 판매할 수 있다고 판결하였다. 아울러 연방법인 특허법상 특허요건을 갖추지 못한 디자인은 특허법상 공중의 영역에 속하여 누구나 모방이 가능하며, 이를 일리노이주의 부정경쟁방지법으로 모방을 금지할 수는 없다고 판결하였다.

126) 376 U.S. 234 (1964).

127) 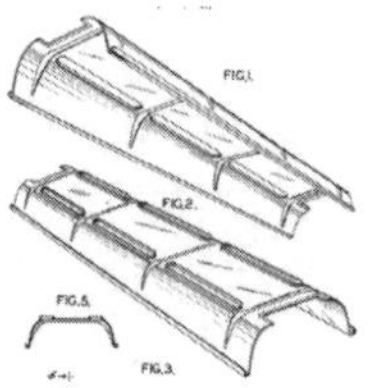

Day-Brite사는 왼쪽의 전등기구 디자인을 디자인특허로 등록받고 판매하자 Compco사가 Day-Brite사의 전등기구 디자인을 모방하여 제품을 생산하고 판매하였다. 이에 Day-Brite사는 디자인특허권 침해와 일리노이주의 부정경쟁방지법 위반으로 Compco사를 상대로 소송을 제기하였다. 1심에서 법원은 Day-Brite사의 디자인특허의 무효를 인정하였으나 Compco사의 조명기구는 보통의 관찰자(ordinary observer)의 시각에 의할 경우 전체적인 외관이 Day-Brite사의 조명기구와 동일하며, Day-Brite사의 조명기구는 거래상 상품의 출처표시로서의 기능을 하며 양 상품이 시장에서 거래되는 경우 상품의 출처에 관하여 소비자의 혼동을 일으킬 우려가 있으며, 실제 혼동도 발생하였다고 인정하면서 일리노이주의 부정경쟁방지법을 근거로 Compco사 제품의 판매를 금지시켰으며 Day-Brite사에 대한 손해배상도 인정하였다. 2심인 제7 연방순회구 항소법원은 1심의 판결을 지지하였으나 연방대법원은 연방법인 특허권이나 저작권에 의하여 보호되지 않는 제품에 대해서 주법인 부정경쟁방지법으로 그 모방을 금지할 수 없으며 그러한 주법인 부정경쟁방지법으로 모방을 금지하는 것은 헌법과 헌법에 의하여 제정된

지 않은 제품(unpatented article) 또는 특허요건에 흠결이 있어 그 등록이 무효인 특허제품의 모방은 허용된다고 판시하였다. 즉, 연방대법원은 부정경쟁행위의 대상은 상표나 포장, 용기(container) 등 소위 「포장의 모방」(packaging simulation)에만 국한되며, 「제품의 모방」(product imitation)은 허용되어야 한다는 입장을 취하였다.

2. 1976년 Truck Equipment Service Co. v. Fruehauf Corp. 사건

트레이드 드레스를 보호할 필요성이 커지자 1976년의 「Truck Equipment Service Co. v. Fruehauf Corp. 사건」[128]을 계기로 연방법원들은 연방상표법 제43조 (a)항을 적용하여 부정경쟁행위에 해당한다고 판시하기 시작하였다. 법원은 이삿짐 운반용 트레일러의 외부 디자인을 고의적으로 모방한 사건에 대하여 연방상표법 제43조 (a)항을 적용하여 부정경쟁행위에 해당한다고 판시하고 트레이드 드레스 요소가 가미된 입체적인 상품의 경우 그 상품에 기능성이 없고, 식별력이 있는 한 공정한 경쟁질서의 확립과 기업의 정당한 신용보호 차원에서 이런 「제품의 모방」(product imitation)은 금지되어야 한다는 판결을 내린 것이다.

3. 1982년 Morton-Norwich 사건

연방순회항소법원의 전신인 「관세특허항소법원」(Court of Customs and Patent Appeals: CCPA)은 1982년의 「Morton-Norwich 사건」[129]에서 입체상표의 기능성은 실용적인 이점(utilitarian advantages of the design)에 의해서 결정되고, 이러한 실용적인 이점은 당해 입체상표의 디자인이 효과적인 경쟁에 필수적인지의 여부로 판단하여야 한다고 판시하면서 입체상표의 기능성 여부에 관한 구체적인 판단 기준으로서 다음과 같은 4가지 요소를 제시하였다.[130]

연방법에 위반된다고 지적하면서 2심의 판결을 파기하였다.

128) Truck Equipment Service Co. v. Fruehauf Corp. 536 F.2d 1210.

129)  *In re* Morton-Norwich Products Inc., 671 F.2d 1332 (CCPA 1982). 이 사건에서 Morton-Norwich Products사는 왼쪽의 그림과 같은 '스프레이식 가정용 세정제' 등을 지정상품에 대하여 상품의 용기로 구성된 입체상표를 출원하였는데 미국 특허상표청은 상표가 식별력이 없을 뿐만 아니라 기능적이라는 이유로 상표등록을 거절하였고 이에 불복한 심판에서도 심사관의 거절결정이 지지되었다. 그러나 법원은 스프레이 용기의 형상에 대하여 스프레이 용기가 실용적이 되려면 이 용기의 모양 또는 용기의 머리 모양과 동일한 형상이 필요한데 이를 입증할 증거가 없다고 하여 비기능적인 것이라고 판단하였다.

130) TMEP 1202.02(a)(v) Evidence and Considerations Regarding Functionality Determinations에

i) 디자인의 실용적인 이점을 공개하는 실용특허가 존재하는지의 여부

ii) 광고에 의해 디자인의 실용적인 이점을 선전했는지의 여부

iii) 경쟁자에게 다른 이용 가능한 대체적이고도 경쟁적인 디자인이 존재하는지의 여부

iv) 그 디자인 제품을 생산하는 데 대체적이고도 경쟁적인 디자인보다 저렴하거나 단순한지의 여부.

4. 1988년 상표법개정법

1) 의 의

미국 연방의회는 1988년 상표법개정법(Trademark Law Revision Act of 1988)에 의해 연방차원의 부정경쟁방지에 관한 규정인 연방상표법 제43조 (a)항을 대폭 개정하여 트레이드 드레스를 침해한 경우에도 상표권의 침해의 경우와 마찬가지로 침해금지 청구, 손해배상 청구 등의 민사적인 구제가 가능하도록 하였다.

2) 1992년 Two Pesos, Inc. v. Taco Cabana, Inc. 사건[131)132)]

Taco Cabana사는 1978년 텍사스주 San Antonio에 멕시칸 분위기를 모티브로 하는 식당을 처음 개업한 뒤 1985년까지 San Antonio 지역에 5개 식당을 열었다. Two Pesos사는 1985년 텍사스주 Houston에 Taco Cabana사의 식당과 분위기가 유사한 식당을 Two Pesos라는 상호로 개장하였다. 그리고 Two Pesos사는 San Antonio를 제외한 텍사스주의 안과 밖에서 공격적으로 식당체인점을 확장하기 시작하였다. 이에 대하여 Taco Cabana사는 1986년 Two Pesos사를 상대로 트레이드 드레스 침해소송을 제기하여 1심에서 승소했고 Two Pesos사는 항소하였는데 제5 연방순회구 항소법원에서 이를 기각하였으며, 연방대법원은 레스토랑의 외관의 모양, 기호, 부엌의 평면도, 장식, 메뉴, 음식을 제공하기 위한 도구나 종업원의 유니폼 등, 레스토랑의 전체적인 이미지를 반영하는 일체의 특성은 트레이드 드레스에 포함될 수 있다고 판시하면서 트레이드 드레스의 범위를 식당 건물의 전체적인 외관과 장식에까지 확장하였고 트레이드 드레스가 고유의 식별력을 가진 경우 2차

서 인용.

131) 505 U.S. 763 (1992).

132) Taco Cabana 식당과 Two Pesos 식당의 외관, 식당의 마루, 실내의 배치를 서로 비교하면 아래와 같다.

적 의미를 취득하였다는 것을 입증하지 않더라도 상표로서 보호하게 되었다.

5. 1998년 상표법조약시행법

전체적으로 기능적인 상표에 해당하는 경우에는 출원상표의 등록을 거절하고 착오로 등록된 경우 상표등록을 취소할 수 있는 사유로 규정하였다.

6. 1999년 연방희석화방지법 개정법

1999년 미국 연방의회는 「연방희석화방지법 개정법」(Trademark Amendments Act of 1999)에서 연방상표법 제43조 (a)항 (3)[133]을 신설하여 트레이드 드레스의 침

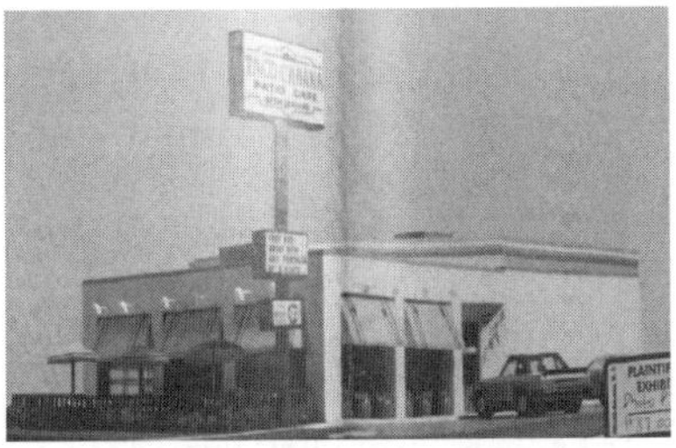

Taco Cabana 식당 외관

Two Pesos 식당 외관

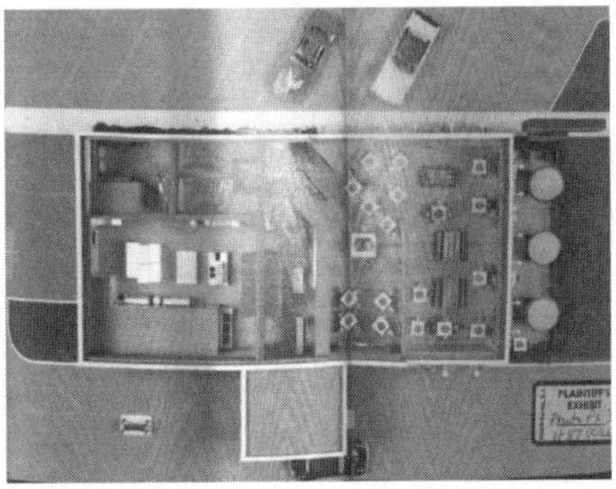

Taco Cabana 식당 마루배치

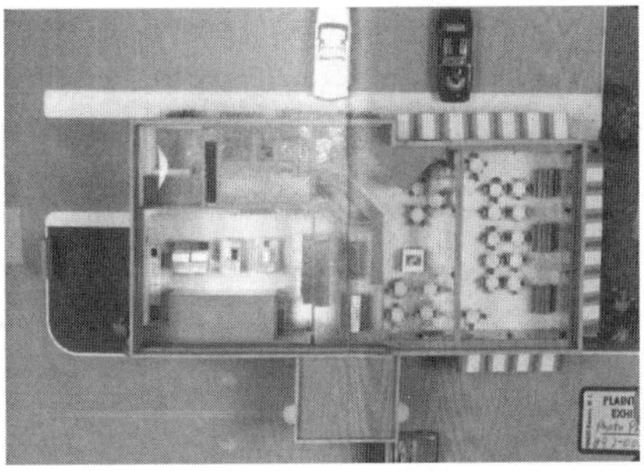

Two Pesos 식당 마루배치

Taco Cabana 실내 배치

Two Pesos 실내 배치

출처: https://courses2.cit.cornell.edu/sociallaw/student_projects/Tradedresspage2.html.

해 소송 시 침해를 당했다고 주장하는 원고는 자신의 트레이드 드레스가 비기능적이라는 사실을 입증하도록 규정하였다.[134)]

7. 2000년 Wal-Mart 사건[135)]

이 사건과 관련하여 연방대법원은 트레이드 드레스를 상품의 형상 트레이드 드레스와 상품의 포장 트레이드 드레스로 구분하여 상품의 형상 트레이드 드레스의 경우 고유의 식별력이 없으므로 2차적인 의미를 취득한 것을 입증한 경우에만 보호되지만 상품의 포장 트레이드 드레스의 경우 고유의 식별력이 있으면 2차적 의미를 취득하였다는 것을 입증할 필요가 없이 보호된다고 판시하였다. 다만, 어떠한 기준에 의하여 상품의 형상 트레이드 드레스와 상품의 포장 트레이드 드레스로 구분할 것인지에 대한 구체적인 기준은 명확하게 제시하지 않고 상품의 형상 트레이드 드레스와 상품의 포장 트레이드 드레스를 구분하기 어려운 경우에는 상품의 형상 트레이드 드레스로 보아 2차적 의미를 취득한 경우에만 보호된다고 판

---

133) (3) In a civil action for trade dress infringement under this Act for trade dress not registered on the principal register, the person who asserts trade dress protection has the burden of proving that the matter sought to be protected is not functional.

134) 최규완, "최근 Trade Dress 보호에 대한 미국 대법원 판례와 우리의 입체상표제도 개선방향", 「지식재산21」, 통권 69호, 특허청, 2001.11, 191~207면 참조.

135)

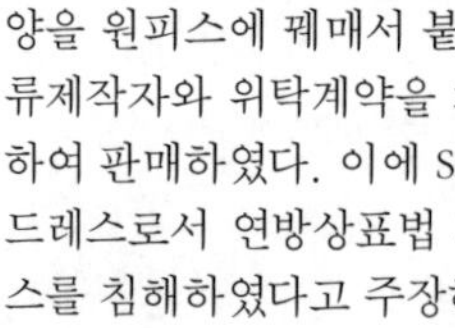

Samara Brothers사 제품

VS

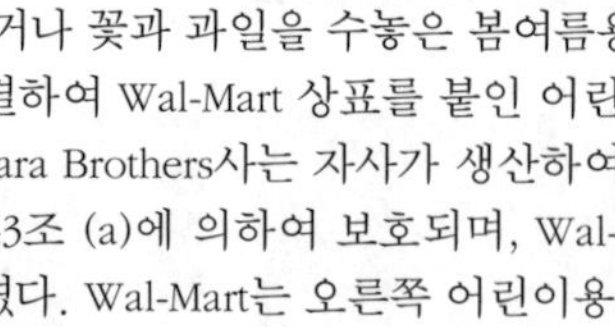

Wal-Mart사 제품

Wal-Mart Stores, Inc. v. Samara Bros., 529 U.S. 205, 215, 54 USPQ2d 1065, 1069 (2000). 이 사건에서 Wal-Mart는 Samara Brothers사가 생산한 왼쪽의 어린이용 원피스 제품(하트 모양을 원피스에 꿰매서 붙이거나 꽃과 과일을 수놓은 봄여름용 짧은 어린이용 원피스)을 의류제작자와 위탁계약을 체결하여 Wal-Mart 상표를 붙인 어린이용 원피스를 대량으로 생산하여 판매하였다. 이에 Samara Brothers사는 자사가 생산하여 판매하는 원피스는 트레이드 드레스로서 연방상표법 제43조 (a)에 의하여 보호되며, Wal-Mart는 자사의 트레이드 드레스를 침해하였다고 주장하였다. Wal-Mart는 오른쪽 어린이용 의류제품을 생산을 위하여 의류제작자에게 Samara Brothers사의 의류제품 라인 사진을 제공하였고 의류제작자는 약간의 변형을 가하여 Samara Brothers사의 의류제품을 모방하여 제작하여 Wal-Mart에 납품하였다. 1심과 2심에서는 원고인 Samara Brothers사가 승소하였으나 연방대법원은 상품의 형상 트레이드 드레스는 고유의 식별력이 없으므로 사용에 의한 식별력을 취득하여야만 한다고 판단하여 제2 연방순회구 항소법원의 판결을 취소하였다.

단하였다. 이를 그림으로 나타내면 다음과 같이 정리된다.

연구 23 트레이드 드레스의 보호 요건으로서 비기능성과 식별력 판단

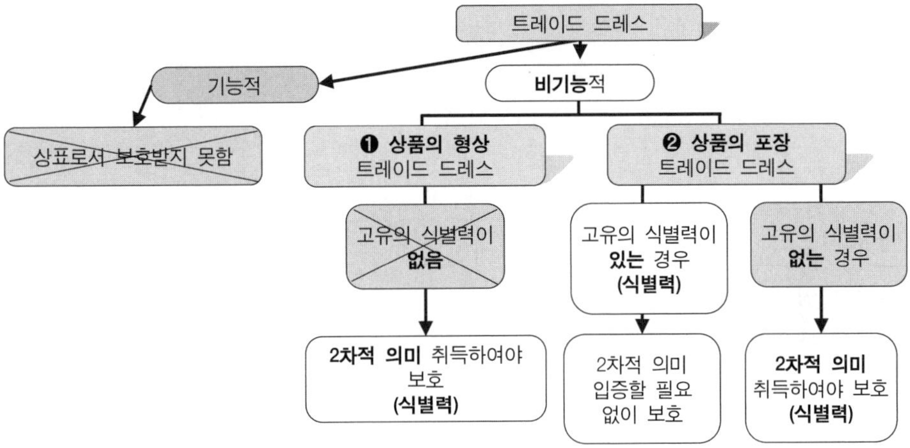

8. 2001년 TrafFix 사건[136)]

Marketing Displays사가 강한 바람에도 넘어지지 않는 '이중 스프링 장치'에 대하여 실용특허(utility patent)를 보유하고 있었으나[137)] 1989년에 특허권의 존속기간이 만료된 이후에도 '임시도로 표시 고정기구'를 생산하여 판매하고 있었다. 한편 TrafFix사가 1994년부터 Marketing Displays사의 제품을 모방한 제품[138)]을 제조

136) TrafFix Devices, Inc. v. Marketing Displays, Inc., 532 U.S. 23 (2001).
137) 실용특허 제3662482호와 제3646696호.

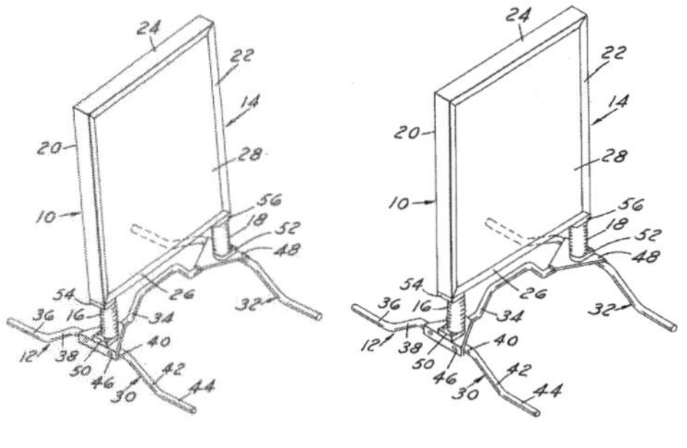

하여 판매하기 시작하자 Marketing Displays사는 TrafFix사를 상대로 트레이드 드레스의 침해를 주장하였다. 1심 법원은 i) Marketing Displays사는 등록받은 특허에서 '이중 스프링 장치'가 기능적이라고 설명하고 있으며, ii) Marketing Displays사는 자사제품의 광고에서 '이중 스프링 장치'가 기능적이라고 홍보하였고, iii) Marketing Displays사의 제품에 대해 트레이드 드레스로 보호하는 경우 대체 설계를 위한 가격이나 품질에 영향을 주게 되어 경업자가 경쟁에서 불리해질 수 있다는 이유를 들어 Marketing Displays사의 임시도로 표시 고정기구는 기능적이므로 트레이드 드레스로 보호될 수 없다고 판단하였다. 그러나 2심인 제6 연방순회구항소법원은 Marketing Displays사의 제품이 비기능적이라고 판단하자 TrafFix사가 연방대법원에 상고한 사건에서 연방대법원은 상품의 형상에 대하여 실용특허를 가지고 있는 것은 그 상품의 형상이 기능적이라는 강력한 추정력을 갖게 되므로 그러한 상품의 형상에 대해서 트레이드 드레스로 보호를 요구하는 자는 상품의 형상이 단순히 장치의 장식적이거나 부수적 또는 임의적인 형태라는 것을 입증하여야 하는 무거운 책임을 진다고 지적하면서 Marketing Displays사의 제품은 기능적이므로 트레이드 드레스로서 보호될 수 없다고 최종 판단하였다.

Ⅲ. 종 류

트레이드 드레스는 종전에는 통상 다음의 i), ii)와 같이 양분하였으나 최근

138) 양 당사자의 제품을 대비하면 다음과 같다.

Marketing Displays사 제품

vs.

TrafFix사 제품

에는 iii)을 트레이드 드레스의 한 종류로 추가하고 있다.

i) 상품 자체의 형상을 의미하는 상품의 형상 트레이드 드레스(product feature trade dress)

,139) ,140) ,141) ,142) ,143) 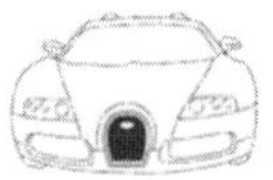,144)

---

139) 

연방상표등록 제4917610호, 지정상품: 제30류 Snack foods, namely, chocolate topped crackers. 상표에 대한 설명: Color is not claimed as a feature of the mark. The mark consists of a three-dimensional configuration of a mushroom-shaped cracker with a dome-shaped top with fluted indentations, over a roughly cylindrical stem with a rounded bottom.

140) 
연방상표등록 제4779855호, 지정상품: 제12류 Vehicle seats, custom vehicle seats, vehicle bucket seats, vehicle racing seats, vehicle sport seats, and automotive after market seats. 상표에 대한 설명: Color is not claimed as a feature of the mark. The mark consists of a three-dimensional configuration of a vehicle seat having a seat component with a stitching pattern comprised of parallel lines of stitching, a back rest with a stitching pattern comprised of vertical and parallel lines of stitching, enlarged wings protruding forwardly from the sides of the back rest, and an oversized head rest with a stitching pattern comprised of vertical and parallel lines of stitching. The stippling is for shading purposes only and the multiple vertical and horizontal lines represent stitching.

141) 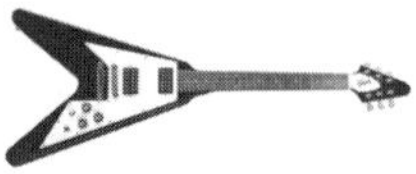
연방상표등록 제4758471호, 지정상품: 제15류 Musical instruments, namely, guitars. 상표에 대한 설명: Color is not claimed as a feature of the mark. The mark consists of a three-dimensional configuration of a fanciful configuration of a peg head for a stringed musical instrument, namely a guitar, with the word 'GIBSON' appearing sidelong upon the head. The broken lines depicting the guitar knobs, strings and the start of the neck indicate placement of the mark on the goods and are not part of the mark.

142) 
연방상표등록 제4553635호, 지정상품: 제25류 Denims, jeans. 상표에 대한 설명: Color is not claimed as a feature of the mark. The mark consists of a three-dimensional configuration comprising a V-shaped notch in the waistband of the back and center of jeans with two loops forming a V-shaped design that could be used to help contain a belt, the vertex of which aligns vertically with that of the aforementioned V-shaped notch. The dotted lines are not claimed as a feature of the mark and are merely intended to show the mark's position on the goods. Specifically, the dotted lines denoting the stitching on the pockets are not a

,145) ,146) ,147) 148)

---

feature of the mark.

143) 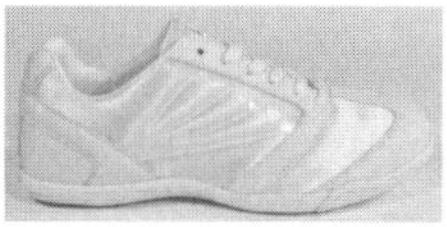 연방상표등록 제4661184호, 지정상품: 제25류 Footwear. 상표에 대한 설명: Color is not claimed as a feature of the mark. The mark consists of a three-dimensional configuration of the following portions of the upper parts of a shoe:

1) the strip around the holes of the laces and forming an angle ending at the sole of the shoe in the center;

2) a triple triangle design in the center of the shoe with the pointed ends appearing closer to the bottom of the shoe;

3) a strip appearing at the toe box of the shoe beginning at the end of the lace box and following the contour of the toe box on both sides back up the side of the shoe;

4) a somewhat triangular shape at the heel of the shoe; and

5) a strip beginning at the sole of the shoe on one side and continuing horizontally through the somewhat triangular shape at the heel and ending at the sole on the other side of the shoe. The outsole, tongue, ankle collar, and the areas outside the portions enumerated above and the shoe laces, all shown in broken lines and solid diagonal parallel lines, are not claimed as features of the mark but serve only to show placement of the mark.

144)  연방상표등록 제4107952호, 지정상품: 제12류 Automobiles. 상표에 대한 설명: Color is not claimed as a feature of the mark. The mark consists of a three-dimensional configuration of the grill of an automobile, consisting of a frame that has a straight bottom with an elongated arch shape on the top and sides, the grill within the frame, and an oval face plate near the top-center of the grill. The matter shown in broken lines is not part of the mark and serves only to show the position of the mark.

145)  연방상표등록 제3936105호, 지정상품: 제18류 Handbags. 상표에 대한 설명: Color is not claimed as a feature of the mark. The mark consists of the configuration of a handbag, having rectangular sides a rectangular bottom, and a dimpled triangular profile. The top of the bag consists of a rectangular flap having three protruding lobes, between which are two keyhole-shaped openings that surround the base of the handles. Over the flap is a horizontal rectangular strap having an opening to receive a padlock eye. A lock in the shape of a padlock forms the clasp for the bag at the center of the strap. The broken lines in the drawing represent the location of the handles and are not part of the mark.

146) 

연방상표등록 제3743660호, 지정상품: 제30류 Candy mints. 상표에 대한 설명: The color(s) red is/are claimed as a feature of the mark. The mark consists of a configuration of a rectangular tin container with a lid, with a red border around the outer perimeter of the lid of the tin.

ii) 상품 포장의 전체적인 외관 또는 색채, 문자, 도형과 같은 표장의 구성요소와 상품 포장의 전체적인 외관의 결합을 의미하는 상품의 포장 트레이드 드레스 (product packaging trade dress)

,[149] ,[150] ,[151] ,[152] ,[153]  [154]

147)  연방상표등록 제3866258호, 지정상품: 제9류 Computers. 상표에 대한 설명: Color is not claimed as a feature of the mark. The mark consists of the configuration of a computer, including a flat, roughly triangular shaped stand, a generally flat case having rounded corners with a thin rectangular disc drive on the side, and a rectangular monitor screen within a framing case having a wide lower border. Within the stand appears a hole depicted by concentric circles. The monitor screen, disc drive on the side of the computer and concentric circles in the stand representing a hole are depicted in dotted lines to show the location of the mark and are not part of the mark.

148)  연방상표등록 제3457218호, 지정상품: 제9류 Handheld mobile digital electronic devices comprised of a mobile phone, digital audio and video player, handheld computer, personal digital assistant, electronic personal organizer, pocket computer for note-taking, electronic calendar, calculator, and camera, and capable of providing access to the Internet and sending and receiving electronic mail, digital audio, video, text, images, graphics and multimedia files. 상표에 대한 설명: Color is not claimed as a feature of the mark. The mark consists of the configuration of a rectangular handheld mobile digital electronic device with rounded corners. The matter shown in broken lines is not part of the mark.

149)  연방상표등록 제5196525호, 지정상품: 제33류 Distilled spirits, vodka. 상표에 대한 설명: Color is not claimed as a feature of the mark. The mark consists of a three-dimensional configuration of a bottle seen from multiple views: on the top half of the front of the bottle is the wording 'TILL AMERICAN WHEAT VODKA' in a stylized font with 'TILL' appearing to the left of a design of a man with a plow and horses, all above the wording 'AMERICAN WHEAT VODKA'. On the bottom half of the front of the bottle is a design of farm buildings, trees and plowed crop fields, with farm buildings and trees in the background. The design wraps around the left, right and back sides of the bottle. The back side of the bottle shows the plowed crop fields on the bottom left and right with a path in the middle, and the back of the trees in the background. The top half of the right side of the bottle shows the letters 'TIL' in 'TILL' and 'AMERIC' in 'AMERICAN' with plowed fields on the bottom center and right of the bottle and

a path appearing in between. The top half of the left side of the bottle shows a man with a plow and the back side of horses above the word 'VODKA' and the bottom half contains plowed crop fields. On the top of the bottle cap is the same design of a man with a plow and horses. The broken lines depicting the exterior of the bottle and cap serve only to indicate placement of the mark and are not part of the mark.

150) 
연방상표등록 제5140175호, 지정상품: 제1류 Reagents for scientific and research use, diagnostic reagents for clinical or medical laboratory use. 상표에 대한 설명: The color(s) orange, purple, beige, ivory and black is/are claimed as a feature of the mark. The mark consists of a three-dimensional configuration of a box. The box has four sides, a top, and a bottom. The broken lines depicting the edges and shape of the box indicate placement of the mark on the goods and are not part of the mark. The top of the box shows the word 'MONARCH' positioned above the phrase 'NUCLEIC ACID PURIFICATION', both shown in pale orange and located above the phrase 'NEW ENGLAND BIOLABS INC.', shown in black immediately after a drawing of a resting monarch butterfly shown in side profile, all of the foregoing being shown against a bright orange background. The four sides of the box each show a drawing consisting of one-half of the top profile of a monarch butterfly, shown in orange, purple, beige, ivory and black against a beige background, with the drawings positioned in such a way that two complete butterflies are formed where the corners of the box meet. One or more of the sides of the box also contain the words 'NUCLEIC ACID PURIFICATION', 'MONARCH' and 'NEW ENGLAND BIOLABS, INC.'

151) 연방상표등록 제5181843호, 지정상품: 제33류 Sparkling wines, champagne. 상표에 대한 설명: The color(s) green, dark green, light green, white, gold and black is/are claimed as a feature of the mark. The mark consists of product packaging seen from the front in the nature of neck wrapping, a label, and a sleeve that together cover the three-dimensional configuration of a bottle. The top and neck of the bottle are covered in dark green embedded with green glitter, depicted as green stippling, bearing the words 'PERRIER-JOUËT' in gold stylized vertical lettering; below that is a dark green collarette label bearing the letters 'PJ' in gold inside a gold oval. The portion of the bottle below the collarette label is covered by a sleeve that is dark green and embedded with green glitter, depicted as green stippling; on the sleeve is a partial view of a large anemone flower outlined in gold, white, light green, and black with the words 'PERRIER-JOUËT NUIT BLANCHE' in white inside the largest petal. The outline of the bottle and cap is shown in broken lines, which are used to indicate placement of the mark only, since the shape of the bottle and cap is not claimed as a feature of the mark.

152) 연방상표등록 제4540805호, 지정상품: 제3류 Body sprays, fragrances, perfumes. 상표에 대한 설명: The color(s) red, gold and orange is/are claimed as a feature of the mark. The mark consists of a three-dimensional configuration of a light gold glass bottle, the wording 'COACH EST. 1941', a stopper and a large reddish orange flower. The bottle is a shallow

iii) 건물의 형상이나 외관, 영업소의 인테리어 디자인, 종업원의 유니폼 등과 같은 영업의 전체적인 트레이드 드레스(overall trade dress of a business).

, 155)
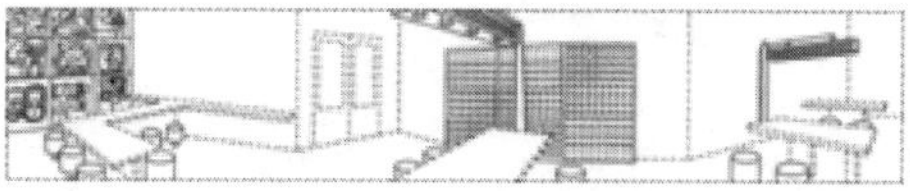
, 156)

---

globe shape. The bottle contains the word 'COACH' in red surrounded by a red Lozenge design, and the words 'Est. 1941' in red beneath, all on a light gold rectangular background. The bottle is closed by gold globe shaped stopper with the words 'COACH', 'POPPY' and 'Est. 1941' and heart designs inscribed thereon in repeat. The neck of the bottle is tied with a red band holding a large reddish orange flower.

153) 연방상표등록 제4434580호, 지정상품: 제33류 Alcoholic beverages except beer. 상표에 대한 설명: The color(s) black, brown, gold, white, red, blue, and green is/are claimed as a feature of the mark. The mark consists of a three-dimensional configuration of a stylized multiple faceted bottle design with concaves with a black label with multiple gold horizontal bands running around the neck of the bottle and having the wording 'SOMETHING SPECIAL' in gold written multiple times across the label; beneath appears a black label with concave sides, a flat lower side, and a convex upper side outlined twice in gold; from top to bottom, the label contains the wording 'SOMETHING SPECIAL' in gold above the wording 'SPECIALLY SELECTED' in gold above the wording 'SCOTCH WHISKY' in gold above the wording 'BY APPOINTMENT TO HER MAJESTY THE QUEEN' in gold above the wording 'SCOTCH WHISKEY DISTILLERS' in gold above the wording 'ESTABLISHED IN 1793' in gold above the wording 'HILL, THOMSON & COMPANY LTD. EDINBURGH – SCOTLAND' in gold above the wording 'PRODUCED, BLENDED AND BOTTLED IN SCOTLAND' in gold. Beneath the term 'SCOTCH WHISKY' toward the center of the label appears a crest design featuring a white horse with red and gold detail standing to the left of a red, gold and blue shield, and with a brown lion with black and red detail standing to the right of such shield, and with the horse, lion and shield standing atop a green base; beneath the royal crest design appears a white banner containing the black wording 'HILL THOMSON & CO. LTD.' The broken lines depicting the cap, the neck of the bottle, and the bottom of the bottle are not part of the mark.

154) 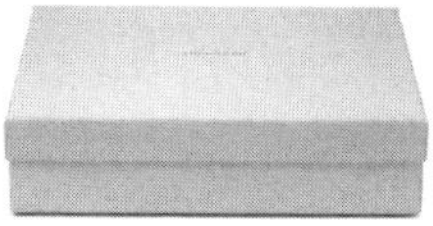
연방상표등록 제75544375호, 지정상품: 제3류 Fragrance products, namely, perfume, cologne, toilet water, [toilet soap, baby powder, body cream, bath gel, shower gel] body lotion [and personal deodorant]. 상표에 대한 설명: The mark consists of a shade of blue often referred to as robin's-egg blue which is used on boxes. The matter shown in broken lines represents boxes of various sizes and serves to show positioning of the mark. No claim is made to shape of the boxes. The drawing is lined for the color blue, and color is a feature of the mark.

,157) 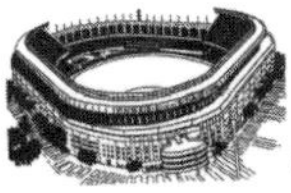,158) 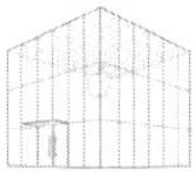,159) ,160)

---

155)  연방서비스표등록 제4345687호, 지정서비스: 제37류 Vehicle washing, automobile cleaning and car washing. 서비스표에 대한 설명: The color(s) orange, blue, and gray is/are claimed as a feature of the mark. The mark consists of a three-dimensional configuration of a building. The building facade is gray or orange with a partially circular entrance and exit outlined in blue; above the entrance is a semi-circular bar that projects horizontally from the facade; the building walls are orange with horizontal blue wave designs; the roof of the building is blue and arched; on one side of the entrance is a grey kiosk with a blue arched roof; on the other side of the entrance is a gray arched lattice structure with gray columns a blue shade structure, columns and a blue shade structure.

156)  연방서비스표등록 제4075479호, 지정서비스: 제43류 Restaurant services, take-out restaurant services. 서비스표에 대한 설명: Color is not claimed as a feature of the mark. The mark consists of the three dimensional configuration or 'trade dress' of the appearance and design of the interior of a restaurant, specifically including lighting mounted on a gooseneck-shaped arm affixed to the side of the table, relief images on stone or concrete or stone-look-a-like, wall panels drilled with variable-sized perforated holes, and marshmallow-style seating. The matter shown in broken or dotted lines is not part of the mark and serves only to show the position or placement of the mark.

157)  연방서비스표등록 제4876119호, 지정서비스: 제43류 Bar and restaurant services, Providing of food and drink, Pubs, Serving food and drinks. 서비스표에 대한 설명: Color is not claimed as a feature of the mark. The mark consists of three-dimensional trade dress depicting the appearance and design of the interior of a bar evoking the style of an 18th century Irish shop pub and a saddlery, through the combination of: distressed wooden floor panels with traditional Irish pattern tile inlays around bar base; traditional four-legged stools with oval and round tops lining bar and around a barrel serving as a table; a wood bar counter featuring rectangular trim molding and wood corbels beneath the counter, and decorative coffin boxes and display cabinets above the counter; natural wood partitions and dividers featuring stained glass windows with traditional Gaelic patterns with circular center elements surrounded by overlapping marquise designs and topped with wood Gaelic castle trim; wood-paneled wall and shelves featuring alternating arched mirrors and wainscoting behind bottles; exposed

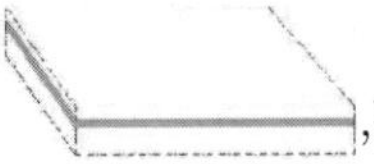,161) ,162) 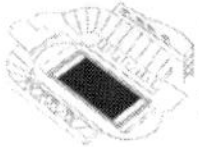 163)

---

brick walls; decorative natural wood molding above the bar shelves; wooden snug seating area with draw curtain; horse saddles hanging on the wall; and antique decorative pendant lighting. The matter shown in broken lines is not part of the mark and serves only to show the position or placement of the mark.

158) 연방상표 · 서비스표등록 제2889384호, 지정상품: 제28류 Toys and sporting goods, namely, baseball bats, miniature bat replicas. 지정서비스: 제41류 Entertainment services in the form of professional baseball games [and organizing exhibitions for entertainment purposes, organizing community festivals events featuring a variety of activities, namely, sporting events, educational services, namely, conducting classes, seminars and workshops in the field of baseball, providing facilities for baseball events and recreational activities and events] providing sports information by means of digital transmission, [production of cable television programs, production of television programs, distribution of television programming to cable television systems].
상표 · 서비스표에 대한 설명: Color is not claimed as a feature of the mark. The lining in the drawing is for shading purposes only and does not indicate color.

159)  연방서비스표등록 제4021593호, 지정서비스: 제35류 Retail store services featuring computers, computer software, computer peripherals and consumer electronics, and demonstration of products relating thereto.

160)  연방서비스표등록 제3195978호, 지정서비스: 제41류 Casino services, entertainment services in the nature of live performances by singers, comedians, dancers, and musical groups. 제43류 Resort hotel, restaurant, bar and lounge services. 제44류 Health spa, namely, cosmetic body care services, beauty salons. 서비스표에 대한 설명: Color is not claimed as a feature of the mark. The mark consists of trade dress consisting of a three-dimensional building with concave facade, a curved roofline sweeping up toward the left top corner when viewed from the front and the word "WYNN" in a stylized script in the top left corner. The horizontal lining does not indicate color, but is a feature of the trade dress.

161) 

 연방서비스표등록 제3244427호, 지정서비스: 제35류 Retail home improvement stores. 서비스표에 대한 설명: The applicant claims color as a feature of the mark, namely, orange. The mark consists of trade dress of an orange stripe that is located around the perimeter of the exterior of the one-story buildings in which the applicant renders its retail home improvement services. The dotted lines in the drawing are merely representative

Ⅳ. 연방상표법상 트레이드 드레스 보호의 법적 근거

연방상표법상 트레이드 드레스 보호의 법적 근거는 「연방상표법 제43조 (a)항」의 규정이다. 이 규정에 의하면 상품과 서비스 또는 상품의 용기에 단어, 문자, 심벌, 고안 또는 이들의 결합을 상업적으로 사용하여 출처의 허위표시, 상품의 오인 · 혼동 표시를 하거나 상업적 광고행위에서 타인의 영업과의 관계, 연관관계 또는 후원관계가 있다는 혼동이나 오인을 일으키거나 기만할 우려가 있게 한 자에 대해서는 그러한 행위로 인하여 침해를 받았거나 또는 받을 우려가 있는 자가 민사소송을 제기할 수 있도록 규정하고 있다.

Ⅴ. 트레이드 드레스의 보호 요건

1. 의 의

미국에서 트레이드 드레스와 관련된 분쟁이 발생할 경우 피해자는 연방상표법상 명시적인 근거 규정은 없지만 연방법원의 판례들에 의하여 정립된 3가지 요

---

of the shape of the exterior of the building to which the applicant's trade dress is applied and is intended to show the position of the mark on the building and is not part of the mark.

162) 
연방서비스표등록 제2029421호, 지정서비스: 제41류 Entertainment services in the nature of baseball games and exhibitions. 서비스표에 대한 설명: The drawing is a two-dimensional representation of the mark, which consists of the design elements and color combinations appearing on a three-dimensional baseball uniform worn by players in applicant's games and exhibitions. The uniform is white with navy blue pinstripes, the colors are a feature of the mark.

163) 
연방서비스표등록 제3707623호, 지정서비스: 제41류 Entertainment services, namely, the presentation of intercollegiate sporting events and sports exhibitions rendered in a stadium, and through the media of radio and television broadcasts and the global communications network. 서비스표에 대한 설명: The color(s) blue is/are claimed as a feature of the mark. The mark consists of the color blue used on the artifical turf in the stadium. The matter shown in broken lines on the drawing shows positioning of the mark and is not claimed as a feature of the mark.

건 즉, i) 트레이드 드레스가 기능적이지 않다는 것(비기능성), ii) 트레이드 드레스가 자기의 상품에 관한 출처표시로서의 기능을 한다는 것(식별력), iii) 침해자에 의한 트레이드 드레스의 무단 사용으로 상품의 출처 또는 후원관계 등에 관한 소비자의 혼동 가능성이 있다는 것(혼동 가능성)을 입증하여야 한다.[164)]

연구 24 트레이드 드레스의 보호 요건

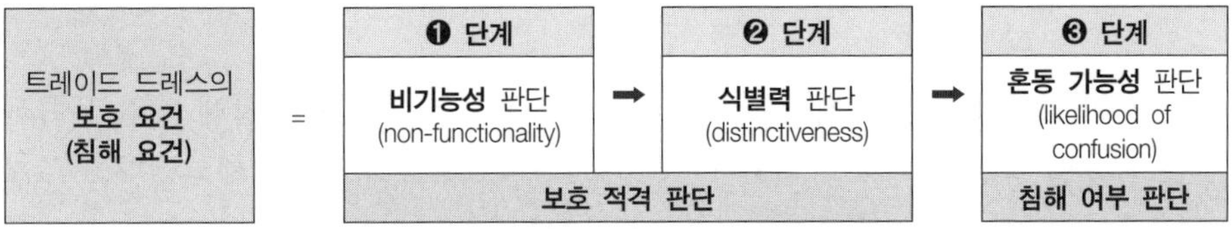

2. 보호 요건

1) 비기능성

(1) 의 의　　비기능성(non-functionality)이란 트레이드 드레스는 그 성질상 당해 제품의 「기능적」인 것과는 무관하고, 단지 「장식적」(ornamental)인 요소로만 구성되어야 한다는 요건이다.[165)] 이는 트레이드 드레스를 구성하는 요소가 그 제품의 효율적인 제조나 관리에 도움을 주는 기능적인 요소가 포함되어 있는 경우 이러한 요소들에 대하여 독점권을 부여할 경우 이후에 시장에 진입하는 경업자는

---

164) 연방대법원은 1992년 Taco Cabana 사건에서 트레이드 드레스로서 보호가 되는 것은 일반 상표와 마찬가지로 i) 고유의 식별력(inherently distinctive)이 있거나, ii) 사용에 의하여 식별력(secondary meaning)을 취득하면 트레이드 드레스로서 보호된다고 판시하였다. 이후 연방대법원은 2000년 Wal-Mart 사건에서 상품의 형상 트레이드 드레스는 원래 상품의 출처표시의 기능을 하지 않으며 소비자도 상품의 형상이 아무리 특이하게 만들어져 있어도 그것은 상품의 출처표시 기능을 하지 않고 단순히 상품을 소비자에게 어필하기 위한 것으로 인식되기 때문에 고유의 식별력이 없으며 오직 사용에 의한 식별력을 취득하여야만 상표등록이 가능하다고 판시하였다. 다만, Wal-Mart 사건의 판결은 상품의 형상 트레이드 드레스에만 한정적으로 적용되며, 상품의 포장 트레이드 드레스가 서비스표로 사용하는 경우에는 종래와 같이 고유의 식별력이 있거나 사용에 의한 식별력을 취득하면 상표로 등록될 수 있다(최규완, "미국상표법제도", 「제10기 외국의 지재권제도 과정」, 국가전문행정연수원 국제특허연수부, 2001, 15면 참조).

165) 연방상표법 제2조 (e)항 (5)의 규정에서는 "No trademark … shall be refused registration … unless it … (e) consists of a mark which, … comprises any matter that, as a whole, is functional."라고 규정하고 있다.

자유로운 경쟁을 할 수 없어 결국 산업 발전을 저해하기 때문이다.

(2) **기능성의 판단 기준** 트레이드 드레스가 어떤 제품의 기능적인 특성을 가지는지의 여부를 판단할 때에는 다음의 요소를 고려하여 결정하여야 한다.

i) 디자인의 실용적인 이점을 보여 주는 실용특허의 존재 여부166)

ii) 디자인의 실용적인 이점을 선전하는 상품광고의 존재 여부167)

iii) 대체 가능한 다른 디자인의 선택이 가능한지 여부168)

iv) 디자인이 비교적 간단하거나 낮은 가격으로 상품을 제조하는 공법에서 나온 것인지 여부.169)

(3) **비기능성의 입증 책임** 트레이드 드레스가 연방상표법에 따라 등록된 상표가 아닐 경우 민사소송 절차에 있어서 트레이드 드레스가 침해되었다고 주장하는 자는 자신의 트레이드 드레스가 비기능적이라는 것을 입증하여야 한다.170)

2) 식별력

(1) **의 의** 트레이드 드레스는 상표소유자가 상표를 상품에 처음 사용할 때에 소비자가 상품의 출처표시로 인식할 수 있는 상표의 고유한 능력인 「고유의 식별력」(inherently distinctive)을 가지고 있거나 비록 고유의 식별력은 없더라도 당해 트레이드 드레스를 계속 사용한 결과 소비자에게 상품의 출처표시로서 인식되는 「사용에 의한 식별력」171)을 취득하여야 한다. 다만, 미국 연방대법원은 2000년

---

166) 통상 특허는 제품에 대한 기능적인 특성에 부여되기 때문에 특허를 가지고 있다면 트레이드 드레스가 기능적이라는 것을 보여 주는 증거가 될 수 있다.

167) 트레이드 드레스의 소유자가 자기의 상품이 다른 경업자의 상품에 비해 성능이 우수하다고 선전 · 광고하는 경우 트레이드 드레스의 소유자는 자기의 상품의 기능적인 측면을 강조한 것이므로 트레이드 드레스가 기능적이라는 것을 보여 주는 증거가 될 수 있다.

168) 트레이드 드레스의 소유자에게 당해 트레이드 드레스에 대한 독점적 사용권을 인정한다고 하더라도 다른 경업자가 사용할 수 있는 여러 다양한 형태의 디자인이 존재하는 경우 시장에서 자유경쟁의 원칙이 침해되지 않으므로 트레이드 드레스가 기능적이지 않다는 것을 보여 주는 증거가 될 수 있다.

169) 비록 경업자가 사용할 수 있는 여러 다양한 형태의 디자인이 존재한다고 하더라도 그러한 방법으로 상품을 제조하는 것이 훨씬 더 복잡하거나 비용이 많이 드는 경우 트레이드 드레스가 기능적이라는 것을 보여 주는 증거가 될 수 있다.

170) 미국의 연방상표법 제43조 (a)항 (3)에서는 "(3) In a civil action for trade dress infringement under this chapter for trade dress not registered on the principal register, the person who asserts trade dress protection has the burden of proving that the matter sought to be protected is not functional."라고 규정하고 있다.

171) 미국의 상표심사기준에 의할 경우 사용에 의한 식별력을 취득하기 위해서는 필요한 증거

「Wal-Mart 사건」[172]에서 다음과 같은 입장을 취하였다.

i) 「상품의 형상 트레이드 드레스」(configuration of a product trade dress)는 고유의 식별력이 없으므로 반드시 사용에 의한 식별력이 있어야 상표등록이 가능하다.

ii) 「상품의 포장 트레이드 드레스」(product packaging trade dress)는 고유의 식별력이 있거나 고유의 식별력이 없는 경우 사용에 의한 식별력을 취득하면 상표등록이 가능하다.

(2) 식별력의 존부에 대한 판단 기준

가. 의 의　　전통적인 문자상표의 식별력의 존부에 관한 판단 기준인 「Abercrombie 기준」을 비전형적인 상표에도 그대로 적용할 수 있는지에 대하여 색채나 입체적 형상, 소리 상표 등의 비전형적인 상표에도 Abercrombie 기준을 그대로 적용할 수 있다는 견해도 없지 않지만 Abercrombie 기준을 그대로 적용하는 것은 문제가 있다는 견해도 있다. 미국의 법원들은 아직까지 비전형적인 상표에 대한 식별력의 존부에 대한 일치된 판단 기준을 제시하고 있지 않다. 다만, 일부 법원은 다음과 같은 판단 기준을 제시하고 있다.

나. Chevron 기준　　상표심판원은 「Chevron 사건」[173]에서 당해 서비스와 관련하여 일반적으로 사용되고 있는 형태를 단지 개선한 수준(mere refinement of a commonly used form)인 경우에는 고유의 식별력이 없다고 판단하였다.

다. Duraco 기준　　제3 연방순회구 항소법원은 1994년 「Duraco 사건」[174]에서

의 판단 기준은 '상당한 정도'(substantial)의 증거력에 의한다. 따라서 광고료, 도소매업자 및 소비자의 인식도 등이 대표적인 증거가 될 수 있다(TMEP §1202).

172) Wal-Mart Stores, Inc. v. Samara Brothers, Inc, 120 S. Ct. 1339, 146 L. Ed. 182, 54 USPQ2d 1065 (2000) 참조.

173) *In re* Chevron Intellectual Prop. Grp. LLC, 96 USPQ2d 2026, 2029 (TTAB 2010). 이 사건에서 상표심판원은 관세특허항소법원의 Seabrook 기준을 적용하여 출원서비스표인 아래의 트레이드 드레스는 소비자들이 시장에서 Chevron사의 아래 중간의 서비스표의 사용으로 인식되며, 이러한 서비스표의 사용은 자동차 서비스센터와 관련하여 일반적으로 사용하고 있는 형태(예를 들면 Exxon사의 아래의 서비스표)의 단순한 개선에 불과하다고 판단하여 서비스표등록을 거절한 심사관의 결정을 지지하였다.

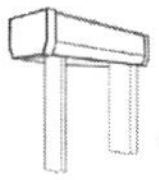 (출원서비스표) →   (실제 사용) vs 

174) Duraco Products, Inc. v. Joy Plastic Enterprise 32 USPQ2d 1724, 1725 (3d Cir. 1994).

다음과 같은 「상품의 형상 트레이드 드레스」(product configuration trade dress)의 식별력의 존부에 관한 기준을 제시하였다. 이 기준에 따르면 상품의 형상 트레이드 드레스는 다음에 해당하는 요건을 모두 갖추어야만 고유의 식별력이 있다고 볼 수 있다.

i) 상품 자체의 형상으로서 특이하고 기억되기 쉬우며(unusual and memorable),

ii) 상품으로부터 개념적으로 분리 가능하며(conceptually separable from the product),

iii) 주로 상품의 출처표시로서 기능하는 경우(likely to serve primarily as a designator of origin).

라. Seabrook 기준 연방순회항소법원의 전신인 「관세특허항소법원」(Court of Customs and Patent Appeals: CCPA)은 1977년 「Seabrook 사건」[175]에서 상표는 그 내재적인 성격상 특정한 상품의 출처로 인식할 수 있는 기능을 수행한다면 고유의 식별력이 있다고 판시하면서 「상품의 포장 트레이드 드레스」(product packaging trade dress)의 식별력의 존부를 판단할 때에는 다음의 4가지 요소를 고려하여야 한다고 판시하였다. 이 4가지 요소는 미국의 상표심사기준에서도 규정하고 있어 트레이드 드레스의 식별력의 존부를 판단할 때 고려하고 있다.[176][177]

i) 상품의 포장 트레이드 드레스가 일반적인 기본 형상이나 디자인인지 여부(whether the design is a common basic shape or design)

ii) 상품의 포장 트레이드 드레스가 그 사용분야에서 독특하거나 특이한지 여부(whether the design is unique or unusual in the field in which it is used)

iii) 상품의 포장 트레이드 드레스가 소비자의 관점에서 특정한 상품류에 대해 일반적으로 채택되고 잘 알려진 장식의 형태를 단지 개선한 수준인지 여부(whether the design is a mere refinement of a commonly-adopted and well-known form of ornamentation)

iv) 상품의 포장 트레이드 드레스가 부대문구와 독립된 상업적 인상을 주고 있는지 여부(whether the design is capable of creating a commercial expression, distinct from the words).

---

175) Seabrook Foods, Inc. v. Bar-Well Foods Ltd., 568 F.2d 1342, 1344 (CCPA 1977).

176) TMEP 1202.02(b)(ii) Distinctiveness and Product Packaging Trade Dress.

177) 특허청, 한·미 FTA 지적재산권 분야 이행방안에 관한 연구, 2007, 170~171면 참조.

3) 혼동 가능성

어떤 자가 특정한 상품이나 서비스 또는 상품의 용기에 또는 그것들과 관련하여 문자, 명칭, 심벌, 고안(device) 또는 이들의 결합을 거래상 사용하여 i) 타인과의 후원관계, 가맹관계, 연관관계 등에 대한 혼동이나 오인을 일으키거나 기만할 우려가 있는 경우, ii) 원산지, 그의 상품이나 서비스의 후원이나 승인, 타인에 의한 영업 활동과 관련하여 혼동이나 오인을 일으키거나 기만할 우려가 있는 경우에 해당하여야 한다.

VI. 트레이드 드레스와 디자인특허의 차이점[178]

1. 의 의

연방상표법상 트레이드 드레스는 연방상표법 제43조 (a)항에 의하여 상품이나 서비스의 식별표지로서 보호되며 제조물품의 새롭고 독창적이며 장식적인 특징은 특허법에 의하여 디자인특허로서 보호된다. 그런데 새롭고 독창적이며 장식적인 특징을 가진 제조물품이 비기능적이면서 상업상 사용되어 소비자에게 자기상품의 출처를 나타내는 표지로 인식되는 경우 특허법상 디자인특허로서 그리고 연방상표법상 트레이드 드레스로서 중복적으로 보호받을 수 있게 된다.

2. 차이점

1) 보호의 취지

디자인특허를 보호하는 이유는 창작자로 하여금 물품의 새롭고 독창적이며 장식적인 디자인의 창작을 장려하는 취지이다. 한편 트레이드 드레스는 상품의 출처와 후원관계 등에 관하여 소비자가 혼동하는 것을 방지하기 위한 취지라는 점에서 차이가 있다.

2) 존속기간

디자인특허의 경우 존속기간이 등록일로부터 15년으로 그 기간이 경과하면 디자인특허권은 소멸하여 일반 공중이 당해 디자인을 자유롭게 실시할 수 있다.

---

178) https://www.profolus.com/topics/trade-dress-law-united-states/ 참조.

한편 트레이드 드레스는 상품이나 서비스의 출처표시로서 계속 사용하는 한 영속적으로 권리를 유지할 수 있다.

3) 권리 침해의 성립요건

디자인특허권의 침해가 성립하려면 i) 디자인특허권이 부여된 새롭고 독창적이며 장식적인 특징들 중에서 어떠한 특징들이 선행디자인에서 공지되지 않았는지를 판단하고, ii) 이러한 디자인특허권이 부여된 새롭고 독창적이며 장식적인 특징들이 침해품에 의해 어느 정도 도용되는지의 여부를 판단하여 그러한 특징들이 침해품에 의해 도용되었다면 디자인특허권의 침해를 구성하게 된다. 한편 트레이드 드레스 침해는 i) 비기능적이어야 하며, ii) 상품의 출처표시로서의 식별력을 갖추고, iii) 침해자에 의한 트레이드 드레스의 무단 사용으로 상품의 출처 또는 후원관계 등에 관하여 소비자의 혼동 가능성이 있어야만 트레이드 드레스의 침해가 성립한다.

제17절 우리나라의 제도와 비교 · 분석

Ⅰ. 우리나라의 제도

1. 상표법상 상표의 보호 대상 확대

1) 1949년 제정 상표법

우리나라의 상표법상 보호 대상의 확대에 관한 연혁을 살펴볼 때 1949년 제정 상표법(1949. 11. 28. 제정 법률 제71호)에서는 "기호, 문자, 도형 또는 그 결합"만을 상표법의 보호 대상으로서 규정하고 있었다.

2) 1995년 개정법

1995년 개정법(1995. 12. 29. 법률 제5083호)에서는 "기호 · 문자 · 도형 또는 이들을 결합한 것 또는 이들 각각에 색채를 결합한 것"을 보호 대상으로 규정하여 색채를 상표의 종속적인 구성요소로 포함시켰다.

3) 1997년 개정법

1997년 개정법(1997. 8. 22. 법률 제5355호)에서는 "기호 · 문자 · 도형 · 입체적 형상 또는 이들을 결합한 것 또는 이들 각각에 색채를 결합한 것"을 보호 대상으로 규정하여 입체적 형상을 보호 대상에 포함시켰다.

4) 2007년 개정법

2007년 개정법(2007. 1. 3. 법률 제8190호)에서는 "기호 · 문자 · 도형 · 입체적 형상 · 색채 · 홀로그램 · 동작 또는 이들을 결합한 것 또는 그 밖에 시각적으로 인식할 수 있는 것"을 보호 대상으로 규정하여 색채를 상표의 독립적인 구성요소로 포함시킴은 물론 홀로그램과 동작 또는 그 밖에 시각적으로 인식할 수 있는 것까지를 상표의 독립적인 구성요소에 포함시켰다.

5) 2011년 개정법

2011년 개정법(2011. 12. 2. 법률 제11113호)에서는 「대한민국과 미합중국 간의 자유무역협정 및 대한민국과 미합중국 간의 자유무역협정에 관한 서한교환」의 합의사항에 따라 소리 · 냄새 등 비시각적인 표장이라 하더라도 기호 · 문자 · 도형 또는 그 밖의 방법으로 시각적으로 인식할 수 있도록 표현한 것도 상표로 구성될 수 있도록 상표의 보호 대상을 "ⅰ) 기호 · 문자 · 도형, 입체적 형상 또는 이들을 결합하거나 이들에 색채를 결합한 것, ⅱ) 다른 것과 결합하지 아니한 색채 또는 색채의 조합, 홀로그램, 동작 또는 그 밖에 시각적으로 인식할 수 있는 것, ⅲ) 소리 · 냄새 등 시각적으로 인식할 수 없는 것 중 기호 · 문자 · 도형 또는 그 밖의 시각적인 방법으로 사실적(寫實的)으로 표현한 것"으로 확장하였다.

6) 2016년 개정법

2016년 개정법(2016. 2. 29. 법률 제140033호)에서는 보호 대상을 "기호, 문자, 도형, 소리, 냄새, 입체적 형상, 홀로그램 · 동작 또는 색채 등으로서 그 구성이나 표현방식에 상관없이 상품의 출처를 나타내기 위하여 사용하는 모든 표시"로 확장하였다.

2. 부정경쟁방지법상의 상표의 보호 대상 확대

현행 부정경쟁방지법에서는 제2조 제1호 가목의 "국내에 널리 인식된 타인의 성명, 상호, 상표, 「상품의 용기 · 포장, 그 밖에 타인의 상품임을 표시한 표지(標識)」와 동일하거나 유사한 것을 사용하거나 이러한 것을 사용한 상품을 판매 · 반포(頒布) 또는 수입 · 수출하여 타인의 상품과 혼동하게 하는 행위", 제2조 제1호 나목의 "국내에 널리 인식된 타인의 성명, 상호, 표장(標章), 「그 밖에 타인의 영업임을 표시하는 표지(상품 판매 · 서비스 제공방법 또는 간판 · 외관 · 실내장식 등 영업제공 장소의 전체적인 외관을 포함한다)」와 동일하거나 유사한 것을 사용하여 타인의 영업상의 시설 또는 활동과 혼동하게 하는 행위" 그리고 제2조 제1호 다목의 "가목 또는 나목의 혼동하게 하는 행위 외에 비상업적 사용 등 대통령령으로 정하는 정당한 사유 없이 국내에 널리 인식된 타인의 성명, 상호, 상표, 상품의 용기 · 포장, 「그 밖에 타인의 상품 또는 영업임을 표시한 표지(타인의 영업임을 표시하는 표지에 관하여는 상품 판매 · 서비스 제공방법 또는 간판 · 외관 · 실내장식 등 영업제공 장소의 전체적인 외관을 포함한다)」와 동일하거나 유사한 것을 사용하거나 이러한 것을 사용한 상품을 판매 · 반포 또는 수입 · 수출하여 타인의 표지의 식별력이나 명성을 손상하는 행위"를 부정경행행위로 규정하여 이러한 부정경쟁행위로 인하여 자신의 영업상의 이익이 침해되거나 침해될 우려가 있는 자는 부정경쟁행위를 하거나 하려는 자에 대하여 법원에 그 행위의 금지 또는 예방을 청구할 수 있고(부정경쟁방지법 §4①), 고의 또는 과실에 의하여 제2조 제1호 가목과 나목에 의한 부정경쟁행위 또는 고의에 의한 제2조 제1호 다목에 의한 부정경쟁행위로 타인의 영업상 이익을 침해하여 손해를 입힌 자는 그 손해를 배상할 책임을 지도록 규정하고 있다(부정경쟁방지법 §5). 이러한 규정들은 비록 상표법에 따라 상표로 등록되지 않는 미등록된 상표나 상호 또는 트레이드 드레스라고 하더라도 국내에 널리 인식된 타인의 상품과 혼동하게 하거나 타인의 영업상의 시설 또는 활동과 혼동하게 하는 행위 또는 타인의 표지의 식별력이나 명성을 손상하는 행위를 금지하고 그로 인한 손해가 발생한 경우 손해배상을 청구할 수 있도록 함으로써 국내에 널리 인식된 미등록된 상표나 상호 또는 트레이드 드레스를 보호할 수 있도록 한 규정으로 볼 수 있다. 특히 부정경쟁방지법 제2조 제1호 가목의 규정 중 "상품의 용기 · 포장, 그 밖에 타인의 상품임을 표시한 표지", 제2조 제1호 나목의 규정 중 "그 밖에 타인의 영업임을 표시하는 표지(상품 판매 · 서비스 제공방법 또는 간판 · 외관 · 실내장식 등 영업제공 장소의 전체적인 외관을 포함한다)", 제2호 제1호 다목의 규정 중 "그 밖에 타인의 상품 또는 영업임을 표시한 표지(타인의 영업임을 표시하는 표지에 관하여는 상품 판매 · 서비스 제공방법 또는 간판 · 외관 · 실내장식 등 영업제공 장소의 전체적인 외관을 포함한다)"는 트레이드 드레스의 보호에 관한 규정으로 해석된다.

II. 미국의 제도와 비교

우리나라의 현행 상표법상의 보호 대상과 미국의 제도를 상호 비교해 볼 때 보호 대상에 대해서는 미국과 차이가 없다고 볼 수 있다. 다만, 보호 대상 확대의 역사와 관련하여 볼 때 우리나라는 제정법 국가인 점에서 상표법의 개정을 통하여 보호 대상을 확대해 온 반면 미국은 기존의 상표법상의 규정을 확대 해석해 오면서 판례법에 따라 그 보호 대상을 확대해 온 점에서 차이가 있다. 아울러 우리나라는 주로 파리협약 가입, WTO/TRIPS 협정 이행, 상표법조약 가입, 한 · 미 자유무역협정의 이행 등과 같은 주로 외생적인 변수에 의해 보호 대상을 확대한 반면 미국은 외생적인 변수보다 기업의 거래 환경의 변화에 따른 다양한 비전형적인 상표에 대한 사회적인 필요성과 이를 수용할 수 있는 기술의 발전 등에 따라 판례법에서 이를 적극적으로 수용하면서 자연스럽게 확대해 왔다는 점에서 차이가 있다.

제 5 장
상표권의 발생

제1절 총 설

Ⅰ. 보통법상의 상표권

1. 상표를 사용한 상품과 지역으로 한정

미국에서 보통법상의 상표권은 상표소유자의 상표 선택과 상품에 대한 상표의 실제 사용에 의하여 발생하며 상표소유자의 상표권은 「상표를 사용한 상품과 사용한 지역」에 한정되는 것이 원칙이다.

2. 보통법상 상표권의 보호 범위 확대

1) 상품에 관한 보호 범위 확대

보통법에 따라 상표를 보호하는 이유는 소비자의 상품과 그 상품의 출처로서의 상표소유자와의 연계에 의한 신용을 보호하는 것이므로 보통법상 상표권의 상품에 관한 보호 범위는 상표소유자가 상표를 실제로 사용하는 상품보다 확대되어 상품의 출처 또는 후원관계에 대하여 소비자의 혼동 가능성이 있는 상품에까지 확대될 수 있다.

2) 지역적 보호 범위 확대

보통법상 상표권의 지역적 보호 범위도 당해 상표가 실제 사용되는 지역을 넘어서 그 상표가 광고나 소비자의 입소문 등을 통해 당해 상표가 명성을 얻은 지역으로까지 확대되거나 상표소유자가 상표를 실제 사용하고 있지는 않지만 상표소유자의 영업의 성격과 과거 영업의 확장 추세로 볼 때 상표소유자가 장차 영업활동을 통하여 상표의 사용을 확대시킬 것이 논리적으로 예견되는 지역으로까지 확대될 수 있다.

Ⅱ. 주상표법에 따라 등록된 상표의 상표권

상표소유자는 상표를 사용하는 주의 상표법에 따라 상표를 출원하여 상표를 등록하는 경우 그 주의 경계 내의 전역 또는 사용 지역을 지역적 범위로 하는 상표권을 취득할 수 있다. 다만, 주상표법에 따라 상표를 등록한다고 하더라도 연방상표법상 「주등록부」(principal register)에 상표를 등록하는 경우와 달리 ⅰ) 상표등록의 유효성, ⅱ) 등록상표의 소유권, ⅲ) 등록상표의 배타적인 사용권에 대한 일응의 추정력 등의 효력은 발생하지 않는다.

Ⅲ. 연방상표법에 따라 등록된 상표의 상표권

상표소유자는 상표를 선택하여 상품에 사용함으로써 보통법상 상표권이 발생하므로 단지 상표권만을 취득하기를 원한다면 굳이 연방상표법에 따라 상표를 출원하여 등록받을 필요가 없다. 그러나 상표소유자가 연방상표법에 따라 상표를 등록하는 경우 「미국 전역」으로 상표권의 지역적 보호 범위를 확대할 수 있고 연방상표법에서 규정하고 있는 등록상표에 대한 다양한 혜택들을 향유할 수 있기 때문에 연방상표법에 따라 상표를 등록받고 있다. 따라서 보통법상의 상표권이 발생한 상표를 상표소유자가 연방상표법에 따라 특허상표청에 출원하여 등록하는 것은 상표권의 발생보다는 상표소유자의 보통법상의 상표권을 확장하고 강화하기 위한 취지라고 볼 수 있다.[1)]

---

1) 상표를 실제로 사용하지 않고 앞으로 사용할 진정한 의사에 기초하여 연방상표법에 따라 상표를 출원하는 경우에도 출원인은 심사관으로부터 상표등록결정 통지를 받은 후 소정의 기간 이내에 상표를 사용한다는 「사용진술서」(statement of use)를 제출하여야만 상표등록을 받을 수 있기 때문에 상표의 사용의사에 기초하여 상표를 출원하여 등록하는 것도 등록

이하에서는 먼저 보통법상의 상표권의 발생과 상표권의 발생 요건으로서 상표의 사용을 살펴보고, 이후에 연방상표법에 따른 상표의 상업적 사용 및 상표권의 지역적 범위를 알아본 다음 마지막으로 연방상표법에 따른 상표등록의 여러 혜택들을 차례대로 살펴보고자 한다.

제2절 ▌보통법상 상표권의 발생[2)]

Ⅰ. 의 의

1. 사용주의

미국은 보통법상의 상표권이 상표소유자의 상표의 선택과 상품에 대한 상표의 「실제 사용」에 의해서 발생하는 「사용주의」를 취하고 있다. 따라서 미국에서 상표권을 취득하기 위해서 반드시 연방상표법이나 주상표법에 따라 상표를 등록할 필요는 없다.[3)][4)]

2. 보통법상 상표권의 연방상표법에 의한 보호

연방상표법에 따라 보호되는 상표권은 통상 연방상표법에 따라 상표를 출원하여 등록하는 경우에도 발생하지만 비록 연방상표법에 따라 상표를 출원하여 등록하지 않은 미등록상표라고 하더라도 상표소유자가 상표를 미국 내 주 간의 상거래 또는 외국과의 상거래에서 상품에 실제 사용한 경우 연방상표법 제43조 (a)항

주의라기보다는 사용주의의 확장이라고 볼 수 있다.

2) Margreth Barrett, EMANUEL Law Outlines, Intellectual Property, 3rd Edition, 2012, 251~253면 참조.

3) 상표소유자가 미국의 연방상표법에 따라 상표를 등록하는 행위는 원칙적으로 상표권의 설정등록행위에 의하여 상표권을 「창설」하는 것이라기보다 상표소유자의 상표의 사용으로 창설된 상표권을 특허상표청의 심사관이 「확인」하는 행위에 불과하다고 볼 수 있다.

4) 문삼섭, "미국의 상표제도상 상표권과 상표의 사용 간 관련성에 관한 소고—보통법에 따른 상표권의 발생과 연방상표법에 따른 상표출원 · 심사 · 등록 및 등록 후 단계를 중심으로", 「창작과 권리」, 제89호, 세창출판사, 2017.12, 68면 참조.

에 의하여 보호된다.

연구 25 보통법상 상표권의 연방상표법에 의한 보호

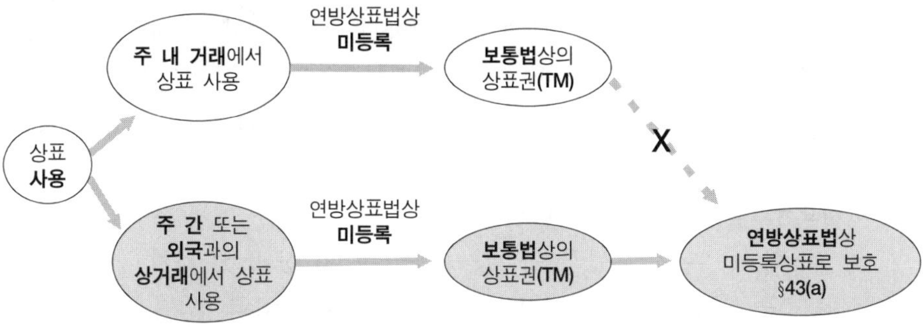

다만, 그 상표권의 지역적 범위는 「미국 전역」으로 확대되지 않고 원칙적으로 상표가 실제 사용된 지역으로 한정되며 연방상표법에 따른 상표등록에 수반되는 다양한 혜택은 향유할 수 없다.

II. 상표의 사용[5)]

1. 의 의

보통법상 상표의 사용으로 인정받아 상표권이 발생하기 위해서는 일반적으로 다음의 요건들을 충족하여야 하였다.

i) 상표는 「통상의 영업활동 과정」에서 「충분하게」 사용하여야(use in the ordinary course of business) 한다.

ii) 상표는 상품에 「부착」(affixation)하여 사용하여야 한다.

iii) 상표는 「진정한 의사」로 사용하여야(bona fide use) 한다.

5) 문삼섭, 앞의 논문, 68~73면 참조.

2. 통상의 영업활동 과정에서의 사용

1) 의 의

보통법상의 상표권을 취득하기 위해서는 상표를 통상의 영업활동 과정에서 사용하여야 한다. 그런데 통상의 영업활동 과정에서의 상표의 사용은 상표소유자가 상표를 부착한 상품을 소비자에게 판매하기 위하여 시장에 내놓는 것과 같은 「공공연한 사용」(open and public use)을 할 때 성립한다. 따라서 본사에서 판매지점에 보내는 견본상품에 상표를 사용하는 행위와 같은 「회사의 내부적인 사용」은 소비자에 대한 사용이 아니므로 상표의 사용으로 인정되지 않는다.[6][7]

2) 상표권의 발생과 관련된 Tacking 원칙

(1) 의 의 Tacking 원칙(Tacking Doctrine)이란 "상표소유자가 처음에 사용한 원상표 또는 상표권자가 연방상표법에 따라 등록한 상표를 「법률적인 동일성」(legal equivalents)이 유지되는 범위 내에서 그 구성 중 일부분을 변경하여 사용한다고 하더라도 변경된 상표의 사용으로 인하여 상표소유자나 상표권자가 갖는 보통법상 또는 연방상표법상의 권리나 이익을 상실하지 않는 원칙"을 말한다. 어느 상인이 특정한 상표(A: original trademark)를 상거래상 실제 사용하던 중에 상표의 구성 중 일부분을 변경하여 그 변경된 상표(A′: revised trademark)를 사용하는 경우 타인과의 보통법상 상표권에 관한 분쟁에서 가장 논란이 되는 것은 A′ 상표의 사용일이 A′ 상표의 실제 사용일인지 아니면 A 상표의 사용일로 소급할 것인지의 문제이다. 이 경우 A′ 상표가 A 상표의 「요지를 변경」(materially differ from or alter the character)하지 않아 A 상표와 A′ 상표가 소비자에게 「동일하고 연속적인 상업적 인상」을 주는 경우(create the same, continuing commercial impression) A′ 상표는 A 상표와 「법률적인 동일성」이 있다고 인정되어 A′ 상표의 사용일은 A 상표의 사용일로 소급되어 A′ 상표의 보통법상의 상표권은 A 상표의 상거래상의 사용일로부터 발생한 것으로 인정된다.

(2) Tacking 원칙의 적용 범위 Tacking 원칙은 동일한 상표소유자가 사용하던 원상표를 이후에 변경하여 사용하는 경우에도 적용되지만 어느 상인(甲)이 다른 상인(乙)으로부터 상표권을 양도받을 경우 상표권을 양수한 상인(甲)은 그 상표권을 양도한 상인(乙)이 상표를 최초로 사용한 날까지 소급하여 보통법상 상표

---

6) Blue Bell, Inc. v. Fahra Manufacturing Co. Ltd., 508 F.2d 1260 (5th Cir. 1975).

7) 우종균, "미국 상표법", 특허청, 14면 참조.

권의 이익을 향유하는 경우에도 적용된다.

연구 26 Tacking 원칙의 적용 사례

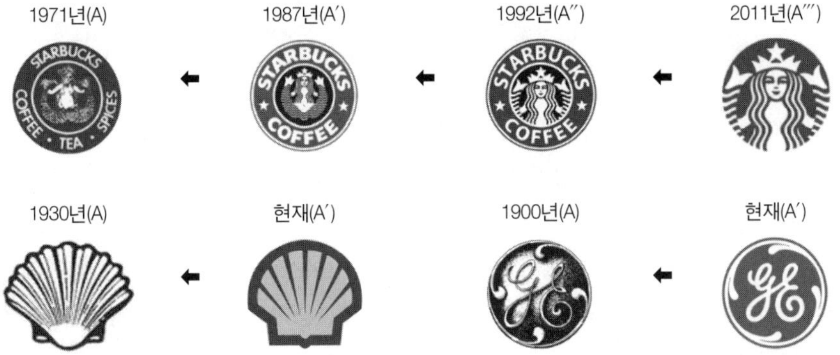

(3) **Tacking 원칙의 판단 주체** 종전에는 원상표와 변경된 상표의 법률적 동일성에 대한 판단은 「법률문제」이므로 판사가 판단하여야 한다는 견해와 「사실문제」이므로 배심원이 판단하여야 한다는 견해가 나누어져 있었다. 그런데 연방대법원은 「Hana Bank 사건」[8]에서 Tacking 원칙과 관련하여 법률적인 동일성에 대한 판단은 결국 원상표와 변경된 상표가 소비자에게 「동일하고 연속적인 상업적 인상」을 주는지의 여부에 관한 「사실문제」이므로 배심원이 판단하여야 한다고 판시하였다.

(4) **원상표와 변경된 상표 간 법률적인 동일성이 인정된 사례**[9]

VI-KING	≒	VIKING
AMERICAN SECURITY	≒	AMERICAN SECURITY BANK
PROX BONNIE BLUE	≒	BONNIE BLUE
PURITAN SPORTSWEAR THE CHOICE OF ALL AMERICANS	≒	PURITAN
HESS	≒	HESS'S

---

8) Hana Financial, Inc. v. Hana Bank 574 U.S. (2015).

9) Ava K. Doppelt, "What the U.S. supreme court decided this term about trademarks (and some other recent IP developments)", 2015.5, 발표자료에서 인용.

(5) **원상표와 변경된 상표 간 법률적인 동일성이 불인정된 사례**[10]

EGO	≠	ALTER EGO
POLO	≠	MARCO POLO
AMERICAN MOBILEPHONE	≠	AMERICAN MOBILEPHONE PAGING
PRO-CUTS	≠	PRO-KUT
IKON CORPORATION	≠	IKON OFFICE SOLUTIONS

(6) Tacking **원칙의 적용 범위** Tacking 원칙은 원출원상표를 출원 이후에 보정하는 경우 최초의 출원상표와 보정된 상표 또는 상표의 사용의사에 기초한 출원의 경우 출원상표와 상표의 사용진술서에 첨부한 상표의 사용 견본상의 상표, 상표가 등록된 이후 등록상표와 상표권자가 특허상표청에 제출하는 상표사용선언서에 첨부한 상표의 사용 견본상의 상표가 서로 물리적으로 완전히 동일한 경우가 아닌 경우 변경된 상표가 원상표의 「요지를 변경」하지 않아 변경 전의 원상표와 변경된 상표가 소비자에게 「동일하고 연속적인 상업적 인상」을 주는 경우 「법률적인 동일성」이 인정되어 변경된 상표는 변경 전의 원상표가 갖는 권리와 이익을 상실하지 않고 그대로 향유한다는 점을 고려할 때, Tacking 원칙은 상표의 출원 또는 등록 이후 원상표를 실거래 사회에서는 그 구성 중 일부분을 변경하여 사용하는 현실을 적극적으로 반영하여 상표소유자나 상표권자를 보다 적극적으로 보호해 주는 상표의 보호와 관련하여 상표에 관한 사용주의적 시각에서 발전해 온 제도라고 생각된다.

3) 충분한 사용

(1) **의 의** 보통법에 따른 상표권의 발생 요건으로서의 상표의 사용은 「충분한 사용」(sufficient use)이어야 한다. 만약 어느 상인이 자기의 상표를 소비자의 눈으로 확인할 수 없게 사용하거나 간헐적(sporadic) 또는 사소하게(trivial) 사용하는 경우에는 충분한 사용에 해당하지 않으므로 보통법상의 상표권을 취득할 수 없다.

(2) **충분한 사용 요건으로서 상표의 사용량** 상표소유자가 자기 상표를 어느 정도 사용하여야만 충분한 사용에 해당하여 보통법상 상표권을 취득하는지에 대해서는 법원마다 견해가 상이하다. 제5 연방순회구 항소법원은 한 번의 상표의 사용일지라도 그 사용이 계속적이고 체계적이라면 충분하다는 입장이지만[11] 제7 연

---

10) Ava K. Doppelt, 앞의 자료에서 인용.

방순회구 항소법원은 상표사용자가 경업자에게 그의 상표에 대한 권리를 통지하기에 충분하도록 폭넓게 사용하여야 한다는 견해를 취하고 있다.[12] 한편 제3 연방순회구 항소법원은 경업자가 유사한 상표를 사용하는 경우 소비자의 혼동 가능성이 있을 정도로 시장에서 충분하게 진출되어 있어야 한다는 입장을 취하고 있다. 이 경우 문제된 상표가 시장에서 충분하게 진출되었는지의 여부를 판단하기 위해서는, ⅰ) 상표가 사용된 상품의 판매량, ⅱ) 상표가 사용된 상품의 지역적인 성장추세, ⅲ) 상표가 사용된 상품에 대한 잠재적인 소비자 대비 그 상품을 실제로 구매하는 소비자의 수, ⅳ) 해당 지역에서 상표가 사용된 상품에 대한 광고의 정도를 고려할 수 있다.[13]

4) 식별력이 있는 상표의 사용

기술적 상표, 자연인의 성, 지리적 출처에 관한 기술적 상표 등과 같이 고유의 식별력이 없는 상표를 사용한 경우 보통법상의 상표권을 취득하기 위해서는 사용에 의한 식별력을 취득하였다는 것을 입증하여야 한다.

3. 상품에 대한 부착 사용[14]

1) 상품의 판매될 때 상표가 상품에 물리적으로 부착

종래에는 보통법상 어느 상인이 상표를 상품에 사용하여 상표권을 취득하기 위해서는 「소비자에게 상품이 판매될 때」 상표가 상품이나 상품의 포장에 「물리적으로 부착」(affixation)되었을 것을 엄격히 요구하였다. 따라서 상인이 라디오에서 상표를 광고하거나 상점의 간판에 상표를 표시하는 것과 같이 상품에 물리적으로 상표를 부착하지 않는 방식으로 상표를 사용하거나 상품의 실제 판매 전의 단순한 광고나 상품의 판촉 활동을 하는 경우[15]에는 상표의 사용으로 인정하지 않았었다.[16]

---

11) Blue Bell, Inc. v. Farah Manufacturing Co., 508 F.2d 1260 (5th Cir. 1975).

12) Zazu Designs v. L'Oreal S.A., 979 F.2d 499 (7th Cir. 1992).

13) Lucent Information Management, Inc. v. Lucent Technologies, Inc., 186 F.3d 311 (3d Cir.) cert. denied, 528 U.S. 1106 (2000).

14) 특허청, 상표법상 등록주의의 단점을 보완하기 위한 사용주의 요소 도입방안, 1912, 53~54면 참조.

15) Era Corp. v. Electronic Realty Associates, Inc., 211 USPQ 734, 745 (TTAB 1981).

16) 우종균, 앞의 자료, 14면 참조.

, 

, 

, 

, 

2) 상표의 상품에 대한 물리적 부착 요건 완화

오늘날에는 광고매체와 마케팅 수단의 발달과 서비스표의 등장으로 상표의 광고 선전 기능이 중요해지자 상표를 상품에 물리적으로 부착하지 않더라도 어떠한 형태로든 소비자에게 상품과 상표 간의 관련성을 일으키는 경우에는 상품에의 부착 요건이 충족된 것으로 인정하고 있다. 또한 상품을 판매하기 전의 광고라고 하더라도 그 광고가 충분하게 상품을 특정시키고 계속적인 광고로 상당한 수의 소비자가 특정한 상품을 구입할 수 있는 것이 기대되는 경우에는 상품이 실제로 시장에 유통되기 이전에 광고만으로도 상표의 사용요건을 충족하는 것으로 인정하고 있다.[17]

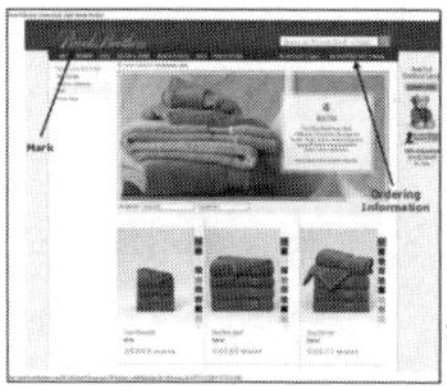

, 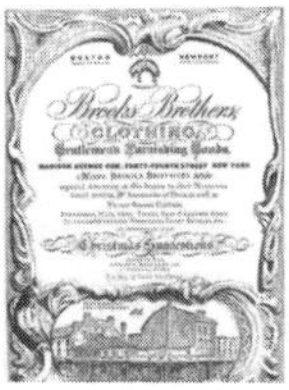

, 

, 

3) 서비스표의 등장과 서비스표의 서비스에 대한 사용

서비스표는 상표와 달리 물리적으로 서비스에 부착할 수 없다. 따라서 서비스표는 제공되는 서비스와 관련되는 광고나 메뉴 등에 부착하여야 하였다. 따라서 서비스표는 서비스의 판매나 광고를 하는 과정에서 사용되거나 전시되고 그 서비스가 상업적으로 제공되는 경우 등에는 서비스표가 서비스에 부착된 것으로 보았다.

---

17) T.A.B. Systems v. PacTel Teletrac, 77 F.3d 1372 (Fed. Cir. 1996).

,

,

,

,

4. 진정한 의사에 의한 사용

보통법상의 상표권을 취득하기 위해서는 통상의 영업활동 과정에서 상표를 진정한 의사를 가지고 사용하여야 한다. 이러한 진정한 의사에 의하여 사용하기 위해서는 소비자에게 판매하고자 하는 목적과 상표를 계속 사용하고자 하는 의도가 있어야 한다.

5. 보통법상의 상표의 사용요건 vs. 연방상표법상의 상표의 사용요건

보통법과 연방상표법에 의한 상표의 보호제도는 상호 독립적이므로 보통법상 상표권의 취득을 위한 상표의 사용요건과 연방상표법상의 상표의 사용요건은 원칙적으로 서로 독립적이다. 따라서 보통법상 상표의 사용요건을 충족하였다고 하여 연방상표법상 상표의 사용요건도 충족되었다고 말할 수 없으며, 역으로 연방상표법상 상표의 사용요건이 충족되었다고 하여 보통법상 상표의 사용요건도 충족되었다고 말할 수 없다.[18]

Ⅲ. 보통법상 상표권의 범위

1. 의 의

「상표권의 상표 사용에의 부속 원칙」에 따라 보통법상의 상표권은 원칙적으로 상인이 영업활동에서 상표를 실제로 사용한 상품에 대하여 상표를 실제로 사용한 지역에서만 그 효력을 미치고 그 외의 지역에서 타인이 동일 또는 유사한 상표를 선의로 사용한 경우 그 타인에 대해서는 상표권의 효력이 미치지 아니한다.[19][20] 따라서 보통법에 따른 상표권의 범위는 ⅰ) 상표를 실제 사용하는 상품

18) 나종갑, 미국상표법연구, 한남대학교 출판부, 2005, 247~248면 참조.

또는 서비스에 관한 범위, ii) 상표가 실제 사용된 지역적인 범위로 구분될 수 있다.

2. 상품 또는 서비스에 관한 범위

상표는 상인이 상표를 통해 축적한 신용을 상징하고 신용은 소비자가 상품 또는 서비스와 상품 또는 서비스의 출처로서의 상인과의 연계를 의미하므로 보통법에 의한 상표권은 기본적으로 상인이 상표를 사용하여 판매하는 상품 또는 서비스에 대하여 발생한다. 다만, 보통법에 의한 상표권은 소비자의 상품과 서비스와 상품 또는 서비스의 출처로서의 상인과의 연계에 의한 신용을 보호하는 것이므로 상인이 실제로 상표를 사용하는 상품이나 서비스보다 넓어질 수도 있다.

3. 지역적 범위[21)]

1) 의 의

연방대법원은 「Tea Rose 사건」[22)]과 「Rectanus 사건」[23)]에서 "상표권은 상표를 사용하는 상인이 상품을 거래하지 않은 지역에까지 확대되지 않는다"고 판시한 바

---

19) 미국의 연방상표법에 따라 등록한 상표의 상표권은 원칙적으로 「미국 전역」에 그 효력이 미치지만 「Dawn Donut Rule」에 의하여 상표권 침해소송을 제기하는 경우 상표권을 침해한 자가 상표를 사용하고 있는 지역에까지 상표권자의 상표 사용을 확장할 가능성(likelihood of expansion)이 있어 상품의 출처에 관한 소비자의 혼동 가능성이 있다는 것을 입증하여야만 상표권을 침해하는 자의 상표사용을 금지할 수 있다.

20) 우종균, 앞의 자료, 15~16면 참조.

21) 우종균, 앞의 자료, 15~16면 참조.

22) Hanover Star Milling Co. v. Metcalf, 240 U.S. 403 (1916). 이 사건에서 원고인 Hanover Star Milling사는 1872년경부터 'Tea Rose'라는 상표를 '밀가루'에 처음 사용하기 시작하여 소송이 제기된 시점에 오하이오주, 펜실베이니아주, 매사추세츠주 등 미국의 북부 지역에서 밀가루를 판매하고 있었다. 피고인 Metcalf는 원고가 미국의 북쪽에서 'Tea Rose'라는 상표를 '밀가루'에 사용하고 있다는 사실을 전혀 알지 못한 상태에서 미국의 남부 지역에서 원고의 상표와 동일한 상표를 사용하기 시작하여 소송이 진행되는 시점에서는 미국의 미시시피주, 앨라배마주, 조지아주, 플로리다주에서 사용하였다. 원고는 선사용을 근거로 미국의 전역에서 자기의 상표와 동일한 상표의 타인에 의한 사용을 금지할 수 있다고 주장하였으나 법원은 상표를 단순히 선사용하였다고 하여 다른 지역에서의 선의의 후사용을 금지할 수 있는 권리는 없다고 판단하였다. 특허청, 미국 상표법 · 제도에 관한 분석 및 시사점, 2006, 197~198면 참조.

23) United Drug Co. v. Theodore Rectanus Co., 248 U.S. 90 (1918).

와 같이 보통법상의 상표권은 원칙적으로 「상표가 실제로 사용된 지역」에 한정되어 그 효력이 미친다. 따라서 비록 선사용자(senior user)가 상표를 어느 한 지역에서 먼저 사용하였다고 하더라도 선사용자가 상표를 사용한 지역으로부터 지리적으로 멀리 떨어져서 격리된 다른 지역에서 선의로 사용하는 후사용자(junior user)에 대해서는 선사용자의 보통법상 상표권의 효력이 미치지 않는다.[24] 즉, 동일한 상표라 하더라도 미국 내에서 여러 사람에 의하여 동시에 다른 지역에서 공존하여 사용될 수 있는 것이다.[25]

2) 지역적 범위와 보통법상 상표의 공존사용

(1) 의 의　Tea Rose-Rectanus 원칙에 따라 동일한 상표라 하더라도 미국 내에서 여러 사람에 의하여 동시에 다른 지역에서 사용될 수 있다. 이렇게 동일 또는 유사한 상표가 서로 다른 상표소유자에 의하여 공존하여 사용하는 것을 「공존사용」(concurrent use)이라고 말한다.

(2) 공존사용의 유형　보통법상 상표의 공존사용은 i) APPLE Records와 APPLE Computers와 같이 서로 상이한 상품에 대하여 2 이상의 상표소유자가 동일 또는 유사한 상표를 지역적으로 동일한 시장이나 또는 물리적으로 서로 떨어진 격리된 시장에서 공존사용하는 경우, ii) 갑(甲)은 보스턴에서 Broadway Pizza 상표를, 을(乙)은 로스앤젤레스에서 Broadway Pizza 상표를 사용하는 경우와 같이 지리적으로 멀리 떨어져 있어 시장을 달리하는 서로 다른 상표소유자가 동일하거나 유사한 상표를 동일하거나 유사한 상품에 대하여 공존사용하는 경우로 구분된다.

3) 보통법상 상표권의 지역적 범위의 확장과 한계

(1) 의 의　지리적으로 멀리 떨어져 있어 시장을 달리하는 서로 다른 상표소유자가 동일하거나 유사한 상표를 공존사용하는 경우 Tea Rose-Rectanus 원칙에 따라 양 상표소유자는 자신의 상표를 실제 사용한 각각의 지역에서 별개의 보통법상의 상표권을 가진다. 아울러 상품의 출처나 후원관계 등에 대한 소비자의 혼동가능성이 발생하지 않는 한 양 상표소유자는 자기의 영업을 확대하여 최초 자기가 상표를 사용한 지역적 범위를 각자 확대해 나갈 수 있다. 다만, 상표소유자 각각의 상표권의 지역적 범위 확장의 한계는 양 상표소유자의 상품의 출처나 후원관계 등

---

24) 이를 「Tea Rose-Rectanus Doctrine」 또는 「Remote-area, Good-faith User Doctrine」이라고 한다.

25) 문삼섭, 앞의 논문, 73~74면 참조.

에 대한 소비자의 혼동 가능성이 발생하지 않는 지역적 범위까지이다.

(2) **보통법상 상표권의 지역적 범위의 해석과 관련된 학설** 상품의 출처나 후원관계 등에 관하여 소비자의 혼동이 발생하지 않도록 양 상표소유자의 보통법상 상표권의 지역적 범위를 어떻게 해석하여 확정할 것인지에 대해서는 다음과 같은 이론이 있다.

i) 실제 시장 진출 지역(zone of actual market penetration) 이론

ii) 명성을 얻은 지역(zone of reputation) 이론

iii) 자연적 확대 지역(zone of natural expansion) 이론.

(3) **실제 시장 진출 지역 이론** 실제 시장 진출 지역이란 "선사용자가 실제로 상표를 충분히 사용한 지역으로 선사용자의 상품과 후사용자 상품의 출처나 후원관계 등에 관하여 소비자의 혼동이 발생할 가능성이 있는 지역"을 말한다. 이 이론에 따르면 보통법상의 상표권의 지역적 범위는 다른 이론에 비해 비교적 좁게 설정된다.

(4) **명성을 얻은 지역 이론** 명성을 얻은 지역이란 "실제 시장 진출 지역의 범위 밖의 지역으로 선사용자의 광고나 소비자의 입소문에 의해 선사용자의 상표가 명성을 얻어 후사용자에 의한 상표의 사용이 지속될 경우 양 상표의 상품의 출처나 후원관계 등에 관하여 소비자의 혼동이 발생할 가능성이 있는 지역"을 의미한다. 이 이론에 따르면 보통법상의 상표권의 지역적 범위는 실제 시장 진출 지역 이론에 비해 보다 넓게 설정되게 된다.

(5) **자연적 확대 지역 이론** 자연적 확대 지역이란 "후사용자가 상표를 사용하기 시작하는 시점에서 볼 때 그 지역에서는 선사용자가 상표를 사용하여 영업 활동을 하고 있지는 않았지만 선사용자의 영업의 성격과 선사용자의 과거 영업의 확장 추세로 볼 때 선사용자가 장차 영업 활동을 통하여 상표의 사용을 확대시킬 것이 논리적으로 예견되는 지역"을 말한다. 이 이론에 따라 상표를 보호받고자 하는 선사용자는 후사용자가 상표를 사용하기 시작한 시점에 후사용자가 상표를 사용하는 지역은 이미 선사용자의 자연적 확대 지역이었음을 증명하여야 한다. 아울러 선사용자는 그 지역에서 상표를 사용하여 영업 활동을 시작한 이후에야 후사용자를 상표권 침해로 제소할 수 있다. 따라서 선사용자가 장차 영업 활동을 통하여 상표의 사용을 확대시킬 계획이 있다는 이유만으로 이 이론을 적용하여 상표권 침해소송을 제기할 수는 없다. 이 이론은 선사용자는 연방상표법에 따라 상표를

등록하게 되면 후사용자의 선의의 항변을 배척할 수 있는데 이 이론을 적용하는 경우 후사용자에게 너무 가혹하다는 이유로 인정하지 않는 법원도 있다.

제3절 연방상표법에 따른 상표의 상업적 사용 및 등록상표의 상표권의 지역적 범위

Ⅰ. 의 의

보통법상의 상표권은 「상표권의 상표 사용에의 부속 원칙」에 따라 상표의 사용에 의하여 발생하기 때문에 엄밀한 의미에서 상표소유자가 연방상표법에 따라 상표를 출원하여 특허상표청의 상표등록원부에 등록하는 행위에 의해서 상표권이 발생한다고 볼 수 없다. 다만, 상표가 실제 사용된 지역으로 한정된 보통법상의 상표권의 지역적 범위가 연방상표법에 따라 상표를 등록하는 경우 「미국 전역」으로 확장되고 연방상표법상의 다양한 혜택을 향유하게 된다는 점에서 연방상표법상 등록상표의 상표권과 보통법상의 상표권은 차이가 있다. 연방상표법에 따른 상표의 등록절차도 기본적으로 상표권의 발생과 관련된 「사용주의 원칙」에 따르고 있다. 즉 상표의 실제 사용에 기초한 상표출원의 경우 특허상표청은 출원인이 제출한 상표의 사용 견본을 통해 상표의 사용 사실을 확인하고 상표권을 설정등록해 주고 있으며, 상표의 사용의사에 기초한 상표출원의 경우 비록 상표출원 시에는 출원인이 상표를 실제 상업적으로 사용할 필요가 없으나 특허상표청의 심사관으로부터 상표등록결정의 통지를 받은 후 법령에서 정한 일정한 기간 내에 상표의 사용 견본을 첨부한 상표의 사용진술서를 특허상표청에 제출하고 심사관이 상표의 사용진술서에 첨부된 상표의 사용 견본을 통해 출원인의 상표의 사용사실을 확인하고 상표권을 설정등록해 주고 있다.

연구 27 상표의 출원 · 등록 및 등록유지를 위한 상표의 사용

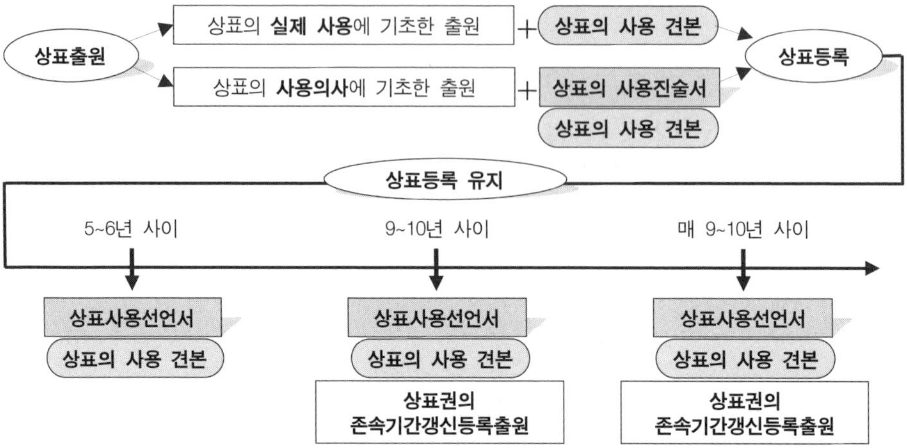

II. 상표의 상업적 사용

1. 의 의

상표의 상업적 사용이란 "상표가 시장에서 어느 특정한 상인의 상품이나 서비스를 확인하고 다른 상인의 상품이나 서비스와 식별하기 위하여 상업적으로 사용되는 것"을 말한다. 미국의 상표제도 초기에는 상표가 소비자에게 상품 또는 서비스의 출처표시로 인식되기 위해서는 상표가 물리적으로 상품에 부착하여 사용되도록 엄격히 요구하였으나 오늘날 광고매체와 마케팅 수단의 발달과 서비스표의 등장으로 상표의 광고적 기능이 중요해져 상표를 상품에 물리적으로 부착하지 않더라도 어떠한 형태로든 소비자에게 상품과 상표 간의 관련성을 일으키는 경우에는 상품에의 물리적인 부착 요건이 충족된 것으로 인정하고 있다.

2. 상표의 사용

1) 의 의

연방상표법에 따라 상표를 출원하여 등록받기 위해서는 상표소유자가 상표를 단지 등록하기 위해서 명목상 사용하는 것이 아니라 정상적인 상거래 과정에서

상표를 진정한 의사를 가지고 사용하여야 한다.

2) 연 혁

(1) 1988년 **상표법개정법 시행 전** 1988년 상표법개정법이 시행되기 전에는 상표소유자는 먼저 자기의 상표를 실제 사용해야만 이를 기초로 연방상표법에 따라 자기가 사용하는 상표를 출원하여 등록받을 수 있었다. 즉, 상표소유자는 보통법상 상표권을 취득하기 위한 요건으로서의 상표의 충분한 사용보다는 그 요건이 보다 완화된 한 번의 우연한 사용 또는 최소한의 사용만으로도 연방상표법에 따라 상표를 출원하여 등록받을 수 있었다. 따라서 이 시기에는 보통법상 상표권을 취득하기 위한 상표의 사용 요건이 연방상표법에 따라 상표를 출원하기 위한 상표의 사용 요건보다 더 엄격했다고 말할 수 있다.

(2) 1988년 **상표법개정법 시행 이후** 1988년 상표법개정법에 의해 출원인은 비록 연방상표법에 따라 상표를 출원하는 시점에 상표를 실제 사용하고 있지 않다고 하더라도 상표의 사용의사에 기초하여 상표를 출원할 수 있게 되었으며 연방상표법상 상표의 사용 개념이 "정상적인 상거래 과정에서 진정한 의사를 가진 사용"으로 새롭게 정의됨에 따라 출원인은 더 이상 상표를 단순히 보유할 목적으로 사용하는 「명목상의 사용」(token use)으로는 연방상표법상 상표를 등록받을 수 없게 되었다. 따라서 1988년 상표법개정법이 시행되고부터는 보통법상 상표권을 취득하기 위한 상표의 사용 요건과 연방상표법에 따라 상표를 출원하기 위한 상표의 사용 요건이 그전의 시기에 비하여 보다 근접하게 되었다.

3) 상표의 사용

(1) **상품에 대한 사용** 연방상표법 제45조에 따르면 상표가 다음에 해당하는 경우로서 당해 상품이 시장에서 판매되거나 상거래상 운송되는 경우 상표가 상품에 사용된 것으로 간주한다.[26)]

---

26) The term 'use in commerce' means the bona fide use of a mark in the ordinary course of trade, and not made merely to reserve a right in a mark. For purposes of this chapter, a mark shall be deemed to be in use in commerce —

(1) on goods when —

(A) it is placed in any manner on the goods or their containers or the displays associated therewith or on the tags or labels affixed thereto, or if the nature of the goods makes such placement impracticable, then on documents associated with the goods or their sale, and

(B) the goods are sold or transported in commerce, and

i) 상표를 「상품 자체」에 표시하는 경우

ii) 상표를 「상품의 포장용기」에 표시하는 경우

iii) 상표를 「상품이나 상품의 용기에 부착되어 있는 태그나 라벨」에 표시하는 경우

iv) 상표를 「상품과 관련된 전시물」(display)에 표시하는 경우

v) 곡물이나 오일과 같이 상품의 성질상 상표의 표시나 부착이 불가능한 경우 그 「상품이나 상품의 판매와 관련된 문서」에 표시하는 경우.

(2) **서비스에 대한 사용**　　서비스표는 물리적으로 서비스에 부착될 수 없다. 따라서 서비스표가 서비스의 판매나 광고를 하는 과정에서 사용되거나 전시되고 그 서비스가 상업적으로 제공되거나, 미국 내 하나 이상의 주 또는 미국과 외국에서 제공되고 그 서비스를 제공하는 자가 그 서비스에 관련된 상업에 종사하는 경우에는 서비스표가 서비스에 사용된 것으로 본다.[27)]

27) The term 'use in commerce' means the bona fide use of a mark in the ordinary course of trade, and not made merely to reserve a right in a mark. For purposes of this chapter, a mark shall be deemed to be in use in commerce —
(2) on services when it is used or displayed in the sale or advertising of services and the services are rendered in commerce, or the services are rendered in more than one State or in the United States and a foreign country and the person rendering the services is engaged in commerce in connection with the services.

(3) 도메인 이름의 상표로서의 사용 인정 여부

가. 의 의　도메인 이름으로 구성된 상표는 그것이 상품이나 서비스의 출처표시로서의 기능을 할 때에만 상표로서 등록이 가능하다. 따라서 상표의 사용 견본으로 도메인 이름을 포함하는 자료를 제출할 때에는 잠재적인 소비자가 도메인 이름을 상품이나 서비스의 출처로서 인식될 수 있다는 것을 심사관에게 충분하게 설명하는 것이 바람직하다.[28] 한편 도메인 이름을 포함하는 상표의 경우 그 상표가 상품이나 서비스와 관련하여 출처표시 기능을 수행하여야만 상표의 사용으로 인정될 수 있다. 따라서 단순히 인터넷 웹사이트에 접속하기 위한 도메인 주소로서만 인식되는 경우에는 상표의 사용으로 인정되지 않는다.[29]

나. 성(姓), 기술적 상표, 보통명칭, 지리적 명칭이 최상위 도메인으로 구성된 상표　상표가 JOHNSON.COM과 같이 최상위 도메인이 주된 의미로 자연인의 성이거나, SOFT.COM와 같이 최상위 도메인이 '화장지'와 관련하여 기술적 상표이거나, BOOK.COM과 같이 최상위 도메인이 '책'과 관련하여 보통명칭 상표에 해당하는 경우에는 식별력이 없으므로 상표등록이 거절된다. 아울러 VIRGINIA.COM과 같이 최상위 도메인이 '인터넷을 통한 관광정보 제공업'과 관련하여 지리적 명칭(VIRGINIA)인 경우 지리적 출처를 단지 기술하는 상표에 해당하는지 아니면 소비자를 기만하거나 오인하게 할 우려가 있는 상표인지의 여부를 판단하여 상표의

---

28) 따라서 출원서비스표가 WWW.ABC.COM이고 지정서비스가 의류의 '온라인 의류 주문서비스'일 때 출원인이 서비스표의 사용 견본으로서 'visit us on the web at www.ABC.com'라는 광고 실적을 제출하는 경우에는 서비스표의 사용으로 인정되지 않는다. 또한 '금융자문업'을 지정서비스로 하는 WWW.ABC.COM 서비스표를 출원하는 경우 금융자문에 관한 언급을 하면서 전화번호, 팩스번호, 도메인 이름이 기재된 명함을 서비스표의 사용 견본으로 제출하는 경우에도 서비스표의 사용으로 인정되지 않는다. TMEP 1215.02(a) 참조.

29) 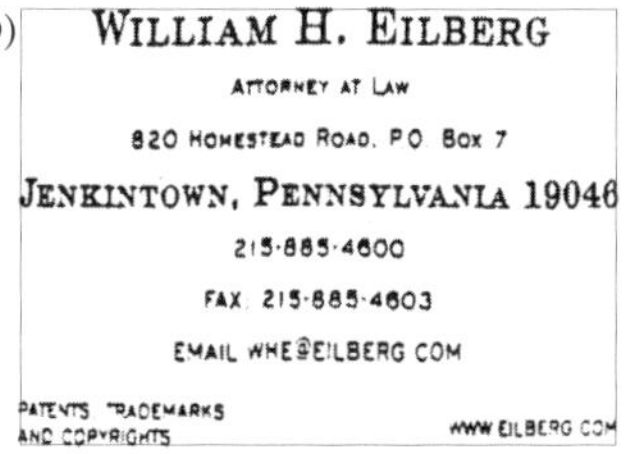

In re Eilberg, 49 USPQ2d 1955, 1957 (TTAB 1998). 출원인은 서비스표의 사용을 기초로 'WWW.EILBERG.COM' 서비스표를 'legal services in the field of intellectual property'를 지정서비스로 하여 출원하면서 왼쪽과 같은 출원인의 명함을 서비스표의 사용 견본으로 제출하였으나 심사관은 이 서비스표의 사용 견본에서 WWW.EILBERG.COM 부분은 출원인의 도메인 이름으로서 출원인의 웹사이트 주소를 나타내 주지만 지정서비스인 'legal services in the field of intellectual property'와 관련하여 서비스의 출처표시의 기능은 하지 않는다는 이유로 서비스표로서의 등록을 거절하였다. 출원인은 심사관의 거절결정에 대하여 상표심판원에 불복하였으나 상표심판원은 심사관의 거절결정을 지지하였다.

등록 여부가 결정된다.

다. 식별력이 없는 도메인 이름의 구성요소에 대한 권리불요구 상표가 NONGHYUP BANK.COM과 같이 식별력이 있는 부분(NONGHYUP)과 식별력이 없는 부분(BANK.COM)이 분리되어 있고 이 두 부분이 결합(NONGHYUP BANK. COM)하여 도메인 이름의 형식으로 구성된 경우 상표로서 단독으로는 등록될 수 없는 부분(BANK.COM)에 대해서는 권리불요구를 하여야 한다. 다만, 상표가 NONGHYUPBANK.COM 또는 NONGHYUP.BANK.COM과 같이 구성된 경우 상표의 단일성이 인정되어 권리불요구는 필요하지 않다.

3. 상업적 사용

1) 의 의

미국의 연방상표법상 상표의 상업적 사용은 상표의 실제 사용에 기초한 상표의 「출원요건」, 상표의 사용의사에 기초하여 출원된 상표의 「등록요건」으로 작용한다. 아울러 상표가 등록되면 등록상표의 상표권의 침해와 미등록상표의 「상표권 침해 요건」으로도 작용하는 중요한 개념이다.

2) 상 업

「상업」(commerce)이란 "미국 연방의회가 합법적으로 규제할 수 있는 모든 거래"[30]로서 "미국 내 주 간의 상거래 또는 미국과 외국 간의 상거래"를 의미한다. 따라서 미국 연방의회가 합법적으로 규제할 수 없는 미국의 어느 한 주 내에서만의 거래는 연방상표법상의 상업의 정의에 포함되지 않는다.

3) 상표의 상업적 사용

상표의 「상업적 사용」(use in commerce)이란 "정상적인 상거래 과정에서 상표를 진정한 의사를 가지고 사용하는 것으로서 미국 내 주 간의 상거래 또는 미국과 외국 간의 상거래"를 말하고 단지 상표권을 보유하기 위한 「명목상의 사용」(token use)이나 단지 미국의 어느 한 주 내에서만의 거래는 상업적 사용에 해당하지 않는다.[31][32]

---

30) The word 'commerce' means all commerce which may lawfully be regulated by Congress. 미국의 연방상표법 제45조 참조.

31) 따라서 보통법상의 상표권이나 각 주의 상표법에 따른 상표권으로 보호받을 수는 있으나 미국의 연방상표법에 따른 보호는 받지 못한다.

4) 연방상표법상 미등록상표로 보호받기 위한 상표의 상업적 사용

상표소유자가 미국의 어느 한 주의 경계 내에서만 상표를 사용하는 경우에는 보통법상의 상표권은 발생하지만 연방상표법 제43조 (a)항에 따라 미등록상표로는 보호받지 못한다. 왜냐하면 연방상표법에 따라 미등록상표가 보호받기 위해서는 상표소유자는 미국 내 주 간의 상거래에서 사용(use in the interstate commerce)하거나 외국과의 상거래에서 사용하여야 하기 때문이다. 한편 미국 내 주 간의 상거래 또는 외국과의 상거래상 상표의 사용 요건은 상품이 미국 내 어느 한 주의 경계나 미국의 국경을 넘어 운송되거나 서비스가 제공되는 경우는 물론이고 비록 미국 내 어느 한 주에서만 서비스가 제공되었다고 하더라도 미국 내 주 간을 여행하는 사람(interstate travelers)이나 주 간의 상거래를 하는 사람에게 서비스가 제공되어 미국 내 주 간의 상거래에 영향을 미쳤다는 것을 입증하는 경우에도 충족한 것으로 보고 있다.[33)]

5) 영업은 외국에서만 하고 미국에서는 광고만 하는 경우 상표의 상업적 사용 인정 여부

실제 영업은 미국이 아닌 외국에서만 하고 미국에서는 외국의 영업에서 사용하는 상표에 대한 광고만 한 경우 이러한 미국 내에서의 광고행위가 상표의 상업적 사용요건을 충족하여 상표의 실제 사용에 기초한 상표를 출원하여 상표권을 취득할 수 있는지의 여부와 관련하여 연방순회구 항소법원들 간 의견이 일치되어 있지 않다. 제2 연방순회구 항소법원은 「Buti 사건」[34)]에서 이탈리아 밀라노에 있는 식당의 서비스표인 'Fashion Café'와 동일한 서비스표로 미국 내에서 식당을 개업하기 전에 미국에서 그 상표를 광고한 행위는 미국 내에서의 식당서비스가 상업적 사용에서 제공되지 않았다고 판단하였다. 그러나 제4 연방순회구 항소법원은 「International Bancorp 사건」[35)]에서 모나코에서만 카지노 영업을 하고 미국에서

---

32) 이와 같이 미국의 연방상표법에서는 상표가 상업적으로 사용되어야 한다는 요건이 필요한 이유는 연방정부는 각 주의 경계 내에서만 이루어지는 거래에 대해서는 헌법상의 권한을 위임받지 못했기 때문이다.

33) Larry Harmon Pictures Corp. v. Williams Restaurant Corp., 929 F.2d 662 (Fed. Cir. 1991).

34) Buti v. Impressa Perosa, S.R.L.. 139 F.3d 98 (2d Cir), cert. denied, 525 U.S. 826 (1998).

35) 법원은 미국의 시민이 모나코에 있는 카지노에 가서 카지노 게임을 할 수 있기 때문에 외국과의 상거래에서 카지노 서비스가 제공되었다고 보았다. International Bancorp, LLC v. Societe des Bains de Mer et du Cercle des Estrangers a Manaco, 329 F.3d 359 (4th Cir. 2003), cert. denied, 540 U.S. 1106 (2004).

는 영업을 하지 않고 모나코에서의 카지노 서비스에 대한 광고만 하는 경우에도 서비스표가 서비스의 판매나 광고하는 과정에서 사용되거나 전시되고 그 서비스가 상업적으로 제공되었기 때문에 서비스표가 사용된 것에 해당하고 미국 연방상표법 제45조에서 상업(commerce)이란 용어는 연방의회가 합법적으로 규제할 수 있는 모든 거래로서 외국과의 거래(foreign trade)나 미국과 외국의 국민 간의 거래를 모두 포함하기 때문에 카지노 서비스를 상업적으로 제공하였다고 보았다.

6) 외국의 유명상표 보호 문제

파리협약 제6조의2[36]와 WTO/TRIPS 협정 제16조 제2항[37]과 제3항[38]에 따르면 미국 내에서 유명한 외국 상표는 미국 내에서 사용되었는지의 여부와 관계없이 미국 내에서 보호되어야 한다. 그런데 과연 미국 내에서는 사용하지 않는 외국의 유명상표가 연방상표법 제43조 (a)항에 의한 소송을 제기할 수 있는지의 여부와 관련하여 연방순회구 항소법원들 간 의견이 나뉜다. 제9 연방순회구 항소법원은 「Grupo Gigante 사건」[39]에서 멕시코와 연관된 미국의 주민들에게 유명한 농산물

---

36) (1) The countries of the Union undertake, ex officio if their legislation so permits, or at the request of an interested party, to refuse or to cancel the registration, and to prohibit the use, of a trademark which constitutes a reproduction, an imitation, or a translation, liable to create confusion, of a mark considered by the competent authority of the country of registration or use to be well known in that country as being already the mark of a person entitled to the benefits of this Convention and used for identical or similar goods. These provisions shall also apply when the essential part of the mark constitutes a reproduction of any such well-known mark or an imitation liable to create confusion therewith.
(2) A period of at least five years from the date of registration shall be allowed for requesting the cancellation of such a mark. The countries of the Union may provide for a period within which the prohibition of use must be requested.
(3) No time limit shall be fixed for requesting the cancellation or the prohibition of the use of marks registered or used in bad faith.

37) Article 6bis of the Paris Convention (1967) shall apply, mutatis mutandis, to services. In determining whether a trademark is well-known, members shall take account of the knowledge of the trademark in the relevant sector of the public, including knowledge in the Member concerned which has been obtained as a result of the promotion of the trademark.

38) Article 6bis of the Paris Convention (1967) shall apply, mutatis mutandis, to goods or services which are not similar to those in respect of which a trademark is registered, provided that use of that trademark in relation to those goods or services would indicate a connection between those goods or services and the owner of the registered trademark and provided that the interests of the owner of the registered trademark are likely to be damaged by such use.

슈퍼마켓 체인의 서비스표인 'Gigante'의 서비스표소유자는 비록 미국 내에서는 당해 서비스표를 사용하지 않았지만 미국 내에서 유명하기 때문에 국제조약에 따라 연방상표법 제43조 (a)항에 의한 서비스표권 침해소송을 제기하여 타인에 의한 'Gigante' 서비스표의 사용을 금지시킬 수 있다고 판단하였다. 그러나 제2 연방순회구 항소법원은 「ITC 사건」[40]에서 상표권은 속지주의 원칙에 따라 발생하므로 외국에서의 상표 사용으로 미국 내에서의 상표권을 취득할 수 없으므로 미국 내에서 상표권을 취득하기 위해서는 반드시 미국 내에서 그 상표를 사용하여야 하며, 파리협약과 WTO/TRIPS 협정상의 관련 규정은 자동적으로 발효되는(self-executing) 규정이 아니므로 연방상표법은 미국 내에서 사용되지 않는 유명상표를 보호할 수 있는 근거로 이용될 수 없다고 판단하였다.

Ⅲ. 연방상표법상 등록상표의 상표권의 지역적 범위[41]

1. 의 의

1) 원 칙

연방상표법에 따라 상표가 등록되는 경우 상표권자는 원칙적으로 「미국 전역」에 대한 상표권을 향유하게 된다.

2) 연방상표법에 따라 등록된 상표의 상표권을 근거로 상표권자가 침해자를 상대로 침해상표의 사용금지 청구 시 Dawn Donut 원칙

(1) 의 의　만일 연방상표법에 따라 등록된 상표의 상표권을 제3자가 무단으로 침해하여 상표권자가 그 제3자를 상대로 그 상표의 사용금지를 청구하는 경우 제3자가 상표를 사용하는 지역에서 상표권자가 등록상표를 실제 사용하는 경우에는 문제가 없지만 실제로 그 지역에서 등록상표를 사용하지 않고 있거나 상표권자가 등록상표에 대한 명성을 얻고 있지 않아 상표권자와 제3자의 시장이 서로 물리적 또는 지역적으로 멀리 떨어져서 분리되어 있는 경우에는 제3자가 상표를 사용하는 지역에까지 상표권자가 자신의 영업을 확장할 가능성이 있다는 것을 입

39) Grupo Gigante S.A. de C.V. v. Dallo & Co., 391 F.3d 1088 (9th Cir. 2004).
40) ITC Ltd. v. Punchgini, Inc., 482 F.3d 135 (2d Cir. 2007).
41) 우종균, 앞의 자료, 15~16면 참조.

증하여야만 제3자의 상표 사용에 대한 금지가 가능하다. 즉, 상표권자가 연방상표법에 따라 주등록부에 상표를 등록하여 미국 전역에 대한 상표권을 가지고 있다고 하더라도 제3자가 어느 한 지역에서 상표권자의 상표와 동일한 상표를 사용하는 경우에도 그 사용을 금지시킬 수 있는 권한을 자동으로 부여하지는 않는다. 왜냐하면 상표권자가 그 제3자에 대하여 상표권의 침해금지 소송을 제기하는 경우 상표권자는 상품의 출처 또는 후원관계 등에 관한 소비자의 혼동 가능성을 입증하여야 하기 때문이다.[42][43] 만일 제3자가 상표를 사용하는 지역에서 상표권자가 상표를 사용하지 않거나 또는 그 지역에서 자기의 등록상표에 대한 명성을 얻지 않았거나 그 지역에서 장래 시장을 확장할 계획이 없는 경우에는 상품의 출처 또는 후원관계 등에 관한 소비자의 혼동 가능성이 없기 때문에 제3자의 상표 사용에 대한 금지가 인정되지 않는다. 다만, 상표권자가 상표등록 후 제3자가 상표를 사용하고 있는 지역에서 상표를 사용하거나 그 지역에서 명성을 얻고 있거나 장래 시장을 확장할 계획이 있어 상품의 출처 또는 후원관계 등에 관한 소비자의 혼동 가능성이 있다는 것을 입증하는 경우 비로소 제3자의 상표 사용을 금지시킬 수 있게 된다.[44] 이를 「Dawn Donut 원칙」이라고 한다.

(2) **최근의 비판** Dawn Donut 원칙은 인터넷 전자상거래의 발전과 전국적인 매체를 통한 광고나 편리한 교통수단의 발달에 의한 손쉬운 여행 등으로 지리적인 근접성이 혼동 가능성의 판단과 무관하거나, 이전보다 훨씬 덜 중요해졌고 인터넷을 기반으로 하는 AMAZON, EBAY, NETFLIX 등의 기업이 물리적으로 어떤 특정한 지역에 위치해 있는지는 평균적인 소비자에게 잘 알려져 있지 않기 때문에

---

42) 1959년에 Dawn Donut Co. v. Hart's Food Stores, Inc., 267 F.2d 358 (2d Cir. 1959) 사건에서 형성된 원칙으로 이 사건에서 피고는 원고의 'Dawn Donut' 상표가 연방상표법에 따라 등록된 이후에 원고의 상표가 사용된 지역으로부터 멀리 떨어진 지역에서 상표를 채택하여 사용하였으며, 피고가 상표를 사용하는 지역의 소비자는 상표권자의 상표를 알지 못하였다. 한편 상표권자는 피고가 상표를 사용한 지역에서 상표를 사용하지 않았으며 가까운 장래에 상표를 사용할 의사를 가지고 있지 않았다. 제2 연방순회구 항소법원은 원고의 상표가 단순히 연방상표법에 따라 등록되었다는 이유만으로 제3자의 상표 사용을 금지시킬 수 없다고 판시하였는데 이러한 원칙을 「Dawn Donut Rule」이라고 한다.

43) "if the use of the marks by the registrant and the unauthorized user are confined to geographically separate markets, with no likelihood that the registrant will expand his use into the defendant's market, so that no public confusion is possible, then the registrant is not entitled to enjoin the junior user's use of the mark."

44) 문삼섭, 앞의 논문, 74~76면 참조.

「Dawn Donut 사건」이 발생한 1959년 전후에는 적용이 가능하였다고 하더라도 현재는 폐기하여 더 이상 적용하지 않아야 한다는 비판이 있으나[45] 아직까지 미국 대부분의 법원은 이 원칙을 따르고 있다.

2. 선사용자가 있는 경우 상표권의 지역적 범위

상표권자(갑)가 연방상표법에 따라 상표를 주등록부에 등록하였다고 하더라도 그 출원일보다 선행하여 상표를 사용하면서 그 보통법상의 상표권을 포기하지 않는 선사용자(을)의 상표의 사용을 상표등록 이후에도 금지시킬 수는 없다. 이 경우 선사용자(을)는 보통법상의 상표권을 가지며 상표권자(갑)의 등록상표가 아직 불가쟁력을 취득하지 못한 경우에는 그 선사용자(을)는 상표권자(갑)의 상표등록에 대하여 상표등록의 취소심판을 청구할 수 있다. 한편 상표권자(갑)의 등록상표가 이미 불가쟁력을 취득하였다면 선사용자(을)는 상표권자(갑)의 상표등록을 취소시킬 수는 없지만 보통법상의 상표권을 근거로 자기가 상표를 실제 사용하고 있는 지역에서 연방상표법에 따라 등록한 상표권자(갑)의 상표 사용을 금지시킬 수는 있다. 따라서 선사용자(을)의 상표 사용이 있는 경우 연방상표법에 따라 상표를 등록한 상표권자(갑)의 상표권의 지역적 범위는 미국 전역에서 선사용자(을)의 보통법상 상표권의 지역적 범위를 제외한 나머지 지역에 대해서만 상표권을 실질적으로 보유한다고 말할 수 있다.

연구 28 상표권의 지역적 범위

선사용자의 보통법상 상표권의 지역적 범위(■)

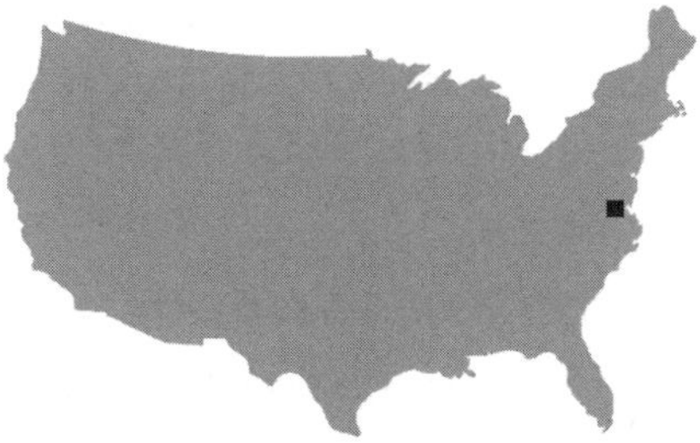

연방상표법에 따라 등록한 후사용자의 상표권의 지역적 범위(■ 지역을 제외한 미국 전역)

45) 제6 연방순회구 항소법원은 Circuit City Stores, Inc. v. CarMax, Inc. 165 F.3d 1047 (6th Cir. 1999) 사건에서 지리적으로 멀리 떨어져 있다는 사실은 혼동 가능성을 판단하는 하나의 요소에 불과하다고 판단하면서 Dawn Donut 원칙의 적용을 배제하였다.

o **[해설]** 선사용자(乙)와 연방상표법에 따라 상표를 등록한 상표권자(甲)가 서로 상이하고 연방상표법에 따라 상표를 등록한 날로부터 5년이 지나 선사용자(乙)가 상표권자(甲)의 상표등록을 취소할 수 없다면 선사용자(乙)는 자기가 상표를 사용하는 지역에서 보통법상의 상표권을 보유하고 있기 때문에 연방상표법에 따라 상표를 등록한 상표권자(甲)는 선사용자(乙)가 보통법에 따라 상표권을 취득한 지역을 제외한 미국 전역에 대한 상표권을 갖는다.

연구 29 선사용자의 보통법상의 상표권 vs. 연방상표법상 상표등록에 의한 상표권

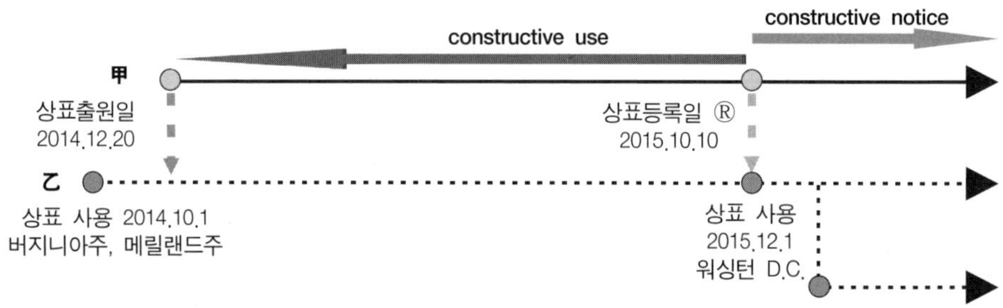

- **[갑의 A 상표 등록]** 갑(甲)은 A 상표를 a 상품에 대하여 2014년 12월 20일에 연방상표법에 따라 상표를 출원하여 2015년 10월 10일에 「주등록부」에 상표등록을 하였다. 이 경우 갑의 A 상표가 등록되면 갑의 A 상표는 a 상품에 대하여 「미국 전역」에서 2014년 12월 20일에 사용된 것으로 의제된다(constructive use).
- **[을의 A′ 상표 선사용]** 을은 갑의 A 상표와 유사한 A′ 상표를 a 상품에 대하여 갑이 A 상표를 출원하기 전인 2014년 10월 1일부터 버지니아주와 메릴랜드주에서 상표를 사용하기 시작하였고 이후에도 A′ 상표권을 포기하지 않고 계속적으로 사용하였다. 이 경우 을은 보통법에 의해 버지니아주와 메릴랜드주에서의 A′ 상표에 대한 상표권을 취득한다.
- **[갑의 A 상표의 등록 이후 을의 A′ 상표의 사용 지역 확장]** 만일 을이 갑의 A 상표의 등록일 이후인 2015년 12월 1일에 A′ 상표의 사용 지역을 워싱턴 D.C. 지역에까지 확장하는 경우 워싱턴 D.C. 지역에서 갑의 A 상표는 상표등록에 의하여 출원일인 2014년 12월 20일에 사용된 것으로 의제되므로(constructive use) 을의 워싱턴 D.C. 지역에서의 A′ 상표의 사용은 후사용이 되어 갑이 워싱턴 D.C. 지역에까지 영업을 확장하는 경우 을의 A′ 상표의 사용이 금지된다. 즉, 선사용자인 을의 A′ 상표의 상표권의 지역적 범위

는 상표권자인 갑의 A 상표의 등록일 현재 사용하는 지역적 범위로 동결된다. 아울러 을은 비록 워싱턴 D.C. 지역에서 A′ 상표를 먼저 사용하였지만 갑이 A 상표를 특허상표청의 「주등록부」에 등록하였기 때문에 갑의 등록상표 A에 대한 소유권은 상표등록일로부터 미국 전역에 공시되었다고 의제되기 때문에(constructive notice) 을의 A′ 상표의 사용은 선의에 해당하지 않게 되어 을은 후사용자의 멀리 떨어진 지역에서의 선의의 사용에 의한 항변을 할 수 없게 된다.

제4절 ▌연방상표법에 따른 상표등록의 혜택

Ⅰ. 의 의

미국에서 보통법상의 상표권은 상표를 거래상 사용함으로써 자동적으로 발생하며 특허상표청에 대한 어떠한 추가적인 등록이나 행정 절차를 요하지 않는다. 다만, 연방상표법은 보통법에 따라 발생한 상표권을 연방상표법 제43조 (a)항에 따라 집행하거나 연방상표법에 따라 상표를 특허상표청에 등록함으로써 보통법상의 상표권의 지역적 한계 등을 보완할 수 있게 해 준다.

Ⅱ. 주등록부에 대한 상표등록의 혜택

1. 미국 전역에서 출원일(우선일)에 상표 사용 의제

1) 국내출원

1988년 상표법개정법이 시행된 1989년 11월 16일 또는 그 후에 연방상표법에 따라 상표가 출원되어[46] 최종적으로 「주등록부」에 등록되면 상표의 실제 사용일이 출원일(우선일)보다 늦는다고 하더라도 「출원일」(조약에 의한 우선권 주장을 하는 경우 「우선일」)에 상표가 사용된 것으로 의제되는 효과를 가진다(constructive use).[47]

46) 상표의 실제 사용에 기초한 상표출원과 상표의 사용의사에 기초한 상표출원 모두 해당된다.

47) 미국의 연방상표법 제7조 (c)항에서는 “(c) Application to register mark considered con-

이 경우 연방상표법에 따라 상표를 출원하여 등록받은 상표권자는 상표를 실제 사용하지 않는 지역에서도 출원일(우선일)로부터 상표가 사용되었다고 의제되기 때문에 상표가 사용된 지역에 한정된 보통법상의 상표권의 지역적 한계를 극복할 수 있게 해주는 한편 상표가 실제 사용되었다고 입증하는 노력과 비용을 절감할 수 있으며, 제3자의 동일 또는 유사한 상표의 관련된 상품에 대한 등록을 배제시키는 혜택을 향유할 수 있게 된다. 다만, 이러한 출원일(우선일)의 상표의 사용 의제 효과는 다음의 어느 하나에 해당되는 경우에는 제3자의 상표의 사용이나 등록을 배제할 수 없다.

i) 제3자가 상표를 출원일보다 먼저 사용하고 상표권을 포기하지 않은 경우

ii) 제3자가 상표를 먼저 출원한 경우

iii) 제3자가 비록 미국의 특허상표청에 상표출원은 늦게 했지만 외국에서의 상표출원을 기초로 조약에 의한 우선권을 주장하는 경우로서 우선일이 미국에서의 상표출원일보다 선행하는 경우[48]

2) 마드리드 출원

마드리드 출원에 대하여 미국 내에서의 보호확대를 허용하는 등록결정을 하는 경우 연방상표법 제7조 (c)항에 의하여 국제등록명의인은 i) 국제출원 시 미국을 지정국으로 지정한 경우 「국제출원일」, ii) 국제등록일 이후에 미국에 대한 보호확대를 요청하는 사후지정 시 「사후지정일」, iii) 연방상표법 제67조[49]에 따른 우선권 주장 시 「우

structive use. Contingent on the registration of a mark on the principal register provided by this chapter, the filing of the application to register such mark shall constitute constructive use of the mark, conferring a right of priority, nationwide in effect, on or in connection with the goods or services specified in the registration against any other person except for a person whose mark has not been abandoned and who, prior to such filing —

(1) has used the mark;

(2) has filed an application to register the mark which is pending or has resulted in registration of the mark; or

(3) has filed a foreign application to register the mark on the basis of which he or she has acquired a right of priority, and timely files an application under section 1126(d) to register the mark which is pending or has resulted in registration of the mark.

48) 문삼섭, 앞의 논문, 92~93면 참조.

49) Sec. 67 (15 U.S.C. §1141g) Right of priority for request for extension of protection to the United States.

The holder of an international registration with a request for an extension of protection to the

선일」에 「미국 전역」에서 상표를 사용한 것으로 의제된다.[50]

연구 30 상표의 사용의사에 기초한 상표출원 시 출원일 상표 사용 의제 효과

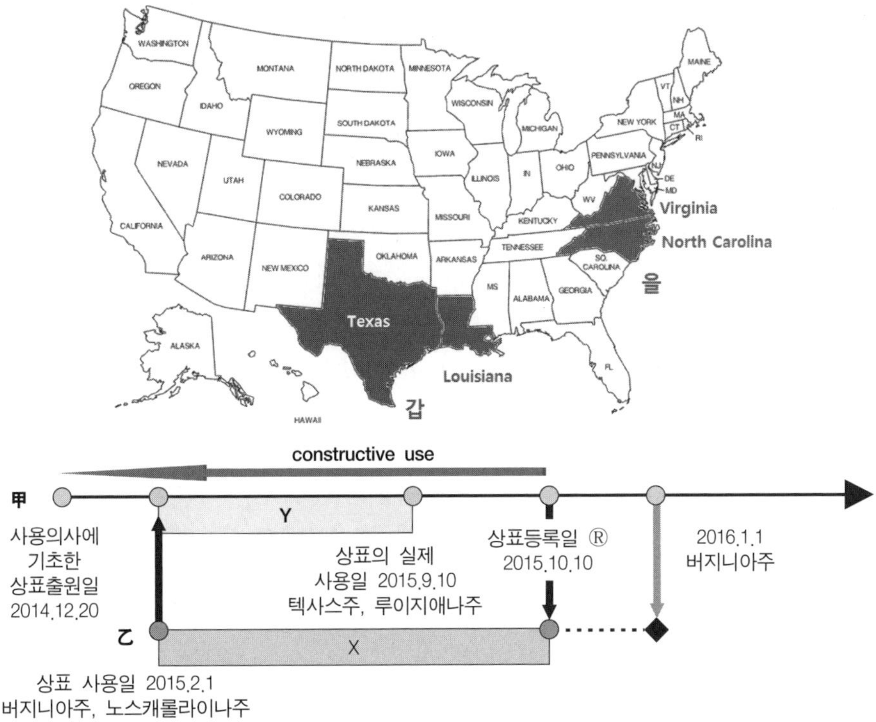

○ **[갑의 A 상표 등록]** 갑(甲)은 A 상표를 a 상품에 대하여 2014년 12월 20일 연방상표법에 따라 상표의 사용의사에 기초하여 상표를 출원하고 2015년 9월 10일에 텍사스주와

United States shall be entitled to claim a date of priority based on a right of priority within the meaning of Article 4 of the Paris Convention for the Protection of Industrial Property if —

(1) the request for extension of protection contains a claim of priority; and

(2) the date of international registration or the date of the recordal of the request for extension of protection to the United States is not later than 6 months after the date of the first regular national filing (within the meaning of Article 4(A)(3) of the Paris Convention for the Protection of Industrial Property) or a subsequent application (within the meaning of Article 4(C)(4) of the Paris Convention for the Protection of Industrial Property).

50) TMEP 1904.01(g) Constructive Use.

루이지애나주에서 A 상표를 상업적으로 실제 사용하여 2015년 10월 10일에 「주등록부」에 상표등록을 받았다.

○ **[을의 A′ 상표 사용]** 을(乙)은 미국의 버지니아주와 노스캐롤라이나주에서 갑의 A 상표와 유사한 A′ 상표를 a 상품에 대하여 2015년 2월 1일 처음 사용하였다.

○ **[출원일 사용 의제 효과]** 이 경우 비록 갑이 텍사스주와 루이지애나주에서 A 상표를 실제로 사용한 날은 2015년 9월 10일이지만 갑의 A 상표가 2015년 10월 10일 등록되면 연방상표법 제7조 (c)항에 의해 갑의 A 상표가 「미국 전역」에서 출원일인 2014년 12월 20일에 사용된 것으로 의제(constructive use)되는 효과를 갖게 된다. 따라서 을은 갑보다 A′ 상표를 미국의 버지니아주와 노스캐롤라이나주에서 실제로는 먼저 사용하였지만 갑의 A 상표가 「미국 전역」에서 출원일부터 사용된 것으로 의제되기 때문에 을의 A′ 상표는 버지니아주와 노스캐롤라이나주에서도 갑의 A 상표보다 후사용으로 인정된다. 따라서 을은 갑의 A 상표의 등록에 이의신청을 제기하거나 버지니아주와 노스캐롤라이나주에서의 을의 A′ 상표의 실제적인 선사용을 근거로 보통법상의 상표권을 주장할 수 없게 된다.

○ **[갑의 을의 X 기간 동안의 A′ 상표의 사용에 대한 구제 가능성]** 갑의 A 상표가 등록될 경우 갑의 A 상표는 「미국 전역」에서 출원일에 사용된 것으로 의제되기 때문에 갑의 A 상표는 을의 A′ 상표보다 선사용으로 인정되지만 을이 상표를 실제로 사용한 날부터 갑의 A 상표가 등록될 때까지 사용한 기간 동안(X로 표시된 기간)의 을의 A′ 상표의 사용에 대해서는 구제를 받을 수는 없다.

○ **[갑의 을의 A′ 상표 사용에 대한 금지가능성]** 갑이 A 상표의 등록일 이후인 2016년 1월 1일 사업을 확장하여 을이 A′ 상표를 사용하고 있는 버지니아주에서도 A 상표를 사용하는 경우 갑은 을이 A′ 상표를 버지니아주에서 계속 사용한다면 상품의 출처 또는 후원관계 등에 관한 소비자의 혼동 가능성이 있다는 이유로 을의 A′ 상표의 버지니아주에서의 사용을 금지할 수 있다. 왜냐하면 갑의 A 상표의 사용이 을의 A′ 상표의 사용일보다 우선된다고 의제되기 때문이다. 그러나 을이 A′ 상표를 사용하고 있는 버지니아주에서 갑이 A 상표를 사용하지 않아 상품의 출처 또는 후원관계 등에 관한 소비자의 혼동 가능성이 없는 경우 갑은 「Dawn Donut 원칙」에 의하여 을의 A′ 상표의 버지니아주에서의 사용을 금지시킬 수는 없다.

연구 31 상표의 실제 사용에 기초한 상표출원 시 출원일 상표 사용 의제 효과

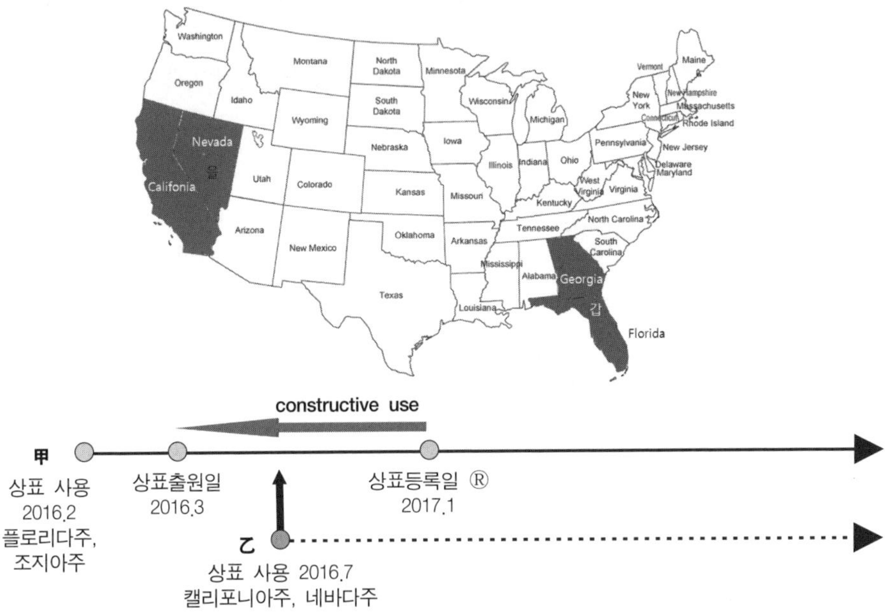

○ **[갑의 A 상표 등록]** 갑(甲)은 2016년 2월에 A 상표를 a 상품에 대하여 플로리다주와 조지아주에서 상업적으로 사용한 후 그 사용을 기초로 하여 2016년 3월에 A 상표를 a 상품에 대하여 연방상표법에 따라 출원하여 2017년 1월에 「주등록부」에 등록받았다.

○ **[을의 A′ 상표 사용]** 을은 갑이 A 상표를 플로리다주와 조지아주에서 사용하는지 알지 못한 상태에서 갑의 A 상표와 유사한 A′ 상표를 a 상품에 대하여 갑이 A 상표를 사용하는 플로리다주와 조지아주로부터 지리적으로 멀리 떨어진 캘리포니아주와 네바다주에서 2016년 7월부터 사용하고 있다.

○ **[갑의 A 상표의 출원일 사용 의제 효과]** 이 경우 을은 갑의 A 상표의 사용 지역인 플로리다주와 조지아주로부터 지리적으로 멀리 떨어진 캘리포니아주와 네바다주에서 선의로 A′ 상표를 사용하고 있으므로 후사용자의 멀리 떨어진 지역에서의 선의의 사용 항변(remote-area, good-faith junior user defence)에 의해 캘리포니아주와 네바다주에서의 보통법상 상표권을 취득할 수 있는 것처럼 보인다. 그러나 갑은 A 상표를 연방상표법에 따라 출원하여 등록받았기 때문에 연방상표법 제7조 (c)항에 의해 미국 전역에 대한 갑의 A 상표의 사용일은 갑의 A 상표의 출원일인 2016년 3월로 의제되는 효과를 갖게 된다. 따라서 갑은 을이 A′ 상표를 사용한 캘리포니아주와 네바다주에서도

상표의 사용일이 선행하므로 을은 보통법에 따라 캘리포니아주와 네바다주에서의 상표권을 취득했다고 주장할 수 없게 된다.

연구 32 후사용자가 선사용자보다 연방상표법에 따라 상표를 선등록한 경우

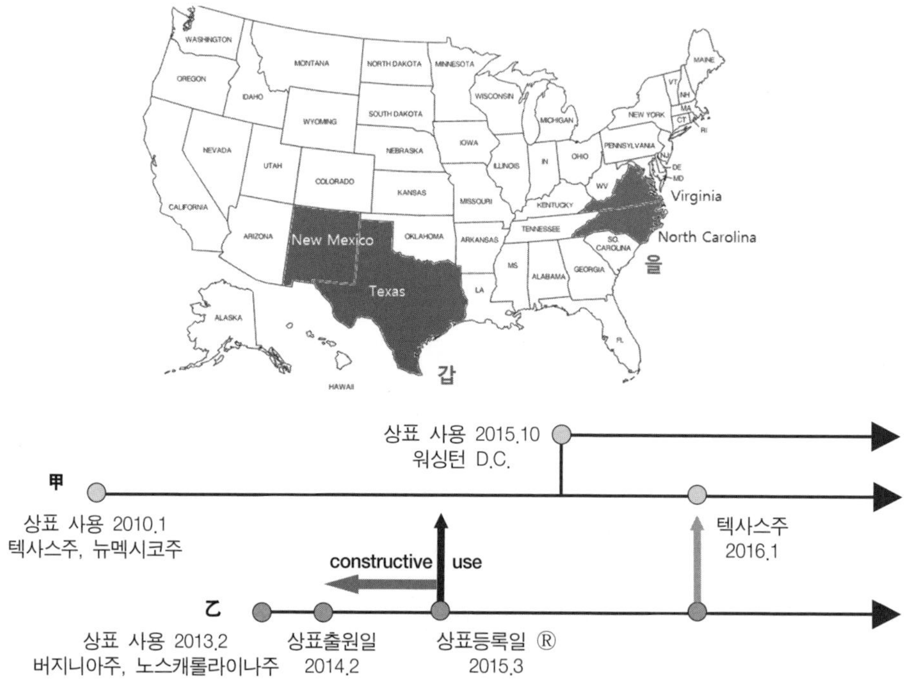

○ **[선사용자인 갑의 A 상표 사용]** 선사용자인 갑(甲)은 2010년 1월에 A 상표를 a 상품에 대하여 텍사스주와 뉴멕시코주에서 상업적으로 사용하였다.

○ **[후사용자인 을의 A′ 상표 등록]** 후사용자인 을은 갑의 A 상표와 유사한 A′ 상표를 a 상품에 대하여 갑이 A 상표를 사용하고 있는 텍사스주와 뉴멕시코주에서 멀리 떨어져 있는 버지니아주와 노스캐롤라이나주에서 상표를 선의로 상업적으로 사용하였다. 그 후 을은 버지니아주와 노스캐롤라이나주에서의 A′ 상표의 사용을 기초로 2014년 2월 연방상표법에 따라 상표를 출원하여 2015년 3월에 「주등록부」에 상표등록을 하였다.

○ **[후사용자인 을의 A′ 상표의 등록 후 선사용자인 갑이 A 상표의 사용 지역을 확대하는 경우]** 만일 선사용자인 갑이 사업을 확장하여 상표의 사용 지역을 워싱턴 D.C.에까지 확대하

는 경우 갑의 워싱턴 D.C.에서의 상표의 사용으로 보통법상의 상표권을 인정받을 수 있는지의 여부는 을의 등록상표인 A′가 불가쟁력을 취득했는지의 여부에 따라 달라진다. 만일 을의 등록상표인 A′가 불가쟁력을 취득했다면 갑의 A 상표의 보통법상의 상표권의 지역적 범위는 을의 A′ 상표의 등록일 당시에 사용한 지역인 텍사스주와 뉴멕시코주로 동결되지만, 만일 을의 등록상표인 A′가 불가쟁력을 취득하지 못하였다면 갑이 텍사스주와 뉴멕시코주에서의 선사용을 근거로 을의 A′ 상표의 등록에 대한 취소심판이나 소송을 제기하는 경우 상표심판원 또는 법원은 사건의 정황과 양 당사자의 형평의 원칙을 고려하여 갑의 A 상표에 대한 상표권의 지역적 범위를 결정하게 된다.

○ **[을의 갑의 A 상표의 사용 금지 가능성]** 을은 A′ 상표의 등록 후 사업을 확장하여 2016년 1월에 텍사스주에서도 상표를 사용하면서 갑의 A 상표의 사용이 더 이상 계속될 경우 상품의 출처 또는 후원관계 등에 관한 소비자의 혼동이 발생할 가능성이 있다는 이유로 갑이 A 상표를 텍사스주에서 더 이상 사용하는 것을 금지하는 소송을 제기한다고 하더라도 을은 승소할 수 없다. 왜냐하면 텍사스주에서는 갑이 A 상표에 대한 보통법상의 상표권을 가지고 있기 때문이다. 이 경우 오히려 갑은 보통법에 의한 A 상표의 상표권을 근거로 텍사스주에서 을의 A′ 상표의 사용을 금지시킬 수 있다.

2. 상표등록일부터 미국 전역에 대한 상표권자의 등록상표의 소유권 공시 의제 효과

연방상표법에 따라 상표가 「주등록부」에 등록되면 「상표등록일」부터 등록상표가 상표권자의 소유라는 사실이 미국 전역에 걸쳐 공시된 것으로 의제된다(constructive notice).[51] 따라서 후사용자는 선사용자의 연방상표법에 따른 상표의 등록일 이후에 선사용자의 상표와 동일 또는 유사한 상표를 관련상품에 대하여 멀리 떨어진 지역에서 선의로 사용했다고 항변할 수 없게 된다.[52]

---

51) 미국의 연방상표법 제22조에서는 "Registration of a mark on the principal register provided by this chapter or under the Act of March 3, 1881, or the Act of February 20, 1905, shall be constructive notice of the registrant's claim of ownership thereof."라고 규정하고 있다.

52) 문삼섭, 앞의 논문, 93면 참조.

연구 33 연방상표법에 따른 상표등록의 효과

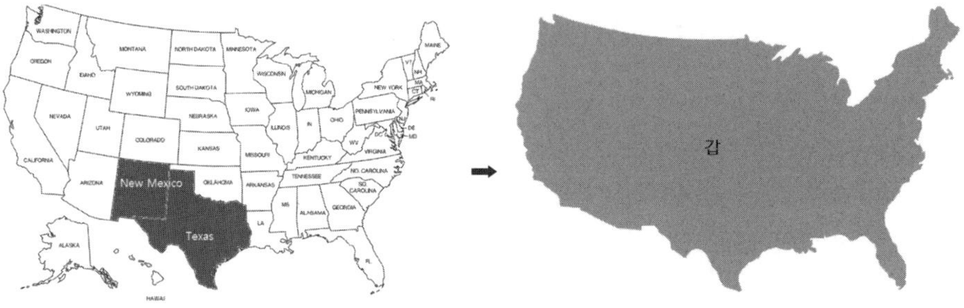

상표등록 전 상표등록 후

○ **[해설]** 갑이 「텍사스주와 뉴멕시코주」에서 상표를 사용하는 경우에는 그 지역에 한정된 보통법상의 상표권을 취득하지만 갑이 연방상표법에 따라 상표를 등록하는 경우에는 상표권의 지역적 범위는 「미국 전역」으로 확대되게 된다. 아울러 갑의 상표가 연방상표법에 따라 특허상표청의 「주등록부」에 등록될 경우 상표등록일부터 「미국 전역」에 갑의 등록상표의 소유권이 공시된 것으로 의제되기 때문에 갑이 상표등록일 당시 상표를 사용하는 캘리포니아주의 텍사스주와 뉴멕시코주뿐만 아니라 갑이 상표를 실제로 사용하지 않는 미국의 다른 지역에까지 일정한 요건을 갖춘 경우 제3자에 의한 상표의 사용을 차단할 수 있게 된다.

연구 34 연방상표법에 따라 주등록부에 상표등록 시 Constructive Notice의 효과

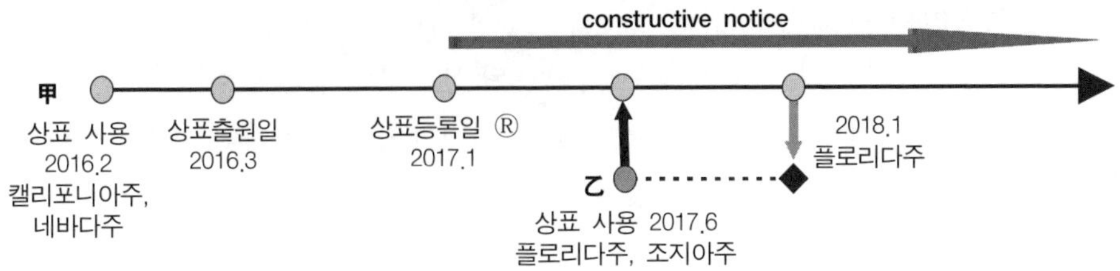

○ **[갑의 A 상표 등록]** 갑은 캘리포니아주와 네바다주에서 2016년 2월부터 A 상표를 a 상품에 대하여 상업적으로 사용하기 시작하였고 그 후 2017년 1월에 A 상표를 a 상품에 대하여 연방상표법에 따라 「주등록부」에 등록하였다.

○ **[을의 A′ 상표 사용]** 을은 갑이 A 상표를 등록한 2017년 1월 이후인 2017년 6월에 갑의 A 상표와 유사한 A′ 상표를 a 상품에 대하여 갑이 A 상표를 실제 사용하고 있는 캘리포니아주와 네바다주에서 지리적으로 멀리 떨어져 있는 플로리다주와 조지아주에서 상업적으로 사용하기 시작하였으며 을은 갑의 A 상표의 a 상품에 대한 사용과 등록을 알지 못한다.

○ **[갑이 을의 A′ 상표의 사용 지역에서 A 상표를 사용하는 경우 갑의 을의 A′ 상표의 사용에 대한 금지 가능 여부]** 갑이 2018년 1월에 플로리다주에까지 영업을 확장하여 A 상표를 사용하는 경우 갑은 을의 A′ 상표의 공존사용이 상품의 출처 또는 후원관계 등에 대한 소비자의 혼동을 일으킬 가능성이 있다는 이유로 을을 상대로 상표권의 침해금지소송을 제기하면 을의 플로리다주에서 A′ 상표의 사용을 금지시킬 수 있다. 왜냐하면 비록 플로리다주에서는 을이 갑보다 A′ 상표를 먼저 사용했지만 갑의 A 상표 등록에 의해 갑의 등록상표에 대한 소유권이 상표등록일로부터 미국 전역에 공시되었다고 의제되기 때문에(constructive notice) 을의 상표의 사용은 선의에 해당하지 않게 되어 을은 후사용자의 멀리 떨어진 지역에서의 선의의 사용에 의한 항변을 할 수 없게 되기 때문이다.

○ **[갑이 을의 A′ 상표의 사용 지역에서 A 상표를 사용하지 않은 상태에서 갑의 을의 A′ 상표의 사용에 대한 금지 가능 여부]** 만일 갑이 플로리다주나 조지아주에까지 영업을 확장하여 A 상표를 사용하지 않으면서 플로리다주나 조지아주에서 을의 A′ 상표의 사용을 금지시킬 수 있는지의 여부가 문제될 수 있다. 이 경우 「Dawn Donut 원칙」에 따라 갑은 플로리다나 조지아주에서 A 상표를 사용하고 있지 않아 상품의 출처 또는 후원관계 등에 대한 소비자의 혼동이 발생할 가능성이 없다면 을의 A′ 상표의 사용을 금지시킬 수는 없다.

3. 연방법원 관할

연방상표법에 따라 등록된 상표와 관련된 상표권의 침해 등에 대하여 상표권자는 침해자를 상대로 연방법원[53]에 소송을 제기하여 침해금지의 청구, 손해배상의 청구를 할 수 있으며,[54] 위조상품을 제조하여 상표권을 침해하는 자는 형사 처벌의 대상이 된다.

4. 상표권자의 상표권에 대한 법정 추정효

연방상표법에 따라 「주등록부」에 상표를 등록하는 경우 상표권자는 다음에 대한 권리를 갖고 있다는 법적인 증거로서 일응 추정된다.[55]

i) 상표등록 및 등록상표의 유효성

ii) 등록상표에 대한 소유권

iii) 미국 전역에서 지정상품에 대한 등록상표의 배타적인 상업적인 사용권.

5. 세관등록을 통한 침해품 수입금지 효과

연방상표법에 따라 「주등록부」에 상표를 등록하는 경우 상표권자는 등록상표를 세관에 등록[56]하여 자기의 상표권을 침해하는 상품이 미국에 수입되지 않도록 조치를 취할 수도 있다.[57]

6. 불가쟁력의 효력 발생

연방상표법에 따라 「주등록부」에 상표를 등록하는 경우 상표권자는 다음에 대한 권리를 갖고 있다는 법적인 증거로서 일응 추정(*prima facie* evidence)되는 효력을 갖지만 상표등록 후 5년이 지나면 상표등록에 불가쟁력의 효력이 발생함에 따라 상표권자는 다음에 대한 권리를 갖고 있다는 결정적인 증거로서의 효력

---

53) 연방법원의 판사는 종신직이므로 대중적인 인기나 지역의 여론에 치우치지 않는 공정한 판결을 내릴 수 있으나 주법원의 판사의 경우 종신직이 아닌 대부분 그 지역의 선거에 의하여 선출되기 때문에 타 주의 기업이나 외국기업에 대해 불공정한 판결을 내릴 수도 있다는 우려도 있다. 김형진, 미국상표법, 지식공작소, 1999, 98면 참조.

54) 미국의 연방상표법 제39조 참조.

55) 미국의 연방상표법 제7조 (b)항, 제33조 (a)항 참조.

56) 등록은 U.S. Custom and Border Protection 웹사이트인 https://iprr.cbp.gov/에서 가능하다.

57) 미국의 연방상표법 제42조 참조.

(conclusive evidence)을 갖게 된다. 따라서 제3자는 상표등록의 유효성을 공격할 수 있는 사유가 제한된다.[58)]

i) 상표등록 및 등록상표의 유효성

ii) 등록상표에 대한 소유권

iii) 미국 전역에서 지정상품에 대한 등록상표의 배타적인 상업적인 사용권.

연구 35 연방상표법에 따라 주등록부에 상표등록 시 불가쟁력의 효력 발생

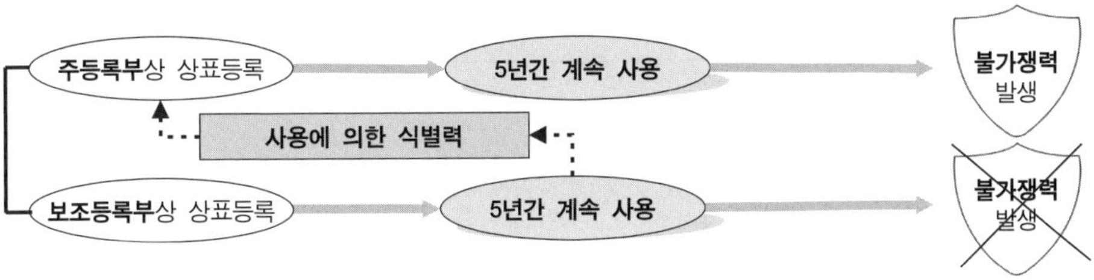

7. 해외 상표출원의 기초

연방상표법에 따른 상표등록이 있을 경우 미국에서의 상표등록을 기초로 마드리드 의정서에 따른 국제출원을 할 수 있다.

Ⅲ. 보조등록부에 대한 상표등록의 혜택과 한계[59)]

1. 보조등록부 등록요건

상표가 보조등록부에 등록되기 위해서는 상표가 실제로 사용되어야 하며, 사용 의사만 있어서는 안 된다.

---

58) 미국의 연방상표법 제15조, 제33조 (b)항 참조.

59) 우종균, 앞의 자료, 39면 참조.

연구 36 상표의 사용의사에 기초한 보조등록부에 대한 상표출원 불가능

	주등록부	보조등록부
상표의 **실제 사용**에 기초한 출원	고유의 식별력이나 있거나 사용에 의한 식별력을 취득한 상표 **연방상표법** §1(a)	고유의 식별력이 없거나 사용에 의한 식별력을 취득하지 못한 상표 **연방상표법** §23
상표의 **사용의사**에 기초한 출원	**연방상표법** §1(b)	불가능

2. 보조등록부 등록 시 혜택

상표소유자는 연방상표법에 따라 상표를 주등록부가 아닌 보조등록부에 등록하더라도 다음과 같은 혜택을 누릴 수 있다.

i) 상품의 출처에 관하여 혼동을 일으킬 가능성이 있는 타인의 동일 또는 유사한 상표의 관련상품에 대한 등록을 방지할 수 있다.

ii) 보조등록부에 등록된 상표도 미국의 특허상표청이 운영하는 상표 DB에 등재되어 상표를 조사하는 사람들에게 등록된 표장이 상표로서 사용되고 있음을 통지하는 효과를 가진다.

iii) 상표권자는 상표권 침해 등과 관련된 사건을 연방법원에 제소할 수 있다.

iv) 보조등록부에 등록된 상표도 상표권의 존속기간의 갱신에 의하여 상표권을 무한정 유지할 수 있다.

v) 보조등록부에의 상표등록을 기초로 마드리드 의정서에 의하여 국제등록을 받을 수 있다.

vi) 보조등록부에 등록된 상표도 "Ⓡ" 표시를 사용할 수 있다.

vii) 보조등록부에 등록된 상표도 사용에 의한 식별력을 취득하면 주등록부에 등록될 수 있다. 즉, 보조등록부에 등록이 되어 있다는 이유로 이후에 주등록부에의 상표등록이 배제되지 않는다.[60)]

---

60) 미국의 연방상표법 제27조에서 "Registration of a mark on the supplemental register, or

3. 주등록부 등록과 달리 받지 못하는 혜택

보조등록부에 상표를 등록한다고 하더라도 다음과 같은 「주등록부」에 등록할 경우 누릴 수 있는 혜택을 향유할 수 없다.

i) 상표권자는 등록된 상표에 대하여 「미국 전역」에 대한 배타적인 권리가 있다고 추정되지 아니한다.

ii) 상표권자가 등록상표의 소유자로 추정되는 효과는 없다. 따라서 상표권을 침해한 자가 상표권자의 상표가 등록되었다는 사실을 몰랐다는 선의의 항변을 배척할 수 없다.

iii) 보조등록부에 상표가 등록되어 5년이 지났다고 하더라도 「불가쟁력」을 취득하지 못한다.

iv) 보조등록부에 상표가 등록되었다고 하더라도 상표가 출원일(우선일)에 사용된 것으로 의제되지 아니한다. 즉, 상표의 사용과 관련하여 「미국 전역」에 대한 우선권을 갖지 못한다.

v) 세관에 의한 상표권 침해상품의 수입규제의 근거로 활용되지 못한다.

4. 주등록부와 보조등록부 등록 시 혜택 비교

연방상표법에 따른 주등록부 또는 보조등록부에 등록 시 상표등록의 효력을 서로 비교하면 다음의 표와 같이 정리된다.[61]

연구 37 주등록부 vs. 보조등록부

구분	주등록부	보조등록부
혼동을 일으킬 가능성이 있는 타인의 동일·유사한 상표의 등록 방지	○	○
연방법원 관할	○	○
상표권의 존속기간의 갱신 가능 여부	○	○
Ⓡ 표시 사용가능 여부	○	○

under the Act of March 19, 1920, shall not preclude registration by the registrant on the principal register established by this chapter. Registration of a mark on the supplemental register shall not constitute an admission that the mark has not acquired distinctiveness."과 같이 규정하고 있다.

61) 우종균, 앞의 자료, 40면 참조.

파리협약상의 우선권 주장 가능 여부	○	○
마드리드 의정서에 의한 국제출원의 기초로서의 국내등록	○	○
미국 전역에서 출원일(우선일)에 사용된 것으로 의제	○	X
불가쟁력의 효력 발생 여부	○	X
등록상표의 전국적인 배타적 사용권 공시 효과	○	X
세관등록을 통한 침해품의 수입금지 효과	○	X

제5절 우리나라의 제도와 비교 · 분석

Ⅰ. 우리나라의 제도

1. 등록주의

우리나라는 상표를 실제로 사용하였는지의 여부에 관계없이 상표법에서 정하고 있는 등록요건만 갖추면 상표등록을 허용하고 그 등록상표의 상표권은 상표등록원부에 설정등록한 때에 발생하도록 하는 「등록주의」를 취하고 있다(법 §82①).

2. 상표의 사용

우리나라의 상표법 제2조 제1항 제11호와 제2조 제2항에서는 상표의 사용을 다음과 같이 정의하고 있다.

ⅰ) 상품 또는 상품의 포장에 상표를 표시하는 행위

ⅱ) 상품 또는 상품의 포장에 상표를 표시한 것을 양도 또는 인도하거나 양도 또는 인도할 목적으로 전시 · 수출 또는 수입하는 행위

ⅲ) 상품에 관한 광고 · 정가표(定價表) · 거래서류, 그 밖의 수단에 상표를 표시하고 전시하거나 널리 알리는 행위

ⅳ) 위의 ⅰ)에서 ⅲ)까지의 표시행위에는 ① 표장의 형상이나 소리 또는 냄새로 상표를 표시하는 행위, ② 전기통신회선을 통하여 제공되는 정보에 전자적 방법으로 표시하는 행위가 포함된다.

3. 선사용권 인정

우리나라 상표법에서는 타인의 등록상표와 동일 · 유사한 상표를 그 지정상품과 동일 · 유사한 상품에 사용하는 자로서 부정경쟁의 목적이 없이 타인의 상표출원 전부터 국내에서 계속하여 사용하고 있고, 그 사용의 결과 타인의 상표출원 시에 국내 수요자 간에 그 상표가 특정인의 상품을 표시하는 것이라고 인식되어 있을 경우에는 해당 상표를 그 사용하는 상품에 대하여 해당 지역에서 계속하여 사용할 권리를 갖는 선사용권을 인정하고 있다(법 §99①). 아울러 자기의 성명 · 상호 등 인격의 동일성을 표시하는 수단을 상거래 관행에 따라 상표로 사용하는 자로서 부정경쟁의 목적이 없이 타인의 상표출원 전부터 국내에서 계속하여 사용하고 있고, 그 사용의 결과 타인의 상표출원 시에 국내 수요자 간에 그 상표가 특정인의 상품을 표시하는 것이라고 인식되어 있을 경우에는 해당 상표를 그 사용하는 상품에 대하여 계속 사용할 권리를 갖는다(법 §99②).

II. 미국의 제도와 비교

1. 사용주의 vs. 등록주의

1) 상표의 사용과 상표권의 발생

상표권의 발생과 관련하여 미국은 「사용주의」, 우리나라는 「등록주의」를 취하고 있다는 점에서 근본적인 차이점을 발견할 수 있다. 즉, 미국에서는 상표의 사용이라고 하는 사실에 의하여 보통법상의 상표권이 발생하고 등록은 특허상표청이 출원인의 상표의 사용 사실을 「확인」하는 행위에 불과한 반면 우리나라에서는 특허청이 출원상표를 심사하고 심사관의 실체심사 후 등록결정이 있는 경우 출원인이 상표권의 설정등록료를 법령에서 정한 기한 내에 납부하면 특허청장이 상표등록부에 상표권을 설정등록함으로써 발생한다는 점에서 등록이 상표권을 「형성」하는 행위라는 점에서 차이가 있다.[62]

2) 상표의 불사용과 상표권의 효력 상실

미국에서는 등록상표라 하더라도 다시 사용할 의사가 없이 사용을 중단한 경

62) 김동욱, "한 · 미 상표법 체계(juris-prudence) · 상표정책 및 상표권의 법적 성질 비교", 「발명특허」, 2011.7, 한국발명진흥회, 17면 참조.

우에는 상표권을 포기한 것으로 간주하며, 등록상표를 계속하여 3년간 사용하지 않을 경우에는 상표권 포기의 일응의 증거가 된다.[63]

우리나라의 경우 등록상표를 계속하여 3년간 사용하지 않는 경우로서 정당한 이유가 존재하지 않을 경우 상표등록의 취소사유에는 해당되지만 상표권의 포기사유에는 해당되지 아니한다.

연구 38 재사용 의사 없는 등록상표의 불사용과 상표권의 포기

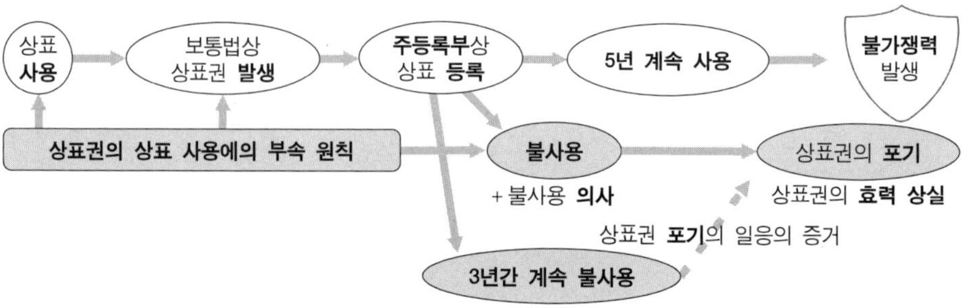

3) 사용주의와 등록주의의 장단점 비교

사용주의와 등록주의의 장단점을 서로 비교하면 다음과 같다.[64]

---

63) 미국의 연방상표법 제45조에 따르면 "A mark shall be deemed to be "abandoned" if either of the following occurs:
(1) When its use has been discontinued with intent not to resume such use. Intent not to resume may be inferred from circumstances. Nonuse for 3 consecutive years shall be *prima facie* evidence of abandonment. 'Use' of a mark means the bona fide use of such mark made in the ordinary course of trade, and not made merely to reserve a right in a mark.
(2) When any course of conduct of the owner, including acts of omission as well as commission, causes the mark to become the generic name for the goods or services on or in connection with which it is used or otherwise to lose its significance as a mark. Purchaser motivation shall not be a test for determining abandonment under this paragraph."라고 규정하고 있다.

64) 손영식, "상표법 제3조 '상표등록 받을 수 있는 자' 규정의 타당성 및 보완방안", 「지식재산연구」, 제9권 제2호, 한국지식재산연구원 · 한국지식재산학회, 2014.6, 193면 참조.

연구 39 사용주의 vs. 등록주의

구분	사용주의	등록주의
장점	· 상표의 실제 사용에 의해 축적된 신용을 상표권으로 보호하므로 상표제도의 목적과 취지에 보다 부합하며 진정한 상표사용자를 보호할 수 있음 · 불사용 저장상표의 발생을 방지하므로 상표가 실제로 필요한 경업자의 상표선택 기회 확대	· 상표권의 법적 안정성 및 예측가능성 제고를 통해 권리관계의 명확화 · 상표제도 운영의 편리성 및 효율성 증가 · 장래 사용에 대비한 상표의 사전 개발과 확보 용이
단점	· 장래 사용에 대비한 상표의 사전 개발과 확보 곤란 · 심사 · 심판 · 소송절차에서 상표의 사용 입증에 필요한 시간과 비용 증가 · 예측하지 못한 선사용상표의 출현 가능성으로 상표등록의 유효성에 대한 불안정성 증가 및 상표관련 분쟁 가능성 증가	· 상표의 사용과 분리된 상표권의 창설로 법적 합리성 미흡 · 불사용 저장상표의 증가로 상표가 실제로 필요한 경업자의 상표선택 기회 제한 · 악의적인 상표등록 및 상표브로커의 증가 가능성

미국은 기본적으로 사용주의를 취하고 있지만 그 단점을 보완하기 위하여 일부 등록주의적인 제도를 가미하고 있으며, 우리나라는 기본적으로 등록주의를 취하고 있지만 그 단점을 보완하기 위하여 일부 사용주의적인 제도를 가미하고 있다.

2. 선사용권의 성격

1) 선사용권의 성격

미국의 경우 비록 후사용자가 연방상표법에 따라 상표를 등록하였다고 하더라도 선사용자는 자기가 상표를 사용하고 있는 지역에서 보통법상의 상표권을 근거로 후사용자의 등록상표를 사용할 수 없도록 하는 보다 적극적인 의미의 권리를 행사할 수 있지만, 우리나라에서는 선사용권이 인정되는 경우 해당 상표를 그 사용하는 상품에 대하여 해당 지역에서 계속하여 사용할 권리를 가질 뿐 이와 동일 또는 유사한 상표를 특허청에 등록한 상표권자가 해당 지역에서 등록상표를 사용하는 것을 금지시킬 수는 없다. 이 경우 상표권자나 전용사용권자는 상표를 사용할 권리를 가지는 자에게 그 자의 상품과 자기의 상품 간에 출처의 오인이나 혼동을 방지하는 데 필요한 표시를 할 것을 청구할 수는 있다(법 §99③).

2) 공존사용등록 허여의 문제

미국의 경우 보통법상의 상표권을 인정하고 있기 때문에 공존사용등록이 허용되지만 우리나라의 경우 공존사용등록은 허용되지 않고 있다. 다만 제한된 지역적 범위 내에서 타인에 의한 선사용권이 인정되는 경우 그 지역에 한하여 그 선사용권자와 상표권자의 공존사용만 인정된다는 점에서 차이가 있다.

3. 상표의 사용 개념에 대한 입법 형태

우리나라는 상표법 제2조 제1항 제11호와 제2조 제2항에서 「상표의 사용」에 관한 정의 규정을 두고 상표권의 침해와 상표등록의 취소심판에서 등록상표의 불사용 여부 등을 판단함에 있어서 공통으로 적용하고 있다.

상표의 사용	제2조(정의) ① 이 법에서 사용하는 용어의 뜻은 다음과 같다. 11. '상표의 사용'이란 다음 각 목의 어느 하나에 해당하는 행위를 말한다. 가. 상품 또는 상품의 포장에 상표를 표시하는 행위 나. 상품 또는 상품의 포장에 상표를 표시한 것을 양도 또는 인도하거나 양도 또는 인도할 목적으로 전시·수출 또는 수입하는 행위 다. 상품에 관한 광고·정가표·거래서류, 그 밖의 수단에 상표를 표시하고 전시하거나 널리 알리는 행위 ② 제1항 제11호 각 목에 따른 상표를 표시하는 행위에는 다음 각 호의 어느 하나의 방법으로 표시하는 행위가 포함된다. 1. 표장의 형상이나 소리 또는 냄새로 상표를 표시하는 행위 2. 전기통신회선을 통하여 제공되는 정보에 전자적 방법으로 표시하는 행위

한편 미국은 연방상표법 제45조에서는 상표의 「상업적 사용」 개념을 정의하고 있으며 연방상표법 제32조(1)에서 「상표권의 침해」의 유형과 관련하여 상표의 상업적 사용에 대하여 별도로 규정하고 있는 점에서 차이가 있다.[65]

상표의 상업적 사용 (§45)	'상업적 사용'이란 통상의 거래 과정에서 상표를 진정한 의사를 가지고 사용하는 것을 말하고 단지 상표권을 보유하기 위한 사용은 아니다. 이 장의 목적상 다음 각 호에 해당하는 경우 상업적 사용으로 간주된다. (1) 상품에 대한 사용 (A) 상표가 어떠한 방법에 의하든 상품, 포장용기 또는 그에 관련된 전시물이나 그에 부착된 태그나 라벨이나 상품의 성질상 상표의 부착이 불가능한 경우 그 상품이나 상품의 판매와 관련된 문서에 표시되고, (B) 상품이 판매되거나 상업적으로 운송되는 경우 (2) 서비스에 대한 사용 서비스표가 서비스의 판매나 광고에 사용되거나 전시되고 그 서비스가 상업적으로 제공되거나 하나 이상의 주 또는 미국과 외국에서 제공되고 그 서비스를 제공하는 자가 그 서비스에 관련된 상업에 종사하는 경우
상표권의 침해 유형 [§32(1)]	(1) 상표권자의 동의 없이 다음 각 목에 해당하는 행위를 하는 어떠한 자도 다음에서 정하는 구제방법에 의하여 상표권자에 대하여 민사소송에서 배상책임을 진다. (a) 등록상표의 복제물, 위조물, 복사물 또는 색채모사품을 상품이나 서비스의 판매, 판매 제

65) 조영선, "상표의 사용개념에 대한 입법론적 고찰", 「저스티스」, 통권 105호, 2008, 130면 참조.

	의, 배포 또는 광고와 관련하여 상업적으로 사용함으로써 혼동이나 오인을 일으키거나 기만하게 할 우려가 있는 경우 (b) 등록상표를 복제, 위조, 복사 또는 색채모사한 복제물, 위조물, 복사물 또는 색채모사품을 상품이나 서비스의 판매, 판매 제의, 배포 또는 광고와 관련하여 상업적으로 사용될 것으로 의도된 라벨, 간판, 인쇄물, 포장, 포장지, 용기 또는 광고물에 부착함으로써 혼동이나 오인을 일으키거나 기만하게 할 우려가 있는 경우

4. 상표권 침해금지청구 시 Dawn Donut 원칙의 적용 여부

상표권자가 연방상표법에 따라 상표를 등록하는 경우 상표권자는 원칙적으로 「미국 전역」에 대하여 상표권을 향유하지만 만일 제3자가 상표권을 침해하여 상표권자가 그 제3자를 상대로 상표권 침해소송을 제기하는 경우에는 i) 상표권자가 제3자가 상표를 사용하는 지역에서 상표를 실제로 사용하거나, ii) 실제로 사용하지는 않고 있지만 명성을 얻고 있거나, iii) 자신의 영업을 확장할 가능성이 있다는 것을 입증하여야만 제3자의 상표의 사용금지가 가능하다. 그러나 우리나라에서는 상표권을 설정등록하는 경우 대한민국 전역에서 상표권을 향유할 수 있으며, 상표권 침해소송 시 제3자가 상표를 사용하는 지역에서 상표를 사용하거나 향후 영업을 확장할 가능성의 여부와 무관하게 제3자의 상표의 사용금지가 가능하다.

5. 상표등록부의 종류

상표등록부를 주등록부와 보조등록부를 두는 미국과 달리 우리나라는 보조등록부를 두지 않고 있으므로 기술적 상표, 흔한 성, 지리적 명칭 등은 사용에 의한 식별력을 취득하지 않는 한 상표등록은 거절된다.

제 6 장

연방상표법상 상표의 등록요건

제1절 총 설

Ⅰ. 의 의

연방상표법에 따라 상표가 등록되기 위해서는 상표의 가장 기본적인 기능인 상품의 출처표시 기능을 수행할 수 있어야 한다. 따라서 고유의 식별력을 가지고 있거나 또는 고유의 식별력은 없다고 하더라도 사용에 의하여 식별력을 취득하지 못한 상표는 특허상표청의 「주등록부」에 등록될 수 없다. 또한 이러한 식별력을 구비하고 있다고 하더라도 공익상의 고려나 사익 간의 조정을 위하여 일정한 사유를 상표의 부등록사유로 연방상표법 제2조에서 규정하고 있다.

Ⅱ. 상표의 등록요건과 보호 요건

1. 의 의

상표의 상품에 대한 출처표시로서의 식별력과 연방상표법 제2조에서 규정하고 있는 부등록사유는 연방상표법에 따라 출원된 상표의 등록요건 또는 상표등록의 취소사유에도 해당하지만 상거래에서 사용되는 미등록상표의 보통법 또는 연방상표법상 상표로서 보호받기 위한 요건으로도 작용하게 된다.

2. 상표의 중복 보호와 상표 보호의 독립

연방상표법상의 상표의 식별력 유무와 상표의 부등록사유는 보통법상의 상표의 보호 요건 또는 주상표법상의 상표의 등록요건으로도 작용할 수 있지만 연방상표법상 출원상표가 등록요건을 갖추지 못하여 상표등록이 거절되면 자동으로 보통법상 상표의 보호 요건을 갖추지 못하였다거나 주상표법상의 출원상표 역시 자동으로 그 등록이 거절된다는 의미는 아니다. 즉, 보통법상 상표의 보호 여부 또는 주상표법에 따른 상표의 등록 여부는 연방상표법상에 따른 상표의 등록 여부와 상호 독립적이다.

제2절 ▌식별력

Ⅰ. 의 의

상표의 식별력이란 "소비자가 시장에서 당해 상표를 상품의 출처표시로 인식하는지의 정도"를 말한다. 상표는 상품의 출처를 표시하는 표지이므로 상표로서 보호되기 위해서는 그 구성요소인 문자, 명칭, 심벌, 고안(device) 또는 이들의 결합은 식별력이 있어야 한다. 상표의 식별력은 상표 자체의 구성에 의하여 사용과 동시에 발생되는 식별력인지 아니면 상표 자체의 구성으로는 식별력이 없었으나 그 상표의 사용에 의하여 사후적으로 취득한 식별력인지의 여부에 따라 ⅰ)「고유의 식별력」(inherent distinctiveness), ⅱ)「사용에 의한 식별력」(acquired distinctiveness)으로 구분된다.

Ⅱ. 고유의 식별력

상표의 고유의 식별력이란 "상표소유자가 상표를 상품에 처음 사용할 때부터 소비자가 상품의 출처표시로 인식할 수 있는 상표의 고유한 능력"을 말한다. 즉, 상표소유자의 상표 사용과 동시에 소비자가 상표를 상품의 성질을 직접적으로 설명하거나 기술하는 표장으로 인식하는 것이 아니라 상품의 출처를 표시한 것으로 인식한다면 그러한 표장은 고유의 식별력이 있는 상표(inherently distinctive marks)라고 말할 수 있다.[1)]

Ⅲ. 사용에 의한 식별력

1. 의 의

상표의 사용에 의한 식별력이란 "상표소유자가 상표를 상품에 처음 사용할 때에는 소비자가 상품의 출처표시로 인식할 수 없었으나 상표소유자가 상표를 상품에 계속적으로 사용하여 소비자가 상품의 출처표시로 인식할 수 있는 상표의 능력"을 말한다. 즉, "고유의 식별력이 없는 상표가 상품에 대한 계속적인 사용 등으로 취득한 상품에 관한 출처표시 능력"이라고 말할 수 있다.

2. 연 혁[2)]

1) 1946년 Lanham Act 시행 전

(1) 1905년 연방상표법　1905년 연방상표법에서는 고유의 식별력이 있는 출원상표만 상표등록을 받을 수 있었고 고유의 식별력이 없는 기술적 상표는 상표등록을 받을 수 없었다. 다만, 예외적으로 1905년 연방상표법이 시행된 1905년 2월 20일을 기준으로 그전에 「10년간 독점적으로 사용」된(exclusive use) 기술적 상표는 상표등록을 허용하였다.[3)] 한편 당시 미국에서는 고유의 식별력이 없는 기술적 상표는 연방상표법에 의하여 상표를 등록하여 보호하는 것보다는 각 주의 보통법

1) 이러한 고유의 식별력이 있는 상표를 종전에는 미국에서 'technical trademarks'라고도 칭했다. 이러한 상표에는 임의선택 상표, 창작상표, 조어상표, 암시적 상표가 해당된다.

2) Daphne Robert, The New Trade-Mark Manual. A handbook on Protection of Trade-Marks in Interstate Commerce, The Bureau of National Affairs, Inc., 1947, 63~65면 참조.

3) And provided further, that nothing shall prevent the registration of any mark used by the applicant or his predecessors, or by those from whom title to the mark is derived, in commerce with foreign nations or among the several States or with Indian tribes which was in actual and exclusive use as a trade-mark of the applicant, or his predecessors from whom he derived title, for ten years next preceding February twentieth, nineteen hundred and five:

에 의하여 구체적 · 개별적으로 보호하는 것이 효과적이라는 입장이 일반적이었다. 따라서 기술적 상표는 연방상표법에 의하여 상표등록이 허용되지는 않았지만 각 주의 보통법에 의하여 사용에 의한 식별력이 입증되는 경우에는 보호될 수 있었다.

(2) 1920년 **연방상표법** 1920년 연방상표법에서는 식별력이 없는 상표라 하더라도 상표소유자에 의하여 미국 내 주 간의 상거래 또는 외국과의 상거래나 인디언 부족과의 상거래에서 「진정한 의사」(bona fide intention)로 상표를 1년 이상 사용하는 경우 상표등록을 허용하였다. 그러나 상표등록에 의하여 손해를 입었다고 생각하는 자는 누구나 상표등록의 취소를 청구할 수 있고 당해 청구에 대한 심리 결과 상표권자가 상표출원 시 또는 출원 이후에 등록상표의 독점적 사용을 할 수 있는 적격이 없다고 판단되는 경우 상표등록이 취소될 수 있었기 때문에 「1년 이상의 진정한 의사에 의한 사용」은 「독점적 사용」(exclusive use)을 의미한다고 해석하였다. 아울러 기술적 상표가 사용에 의한 식별력을 취득한 경우 상표등록을 허용한다는 명시적인 규정을 연방상표법상 두고 있지는 않았지만 1년 이상 진정한 의사로 사용된 상표의 등록을 허용함으로써 1년 이상 진정한 의사로 독점적으로 사용된 상표의 경우 실질적으로는 사용에 의한 식별력을 취득한 것과 유사한 효과를 갖게 되었다.

2) 1946년 Lanham Act 시행 이후

(1) 1946년 Lanham Act 1946년 Lanham Act에서는 기술적 상표는 「주등록부」에 대한 상표등록은 거절되었지만 「보조등록부」에 대한 상표등록은 허용되었다. 아울러 기술적 상표도 사용에 의한 식별력을 취득한 경우 보호될 수 있다는 보통법상의 원칙을 연방상표법에 반영하여 기술적 상표가 사용에 의한 식별력을 취득한 경우에는 「주등록부」에 대한 상표등록이 가능하게 되었다. 또한 1946년 Lanham Act에서는 1920년 연방상표법상 「1년 이상의 진정한 의사에 의한 독점적 사용」(exclusive use) 요건을 개정하여 특정한 기간을 정하지 않고 사용에 의한 식별력을 취득한 경우 원칙적으로 주등록부에 상표등록을 허용하는 한편 출원인이 기술적 상표를 「상표출원일 전」 5년간 「실질적으로 독점적」(substantially exclusive)이고 계속적으로 상업상 사용한 경우에는 사용에 의한 식별력 취득의 일응의 증거(*prima facie* evidence)로 인정할 수 있도록 규정하였다.

(2) 1988년 **상표법개정법** 1988년 상표법개정법에서는 출원인이 상표를 출

원한 날이 아닌 사용에 의한 식별력을 취득하였음을 「주장한 날」을 기준으로 이전 5년간 실질적으로 독점적이고 계속적으로 상업상 사용한 경우에는 사용에 의한 식별력 취득의 일응의 증거로 인정되도록 개선하였다. 이에 따라 출원인은 「상표출원 시」에는 5년의 상표의 사용기간이 완성되지 않았다고 하더라도 「상표의 등록여부결정 시」에 5년의 상표의 사용기간이 완성된 경우에도 출원상표의 사용에 의한 식별력 취득의 일응의 증거로 인정받을 수 있게 되었다.

3. 2차적 의미

1) 의 의

상표의 사전적(辭典的)인 「주된 의미」 또는 「1차적 의미」(primary meaning)로는 상품의 성질을 직접적으로 설명하고 있어 상표로서의 기능을 수행할 수 없었으나 상표를 상품에 대하여 실질적으로 독점적이고 계속적으로 사용(substantially exclusive and continuous use)함으로써 소비자가 당해 상표를 「상품 자체의 성질」과 연관시키기보다 특정한 상품의 출처 표시로 연관시키게 된 경우 「2차적 의미」(secondary meaning)를 취득하였다고 본다.[4][5]

2) 2차적 의미와 사용에 의한 식별력

어떤 상표가 2차적 의미를 갖는다는 것은 그 상표가 특정한 상품에 대한 출처를 표시하는 기능을 수행함으로써 상표로서의 식별력을 갖는다는 의미이다. 따라서 2차적 의미를 가진 상표는 사용에 의한 식별력을 취득한 상표라는 의미와 동일한 의미가 된다.

---

4) 문삼섭, "미국의 상표제도상 상표권과 상표의 사용 간 관련성에 관한 소고—보통법에 따른 상표권의 발생과 연방상표법에 따른 상표출원 · 심사 · 등록 및 등록 후 단계를 중심으로", 「창작과 권리」, 제89호, 세창출판사, 2017.12, 89~90면에서 인용.

5) 다만, 비도덕적, 기만적 상표, 상품의 출처 또는 후원관계 등에 관하여 소비자에게 혼동을 일으킬 가능성이 있는 상표, 국기, 국장 등과 동일 또는 유사한 상표 등은 2차적인 의미를 취득하였다고 하더라도 상표등록이 불가능하다. 미국의 연방상표법 제2조 (f)항 참조.

연구 40 1차적 의미 vs. 2차적 의미

1차적 의미(primary meaning)	상표의 **사용**	**2차적** 의미(secondary meaning)
문자 그대로의 **사전적** 의미	➡	상품과의 관계에서 특정 **상품의 출처표시**로서의 의미
ex) '**辛 라면**'은 주된 의미로 상품인 '라면이 맵다'라는 의미	소비자의 **인식**	ex) '**辛 라면**'은 상품인 라면의 출처표시로서의 의미

4. 사실상의 2차적 의미와 법률상의 2차적 의미[6)]

1) 사실상의 2차적 의미

사실상의 2차적 의미(*de facto* secondary meaning)란 처음부터 보통명칭 상표인 경우 통상 소비자에게 특정한 상품의 종류나 유형 전체의 일반적인 명칭으로 사용되고 인식되어 상품의 출처표시로서의 기능인 식별력이 없으므로 상표등록이 거절되지만 상표소유자가 독점적이고 계속적으로 사용하여 사실상 상품의 출처를 표시하는 것으로 소비자에게 인식되는 경우를 말한다. 한편 특허권자가 특정한 제품을 독점적으로 생산하고 그 제품에 대하여 상표를 독점적으로 사용하는 경우 당해 상표는 그 특정한 상품에 대한 출처를 표시하는 상표로서의 기능과 특정한 상품의 종류나 유형을 나타내는 보통명칭으로서의 기능을 동시에 가지게 되는데 이러한 상표의 2중적 기능 중에서 특정인의 상품에 대한 출처를 표시하는 상표로서의 기능을 사실상의 2차적 의미라고 말한다. 아울러 상표가 기능적인 경우로서 그 상표가 사실상 상품의 출처를 표시하는 경우에도 사실상의 2차적 의미를 가지고 있다고 말할 수 있지만 그러한 경우에도 연방상표법상 상표등록은 불인정된다.

2) 법률상의 2차적 의미

법률상의 2차적 의미(*de jure* secondary meaning)란 특허권자가 특정한 제품을 독점적으로 생산하고 그 제품에 대하여 특정한 상표를 독점적으로 사용하는 경우 당해 상표는 특정한 상품에 대한 출처를 표시하는 상표로서의 기능과 특정한 상품의 종류나 유형을 나타내는 보통명칭으로서의 기능을 동시에 발휘하게 된다. 이 경우 상품에 대한 출처표시로서의 상표의 기능보다 상품의 종류나 유형을 나타내는 보통명칭으로서의 기능이 현저한 경우 상표소유자가 당해 상표를 계속 사용한다고 하더라도 그 상표에 대한 독점적인 사용권을 상실하게 되어 당해 상표는 보

---

6) 나종갑, 미국상표법 연구, 한남대학교 출판부, 2005, 159~160면 참조.

통명칭화(genericide)되게 된다. 그러나 상표소유자가 그의 상표가 보통명칭화된 이후에도 실질적으로 독점적이고 계속적으로 그 상표를 사용하고 특정한 상품의 종류나 유형을 나타내는 보통명칭을 대체하는 다른 명칭이 등장하게 되는 경우 그 보통명칭화된 상표는 다시 특정한 상품에 대한 출처를 의미하는 2차적 의미를 취득하게 되어 상표로서 등록 또는 보호가 가능하게 되는데 그때의 2차적 의미를 법률상의 2차적 의미라고 말한다.

5. 사용에 의한 식별력의 유형

상표의 상품에 대한 사용에 의한 식별력은 상표의 구성「전체」나「일부분」에 대하여 주장할 수 있다.[7)]

연구 41 상표의 구성 중 일부분에 대한 사용에 의한 식별력 주장 사례

출원상표	POTOMAC PEDIATRICS[8)]	Rome's Pizza GOURMET & TRADITIONAL [9)]	SACRAMENTO KINGS [10)]
출원상표의 구성 중 사용에 의한 식별력 주장 부분	POTOMAC PEDIATRICS	ROME'S PIZZA GOURMET & TRADITIONAL	SACRAMENTO

7) TMEP 1212.02(f)(i) 참조.

8) 연방서비스표등록 제5367331호, 지정서비스: 제44류 Pediatric health care services.

9) 연방서비스표등록 제5367419호, 지정서비스: 제43류 Restaurant services, not including wholesale sales.

10) 연방상표등록 제5376039호, 지정상품: 제16류 Publications and printed matter, namely, basketball trading cards, trading cards, stickers, decals, temporary tattoo transfers, commemorative basketball stamps, collectible cardboard trading discs, memo boards, clipboards, paper coasters, post cards, place mats of paper, facial tissues, note cards, memo pads, note pads, ball point pens, crayons, felt tip markers, rubber bands, pens and pencils, pen and pencil cases, pen and paper holders, desktop document stands, scrap books, rubber stamps, drafting rulers, paper banners and flags, 3-ring binders, stationery folders, wirebound notebooks, portfolio notebooks, unmounted and mounted photographs, lithographs, art prints, posters, calendars, bumper stickers, book covers, bookmarks, wrapping paper, children's activity books, children's coloring books, statistical books, guide books, and reference books, all in the field of basketball, magazines in the field of basketball, catalogs in the field of basketball, commemorative game and souvenir programs related to basketball,

출원인은 출원상표의 구성 중 일부분에 대하여 사용에 의한 식별력을 주장하는 경우에는 i) 사용에 의한 식별력을 주장하는 상표의 구성 중 일부분에 대하여 출원인이 이미 특허상표청의 주등록부에 선등록된 하나 이상의 상표가 있고 출원상표의 상품 또는 서비스와 그 선등록상표의 상품 또는 서비스가 동일하거나 실질적으로 유사하다는 것을 입증할 수 있는 증거자료를 제출하거나, ii) 출원인이 사용에 의한 식별력을 주장하는 상표의 구성 중 일부분에 대하여 5년간 실질적으로 독점적이고 계속적으로 상업상 사용하였다는 것을 입증할 수 있는 증거자료를 제출하거나, iii) 사용에 의한 식별력을 주장하는 상표의 구성 중 일부분에 대하여 사용에 의한 식별력을 취득하였다는 것을 입증할 수 있는 직접증거 또는 간접증거인 정황증거를 제출할 수 있다.

6. 사용에 의한 식별력의 취득 기간

1) 의 의

사용에 의한 식별력은 획일적으로 특정한 기간이 경과하면 자동으로 취득되는 것은 아니다. 따라서 상표소유자는 상표를 부착한 상품에 대한 대대적인 광고와 홍보를 통해 단기간 내에도 사용에 의한 식별력을 취득할 수도 있다. 그러나 상표소유자의 사용에 의한 식별력 취득에 관한 입증의 어려움을 해소하기 위해 일반적으로 어느 특정한 기간이 경과하면 사용에 의한 식별력이 취득되었다고 일응 추정될 수 있는 기간을 정할 필요가 있다. 1946년 Lanham Act에서는 상표가 출원인에 의하여 5년간 실질적으로 독점적이고 계속적으로 상업상 사용된 경우 특허상표청장은 그 상표가 식별력을 취득했다는 일응의 증거로 인정할 수 있다고 규정하였다.[11]

---

paper pennants, stationery, stationery-type portfolios, invitation cards, printed certificates, greeting cards, Christmas cards, holiday cards, informational statistical sheets for basketball topics, newsletters, brochures, pamphlets, and game schedules in the field of basketball, bank checks, check book covers, check book holders, comic books, non-magnetically encoded credit cards, gift cards and telephone calling cards, money clips, printed tickets for sporting and entertainment events, collectible card holders and memorabilia holders in the nature of ticket holders, trading card holders.

11) 다만, 5년의 사용의 기록이 있다고 해서 특허상표청이 상표가 식별력을 취득하였다고 반드시 결정하여야 하는 것은 아니다.

2) 5년간 실질적으로 독점적이고 계속적으로 상업상 사용

(1) 5년간 계속적인 사용 5년 동안의 사용은 계속적인[12] 사용(continuous use)이어야 하므로 5년이라는 기간의 중간에 상품이나 서비스의 거래 중단과 같은 상표의 불사용기간이 포함되지 않아야 한다.[13]

(2) 실질적으로 독점적인 사용 「실질적으로 독점적인」(substantially exclusive) 사용이면 족하므로 유일한(only or sole) 독점적인 사용일 필요는 없다.[14]

(3) 상표로서 상업적 사용 5년간의 사용은 「상표」로서 「상업적 사용」이어야(use of the mark in commerce) 한다. 따라서 상표가 아닌 디자인적인 사용이거나 미국 내 주 간의 상거래 또는 외국과의 상거래에서의 사용이 아닌 단지 미국의 어느 한 주 내에서의 거래에서만 사용된 경우에는 사용에 의한 식별력을 취득할 수 없다.[15]

연구 42 보조등록부상의 상표등록과 사용에 의한 식별력 및 불가쟁력

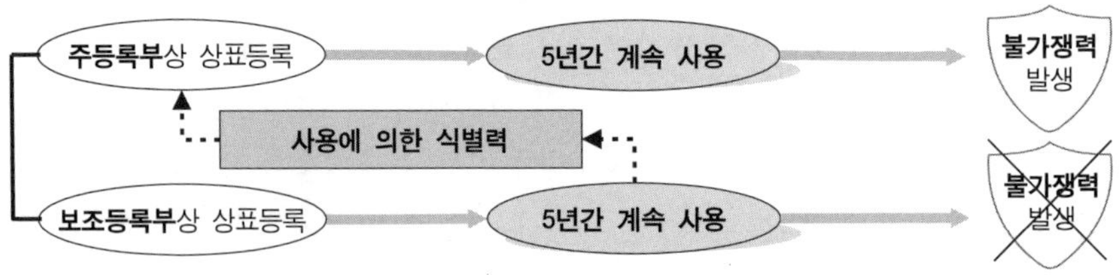

7. 사용에 의한 식별력을 취득하였는지의 여부를 판단하기 위한 복합요소의 판단 기준

연방항소법원은 각자 고유의 식별력이 없는 상표나 트레이드 드레스가 사용에 의하여 식별력을 취득하였는지의 여부를 판단하기 위한 복합요소의 판단 기준을 마련하고 있는데 대표적으로 제5 연방순회구 항소법원의 기준을 살펴보면 다음과 같다.

---

12) TMEP 1212.05(b) Substantially Exclusive and Continuous 참조.

13) TMEP 1212.05(b) Substantially Exclusive and Continuous 참조.

14) TMEP 1212.05(b) Substantially Exclusive and Continuous 참조.

15) TMEP 1212.05(c) Use as a Mark. *In re* Craigmyle, 224 USPQ 791, 793 (TTAB 1984) 참조.

i) 상표 또는 트레이드 드레스의 사용 기간과 방식(length and manner of use of the mark or trade dress)

ii) 판매량(volume of sales)

iii) 광고의 양과 방식(amount and manner of advertising)

iv) 신문과 잡지에서의 상표나 트레이드 드레스의 사용 성격(nature of use of the mark or trade dress in newspapers and magazines)

v) 소비자 설문조사 결과(consumer-survey evidence)

vi) 소비자의 직접 진술(direct consumer testimony)

vii) 원고의 상표나 트레이드 드레스를 무단으로 사용한 피고의 의도(the defendant's intent in copying the trade dress).

8. 사용에 의한 식별력을 취득하는 과정에 있는 상표

특정한 상품의 출처 표시로서 2차적 의미 또는 사용에 의한 식별력을 취득하는 과정에 있는(secondary meaning in the making, incipient secondary meaning) 상표를 보호할 것인지의 여부에 대하여 1925년 제2 연방순회구 항소법원 관할의 일부 연방지방법원에서 이를 인정하는 판례가 있었으나[16] 1990년 제2 연방순회구 항소법원에 의해 그 보호가 부인되었으며,[17] 다른 연방항소법원도 보호를 인정해주지 않고 있다.[18][19]

9. 사용에 의한 식별력을 입증하기 위한 증거[20][21]

출원인은 사용에 의한 식별력을 입증하기 위하여 i) 출원인이 이미 특허상표청의 주등록부에 선등록된 하나 이상의 상표가 있고 출원상표의 상품 또는 서비스와 그 선등록상표의 상품 또는 서비스가 동일하거나 실질적으로 유사하다는 것을

16) Edward G. Budd Manufacturing Co. v. C.R. Wilson Body Co. 7 F.2nd 746 (E.D. Mich 1925).

17) Lauressens v. Idea Group, Inc., 964 F.2nd 131, 139. 22 USPQ2d (BNA) 1299, 1301 (2d Cir. 1990).

18) 이준성, "트레이드 드레스의 법적 보호에 관한 연구—미국 판례를 중심으로—", 충남대학교 석사학위 논문, 2006, 27~28면 참조.

19) 문삼섭, 앞의 논문, 91면 참조.

20) 특허청, 미국 상표법 · 제도에 관한 분석 및 시사점, 2006, 39면 참조.

21) 문삼섭, 앞의 논문, 91면 참조.

입증하는 자료를 제출하거나, ii) 출원인이 출원상표를 5년간 실질적으로 독점적이고 계속적으로 상업상 사용하였다는 것을 입증할 수 있는 증거자료를 제출하거나, iii) 출원상표가 사용에 의한 식별력을 취득하였다는 소비자 설문조사(consumer survey), 통계조사, 소비자 · 판매자 · 배포자의 증언이나 진술서 등과 같은 직접증거나 장기간의 상표의 사용, 판매량, 광고에 지출한 비용, 사용권자의 수, 경업자에 의한 고의적인 모방, 대중매체에 의한 보도 등과 같은 간접증거인 정황증거 자료를 제출하여 출원상표의 사용에 의한 식별력을 입증할 수 있다.

10. 사용에 의한 식별력을 인정받았다는 사실의 공고

출원상표가 사용에 의한 식별력을 인정받아 등록된 경우에는 출원공고 시 상표공보, 상표등록 시 상표등록증[22]과 상표등록부에 연방상표법 제2조 (f)항에 의하여 등록되었다는 사실을 기재하여 일반 공중에게 공시하고 있다.

11. 사용에 의한 식별력을 취득한 상표가 상표등록 후 5년이 경과한 경우 불가쟁력의 효력

기술적 상표가 일단 사용에 의한 식별력을 취득하여 연방상표법에 따라 특허상표청의 주등록부에 등록되고 상표등록일로부터 5년이 경과하면 제3자는 등록

연구 43 상표의 등록요건으로서 2차적 의미의 취득 요건

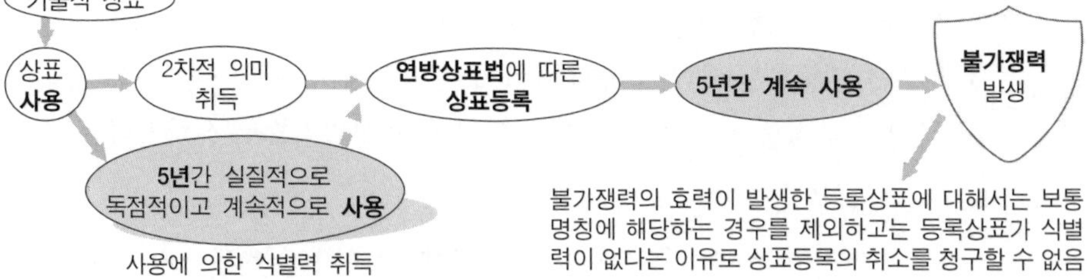

22) 상표등록증에는 아래와 같이 상표의 구성 전체 또는 일부분에 대하여 사용에 의한 식별력이 인정되어 등록되었음을 표시하여 일반 공중이 이를 알아볼 수 있도록 공시하고 있다. 아래의 오른쪽 상표등록증에는 상표의 구성부분 중 "SACRAMENTO" 부분이 사용에 의한 식별력이 인정되었음을 나타내고 있다.

상표가 기술적 상표에 해당한다는 사유로 상표등록의 취소를 청구할 수 없게 된다. 다만, 등록상표가 출원 시 보통명칭이었거나 상표등록 이후에 보통명칭화된 경우에는 그러하지 아니하다.

12. 사용에 의한 식별력을 인정받은 사례

SHARP ,23) BEER NUTS ,24) Sears ,25)  26)

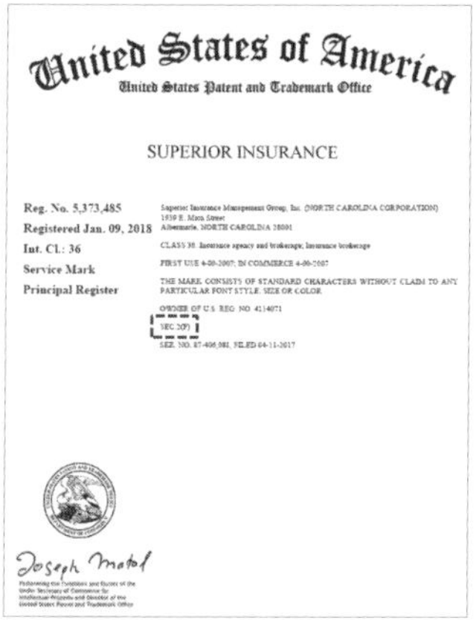
United States of America
United States Patent and Trademark Office

SUPERIOR INSURANCE

Reg. No. 5,373,485
Registered Jan. 09, 2018
Int. Cl.: 36
Service Mark
Principal Register

Superior Insurance Management Group, Inc. (NORTH CAROLINA CORPORATION)
1939 E. Main Street
Albemarle, NORTH CAROLINA 28001

CLASS 36: Insurance agency and brokerage; Insurance brokerage

FIRST USE 4-00-2007; IN COMMERCE 4-00-2007

THE MARK CONSISTS OF STANDARD CHARACTERS WITHOUT CLAIM TO ANY PARTICULAR FONT STYLE, SIZE OR COLOR

OWNER OF U.S. REG. NO. 4114071

SEC. 2(F)

SER. NO. 87-406,981, FILED 04-11-2017

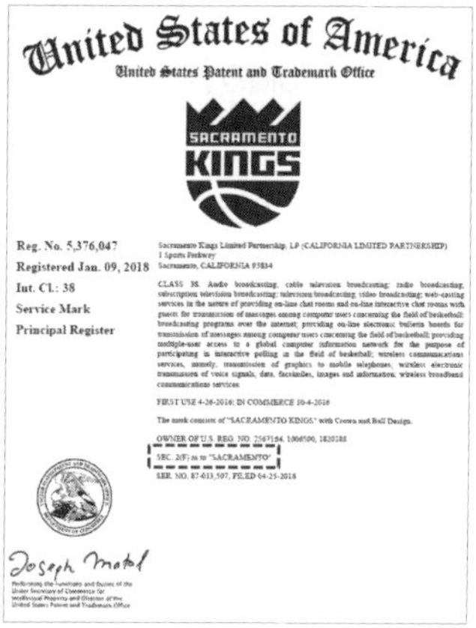
United States of America
United States Patent and Trademark Office

Reg. No. 5,376,047
Registered Jan. 09, 2018
Int. Cl.: 38
Service Mark
Principal Register

Sacramento Kings Limited Partnership, LP (CALIFORNIA LIMITED PARTNERSHIP)
1 Sports Parkway
Sacramento, CALIFORNIA 95834

CLASS 38: Audio broadcasting; cable television broadcasting; radio broadcasting; subscription television broadcasting; television broadcasting; video broadcasting; web-casting services in the nature of providing on-line chat rooms and on-line interactive chat rooms with guests for transmission of messages among computer users concerning the field of basketball; broadcasting programs over the internet; providing on-line electronic bulletin boards for transmission of messages among computer users concerning the field of basketball; providing multiple-user access to a global computer information network for the purpose of participating in interactive polling in the field of basketball; wireless communications services, namely, transmission of graphics to mobile telephones; wireless electronic transmission of voice signals, data, facsimiles, images and information; wireless broadband communications services

FIRST USE 4-26-2016; IN COMMERCE 10-4-2016

The mark consists of "SACRAMENTO KINGS" with Crown and Ball Design.

OWNER OF U.S. REG. NO. 2567164, 1006500, 1820188

SEC. 2(F) as to "SACRAMENTO"

SER. NO. 87-013,507, FILED 04-25-2016

Word Mark	SACRAMENTO KINGS
Goods and Services	IC 038. US 100 101 104. G & S: Audio broadcasting; cable television broadcasting; radio broadcasting; subscription television broadcasting; television broadcasting; video broadcasting; web-casting services in the nature of providing on-line chat rooms and on-line interactive chat rooms with guests for transmission of messages among computer users concerning the field of basketball; broadcasting programs over the internet; providing on-line electronic bulletin boards for transmission of messages among computer users concerning the field of basketball; providing multiple-user access to a global computer information network for the purpose of participating in interactive polling in the field of basketball; wireless communications services, namely, transmission of graphics to mobile telephones; wireless electronic transmission of voice signals, data, facsimiles, images and information; wireless broadband communications services. FIRST USE: 20160426. FIRST USE IN COMMERCE: 20161004
Mark Drawing Code	(3) DESIGN PLUS WORDS, LETTERS, AND/OR NUMBERS
Design Search Code	21.03.20 - Basketballs 24.11.02 - Crowns open at the top
Serial Number	87013507
Filing Date	April 25, 2016
Current Basis	1A
Original Filing Basis	1B
Published for Opposition	March 14, 2017
Registration Number	5376047
Registration Date	January 9, 2018
Owner	(REGISTRANT) Sacramento Kings Limited Partnership, LP Royal Kings Limited Partnership, a California limited partnership, composed of the general partner, Maloof Sports, Inc., a California corporation LIMITED PARTNERSHIP CALIFORNIA 1 Sports Parkway Sacramento CALIFORNIA 95834
Attorney of Record	Anil V. George
Prior Registrations	1006500;1820188;2567164
Description of Mark	Color is not claimed as a feature of the mark. The mark consists of "SACRAMENTO KINGS" with Crown and Ball Design.
Type of Mark	SERVICE MARK
Register	PRINCIPAL-2(F)-IN PART
Live/Dead Indicator	LIVE
Distinctiveness Limitation Statement	as to "SACRAMENTO"

23) 연방상표등록 제3564815호, 지정상품: 제9류 텔레비전 등.

Ⅳ. 식별력의 존부에 대한 판단 기준

1. Abercrombie 기준

문자상표의 경우 전통적으로 제2 연방순회구 항소법원이 1976년 「Abercrombie 사건」[27]에서 정립한 식별력의 존부에 관한 판단 기준[28]을 적용하여 상표의 의미나 내용이 상품과의 관계에서 ⅰ) 임의선택 상표, ⅱ) 조어상표, ⅲ) 창작상표, ⅳ) 암시적 상표는 고유의 식별력이 있으나 상표의 의미나 내용이 상품의 특성이나 성질을 직접적으로 설명하는 기술적 상표는 고유의 식별력이 없으므로 반드시 사용에 의한 식별력을 취득하여야만 상표등록이 가능하다고 판단하였다.[29]

2. Abercrombie 기준에 따른 문자상표의 분류

1) 의 의

Abercrombie 기준에 따를 경우 문자상표는 식별력의 정도에 따라 다음과 같이 분류된다.

ⅰ) 보통명칭 상표(generic mark)[30]

---

24) 연방상표등록 제605905호, 지정상품: 제29류 Shelled and salted peanuts.

25) 연방서비스표등록 제3721025호, 지정서비스: 제35류 Retail department store services.

26) 연방서비스표등록 제4277913호, 지정서비스: 제35류 Retail store services featuring computers, computer software, computer peripherals, mobile phones, consumer electronics and related accessories, and demonstration of products relating thereto.

27) Abercrombie & Fitch Co. v. Hunting World, Inc., 537 F.2d 4 (2d Cir. 1976). 이 사건은 Abercrombie & Fitch사가 자사의 판매점에서 판매하는 특정한 유형의 스포츠 의류제품을 설명하기 위해 'SAFARI'라는 상표를 사용하였는데 Hunting World사도 자사의 제품 중 일부 '스포츠 의류제품'에 대한 마케팅을 위해 뉴스레터에서 'Safari', 'Minisafari', 'Safariland'라는 상표를 사용하자 Abercrombie & Fitch사가 'SAFARI'라는 상표에 대한 상표권 침해를 근거로 Hunting World사의 'Safari' 등의 상표 사용을 금지하는 소송을 제기한 사건이다. 1심 지방법원에서 Abercrombie & Fitch사가 패소하였고 원고가 제2 연방순회구 항소법원에 항소한 사건이다. 제2 연방순회구 항소법원은 'Safari'는 '스포츠 의류제품'과 관련하여 이미 보통명칭화되었으며 'Minisafari'는 '챙이 짧은 모자'에 대하여 사용할 수 있지만 '부츠'와 '신발'에 대해서는 보통명칭화되지 않은 암시적 상표 또는 상표의 성질을 단지 설명하는 기술적 상표에 해당한다고 하더라도 이미 불가쟁력이 발생하였기 때문에 유효한 상표라고 판시하였다.

28) 이를 「Abercrombie Test」라고 칭한다.

29) 특허청, 한 · 미 FTA 지적재산권 분야 이행방안에 관한 연구, 2007, 169~170면 참조.

30) 1946년 Lanham Act에서는 보통명칭 상표를 'common descriptive mark'라고 호칭하였으나

ii) 기술적 상표(descriptive mark)

iii) 암시적 상표(suggestive mark)

iv) 임의선택 상표(arbitrary mark)

v) 조어상표 또는 창작상표(coined or fanciful mark)[31]

이러한 식별력의 정도에 따른 문자상표의 분류를 연속적인 스펙트럼으로 표현하면 다음과 같이 도시할 수 있다.

연구 44 식별력의 정도에 따른 문자상표의 분류 및 식별력의 강약

식별력 강함 ←——————————→ 식별력 없음				
❶ 조어상표 창작상표	❷ 임의선택 상표	❸ 암시적 상표	**❹ 기술적 상표**	❺ 보통명칭 상표
고유의 식별력 **있음**			고유의 식별력 **없음**	고유의 식별력 **없음**
사용에 의한 식별력을 입증할 필요 없음			사용에 의한 식별력 취득 **가능**(상표로서 보호 **가능**)	사용에 의한 식별력 취득 **불가(상표로서 보호 불가)**

2) 보통명칭 상표

(1) 의 의　　보통명칭 상표란 "상품의 종류나 유형의 전체(general class or genre of the products)를 가리키는 일반적인 명칭(common name)으로 구성된 상표"를 말한다.[32] 이러한 보통명칭 상표는 i) 처음부터 보통명칭(generic *ab initio*)이었던 경우뿐만 아니라 ii) 특허권 등의 실시로 생산된 특정한 상품에 대한 상표로서

1988년 상표법개정법에서 'generic mark'라고 명칭을 변경하였다.

31) '조어상표'를 영어로 coined mark 또는 fanciful mark라고 하는데 이를 보다 세분화하여 coined mark를 '조어상표', fanciful mark를 '창작상표'라고 칭하기도 한다. coined mark는 KODAK이나 EXXON 상표와 같이 사전에 존재하지 않는 단어로서 상표로 사용할 목적으로 만들어진 표장으로 사전에 수록되어 있지 않아 사전적 의미를 전혀 갖지 않은 상표를 말한다. fanciful mark는 만들어진 표장이라는 점에서는 조어상표의 일종이지만 사전에 수록되어 있는 특정한 단어와 관련성이 있거나 퇴화되어 거의 쓸모가 없어진 단어를 의미한다는 점에서 coined mark와 차이가 있다고 한다. 최덕규, "기술표장과 암시표장의 식별력 판단방법", 「창작과 권리」, 44호, 세창출판사, 2006, 25~44면 참조; Beverly W. Pattishall 외 1人, Trademarks, Matthew Bender, 1987, 50면 참조.

"A fanciful word is like a coined word in that it is invented for the sole purpose of functioning as a trademark and it differs from the coined word only in that it may bear a relationship to another word or it may be an obsolete word."

32) Miller Brewing Co. v. G. Heileman Brewing Co., 561 F.2d 75, 79 (7th Cir. 1977).

특허권자 등이 독점적으로 상표를 사용하여 그 특정한 상품의 종류나 유형의 전체를 가리키는 일반적인 명칭으로 소비자에게 인식되다가 특허권의 존속기간이 만료됨에 따라 보통명칭화(genericide)[33]된 경우로 구분할 수 있다. 이러한 상표는 소비자에서 통상적으로 어느 상품의 종류나 유형의 일반적인 명칭으로 사용되고 인식되어 상품에 대한 출처표시 기능인 식별력이 없으며, 이를 상표로 등록하여 특정한 상품에 대한 일반적인 명칭을 특정인에게 독점할 수 있도록 허용하는 경우 자유경쟁을 방해할 뿐만 아니라 경업자가 그 특정한 상품을 소비자에게 효율적으로 소개하고 설명할 수 있는 정보 전달 능력을 훼손할 수 있어 상표등록이 거절된다.

(2) 연 혁 어느 상표가 보통명칭에 해당하는지의 여부에 대한 판단기준과 관련하여 「소비자의 구매 동기」(purchaser's motivation)를 기준으로 하여야 한다는 1982년 「Anti-Monopoly 사건」[34]에서의 제9 연방순회구 항소법원의 입장과 「상표의 주된 의미에 대한 소비자의 인식」(primary significance of the term to the public)을 기준으로 하여야 한다는 2001년 「Dial-A-Mattress 사건」[35]에서의 연방순회항소법원의 입장이 대립하게 되자 연방의회는 1984년 「상표명확화법」(Trademark Clarification Act)을 제정하여 어느 상표가 보통명칭에 해당하는지의 여부를 판단할 때에는 「소비자의 구매 동기」(purchaser's motivation)가 아닌 「상표의 주된 의미에 대한 소비자의 인식」(primary significance of the term to the public)을 기준으로 하여야 한다고 규정하였다.[36]

---

33) 

등록상표가 보통명칭화되는 것을 방지하기 위해 상표권자들은 소비자에게 왼쪽의 사례와 같이 광고하고 있다.

34) Anti-Monopoly, Inc. v. General Mills Fun Group, Inc. 684 F.2d 1326 (9th Cir. 1982).

35) *In re* Dial-A-Mattress Operation Corp., 240 F.3d 1341 (Fed Cir. 2001).

36) 연방상표법 제14조에서는 "The primary significance of the registered mark to the relevant public rather than purchaser motivation shall be the test for determining whether the registered mark has become the generic name of goods or services on or in connection with which it has been used."라고 규정하고 있다.

(3) **판단 기준**[37]

가. 상품과 관련하여 판단　　어떤 상표가 보통명칭 상표에 해당하는지의 여부는 상품과 관련하여 판단하여야 한다. 즉, 보통명칭 상표에 해당하는지의 여부를 판단하기 위해서는 관련되는「상품의 종류나 유형」(class or genre of the product)을 한정하고 소비자에게 어떤 상표가 그 특정한 상품의 종류나 유형에 대하여 일반적인 명칭으로 인식되는지 여부를 기준으로 판단한다.

나. 대체 가능한 보통명칭이 있는 경우　　비록 어떤 상표가 특정한 상품의 종류나 유형의 일반적인 명칭으로 소비자에게 인식된다고 하더라도 대체 가능한 보통명칭이 있는 경우 이를 고려하여 보통명칭 상표에 해당하지 않는다고 판단할 수 있는지가 문제가 된다. 미국의 특허상표청과 법원은 소비자가 상품의 보통명칭으로 인식하고 있고 사전이나 미디어에서도 보통명칭으로 인식하고 있다면 대체 가능한 보통명칭이 있다고 하더라도 보통명칭 상표로 판단하고 있다.[38]

다. 다의어(多義語)　　상표가 사전상 여러 의미를 가지고 있는데 그중 어느 하나가 보통명칭에 해당하지만 다른 의미로는 보통명칭에 해당하지 않을 경우 다른 의미로는 보통명칭에 해당하지 않는다는 사실이 어느 한 의미로 보통명칭에 해당한다는 사실을 치유할 수는 없다. 따라서 이 경우에도 보통명칭 상표로 판단하여야 한다.[39]

라. 도형상표　　상표가 문자가 아닌 도형으로 구성된 경우 그 도형이 단지 상품이나 서비스의 가장 특징적인 것을 도해하고 있는 경우에는 보통명칭 상표로 판단한다.

---

37) Margreth Barrett, EMANUEL Law Outlines, Intellectual Property, 3rd Edition, 2012, 241~242면 참조.

38) 제2 연방순회구 항소법원은 The Murphy Door Bed Co., Inc. v. Interior Sleep Systems, Inc., 874 F.2d 95 (2d Cir. 1989) 사건에서 'Murphy bed' 상표는 '벽장 안으로 접어서 들어가는 침대'의 유형과 관련하여 비록 'wall beds', 'concealed beds', 'disappearing beds' 등과 같은 대체 가능한 보통명칭이 있지만 사전에서 'Murphy bed'를 '벽장 안으로 접어서 들어가는 특정한 유형의 침대'로 정의하고 있으며, 미디어에서도 일반적으로 그렇게 사용하고 있으므로 보통명칭 상표에 해당한다고 판단하였다. Margreth Barrett, EMANUEL Law Outlines, Intellectual Property, 3rd Edition, 2012, 241면에서 인용.

39) 'CAP'은 '모자', '머리', '곶', '대문자' 등 여러 의미를 가지고 있으나 지정상품이 '모자'(hats)인 경우 'CAP'이라는 단어가 '머리', '곶', '대문자'라는 의미도 가지고 있으므로 보통명칭 상표에 해당하지 않는다고 판단해서는 안 된다.

마. 외국어 균등의 원칙　외국어로 구성된 상표는 「외국어 균등의 원칙」(doctrine of foreign equivalents)에 따라 영어로 번역하여 그 의미가 상품과 관련하여 보통명칭 상표에 해당하는 경우 보통명칭 상표로 간주된다.

바. 보통명칭 상표가 사용에 의한 식별력을 취득한 경우 보호 여부　보통명칭 상표가 사실상 사용에 의한 식별력을 취득한 경우 상표등록을 허용하여야 하는지에 대해서는 연방상표법상 명시적인 규정을 두고 있지 않다. 다만 i) 기술적 상표는 사용에 의한 식별력을 취득한 경우 상표등록을 명시적으로 인정하고 있지만 보통명칭 상표가 사용에 의한 식별력을 취득한 경우 상표등록을 인정하여야 한다는 규정을 연방상표법에 명시적으로 두고 있지 않으며, ii) 보통명칭 상표가 착오로 등록되었다고 하더라도 불가쟁력의 효력이 발생하지 않도록 규정하고 있고,[40] iii) 상표가 등록된 이후에 보통명칭화된 경우 상표등록을 취소할 수 있도록 연방상표법상 규정[41]하고 있는 점 등을 종합적으로 고려해 볼 때 보통명칭 상표는 사실상 사용에 의한 식별력을 취득한 경우라 하더라도 법률상 식별력이 인정되지 않으므로 상표등록을 허용하지 않는 것이 타당하다고 보며 이러한 견해가 통설과 판례[42]의 입장이다.[43]

사. 보통명칭화된 상표가 사용에 의한 식별력을 취득한 경우 보호 여부　특허권자가 특정한 제품을 독점적으로 생산하고 그 제품에 대하여 상표를 독점적으로 사용하는 경우 당해 상표는 특정한 상품에 대한 출처를 표시하는 상표로서의 기능과 특정한 상품의 종류나 유형을 나타내는 보통명칭으로서의 기능을 동시에 가지게 된다. 이 경우 상품에 대한 출처표시로서 상표의 기능보다 상품의 종류나 유형을 나타내는 보통명칭으로서의 기능이 현저한 경우 상표소유자가 당해 상표를 계속 사용한다고 하더라도 그 상표에 대한 독점적인 사용권을 상실하게 되어 당해 상표는 보통명칭화(genericide)되게 된다. 그러나 상표소유자가 그의 상표가

---

40) 연방상표법 제15조 (4)에서는 다음과 같이 규정하고 있다. "(4) no incontestable right shall be acquired in a mark which is the generic name for the goods or services or a portion thereof, for which it is registered."

41) 연방상표법 제14조 (3)에서는 다음과 같이 규정하고 있다. "(3) At any time if the registered mark becomes the generic name for the goods or services, ⋯."

42) Soweco, Inc. v. Shell Oil Co., 617 F.2d 1178 (1980).

43) 나종갑, "일반명칭과 2차적 의미: 자유 · 재산권 · 그 한계", 「법조」, 제53권 제9호, 법조협회, 2004, 129~131면 참조.

보통명칭화된 이후에도 실질적으로 독점적이고 계속적으로 그 상표를 사용하고 특정한 상품의 종류나 유형을 나타내는 보통명칭을 대체하는 다른 명칭이 등장하게 되는 경우 그 보통명칭화된 상표는 다시 특정한 상품에 대한 출처를 의미하는 2차적 의미를 취득하게 되면 상표로서 등록 또는 보호가 가능하게 된다.

아. 사전, 미디어 DB, 소비자 설문조사 기준 특허상표청과 법원은 어떤 상표가 소비자에게 주로 보통명칭으로 인식되는지의 여부를 판단할 때에는 통상 사전이나 미디어의 데이터베이스를 검색하거나 소비자를 상대로 하는 설문조사를 활용한다.

(4) 사 례 '아몬드'에 'ALMOND', '땅콩'에 'PENUTS'와 같이 처음부터 보통명칭인 경우뿐만 아니라 '보온병에 'THERMOS', '해열제'에 'ASPIRIN', '승강기'에 'ESCALATOR', '요요 놀이용품'에 'YO-YO' 등과 같이 처음에는 고유의 식별력이 있는 상표였으나 상표등록 이후에 보통명칭화된 경우도 있다.

THERMOS,[44] **ASPIRIN**,[45] **ESCALATOR, YO-YO, CELLOPHANE**[46]

3) 기술적 상표

(1) 의 의 기술적 상표란 "상품의 어떠한 성질이나 특성을 직접적으로 단지 「기술」(記述)하거나 「설명」하는 상표"를 말한다. 이러한 상표는 다음과 같은 사유로 상표등록이 거절된다.

i) 소비자에게 특정한 상품의 출처표시로서 인식되기보다는 그 상표가 갖고 있는 사전적 또는 언어적 의미로 인식된다.

ii) 당해 상품을 취급하는 경업자가 자기의 상품을 설명할 때 자유롭게 사용하여야 할 필요가 있다.

iii) 동일한 성(姓)을 가진 사람들은 자기의 상품이나 서비스와 관련하여 자기의 성을 상표로서 정당하게 사용하기를 원할 수 있다. 다만, 기술적 상표가 사용에 의한 식별력을 취득하여 소비자가 당해 상표를 사전적 의미보다 특정한 상품의 출

---

44) King-Seeley Thermos Co. v. Alladin Indus., 321 F. 2d 577 (2d Cir. 1936).
45) Bayer Co. v. United Drug Co., 272 F. 505 (S.D.N.Y. 1921).
46) Dupont Cellophane Co. v. Waxed Prods Co., 85 F. 2d 75 (2d Cir. 1936).

처표시로 인식하는 경우에는 예외적으로 상표등록이 허용된다. 기술적 상표는 사용에 의한 식별력을 취득하지 못한 경우 특허상표청의 「주등록부」에는 등록받을 수 없으나 「보조등록부」에는 등록될 수 있으며, 보조등록부에 등록한 이후 5년간 실질적으로 독점적이고 계속적으로 상업상 사용된 경우 주등록부에 등록될 수 있다. 이러한 점에서 보조등록부는 기술적 상표들이 식별력을 취득하는 온실 역할을 하고 있다고 볼 수 있다.

(2) 종 류

가. 기술의 내용에 따른 분류 기술적 상표는 설명하는 내용에 따라 다음과 같이 3가지로 구분된다.[47]

i) 상품이나 서비스의 「특성」을 설명하는 기술적 상표

ii) 상품이나 서비스의 「산지」를 설명하는 기술적 상표

iii) 주로 사람의 「성」만으로 구성된 기술적 상표.

나. 기술의 당부에 따른 분류 기술적 상표는 상품의 성질을 단지 그대로 나타내는지의 여부에 따라 다음과 같이 구분된다.

i) 상품이나 서비스의 성질을 단지 설명하는 기술적 상표(merely descriptive mark)

ii) 상품이나 서비스의 성질을 기만적으로 잘못 표시하는 상표(deceptively misdescriptive mark).

(3) 기술적 상표와 권리불요구제도

가. 의 의 권리불요구제도(disclaimer)란 "「결합상표」(composite mark)[48]의 「전체」에 대해서만 권리를 행사하고 권리불요구된 「부분」에 대해서는 단독으로는 권리로서 행사하지 않는다는 출원인의 의사표시를 상표등록부에 기재하도록 하는 제도"를 말한다.[49]

나. 제도의 취지 이 제도는 결합상표의 구성 중 일부분이 i) 기술적 표장, ii) 보통명칭, iii) 흔한 성과 같이 독립적으로는 상표등록이 불가능한 부분을 포함

---

47) 우리나라의 상표법에서는 흔한 성으로만 구성된 상표를 기술적 상표와 구분하지만 미국의 연방상표법에서는 흔한 성도 기술적 상표의 일종으로 분류하고 있다.

48) 따라서 상표 전체로서 하나의 단일성을 유지하는 unitary mark는 권리불요구가 불가능하다.

49) Horlick's Malted Milk Co. v. Borden Co., 295 F. 232, 234, 1924 C.D. 197, 199 (D.C. Cir. 1924); TMEP 1213에서 인용.

하고 있지만 상표의 구성 전체로는 상표등록을 받을 수 있는 경우 상표등록을 허용하되, 권리불요구된 부분을 상표등록부 등에 공시함으로써 일반 공중이 상표권의 보호 범위에 관하여 오해가 발생하지 않도록 하고 경업자는 권리불요구된 부분을 자유롭게 사용하도록 하는 공익과 상표권자의 사익 간의 균형을 도모하기 위하여 1946년 Lanham Act에서 명문으로 도입되었다.[50]

다. 종 류　연방상표법 제6조[51]에서는 출원인은 독립하여 상표등록이 불가능한 부분에 대하여 자진하여 권리를 불요구할 수 있으며, 심사관도 직권으로 상표등록이 불가능한 부분에 대하여 출원인에게 권리를 불요구하도록 요청할 수 있도록 규정하고 있다.

연구 45 권리불요구 사례

상표	jelly bean jelly [52]	Fish Flips [53]	Outdoor TOWELS [54]
권리불요구 부분	JELLY BEAN JELLY	FISH	OUTDOOR TOWELS

상표	Doggie Rewards [55]	Wisconsin Builders Association [56]	Best Ball [57]
권리불요구 부분	DOGGIE	BUILDERS ASSOCIATION	BEST BALL

---

50) 특허청, 권리불요구제 도입과 심사품질제고를 위한 기술적 표장에 관한 연구, 2009, 1면 참조.

51) (a) The Director may require the applicant to disclaim an unregistrable component of a mark otherwise registrable. An applicant may voluntarily disclaim a component of a mark sought to be registered.
(b) No disclaimer, including those made under subsection (e) of section 1057 of this title, shall prejudice or affect the applicant's or registrant's rights then existing or thereafter arising in the disclaimed matter, or his right of registration on another application if the disclaimed matter be or shall have become distinctive of his goods or services.

52) 연방상표등록 제2919505호, 지정상품: 제29류 Food products, namely, jellies, jams and fruit preserves. 권리불요구: No claim is made to the exclusive right to use 'jelly bean jelly' apart from the mark as shown.

53) 연방상표등록 제2978018호, 지정상품: 제16류 Waterproof fish identification booklet. 권리불요구: No claim is made to the exclusive right to use 'fish' apart from the mark as shown.

54) 연방상표등록 제3242941호, 지정상품: 제16류 Paper towels comprised of wood pulp and

라. 권리불요구의 시기 권리불요구는 i) 상표출원 시, ii) 심사 중, iii) 상표등록 후에 가능하다. 다만, 상표등록 후에는 정당한 이유가 있어야만 가능하며, 권리불요구로 인하여 등록상표의 성격이 상당하게 변경되지 않아야 한다.

마. 권리불요구된 부분의 공시 권리가 불요구된 부분에 대한 설명은 출원공고 시 상표공보, 상표등록 시 상표등록증, 상표등록부 등에 공시되어 누구나 권리가 불요구된 부분을 명확히 확인할 수 있도록 하고 있다.

바. 권리가 불요구된 부분이 사용에 의한 식별력을 취득한 경우의 효과 권리가 불요구된 부분은 이후에 사용에 의한 식별력을 취득한 경우 출원인 또는 상표권자의 권리에 어떠한 해를 끼치거나 영향을 미치지 아니한다.

(4) 판단 기준

가. 상품과 관련하여 판단 기술적 상표인지의 여부는 상품과 관련하여 판단하여야 한다. 예를 들어 'Apple'이라는 상표는 '케이크'라는 상품과 관련해서는 기술적 상표에 해당하지만 '컴퓨터'와 관련해서는 임의선택 상표에 해당된다.

나. 전체적인 상업적 인상을 기준으로 판단 결합상표가 기술적 상표에 해당하는지의 여부는 상표의 개별 구성요소별로 분리하여 판단하지 않고 결합상표 전체로서 평균적인 소비자에게 주는 「전체적인 상업적 인상」(overall commercial impression)을 기준으로 판단하여야 한다.

다. 기술적 상표로 호칭되지만 철자의 오기가 있거나 약칭인 경우 기술적 상표와 동일하게 호칭되지만 철자에 일부 오기가 있는 경우에는 철자의 오기가 없는 것으로 보아 기술적 상표로 본다. 소비자에게 일반적으로 인식되는 약칭의 경우에도 축약되지 않은 원문과 동일하게 판단한다.

---

binding agents. 권리불요구: No claim is made to the exclusive right to use 'outdoor towels' apart from the mark as shown.

55) 연방상표등록 제3334749호, 지정상품: 제31류 Premium liver dog treats. 권리불요구: No claim is made to the exclusive right to use 'doggie' apart from the mark as shown.

56) 연방서비스등록 제3192729호 지정서비스: 제35류 Association services, namely promoting the interests of home builders, construction companies, support service firms, and suppliers. 권리불요구: No claim is made to the exclusive right to use 'builders association' apart from the mark as shown.

57) 연방상표등록 제4581006호, 지정상품: 제28류 Exercise balls. 권리불요구: No claim is made to the exclusive right to use 'best ball' apart from the mark as shown.

C-THRU,[58] SAFE T PLUG,[59] URBANHOUZING,[60] SHARPIN[61]

라. 약칭 또는 두문자로 구성된 상표　약칭(abbreviation) 또는 두문자(acronyms, initialism)로 구성된 상표의 경우 상품과 관련하여 상품의 성질을 단지 기술하고 있고 소비자가 당해 약칭 또는 두문자와 그것이 의미하는 기술적인 표현을 실질적으로 동일하게(substantially synonymous) 인식하는 경우 상표등록은 거절된다.[62][63]

마. 외국어 균등의 원칙　외국어로 구성된 상표의 경우 「외국어 균등의 원칙」에 따라 영어로 번역하여 그 번역된 의미가 상품과 관련하여 기술적 상표인지의 여부를 판단한다.[64]

(5) 서적 등의 제호와 기술적 상표　단행본 서적 등의 저작물의 제호(title of a single work)는 당해 문학 작품의 내용을 압축적으로 설명하는 기술적 상표에 해당

---

58) C-Thru Ruler Co. v. Needleman, 190 USPQ 93 (E.D. Pa. 1976). 이 사건에서 법원은 지정상품이 '투명한 자'와 '제도기구'인 경우 'C-THRU'는 'SEE-THROUGH'와 칭호적으로 동등(phonetic equivalent)하게 인식되므로 기술적 상표에 해당한다고 판단하였다. TMEP 1209.03(j)에서 인용.

59) Harvey Hubbell, Inc. v. Dynamic Instrument Corp., 165 USPQ 412 (TTAB 1970). 이 사건에서 상표심판원은 기술적 상표가 철자를 틀리게 표현한다고 하더라도 상표등록이 허용되지 않는다고 판단하였다.

60) *In re* Carlson, 91 USPQ2d 1198, 1203 (TTAB 2009). 이 사건에서 상표심판원은 서비스표 'URBANHOUZING'은 소비자들에게 'URBAN HOUSING'로 인식될 수 있으므로 지정서비스 'real estate brokerage, real estate consultation, and real estate listing.'과 관련하여 기술적 서비스표에 해당한다고 판단하였다. TMEP 1209.03(j)에서 재인용.

61) *In re* Calphalon Corp., 122 USPQ2d 1153, 1164 (TTAB 2017). 이 사건에서 상표심판원은 'SHARPIN' 상표는 'sharpen'과 칭호적으로 동등(phonetic equivalent)하게 인식되므로 지정상품 'knife blocks with built-in sharpeners'와 관련하여 기술적 상표에 해당한다고 판단하였다. TMEP 1209.03(j)에서 인용.

62) TMEP 1209.03(h) Acronyms 참조.

63) *In re* Thomas Nelson, Inc., 97 USPQ2d 1712, 1715 (TTAB 2011). 이 사건에서 상표심판원은 'NKJV' 상표는 지정상품인 'bibles'와 관련하여 소비자가 'New King James Version'와 실질적으로 동일하게 인식하고 있으므로 지정상품인 성격책의 성질을 단지 기술하는 상표에 해당한다고 판단하였다.

64) 상표심판원은 'tasty'라는 의미를 가진 이탈리아어 'SAPORITO' 상표의 '소시지'에 대한 상표등록을 거절하였으며[*In re* Geo. A. Hormel & Co., 227 USPQ 813 (TTAB 1985)], 'optic'이라는 의미를 가진 프랑스어 'OPTIQUE' 상표의 '안경테'에 대한 상표등록을 거절하였다. 특허청, 미국 상표법 · 제도에 관한 분석 및 시사점, 2006, 37면에서 사례 인용.

하는 것으로서 소비자가 서적 또는 발행인이나 출판사의 출처표시로서 인식하지 아니하므로[65] 시리즈 저작물(a series of creative works)의 제호로 사용되지 않는 한 주등록부는 물론 보조등록부에의 상표등록을 배제하고 있다.[66] 다만 상품의 출처표시로서의 기능을 하는 시리즈 서적의 제호(name of a series of books)는 상표로서 등록이 가능하다.

(6) 사 례　'아몬드'와 관련하여 그 산지를 나타내는 'CALIFORNIA', '세탁기'와 관련하여 'SUPERIOR', '금융서비스'와 관련하여 'PLATINUM', '햄'과 관련하여 'HONEY-BAKED' 등이 대표적인 사례이다.

california almonds, **SUPERIOR**, **PLATINUM**, **HONEY-BAKED**

4) 암시적 상표

(1) 의 의　암시적 상표란 "상표의 사전적 의미가 상품과 관련하여 당해 상품의 성질이나 특성을 「간접적」이거나 「암시적」 또는 「상징적」인 것으로 나타내는 상표"를 말한다. 이러한 암시적 상표는 고유의 식별력이 인정되어 상표등록이 가능하다.

(2) 기술적 상표와 비교　암시적 상표는 표장이 상품에 관한 성질을 나타내는 것이라는 결론에 도달하기 위해서는 약간의 「상상」(some operation of the imagination), 「사고」(thought) 또는 「인식」(perception)과 같은 소비자의 정신적인 처리 과정(mental process)이나 여러 단계의 추론(multi-step reasoning)이 필요하다는 점에서 상품의 성질을 「직감적」(immediate idea)으로 설명해 주는 기술적 상표와 상이하다.

65) *In re* Cooper, 254 F.2d 611, 615-16, 117 USPQ 396, 400 (CCPA 1958); *In re* Hal Leonard Publ'g Corp., 15 USPQ2d 1574 (TTAB 1990).

66) TMEP 1202.08 Title of a Single Creative Work 참조.

(3) **사 례** 'MICROSOFT' 상표는 '마이크로컴퓨터(microcomputer)의 소프트웨어'를 암시하는 표장에 해당하며, 'GREYHOUND' 서비스표는 '버스 운송서비스', 'HEARTWISE' 상표는 '저콜레스테롤 식품', 'ROACH MOTEL' 상표는 '바퀴벌레 덫', 'COPPERTONE' 상표는 '선탠오일', 'SKINVISIBLE' 상표는 '의료용 투명밴드',[67] 'ORANGE CRUSH' 상표는 '오렌지 맛 청량음료', 'BURGER KING' 상표는 '햄버거', 'SNUGGLE' 상표는 '섬유유연제'와 관련하여 암시적 표장으로 볼 수 있다.

Microsoft, Greyhound, HEARTWISE, 

, Coppertone

Skinvisible, Crush,[68] BURGER KING, Snuggle Bear Den

(4) **기술적 상표와 암시적 상표의 판단 기준** 어떤 상표가 기술적인지 아니면 암시적인지는 상표의 등록 여부 판단에서 아주 중요하지만 간단하거나 쉬운 문제는 아니다. 따라서 미국에서는 다음과 같은 기준에 의하여 양 상표의 해당 여부를 판단한다.[69]

가. 소비자의 상상(연상, 암시)의 정도(degree of imagination) 소비자가 상표로부터 상품이나 서비스의 성질을 추론하기 위하여 어느 정도의 상상력이 필요한지의 여부이다.[70] 만일 소비자의 상상력이 많이 필요하다면 암시적 상표로 판단될 가능성이 높다.

나. 경업자의 필요(competitor's need) 경업자가 자기의 상품이나 서비스의 성질을 소비자에게 설명하기 위하여 반드시 필요한지의 여부이다.[71] 만일 경업자가 자기의 상품이나 서비스를 소비자에게 설명하는 데 반드시 필요한 용어라면 기술적 상표에 해당하고 반드시 필요한 용어가 아니라면 암시적 상표로 판단될 가능성이 높다.

---

67) 3M Co. v. Johnson & Johnson, 454 F. 2d. 1179 (1972).

68) Orange Crush Co. v. California Crushed Fruit Co., 297 F. 892 (1924).

69) Margreth Barrett, EMANUEL Law Outlines, Intellectual Property, 3rd Edition, 2012, 236면 참조.

70) Stix Prods., Inc. v. United Merchants & Mfrs., Inc., 295 F. Supp. 479, 488 (S.D.N.Y. 1968).

71) Union Carbide Corp. v. Ever-Ready, Inc., 531 F.2d 366, 379 (7th Cir. 1976).

다. 경업자에 의한 실제 사용(competitor's actual use)　　경업자가 자기의 상품이나 서비스의 성질을 설명하기 위하여 현재 실제로 사용하고 있는지의 여부이다.[72] 만일 경업자가 자기의 상품이나 서비스의 특성이나 성질을 설명하기 위하여 현재 사용하고 있다면 기술적 상표로, 아니라면 암시적 상표로 판단될 가능성이 높다.

라. 사전에의 수록 여부　　상표가 사전에 수록되어 있는지의 여부는 기술적 상표와 암시적 상표를 구분하는 기준이라기보다 조어상표와 기술적 상표, 조어상표와 암시적 상표를 구분하는 기준으로 많이 활용된다. 어떤 상표가 사전에 수록되어 있지 않다면 조어상표로서 상표등록이 될 가능성이 높지만 사전에 수록되어 있다면 그 사전적 의미와 상품의 성질을 직접적으로 기술하는지의 여부에 따라 기술적 상표인지 암시적 상표인지의 여부가 결정된다.

5) 임의선택 상표

(1) 의　의　　임의선택 상표란 "이미 사전적인 의미를 갖고 있는 현재 존재하는 「기존어」(既存語)로서 상품의 성질이나 특성과 관련하여 아무런 관계가 없는 용어를 상표사용자가 상품의 식별표시로 사용하기 위하여 임의적으로 선택한 상표"를 말한다. 임의선택상표는 상품과 관련하여 아무런 관계가 없기 때문에 고유의 식별력이 인정되어 상표등록이 가능하다.

(2) 사　례　　임의선택 상표의 대표적인 사례로 '담배'에 'CAMEL', '컴퓨터'에 'APPLE', '비누'에 'DOVE', '아몬드'에 'BLUE DIAMOND', '자동차'에 'GENESIS' 등을 들 수 있다.

6) 조어상표 또는 창작상표

(1) 의　의　　조어상표(造語商標) 또는 창작상표(創作商標)란 "상표사용자가 상표로 사용하기 위하여 사전적인 의미를 갖지 않는 「신조어」(新造語)로 구성된 상표"를 말한다. 이러한 조어상표 또는 창작상표는 고유의 식별력이 인정되어 상표등록이 가능하다.

---

72) Vision Center v. Opticks, 596 F.2d 117 (5th Cir 1979).

(2) **다른 상표와 비교**　조어상표 또는 창작상표는 사전적인 의미를 갖지 않는다는 점에서 사전적인 의미를 갖고 있는 보통명칭 상표, 기술적 상표, 암시적 상표, 임의선택 상표와 구별된다.

(3) **사　례**　조어상표의 대표적인 사례로는 'KODAK', 'EXXON', 'ASICS', 'XEROX', 'VIAGRA' 등이 있다.

Kodak, EXXON, asics, XEROX., VIAGRA®

3. 비전형적인 상표의 새로운 식별력 존부 판단 기준

1) 의 의

전통적인 문자상표의 식별력의 존부에 관한 판단 기준인 1976년의 「Abercrombie 기준」을 색채나 입체적 형상, 소리, 냄새 등의 비전형적인 상표에도 그대로 적용할 수 있는지 여부에 대하여 아직까지 논란이 있으며 미국의 법원은 비전형적인 상표에 대한 식별력의 존부에 대한 일치된 판단 기준을 제시하고 있지 않다. 다만, 일부 법원은 다음과 같은 판단 기준을 제시하고 있다.

2) 비전형 상표의 식별력 존부에 대한 판단 기준

(1) **Duraco 기준**　제3 연방순회구 항소법원은 1994년 「Duraco 사건」[73]에서 다음과 같은 「상품의 형상 트레이드 드레스」(a product configuration trade dress)의 식별력의 존부에 관한 기준을 제시하였다. 이 기준에 따르면 상품의 형상 트레이드 드레스는 다음에 해당하는 요건을 모두 갖추어야만 고유의 식별력이 있다고 볼 수 있다.

i) 상품 자체의 형상으로서 특이하고 기억되기 쉬우며(unusual and memorable),

ii) 상품으로부터 개념적으로 분리 가능하며(conceptually separable from the product),

iii) 주로 상품의 출처표시로서 기능하는 경우(likely to serve primarily as a designator of origin).

(2) **Seabrook 기준**　연방순회항소법원의 전신인 「관세특허항소법원」(Court of

---

73) Duraco Products, Inc. v. Joy Plastic Enterprise 32 USPQ2d 1724, 1725 (3d Cir. 1994).

Customs and Patent Appeals: CCPA)은 1977년 「Seabrook 사건」[74]에서 상표는 그 내재적인 성격상 특정한 상품의 출처로 인식할 수 있는 기능을 수행한다면 고유의 식별력이 있다고 판시하면서 「상품의 포장 트레이드 드레스」(product packaging trade dress)의 식별력의 존부를 판단할 때에는 다음의 4가지 요소를 고려하여야 한다고 판시하였다. 이 4가지 요소는 미국의 상표심사기준에서도 규정하고 있어 트레이드 드레스의 식별력의 존부를 판단할 때 고려하고 있다.[75][76]

i) 상품의 포장 디자인이 일반적인 기본 형상이나 디자인인지 여부(whether the design is a common basic shape or design)

ii) 상품의 포장 디자인이 그 사용분야에서 독특하거나 특이한지 여부(whether the design is unique or unusual in the field in which it is used)

iii) 상품의 포장 디자인이 소비자의 관점에서 상품의 외장이나 장식으로서 특정한 상품류에 대해 일반적으로 채택되고 잘 알려진 장식의 형태를 단지 개선한 수준인지 여부(whether the design is a mere refinement of a commonly-adopted and well-known form of ornamentation)

iv) 상품의 포장 디자인이 수반된 문자와 구분되는 상업적 인상을 주고 있는지 여부(whether the design is capable of creating a commercial expression, distinct from the words).

---

74) Seabrook Foods, Inc. v. Bar-Well Foods Ltd., 568 F.2d 1342, 1344 (CCPA 1977).

75) TMEP 1202.02(b)(ii) Distinctiveness and Product Packaging Trade Dress.

76) 특허청, 한・미 FTA 지적재산권 분야 이행방안에 관한 연구, 2007, 170~171면 참조.

제3절 ▌부등록사유

Ⅰ. 의 의

상표가 식별력이 없어 등록될 수 없거나 고유의 식별력 또는 사용에 의한 식별력을 구비하였다고 하더라도 공익상의 이유와 사익 간의 조정을 위하여 일정한 경우 상표등록을 거절할 수 있도록 연방상표법 제2조에서 상표의 부등록사유를 규정하고 있다. 출원상표가 연방상표법 제2조의 부등록사유에 해당하는지 여부는 특허상표청 심사관이 입증하여야 한다.[77]

Ⅱ. 상표의 부등록사유

연방상표법 제2조에서는 출원인의 상품을 타인의 상품과 식별할 수 있는 상표는 다음의 어느 하나에 해당하는 경우를 제외하고는 상표등록은 거절되지 않는다고 규정하고 있다. 그런데 이 규정은 연방상표법에 따라 출원상표의 등록 여부에만 적용되는 것이 아니라 연방상표법 제43조 (a)항에 따라 미등록된 상표가 보호받을 수 있는지의 여부를 판단할 때에도 적용된다. 따라서 연방상표법 제2조에서 규정하는 상표의 부등록사유의 어느 하나에 해당하는 경우에는 연방상표법 제43조 (a)항에 의한 보호도 인정되지 않는다.[78]

---

77) *In re* Mavety Media Group, 33 F.3d 1367, 31 USPQ.2d 1923 (Fed. Cir. 1994).

78) Two Pesos, Inc. v. Taco Cabana, Inc., 505 U.S. 763 (1992). 이 사건에서 미국 연방대법원은 연방상표법 제2조는 연방상표법 제43조 (a)항에 따라 미등록상표가 보호받을 수 있는지를 규정해 놓았다고 판시하였다.

1. 부도덕하거나, 기만적, 수치스러운 내용으로 구성되거나 이를 포함한 상표[79)]

1) 의 의

연방상표법 제2조 (a)항에서는 상표가 부도덕하거나(immoral) 기만적이거나(deceptive) 수치스러운(scandalous) 내용으로 구성되거나 이러한 표현을 포함하고 있는 경우를 상표의 부등록사유의 하나로 규정하고 있다.

2) 연 혁

1905년 연방상표법에서는 부도덕하거나 수치스러운 내용으로 구성되거나 이를 포함하는 상표를 부등록사유로 규정하고 있었으며, 1946년 Lanham Act에서는 현재의 조항과 동일하게 규정되었다. 그러나 최근 「Matal v. Tam 사건」[80)]에서 수치스러운 내용으로 구성되거나 이를 포함하는 상표의 등록을 배제하는 것은 미국의 연방헌법 수정조항 제1조의 언론과 표현의 자유 규정에 위반된다는 연방대법원의 판결에 따라 특허상표청은 수치스러운 내용으로 구성되거나 이를 포함하는 상표를 더 이상 부등록사유로 적용하지 않고 있다.[81)]

3) 부도덕하거나 수치스러운

(1) **의 의** 부도덕하거나(immoral) 수치스러운(scandalous) 상표란 "상표가 성적으로 노골적 · 외설적인 이미지나 표현으로 구성되거나 타인의 양심이나 도덕 또는 예의에 반하는 표현으로 구성되거나 이를 포함하는 상표"를 말한다. 상표가 부도덕하거나 수치스럽다는 것에 대한 입증 책임은 심사관이 부담한다. 심사관은 어떤 상표가 부도덕하거나 수치스러운지를 판단하기 위해 사전이나 인터넷 검색 등을 통해 그 해당 여부를 판단한다.

(2) **판단 기준** 상표심판원은 2단계에 걸친 판단 과정을 통해 상표가 부도

---

79) 미국의 연방상표법 제2조 (a)항에서 "Consists of or comprises immoral, deceptive, or scandalous matter"라고 규정하고 있다.

80) Matal v. Tam, 582 U.S. (2017).

81) TMEP 1203 참조. 현재 미국의 상표심사기준에서는 다음과 같이 규정하고 있다. "The provisions of 15 U.S.C. §1052(a) apply to both the Principal Register and the Supplemental Register. Note, however, that in Matal v. Tam, 582 U.S. (2017), the Supreme Court of the United States held that the disparagement provision of 15 U.S.C §1052(a) violates the Free Speech Clause of the First Amendment. Accordingly, that a mark may "disparage … or bring … into contempt, or disrepute" is no longer a valid ground on which to refuse registration or cancel a registration.".

덕하거나 수치스러운 표장에 해당하는지의 여부를 판단한다.[82] 먼저 1단계에서는 상표의 전체 구성 중 문제가 되는 구성부분이 어떠한 의미를 가지고 있는지를 파악한다. 이를 위해서 문제가 되는 상표의 구성부분에 대한 사전적 의미를 분석하는 한편 문제가 되는 구성부분과 나머지 구성부분과의 관계를 포함한 상표 사용의 전체적인 맥락을 분석하고, 상표가 사용될 상품 또는 서비스와 시장에서 상표가 사용되는 방법도 고려하여야 한다. 2단계에서는 파악된 가능한 의미를 기준으로 살펴볼 때 문제가 되는 구성부분이 「일반 공중의 상당한 구성원」(substantial composite of the general public)에게 부도덕하거나 수치스러운 표현에 해당하는지의 여부를 판단한다. 한편 상표가 부도덕하거나 수치스러운 표장에 해당하는지의 여부가 불확실한 경우에는 상표등록을 허용하는 방향으로 해석하여야 한다.[83]

(3) 사 례

가. 부도덕하거나 수치스러운 상표에 해당한다고 판단한 사례

,[84] 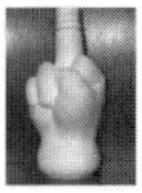,[85] 

,[86] 

,[87]

COCAINE,[88] BULLSHIT,[89] SEX ROD,[90] Bubby Trap,[91] Messiahs[92]

---

82) Harjo v. Pro Football, Inc., 50 USPQ2d 1705 (TTAB 1999).

83) *In re* Old Glory Condom Corp., 26 USPQ2d 1216 (TTAB 1993).

84) Greyhound Corp. v. Both Worlds, Inc., 6 USPQ2d (BNA) 1635 (TTAB 1998). 이 사건에서 상표심판원은 지정상품인 'polo shirts and t-shirts'에 대하여 배변하는 개의 도형은 수치스러운 상표에 해당한다는 이유로 상표등록을 거절하였다.

85) *In re* Luxuria, s.r.o., 2011 WL 4871869 (TTAB 2011).

86) *In re* Giorgio S.R.L., 2015 WL 6166636 (TTAB 2015).

87) *In re* McGinley, 660 F.2d 481 (CCPA 1981). 이 사건에서 법원은 출원상표가 공서양속에 반하므로 상표로 등록될 수 없다고 판단하였다.

88) 출원인은 'carbonated and non-carbonated soft drinks and energy drinks'를 지정상품으로 하여 'COCAINE' 상표를 출원하였으나 심사관은 출원상표가 비도덕적이라는 이유로 상표등록을 거절하였다. 상표심판원은 비록 'COCAINE' 상표는 통상 마약의 일종인 '코카인'을 의미하는 단어로 인식되며 비록 외설스럽지는 않지만 지정상품과 관련하여 비도덕적이고 수치스러운 용어에 해당하고 지정상품과 관련하여 광고에 사용될 경우 이 제품을 섭취할 경우 코카인과 같은 불법적인 마약과 같은 효과를 가져온다고 암시한다고 판단하여 심사관의 거절결정을 지지하였다. *In re* James T. Kirby (TTAB, September 22, 2008) 참조.

89) *In re* Tinseltown, Inc. 212 USPQ 863, 1981 WL 40474 (TTAB 1981). 이 사건에서 상표심판원

나. 부도덕하거나 수치스러운 상표에 해당하지 않는다고 판단한 사례

,93)  ,94)  ,95) **BLACK TAIL**,96) ACAPULCO GOLD ,97)

BIG PECKER BRAND,98) **SEX.NOW**,99) **Wild Sex**,100) ,101)

은 'BULLSHIT' 상표는 지정상품인 '핸드백, 지갑, 벨트'와 관련하여 수치스러운 상표에 해당한다고 판단하였다.

90) Boston Red Sox Baseball Club Limited Partnership v. Brad Francis Sherman, 88 USPQ2d 1581, 2008 WL 4149008 (TTAB 2008). 지정상품: 의류.

91) *In re* Runsdorf, 171 USPQ 443, 1971 WL 16534 (TTAB 1971). 지정상품: 브래지어.

92) *In re* Sociedade Agricola E. Comerical Dos Vinhos Messias, S.A.R.L., 159 USPQ 275, 1968 WL 8178 (TTAB 1968). 지정상품: 포도주, 브랜디.

93) *In re* Old Glory Condom Corp., 26 USPQ2d 1216 (TTAB 1993). 심사관은 신성한 미국의 성조기를 성행위와 관련된 '콘돔'에 사용하는 것은 국민의 감정에 반하므로 부도덕하고 수치스러운 요소로 구성되었다고 상표등록을 거절하였으나 상표심판원은 미국의 성조기를 상표의 구성 중의 일부분으로 사용하는 것은 흔하며, 성조기를 상표의 일부분으로 구성하여 콘돔에 사용한다는 이유만으로는 수치심을 유발한다고 보기 어렵고, 출원인의 콘돔 포장용기는 안전한 성행위와 AIDS를 방지하기 위한 수단으로서 콘돔 사용이 애국적이라는 믿음을 강조하는 것이므로 상표등록을 거절할 이유가 없다고 판단하였다.

94) *In re* Thomas Laboratories, Inc., 189 USPQ 50, 52, 1975 WL 20894 (TTAB 1975). 지정서비스: 남성의 성기의 크기를 교정하는 서비스.

95) *In re* Advanced Armament Corp., LLC, 2013 WL 6355603 (TTAB 2013). 지정상품: 소형화기의 소음기.

96) *In re* Mavety Media Group Ltd. 33 F.3d 1367 (Fed. Cir. 1994). 출원인은 아프리카계 미국 여성들의 나체 사진을 게재하는 성인잡지 출판인으로 'adult entertainment magazines'을 지정상품으로 하여 상표출원을 하였다. 심사관은 상표의 구성 중 'TAIL' 은 '성 파트너' 또는 '성적 물건'이라는 사전적 의미가 있으므로 수치스러운 상표에 해당한다는 이유로 상표등록을 거절하였고 상표심판원도 심사관의 거절결정을 지지하였다. 한편 제2 연방순회구 항소법원은 사전상 'TAIL'은 '성적 파트너'와 같은 저속한 의미 외에도 '꼬리' 등과 같은 저속하지 않은 사전적 의미도 가지고 있기 때문에 소비자가 'TAIL'을 어떤 의미로 인식할지에 대한 구체적인 증거 없이 수치스러운 상표에 해당한다고 상표등록을 거절한 것은 심사관이 입증책임을 다하지 못하였다고 판단하여 상표심판원 심판관의 심결을 파기하였다.

97) 출원인은 'indoor sun tanning preparations'를 지정상품으로 하여 'ACAPULCO GOLD' 상표를 출원하였으나 심사관은 'ACAPULCO'가 속어로 '마리화나'라는 의미를 가지고 있다는 이유로 상표등록을 거절하였으나 상표심판원은 'ACAPULCO'는 지정상품과 관련하여 사용될 때 유명한 리조트의 이름으로 인식되지 마리화나로는 인식되지 않는다고 판단하였다. *In re* Hepperle, 175 USPQ 512 (TTAB 1972) 참조.

98) 출원인은 '티셔츠'를 지정상품으로 하여 'BIG PECKER BRAND' 상표를 출원하였다. 심사관

Sex With Emily,[102] **SEXTV,**[103] **Week-End Sex,**[104] **MAFIA**[105]

4) 기만적인

(1) 의 의　다음의 조건에 모두 해당하는 경우 상표가 기만적(deceptive)이라고 판단한다.[106]

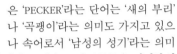

은 'PECKER'라는 단어는 '새의 부리'나 '곡괭이'라는 의미도 가지고 있으나 속어로서 '남성의 성기'라는 의미를 가지고 있으므로 공서양속에 반하는 상표에 해당된다는 이유로 상표등록을 거절하였다. 그러나 상표심판원은 이 상표가 새의 디자인과 함께 사용되고 있는 점 등을 고려할 때 '남자의 성기'라는 의미보다는 '새의 부리'를 지칭하는 것으로 보이므로 공서양속에 반하는 상표에 해당한다고 보기 어렵다고 판단하였다. *In re* Hershey, 6 USPQ2d 1470 (TTAB 1988) 참조.

99) 연방서비스표등록 제4708072호, 지정서비스: 제35류 On-line retail store services featuring adult sexual stimulation aids and clothing.

100) 연방상표등록 제4008326호, 지정상품: 제34류 Pipe tobacco, molasses tobacco, tobacco, smoking tobacco, flavored tobacco[tobacco substitute, namely, herbal molasses].

101) 연방상표등록 제5337595호, 지정상품: 제25류 Beanies, belts, blouses, boots, caps, coats, dresses, headwear, jackets, jeans, jerseys, pants, sandals, shirts, shoes, shorts, socks, sweat bands, sweat shirts, sweat suits, sweaters, sweatpants, t-shirts, tank-tops, underwear, vests, visors, wind resistant jackets, wristbands. 제28류 Bags for skateboards, protective padding for skateboarding, safety devices for skateboarding, namely, athletic protective elbow and knee pads for skateboarding, safety padding for skateboarding, namely, athletic protective elbow and knee pads for skateboarding, skateboards, skateboard decks, skateboarding gloves, skateboard grip tapes, skateboard trucks, skateboard wheels sold separately or sold as a unit with skateboards, skateboard wheel assemblies, skateboard wheels, miniature skateboards.

102) 연방서비스표등록 제3290081호, 지정서비스: 제41류 Entertainment services, namely, [radio programs and] podcasts featuring performances by a radio personality; audio programs featuring performances by a radio personality presented over the Internet.

103) 연방서비스표등록 제2699461호, 지정서비스: 제41류 Providing an adult web site featuring adult entertainment.

104) *In re* Madsen, 180 USPQ 334, 1973 WL 19707 (TTAB 1973). 지정상품: 잡지류.

105) Order Sons of Italy in America v. Memphis Mafia Inc., 52 USPQ2d 1364, 1999 WL 977231 (TTAB 1999). 이 사건에서 상표심판원은 마피아는 범죄조직이라는 의미 외에도 특정한 집단을 칭찬하는 의미도 있기 때문에 비도덕적이거나 수치스러운 상표에 해당하지 않는다고 판단하였다.

106) *In re* Budge Mfg. Co. Inc. 857 F.2d 773, 8 USPQ2d 1259 (Fed. Cir. 1988).

i) 상표가 사용될 상품의 특성, 품질, 기능, 성분, 구성이나 사용과 관련하여 잘못 표시하고(misdescriptive) 있으며,

ii) 소비자는 상품의 성질 등에 대한 잘못된 표시를 진실하게 기술하고 있다고 믿을 가능성이 있고,

iii) 소비자의 상품의 구매 결정에 상품의 성질 등에 대한 잘못된 표시가 중요한 요소(material factor)로 작용한다.

(2) **사 례**

가. 기만적인 상표에 해당한다고 판단한 사례

ECODOWN,[107)] **LOVEE LAMB**,[108)] **SILKEASE**,[109)] **SOFTHIDE**,[110)] **ORGANIK**,[111)] **ORGANIC ASPIRIN**,[112)] **SUPER SILK**,[113)] **WHITE JASMINE**,[114)] α cu,[115)] **American System**[116)]

---

107) *In re* Fisi Fibre Sintetiche S.P.A., 2007 TTAB LEXIS 517 (TTAB 2007). 지정상품: 다운을 함유하지 않은 베게.

108) *In re* Budge Manufacturing Co., Inc. 857 F.2d 773 (1988). 출원인은 '화학섬유로 만든 자동차 시트커버'(simulated sheepskin automotive seat covers)를 지정상품으로 'LOVEE LAMB' 상표를 출원하였으나 심사관은 소비자에게 '화학섬유로 만든 자동차 시트커버'에 'LOVEE LAMB' 상표를 사용하는 경우 소비자를 기만할 우려가 있다는 이유로 상표등록을 거절하였고 상표심판원도 심사관의 거절결정을 지지하였다. 연방순회항소법원도 심사관과 상표심판원 심판관의 판단을 지지하여 'LOVEE LAMB' 상표를 '화학섬유로 만든 자동차 시트커버'에 사용하는 것은 기만적이라고 판단하였다.

109) *In re* Shapely, Inc., 231 USPQ 72 (TTAB 1986). 이 사건에서 상표심판원은 '실크로 만들어지지 않은 옷'에 'SILKEASE'라는 상표를 사용하는 경우 기만적인 상표에 해당한다고 판단하였다.

110) Tanners' Council of America, Inc. v. Samsonite Corp., 204 USPQ 150 (TTAB 1979). 이 사건에서 상표심판원은 'SOFTHIDE' 상표를 '모조가죽'에 사용하는 경우 기만적인 상표에 해당한다고 판단하였다.

111) *In re* Organik Technologies, Inc., 41 USPQ2d 1690 (TTAB 1997). 이 사건에서 상표심판원은 'ORGANIK' 상표를 '유기농으로 재배하거나 화학적 처리나 가공을 하지 않는 면화로 제조한 의류나 직물지'에 사용하는 경우 기만적인 상표에 해당한다고 판단하였다.

112) Bayer Aktiengesellschaft v. Mouratidis, 2010 TTAB LEXIS 218 (TTAB 2010). 지정상품: 아세틸살리실산을 함유하지 않은 합성 건강보조식품.

113) *In re* Phillips-Van Heusen Corp., 63 USPQ2d 1047 (TTAB 2002). 이 사건에서 상표심판원은 'SUPER SILK' 상표를 'clothing, namely dress shirts and sport shirts made of silk-like fabric'에 사용하는 경우 기만적인 상표에 해당한다고 판단하였다.

114) *In re* White Jasmine LLC, 106 USPQ2d 1385 (TTAB 2013). 이 사건에서 상표심판원은 소비

나. 기만적인 상표에 해당하지 않는다고 판단한 사례

COPY CALF,[117] **WHITE SABLE,**[118] **AMERICAN HERITAGE,**[119] **SMART MONEY**[120]

5) 지리적 출처와 관련하여 기만적인

(1) **의 의** 다음의 조건을 모두 충족하는 경우에는 상표가 지리적 출처와 관련하여 기만적이라고(geographically deceptive) 판단한다.

i) 상표가 일반 공중에게 지리적 출처로 인식되며,

ii) 상표가 상품과 관련된 지리적 출처를 잘못 표시하고 있고,

iii) 일반 공중은 상품과 상표가 의미하는 지리적 출처를 서로 연계하며,

iv) 소비자는 그 지리적 출처가 상품과 관련하여 유명하기 때문에 잘못된 표시에 의존한다.

(2) **지리적 출처가 반복되는 상표** Cuba에서 생산되지 아니한 시가제품에 대하여 'Cuba Cuba'와 같이 지리적 출처를 표시하는 지명을 단순히 반복하는 형태로 구성된 상표는 소비자가 시가상품에 대한 Cuba 지명의 인상이 변경되지 않으므로 이 경우에도 Cuba만으로 구성된 상표와 같이 판단한다.

(3) **지리적 출처에 대한 철자의 오기가 있는 상표** Cognac이 아닌

자는 'white tea'가 건강에 유익한 도움을 주는 차로 인식한다는 증거 자료를 고려해 볼 때 'WHITE JASMINE' 상표를 'white tea가 포함되지 않은 차'에 사용하는 경우 기만적인 상표에 해당한다고 판단하였다.

115) *In re* E5 LLC, 103 USPQ2d 1578 (TTAB 2012). 이 사건에서 상표심판원은 'CU' 상표를 '구리가 포함되지 않은 다이어트 보조식품'에 사용하는 경우 기만적인 상표에 해당한다고 판단하였다.

116) *In re* Biesseci S.P.A., 12 USPQ2d 1149, 1989 WL 274380 (TTAB 1989). 지정상품: 미국에서 제조되지 않은 옷.

117) A. F. Gallun & Sons Corp. v. Aristocrat Leather Products, Inc., 135 USPQ 459 (TTAB 1962). 지정상품: 합성 또는 플라스틱제 지갑.

118) *In re* Robert Simmons, Inc., 192 USPQ 331 (TTAB 1976). 지정상품: 미술가용 그림 그리는 붓.

119) *In re* Oliver Wine Co., 2011 TTAB LEXIS 131 (TTAB 2011). 지정상품: 포도주.

120) Beneficial Franchise Company, Inc. v. Ladenburg Thalmann & Co. Inc., 2005 TTAB LEXIS 847 (TTAB 2005). 지정서비스: 증권중개업, 투자컨설팅, 투자경영업, 재무연구업, 투자은행업 등.

'COLAGNAC'으로 구성된 상표를 주류 상품에 대하여 출원하는 경우와 같이 지리적 출처에 관한 단순한 철자의 오기(misspellings)가 있는 상표의 경우 철자의 오기가 없는 지리적 출처와 지정상품이 밀접한 관련성이 있을 경우 철자의 오기가 없는 지리적 출처와 동일하게 판단한다.

(4) 사 례

NAPA VALLEY MUSTARD CO.,[121)] perry new york,[122)] london,[123)] BAHIA[124)]

---

121) *In re* Beaverton Foods, Inc., 84 USPQ2d 1253 (TTAB 2007). 이 사건에서 상표심판원은 지정상품인 'condiments, namely mustard'와 관련하여 출원상표인 'NAPA VALLEY MUSTARD CO.'에 대하여 캘리포니아주의 NAPA VALLEY는 매년 Napa Valley Mustard Festival이 개최되며, 제3자에 의한 웹사이트의 자료에서 'mustard'와 관련하여 NAPA VALLEY를 많이 사용하고 있으며, NAPA VALLEY는 포도농장과 각종 특색있는 음식으로 유명하고, 출원인의 상품에 대한 광고지에서 mustard가 NAPA VALLEY에서 유래된 제품이라는 것을 암시하고 있다는 점에서 '캘리포니아주의 NAPA VALLEY에서 생산되지 아니한 mustard'에 출원상표를 사용하는 경우 기만적인 상표에 해당한다고 판단하였다.

122) *In re* Perry Mfg. Co., 12 USPQ2d 1751 (TTAB 1989). 이 사건에서 상표심판원은 출원인은 상표의 구성 중 'NEW YORK' 부분에 대하여 권리를 불요구하고 있지만 뉴욕은 의류산업에서 명성을 가지고 있으므로 뉴욕과 전혀 관계가 없는 'North Carolina주에서 생산된 의류'에 대하여 출원상표인 'perry new york'을 사용하는 경우 기만적인 상표에 해당한다고 판단하였다.

123) *In re* Juleigh Jeans Sportswear Inc., 24 USPQ2d 1694 (TTAB 1992). 출원인은 이 상표를 'sportwears, namely, jackets, skirts, shirts and pants'를 지정상품으로 하여 상표출원하였다. 심사관은 출원인의 의류가 런던에서 생산되지 않았음에도 불구하고 이 상표를 사용한 것은 런던이 의류의 유명한 산지에 해당하기 때문에 기만적인 상표에 해당한다고 판단하였고 상표심판원도 런던은 전통적인 패션과 현대적인 패션의 중심지로서의 명성을 가지고 있으므로 '런던과 관련이 없는 의류'에 출원상표를 사용하는 경우 기만적인 상표에 해당한다고 판단하여 심사관의 거절결정을 지지하였다.

124) *In re* House of Windsor, Inc., 221 USPQ 53 (TTAB 1983), recon. denied, 223 USPQ 191 (TTAB 1984). 이 사건에서 상표심판원은 브라질의 'BAHIA' 지역은 연초와 담배의 생산지로 유명하므로 브라질의 'BAHIA' 지역에서 생산되지 않는 상품에 출원상표를 사용하는 경우 기만적인 상표에 해당한다고 판단하였다.

2. 생존해 있거나 사망한 사람, 단체, 신념 또는 국가의 상징을 비방하거나 그것들과 관계가 있는 것처럼 허위로 암시하거나 또는 그것들에게 경멸, 악평을 줄 수 있는 것으로 구성되거나 이를 포함한 상표[125)]

1) 의 의

연방상표법 제2조 (a)항에서는 생사 여부를 불문하고 사람, 단체, 신념 또는 국가의 상징을 비방하거나(disparage) 그것들과 관계가 있는 것처럼 허위로 암시하거나(falsely suggest a connection) 그것들에게 경멸(contempt), 악평(disrepute)을 줄 수 있는 상표로 구성되거나 이러한 표현을 포함하는 경우를 상표의 부등록사유의 하나로 규정하고 있다.

2) 연 혁

이 규정은 1946년 Lanham Act에서도 현재의 조항과 동일하게 규정되었다. 그런데 최근 「Matal v. Tam 사건」[126)]에서 생존해 있거나 사망한 사람, 단체 등에게 경멸, 악평을 줄 수 있는 상표로 구성되거나 이러한 표현을 포함하는 상표의 등록을 배제하는 것은 미국의 연방헌법 수정조항 제1조의 언론과 출판의 자유 규정에 위반된다는 연방대법원의 판결에 따라 특허상표청은 생존해 있거나 사망한 사람, 단체 등에게 경멸, 악평을 줄 수 있는 상표로 구성되거나 이러한 표현을 포함하는 상표를 더 이상 상표의 부등록사유로 적용하지 않고 있다.[127)]

3) 사람, 단체, 신념 또는 국가의 상징

사람과 단체는 자연인과 법인을 포함하는 개념이며, 법인은 당사자 적격을 갖춘 어떠한 단체나 조직도 이에 해당될 수 있다. 신념은 종교적 신념, 윤리적 신념, 정치적 신념 등이 해당될 수 있다. 국가의 상징이란 칭호, 외관, 관념에 의하여

---

125) 미국의 연방상표법 제2조 (a)항에서 "Consists of comprises matter which may disparage or falsely suggest a connection with persons, living or dead, institutions, beliefs, or national symbols, or bring them into contempt, or disrepute"라고 규정하고 있다.

126) Matal v. Tam, 582 U.S. (2017).

127) TMEP 1203 참조. 현재 미국의 상표심사기준에서는 다음과 같이 규정하고 있다. "The provisions of 15 U.S.C. §1052(a) apply to both the Principal Register and the Supplemental Register. Note, however, that in Matal v. Tam, 582 U.S. (2017), the Supreme Court of the United States held that the disparagement provision of 15 U.S.C §1052(a) violates the Free Speech Clause of the First Amendment. Accordingly, that a mark may "disparage … or bring … into contempt, or disrepute" is no longer a valid ground on which to refuse registration or cancel a registration."

직감적으로 국가를 의미하거나 암시하는 것을 말한다.

4) 사람, 단체, 신념 또는 국가의 상징을 비방

(1) **단체를 비방** 단체를 비방하는(disparage) 경우란 ⅰ) 상표가 일정한 사람의 집단(group of people)으로 인식될 수 있으며, ⅱ) 상표를 사용할 경우 「일정한 사람의 집단 중 상당한 구성원」(substantial composite of the referenced group)을 비방하는 것으로 인식되는 경우를 말한다.

(2) Matal v. Tam **사건** Simon Tam을 포함한 아시아계 미국인 멤버들로 구성된 오리건주 지역 록밴드 'The Slants'는 특허상표청에 'Entertainment, namely, live performances by a musical band'를 지정서비스로 하여 'THE SLANTS'라는 서비스표를 2011년에 출원을 하였다. 심사관은 'THE SLANTS'라는 서비스표는 '눈이 치켜 올라갔다', '눈이 찢어졌다'는 의미로 다른 인종 사람들이 아시아인을 비하하는 의미를 갖고 있다는 이유로 등록을 거절하였다. Simon Tam은 심사관의 거절결정에 불복하여 상표심판원에 거절결정불복심판을 청구하였으나 상표심판원도 심사관의 거절결정을 지지하자 출원인은 연방순회항소법원에 제소하였으며, 연방순회항소법원 전원합의체는 상표심판원 심판관의 심결에 대한 판단을 유보하고 대신 서비스표가 특정한 사람이나 단체를 비방하는 의미를 가지고 있다는 이유로 서비스표의 등록을 거절하는 연방상표법 제2조 (a)항은 언론과 출판의 자유를 규정한 미국의 연방헌법 수정조항 제1조에 위반된다고 'THE SLANTS' 서비스표에 대한 심사관의 거절결정을 지지한 상표심판원 심판관의 심결을 파기하고 사건을 상표심판원으로 환송하였다.[128] 이에 특허상표청은 연방 순회항소법원의 판결에 불복하여 연방대법원에 상고하였고 연방대법원은 사람, 단체 등을 비방한다는 이유로 서비스표의 등록을 거절하는 현행 연방상표법 제2조 (a)항은 언론과 표현의 자유를 규정한 미국의 연방헌법 수정조항 제1조에 위반된다고 판시하였다.[129]

5) 사람, 단체, 신념 또는 국가의 상징과 관계가 있는 것처럼 허위로 암시

사람, 단체, 신념 또는 국가의 상징과 관계가 있는 것처럼 허위로 암시하는(falsely suggest a connection) 경우란 다음에 해당하는 경우를 말한다.

ⅰ) 상표가 사람이나 단체의 명칭, 신념 또는 국가의 상징과 동일하거나 아주 유사하고,[130]

128) *In re* Tam, 808 F.3d 1321 (Fed. Cir. 2015).
129) Matal v. Tam 582 U.S. (2017).

ii) 상표가 유일하고 실수 없이 사람, 단체, 신념 또는 국가의 상징을 가리킨다고 소비자에게 인식될 수 있으며,[131]

iii) 사람, 단체, 신념 또는 국가의 상징이 상표를 사용하는 출원인이 수행하는 활동과 관련하여 관계가 없지만,[132]

iv) 사람, 단체, 신념 또는 국가의 상징이 너무 유명하기 때문에 상표가 출원인의 상품에 사용될 경우 소비자가 사람, 단체, 신념 또는 국가의 상징과 출원인의 상품 간에 관련성이 있다고 추정할 수 있는 경우.[133]

6) 사 례

(1) 사람, 단체와 관련한 사례

WASHINGTON REDSKINS ,[134] [135] APACHE,[136]  ,[137] SLOPPY JOE'S ,[138]

---

130) The mark sought to be registered is the same as, or a close approximation of, the name oridentity previously used by another person or institution.

131) The mark would be recognized as such, in that it points uniquely and unmistakably to thatperson or institution.

132) The person or institution identified in the mark is not connected with the goods sold orservices performed by applicant under the mark; and

133) The fame or reputation of the named person or institution is of such a nature that a connection with such person or institution would be presumed when applicant's mark is used on its goods and/or services.

134) 'REDSKINS' 상표는 1933년에 National Football League Team에 의하여 최초로 사용되었으며 1967년에는 연방상표로 등록되었다. 1992년 Suzan Harjo 등 인디언 6인은 등록상표인 'REDSKINS'가 미국의 원주민인 인디언을 비하하는 의미를 가지고 있어 연방상표법 제2조 (a)항을 이유로 상표심판원에 상표등록의 취소심판을 청구하였다. 1999년 상표심판원은 'REDSKINS' 상표가 사전적 의미로 '모욕적인'(offensive), '불쾌한' 뜻을 가지고 있어 상당한 수(substantial composite of this group of people)의 미국 원주민인 인디언을 비하할 수 있으며, 인디언에게 경멸이나 악평을 줄 수도 있다고 판단하여 아래의 6개 등록상표들에 대한 상표등록을 취소하였다.

The Redskins, WASHINGTON REDSKINS, WASHINGTON REDSKINS, The Redskins, REDSKINS, REDSKINETTES

이에 상표권자인 프로미식축구리그의 Washington Redskins Football Team은 이 심결에 불복하여 버지니아주 동부 연방지방법원에 제소하였다. 연방지방법원은 상표심판원이 심판청구인이 제출한 설문조사 결과에 주로 의존하여 'REDSKINS' 상표의 등록을 취소하였는데 심판청구인이 제출한 설문조사 결과가 당해 상표등록을 취소할 정도로 충분한 증거(substantial evidence)를 제공하지 못하였다는 이유와 'REDSKINS' 상표가 1967년에 상표권자에 의해 등록되었는데 상표등록의 취소심판을 청구한 청구인들은 그동안 그 등록의 취소를 청구할 수 있는 권리의 주장을 장기간 해태(laches)하였기 때문에 상표등록의 취소를 청구할 수 없다는 이유를 들어 상표심판원의 심결을 파기하였다. Pro-Football, Inc. v. Harjo, 415 F.3d 44 (D.D.C. 2005). 2심인 연방항소법원은 연방지방법원의 견해를 지지하였으나 심판청구인 중 최연소인 한 명의 나이가 'REDSKINS' 상표가 등록될 당시 1살이었으므로 상표등록을 취소하는 데 과연 권리 주장을 해태하였는지의 여부를 더 심리하여야 한다고 판단하여 사건을 1심인 연방지방법원으로 환송하였다. Pro-Football, Inc. v. Harjo, 415 F.3d 44 (D.C. Cir. 2005). 한편 사건을 환송받은 연방지방법원은 연방항소법원이 지적한 사항을 재심리한 결과 심판청구인 중 최연소인 한 명도 너무 시간이 오래 지난 이후에 상표등록의 취소를 청구하였으므로 형평법상 권리 주장의 해태에 해당한다고 판단하였다. Pro-Football, Inc. v. Harjo, 567 F. Supp. 2d 46 (D.C. Cir. 2008). 이 사건은 연방대법원에 상고를 신청하였으나 상고가 인정되지 않아 종결되었다. Pro-Football, Inc. v. Harjo, 565 F.3d 880 (D.C. Cer.), *cert. denied*, 130 S. Ct. 631 (2009).

135) 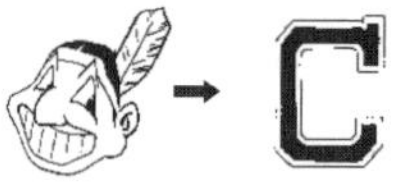

메이저리그(MLB) 구단 중의 하나인 클리블랜드 인디언스(Cleveland Indians)도 최근 인종차별에 대한 반대 운동 추세에 따라 1901년 창단 때부터 사용해 오다가 그 후 몇 차례 수정하여 1951년부터 사용해 온 '와후 추장'(Chief Wahoo) 상표를 2018년 시즌까지만 사용하고 변경된 상표를 2019년 시즌부터 사용하기로 결정하였다.

(원래 로고)

(늑대 젖꼭지 부분을 흐리게 처리)

최근 이란의 국영방송 '채널3'가 국제 축구 경기를 중계하면서 이탈리아 프로축구팀 AS로마의 로고 중 늑대의 젖꼭지 부분이 외설적이라는 이유로 잘 보이지 않도록 흐리게 처리하여 축구경기를 방영하여 이탈리아 축구팬들의 비난을 받은 사례도 있었다. 조선닷컴, 2018. 4. 9. 참조.

136) 출원인은 '담배'를 지정상품으로 하여 미국에서 인디언 부족의 명칭으로 널리 알려진 'APACHE' 상표를 출원하였다. 심사관은 출원상표는 아파치 부족과 관계가 있다고 허위로 암시한다는 이유로 상표등록을 거절하였다. 상표심판원은 'APACHE'가 다른 의미를 가지고 있지 않고 단지 미국 인디언 부족의 명칭으로 유명하므로 상표는 인디언 아파치 부족을 의미하며, 실제로 여러 인디언 부족들이 담배를 생산하고 있다는 증거가 존재하므로 APACHE 부족과 아무런 관계가 없는 출원인이 지정상품인 '담배'에 출원상표를 사용할 경우 아파치 부족과의 관계를 허위로 표시하는 경우에 해당한다고 판단하였다. *In re* White 73 USPQ2d 713 (TTAB 2004).

137) Association Pour La Def. et la Promotion de L'Oeuvre de Marc Chagall dite Comite Marc Chagall v. Bondarchuk, 82 USPQ2d 1838 (TTAB 2007). 화가인 샤갈 또는 그 상속인과 아무

(2) 종교 또는 신념과 관련된 사례

Moonies[139]　　MADONNA[140]　　SENUSSI[141]　　KHORAN[142]

The Christian Prostitute[143]　　AmishHomo[144]　　Stop the Islamization of America[145]　　Have you heard that Satan is a Republican?[146]

런 관계가 없는 출원인이 '보드카'를 지정상품으로 하여 상표를 출원하여 등록되었으나 상표등록의 취소심판이 청구되었다. 상표심판원은 화가인 샤갈의 명성 때문에 출원인이 상표를 지정상품인 '보드카'에 사용할 경우 샤갈과 관계가 있는 것으로 추정된다고 판단하여 상표등록을 취소하였다.

138) *In re* Sloppy Joe's International Inc., 43 USPQ2d 1350 (TTAB 1997). 출원인은 이 서비스표를 'restaurant and bar services, licensing to others the right to use the name and likeness of Hemingway, and associated clothing items'를 지정서비스로 하여 특허상표청에 출원하였다. 심사관은 헤밍웨이와 관련이 있는 것으로 허위로 암시하는 서비스표에 해당하며 선행등록서비스표도 존재한다는 이유를 들어 서비스표등록을 거절하였고 상표심판원도 심사관의 거절결정을 지지하였다.

139) 출원인은 '인형'을 지정상품으로 하여 상표를 출원하였다. 심사관은 이 상표가 문선명 목사가 세운 통일교의 신도들을 의미한다는 이유로 상표등록을 거절하였다. 그러나 상표심판원은 'MOON'이라는 단어는 사전적 의미로서 '엉덩이를 노출시키다'라는 의미도 가지고 있으며, 'MOONY' 또는 'MOONEY'라는 단어는 달과 관련되어 있다는 것을 의미하며 상표의 구성 중 알파벳 'M'이 강조되어 있지 않았기 때문에 이 상표가 문선명 목사가 세운 통일교의 신도들을 의미한다고 단정할 수 없다고 판단하여 심사관의 거절결정을 취소하였다.

(출처: http://mooniesdoll.blogspot.com).

140) 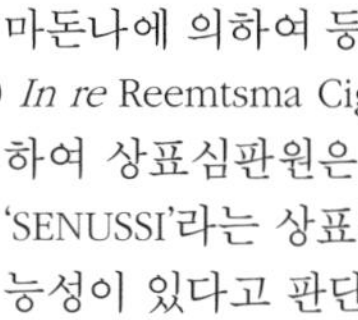

In re Riverbank Canning Co., 95 F.2d 327, 37 USPQ 268, 270 (CCPA 1938). 이 사건과 관련하여 법원은 '포도주'에 대하여 'MADONNA' 상표는 수치스러운 표현에 해당한다고 판단하였다. 상표가 수치스럽거나 모욕 또는 경멸스러운 표현에 해당하는지는 상표심사 또는 심판·소송 당시의 사회규범을 반영하고 있다고 볼 수 있다. 이 사건의 결론과는 달리 1988년에는 'MADONNA' 서비스표가 서비스분류 제41류 'Entertainment services-namely, live and recorded musical, dance and dramatic performances'를 대상으로 하여 가수 마돈나에 의하여 등록되었다.

141) *In re* Reemtsma Cigarettenfabriken G.M.B.H., 122 USPQ 339 (TTAB 1959). 이 사건과 관련하여 상표심판원은 'SENUSSI'는 이슬람교도의 일파로서 흡연을 금지하고 있는데 '담배'에 'SENUSSI'라는 상표를 사용할 경우 SENUSSI 종파에 따르는 신도들을 모욕하거나 경멸할 가능성이 있다고 판단하여 '담배'에 대한 'SENUSSI' 상표는 수치스러운 표현에 해당한다고 판단하였다.

142) *In re* Waughtel, 138 USPQ 594 (TTAB 1963). 이 사건과 관련하여 상표심판원은 'KHORAN'은 이슬람교의 성경으로서 이슬람교에서는 음주를 금하는 것으로 가르치기 때문에 '포도

3. WTO 협정이 미국에서 발효된 날로부터 1년이 되는 날인 1996년 1월 1일 또는 그 후에 포도주 또는 증류주에 또는 포도주 또는 증류주와 관련하여 출원인에 의하여 최초로 사용된 지리적 표시로서 포도주 또는 증류주에 또는 포도주 또는 증류주와 관련하여 사용되는 경우 해당 상품의 원산지 이외의 장소를 표시하는 상표[147)]

1) 의 의

연방상표법 제2조 (a)항에서는 상표가 WTO 협정이 미국에서 발효된 날인 1996년 1월 1일 또는 그 후에 처음으로 사용된 지리적 표시로서 포도주 또는 증류주에 또는 포도주 또는 증류주와 관련하여 원산지 이외의 장소를 표시하는 경우를 상표의 부등록사유의 하나로 규정하고 있다.

2) 지리적 표시

(1) 의 의　지리적 표시는 WTO/TRIPS 협정에서 처음으로 정의한 개념으로 "상품의 특정 품질, 명성 또는 그 밖의 특성이 본질적으로 지리적 근원에서 비롯되는 경우 회원국의 영토 또는 회원국의 지역 또는 지방을 원산지로 하는 상품임을 표시하는 표시"이다. 지리적 표시는 지리적 「명칭」이 아닌 「표시」(indication)이므로 특정한 지역이나 국가 등을 표시하는 어떠한 형태의 직·간접적인 상징(symbol)이나 표현(expression)도 지리적 표시에 해당될 수 있다. 즉, 파리의 에펠

주'에 대하여 'KHORAN' 상표를 사용하는 경우 이슬람교의 종교적 신념을 훼손할 가능성이 있다고 판단하여 상표등록을 거절하였다.

143) 연방상표출원 일련번호 제85951092호, 지정상품: 제25류 Dresses, footwear, hats, hooded sweatshirts, jackets, pants, polo shirts, scarves, shirts, shorts, sports bras, sweatshirts, tank tops, top hats.

144) 연방서비스표출원 일련번호 제85505935호, 지정서비스: 제41류 Entertainment services, namely, providing a web site featuring photographic, audio, video and prose presentations featuring satire and humor, on-line journals, namely, blogs featuring satire and humor, production of humorous videos for the internet.

145) 연방서비스표출원 일련번호 제77940881호, 지정서비스: 제45류 Providing information regarding understanding and preventing terrorism.

146) 연방상표출원 일련번호 제85077647호, 지정상품: 제25류 Sweat shirts, t-shirts, tee shirts.

147) 미국의 연방상표법 제2조 (a)에서 "Consists of or comprises a geographical indication which, when used on or in connection with wines or spirits, identifies a place other than the origin of the goods and is first used on or in connection with wines or spirits by the applicant on or after one year after the date on which the WTO Agreement [as defined in section 3501(9) of title 19] enters into force with respect to the United States"라고 규정하고 있다.

탑, 뉴욕의 자유의 여신상, 중국의 만리장성도 지리적 표시가 될 수 있다.[148)]

(2) **지리적 표시 vs. 출처표시** 지리적 표시와 출처표시를 상호 비교하면「지리적 표시」(geographical indications)란 상품의「품질 등과의 관련성」이 본질적으로 지리적 근원에서 비롯되는 경우에만 사용할 수 있는 개념인 반면「출처표시」(indication of source)란 단순히 어느 상품이 출처표시에 의하여 특정한 장소에서 기원한다는 조건만 충족하면 사용할 수 있는「품질 중립적」(quality- neutral)인 개념이다.[149)]

(3) **지리적 표시 vs. 원산지 명칭** 지리적 표시와 원산지 명칭을 상호 비교하면 지리적 표시는 WTO/TRIPS 협정상 특정한 품질, 명성「또는」그 밖의 특성이 본질적으로 지리적 근원에서 비롯될 것을 요구하지만 원산지 명칭의 경우 리스본 협정상 특정한 품질「및」특성이 자연적 · 인간적인 요소를 포함한 지리적 환경에 배타적 또는 본질적으로 기인될 것을 요구하고 있어 원산지 명칭이 지리적 표시보다 엄격한 요건을 요구하고 있음을 알 수 있다. 또한 원산지 명칭은 반드시 지리적 '명칭'(geographical name)이어야 하지만 지리적 표시의 경우에는 지리적 '명칭'에만 한정하지 않으며, 원산지 명칭의 경우 상품을 '표시'하는(designate) 것이지만 지리적 표시의 경우 상품의 특정한 지역을 원산지로 하고 있음을 '확인'(identify)하는 것이고, 원산지 명칭의 경우 '명성'(reputation)을 포함시키지 않고 단지 '품질' 및 '특성'에 한정하지만, 지리적 표시의 경우 '명성'도 포함하며, 원산지 명칭의 경우 '지리적 환경'(geographical environment)이라는 표현을 사용하지만 지리적 표시의 경우보다 광범위한 '지리적 근원'(geographical origin)의 개념을 사용한다는 측면에서 차이를 보이고 있다. 따라서 모든 원산지 명칭은 지리적 표시라고 볼 수 있지만 그 반대는 반드시 성립한다고 볼 수 없다.

결론적으로 출처표시는 원산지 명칭이나 지리적 표시를 포함하는 가장 광범위한 개념이며, 지리적 표시가 원산지 명칭보다 넓은 개념으로 볼 수 있다.

(4) **지리적 표시 vs. 상표** 지리적 표시와 상표는 모두 상거래에서 상품의 출처를 표시하고 상품의 품질을 보증하는 기능을 하며 영업상의 이익과 관련된 지식재산권의 범주 내에서 보호되는 표장에 해당한다. 이러한 점에서 미국에서는 지리적 표시를 연방상표법상의 단체표장이나 증명표장의 한 유형으로 보호하고 있다. 그러나 상표는 특정한 상품이나 서비스의 출처를 표시하는 표장으로서 특정

---

148) 문삼섭, 상표법(제2판), 세창출판사, 2004, 69~70면 참조.

149) 문삼섭, 앞의 책, 71면에서 인용.

한 상품의 품질, 명성 기타 특징이 본질적으로 특정지역의 지리적 특성에 기인함을 요건으로 하지 않으며, 사용이나 등록에 의하여 상표소유자에게 일정기간 배타적인 권리를 부여하지만, 지리적 표시는 당해 표시가 사용되고 있는 제품을 생산하는 사업주체들이 위치하고 있는 「특정한 지역」을 확인시켜 주는 표장으로서 특정한 상품의 품질, 명성 기타 특징이 본질적으로 특정 지역의 지리적 특성에 기인함을 요건으로 하며, 상표와 같이 한 사업자가 다른 경업자를 사용으로부터 배제시킨다는 의미에서의 「독점적 소유자」는 없다는 점에서 차이가 있다.[150)]

3) 포도주 또는 증류주

이 규정은 지정상품의 목록에 포도주나 증류주가 포함되거나 포도주 또는 증류주를 포함할 수 있는 '알콜성 음료'와 같은 포괄명칭의 상품이 있는 경우에 적용된다. 아울러 '증류주'(spirits)는 진, 럼주, 보드카, 위스키 또는 브랜디와 같은 강한 증류식 술을 의미한다.[151)]

4) 상표를 구성하는 지리적 표시 부분의 권리불요구 또는 사용에 의한 식별력 주장

출원인이 상표의 구성 중 지리적 표시 부분을 권리불요구하거나 지리적 표시 부분에 대하여 사용에 의한 식별력을 취득하였다고 하더라도 지리적 표시 부분이 포도주 또는 증류주에 또는 포도주 또는 증류주와 관련하여 원산지 이외의 장소를 표시하는 경우 주등록부는 물론 보조등록부에의 상표등록은 모두 거절된다.

5) 상표를 구성하는 지리적 명칭이나 도형이 포도주 또는 증류주의 진정한 원산지를 나타내는 경우

상표를 구성하는 지리적 표시가 지정상품인 포도주 또는 증류주와 관련하여 진정한 지리적 원산지를 의미하는 경우 상표는 지정상품인 포도주 또는 증류주와 관련하여 주된 의미로 지리적 출처를 단지 기술하고 있으므로 연방상표법 제2조 (e)항 (2)에 의하여 상표등록을 거절한다.

6) 상표를 구성하는 지리적 명칭이나 도형이 포도주 또는 증류주의 종류나 유형의 일반적인 명칭으로 소비자가 인식하는 경우

상표를 구성하는 지리적 명칭이나 도형이 포도주 또는 증류주의 진정한 원산지로 소비자에게 인식되지 않고 포도주 또는 증류주의 특정한 종류나 유형의 일반적인 명칭이라고 소비자에게 인식되는 경우 상표는 지정상품인 포도주 또는 증류

150) 문삼섭, 앞의 책, 71~72면에서 인용.

151) TMEP 1210.08 참조.

주의 특정한 종류나 유형을 설명하는 상표에 해당하므로 연방상표법 제2조 (e)항 (1)에 의하여 상표등록을 거절한다.

4. 미국 연방, 주, 지방자치단체 또는 외국의 국가 또는 이에 준하는 기구의 기, 문장, 기타의 기장으로 구성되거나 이를 포함한 상표[152]

1) 의의 및 연혁

연방상표법 제2조 (b)항에서는 상표가 미국 연방, 주, 지방자치단체 또는 외국의 국가 또는 이에 준하는 기구의 기(flag), 문장(coat of arms), 기타의 기장(insignia)으로 구성되거나 이를 포함한 경우를 상표의 부등록사유의 하나로 규정하고 있다. 이 규정은 1946년 Lanham Act에서도 현재의 조항과 동일하게 규정되었다.

2) 미국 연방, 주, 지방자치단체의 기, 문장, 기타 기장[153]

미국 연방, 주, 지방자치단체의 기장(insignia)은 미국 연방, 주 정부, 지방자치단체 당국의 기장을 의미하므로 아래의 표장과 같이 경찰청, 육군, 기념탑, 동상, 건물 등과 같이 단순히 정부의 시설이나 서비스를 나타내는 기장은 여기에 포함되지 않는다.

3) 국기 등과 다른 문자나 도형이 결합하여 상표가 구성된 경우

미국 정부나 외국의 실제 국기 등을 상표에 포함하고 있으면 다른 문자가 병기되어 있다고 하더라도 일반 공중이 국기 등으로 인식할 수 있을 경우에는 상표등록을 거절한다.

---

152) 미국의 연방상표법 제2조 (b)항에서 "Consists of or comprises the flag or coat of arms or other insignia of the United States, or of any State or municipality, or of any foreign nation, or any simulation thereof"라고 규정하고 있다.

153) 

대표적으로 Great Seal of the United States, Seal of The President of The United States, The Official Seal of a Government Agency 등을 들 수 있다.

4) 국기 등이 불완전하거나 도안화된 경우

국기 등이 불완전하게 포함되거나 도안화된 경우 또는 국기 등의 특징의 일부를 포함하는 경우로서 다음의 어느 하나에 해당하는 때에는 상표등록이 거절되지 아니한다.[154)]

i) 국기 등의 디자인이 문자, 숫자나 디자인으로 이용된 경우

ii) 문자나 디자인에 의해 국기 등이 실질적으로 명확하게 인식하기 어려운 경우

iii) 국기 등의 일반적인 형상이 아닌 디자인으로 상표를 구성한 경우

iv) 국기 등에서 사용된 색채와 다른 색채를 가진 경우

v) 국기 등의 중요한 특성이 없거나 그 특징이 변경된 경우.

, 155)

,156)

,157)

,158)

,159)

160)

154) TMEP 1204.01(b) 참조.

155) 연방상표등록 제3081037호, 지정상품: 제9류 Decorative magnets.

156) 연방서비스표등록 제4101526호, 지정서비스: 제35류 Retail store and on-line retail store services featuring firearms and firearm accessories.

157) 연방상표등록 제3989198호, 지정상품: 제34류 White filtered cigarettes.

158) 연방서비스표등록 제3302421호, 지정서비스: 제35류 Retail sales store featuring police and security uniforms and other related merchandise.

159) 연방상표 · 서비스표등록 제3940914호, 지정상품: 제24류 Hats, Shirts, T-shirts. 지정서비스: 제41류 Entertainment and education services in the nature of live dance and musical

5) 현재의 국기로 사용되지 아니한 경우

동독의 국기와 같이 현재 존재하지 않는 국가의 국기는 상표등록이 거절되지 아니한다. 다만, 현재 존재하는 국가로서 국기가 변경된 경우 종전의 국기는 상표등록이 거절된다.

5. 생존해 있는 개인의 성명, 초상, 서명으로 구성되거나 이를 포함한 상표로서 그 개인의 서면에 의한 동의가 없는 경우[161][162]

1) 의 의

연방상표법 제2조 (c)항에서는 생존해 있는 개인의 성명, 초상, 서명으로 구성되거나 이를 포함한 것으로서 그 개인의 서면에 의한 동의가 없는 경우 그 생존

---

performances, Entertainment in the nature of gymnastic performances, Entertainment in the nature of live performances by acrobats, illusionists, and contortionists, Entertainment in the nature of visual and audio performances, and musical, variety, news and comedy shows, Entertainment in the nature of live musical performances, Presentation of live show performances; Presentation of musical performance.

160) 연방상표등록 제4036184호, 지정상품: 제30류 Unpopped popcorn.

161) 미국의 연방상표법 제2조 (c)항에서 “Consists of or comprises a name, portrait, or signature identifying a particular living individual except by his written consent”라고 규정하고 있다.

162) 연방상표등록 제2197990호 ‘K’ 상표에 ‘Calvin Klein’이라는 디자이너의 이름이 포함되어 있어 이 상표의 출원 시 다음과 같이 ‘Calvin Klein’의 동의서를 첨부하였다.

> CONSENT
>
> I, Calvin Klein, hereby consent to the use and registration by Calvin Klein Trademark Trust of my name in connection with the trademark applications(s) set forth on Schedule A hereto for the mark CALVIN KLEIN.
>
> Name: Calvin Klein
>
> Date: New York, New York
> August 18, 1997

연방상표등록 제4600158호 ‘POLO RALPH LAUREN’ 상표에 ‘RALPH LAUREN’이라는 디자이너의 이름이 포함되어 있어 이 상표의 출원 시 다음과 같이 ‘RALPH LAUREN’의 동의서를 첨부하였다.

> Dear Sir or Madam:
>
> The name shown in the mark identifies RALPH LAUREN whose consent to register is made of record.
>
> Dated: JAN 26 2010
>
> Mr. Ralph Lauren

해 있는 사람의 프라이버시나 퍼블리시티권을 보호하기 위하여 부등록사유의 하나로 규정하고 있다.

2) 연 혁

1905년 연방상표법에서는 생존해 있는 개인의 초상은 그 개인의 서면에 의한 동의가 없는 경우 상표등록이 거절된다고 규정하였으나 1946년 Lanham Act에서는 현재의 조항과 동일하게 규정되었다.

3) 개인의 성명

(1) **의 의** 개인은 일반적으로 알려진 공적인 인물이거나 이와 동일시할 수 있는 사람을 의미하며, 성명은 완전한 성명은 물론이고 성이나 별명도 포함한다.[163)][164)]

(2) **개인의 성명의 이용과 관련된 Damnum absque injuria 원칙** 'damnum absque injuria'는 'loss without injury' 또는 'damage without cause'의 라틴어로서 "손해배상 청구가 인정되지 않는 손해"라는 의미이다. 이 원칙은 사람의 이름의 이용과 관련된 영미법의 확립된 보통법상의 원칙으로 "모든 사람은 영업 활동에 있어 자기의 이름을 이용할 절대적인 권리(absolute right)를 가지고 있고, 자기 이름의 이용이 동일한 이름을 가진 타인의 영업에 손해나 손실을 가져올지라도 자기의 이름을 이용할 권리는 절대적인 권리이므로 각자의 이용으로 인한 손해나 손실에 대해서는 상대방에 대하여 손해배상이나 손실보상 등의 구제를 인정하지 않는다는 원칙"을 말한다.[165)]

---

163) *In re* Sauer, 27 USPQ2d 1073 (TTAB 1993), aff'd 26 F.3d 140 (Fed. Cir. 1994).

164) 개인 등의 동의에 의해 거절이유를 해소하거나 출원인이 출원시 개인의 동의서를 첨부하여 상표등록이 된 경우에는 상표등록부와 상표등록증에 개인의 동의에 의하여 상표가 등록되었음을 기재한다.

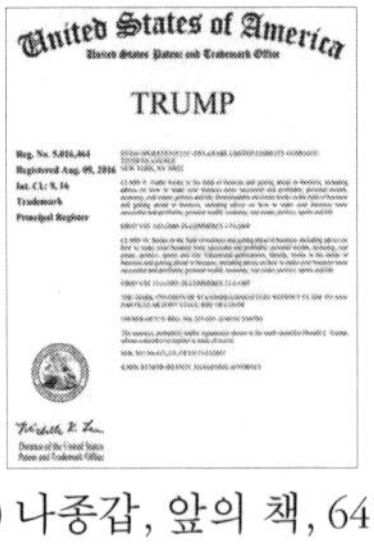

The name(s), portrait(s), and/or signature(s) shown in the mark identifies Donald J. Trump, whose consent(s) to register is made of record.

165) 나종갑, 앞의 책, 64면 참조.

4) 판단 기준

생존해 있는 특정한 개인이 상표와 관련이 있는지의 판단은 i) 그 개인이 유명해서 일반 공중이 합리적으로 관련이 된다고 추정될 수 있는지의 여부, ii) 그 개인이 상표가 사용되는 영업과 공공연하게 관련되어 있는지의 여부로 판단한다.[166]

5) 사 례

ROYAL KATE, PRINCESS KATE,[167] OBAMA PAJAMA, BARACK'S JOCKS DRESS TO THE LEFT[168]

6. 사망한 미국 대통령의 성명, 서명, 초상으로 구성되거나 이를 포함한 상표로서 그 미망인이 생존해 있는 동안 그 미망인의 서면에 의한 동의를 받지 않은 경우[169][170]

연방상표법 제2조 (c)항에서는 사망한 미국 대통령의 성명, 서명, 초상으로 구성되거나 이를 포함한 것으로서 그 미망인이 생존해 있는 동안[171] 그 미망인의 서면에 의한 동의가 없는 경우를 상표의 부등록사유의 하나로 규정하고 있다. 이 규정은 1946년 Lanham Act에서도 현재의 조항과 동일하게 규정되었다.

---

166) Ross v. Analytical Technology, Inc., 51 USPQ2d 1269, 1275-76 (TTAB 1999).

167) *In re* Nieves & Nieves LLC, 113 USPQ2d 1629 and 113 USPQ2d 1639 (TTAB 2015). 이 사건에서 심사관은 출원상표들은 현재 영국에 살고 있는 'Kate Middleton'이라고도 불리는 영국의 윌리엄 왕자의 왕자비인 'Catherine'을 나타내며, 그녀의 서면에 의한 동의서를 제출하지 않았기 때문에 상표등록을 거절하였다. 출원인은 심사관의 거절결정에 대하여 상표심판원에 불복하였으나 상표심판원은 심사관의 거절결정을 지지하였다.

168) *In re* Hoefflin, 97 USPQ2d 1174 (TTAB 2010). 이 사건에서 심사관은 'OBAMA'와 'BARACK'은 미국의 버락 오바마 대통령의 풀네임은 아니지만 버락 오바마 대통령이 유명하여 'OBAMA'와 'BARACK'만으로도 버락 오바마를 나타내고 있으므로 그의 서면에 의한 동의가 없다는 이유로 상표등록을 거절하였다. 출원인은 심사관의 거절결정에 대하여 상표심판원에 불복하였으나 상표심판원은 심사관의 거절결정을 지지하였다.

169) 미국의 연방상표법 제2조 (c)항에서 "Consists of or comprises the name, signature, or portrait of a deceased President of the United States during the life of his widow, if any, except by the written consent of the widow"라고 규정하고 있다.

170) 연방서비스표 제3937252호 'RONALD REAGAN CENTENNIAL' 상표에 'Ronald Reagan'이라는 미국의 대통령 이름이 포함되어 있어 출원인은 이 상표의 출원 시 다음과 같이 'Ronald Reagan'의 미망인인 'Nancy Reagan'의 동의서를 첨부하였다.

7. 특허상표청에 선등록된 타인의 상표 또는 미국에서 선사용되고 포기되지 않은 타인의 상표나 상호와 유사한 상표로 구성되거나 이를 포함한 것으로서 출원인의 상품에 또는 출원인의 상품과 관련하여 사용될 경우 혼동이나 오인을 일으키거나 기만하게 할 가능성이 있는 경우[172)]

1) 의 의

연방상표법 제2조 (d)항에서는 특허상표청에 선등록된 타인의 상표 또는 미국에서 선사용되고 포기되지 않은 타인의 상표나 상호와 유사한 상표로 구성되거나 이를 포함한 것으로서 출원인의 상품에 또는 출원인의 상품과 관련하여 사용될 경우 혼동(confusion)이나 오인(mistake)을 일으키거나 기만하게(deceive) 할 가능성이 있는 경우를 상표의 부등록사유의 하나로 규정하고 있다. 다만, 상표의 사용 방식이나 장소 또는 상표가 사용되는 상품에 대한 일정한 조건과 제한을 하는 경우 1인 이상의 사람이 계속적으로 사용한다고 하더라도 혼동이나 오인을 일으키거나 기만하게 할 가능성이 없다고 판단되는 경우에는 합법적으로 동시에 상업적으로 사용하는 자에게 공존등록을 허여할 수 있다. 아울러 관할법원이 1인 이상의 사람이 동

Madam:

I am aware that federal registration of my husband's name, Ronald Reagan, is sought by the applicant in the trademark/service mark applications for the following: THE RONALD REAGAN CENTENNIAL CELEBRATION & Design, REAGAN CENTENNIAL, and RONALD REAGAN CENTENNIAL.

I hereby confirm my consent to the use of my husband's name by that applicant, and to the registration of my husband's name by that applicant.

Date: By:
Nancy D. Reagan

171) 따라서 미망인이 사망한 경우에는 다른 부등록사유에의 해당하는 경우는 별론으로 하고 이 부등록사유에는 해당하지 않게 된다.

172) 미국의 연방상표법 제2조 (d)항에서 "Consists of or comprises a mark which so resembles a mark registered in the Patent and Trademark Office, or a mark or trade name previously used in the United States by another and not abandoned, as to be likely, when used on or in connection with the goods of the applicant, to cause confusion, or to cause mistake, or to deceive"라고 규정하고 있다.

일 또는 유사한 상표를 상업적으로 사용할 권리가 있다고 최종적으로 판단하는 경우에도 특허상표청장은 공존등록을 허여할 수 있다.

2) 연 혁

(1) 1905년 **연방상표법** 1905년 연방상표법에서는 ⅰ) 타인의 등록상표 또는 타인에 의하여 소유되고 사용되고 있는 「알려진 상표」(known trademark)와 「동일」하고 「실질적으로 동일한 성질의 상품」(merchandise of substantially the same descriptive properties)을 지정하는 경우, ⅱ) 타인의 등록상표 또는 타인에 의하여 소유되고 사용되고 있는 알려진 상표와 「유사」하고 「실질적으로 동일한 성질의 상품」을 지정하여 공중의 혼동 또는 오인을 유발하거나 소비자를 기만할 가능성이 있는 경우 상표등록을 거절한다고 규정하였다.

(2) 1946년 Lanham Act 1946년 Lanham Act에서는 현재와 유사하게 특허상표청에 선등록된 타인의 상표 또는 미국에서 선사용되고 포기되지 않은 타인의 상표나 상호와 유사한 상표로 구성되거나 이를 포함한 것으로서 출원인의 상품에 또는 출원인의 상품과 관련하여 사용될 경우 혼동이나 오인을 일으키거나 기만하게 할 가능성이 있는 경우 상표등록을 거절한다고 규정하였다.

3) 제도의 취지

이 규정은 보통법상 상표나 상호를 선사용하는 자가 후사용하는 자에 대하여 우선권을 가진다는 원칙을 연방상표법에 명시적으로 반영한 것으로 선등록 또는 선사용 상표권자의 권리를 보호할 목적으로 그와 유사한 상표의 등록을 거절하기 위하여 마련한 규정이다. 다만, 공존등록도 예외적으로 허용함으로써 본 규정이 다른 공익적 목적의 절대적 거절이유와 달리 상대적 거절이유로서의 성격을 가지고 있다는 것을 명확히 하고 있다. 아울러 연방상표법 제2조 (d)항에서 인정하고 있는 공존등록제도는 보통법상의 「Tea Rose-Rectanus 원칙」에 따른 공존사용을 1946년 Lanham Act에 명문으로 반영한 것으로 “원칙적으로 한 사람 이상의 자가 타인의 상표출원 전에 또는 타인의 등록상표의 상표출원일 전에 정당하게 동시에 사용하는 경우로서 소비자에게 상품의 출처나 후원관계 등에 관하여 혼동이나 오인을 일으키거나 기만하게 할 가능성이 없는 경우 상표의 사용 방식, 사용 지역 또는 상품에 대한 일정한 제한을 조건으로 타인의 상표등록과 더불어 동시에 상표등록을 허용하는 것”을 말한다.

4) 상표나 상호

이 경우 상표와 상호는 출원인의 상표보다 먼저 사용된 미등록된 상표나 상호를 포함한다.

5) 혼동을 일으킬 가능성

혼동을 일으킬 가능성이 있는지의 여부를 판단할 때에는 다음의 요소들을 각 사안별로 고려하여야 한다.[173)]

i) 전체적으로 볼 때 두 상표의 유사성

ii) 상품 간의 관련성

iii) 상품의 거래 경로 또는 확장 가능한 거래 경로의 유사성

iv) 상품의 구매 조건과 소비자의 구매 성향

v) 유사한 상품과 관련한 유사한 상표의 수와 성격

vi) 출원인과 선등록한 상표권자 간의 유효한 동의서의 존재 여부.

6) 출원인의 선등록한 상표권자의 동의서 제출

(1) 의 의　　심사관이 연방상표법 제2조 (d)항에 따라 출원상표가 선등록상표와 상품의 출처 또는 후원관계 등에 관하여 소비자의 혼동 가능성이 있다고 출원인에게 거절이유를 통지하는 경우, 출원인은 선등록한 상표권자와 접촉하여 출원상표가 등록되어 사용된다고 하더라도 혼동이 발생하지 않도록 상표의 사용 지역 또는 지정상품 등에 대한 일정한 조건을 설정한 선등록한 상표권자의 「동의서」(letter of consent, consent letter, consent to register)를 받아 심사관에게 제출함으로써 거절이유를 해소할 수 있다.[174)]

(2) 동의서에서의 조건　　선등록한 상표권자의 동의서에는 상품의 출처 또는 후원관계 등에 관한 소비자의 혼동이 발생하지 않기 위한 구체적인 조건을 설정하여야 하는데 일반적으로 상표의 사용 지역이나 상표가 사용될 상품 등을 한정하는 방법이 많이 이용되고 있다. 비록 출원인이 심사관에게 선등록한 상표권자의 동의서를 제출한다고 하더라도 상품의 출처 또는 후원관계 등에 관한 소비자의 혼동을 방지하기 위한 구체적인 조건이 설정되어 있지 않은 포괄적인 동의서(naked consent agreement)만으로는 일반적으로 심사관의 거절이유를 극복하기 어렵지만, 상품의 출처 또는 후원관계 등에 관한 소비자의 혼동을 방지하기 위한 구체적인 조

---

173) TMEP 1207.01 참조.

174) 심사관이 선등록한 상표권자의 동의서를 제출하라고 출원인에게 요청할 수는 없다.

건을 설정한 동의서(clothed consent agreement)는 거절이유를 극복할 가능성이 높다.

(3) **심사관에 대한 동의서의 기속 여부** 출원인이 선등록한 상표권자의 동의서를 제출하였고 그 동의서에 상품의 출처 또는 후원관계 등에 관한 소비자의 구체적인 혼동 방지를 위한 조건이 설정되어 있다고 하더라도 양 상표가 동일하거나 극히 유사하여 심사관이 판단할 때 출원인이 제출한 선등록한 상표권자의 동의서에 따른 조건에 따른다고 하더라도 아직 상품의 출처 또는 후원관계 등에 관한 소비자의 혼동 가능성이 아직 남아있다고 판단하는 경우에는 상표등록을 거절할 수 있다.

7) 사 례

(1) 외관 유사

COMMCASH	≒	COMMUNICASH	[175]
AUDIO BOSS USA	≒	BOSS AUDIO SYSTEMS	[176]
TRUCOOL	≒	TURCOOL	[177]
NEWPORTS	≒	NEWPORT	[178]
MILTRON	≒	MILLTRONICS	[179]
NUTRASWEET (sugar substitutes, namely, combinations of natural and artificial sweeteners consisting principally of natural sweeteners by weight)	≒	NUTRA SALT (salt with trace minerals)	[180]

175) Canadian Imperial Bank of Commerce v. Wells Fargo Bank, N.A., 811 F.2d 1490, 1 USPQ2d 1813 (Fed. Cir. 1987).

176) Ava Enters. v. Audio Boss USA, Inc., 77 USPQ2d 1783 (TTAB 2006).

177) *In re* Lamson Oil Co., 6 USPQ2d 1041 (TTAB 1987).

178) *In re* Pix of Am., Inc., 225 USPQ 691 (TTAB 1985).

179) *In re* Pellerin Milnor Corp., 221 USPQ 558 (TTAB 1983).

180) NutraSweet Co. v. K & S Foods, Inc., 4 USPQ2d 1964 (TTAB 1987). 이 사건은 출원인인 K & S Foods사의 상표인 'NUTRA SALT'에 대하여 'NUTASWEET'의 상표권자인 Nutra Sweet사가 상표등록의 이의를 신청한 사건으로 출원인은 양 상표의 지정상품이 상이하며, 이의신청인의 상표는 하나의 단어로 구성되었으나 출원인의 상표는 'NUTRA'와 'SALT'로 분리되어 구성되어 양 상표는 외관상 상이하고 출원인의 지정상품의 구매자는 최종 소비자이지만 이의신청인의 지정상품의 구매자는 제조업자이므로 판매 경로가 상이하며, 제3자들이 식품과 식품첨가제 상표로서 'NUTRA'를 많이 사용하고 있다고 주장하여 상품의 출처 또는 후원관계 등에 관한 소비자의 혼동 가능성이 없다고 주장하였으나 상표심판원은 i) '인공감미료'와 '소금'은 다른 상품이지만 상호 관련성이 있는 보완재적 성격을 가지고 있으며, ii) '인공감미료'와 '소금'은 모두 가격이 저렴하여 소비자가 상품을 구매할 때 높은 주의력을

(2) 칭호 유사

XCEED	≒	XSeed	181)
ISHINE	≒	ICE SHINE	182)
SEYCOS	≒	SEIKO	183)
CRESCO	≒	KRESSCO	184)

(3) 관념 유사

BEAUTY-REST (mattresses)	≒	BEAUTY SLEEP (mattresses)	185)
BEER NUTS (nuts)	≒	BREW NUTS (nuts)	186)
GASTOWN (gasoline)	≒	GAS CITY (gasoline)	187)
SPICE ISLANDS (tea)	≒	SPICE VALLEY (tea)	188)
TWO MEN AND A TRUCK (moving services)	≒	TWO MEN AND TWO TRUCKS (moving services)	189)
CITY GIRL (women's clothing)	≒	CITY WOMAN (women's blouses)	190)

기울이지 않고, iii) 양 상표의 접미어인 'SWEET'와 'SALT'는 식별력이 없는 부분으로서 상품의 출처나 후원관계 등에 관하여 소비자의 혼동 가능성이 있다고 판단하였다.

181) *In re* Viterra Inc., 671 F.3d 1358, 1367, 101 USPQ2d 1905, 1912 (Fed. Cir. 2012).

182) Centraz Indus. Inc. v. Spartan Chem. Co. Inc., 77 USPQ2d 1698, 1701 (TTAB 2006).

183) Kabushiki Kaisha Hattori Tokeiten v. Scuotto, 228 USPQ 461 (TTAB 1985).

184) *In re* Cresco Mfg. Co., 138 USPQ 401 (TTAB 1963).

185) Simmons Co. v. Royal Bedding Co., 5 F. Supp. 946 (D. Pa. 1933).

186) Beer Nuts v. Clover Club Foods Co., 805 F.2d 920, 231 USPQ 913 (10th Cir. 1986).

187) Gastown, Inc. of Delaware v. Gas City, Ltd., 187 USPQ 760 (TTAB 1975), aff'd without op., 534 F.2d 335 (CCPA 1976).

188) Specialty Brands, Inc. v. Coffee Bean Distributors, Inc., 748 F.2d 669, 223 USPQ 1281 (Fed. Cir. 1984).

189) Two Men and a Truck/International, Inc. v. Thomas, 908 F. Supp. 2d 1029, 105 USPQ2d 1710 (D. Neb. 2012).

190) *In re* M. Serman & Co., 223 USPQ 52 (TTAB 1984).

8. 출원인의 상품에 또는 출원인의 상품과 관련하여 사용될 경우 상품의 성질 등을 단지 기술하거나 상품의 성질 등을 기만적으로 잘못 표시한 상표로 구성된 경우[191]

1) 의 의

연방상표법 제2조 (e)항 (1)에서는 출원인의 상품에 또는 출원인의 상품과 관련하여 사용되는 경우에 상품의 성질 등을 단지 기술하거나(merely descriptive) 상품의 성질 등을 기만적으로 잘못 표시한(merely deceptively misdescriptive) 상표로 구성된 경우를 상표의 부등록사유의 하나로 규정하고 있다.

2) 연 혁

(1) 1905년 **연방상표법** 1905년 연방상표법에서는 고유의 식별력이 있는 상표만 상표등록을 허용하였기 때문에 출원인의 상품에 또는 출원인의 상품과 관련하여 사용되는 경우에 상품의 성질 등을 단지 기술하거나 상품의 성질 등을 기만적으로 잘못 표시한 상표는 상표등록이 거절되었다. 다만, 예외적으로 1905년 연방상표법이 시행된 1905년 2월 20일을 기준으로 그전에 「10년간 독점적으로 사용」된(exclusive use) 기술적 상표는 상표등록을 허용하였다.[192]

(2) 1920년 **연방상표법** 1920년 연방상표법에서는 기술적 상표라고 하더라도 상표소유자에 의하여 미국 내 주 간의 상거래 또는 미국과 외국 간의 상거래나 인디언 부족과의 상거래에서 「진정한 의사」(bona fide intention)로 상표를 「1년 이상 사용」하는 경우 상표등록을 허용하였다.

(3) 1946년 Lanham Act 1946년 Lanham Act에서는 상품의 성질 등을 단지 기술하는 기술적 상표는 주등록부에 대한 상표등록은 거절되었지만 보조등록부에 대한 상표등록은 허용되었다. 아울러 기술적 상표도 사용에 의한 식별력을 취득한 경우 보호될 수 있다는 보통법상의 원칙을 연방상표법에 반영하여 기술적 상

---

191) 미국의 연방상표법 제2조 (e)항 (1)에서 "Consists of a mark which, when used on or in connection with the goods of the applicant is merely descriptive or deceptively misdescriptive of them"이라고 규정하고 있다.

192) And provided further, that nothing shall prevent the registration of any mark used by the applicant or his predecessors, or by those from whom title to the mark is derived, in commerce with foreign nations or among the several States or with Indian tribes which was in actual and exclusive use as a trade-mark of the applicant, or his predecessors from whom he derived title, for ten years next preceding February twentieth, nineteen hundred and five:

표가 사용에 의한 식별력을 취득한 경우에는 「주등록부」에 대한 상표등록이 가능하게 되었다. 또한 1946년 Lanham Act에서는 출원인이 기술적 상표를 「상표출원일 전」 5년간 「실질적으로 독점적」(substantially exclusive)이고 계속적으로 상업상 사용한 경우에는 사용에 의한 식별력 취득의 일응의 증거(*prima facie* evidence)로 인정할 수 있도록 규정하였다.

(4) 1988년 **상표법개정법** 1988년 상표법개정법에서는 출원인이 상표를 출원한 날이 아닌 사용에 의한 식별력을 취득하였음을 「주장한 날」을 기준으로 이전 5년간 실질적으로 독점적이고 계속적으로 상업상 사용한 경우에는 사용에 의한 식별력 취득의 일응의 증거로 인정되도록 개선하였다. 이에 따라 출원인은 「상표출원 시」에는 5년의 상표의 사용기간이 완성되지 않았다고 하더라도 「상표의 등록여부결정 시」에 5년의 상표의 사용기간이 완성된 경우에도 출원상표의 사용에 의한 식별력 취득의 일응의 증거로 인정받을 수 있게 되었다.

3) 제도의 취지

출원인의 상품에 또는 출원인의 상품과 관련하여 사용되는 경우에 상품의 성질 등을 단지 기술하는 상표는 경업자가 자유롭게 사용하여야 하기 때문에 경업자를 보호하는 한편, 상품의 성질 등을 기만적으로 잘못 표시한 상표는 상품의 성질 등을 잘못 표시하여 소비자를 기만시킬 가능성이 있어 소비자를 보호하기 위하여 상표등록을 배제하고 예외적으로 사용에 의한 식별력을 취득한 경우에만 상표등록을 허용하는 것이다.

4) 출원인의 상품에 또는 출원인의 상품과 관련하여 사용될 경우 상품의 성질 등을 단지 기술하는 상표

상품의 성질 등을 단지 기술하는(merely descriptive) 상표란 상표가 상품과 관련한 어느 특성을 단순히 설명하는 상표를 의미한다. 즉, 상표가 주된 의미로 상품의 특성 중의 하나인 목적, 특징, 품질, 사용자, 성분, 기능 등을 설명하는 경우를 말한다.

5) 출원인의 상품에 또는 출원인의 상품과 관련하여 사용될 경우 상품의 성질 등을 기만적으로 잘못 표시하는 상표

상품의 성질 등을 기만적으로 잘못 표시하는(merely deceptively misdescriptive) 상표란 다음에 해당하는 경우를 말한다.

i) 상표가 상품과 관련한 어떠한 특성을 잘못 표시하고,

ii) 소비자는 잘못 표시된 상품의 성질을 믿을 가능성이 있는 경우로서,

iii) 소비자의 상품 구매 결정에 상품의 성질 등에 대한 잘못된 표시가 중요한 요소(material factor)로 작용하지 않는 경우.

6) 사 례

(1) 상품의 성질 등을 단지 기술하는 상표에 해당한다고 판단한 사례

KING-SIZE,[193] **STEEL BUILDING.COM,**[194]
BED & BREAKFAST REGISTRY,[195] **Gas Badge,**[196]
Video Buyers' Guide,[197] **Wiki,**[198] **SmarTTower,**[199] **Solutions,**[200]
Ergonomic,[201] **Intelligent,**[202] **GREEN CEMENT,**[203]

---

193) 지정상품은 '큰 사이즈의 남성 의류'이다.

194) *In re* Steelbuilding.com, 2003 WL 23350100 (TTAB Mar. 24, 2003). 출원인은 'STEEL BUILDING' 상표를 'computerized on-line retail services in the field of pre-engineered metal buildings and roofing systems'를 지정상품으로 출원하였으나 심사관과 상표심판원의 심판관은 출원상표는 지정상품과 관련하여 보통명칭 상표에 해당하거나 기술적 상표에 해당하며 사용에 의한 식별력을 취득하지 못하였다고 판단하였다. 그러나 제2 연방순회구 항소법원은 출원상표가 보통명칭 상표에는 해당하지 않지만 기술적 상표에 해당하며 사용에 의한 식별력을 취득하지 않았기 때문에 상표등록을 거절한 심사관의 결정을 지지한 상표심판원 심판관의 심결을 지지하였다.

195) *In re* Bed & Breakfast Registry, 791 F.2d 157, 229 USPQ 818 (Fed. Cir. 1986). 이 사건에서 법원은 '숙박업소 예약업'과 관련하여 'BED & BREAKFAST REGISTRY' 서비스표는 서비스의 성질을 단지 기술하는 것으로 판단하였다.

196) *In re* Abcor Dev. Corp., 588 F.2d 811, 200 USPQ 215 (CCPA 1978). 지정상품: A badge to detect certain gases.

197) Reese Publ'g Co. v. Hampton Int'l Communications, Inc., 620 F.2d 7, 205 USPQ 585 (2d Cir. 1980). 지정서비스: 비디오장비관련 출판업.

198) *In re* Home Junction, Inc., 2009 WL 1068765 (TTAB 2009). 지정서비스: 웹을 통해 사용자들이 쉽게 콘텐츠를 수정할 수 있는 공동 작업방식의 웹사이트서비스.

199) *In re* Tower Tech, Inc., 64 USPQ2d 1314, 2002 WL 992268 (TTAB 2002). 지정상품: 산업용 또는 상업용 냉각 타워.

200) *In re* Box Solutions Corp., 79 USPQ2d 1953, 2006 WL 1546499 (TTAB 2006). 지정상품: 컴퓨터 하드웨어.

201) *In re* Hunter Fan Co., 78 USPQ2d 1474, 2006 WL 479001 (TTAB 2006). 지정상품: 천장용 팬.

202) The Goodyear Tire & Rubber Company v. Continental General Tire, Inc., 70 USPQ2d (BNA) 1067, 2003 WL 21382464 (TTAB 2003). 지정상품: 타이어.

203) *In re* Calera Corporation, 2010 WL 1233877 (TTAB 2010). 지정상품: 시멘트 또는 시멘트성

THE BOLLYWOOD REPORTER,[204] **FISH FRY PRODUCTS**[205]

(2) 상품의 성질 등을 단지 기술하는 상표에 해당하지 않는다고 판단한 사례

Roach Motel,[206] **The Farmacy,**[207] **Glass Doctor,**[208] **Savings Shop**[209]

(3) 상품의 성질 등을 기만적으로 잘못 표시한 상표에 해당한다고 판단한 사례

GLASS WAX,[210] **TITANIUM,**[211][212] THCTea,[213] **SEPTEMBER 11, 2001,**[214]

접합제.

204) *In re* Nielsen Business Media, Inc., 2010 WL 462270 (TTAB 2010). 지정서비스: 연예계 보도서비스.

205) *In re* Louisiana Fish Fry Products, Ltd., 797 F.3d 1332, 116 USPQ2d 1262 (Fed. Cir. 2015). 지정상품: 소시지.

206) American Home Prods. Corp. v. Johnson Chem. Co., 589 F.2d 103, 200 USPQ 417 (2d Cir. 1978). 지정상품: 바퀴벌레 덫

207) *In re* Tea and Sympathy, Inc., 88 USPQ2d 1062, 2008 WL 2515086 (Bd. Pat. App. & Interferences 2008). 지정상품: 허브 제품 및 유기농 제품

208) Synergistic Intern., LLC v. Korman, 470 F.3d 162, 81 USPQ2d 1054 (4th Cir. 2006). 지정서비스: 차량용 유리 대체 및 수리서비스.

209) Decatur Fed. Sav. & Loan Ass'n v. Peach State Fed. Sav. & Loan Ass'n, 203 USPQ 406 (N.D. Ga. 1978). 지정서비스: 저축 및 대부업.

210) Gold Seal Company v. Weeks, 129 F. Supp. 928 (D.D.C. 1955). 출원인은 'glass cleaner and polish'를 지정상품으로 하여 'GLASS WAX' 상표를 출원하였다. 심사관은 'GLASS WAX' 상표는 지정상품인 '(왁스를 함유하지 않은) 유리 세정제'와 관련하여 상품의 특성을 단지 기술한 상표에 해당하거나 또는 기만적으로 잘못 표시한 상표에 해당한다는 이유로 상표등록을 거절하였다. 이에 출원인은 법원에 불복하였고 법원은 'GLASS WAX' 상표는 '유리용 왁스'를 설명하는 상표이지 지정상품인 '유리 세정제'를 설명하는 것이 아니므로 '상품의 성질 등을 단지 기술한' 상표에 해당하지 않으며, '기만적'이란 본질적이고 중요한 요소가 잘못 표시되고 명백하게 잘못된 것으로 그로 인해 소비자의 구매 선택에 중요한 요소로 작용할 경우에 해당되지만 이 상표의 지정상품의 성분은 엄격한 과학적 분석에 의해서만 정확히 알 수 있으며, 그러한 성분이 소비자의 구매 선택에 중요한 요소로 작용하지 않는다고 보이므로 기만적인 상표에도 해당되지 않지만 'GLASS WAX' 상표는 지정상품과 관련하여 쉽게 적용할 수 있는 용어로 구성되었으므로 '기만적으로 잘못 표시한' 상표에 해당한다고 판단하였다.

211) Glendale Int'l Corp. v. United States Patent & Trademark Office, 374 F. Supp. 2d 479, 486, 75 USPQ2d 1139, 1144 (E.D. VA 2005). 이 사건에서 법원은 'TITANIUM' 상표는 티타늄을

FURNITURE MAKERS,[215] **BLACK FLEECE**[216]

(4) 상품의 성질 등을 기만적으로 잘못 표시한 상표에 해당하지 않는다고 판단한 사례

ICE CREAM,[217] **THE FIRST NAME IN FLOORCARE,**[218]
AUTOMATIC RADIO[219]

소재로 하지 않는 지정상품인 'recreational vehicles'에 대해서 상품의 성질 등을 기만적으로 잘못 표시한 상표에 해당한다고 판단하였다.

212) Glendale Int'l Corp. v. United States PTO, 374 F. Supp. 2d 479 (E.D. Va. 2005). 지정상품: 티타늄을 함유하지 않은 스포츠용 자동차.

213) *In re* Hinton, 116 USPQ2d 1051, 1055 (TTAB 2015). 이 사건에서 상표심판원은 'Tea-based beverages'에 대한 'THCTea' 상표에 대하여 'THC'는 대마초의 주성분인 THC (Tetrahydrocannabinol)로서 THC가 포함되지 않는 지정상품인 'tea-based beverages'에 사용하는 경우 상품의 성질 등을 기만적으로 잘못 표시한 상표에 해당한다고 판시하였다.

214) *In re* Shniberg, 79 USPQ2d 1309, 1313 (TTAB 2006). 이 사건에서 상표심판원은 출원서비스표인 'SEPTEMBER 11, 2001'을 미국의 9·11 테러와 관계가 없는 지정서비스인 'entertainment in the nature of ongoing radio programs in the field of news, entertainment in the nature of ongoing television programs in the field of drama, entertainment in the nature of television news shows, entertainment in the nature of theater productions, entertainment in the nature of visual and audio performances, and musical variety, news and comedy shows, entertainment namely, production of operas, television shows, plays, radio programs, entertainment services, namely providing a radio program in the field of news and historical events, entertainment, namely, television news shows'에 사용하는 경우 서비스의 성질 등을 기만적으로 잘못 표시한 서비스표에 해당한다고 판단하였다.

215) *In re* Berman Bros. Harlem Furniture, Inc., 26 USPQ2d 1514 (TTAB 1993). 이 사건에서 상표심판원은 출원인이 실제 가구를 제조하지 않으면서 '도매가구점 서비스'를 서비스로 지정하고 있으므로 출원상표는 서비스의 성질 등을 기만적으로 잘못 표시한 서비스표에 해당한다고 판단하였다.

216) *In re* Retail Brand Alliance, Inc., 2011 TTAB LEXIS 306 (TTAB 2011). 지정상품: 플리스로 만들지 않은 의류제품.

217) Borden, Inc. v. Topps Chewing Gum, Inc., 173 USPQ 447 (TTAB 1972). 지정상품: 껌.

218) Hoover Co. v. Royal Appliance Mfg. Co., 238 F.3d 1357 (Fed. Cir. 2001). 지정상품: 진공청소기.

219) *In re* Automatic Radio, 404 F.2d 1391 (CCPA 1969). 지정상품: 에어컨, 점화장치, 안테나.

7) 비 교

연방상표법 제2조 (e)항 (1)에서 규정하고 있는 상품의 성질 등을 단지 기술하는 상표, 상품의 성질 등을 기만적으로 잘못 표시한 상표와 연방상표법 제2조 (a)항에서 규정하고 있는 기만적인 상표를 서로 비교하면 다음과 같다.

ⅰ) 상품의 성질 등을 단지 설명하는 상표(merely descriptive mark)와 상품의 성질 등을 기만적으로 잘못 표시한 상표(merely deceptively misdescriptive mark)의 차이는 상품의 성질 등을 단지 사실 그대로 설명하고 있는지 아니면 잘못 표시하고 있는지의 여부이다.

ⅱ) 상품의 성질 등을 기만적으로 잘못 표시한 상표(merely deceptively misdescriptive mark)와 기만적인 상표(deceptive mark)의 차이는 비록 소비자가 상품의 성질 등과 관련하여 잘못 표시한 설명을 사실이라고 믿을 가능성은 모두 있지만, 기만적으로 잘못 표시한 상표의 경우 소비자의 상품 구매 결정에 상품의 성질 등에 대한 잘못된 표시가 중요한 요소(material factor)로 작용하지 않는 데 반하여 기만적인 상표는 중요한 요소로 작용한다는 점에서 차이가 있다. 이를 정리하면 다음의 표와 같다.

연구 46 Merely Descriptive vs. Merely Deceptively Misdescriptive vs. Deceptive

<table>
<tr><th>구분</th><th>❶ 상품의 성질 등을 단지 기술하고 있는지 여부</th><th>❷ 소비자가 상품의 성질 등에 대한 잘못된 표시를 믿을 가능성 유무</th><th>❸ 소비자의 상품 구매 결정에 상품의 성질 등에 대한 잘못된 표시가 중요한 요소로 작용할 가능성 유무</th><th>❹ 상표의 등록가능성</th></tr>
<tr><td>merely descriptive</td><td>단지 기술</td><td>-</td><td>-</td><td rowspan="2">△
(사용에 의한 식별력 취득 시 등록 가능)</td></tr>
<tr><td>merely deceptively misdescriptive</td><td rowspan="2">잘못된 표시</td><td>O</td><td>X</td></tr>
<tr><td>deceptive</td><td>O</td><td>O</td><td>X</td></tr>
</table>

9. 출원인의 상품에 또는 출원인의 상품과 관련하여 사용될 경우 주된 의미로 지리적 출처를 단지 기술하는 상표로 구성된 경우

1) 의 의

연방상표법 제2조 (e)항 (2)에서는 출원인의 상품에 또는 출원인의 상품과 관련하여 사용될 때 주된 의미로 지리적 출처를 단지 기술하는(primarily geographically descriptive) 상표로 구성된 경우를 상표의 부등록사유의 하나로 규정하고 있다. 다만, 지리적 출처가 지역적인 원산지 표시로서 단체표장 및 증명표장으로 등록받는 경우는 예외로 하고 있다.[220]

2) 연 혁[221]

(1) 1946년 Lanham Act 시행 전[222]

가. 연방상표법

a. 1905년 연방상표법 1905년 연방상표법에서는「지리적 명칭이나 용어」(geographical name or term)만으로 구성된 상표는 상표등록이 거절되었다.[223][224] 따라서 모든 지리적 명칭이나 용어만으로 구성된 상표는 그 지역에 해당하는 도시나 타운의 크기나 당해 지리적 명칭이나 용어의 현저성 여부, 사용에 의한 식별력 취득 여부나 지정상품과의 관계를 고려하지 않고 상표등록이 거절되었다. 다만, 예외적으로 1905년 연방상표법이 시행된 1905년 2월 20일을 기준으로 그전에「10년간 독점적으로 사용」된(exclusive use) 지리적 명칭이나 용어만으로 구성된 상표는 상표등록을 허용하였다.

b. 1920년 연방상표법 1920년 연방상표법에서는 지리적 명칭이나 용어만으로 구성된 상표라 하더라도 상표소유자에 의하여 미국 내 주 간의 상거래 또는 미국과 외국 간의 상거래나 인디언 부족과의 상거래에서 진정한 의사(bona fide intention)로 상표를 1년 이상 사용하는 경우 상표등록을 허용하였다. 그러나 제2조에서 상표등록에 의하여 손해를 입었다고 생각하는 자는 상표등록의 취소를 청구

---

220) 미국의 연방상표법 제2조 (e)항 (2)에서 “Consists of a mark which, when used on or in connection with the goods of the applicant is primarily geographically descriptive of them, except as indications of regional origin may be registrable under section 1054 of this title”이라고 규정하고 있다.

221) 이준석, 앞의 논문 참조.

222) Daphne Robert, 앞의 책, 63~65면 참조.

223) Provided, That no mark which consists merely in the name of an individual, firm, corporation, or association not written, printed, impressed, or woven in some particular or distinctive manner, or in association with a portrait of the individual, or merely in words or devices which are descriptive of the goods with which they are used, or of the character or quality of such goods, or merely a geographical name or term, shall be registered under the terms of this Act:

224) *In re* Lamson efi Co., Inc., etc., 135 F.(2) 1021. 이 사건에서 특허상표청은 이 규정에 의하여 Lamson 상표의 등록을 거절하였다.

할 수 있었고 당해 청구에 대한 구술심리 결과 상표권자가 상표출원 시 또는 출원 이후에 등록상표의 「독점적 사용」(exclusive use)을 할 수 있는 적격이 없다고 판단되는 경우 상표등록이 취소될 수 있었기 때문에 1년 이상의 진정한 의사에 의한 사용은 독점적 사용을 의미한다고 해석하였다. 따라서 1920년 연방상표법에서는 사용에 의한 식별력을 취득한 경우 상표등록을 허용한다는 명시적인 규정을 두고 있지는 않았지만 1년 이상 진정한 의사로 사용된 상표의 등록을 허용함으로써 1년 이상 진정한 의사로 독점적으로 사용된 상표의 경우 실질적으로는 사용에 의한 식별력을 취득한 것과 유사한 효과를 갖게 되었다.

나. 보통법 미국은 1946년 Lanham Act가 시행되기 전에는 지리적 명칭이나 용어만으로 구성된 상표는 연방상표법에 의하여 상표를 등록하여 보호하는 것보다는 각 주의 보통법에 의하여 구체적 · 개별적으로 보호하는 것이 효과적이라는 입장을 취하였다. 따라서 지리적 명칭이나 용어만으로 구성된 상표도 각 주의 보통법에 의하여 사용에 의한 식별력이 입증되는 경우 보호될 수 있었다.

(2) 1946년 Lanham Act 시행 이후

가. 1946년 Lanham Act 1946년 연방상표법 제2조 (e)항 (2)에서는 출원인의 상품에 사용하는 경우 주로 상품의 성질 등을 단지 기술하는(primarily geographically descriptive) 상표는 「주등록부」에 대한 상표등록이 거절된다고 규정하였다. 다만, 그러한 상표가 사용에 의한 식별력을 취득한 경우 「주등록부」에 대한 상표등록을 허용하였다. 또한 1946년 Lanham Act에서는 1920년 연방상표법상 「1년 이상의 진정한 의사에 의한 독점적 사용」(exclusive use) 요건을 개정하여 특정한 기간을 정하지 않고 사용에 의한 식별력을 취득한 경우 원칙적으로 주등록부에 상표등록을 허용하는 한편 출원인이 기술적 상표를 「상표출원일 전」 5년간 「실질적으로 독점적」(substantially exclusive)이고 계속적으로 상업상 사용한 경우에는 사용에 의한 식별력 취득의 일응의 증거(*prima facie* evidence)로 인정할 수 있도록 규정하였다.

나. 1988년 상표법개정법 1988년 상표법개정법에서는 출원인이 상표를 출원한 날이 아닌 사용에 의한 식별력을 취득하였음을 「주장한 날」을 기준으로 이전 5년간 실질적으로 독점적이고 계속적으로 상업상 사용한 경우에는 사용에 의한 식별력 취득의 일응의 증거로 인정되도록 개선하였다. 이에 따라 출원인은 「상표출원 시」에는 5년의 상표의 사용기간이 완성되지 않았다고 하더라도 「상표의 등록여부결정 시」에 5년의 상표의 사용기간이 완성된 경우에도 출원상표의 사용

에 의한 식별력 취득의 일응의 증거로 인정받을 수 있게 되었다.

3) 지리적 출처

지리적 출처(geographical location)는 국가, 시, 주, 대륙, 지역, 구역, 도로 등을 의미하는 명칭이나 지도 등으로 특정되고 확인될 수 있는 장소를 의미한다. 따라서 'global', 'international', 'national', 'world'와 같이 애매한 장소적인 용어는 지리적 출처로 보지 않는다.

4) 지리적 출처의 약칭이나 별칭

New York의 별칭인 Big Apple과 같이 지역의 실제 명칭이 아닌 약칭이나 별칭이라 하더라도 소비자에게 실제 지리적 출처의 명칭으로 인식될 수 있다면 지리적 출처에 포함된다.

5) 지리적 출처가 형용사로 표현되거나 지도로 표현된 경우

지리적 출처의 형용사적 표현이라고 하더라도 소비자에게 실제 지리적 출처로 인식될 수 있다면 지리적 출처에 포함하며, 지리적 출처에 해당하는 지도(maps)로 표현된 경우라고 하더라도 지리적 출처와 동일하게 취급된다.

6) 주된 의미로 지리적 출처를 기술

상표가 가진 「주된 의미」가 지리적 출처를 나타내는 경우를 말하므로 상표가 가지는 주된 의미가 지리적 출처가 아닌 경우에는 이에 해당하지 않는다.

7) 주된 의미로 지리적 출처를 단지 기술하는

출원인의 상품에 또는 출원인의 상품과 관련하여 사용될 경우 주된 의미로 지리적 출처를 단지 기술하는 상표인지 아니면 잘못 표시하고 있는지의 판단 주체는 「평균적인 소비자」를 기준으로 판단하며,[225] 주된 의미로 지리적 출처를 단지 기술하는 상표란 다음에 해당하는 경우를 말한다.

i) 상표가 일반적으로 알려진 지리적인 출처로서 주된 의미를 가지며,

ii) 상품이 그 상표가 의미하는 지리적인 출처에서 유래되었고,

iii) 소비자가 상표가 의미하는 지리적인 출처에서 상품이 유래되었다고 믿을 가능성이 있는 경우.

이러한 경우에는 상표등록은 거절되지만 사용에 의한 식별력을 취득한 경우에는 상표등록이 가능하다.

---

225) Singer Mfg. Co. v. Birginal-Bigsby Corp., 319 F.2d 273, 138 USPQ 63 (CCPA 1963).

8) 상품과 장소 간의 연관성

상품과 장소 간의 연관성(goods-place association)을 입증하기 위해서 어떤 지역이 소비자에게 특정한 상품의 생산지로 유명하거나 잘 알려질 필요는 없으나[226][227] 특정한 상품의 생산지로 유명하거나 잘 알려진 경우 특정한 상품뿐만 아니라 관련 상품에까지 연관성이 있다고 확장하는 것은 비교적 쉽다. 'Alaska 바나나'와 같이 상품과 지리적 출처를 나타내는 장소 간의 연관성이 없는 경우에는 소비자는 당해 지리적인 명칭으로 구성되거나 포함된 상표가 상품의 출처를 나타낸다고 인식할 가능성이 낮기 때문에 「임의선택 상표」라고 보아 상표등록이 허용된다. 한편 'Colorado' 캔디나 'Mountain Rushmore' 자동차와 같이 산이나 강의 명칭으로 구성된 상표로서 당해 지역에서는 어떠한 상업적인 활동이 이루어지지 않을 경우 상품과 장소 간의 연관성이 없으므로 산이나 강의 명칭으로 구성된 상표는 「임의선택 상표」로 인정하여 상표등록이 허용된다.

9) 서비스와 장소 간의 연관성

지리적 명칭으로 구성되거나 포함된 서비스표가 과연 출원인의 서비스에 또는 출원인의 서비스와 관련하여 사용될 경우 주된 의미로 서비스의 출처표시로서 지리적 출처를 단지 기술하는 서비스표에 해당하는지 아니면 주된 의미로 서비스의 출처표시로서 지리적 출처를 기만적으로 잘못 표시한 서비스표에 해당하는지의 여부를 판단하는 과정에서 서비스와 장소 간의 연관성(services-place association)을 검토할 때에는 상품과 장소 간의 연관성을 검토할 때보다는 보다 엄격한 기준을 적용하여야 한다.[228] 즉, 상품과 장소 간의 연관성을 검토할 때에는 지리적 명칭이 상품의 생산지로서 알려져 있다는 사실만으로 충분하지만 서비스와 장소 간의 연관성을 검토할 때에는 지리적 명칭이 서비스의 제공지로서 알려져 있다는 사실만으로는 부족하기 때문이다. 예를 들어 소비자가 뉴욕에서 'Paris'라는 상표가 부착된 옷을 구매할 경우 소비자는 자신이 구매한 옷의 생산지가 'Paris'인지

---

226) *In re* California Innovations, Inc., (Fed. Cir. 2003) 참고.

227) 다음의 사례에서는 지리적 명칭이 상품과 관련하여 잘 알려지지 않았음에도 불구하고 상품과 장소 간의 연관성이 있다고 판단하였다. '씹는 담배' 상품과 멕시코 지명인 'Duranco' (*In re* Loews Theatres, Fed. Cir. 1985), '의류 및 향수' 상품에 대한 쿠바 지명인 'Havana' (*In re* Boyd Gaming Cord., TTAB. 2000)가 그 대표적인 사례들이다. 이준석, "미국 상표법제 및 판례 연구―현저한 지리적 명칭의 식별력 인정 여부―, 특허청, 2008 참조.

228) TMEP 1210.04(b) Establishing Services/Place Association 참고.

아니면 다른 지역인지에 대하여 구체적으로 알 수 없으므로 실제로 'Paris'에서 생산된 것으로 믿기 쉽지만 소비자가 강원도 횡성에 있는 '횡성한우곰탕' 식당에서 식사를 하는 경우 소비자는 서비스가 제공된 지역이 횡성이라는 것을 잘 알고 있기 때문에 서비스의 출처에 대하여 오인할 가능성이 낮으므로 서비스표에 표시된 '횡성'이라는 지역과 서비스인 '횡성한우곰탕'이 어떠한 연관성이 있는지를 판단할 때에는 보다 구체적으로 곰탕재료가 횡성산인지 아니면 미국산인지 등에 대한 추가적인 검토가 이루어져야 한다.[229]

10) 지리적 출처에 관한 표현이 상품이나 서비스의 출처표시가 아닌 상품이나 서비스의 종류나 스타일 등을 나타내는 경우

'Boston baked beans', 'early American style', 'Italian spaghetti', 'dotted Swiss' 등과 같이 지리적 명칭이 상품이나 서비스의 지리적 출처를 나타내기보다는 상품이나 서비스의 종류나 스타일(a kind of type, style or design) 등을 나타내는 것이 분명한 경우에는 주된 의미로 상품의 출처표시로서 지리적 출처를 단지 기술하거나 주된 의미로 상품의 출처표시로서 지리적 출처를 기만적으로 잘못 표시한 상표라는 이유를 근거로 하여 상표등록을 거절해서는 안되고 상품의 성질 등을 단지 기술하는 상표에 해당하는지 또는 상품의 성질 등을 기만적으로 잘못 표시한 상표에 해당하는지를 판단하여 상표등록을 거절하여야 한다.

11) 사 례

Yosemite Beer ,[230] **BAIKALSKAYA**,[231] **DENVER WESTERNS**,[232]

---

229) 이준석, 앞의 논문 참고.

230) *In re* Spirits of New Merced, LLC, 85 USPQ2d 1614, 1621 (TTAB 2007). 이 사건에서 상표심판원은 지정상품인 '맥주'와 관련하여 출원상표인 'Yosemite Beer'는 지정상품인 '맥주'가 요세미티 국립공원 근처에서 생산되므로 출원인의 맥주와 요세미티 국립공원의 연관성을 추정할 수 있다고 판단하여 출원상표가 지정상품인 '맥주'에 사용하는 경우 주된 의미로 지리적 출처를 단지 기술하는 상표에 해당한다고 판단하였다.

231) *In re* Joint-Stock Co. 'Baik,' 80 USPQ2d 1305 (TTAB 2006). 이 사건에서 상표심판원은 지정상품인 '보드카'와 관련하여 'Baikal' 또는 'Baikal's'를 의미하는 러시아어로 구성된 'BAIKALSKAYA'를 사용하는 경우 출원인이 바이칼 근처에 살고 있기 때문에 바이칼 호수의 물로 만든 보드카라고 지정상품과 장소 간의 연관성이 인정되어 주된 의미로 지리적 출처를 단지 기술하는 상표에 해당한다고 판단하였다.

232) *In re* Handler Fenton Westerns, Inc., 214 USPQ 848 (TTAB 1982). 이 사건에서 상표심판원은 지정상품인 '셔츠'와 관련하여 출원상표인 'DENVER WESTERNS'는 덴버에서 생산된 서

CAMBRIDGE DIGITAL,[233] MINNESOTA CIGAR COMPANY[234]

10. 출원인의 상품에 또는 출원인의 상품과 관련하여 사용될 경우 주된 의미로 지리적 출처를 기만적으로 잘못 표시한 상표로 구성된 경우[235]

1) 의 의

연방상표법 제2조 (e)항 (2)에서는 출원인의 상품에 또는 출원인의 상품과 관련하여 사용될 때 주된 의미로 지리적 출처를 기만적으로 잘못 표시한(primarily geographically deceptively misdescriptive) 상표로 구성된 경우를 상표의 부등록사유의 하나로 규정하고 있다.

2) 연 혁[236]

(1) 1946년 Lanham Act 전　1946년 Lanham Act가 시행되기 전에는 연방상표법상 고유의 식별력이 있는 상표만 상표등록이 가능하고 지리적 명칭이나 용어만으로 구성된 상표는 그 지리적 명칭이나 용어의 현저성 여부나 사용에 의한 식별력 취득 여부와 상관없이 원천적으로 상표등록이 불가능하였다. 다만, 지리적 명칭이나 용어만으로 구성된 상표도 각 주의 보통법에 의하여 사용에 의한 식별력이 입증되는 경우에는 구체적 · 개별적으로 보호될 수 있었다.

(2) 1946년 Lanham Act　1946년 Lanham Act에서는 지리적 명칭이나 용어로 구성된 상표도 사용에 의한 식별력을 취득한 경우 보호될 수 있다는 보통법의 원칙을 연방상표법에 반영하여 주된 의미로 지리적 출처를 기만적으로 잘못 표시

부양식의 셔츠로 인식될 수 있다고 판단하여 주된 의미로 지리적 출처를 단지 기술하는 상표에 해당한다고 판단하였다.

233) *In re* Cambridge Digital Systems, 1 USPQ2d 1659, 1986 WL 83330 TTAB 1988). 이 사건에서 상표심판원은 지정상품인 '컴퓨터 시스템'과 관련하여 출원상표인 'CAMBRIDGE DIGITAL'은 매사추세츠주의 캠브리지에서 생산되는 전기제품과 과학기구로 인식될 수 있다고 판단하여 주된 의미로 지리적 출처를 단지 기술하는 상표에 해당한다고 판단하였다.

234) *In re* JT Tobacconists, 59 USPQ2d. 1080, 2001 WL 630647 (TTAB 2001). 이 사건에서 상표심판원은 지정상품인 '시가'와 관련하여 출원상표인 'MINNESOTA CIGAR COMPANY'는 메네소타에서 포장되고 운송된 시가로 인식될 수 있다고 판단하여 주된 의미로 지리적 출처를 단지 기술하는 상표에 해당한다고 판단하였다.

235) 미국의 연방상표법 제2조 (e)항 (3)에서 "Consists of a mark which, when used on or in connection with the goods of the applicant is primarily geographically deceptively misdescriptive of them"이라고 규정하고 있다.

236) 이준석, 앞의 논문 참조.

한 상표는 등록이 거절되었지만 보조등록부에의 등록은 허용되었으며 예외적으로 사용에 의한 식별력을 취득한 경우에는 주등록부에의 상표등록도 가능하였다.

(3) 1982년 Nantucket **사건 이후의** Goods-Place Association Test 1982년 「Nantucket 사건」[237]에서 법원은 소비자가 지리적 명칭이나 용어로 구성된 상표가 지정상품과 관련하여 지리적 출처에 관한 정보를 전달하고 있는지의 여부에 따라 i) 임의선택 상표, ii) 주된 의미로 지리적 출처를 단지 기술하는 상표, iii) 주된 의미로 지리적 출처를 기만적으로 잘못 표시한 상표로 구분되어 연방상표법상 상표의 등록여부가 결정된다고 판단하였다.

(4) 1993년 **북미자유무역협정시행법** 북미자유무역협정(NAFTA)을 미국에서 시행하기 위하여 제정한 1993년 북미자유무역협정시행법(NAFTA Implementation Act)에 따라 북미자유무역협정이 시행된 1993년 12월 8일 또는 그 후에는 주된 의미로 지리적 출처를 기만적으로 잘못 표시한 상표는 사용에 의한 식별력의 취득여부와 관계없이 「주등록부」에는 상표를 등록할 수 없게 되었다. 아울러 「보조등록부」에의 등록은 당해 상표가 북미자유무역협정이 시행된 1993년 12월 8일 전에 상업적으로 사용된 경우에만 허용되었다.

3) 주된 의미로 지리적 출처를 기만적으로 잘못 표시한 상표

주된 의미로 지리적 출처를 기만적으로 잘못 표시한 상표란 다음에 해당하는 경우를 말한다.

i) 상표가 일반적으로 알려진 지리적인 출처로서 주된 의미를 갖고,

ii) 상품이 그 상표가 의미하는 지리적인 출처에서 유래되지 않았지만,

iii) 소비자가 상표가 의미하는 출처에서 상품이 유래되었다고 믿을 가능성이 있는 경우로서,

iv) 지리적인 출처에 대한 잘못된 표시가 소비자의 상품의 구매 결정에 중요한 요소(material factor)로 작용하는 경우.

4) 외국어 균등의 원칙

외국어로 구성된 상표는 「외국어 균등의 원칙」에 따라 영어로 번역하여 그 의미가 주된 의미로 상품과 관련하여 지리적 출처를 기만적으로 잘못 표시한 상표는 상표등록을 거절한다.[238]

---

237) *In re* Nantucket, Inc. 677 F2d 95 (CCPA 1982).

238) *In re* Spirits Int'l, 563 F.3d 1349~1350 (Fed. Cir. 2009).

연구 47 지리적 용어로 구성된 상표의 구분과 등록 가능성

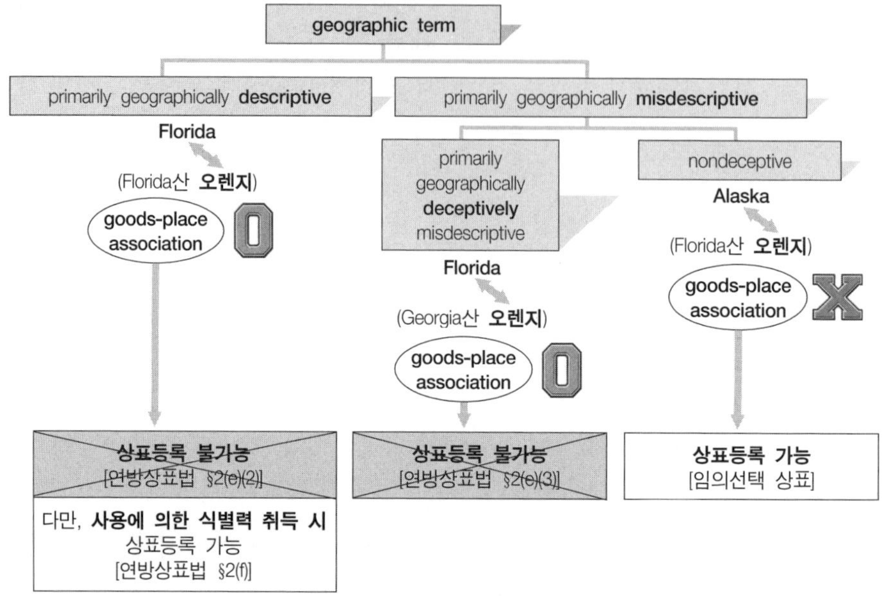

5) 사 례

(1) 주된 의미로 지리적 출처를 기만적으로 잘못 표시한 상표에 해당한다고 판단한 사례

,[239] **AMERICA'S FRESHEST ICE CREAM,**[240]

KOREA GINSENG COSMETICS,[241] **SOON CHANG,**[242]

---

239) *In re* Consol. Specialty Rests., Inc., 71 USPQ2d 1921 (TTAB 2004). 이 사건에서 상표심판원은 지정서비스인 '레스토랑서비스'와 관련하여 출원서비스표인 'COLORADO STEAKHOUSE'를 사용하는 경우 레스토랑에서 제공되는 스테이크가 콜로라도산인 것으로 오인할 수 있으며, 여러 자료에 의하면 콜로라도는 미국에서 육우를 가장 많이 생산하는 11개 주 중의 하나이며, 콜로라도는 스테이크로 유명하여 콜로라도 스테이크가 특색 있는 음식으로 콜로라도주 외의 지역에서 잘 알려져 있으므로 서비스와 장소 간의 연관성이 강하게 인정되어 주된 의미로 서비스의 지리적 출처를 기만적으로 잘못 표시한 서비스표에 해당한다고 판단하였다.

240) 연방상표출원 일련번호 제73343670호, 지정상품: 제30류 Icecream, frozen dairy dessert products and ice cream novelties.

HAVANA CLUB,[243] TOSCANA,[244] REAL RUSSIAN,[245] MANHATTAN,[246] NORMANDIE CAMEMBERT[247]

(2) 주된 의미로 지리적 출처를 기만적으로 잘못 표시한 상표에 해당하지 않는다고 판단한 사례

COOPERSTOWN,[248] LONDON SOHO NEW YORK[249]

---

241) 연방상표출원 일련번호 제74188721호, 지정상품: 제3류 Hair lotions and other various cosmetic products.

242) Daesang Corp. v. Rhee Bros., Inc., 77 USPQ2d 1753, 2005 WL 1163142 (D. Md. 2005). 이 사건에서 법원은 '한국의 순창지역에서 생산되지 않은 고추장'에 대하여 'SOON CHANG' 상표를 사용하는 경우 재미한국인들에게 고추장의 산지로 유명하므로 지리적 출처와 관련하여 기만적이면서 주된 의미로 상품의 지리적 출처를 기만적으로 잘못 표시한 서비스표에 해당한다고 판단하였다.

243) Corporacion Habanos, S.A. v. Anncas, Inc., 88 USPQ2d 1785, 2008 WL 4409768 (TTAB 2008). 이 사건에서 상표심판원은 '쿠바산이 아닌 담배잎으로 만들어진 시가제품'과 관련하여 출원상표인 'HABANA CLUB'를 사용하는 경우 쿠바가 시가로 유명하여 상품과 장소 간의 연관성이 강하게 인정되어 주된 의미로 상품의 지리적 출처를 기만적으로 잘못 표시한 상표에 해당한다고 판단하였다.

244) *In re* Broyhill Furniture Industries, Inc., 60 USPQ2d 1511, 2001 WL 940421 (TTAB 2001). 이 사건에서 상표심판원은 '이탈리아의 토스카나 지역에서 제조되지 아니한 가구제품'에 대하여 출원상표인 'TOSCANA'를 사용하는 경우 주된 의미로 상품의 지리적 출처를 기만적으로 잘못 표시한 상표에 해당한다고 판단하였다.

245) *In re* Premiere Distillery LLC, 103 USPQ2d 1483, 2012 WL 3207255 (TTAB 2012). 이 사건에서 상표심판원은 '미국에서 생산된 보드카'에 대하여 출원상표인 'REAL RUSSIAN'을 사용하는 경우 주된 의미로 상품의 지리적 출처를 기만적으로 잘못 표시한 상표에 해당한다고 판단하였다.

246) *In re* Cookie Kitchen, Inc., 228 USPQ 873 (TTAB 1986). 이 사건에서 상표심판원은 '미시간주에서 생산된 쿠키'에 대하여 출원상표인 'MANHATTAN'을 사용하는 경우 주된 의미로 상품의 지리적 출처를 기만적으로 잘못 표시한 상표에 해당한다고 판단하였다.

247) *In re* Cheezwhse.com, Inc., 85 USPQ2d 1917, 2008 WL 305697 (TTAB 2008). 이 사건에서 상표심판원은 Normandy는 Camenbert를 포함한 치즈의 생산지로 유명한데 심사관이 지정상품의 원산지에 대한 구체적인 자료의 요청에 충분한 답변을 하지 않아 주된 의미로 상품의 지리적 출처를 기만적으로 잘못 표시한 상표에 해당한다고 판단하였다.

248) *In re* Municipal Capital Mkts. Corp., 51 USPQ2d 1369 (TTAB 1999). 지정서비스: 레스토랑업.

249) *In re* Conair Corp., 2011 TTAB LEXIS 14 (TTAB 2011). 지정상품: 화장품용 가방.

6) 상품의 성질 등을 기만적으로 잘못 표시한 상표와 주된 의미로 상품의 지리적 출처를 기만적으로 잘못 표시한 상표의 차이

양 상표는 모두 원칙적으로 상표등록이 불가능하다는 점에서는 공통된다. 그러나 상품의 성질 등을 기만적으로 잘못 표시한 상표(merely deceptively misdescriptive mark)는 소비자의 상품 구매 결정에 상품의 성질 등에 대한 잘못된 표시가 중요한 요소(material factor)로 작용하지 않는 데 반하여 주된 의미로 상품의 지리적 출처를 기만적으로 잘못 표시한 상표(primarily geographically deceptively misdescriptive mark)는 소비자의 상품 구매 결정에 상품의 지리적 출처에 관한 기만적인 잘못된 표시가 중요한 요소로 작용한다는 점에서 차이가 있다. 아울러 연방상표법 제2조 (f)항에 따라 출원인의 상품에 또는 출원인의 상품과 관련하여 사용될 경우 상품의 성질 등을 기만적으로 잘못 표시한 상표는 사용에 의한 식별력을 취득한 경우에는 상표등록이 가능하지만, 주된 의미로 상품의 지리적 출처를 기만적으로 잘못 표시한 상표는 미국에서 북미자유무역협정이 발효된 날인 1993년 12월 8일 전에 사용에 의한 식별력을 취득한 경우 외에는 상표등록이 불가능하다는 점에서 차이가 있다.

7) 비 교

출원인의 상품에 또는 출원인의 상품과 관련하여 사용될 경우 주된 의미로 지리적인 출처를 단지 기술하는 상표(primarily geographically descriptive mark)와 주된 의미로 지리적인 출처를 기만적으로 잘못 표시한 상표(primarily geographically deceptively misdescriptive mark)는 모두 지리적인 출처로서의 의미를 갖고 소비자는 상표가 의미하는 장소에서 상품이 유래되었다고 믿을 가능성이 있다는 점에서는 공통된다. 다만, 주된 의미로 지리적인 출처를 단지 기술하는 상표는 상품이 상표가 의미하는 지리적인 출처에서 유래되는 데 반하여, 주된 의미로 지리적인 출처를 기만적으로 잘못 표시한 상표는 상품이 상표가 의미하는 지리적인 출처에서 유래되지 않았으며, 소비자의 상품 구매 결정에 지리적 출처에 대한 잘못된 표시가 중요한 요소로 작용한다는 점에서 차이가 있다. 이를 정리하면 다음의 표와 같다.

연구 48 Primarily Geographically Descriptive Mark vs. Primarily Geographically Deceptively Misdescriptive Mark vs. Deceptive Geographical Mark

구분	❶ 상표의 지리적인 출처로서의 의미 유무	❷ 상품이 상표가 의미하는 지리적인 출처에서 유래되었는지 여부	❸ 소비자가 상품이 상표가 의미하는 지리적인 출처에서 유래되었다고 믿을 가능성이 있는지 여부	❹ 소비자의 상품 구매 결정에 지리적인 출처에 대한 잘못된 표시가 중요한 요소로 작용하는지 여부	❺ 상표의 등록가능성
primarily geographically descriptive mark	○	○	○	-	△ (사용에 의한 식별력 취득 후 가능)
primarily geographically deceptively misdescriptive mark	○	X	○	○	X (단, 1993.12.8 전에 사용에 의한 식별력을 취득한 경우에만 가능)
deceptive geographical mark	○	X	○	○	X

11. 주된 의미로 자연인의 성으로만 인식되는 용어로 구성된 상표[250)]

1) 의 의

연방상표법 제2조 (e)항 (4)에서는 상표가 주된 의미로(primarily) 자연인의 성(surname)으로만 인식되는 용어로 구성된 경우를 상표의 부등록사유의 하나로 규정하고 있다.

2) 연 혁[251)]

(1) **1905년 연방상표법** 1905년 연방상표법에서는 「개인의 성명이나 법인의 명칭」을 독특하거나 식별력이 있게 구성하지 않은 상표는 등록이 거절된다고 규정하였다.[252)] 따라서 자연인의 성으로만 인식되거나 자연인의 성명으로 구성된

250) 미국의 연방상표법 제2조 (e)항 (4)에서 "Consists of a mark which is primarily merely a surname"이라고 규정하고 있다.

251) Daphne Robert, 앞의 책, 63~65면 참조.

252) Provided, That no mark which consists merely in the name of an individual, firm, corporation, or association not written, printed, impressed, or woven in some particular or distinctive manner, or in association with a portrait of the individual, or merely in words or

상표는 등록이 거절되었다. 다만, 예외적으로 1905년 연방상표법이 시행된 1905년 2월 20일을 기준으로 그전에 「10년간 독점적으로 사용」된(exclusive use) 자연인의 성으로만 인식되거나 자연인의 성명으로 구성된 상표는 상표등록을 허용하였다.

(2) 1920년 **연방상표법** 1920년 연방상표법에서는 「개인의 성명이나 법인의 명칭」을 독특하거나 식별력이 있게 구성하지 않은 상표라 하더라도 상표소유자에 의하여 미국 내 주 간의 상거래 또는 미국과 외국 간의 상거래나 인디언 부족과의 상거래에서 진정한 의사(bona fide intention)로 상표를 1년 이상 사용하는 경우 상표등록을 허용하였다. 그러나 상표등록에 의하여 손해를 입었다고 생각하는 자는 상표등록의 취소를 청구할 수 있었고 당해 청구에 대한 구술심리 결과 상표권자가 상표출원 시 또는 출원 이후에 등록상표의 「독점적 사용」(exclusive use)을 할 수 있는 적격이 없다고 판단되는 경우 상표등록이 취소될 수 있었기 때문에 1년 이상의 진정한 의사에 의한 사용은 독점적 사용을 의미한다고 해석하였다. 따라서 1920년 연방상표법에서는 사용에 의한 식별력을 취득한 경우 상표등록을 허용한다는 명시적인 규정을 두고 있지는 않았지만 1년 이상 진정한 의사로 사용된 상표의 등록을 허용함으로써 1년 이상 진정한 의사로 독점적으로 사용된 상표의 경우 실질적으로는 사용에 의한 식별력을 취득한 것과 유사한 효과를 갖게 되었다.

(3) 1946년 Lanham Act 1946년 연방상표법 제2조 (e)항 (3)에서는 상표가 주된 의미로 자연인의 성으로만(primarily merely a surname) 인식되는 용어로 구성된 경우 주등록부에 대한 상표등록이 거절된다고 규정하였다. 다만, 그러한 상표가 사용에 의한 식별력을 취득한 경우 주등록부에 대한 상표등록을 허용하였다. 또한 1946년 Lanham Act에서는 출원인이 자연인의 성으로만 인식되는 용어로 구성된 상표라 하더라도 「상표출원일 전」 5년간 「실질적으로 독점적」(substantially exclusive)이고 계속적으로 상업상 사용한 경우에는 사용에 의한 식별력 취득의 일응의 증거(*prima facie* evidence)로 인정할 수 있도록 규정하였다.

(4) 1988년 **상표법개정법** 1988년 상표법개정법에서는 출원인이 상표를 출원한 날이 아닌 사용에 의한 식별력을 취득하였음을 「주장한 날」을 기준으로 이전 5년간 실질적으로 독점적이고 계속적으로 상업상 사용한 경우에는 사용에 의

---

devices which are descriptive of the goods with which they are used, or of the character or quality of such goods, or merely a geographical name or term, shall be registered under the terms of this Act:

한 식별력 취득의 일응의 증거로 인정되도록 개선하였다. 이에 따라 출원인은 「상표출원 시」에는 5년의 상표의 사용기간이 완성되지 않았다고 하더라도 「상표의 등록여부결정 시」에 5년의 상표의 사용기간이 완성된 경우에도 출원상표의 사용에 의한 식별력 취득의 일응의 증거로 인정받을 수 있게 되었다.

3) 제도의 취지

주된 의미로 자연인의 성으로만 인식되는 용어로 구성된 상표는 사용에 의한 식별력을 취득하지 않는 한 상품의 출처에 관한 식별력이 없을 뿐만 아니라, 자연인의 성을 특정 개인에게 상표로 등록해 줄 경우 그와 동일한 성을 가진 다른 많은 사람들이 자기의 성을 사용하지 못하게 되는 결과를 가져올 수 있기 때문에 상표등록을 거절한다.

4) 주된 의미로 자연인의 성으로만 인식되는

(1) **의 의** 이 규정은 상표가 소비자에게 사전상 다른 의미가 아닌 자연인의 성으로만 인식되는 경우를 의미한다. 따라서 상표가 자연인의 성으로도 인식되지만 사전상 다른 의미로도 인식될 경우[253]에는 주된 의미로 자연인의 성으로만 인식되는 상표에 해당되지 않는다. 아울러 주된 의미로(primarily) 자연인의 성으로만(merely a surname) 인식되는 용어라고 규정하고 있으므로, 자연인의 성에 다른 도형이나 문자가 결합되어 성으로만 인식되는 용어로 구성되지 않았거나 별개의 주된 관념을 가지고 있는 경우에는 이에 해당하지 않는다.

(2) **판단 자료** 주된 의미로 자연인의 성으로만 인식되는 용어로 구성된 상표인지의 여부를 판단할 때에는 주로 전화번호부를 참고하여 과연 당해 상표가 일반 공중에게 자연인의 성으로만 인식되는지의 여부에 따라 판단한다.[254]

(3) **구체적인 판단 기준** 상표심판원은 1995년 「Benthin Management 사건」[255]에서 어느 상표가 주된 의미로 자연인의 성으로만 인식되는 용어로 구성된 상표인지의 여부를 판단하는 다음의 5가지 판단 기준을 제시하였다.

ⅰ) 출원상표가 흔한 성인지 아니면 드물게 사용하는 성인지 여부(whether the

---

253) 'KING'은 사람의 성에 해당하지만 '왕'이라는 다른 의미도 가지고 있다. 그러나 'Jefferson', 'Sarah'와 같은 표장은 다른 의미는 없고 성으로만 인식된다.

254) Ex parte The Wayne Pump Co., 88 USPQ 437 (Ex. Ch. 1951) 참조.

255) *In re* Benthin Management GmbH, Serial No. 74/340080, 37 USPQ2d 1332, 1333-34 (TTAB Sept. 13, 1995).

surname is rare)

ii) 출원상표가 출원인과 관련된 사람의 성에 해당하는지 여부(whether the term is the surname of anyone connected with the applicant)

iii) 출원상표가 성 이외의 다르게 인식되는 의미를 가지고 있는지 여부(whether the term has any recognized meaning other than as a surname)

iv) 출원상표가 성으로서의 외관과 느낌을 가지고 있는지 여부(whether the term has the "look and feel" of a surname)

v) 출원상표가 도안화되어 독립된 상업적 인상을 줄 정도로 식별력이 있는지 여부(whether the stylization of lettering is distinctive enough to create a separate commercial impression).

5) 자연인의 성과 다른 문자 등이 결합한 경우

자연인의 성과 다른 문자 등이 결합한 경우에는 다른 문자 등이 지정상품과 관련하여 보통명칭이나 기술적 상표에 해당하는지의 여부를 판단하고, 자연인의 성 부분에 다른 문자 등의 부분을 추가함으로써 전체로서 상표의 본래 의미가 변경되었는지의 여부를 고려하여야 한다.[256)]

6) 자연인의 성과 흔한 칭호 또는 법인 종류 등의 약칭이 서로 결합한 경우

자연인의 성과 'Mr.', 'Mrs.', 'Mz.', 'Dr.', 'Lady' 등의 흔한 칭호가 결합한 상표라고 하더라도 고유의 식별력이 있다고 인정되지 않으므로 상표등록이 거절된다.[257)] 또한 자연인의 성과 법인의 유형을 나타내는 'Corporation', 'Inc.', 'Ltd.', 'Company', 'Co.'와 같은 약칭이나 가업의 유형을 나타내는 '& Sons', 'Bros' 등이 서로 결합한 상표라고 하더라도 고유의 식별력이 있다고 인정되지 않으므로 상표등록이 거절된다.[258)]

7) 사용에 의한 식별력을 취득한 경우

비록 주된 의미로 자연인의 성으로만 인식되는 용어로 구성된 상표라고 하더라도 사용에 의한 식별력을 취득한 경우에는 상표등록이 가능하다.

---

256) Examination Guide 3-17 참조.

257) TMEP 1211.01(b)(iv), *In re* Rath, 402 F.3d 1207, 74 USPQ2d 1174 (Fed. Cir. 2005), *In re* Giger, 78 USPQ2d 1405 (TTAB 2006), *In re* Hilton Hotels Corp., 166 USPQ 216, 217 (TTAB 1970) 참조.

258) TMEP 1211.01(b)(viii). *In re* I. Lewis Cigar Mfg. Co., 205 F.2d 204, 98 USPQ 265 (CCPA 1953), *In re* Piano Factory Grp, Inc., 85 USPQ2d 1522 (TTAB 2006), Piano Factory Grp. Inc., 85 USPQ2d at 1527 참조.

8) 사 례

GORDINI,[259] BRASSERIE LIPP,[260] HAMILTON PHARMACEUTICALS[261]

12. 전체적으로 기능적인 상표로 구성된 것[262]

1) 의 의

전체적으로(as a whole) 기능적인(functional) 상표는 사용에 의한 식별력의 취득 여부에 관계없이 상표등록이 거절된다.

2) 연 혁

이 규정은 1946년 Lanham Act에서는 규정되어 있지 않았지만 1998년 「상표법조약시행법」(Trademark Law Treaty Implementation Act)에서 전체적으로 기능적인 상표에 해당하는 경우 상표의 등록을 거절하고 착오로 등록된 경우 그 상표등록을 취소할 수 있는 사유로 규정하였다. 1999년에는 「연방희석화방지법 개정법」(Trademark Amendments Act of 1999)에서 트레이드 드레스가 연방상표법에 따라 주등록부에 상표로 등록되지 않은 경우 그 보호를 주장하는 자가 트레이드 드레스가

---

259) *In re* Regie Nationale Des Usines Renault, 155 USPQ 766 (TTAB 1967). 이 사건에서 상표심판원은 'GORDINI' 상표가 주된 의미로 자연인의 성으로만 구성된 상표에 해당한다고 판단하였다.

260) *In re* Cazes, 21 USPQ2d 1796 (TTAB 1991). 이 사건에서 출원인은 'BRASSERIE LIPP'이라는 서비스표를 '레스토랑서비스'를 지정서비스로 하여 서비스표를 출원하였으나 심사관은 'BRASSERIE'는 술을 제공하는 레스토랑을 의미하여 식별력이 없는 부분이고 'LIPP'은 주된 의미로 독일계의 성에 해당한다는 이유로 서비스표등록을 거절하였다. 출원인은 출원서비스표가 전체적으로 볼 때 주된 의미로 자연인의 성에 해당하지 않으며, 'LIPP' 또는 'BRASSERIE LIPP'의 주된 의미는 출원인이 파리에서 운영하는 레스토랑의 서비스표이고, 'LIPP'이 주된 의미로 자연인의 성에 해당하기 위해서는 심사관은 충분한 참증을 제시하여야 하는데 전화번호부상 'LIPP'의 성을 가진 사람의 23개 목록만으로는 충분하지 않다고 주장하였으나 상표심판원은 흔하지 않는 자연인의 성이라고 하더라도 그의 주된 의미가 자연인의 성이라면 서비스표로 등록받을 수 없다고 판단하였다.

261) *In re* Hamilton Pharms. Ltd., 27 USPQ2d 1939 (TTAB 1993). 이 사건에서 출원인은 'pharmaceutical products'를 지정상품으로 하여 'HAMILTON PHARMACEUTICALS' 상표를 출원하였으나 심사관은 'HAMILTON'이 주된 의미로 자연인의 성에 해당한다고 상표등록을 거절하였고 상표심판원은 심사관의 거절결정을 지지하였다.

262) 미국의 연방상표법 제2조 (e)항 (5)에서 "Comprises any matter that, as a whole, is functional"이라고 규정하고 있다.

기능적이지 않다는 점을 입증하도록 트레이드 드레스의 보호에 관한 규정을 정비하였다.

3) 기능적인 상표의 상표등록 배제의 취지

기능성 이론은 원래 연방상표법에서 정의하고 있지 않으며 학설과 법원의 판례에 의하여 정립된 이론으로 「특허제도와의 조화」 및 「자유경쟁」을 보장하기 위하여 기능적인 형상이나 포장의 용기 등은 상표로서 등록될 수 없도록 하기 위하여 탄생한 이론이다. 이렇게 기능적인 상표의 등록을 배제하는 정책적인 취지는 ⅰ) 실용적인 입체적 형상에 대하여 배타적인 권리를 취득할 수 있는 유일한 방법은 상표법이 아닌 특허법의 영역이므로 이를 상표법으로 보호하는 경우 특허제도의 존재 가치를 훼손할 가능성이 있으며, ⅱ) 경업자가 효과적으로 경쟁하기 위하여 필요로 하는 상품의 형상을 복제할 수 있어야 하는데 만일 상표권을 어느 특정한 상인에게 독점시킬 경우 경업자의 자유롭고 효과적인 경쟁을 제한할 수 있기 때문이다.[263][264]

4) 기능적인 상표의 상표등록 배제에 관한 이론[265]

(1) 의 의　기능성 이론은 트레이드 드레스를 어느 경우에 기능적이라고 정의하여 연방상표법에 따라 출원된 상표인 경우 등록을 배제하고 미등록상표인 경우 보호를 배제할 것인지에 대한 고민에서 출발하였는데 초기에는 다음의 「식별이론」(identification theory)에서 그 정당성을 찾았으나 최근에는 「경쟁이론」(competition theory)이 미국의 주류적인 학설이 되었다.

(2) 식별이론　기능성 이론에 관한 전통적인 초기 학설로 상표는 상품의 출처를 표시하는 기능을 수행하므로 트레이드 드레스가 소비자에게 상품에 대한 출처를 표시하는 기능을 할 때에만 보호되고 그 이외의 경우에는 트레이드 드레스는 기능적이므로 상표등록을 거절하여야 한다는 입장이다. 이 학설에 따르면 경업자는 소비자에게 상품의 출처를 표시하는 기능을 수행하지 않는 타인의 트레이드 드레스를 특허권이나 저작권 등 다른 지식재산권에 의하여 제한을 받지 않을 경우 자유롭게 모방하여 이용할 수 있게 된다.

---

263) 문삼섭, 앞의 책, 475면에서 인용.

264) TMEP 1202.02(a)(ii) 참조.

265) 이정훈 · 박성수, "부정경쟁방지법상 트레이드 드레스의 기능성원리에 관한 고찰", 「지식재산연구」, 제13권 제3호, 2018, 107면 참조.

(3) **경쟁이론**　오늘날 미국에서 주류적인 학설로 어느 특정한 트레이드 드레스를 보호하여 당해 트레이드 드레스에 대한 타인의 모방을 불허할 경우 경업자의 효과적인 경쟁을 제한하는 경우에만 해당 트레이드 드레스는 기능적이므로 상표등록을 거절하여야 한다는 입장이다. 이 학설에 따르면 비록 어느 특정한 트레이드 드레스가 소비자에게 상품의 출처를 표시하는 기능을 수행한다고 하더라도 경업자의 효과적인 경쟁을 제한한다면 해당 트레이드 드레스는 보호받지 못하게 된다.

(4) **정　리**　기능성 이론은 초기에는 「식별이론」에 입각하여 출발하였으나 그 후 시장에서의 경쟁적인 관점인 「경쟁이론」에 입각하여 기능성 이론이 더욱더 발전하여 경쟁이론이 미국의 다수설이 되었다.

5) 기능성 판단에 관한 상표심사기준

2002년 전의 미국의 상표심사기준에서는 상표의 기능성 판단과 관련하여 i) 「비기능적」[266](nonfunctional), ii) 「사실상 기능적」[267](*de facto* functional), iii) 「법률상 기능적」[268](*de jure* functional)으로 구분하여 상표의 등록 여부를 판단하였다. 그런데 연방대법원은 상표의 기능성 여부와 관련된 「TrafFix 사건」,[269) 「Wal- Mart 사건」,[270] 「Qualitex 사건」[271] 등에서 사실상 기능적인 상표와 법률상 기능적인 상표라는 구분을 활용하지 않았으며, 1998년 「상표법조약시행법」에서도 이러한 구분을 이용하지 않고 단순하게 전체적으로 기능적인 상표의 등록을 배제한다고

---

266) '비기능적'이란 상품의 형상이나 포장이 실용적인 목적에 전혀 기여하지 아니한 경우로서 이 경우 심사관은 상표의 식별력 유무에 대해서만 판단하여 상표의 등록 여부를 판단한다.

267) '사실상 기능적'이란 상품의 형상이나 포장이 실질적으로 기능성을 보유하고는 있지만 그것은 단지 여러 가지 실현가능하며 효율적인 대안 중 하나에 불과한 경우로서 이 경우 심사관은 당해 상표가 고유의 식별력이 있다면 주등록부에 상표등록을 허용하며, 고유의 식별력이 없는 경우라도 주등록부에의 등록은 안 되지만 보조등록부에의 상표등록은 허용한다. *In re* Ennco Display Sys. Inc., 56 USPQ2d 1279, 1282 (TTAB 2000); *In re* Parkway Mach. Corp., 52 USPQ2d 1628, 1631 n.4 (TTAB 1999) 참고.

268) '법률적 기능적'이란 상품의 형상이나 포장이 다른 대체가능한 디자인보다 우월한 디자인의 특징으로 인하여 경쟁적인 이점을 사용자에게 제공하는 경우 또는 그러한 디자인이 없이는 제조비용이 많이 드는 경우로서 이 경우 심사관은 상표의 식별력의 유무에 관계없이 주등록부는 물론 보조등록부에 대한 상표등록도 거절한다.

269) TrafFix Devices, Inc. v. Mktg. Displays, Inc., 532 U.S. 23, 58 USPQ2d 1001 (2001).

270) Wal-Mart Stores, Inc. v. Samara Bros., 529 U.S. 205, 54 USPQ2d 1065 (2000).

271) Qualitex Co. v. Jacobson Prods. Co., 514 U.S. 159, 34 USPQ2d 1161 (1995).

규정하고 있어 미국의 상표심사기준에서는 이러한 상표의 기능성에 관한 판단에 관한 기준을 더 이상 활용하고 있지 않다.[272][273]

6) 기능성의 판단 기준[274]

(1) 연방대법원

가. 의 의　연방대법원은 1938년 「Kellogg 사건」[275]에서 트레이드 드레스가 기능적인지의 여부에 대하여 판단하기 시작하였는데 연방대법원은 그 사건의 판결문에서 어느 특정한 트레이드 드레스를 다른 대체적인 형상으로 대체할 경우 제품의 제조비용이 증가하고 품질이 저하한다면 기능적이라는 판단기준을 제시하였다.

나. 1982년 Inwood 기준: 실용적인 이점의 존재 유무　1982년 연방대법원이 「Inwood Laboratories 사건」[276]에서 판시한 기준으로 제품의 이용이나 목적에 필수 불가결하거나 제품의 제조비용이나 품질에 영향을 준다면 기능성을 인정하여 상표등록을 배제한다는 기준을 말한다.

다. 1995년 Qualitex 기준: 경쟁상의 필요성 유무　1995년 연방대법원이 1995년 「Qualitex 사건」[277]에서 판시한 기준으로 경업자가 그 특정한 제품의 특성을 복제하지 않고서는 다른 대체적인 요소를 통해 효율적으로 경쟁할 수 없는 경우와 같이 경업자가 명성과 관련이 없는 중대한 불이익(significant nonreputation-related disadvantage)을 받을 가능성이 있는 경우 기능성을 인정하여 상표등록을 배제한다는 기준을 말한다.

라. 2001년 TrafFix 사건에서 제시된 기능성 존재 유무에 관한 2단계 판단 기준　종래 다수의 법원은 트레이드 드레스가 기능적인지의 여부를 판단할 때 「Inwood 기준」만을 적용하는 경우가 많았었다. 이에 연방대법원은 2001년 「TrafFix 사건」[278]에서 1982년 「Inwood 기준」과 1995년 「Qualitex 기준」을 단계적으로 결

---

272) TMEP 1202.02(a)(iii)(B) 참조.

273) 국내 대부분의 상표법 교과서에서는 이러한 구분을 계속 소개하고 있다.

274) 이정훈 · 박성수, 앞의 논문, 112~114면 참조.

275) Kellogg Co. v. National Biscuit Co., 305 U.S. 111 (1938).

276) Inwood Laboratory Inc. v. Ives Laboratories Inc., 456 U.S. 844, n10, 72 L. Ed. 2d 606, 102 S. Ct. 2182, 214 USPQ 1 (1982).

277) Qualitex Co. v. Jacobson Products, Co., 514 U.S. 159 (1995).

278) TrafFix Devices, Inc. v. Marketing Displays, Inc., 532 U.S. 23 (2001).

합하여 트레이드 드레스가 기능성이 있는지의 여부는 「Inwood 기준」인 「실용적인 이점의 존재 유무」만으로 판단할 것이 아니라 1단계로 「Inwood 기준」을 먼저 적용하여 트레이드 드레스에 실용적인 이점이 존재하는지 여부를 판단하여 만일 실용적인 이점이 있다면 기능성 존재 유무에 관한 판단은 종료되지만, 실용적인 이점이 존재하지 않는다면 2단계로서 「Qualitex 기준」을 적용하여 경쟁상의 필요성 유무까지 추가적으로 판단하여야 한다고 기능성 존재 유무에 관한 2단계 판단기준을 제시하였다.

(2) 연방항소법원

가. 관세특허항소법원　　연방순회항소법원의 전신인 「관세특허항소법원」(Court of Customs and Patent Appeals: CCPA)은 1982년의 「Morton-Norwich 사건」과 관련된 판결[279]에서 상표의 기능성은 「실용적인 이점의 존재 유무」(utilitarian advantages of the design)에 의해서 결정되고, 이러한 실용적인 이점은 당해 디자인이 효과적인 경쟁에 필수적인지의 여부로 판단하여야 한다고 하면서 이의 구체적인 판단 기준으로서 4가지 요소를 제시하고 있다. 이 4가지 요소는 현재 미국의 상표심판원의 상표의 기능성 존재 유무에 대한 판단의 기본 원칙으로 활용되고 있다.[280]

i) 디자인의 실용적인 이점을 공개하는 실용특허가 존재하는지의 여부(the existence of a utility patent that discloses the utilitarian advantages of the design sought to be registered)

ii) 광고에 의해 디자인의 실용적인 이점을 광고했는지의 여부(advertising by the applicant that touts the utilitarian advantages of the design)

iii) 경쟁자에게 다른 이용 가능한 대체적이고도 경쟁적인 디자인이 존재하는

---

279) 
In re Morton-Norwich Products Inc., 671 F.2d 1332 (CCPA 1982). 이 사건에서 Morton-Norwich Products사는 '스프레이식 가정용 세정제' 등을 지정상품에 대하여 상품의 용기로 구성된 입체상표를 출원하였는데 미국 특허상표청은 상표가 식별력이 없을 뿐만 아니라 기능적이라는 이유로 상표등록을 거절하였고 이에 불복한 심판에서도 심사관의 거절결정이 지지되었다. 그러나 법원은 스프레이 용기의 형상에 대하여 스프레이 용기가 실용적이 되려면 이 용기의 모양 또는 용기의 머리 모양과 동일한 형상이 필요한데 이를 입증할 증거가 없다고 하여 비기능적인 것이라고 판단하였다.

280) TMEP 1202.02(a)(v) Evidence and Considerations Regarding Functionality Determinations에서 인용.

지의 여부(facts pertaining to the availability of alternative designs)

iv) 그 디자인 제품을 생산하는 데 대체적이고도 경쟁적인 디자인보다 저렴하거나 단순한지의 여부(facts pertaining to whether the design results from a comparatively simple or inexpensive method of manufacture).

나. 연방순회항소법원 연방순회항소법원은 2015년 「Apple v. Samsung 사건」[281]에서 관세특허항소법원의 기준에 따라 i) 실용적인 이점의 존재 여부, ii) 대체적인 디자인의 존재 여부, iii) 실용적인 이점의 광고 여부, iv) 제조비용의 저렴성 여부를 기준으로 트레이드 드레스의 기능성 존재 여부를 판단하였다.

다. 제2 연방순회구 항소법원 제2 연방순회구 항소법원은 「Christian Louboutin 사건」[282]에서 연방대법원이 2001년 「TrafFix 사건」에서 제시한 기능성 존재 유무에 관한 2단계 판단 기준에 따라 1단계로 트레이드 드레스에 「실용적인 이점의 존재 유무」를 판단하고 실용적인 이점이 존재하지 않는다고 판단되는 경우 2단계로 「경쟁상의 필요성 유무」까지 추가적으로 판단하였다.

7) 사 례

(1) 기능적이라고 판단한 사례

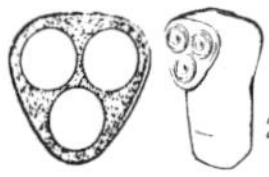
[283]
전기면도기

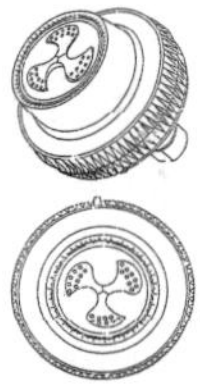
[284]
샤워기 꼭지

[285]
고음스피커 시스템

[286]
혈액펌프

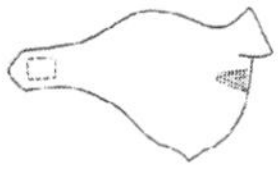
[287]
스키용 마스크

[288]
소금 및 후추용 소포장

[289]
전화번호 색인용 파일카드

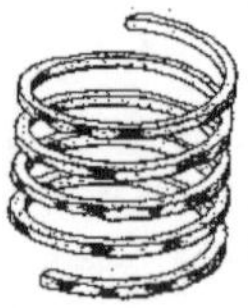
[290]
나선모양 감자튀김

[291]
유아용 수유병

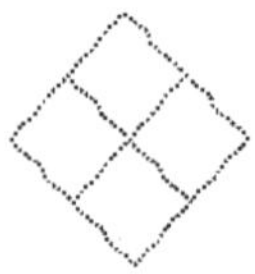
[292]
화장실용 화장지

281) Apple Inc. v. Samsung Electronics Co., Ltd., 786 F.3d 983 (2015).

282) Christian Louboutin v. Yves Saint Laurent America, 696 F.3d 206 (2012).

283) *In re* North Am. Philips Corp., 217 USPQ 926 (TTAB 1983).

(2) 비기능적이라고 판단한 사례

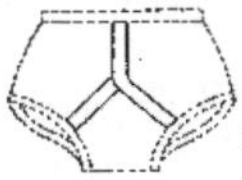

293)

팬티의 Y자형 재봉선

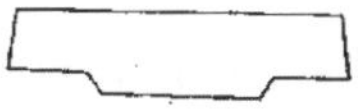

294)

곡식용 간이트레일러의 측면

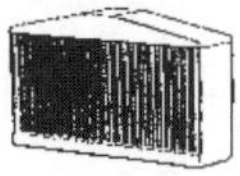

295)

자동차 전면 그릴

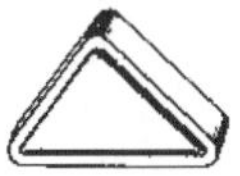

296)

삼각형 화학물질

13. 유명상표의 식별력을 약화시키거나 유명상표의 명성을 손상시켜 유명상표를 희석시킬 가능성이 있는 상표[297)]

1) 의 의

연방상표법 제43조 (c)항에서는 유명상표의 소유자와 「경쟁관계」나 「혼동가능성」이 없다고 하더라도 유명상표의 식별력을 약화시키거나 유명상표의 명성을 손상시켜 유명상표를 희석시킬 가능성이 있는 경우를 상표의 부등록사유의 하나로 규정하고 있다. 다만, 이 규정은 다른 부등록사유와는 달리 상표등록의 이의신청이 있는 경우에만 적용된다.

---

284) *In re* Teledyne Indus., Inc., 696 F.2d 968, 217 USPQ 9 (Fed. Cir. 1982).

285) *In re* Bose Corp., 215 USPQ 1124 (TTAB 1982), aff'd, 772 F.2d 866, 227 USPQ 1 (Fed. Cir. 1985).

286) *In re* Bio-Medicus Inc., 31 USPQ2d 1254 (TTAB 1994).

287) *In re* Edward Ski Prods. Inc., 49 USPQ2d 2001 (TTAB 1999).

288) *In re* Diamond Crystal Salt Co., 161 USPQ 502 (TTAB 1969).

289) Oxford Pendaflex Corp. v. Rolodex Corp., 204 USPQ 249 (TTAB 1979).

290) Universal Frozen Foods Co. v. Lamb-Weston, Inc., 697 F. Supp. 389, 8 USPQ3d 1856 (D. Or. 1987). 이 사건에서 원고는 광고에서 위 모양이 판매 및 생산에 있어 효율을 높인다고 주장하였다.

291) *In re* Babies Beat, Inc., 13 USPQ2d 1729 (TTAB 1990). 이 사건에서 심판청구인은 이 형태가 아기들이 잡기 편하도록 디자인되었다고 광고하였다.

292) Georgia-Pacific Consumer Prods., LP v. Kimberly-Clark Corp. 647 F.3d 723, 99 USPQ2d 1538 (Jul. 28, 2011).

293) *In re* Jockey International, Inc., 192 USPQ 579 (TTAB 1976).

294) Truck Equipment Service Co. v. Fruehauf Corp., 536 F2d 1210, 191 USPQ 79 (8th Cir. 1976).

295) Rolls-Royce Motors, Ltd. v. A&A Fiberglass, Inc., 428 F. Supp. 689, 193 USPQ 35 (N.D. Ga. 1977).

296) *In re* Minnesota Mining & Mfg. Co., 335 F 2d 836, 142 USPQ 366 (CCPA 1964).

297) 미국의 연방상표법 제2조 (e)항 (f)에서 "A mark which would be likely to cause dilution by blurring or dilution by tarnishment under section 43(c), may be refused registration only pursuant to a proceeding brought under section 13"이라고 규정하고 있다.

2) 연 혁

1995년 연방희석화방지법에서는 연방상표법상 유명상표의 희석행위를 금지할 수 있는 규정은 마련하였지만 타인이 유명상표를 희석시키는 상표를 출원하는 경우 등록을 거절하거나 착오로 등록된 경우 그 등록을 취소시킬 수 있는 근거 규정을 마련하고 있지 않았다. 따라서 1999년에는 「연방희석화방지법 개정법」(Trademark Amendments Act of 1999)을 마련하여 1995년의 「연방희석화방지법」에 따른 구제 조치를 보완하여 유명상표를 희석시키는 출원상표에 대하여 이의신청에 의한 상표등록의 거절이유, 착오로 등록 시 상표등록의 취소사유로 규정하였다.

14. 상품의 보통명칭[298)]

상표가 상품의 종류나 유형의 보통명칭에 해당하는 경우에는 상표의 가장 기본적인 기능인 상품의 출처표시 기능을 수행할 수 없으므로 상표등록이 거절된다.

Ⅲ. 정 리

위에서 설명하고 있는 부등록사유 중 연방상표법 제2조 (a)항, (b)항, (c)항,

298) 미국의 연방상표법 제14조(3)에서는 "(3) At any time if the registered mark becomes the generic name for the goods or services, or a portion thereof, for which it is registered, or is functional, or has been abandoned, or its registration was obtained fraudulently or contrary to the provisions of section 1054 of this title or of subsection (a), (b), or (c) of section 1052 of this title for a registration under this chapter, or contrary to similar prohibitory provisions of such said prior Acts for a registration under such Acts, or if the registered mark is being used by, or with the permission of, the registrant so as to misrepresent the source of the goods or services on or in connection with which the mark is used. If the registered mark becomes the generic name for less than all of the goods or services for which it is registered, a petition to cancel the registration for only those goods or services may be filed. A registered mark shall not be deemed to be the generic name of goods or services solely because such mark is also used as a name of or to identify a unique product or service. The primary significance of the registered mark to the relevant public rather than purchaser motivation shall be the test for determining whether the registered mark has become the generic name of goods or services on or in connection with which it has been used."라고 규정하고 있다.

(d)항, (e)항 (3), (5)에서 명백하게 상표등록이 배제되는 경우를 제외하고는 출원인이 상표를 상거래상 사용한 결과 식별력을 취득한 경우에는 상표등록을 거절할 수 없다.[299] 연방상표법상 부등록사유와 ⅰ) 보조등록부에의 등록가능성 여부, ⅱ) 사용에 의한 식별력 인정 여부에 관한 사항을 정리하면 다음의 표와 같다.[300]

연구 49 부등록사유, 보조등록부 등록 및 사용에 의한 식별력 인정 가능성 여부

부등록사유	보조등록부 등록 가능성	사용에 의한 식별력 인정 가능성
연방상표법 제2조 (a)항 (부도덕, 기만)	X	X
연방상표법 제2조 (b)항 (국기, 문장 등)	X	X
연방상표법 제2조 (c)항 (본인의 서면에 의한 동의 없는 성명, 초상, 서명)	X	X
연방상표법 제2조 (d)항 (선등록/선사용 상표와 혼동 가능성)	X	X
연방상표법 제2조 (e)항 (1) (merely descriptive)	○	○
연방상표법 제2조 (e)항 (1) (merely deceptively misdescriptive)	○	○
연방상표법 제2조 (e)항 (2) (primarily geographically descriptive)	○	○
연방상표법 제2조 (e)항 (3) (primarily geographically misdescriptive)	X	X
연방상표법 제2조 (e)항 (4) (surname)	○	○
연방상표법 제2조 (e)항 (5) (functional)	X	X

299) 미국의 연방상표법 제2조 (e)항 (f)에서 "Except as expressly excluded in subsections (a), (b), (c), (d), (e)(3), and (e)(5) of this section, nothing herein shall prevent the registration of a mark used by the applicant which has become distinctive of the applicant's goods in commerce"라고 규정하고 있다.

300) 손영식, "미국의 상표제도"에서 일부 내용을 수정하여 인용.

Ⅳ. 상표등록이 거절된 경우

1. 심사관에 대한 재심사 청구

출원인은 심사관으로부터 거절결정을 받게 되면 거절결정일로부터 6개월 이내에 거절결정을 해소하기 위한 보정을 하면서 심사관에게 거절결정에 대한 재심사를 청구할 수 있다. 재심사는 상표심판원에 대한 거절결정불복심판을 청구와 별도로 또는 병행하여 동시에 청구할 수 있는데, 심사관에 대한 거절결정에 대한 재심사를 청구한다고 하더라도 상표심판원에 대한 거절결정불복심판을 청구하는 기간이 정지되거나 연장되지는 않는다. 심사관에 대한 재심사 청구 시 새로운 증거자료의 제출과 거절결정의 이유를 해소하기 위한 보정도 가능하기 때문에 지정상품을 한정하거나 사용에 의한 식별력의 주장과 증거자료의 제출, 상표의 구성 중 일부분에 대한 권리불요구 신청, 주등록부 등록에서 보조등록부 등록으로의 변경 신청 등이 가능하다. 한편 재심사 청구는 상표심판원에 대한 거절결정불복심판에 비해 시간과 비용에 있어서 장점이 있으며, 최종적으로 상표심판원에 거절결정불복심판을 청구하기로 결정한 경우 심판청구의 이유를 축적하는 좋은 수단이 될 수 있다.

2. 상표심판원에 대한 거절결정불복심판청구

출원인은 심사관으로부터 거절결정을 받게 되면 거절결정일로부터 6개월 이내에 상표심판원에 거절결정불복심판을 청구할 수 있다.

제4절 ▌우리나라의 제도와 비교 · 분석

Ⅰ. 우리나라의 제도

1. 의 의

우리나라에서도 특허청에 상표를 등록하기 위해서는 출원상표가 고유의 식별력이 있거나 고유의 식별력이 없는 경우 사용에 의한 식별력을 취득하여야 한다

(법 §33). 아울러 이러한 식별력을 가진 상표라고 하더라도 공익상의 이유와 사익 간의 조정을 위하여 일정한 경우 등록을 거절하도록 부등록사유를 제한 · 열거적으로 규정하고 있다(법 §34).

2. 고유의 식별력

우리나라는 어느 경우에 상표가 고유의 식별력을 가지고 있는지에 대해서 적극적으로 그 요건을 규정하지 않고 상표법 제33조 제1항에서 정하고 있는 다음의 사유 중 어느 하나에 해당하지 않는 경우 상표등록을 받을 수 있도록 소극적으로 규정하고 있다.

i) 그 상품의 보통명칭을 보통으로 사용하는 방법으로 표시한 표장만으로 된 상표

ii) 그 상품에 대하여 관용(慣用)하는 상표

iii) 그 상품의 산지 · 품질 · 원재료 · 효능 · 용도 · 수량 · 형상 · 가격 · 생산방법 · 가공방법 · 사용방법 또는 시기를 보통으로 사용하는 방법으로 표시한 표장만으로 된 상표

iv) 현저한 지리적 명칭이나 그 약어 또는 지도만으로 된 상표

v) 흔히 있는 성(姓) 또는 명칭을 보통으로 사용하는 방법으로 표시한 표장만으로 된 상표

vi) 간단하고 흔히 있는 표장만으로 된 상표

vii) i)부터 vi)까지에 해당하는 상표 외에 수요자가 누구의 업무에 관련된 상품을 표시하는 것인가를 식별할 수 없는 상표.

3. 사용에 의한 식별력

위에서 식별력이 없다고 열거하고 있는 iii)~vi)까지에 해당하는 상표라도 상표출원 전부터 그 상표를 사용한 결과 수요자 간에 특정인의 상품에 관한 출처를 표시하는 것으로 식별할 수 있게 된 경우에는 그 상표를 사용한 상품에 한정하여 상표등록을 받을 수 있다고 규정하여 사용에 의한 식별력을 취득한 상표의 등록가능성에 대해서도 규정하고 있다(법 §33②).

4. 부등록사유

상표법 제34조 제1항에 따르면 식별력을 취득한 상표라고 하더라도 다음의 어느 하나에 해당하는 상표에 대해서는 상표등록을 받을 수 없도록 규정하고 있다.

i) 국가의 국기 및 국제기구의 기장(記章) 등으로서,

① 대한민국의 국기, 국장(國章), 군기(軍旗), 훈장, 포장(褒章), 기장, 대한민국이나 공공기관의 감독용 또는 증명용 인장(印章)·기호와 동일·유사한 상표

② 파리협약 동맹국, 세계무역기구 회원국 또는 상표법조약 체약국(이하 이 항에서 "동맹국 등"이라 한다)의 국기와 동일·유사한 상표

③ 국제적십자, 국제올림픽위원회 또는 저명한 국제기관의 명칭, 약칭, 표장과 동일·유사한 상표. 다만, 그 기관이 자기의 명칭, 약칭 또는 표장을 상표등록출원한 경우에는 상표등록을 받을 수 있다.

④ 파리협약 제6조의3[301]에 따라 세계지식재산기구로부터 통지받아 특허청

---

301) Article 6ter Marks: Prohibitions concerning State Emblems, Official Hallmarks, and Emblems of Intergovernmental Organizations

(1)

(a) The countries of the Union agree to refuse or to invalidate the registration, and to prohibit by appropriate measures the use, without authorization by the competent authorities, either as trademarks or as elements of trademarks, of armorial bearings, flags, and other State emblems, of the countries of the Union, official signs and hallmarks indicating control and warranty adopted by them, and any imitation from a heraldic point of view.

(b) The provisions of subparagraph (a), above, shall apply equally to armorial bearings, flags, other emblems, abbreviations, and names, of international intergovernmental organizations of which one or more countries of the Union are members, with the exception of armorial bearings, flags, other emblems, abbreviations, and names, that are already the subject of international agreements in force, intended to ensure their protection.

(c) No country of the Union shall be required to apply the provisions of subparagraph (b), above, to the prejudice of the owners of rights acquired in good faith before the entry into force, in that country, of this Convention. The countries of the Union shall not be required to apply the said provisions when the use or registration referred to in subparagraph (a), above, is not of such a nature as to suggest to the public that a connection exists between the organization concerned and the armorial bearings, flags, emblems, abbreviations, and names, or if such use or registration is probably not of such a nature as to mislead the public as to the existence of a connection between the user and the organization.

(2) Prohibition of the use of official signs and hallmarks indicating control and warranty shall

장이 지정한 동맹국 등의 문장(紋章), 기(旗), 훈장, 포장 또는 기장이나 동맹국 등

apply solely in cases where the marks in which they are incorporated are intended to be used on goods of the same or a similar kind.

(3)

(a) For the application of these provisions, the countries of the Union agree to communicate reciprocally, through the intermediary of the International Bureau, the list of State emblems, and official signs and hallmarks indicating control and warranty, which they desire, or may hereafter desire, to place wholly or within certain limits under the protection of this Article, and all subsequent modifications of such list. Each country of the Union shall in due course make available to the public the lists so communicated. Nevertheless such communication is not obligatory in respect of flags of States.

(b) The provisions of subparagraph (b) of paragraph (1) of this Article shall apply only to such armorial bearings, flags, other emblems, abbreviations, and names, of international intergovernmental organizations as the latter have communicated to the countries of the Union through the intermediary of the International Bureau.

(4) Any country of the Union may, within a period of twelve months from the receipt of the notification, transmit its objections, if any, through the intermediary of the International Bureau, to the country or international intergovernmental organization concerned.

(5) In the case of State flags, the measures prescribed by paragraph (1), above, shall apply solely to marks registered after November 6, 1925.

(6) In the case of State emblems other than flags, and of official signs and hallmarks of the countries of the Union, and in the case of armorial bearings, flags, other emblems, abbreviations, and names, of international intergovernmental organizations, these provisions shall apply only to marks registered more than two months after receipt of the communication provided for in paragraph (3), above.

(7) In cases of bad faith, the countries shall have the right to cancel even those marks incorporating State emblems, signs, and hallmarks, which were registered before November 6, 1925.

(8) Nationals of any country who are authorized to make use of the State emblems, signs, and hallmarks, of their country may use them even if they are similar to those of another country.

(9) The countries of the Union undertake to prohibit the unauthorized use in trade of the State armorial bearings of the other countries of the Union, when the use is of such a nature as to be misleading as to the origin of the goods.

(10) The above provisions shall not prevent the countries from exercising the right given in paragraph (3) of Article 6^{quinquies}, Section B, to refuse or to invalidate the registration of marks incorporating, without authorization, armorial bearings, flags, other State emblems, or official signs and hallmarks adopted by a country of the Union, as well as the distinctive signs of international intergovernmental organizations referred to in paragraph (1), above.

이 가입한 정부 간 국제기구의 명칭, 약칭, 문장, 기, 훈장, 포장 또는 기장과 동일 · 유사한 상표. 다만, 그 동맹국 등이 가입한 정부 간 국제기구가 자기의 명칭 · 약칭, 표장을 상표등록출원한 경우에는 상표등록을 받을 수 있다.

⑤ 파리협약 제6조의3에 따라 세계지식재산기구로부터 통지받아 특허청장이 지정한 동맹국 등이나 그 공공기관의 감독용 또는 증명용 인장 · 기호와 동일 · 유사한 상표로서 그 인장 또는 기호가 사용되고 있는 상품과 동일 · 유사한 상품에 대하여 사용하는 상표.

ii) 국가 · 인종 · 민족 · 공공단체 · 종교 또는 저명한 고인(故人)과의 관계를 거짓으로 표시하거나 이들을 비방 또는 모욕하거나 이들에 대한 평판을 나쁘게 할 우려가 있는 상표.

iii) 국가 · 공공단체 또는 이들의 기관과 공익법인의 비영리 업무나 공익사업을 표시하는 표장으로서 저명한 것과 동일 · 유사한 상표. 다만, 그 국가 등이 자기의 표장을 상표등록출원한 경우에는 상표등록을 받을 수 있다.

iv) 상표 그 자체 또는 상표가 상품에 사용되는 경우 수요자에게 주는 의미와 내용 등이 일반인의 통상적인 도덕관념인 선량한 풍속에 어긋나는 등 공공의 질서를 해칠 우려가 있는 상표.

v) 정부가 개최하거나 정부의 승인을 받아 개최하는 박람회 또는 외국정부가 개최하거나 외국정부의 승인을 받아 개최하는 박람회의 상패 · 상장 또는 포장과 동일 · 유사한 표장이 있는 상표. 다만, 그 박람회에서 수상한 자가 그 수상한 상품에 관하여 상표의 일부로서 그 표장을 사용하는 경우에는 상표등록을 받을 수 있다.

vi) 저명한 타인의 성명 · 명칭 또는 상호 · 초상 · 서명 · 인장 · 아호(雅號) · 예명(藝名) · 필명(筆名) 또는 이들의 약칭을 포함하는 상표. 다만, 그 타인의 승낙을 받은 경우에는 상표등록을 받을 수 있다.

vii) 선출원에 의한 타인의 등록상표(등록된 지리적 표시 단체표장은 제외한다)와 동일 · 유사한 상표로서 그 지정상품과 동일 · 유사한 상품에 사용하는 상표.

viii) 선출원에 의한 타인의 등록된 지리적 표시 단체표장과 동일 · 유사한 상표로서 그 지정상품과 동일하다고 인식되어 있는 상품에 사용하는 상표.

ix) 타인의 상품을 표시하는 것이라고 수요자들에게 널리 인식되어 있는 상표(지리적 표시는 제외한다)와 동일 · 유사한 상표로서 그 타인의 상품과 동일 · 유사한 상품에 사용하는 상표.

x) 특정 지역의 상품을 표시하는 것이라고 수요자들에게 널리 인식되어 있는 타인의 지리적 표시와 동일 · 유사한 상표로서 그 지리적 표시를 사용하는 상품과 동일하다고 인정되어 있는 상품에 사용하는 상표.

xi) 수요자들에게 현저하게 인식되어 있는 타인의 상품이나 영업과 혼동을 일으키게 하거나 그 식별력 또는 명성을 손상시킬 염려가 있는 상표.

xii) 상품의 품질을 오인하게 하거나 수요자를 기만할 염려가 있는 상표.

xiii) 국내 또는 외국의 수요자들에게 특정인의 상품을 표시하는 것이라고 인식되어 있는 상표(지리적 표시는 제외한다)와 동일 · 유사한 상표로서 부당한 이익을 얻으려 하거나 그 특정인에게 손해를 입히려고 하는 등 부정한 목적으로 사용하는 상표.

xiv) 국내 또는 외국의 수요자들에게 특정 지역의 상품을 표시하는 것이라고 인식되어 있는 지리적 표시와 동일 · 유사한 상표로서 부당한 이익을 얻으려 하거나 그 지리적 표시의 정당한 사용자에게 손해를 입히려고 하는 등 부정한 목적으로 사용하는 상표.

xv) 상표등록을 받으려는 상품 또는 그 상품의 포장의 기능을 확보하는 데 꼭 필요한(서비스의 경우에는 그 이용과 목적에 꼭 필요한 경우를 말한다) 입체적 형상, 색채, 색채의 조합, 소리 또는 냄새만으로 된 상표.

xvi) 세계무역기구 회원국 내의 포도주 또는 증류주의 산지에 관한 지리적 표시로서 구성되거나 그 지리적 표시를 포함하는 상표로서 포도주 또는 증류주에 사용하려는 상표. 다만, 지리적 표시의 정당한 사용자가 해당 상품을 지정상품으로 하여 제36조 제5항에 따른 지리적 표시 단체표장등록출원을 한 경우에는 상표등록을 받을 수 있다.

xvii) 식물신품종 보호법 제109조[302]에 따라 등록된 품종명칭과 동일 · 유사

302) 제109조 (품종명칭의 등록절차 등) ① 품종명칭 등록을 받으려는 자(이하 "품종명칭 등록출원인"이라 한다)는 공동부령으로 정하는 서류 등을 갖추어 농림축산식품부장관 또는 해양수산부장관에게 품종명칭 등록출원을 하여야 한다.
② 제106조 제1항의 경우에 해당 품종보호 출원서를 농림축산식품부장관 또는 해양수산부장관에게 제출하였을 때에는 품종명칭 등록출원을 한 것으로 본다.
③ 심사관은 제1항에 따라 출원된 품종명칭에 대하여 제107조에 따른 품종명칭 등록요건을 갖추었는지를 심사하여야 한다.

한 상표로서 그 품종명칭과 동일 · 유사한 상품에 대하여 사용하는 상표.

xviii) 농수산물 품질관리법 제32조[303]에 따라 등록된 타인의 지리적 표시와

---

④ 심사관은 출원된 품종명칭이 다음 각 호의 어느 하나에 해당하는 경우에는 그 품종명칭 등록출원에 대하여 거절결정을 하여야 한다.

1. 제42조 제1항에 따라 해당 품종보호 출원에 대한 거절결정이 있는 경우
2. 제106조를 위반한 경우
3. 제107조 각 호의 어느 하나에 해당하는 경우
4. 제108조에 따라 품종명칭의 등록을 받을 수 없는 경우

⑤ 심사관은 제4항 제2호부터 제4호까지의 규정에 따라 품종명칭 등록출원을 거절하려 할 경우에는 해당 품종명칭 등록출원인에게 그 이유를 통보하여 그 품종명칭 등록출원인이 통보일부터 30일 이내에 새로운 품종명칭을 제출하게 하여야 한다.

⑥ 심사관은 제1항에 따른 품종명칭 등록출원에 대하여 제4항 각 호의 어느 하나에 해당하는 이유를 발견할 수 없을 때에는 그 품종명칭 등록출원을 공보에 게재하여 공고하여야 한다.

⑦ 제6항에 따른 품종명칭 등록출원 공고가 있으면 누구든지 공고일부터 30일 이내에 농림축산식품부장관 또는 해양수산부장관에게 품종명칭등록 이의신청(이하 "품종명칭등록 이의신청"이라 한다)을 할 수 있다.

⑧ 농림축산식품부장관 또는 해양수산부장관은 제6항에 따른 품종명칭 등록출원 공고 및 품종명칭등록 이의신청 절차가 끝난 후 품종명칭 등록출원에 대하여 제4항 각 호의 어느 하나에 해당하는 이유를 발견할 수 없을 때에는 해당 품종명칭을 지체 없이 품종명칭 등록원부에 등록하고 품종명칭 등록출원인에게 알려야 한다.

303) 제32조 (지리적 표시의 등록) ① 농림축산식품부장관 또는 해양수산부장관은 지리적 특성을 가진 농수산물 또는 농수산가공품의 품질 향상과 지역특화산업 육성 및 소비자 보호를 위하여 지리적 표시의 등록 제도를 실시한다.

② 제1항에 따른 지리적 표시의 등록은 특정지역에서 지리적 특성을 가진 농수산물 또는 농수산가공품을 생산하거나 제조 · 가공하는 자로 구성된 법인만 신청할 수 있다. 다만, 지리적 특성을 가진 농수산물 또는 농수산가공품의 생산자 또는 가공업자가 1인인 경우에는 법인이 아니라도 등록신청을 할 수 있다.

③ 제2항에 해당하는 자로서 제1항에 따른 지리적 표시의 등록을 받으려는 자는 농림축산식품부령 또는 해양수산부령으로 정하는 등록 신청서류 및 그 부속서류를 농림축산식품부령 또는 해양수산부령으로 정하는 바에 따라 농림축산식품부장관 또는 해양수산부장관에게 제출하여야 한다. 등록한 사항 중 농림축산식품부령 또는 해양수산부령으로 정하는 중요 사항을 변경하려는 때에도 같다.

④ 농림축산식품부장관 또는 해양수산부장관은 제3항에 따라 등록 신청을 받으면 제3조 제6항에 따른 지리적 표시 등록심의 분과위원회의 심의를 거쳐 제9항에 따른 등록거절 사유가 없는 경우 지리적 표시 등록 신청 공고결정(이하 "공고결정"이라 한다)을 하여야 한다. 이 경우 농림축산식품부장관 또는 해양수산부장관은 신청된 지리적 표시가 「상표법」에 따른 타인의 상표(지리적 표시 단체표장을 포함한다. 이하 같다)에 저촉되는지에 대하여 미리 특허청장의 의견을 들어야 한다.

⑤ 농림축산식품부장관 또는 해양수산부장관은 공고결정을 할 때에는 그 결정 내용을 관보

동일 · 유사한 상표로서 그 지리적 표시를 사용하는 상품과 동일하다고 인정되는 상품에 사용하는 상표.

xix) 대한민국이 외국과 양자간 또는 다자간으로 체결하여 발효된 자유무역협정에 따라 보호하는 타인의 지리적 표시와 동일 · 유사한 상표 또는 그 지리적 표시로 구성되거나 그 지리적 표시를 포함하는 상표로서 지리적 표시를 사용하는 상품과 동일하다고 인정되는 상품에 사용하는 상표.

xx) 동업 · 고용 등 계약관계나 업무상 거래관계 또는 그 밖의 관계를 통하여 타인이 사용하거나 사용을 준비 중인 상표임을 알면서 그 상표와 동일 · 유사한 상표를 동일 · 유사한 상품에 등록출원한 상표.

xxi) 조약당사국에 등록된 상표와 동일 · 유사한 상표로서 그 등록된 상표에

와 인터넷 홈페이지에 공고하고, 공고일부터 2개월간 지리적 표시 등록 신청서류 및 그 부속서류를 일반인이 열람할 수 있도록 하여야 한다.

⑥ 누구든지 제5항에 따른 공고일부터 2개월 이내에 이의 사유를 적은 서류와 증거를 첨부하여 농림축산식품부장관 또는 해양수산부장관에게 이의신청을 할 수 있다.

⑦ 농림축산식품부장관 또는 해양수산부장관은 다음 각 호의 경우에는 지리적 표시의 등록을 결정하여 신청자에게 알려야 한다.

1. 제6항에 따른 이의신청을 받았을 때에는 제3조 제6항에 따른 지리적 표시 등록심의 분과위원회의 심의를 거쳐 등록을 거절할 정당한 사유가 없다고 판단되는 경우
2. 제6항에 따른 기간에 이의신청이 없는 경우

⑧ 농림축산식품부장관 또는 해양수산부장관이 지리적 표시의 등록을 한 때에는 지리적표시권자에게 지리적 표시 등록증을 교부하여야 한다.

⑨ 농림축산식품부장관 또는 해양수산부장관은 제3항에 따라 등록 신청된 지리적 표시가 다음 각 호의 어느 하나에 해당하면 등록의 거절을 결정하여 신청자에게 알려야 한다.

1. 제3항에 따라 먼저 등록 신청되었거나, 제7항에 따라 등록된 타인의 지리적 표시와 같거나 비슷한 경우
2. 「상표법」에 따라 먼저 출원되었거나 등록된 타인의 상표와 같거나 비슷한 경우
3. 국내에서 널리 알려진 타인의 상표 또는 지리적 표시와 같거나 비슷한 경우
4. 일반명칭[농수산물 또는 농수산가공품의 명칭이 기원적(起原的)으로 생산지나 판매장소와 관련이 있지만 오래 사용되어 보통명사화된 명칭을 말한다]에 해당되는 경우
5. 제2조 제1항 제8호에 따른 지리적 표시 또는 같은 항 제9호에 따른 동음이의어 지리적 표시의 정의에 맞지 아니하는 경우
6. 지리적 표시의 등록을 신청한 자가 그 지리적 표시를 사용할 수 있는 농수산물 또는 농수산가공품을 생산 · 제조 또는 가공하는 것을 업(業)으로 하는 자에 대하여 단체의 가입을 금지하거나 가입조건을 어렵게 정하여 실질적으로 허용하지 아니한 경우

⑩ 제1항부터 제9항까지에 따른 지리적 표시 등록 대상품목, 대상지역, 신청자격, 심의 · 공고의 절차, 이의신청 절차 및 등록거절 사유의 세부기준 등에 필요한 사항은 대통령령으로 정한다.

관한 권리를 가진 자와의 동업 · 고용 등 계약관계나 업무상 거래관계 또는 그 밖의 관계에 있거나 있었던 자가 그 상표에 관한 권리를 가진 자의 동의를 받지 아니하고 그 상표의 지정상품과 동일 · 유사한 상품을 지정상품으로 하여 등록출원한 상표.

II. 미국의 제도와 비교

1. 식별력 요건

1) 의 의

우리나라와 미국은 모두 고유의 식별력이 있거나 사용에 의한 식별력을 취득하여야만 상표로서 보호되고 상표등록이 된다는 점에서는 차이가 없다. 다만, 미국의 경우 i) 출원인의 상품에 또는 출원인의 상품과 관련하여 사용될 경우 상품의 성질 등을 단지 기술하는 상표, ii) 출원인의 상품에 또는 출원인의 상품과 관련하여 사용될 경우 주된 의미로 지리적 출처를 단지 기술하는(primarily geographically descriptive) 상표, iii) 흔한 성만으로 구성된 상표 등의 경우 고유의 식별력이 없다고 하더라도 보조등록부에 상표등록을 할 수 있도록 하고 「보조등록부」에 등록한 후 5년간 실질적으로 독점적이고 계속적으로 상업상 사용되면 「주등록부」에 등록이 가능할 수 있도록 한 것은 우리나라의 제도와 차이점이라고 볼 수 있다.

2) 보통명칭과 관용표장

미국의 연방상표법에서는 보통명칭과 관용표장에 관하여 별도의 규정을 두지 않고, 연방상표법 제2조 (e)항 (1)에서 규정하는 기술적 상표에 포함되는 것으로 취급하고 있으나 우리나라는 상표법 제33조 제1항 제1호에서 보통명칭, 제2호에서는 관용표장, 제3호에서 기술적 상표를 구분하여 별도로 규정하고 있다.

3) 출원상표의 구성 중 일부분에 대한 사용에 의한 식별력 주장

미국의 경우 출원인은 출원상표의 구성 전체는 물론 그 구성 중 일부분에 대해서도 사용에 의한 식별력을 주장할 수 있으나 우리나라에서는 출원상표의 구성 전체에 대해서만 사용에 의한 식별력을 주장하는 것만을 인정하고 있다. 출원인이 이미 어떠한 표장(A)에 대하여 사용에 의한 식별력을 인정받고 그 이후에 그 표장과 다른 상표의 구성부분(B)을 결합한 상표(A+B)를 등록하고자 하는 경우 다른 추가된 상표의 구성부분(B)이 식별력이 있다면 전체적으로 식별력을 인정받을 수 있어 출원인은 거절이유를 통지받을 가능성이 적겠지만 추가된 상표의 구성부분(B)이 식별력이 없다면 심사관은 출원상표가 전체적으로 식별력이 없다고 거절이유를 통지할 가능성이 있으므로 이를 인정하는 것이 바람직하다고 본다.

4) 2차적 의미 취득을 위한 요건과 기간

(1) 취득 요건 　2차적 의미의 취득 또는 사용에 의한 식별력을 취득한 경우 우리나라는 상표등록을 허용하고 미국은 주등록부에 대한 상표등록을 인정하는 점에서는 차이가 없다. 그러나 사용에 의한 식별력의 취득 요건과 관련하여 미국은 연방상표법 제2조 (a)항, (b)항, (c)항, (d)항, (e)항 (3)과 (e)항 (5)에서 명백하게 상표등록을 배제하는 경우를 제외하고는 상거래상 상품에 대한 식별력이 인정된 상표의 등록을 방해할 수 없도록 규정하고 있으나,[304] 우리나라는 2014년 개정법(2014. 6. 11. 법률 제12751호)이 시행되기 전에는 "상표등록출원 전에 상표를 사용한 결과 수요자 간에 그 상표가 누구의 업무에 관련된 상품을 표시하는 것인가 현저하게 인식되어 있는 것"으로 규정하여 미국보다 훨씬 엄격하였으나 2014년 개정법에서 「현저하게」라는 요건을 삭제하여 "상표등록출원 전부터 그 상표를 사용한 결과 수요자 간에 특정인의 상품에 관한 출처를 표시하는 것으로 식별할 수 있게 된 경우"로 보다 완화하여 미국의 기준에 보다 근접하게 되었다.

(2) 취득 기간 　미국의 경우 특허상표청장은 출원인이 식별력을 주장한 날 전 5년간에 걸쳐 출원인의 상품에 또는 출원인의 상품과 관련하여 실질적으로 독점적이고 계속적으로 상업상 사용된 경우에는 사용에 의한 식별력을 취득한 것이라는 일응의 증거로서 인정할 수 있도록 한 규정을 두고 있어[305] 구체적인 2차적 의미를 취득할 수 있는 구체적인 기간을 정하고 있는 점에서 그러한 구체적인 기간은 정하지 않고 사용에 의한 식별력의 요건에 해당하는지의 여부를 판단하는 우리나라와 차이를 보이고 있다.

---

304) 미국의 연방상표법 제2조 (f)항 참조.

305) "The Director may accept as *prima facie* evidence that the mark has become distinctive, as used on or in connection with the applicant's goods in commerce, proof of substantially exclusive and continuous use thereof as a mark by the applicant in commerce for the five years before the date on which the claim of distinctiveness is made." 미국의 연방상표법 제2조 (f)항 참조.

5) 외국어 균등의 원칙

미국의 경우 외국어로 구성된 상표의 경우 영어로 번역하여 그 의미가 보통명칭 상표 또는 기술적 상표에 해당하는 경우 보통명칭 상표나 기술적 상표로 간주한다. 우리나라의 경우에는 보통명칭 상표에 대한 판단 기준에는 외국어를 어떻게 심사하여야 하는지에 대해서는 상표법상 구체적으로 규정하고 있지 않지만 보통명칭이 「일반」 수요자에게 어떻게 인식되고 사용되고 있는지를 기준으로 판단되는 점을 고려할 때 미국 내 당해 외국어를 사용하는 「일부」 수요자를 기준으로 판단하는 외국어 균등의 원칙을 우리나라에 일반적으로 적용하기는 어렵지 않나 생각된다. 다만, 성질표시 상표와 관련해서는 우리나라의 상표심사기준에서 "성질표시를 영어, 한자 등 외국어로 표시한 경우에도 이에 해당하는 것으로 보며, 국내 「일반」 수요자들이 쉽게 인식할 수 있는 영어 단어와 극히 유사하여 두 단어가 동일 또는 유사한 의미를 지닌 단어 정도로 그리 어렵지 않게 인식할 수 있는 경우에도 이에 해당하는 것으로 본다."고 규정하고 있어[306] 심사기준상으로는 영어, 한자 등의 일부 외국어의 경우 미국과 실질적으로는 유사한 판단 기준을 가지고 있다고 해석된다.

6) 현저한 지리적 명칭의 식별력

우리나라의 경우 상표법 제33조 제1항 제4호에서 규정하고 있는 현저한 지리적 명칭이나 그 약어 또는 지도만으로 된 상표는 지정상품과의 연관성을 검토하지도 않고 식별력이 없다고 보아 상표등록을 거절하고 사용에 의한 식별력을 취득한 경우에만 예외적으로 상표등록을 허용하고 있다. 그러나 미국에서는 지리적 명칭과 상품 또는 서비스와의 연관성을 검토하여[307] 상표가 비록 현저한 지리적인 명칭에 해당한다고 하더라도 상품 또는 서비스와의 연관성이 없는 경우 「임의선택 상표」에 해당한다고 보아 상표를 등록해 주고 있다. 따라서 미국에서는 온라인 서점의 상표인 'Amazon'은 지정상품인 '책'과 지정서비스인 '온라인 서적판매업' 등과 관련하여 아무런 관련이 없기 때문에 임의선택 상표에 해당하여 상표로 등록가능하지만 우리나라에서는 현저한 지리적 명칭에 해당하여 상표로 등록이 불가능하고 사용에 의한 식별력을 취득한 경우에만 상표등록이 가능하게 되는 결과를 가져온다.

306) 상표심사기준 제4부 제3장 2.3 참조.

307) 이를 「상품과 장소 간의 연관성」(Goods-Place Association)이라고도 한다.

7) 불가쟁력과 식별력

식별력이 없는 상표가 심사관의 착오로 상표등록이 된 경우 우리나라에서는 상표등록의 원시적 무효사유에 해당하며(법 §117① i), 상표가 적법하게 등록된 이후에 그 등록상표가 식별력을 상실한 경우에는 후발적 무효사유에 해당하며(법 §117①vi) 상표등록일로부터 5년이 지난 후에도 상표등록의 무효심판을 청구할 수 있다(법 §122①). 미국에서는 식별력이 없는 상표가 심사관의 착오로 상표등록이 된 경우 상표등록의 취소사유에 해당하며, 상표가 등록된 이후에 그 등록상표가 보통명칭화된 경우에는 상표등록의 후발적 취소사유에 해당한다. 다만, 등록상표가 상표등록일로부터 5년이 지나 불가쟁력을 취득한 경우에는 등록상표가 보통명칭에 해당하는 경우를 제외하고는 식별력이 없다는 이유로는 상표등록을 취소할 수 없다.

8) 권리불요구제도

우리나라에는 권리불요구제도를 두고 있지 않고[308] 상표법 제90조의 상표권의 효력이 미치지 아니하는 범위에 관한 규정에 의하여 상표등록 후 상표권자와 경업자 간의 이익의 균형을 도모하고 있으나 미국에서는 권리불요구제도로 공익과 사익 간의 균형을 도모하고 있다. 물론 우리나라나 미국 모두 제도적으로 동일한 효과를 갖는다는 점에서는 큰 차이가 없다는 견해도 없지 않지만 미국의 권리불요구제도에서는 소송이나 심판에 의하지 않고서도 상표등록증이나 상표등록부만 확인해 보면 상표의 전체적인 구성 중 어느 부분이 권리가 없는 부분인지 명확히 알 수 있다는 장점이 있다. 그러나 우리나라의 경우에는 소송이나 심판에 의해야만 알 수 있고 이러한 등록상표의 구성 중 일부분에 권리가 있는지의 여부에 관한 다툼이 많다는 점에서 미국의 제도가 경업자와 소비자에게는 보다 바람직한 제도라고 생각한다. 다만, 권리불요구제도를 도입했던 영국과 유럽연합에서도 정부의 규제완화 조치의 일환으로 권리불요구제도를 폐지하였고, 출원인이 자발적으로 권리를 불요구하는 경우에는 문제가 없지만 심사관이 출원인에게 특정한 상표의 구성부분을 권리불요구하도록 요구하고 출원인이 이에 적절히 대응하지 못하

---

308) 우리나라에서도 1949년 제정 상표법 시행규칙 제44조에서 "등록을 출원하는 상표에 특별현저성이 없는 부분 또는 상표법 제5조 제1항 제5호에 해당하는 부분이 포함되어 있을 경우에는 원서에 그 부분 자체에 대하여서는 권리를 주장하지 아니한다는 표시를 하여야 한다."고 규정하여 권리불요구제도를 인정하였으나 1973년에 개정된 상표법에서 폐지되었다.

는 경우 심사관이 상표등록을 거절하는 것이 타당한 것인지에 대해서는 부정적인 견해가 많다.

2. 부등록사유

1) 선사용자와 출원인 간의 이익 조정

우리나라의 경우 상표권의 취득과 관련하여 「등록주의」를 취하고 있으므로 심사관이 출원상표에 대한 심사 시 원칙적으로 특허청에 선등록 또는 선출원된 타인의 상표를 고려하여 심사를 하고, 예외적으로 특허청에 미등록되었으나 주지 · 저명한 타인의 상표나 타인의 상품을 표시하는 것이라고 수요자들에게 널리 인식되어 있는 상표에 해당하는 경우에는 이를 고려하여 출원상표의 등록 여부를 판단한다. 즉, 선사용된 타인의 상표가 있을 경우 그 상표가 주지 · 저명하거나 타인의 상품을 표시하는 것이라고 수요자들에게 널리 인식되어 있는 상표에 해당하는 경우에는 고려되지만 그렇지 않을 경우 출원상표가 등록된 이후 선사용권이 인정될지의 여부는 별론으로 하고 출원상표의 등록 여부에는 거의 영향을 미치지 아니한다.

2) 공존사용등록제도

(1) **의 의** 미국은 특허상표청에 선등록된 타인의 상표 또는 미국에서 선사용되고 포기되지 않은 타인의 상표나 상호와 출원인의 출원상표가 상품의 출처 또는 후원관계 등에 관한 소비자의 혼동 가능성이 없어 동시에 공존하면서 사용될 수 있다고 판단되는 경우에는 소비자의 혼동 가능성을 최소화하는 조건과 제한을 설정하여 출원인의 상표등록을 허용하는 「공존사용등록제도」를 두고 있으나 우리나라에는 이러한 제도를 두고 있지 않으며 특허청의 심사실무나 법원의 판결에서도 수요자 보호라는 공익적인 사유를 들어 상표의 공존동의제도를 부인하고 있다.[309]

(2) **국내 도입 시도** 우리나라에서도 출원인이 심사관으로부터 선등록상표

309) 대법원 1995. 5. 26. 선고 95후64 판결에서 대법원은 "본원상표의 등록 가부는 우리 상표법에 의하여 그 지정상품과 관련하여 독립적으로 판단할 것이지 언어습관이 다른 나라의 등록례에 구애받을 것은 아니며, 인용상표권자의 동의 여부는 본원상표와 인용상표의 유사 여부를 판단하는데 참작할 바가 아니다."라고 판시하였으며, 대법원 1997. 3. 11. 선고 96후795 판결에서도 대법원은 "인용상표의 상표권자가 본원상표의 등록출원에 동의하였다고 하더라도 이를 이유로 인용상표와 유사한 본원상표의 등록을 허용하여야 하는 것은 아니다."라고 판시하였다.

또는 선출원상표와 동일하거나 유사하다는 거절이유를 통지받은 경우 선등록상표의 상표권자 또는 선출원상표의 출원인으로부터 상표등록에 관한 동의서를 받아 심사관에게 제출하면 심사관은 그 동의서상의 내용과 증거를 모두 고려하여 상품의 출처 또는 후원관계 등에 관한 혼동 가능성이 없다고 판단되면 상표등록을 허용하도록 하는 「상표공존동의제도」가 2016년 상표법 개정안에 포함되어 있었으나 국회 산업통상자원위원회의 검토과정에서 상표권자 또는 선출원인 등의 동의를 전제로 동일 · 유사한 상표의 등록 가능성을 열어 놓은 선출원의 예외 규정은 우리나라의 상표제도와 부합하지 않으며 도입의 실효성도 부족하므로 신중한 검토가 필요하다[310]는 이유로 2016년 개정법에는 반영되지 못하였다.

(3) **공존사용등록제도의 비판** 공존사용등록제도는 미국이 상표권의 취득과 관련하여 사용주의를 취하고 있다는 점과 미국의 영토가 넓다는 점을 고려할 때 합리적인 제도라고 볼 수 있으나, 등록주의를 취하고 있으며 영토가 좁고 온라인 전자상거래의 확장과 교통 통신이 발전한 현재의 상황하에서 우리나라에 바로 도입하기는 어렵지 않나 생각된다. 한편 미국에서도 최근 온라인 전자상거래가 활발한 오늘날에 종전의 오프라인 상거래를 기준으로 하는 공존사용등록제도는 더 이상 타당하지 않다는 비판이 제기되고 있다.

3) 미국의 관련상품 vs. 우리나라의 유사상품

(1) **관련상품 vs. 유사상품** 미국에서 혼동 가능성의 판단 기준으로서 상품의 관련성은 서로 비교되는 상품에 어떤 「물리적인 공통의 속성」이 존재하기 때문에 관련된 것이 아니라, 그 상품을 구매하는 소비자의 입장에서 서로 비교되는 상품이 관련된다고 생각하는지의 「소비자의 인식」과 관련된 문제이다. 따라서 미국의 관련상품 이론에 따른 관련상품과 우리나라에서 유사상품은 모두 구체적인 거래실정을 고려하여 상품의 출처 또는 후원관계 등에 관한 소비자의 혼동 가능성을 판단한다는 점에서 공통되는 점도 없지 않으나, 미국의 관련상품 이론의 핵심이 비경쟁적 상품에 대해서도 상표권 침해를 인정하는 것이므로 미국의 관련상품과 우리나라의 유사상품은 완전히 동일한 개념으로 보기는 어렵다고 본다.

(2) **상품의 유사여부 판단** 미국의 특허상표청은 우리나라의 유사상품심사기준과 같은 심사관의 상품에 관한 심사와 관련한 일반적인 기준을 두고 있지 않

---

310) 국회 산업통상자원위원회 상표법 전부개정법률안 심사보고서, 2016.2, 7면 참조.

다. 따라서 미국의 심사관은 상표출원서 또는 상표등록증에 기재된 구체적인 지정상품을 기준으로 사안에 따라 구체적 · 개별적으로 상품 간의 관련성 유무를 판단하고 있다. 한편 우리나라의 심사관은 심사단계에서 선등록 또는 선출원상표와의 유사여부를 판단할 때 「유사상품 심사기준」상의 유사군 코드를 참고하되 상품의 객관적인 속성인 품질, 형상, 용도와 생산부문, 판매부문, 수요자의 범위 등 거래의 실정 등을 고려하여 일반거래의 통념에 따라 판단하고 있다.[311] 따라서 미국의 상품의 관련성 여부에 관한 판단 기준과 유사하다고도 볼 수 있으나 우리나라는 상품심사에 관한 일관성 유지를 위하여 유사상품 심사기준상의 유사군 코드를 참고한다는 점에서는 미국의 상품심사 실무와 차이가 있다. 참고로 특허청 예규 제95호로 개정된 「유사상품 심사기준」이 시행된 2017년 1월 1일 전에는 원칙적으로 동 기준에 따라 유사군 코드가 동일한지의 여부에 따라 그 상품의 유사여부를 추정하여 심사를 하였다.[312] 즉, 유사군 코드가 동일한 상품들은 서로 유사하다고 추정하고 유사군 코드가 상이하면 상품들이 비유사하다고 추정하여 심사를 하였다.[313] 한편 상표권의 침해 사건을 다루는 우리나라의 법원은 상품의 유사여부를 판단할 때에는 대비되는 상품에 동일 또는 유사한 상표를 사용할 경우 동일업체에 의하여 제조 또는 판매되는 상품으로 오인될 우려가 있는지의 여부를 기준으로 하여 판단하되, 상품 자체의 속성인 품질, 형상, 용도와 생산 부문, 판매 부문, 수요자의 범위 등 거래의 실정을 종합적으로 고려하여 일반 거래의 통념에 따라 판단하고 있다.[314] 따라서 출원상표의 등록 여부를 판단하는 특허청의 심사단계는 물론 상표권의 침해를 판단하는 법원은 시장에서의 거래 실정 등을 종합적으로 고려한다는 점에서 미국의 제도와 비교할 때 상품의 유사성 또는 관련성에 대한 판단 방법은 근접해 있다고 본다.

4) 선사용 상호와 출원상표 간의 혼동 가능성 심사

연방상표법 제2조 (d)항에서는 특허상표청에 선등록된 타인의 상표 또는 미

---

311) 유사상품 심사기준 제10조.

312) 특허청, 상품유사판단기준 재정립방안에 관한 연구, 2008, 40면 참조.

313) 상품의 유사여부 판단에 관한 일반원칙을 규정하고 있는 유사상품 심사기준 제10조에서는 "니스분류에 의한 상품류 구분과 관계없이 유사군 코드 상위 5자리(세분화로 신설된 유사군 코드는 7자리 전부)가 동일하면 원칙적으로 유사한 것으로 추정한다."라고 규정하고 있었다.

314) 대법원 2006. 6. 16. 선고 2004후3225 판결 참조.

국에서 선사용되고 포기되지 않은 타인의 상표뿐만 아니라 상호와 유사한 상표로 구성되거나 이를 포함한 것으로서 출원인의 상품에 또는 출원인의 상품과 관련하여 사용될 경우 혼동이나 오인을 일으키거나 기만하게 할 가능성이 있는 경우에도 상표등록을 배제하고 있다. 그러나 우리나라에서는 출원상표의 선행권리와의 저촉문제를 심사할 때 상호가 주지 · 저명하거나 특정인의 상품을 표시하는 것이라고 인식되어 있는 상호를 제외하고는 타인의 선출원에 의한 선등록상표와 선출원상표의 존재 여부만을 심사하고 일반적인 상호와의 저촉문제는 심사하지 않고 있다. 이는 미국이 보통법상 상표의 사용에 의하여 상표권이 발생하는 사용주의를 취하고 있으며, 상호가 자타 상품의 식별표시 기능도 수행할 수 있고, 특히 상호가 서비스표의 기능과 많은 부분이 중첩된다는 점과 상표와 상호가 동일하거나 유사한 경우 실제 거래 환경에서 상품 또는 서비스의 출처나 후원관계 등과 관련하여 소비자의 혼동이 많이 발생하고 있다는 점을 고려하여 상표와 상호 간의 저촉문제까지도 심사한다고 생각된다.

제 7 장

연방상표법상 상표의 선택 · 출원 · 심사 · 등록 및 그 이후의 절차

제1절 총 설

미국에서는 상표소유자가 상표를 선택하여 실제 사용함으로써 보통법에 따른 상표권이 발생하지만 연방상표법에 따라 상표를 출원하여 등록하는 경우 연방상표법에 따른 많은 혜택을 향유할 수 있기 때문에 대부분의 상표소유자는 연방상표법에 따라 특허상표청에 상표를 출원하여 등록하고 있다. 이하에서는 연방상표법에 따라 상표를 출원하기 전 상표의 선택을 위한 조사, 상표의 출원 절차, 심사관에 의한 심사 절차, 등록 및 그 이후의 절차에 대하여 차례대로 살펴보고자 한다.

제2절 상표의 선택

Ⅰ. 상표 조사[1)]

1. 의 의

어느 상인이 특정한 상표를 자신의 상품과 서비스에 사용하여 보통법상의 상

1) 특허청, 미국 상표법 · 제도에 관한 분석 및 시사점, 2006, 44~47면 참조.

표권을 취득하거나 주상표법 또는 연방상표법에 따라 상표를 출원하여 상표를 등록함으로써 주상표법 또는 연방상표법상의 상표권을 취득하고자 하는 경우에는 우선 어떤 상표를 선택하여 사용하여야 할 것인지를 결정하여야 한다. 즉, 어느 상인이 특정한 표장에 대한 상표권을 취득하기 위해서는 자기가 앞으로 상표로 사용할 기호, 문자, 도형, 트레이드 드레스, 소리, 냄새 또는 이들 간의 결합으로 구성된 표장들과 동일하거나 유사한 표장이 타인에 의하여 관련된 상품 또는 서비스에 대하여 이미 상표나 상호로서 사용되고 있거나 특허상표청 등에 등록 또는 출원되었는지의 여부를 사전에 조사하여야 한다.

연구 50 상표의 조사와 선택

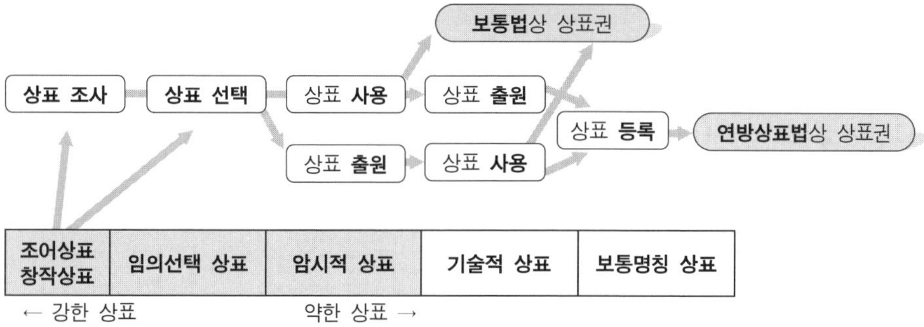

2. 상표의 등록가능성 판단

상인이 주상표법 또는 연방상표법에 따라 상표를 출원하여 등록받고자 하는 경우 상표출원 전에 자신이 선택하여 출원하고자 하는 상표를 조사함으로써 상표의 등록가능성을 판단하고 문제가 되는 상표의 구성 중 일부분을 수정하거나 지정상품을 한정함으로써 상표의 등록가능성을 높일 수 있다.

3. 상표등록 전 상표권의 보호 범위 예측

상표 조사의 결과 선택하여 사용하고자 하는 상표와 유사한 상표가 관련상품에 경업자에 의하여 많이 사용되고 있는 경우 그가 선택하고자 하는 상표의 식별력은 관련상품에 대하여 약할 수밖에 없기 때문에 그 상표가 등록되어 연방상표법상 상표권이 발생한다고 하더라도 그 상표권의 보호 범위는 좁을 수밖에 없다. 따라서 이러한 상표 조사를 통해 자신이 선택하고자 하는 상표에 관한 상표권의 보호 범위를 상표등록 전에 미리 예측해 볼 수 있다.

4. 타인의 상표권 침해 가능성 여부 판단

어느 상인이 자기가 선택하여 사용하고자 하는 상표와 동일 또는 유사한 상표를 관련상품에 대하여 먼저 사용하거나 등록하여 상표권을 취득한 타인이 있는 경우 그 선사용자 또는 선등록한 상표권자의 상표권을 침해할 가능성이 있으므로 자신이 선택하여 사용하고자 하는 상표를 사용하기 전에 상표를 조사하는 것은 장래 자기가 선택한 상표의 사용 시 타인이 소유한 상표권의 잠재적인 침해 가능성을 차단하게 해 준다.

II. 상표 조사 대상

1. 연방상표 DB

비록 미국에서는 보통법상의 상표권이 등록이 아니라 상표의 선택과 실제 사용에 의하여 발생한다고 하더라도 연방상표법에 따라 「주등록부」에 등록하는 경우 상표권자는 미국 전역에 걸친 유효한 권리를 가지고 있다고 추정되므로 가장 먼저 조사해야 할 대상은 특허상표청에 출원하였거나 등록된 상표를 조사하여야 한다. 연방상표 DB는 미국 특허상표청 웹사이트상의 Trademark Electronic Search System(TESS)을 이용하면 무료로 상표 조사가 가능하다.[2)]

2. 주상표 DB

미국에서는 각 주에서도 그 주의 상표법에 따라 상표를 출원하여 등록할 수 있는데 이 경우 상표권의 효력은 그 주의 경계를 넘어서지 못하며 연방상표로 등록된 것과는 달리 상표등록의 유효성이 추정되지 않지만 각 주의 상표법에 따라

---

2) 미국 특허상표청의 상표전자검색시스템(Trademark Electronic Search System: TESS)의 웹사이트는 다음과 같이 구성되어 있다.

출원되거나 등록된 상표를 조사함으로써 각 주에서 타인이 상표를 출원하거나 등록하여 사용하고 있는지의 여부를 알 수 있다.

3. 미등록상표, 상호와 도메인 이름

미국에서는 보통법상의 상표권이 특허상표청에 상표를 등록함으로써 발생하는 것이 아니라 상표소유자의 상표의 선택과 실제 사용에 의하여 발생하는 사용주의를 취하고 있기 때문에 실제로 연방상표법에 따라 특허상표청에 등록하지 않고 사용하는 미등록상표가 많다. 따라서 미등록상표를 조사하여야 보통법에 따른 상표권이 있는지의 여부를 확인할 수 있다.[3] 아울러 상호, 도메인 이름도 실제로 상표나 서비스표로서 동시에 사용하는 경우도 많으며 회사의 이미지 통합 전략(CIP Strategy: Corporate Identity Program Strategy)에 따라 상호, 도메인 이름, 상표를 동일하게 하거나 상표가 유명해지면 상표를 회사의 상호나 하우스 마크, 도메인 이름으로 사용하는 경우가 많기 때문에 상호, 도메인 이름에 대한 조사도 하여야 한다. 이러한 미등록상표, 상호, 도메인 이름은 통상 전화번호부, 상가록, 업종별 제품

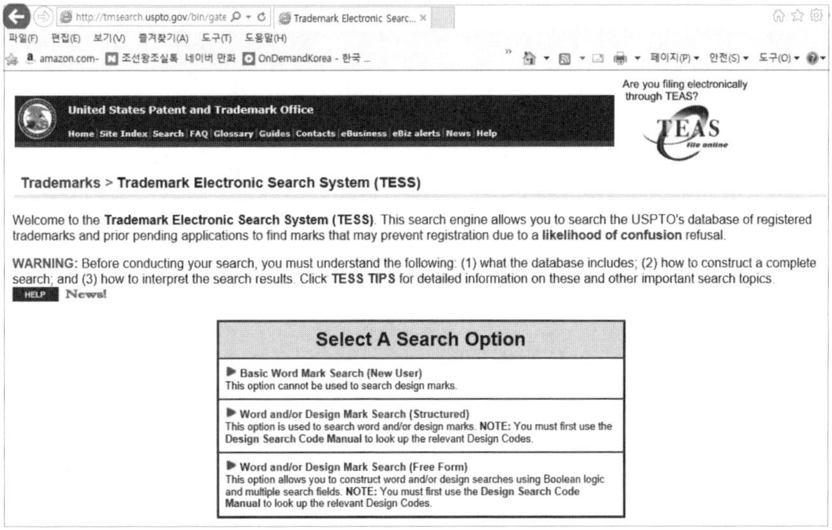

3) International Star Class Yacht Racing Association v. Tommy Hilfiger U.S.A., Inc., 80 F.3d 749, 38 USPQ2d 1369 (2d Cir. 1996). 이 사건에서 제2 연방순회구 항소법원은 연방상표법에 따라 등록된 상표에 대한 검색만 하고 미등록상표에 대하여 상표검색을 하지 않고 사용하여 상표권을 침해하는 경우 그 침해자는 상표권 침해에 악의(bad faith)가 있다고 판단하였다.

제조사 목록, 인터넷 검색엔진 등을 통하여 조사한다.

Ⅲ. 상표 조사 방법

1. 의 의

등록주의 국가는 당해 국가의 특허청의 상표 DB만 조사하더라도 그 나라에서 어떠한 상표가 출원 또는 등록되어 있는지를 쉽게 파악할 수 있지만 미국과 같은 사용주의 국가에서는 연방상표 DB, 주상표 DB만으로는 충분하지 않고 미등록상표와 상호, 도메인 이름까지도 조사하여야 하기 때문에 등록주의 국가에 비해 상표를 조사하는 데 더 많은 시간과 비용이 소요된다. 통상 상표의 조사 방법으로는 풀서치와 간이서치 방법이 있다.

2. 풀서치

풀서치(full availability search)란 통상 Thomson CompuMark,[4] Corsearch 등과 같은 상표 조사 전문회사에 의뢰하여 실시하는 조사방법으로 연방상표 DB, 주상표 DB뿐만 아니라 전화번호부, 인터넷상의 검색엔진, 상가록, 업종별 제품 제조사 목록 등을 통해 미국에서 상표를 사용하는 데 저촉될 수 있는 미등록상표, 상호, 도메인 이름까지 조사하는 방법이다.

3. 간이서치

간이서치(screening search)란 풀서치를 할 경우 시간과 비용이 많이 소요되기 때문에 우선 등록상표의 존재 여부만을 조사하는 약식 조사방법을 말한다.

---

4) www.trademark.com.

제3절 ▌상표의 출원

Ⅰ. 상표출원의 기초

1. 의 의

등록주의를 취하고 있는 대부분의 국가에서는 상표출원을 할 때 상표의 실제 사용에 기초한 것인지 아니면 현재는 사용하고 있지 않지만 장래 상표를 상업적으로 사용하고자 하는 진정한 의사(bona fide intention)에 기초한 것인지를 구분하지 않고 그 출원과 등록 등의 절차를 동일하게 취급한다. 그러나 미국의 연방상표법에 따르면 상표를 출원할 때부터 상표소유자는 ⅰ) 상표를 실제 사용하고 있는지, ⅱ) 현재는 상표를 실제 사용하고 있지 않지만 장래 상표를 상업적으로 사용하고자 하는 진정한 의사를 가지고 있는지, ⅲ) 외국에서의 상표등록이나 상표출원을 기초로 하여 미국에도 동일한 상표를 사용하고자 하는지를 구분하여 출원하여야 한다. 한편 이러한 구분에 따라 상표출원 시 제출하여야 하는 서류의 종류와 그에 대한 심사 및 등록 절차가 다르게 진행된다.

2. 연방상표법상 상표출원의 기초

미국의 연방상표법에 따르면 상표소유자는 다음의 4가지 중 어느 하나 이상을 기초로 하여 상표출원을 할 수 있다.

ⅰ) 상표의 실제 사용

ⅱ) 현재는 상표를 실제 사용하고 있지 않지만 장래 상표를 상업적으로 사용하고자 하는 진정한 의사

ⅲ) 외국에서의 상표등록 또는 상표출원

ⅳ) 외국에서의 상표등록 또는 상표출원에 기초하여 마드리드 의정서에 의한 출원.

이 중 ⅰ)~ⅲ)까지는 상표소유자 또는 그 대리인이 미국의 특허상표청에 직접 상표를 출원하여야 하지만, ⅳ)는 일반적으로 외국의 상표소유자가 자기 나라의 상표등록 또는 상표출원을 기초로 미국에 대한 보호확대를 요청하는 국제출원

을 그 외국인의 특허청을 통해서 하면 세계지식재산기구(WIPO)의 국제사무국이 이를 국제등록하고 국제공고한 후 미국의 특허상표청에 지정을 통지하는 절차이므로 미국의 특허상표청에 직접 상표를 출원하는 절차는 아니다.[5)]

3. 상표출원의 기초의 추가, 삭제, 변경[6)]

1) 출원공고 전

출원인은 주등록부에 대한 출원상표는 출원상표가 공고되기 전 또는 보조등록부에 대한 출원상표는 언제든지 상표출원의 기초를 추가하거나 삭제 또는 변경할 수 있다.

2) 출원공고 후

출원인은 출원상표가 공고가 된 이후에도 상표가 등록되기 전까지 상표출원의 기초를 삭제할 수 있으나, 상표출원의 기초의 추가 또는 변경과 관련해서는 당해 출원공고된 상표의 등록에 대한 이의신청이 없는 경우 특허상표청장에게 청원하여 특허상표청장의 허락을 얻어야만 가능하며 이 경우 추가 또는 변경된 상표출원의 기초는 재공고 사항이다.

3) 외국에서의 상표출원에 기초한 상표출원

외국에서의 상표출원에 기초하여 미국에 상표를 출원한 출원인은 우선일로부터 6개월 이내에만 상표출원의 기초를 추가하거나 변경할 수 있다. 또한 출원인이 상표의 실제 사용 또는 사용의사에 기초하여 상표출원을 한 경우라도 우선일로부터 6개월 이내라면 상표출원의 기초를 외국에서의 상표출원으로 변경할 수 있으며 이 경우 출원인은 우선일을 인정받을 수 있다.

4) 외국에서의 상표출원 또는 상표등록에 기초한 상표출원에서 상표의 사용의사에 기초한 상표출원으로 변경

출원인이 처음에는 외국에서의 상표출원이나 상표등록에 기초하여 미국에 상표를 출원한 경우에도 출원 후 상표의 사용의사에 기초한 출원으로도 변경할 수도 있다.

---

5) 문삼섭, "미국의 상표제도상 상표권과 상표의 사용 간 관련성에 관한 소고—보통법에 따른 상표권의 발생과 연방상표법에 따른 상표출원 · 심사 · 등록 및 등록 후 단계를 중심으로", 「창작과 권리」, 제89호, 세창출판사, 2017.12, 77~78면에서 인용.

6) 연방상표법 시행규칙 §2.35 참조.

5) 마드리드 출원

마드리드 출원은 상표출원의 기초를 추가하거나 삭제 또는 변경할 수 없다. 다만, 출원인이 국제등록을 국내출원으로 전환하는 재출원에 대해서는 국내 상표출원과 동일하게 상표출원의 기초를 추가하거나 삭제 또는 변경할 수 있다.

6) 상표출원의 기초의 변경 효과

상표출원의 기초가 다른 기초로 변경된다고 하더라도 변경된 상표출원의 기초가 유효할 경우 출원인은 원출원의 출원일을 유지할 수 있다. 특허상표청은 제출된 서류가 변경된 상표출원의 기초와 관련하여 부적합하지 않다면 그 변경된 상표출원의 기초가 유효하다고 추정한다.

II. 상표의 실제 사용에 기초한 상표출원

1. 의 의

상표의 실제 사용에 기초한 상표출원이란 「상표소유자」가 출원일 현재 「미국 내 주 간의 상거래」 또는 「외국과의 상거래」에서 사용하고 있는 상표[7)8)]를 현재 사용하고 있는 상품에 대하여 등록받기 위하여 출원하는 것을 말한다.[9)]

2. 상표소유자

상표소유자는 “상표를 사용하는 상품의 품질을 통제하는 자”를 의미한다. 상표소유자가 상품의 품질을 통제한다는 것은 자기 자신이 상표를 사용한 상품을 독점적으로 생산 · 유통하고 그 품질을 통제하여야만 하는 것이 아니라 상표소유자와 밀접한 관련이 있는 「관계회사」(related company)가 상표를 사용한 상품을 생

7)  주식회사 홍진에이치제이씨가 ‘HJC’ 상표의 실제 사용을 기초로 하여 상표출원을 하면서 제출한 상표의 사용 견본은 왼쪽과 같다. 연방상표등록 제3224785호, 지정상품: 제9류 Motorcycle helmets.

8) NONGSHIM 주식회사 농심이 상표의 실제 사용에 기초하여 상표를 출원하면서 제출한 상표의 사용 견본은 다음과 같다. 연방상표등록 제4051875호, 지정상품: 제30류 Instant noodles, rice-based snack foods, flour-based snack foods, instant rice.

산 · 유통한다고 하더라도 그 관계회사의 상품의 품질을 자신이 통제하고 있다면 상표소유자가 될 수 있으며, 관계회사의 상표의 사용은 상표소유자의 상표의 사용이 된다.

3. 상표출원서의 기재사항

상표소유자의 상표의 실제 사용에 기초한 출원의 경우 상표출원서에는 다음의 사항들을 기재하여야 한다.

i) 출원인의 성명, 주소, 국적

ii) 상표출원의 기초

iii) 상표의 최초 사용일[10)]

iv) 상표의 최초 상업적 사용일

v) 상표가 사용된 상품 목록[11)]

9) 문삼섭, 앞의 논문, 79~80면 참조.

10) 상표의 사용이 미국 내 주 간의 상거래 또는 외국과의 상거래에서의 사용이 아닌 미국의 어느 한 주 내의 거래 또는 외국에서의 사용이라고 하더라도 상표가 사용된 상품이 최초로 판매되거나 판매를 위하여 수송된 날짜 또는 서비스가 제공된 날짜를 의미한다. 따라서 상표의 최초 사용일은 상표의 최초 상업적 사용일과 동일하거나 더 빠른 날짜가 된다.

11) 상표출원서에 기재된 상품이나 서비스는 모두 출원인이 상표를 사용한 것이어야 한다. 또한 그러한 상품이나 서비스는 상표출원서에 구체적으로 명확하게 기재하여야 하는데 미국

vi) 상표의 도면[12]

vii) 상표가 표준문자가 아닌 경우 상표에 대한 설명

viii) 상표가 라틴어 문자로 구성되지 아니한 경우 상표의 번역 또는 음역

ix) 상표의 사용 견본[13][14]

x) 출원인이 상표소유자로서 상표의 사용 견본대로 지정상품에 대하여 출원상표를 상업적으로 사용하고 있고, 서명자가 알고 믿고 있는 한 어느 누구도 출원

의 특허상표청이 https://tmidm.uspto.gov 사이트에서 제공하는 Acceptable Identification of Goods and Services Manual(ID Manual)을 참고하여 기재할 경우 출원인은 상품이나 서비스의 기재가 불명확하다는 심사관의 거절통지를 피할 수 있다.

12) 소리상표와 냄새상표를 제외한 모든 상표의 출원 시 반드시 제출하여야 하는 필수 제출 서류이다. 소리상표와 냄새상표는 상표의 기재란에 'NO DRAWING'이라고 표시하고 상표에 대하여 간결하게 기술하면 된다. 상표의 도면에는 문자상표로서 Standard Character에 의할 경우 문자를 타자기나 컴퓨터로 작성하는 Typed drawings와 문자상표가 아닌 도형, 색채, 문자와 도형의 결합 등과 같이 구성된 경우의 Special-form drawings로 구분된다.

13) 상표의 사용 견본(specimen)은 출원인이 상표를 상업상 상품의 판매나 서비스의 제공 시 실제로 사용한 견본을 말한다. 상표의 사용 견본은 소비자들이 시장에서 상품을 실제 구매할 때 볼 수 있는 라벨이나 태그 또는 온라인 구매사이트의 웹페이지 등이 될 수 있다. 상표의 사용 견본은 상품의 실제 포장지나 상품 자체에 상표가 표시된 것의 사진도 인정될 수 있으나 상품이나 상품의 포장지의 mock-up은 상표의 사용 견본으로 인정되지 않는다. 상표 자체만의 전시로는 상표의 사용 견본으로 인정될 수 없으며, 상표가 상품에 직접 부착되거나 상품과 직접적인 관련성을 갖는 상표의 사용 견본이어야 한다.

14) 상표가 단지 장식적 · 디자인적으로 사용된 사용 견본은 상표의 사용 견본으로 인정되지 않는다. 티셔츠나 가방의 앞면에 크게 슬로건이나 디자인이 표시되어 소비자가 상표로 인식하기 보다는 장식이나 디자인으로 인식할 수 있는 것은 상표의 사용 견본으로 인정되지 않을 수 있다. 미국 특허상표청, Basic Facts About Trademarks 2016, 22면 참조.

상표의 사용 견본으로 인정

상표의 사용 견본으로 불인정

인터넷 웹사이트도 상표의 사용 견본으로 인정될 수 있다. 다만, 상표가 상품의 사진이나 상품에 대해 설명하는 위치 옆에 표시되어 있어야 하고 소비자가 그 웹사이트에서 당해 상품을 구매할 수 있어야 한다. 따라서 단순히 상품을 광고하는 웹사이트는 상표의 사용 견본으로 인정하지 않는다. 또한 이러한 웹사이트를 실제로 캡처한 화면을 사용 견본으로 제출하여야 하며, 단순히 웹사이트의 주소만을 기재하는 것은 상표의 사용 견본으로 인정되지 않는다. 미국 특허상표청, Basic Facts About Trademarks 2016, 22면 참조.

인이 출원한 상표와 동일 또는 유사한 형태로 그자의 상품에 사용하는 경우 혼동이나 오인을 일으키거나 기만하게 할 가능성이 있는 상표를 상업적으로 사용할 권한을 가지고 있지 않으며, 출원서에 기재한 내용이 모두 진실이라는 진술서.[15)]

출원인이 위의 기재사항들 중에서 적어도 i) 상표의 도면, ii) 출원인의 성명과 주소, iii) 상표가 사용된 상품 목록, iv) 적어도 하나의 상품류에 대한 출원료를 특허상표청에 납부하는 경우 출원일이 인정된다.

4. 미국 내에 거주하고 있지 아니한 출원인에 대한 연락

외국인 또는 미국 내에서 설립되지 않은 법인과 같이 미국 내에서 거주하고 있지 아니한 출원인은 미국 내에 거주하는 자를 지정하여 특허상표청이 출원상표에 대한 심사과정에서 발송하는 각종 통지서를 송달받도록 특허상표청에 신고할 수 있다. 출원인에 의하여 선임된 자는 미국 내에서 특허상표청이 출원인에게 발송하는 각종 통지서를 단순하게 송달받는 역할만 수행하므로 출원인을 대신하여

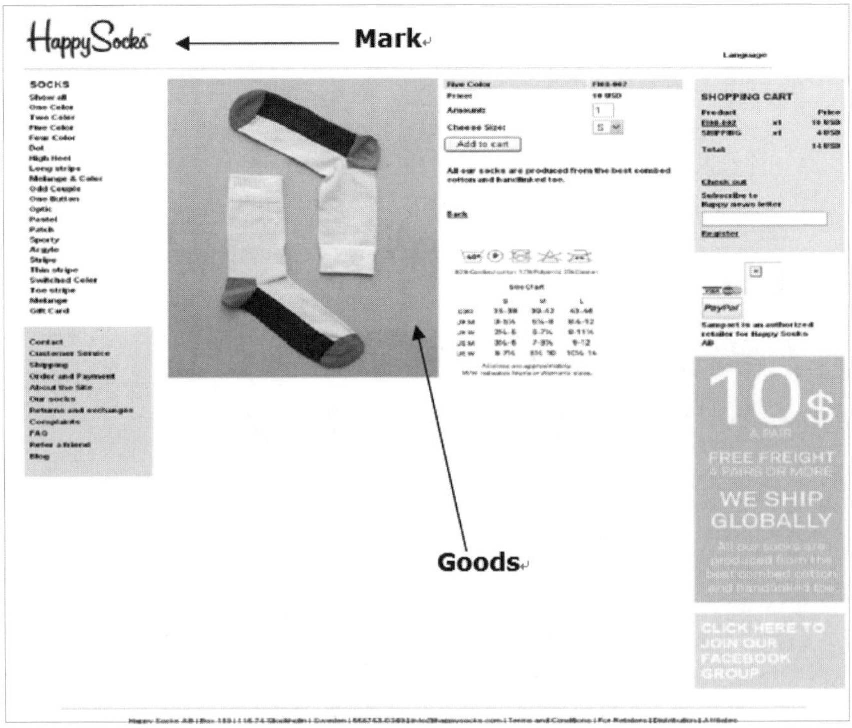

15) 연방상표법 시행규칙 제2.33조 (b)항 참조.

의견서나 보정서를 제출하는 등의 법적인 절차를 밟을 수는 없다. 출원인은 이러한 법적인 절차를 출원인을 대신하여 수행하게 하려면 출원인은 미국변호사를 대리인으로 선임하여야 한다. 미국변호사를 대리인으로 선임한 경우 특허상표청은 모든 문서를 대리인인 미국변호사에게 발송하므로 미국 내에서 특허상표청이 출원인에게 발송하는 각종 통지서를 송달받는 역할을 하는 자를 별도로 지정할 필요가 없다.

Ⅲ. 상표의 사용의사에 기초한 상표출원

1. 의 의

상표의 사용의사에 기초한 출원이란 "상표소유자가 상표의 출원일 현재 상표를 실제로 사용하고 있지 않지만 장래 미국 내 주 간의 상거래 또는 외국과의 상거래에서 상표출원서에서 지정한 모든 상품 또는 서비스에 대하여 사용하고자 하는 진정한 의사가 있다고 주장하는 출원"을 말한다. 이러한 사용의사에 기초한 출원은 1988년 「상표법개정법」(Trademark Law Revision Act of 1988)에 의해 새로 도입된 제도이다.[16)]

연구 51 Actual Use, Intent-to-use, Token Use, Constructive Use

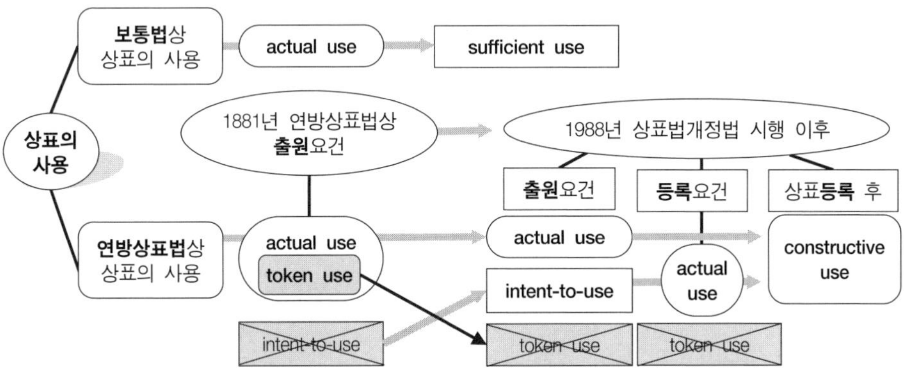

16) 문삼섭, 앞의 논문, 82면에서 인용.

2. 출원요건과 등록요건

1) 출원요건

출원인은 실제로 상표를 사용하고 있지 않기 때문에 상표의 실제 사용에 기초한 출원과 달리 상표출원 시 상표의 최초 사용 날짜를 상표출원서에 기재할 필요가 없으며, 상표의 사용 견본도 제출할 필요가 없다. 다만, 상표출원서에 상표를 지정상품에 대하여 사용하고자 하는 진정한 의사가 있음을 상표출원서에 기재하여야 한다.[17]

2) 등록요건

상표의 사용의사에 기초한 출원은 단지 연방상표법에서 정하고 있는 상표를 출원할 수 있는 「출원요건」에는 해당하지만 상표를 등록받을 수 있는 요건인 상표의 실제 사용을 하고 있지 않으므로 출원인은 i) 상표를 사용하는 경우 출원공고 전까지 상표의 사용의사에 기초한 출원에서 상표의 실제 사용에 기초한 출원으로 「보정」(amendment for alleged use)하거나,[18] ii) 심사관으로부터 「상표등록결정」(notice of allowance)을 통지받게 되면 그 통지서가 발급된 날로부터 6개월 또는 그 기간 내에 제출하지 못할 경우 출원인이 신청하여 연장된 기간 이내에 상표의 사용 견본을 첨부한 상표의 「사용진술서」(statement of use)를 제출하여야만 상표등록

17) 통상 다음과 같은 문장을 사용한다.
Intent to Use: The applicant has a bona fide intention to use or use through the applicant's related company or licensee the mark in commerce on or in connection with the identified goods and/or services. (15 U.S.C. Section 1051(b)).

18) 이를 그림으로 나타내면 다음과 같다.

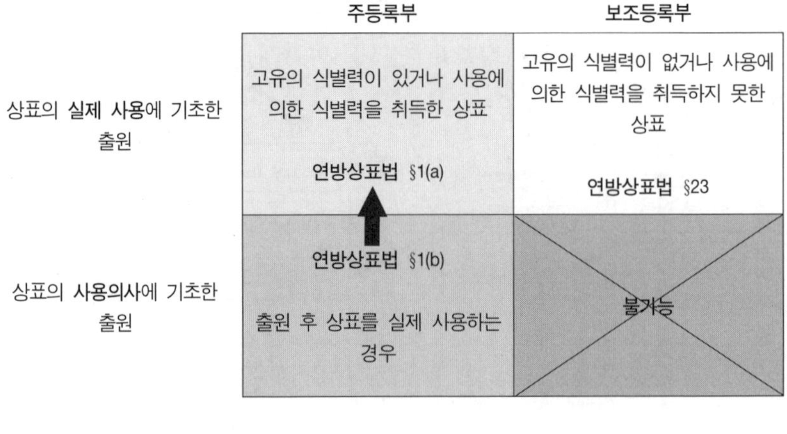
주등록부
보조등록부
상표의 실제 사용에 기초한 출원
고유의 식별력이 있거나 사용에 의한 식별력을 취득한 상표
연방상표법 §1(a)
고유의 식별력이 없거나 사용에 의한 식별력을 취득하지 못한 상표
연방상표법 §23
상표의 사용의사에 기초한 출원
연방상표법 §1(b)
출원 후 상표를 실제 사용하는 경우
불가능

을 받을 수 있다. 출원인이 상표의 사용진술서를 제출하면 심사관은 그 사용진술서에 첨부된 상표의 사용 견본을 보고 출원상표가 실제 사용되었는지의 여부를 심사하고 상표가 모든 지정상품에 대하여 실제로 사용되었다고 판단되면 출원인에게 상표의 사용진술을 인정한다는 통지서를 보내고 그 후 「상표등록증」을 송부한다. 만일 출원인이 상표의 사용진술서를 제출하지 아니한 경우에는 당해 상표출원은 「포기」된 것으로 간주된다.

3. 주등록부에 대한 출원에만 허용

상표의 사용의사에 기초한 상표출원제도는 「주등록부」에 대한 상표출원에 대해서만 허용된 것으로 보조등록부에 대한 상표출원에는 인정되지 않는다. 이는 보조등록부를 두는 취지가 상표소유자가 실제 사용하는 상표로서 비록 현재는 고유의 식별력이 없지만 사용에 의하여 식별력을 취득할 수 있는 상표를 등록해 주기 위함이기 때문이다.

연구 52 상표의 사용 요건과 상표등록부

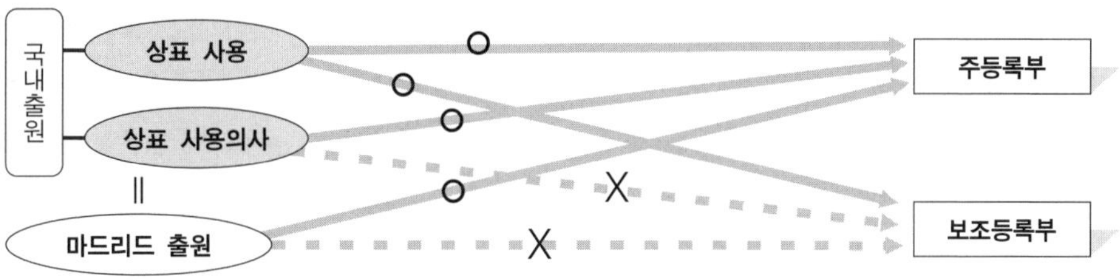

4. 일부 상품에 대해서만 상표를 사용하고 있는 경우 상표출원 방법

상표소유자가 상표출원서에 기재한 지정상품 중 「일부」 상품에 대해서는 상표를 사용하고 다른 나머지 상품에 대해서는 장래에 상표를 사용하고자 하는 경우, 상표를 실제 사용하고 있는 상품에 대해서는 상표의 실제 사용에 기초한 상표출원, 사용하고 있지 아니하는 상품에 대해서는 사용의사에 기초한 상표출원을 각각 별도로 하는 방법도 있으나 하나의 상표출원서를 작성하고 상표출원의 기초를 상표의 실제 사용과 사용의사에 기초한 것으로 조합하여 출원하는 방법도 가능하다.[19] 이 경우 하나의 상표출원서로 작성하기 때문에 모든 상품에 대하여 하나의 출원일을 부여받고 상품이 동일한 상품류에 해당하는 경우 출원료와 등록료 등을 절감할 수 있으나 출원인은 심사관의 상표등록결정 통지 후 상표출원 시 상표를 실제 사용하고 있지 아니한 상품에 대한 상표의 사용진술서를 심사관에게 제출하여야만 전체 상품에 대하여 상표가 등록되므로 상표등록일이 늦어질 수 있다.

Ⅳ. 외국에서의 상표등록 또는 상표출원에 기초한 상표출원

1. 의 의

미국 연방상표법 제44조 (b)항에서는 상표, 상호 또는 불공정한 경쟁의 방지에 관한 협약 또는 조약에 의하여 미국인에게 내국인과 동등한 권리를 인정해 주는 국가의 국민에 대해서는 연방상표법상 상표소유자에게 부여되는 권리에 추가하여 그 협약 또는 조약의 규정에 의하여 부여되는 권리를 갖도록 규정하고 있다.

2. 외국에서의 상표등록에 기초한 상표출원

외국인이 본국에서 상표등록을 한 경우 그 외국인은 본국에서 등록된 상표등록증이나 그 사본을 상표출원 시 또는 심사 중에 특허상표청에 제출하고 미국 내에서 상표를 상업적으로 사용할 진정한 의사가 있음을 상표출원 시 진술함으로써 미국에서 상표를 등록받을 수 있다.[20][21] 이 경우 사용의사에 기초한 출원과는 달

19) TMEP 806.02(b) Applicant May File Under Both §1(a) and §1(b) in the Same Application 참고. 다만, 하나의 상품에 대하여 상표의 실제 사용과 사용의사를 기초로 하여 상표출원을 할 수 없다.

20) 미국의 연방상표법 제44조 (e)항에서는 "(e) A mark duly registered in the country of origin of the foreign applicant may be registered on the principal register if eligible, otherwise on the supplemental register herein provided. Such applicant shall submit, within such time period as may be prescribed by the Director, a true copy, a photocopy, a certification, or a certified copy of the registration in the country of origin of the applicant. The application must state the applicant's bona fide intention to use the mark in commerce, but use in commerce shall not be required prior to registration."라고 규정하고 있다.

21) 따라서 우리나라에 상표를 등록한 경우 이를 기초로 미국의 특허상표청에 상표출원을 할 수 있다.

리 상표등록 전에 출원상표를 미국에서 실제로 사용하고 있다는 상표의 사용 실적을 제출할 필요는 없다.[22]

3. 외국에서의 상표출원에 기초한 상표출원

파리협약의 당사국의 국민 등 자격이 있는 외국인이 본국에서 상표를 출원하여 아직 등록이 되지 않은 상태라고 할지라도 본국에서의 상표출원일로부터 6개월 내에 파리협약에 의한 우선권을 주장하여 미국의 특허상표청에 상표를 출원할 수 있다.[23][24] 이 경우 출원인은 상표출원서에 상표를 상업적으로 사용할 진정한

22) 문삼섭, 앞의 논문, 82~83면 참조.

23) 미국의 연방상표법 제44조 (d)항에서는 "(d) An application for registration of a mark under sections 1051, 1053, 1054, or 1091 of this title or under subsection (e) of this section filed by a person described in subsection (b) of this section who has previously duly filed an application for registration of the same mark in one of the countries described in subsection (b) of this section shall be accorded the same force and effect as would be accorded to the same application if filed in the United States on the same date on which the application was first filed in such foreign country: Provided, That —

(1) the application in the United States is filed within 6 months from the date on which the application was first filed in the foreign country;

(2) the application conforms as nearly as practicable to the requirements of this chapter, including a statement that the applicant has a bona fide intention to use the mark in commerce;

(3) the rights acquired by third parties before the date of the filing of the first application in the foreign country shall in no way be affected by a registration obtained on an application filed under this subsection;

(4) nothing in this subsection shall entitle the owner of a registration granted under this section to sue for acts committed prior to the date on which his mark was registered in this country unless the registration is based on use in commerce.

In like manner and subject to the same conditions and requirements, the right provided in this section may be based upon a subsequent regularly filed application in the same foreign country, instead of the first filed foreign application: Provided, That any foreign application filed prior to such subsequent application has been withdrawn, abandoned, or otherwise disposed of, without having been laid open to public inspection and without leaving any rights outstanding, and has not served, nor thereafter shall serve, as a basis for claiming a right of priority."라고 규정하고 있다.

24) 따라서 우리나라에 상표출원을 하고 6개월 이내에 우리나라에서의 상표출원을 기초로 미국의 특허상표청에 상표출원을 할 수 있다. 이 경우 조약에 의한 우선권을 주장하는 경우 출원일에 관한 파리협약상의 혜택을 향유할 수 있다.

의사가 있다는 진술을 하고 그 후 외국에서의 상표등록증명서를 제출하거나[25] 미국 내 주 간의 상거래 또는 외국과의 상거래에서의 상표의 사용 실적을 제출하면 상표를 등록받을 수 있다.[26] 만일 상표소유자가 출원 시 미국에서도 상표를 주 간의 상거래 또는 외국과의 상거래에서 실제 사용하는 경우 상표출원의 기초를 외국에서의 상표출원과 미국에서 상표의 실제 사용을 모두 기초로 하여 상표를 출원할 수도 있다.[27]

Ⅴ. 마드리드 의정서에 의한 국제출원

전술한 미국에서의 상표출원의 기초들은 상표소유자가 미국의 특허상표청에 출원 절차를 밟는 경우에 해당하지만, 마드리드 의정서에 의한 국제출원의 경우에는 마드리드 의정서의 체약국인 외국에서 상표등록 또는 상표출원을 먼저 하고 그 상표등록 또는 상표출원을 기초로 하여 그 외국의 특허청을 본국관청으로 하여 미국을 지정국으로 지정하는 국제출원을 하면 세계지식재산기구(WIPO) 국제사무국이 이를 국제등록하고 국제공고한 후 미국의 특허상표청에 지정을 통지하고 특허상표청은 국제사무국의 지정통지일로부터 1년 6개월 이내에 국제등록된 상표의 미국에서의 보호확대를 허용할지의 여부를 심사하여 만약 허용하는 결정을 하는 경우 미국에서 상표를 직접 출원하여 등록받는 것과 동일한 보호를 향유하도록 하는 제도를 말한다. 이와 같이 마드리드 의정서에 의한 국제출원은 본국에서 보호되는 상표를 미국에까지 보호확대를 요청하는 것으로 국제등록명의인은 국제등록된 상표가 미국 내 주 간의 상거래 또는 외국과의 상거래에서 실제로 사용하고 있다는 것을 특허상표청에 증명할 필요는 없다.[28]

---

25) 이 경우 상표출원의 기초를 외국에서의 상표출원에서 외국에서의 상표등록으로 변경하여야 한다.

26) 이 경우 상표출원의 기초를 외국에서의 상표출원에서 미국에서의 상표의 실제 사용으로 변경하여야 한다.

27) 문삼섭, 앞의 논문, 83~84면 참조.

28) 문삼섭, 앞의 논문, 84~85면 참조.

연구 53 상표의 출원·등록요건으로서의 상표의 사용, 상표의 사용의사 및 상표등록부의 종류와 상표등록 후 상표사용선언서

구분	상표의 **사용 의사**	상표의 **사용 실적**	상표등록부		**상표사용선언서**
			주	보조	
상표의 **실제 사용**에 기초한 출원 [연방상표법 §1(a)]	-	상표출원 시 상표의 사용 견본 제출	○	○	**상표등록일**로부터 5~6년, 9~10년, 매 갱신 시 9~10년 사이 상표사용선언서 제출하여야 함
상표의 **사용의사**에 기초한 출원 [연방상표법 §1(b)]	상표출원 시 상표를 사용할 진정한 의사가 있음을 진술	상표등록결정을 통지받은 후 상표의 **사용진술서** 제출 필요	○	X	
외국**출원**에 기초한 출원 [연방상표법 §44(d)]	상표출원 시 상표를 사용할 진정한 의사가 있음을 진술	외국에서의 출원상표가 등록되어 상표등록증 제출 시 미국 내 사용실적을 제출하지 않아도 됨. 다만, 미국 내 사용실적 제출 시에도 상표등록 가능	○	○	
외국**등록**에 기초한 출원 [연방상표법 §44(e)]	상표출원 시 상표를 사용할 진정한 의사가 있음을 진술	미국 내 상표의 **사용 실적 제출 불필요**	○	○	
마드리드 출원 [연방상표법 §66(a)]	국제출원 시 또는 사후지정 시 상표의 **사용의사선언서**(MM18) 제출 필요	미국 내 상표의 **사용 실적 제출 불필요**	○	X	**미국에서의 보호확대 결정일**로부터 5~6년, 9~10년, 매 갱신 시 9~10년 사이 상표사용선언서 제출하여야 함

VI. 대리인

1. 직접출원

상표소유자는 대리인을 선임하지 않고 직접 특허상표청에 상표를 출원할 수 있다. 미국인의 경우는 물론 미국인이 아닌 외국인으로서 미국에 거주하고 있지 않다고 하더라도 미국의 현지 대리인을 선임하지 않고 특허상표청에 직접 상표를 출원할 수 있다.

2. 대리인을 통한 출원

1) 국내 상표출원

상표소유자가 대리인을 선임하여 특허상표청에 상표를 출원하고자 하는 경우에는 미국 내에 거주하는 미국 변호사로서 미국의 특허상표청에 상표에 관한 절차를 밟을 수 있는 적격을 갖춘 자를 선임하여 상표를 출원할 수도 있다. 다만, 미국 내에는 거주하고 있지 않다고 하더라도 캐나다 특허청에 상표에 관한 절차를 밟을 수 있는 적격을 갖춘 캐나다 변호사도 상표소유자를 대신하여 미국의 특허상표청에 상표를 출원할 수 있다.

2) 마드리드 출원

우리나라의 출원인이 마드리드 의정서를 통하여 미국을 지정국으로 지정한 마드리드 출원으로서 미국의 특허상표청 심사관이 미국이 아닌 우리나라에 거주하는 국제등록명의인에게 국제사무국을 통하여 거절이유를 통지한 경우에도 국제등록명의인은 미국의 특허상표청에 직접 또는 미국의 현지 대리인을 선임하여 거절이유통지에 대한 의견서나 보정서를 제출할 수 있다.

제4절 ▌출원상표에 대한 심사

Ⅰ. 의 의

심사란 상표소유자가 특허상표청에 상표출원을 하면 심사관이 상표출원서가 법정 요건을 구비하였는지 그리고 출원상표가 등록이 가능한지의 여부를 판단하는 절차를 말한다. 심사는 일반적으로 상표출원서와 첨부된 서류가 법령에서 정한 일정한 형식적인 요건을 갖추었는지의 여부를 심사하는 「방식심사」와 상표가 등록될 수 있는 실질적인 요건을 갖추었는지를 심사하는 「실체심사」로 구분된다.[29]

---

29) 문삼섭, 앞의 논문, 87면 참조.

II. 심사의 순서

1. 원 칙

상표소유자가 상표를 출원하면 심사관은 심사 물량을 배당받아 심사를 착수하므로 원칙적으로 상표출원의 순서에 따른다.

2. 예 외

1) 의 의

미국의 특허상표청은 원칙적으로 상표출원의 순서대로 심사를 한다. 다만 다음의 어느 하나에 해당하는 경우에는 당해 상표출원을 예외적으로 우선하여 심사처리 한다.

i) 출원인이나 상표권자의 과실이 아닌 특허상표청의 과실로 인하여 상표출원이 포기된 것으로 간주되거나 상표등록이 취소되거나 상표권의 존속기간이 만료된 경우 그 포기된 상표출원이나 효력이 상실된 상표권을 새로 설정등록하는 절차로서 상표를 출원하면서 특허상표청장에게 우선심사를 요청하여 우선심사가 인정된 경우

ii) 출원인에게 「특별한 구제조치」(extraordinary remedy)가 필요하여 출원인이 특허상표청장에게 우선심사를 청원하고 특허상표청장이 이를 인정한 경우.

2) 출원인의 우선심사 청원이 필요하지 않는 경우

출원인이나 상표권자의 과실이 아닌 특허상표청의 과실로 i) 상표출원이 포기로 간주되거나, ii) 상표등록이 취소되거나, iii) 상표권의 존속기간이 만료된 경우 당해 출원인 또는 상표권자 또는 그 지위를 승계한 자는 i) 상표출원이 포기로 간주되는 경우 상표출원서상에 기재된 상표와 동일한 상표를 상표출원서상에 기재된 지정상품의 전부 또는 그 일부에 대하여, ii) 상표등록이 취소된 경우 상표권의 효력이 상실된 상표의 상표등록부상의 상표와 동일한 상표를 상표등록부상 등록된 지정상품의 전부 또는 그 일부에 대하여, iii) 상표권의 존속기간의 만료로 상표권의 효력이 상실된 상표의 상표등록부상의 상표와 동일한 상표를 상표등록부상 등록된 지정상품의 전부 또는 그 일부에 대하여 상표를 새로 출원하는 경우 우선심사의 요청(request to make special)만으로 추가적인 수수료 납부 없이 우선심사가 자동으로 인정된다.

3) 출원인의 우선심사 청원이 필요한 경우

출원인의 우선심사 청원(petition to make special)이 필요한 경우란 출원인에게 「특별한 구제조치」가 필요한 경우를 의미한다. 통상 i) 현재 타인이 출원인의 출원상표를 무단으로 사용하고 있거나, ii) 출원인의 출원상표가 법원의 소송에 계류되어 있거나, iii) 외국에 상표등록을 확보하기 위하여 출원상표의 우선적인 심사를 통한 조기 등록이 필요한 경우에는 우선심사의 청원이 일반적으로 받아들여진다.[30)]

Ⅲ. 방식심사

1. 출원일 부여를 위한 심사

심사관은 상표출원서상의 기재사항 또는 첨부서류가 다음과 같은 출원일의 인정 요건에 충족하였는지의 여부를 심사한다. 만일 이러한 요건을 충족하지 못하는 경우 출원인에게 미비된 내용에 대한 보완을 명한다.

i) 출원인의 성명

ii) 특허상표청이 출원인과 연락을 위한 성명, 주소

iii) 상표의 도면(drawing of the mark)

iv) 지정상품 또는 지정서비스 목록(list of the goods or services)

v) 출원료.

2. 기타 사항에 대한 심사

심사관은 출원인이 상표출원서에 기재한 다음의 내용이 타당한지의 여부를 심사한다.

i) 상표의 최초 사용일

ii) 상표의 상업적인 최초 사용일

iii) 출원인의 시민권 또는 법인인 경우 법인의 소재지

iv) 출원인의 주소

---

30) TMEP §1710 참조.

v) 상표출원의 기초

vi) 국제분류에 따른 상품 또는 서비스 목록

vii) 상표가 표준문자(standard characters)가 아닌 경우 상표에 대한 설명

viii) 상표에 영어가 아닌 문자를 포함하는 경우 그 문자에 대한 영문번역

ix) 상표에 라틴문자가 아닌 문자를 포함하는 경우 그 문자에 대한 음역과 영문번역[31] 또는 그 문자에 대한 음역이 영어로 아무런 의미가 없는 경우 그러한 진술

x) 상표의 사용 견본.

---

31) **味 之 味** 연방상표등록 제4831392호, 지정상품: 제30류 Noodles. 번역: The non-Latin characters in the mark transliterate to 'Wei Zhi Wei' and this means 'Taste of Taste' in English. 상표에 대한 설명: The mark consists of non-Latin characters in one line, that transliterate into 'Wei Zhi Wei', which means 'Taste of Taste' in English.

참좋은김 연방상표등록 제5005370호, 지정상품: 제29류 Dried edible seaweed(hoshi-wakame), processed, edible seaweed. 번역: The non-Latin characters in the mark transliterate to 'CHAM JOEUN GIM' and this means 'REALLY GOOD SEAWEED' in English. 상표에 대한 설명: Color is not claimed as a feature of the mark. The mark consists of the non-Latin characters which is transliterated to 'CHAM JOEUN GIM' which is translated to 'REALLY GOOD SEAWEED'.

연방서비스표등록 제5174981호, 지정서비스: 제43류 Korean restaurants; restaurants; cafes; cafeterias; cafe chain services; rental of drinking water dispensers; rental of cooking apparatus; rental of chairs, tables, table linen and glassware; rental of carpet. 번역: The non-Latin characters in the mark transliterate to "chong kwan chang", "koryo sam" and "6 nyeon-geun" and this means "high ranking government official", "Korean ginseng" and "6 year old roots" in English. The English translation of non-Latin characters in the mark is "high ranking government official", "Korean ginseng" and "6 year old roots". 서비스표에 대한 설명: The color(s) white, black, gold, red, blue and dark red is/are claimed as a feature of the mark. The mark consists of two cables in gold connecting at the top to a circle in white with a red swirl and a blue swirl within the circle, and connecting at the bottom to two white cloud formations with a gold outline next to the number "6" in white and Sino-Korean characters that transliterate to "NYEON-GEUN" in white. The mark features four rows of three gold stars, surrounding a gold outlined shield shape in white. Inside the shield shape appears the wording "SINCE 1899" in black and Sino-Korean characters that transliterate to "CHONG KWAN CHANG" in black and "KORYOSAM" in red. The two cables, the stars, the clouds and the all appear on a dark red background. Below the number "6" is a red banner with a gold outline featuring the wording "KOREAN RED GINSENG" in white. The entire mark appears on a red rectangle background.

Ⅳ. 실체심사

1. 의 의

출원상표에 대한 실체심사는 상표의 실제 사용에 기초한 상표출원인지 아니면 상표의 사용의사에 기초한 상표출원인지의 여부에 따라 그 내용이 상이하다. 또한 실체심사 중 가장 큰 비중을 차지하고 있는 선등록 또는 선출원 상표와의 혼동 가능성 판단은 ⅰ) 상표의 유사성, ⅱ) 상품의 관련성, ⅲ) 기타 다양한 복합요소의 판단 기준(multifactor tests)을 고려하여 판단한다.

2. 상표의 실제 사용에 기초한 상표출원에 대한 심사

심사관은 ⅰ) 출원인이 정당한 상표소유자인지, ⅱ) 상표의 사용 견본을 통해 출원인이 상표를 실제 사용한 것인지, ⅲ) 상표의 도면을 보고 출원상표가 연방상표법상 보호 대상에 포함되는지, ⅳ) 출원상표가 고유의 식별력 또는 사용에 의한 식별력을 갖고 있는지, ⅴ) 출원상표가 부등록사유에 해당되는지의 여부를 심사한다. 만일 심사관이 이러한 심사과정에서 출원인이 제출한 자료가 충분하지 않다고 판단되는 경우에는 출원인에게 추가적인 소명과 자료 제출을 요구할 수 있다. 심사관은 최초 심사 시 심사과정에서 예상되는 모든 거절이유에 대하여 완벽한 심사를 하여야 하며, 이러한 심사결과 거절이유를 발견하지 못한 경우 제3자의 이의신청을 위한 출원공고 결정을 한다. 심사관이 출원공고 결정을 하는 경우에는 출원인에게 출원공고일자를 통지해 준다. 출원상표는 일주일 단위로 인터넷상에 발간되는 특허상표청의 「상표공보」(Official Gazette)를 통해 공고된다. 출원공고 후 이의신청 기간 내에 이의신청이 없거나 이의신청이 있다고 하더라도 상표심판원에서 이의가 성립되지 않는다는 심결이 확정되면 심사관은 출원인에게 「상표등록증」을 송부한다.[32]

3. 상표의 사용의사에 기초한 상표출원에 대한 심사[33]

1) 의 의

상표의 사용의사에 기초한 출원의 경우에는 2단계에 걸친 심사가 진행된다.

---

32) 문삼섭, 앞의 논문, 87~88면 참조.

33) 문삼섭, 앞의 논문, 88~89면 참조.

1단계 심사에서는 상표의 사용 견본이 출원인으로부터 제출되지 않았기 때문에 상표의 사용 견본이 진정한 상표의 사용에 해당하는지의 여부에 관한 심사를 하지 않고 다른 사항들에 대해서만 심사를 한다. 출원인이 상표의 사용진술서를 제출하면 2단계 심사로 그 사용진술서의 내용이 정확한지, 그 사용진술서에 첨부된 상표의 사용 견본이 상표의 사용에 해당되는지의 여부에 대한 심사를 하게 된다.

2) 1단계 심사

1단계 심사에서는 상표의 실제 사용에 기초한 상표출원과 동일한 절차에 따라 심사를 하고 거절이유가 없는 경우 제3자의 이의신청을 위한 출원공고 결정을 한다. 출원공고 후 이의신청이 없거나 이의신청이 있더라도 상표심판원에서 이의가 성립되지 않는다는 심결이 확정되면 출원인에게 「상표등록결정」(notice of allowance)을 통지한다. 출원인은 그 통지 후 6개월 또는 기간연장 신청[34)]에 따라 허여된 기한 내에 출원상표를 「모든」 지정상품에 대하여 상업상 사용하고 있다는 상표의 사용진술서를 특허상표청에 제출하여야 하며, 이 기간 내에 상표의 사용진술서를 제출하지 않으면 출원인이 상표출원을 「포기」한 것으로 간주한다. 다만, 출원인이 상표의 사용진술서의 제출 기한을 지키지 못한 것이 의도적이지 않은 경우 그 제출 마감일로부터 6개월 이내에 특허상표청장에게 청원서를 제출함으로써 포기된 상표출원을 회복할 수 있다. 한편 출원인은 심사관이 상표등록결정을 통지하기 전까지는 상표의 사용진술서를 특허상표청에 제출할 수 없다. 다만, 출원인이 출원공고 전에 이미 상표를 실제 사용한 경우에는 상표의 사용을 주장하는 보정서(amendment to allege use)를 특허상표청에 제출하면 상표출원은 상표의 실제 사용에 기초한 출원으로 변경되어 심사가 진행된다.

3) 2단계 심사

2단계 심사는 출원인이 상표의 사용진술서를 특허상표청에 제출하면 그 사용진술서의 내용이 정확한지의 여부와 그 사용진술서에 첨부된 상표의 사용 견본이 상표의 사용에 해당되는지의 여부에 대해서 심사를 한다. 2단계 심사에서는 1단계 심사에서 발견하지 못한 거절이유를 근거로 출원인에게 거절이유통지를 할 수

34) 상표의 사용진술서의 제출기간은 출원인이 제출기간 내에 기간연장 신청을 하는 경우 6개월간 자동 연장되고 출원인은 다시 추가로 기간 연장을 하고자 하는 경우 정당한 이유와 함께 연장신청을 하여야 한다. 심사관은 정당한 이유가 있는 경우 6개월씩 4회에 걸친 기간 연장을 허여할 수 있다.

는 없다. 2단계 심사결과 상표의 사용진술서가 정확하면 심사관은 출원인에게 상표등록증을 송부한다.

Ⅴ. 심사관의 거절통지에 대한 출원인의 답변서 제출

1. 의 의

심사관의 실체심사 결과 출원상표의 등록을 거절할 이유를 발견한 경우 출원인에게 거절이유를 통지하면(Office Action) 출원인은 심사관이 지적한 모든 거절이유에 대하여 「거절이유 통지일로부터 6개월 이내」에 의견서나 보정서의 형식으로 답변서를 제출하여야 하며, 이 기간 내에 답변서를 제출하지 않을 경우 출원인의 상표출원은 포기된다.[35]

2. 부분포기제도[36]

심사관이 출원인에게 통지한 거절이유가 특정한 상품이나 서비스 또는 특정한 상품류에 관한 것으로 명시적으로 한정된 경우[37]에는 출원인이 아무런 답변을

35) 미국의 연방상표법 시행규칙 제2.65조 (a)항 참조.

Section 2.65 Abandonment

(a) An application will be abandoned if an applicant fails to respond to an Office action, or to respond completely, within six months from the date of issuance. A timely petition to the Director pursuant to §§ 2.63(a) and (b) and 2.146 or notice of appeal to the Trademark Trial and Appeal Board pursuant to § 2.142, if appropriate, is a response that avoids abandonment (see § 2.63(b)(4)).

(1) If all refusals and/or requirements are expressly limited to certain goods and/or services, the application will be abandoned only as to those goods and/or services.

36) 이 제도는 2003년 9월 26일에 개정된 연방상표법 시행규칙 제2.65조 (a)항 (1)에 따라 개정된 연방상표법 시행규칙이 시행된 2003년 11월 2일부터 발행된 거절이유통지부터 적용되었다.

§2.65 Abandonment

(a) An application will be abandoned if an applicant fails to respond to an Office action, or to respond completely, within six months from the date of issuance. A timely petition to the Director pursuant to §§ 2.63(a) and (b) and 2.146 or notice of appeal to the Trademark Trial and Appeal Board pursuant to § 2.142, if appropriate, is a response that avoids abandonment.

하지 않거나 답변을 하더라도 심사관이 통지한 모든 거절이유를 해소하지 못하는 경우 그 상표출원은 「전체」 상품이나 서비스에 대해서 포기되는 것이 아니라 「오직 거절이유에서 명시한 특정한 상품이나 서비스 또는 상품류」에 관해서만 포기된다 (partial abandonment).[38][39]

---

(1) If all refusals and/or requirements are expressly limited to certain goods and/or services, the application will be abandoned only as to those goods and/or services.

(2) When a timely response by the applicant is a bona fide attempt to advance the examination of the application and is a substantially complete response to the examining attorney's action, but consideration of some matter or compliance with a requirement has been omitted, the examining attorney may grant the applicant thirty days, or to the end of the response period set forth in the action to which the substantially complete response was submitted, whichever is longer, to explain and supply the omission before the examining attorney considers the question of abandonment.

(b) An application will be abandoned if an applicant expressly abandons the application pursuant to § 2.68.

(c) An application will be abandoned if an applicant in an application under section 1(b) of the Act fails to timely file either a statement of use under § 2.88 or a request for an extension of time for filing a statement of use under § 2.89.

37) 심사관은 지정상품의 전부가 아닌 지정상품의 「일부」에 대해서만 거절이유를 발견한 경우 지정상품 「전부」에 대하여 거절이유가 있는 출원과는 달리 부분거절(partial refusal) 또는 부분요청(partial requirement)이라는 제목하에 거절이유(Office Action)를 통지한다.
심사관의 거절통지 사례를 들면 다음과 같다. 연방상표등록 제5209933호의 거절이유통지서 참조.

PARTIAL REQUIREMENT INFORMATION

If applicant does not respond to this Office action within the six-month period for response, the following services will be **deleted** from the application:

matching users for the transfer of music, audio, video, and multimedia by means of telecommunications networks;

providing access to websites, databases, electronic bulletin boards, on-line forums, directories, music, and video and audio programs

The application will then **proceed** with the following remaining services ONLY:

broadcasting and transmission of voice, data, images, music, audio, video, multimedia, television, and radio by means of telecommunications networks;

broadcast and transmission of streamed music, audio, video, and multimedia content by means of telecommunications networks

See 37 C.F.R. §2.65(a)-(a)(1); TMEP §718.02(a).

38) 따라서 심사관이 모든 상품이나 서비스에 대하여 적용되는 거절이유를 출원인에게 통지하고 출원인이 이에 대하여 아무런 답변을 하지 않거나 답변을 하더라도 거절이유를 모두 해

3. 출원의 보정[40]

1) 의 의

출원의 보정은 심사관이 직권으로 보정하는 경우와 출원인의 신청에 의하여 보정하는 경우로 나뉜다.

2) 심사관의 직권 보정

심사관은 출원상표에 대한 심사진행을 촉진하기 위하여 상표등록결정 전에 단순한 상품분류를 수정하는 등의 기초적이고 간단한 사항에 대해서는 직권에 의한 보정이 가능하다. 그 이외의 모든 것은 출원인이나 대리인의 동의가 있어야 한다.

3) 출원인의 신청에 의한 보정

출원인이 상표의 도면이나 상표의 설명 등을 스스로 보정하거나 또는 심사관이 통지한 거절이유를 해소하기 위하여 보정하는 것을 말한다. 이 경우 출원의 요지를 변경하는 상표의 도면 또는 상표의 설명에 대한 보정은 인정되지 않는다. 출원인의 보정이 요지변경(material alteration)에 해당하는지에 대한 판단은 변경된 상표가 이의신청을 위한 출원공고를 다시 하여야 할 정도로 출원된 원상표가 변경되었는지의 여부가 기준이 된다. 통상 출원된 원상표에 새로운 상표의 구성요소를 첨가함으로써 심사관이 상표검색을 다시 하여야 하는 경우에는 요지변경으로 보고 있으며, 원출원된 상표의 구성 중 일부분을 삭제하는 경우에도 요지변경에 해당될 수 있다.

소하지 않았을 경우에는 모든 상품 또는 서비스에 대하여 출원은 포기된 것으로 간주된다. 다만, 출원인이 아무런 답변을 하지 않은 것이 의도적이지 않은 경우 그 제출 기한의 마감일로부터 6개월 이내에 특허상표청장에게 청원서를 제출함으로써 포기된 상표출원을 회복할 수 있다.

39) 출원인이 특정한 상품이나 서비스에 대한 거절이유통지에 대하여 아무런 답변을 하지 않을 경우 심사관은 거절이유에서 명시된 상품이나 서비스를 삭제하는 심사관에 의한 보정서를 발행한다.

40) 손영식, "미국의 상표제도", 특허청, 27~28면 참조.

연구 54 요지변경에 해당하지 않는다고 판단한 사례[41]

FREEDOMSTONE	≒	FREEDOM STONE	42)
NY JEWELRY OUTLET	≒	NEW YORK JEWELRY OUTLET	43)
	≒		44)
WSI	≒	WSI	
	≒		45)
AQUA STOP	≒	AQUASTOP	46)
	≒		47)
	≒		48)
	≒		49)
	≒		50)

41) http://tklglaw.com/when-is-an-alteration-a-material-alteration, TMEP 807.14(f) Material Alteration: Case References 참고.

42) *In re* Innovative Cos., LLC, 88 USPQ2d 1095 (TTAB 2008).

43) *In re* Finlay Fine Jewelry Corp., 41 USPQ2d 1152 (TTAB 1996).

	≒		51)
	≒		52)
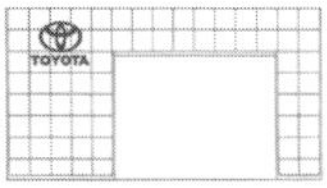	≒	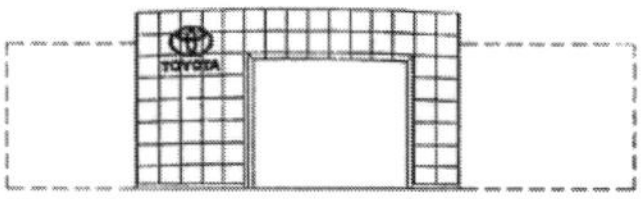	53)
 (흑색)	≒	 (적색)	54)
 (녹색)	≒	 (흑색)	55)

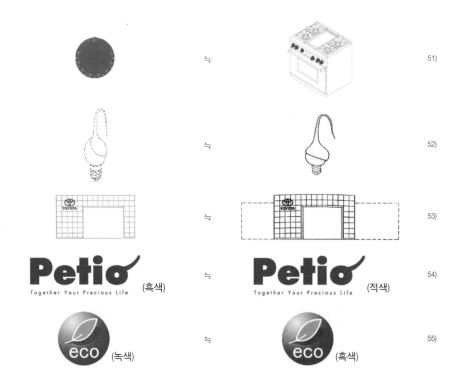

44) Visa Int'l Serv. Ass'n v. Life-Code Sys., Inc., 220 USPQ 740 (TTAB 1983).

45) *In re* Larios, S.A., 35 USPQ2d 1214 (TTAB 1995).

46) Paris Glove of Can., Ltd. v. SBC/Sporto Corp., 84 USPQ2d 1856, 1862 (TTAB 2007).

47) 연방서비스표등록 제2733758호.

48) 연방상표등록 제4434580호.

49) 연방서비스표등록 제5163756호.

50) 연방상표등록 제3936105호.

51) 연방상표등록 제3485025호.

52) 연방상표등록 제3164353호.

53) 연방서비스표등록 제3376132호.

54) 연방상표출원 일련번호 제77268246호. 미국의 상표심사 실무상 일반적으로 도형상표에 색채를 추가하거나 삭제 또는 보정하는 경우 요지변경으로 보지 않는다.

55) 연방상표등록 제3933432호.

연구 55 요지변경에 해당한다고 판단한 사례[56]

GOT STRAPS	≠	GOT STRAPS?	57)
TACILESENSE	≠	TACTILESENSE	58)
	≠	TURBO	
LA PAULINA	≠		
	≠	 (MR. SEYMOUR 추가)	59)
	≠		
	≠	FYER-WALL	
	≠		

4. 출원의 분할

상표의 사용의사에 의한 출원의 경우 일부 지정상품에 대해서만 상표가 사용된 경우 우선 사용된 지정상품에 대한 상표등록을 먼저 하기 위해 출원의 분할을

56) http://tklglaw.com/when-is-an-alteration-a-material-alteration, TMEP 807.14(f) Material Alteration: Case References 참고.

57) *In re* Guitar Straps Online, LLC, 103 USPQ2d 1745 (TTAB 2012).

58) *In re* Who? Vision Sys., Inc., 57 USPQ2d 1211 (TTAB 2000).

59) *In re* Vienna Sausage Mfg. Co., 16 USPQ2d 2044 (TTAB 1990).

할 수도 있다.

5. 선등록상표의 상표권자의 동의서 제출

1) 의 의

심사관이 연방상표법 제2조 (d)항에 따라 출원상표가 선등록상표와 상품의 출처 또는 후원관계 등에 관한 혼동 가능성이 있다고 거절이유를 통지하는 경우 출원인은 거절이유를 해소하기 위하여 선등록상표의 상표권자와 접촉하여 출원상표를 등록받아 사용한다고 하더라도 상품의 출처 또는 후원관계 등에 관한 소비자의 혼동이 발생하지 않도록 상표의 사용지역 또는 지정상품 등에 대한 일정한 조건을 설정하여 선등록상표의 상표권자의 동의를 얻는 경우 그 「동의서」(letter of consent, consent letter, consent to register)를 심사관에게 제출하여 거절이유를 해소할 수 있다.

2) 동의서상의 조건

선등록상표의 상표권자의 동의서에는 상품의 출처 또는 후원관계 등에 관한 소비자의 혼동이 발생하지 않기 위한 구체적인 조건을 설정하여야 하는데 일반적으로 상표의 사용 지역이나 지정상품을 한정하는 방법이 많이 이용되고 있다. 비록 출원인이 심사관에게 동의서를 제출하였다고 하더라도 상품의 출처 또는 후원관계 등에 관한 소비자의 혼동을 방지하기 위한 구체적인 조건이 설정되어 있지 않은 포괄적인 동의서(naked consent)인 경우에는 일반적으로 심사관의 거절이유를 극복하기 어렵지만, 상품의 출처 또는 후원관계 등에 관한 소비자의 혼동을 방지하기 위한 구체적인 조건을 설정한 동의서(clothed consent)인 경우에는 거절이유를 해소할 가능성이 높다.

3) 동의서의 심사관에 대한 기속 여부

출원인이 선등록상표의 상표권자의 동의서를 심사관에게 제출하였고 그 동의서에서 상품의 출처 또는 후원관계 등에 관한 소비자의 구체적인 혼동 방지를 위한 조건이 설정되어 있다고 하더라도, 양 상표가 동일하거나 극히 유사하여 심사관이 판단할 때 출원인이 그 동의서에 따른 조건에 따른다고 하더라도 상품의 출처 또는 후원관계 등에 관한 소비자의 혼동 가능성이 아직 남아있다고 판단하는 경우 상표등록을 거절할 수 있다.

VI. 심사관에 의한 심사중지[60)]

심사관은 다음과 같은 정당한 이유가 있는 경우 적절한 기간 동안 심사를 중지(suspension)할 수 있다. 다만, 출원인의 답변기간은 법정 불변기간이므로 중지되지 않는다.

i) 상표등록의 이의신청, 선등록상표에 대한 상표등록의 취소심판 청구 등과 같은 출원상표의 등록적격과 관련된 쟁송이 진행중인 경우

ii) 심사관이 외국출원을 기초로 상표출원을 한 출원인으로부터 외국에서의 상표등록증의 제출을 기다리고 있는 경우

iii) 출원상표의 등록 여부에 영향을 줄 수 있는 타인에 의한 선출원상표의 등록여부에 관한 결정이나 심결을 기다리고 있는 경우.

심사관이 심사중지 결정을 하는 경우 출원인에게 이를 통지하고 6개월마다 출원인에게 심사를 중지한 이유의 존부 상황을 문의할 수 있는데 출원인은 출원의 포기를 면하기 위해서는 이에 대하여 성실한 답변을 하여야 한다.

VII. 심사관과의 면담[61)]

심사관은 신속한 상표심사를 진행하기 위하여 출원인의 서면에 의한 보정이 필요하지 않을 경우 출원인과의 전화통화를 통한 보정도 허용된다. 이러한 보정은 심사관의 보정양식에 모두 기록되고 그 사본은 출원인에게 송부된다. 출원인이 심사관을 직접 면담(interview)하고자 하는 경우에는 사전에 심사관과 예약을 하여야 하며, 면담 일정이 정해지면 심사관에게 심사에 관련된 자료를 설명하거나 제출할 수 있고 심사관은 이러한 면담의 내용을 요약하여 기록한다.

60) 손영식, 앞의 자료, 27면 참조.
61) 손영식, 앞의 자료, 27면 참조.

Ⅷ. 제3자의 항의서 제출

1. 의 의

출원상표의 등록에 이의를 가진 제3자는 출원상표의 심사를 담당하는 심사관과 전화나 서면을 통해 직접적으로는 접촉할 수는 없지만[62] 특허상표청의 상표심사정책 부국장(Deputy Commissioner for Trademark Examination Policy)에게 항의서(letter of protest)는 제출할 수 있다.[63][64] 이 제도는 우리나라의 상표법상 정보의 제공제도와 유사한 제도로서 제3자가 특허상표청에서 심사가 진행중인 출원상표의 등록이 거절되어야 한다는 합리적인 이유나 증거자료 등을 특허상표청의 상표심사정책 부국장에게 제출할 수 있도록 하여 심사관에 의한 상표심사를 일반 공중에 의하여 보완하도록 하는 제도로 볼 수 있다.

2. 출원공고 전의 제3자에 의한 항의서 제출[65]

특허상표청의 상표심사정책 부국장은 제출된 항의서가 출원상표의 부등록사유[66]에 관한 합리적인 이유나 증거자료라고 판단하는 경우 항의서를 수리하고 항의서에 첨부된 증거자료를 담당 심사관에게 송부하여 심사에 참고하도록 하고 있다. 한편 항의서에 첨부된 증거자료를 상표심사정책 부국장으로부터 송부받은 심사관은 그 증거자료를 근거로 반드시 출원인에게 거절이유를 통지하여야 하는 것은 아니지만 항의서에 첨부된 증거자료를 근거로 출원상표에 대하여 거절이유를 통지하는 경우에는 출원인에게 제3자에 의한 항의서를 수리하였다는 것을 통지하여야 한다. 아울러 심사관은 상표심사정책 부국장으로부터 송부받은 항의서에 따른 증거자료에 대한 채택 여부 등의 심사 이력을 기록하여야 한다.[67]

62) TMEP 1715.04 Information for Parties Filing Letter of Protest 참고.

63) TMEP 1715.05 Requests for Copy of Letter of Protest 참고.

64) TMEP 1715.01(a) Issues Appropriate as Subjects of Letters of Protest 참고.

65) TMEP 1715.02(a) Standard of Review for Letter of Protest Filed Before Publication 참고.

66) 항의서에 일반적으로 주장되는 사유로는 ⅰ) 출원상표가 보통명칭 상표 또는 기술적 상표에 해당한다는 주장과 증거자료 첨부, ⅱ) 출원상표와 혼동 가능성이 있는 선등록상표나 선출원상표가 존재한다는 주장과 등록증 사본 등의 첨부, ⅲ) 출원상표가 상표권 침해소송 사건과 관련되어 있으므로 심사의 중지를 요청하고 관련 소송사건에 관한 소송자료 첨부 등이다. 자세한 내용은 TMEP 1715.01(a) Issues Appropriate as Subjects of Letters of Protest 참고.

3. 출원공고 기간 중 제3자에 의한 항의서 제출[68]

출원공고일로부터 30일 이내에 제3자에 의한 항의서가 제출된 경우 항의서에 첨부된 증거자료에 따르는 경우 상표등록을 거절하는 것이 타당한 경우에는 수리되어 인정되지만 출원상표의 등록이 거절되어야 한다는 주장에 대한 증거자료를 첨부하지 않거나 단순히 출원상표의 등록이 거절되어야 한다는 주장만으로 구성된 항의서는 인정되지 않는다.

4. 출원공고 기간 경과 후 제3자에 의한 항의서 제출[69]

상표등록의 이의신청 기간인 출원공고일로부터 30일이 경과한 후에 제3자에 의한 항의서가 제출된 경우 그 항의서는 불수리된다. 또한 이러한 제3자에 의한 항의서의 제출이 출원상표의 상표등록에 대한 이의신청 기간을 연장시키지 않는다.[70]

Ⅸ. 상표등록의 이의신청

「주등록부」에의 상표등록으로 인하여 손해를 입을 것으로 예상되는 사람은 누구나 출원상표가 특허상표청의 상표공보에 공고된 날부터 30일 이내에 상표심판원에 출원상표의 상표등록에 대한 이의신청을 제기할 수 있다.

Ⅹ. 거절결정

출원인은 심사관의 거절이유 통지(Office Action)에 대하여 답변서를 제출하지 않거나 답변서를 제출하였다고 하더라도 거절이유를 모두 해소하지 못한 경우 당

67) TMEP 1715.02(b) Action by Examining Attorney Before Publication 참고.

68) TMEP 1715.03(a) Standard of Review for Letters of Protest Filed on the Date of Publication or After Publication 참고.

69) TMEP 1715.03(a) Standard of Review for Letters of Protest Filed on the Date of Publication or After Publication 참고.

70) TMEP 1715.03(e) Letter of Protest Does Not Stay or Extend Opposition Period 참고.

해 상표출원은 최종 거절결정(final Office Action)된다.

XI. 거절결정에 대한 불복

1. 심사관에 대한 재심사 청구

1) 의 의

출원인은 심사관으로부터 거절결정서를 통보받게 되면 「거절결정일로부터 6개월 이내」에 거절결정을 해소하기 위한 보정을 하면서 심사관에게 거절결정에 대한 재심사를 청구(request for reconsideration of a final action)할 수 있다. 재심사 청구는 상표심판원에 대한 거절결정불복심판 청구와 별도로 또는 병행하여 동시에 청구할 수 있는데 심사관에 대한 거절결정에 대한 재심사를 청구하더라도 상표심판원에 대한 거절결정불복심판을 청구하는 기간이 원칙적으로 정지되거나 연장되지 않는다. 심사관에 대한 재심사를 청구할 때에는 새로운 증거자료의 제출과 거절결정의 이유를 해소하기 위한 보정도 가능하기 때문에 지정상품을 한정하거나 출원상표의 사용에 의한 식별력 주장과 그와 관련된 증거자료의 제출, 상표의 구성 중 일부분에 대한 권리불요구의 신청, 주등록부에 대한 등록에서 보조등록부에 대한 등록으로의 출원변경 등이 가능하며, 재심사 청구는 상표심판원에 대한 거절결정불복심판에 비해 시간과 비용상 장점이 있으며, 최종적으로 상표심판원에 거절결정불복심판을 청구하기로 결정한 경우 그 심판청구의 이유를 축적하는 좋은 수단이 될 수 있다.

2) 상표심판원에 대한 거절결정불복심판 청구와의 차이점

심사관에 대하여 재심사를 청구하는 경우에는 심사관의 거절이유통지나 거절결정에 대한 대응으로서 출원인이 기존의 주장에 부가하여 새로운 주장과 이에 대한 증거자료를 제출할 수 있으나 상표심판원에 대하여 거절결정불복심판을 청구하는 경우에는 심사관의 거절이유통지나 거절결정에 대한 대응으로서 출원인이 심사단계에서 심사관에게 제기한 주장과 그에 관련된 증거자료에 대해서만 다툴 뿐 출원인이 심사단계에서 심사관에게 제기한 주장에 부가하여 상표심판원 심판관에게 새로운 주장을 하고 이에 대한 증거자료를 새로 제출하여 다툴 수는 없다는 점에서 차이가 있다.

2. 상표심판원에 대한 거절결정불복심판 청구

출원인은 심사관으로부터 거절결정을 통지받게 되면 거절결정일로부터 6개월 이내에 상표심판원에 거절결정불복심판을 청구할 수 있다.

3. 특허상표청장에 대한 청원

심사관에 의한 실체적인 사항이 아닌 다음과 같은 절차적인 사항에 대하여 불복이 있는 경우에는 법령에서 정해진 청원기간[71] 이내 또는 법령에서 정해진 기간이 없을 경우에는 처분이 있는 날부터 60일 이내에 특허상표청장에게 청원(petition to the Director)을 할 수 있다.

i) 출원일의 회복 청원

ii) 우선심사 청원

iii) 포기된 것으로 간주된 상표출원의 회복 청원

iv) 이의신청 기간에 대한 연장 불허 결정에 대한 재심 청원.

4. 특허상표청장의 결정 또는 상표심판원 심판관의 심결에 대한 불복

특허상표청장의 결정이나 상표심판원 심판관의 심결에 대하여 불복하고자 하는 자는 그 「결정일 또는 심결일로부터 63일 이내」에 「연방순회항소법원」 또는 「연방지방법원」에 선택적으로 소송을 제기할 수 있다.[72] 따라서 연방순회항소법원에 소송을 제기하는 경우에는 연방지방법원에는 제소할 수 없다.

---

71) 통상 심사관의 처분이 있는 날부터 1개월 또는 6개월이다.

72) 만일 연방순회항소법원에 소송을 제기하는 경우에는 연방순회항소법원은 「법률문제」만을 판단하지만 연방지방법원에 제소하는 경우 연방지방법원은 법률문제뿐만 아니라 「사실문제」까지도 판단하는 점에서 차이가 있다.

연구 56 상표심판원 심판관의 심결에 대한 불복절차

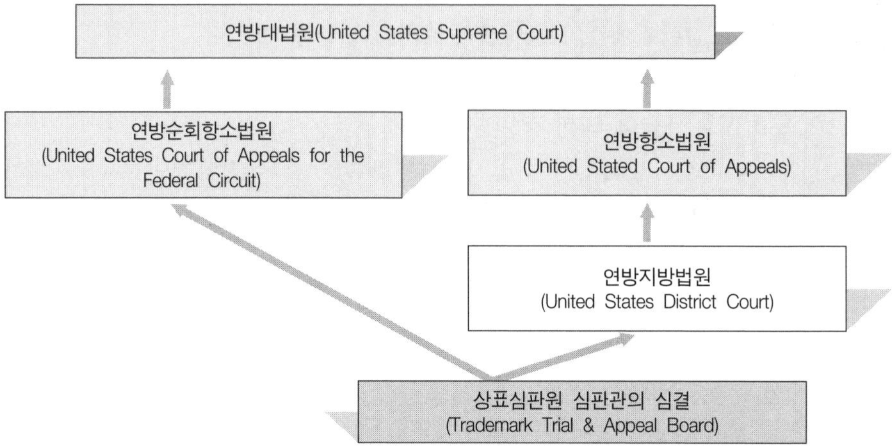

제5절 ▌상표의 등록

Ⅰ. 의 의

상표등록이란 "특허상표청장이 상표등록부에 상표를 등록하는 행위"를 말한다. 미국에서는 상표등록부가 주등록부와 보조등록부로 구분되기 때문에 이에 따라 상표등록의 효력도 상이하게 된다.

Ⅱ. 상표권의 존속기간

상표권의 존속기간은 상표권의 설정등록일로부터 10년이다. 다만, 1988년 상표법개정법이 시행된 1989년 11월 16일 전에 상표를 연방상표법에 따라 등록한 상표의 상표권의 존속기간은 상표권의 설정등록일로부터 20년이다.

Ⅲ. 상표등록의 효력

1. 의 의

연방상표법에 따라 상표가 등록되면 보통법에 따라 발생하는 상표권과는 다른 효력이 발생하며, 주등록부 또는 보조등록부에 등록되는지의 여부에 따라 상표등록의 효력도 상이하다.

2. 연방상표법에 따른 주등록부 등록 시 상표등록의 효력

1) 미국 전역에서 출원일(우선일)에 사용된 것으로 의제

연방상표법에 따라 상표가 주등록부에 등록되면 상표의 실제 사용일이 출원일보다 늦다고 하더라도 「출원일」(우선권 주장을 하는 경우 「우선일」)에 상표가 사용된 것으로 의제되는 효과를 가진다.[73)]

2) 연방법원 관할

연방상표법에 따라 상표가 주등록부에 등록되면 상표권자는 상표권 침해 등에 대하여 연방법원에 소송을 제기하여[74)] 상표권 침해금지 청구, 손해배상 청구, 변호사 비용을 청구할 수 있으며, 위조상품을 제조 · 유통하여 상표권을 침해하는 자를 형사 처벌할 수 있고, 3배를 초과하지 않는 범위 내에서의 증액배상의 청구가 가능하다.

3) 전국적인 배타적 사용권 공시 효과

연방상표법에 따라 상표가 주등록부에 등록되면 상표권자는 등록상표를 지정상품에 대하여 전국적으로 사용할 배타적인 상표권을 가지고 있는 것으로 추정되고, 등록공고를 통해 미국 전역에 공시된 것으로 간주된다. 따라서 상표권자가 상표를 등록한 이후에는 타인이 등록상표와 동일 또는 유사한 상표를 등록상표의 사용지역과 멀리 떨어진 지역에서 사용하는 경우에도 그 타인은 자기의 상표의 사용이 선의였다고 항변할 수 없게 된다.[75)]

4) 세관등록을 통한 침해품 수입금지 효과

연방상표법에 따라 상표가 주등록부에 등록되면 상표권자는 등록상표를 세

---

73) 미국의 연방상표법 제7조 (c)항 참조.
74) 미국의 연방상표법 제39조 참조.
75) 미국의 연방상표법 제22조 참조.

관에 등록하여 자기의 상표권을 침해하는 상품이 미국에 수입되지 못하도록 조치를 취할 수도 있다.[76]

5) 불가쟁력의 효력 발생

연방상표법에 따라 상표가 주등록부에 등록되면 상표등록 후 5년 동안 등록상표를 계속 사용하는 경우 제3자가 상표등록의 유효성을 공격할 수 있는 사유가 제한된다.[77]

6) 해외 상표출원의 기초

연방상표법에 따라 상표등록을 한 경우 이를 기초로 마드리드 의정서에 따른 국제출원을 할 수 있다.

3. 연방상표법에 따른 보조등록부 등록 시 상표등록의 효력

1) 보조등록부 등록 시 혜택

상표권자는 상표를 주등록부가 아닌 보조등록부에 등록하더라도 다음과 같은 혜택을 누릴 수 있다.

i) 혼동을 일으킬 가능성이 있는 타인에 의한 동일하거나 유사한 상표의 관련상품에 대한 등록을 방지할 수 있다.

ii) 보조등록부에 등록된 상표도 미국의 특허상표청이 운영하는 상표 DB에 등재되어 상표를 조사하는 사람에게 등록상표로서 사용되고 있음을 통지하는 효과를 가진다.

iii) 상표권자는 상표권 침해 등과 관련된 사건을 연방법원에 제소할 수 있다.

iv) 상표권의 존속기간갱신에 의하여 상표권을 무한정 유지할 수 있다.

v) 보조등록부에 등록된 상표도 사용에 의한 식별력을 취득하면 주등록부에 등록될 수 있다. 즉, 보조등록부에 등록이 되어 있다는 이유로 주등록부에의 상표등록이 배제되지 않는다.

vi) 보조등록부에 등록된 상표도 6개월의 우선기간을 충족하는 경우 파리협약에 의한 우선권을 주장할 수 있으며 마드리드 의정서상 기초등록으로 활용될 수 있다.

---

76) 미국의 연방상표법 제42조 참조.

77) 미국의 연방상표법 제15조, 제33조 (b)항 참조.

2) 주등록부 등록 시의 혜택과의 차이점

상표소유자는 상표를 「보조등록부」에 등록한 경우 다음과 같은 주등록부에 등록한 혜택을 누릴 수는 없다.

i) 상표권자는 등록된 상표에 대한 미국 전역에서 배타적인 권리가 있다고 추정(*prima facie* evidence)되지 아니한다.

ii) 상표권자가 그 상표소유자로 추정되는 효과는 없다. 따라서 상표권을 침해한 자가 상표권자의 상표가 등록되었다는 사실을 몰랐다는 선의의 항변을 배척할 수 없다.

iii) 보조등록부에 상표가 등록되어 5년이 지났다고 하더라도 「불가쟁력」(incontestability)을 취득하지 못한다.

iv) 세관에 의한 상표권 침해상품의 수입규제의 근거로 활용되지 못한다.

3) 주등록부와 보조등록부 등록 시 혜택 비교

연방상표법에 따른 주등록부와 보조등록부에 등록 시 상표등록의 효력을 서로 비교하면 다음의 표와 같이 정리된다.[78][79]

연구 57 주등록부와 보조등록부에 대한 상표등록 시 연방상표법상의 혜택 비교

구분	주등록부	보조등록부
혼동을 일으킬 가능성이 있는 타인의 동일·유사한 상표의 등록 방지	○	○
연방법원 관할	○	○
상표권의 존속기간갱신 가능 여부	○	○
® 표시 사용가능 여부	○	○
파리협약상의 우선권 주장 가능 여부	○	○
마드리드 의정서에 의한 국제출원의 기초로서의 국내등록	○	○
미국 전역에서 출원일(우선일)에 사용된 것으로 의제	○	X
불가쟁력의 효력 발생 여부	○	X
미국 전역에서 배타적 사용권 추정 효과	○	X
세관등록을 통한 침해품의 수입금지 효과	○	X

78) 우종균, "미국 상표법", 특허청, 40면 참조.

79) 문삼섭, 앞의 논문, 62면 참조.

제6절 ‖ 상표권의 유지

Ⅰ. 의 의

미국에서의 상표제도는 사용주의를 근간으로 하고 있기 때문에 상표가 등록된 이후에도 상표권을 계속 유지하기 위하여 상표권의 존속기간갱신은 물론이고 상표사용선언서의 제출 등과 같은 상표권자의 등록상표의 사용 사실과 의사를 확인하는 제도를 두고 있다.[80)]

Ⅱ. 상품에 대한 등록상표 표시

1. 의 의

연방상표법에 따라 상표가 주등록부 또는 보조등록부에 등록되면 상표권자는 상품 또는 서비스에 다음과 같은 표시를 할 수 있다.

i) "Ⓡ" 표시

ii) Registered in U.S. Patent and Trademark Office.

iii) Reg. U.S. Pat. & Tm. Off.

"TM" 또는 "SM"은 Trademark와 Service Mark의 약자로서 연방상표법에 따라 등록된 상표인지의 여부와 상관없이 사용할 수 있으나 위의 i)~iii)의 표시는 연방상표법에 따라 특허상표청에 등록된 상표임을 표시하는 것이므로 반드시 연방상표법에 따라 특허상표청에 등록된 상표에 대해서만 사용할 수 있다.[81)]

---

80) 문삼섭, 앞의 논문, 93~94면 참조.

81) 따라서 출원인이 연방상표법에 따라 상표출원 시 상표의 도면에 Ⓡ 표시를 하는 경우 심사관은 출원인에게 Ⓡ 표시를 삭제하도록 요구하고 있다.
심사관의 상표도면에 대한 보정 요구 사례: Applicant must submit a new drawing showing the Ⓡ symbol deleted from the mark; this matter is not part of the mark and is not registrable. TMEP §807.14(a) 참조.

2. 등록상표 표시의 법적 성격

상표권자는 상표권의 침해소송 시 등록상표임을 상품에 표시하지 않을 경우 침해자에게 사전통지(notice of registration)를 하지 않은 것이 되어 상표권의 침해로 인한 상표권자의 실제 손해(damages) 또는 침해자의 이익(profit)에 대한 배상을 청구할 수 없게 된다. 다만, 등록상표의 표시가 없다고 하더라도 침해자가 상표권자의 상표가 등록되어 있다는 사실을 실제로 알게 된 경우(actual notice of registration)에는 상표권의 침해로 인한 상표권자의 실제 손해 또는 침해자의 이익에 대한 배상을 청구할 수 있다. 그러나 소송실무상 상표권자는 침해자가 상표권자의 상표가 등록되어 있다는 사실을 실제로 알게 되었다는 것을 입증하는 것이 곤란하기 때문에 상표권자는 등록상표임을 상품에 표시할 필요가 있다.[82]

Ⅲ. 상표사용선언서 제출[83]

1. 의 의

상표권자는 연방상표법에 따라 상표가 등록된 이후 법령에서 정한 제출기한

최초 출원 시 상표도면		심사관의 보정요구에 따라 Ⓡ 표시가 삭제된 상표도면
	→	

82) 우종균, 앞의 자료, 35면 참조.
83) 문삼섭, 앞의 논문, 94~98면 참조.

내에 등록상표를 계속 사용하고 있다는 선언서를 특허상표청에 제출하여야 한다.

2. 제도의 연혁과 취지

이 제도는 1946년 Lanham Act에는 규정되어 있지 않았으나 상표의 사용의사에 기초한 상표출원을 허용하면서 상표등록부에서 불사용되고 있는 등록상표를 제거하여 타인에게 상표 선택의 기회를 보다 넓히기 위하여 1988년 상표법개정법에서 새로 도입한 제도이다.

3. 제출 대상과 내용

1) 제출 대상

「주등록부」와 「보조등록부」에 등록된 모든 상표, 서비스표, 증명표장, 단체표장은 상표사용선언서를 법령에서 정한 제출기한 내에 특허상표청에 제출하여야 한다.

2) 제출 내용

상표사용선언서의 구체적인 내용으로는 i) 등록상표를 상업적으로 사용했다는 진술, ii) 상표의 사용 견본(specimen) 등이다.

(1) 상업적 사용

가. 의 의　　상업적 사용(use in commerce)이란 "정상적인 상거래의 과정에서 진정한 의사를 가지고 상표를 사용하는 것"을 말하고,[84] 단지 상표권을 보유하기 위한 사용을 의미하지는 않는다. 또한 상업(commerce)은 "연방의회에 의하여 적법하게 규제될 수 있는 모든 상업적 활동"을 의미하므로[85] "연방의회가 합법적으로

---

84) 미국의 연방상표법 제45조에서 "The term 'use in commerce' means the bona fide use of a mark in the ordinary course of trade, and not made merely to reserve a right in a mark. For purposes of this chapter, a mark shall be deemed to be in use in commerce —

(1) on goods when —

(A) it is placed in any manner on the goods or their containers or the displays associated therewith or on the tags or labels affixed thereto, or if the nature of the goods makes such placement impracticable, then on documents associated with the goods or their sale, and

(B) the goods are sold or transported in commerce, and

(2) on services when it is used or displayed in the sale or advertising of services and the services are rendered in commerce, or the services are rendered in more than one State or in the United States and a foreign country and"라고 규정하고 있다.

규제할 수 있는 미국 내 주 간의 상거래 또는 미국과 외국 간의 상거래에서의 사용"을 의미한다.

나. 상표의 사용 상표가 어떠한 방법에 의하든 상품, 상품의 포장용기, 상품과 관련된 전시물, 상품에 첨부된 태그나 라벨에 표시되거나 상품의 성질상 상표의 표시나 부착이 불가능한 경우에는 그 상품이나 상품의 판매와 관련된 문서에 표시되고 상품이 판매되거나 상거래를 위하여 운송되는 경우를 말한다. 일반적으로 상표의 사용 견본은 라벨이나 태그에 직접 부착되었거나 상품의 포장용기에 쓰여져 있어야 하고 단순히 광고나 가격표 등에 사용된 경우에는 인정되지 않는다.[86]

다. 서비스표의 사용 서비스표는 물리적으로 서비스가 식별하는 서비스에 부착할 수 없다. 따라서 서비스표가 서비스의 판매나 광고에서 사용되거나 전시되고 그 서비스가 상업적으로 제공되거나, 미국 내 어느 하나 이상의 주 또는 미국과 외국에서 제공되고 그 서비스를 제공하는 자가 그 서비스에 관련된 상업에 종사하는 경우를 말한다.[87]

(2) **상표의 사용 견본** 등록상표가 현재 상업적으로 사용되고 있음을 보여주는 견본을 제출하여야 한다.

---

85) 미국의 연방상표법 제45조에서 "The word 'commerce' means all commerce which may lawfully be regulated by Congress."라고 규정하고 있다.

86) The term 'use in commerce' means the bona fide use of a mark in the ordinary course of trade, and not made merely to reserve a right in a mark. For purposes of this chapter, a mark shall be deemed to be in use in commerce —

(1) on goods when —

(A) it is placed in any manner on the goods or their containers or the displays associated therewith or on the tags or labels affixed thereto, or if the nature of the goods makes such placement impracticable, then on documents associated with the goods or their sale, and

(B) the goods are sold or transported in commerce, and.

87) The term 'use in commerce' means the bona fide use of a mark in the ordinary course of trade, and not made merely to reserve a right in a mark. For purposes of this chapter, a mark shall be deemed to be in use in commerce —

(2) on services when it is used or displayed in the sale or advertising of services and the services are rendered in commerce, or the services are rendered in more than one State or in the United States and a foreign country and the person rendering the services is engaged in commerce in connection with the services. 미국의 연방상표법 제45조 참조.

4. 제출 기간

1) 의 의

상표권자는 i) 상표등록일로부터 5년과 6년 사이, ii) 상표등록일로부터 9년과 10년 사이, iii) 매 상표권의 존속기간갱신등록 후 갱신된 존속기간의 9년과 10년 사이에 상표사용선언서를 제출하여야 한다.

2) 상표등록일로부터 5년과 6년 사이

미국 연방상표법에 따라 주등록부 또는 보조등록부에 상표를 등록한 상표권자는 상표권을 계속 유지하려면 상표등록일로부터 5년과 6년 사이에 등록상표가 계속하여 사용되고 있음을 선언하는 「상표사용선언서」(declaration of use)를 특허상표청에 제출하여야 한다. 상표등록일 후 6년이 지난 후라도 6개월의 유예기간(grace period) 이내에 부가 수수료(surcharge)를 납부하면 상표사용선언서를 제출할 수 있다.

3) 상표등록일로부터 9년과 10년 사이(매 갱신등록 후 갱신된 존속기간의 9년과 10년 사이)

미국 연방상표법에 따라 주등록부 또는 보조등록부에 상표를 등록한 상표권자는 상표권을 계속 유지하려면 상표권의 존속기간이 만료되기 1년 이내와 상표권의 존속기간의 갱신등록에 의해 상표권의 존속기간이 매번 갱신되어 다시 만료되기 1년 이내에 등록상표가 계속하여 사용되고 있음을 선언하는 「상표사용선언서」를 특허상표청에 제출하여야 한다. 상표권의 존속기간갱신등록출원 기간과 상표사용선언서의 제출기간은 동일하므로 상표사용선언서와 상표권의 존속기간갱신등록출원서를 병합하여 신청할 수 있다. 상표권자가 상표등록일로부터 9년과 10년 사이에 선언서를 제출하지 못한 경우라도 상표권의 존속기간 만료일로부터 6개월의 유예기간 이내에 부가 수수료를 납부하면 상표사용선언서의 제출이 가능하다.[88]

---

88) 미국의 연방상표법 제9조 (a)항 "(a) Subject to the provisions of section 1058 of this title, each registration may be renewed for periods of 10 years at the end of each successive 10-year period following the date of registration upon payment of the prescribed fee and the filing of a written application, in such form as may be prescribed by the Director. Such application may be made at any time within 1 year before the end of each successive 10-year period for which the registration was issued or renewed, or it may be made within a grace period of 6 months after the end of each successive 10-year period, upon payment of

5. 제출 의무자

등록상표의 현재의 상표권자가 제출하여야 한다.

6. 특별한 사정에 의하여 상표권자가 등록상표를 불사용한 경우의 구제

등록상표의 불사용이 이를 정당화하는 특별한 사정에 의한 경우 상표권자는 그 정당한 이유와 등록상표의 상표권을 포기할 의사가 없음을 선언서에 표시하여야 한다. 등록상표의 불사용을 정당화하는 특별한 사정이란 다음에 해당하는 사유 등을 말한다.

i) 주류 판매의 금지나 농약사용의 규제와 같은 상표권자가 통제할 수 없는 정부의 규제로 인한 불사용

ii) 질병, 화재, 기타의 재난 상황

iii) 기계설비 등의 개량에 따른 상품 생산의 일시적인 중단.

7. 등록상표의 변형사용 문제

등록상표와 상표권자가 상표사용선언서에 첨부한 상표의 사용 견본이 서로 다른 경우 상표의 사용 견본을 등록상표의 사용으로 인정하여야 할 것인지가 문제된다. 이 경우에는 출원상표에 대한 심사과정에서 「상표의 도면 보정」의 인정 여부와 유사하게 그 「변경의 정도」(degree of change)에 따라 요지변경(material alteration)에 해당하는지의 여부가 결정된다. 따라서 상표권자가 제출한 상표의 사용 견본상의 상표와 등록상표는 물리적으로 완전히 동일할 필요는 없지만 상표의 사용 견본은 등록상표와 「동일한 상업적 인상」(commercial impression)을 주어야 한다. 따라서 단순한 글자체의 변경, 배경 디자인의 변경 등이 있는 경우에도 상표의 사용 견본은 등록상표의 사용증거로 인정된다.

8. 등록상표의 보정 또는 등록상표의 구성 중 일부분에 대한 권리불요구

상표권자는 정당한 이유가 있는 경우 등록상표를 보정하거나 등록상표의 구성 중 일부분에 대한 권리불요구를 신청하면 특허상표청장은 그 보정이 등록상표

---

a fee and surcharge prescribed therefor. If any application filed under this section is deficient, the deficiency may be corrected within the time prescribed after notification of the deficiency, upon payment of a surcharge prescribed therefor." 참조.

의 요지를 변경[89]하지 않는 한 그 보정과 권리불요구를 허용할 수 있다. 이 경우 특허상표청의 모든 기록과 상표등록증은 그 보정이나 권리불요구가 신청되어 허용된 내용으로 수정된다.[90]

연구 58 상표등록 후 등록상표의 보정이 인정된 사례

Cellular SOUTH	≒	cellularsouth	91)
SANWA (흑색)	≒	sanwa (적색)	92)
	≒		93)
	≒		94)
	≒		95)

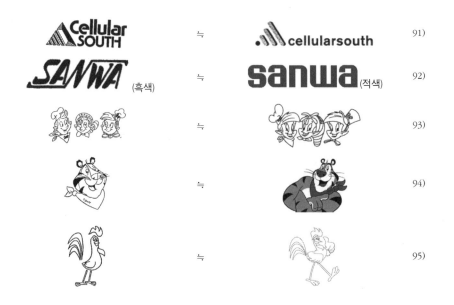

89) 상표등록 후 상표를 보정하고자 하였으나 특허상표청에서 요지변경에 해당한다고 하여 그 보정이 인정되지 아니한 사례를 들면 다음과 같다.

❶ 상표등록 시 상표도면		❷ 등록 후 보정서상 상표도면
IATAN	→	IATAN

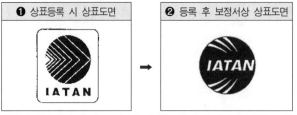

90) 미국의 연방상표법 제7조 (e)항에서는 다음과 같이 규정하고 있다.
"(e) … Upon application of the owner and payment of the prescribed fee, the Director for good cause may permit any registration to be amended or to be disclaimed in part: Provided, That the amendment or disclaimer does not alter materially the character of the mark. Appropriate entry shall be made in the records of the United States Patent and Trademark Office and upon the certificate of registration."

 ≒  96)

9. 상표사용선언서 미제출 효과

만일 상표권자가 상표사용선언서를 제출하지 않을 경우 상표등록일로부터 6년이 되는 날 또는 상표권의 존속기간이 만료되는 날에 상표등록은 취소된다.

10. 마드리드 의정서에 따라 미국에서 보호확대가 결정된 상표에 대한 국제등록명의인의 상표사용선언서 제출

1) 상표사용선언서 제출기간

마드리드 의정서에 따라 국제출원을 하고 미국을 지정국으로 지정하여 미국에 대한 보호확대가 요청된 상표에 대하여 미국의 특허상표청 심사관이 등록결정에 해당하는 「최종보호확대결정」(final disposition on extension of protection)을 하고 국제등록명의인에게 상표등록증에 상응하는 「보호확대증서」(certificate of extension of protection)를 발급하면 그날로부터 5년에서 6년 사이, 9년에서 10년 사이, 그 후 매 9년에서 10년 사이에 특허상표청장이 정한 수수료와 함께 미국에서 보호가 확대된 상표의 상품 또는 서비스에 관하여 상업적으로 사용되고 있음을 증명하는 상표의 사용 견본을 첨부한 상표사용선언서를 특허상표청에 제출하여야 한다.[97] 이 경우 국제등록명의인이 보호확대증서의 발급일로부터 5년에서 6년 사이, 9년에서 10년 사이 또는 매 9년에서 10년 사이에 상표사용선언서를 제출하지 못한 경우라도 보호확대증서의 발급일로부터 6년, 10년 또는 그 후 매 10년째 되는 날로부터 6개월의 유예기간 이내에 부가 수수료를 납부하면 상표사용선언서의 제출이 가능

91) 연방서비스표등록 제2313241호.
92) 연방상표등록 제901192호.
93) 연방상표등록 제2338123호.
94) 연방서비스표등록 제2136777호.
95) 연방서비스표등록 제2192246호.
96) 연방상표등록 제2124817호.
97) 미국의 연방상표법 제71조 (a)항 참조.

하다. 만일 상표가 사용되지 않고 있다면 불사용의 「정당한 이유」를 설명하고 등록상표의 상표권을 포기할 의사가 없음을 상표사용선언서에서 진술하여야 한다.

2) 상표사용선언서 미제출 효과

만일 국제등록명의인이 소정의 기한 내에 상표사용선언서를 제출하지 않으면 미국 특허상표청이 국제등록명의인에게 「보호확대증서를 발급한 날」부터 6년째 되는 날, 10년째 되는 날, 그 후 매 10년째 되는 날에 미국에 대한 보호확대 결정은 각각 취소되고 그날로부터 상표권의 효력은 소멸한다.

11. 등록상표에 대한 상표사용 여부 무작위 검사제도[98]

1) 배 경

미국에서는 출원된 상표가 등록되면 연방상표법 제8조, 마드리드 의정서에 따라 미국에서 보호가 확대된 상표는 연방상표법 제71조에 따라 「상표사용선언서」를 소정의 기한 내에 특허상표청에 제출하여야 한다. 이 경우 상표권자는 「모든」 지정상품에 대하여 등록상표를 사용하고 있다는 상표사용선언서를 제출하지만 등록상표의 사용을 입증하는 자료로서 「모든」 지정상품에 대한 상표의 사용 견본을 상표사용선언서에 첨부하지는 않고 「하나의 상품류당 하나의 지정상품」에 대한 상표의 사용 견본만을 첨부하여 연방상표청에 제출하고 있다. 물론 모든 지정상품에 대하여 등록상표를 사용하지 않으면서 허위로 모든 지정상품에 대하여 등록상표를 사용하고 있다고 상표사용선언서를 작성하여 특허상표청에 제출하는 경우 상표등록의 취소사유에 해당하지만 이는 상표등록으로 손해를 입고 있거나 입게 될 것이라고 믿는 누군가가 상표등록의 취소심판을 청구하고 상표심판원의 심결이 확정되어야만 비로소 상표등록이 취소되기 때문에 상표등록 후 사용되지 않는 상표를 상표등록부에서 적시에 제거하여 실제 사용되고 있는 등록상표만을 상표등록부에 유지시키는 데에는 한계가 많았었다.[99] 특허상표청은 이러한 문제를 해결하기 위하여 연방상표법 시행규칙상 관련규정을 개정하여 2017년 3월 21

---

98) https://www.uspto.gov/trademarks-maintaining-trademark-registration/post-registration-audit-program 참조.

99) 미국은 2012년 6월 21일부터 2년간 등록상표 중 500건을 추출하여 추가적인 지정상품에 대한 등록상표의 사용을 입증하는 자료를 상표권자에게 요구하는 등록상표의 사용에 관한 검사제도를 시범적으로 실시한 결과 추출된 500건의 등록상표 중 51%인 253건에 대하여 상표권자가 등록상표의 사용을 입증하지 못하였다.

일부터 연방상표법 시행규칙 제2.161조 (h)항[100]과 제7.37조 (h)항[101]에 따라 다수의 지정상품을 가진 등록상표를 무작위로 선정하여 그 사용여부를 검사하는 제도(post registration proof of use audit program)를 시행하였다.

2) 검사 대상

연방상표법 제8조와 제71조에 따른 상표사용선언서를 제출하고 i) 등록상표가 하나의 상품류에 속하는 4개 또는 그 이상의 상품을 지정하였거나, ii) 등록상표가 적어도 2 이상의 상품류에 속하는 2개 또는 그 이상의 상품을 지정하고 있는 건이 검사 대상에 해당한다. 현재는 심사관의 업무 부담을 고려하여 특허상표청이 상표권자로부터 상표사용선언서를 제출받은 등록상표의 약 10% 정도를 무작위로 선정하여 검사 대상으로 하고 있으나 이 제도의 시행결과 상표권자가 등록상표의 사용을 충실하게 입증하지 못하는 비율이 높아진다면 향후 검사 대상 건이 보다 확대될 것으로 전망된다.

3) 심사관의 검사 대상 건에 대한 거절이유통지

특허상표청의 심사관은 등록상표가 검사 대상 건에 선정된 경우 제1차 거절이유통지(first Office Action)에 검사 대상에 선정된 취지를 기재하고 상표권자에게 검사 대상이 된 상품류마다 2개의 추가적인 지정상품을 선정하여 그 상품에 대하여 등록상표를 사용하였다는 입증자료를 제출하도록 요구하고 있다.

4) 상표권자의 대응

상표권자는 심사관의 제1차 거절이유통지일로부터 6개월 이내 또는 상표사용선언서의 법정 제출기한[102] 중 더 늦은 날까지 심사관이 선정하여 통지한 지정상품에 대한 등록상표의 사용을 입증하는 자료를 특허상표청에 제출하여야 한다.

---

100) 연방상표법 시행규칙 제2.161조 (h)항에서는 다음과 같이 규정하고 있다. "The Office may require the owner to furnish such information, exhibits, affidavits or declarations, and such additional specimens as may be reasonably necessary to the proper examination of the affidavit or declaration under section 8 of the Act or for the Office to assess and promote the accuracy and integrity of the register."

101) 연방상표법 제7.37조 (h)항에서는 다음과 같이 규정하고 있다. "(h) The Office may require the holder to furnish such information, exhibits, affidavits or declarations, and such additional specimens as may be reasonably necessary to the proper examination of the affidavit or declaration under section 71 of the Act or for the Office to assess and promote the accuracy and integrity of the register."

102) 6개월의 유예기간은 포함되지 아니한다.

5) 심사관의 등록상표의 사용여부 검사

(1) 상표권자가 등록상표의 사용을 입증하는 자료를 제출한 경우 상표권자가 소정의 기한 내에 통지된 지정상품에 대하여 등록상표를 사용하였다는 것을 입증하는 자료를 특허상표청에 제출한 경우 심사관은 그 제출된 자료를 심사한 후 상표권자가 제출한 자료가 상표의 사용으로 인정되면 상표권자에게 「상표사용인정서」(notice of acceptance)를 송부하고 상표권자에 대한 추가적인 거절이유통지를 하지 않고 등록상표의 사용여부에 대한 검사는 종료된다.

(2) 상표권자가 제1차 거절이유통지에 대하여 아무런 대응도 하지 않은 경우 상표권자가 심사관의 제1차 거절이유통지에 대하여 소정의 기한 내에 아무런 대응도 하지 않을 경우 상표등록부에 등록된 「모든」 지정상품에 대한 상표등록은 취소된다.

(3) 상표권자가 등록상표의 사용으로 인정될 만한 입증자료를 제출하지 않거나 단지 검사 대상으로 선정된 지정상품만을 상표등록부에서 삭제하는 경우

가. 심사관의 제2차 거절이유통지 상표권자가 심사관이 검사 대상으로 선정한 지정상품에 대한 등록상표의 사용을 입증하는 자료를 특허상표청에 제출하였으나 심사관이 정당한 등록상표의 사용을 입증하는 자료로 인정할 수 없거나, 상표권자가 단지 검사 대상으로 선정된 지정상품만을 상표등록부에서 삭제한다면, 심사관은 상표권자가 제출한 상표사용선언서에서 등록상표의 사용에 관한 입증자료를 제출한 지정상품을 제외한 나머지 모든 지정상품에 대한 등록상표의 사용을 입증하는 자료를 소정의 기한 내에 특허상표청에 제출하도록 상표권자에게 제2차 거절이유통지(second Office Action)를 한다.

나. 상표권자의 제2차 거절이유통지에 대한 대응

a. 의 의 상표권자는 심사관으로부터 제2차 거절이유통지를 받으면 심사관의 제2차 거절이유통지일로부터 6개월 또는 상표사용선언서의 법정 제출기한 중 더 늦은 날까지 통지된 모든 지정상품에 대하여 등록상표를 사용하고 있다는 것을 입증하는 자료를 특허상표청에 제출하여야 한다.

b. 상표권자가 제2차 거절이유통지에 대하여 아무런 대응을 하지 않은 경우 상표권자가 심사관의 제2차 거절이유통지에 대하여 소정의 기한 내에 아무런 대응을 하지 않을 경우 상표등록부에 등록된 「모든」 지정상품에 대한 상표등록은 취소된다.

c. 상표권자가 일부 지정상품에 대한 등록상표의 사용 자료를 제출하지 않을 경우 　상표권자가 일부 지정상품에 대하여 등록상표의 사용을 입증하는 자료를 소정의 기한 내에 제출하지 않을 경우 심사관은 최종적인 제3차 거절이유(third and final Office Action)를 상표권자에게 통지하면서 이 거절이유통지에 대하여 소정의 기한 내에 당해 지정상품에 대한 등록상표의 사용을 입증하는 자료를 제출하지 않을 경우 그 지정상품이 상표등록부에서 삭제될 것임을 상표권자에게 통지한다.

다. 심사관의 최종적인 제3차 거절이유통지에 대한 대응

심사관으로부터 최종적인 제3차 거절이유를 통지받은 상표권자는 자신이 제출한 등록상표의 사용을 입증하는 자료를 등록상표의 사용으로 인정하지 않는다는 심사관의 결정에 대하여 그 거절이유통지일로부터 6개월 이내에 특허상표청장에게 청원서를 제출하거나 등록상표의 사용에 관한 입증자료를 제출하여 등록상표의 사용으로 인정받은 지정상품을 제외한 나머지 모든 지정상품을 삭제하는 보정서를 특허상표청에 제출할 수 있다. 상표권자가 최종적인 제3차 거절이유통지에 대하여 아무런 대응을 하지 않을 경우 심사관은 상표권자가 이전에 제출한 등록상표의 사용을 입증하는 자료로서 등록상표의 사용으로 인정되는 지정상품에 대하여 「상표사용인정서」를 상표권자에게 송부하고 나머지 지정상품은 상표등록부에서 삭제한다.

6) 심사관의 결정에 대한 상표권자의 불복

상표권자가 특허상표청에 제출한 등록상표의 사용을 입증하는 자료를 심사관이 등록상표의 사용으로 인정하지 않는다는 결정을 하거나 상표권자가 심사관의 거절이유통지를 받지 못하였거나 자연재해 등에 의하여 상표권자가 심사관의 거절이유통지에 적절히 대응하지 못하는 데에 정당한 이유가 있는 경우에는 상표권자는 특허상표청장에게 청원(petition)을 할 수 있다. 아울러 심사관의 제2차 거절이유통지에 대해서 상표권자가 모든 지정상품에 대한 등록상표의 사용을 소정의 기간 내에 입증하기 곤란한 경우에도 특허상표청장에게 청원을 할 수 있다.

Ⅳ. 불가쟁의선언서 제출[103)]

1. 의 의

특허상표청의 주등록부에 상표권이 설정등록된 후 5년간 계속 사용되고 현재도 상업적으로 사용되고 있는 경우 제3자는 상표등록의 유효성[104)]을 다툴 수 있는 사유가 제한되는데 이를 등록상표의 「불가쟁력」(incontestability)이라 한다. 다만, 불가쟁력의 효력이 발생하더라도 제3자가 상표등록의 유효성에 대하여 더 이상 다툴 수 없다는 뜻은 아니며, ⅰ) 등록상표가 보통명칭으로 되거나, ⅱ) 등록상표가 전체적으로 기능적인 경우, ⅲ) 상표권자가 상표권을 포기하는 경우, ⅳ) 상표가 사기에 의하여 등록된 경우 등에는 언제든지 상표등록은 취소될 수 있다.[105)]

2. 불가쟁의선언서의 제출 시기 및 방법

1) 제출 시기

상표권자는 상표권이 설정등록된 후 5년이 경과된 후 1년 이내에 상표등록이 확고하다는 사실을 입증하는 「불가쟁의선언서」(affidavit of incontestability)[106)]를 특허상표청에 제출할 수 있다.

2) 제출 방법

상표권자는 연방상표법 제8조의 규정에 의하여 상표등록일로부터 5년과 6년 사이에 제출하여야 하는 「상표사용선언서」와 연방상표법 제15조의 규정에 의한

103) 문삼섭, 앞의 논문, 99~103면 참조.

104) 불가쟁력의 효력이 발생한 등록상표(Park'N Fly)의 상표권을 침해한 사건에서 피고가 등록상표가 기술적인 상표라고 항변하였으나 연방대법원은 불가쟁력의 효력이 발생한 등록상표에 대해서는 상표등록의 유효성을 다툴 수 없다고 판단하였다. Park'N Fly v. Dollar Park and Fly 469 U.S. 189 (1985) 참조.

105) 이를 보다 구체적으로 열거하면 다음과 같다.

ⅰ) 등록상표가 보통명칭이거나 보통명칭화된 경우

ⅱ) 등록상표가 전체적으로 기능적인 경우

ⅲ) 등록상표가 passing off 행위와 같이 어떠한 상품이나 서비스의 출처를 잘못 표시하는 경우

ⅳ) 등록상표의 사용이 미국의 반트러스트법(antitrust laws)에 위반되는 경우

ⅴ) 상표권자가 상표권을 포기한 경우

ⅵ) 사기(fraud)로 상표가 등록된 경우 등이다.

106) 연방서비스표등록 제2666968호의 불가쟁의선언서 제출 사례를 들면 다음과 같다.

「불가쟁의선언서」를 병합하여 하나의 서류로 특허상표청에 제출하거나 별도로 제출할 수도 있다.

3. 상표사용선언서와의 차이

불가쟁의선언서는 상표사용선언서와 달리 상표권자가 반드시 특허상표청에 제출하여야 하는 의무제출 서류는 아니며, 상표사용선언서는 특허상표청의 실체심사에 의하여 그 수용과 거절 여부가 결정되며 그 결정은 상표권자에게 통지되지만, 불가쟁의선언서는 특허상표청의 실체심사 없이 방식심사만 통과하면 상표등록부에 등록된다.

4. 불가쟁의선언서의 제출 및 미제출 효과

1) 제출 효과

상표권자가 불가쟁의선언서를 특허상표청에 제출하여 상표등록부에 등록되

Declaration

The mark has been in continuous use in commerce for five (5) consecutive years after the date of registration, or the date of publication under Section 12(c), and is still in use in commerce. There has been no final decision adverse to the owner's claim of ownership of such mark, or to the owner's right to register the same or to keep the same on the register; and there is no proceeding involving said rights pending and not disposed of either in the U.S. Patent and Trademark Office or in the courts.

The undersigned being hereby warned that willful false statements and the like are punishable by fine or imprisonment, or both, under 18 U.S.C. Section 1001, and that such willful false statements and the like may jeopardize the validity of this document, declares that he/she is properly authorized to execute this document on behalf of the Owner; and all statements made of his/her own knowledge are true and that all statements made on information and belief are believed to be true.

Signature Section

Signature:

Date: 02-02-12

Signatory's Name: JULIO CESAR MATHEUS

면 등록상표가 보통명칭화되거나 증명표장이 부당하게 사용된 경우 등 일부 제한된 사유를 제외하고는 상표등록의 취소심판 절차에 의하여 상표등록이 취소되지 않으며, 상표권자가 연방법원에 상표권의 침해소송을 제기하고 상표권자에 의하여 제소당한 피고가 상표등록의 유효성을 문제 삼아 그 효력을 부인하는 경우 효과적인 방어수단이 될 수 있다.

연구 59 상표의 사용과 연방상표법상 상표등록 및 불가쟁력의 효력 발생

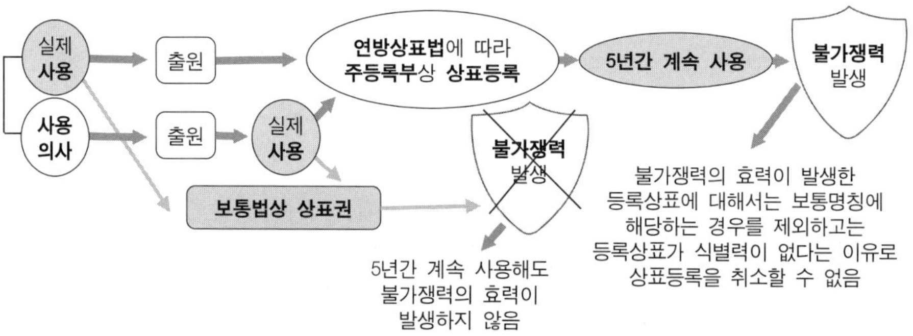

2) 불가쟁의선언서 미제출 효과

불가쟁의선언서의 경우 상표사용선언서와 달리 이를 제출하지 않더라도 상표등록이 취소되지 않고 상표권을 계속 유지할 수 있다. 한편 연방상표법 제14조 (1)에 의할 경우 상표등록의 취소심판은 상표등록일로부터 5년 이내에만 청구할 수 있도록 규정하고 있다. 따라서 상표권자가 불가쟁의선언서를 특허상표청에 제출하지 않더라도 등록상표는 상표등록일로부터 5년이 지나면 상표등록의 취소사유가 제한되는 효과를 볼 수 있다. 다만, 상표등록의 취소는 상표심판원에 청구하는 것이므로 연방법원에 대한 소송에 대해서는 연방상표법 제14조 (1)에서의 상표등록일로부터 5년의 제한 규정은 적용되지 않는다. 따라서 상표권자가 불가쟁의선언서를 특허상표청에 제출하지 않는 경우에는 상표권자가 연방법원에 상표권의 침해소송을 제기하는 경우 피고가 상표등록의 유효성을 반소로서 다툴 때 상표권자는 상표등록이 불가쟁력의 지위에 있다고 주장할 수 없게 된다.

5. 마드리드 의정서에 따라 미국 내에서 보호가 확대된 상표의 불가쟁력

1) 의 의

등록상표의 불가쟁력이란 "상표권이 설정등록된 후 5년간 계속 사용되고 현재도 상업적으로 사용되고 있는 경우 제3자는 상표등록의 유효성을 다툴 수 있는 사유가 제한되는 것"을 의미한다. 따라서 통상 불가쟁력의 효력이 발생하는 시점은 「상표의 등록일」이 기준이 된다.

2) 마드리드 의정서에 따라 미국 내에서 보호가 확대된 상표

마드리드 의정서에 따라 미국 내에서 보호가 확대된 상표의 경우에는 「국제등록명의인에게 보호확대증서가 발급된 날」이 기준이 된다.[107]

3) 국제등록이 국내등록을 대체하는 상표의 불가쟁력

국제등록이 국내등록을 대체하는 상표의 경우에는 「대체된 국내등록일」이 기준이 된다.

Ⅴ. 상표권의 존속기간 갱신

상표권의 존속기간은 매 10년마다 갱신이 가능하다. 상표권의 존속기간갱신등록출원은 상표권의 존속기간 만료일 전 1년 이내에 할 수 있으며 상표권의 존속기간이 만료된 후라도 6개월의 유예기간 이내에 부가 수수료를 납부하면 가능하다.[108] 상표권자가 상표권의 존속기간갱신등록출원을 하면 심사관이 출원서류를

---

107) 미국의 연방상표법 제73조 참조.

108) 미국의 연방상표법 제9조 (a)항 "(a) Subject to the provisions of section 1058 of this title, each registration may be renewed for periods of 10 years at the end of each successive 10-year period following the date of registration upon payment of the prescribed fee and the filing of a written application, in such form as may be prescribed by the Director. Such application may be made at any time within 1 year before the end of each successive 10-year period for which the registration was issued or renewed, or it may be made within a grace period of 6 months after the end of each successive 10-year period, upon payment of a fee and surcharge prescribed therefor. If any application filed under this section is deficient, the deficiency may be corrected within the time prescribed after notification of the deficiency, upon payment of a surcharge prescribed therefor." 참조. 종전의 1946년 Lanham Act에서는 상표권의 존속기간갱신등록출원은 상표권의 존속기간 만료일 전 6개월 이내에 할 수 있으며 상표권의 존속기간이 만료된 후라도 3개월의 유예기간 이내에 부가 수수료를

심사하여 갱신요건을 충족하면 상표권자에게 상표권의 존속기간갱신등록결정을 통지한다.[109]

제7절 ▌우리나라의 제도와 비교 · 분석

Ⅰ. 상표의 사용의사

우리나라는 2011년 개정법(2011. 12. 2. 법률 제11113호)이 시행되기 전에는 상표법 제3조[110] 본문을 상표등록의 거절이유 및 무효사유로 규정하고 있지 않았다. 따라서 출원인의 주관적인 「상표의 사용의사」를 상표의 등록요건으로 볼 것인지에 대해서는 논란이 있었다. 그런데 등록상표를 실제로 사용하지도 않으면서 상표등록만 계속 유지하는 저장상표의 폐해를 방지하기 위하여 2011년 개정법에서는 상표법 제3조 본문도 상표등록의 거절이유 및 무효사유로 규정하여 출원인의 상표의 사용의사를 상표등록의 요건으로 명문화하였다. 다만, 우리나라는 미국과는 달리 상표출원 시 상표를 사용할 의사가 있음을 선언할 필요는 없고 출원인이 상표를 사용한 사실이나 사용할 의사가 없거나 법령 등에 의하여 객관적으로 사용할 수 없다고 합리적인 의심이 드는 경우 심사관은 상표법 제3조 본문 규정의 위반을 이유로 상표등록을 거절할 수 있게 되었다. 출원인은 심사관으로부터 거절이유를 통지받은 경우 사업자등록증, 상호등기부 등본, 신문, 잡지, 카탈로그, 전단지 등의 인쇄광고물, 매장의 상품진열 사진, 주문전표, 납품서, 청구서, 영수증 등 상품의 거래와 관련된 서류 등으로 상표의 사용 사실을 증명하거나 현재 종사하고 있는 사업과 지정상품과의 관련성, 현재 사업과는 관련성은 없지만 향후 지정상품에 새로 진출할 구체적인 사업계획 등을 기술한 상표사용계획서[111] 등을

납부하면 상표권의 존속기간갱신등록출원이 가능하였다.

109) 문삼섭, 앞의 논문, 103~104면 참조.

110) 제3조 (상표등록을 받을 수 있는 자) 국내에서 상표를 사용하는 자 또는 사용하고자 하는 자는 자기의 상표를 등록받을 수 있다. 다만, 특허청 직원 및 특허심판원 직원은 상속 또는 유증의 경우를 제외하고는 재직중 상표를 등록받을 수 없다.

111) 상표사용계획서의 한 사례를 들면 다음과 같다.

통해 상표의 사용의사를 증명하여야 한다.

II. 우선심사제도

1. 우리나라의 제도

우리나라에서 출원상표에 대한 심사는 원칙적으로 출원의 순위에 따르고 있지만 상표와 관련된 권리관계의 확정이 조속히 필요한 경우 출원의 순위에 관계없이 다른 출원상표보다 우선하여 심사하는 우선심사제도를 2009년 4월 1일부터 운영하고 있다.[112] 우리나라에서는 특허청장의 직권이 아닌 「출원인」이나 「이해관계인」의 신청에 의하여 수수료를 납부하여 우선심사를 신청하도록 하고 심사관은

상 표 사 용 계 획 서

상표등록출원 제2015-OOOOOO호의 출원인은 아래와 같이 지정상품 'OOO, OOO, OOO 등'에 출원한 상표를 사용할 계획이 있음을 확인합니다.

□ **현재 출원인이 하고 있는 사업**

(실제 상품을 생산 · 판매하거나 제공하고 있는 사실을 구체적으로 나열하고 입증서류를 첨부한다)

□ **현재 사업과 지정상품과의 관련성**(견련관계가 있는 경우)

(현재 하고 있는 사업과 앞으로 사업을 확장할 지정상품과의 관련성을 설명한다)
(비유사 상품군이 많을 경우 유사군별로 설명)

□ **미사용 지정상품에 사용할 계획**

(앞으로 출원한 상표를 지정상품에 사용할 계획을 사용할 시기, 설비나 점포임대 계획, 판매장소, 사용준비 상황 등을 포함하여 구체적으로 기술한다)
(비유사 상품군이 많을 경우 유사군별로 설명)

년 월 일

(출원인) 서울특별시 양천구 OOO로 OOO번지
OOO아파트 OOO동 OOO호
성 명(법인명칭) 홍 길 동 (서명)

(첨 부) 사업자등록증, 사업준비계획서, 점포임대계약서 등 입증자료

112) 우리나라에서 우선심사제도는 2008년에 개정된 상표법 시행규칙(2008. 12. 31. 지식경제부령 제53호) 부칙 제1조 단서규정에 의하여 2009년 4월 1일부터 인정되었으나 2010년 개정법(2010. 1. 27. 법률 제9987호)에 의하여 그 근거를 상표법 시행규칙에서 상표법으로 변경하였다.

신청인의 사유가 타당한 경우 다른 출원상표에 우선하여 심사를 하고 있다.

2. 미국의 제도

미국의 특허상표청도 원칙적으로 상표출원의 순서대로 심사를 하고 있으나 그 예외로 i) 출원인이나 상표권자의 과실이 아닌 특허상표청의 과실로 인하여 상표출원이 포기된 것으로 간주되거나 상표등록이 취소되거나 상표권의 존속기간이 만료된 경우 그 포기된 상표출원 또는 효력이 상실된 상표권을 새로 설정등록하는 절차로서 상표를 출원하면서 특허상표청장에게 우선심사를 요청하여 우선심사가 인정된 경우, ii) 출원인에게 특별한 구제조치가 필요한 경우 출원인이 특허상표청장에게 청원서를 제출하여 우선심사를 인정받는 경우가 있다.

3. 비 교

미국과 우리나라의 제도를 비교해 보았을 때 미국도 우리나라와 마찬가지로 출원인에게 특별한 구제조치가 필요한 경우 우선심사를 인정해 주고 있지만 미국은 우리나라와는 달리 출원인이나 상표권자의 과실이 아닌 특허상표청의 과실로 인하여 상표출원이 포기된 것으로 간주되거나 상표등록이 취소되거나 상표권의 존속기간이 만료된 경우 그 포기된 상표출원 또는 효력이 상실된 상표권을 새로 설정등록하는 절차로서 상표를 출원하면서 특허상표청장에게 우선심사를 요청하는 방안으로도 활용하고 있다는 점이 우리나라와 차이가 있다. 또한 우선심사신청의 주체와 관련하여 우리나라에서는 출원인뿐만 아니라 이해관계인도 가능하지만 미국은 출원인만 가능하다는 점이 차이가 있다. 아울러 우리나라의 경우 i) 국제상표출원, ii) 지정상품추가등록출원 중 원출원에 대한 우선심사신청이 없는 경우에는 우선심사를 신청할 수 없지만[113] 미국에서는 이러한 명시적인 제한규정은 두고 있지 않다.

---

113) 상표출원에 우선심사신청에 관한 고시 제3조 참조.

Ⅲ. 상표등록 후 상표사용선언서 제출제도

우리나라에서는 상표등록 후 등록상표의 불사용취소심판이 청구된 경우가 아니면 상표권자에게 등록상표의 사용실적을 제출하도록 요구하는 제도를 두고 있지 않다. 따라서 미국의 상표사용선언서 제출제도는 상표가 등록된 이후 모든 지정상품에 대하여 계속 사용하는지 상표권자에게 구체적인 사용실적을 특허상표청에 제출하도록 함으로써 진정한 상표사용자를 보호하고자 하는 상표법의 취지에 잘 부합되는 제도라고 판단되며, 이러한 제도를 통해 상표를 등록만 해 놓고 사용하지 않은 채 타인의 상표등록이나 사용을 방해하거나 타인에게 거액을 받고 등록상표를 판매하는 상표 브로커의 폐해를 줄이는 한편 불필요한 등록상표의 불사용취소심판청구를 줄일 수 있는 좋은 대안이라고 생각된다. 다만, 이 제도를 우리나라에 당장 도입한다면 상표권자의 입장에서는 자기의 등록상표의 사용 자료를 확보하여 특허청에 정기적으로 제출하여야 하는 추가적인 부담이 발생하며, 특허청의 입장에서는 상표권자가 제출한 등록상표의 사용 자료들을 검토하여야 하는 새로운 업무 부담이 발생하고 이로 인해 출원상표에 대한 심사기간이 더욱더 길어지는 문제가 발생할 수 있다.

Ⅳ. 상표등록 후 5년 경과 시 불가쟁력의 효력 발생

미국에서는 상표가 등록된 후 5년간 계속 사용되고 현재도 상업적으로 사용되고 있는 경우 불가쟁력의 효력이 발생한다. 그런데 우리나라의 상표법 제122조 제1항에서는 상표의 사용 여부와는 무관하게 단지 상표등록 후 5년이 경과하면 일부 무효사유에 대해서는 상표등록의 무효심판을 청구할 수 없도록 규정하고 있다[114]는 점에서 차이가 있다.

114) 상표법 제122조 제1항에서는 "제34조 제1항 제6호부터 제10호까지 및 제16호, 제35조, 제118조 제1항 제1호 및 제214조 제1항 제3호에 해당하는 것을 사유로 하는 상표등록의 무효심판, 존속기간갱신등록의 무효심판 또는 상품분류전환등록의 무효심판은 상표등록일, 존속기간갱신등록일 또는 상품분류전환등록일부터 5년이 지난 후에는 청구할 수 없다."고 규정하고 있다.

Ⅴ. 거절결정에 대한 심사관의 재심사제도

미국에서는 심사관의 거절결정에 대해서 상표심판원에 거절결정불복심판을 청구하거나 또는 이와 병행하거나 또는 별개로 심사관에 대하여 재심사를 청구할 수 있는 제도가 마련되어 있다. 반면 우리나라에서는 심사관의 거절결정에 대하여 소정의 기간 이내에 특허심판원에 거절결정불복심판만을 청구할 수 있고 심사관에 대한 재심사를 청구할 수 있는 제도는 마련되어 있지 않다. 그런데 우리나라에서도 특허, 실용신안, 디자인제도에서는 심사관의 거절결정에 대한 재심사제도가 마련되어 있다[115]는 점을 고려하고 출원인이 심판을 청구하는 경우 비용과 시간이 상대적으로 많이 소요되지만 심사관에 대한 재심사제도를 도입하는 경우 이러한 출원인의 비용과 시간상의 부담을 완화할 수 있다는 점을 고려해 볼 때 미국의 재심사 청구제도나 우리나라의 특허, 실용신안, 디자인제도를 참고하여 심사관의 거절결정에 대한 재심사제도를 도입하는 방안을 적극 검토하는 것이 바람직해 보인다.

Ⅵ. 지정상품에 대한 개별상품 심사제도

미국의 특허상표청은 유사군 코드와 같은 상품에 대한 획일적인 심사기준을 두고 있지 않다. 따라서 심사관은 상표출원서 또는 상표등록증에 기재된 구체적인 지정상품의 명칭에 따라 구체적 · 개별적으로 상품 간의 관련성을 판단하고 있다. 한편 우리나라 심사관은 선등록 또는 선출원상표와의 상품에 관한 유사여부를 판단할 때 「유사상품 심사기준」상의 유사군 코드를 참고하되 상품의 속성인 품질, 형상, 용도와 생산부문, 판매부문, 수요자의 범위 등 거래의 실정 등을 고려하여 일반거래의 통념에 따라 판단하고 있어[116] 미국의 상품의 관련성 여부에 관한 판단 기준과 유사하다고 말할 수 있으나 우리나라는 상품심사에 관한 일관성 유지를 위하여 유사상품 심사기준상의 유사군 코드를 참고한다는 점에서는 미국의 상품심사 실무와 차이가 있다. 한편 우리나라의 법원은 상품의 유사여부를 판

115) 특허법 §67의2, 실용신안법 §15 준용, 특허법 §67의2, 디자인보호법 §64.
116) 유사상품 심사기준 제10조.

단할 때 대비되는 상품에 동일 또는 유사한 상표를 사용할 경우 동일한 업체에 의하여 제조 또는 판매되는 상품으로 오인될 우려가 있는지의 여부를 기준으로 하여 판단하되, 상품 자체의 속성인 품질, 형상, 용도와 생산 부문, 판매 부문, 수요자의 범위 등 거래의 실정을 종합적으로 고려하여 일반 거래의 통념에 따라 판단하고 있다.[117)]

Ⅶ. 부분거절 및 부분포기 제도

미국에서는 심사관의 거절이유를 통지할 때 거절이유가 특정한 상품이나 서비스 또는 특정한 상품류에 관한 것으로 명시적으로 한정된 경우[118)]에는 심사관의 거절이유통지에 대하여 출원인이 아무런 답변을 하지 않거나 답변을 하더라도 그 거절이유를 모두 해소하지 못하는 경우 그 상표출원의 모든 상품이나 서비스에 대해서 포기된 것으로 간주되는 것이 아니라 오직 거절이유에서 명시한 상품이나 서비스에 대해서만 포기된 것으로 간주된다.[119)] 우리나라의 경우 심사관이 출원인에게 거절이유를 통지할 때 거절이유가 출원상표의 지정상품 중 특정한 상품에 관한 것이라고 명시적으로 한정된 경우라 하더라도 출원인이 소정의 의견제출기간내에 의견서나 보정서를 제출하지 않거나 거절이유에 대한 의견서나 보정서를 제출하더라도 심사관의 거절이유를 모두 해소하지 못하는 경우 심사관은 출원상표의「전체」상품에 대하여 거절결정을 한다.[120)] 미국과 우리나라의 제도를 상호 비교해 볼 경우 심사관이 거절이유 통지 시 문제가 된 특정한 상품이나 서비스에 대해서만 상표출원이 포기된 것으로 간주되고 나머지 거절이유가 없는 상품이나 서비스에 대해서는 출원상표가 등록을 받을 수 있다는 점에서 미국의 제도가 우리나라의 제도보다 더 합리적이라고 생각한다. 우리나라의 디자인제도에서는 복수 디자인등록출원 시 문제가 되는 디자인에 대해서만 거절이유를 통지하고 나머지 디자인들에 대해서는 등록결정하는 제도와 같이 부분거절제도의 도입에 대

117) 대법원 2006. 6. 16. 선고 2004후3225 판결.
118) 이를「부분거절」(partial refusal)이라 한다.
119) 이를「부분포기」(partial abandonment)라 한다.
120) 이를「전체거절」(total refusal)이라 한다.

한 보다 적극적인 검토가 필요하다고 본다.

Ⅷ. 제3자의 항의서 제출제도

우리나라의 상표법에서는 누구든지 출원된 상표가 상표등록거절결정의 사유에 해당되어 상표로 등록될 수 없다는 취지의 정보를 증거와 함께 특허청장 또는 특허심판원장에게 제공할 수 있도록 하고 있다(법 §49). 이러한 정보의 제공제도는 출원된 상표에 거절이유가 있다고 인정되는 경우 그 취지의 정보를 증거와 함께 특허청장 또는 특허심판원장에게 제공하여 심사관 또는 심판관이 심사나 심판에 활용하도록 함으로써 상표에 관한 심사와 심판의 공정성과 정확성을 확보하기 위한 제도이다. 미국에서는 우리나라의 정보의 제공제도와 유사한 제도로서 제3자의 「항의서」(letter of protest) 제출제도를 두고 있다. 다만, 항의서를 제출하는 대상이 특허상표청장이나 상표심판원장이 아니라 상표심사정책 부국장(Deputy Commissioner for Trademark Examination Policy)이며, 상표심사정책 부국장은 제출된 항의서가 출원상표의 부등록사유에 관한 합리적인 이유나 증거자료라고 판단하는 경우 항의서를 수리하고 항의서에 첨부된 증거자료를 담당 심사관에게 보내서 심사 시 고려하도록 하고 있어 특허청장 또는 특허심판원장에게 제출된 모든 정보제출서를 수리한 후 당해 자료를 심사관 또는 심판관에게 보내서 상표의 심사와 심판에 참고하도록 하는 우리나라의 정보의 제공제도와는 약간의 차이를 보이고 있다. 아울러 미국에서는 이의신청 기간이 지난 후에 제출된 항의서는 불수리되지만 우리나라의 정보의 제공제도는 상표출원에 대한 등록여부결정 전까지 가능하므로 이의신청 기간의 전에는 물론이고 그 후에도 정보의 제출이 가능하다. 다만, 상표출원에 대한 등록여부결정 이후에 제출된 정보제출서는 반려된다.

Ⅸ. 상표등록의 이의신청제도

우리나라와 미국 모두 모든 거절이유에 대하여 상표등록에 대한 이의신청을 제기할 수 있다는 점은 공통되지만 우리나라는 출원공고일부터 2개월 내에 이의신청을 제기할 수 있는 반면, 미국은 출원상표가 상표공보(Official Gazette)에 게재된 날로부터 30일 이내에 상표등록의 이의신청이 가능하다는 점에서 이의를 신청할 수 있는 기간에 차이가 있다. 아울러 우리나라는 보조등록부를 두고 있지 않아 출원공고 중인 모든 출원상표에 대하여 상표등록의 이의신청이 가능하지만 미국의 경우 상표공보에 게재되는 절차가 없는 「보조등록부」에의 상표출원에 대한 상표등록의 이의신청은 허용되지 않는다. 또한 우리나라에서는 상표등록의 이의신청 사건을 심사국의 심사관이 담당하는 데 반하여 미국의 경우 상표심판원의 심판관이 담당한다.

Ⅹ. 주등록부 vs. 보조등록부

대부분의 국가에서는 상표등록부를 하나만 두는 단일 상표등록부제도를 채택하고 있으나 미국에서는 상표등록부로서 주등록부와 보조등록부를 두고 있으며, 각각의 상표등록부에 등록되는 효과 또한 상이하다. 보조등록부제도는 미국인이 본국인 미국에서의 상표등록을 기초로 외국에 상표출원을 할 수 있도록 하기 위하여 마련된 제도이다. 그런데 우리나라는 1949년 제정상표법 이래 하나의 상표등록부만을 유지하고 있다.

Ⅺ. 상표등록 후 등록상표의 보정과 상표의 구성 중 일부분에 대한 권리불요구

미국에서는 상표권자가 정당한 이유가 있는 경우 등록상표를 보정하거나 등록상표의 구성 중 일부분에 대한 권리불요구를 특허상표청에 신청하면 그 보정이나 권리불요구가 등록상표의 요지를 변경하지 않는 한 인정해 주고 있다. 그런데 우리나라에서는 상표등록 후 등록상표의 보정은 인정되지 않으며 상표등록 전후를 불문하고 권리불요구제도는 인정되지 아니한다.

XII. 공존사용등록제도

미국의 경우 상품의 출처 또는 후원관계 등에 관하여 소비자의 혼동 가능성이 없을 경우 동일 · 유사한 상표라도 공존사용등록을 허락해 주고 있으나 우리나라에서는 공존사용등록제도를 허용하고 있지 않다.

제 8 장

마드리드 의정서에 의한 미국에서의 상표등록[1)]

제1절 총 설

Ⅰ. 마드리드 협정[2)]

1. 의 의

마드리드 협정은 한 체약국 내에서 「상표등록」을 한 자가 그가 희망하는 복수의 마드리드 협정 체약국에 개별적으로 상표를 출원하여야 하는 번거로움이 없이 하나의 국제출원 절차에 의하여 모든 지정국 내에 상표를 등록할 수 있도록 하는 것을 주요 내용으로 하는 상표의 국제등록 절차를 규정한 조약으로 공식명칭은 「상표의 국제등록을 위한 마드리드 협정」(Madrid Agreement Concerning the International Registration of Marks)이다. 본 조약은 산업재산권의 보호를 위한 파리협약이 성립된 지 8년 후 파리협약 제19조[3)]에 근거한 특별협정으로 스페인의 수도인 마드리드에서 1891년에 채택되었다.

---

1) 이 장의 내용은 대부분 문삼섭, 상표법(제2판), 세창출판사, 2004, 782~841면, 1056~1059면의 내용을 미국의 상표제도와 관련하여 내용을 보완하고 요약하여 정리한 것이다.

2) 문삼섭, 앞의 책, 1056~1059면에서 인용.

3) Article 19 Special Agreements

It is understood that the countries of the Union reserve the right to make separately between themselves special agreements for the protection of industrial property, in so far as these agreements do not contravene the provisions of this Convention.

2. 마드리드 협정에 따른 상표의 처리 절차

1) 국제출원

출원인은 「상표등록」을 기초로 하여 상표를 보호받고자 하는 지정국을 지정하여 본국관청에 국제출원을 하고, 본국관청은 기초등록의 기재사항과 국제출원서의 기재사항이 합치되는지의 여부를 심사하여 합치되는 경우 그 취지와 본국관청에 국제출원서가 도달한 날을 기재하여 국제출원서를 WIPO 국제사무국에 송부한다.

2) 국제등록

WIPO 국제사무국은 본국관청으로부터 국제출원서를 송부받으면 국제출원서 등에 관한 방식심사를 하고 그 결과 흠결이 없으면 이를 「국제등록부」(International Register)에 등록하고 국제공고를 한 후 각 지정국에 이를 통지한다.

3) 지정국의 심사

지정국관청은 국제사무국으로부터 지정통지를 받으면 국내법령에 따라 국제등록된 상표의 지정국 내에서의 보호 여부를 판단하기 위한 심사를 하고 그 결과 거절이유가 발견되면 국제사무국의 지정통지일로부터 1년 이내에 이를 국제사무국에 통지하여야 한다. 지정국관청이 1년 이내에 거절통지를 하지 않을 경우 그 국제등록된 상표는 당해 지정국에서 직접 출원되고 등록된 것과 동일하게 보호된다.

4) 존속기간 및 갱신

국제등록은 국제등록일로부터 20년간 존속하며, 지정국 전부 또는 일부에 대하여 20년마다 갱신할 수 있다.

3. 마드리드 협정의 장단점

1) 장 점[4)]

본국관청에의 하나의 출원절차에 의하여 복수의 지정국에서 상표권을 취득할 수 있으므로 상표출원에 관한 절차가 간소화되고 상표등록까지 소요되는 비용이 저렴하며, 국제사무국이 관리하는 국제등록부를 통하여 상표를 일원적으로 관리할 수 있다.

---

4) 마드리드 의정서 체제에 따른 국제상표등록의 방식과 장점이 대동소이하므로 후술하는 마드리드 의정서 체제의 장점을 참고 바란다.

2) 단 점[5)6)]

(1) 의 의 　마드리드 협정에 의한 상표의 국제등록 방법은 통상의 해외출원 방법인 「파리루트 방식」[7)]에 의한 해외출원(Paris route international application) 방법보다는 장점이 많지만 「무심사주의 국가」 및 「불어권 국가」를 중심으로 하여 성립되었기 때문에 많은 제도적인 문제점을 안고 있어 심사주의 국가, 영어권과 스페인어권 국가들의 적극적인 가입을 유인하지는 못하였다. 마드리드 협정의 이러한 제도적인 문제점들은 이후 마드리드 의정서가 체결되는 계기가 되었다.

(2) 공식 언어를 「불어」로 한정 　마드리드 협정에서는 공식 언어를 「불어」로 제한함으로써 영어권과 스페인어권 국가가 마드리드 협정에 가입하는 데 부담으로 작용하였다.

(3) 국제출원의 기초 대상을 「국제등록」으로 한정 　마드리드 협정에서는 국제출원을 하기 위해서는 우선 본국관청에 「상표등록」을 하여야만 하고 본국관청에 출원 중인 상표를 기초로 하여 국제출원을 할 수 없었다. 따라서 상표출원에 대하여 간단한 방식심사만으로 상표를 등록시키는 「무심사주의」 국가의 경우 파리협약에 의한 우선권 주장기간인 6월을 충분히 활용할 수 있지만 실체심사로 인하여 상표등록에 상당한 기간이 소요되는 「심사주의」 국가는 국내에서 상표가 등록되는 시점에는 이미 우선권 주장기간인 6월이 경과되어 파리협약에 의한 우선권 주장을 할 수 없어 무심사주의 국가에 비하여 심사주의 국가의 출원인에게 상당히 불리하였다.

(4) 거절통지 기한을 「1년」으로 제한 　지정국관청은 국제등록된 상표에 대하여 거절이유를 발견한 경우 국제사무국이 당해 관청에 지정통지를 한 날부터 「1년」 이내에 거절통지를 하여야 하고, 그 기간 이내에 거절통지를 하지 아니한 경우 그 국제등록된 상표는 자동으로 당해 국가에서 등록된 것과 동일한 보호를 받게 된다. 따라서 상표심사에 1년 이상 소요되는 심사주의 국가에 있어서는 1년 이내에 거절통지를 완료할 수 없는 한 마드리드 협정에 가입하는 것이 사실상 불가능하였다.

---

5) 특허청, 마드리드 의정서에 의한 국제상표등록제도 해설, 2000, 4~5면 참조.
6) 이는 마드리드 협정과 마드리드 의정서의 차이점이라고도 볼 수 있다.
7) 산업재산권의 보호에 관한 파리협약 제4조에 의한 우선권을 주장하면서 각 개별국에 상표를 출원하는 방식을 말한다.

(5) 「집중공격」(central attack)의 위험　마드리드 협정에서는 국제등록일부터 5년 이내에 본국관청의 기초등록이 상표등록의 무효나 취소, 상표권의 포기나 존속기간의 만료 등으로 실효되면 국제등록도 실효되고 그 결과 지정국 전체에서 상표권의 효력이 상실되므로[8] 국제등록에 따른 보호가 본국관청의 기초등록에 종속되는 5년의 기간 동안 위험이 상존하는 문제점을 안고 있었다.

(6) 「수수료 체계」의 문제점　국제출원인이 스위스 통화로 WIPO에 상품류 및 지정국의 수에 따라 정해진 수수료를 납부하면 각 지정국에 수수료를 별도로 납부할 필요가 없어 절차가 단순한 반면 방식심사와 실체심사를 모두 하는 심사주의 국가의 입장에서 볼 때 WIPO 국제사무국에서 정한 수수료의 수입만으로는 국제등록된 상표의 국내에서의 보호확대 여부를 심사하는 비용을 충당할 수 없었다. 따라서 국내 출원인이 납부하는 각종 수수료로 마드리드 의정서에 의하여 국제등록된 상표의 보호확대를 요청하는 국제등록명의인을 보다 용이하게 보호해 주는 결과를 가져올 수 있다는 비판이 있었다.

(7) 정부 간 기구의 가입 불가　마드리드 협정에서는 체약국의 조건을 「국가」로 한정하였으므로 유럽공동체(EC) 등과 같은 정부 간 기구는 마드리드 협정에 가입할 수 없었다.

II. 마드리드 의정서[9]

1. 의 의

마드리드 의정서는 마드리드 협정이 지니고 있는 상술한 문제점을 극복하여 보다 탄력적인 국제등록제도로 거듭나게 할 목적으로 「상표의 국제등록에 관한 마드리드 협정에 대한 의정서」(Protocol Relating to the Madrid Agreement Concerning the International Registration of Marks, 이하 "마드리드 의정서"라 한다)라는 명칭으로 1995년 12월 1일 발효되어 1996년 4월 1일 시행된 조약이다. 마드리드 의정서에서

---

8) 이러한 문제점을 이용하여 국제등록된 상표의 지정국별 상표권의 효력을 실효시키지 않고 본국관청에서 기초등록의 유효성을 공격하는 경향이 많아지게 되었는데 이러한 점에서 강학상 「집중공격」(central attack)이라고도 일컬어진다.

9) 문삼섭, 앞의 책, 1152~1153면에서 인용.

는 불어 외에 「영어」와 「스페인어」[10]도 공식 언어로 채택하여 영어권과 스페인어권 국가들을 배려하였고, 상표등록뿐만 아니라 「상표출원」을 기초로 국제출원을 할 수 있도록 하여 무심사주의 국가와 「심사주의」 국가 간의 불균형을 시정하였다. 또한 거절통지 기한도 동 조약에 가입하고자 하는 국가가 조약 가입 시 1년 대신 「1년 6개월」로 연장을 선언할 수 있도록 하였고, 본국관청의 기초등록에 대한 집중공격으로 인하여 국제등록이 소멸한 경우에도 각 지정국에서 출원인이 국제등록을 「국내출원으로 전환」할 수 있도록 하여 국제등록명의인이 갖게 되는 위험을 상당부분 제거하였다. 아울러 국내 상표출원에 대한 수수료보다 높지 않은 범위 내에서 추가수수료와 보충수수료를 대체하여 「개별수수료」를 징수할 수 있도록 하여 심사주의 국가들이 낮은 수수료로 심사를 수행하여야만 했던 수수료 체계상의 문제도 해결하였다. 한편 마드리드 체계와 유럽공동체(EC)와 같은 정부 간 기구(inter-governmental organization)의 연계를 도모하기 위하여 마드리드 의정서에 가입할 수 있는 자격을 국가 이외에 「정부 간 기구」로 확대하였다. 이러한 문제점들의 극복은 마드리드 협정이 성립된 이후 100년이 지나도록 프랑스를 비롯한 유럽 및 아프리카의 무심사주의 국가 또는 이와 유사한 심사관행을 갖고 있는 국가들만 참여함으로써 범세계적인 국제등록제도로 발전되지 못한 점을 개선하기 위한 것으로 영국, 일본, 미국 등 심사주의 국가의 참여를 유도할 수 있게 되었다.

2. 마드리드 협정과 마드리드 의정서의 비교

마드리드 협정과 마드리드 의정서를 상호 비교하면 다음의 표와 같다.

연구 60 마드리드 협정 vs. 마드리드 의정서

구분	마드리드 협정	마드리드 의정서
가입 대상	국가	국가, 정부 간 기구
사용 언어	불어	불어, 영어, 스페인어
수수료	개별수수료 징수 불가	개별수수료 징수 가능
국제출원의 기초	상표등록	상표등록, 상표출원

10) 2003년 9월 WIPO 정기총회에서는 2004년 4월 1일부터 스페인어를 공식 언어로 사용하기로 결정하였다.

거절통지 기한	국제사무국의 지정통지일로부터 1년	국제사무국의 지정통지일로부터 1년 대신 조약 가입 시 1년 6월로 선언 가능
국제등록의 존속기간	국제등록일로부터 20년 갱신 가능	국제등록일로부터 10년 갱신 가능
본국관청의 기초등록(기초출원)에 대한 집중공격으로 국제등록 소멸 시 국내출원으로의 전환 가능성	불가능	가능

3. 마드리드 의정서 이용 시 장점

1) 국제출원단계

(1) 상표권 취득 절차의 간소화[11] 통상의 개별국 해외 상표출원 절차를 이용할 경우 출원인은 상표를 등록받고자 하는 각 개별국에 그 국가에서 요구하는 언어와 방식에 따라 상표출원을 하여야 하지만 마드리드 의정서를 이용할 경우 출원인은 국적국 또는 거주지국에 영어, 불어 또는 스페인어 중 그 국가에서 정하는 언어로 작성된 국제출원서에 상표를 보호받고자 하는 국가를 지정하여 본국관청에 국제출원을 함으로써 복수의 체약국에 상표를 출원한 효과를 얻을 수 있다.

---

11) 마드리드 의정서의 장점을 소개하는 다수의 논문은 다음과 같은 장점을 소개하고 있다.
- One application in(한 건의 출원으로)
- One place with(한 장소에서)
- One set of document with(한 통의 문서로)
- One language with(하나의 언어로)
- One fee in(한 번의 수수료 납부로)
- One currency resulting in(하나의 화폐단위로)
- One registration with(한 건의 등록을 얻고)
- One number and(하나의 번호로)
- One renewal date covering(한 건의 갱신만으로)
- More than one country(다수의 국가에서 보호를 받음).

연구 61 파리협약에 따른 개별국 해외 상표출원 절차 vs. 마드리드 의정서에 따른 해외 상표출원 절차

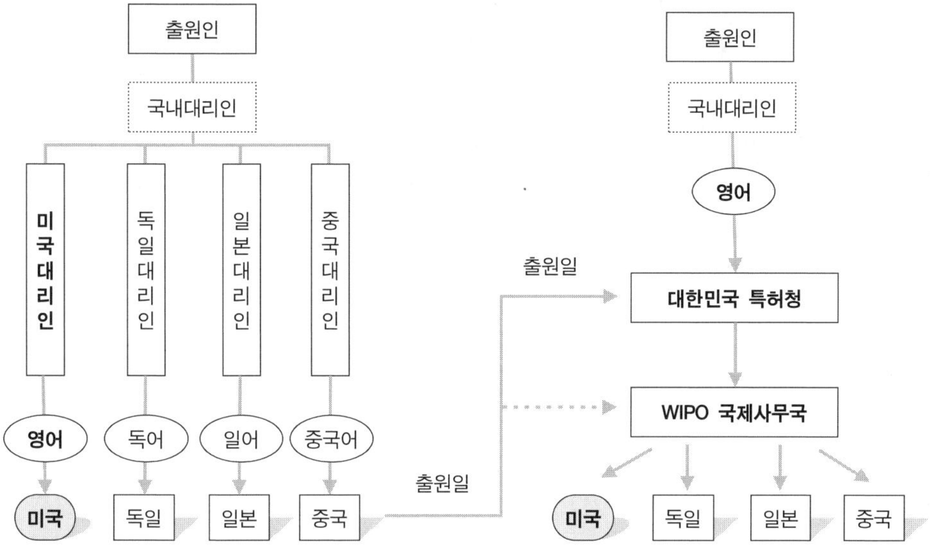

○ **[위의 왼쪽 도표 해설]** 甲이 A라는 상표를 미국, 독일, 일본, 중국에서 보호받고자 하는 경우 각국에서 현지 대리인을 선임하여 각국의 언어로 작성한 상표출원서를 작성하여 각국의 특허청 또는 특허상표청에 출원하여야 한다. 이 경우 각 국가에 실제로 상표를 출원한 날짜가 출원일로 인정되지만 우리나라에서의 상표출원을 우선권주장하는 경우 우리나라에서의 상표출원일이 우선일로 인정된다.

○ **[위의 오른쪽 도표 해설]** 甲이 A라는 상표를 마드리드 의정서를 통하여 미국, 독일, 일본, 중국에서 보호받고자 하는 경우 우선 우리나라에 상표출원을 하거나 상표등록을 받고 그 상표출원 또는 상표등록을 기초로 우리나라에서만 보호받고 있는 A 상표의 보호영역을 미국, 독일, 일본, 중국으로 확대하기 위한 국제출원을 우리나라 특허청을 통하여 하면 된다. 갑은 국제출원 시 대리인을 선임할 필요 없이 미국, 독일, 일본, 중국을 지정국으로 지정하는 국제출원서를 영어로 작성하고 하나의 화폐단위인 스위스 프랑으로 출원료를 WIPO 국제사무국에 납부하면 출원일은 원칙적으로 갑이 우리나라 특허청에 국제출원서를 제출한 날짜가 미국, 독일, 일본, 중국에서의 출원일로 간주된다. 만일 우리나라에서의 상표출원을 기초로 한 경우로서 우리나라에서의 상표출원일로부터 6개월 내에 파리협약에 따른 우선권주장을 하면서 국제출원을 하

는 경우 우리나라에서의 상표출원일을 우선일로 인정받을 수 있다.

(2) **비용절감** 통상의 개별국 해외 상표출원 절차를 이용할 경우 상표를 등록받고자 하는 각 개별국마다 현지 대리인을 선임하고 각 국가에서 요구하는 수수료를 현지 통화로 납부하여야 하지만, 마드리드 의정서에 따른 국제출원 절차를 이용할 경우 원칙적으로 국제출원 시 상표를 등록받고자 하는 각 개별국마다 현지 대리인을 선임할 필요가 없으며, 수수료도 국제출원 시 납부하면 되고 각 개별국에서 별도의 수수료를 납부할 필요가 없다.

2) **국제등록 이후의 단계**

(1) **상표권 취득 여부의 명확** 마드리드 의정서에 의하면 지정국관청에서 거절이유를 발견하는 경우 원칙적으로 국제사무국의 지정통지일로부터 1년(18월로 대체 선언 가능) 이내에 국제사무국에 거절통지를 하여야 한다. 만일 그 기간 이내에 거절통지를 하지 아니하면 그 지정국에서 상표가 출원되고 등록된 것과 동일한 보호를 하여야 한다.[12] 따라서 출원인은 원칙적으로 국제사무국이 지정국관청에 지정통지를 한 날부터 1년(18월로 대체 선언 가능) 이내에는 그 지정국관청에서의 상표권의 취득 여부를 알 수 있다.

(2) **지정국의 사후지정 가능** 마드리드 의정서에 의하면 기존의 마드리드 의정서에 가입한 국가 중 국제출원 시 지정하지 않은 국가 또는 마드리드 의정서에 새로 가입한 국가 중에서 추가적으로 상표를 보호받고자 하는 국가가 있는 경우 국제등록 후에 그 국가를 추가로 지정하는 것이 가능하기 때문에 상표등록을 받고자 하는 국가를 간편하게 확장시킬 수 있다.

(3) **상표의 일원적 관리 가능** 통상의 개별국 해외 상표출원 방법에 의할 경우 상표권을 이전하고자 하는 경우 상표등록을 한 개별국마다 각각 상표권의 이전절차를 밟아야 하고 상표권의 존속기간을 갱신하고자 하는 경우에도 각 개별국에서 상표권의 존속기간갱신등록절차를 밟아야 하는 등 상표권의 관리에 번거러움이 많았으나, 마드리드 의정서에 따르면 상표권자는 국제사무국이 관리하는 국제등록부상 권리자의 명의변경 또는 국제등록의 존속기간의 갱신 등을 할 수 있으므로 복수의 국가에 대한 상표권을 일원적으로 관리할 수 있다.

---

12) 마드리드 의정서 §4(1)(a) 참조.

4. 마드리드 의정서 이용 시 단점

1) 국제등록의 종속성

마드리드 의정서는 마드리드 협정에 따른 집중공격에 대한 대비책으로 국제등록의 국내출원으로의 전환이라는 안전망을 갖추고 있지만 복잡한 국내 출원절차를 다시 밟아야 하고 국내 출원 또는 등록에 필요한 비용이 추가로 발생하기 때문에 근본적으로 국제등록이 국제등록일로부터 5년간 기초등록이나 기초출원의 운명에 종속됨으로써 상표권이 불안정하다는 단점을 안고 있다.

2) 절차의 복잡성

마드리드 시스템은 여러 절차상의 이점에도 불구하고 출원인이나 대리인이 마드리드 의정서나 공통규칙 등 여러 제도를 정확히 이해하기에는 절차가 너무 복잡하다는 단점이 있다.

Ⅲ. 우리나라와 미국의 마드리드 의정서 가입

1. 우리나라

우리나라는 2003년 1월 10일 상표의 국제등록에 관한 마드리드 협정에 대한 의정서의 가입서를 세계지식재산기구(WIPO)에 기탁함으로써 2003년 4월 10일부터 마드리드 의정서가 우리나라에 발효되어 마드리드 의정서에 따른 국제출원이 가능하게 되었다.

2. 미 국

미국은 마드리드 의정서에 가입하기 위하여 마드리드 의정서상의 관련 규정을 연방상표법에 반영하기 위한 「마드리드 의정서 시행법」(Madrid Protocol Implementation Act of 2002)을 2002년에 제정하였다.[13] 미국은 2003년 8월 2일에 세계지식재산기구에 가입서를 기탁하였고 2003년 11월 2일부터 마드리드 의정서가 미국에서 발효되어 본국관청으로서의 국제출원서의 접수업무와 지정국관청으로서의 국제등록된 상표에 대한 심사업무를 개시하였다.[14]

---

13) 미국의 연방상표법 Title 12의 제60조부터 제74조가 마드리드 의정서에 관한 규정이다.

14) http://www.wipo.int/treaties/en/notifications/madridp-gp/treaty_madridp_gp_146.html.

Ⅳ. 미국의 마드리드 의정서 가입 시 선언사항 등

1. 선언사항

미국은 마드리드 의정서에 가입하면서 i) 미국에 대한 보호확대가 요청된 마드리드 출원에 대한 거절통지 기한을 국제사무국의 지정통지일로부터 1년 대신 18개월로 선언하였으며, ii) 이의신청에 의한 거절통지 기한은 국제사무국의 지정통지일로부터 18개월 이후에도 가능하다고 선언하였고, iii) 출원인이 미국을 지정국으로 지정하는 경우에 국제출원과 사후지정, 갱신과 관련된 수수료를 추가수수료와 보충수수료 대신 「개별수수료」[15]를 납부하여야 한다고 선언하였다. 그러나 미국은 국제등록부에 등록된 사용권에 관한 등록은 미국에서 효력이 없다는 선언은 하지 않았다.

2. 미국을 지정국으로 지정 시 특이사항

출원인이 국제출원 시 또는 사후지정 시 미국을 지정국으로 지정하고자 하는 경우에는 국제출원 시 국제출원서(MM2) 또는 사후지정 시 사후지정서(MM4)와 함께 상표의 「사용의사선언서」(MM18)를 제출하여야 한다.[16]

Ⅴ. 미국의 마드리드 의정서 가입에 따른 효과

미국이 마드리드 의정서에 가입하여 조약의 효과가 발효됨에 따라 2003년 11월 2일 부터는 우리나라 특허청을 본국관청으로 하고 미국을 지정국으로 지정하는 국제출원이 가능하게 되었다. 물론 마드리드 의정서에 의하면 일정한 출원인 자격요건을 갖출 경우 우리나라가 아닌 일본이나 중국과 같은 마드리드 의정서의 가입국에서 상표출원이나 상표등록을 기초로 일본특허청 또는 중국의 국가지식산권국(國家知識産權局)을 본국관청으로 하여 국제출원을 하면서 미국을 지정국으로 지정

---

15) 2018년 3월 현재 미국의 국제출원료에 대한 개별수수료는 하나의 상품류당 388 스위스 프랑이고, 국제등록의 갱신에 대한 개별수수료는 하나의 상품류당 291 스위스 프랑이다. http://www.wipo.int/madrid/en/fees/ ind_taxes.html 참조.

16) 미국의 연방상표법 제66조 (a)항 참조.

하여 미국에 대한 보호확대를 요청하는 방법도 가능하지만 우리나라의 국민의 경우 대부분 우리나라에서의 상표출원 또는 상표등록을 기초로 미국을 지정국으로 지정하여 미국에 대한 보호확대를 요청할 가능성이 높기 때문에 이하에서는 우리나라에서의 상표출원 또는 상표등록을 기초로 우리나라의 특허청을 본국관청으로 하여 미국을 지정국으로 지정함으로써 미국에 대한 보호확대를 요청하는 것을 가정한 국제출원 절차와 미국에 대한 보호확대가 요청된 마드리드 출원에 대한 미국의 특허상표청에서의 심사처리 절차 등에 대해 차례대로 설명하고자 한다.

제2절 ▌우리나라 특허청을 본국관청으로 하여 미국을 지정국으로 지정하는 국제출원

Ⅰ. 의 의

1. 본국관청(우리나라 특허청)

마드리드 의정서에 따르면 본국관청인 우리나라 특허청은 출원인으로부터 미국을 지정국의 하나로 지정한 국제출원서 등을 제출받은 경우 국제출원서와 국제출원에 필요한 서류상의 기재사항을 심사한 후 당해 국제출원서를 국제사무국에 송부한다.[17)]

2. 국제사무국

국제사무국은 국제출원서 등에 대한 방식심사 결과 흠결이 없는 경우 이를 국제등록부에 등록하고 공고한 후 미국을 포함한 각 지정국에 통지한다.

3. 지정국관청(미국 특허상표청)

지정국 중의 하나인 미국의 특허상표청은 연방상표법 등 관련 상표관련 법령

17) 참고로 내국인이 마드리드 의정서를 통하여 국제출원 또는 사후지정을 하면서 가장 많이 지정한 국가는 미국이다. 2017년에는 668건, 2016년에는 634건 미국이 지정국으로 지정되었다.

에 따라 국제등록된 상표의 미국에 대한 보호확대 요청(request for extension of protection in an international registration to the United States, 이하 "마드리드 출원"이라 한다)에 대한 허용 여부를 심사하고 그 결과 거절이유가 발견되면 원칙적으로 국제사무국의 지정통지일로부터 18개월 이내[18]에 이를 국제사무국에 통지하여야 하고[19] 동 기간 이내에 거절통지를 하지 않은 경우에는 국제등록된 상표가 미국 내에서 직접 출원되고 등록된 것과 같이 보호하여야 한다.

연구 62 본국관청, 국제사무국 및 지정국관청에서의 절차

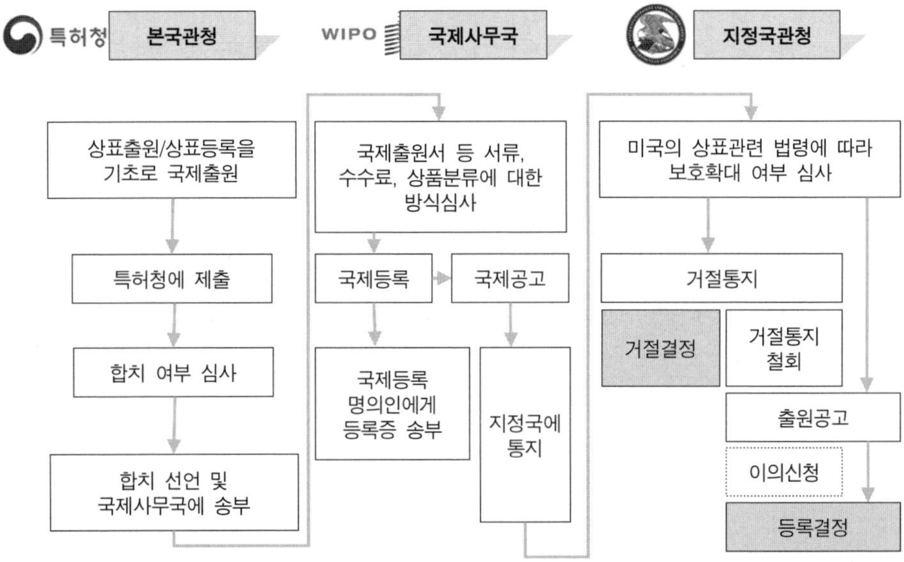

18) 미국은 마드리드 의정서 가입서 기탁 시 거절통지 기한을 국제사무국이 미국의 특허상표청에 지정통지를 한 날부터 1년 대신 18개월로 연장하는 선언을 하였다.

19) 미국의 연방상표법 제68조 (c)항 (1).

II. 본국관청으로서 우리나라 특허청에서의 절차

1. 국제출원의 기초

1) 의 의

국제출원이라 함은 "출원인이 상표등록을 받고자 하는 국가 및 상품 또는 서비스를 지정한 국제출원서를 본국관청을 통하여 국제사무국에 제출함으로써 그 국가에 직접 출원한 것과 동일한 효과를 얻을 수 있는 출원"을 말한다.[20] 그런데 마드리드 의정서에 의한 상표의 국제등록제도는 특정 체약국에 출원 또는 등록된 상표의 존재를 전제로 하여 그 보호영역을 국제출원서에 지정한 국가로 확대하는 시스템이다.[21] 따라서 국제출원을 하기 위해서는 본국관청(Office of origin)[22]에 동일인 명의에 의한 상표출원이나 상표등록이 존재하여야 한다. 이러한 본국관청의 상표출원 또는 상표등록은 국제등록의 모태가 되는 중요한 의미를 지닌 것으로서 각각 「기초출원」(basic application),[23] 「기초등록」(basic registration)[24]이라고 한다. 출원인은 하나의 상표출원이나 상표등록뿐만 아니라 다수의 상표출원이나 상표등록을 기초로 하여 국제출원을 할 수도 있다. 이 경우에도 국제출원을 하고자 하는 상표의 지정상품은 기초가 되는 상표출원 및 상표등록의 지정상품보다 그 범위가 같거나 작아야 한다. 그러나 각각의 기초출원 및 기초등록상의 지정상품보다 그 범위가 같거나 작아야 하는 것은 아니다. 우리나라 상표법에서는 마드리드 의정서 제2조(1)[25]에 따른 국제등록(이하 "국제등록"이라 한다)을 받으려는 자는 i)

---

20) 미국의 연방상표법 제60조 (8)에서는 국제출원을 "마드리드 의정서에 따라 국제등록을 받기 위하여 하는 출원"이라고 정의하고 있다.

21) 미국의 연방상표법에서도 제60조 (6)에서 마드리드 의정서에 따라 국제등록명의인의 요청으로 국제등록에 따른 보호가 미국으로 확대되는 것을 「보호확대」(extension of protection)라고 정의하고 있다.

22) 본국관청이란 국제출원이 기초로 하는 상표출원의 출원인 또는 상표등록의 권리자가 i) 당해 국가의 국적을 가지고 있거나, ii) 당해 국가에 주소를 두거나, iii) 당해 국가에서 유효한 산업상 또는 상업상의 영업소를 둔 경우 그 국가의 관청(특허청, 상표청, 특허상표청)을 말한다. 미국의 연방상표법 제60조 (16)에서는 본국관청을 "기초출원이 출원되거나 기초출원의 등록을 허용한 체약국관청"이라고 정의하고 있다.

23) 미국의 연방상표법 제60조 (1)에서는 기초출원을 "체약국관청에서 상표등록을 위하여 출원된 것으로서 그 상표의 국제등록을 위한 출원의 기초가 되는 것"이라고 정의하고 있다.

24) 미국의 연방상표법 제60조 (2)에서는 기초등록을 "체약국관청에서 상표등록이 된 것으로 그 상표의 국제등록을 위한 출원의 기초가 되는 것"이라고 정의하고 있다.

본인의 상표출원, ii) 본인의 상표등록, iii) 본인의 상표출원 및 본인의 상표등록을 기초로 하여 특허청장에게 국제출원을 하도록 규정하고 있다(법 §167).

연구 63 우리나라 특허청을 본국관청으로 하여 미국을 지정국으로 지정하는 국제출원

25) Article 2 Securing Protection through International Registration

(1) Where an application for the registration of a mark has been filed with the Office of a Contracting Party, or where a mark has been registered in the register of the Office of a Contracting Party, the person in whose name that application (hereinafter referred to as 'the basic application') or that registration (hereinafter referred to as 'the basic registration') stands may, subject to the provisions of this Protocol, secure protection for his mark in the territory of the Contracting Parties, by obtaining the registration of that mark in the register of the International Bureau of the World Intellectual Property Organization (hereinafter referred to as 'the international registration,' 'the International Register,' 'the International Bureau' and 'the Organization,' respectively), provided that,

(i) where the basic application has been filed with the Office of a Contracting State or where the basic registration has been made by such an Office, the person in whose name that application or registration stands is a national of that Contracting State, or is domiciled, or has a real and effective industrial or commercial establishment, in the said Contracting State,

(ii) where the basic application has been filed with the Office of a Contracting Organization or where the basic registration has been made by such an Office, the person in whose name that application or registration stands is a national of a State member of that Contracting Organization, or is domiciled, or has a real and effective industrial or commercial establishment, in the territory of the said Contracting Organization.

○ **[해 설]** 甲이 LG라는 상표를 마드리드 의정서 가입국인 미국과 호주에서 보호받고자 하는 경우 갑은 먼저 우리나라 특허청에 LG 상표를 출원하거나 등록을 한 다음 이를 기초로 마드리드 의정서에 따른 국제출원서를 영어로 작성하면서 미국과 호주를 지정국으로 지정하면 된다. 갑은 국제출원서를 우리나라 특허청에 제출하면 우리나라 특허청은 갑의 기초출원 또는 기초등록과 국제출원서의 내용이 합치되는지의 여부를 심사하고 합치되면 이를 인증하고 국제출원서와 국제출원에 필요한 서류를 WIPO 국제사무국에 송부한다. 국제사무국은 국제출원서와 국제출원에 필요한 서류에 대한 방식심사를 하고 흠결이 없는 경우 이를 국제등록부에 등록하고 국제공고를 하면서 지정국인 미국과 호주에 지정국으로 지정되었음을 통지한다. 지정국으로 지정되었음을 통지받은 미국의 특허상표청과 호주의 특허청은 국제등록된 상표에 대한 자국 내에서의 보호확대 허용 여부에 대한 심사를 자국의 상표관련 법령에 따라 진행하게 된다.

2) 특 례

업무표장은 마드리드 의정서에서 보호되는 상표의 유형에 속하지 않아 국제출원서에 이를 표시할 수도 없을 뿐만 아니라 업무표장제도는 우리나라의 독특한 제도로서 미국의 상표제도에는 없는 제도이므로 업무표장에 대해서는 국제출원 등의 절차규정이 적용되지 않는다(법 §179). 따라서 우리나라에 출원되거나 등록된 업무표장을 기초로 하여 미국을 지정국관청으로 하여 국제출원을 하는 것은 불가능하다.

2. 본국관청으로서 우리나라 특허청을 통한 국제출원

국제출원은 「본국관청」을 통해서만 하여야 하고 국제사무국에 직접 할 수는 없다. 따라서 출원인이 직접 국제사무국에 제출한 국제출원서 등은 적법한 국제출원으로 간주되지 아니하므로 출원인에게 반려된다. 우리나라의 상표법에서는 국제출원을 하려는 자는 본인의 상표출원 또는 상표등록 등을 기초로 하여 「영어」로 작성한(규칙 §76) 국제출원서 및 국제출원에 필요한 서류를 특허청장에게 제출하도록 하여(법 §169①) 반드시 우리나라의 특허청을 경유하도록 규정하고 있다.

3. 출원인 자격

마드리드 의정서에 따른 국제출원을 하기 위해서는 출원인은 출원인 자격을 가지고 있어야 하는바, 국제출원을 하는 본국관청이 소속된 국가의 국민이거나 당해 국가에 주소를 두고 있거나 당해 국가에 진정하고 실효적인 산업상 또는 상업상의 영업소를 두고 있는 자이어야 한다. 또한 기초출원 또는 기초등록이 공동명의로 된 경우에는 공동명의로 국제출원을 하여야 하며, 이 경우 각각의 출원인은 본국의 국민이거나 본국에 주소 또는 영업소를 두고 있어야 한다. 다만, 출원인이 동일한 종류의 관계(국적, 주소 또는 영업소)를 가져야 하는 것은 아니다. 우리나라의 상표법에 따르면 우리나라 특허청을 본국관청으로 하여 국제출원을 할 수 있는 자는 i) 우리나라 국민이거나, ii) 우리나라에 주소(법인인 경우에는 영업소의 소재지)를 가진 자이어야 하며(법 §168①),[26] 또한 2인 이상이 공동으로 국제출원을 하고자 하는 자는 각각 우리나라의 국민이거나 우리나라에 주소(법인인 경우에는 영업소의 소재지)를 가지고 있어야 하고 기초출원을 공동으로 하였거나 기초등록에 관한 상표권을 공유하고 있어야 한다(법 §168②).

4. 수수료 납부

출원인은 국제출원에 대한 수수료를 국제출원 시 국제사무국에 직접 납부하여야 한다. 수수료는 i)「기본수수료」(basic fee), ii) 3개류를 초과하는 상품류에 따른 「추가수수료」(supplementary fee), iii) 지정국 수에 따른 「보충수수료」(complementary fee)로 구성되며, 마드리드 의정서 가입국은 추가수수료와 보충수수료를 대체하는「개별수수료」(individual fee)를 선언할 수 있다. 미국은 마드리드 의정서 가입 시 추가수수료와 보충수수료 대신 개별수수료를 징수한다고 선언하였다. 따라서 미국을 지정국으로 지정하는 경우에는 추가수수료 및 보충수수료 대신 미국의 특허상표청이 정하는 개별수수료를 국제사무국에 납부하여야 한다.

---

26) 따라서 특허법 제5조에 의한 재외자에 해당하여도 우리나라의 국민이라면 우리나라 특허청을 본국관청으로 하여 국제출원을 할 수 있으며, 우리나라의 국민이 아니라 하더라도 우리나라에 주소 또는 영업소를 두고 있으면 우리나라 특허청을 본국관청으로 하여 국제출원을 할 수 있다.

5. 국제출원 절차

출원인은 출원인 자격이 있고 기초가 되는 상표출원 또는 상표등록이 있는 체약국의 특허청에 그 출원 또는 등록을 기초로 하여 국제출원서(MM2 서식)를 작성하여 제출하여야 한다. 따라서 우리나라 특허청을 본국관청으로 하여 국제출원을 하려는 자는 「영어」로 작성한(규칙 §76) 국제출원서 및 국제출원에 필요한 서류를 특허청장에게 제출하고(법 §169①), 국제출원서에 다음 각 호의 사항을 적어야 한다(법 §169②).

i) 출원인의 성명 및 주소(법인인 경우에는 그 명칭 및 영업소의 소재지)

ii) 출원인 자격에 관한 사항

iii) 상표를 보호받으려는 국가[27](정부 간 기구를 포함하며, 이하 "지정국"이라 한다)

iv) 마드리드 의정서 제2조(1)에 따른 기초출원의 출원일 및 출원번호 또는 마드리드 의정서 제2조(1)에 따른 기초등록의 등록일 및 등록번호

v) 국제등록을 받으려는 상표

vi) 국제등록을 받으려는 상품과 그 상품류

vii) 그 밖에 산업통상자원부령으로 정하는 사항.

6. 우리나라 특허청의 본국관청으로서의 국제출원서의 처리

1) 의 의

마드리드 의정서에 따르면 본국관청은 출원인의 자격 여부 및 기초출원 및 기초등록과 국제출원서상의 기재사항의 합치 여부 등을 확인한 후 국제출원서에 이를 인증하고 국제사무국에 국제출원서를 송부하여야 한다.

2) 국제출원서 기재사항의 심사[28]

출원인이 우리나라 특허청을 본국관청으로 하여 국제출원서를 제출한 경우 특허청장은 아래의 사항들에 대하여 국제출원서의 기재사항이 기초출원 또는 기

---

27) 우리나라는 마드리드 의정서에만 가입하고 있으므로 우리나라를 본국관청으로 하여 국제출원을 하는 경우에는 반드시 마드리드 의정서 가입국만을 지정하여야 한다.

28) 마드리드 의정서 제3조(1)에서는 본국관청은 그 국제출원서의 기재사항이 기초출원 또는 기초등록의 기재사항과 합치한다는 것을 인증하여야 하고, 기초출원의 경우에는 출원일 및 출원번호, 기초등록의 경우에는 등록일 및 등록번호와 그 기초등록의 근거가 되는 출원의 출원일 및 등록일을 표시하여야 하며, 국제출원일도 표시하여야 한다고 규정하고 있다.

초등록의 기재사항과 합치하는지의 여부를 심사하여야 한다.

ⅰ) 국제출원서상의 상표와 기초출원 또는 기초등록상의 상표가 엄격하게 동일한지의 여부[29]

ⅱ) 국제출원서상의 출원인의 성명 및 주소가 기초출원 또는 기초등록상의 출원인 또는 상표권자의 성명 및 주소와 동일한지의 여부

ⅲ) 국제출원서상의 지정상품 또는 지정서비스가 기초출원 또는 기초등록상의 지정상품 또는 지정서비스의 범위보다 같거나 작은지의 여부.

3) 합치 선언 등

특허청장은 국제출원서의 기재사항이 기초출원 또는 기초등록의 기재사항과 합치하는 경우에는 그 사실을 인정한다는 뜻과 국제출원서가 특허청에 도달한 날[30]을 국제출원서에 적어야 한다(법 §171①). 이 경우 국제출원서의 특허청 도달일은 실제로 특허청에 도달한 날을 의미하므로 출원인이 국제출원서의 제출일을 기재하였다고 하더라도 실제로 특허청에 도달한 날이 그 후인 경우에는 실제 도달한 날을 기재하여야 한다. 기초출원 또는 기초등록과 국제출원서의 기재사항 간의 합치 여부 판단의 기준시점은 본국관청으로서 특허청이 「합치에 관한 인증을 할 때의 시점」을 기준으로 한다.

4) 국제사무국으로의 송부[31]

특허청장은 국제출원서의 기재사항이 기초출원 또는 기초등록의 기재사항과

---

29) 기초출원(기초등록)과 국제출원서상의 상표는 엄격히 동일하여야 하며, 유사한 것은 합치된다고 볼 수 없다. 따라서 유사한 상표는 물론이고 등록상표의 불사용취소심판에서 등록상표의 사용으로 인정되는 사회통념상의 동일한 범위 내에서 차이가 있는 상표 또는 요지변경으로 인정되지 아니하고 보정이 인정되는 범위 내에서 차이가 있는 상표의 경우에도 동일한 상표로 보지 아니한다.

30) 원래 출원서 · 청구서, 그 밖의 서류를 우편으로 특허청장 또는 특허심판원장에게 제출하는 경우에 우편법령에 따른 통신날짜도장에 표시된 날이 분명한 경우에는 표시된 날, 우편법령에 따른 통신날짜도장에 표시된 날이 분명하지 아니한 경우에는 우체국에 제출한 날(우편물 수령증에 의하여 증명된 날을 말한다)에 특허청장 또는 특허심판원장에게 도달한 것으로 본다(법 §28②). 그런데 마드리드 의정서 제2조(2)의 규정에 의한 국제출원에 관한 서류를 우편으로 제출하는 경우에는 우편물의 통신날짜도장에서 표시된 날이나 우편물의 수령증에 의해 증명된 우체국에 제출한 날이 아니라 국제출원서와 그 출원에 필요한 서류가 특허청장에게 도달한 날부터 그 효력이 발생한다. 우편으로 제출된 경우에도 또한 같다(법 §170).

31) 마드리드 의정서 제2조(2)에서는 국제출원은 본국관청을 매개로 하여 국제사무국에 제출되어야 한다고 규정하고 있다.

합치하는 경우 그 사실을 인정한다는 뜻과 국제출원서가 특허청에 도달한 날을 국제출원서에 적은 후 즉시 국제출원서 및 국제출원에 필요한 서류를 국제사무국에 보내고, 그 국제출원서의 사본을 해당 출원인에게 보내야 한다(법 §171②).[32]

5) 흠결이 있는 국제출원의 처리

(1) **대체서류 제출 명령** 특허청장은 국제출원서가 상표법, 상표법 시행령 및 시행규칙에서 정하는 바에 따라 작성되지 아니한 경우에는 기간을 정하여 출원인이나 제출인에게 대체서류의 제출을 명할 수 있다(규칙 §81①).

(2) **반 려** 국제출원서를 MM2 서식에 의하여 작성하지 않은 경우 또는 국제출원서를 영어로 작성하지 않은 경우 등 중대한 흠결이 있는 경우는 물론 국제출원서가 특허청에 도달한 날부터 2월 이내에 i) 합치선언에 관한 사항 또는 출원인에 관한 사항, ii) 출원인 자격에 관한 사항, iii) 기초출원 또는 기초등록에 관한 사항, iv) 상표에 관한 사항, v) 색채주장에 관한 사항, vi) 상품 및 서비스에 관한 사항, vii) 지정국에 관한 사항 등과 같이 본국관청이 치유하여야 하는 사항에 관한 흠결을 출원인이 치유하지 않은 경우에는 특허청장은 치유할 수 없는 흠결이 있는 것으로 간주하여 출원인에게 구체적인 이유를 밝혀 반려하여야 한다(규칙 §81①).

(3) **절차 무효** 국제출원서에 흠결이 있는 경우 또는 특허청에 대한 신청수수료를 납부하지 아니하였거나 부족하게 납부한 경우에는 보정을 명령하며 보정명령을 받은 자가 지정된 기간 내에 그 수수료를 내지 아니하는 경우에는 해당 절차를 무효로 할 수 있다(법 §177).

---

32) 특허청장은 국제사무국에 국제출원서 등을 송부한 경우 그 국제출원서의 사본을 출원인에게도 송부한다. 이는 출원인에게 특허청이 국제사무국에 송부한 국제출원서의 최종 내용을 알게 하여 출원인이 향후의 국제출원 절차에서 적절히 대응할 수 있도록 하기 위함이다.

제3절 국제사무국에서의 절차

Ⅰ. 의 의

국제사무국에서의 절차는 특허청과 출원인 간의 문제가 아니므로 우리나라의 상표법에는 규정되어 있지 아니하고 주로 마드리드 의정서와 공통규칙에서 정하고 있는데 i) 국제출원서에 대한 방식심사, ii) 국제등록, iii) 국제공고, iv) 지정국관청 등에 대한 통지에 관한 업무와 관련된다.

Ⅱ. 방식심사

1. 의 의

국제사무국은 국제출원서를 본국관청으로부터 송부받은 경우 i) 국제출원서의 방식, ii) 상품 및 서비스의 분류와 명칭, iii) 수수료의 납부 여부를 심사한다.

2. 흠결의 보정

1) 의 의

국제사무국은 본국관청으로부터 송부받은 국제출원서에 흠결이 있다고 판단할 때에는 그 사실을 본국관청과 출원인에게 통지한다. 흠결을 보정해야 하는 책임이 본국관청에 있는지 아니면 출원인에게 있는지 또는 보정을 할 수 없는 흠결인지의 여부는 흠결의 성격에 따라 다르다. 일반적으로 흠결은 다음과 같이 분류할 수 있다.

i) 상품 및 서비스의 분류 및 명칭에 관한 흠결

ii) 수수료에 관한 흠결

iii) 기타 흠결(본국관청으로서 특허청이 치유하여야 하는 흠결, 출원인이 치유하여야 하는 흠결, 상표의 사용의사 선언에 관한 흠결, 대리인 선임에 관한 흠결).

2) 상품 및 서비스의 분류 및 명칭에 관한 흠결

(1) 상품 및 서비스의 분류에 관한 흠결

가. 국제사무국의 흠결 통지 국제출원서에 기재된 상품 및 서비스의 분류에 대한 최종 책임은 국제사무국에 있다. 따라서 국제사무국은 출원인에게 분류에 관한 적합한 정보를 제공함으로써 본국관청과의 협의가능성을 제공한다. 국제사무국은 ⅰ) 상품과 서비스가 적절한 상품류 단위로 그룹화되어 있지 않다고 판단하는 경우, ⅱ) 상품류가 상품과 서비스 앞에 표시되어 있지 않은 경우, ⅲ) 상품류가 올바르지 않다고 판단되는 경우 국제사무국의 제안을 본국관청에 통지하고 출원인에게는 그 사본을 송부한다. 이러한 절차는 전적으로 국제사무국과 본국관청의 책임사항이며, 출원인에게 정보를 알려주는 것은 출원인으로 하여금 본국관청과 협의할 수 있도록 하기 위한 것일 뿐이고 국제사무국은 출원인으로부터의 상품 및 서비스의 분류에 대한 직접적인 제안은 받아들이지 않는다. 국제사무국의 제안에 따른 분류의 결과 상품류가 늘어나서 추가적으로 납부되어야 하는 수수료가 있으면 그 금액도 통지할 수 있다.

나. 본국관청의 보정 본국관청은 국제사무국이 제안을 통지한 날로부터 3월 이내에 국제사무국이 제안한 분류에 대한 의견을 국제사무국에 전달할 수 있다.

다. 국제사무국의 처리 만약 국제사무국의 흠결 통지일로부터 2월 이내에 본국관청이 국제사무국의 제안에 대한 의견을 제출하지 않을 경우 국제사무국은 본국관청과 출원인에게 그 제안을 다시 반복하여 주의서를 발송한다. 국제사무국의 제안에 대해 본국관청이 의견을 제출하면 국제사무국은 그 의견을 고려하여 국제사무국의 제안을 철회 또는 수정하거나 확정한다.

(2) 상품 및 서비스의 명칭에 관한 흠결

가. 국제사무국의 흠결 통지 국제사무국은 상품과 서비스의 목록에서 사용된 명칭이 너무 애매모호하거나 이해할 수 없거나 언어학적으로 불명확하다고 판단하는 경우 본국관청 및 출원인에게 이를 통지한다. 이 경우 국제사무국은 당해 문제가 된 상품 및 서비스의 목록에서 사용된 명칭을 다른 명칭으로 대체하거나 삭제하도록 제안할 수 있다.

나. 본국관청의 보정 본국관청은 국제사무국의 흠결 통지일로부터 3월 이내에 그 흠결을 치유하는 제안을 할 수 있다. 출원인은 그의 의견을 본국관청인 특

허청에 전달할 수 있으며, 본국관청도 출원인의 의견을 구할 수도 있다.

다. 국제사무국의 처리　국제사무국은 본국관청의 제안이 수용 가능한 것이거나 본국관청이 국제사무국의 제안을 수용하기로 결정한 경우에는 당해 상품 및 서비스의 목록에 사용된 명칭을 변경한다. 한편 본국관청이 보정기한 내에 제안을 하지 않거나 제안을 하였더라도 국제사무국이 수용하기 곤란한 경우에는 본국관청이 상품류를 기재했는지의 여부에 따라 처리를 달리한다. 즉, 본국관청이 당해 상품의 명칭에 해당하는 상품류를 기재한 경우에는 국제출원서에 기재된 명칭대로 국제등록부에 등록하되 애매모호하다는 등의 취지를 함께 표시하지만 본국관청이 상품류를 기재하지 아니한 경우에는 국제사무국은 해당 상품의 명칭을 삭제한 후 본국관청 및 출원인에게 이를 통지한다.

3) 수수료에 관한 흠결

(1) **의 의**　국제사무국은 국제출원에 대한 수수료로 수령한 금액 또는 국제사무국에 개설된 계좌의 잔고가 불충분하다고 판단하는 경우에는 이를 출원인에게 통지하고 본국관청에도 알린다.

(2) **본국관청으로서의 우리나라 특허청의 출원인에 대한 수수료 흠결 통지**　우리나라 특허청은 국제사무국으로부터 수수료에 관한 흠결 사실을 통지받은 경우 비록 국제사무국이 직접 출원인에게 수수료에 관한 흠결 사실을 통지하지만 출원인에게 수수료에 관한 흠결 사실을 명확히 알려주기 위하여 출원인에게 수수료에 관한 흠결 사실을 통지한다.

(3) **출원인의 수수료 납부**　출원인은 국제사무국의 흠결통지일부터 3월 이내에 국제사무국에 부족한 수수료를 납부하여야 한다.

(4) **수수료 불납 시 효과**　만일 출원인이 기한 내에 부족한 수수료를 납부하지 아니한 경우에는 국제출원은 「포기」한 것으로 간주된다.

4) 기타 흠결

(1) **의 의**　상술한 수수료에 관한 흠결 또는 상품 및 서비스의 목록 이외의 흠결에 관한 것으로서 흠결의 성격에 따라 i) 본국관청으로서 특허청이 치유하여야 하는 흠결, ii) 출원인이 치유하여야 하는 흠결, iii) 상표의 사용의사 선언에 관한 흠결, iv) 대리인 선임에 관한 흠결로 구분된다.

(2) **본국관청으로서 특허청이 치유하여야 하는 흠결**

가. 의 의　본국관청으로서 특허청이 치유하여야 하는 흠결로는 다음과 같

은 것들이 있다.

i) 국제출원서 서식(MM2 서식)과 관련된 흠결로서 공식 서식으로 제출되지 않은 경우, 국제출원서를 타자기 기타 기계에 의하여 작성하지 않은 경우, 특허청이 서명하지 않은 경우

ii) 본국관청의 인증 선언과 관련하여 그 인증 선언이 불완전한 경우

iii) 출원인 자격과 관련된 흠결로서 출원인 자격에 관한 기재가 없는 경우

iv) 기타 국제출원서(MM2 서식)의 기재사항과 관련된 흠결로서 출원인, 출원인 자격에 관한 기재사항 누락, 기초출원 또는 기초등록의 기재 누락, 상표의 도면 누락, 상품 및 서비스 목록의 기재 누락, 지정국의 기재 누락, 본국관청의 선언 누락.

나. 출원인의 보정　　우리나라 특허청이 출원인에게 흠결을 보정하도록 통지를 하는 경우에는 지정기간 이내에 특허청에 보정서를 제출하여야 한다.

다. 흠결 미치유 시 효과　　국제사무국이 흠결을 통지한 날부터 3월 이내에 본국관청인 특허청이 그 흠결을 치유하지 않는 경우에는 그 국제출원을 「포기」한 것으로 간주한다.

(3) 출원인이 치유하여야 하는 흠결

가. 의 의　　출원인만이 치유하여야 하는 흠결로는 다음과 같은 것들이 있다.

i) 주소가 불완전하거나 필요한 음역이 없는 경우와 같이 출원인 또는 대리인에 관한 정보가 요건을 충족시키지는 않지만 국제사무국이 출원인을 확인하거나 대리인과 연락하기에는 충분한 경우

ii) 우선권주장의 선출원일자가 없거나 우선권주장이 국제출원에 포함되어 있지 않은 상품 및 서비스에 관하여 주장된 경우와 같이 우선권주장과 관련한 기재가 불충분한 경우

iii) 상표의 도면이 충분히 선명하지 않은 경우

iv) 국제출원서에 색채에 관한 주장이 포함되어 있으나 서식의 제7항목(상표)에 색채상표의 도면이 없는 경우

v) 상표가 라틴철자 이외의 철자 또는 아라비아 숫자 이외의 숫자를 포함하고 있지만, 국제출원서에 음역이 없는 경우

vi) 출원인 또는 대리인이 국제사무국에 직접 납부한 수수료 금액이 부족한

경우

vii) 국제사무국에 개설된 계좌로부터 수수료를 인출하라는 지시가 수수료용지에 표시되어 있으나 그 계좌에 필요한 금액이 없는 경우

viii) 수수료를 전혀 납부하지 않은 경우.

나. 출원인의 보정　　출원인은 국제사무국이 흠결을 통지한 날부터 3월 이내에 국제사무국에 그 흠결을 치유하여야 한다.

다. 흠결 미치유 시 효과　　국제사무국이 흠결을 통지한 날부터 3월 이내에 출원인이 그 흠결을 치유하지 않는 경우에는 그 국제출원은 「포기」한 것으로 간주한다.

(4) 상표의 사용의사 선언에 관한 흠결

가. 의 의　　대표적으로 미국을 지정국으로 지정한 경우 국제출원서에 별도의 서식으로 첨부되고 출원인이 서명한 상표의 「사용의사선언서」[33]의 제출이 필요하지만 이를 첨부하지 않은 경우의 흠결을 말한다.

나. 제출 기한 및 효과　　상표의 사용의사선언서가 본국관청이 국제사무국으로부터 흠결통지를 받은 날로부터 2개월 이내에 국제사무국에 도달된 경우 그 선언서는 적법하게 제출된 것으로 간주된다.

다. 상표의 사용의사선언서 미제출의 효과　　상표의 사용의사선언서가 정해진 기간 이내에 국제사무국에 도달되지 아니한 경우에는 미국에 대한 지정은 포함되지 아니한 것으로 간주된다.

---

33) 상표의 사용의사선언서에는 다음과 같은 선언을 포함하고 있다.

i) applicant has a bona fide intention to use the mark in commerce that the US Congress can regulate on or in connection with the goods/services identified in the IA or SD,

ii) the person making the declaration is properly authorized to execute this declaration on behalf of applicant,

iii) the person making the declaration believes applicant to be entitled to use the mark in commerce that the US Congress can regulate on or in connection with the goods/services identified in the IA or SD

iv) to the best of the knowledge and belief of the person making the declaration, no other person, firm, corporation, association, or other legal entity has the right to use the mark in commerce that the US Congress can regulate, either in the identical form thereof or in such near resemblance thereto as to be likely, when used on or in connection with the goods/services of such other person, to cause confusion, or to cause mistake, or to deceive.

(5) **대리인 선임에 관한 흠결** 대리인 선임에 관한 흠결의 경우에는 보정이 불가능하다. 다만 국제사무국에 대리인 선임서를 직접 제출하는 등 별도의 절차에 의하여 대리인을 선임할 수 있다. 즉, 국제출원서에 대리인으로 기재되어 있는 자의 주소가 마드리드 의정서 가입국 영역 내에 있지 않은 경우에는 국제사무국은 그 대리인은 선임되지 않은 것으로 간주하고 그 취지를 본국관청 및 대리인으로 기재된 자에게 통지할 뿐이며, 흠결을 치유하라는 취지의 통지는 하지 않는다.

Ⅲ. 국제등록

1. 의 의

국제사무국은 국제출원서와 국제출원에 필요한 서류가 방식심사 결과 요건이 충족되는 경우 「국제등록부」(International Register)[34]에 이를 등록하고 국제등록명의인에게 「등록증」을 송부하며, 지정국 및 본국관청에 국제등록을 통지하고 공보에 게재하여 공고한다.

2. 국제등록일

1) 원 칙

국제등록일은 원칙적으로 「본국관청이 국제출원서를 접수한 날」이다.

2) 예 외

본국관청이 국제출원서를 접수한 날로부터 2개월 이내에 국제사무국이 국제출원서를 수령하지 아니한 경우에는 「국제사무국이 실제로 접수한 날」이 국제등록일이 된다. 국제등록일은 국제출원서상 다음과 같은 중요한 내용이 누락되어 있는 경우에 영향을 받는다.

---

34) PCT 시스템에서는 국제출원건에 대하여 각 지정국의 국내등록부에 등록하여 국내출원과 동일하게 관리함에 반하여 마드리드 체제에서는 각 지정국에 상표등록부를 두지 않고 국제사무국에서 일괄하여 관리하는 점이 PCT 시스템과 다르다. 따라서 지정국의 숫자와 관계없이 1건의 국제출원에 대하여 1건의 국제등록부를 두므로 국제등록의 갱신 및 국제등록명의인의 변경 시 각 지정국의 상표등록부의 기재사항을 각각 변경할 필요가 없이 국제등록부의 기재만을 변경함으로써 각 지정국에 당해 등록의 효력이 발생한다. 따라서 여러 국가에 걸친 상표관리의 업무 부담을 대폭 경감시킬 수 있으므로 상표권자에게는 유리하다.

i) 출원인의 신원을 특정할 수 있는 표시 및 출원인 또는 그 대리인에게 연락하기에 충분한 표시

ii) 지정국의 기재

iii) 상표의 도면

iv) 상표의 등록을 받고자 하는 상품 및 서비스의 기재.

상술한 내용이 누락된 경우에는 누락된 사항 중 마지막 사항에 대한 보완서가 상기 2월 이내에 국제사무국에 도달하여야 본국관청에 국제출원서가 도달한 날이 국제등록일이 된다. 만일 보완서가 2개월 기간의 만료일이 경과한 이후에 국제사무국에 도달한 경우에는 그 「보완서가 국제사무국에 도달한 날」이 국제등록일이 된다. 위 사항들에 대한 흠결의 보완책임은 본국관청에 있으나, 출원인도 흠결을 통지받고 그 흠결을 가능한 한 신속히 보완하기 위하여 본국관청과 연락할 수 있다. 만일 본국관청이 흠결을 통지받은 날로부터 3개월 이내에 그 흠결을 보완하지 않으면 그 국제출원은 「포기」된 것으로 간주된다.

3. 국제등록 사항

국제등록부에는 국제출원서에 기재된 모든 사항(우선권주장 기간을 경과한 우선권주장 등에 관한 사항은 제외)과 국제등록일 및 등록번호, 상표의 도형요소에 대한 국제분류인 비엔나분류에 따른 분류기호, 체약국이 마드리드 협정 또는 의정서 중 어느 조약에 의하여 지정되었는지에 관한 사항 등을 등록한다.

4. 국제등록의 효력

국제사무국에 의한 국제등록이 있는 경우에는 국제등록일부터 지정국의 관청에 당해 상표가 「출원」된 것과 동일한 보호가 주어지며, 지정국관청에서 국제출원을 심사한 결과 일정기간 내에 국제사무국에 거절통지를 하지 않는 경우 또는 거절통지 후 당해 거절통지를 취소한 경우 지정국은 국제등록일로부터 당해 상표가 자국에 「등록」된 것과 동일하게 보호하여야 한다.[35]

---

35) 마드리드 의정서 제4조 (1)(a).

5. 국제등록부 인증사본 발급

누구든지 국제사무국 수수료표에 따라 규정된 수수료를 납부한 후 특정 상표에 대한 국제등록부 등재사항의 인증사본을 발급받을 수 있다.

Ⅳ. 국제공고

국제사무국은 국제등록한 사항 전체를 정기 「상표공보」(WIPO Gazette of International Marks)에 게재하여 공고한다. 이러한 「국제공고」를 함으로써 모든 체약국에 대하여 충분히 공고된 것으로 간주되며, 그 외에 국제등록의 국내공고에 대한 규정은 없으므로 국내공고를 별도로 할 것인지의 여부는 각 체약국이 자율적으로 판단한다.[36] 국제출원은 영어, 불어, 스페인어 중 하나의 언어로 기재되지만 국제사무국에서 3가지 언어로 번역하여 등록하고 공고한다. 상품 및 서비스 목록은 국제사무국이 국제출원을 수령한 언어로 처음 기재하고 이탤릭체로 다른 언어

---

36) 우리나라의 특허청과 미국의 특허상표청은 상표출원에 대하여 심사를 한 후 이의신청을 위하여 자체적으로 상표공보에 출원공고를 하고 있다. 국제사무국이 국제공보를 통해 국제공고를 한 건에 대하여 우리나라에서 자체적으로 다시 출원공고를 한 사례를 들면 다음과 같다.

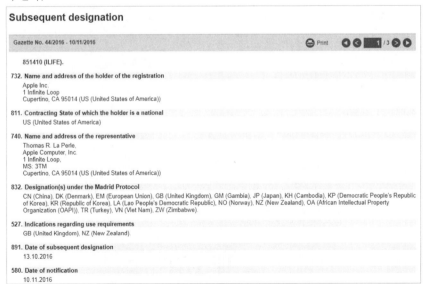

Subsequent designation

Gazette No. 44/2016 - 10/11/2016 Print 1 / 3

851410 (ILIFE).

732. Name and address of the holder of the registration
Apple Inc.
1 Infinite Loop
Cupertino, CA 95014 (US (United States of America))

811. Contracting State of which the holder is a national
US (United States of America)

740. Name and address of the representative
Thomas R. La Perle,
Apple Computer, Inc.
1 Infinite Loop,
MS: 3TM
Cupertino, CA 95014 (US (United States of America))

832. Designation(s) under the Madrid Protocol
CN (China), DK (Denmark), EM (European Union), GB (United Kingdom), GM (Gambia), JP (Japan), KH (Cambodia), KP (Democratic People's Republic of Korea), KR (Republic of Korea), LA (Lao People's Democratic Republic), NO (Norway), NZ (New Zealand), OA (African Intellectual Property Organization (OAPI)), TR (Turkey), VN (Viet Nam), ZW (Zimbabwe).

527. Indications regarding use requirements
GB (United Kingdom), NZ (New Zealand).

891. Date of subsequent designation
13.10.2016

580. Date of notification
10.11.2016

로의 번역문을 표시한다. 다만, 상표는 번역하지 아니한다.

Ⅴ. 지정국 중의 하나로서 미국의 특허상표청에 대한 지정통지

국제사무국은 국제등록을 한 후 즉시 지정국 중의 하나인 미국의 특허상표청에 이를 통지한다. 이 경우 통지의 내용은 국제공보의 게재 사항과 동일하므로 국제등록일 및 상표의 도형요소에 대한 국제분류인 비엔나분류에 따른 분류기호와 국제출원서에 기재된 모든 사항이며, 통지 언어는 원칙적으로 국제출원서상 언어이지만 관련관청이 사전에 영어, 불어, 스페인어 중 하나를 특정하여 요구한 경우 그 언어로 통지된다.

상표출원공고 40-2017-0056303

(190) 대한민국특허청(KR)
출원공고상표공보

(260) 출원공고번호 40-2017-0056303
(442) 출원공고일자 2017년06월07일

(511) 분류 09(10판)
(210) 출원번호(국제등록번호) 851410
(891) 사후지정일자 2016년10월13일

(731) 출원인

Apple Inc.

1 Infinite Loop Cupertino, CA 95014 United States of America

담당심사관 : 김남용

(511) 지정상품(업무)

제 09 류

Computer software for use in authoring, downloading, transmitting, receiving, editing, extracting, encoding, decoding, playing, storing and organizing audio, video and still images; computer software for DVD authoring. (오디오, 비디오 및 정지화상 인증, 다운로드, 전송, 수신, 편집, 추출, 인코딩, 디코딩, 재생, 보관 및 조직용 컴퓨터 소프트웨어; DVD인증용 컴퓨터 소프트웨어) ,

* 당해 출원상표의 권리범위는 영문지정상품 명칭에 있음을 알려드립니다.

상표견본

ILIFE

제4절 ▮ 미국 특허상표청의 지정국관청으로서의 절차

Ⅰ. 미국 특허상표청의 심사처리 절차

1. 실체심사

1) 의 의

국제사무국으로부터 미국에 대한 보호확대 요청(지정통지)을 받은 미국의 특허상표청은 미국의 연방상표법 등 상표관련 법령에 따라 통상의 국내 「주등록부」[37]에 대한 상표출원과 동일하게 마드리드 출원에 대한 미국에서의 보호확대의 허용여부를 심사한다.[38] 통상의 상표출원의 경우 출원된 상표가 식별력이 없는 기술적 상표인 경우 심사관으로부터 거절통지를 받은 후 주등록부에 대한 상표출원에서 보조등록부에 대한 상표출원으로 변경할 수 있지만 마드리드 출원의 경우 식별력이 없는 기술적 상표라는 이유로 심사관으로부터 거절통지를 받은 경우 보조등록부에 대한 상표출원으로 변경이 불가능하므로 사용에 의한 식별력을 취득하지 못한 상표는 마드리드 의정서에 의한 국제출원을 통해 미국을 지정국으로 지정하는 것보다는 미국에 대해서는 개별적인 국내 상표출원을 하면서 보조등록부에 대한 등록을 하는 것이 바람직하다.

2) 마드리드 출원에 대한 심사 시 특이사항

(1) 상품 및 서비스 분류 및 명칭의 기재에 대한 심사 상품 또는 서비스의 분류는 국제사무국의 전권 사항이므로 미국의 특허상표청의 심사관은 상품 및 서비스 분류의 잘못을 근거로 거절통지를 할 수 없다. 다만, 상품 및 서비스의 명칭의 기재와 관련해서는 미국의 국내 상표출원과 동일한 수준으로 구체적이고 명확하게 기재할 것을 요구하고 있어 이에 대해서도 거절통지를 하고 있다.

(2) 마드리드 출원에 대한 등록결정 전 상표의 사용진술서 불요구 미국에서 상표의 실제 사용을 기초로 국내 상표출원을 하는 경우 지정상품에 대하여 사용된

---

37) 마드리드 출원은 「보조등록부」에 대한 상표출원으로 취급하지 않는다. TMEP §1904.02(f) 참조.

38) TMEP §1904.02(a) 참조.

상표의 사용 견본을 특허상표청에 제출하여야 하고, 상표의 사용의사를 기초로 국내 상표출원을 하는 경우 심사관으로부터 「상표등록결정 통지」(notice of allowance)를 받게 되면 그 통지서가 발급된 날로부터 6개월 이내 또는 출원인이 그 제출기간에 대한 연장을 신청하여 연장된 경우 그 기간 이내에 상표의 「사용진술서」(statement of use)에 상표의 사용 견본을 첨부하여 특허상표청에 제출하여야만 상표등록이 된다. 그러나 마드리드 출원에 대해서는 상표의 사용 견본이나 상표의 사용진술서를 제출하도록 요구하지 않는다.[39] 다만, 마드리드 출원에 대하여 미국에서의 보호확대를 허용하는 등록결정이 있는 경우에는 그날로부터 5년에서 6년 사이, 9년에서 10년 사이, 그 후 매 9년에서 10년 사이에 특허상표청장이 정한 수수료와 함께 미국에서 보호확대가 결정된 상표가 미국 내에서 주 간의 상거래 또는 외국과의 상거래에서 상품 또는 서비스에 관하여 상업적으로 사용되고 있음을 보여 주는 상표의 사용 견본을 첨부한 「상표사용선언서」를 특허상표청에 제출하여야 한다.[40]

연구 64 국제출원 및 미국 특허상표청의 미국 내 보호확대 결정

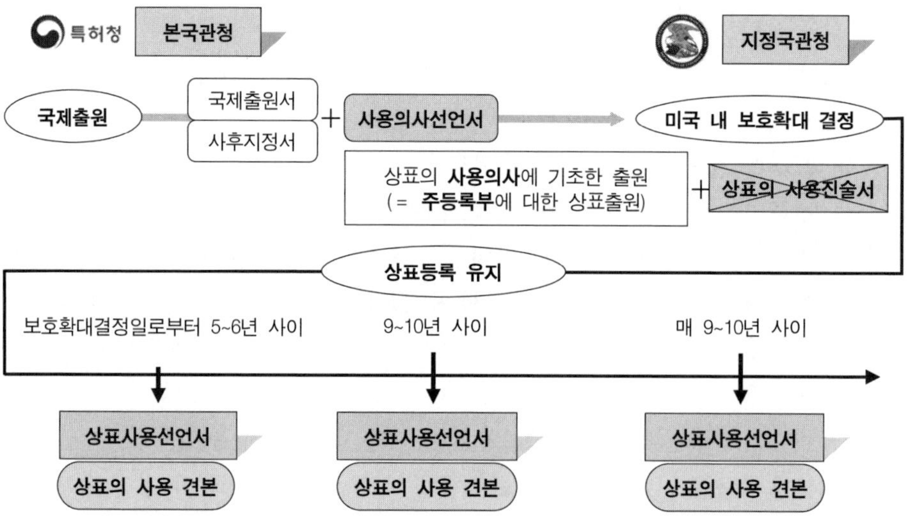

39) 다만, 출원인은 국제출원 시 또는 사후지정 시 상표의 사용의사선언서를 제출하여야 한다.

40) 미국의 연방상표법 제71조 참조.

3) 전체거절 또는 부분거절 통지

심사관이 미국에 대한 보호확대가 요청된 마드리드 출원에 대하여 심사한 결과 전체 상품에 대한 거절이유가 있는 경우 국제사무국에 전체거절(full refusal)을 통지하고, 일부의 상품에 대해서만 거절이유가 있는 경우 일부 상품에 한정하여 부분거절(partial refusal)을 통지한다.[41]

2. 거절통지 기한

미국에 대한 보호확대가 요청된 마드리드 출원에 대한 심사관의 심사결과 거절이유가 발견되어 미국에서의 보호확대를 허용해 줄 수 없는 경우 심사관은 국제사무국에 거절을 통지하여야 한다. 국제사무국에 대한 거절통지[42] 기한은 원칙적으로 국제사무국의 지정통지일로부터 1년 이내이지만 미국은 마드리드 의정서 가입서 기탁시 이를 1년 6개월로 대체한다고 선언하였기 때문에 미국의 특허상표청에 대한 국제사무국의 지정통지일로부터 18개월 이내에 통지하여야 한다.[43] 미국은 아울러 상표등록의 이의신청에 따른 거절통지도 18개월 이후라도 통지할 수 있음을 선언하였다.[44] 한편 거절통지 기한 내에 모든 거절이유가 통지되어야 하며, 기한 내에 수차례의 추가적인 거절통지도 가능하다. 다만, 거절통지 기한 내에 통지한 거절이유 이외의 이유를 근거로 하여 최종적인 거절결정을 할 수는 없다.

3. 거절통지의 내용

1) 의 의

거절통지는 ⅰ) 심사관의 직권 심사에 의한 거절통지, ⅱ) 상표등록의 이의신청에 의한 거절통지로 구분된다.

2) 심사관의 직권 심사에 의한 거절통지

심사관의 직권 심사에 의한 거절통지에는 다음의 사항을 기재하여야 한다.

---

41) 중국과 유럽지식재산청, 러시아, 싱가포르 등에서 전체 거절과 부분 거절로 구분하여 통지하고 있으나 우리나라와 일본은 부분 거절제도가 없으므로 모두 전체 거절로 통지한다.

42) 거절통지는 통지서를 작성하는 지정국관청의 선택에 따라 영어, 불어 또는 스페인어로 국제사무국에 통지되고 국제등록부에의 등록은 영어, 불어, 스페인어 3개 언어로 이루어진다.

43) 미국은 마드리드 의정서 가입서를 기탁할 때 거절통지 기한을 1년 대신 1년 6개월로 한다고 선언하였다.

44) 미국은 마드리드 의정서 가입서를 기탁할 때 이의신청에 기초한 거절통지는 18개월 이후에도 가능하다고 선언하였다.

i) 통지관청

ii) 국제등록번호

iii) 거절의 근거 및 해당 법률 조항

iv) 선행상표와의 저촉을 이유로 거절하는 경우에는 그 상표에 관한 모든 자료(상표의 도면, 상표소유자의 성명 및 주소, 그 상표의 모든 상품 및 서비스 목록 또는 관련된 상품 및 서비스 목록 등)

v) 상품 및 서비스 전체에 대한 거절인 경우에는 그 취지 또는 상품 및 서비스의 일부에 대한 거절인 경우 거절의 대상에 포함되지 않는 상품 및 서비스 목록

vi) 당해 거절이 재심사 또는 불복의 대상이 되는지의 여부(대상이 된다면 재심사 또는 불복청구기한, 담당기관, 재심사 또는 불복청구는 반드시 거절통지한 지정국에 주소를 둔 대리인을 통해서만 청구할 수 있는 경우 그러한 사실)

vii) 거절일자.

3) 상표등록의 이의신청에 의한 거절통지

상표등록의 이의신청에 의한 거절통지에는 심사관의 직권 심사에 의한 거절통지 시 기재하여야 하는 사항 이외에 다음 사항을 기재하여야 한다.

i) 이의신청인의 성명 및 주소

ii) 이의신청이 선출원 또는 선등록을 기초로 한 경우 이의신청의 근거가 된 선출원(선등록)의 상품 및 서비스 전체 목록.[45]

4. 거절통지 이후의 절차

1) 국제사무국의 등록 · 공고 및 통지

국제사무국은 지정국관청인 미국의 특허상표청으로부터 거절통지를 송부받을 경우 그 통지서가 발송된 일자와 함께 이를 국제등록부에 등록하고 공보에 공고한다. 국제사무국은 공고 후 국제등록명의인에게 미국의 특허상표청이 국제사무국에 송부한 거절통지서의 사본[46]을 송부하고 18개월 만료일 후 이의신청의 제

45) 다만, 이 목록은 출원 또는 등록된 언어로 작성할 수 있다.

46) 사본이므로 지정국에 따라 국제등록명의인에게 영어로 작성된 사본이 송부될 수도 있고 불어나 스페인어로 작성된 사본이 송부될 수도 있다. 다만, 국제사무국에 의하여 거절통지서의 사본이 전달된다는 취지의 통지는 국제등록명의인이 국제출원서에서 원하였던 언어(영어, 불어 또는 스페인어)로 작성된다.

기가능성과 관련하여 지정국관청인 미국의 특허상표청에 의해 발송된 모든 정보를 통지한다.

2) 국제등록명의인의 거절통지에 대한 대응

(1) **국제등록명의인의 답변서 제출** 국제등록명의인은 국제사무국으로부터 거절통지를 받게 되면 「미국의 특허상표청이 국제사무국에 거절통지한 날로부터 6개월 이내」에 거절이유를 해소하기 위한 보정서나 의견서를 「미국의 특허상표청」에 제출할 수 있다.

(2) **마드리드 출원의 분할 신청** 국제등록명의인은 특허상표청의 거절통지에서 문제가 된 상품이나 서비스를 제외한 나머지 상품이나 서비스에 대하여 마드리드 출원의 분할을 특허상표청에 신청할 수 있다. 이 경우 분할된 출원은 출원공고되고 원출원은 거절통지에 대한 대응과 그 이후의 절차가 진행된다.

(3) **국제등록명의인이 거절통지에 대해 아무런 대응을 하지 않는 경우** 만일 국제등록명의인이 심사관의 거절통지에 대한 답변서 제출기한 내에 아무런 대응을 하지 않는 경우에는 거절통지가 「전체」 지정상품에 대한 거절통지인 경우 마드리드 출원은 「포기」된 것으로 간주되며, 특허상표청은 포기통지서를 국제등록명의인에게 송부해 준다. 또한 거절통지가 「일부」 지정상품에 대한 거절통지인 경우에는 거절통지된 일부 지정상품에 대해서만 마드리드 출원이 포기된 것으로 간주되어 해당 지정상품은 마드리드 출원의 지정상품 목록에서 삭제되고 나머지 거절통지의 대상이 아닌 지정상품에 대한 마드리드 출원은 출원공고된다.

(4) **거절결정** 특허상표청은 국제등록명의인이 거절통지에 대하여 답변서 제출기한 내에 의견서나 보정서를 제출한 경우 이를 검토하여 거절통지서상 거절이유를 모두 해소했는지의 여부를 검토한 후 거절이유가 모두 해소되지 아니한 경우 국제등록명의인에게 거절결정을 통지한다.

3) 포기된 마드리드 출원의 회복 신청

국제등록명의인이 심사관의 거절통지에 대한 답변서 제출기한 내에 아무런 대응을 하지 못하였거나 또는 특허상표청의 실수로 인하여 마드리드 출원이 포기된 경우 국제등록명의인은 특허상표청장에게 그 포기된 마드리드 출원의 회복을 신청할 수 있다. 다만, 국제등록명의인이 심사관의 거절통지에 대한 답변서 제출기한 내에 아무런 대응을 하지 못하여 마드리드 출원이 포기된 경우 특허상표청이 국제등록명의인에게 포기통지서를 송부한 날로부터 2개월 이내에 수수료와 함께 포기된 마드리드 출원의 회복신청서를 제출하여야 한다.

4) 거절결정에 대한 재심사 또는 거절결정불복심판 청구

국제등록명의인은 심사관으로부터 거절결정을 통지받으면 당해 상표를 미국의 특허상표청에 직접 출원하여 거절결정을 통지받은 것과 동일한 절차를 밟을 수 있다. 국제등록명의인은 심사관의 거절결정일로부터 6개월 이내에 거절이유를 해소할 수 있는 보정을 하면서 심사관에게 거절결정에 대한 재심사를 청구할 수 있다. 재심사는 상표심판원에 대한 거절결정불복심판의 청구와 별도로 또는 병행하여 동시에 청구할 수 있는데 심사관에 대한 거절결정에 대한 재심사를 청구한다고 하더라도 상표심판원에 대한 거절결정불복심판을 청구하는 기간이 원칙적으로 정지되거나 연장되지 않는다. 상표심판원의 심결에 대하여 불복하고자 하는 자는 그 심결일로부터 63일 이내에 「연방순회항소법원」(United States Court of Appeals for the Federal Circuit)에 소송을 제기하고 최종적으로 「연방대법원」(United States Supreme Court)에서 다투거나 또는 「연방지방법원」(United States District Court)에 제소하고 그 판결에 불복하는 경우 「연방항소법원」(United States Court of Appeals)에 항소하고 최종적으로 「연방대법원」에 상고할 수 있다.

5) 거절통지의 철회

지정국관청인 미국의 특허상표청은 출원인에게 거절이유를 통지한 후 출원인이 모든 거절이유를 보정서나 의견서 등의 답변서에 의하여 해소한 경우 출원상표를 상표공보에 공고한 후 소정의 기간내에 상표등록의 이의신청이 없거나 이의신청이 있더라도 이의가 성립하지 않는 경우 거절결정을 철회하고 최종적으로 마드리드 출원에 대하여 미국에서의 보호확대를 결정하는 경우 당해 등록결정서(final disposition on extension of protection)를 국제사무국에 송부하여야 한다. 미국의 특허상표청은 마드리드 출원에 대한 등록결정을 한 경우 상표등록증에 해당하는 「보호확대증서」(certificate of extension of protection)를 국제등록명의인에게 발급해 준다.

5. 거절통지 기한 내에 거절통지를 하지 않은 마드리드 출원의 효력

지정국관청인 미국의 특허상표청이 거절통지 기한인 국제사무국의 지정통지일로부터 18개월 이내에 국제사무국에 거절을 통지하지 않으면 당해 마드리드 출원은 국제등록일에 미국 내에서 등록된 것과 동일한 효력이 발생하게 된다.

6. 미국 특허상표청에 의한 출원공고 및 등록

1) 미국 내 출원공고 및 이의신청

심사관은 국제사무국으로부터 통지된 마드리드 출원에 대해 심사했으나 거절이유를 발견할 수 없는 경우 또는 거절통지를 했으나 국제등록명의인이 제출한 의견서 또는 보정서에 의해서 당해 거절이유가 모두 해소된 경우 그 마드리드 출원은 제3자의 상표등록의 이의신청을 위하여 상표공보에 출원공고된다. 이 경우 마드리드 출원의 미국에서의 보호확대 결정으로 인하여 손해를 입을 것으로 예상되는 사람은 누구나 국제등록된 상표가 상표공보에 공고된 날부터 30일 이내[47]에 상표심판원에 마드리드 출원의 상표등록에 대한 이의신청을 할 수 있다.

2) 마드리드 출원에 대하여 미국에서의 보호확대를 결정한 경우 상표의 사용 의제 효과

마드리드 출원에 대하여 미국에서의 보호확대를 허용하는 등록결정을 하는 경우 연방상표법 제7조 (c)항[48]에 의하여 국제등록명의인은 i) 국제출원 시 미국을 지정국으로 지정한 경우 「국제출원일」, ii) 국제등록일 이후에 미국에서의 보호확대를 요청하는 사후지정 시 「사후지정일」, iii) 국제출원 시 또는 사후지정 시 연방상표법 제67조[49]에 따른 우선권 주장을 하는 경우 「우선일」에 「미국 전역」에

---

47) 신청에 의하여 기간을 연장할 수 있다.

48) (c) Application to register mark considered constructive use. Contingent on the registration of a mark on the principal register provided by this chapter, the filing of the application to register such mark shall constitute constructive use of the mark, conferring a right of priority, nationwide in effect, on or in connection with the goods or services specified in the registration against any other person except for a person whose mark has not been abandoned and who, prior to such filing —

(1) has used the mark;

(2) has filed an application to register the mark which is pending or has resulted in registration of the mark; or

(3) has filed a foreign application to register the mark on the basis of which he or she has acquired a right of priority, and timely files an application under section 1126(d) to register the mark which is pending or has resulted in registration of the mark.

49) Sec. 67 (15 U.S.C. §1141g) Right of priority for request for extension of protection to the United States.

The holder of an international registration with a request for an extension of protection to the United States shall be entitled to claim a date of priority based on a right of priority within the meaning of Article 4 of the Paris Convention for the Protection of Industrial Property if —

서 상표를 사용한 것으로 의제된다.[50]

7. 상표등록의 취소와 그 이후의 절차

지정국관청인 미국의 특허상표청이 거절통지 기한 내에 국제사무국에 거절통지를 하지 않았거나 거절통지를 하였으나 국제등록명의인이 보정을 통하여 거절이유를 모두 해소하여 거절통지를 철회하고 마드리드 출원에 대하여 등록결정을 한 경우 국제등록명의인은 통상의 국내 상표출원으로서 등록된 상표와 동일한 효력을 가지므로 타인이 자기의 상표권을 침해하는 경우 국내에서 상표를 등록한 상표권자와 동일한 구제 수단을 갖는다. 또한 미국의 연방상표법 등 상표관련 법령에 따라 상표등록의 취소사유가 존재할 경우 당해 상표등록은 취소심판의 대상이 될 수 있다. 만일 마드리드 출원이 등록된 이후 그 등록을 취소한다는 심결이 확정될 경우 지정국관청인 미국의 특허상표청은 이 사실을 국제사무국에 통보하고 국제사무국은 국제등록부에 이를 등록한다. 또한 법원의 명령 등으로 당해 마드리드 출원에 의하여 미국에서의 보호확대가 결정된 상표의 상표권에 대한 처분이 제한되는 경우에도 미국의 특허상표청은 이를 국제사무국에 통보하여야 하며, 국제사무국은 이를 국제등록부에 등록하고 국제공보에 공고한다.

II. 국제등록에 의한 국내등록의 대체

1. 의 의

마드리드 의정서는 각국마다 다른 상표제도하에서 이미 취득한 국내의 상표권을 마드리드 체제에 따른 국제등록 체제로 일괄하여 통합관리[51]할 수 있도록

---

(1) the request for extension of protection contains a claim of priority; and

(2) the date of international registration or the date of the recordal of the request for extension of protection to the United States is not later than 6 months after the date of the first regular national filing (within the meaning of Article 4(A)(3) of the Paris Convention for the Protection of Industrial Property) or a subsequent application (within the meaning of Article 4(C)(4) of the Paris Convention for the Protection of Industrial Property).

50) TMEP 1904.01(g) Constructive Use

51) 어느 특정 국가에 국내절차를 통해 상표를 등록하고 그 후 그 등록상표와 동일한 상표를

하기 위하여 국제등록에 의한 국내등록 또는 지역등록의 대체(replacement)[52]를 규정하고 있다.[53] 즉 체약국의 관청에서 국내등록 또는 지역등록(national or regional registration)된 상표가 국제등록된 경우 ⅰ) 양 상표가 동일인 명의이고, ⅱ) 양 상표의 지정상품 및 서비스가 동일하고, ⅲ) 국제등록의 보호영역이 그 체약국으로 확대되어 있고, ⅳ) 그러한 확대의 효력이 국내등록일 또는 지역등록일 이후에 발생하는 것이면 당해 국제등록은 기존의 국내등록 또는 지역등록에 의하여 취득한 권리를 저해하지 않으면서 그 국내등록 또는 지역등록을 대체하는 것으로 본다. 이 경우 기존의 국내등록 또는 지역등록이 되어 있는 체약국 내에서 당사자의 청구에 의하여 국내관청 또는 지역관청은 그 국내 또는 지역의 상표등록부에 국제등록의 사실을 기재함으로써 제3자로 하여금 당해 상표가 국제등록된 것임을 알 수 있도록 하여야 한다.[54]

2. 미국에서의 국제등록에 의한 국내등록의 대체

미국에서 연방상표법에 따라 국내 상표출원 절차에 의하여 상표가 등록되고 이후에 동일한 명의인, 동일한 상표, 동일한 상품 및 서비스의 목록으로 마드리드 의정서에 따른 미국에서의 보호확대가 결정된 경우 국제등록명의인은 미국에서의 보호확대 결정에 의하여 선행하는 자기의 국내 상표등록으로부터 발생하는 권리와 동일한 권리를 향유한다.[55]

마드리드 의정서를 통해 그 국가를 지정국으로 지정하여 국제출원을 하면 그 국가에서는 통상 1상표 1출원주의 원칙에 위반되어 마드리드 의정서에 의한 국제출원으로는 상표등록을 받을 수 없게 되고 그 국가에 대한 상표권은 마드리드 의정서 시스템 내로 편입시킬 수 없게 되어 결국 상표권의 일원적인 관리라는 마드리드 의정서 시스템의 이점을 활용할 수 없게 된다. 따라서 마드리드 의정서에서는 「국제등록에 의한 국내등록의 대체」 제도를 도입하여 동일한 상표의 상표권이 존재하는 국가를 지정국으로 지정한 경우 그 국가에서는 국제등록이 국내등록을 대체할 수 있도록 함으로써 그 국가에서는 상표권도 마드리드 의정서 시스템 내로 편입할 수 있도록 한 것이다.

52) 비록 「대체」라는 표현을 사용하고 있지만, 국제등록이 국내등록을 대체함으로써 국내등록이 소멸한다는 의미가 아니라 국제등록과 국내등록이 공존한다는 의미이다.

53) 마드리드 의정서 제4조의2.

54) 김원오, "상표의 국제등록출원체제와 마드리드 의정서 가입에 따른 상표법의 개정(下)", 「변시연구」, 2001.1, 한빛지적소유권센터, 31~32면 참조.

55) 미국의 연방상표법 제74조에서는 "This subtitle and the amendments made by this subtitle shall take effect on the later of —

Ⅲ. 국제등록명의인의 상표사용선언서 제출

1. 상표사용선언서 제출기간

미국의 특허상표청이 마드리드 출원에 대하여 미국에서의 보호확대를 결정하면 국제등록명의인에게 상표등록증에 상응하는 「보호확대증서」(certificate of extension of protection)를 발급해 준다. 국제등록명의인은 미국의 특허상표청이 마드리드 출원에 대하여 미국에서의 보호확대를 결정한 날[56](마드리드 출원에 대한 미국에서의 상표등록일)로부터 5년에서 6년 사이, 9년에서 10년 사이, 그 후 매 9년에서 10년 사이[57]에 특허상표청장이 규정한 수수료와 함께 미국에서 보호확대가 결정된 상표가 미국 내 주 간의 상거래 또는 외국과의 상거래에서 상품 또는 서비스에 관하여 상업적으로 사용되고 있음을 보여 주는 상표의 사용 견본을 첨부한 상표사용선언서를 미국의 특허상표청에 제출하여야 한다.[58] 이 경우 국제등록명의인은 미국의 특허상표청이 마드리드 출원에 대하여 미국에서 보호확대를 결정한 날로부터 5년에서 6년 사이, 9년에서 10년 사이 또는 매 9년에서 10년 사이에 상표사용선언서를 제출하지 못한 경우라도 미국에서 보호확대를 결정한 날로부터 6년, 10년 또는 그 후 매 10년째 되는 날로부터 6개월의 유예기간(grace period) 이내에 부가 수수료(surcharge)를 납부하면 상표사용선언서를 제출할 수 있다. 만일 상표가 사용되지 않고 있다면 불사용의 정당한 이유를 설명하고 상표를 포기할 의사가 없음을 상표사용선언서에서 설명하여야 한다.

2. 상표사용선언서 미제출 효과

국제등록명의인이 상표사용선언서를 법령에서 정하는 기한 이내에 특허상표청에 제출하지 않으면 「미국의 특허상표청이 마드리드 출원에 대하여 미국에서의 보호확대를 결정한 날」로부터 6년째 되는 날, 10년째 되는 날, 그 후 매 10년째 되는 날에 미국에서의 보호확대 결정은 각각 취소된다. 이 경우 특허상표청은 미국

---

(1) the date on which the Madrid Protocol (as defined in section 60 of the Trademark Act of 1946) enters into force with respect to the United States; or

(2) the date occurring 1 year after the date of enactment of this Act."라고 규정하고 있다.

56) 따라서 국제등록일이 기준이 아니다.

57) 즉 보호확대증서가 발급된 날부터 19년에서 20년 사이, 29년에서 30년 사이 등을 말한다.

58) 미국의 연방상표법 제71조 (a)항.

에서의 보호확대 결정의 취소를 국제사무국에 송부하면 국제사무국은 이를 국제등록부에 등록한다. 한편 국제등록명의인은 사후지정을 통해 미국에 대한 보호확대를 다시 요청할 수 있다.

Ⅳ. 미국에서 보호확대가 결정된 상표의 불가쟁력

1. 의 의

등록상표의 불가쟁력이란 "상표권이 설정등록된 후 5년간 계속 사용되고 현재도 상업적으로 사용되고 있는 경우 제3자는 상표등록의 유효성을 다툴 수 있는 사유가 제한되는 것"을 의미하므로 통상 불가쟁력의 효력이 발생하는 시점은 「상표권의 설정등록일」이 기준이 된다.

2. 마드리드 의정서에 따라 미국에서 보호확대가 결정된 상표의 불가쟁력

마드리드 의정서에 따라 미국에서 보호확대가 결정된 상표의 경우 불가쟁력이 발생하는 시점은 「국제등록명의인에게 보호확대증서가 발급된 날」이 기준이 된다.[59]

3. 국제등록이 국내등록을 대체하는 상표의 불가쟁력

국제등록이 국내등록을 대체하는 상표의 경우에는 대체된 「국내등록일」이 기준이 된다.

Ⅴ. 미국에서 보호확대가 결정된 상표에 대한 상표권의 양도

미국에서 보호확대가 결정된 상표에 대한 상표권은 그 상표와 관련된 영업과 함께 마드리드 의정서 체약국에 국적이나 주소를 가지고 있거나 유효한 산업상 또는 상업상의 영업소를 가진 자에게 양도할 수 있다. 따라서 마드리드 의정서 체약

59) 미국의 연방상표법 제73조.

국에 국적, 주소 또는 유효한 산업상 또는 상업상의 영업소를 가지지 않은 자에게는 상표권의 양도가 불가능하다.[60)]

제5절 국제등록의 기초출원 또는 기초등록에의 종속과 독립

Ⅰ. 의 의

국제등록은 본국에서의 기초출원 또는 기초등록의 보호 영역이 지정국으로 확대된 것으로 볼 수 있다. 따라서 국제등록의 효력은 기초출원 또는 기초등록에 의존하게 되는데 이를 「국제등록의 종속」(dependence)이라고 하며 그 종속기간은 5년이다. 즉, 국제등록일부터 5년 이내에 본국에서 기초출원이나 기초등록이 실효되면 국제등록도 그 효력을 상실하므로 모든 지정국에 대한 국제등록의 효력도 소멸되게 된다. 따라서 이해관계인은 국제등록일부터 5년의 기간이 만료되기 전까지는 본국의 기초등록이나 기초출원을 집중적으로 공격하여 기초출원을 거절시키거나 기초등록을 무효 또는 취소시킴으로써 모든 지정국에서의 국제등록의 효력을 소멸시킬 수 있는데 이를 강학상 「집중공격」(central attack)이라고 한다.

Ⅱ. 국제등록의 기초출원 또는 기초등록에의 종속

1. 의 의

우리나라 특허청을 본국관청으로 하여 우리나라에서의 상표출원 또는 상표등록을 기초로 미국을 지정국으로 지정하여 국제출원 또는 사후지정한 경우 우리나라에서 다음의 어느 하나에 해당하는 사유가 발생하는 경우 지정국인 미국에서 보호확대가 요청된 마드리드 출원이 아직 심사 중이면 문제가 된 상품 및 서비스에 대한 마드리드 출원은 「포기」된 것으로 간주하며, 미국에서의 보호확대가 결정된 경우에는 문제가 된

60) 미국의 연방상표법 제72조.

상품 및 서비스에 대하여 그 등록은 「취소」 된다.[61)]

i) 국제등록일로부터 5년이 경과하기 전에 기초출원이나 이에 따른 등록 또는 기초등록 중 하나가 국제등록에 열거된 상품 및 서비스의 전부 또는 일부와 관련하여 취하, 소멸 또는 포기되거나 거절, 철회, 취소 또는 무효의 대상인 것으로 최종적으로 결정된 경우

ii) 국제등록일로부터 5년의 기간이 경과하기 이전에 다음의 청구 또는 신청이 제기되고 상기 5년의 기간이 경과한 이후에 기초출원이나 그로 인한 등록 또는 기초등록 중 하나를 거절, 취소 또는 무효로 하는 최종결정이 이루어진 경우[62)]

a) 기초출원의 거절결정에 대한 불복심판청구

b) 기초출원으로 인한 등록 또는 기초등록의 취소심판청구, 무효심판청구

c) 기초출원에 대한 이의신청.

iii) 국제등록일로부터 5년의 기간이 경과한 이후 기초출원이 취하되거나, 기초출원에 따른 등록 또는 기초등록이 포기된 경우에도 취하 또는 포기의 시점에서 그 출원 또는 등록이 다음에서 규정된 절차의 대상이었으며 그러한 절차가 국제등록일로부터 5년이 경과되기 이전에 개시되었을 경우

a) 기초출원의 거절결정에 대한 불복심판청구

b) 기초출원으로 인한 등록 또는 기초등록의 취소심판청구, 무효심판청구

c) 기초출원의 등록에 대한 이의신청.

2. 국제등록명의인의 변경과 국제등록의 종속성

국제등록의 종속기간 동안 국제등록명의인만 변경되어 기초등록 등의 명의인과 국제등록명의인이 동일하지 않은 경우가 발생할 수 있는데 이 경우에도 국제등록의 종속성은 여전히 유효하다. 따라서 기초등록이 무효나 취소에 의해 그 효력이 소

---

61) 따라서 국제등록명의인은 국제등록된 상표는 자신이 보유하고 국제출원 시 기초가 되는 상표출원에 대한 상표등록을 받을 수 있는 권리나 상표등록에 따른 상표권만을 타인에게 양도하고자 하는 때에는 주의하여야 한다. 만일 새로운 양수인이 국제출원의 기초가 되는 상표출원을 포기하거나 상표등록에 대한 취소심판 또는 무효심판에 대한 대응을 전혀 하지 않아 상표등록이 취소되거나 무효로 선언되는 경우 국제등록의 종속성에 따라 국제등록이 취소되고 이에 따라 모든 지정국에서의 국제등록의 효력이 소멸되기 때문이다.

62) 다만, 이 경우 본국관청은 국제등록일로부터 5년의 기간이 경과한 때 즉시 국제사무국에 통지하여야 하며, 최종결정이 있는 경우 다시 국제사무국에 통지하여야 한다.

멸된 경우 다른 사람의 명의로 되어 있는 국제등록이라 하더라도 영향을 받게 된다.

3. 본국관청의 기초출원 또는 기초등록의 효력 소멸 등의 통지 절차

기초출원, 기초출원으로 인한 등록 또는 기초등록이 상기의 종속사항에 해당하는 경우에는 본국관청은 관련 사실 및 결정을 표시하여 국제사무국에 그 취지를 통지하여야 하고, 국제사무국은 통지된 사항을 국제등록부에 등록한 후 지정국관청 및 국제등록명의인에게 통지한다.

4. 국제등록의 종속성의 효과

국제등록의 종속성으로 인하여 기초출원, 기초출원으로 인한 등록 또는 기초등록의 효력이 소멸되면 국제등록에 의한 보호는 인정되지 않는다. 또한 일부 상품 및 서비스에 대한 국제등록의 효력이 상실된 경우에는 당해 국제등록에 따른 보호는 나머지 상품 및 서비스로 제한된다.

Ⅲ. 국제등록의 기초출원 또는 기초등록으로부터의 독립

국제등록일부터 5년이 경과하면 본국에서의 기초출원 또는 기초등록 등의 효력과 상관없이 국제등록은 독자적인 효력을 유지하고 기초출원 또는 기초등록으로부터 독립(independence)하게 된다. 따라서 우리나라를 본국관청으로 하여 미국을 지정국으로 국제출원을 한 경우 국제등록일로부터 5년이 경과하면 설령 우리나라에서의 기초출원 또는 기초등록의 효력이 소멸한다고 하더라도 국제등록에 의한 미국에서의 보호확대의 효력에는 영향을 미치지 않는다.

Ⅳ. 국제등록의 종속성에 따른 국제등록명의인의 구제: 국제등록의 국내출원으로의 전환

1. 의 의

집중공격으로 인하여 국제등록의 효력이 불안정해지는 것을 완화하기 위하여 기초출원이나 기초등록의 효력이 본국에서 실효됨에 따라 국제등록부에 국제등록의 취소가 등록된 날부터 3월 이내에 국제등록명의인이 각 지정국에 동일한 상표를 출원한 경우에는 원래의 국제등록일(사후지정의 경우에는 사후지정일)에 출원된 것으로 출원일이 소급된다. 이를 「국제등록의 국내출원으로의 전환」(transformation)이라고 한다. 국내출원으로 전환된 출원은 국내「등록」으로의 전환이 아니라 국내「출원」으로의 전환이므로 당해 출원상표는 국내에서 다시 심사관에 의한 심사를 받게 된다.

연구 65 국제등록의 기초출원 또는 기초등록에의 종속과 국제등록의 국내출원으로의 전환

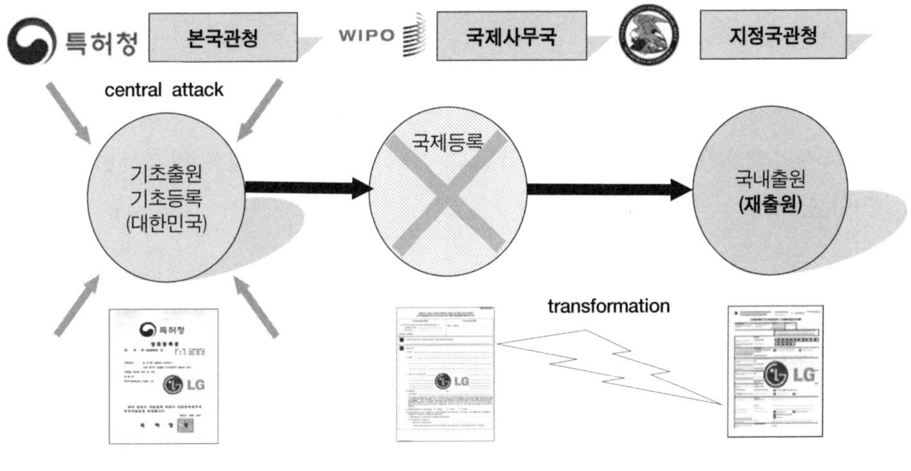

2. 국제등록이 취소된 상표의 국내출원으로의 전환

본국관청인 우리나라 특허청에서 기초출원 또는 기초등록의 효력이 소멸하였다는 것을 국제사무국에 통지하면 국제사무국은 국제등록을 취소하고 지정국의 하나인 미국의 특허상표청에 이를 통지한다. 이 경우 미국에서의 보호확대 결정이 그전에 있었다면 그 결정의 효력도 소멸하게 된다. 국제등록명의인은 마드리드 의정서에 따른 미국에서의 보호확대 결정의 효력이 소멸함에 따라 미국 내에서 더 이상 보호가 되지 않는 상표의 상품 또는 서비스의 전부 또는 일부에 대하여 국내 상표출원으로 전환할 수 있다. 이 경우 그 출원은 국제등록일 또는 사후지정

일에 출원된 것으로 간주되며, 국제출원 시 또는 사후지정 시 조약에 의한 우선권 주장을 한 경우 우선일도 인정된다. 다만, 이러한 국내 상표출원으로의 전환은 국제등록의 취소가 국제등록부에 등록된 날부터 3월 이내에 출원되어야 하며 연방상표법에 따른 모든 요건을 충족하여야 한다.[63]

제6절 ▌국제등록의 관리

Ⅰ. 의 의

국제출원된 상표가 국제등록이 된 이후에 지정국을 추가하거나 국제등록명의인이 변경되거나 국제등록을 갱신할 필요가 있는 경우 또는 국제등록명의인 또는 대리인의 성명이나 주소가 변경된 경우 국제등록부에 이를 변경하는 등록을 하여야 한다.

Ⅱ. 사후지정

1. 의 의

1) 의 의

사[64]후지정(事後指定, subsequent designation)이란 "국제출원된 상표가 국제등록부에 등록된 이후 체약국 또는 지정상품 또는 서비스를 추가적으로 지정하는 것"을 말한다.

2) 사후지정의 유형

(1) 지정국의 추가　　지정국의 추가란 "국제출원이 국제등록된 이후의 절차

63) 미국의 연방상표법 제70조 (c)항.

64) '사(事)'란 엄밀히 말하면 '국제등록'을 의미한다. 미국의 연방상표법 제64조에서는 사후지정을 '국제등록 이후 보호확대의 요청'(request for extension of protection subsequent to international registration)이라고 규정하고 있다.

로서 국제출원 시 지정하지 못한 체약국을 지정국으로 추가 지정하거나 국제출원 이후에 마드리드 의정서에 가입한 체약국을 지정국으로 추가 지정하는 것"을 말한다.

(2) **지정상품 또는 지정서비스의 추가** 한편 국제출원 시 지정상품을 감축한 지정국에 대하여 국제등록부에 등록된 지정상품의 범위 내에서 추가로 지정상품을 추가하는 것을 포함한다.

연구 66 사후지정에 의한 지정국(미국)의 추가

○ [해 설] 甲은 LG라는 상표를 마드리드 의정서 가입국인 호주에서 보호받고자 2016년 2월 1일에 국제출원을 하면서 호주만을 지정국으로 지정하였다. 그 후 갑은 미국에서도 LG 상표를 보호받고자 2017년 9월 1일 우리나라 특허청에 사후지정신청서를 제출하면서 미국을 지정국으로 지정하였다.

2. 사후지정으로 미국을 지정하는 방안

국제출원 시에는 미국을 지정국으로 지정하지 아니하거나 국제출원 시 미국을 지정국으로 지정하였으나 미국의 특허상표청으로부터 미국에서의 보호확대의 요청을 거절하는 최종결정이 확정되거나 상표등록의 취소 또는 국제등록명의인에 의한 상표권의 포기가 있는 경우에는 국제등록의 효력이 미국에는 미치지 않는

다. 그러나 이후 미국에서 해당 거절이유, 상표등록의 취소 또는 포기사유가 더 이상 존재하지 않게 될 경우 국제등록명의인이 미국에 대한 보호확대를 다시 요청하고자 하는 경우 미국을 사후지정할 수 있다.

3. 사후지정의 가능 범위와 시기

1) 범 위

사후지정은 국제등록된 상품 및 서비스 중 일부에 대한 사후지정이 가능하며 상품 및 서비스를 적절히 분할하여 특정 체약국을 대상으로 하는 여러 건의 사후지정도 가능하다. 또한 상품 및 서비스 목록의 감축, 일부 상품에 대한 보호의 거절 또는 일부 상품에 대한 상표등록의 무효에 따라 특정 체약국에서는 국제등록된 상품 및 서비스 중 일부에 대해서만 보호되는 경우, 그러한 감축, 일부 상품에 대한 보호 거절 또는 일부 상품에 대한 상표등록의 무효로 영향을 받는 상품 및 서비스의 전체 또는 일부에 대한 사후지정도 가능하다.

2) 시 기

사후지정은 국제출원이 국제등록이 된 이후 국제등록이 존속하고 있는 한 언제라도 가능하다.

4. 사후지정신청서의 제출

사후지정신청서는 국제등록명의인이 ⅰ) 국제사무국에 직접 제출하거나, ⅱ) 본국관청(명의변경이 있은 경우에는 새로운 국제등록명의인이 출원인 자격이 있는 체약국 관청)을 경유하여 제출할 수 있다.

5. 사후지정의 사용 언어, 서식 및 기재사항

1) 사용 언어

국제사무국에 직접 미국을 추가로 지정국으로 지정하는 사후지정신청서를 제출하는 경우에는 국제출원 시의 언어와 상관없이 영어, 불어 또는 스페인어 중 국제등록명의인이 자유롭게 선택할 수 있다. 다만, 사후지정신청서를 본국관청인 우리나라 특허청을 경유하여 제출하는 경우에는 우리나라 특허청이 인정하는 「영어」로 작성하여 제출하여야 한다(법 §172①, 규칙 §76).

2) 사용 서식 및 기재사항

사후지정은 국제사무국에 의해서 정해진 공식 서식(MM4)에 의하거나 이와 동일한 내용과 형식을 가진 서식에 의하여야 한다. 다만, 본국관청인 우리나라 특허청을 통하여 미국을 추가로 지정국으로 지정하는 사후지정신청서를 제출하는 경우에는 MM4 서식에 다음 사항을 기재하여야 한다.

i) 국제등록번호

ii) 국제등록명의인의 인적 사항(인적 사항의 변경이 있는 경우에는 국제등록부를 변경한 이후에만 가능하다)

iii) 이미 선임한 대리인의 변경이 있는 경우에는 대리인 관련 사항(변경이 없는 경우에는 공란으로 남겨 두어야 한다)

iv) 사후지정국

v) 사후지정 대상 상품 또는 서비스 목록(사후지정 국가별로 국제등록 상품이나 서비스를 달리하여 기재할 수 있다)

vi) 기타 수수료, 서명 등.

출원인이 미국을 사후지정하고자 하는 경우에는 상표의 사용의사선언서(MM18)를 제출하여야 한다.

6. 사후지정일 및 사후지정의 흠결

1) 사후지정일

사후지정일은 국제등록명의인이 국제사무국에 사후지정신청서를 직접 제출한 경우에는 「국제사무국이 사후지정신청서를 수령한 날」이 되고, 본국관청을 경유하여 사후지정신청서를 제출한 경우에는 그 「본국관청이 사후지정신청서를 수령한 날」이 사후지정일이 된다. 다만, 사후지정신청서는 특허청이 사후지정신청서를 수령한 날부터 2월 이내에 국제사무국에 도달하여야 한다. 국제사무국에서 사후지정신청서를 이보다 늦게 수령하는 경우에는 「국제사무국이 사후지정신청서를 실제로 수령한 날」이 사후지정일이 된다.

2) 사후지정의 흠결

사후지정신청서상의 기재사항 중 다음의 어느 하나에 흠결이 있는 경우에는 「흠결이 치유되는 날」이 사후지정일이 된다. 다만, 사후지정신청서가 본국관청인 우리나라의 특허청을 경유하여 제출된 경우로서 본국관청이 사후지정신청서를 수령한 날부터 2월 이내에 상기 흠결이 치유되면 사후지정일에는 영향이 없다.

i) 국제등록번호

ii) 지정국의 표시

iii) 상품 및 서비스 표시

iv) 상표의 사용의사 선언에 관한 흠결.

사후지정서가 국제사무국에 직접 제출된 경우 국제사무국은 사후지정신청서에서 흠결을 발견 시 국제등록명의인에게 통지한다. 한편 본국관청인 우리나라 특허청을 경유하여 사후지정신청서가 제출된 경우에는 국제사무국은 사후지정신청서에서 흠결을 발견 시 국제등록명의인과 본국관청인 우리나라 특허청에게 통지한다. 국제사무국에 의한 흠결통지일부터 3월 이내에 그 흠결이 치유되지 않으면 국제등록명의인이 사후지정을「포기」한 것으로 간주된다.

7. 사후지정의 효과

사후지정신청서가 모든 요건을 충족한다면 국제사무국은 국제등록부에 이를 등록하고, 국제공보에 게재하여 국제공고하며, 사후지정된 미국의 특허상표청과 국제등록명의인에게 이를 통지한다. 사후지정을 통지받은 미국의 특허상표청은 국제등록의 지정국과 모든 점에서 동일한 권리와 의무를 가진다. 다만, 거절통지 기한의 기산일은 국제사무국의 국제등록의 통지일이 아닌「사후지정의 통지일」이 되며 거절통지 기한 내에 거절통지가 없는 경우 국제등록명의인은 국제등록일이 아닌 사후지정일부터 미국에서 국제등록된 상표가 등록된 것과 동일한 보호를 받게 된다. 또한 사후지정에 의하여 지정된 미국에서의 당해 상표에 대한 국제등록의 존속기간은 다른 지정국에서의 존속기간과 동일한 날에 만료된다.

Ⅲ. 국제등록의 존속기간 갱신

1. 의 의

마드리드 의정서 제7조[65]의 규정에 의하면 국제등록은 사후지정국을 포함

65) Article 7 Renewal of International Registration

한 모든 지정국에서 국제등록일부터 10년간 존속하며[66] 각 지정국에서의 심사절차 없이 갱신대상 지정국을 명시한 존속기간 갱신신청과 수수료의 납부만으로 갱신대상이 되는 모든 지정국에 자동으로 다음 10년간 존속기간이 연장된다.

2. 갱신 절차

국제사무국은 비공식적으로 국제등록의 존속기간 만료 6월 전에 국제등록명의인 및 그 대리인에게 국제등록의 존속기간 만료일을 알리는 통지를 한다. 이러한 비공식적인 통지에는 국제등록에 전부 거절 또는 무효가 등록되지 않거나 포기되지 아니한 지정국 전체가 표시되어 있다. 국제등록의 갱신신청은 국제등록명의인이 국제사무국에 직접 제출할 수도 있지만[67] 우리나라 특허청을 경유하여 제출할 수 있다. 다만, 국제등록의 존속기간을 우리나라 특허청을 경유하여 갱신하고자 하는 자는 「영어」로 작성한 국제등록존속기간갱신신청서를 특허청장에게 제출하여야 한다(법 §173, 규칙 §79).

3. 수수료의 납부

수수료는 늦어도 국제등록의 존속기간 만료일까지 국제사무국에 납부하여야 하며, 국제등록의 존속기간 만료일까지 납부하지 아니한 경우에는 추가수수료(기

---

(1) Any international registration may be renewed for a period of ten years from the expiry of the preceding period, by the mere payment of the basic fee and, subject to Article 8(7), of the supplementary and complementary fees provided for in Article 8(2).

(2) Renewal may not bring about any change in the international registration in its latest form.

(3) Six months before the expiry of the term of protection, the International Bureau shall, by sending an unofficial notice, remind the holder of the international registration and his representative, if any, of the exact date of expiry.

(4) Subject to the payment of a surcharge fixed by the Regulations, a period of grace of six months shall be allowed for renewal of the international registration.

66) 따라서 사후지정국에서는 사후지정일이 아닌 원국제등록일부터 10년간 존속한다.

67) 국제등록의 갱신과 관련하여서는 공식적인 서식이 정해져 있지 않다. 따라서 국제등록명의인이 국제사무국에 대하여 갱신에 필요한 정보(해당 국제등록번호 및 납부 목적)를 제공하고 갱신수수료를 납부함으로써 갱신이 가능하다. 다만, 국제사무국이 국제등록의 존속기간 만료에 대한 비공식 통지와 함께 국제등록명의인 또는 대리인에게 송부하는 비공식 서식(MM11)을 사용하는 것이 편리하다.

본수수료의 50%)를 지불하고 유예기간(국제등록의 존속기간 만료 후 6월) 내에 납부할 수 있다. 국제등록명의인이 납부한 수수료가 부족한 경우에는 국제사무국은 국제등록명의인에게 부족액을 명시하여 통지하며, 이 경우 국제등록명의인은 부족액을 납부하는 대신 그 금액만큼 지정국을 삭제할 수도 있다. 유예기간 이내에도 국제등록명의인이 부족액을 납부하지 않을 경우에는 국제등록의 존속기간은 갱신되지 않는다. 다만, 유예기간 만료 전 3개월 기간 중에 부족액이 통지되고 유예기간 내에 정상 수수료의 70% 이상을 납부한 때에는 갱신절차를 일단 진행시키고, 통지일부터 3월 이내에 전체 금액이 납부되지 않으면 갱신이 취소된다.

4. 갱신 이후의 절차

국제등록명의인이 국제등록의 존속기간을 갱신하면 국제사무국은 국제등록부에 갱신을 등록한다. 이 경우 국제등록명의인이 갱신수수료를 유예기간에 납부한 경우에도 본래 갱신예정일에 갱신된 것으로 등록한다. 국제사무국은 각 지정국에 국제등록의 갱신 사실을 통지하고[68] 국제등록명의인에게 갱신증명서를 송부하며 갱신관련 자료를 공보에 게재하여 공고한다.

5. 보충 갱신

국제등록의 존속기간 갱신에 대한 6개월의 유예기간이 만료되지 아니한 경우에는 국제등록의 존속기간이 지정국 일부에 대해서만 갱신된 후 국제등록명의인이 국제등록의 존속기간의 만료일 이후에 이미 실행된 갱신에 포함되지 아니한 지정국에 대하여 「보충 갱신」(complementary renewal)을 할 수 있다.

6. 비갱신

국제등록명의인이 갱신수수료를 납부하지 않거나 납부된 수수료가 부족하여 국제등록의 존속기간이 갱신되지 아니한 경우 해당 국제등록은 존속기간의 만료일부터 효력이 소멸하고, 국제등록의 존속기간이 갱신되지 아니한 경우 국제사무국은 그 취지를 지정국의 관청에 통지하고 공보에 공고한다. 이러한 통지와 공고는 국제등록의 존속기간이 더 이상 갱신될 가능성이 없게 되는 국제등록의 존속기

68) 국제등록의 갱신 시 제외된 지정국에도 갱신에서 제외되었다고 하는 사실을 통지한다.

간 만료일부터 6개월의 유예기간이 만료한 후에 이루어진다.

7. 기 타

국제등록된 상품의 전부에 대하여 특정한 지정국에 의한 거절통지가 국제등록부에 등록되었다고 하더라도 그 지정국에 대한 당해 국제등록의 존속기간 갱신을 신청할 수 있다. 이는 갱신일까지 그 거절통지에 대한 최종결정이 확정되지 않을 경우 국제등록명의인을 보호하기 위한 것이다. 그러나 거절통지의 경우와 달리 상표등록의 무효가 국제공보에 등록되어 있는 지정국에 대해서는 당해 지정국에 대한 국제등록의 존속기간 갱신이 불가능하다.

Ⅳ. 국제등록의 변경

1. 국제등록의 명의변경

1) 의 의

국제등록명의인 또는 그 승계인은 국제등록된 상품 및 서비스의 전부 또는 일부, 지정국의 전부 또는 일부에 대하여 국제등록의 명의를 변경할 수 있다. 국제등록의 명의변경(change in ownership)은 사후지정 및 국제등록의 존속기간 갱신과 달리 국제등록명의인 외에 그 승계인도 국제등록의 명의를 변경할 수 있다. 다만, 마드리드 의정서 제9조[69] 단서의 규정에 의하여 승계인은 국제출원의 출원인 자격을 가진 자이어야 하며, 승계인이 복수인 경우에는 각 승계인마다 이 요건을 충족하여야 한다.

---

69) Article 9 Recordal of Change in the Ownership of an International Registration
At the request of the person in whose name the international registration stands, or at the request of an interested Office made ex officio or at the request of an interested person, the International Bureau shall record in the International Register any change in the ownership of that registration, in respect of all or some of the Contracting Parties in whose territories the said registration has effect and in respect of all or some of the goods and services listed in the registration, provided that the new holder is a person who, under Article 2(1), is entitled to file international applications.

2) 방 법

(1) **일반적 방법** 국제등록명의인 또는 그 승계인은 국제등록의 명의변경을 하고자 하는 경우 명의변경등록신청서를 국제사무국에 직접 제출하거나 국제등록명의인의 체약국 관청을 통하여 제출할 수도 있고, 양수인의 체약국 관청(양수인이 출원인 자격을 갖추고 있는 체약국의 관청)을 통하여 제출할 수도 있다.

(2) **우리나라 특허청을 통하여 명의변경을 하는 방법** 우리나라의 특허청을 통하여 국제등록의 명의를 변경하려는 자는 영어로 작성된 국제등록명의변경등록신청서를 특허청장에게 제출하여 국제등록 명의변경등록을 신청하여야 한다(법 §174②, 규칙 §80).

3) 효 력

국제등록의 명의변경의 효력은 개별 체약국의 국내법에 따른다. 따라서 일부 상품에 대한 명의변경의 경우에 양도 대상 상품과 잔존하는 상품이 유사한 경우 지정국은 당해 국가의 영역 내에서의 명의변경의 효력을 부인할 권리를 가지고 있다. 다만, 명의변경의 효력을 부인하는 선언서를 국제사무국에 통지하여야 한다. 또한 그러한 통지서에는 국제등록의 명의변경의 효력을 부인하는 이유와 관련 법규정 및 명의변경의 효력 부인 선언에 대한 재심사 또는 불복가능 여부를 명시하여야 한다.

2. 국제등록명의인의 성명 또는 주소 변경

1) 의 의

국제등록명의인의 성명 또는 주소변경이란 "국제출원이 국제등록된 후 국제등록명의인의 성명이나 주소가 변경된 경우에 국제등록부에 기등록된 국제등록명의인의 성명과 주소를 새로운 성명과 주소로 변경하여 등록하는 것"을 말하며, 국제등록명의인 자체에 대한 변경이 없다는 점에서 국제등록의 명의변경과는 구별된다.

2) 신청 방법

국제등록명의인의 성명 또는 주소의 변경등록신청은 국제사무국에서 정한 공식 서식(MM9) 또는 이와 내용과 형식이 동일한 서식에 기재하여 국제등록명의인이 국제사무국에 직접 제출하거나 국제등록명의인의 체약국 관청을 통하여 제출할 수 있다.

3. 대리인의 성명 또는 주소 변경

1) 의 의

대리인의 성명 또는 주소 변경이란 "국제등록부에 기등록된 대리인의 성명과 주소를 새로운 성명과 주소로 변경하여 등록하는 것"을 말하며 대리인 자체에 대한 변경이 없다는 점에서 새로운 대리인의 선임과는 구별된다.

2) 신청 방법

대리인의 성명 또는 주소의 변경등록신청은 공식 서식을 이용할 필요가 없으며, 간단한 서신으로도 충분하지만 비공식 서식인 MM10을 이용할 수도 있다. 다만, 이 서식은 새로운 대리인의 선임을 등록신청하기 위해서는 사용할 수 없다.

4. 상품 또는 서비스 목록의 감축, 포기 및 국제등록의 취소

1) 감 축

(1) 의 의　상품 또는 서비스 목록의 감축(limitation)이란 "지정국 전부 또는 일부에 대하여 상품 또는 서비스를 원래의 목록에서 전부 또는 일부를 감축하는 것"을 말한다. 이 경우 국제등록부에 등록된 국제등록에서 해당 상품 또는 서비스를 삭제하지는 않고 다만 감축이 신청된 체약국에서 해당 상품 또는 서비스가 더 이상 보호되지 않을 뿐이다. 따라서 모든 지정국에 대하여 감축된 상품 또는 서비스라 하더라도 사후지정의 대상은 될 수 있으며, 갱신 시 수수료 산정에 있어서도 고려된다. 또한 상품 또는 서비스 목록의 감축에 대해서는 후술할 포기 및 국제등록의 취소와 달리 국제사무국의 감축통지에 대하여 각 지정국관청은 "감축이 효력이 없다는 취지의 선언"을 할 수 있다.

(2) **신청 방법**　감축등록신청은 공식 서식(MM6) 또는 이와 동일한 내용 및 형식을 가진 서식을 사용하여 국제등록명의인이 국제사무국에 직접 제출하여야 한다. 상품 또는 서비스의 감축등록신청을 하는 경우에는 수수료를 납부하여야 한다.

2) 포 기

(1) 의 의　포기(renunciation)란 "상품 및 서비스 전부에 관련하여 지정국 일부에 대한 보호의 포기"를 말한다. 국제등록 이후 포기된 지정국이라고 하더라도 언제든지 다시 사후지정될 수 있다.

(2) **신청 방법**　포기등록신청은 공식 서식(MM7) 또는 이와 동일한 내용 및

형식을 가진 서식을 사용하여 국제등록명의인이 국제사무국에 직접 제출하여야 한다. 포기등록신청을 하는 경우에는 수수료를 납부할 필요가 없다.

3) 취 소

(1) 의 의　국제등록의 취소(cancellation)란 "상품 또는 서비스 전부 및 일부에 관련하여 지정국 전부에 대한 국제등록의 취소"를 말한다. 국제등록의 취소는 감축이나 포기와 달리 해당 상품 또는 서비스가 국제등록부에서 완전히 삭제된다. 따라서 상품 또는 서비스 전부에 대한 국제등록의 취소의 경우에는 국제등록이 존재하지 않아서 사후지정을 할 수 없으며, 상품 또는 서비스 일부에 대한 취소의 경우에도 국제등록명의인은 국제등록이 취소된 상품 또는 서비스에 대하여 사후지정을 신청할 수 없다.

(2) 신청 방법　국제등록의 취소등록신청은 공식 서식(MM8) 또는 이와 동일한 내용 및 형식을 가진 서식을 사용하여 국제등록명의인이 국제사무국에 직접 제출하여야 한다. 국제등록의 취소등록신청을 하는 경우에는 수수료를 납부할 필요가 없다.

5. 국제등록부의 경정

1) 의 의

국제사무국은 국제등록부상의 특정 국제등록에 관하여 오류가 있다고 판단하는 경우에는 그 오류를 직권으로 경정하거나 국제등록명의인 또는 관청의 신청에 따라 경정(corrections)한다.

2) 국제사무국의 국제등록부상 오류에 대한 처리

(1) 의 의　국제등록부에 등록된 것과 본국관청 또는 국제등록명의인이 국제사무국에 제출된 문서 간에 차이가 있는 경우와 같이 국제사무국의 잘못으로 인한 오류는 즉시 경정된다. 또한 국제등록부에 명백한 오류가 있고 경정요청이 명백하고 다른 대안이 없다고 인정되는 경우 당해 오류는 즉시 경정된다. 한편 국제등록명의인의 성명 또는 주소, 등록된 기초등록의 일자 또는 번호가 부정확한 경우, 국제등록의 대상이 되는 상표가 실제로 기초출원 또는 기초등록의 상표와 동일하지 않은 경우와 같이 국제등록부에 등록된 사실에 객관적 오류가 있는 경우에는 일반적으로 경정된다.

(2) 관청의 책임에 기인한 오류경정의 시기　본국관청 또는 지정국관청의 책

임에 기인하고 그 경정이 국제등록으로 인한 권리에 영향을 미치는 오류는 국제사무국이 국제등록부에 오류가 있는 등록사항이 공고된 날부터 9월 이내에 경정신청을 수령한 경우에만 경정이 가능하다.

(3) **경정 이후의 절차** 국제등록부에 있는 오류가 경정된 경우 국제사무국은 국제등록명의인과 지정국관청에 동시에 통지하며 경정은 공보에 공고된다.

Ⅴ. 사용권[70)]

1. 의 의

국제등록된 상표에 대한 사용권(licenses)의 설정등록에 관한 사항에 대해서는 마드리드 의정서와 공통규칙에서 아무런 규정을 두고 있지 않아 각 지정국의 상표등록부에서 관리하여 왔으나, 국제등록명의인 또는 사용권자가 사용권이 인정되는 각 지정국의 관청에 개별적인 등록절차를 밟는 것은 불편하였으므로 국제등록부에 사용권을 등록하기 위한 규정이 2002년 4월 1일부터 발효되게 되었다.

2. 신청서의 제출

사용권등록신청은 국제등록명의인이 국제사무국에 직접 제출하거나 국제등록명의인의 체약국의 관청 또는 사용권이 인정되는 지정국관청을 경유하여 제출한다. 이 경우 신청서에는 국제등록명의인과 신청서 제출을 경유한 관청이 서명을 하여야 하지만[71)] 사용권설정 계약의 사본 등과 같은 증빙문서는 국제사무국에 송부하지 않아도 된다.

3. 신청서식과 기재사항 등

사용권등록신청은 공식 서식(MM13)에 다음 사항을 기재하여 제출하여야 한다.

---

70) 우리나라는 마드리드 의정서 가입서 기탁 시 사용권제도와 관련하여 일반적 유보를 선택하였다. 따라서 국제상표등록출원이 국내에서 등록된 경우 그 등록상표에 대한 사용권 등록은 국제사무국의 국제등록부에 등록하는 것이 아니라 국내 상표등록부에 등록하여야만 제3자에 대해서 대항할 수 있다.

71) 국제사무국은 국제등록명의인 또는 관청이 서명하지 아니한 신청은 수령하지 않는다.

i) 국제등록번호

ii) 국제등록명의인의 성명

iii) 사용권자의 성명 및 주소

iv) 사용권이 인정되는 지정국

v) 국제등록된 상품 및 서비스 전부에 대하여 사용권이 인정된다는 것 또는 상품 및 서비스의 국제분류에 따라 그룹화되고 사용권이 인정되는 상품 및 서비스.

또한 다음의 사항들은 사용권을 인정하는 체약국 중 일부가 요구할 경우 추가사항으로 기재할 수 있다.

i) 사용권자가 자연인인 경우에는 사용권자의 국적국

ii) 사용권자가 법인인 경우에는 그 법인의 법적 성격 및 그 법인의 설립근거법의 국가 및 해당되는 경우에는 그 국가 내의 영역 단위

iii) 사용권이 명시된 지정국의 영역 일부에만 관한 것이라는 것

iv) 사용권자에게 대리인이 있는 경우에는 시행세칙에서 정하는 바에 의한 대리인의 성명과 주소

v) 사용권이 전용사용권 또는 단독사용권(sole license)인 경우에는 그 취지

vi) 사용권의 존속기간.

사용권등록을 신청하고자 하는 자는 수수료표에서 규정된 수수료를 납부하여야 한다.

4. 흠결이 있는 신청

사용권등록신청이 해당 요건을 갖추고 있지 아니한 경우, 국제사무국은 그 취지를 국제등록명의인에게 통지하고 신청이 체약국의 관청을 경유하여 제출된 경우에는 그 관청에게 통지한다. 국제사무국은 흠결을 통지한 날부터 3개월 이내에 그 흠결이 치유되지 아니한 경우 사용권등록신청은 「포기」된 것으로 간주하고 국제사무국은 국제등록명의인과 신청서 제출을 경유한 관청에 이를 통지한다.

5. 등록 및 통지

사용권등록신청이 해당 요건을 갖춘 경우 국제사무국은 사용권 및 신청서에 포함된 정보를 국제등록부에 등록하고 사용권이 인정되는 지정국관청에 적절히

통지하는 동시에 국제등록명의인과 신청서 제출을 경유한 관청에게 국제등록부에 사용권이 등록되었다는 것을 통지한다.

6. 사용권등록의 수정 또는 취소

사용권을 등록한 후 국제등록명의인 또는 사용권자는 사용권과 관련한 세부사항 중 일부를 수정할 필요가 있을 경우에는 공식 서식(MM14)을 제출하여야 한다. 또한 사용권등록취소신청을 하고자 하는 경우에는 공식 서식(MM15)을 사용하여야 하며 수수료는 부과되지 않는다.

제7절 ▮ 우리나라의 제도와 비교 · 분석

Ⅰ. 조약의 가입과 선언사항

1. 조약 가입

우리나라는 2003년 1월 10일 세계지식재산기구에 마드리드 의정서의 가입서를 기탁[72)]함으로써 2003년 4월 10일부터 마드리드 의정서가 우리나라에서 발효된 반면 미국은 2003년 8월 2일에 세계지식재산기구에 가입서를 기탁하여 2003년 11월 2일부터 마드리드 의정서가 미국 내에서 발효되었다. 따라서 우리나라가 미국보다 약 7개월 정도 먼저 가입하였다.

2. 선언사항[73)]

1) 우리나라의 선언사항

우리나라는 마드리드 의정서 가입 시 WIPO 국제사무국에 마드리드 의정서 가입서를 기탁할 때에 다음과 같은 4가지 사항을 선언하였다.

i) 거절통지기한을 1년 대신 18개월로 한다.

ii) 이의신청에 기초한 거절통지는 18개월 이후에도 가능하다.

---

72) 마드리드 의정서는 2003. 3. 19에 조약 제1625호로 공포되었다.

73) http://www.wipo.int/madrid/en/members/declarations.html 참조.

iii) 보충수수료와 추가수수료 대신 개별수수료를 징수한다.

iv) 사용권제도와 관련하여 일반적 유보를 선택한다.

2) 미국의 선언사항

미국은 다음과 같은 사항을 선언하였다.

i) 거절통지기한을 1년 대신 18개월로 한다.

ii) 이의신청에 기초한 거절통지는 18개월 이후에도 가능하다.

iii) 보충수수료와 추가수수료 대신 개별수수료를 징수한다.

iv) 미국을 지정국으로 지정하는 국제출원 또는 사후지정을 할 때에는 상표의 사용의사선언서를 첨부하여야 한다.

3) 우리나라와 미국의 선언사항 비교

우리나라의 선언사항과 비교할 때 미국은 사용권제도와 관련해서는 별도의 선언을 하지 않았다. 또한 외국인이 자국의 특허청을 통하여 국제출원을 하면서 우리나라를 지정국으로 지정 시 국제출원된 상표를 진정한 사용의사를 가지고 출원한다는 상표의 사용의사선언서를 제출할 필요가 없지만, 미국은 국내 상표출원 제도와의 조화를 위하여 국제출원을 하면서 미국을 지정국으로 지정 시 반드시 상표의 사용의사선언서를 제출하여야 한다는 점이 상이하다.

II. 국제등록에 의한 국내등록의 대체[74)]

1. 우리나라의 제도

1) 의 의

우리나라의 상표법에서는 우리나라에 설정등록된 상표(국제상표등록출원에 따른 등록상표는 제외한다)의 상표권자가 국제상표등록출원을 하는 경우 다음 각 호의 요건을 모두 갖추었을 때에는 그 국제상표등록출원은 지정상품이 중복되는 범위에서 해당 국내등록상표에 관한 상표출원의 출원일에 출원된 것으로 보는 한편, 국내등록상표에 관한 상표출원에 대하여 조약에 따른 우선권이 인정되는 경우에는 그 우선권은 국제상표등록출원에도 인정되도록 규정하고 있다(법 §183).

74) 문삼섭, 앞의 책, 827~828면 참조.

i) 국제상표등록출원에 따라 국제 상표등록부에 등록된 상표(이하에서 "국제등록상표"라 한다)와 국내등록상표가 동일할 것

ii) 국제등록상표에 관한 국제등록명의인과 국내등록상표의 상표권자가 동일할 것

iii) 국내등록상표의 지정상품이 국제등록상표의 지정상품에 모두 포함되어 있을 것

iv) 마드리드 의정서 제3조의3에 따른 영역확장의 효력이 국내등록상표의 상표등록일 후에 발생할 것.

2) 대체의 예외

상표법 제34조 제3항의 출원금지 규정의 회피를 방지하기 위하여 국내등록상표의 상표권이 다음 각 호의 어느 하나에 해당하는 사유로 취소되거나 소멸되는 경우에는 그 취소되거나 소멸된 상표권의 지정상품과 동일한 범위에서는 대체(replacement)의 효과가 발생하지 않도록 하고 있다.

i) 상표법 제119조 제1항 각 호(제4호는 제외한다)에 해당한다는 사유로 상표등록을 취소한다는 심결이 확정된 경우

ii) 상표법 제119조 제1항 각 호(제4호는 제외한다)에 해당한다는 사유로 상표등록의 취소심판이 청구되고, 그 청구일 이후에 존속기간의 만료로 상표권이 소멸하거나 상표권 또는 지정상품의 일부를 포기한 경우.

3) 대체의 신청

마드리드 의정서 제4조의2(2)에 따른 국제등록의 국내등록의 대체를 신청하려는 자는 다음 각 호의 사항을 적은 신청서를 특허청장에게 제출하여야 하며 심사관은 이러한 신청이 있는 경우 해당 국제상표등록출원에 대하여 대체 효과의 인정 여부를 신청인에게 알려야 한다.

i) 국제등록명의인의 성명 및 주소(법인인 경우에는 그 명칭 및 영업소의 소재지를 말한다)

ii) 국제등록번호

iii) 관련 국내등록상표 번호

iv) 중복되는 지정상품

v) 그 밖에 산업통상자원부령으로 정하는 사항.

2. 미국의 제도

1) 의 의

미국 내에서 상표가 등록되고 이후에 동일한 명의인, 동일한 상표, 동일한 상품 및 서비스의 목록으로 마드리드 의정서에 따른 미국에서의 보호확대가 결정된 경우 국제등록명의인은 미국에서의 보호확대 결정에 의하여 선행하는 자기의 국내 상표등록으로부터 발생하는 권리와 동일한 권리를 법에 의해 자동으로 향유하도록 규정하고 있다.[75]

2) 대체의 신청

국제등록명의인이 국제등록에 의한 국내등록의 대체를 특허상표청의 상표등록부에 등록하고자 하는 경우 관련된 상표등록번호를 기재한 신청서와 수수료를 납부하여야 한다.

3. 우리나라와 미국의 제도 비교

우리나라와 미국 모두 국제등록에 의한 국내등록의 대체를 마드리드 의정서에 따라 자동으로 발효되도록 하고 있으며, 국내 상표등록부에의 공시를 위해 국제등록명의인의 신청에 의하여 국내 상표등록부에 등록하고 있는 점은 동일하다.

Ⅲ. 국내출원으로 전환된 상표출원의 특례[76]

1. 우리나라의 제도

1) 의 의

우리나라의 상표법에서는 집중공격에 의해 기초출원 또는 기초등록의 효력이 소멸되고 그 결과 국제등록의 효력이 소멸된 경우 국제등록명의인을 보호하기 위하여 국제등록된 상표를 국내 상표출원으로 재출원할 수 있도록 하고 그 재출원

75) 미국의 연방상표법 제74조에서는 "When a United States registration and a subsequently issued certificate of extension of protection to the United States are owned by the same person, identify the same mark, and list the same goods or services, the extension of protection shall have the same rights that accrued to the registration prior to issuance of the certificate of extension of protection."라고 규정하고 있다.

76) 문삼섭, 앞의 책, 835~841면 참조.

된 상표에 대한 심사와 제척기간에 대한 특례규정을 두고 있다.

2) 국제등록 소멸 후의 상표출원의 특례[77)]

우리나라를 지정국으로 지정(사후지정을 포함한다)한 국제등록의 대상인 상표가 지정상품의 전부 또는 일부에 관하여 마드리드 의정서 제6조(4)[78)]에 따라 그 국제등록이 소멸된 경우에는 그 국제등록명의인은 그 지정상품의 전부 또는 일부에 관하여 특허청장에게 상표출원을 할 수 있다. 이 경우 상표출원이 다음 각 호의 요건을 모두 갖춘 경우에는 국제등록일(사후지정의 경우에는 사후지정일)에 출원된 것으로 보며 당해 국제등록에 관한 국제상표등록출원에 대하여 조약에 의한 우선권이 인정되는 경우에는 그 우선권은 상표출원에 인정된다(법 §205).

i) 상표출원이 국제등록소멸일부터 3월 이내에 출원될 것

ii) 상표출원의 지정상품이 국제등록된 상표의 지정상품에 모두 포함될 것

---

77) 기초출원 또는 기초등록의 효력이 소멸한 경우의 재출원은 외국인(예: 미국인)이 우리나라를 지정국으로 지정한 경우 국제등록일로부터 5년 이내에 국제출원의 기초가 되는 상표출원이 거절되거나 상표등록이 취소되거나 무효되어 국제등록의 효력이 소멸한 경우 국내상표출원으로 전환하는 출원으로 이를 도시하면 다음과 같다.

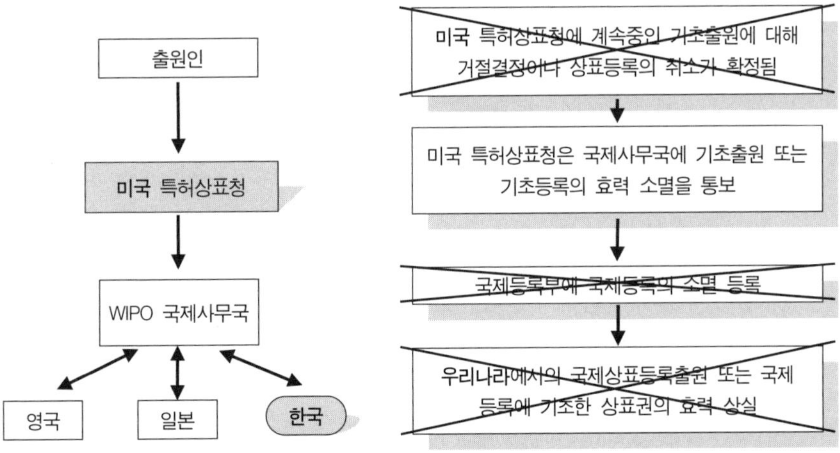

78) (4) The Office of origin shall, as prescribed in the Regulations, notify the International Bureau of the facts and decisions relevant under paragraph (3), and the International Bureau shall, as prescribed in the Regulations, notify the interested parties and effect any publication accordingly. The Office of origin shall, where applicable, request the International Bureau to cancel, to the extent applicable, the international registration, and the International Bureau shall proceed accordingly.

iii) 상표등록을 받고자 하는 상표가 소멸된 국제등록의 대상인 상표와 동일할 것.

3) 마드리드 의정서 폐기 후의 상표출원의 특례[79]

우리나라를 지정국으로 지정(사후지정을 포함한다)한 국제등록명의인이 마드리드 의정서 제15조(5)[80](b)에 따라 출원인 자격을 잃게 되었을 경우에는 해당 국

79) 마드리드 의정서 가입 탈퇴에 따른 재출원은 외국(예: 미국)이 마드리드 의정서 가입을 탈퇴하여 국제등록명의인인 외국인(예: 미국인)이 출원인 자격을 상실하여 국제등록의 효력이 소멸될 경우 국내 상표출원으로 전환하기 위한 절차이며 재출원의 요건을 충족할 경우 당해 출원의 출원일은 국제등록일로 소급된다. 이를 도시하면 다음과 같다.

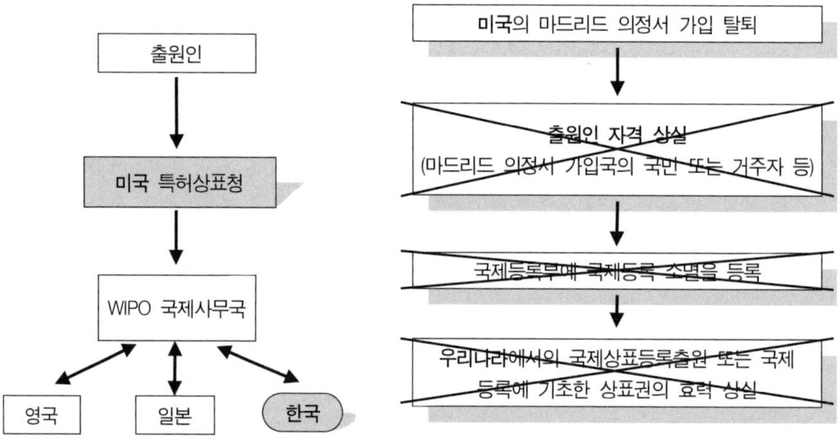

80) (5) (a) Where a mark is the subject of an international registration having effect in the denouncing State or intergovernmental organization at the date on which the denunciation becomes effective, the holder of such registration may file an application for the registration of the same mark with the Office of the denouncing State or intergovernmental organization, which shall be treated as if it had been filed on the date of the international registration according to Article 3(4) or on the date of recordal of the territorial extension according to Article 3ter(2) and, if the international registration enjoyed priority, enjoy the same priority, provided that

(i) such application is filed within two years from the date on which the denunciation became effective,

(ii) the goods and services listed in the application are in fact covered by the list of goods and services contained in the international registration in respect of the denouncing State or intergovernmental organization, and

(iii) such application complies with all the requirements of the applicable law, including the requirements concerning fees.

제등록명의인은 국제등록된 지정상품의 전부 또는 일부에 관하여 특허청장에게 상표출원을 할 수 있다. 이 경우 상표출원은 다음의 요건을 갖춘 때에는 국제등록일(사후지정의 경우에는 사후지정일)에 출원된 것으로 보며 당해 국제등록에 관한 국제상표등록출원에 대하여 조약에 의한 우선권이 인정되는 경우에는 그 우선권은 상표출원에 인정된다(법 §206).

i) 상표출원이 마드리드 의정서 제15조(3)[81]의 규정에 의하여 폐기의 효력이 발생한 날부터 2년 이내에 출원될 것

ii) 상표출원의 지정상품이 국제등록된 상표의 지정상품에 모두 포함될 것

iii) 상표등록을 받고자 하는 상표가 소멸된 국제등록의 대상인 상표와 동일할 것.

4) 재출원상표에 대한 심사의 특례

재출원에 대한 심사 여부는 당해 재출원이 상표법 제197조의 규정에 의하여 국제등록기초상표권으로 설정등록되었던 본인의 등록상표에 관한 것인지 아니면 아직 국제등록기초상표권으로 설정등록되지 아니한 국제상표등록출원에 관한 것인지에 따라 구체적인 심사 절차와 내용을 다르게 규정하고 있다. 즉, 재출원이 상표법 제197조의 규정에 의하여 국제등록기초상표권으로 설정등록되었던 본인의 등록상표에 관한 것일 경우에는 당해 재출원은 심사관에 의해 다시 심사를 받지 않고 바로 등록해 준다(법 §207①). 이는 동일상표, 동일상품 또는 범위가 넓은 상품에 대한 심사가 이미 종료되어 국내에서 국제등록기초상표권으로 설정등록되었으므로 상표권자였던 출원인의 보호와 동일대상에 대한 이중심사라는 심사인력의 낭비를 방지하기 위하여 재출원에 대해서는 재출원의 요건에 대해서만 심사하게 하여 그 요건을 충족하는 경우 바로 등록결정하고 등록료를 납부하면 상표권을 설정등록해 주고, 만일 재출원의 요건이 충족되지 아니하면 재출원일에 출원한 신규출원으로 보아 통상의 심사절차를 진행하도록 하는 것이다. 한편 재출원이

(b) The provisions of subparagraph (a) shall also apply in respect of any mark that is the subject of an international registration having effect in Contracting Parties other than the denouncing State or intergovernmental organization at the date on which denunciation becomes effective and whose holder, because of the denunciation, is no longer entitled to file international applications under Article 2(1).

81) (3) Denunciation shall take effect one year after the day on which the Director General has received the notification.

상표법 제197조의 규정에 의하여 국제등록기초상표권으로 설정등록되지 아니한 국제상표등록출원에 관한 것일 경우에는 국내에서 상표권이 설정등록되기 전이므로 출원일자만 소급시킬 뿐 신규의 국내 상표출원으로 보아 모든 심사절차가 다시 진행된다. 따라서 소멸된 국제등록에 관한 국제상표등록출원이 출원공고나 이의신청절차가 종료되었다고 하더라도 재출원된 국내 상표출원에 대한 심사는 처음부터 다시 시작되므로 다시 출원공고될 수 있다.[82] 재출원에 의해서 등록된 상표권은 출원일자만 국제등록일(사후지정의 경우에는 사후지정일)로 소급할 뿐 국내에서의 설정등록일로부터 상표권이 발생하고 존속기간도 이때부터 개시되므로 소멸된 국제등록기초상표권과는 기본적으로 독립적이다.

5) 재출원상표에 대한 제척기간의 특례

종전의 국제등록기초상표권에 대하여 상표등록의 무효심판 청구의 제척기간이 종료된 경우에는 재출원에 의한 상표등록에 대해서도 무효심판을 청구할 수 없다(법 §208).

2. 미국의 제도

국제등록명의인은 국제출원의 기초가 된 기초출원이 거절 확정되거나 또는 기초등록이 취소되어 국제등록이 소멸함에 따라 미국에서의 보호확대 결정의 효력을 상실한 상표를 국제등록이 취소된 상표의 상품 또는 서비스의 전부 또는 일부에 대하여 국내 상표출원으로 전환할 수 있다. 이 경우 그 국내 상표출원은 법정요건을 갖춘 경우 국제등록일 또는 사후지정일에 출원된 것으로 간주되며, 국제출원 시 또는 사후지정 시 조약에 의한 우선권주장을 하는 경우 우선일도 인정된다. 다만, 이러한 국내 상표출원으로의 전환은 국제등록의 취소가 국제사무국에 등록된 날부터 3월 이내에 하여야 하며 연방상표법에 따른 모든 요건을 충족하여야 한다.[83]

---

82) 이와 관련하여 절차의 중복을 최소화한다는 차원에서 이미 진행한 절차(예를 들면 출원공고절차)는 재출원상표에 그대로 승계하는 방안을 입법과정에서 검토하였으나 소멸된 국제등록에 관한 국제상표등록출원의 지정상품이 영어로 기재되어 진행된 절차를 지정상품이 국어로 기재된 재출원상표에 승계하여 그대로 적용할 경우 부작용이 발행할 수도 있다는 의견이 있어 현행과 같이 규정되게 되었다.

83) 미국의 연방상표법 제70조 (c)항.

3. 우리나라와 미국의 제도 비교

미국은 우리나라와는 달리 마드리드 의정서 폐기 후의 상표출원의 특례에 대해서는 연방상표법상 규정을 두고 있지 않으며, 재출원상표에 대한 심사의 특례에 대해서도 별도의 규정을 두지 않고 있다.

제9장

상표권의 양도 및 등록상표의 사용허락

제1절 총 설

상표권도 재산권의 일종으로 상표권자의 자유의사에 따라 타인에게 양도하거나 등록상표를 타인에게 사용하도록 허락할 수 있다. 다만, 연방상표법의 목적에 부합하고 상표의 주요 기능 중의 하나인 상품의 품질을 보증하는 한편 소비자의 이익을 보호하기 위하여 상표권의 양도나 등록상표의 사용허락과 관련하여 일정한 제한을 두고 있다.

제2절 상표권의 양도

Ⅰ. 의 의

상표권의 양도란 "상표권의 주체가 법률행위에 의하여 타인에게 이전되는 것"을 말한다.

II. 상표와 영업의 분리 양도 금지의 원칙

1. 의 의

미국의 연방상표법에서 상표권의 양도와 관련하여 가장 중요한 특징은 상표권을 타인에게 양도할 때 영업과 분리하여 양도할 수 없다는 점이다. 즉, 상표권은 반드시 영업과 함께 양도하여야 하며, 만일 영업과 함께 양도하지 아니하는 경우[1) 상표권의 「포기」로 보아 상표권의 효력은 소멸하게 된다. 이는 상표는 당해 상표를 표시한 상품에 대하여 품질을 보증하는 기능을 수행하기 때문에 어떤 상표를 부착한 상품에 대하여 일정한 품질을 기대하는 소비자를 보호하여야 하기 때문이다.

2. 연 혁

상표권의 양도와 관련한 연방상표법의 개정 연혁을 살펴보면 1881년 제정법까지만 하더라도 상표권의 양도에 관하여 특별한 제한이 없었으나 1905년 연방상표법에서는 상표권은 상표가 사용되는 영업의 신용과 관련하여 양도되도록 상표권의 양도를 제한하기 시작하였다.[2)]

3. 상표권과 영업의 동시 양도

1) 종전의 의미

상표권이 영업과 함께 양도된다는 의미는 종전에는 양도인의 공장, 재고, 고객 명단, 제품의 화학식, 노하우가 상표와 함께 양수인에게 양도된다는 의미로 해석하였다.

2) 현대적 의미

오늘날 상표권이 영업과 함께 양도된다는 의미는 양도인의 물리적인 자산이

---

1) 이를 'naked assignment'라고 한다.

2) SEC. 10. That every registered trade-mark and every mark for the registration of which application has been made, together with the application for registration of the same, shall be assignable in connection with the goodwill of the business in which the mark is used. Such assignment must be by an instrument in writing and duly acknowledge according to the laws of the country or State in which the same is executed; any such assignment shall be void as against any subsequent purchaser for a valuable consideration, without notice, unless it is recorded in the Patent Office within three months from date thereof. The commissioner shall keep a record of such assignments.

나 제품의 화학식이 양수인에게 이전되지 않았다고 하더라도 양수인이 상표권의 양도 전에 양도인이 판매하던 상품과 동일한 품질을 유지하여 상품을 생산하고 판매한다면 양도인의 신용이 상표와 함께 양수인에게 이전되었다고 해석하고 있다.[3)]

4. 마드리드 의정서에 따라 미국 내에서 보호가 확대된 상표에 대한 상표권의 양도

마드리드 의정서에 따라 국제출원을 하고 미국을 지정국으로 지정하여 미국에서의 보호확대가 결정된 상표의 상표권은 그 상표와 관련된 영업과 함께 마드리드 체약국에 국적이나 주소를 가지고 있거나 유효한 산업상 또는 상업상의 영업소를 가진 자에게 양도할 수 있다. 따라서 마드리드 체약국에 국적, 주소 또는 유효한 산업상 또는 상업상의 영업소를 가지지 않는 자에게는 상표권의 양도가 불가능하다.[4)]

Ⅲ. 절 차

1. 양도 방식

1) 연방상표법에 따라 등록한 상표의 상표권 양도

미국의 특허상표청에 등록된 상표의 상표권을 타인에게 양도하고자 하는 경우에는 「적정하게 작성되고 상표권자가 서명한 문서」에 의하여야 한다.[5)]

2) 보통법상의 상표권 양도

보통법상의 상표권을 타인에게 양도하는 경우에는 문서에 의하지 않더라도

---

3) Margreth Barrett, EMANUEL Law Outlines, Intellectual Property, 3rd Edition, Wolters Kluwer Law & Business, 2012, 284면 참조.

4) 미국의 연방상표법 제72조.

5) 미국의 연방상표법 제10조 (a)항 (3)에서는 다음과 같이 규정하고 있다.

"(3) Assignments shall be by instruments in writing duly executed. Acknowledgment shall be *prima facie* evidence of the execution of an assignment, and when the prescribed information reporting the assignment is recorded in the United States Patent and Trademark Office, the record shall be prima facie evidence of execution."

양도가 가능하다.[6]

2. 양도 등록

1) 임의적 등록

상표권자가 자기의 상표권을 타인에게 양도하는 경우 이를 미국의 특허상표청의 상표등록부에 반드시 등록하여야 할 필요는 없다. 따라서 미국에서는 상표권의 양도 사실을 특허상표청의 상표등록부에 등록하지 않더라도 상표권 양도의 효력은 발생한다. 다만, 상표권의 양도를 특허상표청의 상표등록부에 등록한 경우 그 등록은 상표권이 상표권자로부터 양수인에게 양도되었음을 나타내는 일응의 증거가 된다.[7]

2) 상표등록부상 상표권의 양도 등록과 양수인 명의의 상표등록증 발급

미국에서는 상표권의 양도를 특허상표청의 상표등록부에 등록할 필요는 없지만 만일 양수인이 자기 명의의 상표등록증을 발급받고자 하는 경우 먼저 특허상표청의 상표등록부에 등록하여야만 상표권의 잔여기간에 대한 상표등록증을 발급받을 수 있다.[8]

3) 상표등록부상 상표권의 양도 등록을 하지 않을 경우의 효과

상표권의 양도 사실을 양도일로부터 3개월 내 또는 제2의 양도가 있기 전에 특허상표청의 상표등록부에 등록하지 않을 경우 첫 번째 양수인은 양도인인 상표권자에게 적절한 대가를 지급한 제2의 양수인에 대해서는 대항할 수 없다.[9]

---

6) Speed Products Co. v. Tinnerman Products, Inc., 179 F.2d 778 (2d Cir. 1949).

7) 미국의 연방상표법 제10조 (a)(3).

8) 미국의 연방상표법 제7조 (e)항에서는 "(d) Issuance to assignee. A certificate of registration of a mark may be issued to the assignee of the applicant, but the assignment must first be recorded in the United States Patent and Trademark Office. In case of change of ownership the Director shall, at the request of the owner and upon a proper showing and the payment of the prescribed fee, issue to such assignee a new certificate of registration of the said mark in the name of such assignee, and for the unexpired part of the original period."와 같이 규정하고 있다.

9) 미국의 연방상표법 제10조 (a)(4).

제3절 ▮ 상표등록을 받을 수 있는 권리의 양도

Ⅰ. 상표의 실제 사용을 기초로 한 상표출원

상표의 실제 사용을 기초로 한 상표출원의 경우에는 상표가 등록되기 전에도 출원인의 영업의 전부 또는 일부와 함께 양도될 수 있다.

Ⅱ. 상표의 사용의사를 기초로 한 상표출원

상표의 사용의사를 기초로 한 상표출원은 상표가 아직 사용되지 않아 신용이 발생하지 않았기 때문에 출원인이 출원상표를 실제 사용하고 상표출원의 기초를 상표의 실제 사용으로 보정(amendment for alleged use)한 이후에야 양도가 가능하다. 다만, 출원인의 영업의 전부나 그 일부를 승계한 자는 출원상표가 사용되기 전이라도 상표등록을 받을 수 있는 권리를 양도받을 수 있다.[10)]

제4절 ▮ 등록상표의 사용허락

Ⅰ. 의 의

등록상표의 사용허락이란 "상표권자가 상표권은 그대로 보유한 상태에서 타인에게 일정한 조건하에서 등록상표를 지정상품에 대하여 독점적으로 또는 비독점적으로 사용하도록 허락하는 것"을 말한다.

---

10) 미국의 연방상표법 제10조 (a)(1).

II. 종 류

1. 상품 또는 영업권에 대한 사용허락 여부[11]

상표권자가 상품에 대한 등록상표의 사용만을 허락한 것인지 아니면 이에 부가하여 영업권까지 사용을 허락한 것인지에 따라 i) 상품에 대한 등록상표의 사용 허락, ii) 가맹점 영업권 계약으로 구분된다.

1) 상품에 대한 등록상표의 사용 허락

상표권자가 타인에게 상품에 대한 등록상표의 사용을 허락해 주는 대신 사용권자는 상표권자에게 사용료를 지급하는 등록상표의 사용허락(merchandise licensing) 방식을 말한다.

2) 가맹점 영업권 계약

상표권자가 타인과 가맹점 영업권 계약(franchise agreement)을 체결하면서 등록상표를 사용하여 상품을 판매하거나 서비스를 제공하는 일체의 계약을 체결하는 등록상표의 사용허락 방식을 말한다. 상품에 대한 등록상표의 사용 허락 방식과 달리 가맹점 영업권 계약 방식은 사용권자의 등록상표의 사용에 대한 일정한 조건뿐만 아니라 영업의 운영 방식에 관한 조건까지 부가된다.

2. 등록상표의 독점적 사용허락 여부

상표권자가 타인에게 등록상표를 그 지정상품에 대하여 일정범위 내에서 독점적으로 사용하도록 허락하는지 아니면 비독점적으로 사용하도록 허락하는지의 여부에 따라 전용사용권과 통상사용권, 단독사용권으로 구분된다.

1) 전용사용권

전용사용권(exclusive license)이란 "상표권자가 타인에게 등록상표를 그 지정상품에 대하여 「독점적」으로 사용하도록 허락해 주는 사용권"을 말한다. 이 경우 상표권자 자신도 등록상표를 사용할 수 없게 된다.

2) 통상사용권

통상사용권(non-exclusive license)이란 "상표권자가 타인에게 등록상표를 그 지정상품에 대하여 「비독점적」으로 사용하도록 허락해 주는 사용권"을 말한다. 이

---

11) Richard Stim, Trademark Law, West Legal Studies Thomson Learning, 2000, 180~181면 참조.

경우 상표권자는 2인 이상의 타인에게 등록상표를 사용할 수 있도록 허락할 수 있음은 물론이고 상표권자 자신도 등록상표를 사용할 수 있다.

3) 단독사용권

단독사용권(sole license)이란 "상표권자가 한 사람에게만 등록상표를 지정상품에 대하여 사용하도록 허락하고 더 이상 타인에게 등록상표를 사용하도록 허락하지 않지만 상표권자 자신에 의한 등록상표의 사용은 배제되지 않는 사용권"을 말한다. 단독사용권은 전용사용권과 비교할 때 등록상표의 사용을 허락한 한 사람 이외의 자를 제외한 타인에게는 더 이상 등록상표의 사용을 허락하지 않는다는 점에서는 전용사용권과 유사하지만 상표권자는 여전히 등록상표를 사용할 수 있다는 점에서는 전용사용권과 다르다.

Ⅲ. 사용권자가 상표권자의 동의 없이 타인에게 등록상표의 사용을 재허락할 수 있는지의 여부

상표권자로부터 등록상표의 사용허락을 받은 사용권자라고 하더라도 상표권자로부터 「명시적인 허락」(express permission)을 얻지 못하면 사용권자는 제3자에게 등록상표의 사용을 「재허락」(sub-license)할 수 없다.[12)]

Ⅳ. 상표권자의 사용권자에 의해 생산되는 상품에 대한 품질관리 의무

1. 의 의

연방상표법에서는 타인에 대한 등록상표의 사용허락과 관련하여 구체적인 규정을 두고 있지 않다. 다만, 제5조에서는 "「관계회사」(related company)가 등록상표 또는 출원 중인 상표를 합법적으로 사용하거나 사용할 수 있는 경우에는 그러한 상표가 소비자를 기만하는 방법으로 사용되지 않는 한 상표권자 또는 출원인의 이익을 위하여 유효하며 등록상표 또는 출원 중인 상표의 등록에는 영향을 미치지

12) Miller v. Glenn Miller Productions, 318 F. Supp. 2d 923, 933 (C.D.Cal. 2004).

아니한다."라고 규정하고 있다.[13] 그런데 제45조에서는 「관계회사」를 "상표가 사용되는 상품이나 서비스의 성질이나 품질과 관련하여 상표권자의 통제하에서 상표를 사용하는 자"라고 정의하고 있다.[14] 따라서 미국에서는 상품 또는 서비스와 관련된 품질의 동일성을 보장하기 위하여 상표권자의 품질관리를 받는 자에 한하여 등록상표를 사용할 수 있으며 그 사용이 소비자를 기만하지 않는 경우에 한하여 당해 상표등록의 효력에 영향을 미치지 않는다고 해석할 수 있다.

2. 제도의 취지

상표의 중요한 기능 중의 하나는 「품질보증 기능」이다. 따라서 상표권자는 등록상표가 사용되는 상품의 품질을 통제하여야 하며, 만일 타인에게 등록상표의 사용을 허락하는 경우에는 사용권자에 의하여 생산되는 상품의 품질을 관리하여야만 사용권자가 생산하여 판매하는 상품과 상표권자 또는 다른 사용권자가 생산하여 판매하는 상품은 동일한 품질을 유지할 수 있다. 만일 상표권자가 사용권자의 상품에 대한 품질관리를 하지 않아 사용권자에 의하여 생산되어 판매되는 상품의 품질이 상표권자의 상품보다 열악하다면, 동일한 상표를 사용하는 상품에 대하여 동일한 품질을 기대하는 소비자를 기만하는 행위에 해당하게 되고 이는 연방상표법의 주요한 목적인 소비자의 이익 보호의 취지에 반하기 때문이다.

---

13) §5 (15 U.S.C. §1055) Use by related companies
Where a registered mark or a mark sought to be registered is or may be used legitimately by related companies, such use shall inure to the benefit of the registrant or applicant for registration, and such use shall not affect the validity of such mark or of its registration, provided such mark is not used in such manner as to deceive the public. If first use of a mark by a person is controlled by the registrant or applicant for registration of the mark with respect to the nature and quality of the goods or services, such first use shall inure to the benefit of the registrant or applicant, as the case may be.

14) The term "related company" means any person whose use of a mark is controlled by the owner of the mark with respect to the nature and quality of the goods or services on or in connection with which the mark is used.

연구 67 상표권자의 사용권자가 생산하는 상품에 대한 품질관리

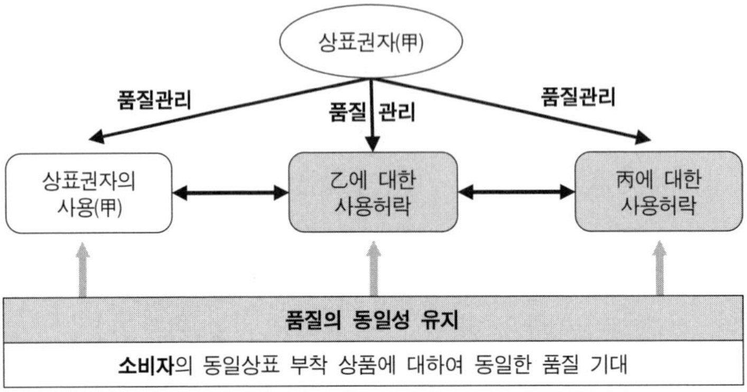

3. 품질관리가 수반되지 않은 등록상표의 사용허락

상표의 가장 기본적인 기능인 상품의 출처표시 기능은 상표권자가 자기의 상표를 사용할 경우에는 문제가 없지만 자기의 상표를 타인에게 사용허락을 하는 경우에는 상품의 출처가 달라지는 문제가 발생한다. 따라서 상표의 상품에 대한 출처표시의 기능과 타인에 대한 등록상표의 사용허락은 갈등관계가 존재한다고 볼 수 있다. 그런데 상표의 상품에 대한 출처표시 기능을 연방상표법에서 보호하는 궁극적인 취지는 소비자로 하여금 일정한 품질(consistent quality)을 가진 상품을 시장에서 쉽게 찾을 수 있도록 하는 데에 있으므로 만일 상표권자가 자기의 상표를 타인에게 사용허락을 하는 경우 상표권자가 사용권자가 생산 · 제조하여 유통하는 상품에 대한 품질을 관리하도록 한다면 전술한 갈등관계를 해소할 수 있다는 논리에서 미국의 연방상표법에서는 상표권자가 타인에게 등록상표의 사용허락을 하는 경우[15] 상표권자는 반드시 사용권자가 생산하는 상품에 대하여 품질을 관리하도록 하고 품질관리가 수반되지 않는 사용권 설정계약을 하는 경우 상표권자가 상표권을 「포기」한 것으로 간주하고 있다. 아울러 상표권자는 사용권자가 제조한 상품에 결함이 있을 경우 「제조물 책임」(product liability)을 부담할 수도 있다.

---

15) 이를 'naked license' 또는 'bare license'라고 말한다.

4. 상표권자의 품질관리의 방법과 정도

상표권자의 사용권자에 대한 품질관리의 방법으로는 서면계약, 구두계약 또는 명시적인 계약이 없는 경우 등 다양하다. 그런데 법원은 일반적으로 사용권자의 자체 품질관리가 있다는 것만으로는 상표권자의 품질관리가 충분하다고 보지 않고 있다. 따라서 등록상표의 사용권 설정 계약이 유효하려면 상표권자가 사용권자에 의하여 생산되는 상품의 품질에 대하여 「실제적이면서도 충분한 통제」(actual and sufficient control)를 하여야 한다.

Ⅴ. 사용권 설정등록

연방상표법에 따라 상표를 등록한 상표권자는 타인과 등록상표의 사용권 설정계약을 체결한 경우 그 사실을 반드시 특허상표청의 상표등록부에 등록하여야 할 필요는 없다. 따라서 상표권자가 사용권 설정을 특허상표청의 상표등록부에 등록하지 않더라도 사용권 설정계약의 효력은 발생한다.

Ⅵ. 사용권자의 금반언(禁反言) 원칙

상표권자로부터 사용권 설정 계약을 맺어 상표를 사용하는 사용권자는 상표권자에 대하여 그 상표권이 자기의 소유라는 주장을 할 수 없다(licensee estoppel).[16]

16) Martha Graham School and Dance Foundation, Inc. v. Martha Graham Center of Contemporary Dance, Inc., 153 F. Supp. 2d 512, 520 (S.D.N.Y. 2001), aff'd, 43 Fed. Appx. 408 (2d Cir. 2002).

제5절 ▮ 우리나라의 제도와 비교 · 분석

Ⅰ. 우리나라의 제도

1. 의 의

우리나라에서도 상표권은 재산권의 일종이므로 상표권자의 타인에 대한 상표권의 양도 또는 등록상표의 사용허락이 인정된다. 다만, 상품의 출처 또는 후원관계 등에 관한 혼동의 방지를 통해 소비자를 보호한다는 상표법의 취지에 따라 일정한 제한을 두고 있다.

2. 상표권의 양도

1) 영업과 분리 양도

(1) **1949년 제정상표법** 1949년 제정상표법(1949. 11. 28. 법률 제71호)에서는 상표는 영업과 분리하여 이전할 수 없도록 규정하였다.[17)]

(2) **1990년 개정법** 우리나라도 1990년 개정법(1990. 1. 13. 법률 제4210호)이 시행되기 전에는 상표권을 영업과 분리하여 이전하는 것을 허용할 경우 상품의 출처에 관한 소비자의 혼동이 발생하여 상거래 질서가 문란해지는 등 수요자의 이익이 침해될 수 있다는 이유로 상표권과 영업의 분리 이전을 금지하였다. 그런데 오늘날 상표의 출처표시 기능이 점차 상표권자의 거래상의 이익이라는 사익적 관점으로 이해하는 경향이 있으며, 상표권자가 스스로 이러한 이익을 포기하고 영업과 분리하여 양도하는 것을 금지할 이유가 없을 뿐만 아니라 상표의 상품에 대한 품질보증 기능의 측면에서도 상표권이 영업과 분리되어 양도될 경우 반드시 상품의 품질이 보증되지 않는다는 필연적 인과관계도 약하고 상품의 품질은 오히려 양수인의 기업경영 능력이나 노력에 의하여 좌우된다는 점과 오늘날의 상거래 현실상 상표권이 거래 대상이 되는 경우 상표와 영업의 관계가 희박한 경우도 많다는 점 등을 고려하여 1990년 개정법이 시행된 이후부터는 영업과 분리된 상표권의 이전

---

17) 제16조 ① 상표는 그 등록여부를 불문하고 영업과 같이하지 아니하면 이전할 수 없다.

과 상표권의 지정상품별 분할 이전을 허용하였다.

(3) 1997년 개정법　1997년 개정법(1997. 8. 22. 법률 제5355호)에서는 연합상표제도[18]를 폐지하면서 유사상표 간의 자유로운 이전을 허용하는 한편 상표권 이전 시 그 이전 사실을 일간신문 등에 30일 이상 공고하도록 요구한 상표권 이전의 공고제도도 폐지하였다.[19)20)]

2) 상표권 양도 등록의 효력

미국은 상표권자가 상표권을 타인에게 양도하는 경우 이를 특허상표청의 상표등록부에 등록하지 않더라도 상표권의 양도의 효력은 발생한다. 그러나 우리나라는 일반승계의 경우를 제외하고는 특허청의 상표등록부에 등록하지 않으면 상표권의 양도의 효력은 발생하지 않는다(법 §96① i). 한편 일반승계에 의한 이전은 승계의 원인이 발생함과 동시에 승계의 효력이 발생하지만 지체 없이 그 취지를 특허청장에게 신고하여야 한다(법 §96②). 또한 일반승계에 의한 경우 이전등록을 하지 않더라도 이전의 효력은 발생하지만 상표권자가 사망한 날부터 3년 이내에

---

18) 연합상표제도란 상표권자 또는 출원인이 그의 등록상표 또는 출원상표와 유사한 상표를 그 지정상품과 동일구분 내의 상품에 사용하거나 또는 사용하고자 하는 경우에 이를 등록상표 또는 출원상표의 연합상표로 출원하여 상표등록을 받을 수 있는 제도를 말한다.

19) 상표권의 이전 시 그 이전 사실을 일간신문에 공고한 사례를 들면 다음과 같다.

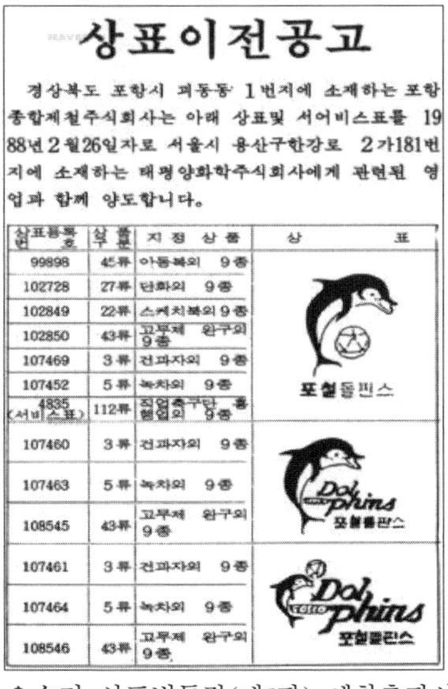

상표이전공고

경상북도 포항시 괴동동 1번지에 소재하는 포항종합제철주식회사는 아래 상표및 서어비스표를 1988년2월26일자로 서울시 용산구한강로 2가181번지에 소재하는 태평양화학주식회사에게 관련된 영업과 함께 양도합니다.

상표등록번호	상품구분	지정상품	상표
99898	45류	아동복외 9종	포철돌핀스
102728	27류	단화외 9종	
102849	22류	스케치북외 9종	
102850	43류	고무제 완구외 9종	
107469	3류	건과자외 9종	
107452	5류	녹차외 9종	
4835 (서비스표)	112류	직업축구단 흥행업외 9종	
107460	3류	건과자외 9종	Dol phins 포철돌핀스
107463	5류	녹차외 9종	
108545	43류	고무제 완구외 9종	
107461	3류	건과자외 9종	Dol phins 포철돌핀스
107464	5류	녹차외 9종	
108546	43류	고무제 완구외 9종	

상표이전공고

일본국 도꾜도메구로꾸 나까메구로 2쪼메 7방 7고에 주소를 두고 일본국법에 의하여 설립되어 현존하는 법인체인 가부시기가이샤다-반은 아래의 상표(출원중에 있는 것임)를 1984년 1월 28일자로 일본국도꾜도메구로꾸 나까메구로 2쪼메 7방7고에 소재하는 일본국법에 의하여 설립되어 현존하는 법인체인 가부시기가이샤 켄트랜드카펜에게 관련된 영업과함께 양도함.

상표	출원번호	지정상품
K&C	83-7619	제25류 : [illegible]
K&C	연합 83-7624	
K&C	연합 83-12916	
K&C	83-7620	제27류 : [illegible]
K&C	연합 83-7625	
K&C	연합 83-12917	

상표	출원상표	지정상품
K&C	83-7621	제34류 : [illegible]
K&C	연합 83-7626	
K&C	연합 83-12918	
K&C	83-7622	제35류 : [illegible]
K&C	연합 83-7627	
K&C	연합 83-12919	
K&C	83-7623	제45류 : [illegible]
K&C	연합 83-7628	
K&C	연합 83-12920	

20) 오승건, 상표법특강(제5판), 세창출판사, 1998, 314면 참조.

상속인이 그 상표권의 이전등록을 아니한 경우에는 상표권자가 사망한 날부터 3년이 되는 날의 다음 날에 상표권은 소멸된다(법 §106①).

3. 등록상표의 사용허락

1) 상표권자의 사용허락 요건

(1) 1949년 **제정상표법** 1949년 제정 상표법(1949. 11. 28. 법률 제71호)에서는 등록상표의 사용허락제도를 인정하지 않았다.

(2) 1973년 **개정법** 1973년 개정법(1973. 2. 8. 법률 제2506호)에서부터 통상사용권제도를 인정하기 시작하였다.[21] 다만, 상표권자의 타인에 대한 등록상표의 사용허락 시 특허청에 대한 사용권 설정등록과 관련하여 상품 또는 서비스의 품질의 동일성을 보장하기 위하여 그 등록요건을 엄격히 제한하는 「사전통제 방식」에 따라 통상사용권을 설정하여 주었으며, 이를 위반한 경우에는 특허국장의 행정처분의 대상이 되도록 규정하였다.[22]

(3) 1986년 **개정법** 1986년 개정법(1986. 12. 31. 법률 제3892호)에서는 상표권

---

21) 제29조 (통상사용권의 설정) ① 상표권자가 자기의 등록상표를 타인에게 사용하게 하고자 할 때에는 통상사용권의 실정을 상표원부에 등록하여야 한다.
② 전항의 규정에 의한 등록을 받고자 할 때에는 상표권자와 그 등록상표를 사용할 자는 공동으로 등록상표의 통상사용권설정의 등록신청서를 특허국장에게 제출하여야 한다.
③ 특허국장은 전항의 규정에 의한 신청이 지정상품을 오인시키거나 기만할 우려가 없고, 품질의 동일성을 보장하는 것이라고 인정할 수 있으며 다음 각호의 1에 해당할 때에는 통상사용권설정의 등록을 한다.
1. 상품 또는 업무에 관하여 대통령령으로 정하는 지배관계에 있는 회사 상호간
2. 외자도입법에 의한 외국인 투자 또는 기술도입(차관 또는 상표 사용만을 목적으로 한 것을 제외한다)으로써 상표사용을 포함하여 경제기획원장관의 인가를 받은 투자회사와 그 투자에 의하여 설립된 회사 상호간 또는 기술도입계약 당사자간.

22) 제30조 (통상사용권의 취소 및 말소) ① 통상사용권의 설정등록이 다음 각호의 1에 해당할 때에는 특허국장은 이해관계인의 청구에 의하여 또는 직권으로 그 등록을 취소할 수 있다.
1. 전조 제3항의 규정에 위반하여 등록되었을 때
2. 허위신청에 의하여 등록되었을 때
3. 제32조에 위반되었을 때
② 상표권자와 통상사용권자는 공동으로 통상사용권의 설정등록의 말소를 신청할 수 있다.
③ 특허국장은 전항의 규정에 의한 신청이 있을 때에는 그 등록을 말소하고 이를 각 당사자에게 통지하여야 한다.

자와 사용권자의 상품의 품질이 동일할 것을 사용권 설정등록의 사전 요건으로 하지 않고 사용권 설정등록 후 상품의 출처에 관한 수요자 오인 · 혼동이 발생하는 경우 심판에 의하여 사용권등록을 취소할 수 있도록 하는 「사후통제 방식」으로 전환하였다.[23)]

(4) 1990년 **개정법** 1990년 개정법(1990. 1. 13. 법률 제4210호)에서는 사후통제 방식을 계속 유지하는 한편 전용사용권에 관한 규정을 신설하여 현재의 규정과 같이 사용권제도를 전용사용권과 통상사용권으로 이원화하였다.[24)]

2) 사용권 설정등록의 효력

종전에는 통상사용권의 설정등록은 제3자 대항요건에 해당하고 전용사용권의 설정등록은 특허청의 상표등록부에 등록하지 않으면 그 전용사용권 설정의 효력을 인정하지 않았으나 2011년 개정법(2011. 12. 2. 법률 제11113호)에서 한 · 미 자유무역협정의 협정문을 이행하고 전용사용권자의 보호를 강화하기 위하여 전용사용권의 설정등록 의무를 폐지함에 따라 전용사용권의 설정등록은 전용사용권의 「효력발생 요건」에서 「제3자 대항요건」으로 변경되었다. 따라서 현재는 전용사용권과 통상사용권의 설정등록은 모두 특허청의 상표등록부에 등록하지 아니하면 제3자에게 대항할 수 없다(법 §100①).

---

23) 제45조의2 (사용권등록의 취소) ① 사용권자가 제45조 제2항의 규정에 해당하는 행위를 한 때에는 심판에 의하여 그 사용권등록을 취소하여야 한다.
② 제1항의 규정에 해당하는 것을 이유로 하는 심판청구를 한 날 후에 그 심판청구사유에 해당하는 사실이 없어진 경우에도 취소사유에 영향이 미치지 아니한다.
제45조 (상표등록의 취소 사유) ① 상표권자가 다음 각호의 1에 해당할 경우에는 심판에 의하여 그 상표등록을 취소하여야 한다.
② 사용권자가 지정상품에 대하여 그 등록상표를 사용함으로써 상품의 품질을 오인하게 하거나 상품의 출처를 혼동하게 할 때에는 심판에 의하여 그 상표등록을 취소하여야 한다. 다만, 상표권자가 상당한 주의를 한 경우에는 예외로 한다.

24) 문삼섭, 상표법(제2판), 세창출판사, 2004, 546면에서 재인용.

Ⅱ. 미국의 제도와 비교

1. 상표권의 양도

1) 영업과 분리 양도 가능 여부

상표권의 양도와 관련하여 미국은 상표권을 영업과 분리하여 양도하는 것을 금지하고 있는 데 반하여 우리나라는 이를 허용하고 있다는 점에서 가장 큰 차이를 보이고 있다. 우리나라도 1990년 개정법이 시행되기 전에는 미국처럼 상표권과 영업의 분리 양도를 제한하였지만 1990년 개정법이 시행된 이후에는 이를 제한하지 않고 있다. 따라서 상표의 출처표시 기능 또는 품질보증 기능을 고려할 때 미국의 제도가 보다 충실한 제도라고 볼 수 있으나 미국을 제외한 유럽과 일본 등 대다수의 나라들이 상표권과 영업의 분리 양도를 허용하고 있는 점에서 미국의 제도가 우리나라를 포함한 다른 유럽의 제도보다 바람직하다고 볼 수는 없다.

2) 상표권 양도 등록의 효력

미국은 상표권자가 상표권을 타인에게 양도하는 경우 이를 특허상표청의 상표등록부에 등록하지 않더라도 상표권 양도의 효력이 발생하지만, 우리나라는 일반승계의 경우를 제외하고는 특허청의 상표등록부에 등록하지 않으면 상표권 양도의 효력은 발생하지 않는다(법 §96① i)는 점에서 차이가 있다.

2. 등록상표의 사용허락

1) 상표권자의 사용허락 요건

등록상표의 타인에 대한 사용허락의 요건과 관련하여 우리나라와 미국은 상표권자의 등록상표에 대한 품질관리의 강도에 있어 큰 차이가 있다. 미국은 상표권자가 품질관리가 수반되지 않는 사용권 설정계약을 체결하는 경우 상표권자가 상표권을 「포기」한 것으로 간주하여 등록상표의 사용허락 시 사용권자의 상표사용과 관련된 품질관리 여부가 상표권의 유지와 관련하여 중요한 요소로 작용하지만, 우리나라의 경우 상표권자가 품질관리가 수반되지 않는 사용권 설정계약을 체결한다고 하더라도 그 계약은 유효하고 그 사용권자의 등록상표의 사용도 상표권자의 사용으로 인정된다는 점에서 미국보다는 훨씬 등록상표의 사용허락에 따른 규제가 낮다고 판단된다. 우리나라 상표법에서는 전용사용권자 또는 통상사용권자가 지정상품 또는 이와 유사한 상품에 등록상표 또는 이와 유사한 상표를 사용함으로써 수요자에게 상품의 품질을 오인하게 하거나 타인의 업무와 관련된 상품과의 혼동을 불러일으키게 한 경우에는 상표등록의 취소심판의 대상이 되도록 규정하여(법 §119① ii) 상표권자의 사용권자의 상표 사용에 대한 관리 · 감독 의무를 부여하고 있다. 다만, 상표권자의 사용권자의 상표 사용에 대하여 상당한 관리와 주의를 한 경우에는 상표등록의 취소심판의 대상에서 제외된다(법 §119① ii 단서).

2) 사용권 설정등록의 효력

미국과 우리나라는 모두 등록상표의 전용사용권과 통상사용권의 설정등록은 전용사용권 또는 통상사용권의 제3자 대항요건에 해당한다는 점에서는 차이가 없다.

제 10 장

상표권의 효력 상실

제1절 총 설

상표권의 효력 상실이란 일반적으로 "일단 유효하게 발생한 상표권이 일정한 사실의 발생으로 인하여 그 효력을 상실하는 것"을 말한다. 등록상표의 경우 주로 i) 상표권의 존속기간 만료, ii) 연방상표법 제8조에 따른 상표사용선언서의 미제출, iii) 상표등록의 취소 등에 의해서 상표권의 효력이 상실되지만 이하에서는 그 외 상표권의 효력 상실 원인으로서 i) 등록상표의 불사용, ii) 등록상표의 타인에 의한 무단 사용 묵인이나 오용, iii) 영업과 분리된 상표권의 양도, iv) 품질관리가 수반되지 않은 등록상표의 사용허락, v) 상표의 보통명칭화를 차례대로 살펴본다.

제2절 등록상표의 불사용

Ⅰ. 의 의

1. 의 의

원칙적으로 등록상표의 불사용(nonuse)만으로는 상표권은 포기로 인정되지 않는다. 상표권의 포기로 인정되기 위해서는 등록상표의 불사용이라는 객관적인 사실이 있고 상표권자와 등록상표의 사용권자들의 주관적인 불사용 의사가 있어야 한다. 따라서 어떠한 특수한 경제적 사정으로 등록상표를 일시적으로 불사용하고 있거나 불사용에 정당한 이유가 있는 경우에는 상표권의 포기로 인정되지 않는다. 한편 주관적인 불사용 의사는 개별적인 상황으로부터 추론된다.

연구 68 등록상표의 불사용과 상표권의 포기

		❶ 객관적		❷ 주관적		❸ 지역적
불사용으로 인한 상표권의 실제 포기	=	등록상표의 **불사용**	+	등록상표 사용자의 **불사용 의사**	+	**전국적**인 불사용(주 간의 상거래 또는 외국과의 상거래상 불사용)

2. 미국 전역에 걸친 불사용

상표등록에 따른 상표권의 지역적 효력은 미국 전역에 미치기 때문에 등록상표의 불사용도 미국 전역에 걸친 불사용이어야 한다. 그러므로 특정한 지역에서만 등록상표를 불사용하였다고 하여 상표권이 포기되지는 않으며 연방상표법에 따라 등록된 상표의 사용은 미국 내 주 간의 상거래 또는 외국과의 상거래에서의 사용을 의미하므로 미국 내 어느 특정한 하나의 주에 국한된 사용은 등록상표의 사용으로 인정되지 않는다.

II. 등록상표의 3년간 계속 불사용

1. 정상적인 상거래 과정에서의 상표의 불사용

상표권자가 스스로 상표권을 포기하겠다는 의사를 밝히지는 않았지만 등록상표의 사용을 중지한 지 오랜 시간이 지나게 되면 법원은 상표권자가 상표권을 포기한 것으로 간주하여 상표권의 효력은 상실된다. 이 경우 상표의 사용이란 정상적인 상거래 과정에서 상표를 성실하게 사용하는 것을 말하고 단지 상표권을 보유하기 위한 사용인 「명목상의 사용」(token use)을 의미하지 않는다.

2. 상표권의 상표 사용에의 부속 원칙과의 관계

연방상표법에서는 등록상표라 하더라도 다시 사용할 의사가 없이 사용을 중단한 경우 「상표권의 상표 사용에의 부속 원칙」에 따라 상표권을 포기한 것으로 간주하며, 등록상표를 계속하여 3년간 사용하지 않을 경우에는 상표권 포기의 일응의 증거가 된다.[1)2)]

연구 69 등록상표의 불사용과 상표권의 상표 사용에의 부속 원칙

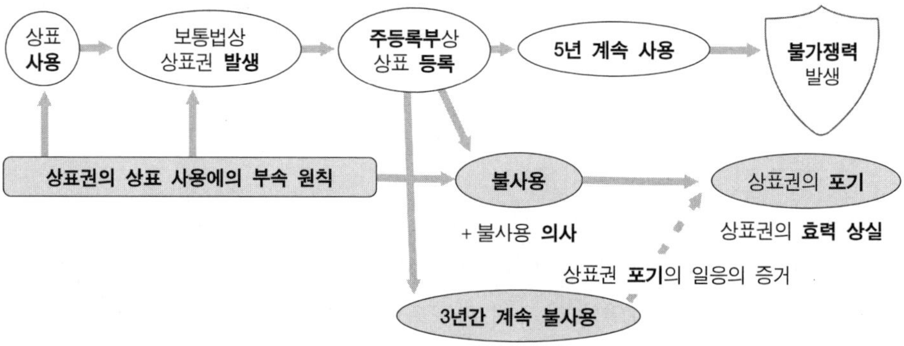

1) 미국의 연방상표법 제45조에 따르면 "A mark shall be deemed to be "abandoned" if either of the following occurs:

(1) When its use has been discontinued with intent not to resume such use. Intent not to resume may be inferred from circumstances. Nonuse for 3 consecutive years shall be *prima facie* evidence of abandonment. "Use" of a mark means the bona fide use of such mark made in the ordinary course of trade, and not made merely to reserve a right in a mark.

(2) When any course of conduct of the owner, including acts of omission as well as commission, causes the mark to become the generic name for the goods or services on or in connection with which it is used or otherwise to lose its significance as a mark. Purchaser motivation shall not be a test for determining abandonment under this paragraph."라고 규정하고 있다.

2) 문삼섭, "미국의 상표제도상 상표권과 상표의 사용 간 관련성에 관한 소고—보통법에 따른 상표권의 발생과 연방상표법에 따른 상표출원 · 심사 · 등록 및 등록 후 단계를 중심으로", 「창작과 권리」, 제89호, 세창출판사, 2017.12, 104면 참조.

제3절 ▌등록상표의 타인에 의한 무단 사용 묵인이나 오용

법원은 상표권자가 상표를 등록한 이후에 타인이 자기의 등록상표를 무단으로 사용하여 상표권의 침해가 발생하고 있음에도 불구하고 이를 방치하는 경우 상표권자가 등록상표를 보호하고자 하는 의사가 없는 것으로 보아 상표권을 「포기」한 것으로 본다. 아울러 상표권자가 등록상표를 부주의하게 사용하여 보통명칭으로 된 경우에도 상표권의 포기로 간주된다. 따라서 상표권자는 등록상표를 사용할 때에는 반드시 등록상표임을 나타내는 표시와 함께 올바르게 사용하는 것이 바람직하며 자기의 등록상표가 특정한 상품의 유형과 종류의 보통명칭으로 사용되지 않도록 주의하여야 하고, 시장에서 자기의 상표와 동일 · 유사한 상표가 사용되거나 또는 특허상표청에 새로 출원되었는지의 여부를 항상 감시하여야 한다.

제4절 ▌영업과 분리된 상표권의 양도

미국의 연방상표법상 상표권은 반드시 영업의 전부 또는 일부와 함께 양도하여야 하며, 만일 영업과 함께 양도하지 아니하는 상표권의 양도[3]가 있는 경우(assignment-in-gross) 상표권의 「포기」로 보아 상표권의 효력이 소멸하게 된다. 이는 상표는 당해 상표를 표시한 상품이나 서비스에 대하여 품질을 보증하는 기능을 하므로 그 상품에 대하여 일정한 품질을 기대하는 소비자를 보호하여야 하기 때문이다.

3) 이를 「naked assignment」라고도 한다.

제5절 ▮ 품질관리가 수반되지 않은 등록상표의 사용허락

연방상표법에서는 상표권자가 타인에게 등록상표의 사용을 허락하는 경우에 반드시 사용권자가 생산하는 상품이나 제공하는 서비스에 대하여 품질을 관리하도록 하고 있다. 따라서 상표권자가 타인에게 등록상표에 대한 사용허락을 하였지만 사용권자의 상품에 관한 품질관리나 사용권자의 등록상표의 사용에 관한 상표관리를 하지 않는 경우(licensing-in-gross)에는 상표권자가 상표권을 「포기」한 것으로 간주한다.

제6절 ▮ 상표의 보통명칭화[4)]

Ⅰ. 의 의

상표의 보통명칭화(genericism)란 “처음에는 어느 특정한 상품의 출처를 표시하는 식별력이 있는 상표였으나 상표권자의 관리 소홀 등으로 소비자와 경업자가 그 상표를 자유롭게 사용하여 거래사회에서 어느 특정한 상품의 종류나 유형의 전체를 가리키는 일반적인 명칭으로 사용되고 인식되는 것”을 말한다.

Ⅱ. 상표의 보통명칭화의 유형

상표의 보통명칭화는 그 원인에 따라 보다 구체적으로 다음과 같이 구분할 수 있다.

ⅰ) 상표가 신상품과 함께 유명해져서 보통명칭으로 잘못 인식되는 경우(예:

4) 문삼섭, 상표법(제2판), 세창출판사, 2004, 196~198면에서 인용.

스테이플러-호치키스, 접착용 투명테이프-Scotch 테이프)

ii) 상표관리의 소홀을 틈타 경업자가 무단으로 사용함으로써 보통명칭이 된 경우(예: 가구-호마이카, 주류-정종)

iii) 상품명이 길고 불편하여 소비자가 편의적으로 당해 상표를 보통명칭으로 사용함으로써 보통명칭이 된 경우(예: 의류-나일론)

iv) 특정한 상품이 저명해져서 그 상품의 상표가 동종상품의 대명사로 통하는 경우.

Ⅲ. 상표관리의 중요성

상표가 보통명칭화될 경우 경업자는 누구나 당해 상표를 자유롭게 사용할 수 있기 때문에 당해 상표사용자의 축적된 신용은 보호될 수 없게 된다. 따라서 당해 상표권자는 등록상표가 소비자나 경업자의 부당한 사용에 의하여 보통명칭화가 되지 않도록 하기 위하여 상표를 사용할 때에는 상품명과 병기하는 한편 등록상표임을 나타내는 "®" 표시를 하고, 특히 사전류나 백과사전류에 당해 상표가 상품명으로 사용되는 경우 이의 삭제를 요구하는 등 소비자나 경업자의 오용 또는 남용으로부터 등록상표를 보호하기 위한 적극적인 상표관리가 필요하다.

Ⅳ. 상표의 보통명칭화를 방지하기 위한 상표관리 전략

상표의 보통명칭화를 방지하기 위해서는 다음과 같은 상표의 사용 및 관리전략이 필요하다.[5)]

1. 상표를 동사적 또는 명사적으로 사용하지 말고 가급적 형용사적으로 사용

상표는 항상 보통명사를 꾸며주는 형용사처럼 사용하여야 하며, 상표 자체를

---

5) 김형진, 「미국상표법」, 지식공작소, 1999, 144면; http://inta.org/TrademarkBasics/FactSheets/Pages/TrademarkUseFactSheet.aspx 참조.

독립된 명사 또는 동사처럼 사용해서는 안 된다.

You are NOT xeroxing; rather, you are photocopying on a XEROX® copier.

You are NOT rollerblading; rather, you are skating with ROLLERBLADE® in-line skates.

2. 상표를 다른 상품명과 구분하여 사용

상표는 다른 상품명이나 병기되는 다른 문자와 구분되도록 대문자, 진한 볼드체나 이탤릭체로 쓰거나 또는 따옴표 안에 표시하여 쉽게 구별되도록 하여야 한다.

ROLLS-ROYCE® automobiles, ADIDAS® footwear.

3. 상표와 상품의 보통명칭을 병행하여 사용

상표를 상품명처럼 사용하지 말고 가능하면 제품의 보통명칭과 병행하여 사용하여야 한다.

ROLLERBLADE® in-line skate, FEDEX® courier, RAY-BAN® sunglasses

4. 복수로 사용하지 말고 단수로 사용

상표를 복수로 사용하지 말고 단수로 사용하여야 한다. 복수로 사용할 경우 소비자는 상품의 보통명칭으로 인식할 가능성이 더 크기 때문이다.

5. 상표를 소유격으로 사용 지양

상표를 소유격으로 사용하지 말아야 한다. 예를 들어 "THE McDONALD's TASTE"보다는 "THE McDONALD HAMBERGER's TASTE"로 사용하여야 한다.

6. 상표의 서체나 스타일을 일관되게 사용

상표가 특정한 서체나 스타일에 따르는 경우 그 특정한 서체나 스타일에 따라 일관되게 사용하여야 한다. 이렇게 사용함으로써 소비자와 경업자에게 상표로 사용하는 것으로 알리는 효과가 있다.

emart, 하이마트, SAMSUNG, , H&M

7. 연방상표법에 따라 등록된 상표인 경우 "Ⓡ" 표시, 주상표법에 따라 등록된 상표 또는 미등록상표인 경우 "TM", "SM" 마크 사용

연방상표법에 따라 등록된 상표인 경우 "Ⓡ" 표시를 하고 주상표법에 따라 등록되었거나 미등록된 상표인 경우 "TM", 서비스표인 경우 "SM" 표시를 사용하여 상표소유자가 당해 표장을 상표나 서비스표로서 사용하고 있음을 소비자와 경업자에게 알려야 한다.

adidas®, NIKE, ™

제7절 ▌우리나라의 제도와 비교 · 분석

Ⅰ. 우리나라의 제도

1. 의 의

우리나라의 상표법상 가장 넓은 의미에서의 상표권의 효력 상실 원인은 다음과 같다.

i) 상표권의 존속기간 만료

ii) 상표권의 포기

iii) 상속인의 부존재

iv) 상표권자의 사망 후 상속인의 상표권이전등록 불이행

v) 법인의 소멸

vi) 상품분류전환등록의 불이행

vii) 상표등록의 취소

viii) 상표등록의 무효.

2. 상표권의 존속기간 만료

상표권은 그 존속기간의 만료로 소멸한다. 보다 구체적으로는 i) 상표권의 존속기간갱신등록신청이 없거나, ii) 존속기간갱신등록료를 납부하지 않은 경우, iii) 상표권의 존속기간갱신등록이 무효가 되면 원상표권의 존속기간의 만료로 상표권은 소멸한다.

3. 상표권의 포기

상표권자는 상표권을 지정상품마다 포기할 수 있고(법 §101), 상표권자의 포기가 있는 때에는 그때부터 상표권은 그 효력이 상실된다(법 §103).

4. 상속인의 부존재

상표법상 명문의 규정은 없으나 특허법 제124조[6]의 규정을 유추적용하여 상속인이 없는 경우에는 상표권이 소멸한다고 보는 견해가 다수설이다.

5. 상표권자의 사망 후 상속인의 상표권이전등록 불이행

상표권자가 사망한 날부터 3년 이내에 상속인이 그 상표권의 이전등록을 하지 아니한 경우에는 상표권자가 사망한 날부터 3년이 되는 날의 다음 날에 상표권이 소멸된다(법 §106①).

6. 법인의 소멸

청산절차가 진행 중인 법인의 상표권은 법인의 청산종결등기일(청산종결등기가 되었더라도 청산사무가 사실상 끝나지 아니한 경우에는 청산사무가 사실상 끝난 날과 청산종결등기일부터 6개월이 지난 날 중 빠른 날)까지 그 상표권의 이전등록을 하지 아니한 경우에는 청산종결등기일의 다음 날에 소멸된다(법 §106②).

---

6) 제124조 (상속인이 없는 경우 등의 특허권 소멸) ① 특허권의 상속이 개시된 때 상속인이 없는 경우에는 그 특허권은 소멸된다.

7. 상품분류전환등록의 불이행

상품분류전환등록의 대상에 해당함에도 불구하고 상품분류전환등록을 하지 않거나 상품분류전환등록을 무효로 한다는 심결이 확정된 경우 상표권은 다음에 도래하는 존속기간의 만료일 다음날에 소멸한다(법 §213).

8. 상표등록의 취소

상표등록은 상표법 제119조 제1항 각호에서 규정하는 사유로 심판이 청구되어 상표등록을 취소한다는 심결이 확정되었을 경우에는 그 상표권은 「그때부터」 소멸된다(법 §119①,⑥). 다만, 등록상표의 불사용을 사유로 상표등록을 취소한다는 심결이 확정된 경우에는 그 「심판청구일」에 소멸하는 것으로 본다(법 §119⑥단서).

9. 상표등록의 무효

상표등록은 상표법 제117조 제1항 각호에서 규정하는 사유로 심판이 청구되어 상표등록을 무효로 한다는 심결이 확정된 경우에는 그 상표권은 「처음부터」 없었던 것으로 본다(법 §117③). 다만, 후발적 무효사유로 심판이 청구되어 상표등록을 무효로 한다는 심결이 확정된 경우에는 상표권은 그 「등록상표가 무효사유에 해당하게 된 때」부터 없었던 것으로 본다(법 §117③단서).

II. 미국의 제도와 비교

1. 상표권의 효력 상실 원인

우리나라와 전술한 미국의 상표권의 효력 상실 원인을 상호 비교해 볼 때 미국의 상표권의 효력 상실 원인 중 i) 등록상표의 불사용, ii) 상표의 보통명칭화는 우리나라에서도 상표권의 효력이 상실되는 원인에 해당한다. 다만, i) 등록상표의 타인에 의한 무단 사용 묵인이나 오용,[7] ii) 영업과 분리된 상표권의 양도,

---

7) 물론 타인의 무단 사용에 의하여 그 상표가 보통명칭화가 되는 경우에는 우리나라에서도 후발적 무효사유에 해당하므로 우리나라에서도 상표권의 효력이 상실되는 원인에 해당한다고 볼 수 있다.

iii) 품질관리가 수반되지 않는 등록상표의 사용허락의 경우에는 우리나라에서는 상표권의 효력이 상실되는 원인으로 규정하고 있지 아니한 점에서 차이가 있다.

2. 등록상표의 불사용과 상표권의 효력 상실

우리나라의 경우 등록상표를 3년 이상 계속하여 불사용하는 경우 정당한 이유가 존재하지 않으면 상표등록의 취소사유에 해당되지만(법 §119①iii) 어느 누군가가 등록상표의 불사용을 이유로 상표등록의 취소심판을 청구하지 않으면 특허청장이 상표등록을 직권으로 취소할 수는 없다. 반면 미국의 연방상표법에서는 등록상표라 하더라도 다시 사용할 의사 없이 상표의 사용을 중단한 경우에는 상표권을 포기한 것으로 간주하며, 등록상표를 계속하여 3년간 사용하지 않을 경우[8]에는 상표권 포기의 일응의 증거가 된다.

3. 법원의 상표의 등록에 대한 적격성 여부 판단

미국에서는 민사법원에서 상표등록의 적격성 여부를 직접 판단할 수 있다. 따라서 상표권자가 상표권의 침해소송을 제기하고 피고가 원고의 상표등록의 취소를 반소로 제기하는 경우 당해 법원에서 본안사건의 선결문제로 상표등록의 적격성 여부를 판단할 수 있다. 반면 우리나라의 경우 상표법상으로는 상표등록의 적격성 여부는 특허심판원에 상표등록의 무효심판을 통해 판단하고 법원이 직접 상표등록의 무효 여부를 판단할 수는 없다. 다만, 민사소송에서 상표등록의 유효성 여부가 본안사건의 선결문제가 되는 경우 상표등록에 「중대하고 명백한 흠결」이 있는 경우에 한하여 민사법원에서 상표등록의 무효를 판단할 수 있다는 판례는 존재한다.[9]

---

8) 등록상표의 불사용기간이 3년 미만이라고 하더라도 등록상표를 재사용할 의사 없이 포기하였음이 입증된 경우 상표등록이 취소된다. 또한 비록 등록상표의 불사용기간이 3년 이상이라고 하더라도 가까운 장래에 불사용된 상표를 사용하기 위한 구체적인 계획이 마련되어 있음을 증명하는 경우에는 상표등록의 취소를 면할 수 있다. 아울러 전시나 사변, 노사분규, 파산 등에 의하여 영업활동이 일시적으로 중단되어 등록상표가 불사용된 경우에는 상표권의 포기로 인정되지 아니한다.

9) 대법원 2012. 10. 18. 선고 2010다103000 전원합의체 판결에서 대법원은 "상표법은 등록상표가 일정한 사유에 해당하는 경우 별도로 마련한 상표등록의 무효심판절차를 거쳐 등록을 무효로 할 수 있도록 규정하고 있으므로, 상표는 일단 등록된 이상 비록 등록무효사유가 있다고 하더라도 이와 같은 심판에 의하여 무효로 한다는 심결이 확정되지 않는 한 대세적

4. 상표권자 등의 상표등록 등의 과정에서 거짓행위 시 조치

우리나라의 경우 거짓이나 그 밖의 부정한 행위를 하여 상표등록, 지정상품의 추가등록, 존속기간갱신등록, 상품분류전환등록 또는 심결을 받은 자는 3년 이하의 징역 또는 3천만 원 이하의 벌금에 처하고 있다(법 §234). 그러나 미국은 부정한 방법에 의하여 상표등록이 된 경우 상표등록의 취소사유로 규정하고 있는 것은 물론이고[10)11)] 특허상표청에 문서 또는 구두로 기만 또는 허위의 의사 선언이나

으로 무효로 되는 것은 아니다. 그런데 상표등록에 관한 상표법의 제반 규정을 만족하지 못하여 등록을 받을 수 없는 상표에 대해 잘못하여 상표등록이 이루어져 있거나 상표등록이 된 후에 상표법이 규정하고 있는 등록무효사유가 발생하였으나 상표등록만은 형식적으로 유지되고 있을 뿐임에도 그에 관한 상표권을 별다른 제한 없이 독점 · 배타적으로 행사할 수 있도록 하는 것은 상표의 사용과 관련된 공공의 이익을 부당하게 훼손할 뿐만 아니라 상표를 보호함으로써 상표사용자의 업무상 신용유지를 도모하여 산업발전에 이바지함과 아울러 수요자의 이익을 보호하고자 하는 상표법의 목적에도 배치되는 것이다. 또한 상표권도 사적 재산권의 하나인 이상 그 실질적 가치에 부응하여 정의와 공평의 이념에 맞게 행사되어야 할 것인데, 상표등록이 무효로 될 것임이 명백하여 법적으로 보호받을 만한 가치가 없음에도 형식적으로 상표등록이 되어 있음을 기화로 그 상표를 사용하는 자를 상대로 침해금지 또는 손해배상 등을 청구할 수 있도록 용인하는 것은 상표권자에게 부당한 이익을 주고 그 상표를 사용하는 자에게는 불합리한 고통이나 손해를 줄 뿐이므로 실질적 정의와 당사자들 사이의 형평에도 어긋난다. 이러한 점들에 비추어 보면, 등록상표에 대한 등록무효심결이 확정되기 전이라고 하더라도 상표등록이 무효심판에 의하여 무효로 될 것임이 명백한 경우에는 상표권에 기초한 침해금지 또는 손해배상 등의 청구는 특별한 사정이 없는 한 권리남용에 해당하여 허용되지 아니한다고 보아야 하고, 상표권침해소송을 담당하는 법원으로서도 상표권자의 그러한 청구가 권리남용에 해당한다는 항변이 있는 경우 그 당부를 살피기 위한 전제로서 상표등록의 무효 여부에 대하여 심리 · 판단할 수 있다고 할 것이며, 이러한 법리는 서비스표권의 경우에도 마찬가지로 적용된다."고 판시하였다.

10) "A petition to cancel a registration of a mark, stating the grounds relied upon, may, upon payment of the prescribed fee, be filed as follows by any person who believes that he is or will be damaged, including as a result of a likelihood of dilution by blurring or dilution by tarnishment under section 1125(c) of this title, by the registration of a mark on the principal register established by this chapter, or under the Act of March 3, 1881, or the Act of February 20, 1905:

(3) At any time if the registered mark becomes the generic name for the goods or services, or a portion thereof, for which it is registered, or is functional, or has been abandoned, or its registration was obtained fraudulently or contrary to the provisions of section 1054 of this title or of subsection (a), (b), or (c) of section 1052 of this title for a registration under this chapter, or contrary to similar prohibitory provisions of such said prior Acts for a registration under such Acts, or if the registered mark is being used by, or with the permission of, the registrant so as to misrepresent the source of the goods or services on or in connection with which the

설명으로 상표를 등록한 자는 그 등록으로 인하여 손해를 입은 자에게 민사적 책임을 지도록 규정하고 있다.[12)]

---

mark is used. If the registered mark becomes the generic name for less than all of the goods or services for which it is registered, a petition to cancel the registration for only those goods or services may be filed. A registered mark shall not be deemed to be the generic name of goods or services solely because such mark is also used as a name of or to identify a unique product or service. The primary significance of the registered mark to the relevant public rather than purchaser motivation shall be the test for determining whether the registered mark has become the generic name of goods or services on or in connection with which it has been used." 미국의 연방상표법 제14조 (3) 참조.

11) "(b) To the extent that the right to use the registered mark has become incontestable under section 1065 of this title, the registration shall be conclusive evidence of the validity of the registered mark and of the registration of the mark, of the registrant's ownership of the mark, and of the registrant's exclusive right to use the registered mark in commerce. Such conclusive evidence shall relate to the exclusive right to use the mark on or in connection with the goods or services specified in the affidavit filed under the provisions of section 1065 of this title, or in the renewal application filed under the provisions of section 1059 of this title if the goods or services specified in the renewal are fewer in number, subject to any conditions or limitations in the registration or in such affidavit or renewal application. Such conclusive evidence of the right to use the registered mark shall be subject to proof of infringement as defined in section 1114 of this title, and shall be subject to the following defenses or defects:

(1) That the registration or the incontestable right to use the mark was obtained fraudulently; or" 미국의 연방상표법 제33조 (b)(1) 참조.

12) "Any person who shall procure registration in the Patent and Trademark Office of a mark by a false or fraudulent declaration or representation, oral or in writing, or by any false means, shall be liable in a civil action by any person injured thereby for any damages sustained in consequence thereof." 미국의 연방상표법 제38조 참조.

제 11 장

상표심판제도

제1절 총 설

Ⅰ. 상표심판

상표심판이란 “상표등록의 거절결정 등과 같은 심사관의 행정처분에 대하여 위법성을 다투거나 상표등록의 취소 등 상표등록과 관련된 당사자 사이의 다툼을 해결하기 위하여 미국의 특허상표청 내에 설치된 「상표심판원」(Trademark Trial and Appeal Board: TTAB)에서 행하는 상표관련 쟁송절차”를 말한다.[1)]

Ⅱ. 상표심판원

1950년대부터 상표출원이 급증함에 따라 상표심사 업무의 가중과 심사관의 거절결정 등에 대한 불복을 특허청장에게 청구하는 사건의 적체를 가져오게 되었다. 이러한 문제를 해소하기 위해 1958년에는 「특허청장」에 대한 심사관의 거절결정에 대한 항고제도를 폐지하고 「상표심판원」을 설립하여 상표심판원에 항고를 제기할 수 있도록 개선하였다.

1) 우종균, “미국 상표법”, 특허청, 42면 참조.

제2절 ▮ 종 류

Ⅰ. 의 의

상표심판은 청구인과 피청구인이 서로 대립하는 구조를 취하는지의 여부에 따라 결정계 심판과 당사자계 심판으로 구분된다.

Ⅱ. 결정계 심판

결정계 심판(*ex parte* appeal)이란 출원인이 상표등록의 거절결정과 같은 심사관의 행정처분 등에 대하여 불복하는 경우 그 처분이 확정되기 전에 그 처분의 취소를 구하는 심판으로서 청구인과 피청구인이 대립하는 구조를 취하지 않는 심판을 말한다.[2)]

Ⅲ. 당사자계 심판

당사자계 심판(*inter parte* appeal)이란 상표등록의 이의신청(opposition to registration), 상표등록의 취소(petition for cancellation) 등과 같이 상표등록과 관련하여 당사자 사이에 다툼이 있는 경우 이에 대한 당부를 판단하는 심판으로서 청구인과 피청구인이 대립하는 구조를 취하는 심판을 말한다. 당사자계 심판으로는 다음에 해당하는 심판이 있다.

i) 상표등록의 이의신청에 대한 심판(opposition proceeding)

ii) 상표등록의 취소심판(cancellation proceeding)

---

2) 미국의 연방상표법 제20조에서는 "An appeal may be taken to the Trademark Trial and Appeal Board from any final decision of the examiner in charge of the registration of marks upon the payment of the prescribed fee."라고 규정하고 있다.

iii) 공존사용등록심판(concurrent use proceeding)

iv) 저촉심판(interference proceeding).

위에서 언급된 심판 중에서 상표등록의 이의신청에 대한 심판, 공존사용등록심판, 저촉심판은 상표등록 전의 절차에 해당하고 상표등록의 취소심판은 상표등록 후의 절차에 해당한다.

제3절 ▌결정계 심판[3)]

Ⅰ. 심판 대상

출원인은 출원상표가 심사관에 의하여 연방상표법 제2조, 제3조, 제4조, 제5조, 제6조와 제23조의 규정에 의하여 등록이 거절된 경우에 상표심판원에 거절결정불복심판을 청구(notice of appeal)할 수 있다.

Ⅱ. 심판 청구기간

출원인은 「거절결정일로부터 6개월 이내」에 상표심판원에 거절결정불복심판을 청구하여야 하며, 심판청구일로부터 60일 이내에 심판청구의 취지와 이유서(brief)를 상표심판원에 제출하여야 한다. 만일 출원인이 심판청구일로부터 60일 이내에 심판청구의 취지와 이유를 제출하지 않으면 당해 심판청구는 각하된다.

Ⅲ. 심판 절차

출원인이 심판청구서를 제출하면 상표심판원은 그 부본을 출원상표의 등록

3) 우종균, 앞의 자료, 43~44면 참조.

을 거절한 심사관에게 송부하고 심사관은 그 송부일로부터 60일 이내에 출원상표의 등록을 거절한 이유를 명확히 설명하는 「의견서」(written answer)를 상표심판원에 제출한다. 출원인은 심사관의 의견서에 대하여 「답변서」(reply brief)를 제출할 수 있으나 심사관은 그 답변서에 대한 「변박서」를 제출할 수는 없다. 아울러 출원인은 심사 시 제출한 증거자료 외의 새로운 증거자료는 제출할 수가 없다. 다만, 출원인이 구두심리(oral hearing)가 필요하다고 판단하는 경우에는 심판청구와 별도로 상표심판원에 신청하여야 한다.[4)]

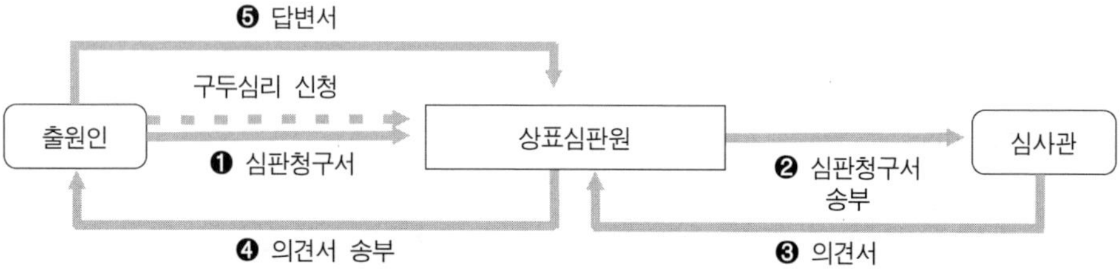

Ⅳ. 심결에 대한 불복청구

상표심판원 심판관의 심결에 대하여 불복하고자 하는 자는 그 심결일로부터 63일 이내에 「연방순회항소법원」(United States Court of Appeals for the Federal Circuit)[5)]에 소송을 제기하고 최종적으로 「연방대법원」(United States Supreme Court)에서 다투거나 또는 「연방지방법원」(United States District Court)에 제소하고 「연방항소법원」(United States Court of Appeals)에 항소한 다음 최종적으로 「연방대법원」에 상고할 수 있다.

4) 우종균, 앞의 자료, 43~44면 참조.
5) 미국 연방순회구 항소법원들의 관할구역은 다음과 같다.

연구 70 상표심판원 심판관의 심결에 대한 불복절차

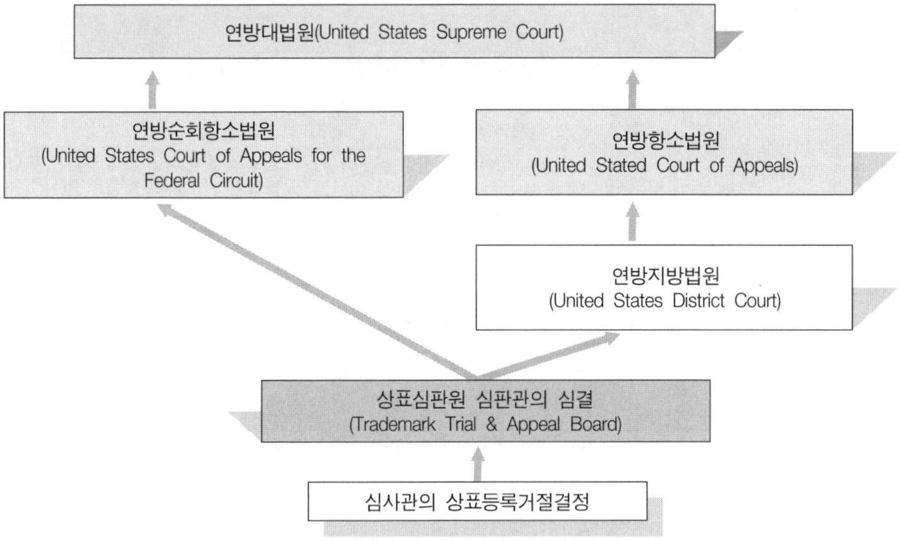

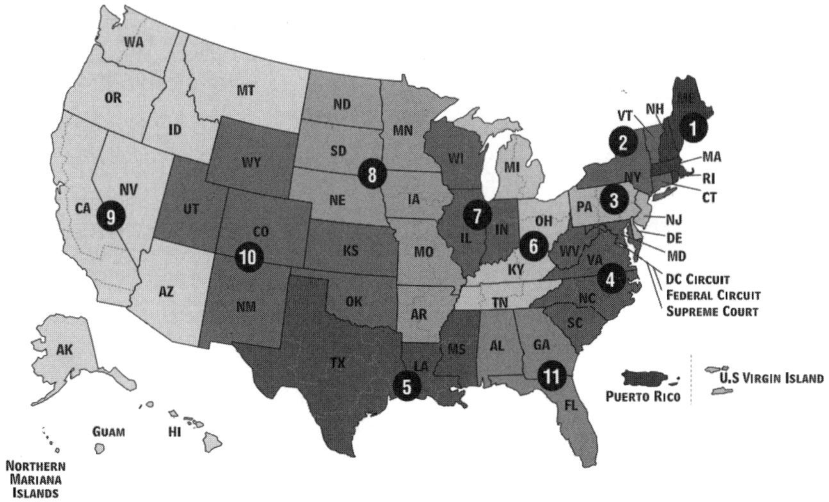

출처: http://www.uscourts.gov/about-federal-courts/court-role-and-structure.

연구 71 연방법원의 구성과 상표와 관련된 관할권[6]

	구성		관할권	
연방지방법원 (U.S. District Court)	구성	· 각 주에 하나 이상 약 94개 법원으로 구성	· 상표와 관련하여 연방의회가 제정한 법률에 기초하여 발생한 민사소송	
	심리	· 통상 1인의 판사가 심리		
	배심원	· 배심원의 이용은 연방헌법상 보장된 권리이므로 이용 여부는 당사자의 의사에 의해 결정되며 판사는 결정 권한이 없음		
	판사 임명	· 대통령이 임명하고 상원이 승인		
연방항소법원 (U.S. Courts of Appeals)	구성	· 제1 연방순회구~제11 연방순회구, 컬럼비아 특별구, 특수사건을 담당하는 연방순회항소법원(CAFC)으로 총 **13개 연방항소법원**으로 구성	CAFC를 제외한 연방항소법원	· 연방지방법원의 모든 항소사건 · 연방지방법원 판결의 적법성 여부 판단
	심리	· 원칙적으로 3인의 판사로 구성된 합의체에서 심리 · CAFC는 12인 판사로 구성 · 중요한 사건은 법관 전원으로 구성된 대법정(*en banc*)에서 심리	CAFC	· 특허상표청장의 결정 또는 상표심판원 심판관의 심결에 대한 항소
	배심원	· 배심원은 이용되지 않음		· 관할 연방지방법원의 상표사건 관련 판결에 대한 항소 사건
	판사 임명	· 대통령이 임명하고 상원이 승인		· 국제무역위원회(International Trade Commission: ITC)의 최종 결정에 대한 항소
연방대법원 (U.S. Supreme Court)	구성	· 9명의 대법관으로 구성	· 하급심 판결의 위헌여부 판단 · 연방항소법원 간 법해석이 불일치한 경우 법해석의 통일을 위한 심리 · CAFC로부터 연방대법원에 대한 상소는 모두 **이송명령**(writ of certiorary)으로 연방대법원은 상소된 사건에 대해 심리할지의 여부를 **재량**으로 판단	
	심리	· 연방 최고법원으로 연방항소법원 판결에 대한 상고심		
	판사 임명	· 대통령이 임명하고 상원이 승인		

6) 김승조, "미국의 사법제도와 관할권", 특허청 참고.

제4절 ▌당사자계 심판

Ⅰ. 상표등록의 이의신청에 대한 심판

1. 의 의

상표등록의 이의신청에 대한 심판은 출원상표가 심사관의 심사를 거쳐 상표공보에 공고된 경우 그 상표가 등록될 경우 손해[7]를 입게 될 것이라고 믿는 이의신청인이 출원상표가 「주등록부」에 등록되는 것을 차단하기 위하여 신청하는 절차를 말한다.

2. 제도의 취지와 연혁

심사관에 의한 심사의 불완전성을 보완하기 위하여 마련된 제도로서 1905년 연방상표법, 1946년 Lanham Act에도 상표등록의 이의신청에 관한 규정을 두었고 이의신청에 관한 실질적인 처리는 「심사관」이 담당하였으나 1958년에 상표심판원이 설립되면서 이의신청에 대한 업무를 상표심판원의 「심판관」이 처리하기 시작하였다.

3. 이의신청인

특허상표청의 「주등록부」[8]에 상표등록이 될 경우 손해를 입게 될 것이라고 믿는 사람은 「누구나」 상표심판원에 상표등록에 대한 이의신청을 제기할 수 있다. 이 경우 손해에는 연방상표법 제43조 (c)항의 규정에 의한 유명상표의 식별력 약화 또는 명성의 손상에 의한 희석의 가능성에 의한 손해를 포함한다.[9]

---

7) 이때의 손해는 반드시 경제적 손해일 필요는 없지만 실제적 또는 잠재적인 손해를 의미한다.

8) 따라서 상표공보에 「출원공고」로서 게재되는 절차가 없는 「보조등록부」에의 상표출원에 대한 상표등록의 이의신청은 허용되지 않는다.

9) 미국의 연방상표법 제13조 (a)항에서는 "(a) Any person who believes that he would be damaged by the registration of a mark upon the principal register, including the registration of any mark which would be likely to cause dilution by blurring or dilution by tarnishment

4. 이의신청 사유

연방상표법에서는 상표등록의 이의신청을 제기할 수 있는 자와 기간에 대해서만 규정하고 이의신청의 구체적인 사유에 대해서는 명시적으로 규정을 두고 있지 않다. 따라서 법원은 이러한 입법 미비를 해석으로 보완하여 「연방상표법상 모든 부등록사유」를 이의신청의 사유에 해당한다고 보고 있다.

5. 이의신청 기간

이의신청인은 출원상표가 특허상표청의 「상표공보(Official Gazette)에 게재된 날로부터 30일 이내」에 상표등록의 이의신청서(notice of opposition)를 제출하여야 한다. 이의신청인이 30일의 이의신청기간이 만료되기 전에 서면에 의한 기간연장 신청이 있는 경우 이의신청 기간이 30일간 자동으로 연장된다. 이의신청인은 추가로 연장된 30일의 기간이 만료되기 이전에 정당한 이유를 들어 추가적인 기간연장을 요청할 수 있으며 기간연장 신청의 이유가 타당한 경우 기간연장이 허용된다.[10]

6. 이의신청에 대한 심판 절차

이의신청에 대한 심판 절차는 연방상표법 시행규칙(Rules of Practices)에서 특별히 규정된 것이 없으면 당사자계 심판에 적용되는 연방민사소송규칙(Federal Rules of Civil Procedures)을 준용하여 심리를 진행한다.

---

under section 1125(c) of this title, may, upon payment of the prescribed fee, file an opposition in the Patent and Trademark Office, stating the grounds therefor, within thirty days after the publication under subsection (a) of section 1062 of this title of the mark sought to be registered. Upon written request prior to the expiration of the thirty-day period, the time for filing opposition shall be extended for an additional thirty days, and further extensions of time for filing opposition may be granted by the Director for good cause when requested prior to the expiration of an extension. The Director shall notify the applicant of each extension of the time for filing opposition. An opposition may be amended under such conditions as may be prescribed by the Director."라고 규정하고 있다.

10) 이의신청 제기 기간은 상표공보 게재일로부터 최대 180일까지다.

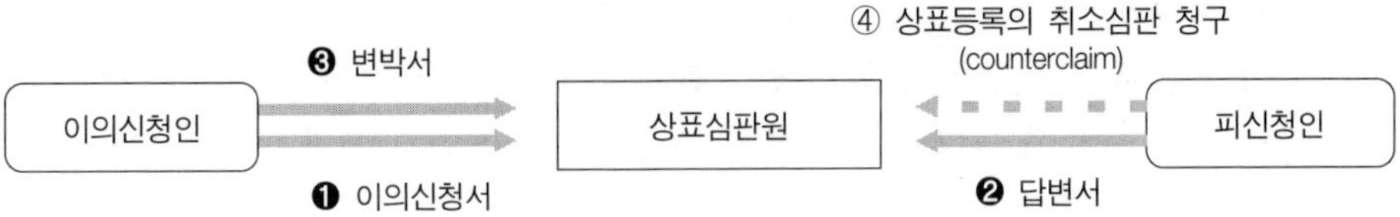

이의신청인이 상표심판원에 이의신청서를 제출하면 상표심판원은 그 부본을 피신청인인 출원인에게 송부하고 피신청인은 상표심판원에 답변서를 제출하게 된다. 그러면 이의신청인은 피신청인의 답변서에 대한 변박서를 상표심판원에 제출하게 된다. 피신청인은 이의신청의 이유가 이의신청인의 선등록상표인 경우에는 상표심판원에 이의신청의 이유가 된 선등록상표에 대한 상표등록의 취소심판을 청구(counterclaim)할 수도 있다.[11]

II. 상표등록의 취소심판

1. 의 의

상표등록의 취소심판은 연방상표법에 따른 상표등록에 흠결이 있는 경우 상표심판원의 심판절차에 의거하여 원칙적으로 상표등록일로 소급하여 그 등록을 취소시키는 심판을 의미한다. 미국에서의 상표등록의 취소심판은 명칭이 「취소」(cancellation)심판이지만 실질적으로는 우리나라의 상표등록의 「무효」(invalidation) 심판과 등록상표의 불사용에 따른 상표등록의 「취소」심판에 대응되는 개념이다.

연구 72 미국의 상표등록의 취소심판제도에 대응되는 우리나라 심판제도

미국	상표등록의 **취소심판**	≒	상표등록의 **무효심판**	우리나라
			등록상표의 불사용에 따른 상표등록의 **취소심판**	

11) 우종균, 앞의 자료, 44~45면 참조.

2. 제도의 취지

심사관의 착오 등으로 인하여 발생한 부실권리를 그 권리의 성립 당시 또는 후발적으로 그 사유에 해당하는 날까지 소급적으로 소멸시켜 정리함으로써 그 권리의 대항을 받는 경업자의 부당한 이익의 침해를 방지하는 한편 건전한 상거래 질서를 확립하기 위하여 마련된 제도이다.

3. 연 혁

1905년 연방상표법에서는 상표등록의 취소를 특허청장에게 청구하도록 하였으나 실질적인 업무는 심사관이 처리하였고 1958년에 상표심판원이 설립되면서 상표등록의 취소심판에 대한 업무를 상표심판원의 심판관이 담당하기 시작하였다.

4. 상표등록의 이의신청과 상표등록의 취소심판의 차이점

1) 신청 또는 청구 시기

상표등록의 이의신청은 출원상표가 등록되기 전에 그 등록을 금지시키기 위한 절차라면 상표등록의 취소심판은 상표가 일단 등록된 이후 그 등록을 취소시키기 위한 절차라는 점에서 차이가 있다.

2) 신청 또는 청구 대상

상표등록의 이의신청은 「주등록부」에 상표등록을 위해 출원된 상표가 상표공보에 공고된 경우에만 대상이 되는 데 반하여 상표등록의 취소심판은 「주등록부」는 물론이고 「보조등록부」에 등록된 상표가 모두 대상이 된다는 점에서 차이가 있다.

3) 신청 또는 청구 기간과 사유

상표등록의 이의신청 기간은 원칙적으로 출원상표가 상표공보에 게재된 날로부터 30일까지로 제한되며 이의신청의 이유는 연방상표법상의 모든 거절이유가 해당된다. 다만, 상표등록의 취소심판의 일부 취소사유는 상표등록일로부터 5년으로 제한되지만 등록상표가 보통명칭에 해당하거나 기능적인 상표에 해당하는 등의 사유가 있는 경우에는 언제든지 상표등록을 취소할 수 있다는 점에서 청구시기에 있어서 차이가 있으며,[12] 상표등록의 이의신청과는 달리 상표등록 후 5년이 경과했는지의 여부에 따라 상표등록의 취소사유가 제한된다는 점에서도 차이가 있다.

5. 청구인

상표등록으로 손해를 입고 있거나 입게 될 것이라고 믿는 사람은 「누구나」 상표가 등록된 이후 상표등록의 취소심판을 청구할 수 있다. 이 경우 손해에는 연방상표법 제43조 (c)항의 규정에 의한 유명상표의 식별력 약화 또는 명성의 손상에 의한 희석의 가능성에 의한 손해를 포함한다.[13] 법원은 상표등록의 취소심판을 청구할 수 있는 청구인 적격의 인정여부와 관련하여 심판청구인이 상표등록의 취소심판의 결과에 실질적인 이해관계(real interest)가 있고 손해를 입고 있거나 입게 될 것이라고 믿는 데 합리적인 근거(reasonal basis for its belief of damage)가 있어야 한다는 입장을 취하고 있지만 심판청구인은 실제 손해(actual damage)가 있다는 것까지 입증할 필요는 없다.[14]

6. 상표등록의 취소사유

1) 의 의

상표등록의 취소사유는 특허상표청의 「주등록부」에 상표를 등록했는지 아니면 「보조등록부」에 상표를 등록했는지의 여부에 따라 그 취소사유에 차이가 있다.

2) 상표를 주등록부에 등록한 경우 상표등록의 취소사유

(1) 의 의　　상표를 특허상표청의 「주등록부」에 등록한 경우에는 그 상표등록에 불가쟁력의 효력이 발생했는지의 여부에 따라 다음과 같이 그 사유에 차이가 있다.

---

12) 물론 상표등록일로부터 5년이 지나면 불가쟁력의 효력이 발생하여 일부 취소사유에 대해서는 상표등록의 취소심판 청구가 불가능해진다.

13) 미국의 연방상표법 제14조에서는 "A petition to cancel a registration of a mark, stating the grounds relied upon, may, upon payment of the prescribed fee, be filed as follows by any person who believes that he is or will be damaged, including as a result of a likelihood of dilution by blurring or dilution by tarnishment under section 1125(c) of this title, by the registration of a mark on the principal register established by this chapter, or under the Act of March 3, 1881, or the Act of February 20, 1905"과 같이 규정하고 있다.

14) Ritchie v. Simpson, 50 USPQ 2d 1024 (Fed Cir. 1999); Jewelers Vigilance Committee Inc. v. Ullenburg Corp., 2 USPQ 2d 2021 (Fed Cir. 1987).

(2) **상표등록일부터 5년 경과 전** 상표의 「모든」 부등록사유는 상표등록의 취소사유가 될 수 있다.

(3) **상표등록일부터 5년 경과 후** 상표등록에 불가쟁력(incontestability)의 효력이 발생하였기 때문에 상표등록의 취소사유가 다음의 사유로 제한된다.

i) 등록상표가 지정상품의 전부나 일부에 대해 「보통명칭」(generic name)이 된 경우

ii) 등록상표가 「기능적」인(functional) 경우

iii) 등록상표의 상표권이 「포기」된(abandoned) 경우

iv) 상표가 「사기」(fraud)에 의하여 등록된 경우

v) 상표가 다음과 같이 연방상표법 제2조 (a), (b), (c)항에 위반되어 등록된 경우

① 부도덕하거나, 기만적, 수치스러운 내용으로 구성되거나 이를 포함한 상표[15)]

② 생존해 있거나 사망한 사람, 단체, 신념 또는 국가의 상징을 비방하거나 그것들과 관계가 있는 것처럼 허위로 암시하거나 또는 그것들에게 경멸, 악평을 줄 수 있는 것으로 구성되거나 이를 포함한 상표

③ WTO 협정이 미국에서 발효된 날로부터 1년이 되는 날인 1996년 1월 1일 또는 그 후에 포도주 또는 증류주에 또는 포도주 또는 증류주와 관련하여 출원인에 의하여 최초로 사용된 지리적 표시로서 포도주 또는 증류주에 또는 포도주 또는 증류주와 관련하여 사용되는 경우 해당 상품의 원산지 이외의 장소를 표시하는 상표

④ 미국 연방, 주, 지방자치단체 또는 외국의 국가 또는 이에 준하는 기구의 기, 문장, 기타의 기장으로 구성되거나 이를 포함한 상표

⑤ 생존해 있는 개인의 성명, 초상, 서명으로 구성되거나 이를 포함한 상표로서 그 개인의 서면에 의한 동의가 없는 경우

⑥ 사망한 미국 대통령의 성명, 서명, 초상으로 구성되거나 이를 포함한 상

---

15) 다만, 「Matal v. Tam 사건」에서 수치스러운 내용으로 구성되거나 이를 포함하는 상표의 등록을 배제하는 것은 미국의 연방헌법 수정조항 제1조의 언론과 출판의 자유 규정에 위반된다는 연방대법원의 판결에 따라 특허상표청은 더 이상 부등록사유와 상표등록의 취소사유로 적용하지 않고 있다.

표로서 그 미망인이 생존해 있는 동안 그 미망인의 서면에 의한 동의를 받지 않은 경우

vi) 단체표장과 증명표장이 연방상표법 제4조에 규정하는 등록요건에 위반되어 등록된 경우

vii) 증명표장에 대하여 다음의 사유가 발생한 경우

① 증명표장권자가 등록된 증명표장의 사용을 통제하지 아니하거나 증명표장의 사용에 대하여 합법적으로 통제권을 행사할 수 없는 경우

② 증명표장권자가 증명표장이 사용되고 있는 상품 또는 서비스의 생산이나 매매에 종사하고 있는 경우

③ 증명표장권자가 증명행위 이외의 목적을 위하여 증명표장의 사용을 허락하는 경우

④ 증명표장권자가 증명표장의 증명 기준 또는 조건을 유지하고 있는 자에 대한 상품 또는 서비스의 증명 또는 그 증명의 계속을 차별적으로 거절하는 경우.

3) 상표를 보조등록부에 등록한 경우 상표등록의 취소사유

상표를 특허상표청의「보조등록부」에 등록한 경우 그 상표등록은 불가쟁력의 효력이 발생하지 않기 때문에 상표등록일로부터 5년이 경과했는지의 여부에 관계없이 출원상표에 대한「모든」부등록사유는 상표등록의 취소사유가 될 수 있다.

7. 상표등록의 취소심판 절차[16)]

상표등록의 취소심판 절차는 상표등록의 이의신청 절차와 마찬가지로 연방민사소송규칙(Federal Rules of Civil Procedures)을 준용하여 심리를 진행한다.

16) 우종균, 앞의 자료, 44~45면 참조.

통상 심판청구인이 상표심판원에 심판청구서(petition for cancellation)를 제출하면 상표심판원은 그 부본을 피청구인인 상표권자에게 송부하고 피청구인은 상표심판원에 답변서를 제출하게 된다. 그러면 심판청구인은 피청구인의 답변서에 대한 변박서를 상표심판원에 제출하게 된다. 피청구인은 상표등록의 취소심판을 제기한 이유가 심판청구인의 선등록상표인 경우에는 상표심판원에 심판청구의 이유가 된 선등록상표에 대한 상표등록의 취소심판을 청구(counterclaim)할 수도 있다.

8. 상표등록의 취소와 보통법상의 상표권에 대한 효력

연방상표법에 따른 상표등록이 상표등록의 취소심판 절차에 의하여 취소된 경우 연방상표법에 따른 상표등록만 취소될 뿐 보통법상의 상표권의 효력이 부인되거나 주상표법에 따른 상표등록이 취소되지는 않는다.

연구 73 보통법, 주상표법 및 연방상표법에 의한 상표 보호의 독립

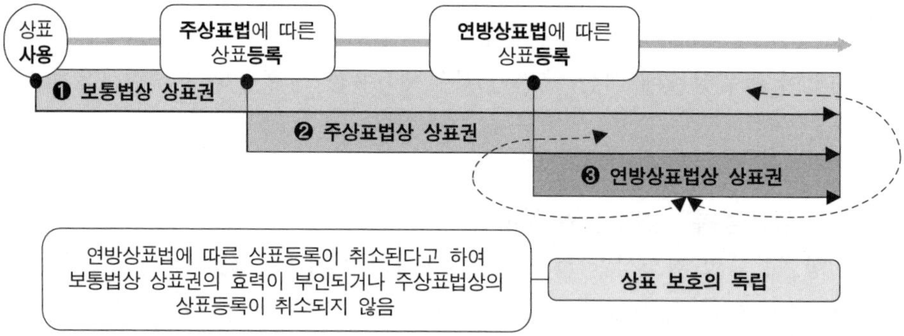

Ⅲ. 공존사용등록심판

1. 의 의

1) 공존사용등록

공존사용등록(concurrent use registration)이란 "원칙적으로 한 사람 이상의 자가 타인의 상표출원 전에 또는 타인의 등록상표의 상표출원일 전에[17] 정당하게 동시

에 사용하는 경우로서 혼동이나 오인을 일으키거나 기만하게 할 가능성이 없는 경우 상표의 사용 방식, 사용 지역 또는 상품에 대한 일정한 제한을 조건으로 타인의 상표등록과 더불어 동시에 상표등록(concurrent registration)을 허용하는 것"을 말한다.

2) 공존사용등록심판

공존사용등록심판이란 "한 사람 이상의 출원인이 동일 또는 유사한 상표를 동일 또는 유사한 지정상품과 관련하여 동시에 등록받을 수 있는지를 심리하고 결정하는 심판"을 말한다.

2. 제도의 취지

연방상표법 제2조 (d)항에서 인정하고 있는 공존사용등록제도는 「Hanover Star Milling Co. v. Metcalf 사건」[18]과 「United Drug Co. v. Theodore Rectanus Co. 사건」[19]에서 판례법상 형성된 것으로 "보통법상의 상표권은 기본적으로 상표가 실제로 사용된 지역에 한정되어 그 효력이 미친다. 따라서 비록 선사용자(senior user)가 상표를 어느 한 지역에서 먼저 사용하였다고 하더라도 선사용자가 상표를 사용한 지역과 지리적으로 멀리 떨어진 지역에서 선의로 사용하는 후사용자(junior user)에게는 선사용자의 상표권의 효력이 미치지 않는다."는 보통법상의 「Tea Rose-Rectanus 원칙」을 1946년 Lanham Act에 반영한 것으로 볼 수 있다.

연구 74 Tea Rose-Rectanus 원칙과 연방상표법 제2조 (d)항

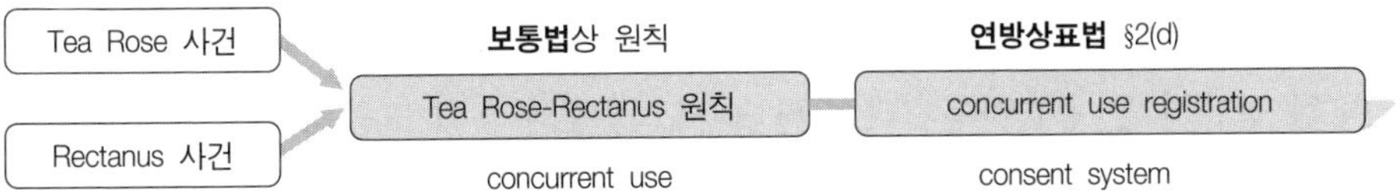

17) 만일 타인인 선출원인이나 상표권자의 동의서(consent)가 있는 경우에는 선사용의 요건은 불필요하게 된다.

18) 240 U.S. 403 (1916).

19) 248 U.S. 90 (1918).

3. 공존사용등록의 요건

1) 일반 요건

일반적으로 공존사용등록이 인정되기 위해서는 ⅰ) 타인의 상표출원일 또는 타인의 등록상표의 출원일보다 상표를 먼저 상거래상 사용한 자라야 하며, ⅱ) 상품의 출처 또는 후원관계 등에 관하여 소비자에게 혼동이나 오인을 일으키거나 소비자를 기만하게 할 가능성이 없어야 공존사용등록을 할 수 있다.

연구 75 공존사용등록 요건

요건	❶ 선사용 요건	+	❷ 혼동 가능성 요건
일반 요건	선사용일 것		혼동 가능성이 없을 것
선출원인이나 선등록한 상표권자의 동의서 제출 시 요건	~~선사용 요건 불요 (후사용인 경우에도 가능)~~		혼동 가능성이 없을 것

2) 선출원인이나 선등록한 상표권자의 동의가 있는 경우

한편 선출원인이나 선등록한 상표권자의 「동의서」(consent)가 있는 경우에는 비록 선출원인 또는 선등록한 상표권자보다 상표를 먼저 사용하여야 하는 요건은 불필요하지만 동의서의 내용에 양 상표가 공존사용될 경우 상품의 출처 또는 후원관계 등에 관하여 소비자에게 혼동이나 오인을 일으키거나 소비자를 기만하게 할 가능성이 없다는 충분한 증거를 포함하고 있어야 한다. 따라서 단순히 출원상표를 등록해도 좋다는 내용만으로 구성된 동의서(naked consent)만으로는 불충분하며 양 상표가 동시에 사용된다고 하더라도 상품의 출처 또는 후원관계 등에 관하여 소비자의 혼동이나 오인을 일으키거나 소비자를 기만하게 할 가능성이 없도록 상표의 사용 방식, 사용 지역, 지정상품, 유통 경로 등에 대하여 합의한 내용들을 동의서(clothed consent)에 구체적으로 명시하여야 한다.

4. 공존사용등록 허여의 조건

공존사용등록은 두 사람 이상이 동일하거나 유사한 상표를 동시에 공존하여 사용한다고 하더라도 상품의 출처 또는 후원관계 등에 관한 소비자의 혼동이 발생할 가능성이 없는 경우에 허여된다. 따라서 상표심판원이나 법원이 공존사용등록을 허여할 때에는 통상 동시에 사용하고자 하는 상표의 사용 방식과 지역, 지정상품을 한정하는 것이 일반적이다.[20]

5. 공존사용등록 허여의 절차[21]

1) 의 의

공존사용등록의 허여는 ⅰ) 특허상표청의 절차에 의해 공존사용을 등록하거

---

20) 공존사용등록출원을 하여 상표등록을 받으면 다음과 같이 상표등록증에 상표권의 지역적 범위가 기재된다.

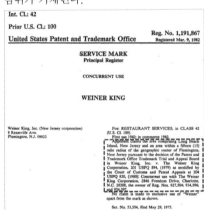

Int. Cl.: 42

Prior U.S. Cl.: 100

Reg. No. 1,191,867

United States Patent and Trademark Office Registered Mar. 9, 1982

SERVICE MARK
Principal Register

CONCURRENT USE

WEINER KING

Weiner King, Inc. (New Jersey corporation)
8 Reamville Ave.
Flemington, N.J. 08822

For: RESTAURANT SERVICES, in CLASS 42 (U.S. Cl. 100).

First use 1962; in commerce 1962.

Applicant claims the area comprising Long Beach Island, New Jersey and an area within a fifteen (15) mile radius of the geographic center of Flemington, New Jersey pursuant to the decision of the Patent and Trademark Office Trademark Trial and Appeal Board in Weiner King, Inc. v. The Weiner King Corporation, 201 USPQ 894, (1979) as modified by the Court of Customs and Patent Appeals at 204 USPQ 820, (1980): Concurrent use with The Weiner King Corporation, 2846 Freedom Drive, Charlotte, N.C. 28208, the owner of Reg. Nos. 927,504; 934,596; and 934,597.

No claim is made to exclusive use of "Weiner" apart from the mark as shown.

Ser. No. 53,554, filed May 29, 1975.

B. H. VERTIZ, Primary Examiner

G. MAYERSCHOFF, Examiner

Applicant claims the area comprising Long Beach Island, New Jersey and an area within a fifteen (15) mile radius of the geographic center of Flemington, New Jersey pursuant to the decision of the Patent and Trademark Office Trademark Trial and Appeal Board in Weiner King, Inc. v. The Weiner King Corporation, 201 USPQ 894, (1979) as modified by the Court of Customs and Patent Appeals at 204 USPQ 820, (1980): Concurrent use with The Weiner King Corporation, 2846 Freedom Drive, Charlotte, N.C. 28208, the owner of Reg. Nos. 927,504; 934,596; and 934,597.

Int. Cl.: 42

Prior U.S. Cl.: 100

Reg. No. 1,191,866

United States Patent and Trademark Office Registered Mar. 9, 1982

SERVICE MARK
Principal Register

CONCURRENT USE

Weiner King, Inc. (New Jersey corporation)
8 Reamville Ave.
Flemington, N.J. 08822

For: RESTAURANT SERVICES, in CLASS 42 (U.S. Cl. 100).

First use 1966; in commerce 1966.

Applicant claims the area comprising Long Beach Island, New Jersey and an area within a fifteen (15) mile radius of the geographic center of Flemington, New Jersey pursuant to the decision of the Patent and Trademark Office Trademark Trial and Appeal Board in Weiner King, Inc. v. The Weiner King Corporation, 201 USPQ 894, (1979) as modified by the Court of Customs and Patent Appeals at 204 USPQ 820, (1980). Concurrent use with The Weiner King Corporation, 2846 Freedom Drive, Charlotte, N.C. 28208, the owner of Reg. Nos. 927,504; 934,596; and 934,597.

No claim is made to exclusive use of "Weiner" apart from the mark.

Ser. No. 53,553, filed May 29, 1975.

B. H. VERTIZ, Primary Examiner

G. MAYERSCHOFF, Examiner

Applicant claims the area comprising Long Beach Island, New Jersey and an area within a fifteen (15) mile radius of the geographic center of Flemington, New Jersey pursuant to the decision of the Patent and Trademark Office Trademark Trial and Appeal Board in Weiner King, Inc. v. The Weiner King Corporation, 201 USPQ 894, (1979) as modified by the Court of Customs and Patent Appeals at 204 USPQ 820, (1980). Concurrent use with The Weiner King Corporation, 2846 Freedom Drive, Charlotte, N.C. 28208, the owner of Reg. Nos. 927,504; 934,596; and 934,597.

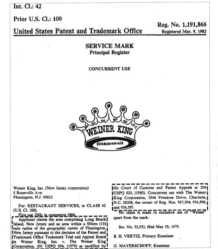

나, ii) 법원의 판결에 따라 공존사용을 등록하는 방법이 있다.

2) 특허상표청의 절차에 의한 공존사용등록

공존사용의 요건에 해당하는 경우 공존사용등록을 원하는 출원인은 「공존사용등록출원」(concurrent use application)[22]을 하면 그 출원은 통상의 상표출원과 동일한 방법으로 심사가 진행된다. 만일 심사관이 거절이유를 발견하지 못할 경우 이의신청을 위한 출원공고를 하며 이의신청의 기간 내에 이의신청이 없거나 이의가 성립되지 않으면 상표심판원은 공존사용등록출원서에 기재된 당사자들에게 공존사용 통지서를 발송하게 된다. 이 경우 당해 당사자들은 의견서를 제출하지 않아도 되지만 만일 의견서를 제출하고자 하는 경우에는 40일 이내에 제출할 수도 있다.[23]

3) 법원의 판결에 따른 공존사용등록

법원에서 공존사용등록을 허여하는 판결이 있는 경우 공존사용등록을 원하는 자는 그 판결문을 첨부하여 특허상표청에 공존사용등록출원을 하고 심사관은 통상의 상표출원과 동일하게 그 출원상표에 대하여 심사하고 그 상표의 등록에 대하여 이의신청이 없거나 이의신청이 있더라도 이의가 성립하지 않으면 바로 공존

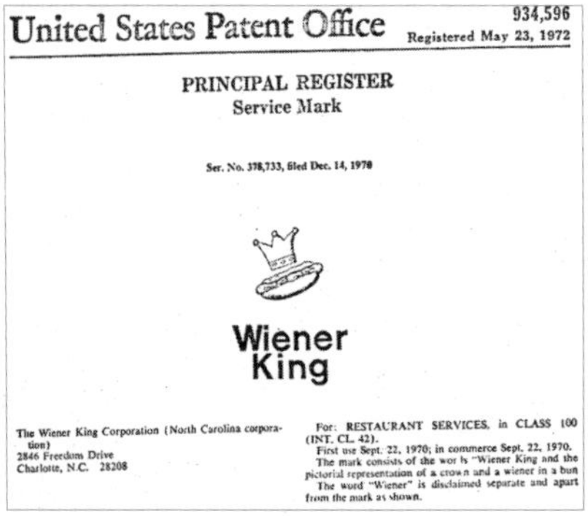

United States Patent Office — 934,596 — Registered May 23, 1972

PRINCIPAL REGISTER
Service Mark

Ser. No. 378,733, filed Dec. 14, 1970

Wiener King

The Wiener King Corporation (North Carolina corporation)
2846 Freedom Drive
Charlotte, N.C. 28208

For: RESTAURANT SERVICES, in CLASS 100 (INT. CL. 42).
First use Sept. 22, 1970; in commerce Sept. 22, 1970.
The mark consists of the words "Wiener King and the pictorial representation of a crown and a wiener in a bun
The word "Wiener" is disclaimed separate and apart from the mark as shown.

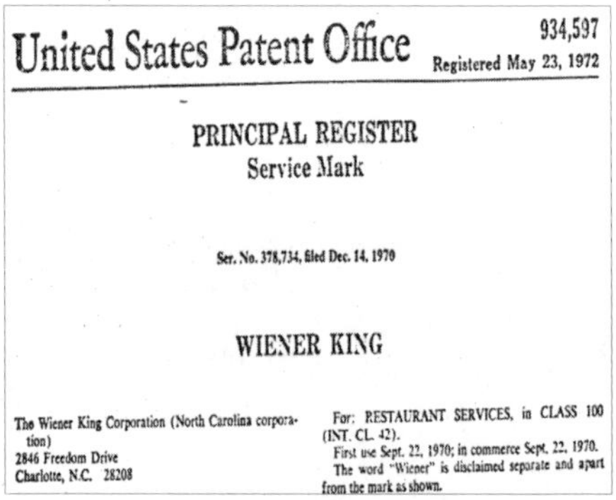

United States Patent Office — 934,597 — Registered May 23, 1972

PRINCIPAL REGISTER
Service Mark

Ser. No. 378,734, filed Dec. 14, 1970

WIENER KING

The Wiener King Corporation (North Carolina corporation)
2846 Freedom Drive
Charlotte, N.C. 28208

For: RESTAURANT SERVICES, in CLASS 100 (INT. CL. 42).
First use Sept. 22, 1970; in commerce Sept. 22, 1970.
The word "Wiener" is disclaimed separate and apart from the mark as shown.

21) 우종균, 앞의 자료, 46~47면 참조.

22) 연방상표법 제1조 (a)항 (3)(D)에 따르면 공존사용을 주장하는 상표출원을 하는 경우 출원인은 i) 배타적 사용에 대한 예외사항을 기술하여야 하며, ii) 출원인이 알고 있는 범위 내에서 a) 다른 사람에 의한 공존사용, b) 각 공존사용이 되고 있는 상품과 지역, c) 각 공존사용 기간, d) 출원인이 공존사용등록하고자 하는 상품과 지역을 명시하도록 규정하고 있다.

23) 공존사용등록이 될 경우 선등록한 상표권자의 상표등록증을 수정하여 상표권의 지역적 범위 등에 대한 제한을 기재하고, 새로 공존사용등록된 상표권자의 상표등록증에도 상표권의 지역적 범위 등에 대한 제한을 기재한다.

사용등록이 이루어진다.[24)]

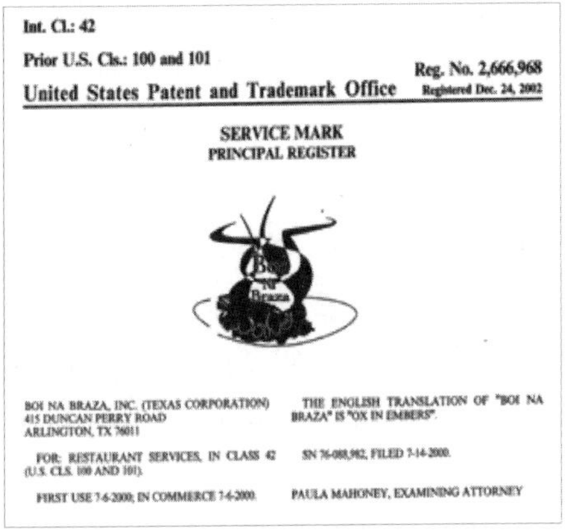

Int. Cl.: 42

Prior U.S. Cls.: 100 and 101

Reg. No. 2,666,968

United States Patent and Trademark Office — Registered Dec. 24, 2002

SERVICE MARK
PRINCIPAL REGISTER

BOI NA BRAZA, INC. (TEXAS CORPORATION)
415 DUNCAN PERRY ROAD
ARLINGTON, TX 76011

FOR: RESTAURANT SERVICES, IN CLASS 42 (U.S. CLS. 100 AND 101).

FIRST USE 7-6-2000; IN COMMERCE 7-6-2000.

THE ENGLISH TRANSLATION OF "BOI NA BRAZA" IS "OX IN EMBERS".

SN 76-088,982, FILED 7-14-2000.

PAULA MAHONEY, EXAMINING ATTORNEY

수정 전 상표등록증

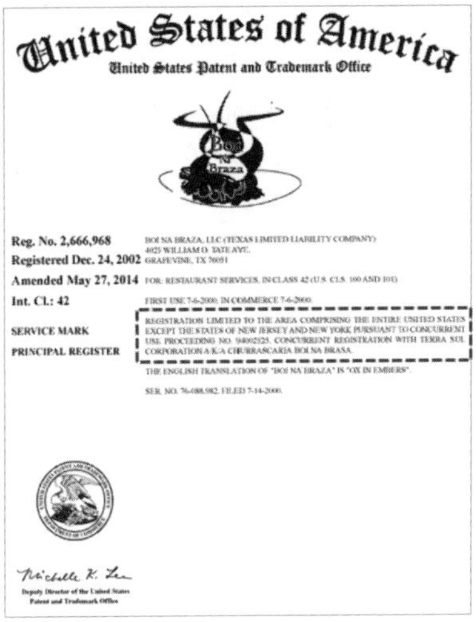

United States of America
United States Patent and Trademark Office

Reg. No. 2,666,968
Registered Dec. 24, 2002
Amended May 27, 2014
Int. Cl.: 42
SERVICE MARK
PRINCIPAL REGISTER

BOI NA BRAZA, LLC (TEXAS LIMITED LIABILITY COMPANY)
4025 WILLIAM D. TATE AVE.
GRAPEVINE, TX 76051

FOR: RESTAURANT SERVICES, IN CLASS 42 (U.S. CLS. 100 AND 101).

FIRST USE 7-6-2000; IN COMMERCE 7-6-2000.

REGISTRATION LIMITED TO THE AREA COMPRISING THE ENTIRE UNITED STATES EXCEPT THE STATES OF NEW JERSEY AND NEW YORK PURSUANT TO CONCURRENT USE PROCEEDING NO. 94002525. CONCURRENT REGISTRATION WITH TERRA SUL CORPORATION A/K/A CHURRASCARIA BOI NA BRASA.

THE ENGLISH TRANSLATION OF "BOI NA BRAZA" IS "OX IN EMBERS".

SER. NO. 76-088,982, FILED 7-14-2000.

Deputy Director of the United States
Patent and Trademark Office

수정 후 상표등록증

REGISTRATION LIMITED TO THE AREA COMPRISING THE ENTIRE UNITED STATES EXCEPT THE STATES OF NEW JERSEY AND NEW YORK PURSUANT TO CONCURRENT USE PROCEEDING NO. 94002525. CONCURRENT REGISTRATION WITH TERRA SUL CORPORATION A/K/A CHURRASCARIA BOI NA BRASA.

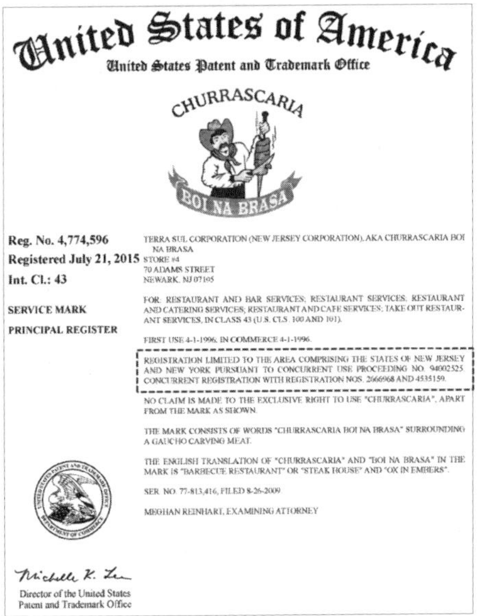

United States of America
United States Patent and Trademark Office

Reg. No. 4,774,596
Registered July 21, 2015
Int. Cl.: 43
SERVICE MARK
PRINCIPAL REGISTER

TERRA SUL CORPORATION (NEW JERSEY CORPORATION), AKA CHURRASCARIA BOI NA BRASA
STORE #4
70 ADAMS STREET
NEWARK, NJ 07105

FOR: RESTAURANT AND BAR SERVICES; RESTAURANT SERVICES; RESTAURANT AND CATERING SERVICES; RESTAURANT AND CAFE SERVICES; TAKE OUT RESTAURANT SERVICES, IN CLASS 43 (U.S. CLS. 100 AND 101).

FIRST USE 4-1-1996; IN COMMERCE 4-1-1996.

REGISTRATION LIMITED TO THE AREA COMPRISING THE STATES OF NEW JERSEY AND NEW YORK PURSUANT TO CONCURRENT USE PROCEEDING NO. 94002525. CONCURRENT REGISTRATION WITH REGISTRATION NOS. 2666968 AND 4535159.

NO CLAIM IS MADE TO THE EXCLUSIVE RIGHT TO USE "CHURRASCARIA", APART FROM THE MARK AS SHOWN.

THE MARK CONSISTS OF WORDS "CHURRASCARIA BOI NA BRASA" SURROUNDING A GAUCHO CARVING MEAT.

THE ENGLISH TRANSLATION OF "CHURRASCARIA" AND "BOI NA BRASA" IN THE MARK IS "BARBECUE RESTAURANT" OR "STEAK HOUSE" AND "OX IN EMBERS".

SER. NO. 77-813,416, FILED 8-26-2009.

MEGHAN REINHART, EXAMINING ATTORNEY

Director of the United States
Patent and Trademark Office

Ⅳ. 저촉심판[25]

1. 의 의

저촉심판이란 "동일 또는 유사한 상표를 2 이상의 출원인이 출원한 경우 또는 어느 출원인이 타인에 의해 선출원되어 등록된 상표와 동일 또는 유사한 경우 어느 누가 상표를 먼저 사용했는지의 여부를 심리하여 결정하는 심판"을 말한다.

2. 제도의 취지

미국의 연방상표법에서는 선출원주의가 아닌 선사용주의를 취하고 있기 때문에 누가 먼저 상표를 선사용하였는지의 여부를 결정할 필요가 있다. 그런데 「상표등록의 이의신청에 대한 심판」이나 「상표등록의 취소심판」제도를 활용한다면 누가 먼저 상표를 사용하였는지를 판단하면 되기 때문에 저촉심판은 현재는 거의 사문화되어 운영되지 않고 있다.[26]

REGISTRATION LIMITED TO THE AREA COMPRISING THE STATES OF NEW JERSEY AND NEW YORK PURSUANT TO CONCURRENT USE PROCEEDING NO. 94002525. CONCURRENT REGISTRATION WITH REGISTRATION NOS. 2666968 AND 4535159.

24) 이 경우 상표등록증에는 법원의 판결에 의하여 공존사용등록이 되었음이 표시된다.

Int. Cl.: 41
Prior U.S. Cls.: 100, 101 and 107 Reg. No. 2,147,965
United States Patent and Trademark Office Registered Mar. 31, 1998
Amended OG Date Oct. 21, 2008

SERVICE MARK
PRINCIPAL REGISTER

La Quinta
RESORT & CLUB

MSR HOTELS & RESORTS, INC. (MARYLAND CORPORATION)
ONE POST OFFICE SQUARE
C/O PYRAMID ADVISORS LLC, SUITE 3100
BOSTON, MA 02109

REGISTRATION LIMITED TO GOLF AND COUNTRY CLUB SERVICES; AND, RECREATION AND RESORT SERVICES, WITHIN A 37-MILE RADIUS AROUND THE MAIN LOBBY OF THE LA QUINTA RESORT AND CLUB IN LA QUINTA, CALIFORNIA, BUT EXCLUDING THE AREAS WITHIN THE CITY LIMITS OF TWENTY NINE PALMS, BANNING, AND SAN JACINTO, CALIFORNIA (THE "EXCLUDED CITIES"). THE EXCLUSION OF THE AREA WITHIN THE CITY LIMITS OF THE EXCLUDED CITIES SHALL ENCOMPASS CHANGES TO SUCH CITY LIMITS (ENLARGEMENT OR DIMINISHMENT) AS SUCH CHANGES MAY OCCUR OVER TIME. THE AREA WILL ALWAYS BE DEEMED TO INCLUDE THE PREMISES OF THE EXISTING LA QUINTA RESORT & CLUB IN LA QUINTA, CALIFORNIA, EVEN IF THOSE PREMISES WOULD OTHERWISE FALL OUTSIDE THE DEFINITION DUE TO EXPANSION OF THE EXCLUDED CITIES. PURSUANT TO DECREE OF THE U.S. DISTRICT COURT FOR THE CENTRAL DISTRICT OF CALIFORNIA, CASE NO. 03-9577DSF (SSX), FILED JANUARY 24, 2005. CONCURRENT REGISTRATION WITH REGISTRATION NO'S. 0875802, 1080641, 1823440, 1841032, 2298693, 2300509, 2575959, 2832831, 2855754, 3064031, 3322096, 3333129 AND SERIAL NO. 76598964.

NO CLAIM IS MADE TO THE EXCLUSIVE RIGHT TO USE "LA QUINTA RESORT & CLUB", APART FROM THE MARK AS SHOWN.

FOR: GOLF AND COUNTRY CLUB SERVICES; AND, RECREATION AND RESORT SERVICES, IN CLASS 41 (U.S. CLS. 100, 101 AND 107).

FIRST USE 6-1-1994; IN COMMERCE 6-1-1994.

SER. NO. 74-540,775, FILED 6-21-1994.

REGISTRATION LIMITED TO GOLF AND COUNTRY CLUB SERVICES; AND, RECREATION AND RESORT SERVICES, WITHIN A 37-MILE RADIUS AROUND THE MAIN LOBBY OF THE LA QUINTA RESORT AND CLUB IN LA QUINTA, CALIFORNIA, BUT EXCLUDING THE AREAS WITHIN THE CITY LIMITS OF TWENTY NINE PALMS, BANNING, AND SAN JACINTO, CALIFORNIA (THE "EXCLUDED CITIES"). THE EXCLUSION OF THE AREA WITHIN THE CITY LIMITS OF THE EXCLUDED CITIES SHALL ENCOMPASS CHANGES TO SUCH CITY LIMITS (ENLARGEMENT OR DIMINISHMENT) AS SUCH CHANGES MAY OCCUR OVER TIME. THE AREA WILL ALWAYS BE DEEMED TO INCLUDE THE PREMISES OF THE EXISTING LA QUINTA RESORT & CLUB IN LA QUINTA. CALIFORNIA. EVEN IF THOSE PREMISES WOULD OTHERWISE FALL OUTSIDE THE DEFINITION DUE TO EXPANSION OF THE EXCLUDED CITIES. PURSUANT TO DECREE OF THE U.S. DISTRICT COURT FOR THE CENTRAL DISTRICT OF CALIFORNIA, CASE NO. 03-9577DSF (SSX), FILED JANUARY 24, 2005. CONCURRENT REGISTRATION WITH REGISTRATION NO'S. 0875802, 1080641, 1823440, 1841032, 2298693, 2300509, 2575959, 2832831, 2855754, 3064031, 3322096, 3333129 AND SERIAL NO. 76598964.

25) 우종균, 앞의 자료, 47면 참조.

3. 저촉심판의 요건

1) 의 의

상표심판원 심판관은 심판청구인이 「특별한 사정」(extraordinary circumstances)이 있음을 증명하여 저촉심판을 청구하는 경우로서 출원인의 상표가 타인의 출원상표 또는 등록상표와 유사하여 출원인의 상품이나 서비스에 사용될 경우 상품의 출처 또는 후원관계 등에 관하여 소비자에게 혼동이나 오인을 일으키거나 소비자를 기만할 가능성이 있을 경우 양 상표 간에는 저촉이 있음을 선언할 수 있다.

2) 특별한 사정

저촉심판의 인정요건으로서 「특별한 사정」이란 저촉심판을 청구하는 자의 유일한 구제절차를 상표등록의 이의신청이나 상표등록의 취소심판으로 한정하는 경우 그자에게 회복할 수 없는 손해를 입게 되는 사정을 말한다.[27]

3) 불가쟁력의 효력이 발생한 등록상표와 출원상표 간의 저촉심판

불가쟁력의 효력이 발생한 등록상표와 출원상표 간에는 저촉선언을 할 수 없다.[28]

---

26) 우종균, 앞의 자료, 47면 참조.

27) 우종균, 앞의 자료, 47면 참조.

28) 미국의 연방상표법 제16조에서는 "Upon petition showing extraordinary circumstances, the Director may declare that an interference exists when application is made for the registration of a mark which so resembles a mark previously registered by another, or for the registration of which another has previously made application, as to be likely when used on or in connection with the goods or services of the applicant to cause confusion or mistake or to deceive. No interference shall be declared between an application and the registration of a mark the right to the use of which has become incontestable."라고 규정하고 있다.

제5절 ▌우리나라의 제도와 비교 · 분석

Ⅰ. 우리나라의 제도

1. 심판제도

우리나라도 상표에 관한 분쟁을 전문적인 지식과 경험을 가진 특허심판원의 심판관합의체에 의해 거절결정 등과 같은 심사관의 처분에 대한 불복이나 상표권 등에 대한 권리분쟁을 합리적으로 해결하기 위한 상표심판제도를 두고 있으며 이에 관한 업무를 전문적으로 처리하기 위한 전담 기구로서 「특허심판원」을 두고 있다. 따라서 우리나라와 미국 모두 상표심판제도를 두고 있으며 상표심판을 전담할 수 있는 기구인 심판원을 두고 있는 점에서는 공통된다.

2. 심판의 종류

우리나라는 결정계심판으로서 심사관의 거절결정에 대한 심판(법 §116)과 보정각하결정에 대한 심판(법 §115)을 두고 있으며, 당사자계 심판으로서 ⅰ) 상표등록의 무효심판(법 §117), ⅱ) 상표권의 존속기간갱신등록의 무효심판(법 §118), ⅲ) 상품분류전환등록의 무효심판(법 §214), ⅳ) 상표등록의 취소심판(법 §119), ⅴ) 전용사용권 또는 통상사용권등록의 취소심판(법 §120), ⅵ) 권리범위 확인심판(법 §121)을 두고 있다.

Ⅱ. 미국의 제도와 비교

1. 의 의

미국의 경우 상표등록의 거절결정과 같은 심사관의 행정처분에 대하여 불복하는 결정계 심판은 우리나라와 유사하다고 볼 수 있으나 당사자계 심판의 대상으로 ⅰ) 상표등록의 이의신청에 대한 심판, ⅱ) 상표등록의 취소심판, ⅲ) 공존사용등록심판, ⅳ) 저촉심판을 두고 있어 우리나라와 일부 차이를 보이고 있다.

2. 심판의 종류

미국에는 우리나라에서 특허심판원의 업무에 속하는 ⅰ) 상표등록의 취소심판,[29] ⅱ) 상표권의 존속기간갱신등록의 무효심판, ⅲ) 상품분류전환등록의 무효심판, ⅳ) 전용사용권 또는 통상사용권등록의 취소심판, ⅴ) 권리범위 확인심판을 두고 있지 않다. 한편 우리나라에는 미국의 상표심판원의 업무인 ⅰ) 공존사용등록심판, ⅱ) 저촉심판제도를 두고 있지 않다.

3. 상표등록의 이의신청

우리나라는 상표등록의 이의신청 사건을 심사국의 심사관이 처리하므로 심판업무에는 해당하지 않으나 미국에서는 이의신청 사건을 상표심판원에서 심판관이 처리한다는 점에서 차이를 보인다.

4. 특허청장의 직권에 의한 상표등록의 취소

우리나라에서는 일단 상표가 등록이 된 경우 그 등록이 상표등록의 취소심판이나 무효심판 절차에 의하여 취소되거나 무효되고 특허청장의 직권에 의해서는 상표등록이 취소되거나 무효가 되지 않는다. 그런데 미국에서는 상표권자가 상표권을 유지하려면 상표가 등록된 후 5년과 6년 사이와 상표권의 존속기간이 만료되기 1년 이내에 등록상표가 계속하여 사용되고 있음을 선언하는 「상표사용선언서」(affidavit of continuing use)를 특허상표청에 제출하여야 하는데 이 선언서를 제출하지 않으면 특허상표청장은 직권으로 그 상표등록을 취소한다는 점에서도 우리나라와 차이가 있다.[30]

---

29) 미국에서의 상표등록의 취소심판제도는 실질적으로 우리나라의 상표등록의 무효심판제도와 등록상표의 불사용에 따른 상표등록의 취소심판제도에 대응되는 개념이다.

30) 미국의 연방상표법 제8조 (a)항 참조.

"(a) Time Periods for Required Affidavits. Each registration shall remain in force for 10 years, except that the registration of any mark shall be canceled by the Director unless the owner of the registration files in the United States Patent and Trademark Office affidavits that meet the requirements of subsection (b), within the following time periods:

(1) Within the 1-year period immediately preceding the expiration of 6 years following the date of registration under this Act or the date of the publication under section 12(c).

(2) Within the 1-year period immediately preceding the expiration of 10 years following the date of registration, and each successive 10-year period following the date of registration.

5. 상표등록의 취소심판

미국에서의 상표등록의 취소심판제도는 우리나라의 상표등록의 무효심판제도와 등록상표의 불사용에 따른 상표등록의 취소심판제도에 대응되는 개념으로 우리나라의 상표등록의 취소심판제도와 그 제도의 취지나 심판청구 기간, 청구인 적격 등의 구체적인 내용에 있어서는 차이가 있다.

6. 연방거래위원회에 의한 상표등록의 취소심판 청구

우리나라에서는 미국의 상표등록의 취소심판에 대응되는 상표등록의 무효심판을 청구할 수 있는 적격을 「이해관계인」과 「심사관」에게 부여하고 있으나(법 §118①), 미국에서는 상표등록으로 손해를 입고 있거나 입게 될 것이라고 믿는 사람은 누구나 상표등록의 취소심판을 청구할 수 있다.[31] 아울러 미국의 연방상표법 제14조에서 연방거래위원회(Federal Trade Commission)는 i) 상표가 보통명칭이 되었을 경우, ii) 등록상표가 기능적인 경우, iii) 상표권이 포기된 경우, iv) 사기로 상표등록이 된 경우, v) 증명표장등록의 취소사유 등을 근거로 하여 상표등록의 취소심판을 청구할 수 있도록 규정하고 있는 점에서 차이가 있다.

7. 심결에 대한 불복, 심급 구조 및 심리 범위

1) 우리나라에서의 심급 구조

우리나라에서는 특허심판원 심판관의 심결에 대하여 불복하고자 하는 자는 「심결등본을 송달받은 날부터 30일 이내」에 「특허법원」에 소를 제기하여 다툴 수 있다.

2) 우리나라 특허법원의 심리 범위

특허법원은 거절결정불복심결에 대한 취소소송에서는 피고인 행정청으로서는 심사단계와 심판단계에서의 거절 및 심판청구를 기각한 사유와 동일성이 없는 새로운 주장을 인정하고 있지 않지만[32] 일반적인 심결취소소송과 관련해서는 특

(3) The owner may file the affidavit required under this section within the 6-month grace period immediately following the expiration of the periods established in paragraphs (1) and (2), together with the fee described in subsection (b) and the additional grace period surcharge prescribed by the Director."

31) 미국의 연방상표법 제14조.

32) "거절결정불복심결취소소송에 있어서는 피고인 행정청으로서는 종전 심사 및 심판단계에

허심판원에서 논하지 않았던 새로운 주장이나 증거의 제출을 허용하고 있다.

연구 76 우리나라에서의 특허심판원 심판관의 심결에 대한 불복과 심급구조

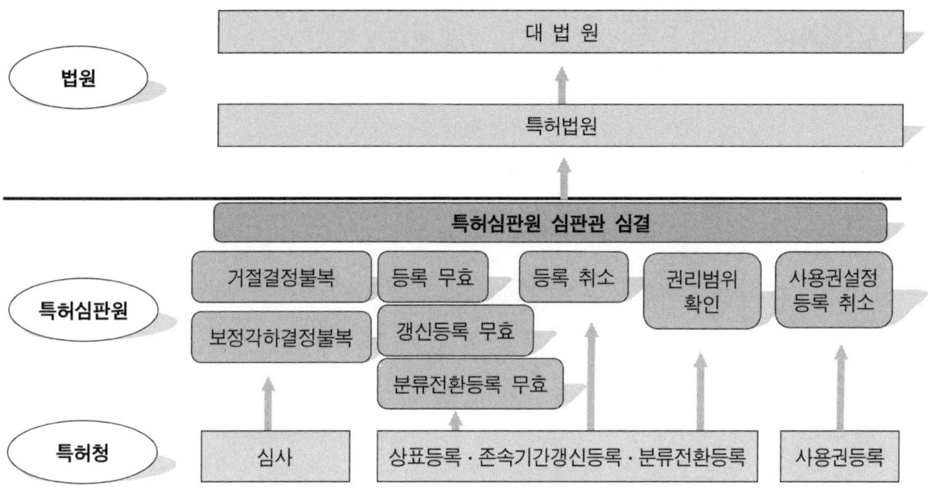

3) 미국에서의 심급 구조

미국에서는 상표심판원 심판관의 심결에 대하여 불복하고자 하는 자는 그 「심결일로부터 63일 이내」에 「연방순회항소법원」 또는 「연방지방법원」에 선택적으로 제소할 수 있다.[33] 따라서 연방순회항소법원에 소송을 제기하는 경우에는 연방지방법원에는 제소할 수 없다.

4) 미국 법원의 심리 범위

미국의 연방순회항소법원에 소송을 제기하는 경우 법원은 특허상표청에 제

서의 거절 및 심판기각사유와 동일성이 없는 다른 처분사유를 추가하거나 변경할 수는 없으므로 피고의 주장은 거절 및 기각사유와 동일성이 없는 별개의 처분사유이어서 이 사건에서 주장할 수는 없다"(특허법원 1998. 4. 1. 선고 98허10239 판결 참조).

33) 만일 연방순회항소법원에 소송을 제기하는 경우에는 연방순회항소법원은 「법률문제」만을 판단하지만 연방지방법원에 제소하는 경우 연방지방법원은 「법률문제」뿐만 아니라 「사실문제」까지도 판단하는 점에서 차이가 있다. 또한 연방지방법원은 복심이기 때문에 상표심판원에 제출하지 않았던 증거도 제출할 수 있다.

출된 주장과 증거 외에 새로운 주장이나 증거의 제출은 허용하지 않지만 연방지방법원에 제소하는 경우 법원은 특허상표청에 제출된 주장과 증거뿐만 아니라 새로운 주장이나 증거의 제출도 허용하고 있다.

연구 77 미국에서의 상표심판원 심판관의 심결에 대한 불복과 심급구조[34)]

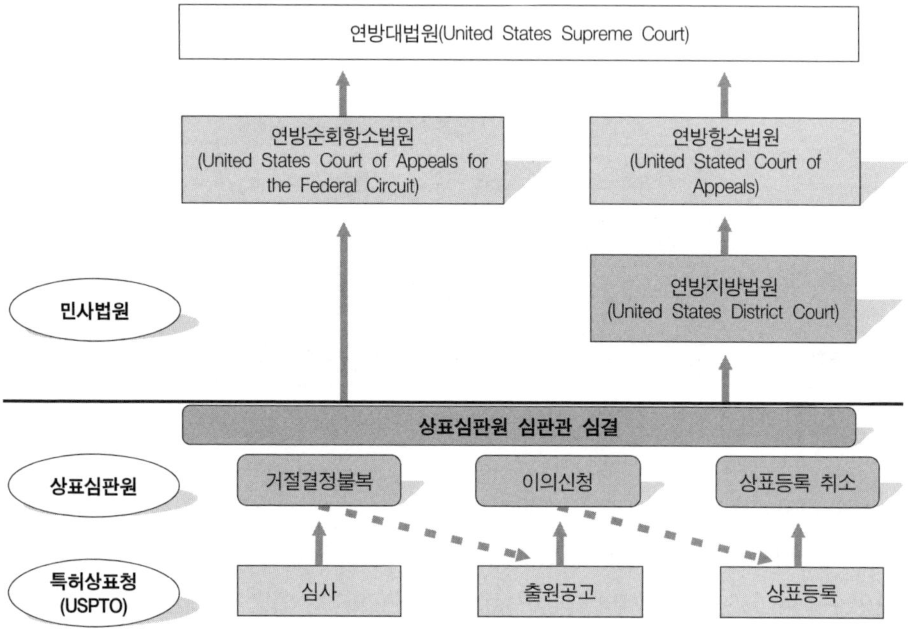

34) Albert J. Zervas, "An Introduction to the Trademark Trial and Appeal Board", USPTO, 발표자료에서 재인용.

제 12 장

상표권 침해

제1절 총 설

Ⅰ. 의 의

미국에서 상표권의 침해는 ⅰ) 보통법에 따른 상표권 침해, ⅱ) 주상표법에 따라 등록된 상표의 상표권 침해, ⅲ) 연방상표법상의 상표권 침해로 구분된다. 연방상표법상의 상표권 침해는 다시 ⅰ) 연방상표법에 따라 등록된 상표의 상표권 침해, ⅱ) 연방상표법에 따라 등록되지는 않았지만 미국 내 주 간의 상거래 또는 외국과의 상거래에서 사용된 미등록된 상표의 상표권 침해로 구분할 수 있다. 이하에서는 연방상표법상의 상표권 침해를 중심으로 연방상표법에 따라 등록된 상표의 상표권 침해와 미등록된 상표의 상표권이지만 연방상표법에 따라 보호되는 상표권 침해를 중심으로 살펴보기로 한다.

Ⅱ. 연방상표법 규정

미국의 연방상표법은 등록상표의 상표권 침해에 대해서는 제32조 (1), 미등록 상표의 상표권 침해에 대해서는 제43조 (a)항 (1)에서 규정하고 있고 이러한 상표권 침해를 상표등록 단계에서 차단하기 위하여 연방상표법 제2조 (d)항에서는 관련된 내용을 상표의 부등록사유로 규정하고 있으며 연방상표법 제14조에서는 심사관의 착오로 상표가 등록된 경우 상표등록의 취소사유로 규정하여 그 등록을 취소할 수 있도록 하고 있다.

Ⅲ. 등록상표의 상표권 침해

연방상표법 제32조 (1)에서는 누구든지 상표권자의 동의 없이 다음에 해당하는 행위를 하는 경우 상표권자는 민사소송을 통해 연방상표법에서 정하는 구제 조치를 받을 수 있도록 「등록상표의 상표권」의 침해에 대하여 규정하고 있다.

ⅰ) 등록상표의 복제물, 위조물, 복사물 또는 색채모사품을 상품이나 서비스의 판매, 판매 제의, 배포 또는 광고와 관련하여 상업적으로 사용함으로써 혼동이나 오인을 일으키거나 기만하게 할 가능성이 있는 경우

ⅱ) 등록상표를 복제, 위조, 복사 또는 색채모사한 복제물, 위조물, 복사물 또는 색채모사품을 상품이나 서비스의 판매, 판매 제의, 배포 또는 광고와 관련하여 상업적으로 사용될 것으로 의도된 라벨, 간판, 인쇄물, 포장, 포장지, 용기 또는 광고물에 부착함으로써 혼동이나 오인을 일으키거나 기만하게 할 가능성이 있는 경우.

Ⅳ. 미등록상표의 상표권 침해

연방상표법 제43조 (a)항 (1)에서는 누구라도 자기의 상품이나 서비스, 상품의 용기에 문자, 용어, 명칭, 심벌, 고안 또는 이들의 결합을 상업적으로 사용하여 타인과의 가맹, 연계 또는 관련성에 대하여 또는 그 상품이나 서비스 또는 영업활동의 출처, 후원 또는 동의에 대하여 혼동이나 오인을 일으키거나 기만하게 할 가능성이 있는 경우 그러한 행위로 인하여 손해를 입고 있거나 입을 것이라고 믿는 자는 민사소송을 통해 연방상표법에서 정하는 구제 조치를 받을 수 있도록 「미등록상표의 상표권」의 침해에 대하여 규정하고 있다.

Ⅴ. 혼동 가능성이 있는 타인의 상표등록 배제 및 등록 취소

1. 타인의 상표등록 배제

연방상표법 제2조 (d)항에서는 특허상표청에 선등록된 타인의 상표 또는 미국에서 선사용되고 포기되지 않은 타인의 상표나 상호와 유사한 상표로 구성되거나 이를 포함한 것으로서 출원인의 상품에 또는 출원인의 상품과 관련하여 사용될 경우 혼동이나 오인을 일으키거나 기만하게 할 가능성이 있는 경우에는 상표등록을 배제하고 있다.[1)]

2. 착오로 상표등록 시 상표등록 취소

연방상표법에서 제14조에서는 선등록된 타인의 상표 또는 미국에서 선사용되고 포기되지 않은 타인의 상표나 상호와 유사한 상표로 구성되거나 이를 포함한 것으로서 출원인의 상품에 또는 출원인의 상품과 관련하여 사용될 경우 혼동이나 오인을 불러일으키거나 기만하게 할 가능성이 있는 상표가 심사관의 착오로 등록된 경우 상표등록일로부터 5년까지 그 등록을 취소할 수 있도록 규정하고 있다. 다만, 불가쟁력의 효력이 발생한 상표등록에 대해서는 상표등록을 취소할 수 없도록 하여 상표권자를 보호하고 있다.

제2절 상표권 침해의 성립 요건

Ⅰ. 의 의

상표권 침해의 성립 여부에 대한 판단 기준은 피고의 「상표의 상업적 사용」

1) 다만, 상표의 사용 방식이나 장소 또는 상표가 사용되는 상품에 대한 일정한 조건과 제한을 하는 경우 2인 이상의 사람이 계속적으로 사용한다고 하더라도 혼동이나 오인을 일으키거나 기만하게 할 가능성이 없다고 판단되는 경우에는 합법적으로 동시에 상업적으로 사용하는 자에게 공존사용등록을 허여할 수 있다. 공존사용등록을 허여할 때에는 상표의 사용 방식이나 장소 또는 각자 상표가 사용될 상품에 대하여 조건이나 제한을 설정하여야 한다. 아울러 법원이 2인 이상의 사람이 동일 또는 유사한 상표를 상업적으로 사용할 권리가 있다고 최종적으로 판단하는 경우에도 공존사용등록은 허여된다.

이 소비자에게 상품의 출처 또는 후원관계 등에 대해 「혼동을 일으킬 가능성」이 있는지의 여부이다. 따라서 상표권자의 상표권 침해가 성립하기 위해서는 1단계로서 i) 피고가 상품에 대하여 상표를 상업적으로 사용하였는지에 대한 판단이 전제되어야 한다.[2] 만약 피고가 상표를 상업적으로 사용하였다면 2단계로서 ii) 피고의 상표의 상업적 사용으로 인하여 상당수의 소비자(appreciable number of consumers)에게 상품의 출처 또는 후원관계 등에 관하여 혼동을 일으킬 가능성이 있는지의 여부에 대한 판단을 하여야 한다. 전술한 1단계의 판단을 피고의 「상표의 상업적 사용 여부에 대한 판단」이라고 한다면, 제2단계의 판단은 소비자의 「혼동 가능성에 대한 판단」이라고 말할 수 있다.

연구 78 연방상표법상 상표권 침해의 성립여부 판단[3]

2) 최근 인터넷상의 다양한 상표의 사용 태양과 관련하여 그러한 사용이 상표의 상품에 대한 출처표시로서의 사용인지의 여부에 대한 판단이 곤란한 경우 혼동 가능성에 대한 판단을 먼저 하고 혼동 가능성이 인정되는 경우에는 상표권의 침해를 인정하자는 견해도 있으나 상표권의 침해를 인정하기 위해서는 우선 상표의 사용이라는 요건을 판단한 후 혼동 가능성을 판단하는 것이 일반적이다. 김병일, "저명상표의 보호 확대 방안에 대한 고찰", 특허청, 21면 참조.

3) 이를 상표권의 침해와 관련한 판단과정을 그림으로 표현하면 다음과 같다.

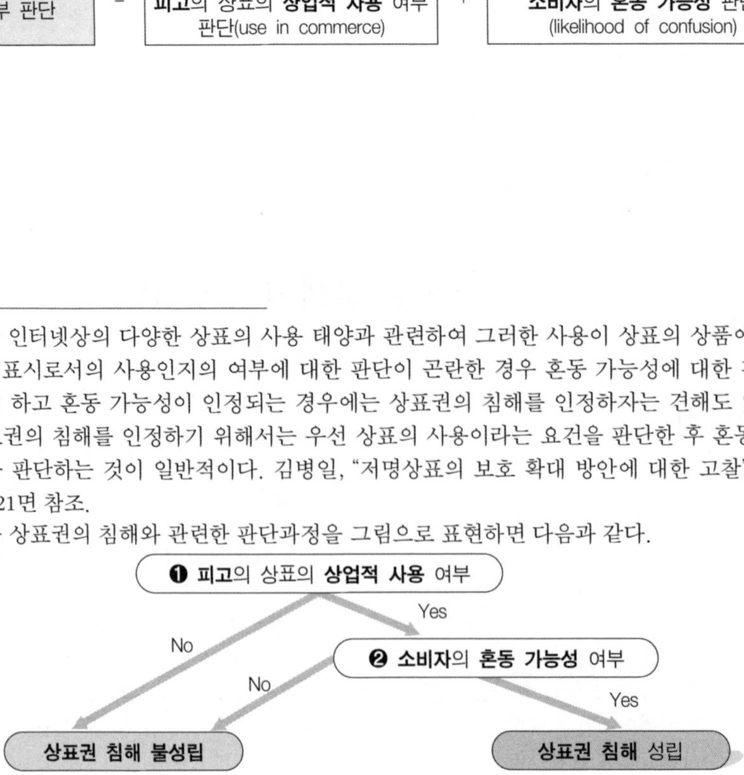

II. 상표의 상업적 사용 여부에 대한 판단

1. 의 의

상표의 상업적 사용(use in commerce)이란 “정상적인 상거래의 과정에서 진정한 의사를 가지고 상표를 상품의 출처를 표시하기 위하여 미국 내 주 간의 상거래 또는 외국과의 상거래에서 사용하는 것”을 말한다. 따라서 피고가 자기의 상품과 관련하여 상표를 상업적으로 사용하지 않았다면 상표권의 침해는 성립할 수 없다. 상표제도가 발전하기 시작한 초기에는 상표의 사용으로 인정받기 위한 요건으로서 상표가 소비자에게 상품의 출처표시로 인식되기 위해 상표를 상품에 물리적으로 부착하여 사용되도록 요구하였으나 오늘날 광고매체의 발달과 서비스표의 등장으로 상표의 광고적 기능이 중요해짐에 따라 상표를 상품에 물리적으로 부착하지 않더라도 어떠한 형태로든 소비자에게 상품과 상표 간의 연관성을 일으키는 경우 상품에의 물리적인 부착 요건이 충족된 것으로 인정하고 있다.

2. 상품 또는 서비스에 대한 사용

1) 상품에 대한 사용

연방상표법 제45조에 따르면 상표가 다음에 해당하는 경우로서 당해 상품이 판매되거나 상거래상 운송되는 경우 상표가 상품에 사용된 것으로 간주한다.[4] 따라서 피고는 상표를 다음의 어느 하나의 태양과 같이 사용하여야 한다.

i) 상표를 「상품 자체」에 표시하는 경우

ii) 상표를 「상품의 포장용기」에 표시하는 경우

iii) 상표를 「상품이나 상품의 용기에 첨부되어 있는 태그나 라벨」에 표시하는 경우

---

4) The term ‘use in commerce’ means the bona fide use of a mark in the ordinary course of trade, and not made merely to reserve a right in a mark. For purposes of this chapter, a mark shall be deemed to be in use in commerce —

(1) on goods when —

(A) it is placed in any manner on the goods or their containers or the displays associated therewith or on the tags or labels affixed thereto, or if the nature of the goods makes such placement impracticable, then on documents associated with the goods or their sale, and

(B) the goods are sold or transported in commerce, and ….

iv) 상표를 「상품과 관련된 전시물」(display)에 표시하는 경우

v) 곡물이나 오일과 같이 상품의 성질상 상표의 표시나 부착이 불가능한 경우 그 「상품이나 상품의 판매와 관련된 문서」에 표시하는 경우.

2) 서비스에 대한 사용

서비스표는 물리적으로 서비스에 부착할 수 없다. 따라서 피고는 서비스표를 서비스의 판매나 광고를 하는 과정에서 사용하거나 전시하고 그 서비스가 상업적으로 제공되거나, 미국 내 하나 이상의 주 또는 미국과 외국에서 제공되고, 그 서비스를 제공하는 자가 그 서비스에 관련된 상업에 종사하는 경우에는 서비스표가 서비스에 상업적으로 사용된 것으로 본다.[5]

3. 상업적 사용

1) 상 업

상업(commerce)이란 "미국 연방의회가 합법적으로 규제할 수 있는 모든 거래[6]로서 미국 내 주 간의 상거래 또는 미국과 외국 간의 상거래"를 의미한다. 따라서 미국 연방의회가 합법적으로 규제할 수 없는 미국의 어느 한 주 내에서만의 거래는 연방상표법상의 상업의 정의에 포함되지 않는다.

2) 상표의 상업적 사용

상표의 「상업적 사용」(use in commerce)이란 "정상적인 상거래의 과정에서 진정한 의사를 가지고 상표를 사용하는 것으로서 미국 내 주 간의 상거래 또는 미국과 외국 간의 상거래에서 사용되는 것"을 말한다.[7] 따라서 단지 상표권을 보유하기 위한 「명목상의 사용」(token use)은 이에 해당하지 않는다.

---

5) Use in commerce. The term 'use in commerce' means the bona fide use of a mark in the ordinary course of trade, and not made merely to reserve a right in a mark. For purposes of this chapter, a mark shall be deemed to be in use in commerce —

(2) on services when it is used or displayed in the sale or advertising of services and the services are rendered in commerce, or the services are rendered in more than one State or in the United States and a foreign country and the person rendering the services is engaged in commerce in connection with the services.

6) The word 'commerce' means all commerce which may lawfully be regulated by Congress. 미국의 연방상표법 제45조 참조.

7) The term 'use in commerce' means the bona fide use of a mark in the ordinary course of trade, and not made merely to reserve a right in a mark. 미국의 연방상표법 제45조 참조.

Ⅲ. 혼동 가능성에 대한 판단

1. 혼 동

1) 의 의

(1) 혼 동 　연방상표법상 혼동의 개념은 가장 좁게는 「상품 자체의 혼동」(product의 혼동), 넓게는 「상품의 출처에 관한 혼동」(source의 혼동)을 의미하지만 상표권의 침해 여부를 판단할 때의 혼동의 개념은 가장 넓은 개념의 혼동으로서 「상품 자체의 혼동」, 「상품의 출처에 관한 혼동」은 물론 후원관계(sponsorship), 연관관계(connection), 가맹회사관계(affiliation)를 포함하는 가장 넓은 개념의 혼동(sponsorship의 혼동)을 의미한다.[8)]

연구 79 연방상표법상 혼동 개념의 발전

혼동	=	❶ 좁은 의미	+	❷ 넓은 의미	+	❸ 가장 넓은 의미
		상품 **자체**의 혼동		상품 **출처**의 혼동		**후원관계** 등의 혼동
		product		source		sponsorship

❶ 좁은 의미의 혼동		❷ 넓은 의미의 혼동		❸ 가장 넓은 의미의 혼동
상품 자체(product)에 관한 혼동		**상품의 출처**(source)에 관한 혼동		**후원관계**(sponsorship) 등에 관한 혼동
· 소비자가 침해자의 상품을 상표권자의 상품으로 혼동하여 침해자의 상품을 **상표권자의 상품 대신 구입하거나 구입할 가능성이 있는 경우** → **위조상품**에 의한 혼동 (ex: Nice shoes)	➔	· 소비자가 비록 상품 자체에 대해서는 혼동하지 않더라도 동일 · 유사한 상표가 부착된 침해자의 상품을 보고 **상표권자의 상품라인이 확장된 것으로 혼동하거나 혼동할 가능성이 있는 경우** (ex: Nike mittens)	➔	· 소비자가 침해자의 상품이 상표권자가 직접 판매하는 것이 아니라는 것을 알고 있더라도 **상표권자가 침해자의 상품을 후원한다든지, 상표의 사용을 허락해 주었거나 또는 어떤 형태로든 영업상 관련이 있는 것으로 오인하는 경우** (ex: Nike on soup can)
· 1946년 Lanham Act 시행 전		· 1946년 Lanham Act		· 등록상표: 1962년 개정법 · 미등록상표: 1988년 상표법 개정법
· **경쟁상품**(competing goods)에 한정		· **비경쟁 관련상품**인 경우에도 발생 가능		· **비경쟁 관련 상품**(related goods)인 경우에도 적용

8) 제2 연방순회구 항소법원은 Dallas Cowboys Cheerleaders, Inc. v. Pussycat Cinema, Ltd., 604 F.2d 200, 205 (2d Cir. 1979) 사건에서 상표소유자가 후원하거나 상표의 사용을 승인하였다고 소비자가 믿는다면 혼동 가능성의 요건이 충족되었다고 판단하였다.

(2) **혼동 가능성** 혼동 가능성(likelihood of confusion)은 단순히 혼동이 발생할 가능성은 있을 수 있지만 확신할 수 없는 'possibility'의 개념이 아니라 혼동이 발생할 가능성이 크고 있을 법한 'probability'의 의미이다. 따라서 'likelihood of confusion'과 'probability of confusion'은 동의어로 볼 수 있다.

2) 연방상표법 개정 연혁[9)]

(1) **상표제도 초기** 미국의 상표제도 초기에는 상표권의 침해는 타인이 상표

---

9) 미국의 연방상표법상 관련된 규정의 개정 연혁을 살펴보면 다음과 같다.

개정법	연방상표법
1905년 연방상표법	SEC. 16. Any person who shall, without the consent of the owner thereof, reproduce, counterfeit, copy, or colorably imitate any such trademark and affix the same to merchandise of substantially the same descriptive properties as those set forth in such registration, and shall use, or shall have used, such reproduction, counterfeit, copy, or colorable imitation in commerce among the several states, or with a foreign nation, or with the Indian tribes, shall be liable to an action for damages therefor at the suit of the owner thereof.
1946년 Lanham Act	SEC. 32. (1) Any person who shall, in commerce, (a) use, without the consent of the registrant, any reproduction, counterfeit, copy, or colorable imitation of any registered mark in connection with the sale, offering for sale, or advertising of any goods or services on or in connection with which such use is likely to cause confusion or mistake or to deceive purchasers as to the source of origin of such goods or services; or
1962년 개정법	SEC. 32. (1) Any person who shall, in commerce, (a) use, without the consent of the registrant, any reproduction, counterfeit, copy, or colorable imitation of any registered mark in connection with the sale, offering for sale, or advertising of any goods or services on or in connection with which such use is likely to cause confusion or mistake or to deceive purchasers as to the source of origin of such goods or services; or
1988년 상표법 개정법	SEC. 43. (a) Any person who uses in commerce on or in connection with any goods or services, or any container for goods, any word, term, name, symbol, or device or any combination thereof, or who shall engage in any act, trade practice, or course of conduct in commerce, which — (A) is likely to cause confusion, or to cause mistake, or to deceive as to the affiliation, connection, or association of such person with another, or to the origin, sponsorship, or approval of his goods, services, or commercial activities by another; or (B) by use of a false designation of origin or of a false or misleading description or representation, misrepresents the nature, characteristics, or qualities of his or another person's goods, services, commercial activities or their geographic origin; shall be liable in a civil action by any person who believes that he is or is likely to be damaged by such action.

권자의 허락 없이 상표권자의 상표와 동일 또는 유사한 상표를 상표권자가 사용하는 상품과 「경쟁하는 상품」(competitive goods)에 사용하는 경우에만 발생하였다. 따라서 타인이 상표권자의 상표와 동일 또는 유사한 상표를 「비경쟁하는 상품」(noncompetitive goods)에 사용하는 경우에는 상표권의 침해가 발생하지 않았다.

(2) **초기 연방상표법** 1870년 연방상표법, 1881년 연방상표법 제7조, 1905년 연방상표법 제16조와 1920년 연방상표법 제4조에서는 타인이 상표권자의 허락 없이 등록상표와 동일하거나 유사한 상표를 「실질적으로 동일한 성질의 상품」(merchandise of substantially the same descriptive properties)에 부착하여 사용하는 경우 상표권의 침해를 구성한다고 규정하였다. 법원은 실질적으로 동일한 성질의 상품을 「상품의 일반적이고도 본질적인 특성이 동일」(general and essential characteristics of the goods are the same)하다는 의미로 해석하였다.[10] 따라서 이 시기에는 타인이 상표권자의 허락을 얻지 않고 등록상표와 동일 또는 유사한 상표를 실질적으로 동일한 성질의 상품에 속하지 않는 상품에 사용하는 경우에는 상표권의 침해를 구성하지 않았다.

(3) 1946년 Lanham Act 제1차 세계대전(1914~1918)이 끝남에 따라 1920년경부터 인구가 증가되어 상품에 대한 수요가 증대되고 상품의 생산 · 제조 기술이 발전함에 따라 상품의 양적 증가와 더불어 종류가 다양해지고 새로운 마케팅 방법들이 도입되고 상품을 판매하기 위한 운송 수단의 발달과 유통 경로의 정비에 따라 상인들은 전국적으로 자기가 제조 · 생산한 상품을 판매할 수 있게 되었다. 이러한 시장의 변화에 따라 법원은 상표권 침해를 인정하기 위해서는 반드시 피고의 상품이 원고가 판매하는 상품과 경쟁관계가 있는지에 대한 판단보다는 소비자의 혼동이나 오인 또는 기만을 일으킬 가능성이 있는지의 여부에 대한 판단이 더욱더 중요하다고 판시하기 시작하였다. 1946년 Lanham Act에서는 이러한 시장의 변화와 법원의 판단을 수용하여 1920년 연방상표법상 「실질적으로 동일한 성질의 상품」에 부착한다는 요건을 삭제하고 대신 "상품이나 서비스의 「출처」에 관하여 소비자에게 혼동이나 오인을 일으킬 가능성이 있거나 소비자를 기만할 가능성이 있을 경우"라는 조건을 두어 i) 「실제 소비자」(actual purchasers)가 혼동 가능성이 있을 것과 ii) 상품이나 서비스의 직접적인 「출처」(source)에 관한 혼동 가능성이 있어야 한

10) D. cfi C'. Co., Inc. v. Everett Fruit Products Co., 57 App. D.C. 263, 20 F.(2) 279.

다는 것을 명확히 하였다. 따라서 1920년 연방상표법과는 달리 타인이 상표권자의 허락을 얻지 않고 등록상표와 동일 또는 유사한 상표를 실질적으로 동일한 성질의 상품에 속하지 않는 상품에 사용하는 경우라고 할지라도 상품의 출처에 관하여 소비자의 혼동 가능성이 있는 경우 상표권의 침해를 구성할 수 있게 되었다.

(4) 1962년 **개정법** 1962년 개정법에서는 「등록상표」에 대한 침해를 규정하고 있는 연방상표법 제32조 (1)항 (a)의 규정에서 "상품이나 서비스의 「출처」에 관하여 소비자에게"(purchasers as to the source of origin of such goods or services)라는 조건을 삭제하여 상품이나 서비스의 직접적인 출처의 혼동이 아니라고 하더라도 소비자가 분쟁 당사자 간 후원관계(sponsorship)나 어떠한 연관관계(connection) 또는 가맹회사관계(affiliation)가 있을 것으로 혼동할 가능성이 있는 경우에도 상표권 침해를 인정하였다. 따라서 상표권 침해는 타인이 상표권자의 허락 없이 등록상표와 동일 또는 유사한 상표를 상표권자가 상표등록부에 등록한 지정상품과 비경쟁하는 상품에 해당하지만 「관련상품」(related goods)에 사용하더라도 소비자가 상표권자와 타인 간 후원관계나 어떠한 연관관계 또는 가맹회사관계가 있을 것으로 혼동할 가능성이 있는 경우에도 발생할 수 있게 되었다. 따라서 소비자의 「비경쟁 관련상품」에 대한 혼동 가능성은 양 당사자 간의 후원관계, 연관관계 또는 가맹회사관계에 대한 혼동 가능성을 의미한다.

(5) 1988년 **개정법** 1988년 개정법에서는 연방상표법 제43조 (a)항을 개정하여 「미등록상표」에 대해서도 상품이나 서비스의 출처뿐만 아니라 「후원관계」 등에 의한 혼동에 의한 침해를 명확하게 규정하였다.

2. 혼동 가능성

2 이상의 유사한 상표가 동시에 사용되고 있을 경우 이들 상표 간에는 상품의 출처 또는 후원관계 등에 관한 소비자의 혼동과 관련하여 i) 「혼동의 개연성」(possibility of confusion), ii) 「실제 혼동」(actual confusion), iii) 「혼동 가능성」(likelihood of confusion)으로 구분할 수 있다. 그런데 혼동의 개연성에 의할 경우 상표권 침해가 성립한다고 한다면 상표권자는 유리하지만 침해자가 너무 불리해지고 실제 혼동이 발생하는 경우에 상표권 침해가 성립한다고 한다면 침해자는 유리하지만 상표권자가 너무 불리하기 때문에 상표권자와 침해자 또는 새로운 상표사용자 간 이익의 균형을 도모하기 위하여 혼동 가능성이 있는 경우 상표권 침해를

인정하고 있다.[11] 법원은 초기에는 소비자가 「실제 혼동」한 경우에만 상표권의 침해를 인정하였으나 현재는 소비자의 「혼동 가능성」이 있는 경우 상표권의 침해를 인정하고 있다.[12]

연구 80 혼동 가능성 vs. 혼동의 개연성 vs. 실제 혼동

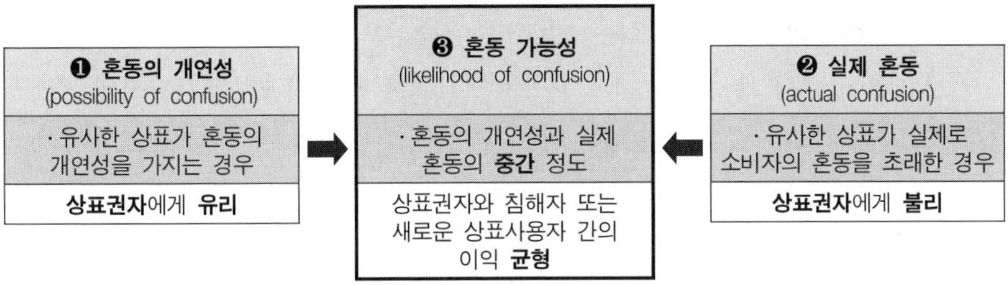

❶ 혼동의 개연성
(possibility of confusion)
· 유사한 상표가 혼동의 개연성을 가지는 경우
상표권자에게 유리
❸ 혼동 가능성
(likelihood of confusion)
· 혼동의 개연성과 실제 혼동의 중간 정도
상표권자와 침해자 또는 새로운 상표사용자 간의 이익 균형
❷ 실제 혼동
(actual confusion)
· 유사한 상표가 실제로 소비자의 혼동을 초래한 경우
상표권자에게 불리

3. 혼동 가능성과 연방헌법 수정조항 제1조에 따른 표현의 자유

상표가 미술작품이나 영화 등에서 상업적으로 사용된 경우 상표법상의 혼동 가능성이 있어 연방상표법상의 상표권 침해에 관한 규정과 연방헌법 수정조항 제1조에 따른 표현의 자유에 관한 권리가 저촉되는지가 문제가 된다. 제2 연방순회구 항소법원은 상표가 상업적으로 사용된다고 하더라도 저작물과 예술적으로 관련되고(artistically relevant) 그 저작물에 관한 출처나 후원관계 등에 대하여 명백하게 오인시키지(explicitly misleading) 않을 경우에는 가급적이면 상품의 출처 또는 후원관계 등에 관하여 소비자의 혼동 가능성이 없다고 판단하는 입장을 취하고 있다.[13]

---

11) 황영익, "한국과 미국 상표법상 표장의 식별력에 대한 비교연구", 특허청, 2007, 19~20면 참조.
12) 김형진, 미국상표법, 지식공작소, 1999, 26~27면 참조, 황영익, 앞의 논문, 20면 참조.
13) Rogers v. Grimaldi, 875 F.2d 994, 999 (2d Cir. 1989).

4. 혼동의 주체[14)]

1) 소비자 또는 잠재적 소비자

누가 상품의 출처 또는 후원관계 등에 관하여 혼동을 일으킬 가능성이 있어야 상표권 침해가 성립되는지가 문제가 될 수 있다. 이제까지의 판례들을 종합하여 살펴보았을 때 법원은 혼동의 주체를 「소비자 또는 잠재적 소비자」(relevant class of customers and potential customers)로 보고 있다.

2) 보통의 주의력을 가진 합리적이며 신중한 소비자

상표권 침해의 가장 중요한 판단 기준인 혼동 가능성은 「합리적이며 신중한 소비자」(reasonably prudent purchaser)를 기준으로 판단한다. 여기서 합리적이며 신중한 소비자란 「보통의 주의력을 갖고 상품을 구매하는 일반적인 소비자」(ordinary purchasers buying with ordinary caution)를 의미한다.[15)]

3) 높은 주의력을 가진 합리적이며 신중한 소비자

요트나 피아노, 고급 승용차 등과 같이 값이 비싼 고가의 상품을 구매하는 소비자는 값이 저렴한 상품을 구매하는 일반적인 소비자가 기울이는 「보통의 주의력」(ordinary caution)보다는 더 높은 주의력을 기울여 상품을 구매한다. 따라서 고가의 상품이나 전문적인 지식이 필요한 상품인 경우에는 보통의 주의력을 가진 합리적이며 신중한 소비자를 기준으로 하기보다는 「높은 주의력을 가진 소비자」(discriminating purchaser)를 기준으로 한다.[16)]

4) 보통의 주의력을 가진 합리적이며 신중한 상당한 수의 소비자

(1) 의 의　　법원은 통상 혼동의 가능성을 「상당한 수」의 보통의 주의력을 가진 합리적이며 신중한 소비자(appreciable number of ordinarily prudent purchasers)가 상품의 출처 또는 후원관계 등에 관하여 혼동을 일으킬 가능성이 있는 것으로 보고 있다.[17)] 따라서 상표권자가 법원에 혼동 가능성이 있다는 것을 입증하기 위

---

14) 우종균, "미국 상표법", 특허청, 49면 참조.

15) Western Pub. Co. v. Rose Art Indus. Inc., 910 F.2d 57, 9 (2d Cir. 1990). 이 사건에서 제2 연방순회구 항소법원은 혼동 가능성은 상당한 수의 보통의 신중한 소비자가 피고의 상품이나 서비스의 출처, 후원관계, 가맹회사관계에 대하여 혼동 가능성이 있는 경우를 말한다고 판단하였다. "Likelihood of confusion is the likelihood that an appreciable number of ordinarily prudent purchasers are likely to be confused as to the source, sponsorship or affiliation of defendant's goods or services."

16) 우종균, 앞의 자료, 49면 참조.

하여 소비자를 대상으로 하는 설문조사를 하는 경우 과연 얼마나 많은 소비자가 상품의 출처에 관한 혼동을 할 가능성이 있어야 상당한 수의 소비자의 요건을 충족하는지가 문제가 될 수 있다.

(2) **원고의 혼동 가능성 존재 입증** 원고인 상표권자는 법원에 혼동 가능성이 있다는 것을 입증하기 위하여 일정한 모집단 소비자를 대상으로 상품의 출처 또는 후원관계 등에 관한 실제 혼동이 발생하였는지를 평가하기 위한 설문조사를 실시하여 그 결과보고서를 제출하는 경우 과연 몇 %의 모집단 소비자가 실제 혼동하여야만 소비자의 혼동 가능성이 있는 것으로 볼 수 있는지가 문제가 되는데 이에 관한 정확한 기준은 마련되어 있지 않고 사건을 담당하는 법원이 구체적 · 개별적으로 판단하고 있다. 제9 연방순회구 항소법원은 「Gallo Winery 사건」[18]에서 전국적인 모집단에서 소비자의 혼동률이 약 40%이고 상표가 사용되고 있는 지역의 모집단에서 소비자의 혼동률이 47%라면 소비자의 혼동 가능성이 있다고 판단하였다.[19] 한편 제9 연방순회구 항소법원은 「Playboy Enterprises 사건」[20]에서 22%의 혼동률은 소비자의 혼동 가능성이 있다는 것을 입증하는 자료로 충분하지 않다고 판단하였고, 「Prudential Insurance 사건」[21]에서 30%의 혼동률도 소비자의 혼동 가능성이 있다는 충분한 자료로 인정하기 어렵다고 판단하였다.[22]

(3) **피고의 혼동 가능성 부존재 입증** 원고인 상표권자의 상표권 침해 주장에 대한 피고의 방어수단으로서 소비자의 혼동 가능성이 없다는 것을 법원에 입증하기 위하여 피고가 설문조사를 실시하고 그 결과보고서를 제출하는 경우도 있는데 법원은 「Cairns 사건」[23]에서 6.9%의 혼동률은 소비자의 혼동 가능성이 없다는 것

---

17) Western Pub. Co. v. Rose Art Indus. Inc., 910 F.2d 57, 59 (2d Cir. 1990).

18) E. & J. Gallo Winery v. Gallo Cattle Co. 967 F.2d 1280, 1292-93 (9th Cir. 1992).

19) 특허청, 수요자의 상표인지도 조사방법론 수립방안에 관한 연구, 84~86면 참조. 이 논문에서는 모집단 소비자의 혼동률이 약 25%를 초과하는 경우 소비자의 혼동 가능성을 입증하는 데 유리하게 작용할 수 있다고 기술하고 있다.

20) Playboy Enterprises, Inc. v. Netscape Communications Corp., 354 F.3d 1020 (9th Cir. 2004).

21) Prudential Insurance Co. v. Gibraltar Financial Corp., 694 F.2d 1150, 1155-56 (9th Cir. 1982).

22) 특허청, 수요자의 상표인지도 조사방법론 수립방안에 관한 연구, 86면 참조. 이 논문에서는 모집단 소비자의 혼동률이 약 10% 이하라면 소비자의 혼동 가능성이 없다는 것을 입증하는 데 유리하게 작용할 수 있다고 기술하고 있다.

23) Cairns v. Franklin Mint Co. 292 F.3d 1139 (C.A.Cal. 2002).

을 입증하는 자료로 인정하였다.

5. 혼동의 시점

1) 의 의

혼동의 시점에 대해서는 전통적인 소비자의 「상품구매 시 혼동이론」에서 잠재적 소비자의 「상품구매 후 혼동이론」까지 발전해 왔다. 최근에는 소비자의 「상품구매 전 혼동이론」의 적용도 가능하다는 주장이 있으나 아직 법원들에게 일반적으로 받아들여지지는 않고 있다.

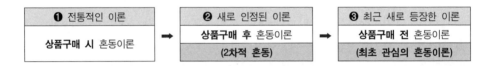

연구 81 연방상표법상 혼동의 시점에 관한 이론의 발전

❶ 전통적인 이론		❷ 새로 인정된 이론		❸ 최근 새로 등장한 이론
상품구매 시 혼동이론	➡	**상품구매 후** 혼동이론 **(2차적 혼동)**	➡	**상품구매 전** 혼동이론 **(최초 관심의 혼동이론)**

2) 소비자의 상품구매 시 혼동[24]이론

소비자의 상품구매 시 혼동이론(point of sale confusion theory)은 「실제 소비자」가 상품을 「구매할 당시」를 기준으로 상품의 출처 또는 후원관계 등에 관하여 혼동할 가능성이 있는지의 여부를 판단[25]하는 전통적인 혼동 가능성의 판단시점에 관한 이론이다.

3) 잠재적 소비자의 상품구매 후 혼동이론

혼동 가능성은 「실제 소비자」(actual purchaser)가 상품을 「구매할 당시」의 혼동 가능성을 기준으로 하여 판단하는 것이 일반적이지만 상품의 품질과 가격, 판매장소, 판매방법이나 광고 등 상품을 판매할 당시의 구체적인 사정 때문에 실제 소비자가 상품을 구매할 당시에는 상품의 출처 또는 후원관계 등에 관하여 혼동을 하지 않았다고 하더라도 실제 소비자가 상품을 「구매한 후」 「실제 소비자」로부터 상

---

24) 원래 'point of sale confusion' 이므로 번역하면 '판매 시 혼동'이 문언적 해석상 맞고 이렇게 번역한 논문도 상당히 많지만 상품출처의 혼동 주체인 소비자를 기준으로 하는 경우 '구매'라고 번역하는 것이 보다 타당하다고 생각하여 '구매 시 혼동'으로 번역하였다.

25) 대법원 2007. 4. 27. 선고 2006도8459 판결 등 참조.

품을 양수하거나 실제 소비자가 지니고 있는 상품을 본 「잠재적 소비자」(potential purchaser)인 「제3자」가 그 상품에 부착된 상표 때문에 상품의 출처 또는 후원관계 등에 관하여 혼동할 가능성이 있으므로 그 경우에도 상표권의 침해에 포함시켜야 한다는 이론이다. 실제 소비자의 상품구매 후 제3자에 의한 혼동(post-sale confusion)은 소비자의 상품의 구매 시 혼동과 구분하기 위하여 「2차적 혼동」(secondary confusion)이라고 칭하기도 한다.

4) 소비자의 상품구매 전 혼동이론[26)]

최근에 등장한 신이론으로 소비자가 상품을 구매하는 시점에서는 상품의 정확한 출처를 알고 있어 구체적인 상품의 출처 또는 후원관계 등에 관한 혼동이 발생하지 않는다고 하더라도 「소비자」가 실제로 상품을 「구매하기 전」의 어느 일정 시점에 「일시적」으로 상품의 출처 또는 후원관계 등에 관하여 혼동할 가능성이 있는 경우에도 상표권의 침해를 인정하자는 이론이다. 상품구매 전 혼동이론(pre-sale confusion theory, initial interest confusion theory)은 비록 소비자는 상품구매 전의 혼동이 일시적으로 발생한다고 하더라도 실제로 상품의 구매할 때에는 혼동이 발생하지 않기 때문에 잘못된 상품을 구매하지 않는다고 하더라도 상품구매 전 혼동을 야기한 경업자로 말미암아 상표권자는 경업자에게 잠재적인 고객을 빼앗기게 되고, 경업자는 상표권자가 가진 신용으로부터 부당하게 이익을 누리게 될 염려가 있으므로 이러한 경우에도 혼동의 개념에 포함시켜 상표권의 침해를 인정하자는 이론이다.[27)28)]

---

26) 소비자의 상품구매 전 혼동이론 또는 최초 관심의 혼동이론(initial interest confusion theory)에 따라 상표권 침해의 판단과정을 그림으로 나타내면 다음과 같다.

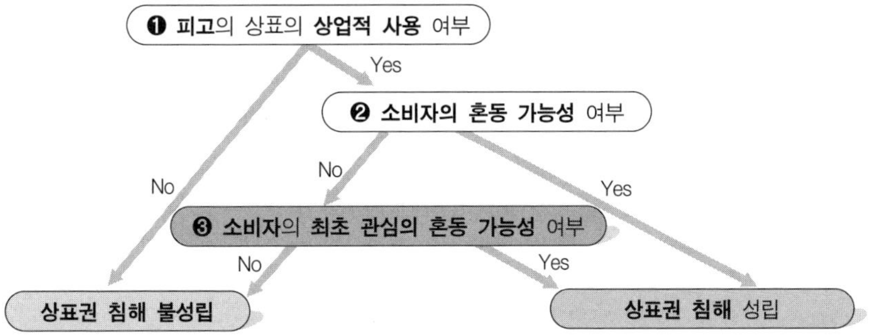

27) 이지윤 · 임건면, "미국판례에서 나타난 사이버공간에서의 판매전 혼동이론에 관한 연구—도메인 네임, 메타태그, 인터넷 광고 등을 중심으로—", 「성균관법학」, 20권 2호, 성균관대

6. 혼동의 방향

1) 순방향 혼동

「순방향 혼동」(順方向 混同, forward confusion)이란 일반적으로 발생하는 혼동으로서 선등록한 상표 또는 미등록된 선사용상표의 신용에 편승하기 위하여 후에 타인이 관련상품에 대하여 동일 · 유사한 상표를 사용하여 발생하는 전형적인 혼동을 말한다.

2) 역방향 혼동

「역방향 혼동」(逆方向 混同, reverse confusion)이란 선등록한 상표 또는 선사용하고 있는 미등록상표가 있음에도 불구하고 타인이 그 상표와 동일 · 유사한 상표를 관련상품에 사용하는 데 대대적인 선전과 광고 및 마케팅을 통하여 후에 사용된 상표가 오히려 선등록 또는 선사용된 상표보다 더 유명해짐으로써 소비자가 진정한 선등록 또는 선사용된 상표의 상품이 오히려 나중에 시장에 진입하여 유명해진 후사용된 상표의 상품과 출처가 동일하거나 그와 일정한 후원관계 등이 있는 것으로 혼동하는 것을 말한다.[29]

학교 법학연구소, 2008, 133~168면 참고.

28) 전통적인 소비자의 상품구매 시 혼동이론과 최근의 잠재적 소비자의 상품구매 후 혼동이론, 소비자의 상품구매 전 혼동이론에 따르면 혼동의 시점과 주체가 다음과 같이 구분된다.

구분	혼동 시점	혼동 주체
상품구매 시 혼동	구매 당시	소비자
상품구매 후 혼동	구매 후	잠재적 소비자(실제 소비자로부터 상품을 양수하거나 실제 소비자가 지니고 있는 상품을 본 자)
상품구매 전 혼동	구매 전	소비자

29) The GOODYEAR Tire and Rubber Company, 561 F.2d 1365 USPQ 417, (USDC Col., 1976) 참조. 1970년대 중반 소기업인 타이어 제조업체 'BIG O Tire Dealer'가 'BIGFOOT' 상표를 등록하여 사용하였다. 그러던 중 1977년에 타이어 제조와 관련한 대기업인 Goodyear사가 'BIGFOOT'이란 상표를 대대적인 광고와 마케팅 활동을 통해 시장 점유율과 매출을 늘림으로써 소비자는 등록상표인 'BIGFOOT'을 Goodyear의 상호와 연관시키는 한편 상표권자는 Goodyear사가 자신의 허락을 받지 아니하고 사용함에 따라 Goodyear사를 상대로 역혼동에 의한 상표권 침해소송을 제기하였으며, 법원은 'BIG O Tire Dealer'의 주장을 받아들여 손해배상을 받을 수 있도록 하였다.

7. 혼동 가능성의 판단: 복합요소의 판단 기준

1) 의 의

미국의 연방상표법에서는 이러한 혼동 가능성에 대한 구체적인 판단 기준을 명문으로 규정하고 있지는 않다. 다만, 1938년의 「불법행위에 관한 Restatement」[30] 제731조, 1995년 「부정경쟁행위에 관한 Restatement」 제21조와 연방항소법원의 판례에서 제시된 복합요소의 판단 기준(multifactor tests)들이 혼동 가능성에 대한 구체적인 판단 기준으로 적용되고 있다. 연방항소법원의 복합요소의 판단 기준 중에서는 특히 1961년 제2 연방순회구 항소법원의 「Polaroid 기준」과 1979년 제9 연방순회구 항소법원의 「Sleekcraft 기준」, 1973년 관세특허항소법원의 「DuPont 기준」 등이 많이 이용되고 있다.

2) 불법행위에 관한 Restatement

Restatement (First) of Torts 제731조[31]에서는 다음의 9가지 복합요소의 판단 기준을 고려하도록 규정하고 있다.

i) 침해자의 상품 · 서비스 · 영업이 상표권자의 것으로 오인받을 가능성

ii) 상표권자가 침해자와 경쟁하기 위하여 영업을 확장할 가능성

iii) 침해자와 상표권자의 상품 · 서비스가 공통의 구매자나 이용자를 갖게 되는 정도

iv) 침해자와 상표권자가 동일한 유통 경로로 마케팅하는 정도

v) 침해자와 상표권자의 상품 · 서비스가 갖는 기능의 관련성

vi) 상표나 상호의 식별력 정도

vii) 침해자와 상표권자의 상품 · 서비스를 구입하는 데 있어 상표에 주의를 기울이는 정도

viii) 침해자가 상표를 사용한 기간

ix) 침해자가 상표를 채택하고 사용하게 된 의도.

3) 부정경쟁행위에 관한 Restatement

Restatement (Third) of Unfair Competition 제21조에서는 다음과 같은 시장에서의 6가지 복합요소의 판단 기준을 고려하도록 규정하고 있다.

---

30) Restatement (First) of Torts.

31) Section 731. Factors in Limitation of Protection with Reference to Kind of Goods, Services or Business.

i) 상표의 유사한 정도

ii) 각 상품 · 서비스의 마케팅 방법상 배포 경로의 유사성

iii) 상품 · 서비스 소비자의 특성 및 구매를 결정하는 데 있어서 기울이는 주의의 정도

iv) 상표권자의 상표의 식별력

v) 침해자의 상품 · 서비스 · 영업의 종류가 상표권자의 것과 다른 경우, 상표권자가 침해자의 상품 · 서비스 · 영업을 상품화하거나 후원하는 것으로 침해자의 상품의 소비자가 기대할 가능성

vi) 침해자와 상표권자가 지리적으로 각기 다른 시장에서 상품 · 서비스를 판매하는 경우, 상표권자의 상표가 침해자의 시장에서 상표권자와 동일시되는 정도.

4) Polaroid 기준

제2 연방순회구 항소법원은 1961년 「Polaroid Corp. v. Polarad Electronics. Corp. 사건」[32]에서 혼동 가능성을 판단하기 위한 8가지의 복합요소의 판단 기준을 제시하였는데 이 8가지의 요소를 흔히 「Polaroid 기준」이라고도 한다.

i) 원고 상표의 식별력의 강도

ii) 양 상표의 유사성

iii) 상품 또는 서비스의 근접성

iv) 원고의 상표 사용 지역 또는 상품의 확장 가능성

v) 실제 혼동

vi) 피고의 상표 선택의 선의

vii) 피고 상품의 품질

viii) 소비자의 세련도.

5) Sleekcraft 기준

제9 연방순회구 항소법원은 1979년 「AMF Inc. v. Sleekcraft Boats 사건」[33]에서 혼동 가능성을 판단하기 위한 8가지 복합요소의 판단 기준을 제시하였다.

i) 상표의 강도

ii) 상품의 근접성

iii) 상표의 유사성

---

32) Polaroid Corp. v. Polarad Electronics Corp., 287 F.2d 492 (2d Cir. 1961).

33) AMF Inc. v. Sleekcraft Boats, 599 F.2d 341, 348 (9th Cir. 1979).

iv) 실제 혼동 증거

v) 이용된 판매 경로

vi) 상품의 유형과 소비자의 상품 선택 시 기울일 것으로 예상되는 주의의 정도

vii) 피고의 상표 선택의 의도

viii) 상품라인의 확장가능성.

6) DuPont 기준

미국의 상표심판원은 1973년 관세특허항소법원(Court of Customs and Patent Appeals: CCPA)이 「*In re* E. I. DuPont de Nemours & Co. 사건」[34]에서 제시한 13가지 복합요소의 판단 기준을 활용하여 혼동 가능성 여부를 판단하고 있다.

i) 상표의 유사성

ii) 상품의 유사성

iii) 거래 경로의 유사성

iv) 판매 조건 및 소비자의 세련도

v) 선행상표의 명성

vi) 유사한 상품에 사용되는 유사상표의 수와 성질

vii) 실제 혼동

viii) 실제 혼동이 발생하기 전의 공존사용 기간

ix) 상표가 사용된 상품의 다양성

x) 출원인과 선행상표의 소유자 간 시장의 근접성

xi) 출원인이 타인을 배제할 수 있는 정도

xii) 잠재적 혼동 가능성

xiii) 기타 요소.

7) 연방항소법원의 혼동 가능성 판단을 위한 복합요소의 판단 기준 비교

1961년 제2 연방순회구 항소법원이 혼동 가능성을 판단하기 위한 「복합요소의 판단 기준」으로 「Polaroid 기준」을 처음 제시한 이후 다른 연방순회구 항소법원들도 각자 혼동 가능성에 대한 복합요소의 판단 기준을 제시하였다. 이들 법원들의 복합요소의 판단 기준들을 모두 정리하여 상호 비교하면 다음의 표와 같다.[35]

34) *In re* E. I. DuPont de Nemours & Co., 476 F.2d 1357, 177 USPQ 563 (CCPA 1973).

35) 경민수, 미국 지재권법 강의자료 참조.

연구 82 연방항소법원별 혼동 가능성 판단을 위한 복합요소의 판단 기준

	1	2	3	4	5	6	7	8	9	10	11	D.C.C. 36)	F.C. 37)
❶ similarity of marks	○	○	○	○	○	○	○	○	○	○	○	○	○
❷ similarity of goods or services	○	○	○	○	○	○	○	○	○	○	○	○	○
❸ actual confusion	○	○	○	○	○	○	○	○	○	○	○	○	○
❹ extent of applicant's exclusive rights / strength of mark	○	○	○	○	○	○	○	○	○	○	○	○	○
❺ conditions under which sales are made / classes, sophistication of prospective purchasers / price / similarity of trade channels / customers	○	○	○	○	○	○	○	○	○	○	○	○	○
❻ intent / good faith	○	○	○	○	○	○	○	○	○	○	○	○	○
❼ relationship between the parties' advertising	○		○	○	○					○	○	○	○
❽ likelihood plaintiff will bridge the gap		○	○	○		○			○				○
❾ time and conditions of concurrent use without actual confusion			○			○							○

Volkswagenwerk Aktiengesellschaft v. Wheeler, 84 F.2d 812, 817 (1st Cir. 1987).
Polaroid Corp. v. Polarad Elecs. Corp., 287 F.2d 492, 495 (2d Cir. 1961).
Interpace Corp., v. Lapp, Inc., 721 F.2d 460, 462-463 (3d Cir. 1983).
Shakespeare Co. v. Silstar Corp. of America, Inc., 110 F.3d 234, 241 (4th Cir. 1997).
Elvis Presley Enterprises, 141 F.3d 188, 194 (5th Cir 1998).
Frisch's Rests, Inc. v. Elby's big boy of Steubenville, Inc., 670 F.2d 642, 648 (6th Cir. 1982).
Ty, Inc. v. Jones Group, Inc., 237 F.3d 891, 897-898 (7th Cir. 2000).
Co-Rect Prods., Inc. v. Marvy! Adver. Photography, Inc., 780 F.2d 1323, 1330 (8th Cir. 1985).
AMF Inc. v. Sleekcraft Boats, 599 F.2d 341, 348-349 (9th Cir. 1979).
King of the Mountain Sports, Inc. v. Chrysler Corp., 185 F.3d 1084 (10th Cir. 1999).
Frehling Enters., Inc. v. Intern'l Select Group, Inc., 192 F.3d 1330, 1335 (11st Cir. 1999).

36) The District of Columbia Circuit.

37) Court of Appeals for the Federal Circuit.

8) 혼동 가능성 판단 시 복합요소의 판단 기준 적용

복합요소의 판단 기준에 따라 혼동 가능성을 판단할 때에는 어느 한 기준이 혼동 가능성을 결정하지는 않고 다른 기준과 복합적으로 고려하여 판단한다.[38] 또한 복합요소의 판단 기준 중 각 개별 기준이 모두 동등한 중요성을 갖는 것이 아니라 각 사안에 따라 각 개별 기준의 중요성도 다르게 적용될 수 있으며[39] 모든 사안에 대하여 모든 복합요소의 판단 기준을 적용하여야 하는 것은 아니고[40] 사안에 따라 하나 또는 그 이상의 판단 기준이 관련성이 없어 적용될 수 없는 경우도 있다.[41]

9) 후사용자가 면책 진술을 한 경우

후사용자가 선사용자와 동일한 상표를 사용하면서 상표권의 침해 책임을 면하기 위하여 상품에 부착하는 라벨에 "후사용자는 선사용자와 아무런 관계가 없다"는 표시를 하는 경우 혼동 가능성이 없다고 판단하여야 하는지의 문제이다. 이에 대하여 법원은 단지 면책 진술을 하였다고 하여 혼동 가능성이 없다고는 판단하지 않고 면책 진술이 명백하고 뚜렷하게 표시되어 상당수의 소비자가 상품을 구매할 때 면책 진술(disclaimer)의 표시를 볼 가능성이 높은지 등을 고려하여 구체적인 혼동 가능성을 판단하고 있다.

10) 혼동 가능성에 관한 개별 요소별 판단 기준 검토[42]

(1) 상표의 유사성 상표의 유사성(similarity of the marks)은 상표의 시각적 요소인 외관, 청각적 요소인 칭호, 지각적 요소인 관념의 세 가지 속성을 고려하여 판단한다. 상표의 유사여부를 판단할 때에는 칭호, 외관, 관념 중 반드시 세 가지나 두 가지 이상이 유사하여야만 혼동 가능성이 있다고 판단하는 것이 아니라 칭호, 외관, 관념 중 어느 하나만 유사해도 혼동 가능성이 있다고 판단할 수 있으며, 칭호, 외관, 관념을 개별적 · 독립적으로 고려하기 보다는 이들 세 가지 요소를 전체적이고도 종합적으로 고려하여 판단하여야 한다.[43]

---

38) KP Permanent Make-Up, Inc. v. Lasting Impression I, Inc., 408 F.3d 596, 608 (9th Cir. 2005).

39) Barbecue Marx, Inc. v. 551 Ogden, Inc., 235 F.3d 1041, 1044 (7th Cir. 2000).

40) Arrow Fastener Co., Inc. v. Stanley Works, 59 F.3d 384, 400 (2d Cir. 1995).

41) KP Permanent Make-Up, Inc. v. Lasting Impression I, Inc., 408 F.3d 596, 608 (9th Cir. 2005).

42) 특허청, 미국 상표법 · 제도에 관한 분석 및 시사점, 2006, 78~83면 참조.

가. 관찰 방법

a) 전체 관찰 상표의 유사성을 판단할 때에는 상표의 구성요소를 따로따로 구분하여 관찰하지 말아야 하며(anti-dissection rule), 상표를 전체로서(trademark as a whole) 관찰하여 소비자에게 전달되는 「전체적인 상업적 인상」(overall commercial impression)을 기준으로 양 상표를 관찰하여야 한다.44)

b) 요부(要部) 관찰 양 상표의 유사성을 판단할 때에는 전체적인 관찰이 기본이지만 결합상표의 경우 식별력이 없는 보통명칭 부분, 기술적 표장 부분 등과 같은 부기적 부분(subsidiary part of a mark)보다는 조어상표나 임의선택 상표로 구성된 부분 등과 같이 식별력이 강한 주요 부분(dominant part of a mark)에 의하여 상업적 인상이 결정되기 때문에 상표의 주요 부분에 비중을 더 주어서 상표의 유사 여부를 판단하여야 한다.45)

연구 83 요부관찰 시 양 상표가 유사하다고 판단한 사례

HEWLETT **PACKARD**	≒	**PACKARD** TECHNOLOGIES	46)
MACHO	≒	**MACHO** COMBOS	47)
RESPONSE	≒	**RESPONSE** CARD	48)
CONFIRM	≒	**CONFIRM**CELLS	49)

c) 이격적(離隔的) 관찰 소비자는 일반적으로 시장에서 두 상표의 상품을 동시에 양옆에 두고 「대비적 관찰」(side-by-side comparison)을 하지 않기 때문에 양 상표의 상품을 때와 장소를 달리하여 상표를 접하는 소비자를 기준으로 혼동 가능성이 있는지를 판단하여야 한다.

---

43) Chevron Chemical Co. v. Voluntary Purchasing Groups Inc. 659 F.2d 695 (5th Cir. 1981).

44) AMF, Inc. v. Sleekcraft Boats, 599 F.2d 341, 351 (9th Cir. 1979).

45) A&H Sportswear Co., Inc., Inc. v. Victoria's Secret Stores, Inc., 237 F.3d 198, 215-216 (3d Cir. 2000), John H. Harland Co. v. Clarke Checks, Inc., 711 F.2d 966, 967 (11th Cir. 1983).

46) Hewlett-Packard Co. v. Packard Press Inc., 281 F.3d 1261, 62 USPQ2d 1001 (Fed. Cir. 2002).

47) *In re* El Torito Restaurants Inc., 9 USPQ2d 2002 (TTAB 1988).

48) *In re* Equitable Bancorporation, 229 USPQ 709 (TTAB 1986).

49) *In re* Corning Glass Works, 229 USPQ 65 (TTAB 1985).

d) 소비자의 불완전한 기억 기준 소비자는 시장에서 상품을 구매할 때 기존의 상표에 대한 완전한 기억에 의존하는 것이 아니므로 소비자의 불완전한 기억(imperfect recollection)을 기준으로 혼동 가능성을 판단하여야 한다.

나. 상표의 유사여부 판단

a) 칭호 유사 특히 소비자가 실제로 상표를 본 적이 없으나 라디오나 텔레비전 또는 지인 등을 통해 들었을 뿐인 경우 호칭이 유사하다면 혼동 가능성은 높아진다.

연구 84 양 상표의 칭호가 유사하다고 판단한 사례

Dreamwerks	≒	Dreamworks	50)
Acnetone	≒	Acne-Dome	51)
Apollo Chair	≒	The Pollock Chair	52)
ISHINE	≒	ICE SHINE	53)
CRESCO	≒	KRESCO	54)
ARROW	≒	AIR-O	55)
SMIRNOFF	≒	SARNOFF	56)
BECK'S BEER	≒	EX BIER	57)
BEE WEAR	≒	B WEAR	58)
HOG	≒	HAWG	59)
VOODOO	≒	VUDU	60)
SECRET	≒	SEACRET	61)
Budd-Wise	≒	Budweise	62)
Dishine	≒	Dyanshine	63)
Genie	≒	Jeenie	64)
T-Fal	≒	Tepal	65)
Zip-On	≒	Zipper	66)
Utopia	≒	Ewetopia	67)
STEINWAY	≒	STEINWEG	68)

50) Dreamwerks Production Group, Inc. v. Skg Studio, 142 F.3d 1127, 1131 (9th Cir. 1998).
51) Miles Laboratories, Inc. v. Whorton Pharmacal Company, 199 USPQ 758, 1978 WL 21267 (TTAB 1978).
52) Knoll Intern., Inc. v. Continental Imports, Inc., 192 USPQ 644, 1976 WL 21101 (E.D. Pa. 1976).
53) Centraz Industries v. Spartan Chemical Co., 77 USPQ2d 1698 (TTAB 2006).

연구 85 양 상표의 칭호가 비유사하다고 판단한 사례

DUVET	≠	DUET	69)
SURF	≠	SURGE	70)
COCA COLA	≠	COCO LOCO	71)
LEBOW	≠	LEBOLE	72)

b) 외관 유사

ㄱ) 의 의 외관이 유사하면 유사할수록 혼동 가능성은 높아진다. 그런데 외관의 유사성은 특히 상표가 도형, 외국어, 조어상표, 아무런 의미를 갖지 않는 문자상표로 이루어진 경우 혼동 가능성을 판단하는 데 중요한 요소로 작용한다. 이 경우 상표의 외관은 상표의 「전체적인 시각적 인상」(overall visual impression)을

54) *In re* Cresco Mfg. Co., 138 USPQ 401 (TTAB 1963).
55) Cluett, Peabody Co. v. Wright, 46 F.2d 711 (CCPA 1931).
56) David Sherman Corp. v. Heublein, Inc., 340 F.2d 377, 144 USPQ 249 (8th Cir. 1965).
57) Beck & Co. v. Package Dist., 198 USPQ 573 (TTAB 1978).
58) Banff, Ltd. v. Federated Dep't Stores, 638 F. Supp. 652, 231 USPQ 55 (SDNY 1986), aff'd in part and rev'd in part, remanded, 841 F.2d 486, 6 USPQ2d 1187 (2d Cir. 1988).
59) Black &Decker Corp. v. Emerson Electric Co., 84 USPQ2d 1482, 2007 WL 894416 (TTAB 2007).
60) Hewlett-Packard Development Company, L.P. v. Vudu, Inc., 92 USPQ2d 1630, 2009 WL 3519704 (TTAB 2009).
61) Seacret Spa International v. Lee, 2016 WL 880367, *4 (E.D. Va. 2016).
62) Anheuser-Busch, Inc., v. Cohen, 37 F.2d 393, 4 USPQ 105 (D. Md. 1930).
63) Barton Mfg. Co. v. Hercules Powder Co., 24 CCPA 982, 88 F.2d 708, 33 USPQ 105 (1937).
64) Conley, & Co. v. Colgate-Palmolive Co., 125 USPQ 2, 1959 WL 6879 (N.D. Cal. 1959).
65) Tefal, S.A. v. Products Intern. Co., 186 USPQ 545, 1975 WL 21406 (D.N.J. 1975), aff'd, 529 F.2d 495, 189 USPQ 385 (3d Cir. 1976).
66) B.F. Goodrich Co. v. Hockmeyer, 17 CCPA 1068, 40 F.2d 99, 5 USPQ 30 (1930).
67) *In re* T & C Imports, 2013 WL 4397041 (TTAB 2013).
68) Grotrian, Helfferich, Schulz, Th. Steinweg Nachf. v. Steinway & Sons, 523 F.2d 1331, 186 USPQ 436 (2d Cir. 1975).
69) National Distillers &Chemical Corp. v. William Grant & Sons, Inc., 505 F.2d 719, 184 USPQ 34 (CCPA 1974).
70) Lever Bros. Co. v. Babson Bros. Co., 197 F.2d 531, 94 USPQ 161 (CCPA 1952).
71) Coca-Cola Co. v. Essential Products Co., 421 F.2d 1374, 164 USPQ 628 (CCPA 1970).
72) Lebow Bros., Inc. v. Lebole Euroconf S.p.A., 503 F. Supp. 209, 212 USPQ 693 (E.D. Pa. 1980).

기준으로 유사여부를 판단하여야 한다.

연구 86 양 상표의 외관이 유사하다고 판단한 사례

 ≒ 

73)

≒ 

74)

 ≒ 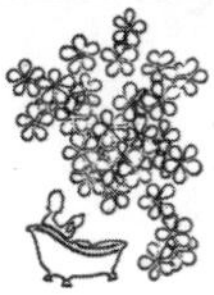 75)

≒ 

76)

 ≒  77)

 ≒ 

78)

 ≒  79)

 ≒  80)

≒  81)

연구 87 양 상표의 외관이 비유사하다고 판단한 사례

 ≠  82)

 ≠ 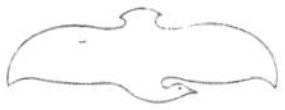 83)

 ≠  84)

 ≠  85)

 ≠ 

86)

73) Time Warner Entertainment Company, 65 USPQ2d 1650, 2002 WL 1628168 (TTAB 2002).
74) Gaston's White River Resort v. Rush, 701 F. Supp. 1431, 8 USPQ2d 1209, 1217 (W.D. Ark. 1988).
75) *In re* Calgon Corp., 435 F.2d 596, 168 USPQ 278, 280 (CCPA 1971). 사례는 특허청, 미국 상표법 · 제도에 관한 분석 및 시사점, 2006, 81면에서 재인용.
76) WSM, Inc. v. Tenn. Sales Co., 709 F.2d 1084, 1085~87, 220 USPQ 17, 18~19 (6th Cir. 1983).
77) *In re* Westinghouse Electric Corp. v. PEK, Inc., 184 USPQ 559 (TTAB 1974). 사례는 특허청, 미국 상표법 · 제도에 관한 분석 및 시사점, 2006, 81면에서 재인용.
78) Copy Cop, Inc. v. Task Printing Inc., 908 F. Supp. 37, 38 USPQ2d 1171 (D. Mass. 1995).
79) *In re* Triple R Mfg. Corp., 168 USPQ 447 (TTAB 1970). 사례는 특허청, 미국 상표법 · 제도에 관한 분석 및 시사점, 2006, 80면에서 재인용.
80) Penguin Books Ltd. v. Eberhard, 48 USPQ 1280 (TTAB 1998), app. dismissed, 178 F.3d 1306 (Fed. Cir. 1998).
81) Grandpa Pidgeon's of Missouri, Inc. v. Borgsmiller, 477 F.2d 586, 177 USPQ 573 (CCPA 1973).

≠

87)

≠

88)

≠

89)

ㄴ) 상표에 다른 표장이 추가, 삭제, 대체된 경우 양 상표 중 어느 한 상표가 다른 상표에 문자나 도형이 추가되었거나 삭제된 경우 또는 상표의 구성 중 어느 한 부분이 다른 것으로 대체된 경우에도 외관의 유사성은 발생할 수 있다.

연구 88 양 상표가 유사하다고 판단한 사례

SAM EDELMAN	≒	EDELMAN	
THE GAP	≒	GAP ONE	
CONFIRM	≒	CONFIRMCELLS	90)

82) Ocean Spray Cranberries, Inc. v. Ocean Garden Products, Inc., 223 USPQ 1027 (TTAB 1984).
83) General Foods Corp. v. Ito Yokado Co., 219 USPQ 822 (TTAB 1983).
84) Kellogg Co. v. Toucan Golf, Inc., 337 F.3d 616, 67 USPQ2d 1481, 2003 FED App. 0241P (6th Cir. 2003).
85) Alpha Corp. v. Columbia Broadcasting System, Inc., 463 F.2d 1098, 175 USPQ 31 (CCPA 1972).
86) *In re* Giordano, 200 USPQ 52 (TTAB 1978).
87) Lacoste Alligator S.A. v. Everlast World's Boxing Headquarters, 204 USPQ 945 (TTAB 1979).
88) *In re* Coors Brewing Co., 343 F.3d 1340, 68 USPQ2d 1059 (Fed. Cir. 2003).
89) Odom's Tennessee Pride Sausage, Inc. v. FF Acquisition, L.L.C., 600 F.3d 1343, 1346, 93 USPQ2d 2030 (Fed. Cir. 2010).
90) *In re* Corning Glass Works, 229 USPQ 65 (TTAB 1985).

ㄷ) 상표의 배열 순서가 상호 뒤바뀐 경우　양 상표의 배열 순서가 서로 뒤바뀐 경우(transposition)에는 양 상표의 「의미」와 「상업적 인상」(commercial impression)이 동일한 경우에는 양 상표는 유사하다고 판단한다.

연구 89 양 상표가 유사하다고 판단한 사례

THE WINE SOCIETY OF AMERICA	≒	AMERICAN WINE SOCIETY
AIRZONE	≒	ZONEAIRE
SPRINT STEEL RADIAL	≒	RADIAL SPRINT

그러나 상표의 배열 순서가 서로 뒤바뀌어 상표의 「상업적 인상」이 서로 상이해진 경우에는 유사하다고 판단하지 않는다.

연구 90 양 상표가 비유사하다고 판단한 사례

FLIGHT TOP	≠	TOPFLIGHT
WINTRADE	≠	TRADEWIN

c) 관념 유사

ㄱ) 의　의　양 상표의 의미나 관념이 서로 유사(similarity in meaning or connotation)한 경우 상품의 출처 또는 후원관계 등에 관한 혼동 가능성은 높아진다. 양 상표가 외관이나 칭호가 다르다고 하더라도 양 상표의 관념이 소비자에게 동일하거나 유사한 심상(心象, mental image)을 전달하는 경우 혼동 가능성이 있을 수 있다.[91]

91) Hancock v. American Steel & Wire Co., 203 F.2d 737, 740-41 (CCPA 1953).

연구 91 양 문자상표의 관념이 유사하다고 판단한 사례

Thirty Forty Fifty (skin cleanser)	≒	**60 40 20** (skin cleanser)	92)
Wonder	≒	**Wizard**	93)
BeauTV	≒	**The Beauty Channel**	94)
iTowns (on-line newspapers)	≒	**iVillage** (on-line newspapers)	95)
Ma's	≒	**Mammy's**	96)
Mr. Rust (cleansers)	≒	**Mr. Clean** (cleansers)	97)
AQUA-CARE (equipment and chemicals for water treatment)	≒	**WATER-CARE** (water conditioning equipment)	98)
BEAUTY-REST (mattress)	≒	**BEAUTY SLEEP** (mattress)	99)
CYCLONE (chain link fencing)	≒	**TORNADO** (chain link fencing)	100)
BLUE LIGHTNING (audio speakers)	≒	**BLUE THUNDER** (audio speakers)	101)
ROACH MOTEL (insect trap)	≒	**ROACH INN** (insect trap)	102)
PLAYBOY (magazine)	≒	**PLAYMEN** (magazine)	103)
MR. PLYWOOD (home building supplies)	≒	**MR. PANEL** (home building supplies)	104)

92) Richardson-Vicks, Inc. v. Franklin Mint Corp., 216 USPQ 989 (TTAB 1982).
93) Wonder Mfg. Co. v. Block, 249 F. 748 (C.C.A. 9th Cir. 1918).
94) United Global Media Group, Inc. v. Tseng, 112 USPQ2d 1039, 2014 WL 5035517 (TTAB 2014).
95) *In re* The Hartford Courant Company, 2011 WL 1661520 (TTAB 2011).
96) Island Road Bottling Co. v. Drinkmor Beverage Co., 31 CCPA 816, 140 F.2d 331, 60 USPQ 369 (1944).
97) Procter & Gamble Co. v. Lewis Research Labs Co., 222 USPQ 359 (TTAB 1984).
98) Watercare Corp. vs. Midwesco Enterprises, Inc., 171 USPQ 696 (TTAB 1971).
99) Simmons Co. vs. Royal Bedding Co., 5 F. Supp. 946 (D. Pa. 1933).
100) Hancock vs. American Steel & Wire Co., 203 F.2d 737, 740-41 (CCPA 1953).
101) Mitek Corp. v. Pyramid Sound Corp., 20 USPQ2d 1389 (N.D. Ill. 1991).
102) American Home Products Corp. v. Johnson Chemical Co., 589 F.2d 103 200 USPQ 417 (2d Cir. 1978).
103) Playboy Enterprises, Inc. v. Chuckleberry Publishing, Inc., 486 F. Supp. 414, 206 USPQ 70

연구 92 문자상표와 도형상표의 관념이 서로 유사하다고 판단한 사례

EAGLE	≒		105)
Hemingway	≒		106)
Key	≒		107)
Tiger Head	≒		108)

연구 93 양 상표의 관념이 비유사하다고 판단한 사례

BOWFLEX	≠	**BODYFLEX**	109)
VANTAGE	≠	**ADVANCE**	110)
HEALTHY CHOICE (food products)	≠	**HEALTH SELECTIONS** (food products)	111)
SLEEPMASTER (mattress)	≠	**DREAM-MASTER** (mattress)	112)
HARD ROCK CAFE (restaurant)	≠	**COUNTRY ROCK CAFE** (restaurant)	113)
DAWN (doughnuts)	≠	**DAYLIGHT** (doughnuts)	114)
T.G.I. FRIDAY'S (restaurant-bar)	≠	**E.L SATURDAY'S** (restaurant-bar)	115)
SATIN QUICK (hair color preparation)	≠	**SUDDENLY SATIN** (bath oil)	116)

(S.D.N.Y. 1980), final decision, 511 F. Supp. 486, 211 USPQ 154 (S.D.N.Y. 1981), aff'd, 687 F.2d 563, 215 USPQ 662 (2d Cir. 1982).

104) Consumers Bldg. Marts, Inc. v. Mr. Panel, Inc., 196 USPQ 510 (TTAB 1977), modified, 196 USPQ 515 (TTAB 1977).

105) *In re* Duofold Inc., 184 USPQ 638, 1974 WL 20125 (TTAB 1974).

106) *In re* Sloppy Joe's International Inc., 43 USPQ2d 1350, 1355, 1997 WL 424966 (TTAB 1997).

107) *In re* Penthouse International Ltd., 175 USPQ 42, 1972 WL 17782 (TTAB 1972).

108) Izod, Ltd. v. Zip Hosiery Co., 56 CCPA 812, 405 F.2d 575, 160 USPQ 202 (1969).

Morris-Flamingo ≠  117)

ㄴ) 법률적 균등의 원칙 어느 한 상표가 문자로 구성되고 이에 대비되는 상표가 그 문자에 대응하는 도형으로 구성된 상표인 경우 양 상표는 유사하다고 판단한다.

RAM's HEAD ≒ 

ARROW ≒  118)

JOCKEY ≒  119)

GOLDEN EAGLE ≒  120)

HEMINGWAY ≒  121)

---

109) Nautilus Group, Inc. v. Savvier, Inc., 427 F. Supp. 2d 990, 79 USPQ2d 1850 (W.D. Wash. 2006).

110) R. J. Reynolds Tobacco Co. v. American Brands, Inc., 493 F.2d 1235, 181 USPQ 459 (CCPA 1974).

111) ConAgra, Inc. v. George A. Hormel &Co., 990 F.2d 368, 26 USPQ2d 1316 (8th Cir. 1993).

112) Sleepmaster Products Co. v. American Auto-Felt Corp., 241 F.2d 738, 113 USPQ 63 (CCPA 1957).

113) Hard Rock Cafe Licensing Corp. v. Elsea, 48 USPQ2d 1400 (TTAB 1998).

114) Dawn Donut Co. v. Day, 450 F.2d 332, 171 USPQ 453 (10th Cir. 1971).

115) T. G. I. Friday's, Inc. v. International Restaurant Group, Inc., 405 F. Supp. 698, 189 USPQ 806 (M.D. La. 1975), aff'd, 569 F.2d 895, 197 USPQ 513 (5th Cir. 1978).

116) Calgon Corp. v. John H. Breck, Inc., 160 USPQ 343 (TTAB 1968).

117) *In re* Emblique Ltd., 2013 WL 3191592 (TTAB 2013).

118) Arrow-Hart, Inc. v. Yazaki Corp., 169 USPQ 249 (TTAB 1971).

ㄷ) 외국어 균등의 원칙　비록 영어는 아니지만 상당수의 미국인 소비자에게 익숙한 외국어로 구성된 상표와 그와 동일한 의미를 가진 영어로 구성된 상표는 서로 유사하다고 판단한다. 다만, 이미 사어(死語)가 되어 버린 외국어나 희귀한 외국어인 경우에는 이 원칙을 적용하지 않는다.

연구 94 외국어 균등의 원칙에 따라 양 상표가 유사하다고 판단한 사례

Chat Noir	≒	Black Cat	122)
Marazul	≒	Blue Sea	123)
Cento Per Cento[124]	≒	100 % Wine	125)
THANH LONG[126]	≒	Green Dragon Tavern & Museum	127)
Toro Rojo[128] (rum)	≒	Red Bull (whiskey)	129)
Lupo[130]	≒	Wolf	131)
El Sol[132]	≒	Sun	133)
Blitz	≒	Lightnin'	134)
Cavalinho	≒	Pony	135)
PILGRIM (jewelry)	≒	LA PEREGRINA (jewelry, precious stones and loose pearls)	136)
BUENOS DIAS (soap)	≒	GOOD MORNING (shaving cream)	137)
Cristobal Colon[138]	≒	Christopher Columbus	139)

119) Jockey International, Inc. v. Butler, 3 USPQ2d 1607 (TTAB 1987).
120) *In re* Duofold, Inc., 184 USPQ 638 (TTAB 1974).
121) *In re* Sloppy Joe's International Inc., 43 USPQ2d 1350 (TTAB 1997).
122) 'Chat Noir'는 불어로 'black cat'이란 의미이다.
123) Schering-Plough Healthcare Products, Inc., 84 USPQ2d 1323, 1326, 2007 WL 1751193 (TTAB 2007). 'marazul'은 스페인어로 'blue sea'란 의미이다.
124) 이탈리아어로 '100%'라는 의미이다.
125) *In re* Big Heart Wine Llc, 2017 WL 512758 (TTAB 2017).
126) 베트남어로 'green dragon'이라는 의미이다.
127) *In re* Green Dragon Tavern, Inc., 2016 Wl 552606 (TTAB 2016).
128) 스페인어로 'red bull'이라는 의미이다.
129) Rosenblum v. George Willsher & Co., 161 USPQ 492, 1969 WL 9056 (TTAB 1969).
130) 이탈리아어로 'wolf'라는 의미이다.

(2) **상품 또는 서비스의 관련성**

가. 의 의 선사용자의 상품 또는 서비스와 후사용자의 상품 또는 서비스가 서로 동일하거나 또는 일정한 관련성이 있어 소비자가 양 상표의 상품들이 동일한 출처에서 나온다거나 적어도 일정한 후원관계 등이 있을 것이라고 인식할 수 있다면 혼동 가능성은 높아진다. 이 경우 혼동 가능성은 양 상품을 서로 혼동할 가능성이 있다는 좁은 의미가 아니라 소비자가 양 상품의 출처 또는 후원관계 등에 관하여 혼동할 가능성이 있다는 가장 넓은 의미를 말한다.[140] 따라서 양 상품이나 서비스가 서로 관련성이 있어 소비자가 이러한 상품이나 서비스를 접하였을 때 동일한 출처에서 나온 것이거나 선사용자가 후사용자를 후원하는 관계 등이 있다고 오인할 수 있다면 혼동 가능성이 높아진다.

연구 95 상품의 관련성이 있다고 판단한 사례

ON-LINE TODAY (Internet connection services)	≒	**ONLINE TODAY** (Internet content)	141)
MARTIN'S (wheat bran and honey bread)	≒	**MARTIN'S** (cheese)	142)
LAREDO (land vehicles and structural parts)	≒	**LAREDO** (pneumatic tires)	143)

131) *In re* Ithaca Industries, Inc., 230 USPQ 702, 1986 WL 83611 (TTAB 1986).
132) 스페인어로 'sun'이라는 의미이다.
133) *In re* Hub Distributing, Inc., 218 USPQ 284, 1983 WL 51952 (TTAB 1983).
134) Lightnin Chemical Co. v. Royal Home Products, 39 CCPA 1031, 197 F.2d 668, 94 USPQ 178 (1952).
135) *In re* Manuel Jacinto, LDA, 2008 WL 4674597 (TTAB 2008).
136) *In re* La Peregrina Limited (TTAB 2008).
137) *In re* American Safety Razor Co., 2 USPQ2d 1459, 1987 WL 123818 (TTAB 1987).
138) 'Christopher Columbus'의 스페인어 표기이다.
139) *In re* Sailerbrau Franz Sailer, 23 USPQ2d 1710 (TTAB 1992).
140) Recot Inc. v. M.C. Becton, 214 F.3d 1322, 1329, 54 USPQ2d 1894, 1898 (Fed. Cir. 2000).
141) On-line Careline Inc. v. Amercia Online Inc. 229 F.3d 1080, 56 USPQ2d 1471 (Fed. Cir. 2000).
142) *In re* Martin's Famous Pastry Shoppe, Inc., 748 F.2d 1565, 1566-68, 223 USPQ 1289, 1290 (Fed. Cir. 1984).
143) *In re* Jeep Corp., 222 USPQ 333 (TTAB 1984).

연구 96 상품의 관련성이 없다고 판단한 사례

LITTLE PLUMBER (liquid drain opener)	≠	LITTLE PLUMBER (advertising services)	144)
RITZ (cooking and wine selection classes)	≠	RITZ (kitchen textiles)	145)

나. 유 형 제6 연방순회구 항소법원은 상품의 관련성과 관련하여 다음과 같이 3가지로 구분하고 있다.[146)]

i) 상품이 양 당사자가 「경쟁」하는 상품인 경우(경쟁상품)

ii) 상품이 「관련」되기는 하지만 경쟁적이지 않는 경우(비경쟁 관련상품)

iii) 상품 간 전혀 관련성이 없는 경우(비경쟁 비관련상품).

이 경우 i)의 경우에는 상표가 동일 또는 유사하면 상표권 침해가 발생하는 경우이고, ii)의 경우에는 다른 복합요소의 판단 기준의 영향에 따라 상표권 침해 여부가 결정되며, iii)의 경우에는 상표권 침해가 성립되지 아니하는 경우에 해당한다.

연구 97 경쟁상품 vs. 비경쟁 관련상품 vs. 비경쟁 비관련상품

<table>
<tr><th colspan="2" rowspan="3">구분</th><th colspan="3">상품</th></tr>
<tr><th rowspan="2">경쟁상품 (i)</th><th colspan="2">비경쟁상품</th></tr>
<tr><th>관련상품 (ii)</th><th>비관련상품 (iii)</th></tr>
<tr><td rowspan="3">상표</td><td>동일</td><td rowspan="2">❶ 상표권 침해 ○</td><td rowspan="2">❷ 상표권 침해 △</td><td rowspan="2">상표권 침해 X</td></tr>
<tr><td>유사</td></tr>
<tr><td>비유사</td><td>상표권 침해 X</td><td>상표권 침해 X</td><td>상표권 침해 X</td></tr>
</table>

다. 상품 또는 서비스의 관련성 판단

a. 판단 기준 상품 또는 서비스가 관련성이 있다고 판단하기 위해서는 양

144) Local Trademarks, Inc. v. Handy Boys Inc., 16 USPQ2d 1156, 1158 (TTAB 1990).

145) Shen Mfg. Co. v. Ritz Hotel Ltd., 393 F.3d 1238, 1244-45, 73 USPQ2d 1350, 1356 (Fed. Cir. 2004).

146) Therma-Scan, Inc. v. Thermoscan, Inc., 295 F.3d 623, 632 (6th Cir. 2002); Kirkpatrick, Likelihood of Confusion, §5:2에서 재인용.

상표의 상품 또는 서비스가 반드시 「동일」하거나 또는 「경쟁관계」에 있을 필요는 없고 단지 서로 「관련성」만 있으면 충분하다. 통상 다음과 같은 경우 양 상표의 상품 또는 서비스는 관련성이 있다고 판단한다.

i) 식당(restaurants)과 술집(bars)과 같이 상품 또는 서비스의 「유형이 유사」한 경우

ii) chips와 dips와 같이 「함께 사용되는 보완재 상품」(complementary products) 또는 서비스인 경우[147]

iii) 태권도복과 태권도 호구와 같이 「동일한 거래 경로를 통해서 동시에 판매 · 유통」되고 있는 경우[148]

b. 판단 자료　　심사관은 양 상표의 상품 또는 서비스가 서로 관련성이 있다고 판단하는 경우 이를 입증하는 자료를 출원인에게 제시하여야 한다. 이러한 자료로는 통상 다음의 자료가 활용된다.

i) 뉴스 기사

ii) 양 상표의 상품이나 서비스가 같이 사용되거나 동일한 소비자에 의해서 사용되는 것을 보여 주는 온라인 자료

iii) 양 상표의 상품이나 서비스가 같이 광고되거나 동일한 제조자에 의하여 판매되고 있다는 것을 보여 주는 광고

iv) 양 상표의 상품이나 서비스를 모두 지정하여 등록한 선등록 사례.

c. 상품 및 서비스분류와 관련성 판단　　상표등록을 위한 상품 및 서비스에 관한 국제분류인 니스분류(Nice Classification of Goods and Services)가 동일한 경우는 물론이고 서로 상이한 경우에도 상품이나 서비스는 서로 관련될 수 있다.[149]

---

147) E & J Gallo Winery v. Gallo Cattle Co., 967 F.2d 1280, 1291 (9th Cir. 1992). 이 사건에서 법원은 '치즈'는 '포도주'와 관련성이 있다고 판단하였다. Edison Brothers Stores, Inc. v. Cosmair, Inc., 651 F. Supp. 1547, 1557 (S.D.N.Y. 1987). 이 사건에서 법원은 '화장품', '향수'는 '여성용 의류'의 보완상품이라고 판단하였다. Aunt Jemima Mills Co. v. Rigney & Co., 247 F. 407, 409-10 (2d Cir. 1917). 이 사건에서 법원은 '밀가루'와 '팬케이크 시럽'이 서로 관련성이 있다고 판단하였다.

148) 즉, 동일한 가게에서 양 상품이 근접하여 판매되는 경우 혼동 가능성이 높다. Avon Shoe Co. v. David Crystal, Inc., 279 F.2d 607, 612 (2d Cir. 1960). 이 사건에서 법원은 백화점의 같은 층에서 판매되는 '여성용 신발'과 '여성용 의류'를 관련상품이라고 판단하였고, Villager, Inc. v. Dial Shoe Co., 256 F. Supp. 694, 701 (E.D. Pa. 1966) 사건에서 '여성용 의류'와 '여성용 신발'을 관련상품으로 판단하였다.

따라서 단지 상품 또는 서비스의 분류가 상이하기 때문에 혼동 가능성이 없다고 판단하지는 않는다.150)

d. 상품 또는 서비스의 확장 가능성　　지금 당장은 비록 양 상표의 상품이나 서비스가 서로 비유사하다고 하더라도 소비자의 입장에서 선사용자가 향후 사업을 확장(expansion of trade)하여 후사용자의 상품 또는 서비스까지 영업을 확장할 수도 있는지의 여부도 고려한다.151)

e. 상품과 서비스 간의 관련성　　동일 또는 유사한 상표를 어느 한 사람이 상품에 사용하고 다른 사람이 그 상품을 포함하는 서비스에 사용하는 경우에는 출처의 혼동 가능성이 있다고 볼 수 있다.

연구 98 상품과 서비스 간 관련성이 있다고 판단한 사례

BIGG'S (retail grocery and general merchandise store services)	≒	**BIGGS** (furniture)	152)
SEILER's (catering services)	≒	**SEILER'S** (smoked and cured meats)	153)
CAREER IMAGE (retail women's clothing store services)	≒	**CREST CAREER IMAGE** (uniforms)	154)
TVS (transmitters and receivers of still television pictures)	≒	**TVS** (television broadcasting services)	155)

라. 상표의 유사성과 상품 또는 서비스의 상호 관련성　　혼동 가능성이 인정되기 위해서는 양 상표의 유사성이 높을수록 양 상품의 관련성은 더 낮게 요구되

---

149) 예를 들어 국제상품분류 제30류상의 '바비큐 소스'는 국제서비스분류 제43류의 '식당업'과 관련될 수 있다.

150) 부록 3의 상표등록을 위한 상품 및 서비스 분류를 보면 미국의 특허상표청 심사관이 상표 심사 시 주분류에 대한 상품의 관련성 여부를 판단하기 위하여 검색하는 관련된 상품 및 서비스 분류의 구체적인 목록이 게재되어 있다.

151) Landham v. Lewis Galoob Toys Inc. 227 F3d. 619, 2000 FED App. 328P (6th Cir. 2000); GoTo.com, Inc. v. Walt Disney Co. 202 F3d. 1199 (9th Cir 2000).

152) *In re* Hyper Shoppes (Ohio), Inc., 837 F.2d 463, 6 USPQ2d 1025 (Fed. Cir. 1988).

153) *In re* H.J. Seiler Co., 289 F.2d 674, 129 USPQ 347 (CCPA 1961).

154) *In re* U.S. Shoe Corp., 229 USPQ 707 (TTAB 1985).

155) Corinthian Broad. Corp. v. Nippon Elec. Co., Ltd., 219 USPQ 733 (TTAB 1983).

지만 양 상표의 유사성이 낮을수록 양 상품의 관련성은 더 높게 요구된다.[156)]

연구 99 상표의 유사성과 상품의 관련성 및 혼동 가능성 판단

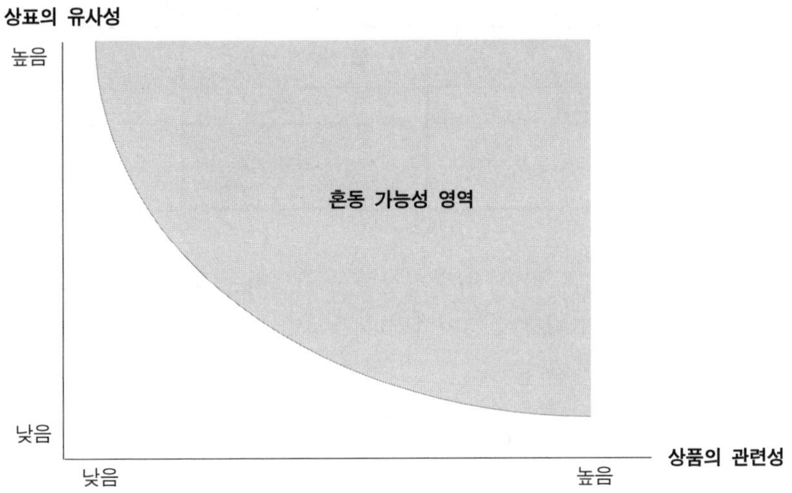

마. 의약품에 관한 상표의 유사여부 판단 　의약품은 사람의 생명과 밀접한 관련성이 있기 때문에 소비자가 의약품 상표에 대하여 혼동하는 경우 심각한 문제가 발생할 수 있다. 따라서 법원과 특허상표청은 의약품에 대한 상표의 유사여부를 판단할 때에는 다른 상품에 대한 상표의 유사여부를 판단할 때보다 기준을 더 완화하여 적용하고 있다.

(3) **상표의 식별력의 강약** 　상표의 식별력이란 "소비자가 시장에서 당해 상표를 어느 정도 상품의 출처표시로 인식하는지의 정도"를 말한다. 선사용자의 상표가 식별력이 강하다면 후사용자의 상품이 선사용자의 상품과 동일한 출처에서 나온 것으로 소비자가 인식할 가능성은 높아진다. 한편 선사용자의 상표가 식별력이 약하고 선사용자의 상표와 유사한 상표가 이미 시장에 다수 존재하는 경우라면 후사용자가 선사용자와 유사한 상표를 사용한다고 하더라도 상품의 출처에 관

156) *In re* Inca Textiles, LLC, 344 F. App'x 603, 606 (Fed. Cir. 2009); Official Airline Guides, Inc. v. Goss, 6 F.3d 1385, 1392 (9th Cir. 1993).

한 소비자의 혼동 가능성은 높다고 말할 수 없다.

연구 100 문자상표의 식별력 강약

식별력 강함 ←——————————→ 식별력 없음				
❶ 조어상표 창작상표	❷ 임의선택 상표	❸ 암시적 상표	❹ **기술적 상표**	❺ 보통명칭 상표
고유의 식별력 **있음**			고유의 식별력 **없음**	고유의 식별력 **없음**
사용에 의한 식별력을 입증할 필요 없음			사용에 의한 식별력 취득 **가능** (상표로서 보호 **가능**)	사용에 의한 식별력 취득 **불가** (**상표로서 보호 불가**)

(4) **소비자의 유사성**　선사용자의 상품을 구입하는 소비자와 후사용자의 상품을 구입하는 소비자의 계층이 동일하거나 유사할수록 그렇지 않을 경우와 비교하여 혼동 가능성은 높아진다.

(5) **상품 또는 서비스의 판매 · 유통 경로의 유사성**　후사용자의 상표를 부착한 상품이 선사용자의 상표를 부착한 상품과 동일한 판매나 유통 경로에 있다면 소비자가 양 상표의 상품을 동일한 시간과 장소에서 접할 가능성이 높기 때문에 그렇지 않을 경우와 비교하여 혼동 가능성은 높아진다.

(6) **소비자의 상품 구매결정 방법**　상품의 가격이 저렴하거나 중요하지 않은 경우 소비자는 주의 깊게 관찰하지 않고 충동적으로 구매(purchase on impulse)하는 경향이 있으므로 상표가 유사하다면 혼동 가능성은 높아진다. 그러나 상품의 가격이 비싸거나 중요한 경우 소비자는 그 상품의 구매를 결정하는 데 상당한 시간을 투자하고 상품을 주의 깊게 관찰하여 심사숙고를 한 다음에 구매(purchase after careful reflection)하는 경향이 있으므로 상표가 일부 유사하다고 하더라도 혼동 가능성은 낮아진다.[157][158]

---

157) Brookfield Communucations, Inc. v. West Coast Entertainment Corp., 174 F.3d 1036 (9th Cir. 1999).

158) 우리나라에서도 ROLEX vs. **ROLENS** 사건(대법원 1996. 7. 30. 선고 95후1821 판결)에서 대법원은 "이 사건 등록상표(**ROLENS**)는 그 출원 당시에는 '시계류'의 국내 일반 거래계에서 수요자 간에 널리 알려져 있었다고 할 것이고, 다른 한편 이 사건 등록상표의 상품들은 중저가의 상품이어서 거래자 및 일반 수요자는 일반적인 보통 수준의 사람들인 데 반하여, 인용상표(ROLEX)의 상품들은 세계적으로 유명한 고가, 고품질의 시계로서 그 주요 거래

(7) **소비자의 세련도** 주요 소비자가 높은 교육을 받은 교양이 있는 사람들이거나 전문가 집단이라면 그렇지 않은 사람들로 구성된 소비자와 비교할 때 혼동 가능성은 낮아진다.

(8) **후사용자의 선택 의도** 후사용자의 의도란 후사용자가 선사용자의 상표와 유사한 상표를 악의나 선의로 선택했는지 또는 패러디(parady)의 목적으로 선택했는지의 여부 등에 관한 문제로서 원래는 혼동 가능성을 판단하는 데 직접적인 기준이 될 수는 없다. 그러나 법원은 후사용자가 선사용자의 상표의 존재를 알고 의도적으로 모방하였다고 인정되는 경우 통상 혼동 가능성이 높다고 판단하고 있다.

(9) **후사용자 상품의 품질** 후사용자의 상품의 품질이 낮을수록 선사용자 상표의 명성이 입는 타격은 그만큼 커지게 된다. 따라서 법원은 침해자 상품의 품질이 상표권자 상품의 품질보다 낮을수록 상대적으로 쉽게 혼동 가능성을 인정하고 있다.[159)]

(10) **소비자의 실제 혼동** 혼동 가능성을 판단하는 기준이므로 상표권 침해가 성립하기 위해서는 소비자에게 실제 혼동이 발생하였다는 것을 원고인 상표권자가 입증할 필요는 없지만[160)] 실제 혼동은 혼동 가능성을 입증하기 위한 최고의 입증자료가 될 수 있다. 만일 피고가 원고의 상표와 동일 또는 유사한 상표를 의도적으로 사용하였다고 원고가 입증한다면 실제 혼동이 발생한 것으로 추정된다.[161)] 한편 소비자의 실제 혼동은 소비자를 대상으로 하는 설문조사와 소비자가 실제 혼동을 하였음을 직접 증언하는 형태로 입증할 수 있다.

자는 재력이 있는 소수의 수요자에 불과하며, 양 상표의 지정상품들은 외형과 품위에 있어서 현저한 차이가 있고, 기록상 국내에 인용상표의 지정상품들을 판매하는 대리점이 있다는 자료도 없거니와 이들 상품들을 정식으로 수입하여 판매된 자료도 나타나 있지 아니하는 등 인용상표의 지정상품은 국내에서는 공항 등의 보세구역 면세점에서 극히 소량 거래되고 있을 뿐이고 외국 여행객을 통하여 극소수 반입되는 정도에 불과한 바, 위와 같은 사정과 거래 실정에 비추어 보면, 양 상표가 동일한 지정상품에 다 같이 사용될 경우라도, 거래자나 일반 수요자에게 상품의 품질이나 출처에 대하여 오인 · 혼동을 불러일으키게 할 염려는 없다고 할 것이고, 이와 같이 이 사건 등록상표가 상품의 품질이나 출처에 대하여 오인 · 혼동을 일으킬 염려가 없는 상표에 해당하는 것이라면 상표법 제7조 제1항 제7호, 제9호, 제10호, 제11호가 적용될 여지는 없다 할 것이다."라고 판시한 바 있다.

159) Sara Lee Corp. v. Kayser-Roth Corp., 81 F.3d 455 (4th Cir. 1996).

160) Tisch Hotels Inc. v. Americana Inn, Inc., 350 F.2d 609 (7th Cir. 1965).

161) Paddington Corp. v. Attiki Imps. & Distrib., Inc., 996 F.2d 577, 586-587 (2d Cir. 1993).

(11) **선사용자의 상표 사용 지역 또는 상품의 확장 가능성** 소송 당시를 기준으로 원고와 피고는 동일 또는 유사한 상품을 동일한 시장에서 경쟁하고 있지는 않지만 선사용자인 원고의 상표 사용 지역과 관련된 상품으로의 확장 가능성을 보호하기 위하여 원고가 피고의 시장에까지 확장시키고자 하는 의사가 있었다는 것을 입증하고 잠재적 소비자가 이러한 원고의 확장 의사를 알 수 있거나 기대할 수 있을 경우에는 혼동 가능성이 있다고 판단하고 있다. 따라서 원고가 단순히 상표의 사용 지역이나 상품을 확장할 계획이 있었다고 주장하는 것만으로는 충분하지 않다.

Ⅳ. 비경쟁상품에 대한 상표권 침해: 관련상품 이론[162)]

1. 의 의

상표권 침해의 근거로서 가장 핵심적인 판단 기준으로 「혼동이론」이 발전되어 왔다면 상품과 관련된 혼동의 범위를 「경쟁상품」뿐만 아니라 「비경쟁상품」에까지 상표권 침해를 인정함으로써 상표권의 보호 범위를 넓히기 위한 논리로 발전되어 온 것이 「관련상품 이론」(related goods doctrine)이다. 이 경우 「관련상품」이란 "비록 상품이 동일하지는 않지만 소비자가 동일한 출처에서 유래한다고 합리적으로 인식될 수 있는 상품"(products which may be reasonably thought to originate from the same source)을 말한다.[163)]

162) 김동욱, "미국 상표 분쟁 시 침해판단 기준으로서 다중요인기준(multifactor test) 적용에 대한 최근 경험적 조사 결과와 소송 전략적 및 상표법적 의의", 특허청, 참조.
163) McDonald's Corp. v. McBagels, Inc., 649 F.Supp. 1268, 1276 (S.D.N.Y. 1986); Levi Strauss & Co. v. Blue Bell, Inc., 778 F.2d 1352, 1363 (9th Cir. 1985).

연구 101 양 상표의 상품이 관련성이 있다고 판단한 사례

LIFE (magazine)	≒	**LIFE** (TV set)	164)
PLAYBOY (magazine)	≒	**PLAYBOY** (night club)	165)
GODIVA (chocolate)	≒	**GODIVA** (dog biscuits)	166)
JAGUAR (autos)	≒	**JAGUAR** (cologne)	167)
ROLLS-ROYCE (autos)	≒	**ROLLS-ROYCE** (radio tubes)	168)

2. 제도적 취지

관련상품 이론에 따라 상표권의 보호 범위를 비경쟁상품에까지 확장시키고자 하는 제도적인 취지를 살펴보면 다음과 같다.

i) 상표권자가 상품의 품질 개선이나 광고로 축적한 명성을 침해자가 기만적 또는 대가 없이 도용(misappropriate)하거나 허위표시(false representations)를 하여 이용하려 하는 것을 방지할 필요가 있다.

ii) 상표권자가 장래에 사업을 확장할 가능성이 있는 경우 침해자가 상표권자가 사업 확장을 계획하는 상품이나 서비스 시장에 먼저 진입하여 시장을 선점할 경우 상표권자의 장래 사업의 확장을 방해할 수 있다.

iii) 비경쟁상품에 대한 보호를 하지 않을 경우 상표권자의 상표의 명성에 대한 통제가 상표권자가 아닌 침해자에게도 있게 되어 만약 침해자 상품의 품질이 조악할 경우 상표권자는 침해자 상품이 자신의 상품이 아니라는 광고에 필요한 비용을 추가로 부담하여야 한다.

iv) 침해자가 상표권자의 상표와 유사한 상표를 사용함으로써 상표권자의 상표 자체의 가치(integrity of marks)를 떨어뜨리고 소비자의 상품의 선택과 구매를 위

164) 우종균, 앞의 자료, 50면에서 사례 재인용.
165) 우종균, 앞의 자료, 51면에서 사례 재인용.
166) 우종균, 앞의 자료, 51면에서 사례 재인용.
167) 우종균, 앞의 자료, 51면에서 사례 재인용.
168) 우종균, 앞의 자료, 51면에서 사례 재인용.

한 정보탐색비용(cost of searching for goods)을 증가시킨다.

3. 상품의 관련성 여부 판단 기준

제2 연방순회구 항소법원은 1961년 「Polaroid 사건」에서 비경쟁상품에 대한 혼동 가능성의 판단 기준으로 8가지 요소를 제시하고 있다.[169)]

i) 원고 상표의 식별력의 강도

ii) 양 상표의 유사성

iii) 상품 또는 서비스의 근접성

iv) 원고의 상표 사용 지역 또는 상품의 확장 가능성

v) 실제 혼동

vi) 피고의 상표 선택의 선의

vii) 피고 상품의 품질

viii) 소비자의 세련도.

4. 혼동이론과 관련상품 이론의 상호 관계[170)]

혼동이론과 관련상품 이론은 다음과 같은 점에서 상호 표리의 관계에 있다고 볼 수 있다.

i) 상품의 관련성 정도는 혼동 가능성의 인정 여부에 직접적인 영향을 주고 있다.

ii) 혼동이론의 발전 과정은 관련상품 이론의 발전 과정과 중첩된다.

iii) 제2 연방순회구 항소법원이 상표권 침해사건에서 양 상표의 상품에 관한 관련성 여부를 파악하기 위하여 제시한 Polaroid 기준[171)]은 혼동 가능성의 인정 여부를 판단하는 기준으로도 활용된다.

iv) 상품의 관련성 정도에 비례하여 혼동 가능성의 인정 범위도 변동된다.

즉, 상표권 침해의 판단 근거로서 등장한 「혼동이론」은 「관련상품 이론」을

---

169) 우종균, 앞의 자료, 50면 참조.

170) 김동욱, 앞의 논문, 5~6면 참조.

171) 원래 Polaroid Factors는 분쟁의 대상이 되는 양 상표의 상품 간 관련성의 정도를 판단하기 위한 요인이었다. 그러나 그 후 혼동 가능성 여부를 판단하는 데에도 적용되기 시작함으로써 일반화되었다.

통해 상표권의 보호 범위를 경쟁상품에서 비경쟁상품에까지 확대하기 시작하면서 보다 구체화되었고, 혼동 가능성의 인정 여부 및 상품의 관련성 정도는 「복합요소의 판단 기준」에 의한 분석을 통해서 파악할 수 있으므로 결국 「혼동이론」, 「관련상품 이론」과 「복합요소의 판단 기준」(multifactor tests)은 서로 긴밀하게 상호 작용하면서 미국에서 상표권 침해 이론과 기준을 정립하는 삼각 구조를 이룬다고 할 수 있다.172)

연구 102 혼동이론, 관련상품 이론 및 복합요소의 판단 기준의 상호 관계173)

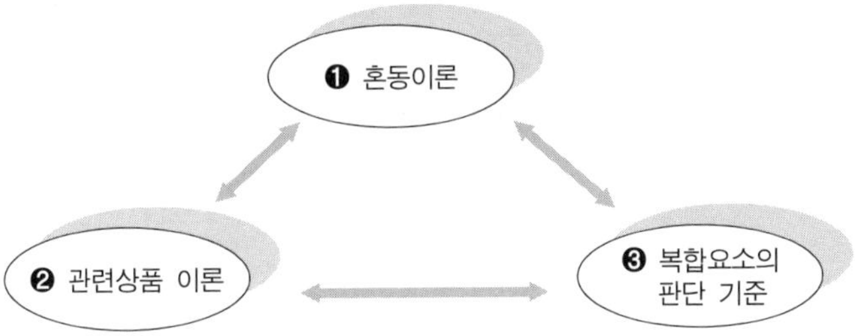

아울러 「복합요소의 판단 기준」은 추상적인 「상품의 관련성 정도」와 「혼동 가능성의 인정 여부」를 판단하는 구체적인 기준이면서 상표권의 침해 여부를 판단하는 가장 핵심적인 역할을 하고 있다고 말할 수 있다.

연구 103 혼동이론, 관련상품 이론과 복합요소의 판단 기준의 상호 관계

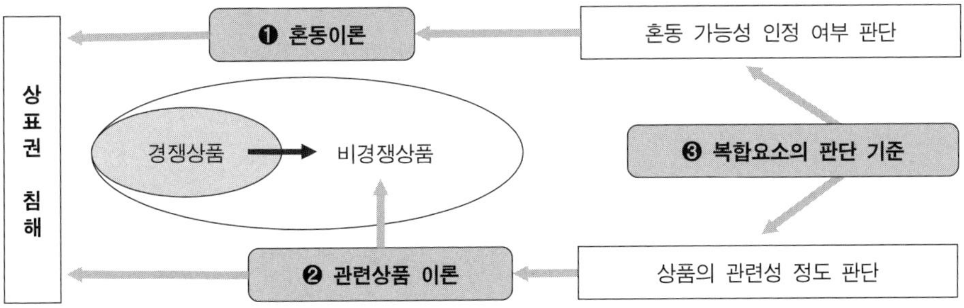

172) 김동욱, "한 · 미 상표침해이론 비교 및 상표정책 방향(Trademark Policy to Harmonize Trademark Infringement Standards between Korea and America)", 2010, 38면 참조.
173) 김동욱, 앞의 논문, 38면에서 재인용.

혼동이론의 발전과 관련하여 관련상품 이론과 복합요소의 판단 기준의 상호 관계를 도시하면 아래와 같다.

연구 104 혼동이론의 발전과 관련상품 및 복합요소의 판단 기준

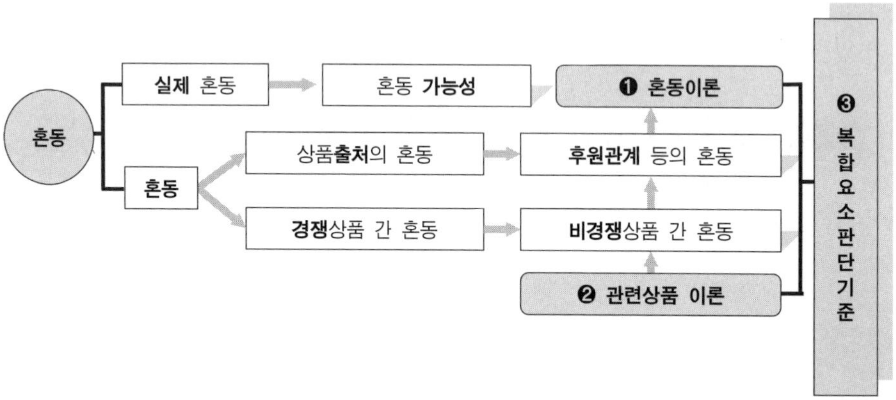

5. 관련상품 이론의 발전 과정[174)]

1) 상표제도 초기

미국의 상표제도 초기에는 직접적인 경쟁관계가 있는 「경쟁상품」(competitive goods)에 부착한 동일 또는 유사한 상표에 대해서만 상표권 침해를 인정하였다.[175)] 이 경우 「경쟁상품」이란 소비자가 "동일한 목적으로 시장에서 호환할 수 있는 상품"으로 상표권자의 상품과 침해자의 상품 간 상품의 출처에 관하여 소비자의 혼동이 발생하여 상표권자가 상품을 판매하는 데 「직접적인 손해」가 발생하는 경우를 말한다.[176)177)]

---

174) 우종균, 앞의 자료, 50면 참조.

175) 이를 「경쟁상품 원칙」(competitive goods rule)이라고 한다.

176) 권경희, "미국에서의 상품유사에 관한 판단연구", 「산업재산권」, 제13호, 한국지식재산학회, 2003, 247면 참조.

177) 대표적인 사례로서 1912년 Borden Ice Cream Co. v. Borden's Condensed Milk Co. (7th Cir. 1912) 사건에서 양 당사자는 모두 'Borden'이라는 상표를 사용하였지만 '아이스크림'과 '연유'는 직접 경쟁하는 관계가 아니라는 이유로 상표권의 침해를 부인하였다. 권경희, 앞의 논문, 247면 참조.

2) 초기 연방상표법

1870년 연방상표법, 1881년 연방상표법 제7조, 1905년 연방상표법 제16조와 1920년 연방상표법 제4조에서는 타인의 상표와 유사하게 모방(colorable imitating)한 상표를 「실질적으로 동일한 성질의 상품」(merchandise of substantially the same descriptive properties)[178]에 부착한 경우에도 상표권의 침해를 인정하여 상표권의 보호 범위를 확장하였다. 이러한 실질적으로 동일한 성질의 상품은 기존의 경쟁상품 원칙을 확장한 것이었으나 상품의 출처에 관하여 소비자의 혼동을 일으키는 관련상품에 대해서는 상표권의 침해를 인정하지는 않았다.[179]

연구 105 경쟁상품 vs. 비경쟁 관련상품

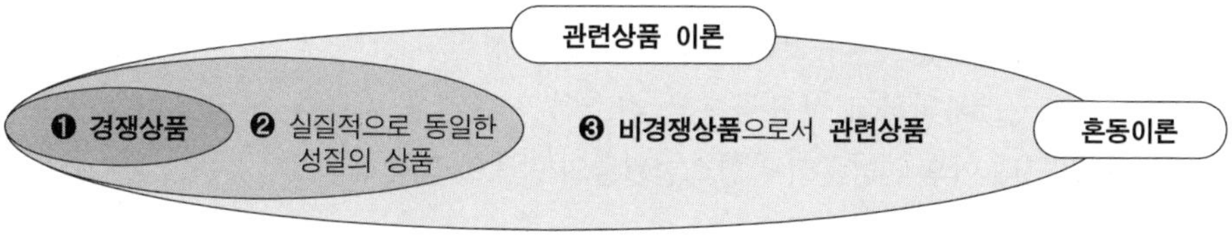

3) 관련상품 관련 판례

(1) 1917년 Aunt Jemima 사건 제2 연방순회구 항소법원은 1917년 「Aunt Jemima 사건」[180]에서 종래의 「경쟁상품 원칙」(competitive goods rule)을 배척하고 최초로 「직접적 손해」가 발생하지 않는 「비경쟁상품」(noncompetitive goods)에 대

---

178) 이를 「동일한 성질의 상품 원칙」(same descriptive properties rule)이라고 한다.

179) 권경희, 앞의 논문, 247면 참조.

180) Aunt Jemima Mills Co. v. Rigney & Co., 247 F. 407 (2d Cir. 1917). 이 사건에서 원고인 Aunt Jemima Mills사는 'Aunt Jemima' 상표로 밀가루를 재료로 '팬케이크'를 제조 · 판매하였고, 피고인 Rigney & Co.사는 'Aunt Jemima'라는 동일한 상표로 빵 등에 첨가하는 '액체 시럽'(syrup)을 제조 · 판매하였다. 1심에서는 양 상표의 상품이 비경쟁상품이기 때문에 상표권 침해를 부정하였다. 그러나 제2 연방순회구 항소법원은 양 상품은 비록 비경쟁상품이지만 원고가 'Aunt Jemima' 상표를 널리 광고하였는데 피고가 이를 이용하려는 의도가 있다는 점과 피고가 'Aunt Jemima' 상표를 사용함으로써 원고가 사업 영역을 '설탕', '크림' 등의 영역으로 확장하는 것을 방해하고 있다는 점 등을 이유로 양 상표의 상품은 관련상품으로서 피고는 원고의 상표를 침해하였다고 판시하였다.

해서도 상표권 침해를 인정하였다.[181]

(2) 1925년 Rolls-Royce 사건 제3 연방순회구 항소법원은 1925년 「Rolls-Royce 사건」[182]에서 '자동차, 항공기와 그 부품'에 대하여 명성을 가지고 있는 Rolls-Royce 상표를 비경쟁상품인 '라디오용 진공관'(radio tubes)에 사용하는 것에 대해서도 상표권 침해를 인정하였다.

(3) 1928년 Yale 사건 제2 연방순회구 항소법원은 1928년 「Yale 사건」[183]에서 당해 지역에서 잘 알려진 'Yale' 상표를 '열쇠'와 '자물쇠'(locks and keys)에 사용하고 있었는데 출원인이 동일한 상표를 '회전전등'(flashlights)과 '배터리'(batteries)를 지정상품으로 하여 출원된 상표를 특허상표청이 등록해 준 것에 대한 항소심 사건에서 'Yale' 상표가 해당 지역에서 잘 알려진 유명상표이고 양 상표의 상품은 비록 「비경쟁상품」이지만 「관련상품」으로서 상품의 출처에 관하여 소비자의 혼동을 초래할 수 있다는 이유로 종래의 「동일한 성질의 상품 원칙」(same descriptive properties rule)을 배척하고 상표등록을 취소하는 판결을 내렸다.

4) 1920년대 이후 연방순회구 항소법원들의 판례의 경향

(1) 1960년까지의 견해 대립 1917년 「Aunt Jemima 사건」, 1925년 「Rolls-Royce 사건」과 1928년 「Yale 사건」 이후 1960년까지 제2 연방순회구 항소법원 내 판사들 간에는 종래의 「경쟁상품」 간에만 상표권 침해를 인정하자는 견해와 「비경쟁상품」이라도 「관련상품」에 해당하는 경우 상표권의 침해를 인정하자는 견해가 오랫동안 대립하였다.

(2) 1961년 Polaroid 기준으로 관련상품의 판단 기준 정립 1961년 제2 연방순회구 항소법원의 「Polaroid 사건」을 계기로 관련상품의 판단 기준에 관한 「Polaroid 기준」을 통해 제2 연방순회구 항소법원 내에서는 합의를 이루었다. 그러나 제2 연방순회구 항소법원을 제외한 다른 연방순회구 항소법원들은 1980년 무렵에야 비로소 관련상품의 범위에 대해 판단할 수 있는 독자적인 복합요소의 판단 기준을 제시하기 시작하였다.

---

181) 이 판결에서 법원은 종래에는 직접적인 경쟁상품 관계에서만 상표권 침해를 인정하였으나 비경쟁상품이라고 하더라도 「관련상품」에 해당하는 경우 상표권 침해를 인정한 최초의 판례로서 이를 「관련상품 원칙」(related goods doctrine) 또는 사건의 명칭을 따라 「Aunt Jemima Doctrine」이라고도 한다.

182) Wall v. Rolls-Royce of America, 4 F.2d 333 (3d Cir. 1925).

183) Yale Elec. Corp. v. Robertson, 26 F.2d. 97, 973-7 (2d Cir. 1928).

(3) 1963년 Black & White 사건[184] 제9 연방순회구 항소법원은 1963년 「Black & White 사건」[185]에서 일반적인 소비자의 입장에서 원고인 'Black & White' 상표를 부착한 '스카치 위스키' 회사와 피고인 'Black & White' 상표를 부착한 '맥주' 회사를 어떤 연관관계나 자회사 관계가 있다고 생각할 수 있는 혼동 가능성이 있다고 판단하였다.

(4) 1988년 McSleep Inn 사건[186] 연방지방법원은 1988년 「McSleep Inn 사건」[187]에서 'McSleep'을 '숙박업'의 서비스표로 사용할 경우 소비자는 '패스트푸드 식당업'을 하고 있는 McDonald's사가 소유한 것으로 혼동할 가능성이 있다고 판단하였다.

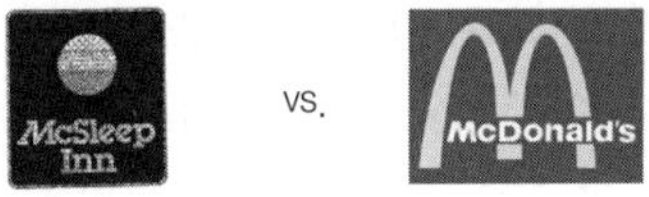

5) 1960년대 이후 최근의 이론

1960년대 이후 최근의 이론에 의하면 「비경쟁상품」(noncompetitive goods)이라고 하더라도 「관련상품」(related goods)에 해당하는 경우 상품의 출처 또는 후원관계 등에 대한 소비자의 혼동 가능성이 있는 경우 상표권의 침해를 인정하게 되었다. 이 경우 「관련상품」이란 상품의 물리적인 속성이 공통성을 갖는다는 것을 의미하는 것이 아니라 동일하거나 유사한 상표를 사용하는 경우 상품이 동일한 출처에서 나온 것으로 혼동할 가능성이 있거나 상표권자와 후원관계, 보증관계, 가맹회사관계 등이 있는 것으로 소비자가 혼동할 가능성이 있는 상품을 의미한다.[188]

6. 관련상품 이론, 혼동이론과 희석이론의 상호 관계

1) 관련상품 이론 적용의 한계

상표권의 침해를 혼동이론에 근거하여 경쟁상품뿐만 아니라 비경쟁상품에까

184) 김자경, "상표법상 상표침해소송에 관한 비교법적 고찰", 2014, 63면에서 사례를 재인용.
185) Fleischmann Distilling Corp. v. Maier Brewing, 314 F.2d 149, 136, (9th Cir. 1963).
186) 김자경, 앞의 논문, 63면에서 재인용.
187) Quality Inns International, Inc., v. McDonald's Corp., 695 F Supp. 198 (1988).
188) 권경희, 앞의 논문, 247~248면 참조.

지 인정함으로써 상표권의 보호 범위를 넓히기 위한 수단으로 관련상품 이론이 발전하였는데 아무리 그 적용범위를 확대한다고 하더라도 침해자가 사용한 상품이 상표권자의 상품과 너무나 비유사하고 상표권자가 향후에도 그 상품을 제조하거나 판매할 가능성도 없다면 관련상품의 이론을 적용할 수 없게 된다. 그렇다면 이러한 영역에서는 상표권자의 상표와 동일 · 유사한 상표를 제3자가 자유롭게 사용하도록 하는 것이 바람직한 것인지가 문제가 되었다.

2) 희석이론의 등장과 제정법화에 따른 상표권의 보호영역 확대

희석 이론을 처음 주장한 Frank I. Schechter는 1927년 "상표 보호의 합리적 기초"(The Rational Basis of Trademark Protection)라는 논문에서 상표가 goodwill이 화체된 상징이라기보다는 오히려 상표 자체가 goodwill과 이익을 창출하는 원천이라고 주장하면서 관련상품의 정도를 뛰어넘어 모든 상품에 걸쳐 상표를 희석시키는 것으로부터 상표를 보호하여야 한다고 주장하였다. 이러한 그의 주장은 각 주의 희석화방지법의 제정을 촉진하였고 이후 연방차원의 「연방희석화방지법」(Federal Trademark Dilution Act of 1995)이 제정되어 1996년부터 시행되고 2006년에 마련되어 현재 시행중인 「연방희석화방지법 재개정법」(Trademark Dilution Revision Act of 2006)은 유명상표의 소유자와 「경쟁관계」나 「혼동 가능성」이 없더라도 유명상표의 식별력을 약화시키거나 유명상표의 명성을 손상시키는 상표의 희석행위도 상표권을 침해하는 행위로 인정하여 상표권의 보호 범위를 크게 확장하였다.

연구 106 희석이론의 등장과 제정법화 과정

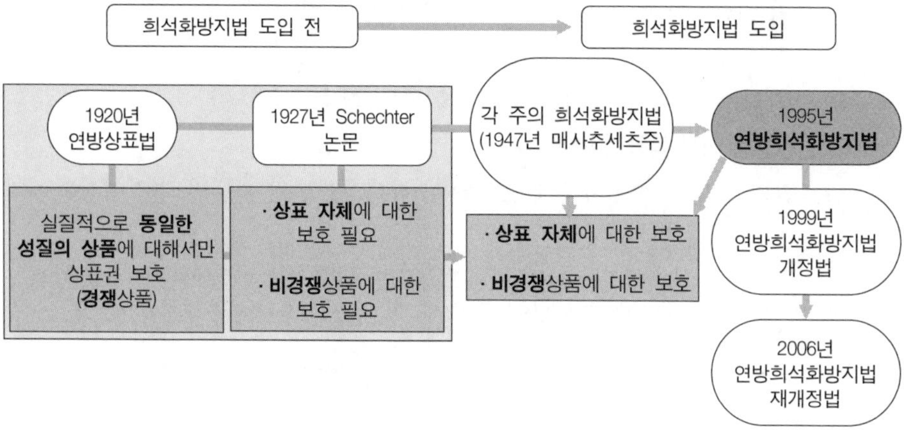

3) 관련상품 이론의 한계점이 희석이론의 시작점

관련상품 이론에 의해 아무리 상표권의 보호 범위를 넓히려고 하더라도 혼동 가능성이 없기 때문에 적용하기 어려운 한계점에서 새로운 이론인 희석이론에 의하여 경쟁관계나 혼동 가능성이 없는 영역에까지 상표권의 보호 범위를 확장할 수 있으므로 이론적[189]으로는 관련상품 이론 적용의 한계점에서 희석이론의 적용이 시작된다고 할 수 있다.

연구 107 혼동이론 vs. 희석이론[190]

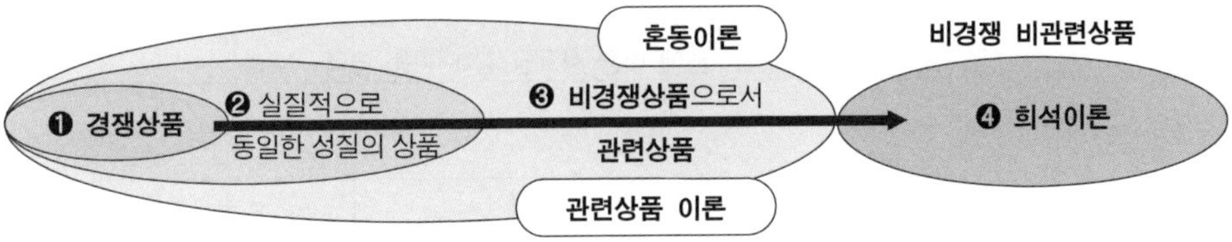

연구 108 혼동이론 및 희석이론에 따른 상표권의 보호 범위 확장

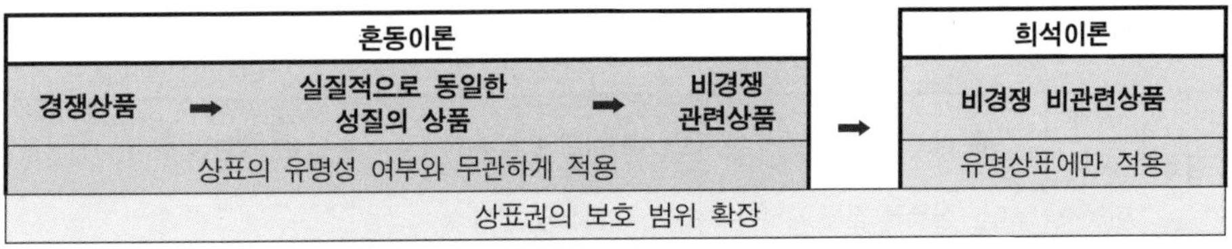
혼동이론
경쟁상품
실질적으로 동일한
성질의 상품
비경쟁
관련상품
상표의 유명성 여부와 무관하게 적용
희석이론
비경쟁 비관련상품
유명상표에만 적용
상표권의 보호 범위 확장

189) 법원이 현실적으로 적용하는 것은 별론으로 한다.
190) 이론적인 희석이론에 따라 정리한 그림이다. 실제 법원의 판결을 분석해 보면 많은 경우 다음과 같이 혼동이론과 희석이론이 중첩되어 판단하는 경우가 다수 존재한다.

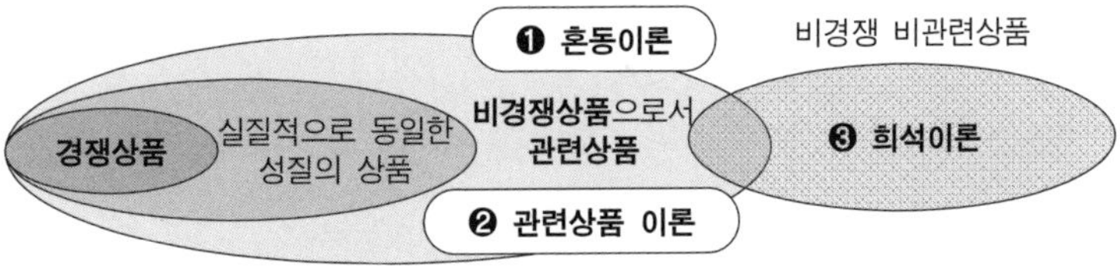

연구 109 혼동이론과 희석이론에 따른 상표권의 침해 가능 범위

[관련상품 이론 vs. 혼동이론 vs. 희석이론]

<table>
<tr><td colspan="3">상품</td></tr>
<tr><td rowspan="2">경쟁상품</td><td colspan="2">비경쟁상품</td></tr>
<tr><td>관련상품</td><td>비관련상품</td></tr>
<tr><td>경쟁상품</td><td>❷ 관련상품 이론
(← 복합요소의 판단 기준으로 관련성 판단)</td><td>비경쟁 비관련상품</td></tr>
<tr><td colspan="2">❶ 혼동이론
(← 복합요소의 판단 기준으로 혼동 가능성 판단)</td><td>❸ 희석이론</td></tr>
</table>

상표권의 보호 범위 확장(**경쟁**상품 → **비경쟁 관련**상품 → **비경쟁 비관련**상품)

[관련상품 이론과 혼동이론에 따른 상표권 침해 가능 영역 = **A+B**]

<table>
<tr><td colspan="2" rowspan="3">구분</td><td colspan="3">상품</td></tr>
<tr><td rowspan="2">경쟁상품 (i)</td><td colspan="2">비경쟁상품</td></tr>
<tr><td>관련상품 (ii)</td><td>비관련상품 (iii)</td></tr>
<tr><td rowspan="3">상표</td><td>동일</td><td rowspan="2">❶ 상표권 침해(A) ○</td><td rowspan="2">❷ 상표권 침해(B) △</td><td rowspan="2">상표권 침해 X</td></tr>
<tr><td>유사</td></tr>
<tr><td>비유사</td><td>상표권 침해 X</td><td>상표권 침해 X</td><td>상표권 침해 X</td></tr>
</table>

[혼동이론과 희석이론에 따른 상표권 침해 가능 영역 = **A+B+C**]

<table>
<tr><td colspan="2" rowspan="3">구분</td><td colspan="3">상품</td></tr>
<tr><td rowspan="2">경쟁상품 (i)</td><td colspan="2">비경쟁상품</td></tr>
<tr><td>관련상품 (ii)</td><td>비관련상품 (iii)</td></tr>
<tr><td rowspan="3">상표</td><td>동일</td><td rowspan="2">❶ 상표권 침해(A) ○</td><td rowspan="2">❷ 상표권 침해(B) △</td><td rowspan="2">❸ 상표권 침해(C) △</td></tr>
<tr><td>유사</td></tr>
<tr><td>비유사</td><td>상표권 침해 X</td><td>상표권 침해 X</td><td>상표권 침해 X</td></tr>
</table>

제3절 ▌간접침해

Ⅰ. 의 의

「간접침해」(indirect infringement), 「2차적 책임」(secondary liability) 또는 「제3자

책임」(third-party liability)은 상표권을 직접적으로 침해하지는 않았지만 상표권 침해에 대하여 일정한 요건을 갖춘 제3자에게도 상표권 침해에 대한 책임을 부담시키는 것으로서 「기여책임」(contributory liability)과 「대위(代位)책임」(vicarious liability)을 들 수 있다. 이러한 간접침해 또는 제3자 책임은 상표권 침해자를 찾아 소송을 제기하기 어렵거나 침해자를 확인한다고 하더라도 영세하거나 자산이 부족하여 상표권자의 손해를 충분하게 보전받을 수 없는 경우 매우 유용하다고 볼 수 있다.

II. 기여책임

1. 의 의

기여책임(contributory liability)은 원래 1982년 연방대법원의 「Inwood Laboratories, Inc. v. Ives Laboratories, Inc. 사건」의 판례[191]에 따라 형성되고 발전된 이론으로 "상표권 침해행위를 알았거나 알 만한 이유가 있는 상태에서 타인의 상표권 침해행위를 유도하거나 상표권을 침해하는 행위에 실질적으로 기여한 경우에 인정되는 책임"을 말한다.

2. 인정 요건

상표권 침해와 관련하여 기여책임이 인정되기 위해서는 원고는 i) 타인이 상표권을 침해하도록 「의도적으로 유도」(intentional inducement)하였거나, ii) 상표권 침해를 알았거나 알 만한 이유가 있는 타인에게 계속적으로 공급한 사실을 입증하여야 한다.[192]

3. 기여책임 이론의 적용 확대

1) 벼룩시장 운영자에 대한 책임

기여책임은 1982년 「Inwood Laboratories, Inc. v. Ives Laboratories, Inc. 사건」에서는 제조업자나 유통업자자 제공하는 「상품」에만 적용되는 이론이었으나 그 후 1992년 「Hard Rock Licensing Corp. v. Concession Services, Inc. 사건」[193]에서 벼룩

---

191) 456 U.S. 844, 854 (1982).

192) Mini Maid Servs. Co. v. Maid Brigade Sys., Inc., 967 F.2d 1516, 1522 (11th Cir. 1992).

시장을 개설할 장소를 임대해 주고 임대료를 받는 운영자에 대한 책임(landlord liability)으로까지 발전하게 된다. 즉, 벼룩시장을 개설할 장소를 임대해 주고 임대료를 받는 운영자가 자기가 제공하는 벼룩시장의 장소에서 상표권을 침해하는 상품을 판매하는 것을 알고 있거나 알 만한 이유가 있는 판매자에게 벼룩시장의 장소를 임대해 주는 경우 상표권 침해에 대한 기여책임을 부담하여야 한다는 것이다.

2) 웹사이트 운영자에 대한 책임

최근 기여책임 이론은 eBay와 같은 웹사이트에서도 적용되기 시작하였다. 제2 연방순회구 항소법원은 2010년 「Tiffany(NJ) Inc. v. eBay Inc. 사건」[194]에서 eBay는 자기가 개설한 경매사이트에서 Tiffany의 위조상품이 광범위하게 판매되고 있다는 일반적인 인식만으로는 기여책임을 인정하기 어려우며, 특히 eBay가 위조품에 대한 신고를 받고 당해 침해품에 대한 경매를 중단하는 조치를 취한 경우에는 더욱더 기여책임을 인정하기 어렵다고 판단하였다.

Ⅲ. 대위침해

대위책임(vicarious liability)이란 "두 주체 사이의 관계에 기초하여 현실적으로 타인의 상표권 침해행위를 감독할 만한 권한과 능력(right and ability to supervise)이 있고 타인에 의한 상표권 침해행위의 결과로부터 명백하고도 직접적인 경제적 이익(direct financial interest)을 취득한 자가 그 타인을 대위하여 부담하게 하는 책임"을 말한다. 대위책임은 주로 「고용주-고용인 관계」에서 발생하지만 「독립적인 계약관계」(independent contract)에서는 발생하지 않는다. 기여책임과는 달리 상표권을 침해하는 행위를 알고 있거나 알 만한 이유가 있었는지의 여부는 대위책임의 요건이 아니다.[195]

---

193) 955 F.2d 1143 (7th Cir. 1992).
194) 600 F.3d 93 (2d Cir. 2010).
195) 박귀련, "영화산업과 법. 예술가를 위한 정책 프롬프터", 「우리글」, 2010, 281면 참조.

제4절 ▌우리나라의 제도와 비교 · 분석

Ⅰ. 우리나라의 제도

1. 등록상표와 미등록상표의 보호 규정

1) 상표법상의 규정

우리나라의 상표법에서는 등록상표와 동일 · 유사한 상표를 지정상품과 동일 · 유사한 상품에 사용하는 경우에는 상표권 침해에 해당한다고 규정하고 있어 등록상표의 침해에 대해서는 상표법에서 규정하고 있다(법 §108① i).

2) 부정경쟁방지법상의 규정

미등록된 주지 · 저명상표의 타인에 의한 상표등록의 배제는 상표법에서 규정하고 있으나(법 §34①ix, x) 미등록된 주지 · 저명상표의 부정사용에 대한 금지 등에 대해서는 상표법에서 아무런 규정을 두고 있지 않고 부정경쟁방지법에서 별도로 규정하고 있다(부정경쟁방지법 §2 i 가, 나, 다).

2. 상표권 침해의 판단 기준

1) 상표법상의 규정

(1) 1949년 제정 상표법

1949년 제정 상표법(1949.11.28. 제정 법률 제71호) 제29조 제1호에서 "타인의 등록상표와 동일 또는 유사한 상표를 「동종의 상품」에 사용한 행위"를 상표권의 침해행위로 규정하였다.

(2) 1973년 개정법

1973년 개정법(1973. 2. 8. 전부개정 법률 제2506호)에서는 상표법 제36조 제1호에서는 "타인의 등록상표와 동일 또는 유사한 상표를 그 「지정 상품과 동일 또는 유사한 상품」에 사용한 행위"를 상표권의 침해로 보는 행위로 규정하였다.

(3) 1990년 개정법 1990년 개정법(1990. 1. 13. 전부개정 법률 제4210호)에서는 현재와 동일하게 상표법 제66조 제1호에서 "타인의 등록상표와 동일한 상표를 그 지정상품과 유사한 상품에 사용하거나 타인의 등록상표와 유사한 상표를 그 지정

상품과 동일 또는 유사한 상품에 사용하는 행위"를 상표권의 침해로 보는 행위로 규정하였다.

(4) 정 리　우리나라의 1949년 제정 상표법에서는 상품에 대한 상표권의 보호 범위를 「동종의 상품」으로 한정된 것을 1973년 개정법부터는 현재와 동일하게 「동일 또는 유사한 상품」에까지 확장하였음을 알 수 있다. 한편 우리나라는 1949년 제정 상표법 이래 현재의 상표법에까지 상표권 침해의 판단 기준으로서 혼동가능성을 명문으로는 규정하지 않고 있다.

2) 판례의 경향

(1) 의 의　대법원은 상표의 유사여부는 상품의 출처에 관하여 「혼동할 염려」 또는 「혼동할 우려」 등이 있는지의 여부에 따라 판단하여야 한다고 판시하여 상표권 침해의 성립요건으로서 「혼동 가능성」을 실질적인 판단 기준으로 활용하고 있다.[196] 대법원은 판결문에서 「혼동할 염려」,[197] 「혼동을 일으킬 염려」,[198] 「혼동할 우려」,[199] 「혼동을 일으키게 할 우려」[200] 등 혼동의 정도에 따라 다른 표현을

196) 대법원 2013. 6. 27. 선고 2011다97065 판결에서 대법원은 "상표의 유사여부는 그 외관 · 호칭 및 관념을 객관적 · 전체적 · 이격적으로 관찰하여 그 지정상품의 거래에서 일반 수요자나 거래자가 상표에 대하여 느끼는 직관적 인식을 기준으로 하여 그 상품의 출처에 관하여 오인 · 혼동을 불러일으키게 할 우려가 있는지의 여부에 따라 판단하여야 하므로, 대비되는 상표 사이에 유사한 부분이 있다고 하더라도 당해 상품을 둘러싼 일반적인 거래 실정, 즉 시장의 성질, 수요자의 재력이나 지식, 주의의 정도, 전문가인지의 여부, 연령, 성별, 당해 상품의 속성과 거래 방법, 거래 장소, 사후관리 여부, 상표의 현존 및 사용 상황, 상표의 주지 정도 및 당해 상품과의 관계, 수요자의 일상 언어생활 등을 종합적 · 전체적으로 고려하여, 거래사회에서 수요자들이 구체적 · 개별적으로는 상품의 품질이나 출처에 관하여 오인 · 혼동할 염려가 없을 경우에는 유사상표라고 할 수 없어 그러한 상표 사용의 금지를 청구할 수 없고"라고 판시하였다.

197) 대법원 2013. 6. 27. 선고 2011다97065 판결.

198) 대법원 2000. 12. 26. 선고 98도2743 판결에서 대법원은 "상표의 유사여부는 대비되는 상표를 외관, 호칭, 관념의 세 측면에서 객관적, 전체적, 이격적으로 관찰하여 거래상 오인 · 혼동의 염려가 있는지의 여부에 의하여 판단하여야 하는바, 특히 도형상표들에 있어서는 그 외관이 지배적인 인상을 남긴다 할 것이므로 외관이 동일 · 유사하여 양 상표를 다 같이 동종상품에 사용하는 경우 일반 수요자로 하여금 상품의 출처에 관하여 오인 · 혼동을 일으킬 염려가 있다면 양 상표는 유사하다고 보아야 한다."라고 판시하였다.

199) 대법원 2015. 10. 15. 선고 2014다216522 판결에서 대법원은 "타인의 등록상표와 동일 또는 유사한 상표를 지정상품과 동일 또는 유사한 상품에 사용하는 행위는 상표권에 대한 침해행위가 된다. 여기서 유사상표의 사용행위에 해당하는지에 대한 판단은 두 상표가 해당 상품에 관한 거래 실정을 바탕으로 외관, 호칭, 관념 등에 의하여 일반 수요자에게 주는 인상,

사용하고 있으나 궁극적으로는 혼동 가능성이 있는지를 기준으로 삼고 있다는 점에서 실질적으로는 「혼동이론」에 따라 상표권의 침해 여부를 판단하고 있다고 말할 수 있다.

연구 110 우리나라의 대법원 판례상 혼동 가능성 판단

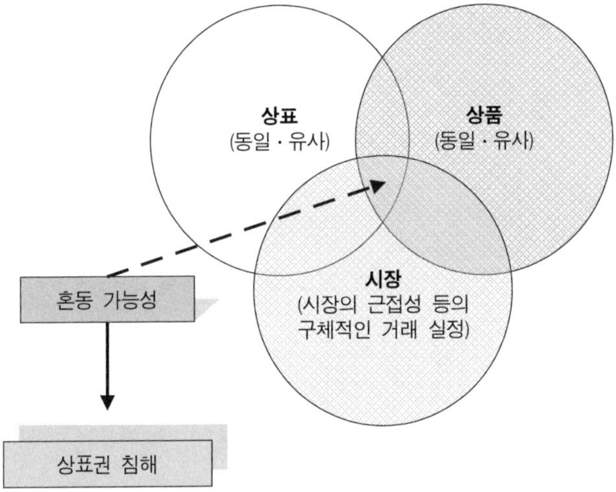

(2) **복합요소의 판단 기준** 우리나라의 대법원의 판례들[201]을 고찰해 볼 때 상품의 동일 · 유사 여부는 상품의 속성인 품질, 형상, 용도와 생산부문, 판매부문, 수요자의 범위 등 거래의 실정 등을 고려하여 일반거래의 통념에 따라 판단하는 것이 일반적이므로 사실상 「복합요소의 판단 기준」을 채택하여 적용하고 있다는 것을 알 수 있다.

기억, 연상 등을 전체적으로 종합할 때, 두 상표를 때와 장소를 달리하여 대하는 일반 수요자가 상품 출처에 관하여 오인 · 혼동할 우려가 있는지의 관점에서 이루어져야 한다"고 판시하였다.

200) 대법원 2011. 12. 27. 선고 2010다20778 판결에서 대법원은 "상표의 유사여부는 외관 · 호칭 및 관념을 객관적 · 전체적 · 이격적으로 관찰하여 지정상품 거래에서 일반 수요자나 거래자가 상표에 대하여 느끼는 직관적 인식을 기준으로 하여 상품 출처에 관하여 오인 · 혼동을 일으키게 할 우려가 있는지에 따라 판단하여야 하므로"라고 판시하였다.

201) 대법원 2000. 1. 21. 선고 99후2532 판결; 1997. 5. 16. 선고 96후1583 판결 참조.

(3) **상표권 침해 판단** 우리나라에서는 상품의 유사여부 판단과 관련하여 「유사상품 이론」을 통해 동일상품뿐만 아니라 유사상품에까지 상표권의 보호 범위를 확장하는 한편 「혼동이론」을 기준으로 상표권의 침해 여부를 판단하고 유사상품의 이론과 소비자의 상품 출처에 관한 혼동 가능성의 구체적인 판단 기준으로서 「복합요소의 판단 기준」을 적용하고 있음을 알 수 있다.

연구 111 혼동이론, 유사상품 이론 및 복합요소의 판단 기준의 상호 관계

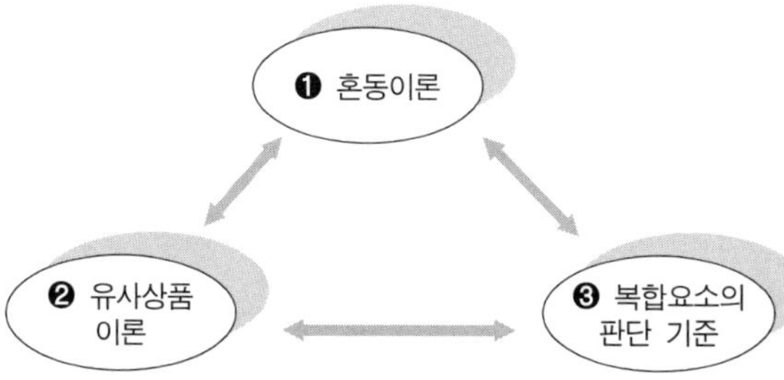

3. 간접침해 규정

상표권의 직접 침해에는 해당하지 않지만 상표권을 침해할 개연성이 큰 아래와 같은 예비적인 행위에 대해서는 상표법에서 상표권을 침해하는 것으로 간주하는 규정을 두고 있다(법 §108① ii, iii, iv).

i) 타인의 등록상표와 동일 · 유사한 상표를 그 지정상품과 동일 · 유사한 상품에 사용하거나 사용하게 할 목적으로 교부 · 판매 · 위조 · 모조 또는 소지하는 행위

ii) 타인의 등록상표를 위조 또는 모조하거나 위조 또는 모조하게 할 목적으로 그 용구를 제작 · 교부 · 판매 또는 소지하는 행위

iii) 타인의 등록상표 또는 이와 유사한 상표가 표시된 지정상품과 동일 · 유사한 상품을 양도 또는 인도하기 위하여 소지하는 행위.

4. 유명상표의 희석

1) 상표법상의 규정

2016년 상표법 개정(2016. 2. 29. 전부개정 법률 제14033호)을 통해 상표법 제34

조 제1항 제11호에서 “수요자들에게 현저하게 인식되어 있는 타인의 상품이나 영업과 혼동을 일으키게 하거나 그 식별력 또는 명성을 손상시킬 염려가 있는 상표”를 부등록사유로 명문으로 규정하여 타인의 유명상표를 희석시키는 상표의 등록을 배제하고 있다.

2) 부정경쟁방지법상의 규정

2001년 부정경쟁방지법 개정(2001. 2. 3. 일부개정 법률 제6421호)을 통해 부정경쟁방지법 제2조 제1호 다목을 신설하여 “비상업적 사용 등 대통령령으로 정하는 정당한 사유[202] 없이 국내에 널리 인식된 타인의 성명, 상호, 상표, 상품의 용기 · 포장, 그 밖에 타인의 상품 또는 영업임을 표시한 표지와 동일하거나 유사한 것을 사용하거나 이러한 것을 사용한 상품을 판매 · 반포 또는 수입 · 수출하여 타인의 표지의 식별력이나 명성을 손상하는 행위”를 부정경쟁행위의 한 유형으로 포함시켰다.

Ⅱ. 미국의 제도와 비교

1. 등록상표의 상표권 침해 vs. 미등록상표의 상표권 침해

미국에서는 등록상표의 상표권 침해와 미등록상표의 상표권 침해 모두를 연방상표법에서 규정하고 있으나 우리나라에서는 등록상표의 상표권 침해는 상표법, 미등록된 주지 · 저명상표의 보호는 부정경쟁방지법에서 각각 규정하고 있다는 점에서 차이가 있다.

---

202) 부정경쟁방지법 시행령 제1조의2에 따르면 다음에 해당하는 경우가 정당한 사유에 해당한다.
 ⅰ) 비상업적으로 사용하는 경우
 ⅱ) 뉴스보도 및 뉴스논평에 사용하는 경우
 ⅲ) 타인의 성명, 상호, 상표, 상품의 용기 · 포장, 그 밖에 타인의 상품 또는 영업임을 표시한 표지(이하 ‘표지’라 한다)가 국내에 널리 인식되기 전에 그 표지와 동일하거나 유사한 표지를 사용해온 자(그 승계인을 포함한다)가 이를 부정한 목적 없이 사용하는 경우
 ⅳ) 그 밖에 해당 표지의 사용이 공정한 상거래 관행에 어긋나지 아니한다고 인정되는 경우.

2. 혼동의 개념과 시점

미국에서는 1962년 연방상표법 개정에서 「등록상표」에 대한 침해를 규정하고 있는 연방상표법 제32조 (1)항 (a)의 규정에서 "상품이나 서비스의 「출처」에 관하여 「소비자」에게"라는 조건을 삭제하여 상품의 직접적인 출처의 혼동이 아니라고 하더라도 소비자가 분쟁 당사자 간 후원관계(sponsorship)나 연관관계(connection) 또는 가맹회사관계(affiliation)가 있을 것으로 혼동할 가능성이 있는 경우에도 상표권 침해를 인정하였다. 한편 혼동 시점도 혼동의 주체로서 「소비자」라는 조건을 삭제함으로써 혼동의 시점과 관련하여 「상품구매 시 혼동이론」에서 「상품구매 후 혼동이론」으로까지 확대하여 해석할 수 있게 되었다.

그러나 우리나라의 상표법에서는 상표권 침해의 판단 기준으로서 혼동 가능성을 명문으로 규정하고 있지 않기 때문에 혼동 가능성의 개념과 혼동의 시점 등도 상표법의 개정에 의하지 않고 법원의 판례에 따르고 있다는 점에서도 차이가 있다.

3. 혼동 가능성의 판단 기준

미국의 각 연방항소법원은 상표권 침해의 요건인 혼동 가능성에 대한 복합요소의 판단 기준을 제시하고 있다. 그런데 이러한 연방항소법원들이 각자 제시한 복합요소의 판단 기준 중에서 서로 중첩되고 영향력이 큰 요소로는 ⅰ) 상표의 유사성, ⅱ) 침해자의 의도, ⅲ) 상품의 근접성, ⅳ) 원고 상표의 식별력, ⅴ) 실제 혼동 증거이고[203] 기타 침해자의 상품 또는 서비스의 품질, 상품 또는 서비스의 거래 경로, 소비자의 주의 정도, 광고의 유사 정도 등이 있다. 우리나라의 대법원은 상표의 유사여부를 판단할 때 「상품을 둘러싼 일반적인 거래 실정」, 즉 시장의 성질, 수요자의 재력이나 지식, 주의 정도, 전문가인지의 여부, 연령, 성별, 당해 상품의 속성과 거래 방법, 거래 장소, 사후관리 여부, 상표의 현존 및 사용 상황, 상표의 주지 정도 및 당해 상품과의 관계, 수요자의 일상 언어생활 등을 「종합적·전체적으로 고려」하고 있다.[204] 우리나라의 대법원이 상표의 유사여부 판단 시 여러 가지의 구체적인 거래 실정을 고려하여 판단하는 점에서는 미국의 연방항소법

---

203) Barton Beebe, "An Empirical Study of the Multifactor Tests for Trademark Infringement", 2006 참고.

204) 대법원 2011. 12. 27. 선고 2010다20778 판결.

원의 복합요소의 판단 기준과 차이가 크지 않다고 판단된다.

연구 112 혼동 가능성의 판단 기준

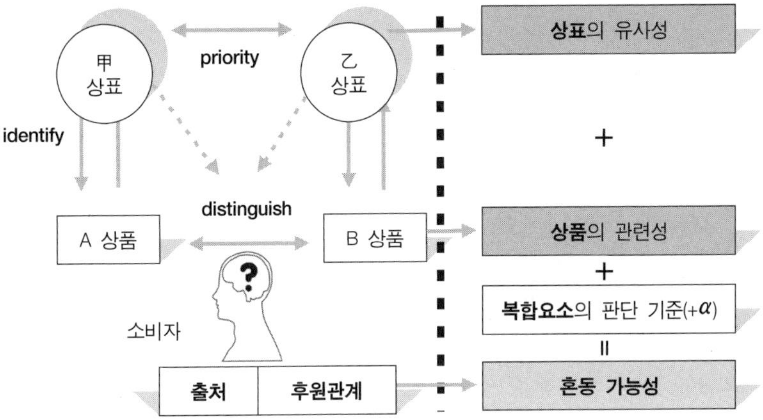

4. 미국의 관련상품 vs. 우리나라의 유사상품

1) 관련상품 vs. 유사상품

미국에서 상품의 출처 또는 후원관계 등에 관한 혼동 가능성의 판단 기준의 하나인 상품의 관련성은 서로 비교되는 상품에 어떤 「물리적인 공통의 속성」이 존재하기 때문에 관련된 것이 아니라 그 상품을 구매하는 소비자의 입장에서 서로 비교되는 상품이 관련된다고 생각하는지의 「소비자의 인식」과 관련된 문제이다. 따라서 미국의 관련상품 이론에 따른 관련상품과 우리나라에서 유사상품은 모두 구체적인 거래 실정을 고려하여 상품의 출처 또는 후원관계 등에 관한 소비자의 혼동 가능성을 판단한다는 점에서 공통되는 점도 없지 않으나 우리나라에서는 상품의 유사여부를 주로 「상품의 객관적인 속성」인 상품의 용도, 원재료, 품질, 형상과 기타 상품의 제조방법의 공통성, 제조장소나 판매점 등이 공통되는지의 여부를 기준으로 판단하는 데 반하여[205] 미국에서는 상품의 객관적인 속성을 상품의 관련성 여부를 판단하는 복합요소의 판단 기준 중의 하나로 보고 비록 상품의 객관

205) 대법원 2011. 12. 27. 선고 2010다20778 판결 참조.

적인 속성이 다르다고 하더라도 다른 다양한 판단 요소들을 종합적으로 고려하여 궁극적으로 상품의 출처 또는 후원관계 등에 관하여 소비자의 혼동 가능성이 있는지의 여부를 기준으로 판단한다는 점에서 서로 차이가 있다고 본다.[206] 아울러 미국의 관련상품 이론의 핵심이 비경쟁적 상품에 대해서도 상표권 침해를 인정하는 것이므로 미국의 관련상품과 우리나라의 유사상품은 완전히 동일한 개념으로 보기에는 무리가 있다고 본다.[207]

2) 우리나라에서 상품의 출처에 관한 오인 · 혼동 가능성의 판단 기준으로서 상품의 관련성

우리나라의 경우 대법원[208]이나 특허법원[209]에서 「상품의 유사성」을 상품의

206) 권경희, 앞의 논문, 245면 참조.

207) 김자경, 앞의 논문, 64면 참조.

208) "구상표법 제7조 제1항 제10호에서 수요자 간에 현저하게 인식되어 있는 타인의 상품이나 영업과 혼동을 일으키게 할 염려가 있는 상표의 등록을 금지하고 있는 것은 일반 수요자에게 저명한 상품이나 영업과 출처에 오인 · 혼동이 일어나는 것을 방지하려는데 그 목적이 있으므로, 그 상표 자체로서는 그 주지 또는 저명한 상품 등에 사용된 타인의 상표와 유사하지 아니하여도 양 상표 구성의 모티브, 아이디어 등을 비교하여 그 상표에서 타인의 저명상표 또는 상품 등이 용이하게 연상되거나 타인의 상표 또는 상품 등과 밀접한 관련성이 있는 것으로 인정되어 상품의 출처에 오인 · 혼동을 불러일으킬 염려가 있는 경우에는 등록될 수 없다고 할 것이다." 대법원 1995. 10. 12. 선고 95후576 판결 참조.
"구 상표법 제9조 제1항 제11호의 규정 취지는 이미 특정인의 상표라고 인식된 상표를 사용하는 상품의 출처 등에 관한 일반 수요자의 오인 · 혼동을 방지하여 이에 대한 신뢰를 보호하고자 하는 것이므로 인용상표가 저명성을 획득할 정도로 일반 수요자 사이에 널리 알려지지 못한 경우라도 어떤 상표가 인용상표와 동일 또는 유사하고, 인용상표의 구체적인 사용실태나 양 상표가 사용되는 상품 사이의 관련성, 기타 일반적인 거래의 실정 등에 비추어 그 상표가 인용상표의 사용상품과 동일 또는 유사한 지정상품에 사용된 경우에 못지않을 정도로 인용상표권자에 의하여 사용되는 것이라고 오인될 만한 특별한 사정이 있다고 보여지는 경우라면 비록 그것이 인용상표의 사용상품과 동일 또는 유사한 지정상품에 사용된 경우가 아니라고 할지라도 일반 수요자에게 상품 출처에 관하여 오인 · 혼동을 일으켜 수요자를 기만할 염려가 있다고 보아야 할 것이고" 대법원 1997. 3. 14. 선고 96후412 판결 참조.

209) "구상표법 제7조 제1항 제10호에서 '수요자 간에 현저하게 인식되어 있는 타인의 상품이나 영업'은 이른바 '저명상표' 등을 말한다. '저명상표'인가의 여부는 그 상표의 사용, 공급, 영업활동의 기간, 방법, 태양 및 거래범위 등과 그 거래 실정 또는 사회통념상 객관적으로 널리 알려졌느냐의 여부 등이 일응의 기준이 되고, 위 규정을 적용함에 있어서 인용상표가 저명상표인지 여부를 판단하는 기준 시는 그 상표의 등록출원 시라고 보아야 한다. 또한, 저명상표의 경우 상표 자체로서는 유사상표라고 할 수 없는 상표라도 양 상표의 구성이나 관념 등을 비교하여 그 상표에서 타인의 저명상표 또는 상품 등이 용이하게 연상되거나 타인의 상표 또는 상품 등과 밀접한 관련성이 있는 것으로 인정되어 상품의 출처에 오인 · 혼동을

출처에 관한 오인 · 혼동의 우려의 판단 기준으로 많이 사용하고 있지만 상품의 유사성을 대신하거나 보충하여 「상품의 관련성」도 판단 기준으로 이용하고 있다는 점에서 비록 관련상품과 유사상품 간의 일부 차이가 발생할 수 있다고 하더라도 우리나라와 미국의 상품의 유사여부에 대한 판단 기준은 차이가 그리 크지 않다고 본다.

3) 상품의 출처나 영업의 오인 · 혼동 가능성 판단 기준으로서 경제적 유연관계 또는 견련관계

우리나라에서는 부정경쟁방지법상의 상품의 출처나 영업의 오인 · 혼동을 일으킬 우려가 있는지의 여부를 판단하거나[210] 상표권의 권리범위 확인심판에서[211] 상품의 출처나 영업의 오인 · 혼동을 일으킬 우려가 있는지의 여부를 판단할 때 그리고 상표등록의 취소심판청구와 관련하여 이해관계인의 적격을 판단할 때 우리나라의 대법원은 「경제적 유연관계」 또는 「경제적 견련관계」를 고려하여 판단하고 있다.[212]

일으키는 경우에는 등록될 수 없다." 특허법원 2009. 12. 11. 선고 2009허6311 판결 참조.

210) "한 기업이 여러 산업분야에 걸쳐 여러 종류의 상품을 생산 · 판매하는 것이 일반화된 현대의 산업구조하에서는 저명상표와 유사한 상표를 저명상표의 지정상품이 아닌 다른 상품에 사용하더라도 수요자들로서는 저명상표권자나 그와 특수관계에 있는 자에 의하여 그 상품이 생산 · 판매되는 것으로 인식하여 상품의 출처 등에 관하여 혼동을 일으킬 수가 있으므로 그러한 행위는 부정경쟁방지법 제2조 제1호 (가)목 소정의 부정경쟁행위에 해당하고, 다만 상품의 성질, 영업의 형태, 기타 거래 사정 등에 비추어 유사상표를 사용하는 상품이 저명상표의 저명도와 그 지정상품 등이 갖는 명성에 편승하여 수요자를 유인할 수 있을 정도로 서로 경업관계 내지 경제적 유연관계가 있다고 보기 어려운 경우에는 상품의 출처에 대한 혼동을 일으킬 우려가 없다는 점에서 부정경쟁행위가 성립하기가 어렵다고 할 수 있다." 대법원 1998. 5. 22. 선고 97다36262 판결 참조.

211) "한 기업이 여러 산업분야에 걸쳐 이종상품을 생산 판매하는 것이 일반화된 현대의 산업구조하에서는 저명상표와 유사한 상표를 저명상표의 지정상품이 아닌 다른 상품에 사용하더라도 수요자들로서는 저명상표권자나 그와 특수관계에 있는 자에 의하여 그 상품이 생산 판매되는 것으로 인식하여 상품의 출처나 영업에 관한 오인, 혼동을 일으킬 우려가 있으므로 지정상품이 다르다는 이유만으로 유사상표의 등록, 사용을 허용할 것이 아니나, 상품의 성질, 영업의 형태, 기타 거래사정 등에 비추어 유사상표를 사용하는 상품 또는 영업이 저명상표의 저명도와 그 지정상품 또는 영업이 갖는 명성에 편승하여 수요자를 유인할 수 있을 정도로 서로 경업관계 내지 경제적 유연관계가 있다고 보기 어려운 경우에는 상품출처나 영업의 오인, 혼동을 일으킬 우려가 없으므로 유사상표의 등록, 사용을 금지할 것이 아니다." 대법원 1991. 2. 12. 선고 90후1376 판결 참조.

212) "심판청구인은 이 사건 등록서비스표의 지정서비스업과 동일 또는 유사한 서비스업이나

4) 정 리

미국의 「관련상품」(related goods)을 「견련상품」으로도 번역할 수 있으며,[213) 우리나라의 법원에서도 「상품의 관련성」을 상품의 출처에 관한 혼동 가능성의 판단 기준으로 이미 사용하고 있을 뿐만 아니라 상품의 경제적인 견련관계 또는 유연관계를 상품 출처의 오인 · 혼동의 우려에 대한 판단 기준으로 활용하고 있다는 점 등을 종합적으로 고려해 볼 때 우리나라에서도 미국에서와 마찬가지로 상품의 관련성을 상품의 출처 또는 후원관계 등에 관한 혼동 가능성을 판단하는 중요한 기준의 하나로 이용하고 있다고 볼 수 있다.

5. 유명상표의 희석

미국에서는 「연방희석화방지법」(Federal Trademark Dilution Act of 1995)을 마련하여 비록 유명상표의 소유자와 「경쟁관계」나 「혼동 가능성」이 없다고 하더라도 유명상표의 식별력을 약화시키거나 유명상표의 명성을 손상시키는 상표의 희석행위를 금지시킬 수 있는 권한을 부여하였으며, 1999년에는 「연방희석화방지법 개정법」(Trademark Amendments Act of 1999)을 제정하여 유명상표를 희석시키는 출원상표에 대하여 이의신청에 의한 상표등록의 거절이유, 착오로 등록 시 상표등록의 취소사유로 규정하고 있어 유명상표를 희석하는 출원상표의 등록을 배제하는 규정과 유명상표를 희석하는 행위의 금지에 관한 규정을 모두 연방상표법에서 규정하고 있다.

상품에 이 사건 등록서비스표와 동일 또는 유사한 표장을 사용하고 있다고 볼 자료가 없으며, 또한 이 사건 등록서비스표와 유사한 심판청구인의 상표가 유모차 등에 관하여는 국내에 널리 인식되었다고 볼 여지는 있으나, 그 주지도에 있어서 반드시 저명상표의 단계에까지 이르렀다고 보기는 어려울 뿐만 아니라, 위 상표의 지정상품인 유모차 등과 이 사건 등록서비스표의 지정서비스업인 '레스토랑업, 요식업 등'이 서로 경업관계 내지 경제적 유연관계가 있다고 할 수도 없으므로, 달리 특별한 사정이 없는 한 이 사건 등록서비스표가 존속하고 있다 하더라도 심판청구인이 이 사건 등록서비스표권의 대항을 받을 염려가 있다고 할 수 없어 심판청구인은 이 사건 등록서비스표의 소멸에 직접적이고도 현실적인 이해관계가 있다고 볼 수는 없다." 대법원 1998. 10. 13. 선고 97후1931 판결 참조.

213) 권경희, 앞의 논문, 245면 참조.

유명상표 희석행위 방지 규정	유명상표를 희석하는 상표출원 시 **상표등록 배제**	연방상표법 제2조 (f)항
	유명상표를 희석하는 상표가 착오로 등록 시 **상표등록 취소**	
	유명상표를 희석하는 **상표의 사용금지**	연방상표법 제43조 (c)항

그러나 우리나라는 유명상표를 희석하는 출원상표의 등록을 배제하는 규정은 상표법에서, 유명상표를 희석하는 행위의 금지에 대해서는 부정경쟁방지법에서 각자 규정하고 있다는 점에서 차이가 있다.

유명상표 희석행위 방지 규정	유명상표를 희석하는 상표출원 시 **상표등록 배제**	상표법 제34조 제1항 제11호 상표법 제54조 제1호 상표법 제60조 제1항
	유명상표를 희석하는 상표가 착오로 등록 시 **상표등록 무효**	상표법 제117조 제1항
	유명상표를 희석하는 **상표의 사용금지**	부정경쟁방지법 제2조 제1호 다목 부정경쟁방지법 제4조 제1항

제 13 장
상표권 침해에 대한 구제 수단

제1절 총 설

상표권자는 상표권을 침해한 자에 대하여 법원에 상표권 침해행위의 금지를 청구하는 한편 상표권 침해로 발생한 손해 등에 대하여 민사적인 배상을 청구할 수 있다. 특히 상표위조행위에 의하여 상표권을 침해하는 경우에는 손해배상 등과 같은 민사상의 책임 외에도 형사적인 책임도 물을 수 있다.

제2절 침해 금지명령

Ⅰ. 의 의

연방상표법 제34조에서는 법원은 「등록상표의 상표권 침해」가 있거나 제43조 (a)항에 따른 「미등록상표의 상표권 침해」, 제43조 (c)항의 「유명상표의 희석행위」 또는 제43조 (d)항의 「사이버스쿼팅 행위」가 있는 경우 형평법의 원칙에 따라 합리적인 범위 내에서 금지명령(injunction)을 내릴 수 있도록 규정하고 있다. 상표권자는 상표권의 침해가 발생하는 경우 법원에 침해자에 대한 침해 금지명령 등을 청구할 수 있는데 통상 ⅰ) 침해상표의 사용금지, ⅱ) 침해품의 제조 · 판매 · 유통금지 등과 같이 소극적인 부작위를 청구하는 것이 일반적이지만 ⅰ) 정정 광고,

ii) 전화번호부에 게재된 침해상표의 삭제, iii) 침해품의 회수, iv) 소비자에 대한 환급, v) 침해품의 폐기 명령 등과 같은 적극적인 작위 청구도 가능하다. 침해자가 이러한 법원의 침해금지 명령에 위반하는 경우에는 「법정 모독죄」에 해당하여 벌금형이나 징역형에 처하고 있다.

II. 종 류

1. 긴급 잠정 금지명령

1) 의 의

상표권 침해소송은 일반적으로 수년이 소요되기 때문에 재판이 계속 진행되는 동안 침해자가 계속 상표권자의 상표를 사용하는 경우 설령 상표권자가 재판이 종결되어 승소한다고 하더라도 회복할 수 없는 피해를 입을 수 있다. 따라서 이러한 상표권자를 구제하기 위하여 상표권자에 대한 임시적인 보호조치를 두고 있다. 긴급 잠정 금지명령(temporary restraining order: TRO)은 연방민사소송규칙(Federal Rules of Civil Procedures) 제65조 (b)항[1]에서 상표권자의 권리를 신속하게

1) (b) Temporary Restraining Order.

(1) Issuing Without Notice. The court may issue a temporary restraining order without written or oral notice to the adverse party or its attorney only if:

(A) specific facts in an affidavit or a verified complaint clearly show that immediate and irreparable injury, loss, or damage will result to the movant before the adverse party can be heard in opposition; and

(B) the movant's attorney certifies in writing any efforts made to give notice and the reasons why it should not be required.

(2) Contents; Expiration. Every temporary restraining order issued without notice must state the date and hour it was issued; describe the injury and state why it is irreparable; state why the order was issued without notice; and be promptly filed in the clerk's office and entered in the record. The order expires at the time after entry — not to exceed 14 days — that the court sets, unless before that time the court, for good cause, extends it for a like period or the adverse party consents to a longer extension. The reasons for an extension must be entered in the record.

(3) Expediting the Preliminary-Injunction Hearing. If the order is issued without notice, the motion for a preliminary injunction must be set for hearing at the earliest possible time, taking precedence over all other matters except hearings on older matters of the same

구제하기 위한 예비적 구제수단으로 하나로 향후 일정기간 동안 침해자는 소극적으로 어떠한 행동을 하지 말라는 법원의 명령이다.

2) 예비적 또는 영구적 금지명령과 비교

긴급 잠정 금지명령은 상대방이나 그 대리인에 대한 통지를 요하지 않고 일방 당사자의 신청에 따라 발하는 법원의 명령이라는 점에서 예비적 금지명령이나 영구적 금지명령과 구분된다.[2)]

3) 인정 요건

긴급 잠정 금지명령은 i) 상표권자가 상표권 침해금지소송을 제기하였으나 법원의 금지명령 결정이 지체될 경우 회복할 수 없는 피해(irreparable injury)를 입게 된다는 것, ii) 상표권자가 재판에서 승소할 확률이 매우 높다는 것을 입증하면 법원은 재판 중이라도 일정한 짧은 기간 동안 침해자에게 상표의 사용을 즉시 중지하도록 명령할 수 있다.

2. 예비적 금지명령

예비적 금지명령(preliminary injunctions)이란 긴급 잠정 금지명령보다는 적용기간이 긴 금지명령으로 i) 상표권자는 법원의 금지명령의 결정이 지체될 경우 회복할 수 없는 피해를 입게 된다는 것, ii) 상표권자가 재판에서 승소할 확률이 매우 높다는 것을 입증하면 법원은 재판 중이라도 예비적 금지명령을 내릴 수 있다.

3. 영구적 금지명령

영구적 금지명령(permanent injunctions)은 주로 상표권 침해소송의 최종 판결에서 내려지는 상표권 침해자에 대한 영구적인 금지명령이다.

---

character. At the hearing, the party who obtained the order must proceed with the motion; if the party does not, the court must dissolve the order.

(4) Motion to Dissolve. On 2 days' notice to the party who obtained the order without notice — or on shorter notice set by the court — the adverse party may appear and move to dissolve or modify the order. The court must then hear and decide the motion as promptly as justice requires.

2) 이규호, "일방적 구제절차에 대한 미국법제 연구—지적재산권관련 사건을 중심으로—" 「법학연구」, 제16권 제1호, 연세대학교 법학연구원, 2006, 43면 참조.

제3절 ▮ 정정 광고

상표권을 침해한 자의 상표 사용에 의하여 상품의 출처 또는 후원관계 등에 관하여 소비자의 혼동이 발생하거나 유명상표의 강한 식별력이 희석되거나 유명상표의 명성이 손상된 경우 상표권자의 요청에 의해 법원은 상표권 침해자에 대하여 정정 광고를 명할 수 있다. 이 경우 정정 광고에 소요되는 비용은 통상 상표권을 침해한 자가 부담하지만 양 당사자가 분담하는 경우도 있다.

제4절 ▮ 압수와 폐기

상표권자는 침해자가 위조상표를 부착한 상품을 제조하거나 수입하고 있는 경우 침해자가 자기의 상품에 위조상표를 부착하였으며, 위조상품을 처분, 파기, 은닉할 것이라는 것을 입증하여 법원으로부터 별도의 심리 없이 신속하게 압수 명령을 받아 당해 상품을 압수할 수 있다. 이는 위조상품이 시장에 널리 유통되어 확산되는 것을 방지함은 물론 침해자가 더 이상 상표권의 침해와 관련된 증거를 인멸하는 것을 방지하기 위함이다. 아울러 위조상품을 제조하기 위하여 사용된 장비나 물건을 필수적으로 몰수하고 미국정부의 다른 요청이 없는 한 필수적으로 폐기하여야 한다.[3)]

---

3) 미국 연방법률(U.S. Code) 제18편 형법 및 형사소송법 제2320조 (b)(1),(2).

제5절 ▌금전적 손해배상

Ⅰ. 의 의

연방상표법 제35조 (a)항에서는 연방상표법 제32조에서 규정된 「등록상표의 상표권에 대한 침해행위」, 제43조 (a)항에 따른 「미등록상표의 상표권에 대한 침해행위」, 제43조 (c)항에 따른 「고의(willful)에 의한 유명상표의 희석행위」, 제43조 (d)항에 따른 「사이버스쿼팅 행위」에 대한 금전적인 손해배상(damages, monetary recovery)에 관하여 규정하고 있다.

Ⅱ. 상표권자의 실제 손해

상표권자가 상표권의 침해로 인하여 손해를 입은 경우 상표권자는 침해자로부터 입은 실제 손해(plaintiff's actual damages)를 배상받을 수 있다. 이 경우 손해에는 유명상표의 식별력 약화 또는 유명상표의 명성의 손상에 의한 손해도 포함된다. 상표권자는 침해자로부터 손해를 배상받기 위해서는 실제로 손해가 발생하였고 그 규모가 얼마인지를 밝혀야 한다.

Ⅲ. 침해자의 이익

침해자가 상표권자의 상표권을 침해하여 상표권자의 실제 손해액보다 더 많은 이익을 얻은 경우에는 그 이익은 부당한 이익에 해당하므로 「고의」로 타인의 상표권을 침해한 경우 상표권자는 상표권 침해로 인한 실제 손해액은 물론이고 침해자가 얻은 이익액(infringer's profits) 전부를 배상받을 수 있다. 침해자의 이익을 계산할 때에는 상표권자는 단지 침해자의 「판매액」만을 입증하면 되고 침해자는 상표권자가 주장하는 판매액 중에서 「판매 비용」과 「공제액」을 주장하는 경우 이를 입증하여야 한다. 법원은 침해자의 이익이 부적절하거나 지나치게 많을 경우 그 이익액을 감액하거나 증액할 수 있다.

Ⅳ. 증액배상제도

연방상표법 제35조 (a)항에서는 법원은 침해자가 「악의」로 상표권을 침해한 경우 당해 사안에 관한 제반 사정을 고려하여 상표권자의 실제 손해액의 3배를 초과하지 아니하는 범위 내에서(not exceeding three times) 실제 손해액으로 인정된 금액 이상의 배상을 명할 수 있다(treble damages).

Ⅴ. 법정손해배상제도

1. 의 의

미국의 연방상표법에 따를 경우 상표권의 침해를 일반적인 상표권의 침해행위와 상표위조행위에 의한 상표권의 침해행위로 구분하여 일반적인 상표권의 침해행위에 대해서는 법정손해배상을 인정하지 않지만 상표위조행위에 의한 상표권의 침해행위에 대해서는 법정손해배상제도를 인정하고 있다. 즉, 미국의 연방상표법에서는 상표위조행위에 대한 구제책의 하나로서 상표권자의 실제 손해나 침해자의 이익을 대신한 법정손해배상(statutory damages)을 인정하고 있다. 이러한 법정손해배상제도는 상표위조행위로 인하여 상표권의 침해로 손해가 발생하였지만 그 손해를 입증하기 어려운 경우 법원이 상표권자의 사정을 고려하여 침해자에게 배상을 명할 수 있는 제도로서 상표권자의 실제 손해나 침해자의 이익을 대신하는 것이지만 변호사의 소송비용은 포함되지 않으므로 상표권 침해가 침해자의 고의에 의한 경우와 같이 「특별한 경우」(exceptional case) 상표권자는 변호사 비용까지 침해자에게 청구할 수 있다. 미국의 연방상표법에 따르면 상표권자는 1심 법원에서의 판결이 내려지기 전까지 실제 손해나 침해자의 이익과 관계없이 법정손해배상을 선택하여 상표위조행위의 경우 판매된 위조상표의 단위 상품 건당 최소 1천 달러 이상 최대 20만 달러 이하, 상표의 위조가 고의적(willful)이라고 판명된

경우 200만 달러 이하의 법정손해배상을 청구할 수 있다.[4)]

2. 법정손해배상액 산정을 위한 고려 요소[5)]

법원은 저작권 침해와 관련된 사건[6)]에서 법원이 법정손해배상액을 산정하기 위해서 고려하여야 하는 다음과 같은 7가지의 요소를 제시하였는데 이러한 요소들은 상표권의 침해와 관련된 사건에서도 준용될 수 있다고 판단된다.

i) 침해자가 얻은 이익과 비용의 절감

ii) 상표권자가 상실한 이익

iii) 상표의 가치

iv) 잠재적인 침해의 억제 필요성

v) 피고의 의도 또는 선의 여부

vi) 피고가 자신의 이익과 원고의 손해 입증과 관련한 정보를 원고에게 제공함에 있어서 협력의 정도

vii) 장래 피고의 침해행위 재발의 억제 필요.

3. 징벌적 배상제도와의 차이점

징벌적 배상제도나 법정손해배상제도는 모두 상표권자의 상표권 침해가 발생한 경우 상표권자에게 발생한 실제 손해 외에 부가적인 손해배상의 부담을 부과

---

4) 미국의 연방상표법 제35조 (c)항 참조.

(c) In a case involving the use of a counterfeit mark (as defined in section 1116(d) of this title) in connection with the sale, offering for sale, or distribution of goods or services, the plaintiff may elect, at any time before final judgment is rendered by the trial court, to recover, instead of actual damages and profits under subsection (a) of this section, an award of statutory damages for any such use in connection with the sale, offering for sale, or distribution of goods or services in the amount of —

(1) not less than $1,000 or more than $200,000 per counterfeit mark per type of goods or services sold, offered for sale, or distributed, as the court considers just; or

(2) if the court finds that the use of the counterfeit mark was willful, not more than $2,000,000 per counterfeit mark per type of goods or services sold, offered for sale, or distributed, as the court considers just.

5) 김원오, "상표법상 법정손해배상 청구요건과 손해배상액의 결정", 「상표권 침해소송의 이론과 실무」, (사)한국지식재산학회, 2016, 487면에서 재인용.

6) Polo Ralph Lauren, L.P. v. 3M Trading Co., 1999 U.S. Dist LEXIS 7913 (S.D.N.Y. 1999).

한다는 점에서는 유사성을 갖고 있다. 다만, 징벌적 배상제도는 상표권 침해에 대한 보통법상의 구제제도인 반면 법정손해배상제도는 제정법인 연방상표법에서 인정되는 제도이다.[7)]

Ⅵ. 징벌적 배상제도

징벌적 배상(punitive damages)이란 "상표권 침해행위가 악의적(malicious)이거나 지나치게 부당한(outrageous) 경우 법원이 상표권 침해자에 대한 징벌로서 배상을 명령하는 것"을 말한다. 이러한 징벌적 배상은 상표권자가 입은 실제 손해와는 상관없이 상표권자가 추가로 받을 수 있는 배상으로서[8)] 보통법상의 불법행위에 대한 민사소송에서는 징벌적 배상이 일반 원칙으로 인정되고 있으나 연방상표법에서는 피고가 위조상표인 것을 알면서 그 위조상표를 의도적으로 사용함으로써 발생한 침해자의 이익 또는 상표권자의 실제 손해의 3배까지 배상하도록 법원이 판결을 내릴 수 있어 징벌적 배상은 인정하고 있지 않다.[9)] 그러나 상표권자는 징벌적 배상제도를 인정하고 있는 뉴욕주 등에서는 보통법상의 상표권 침해에 따른 손해배상을 청구하는 경우 징벌적 배상을 받을 수 있다.[10)]

Ⅶ. 변호사 비용

변호사 비용(attorney's fees)을 제외한 소송의 비용은 일반적으로는 패소한 당사자가 부담하는 것이 원칙이지만, 상표권의 침해가 침해자의 「고의」에 의한 경우와 같이 「특별한 경우」(exceptional case) 상표권자는 변호사 비용까지 상표권을 침해한 자에게 청구할 수 있다.

---

7) 김태선, "미국 배상배상제도 및 법정손해배상제도의 도입에 관한 소고", 「민사법학」, 제66호, 2014, 255면 참조.

8) 특허청, 미국 상표법 · 제도에 관한 분석 및 시사점, 2006, 86면 참조.

9) 연방상표법 제35조 (a)항 참조.

10) Duncan v. Stuetzle, 76 F.3d 1480, 1490 (9th Cir. 1996).

제6절 ▌위조[11]상표범에 대한 형사 처벌

미국에서는 상표권의 침해를 일반적인 상표권의 침해행위와 상표위조행위에 의한 상표권의 침해행위로 구분하여 일반적인 상표권의 침해행위에 대해서는 형사 처벌을 인정하지 않지만 상표위조행위에 의한 상표권의 침해행위에 대해서는 형사 처벌을 인정하고 있다. 즉, 위조상품을 유통시킴으로써 상표권을 침해한 자는 상표권자에 대하여 민사적인 책임을 지는 것은 물론이고 형사적인 책임을 져야 한다. 이 경우 개인의 경우 한 종류의 위조상표당 최고 200만 달러 이하의 벌금 또는 10년 이하의 징역에 처하거나 양벌을 병과할 수 있으며 법인의 경우 최고 500만 달러의 벌금에 처할 수 있다. 아울러 재범인 경우 개인은 최고 500만 달러 이하의 벌금 또는 20년 이하의 징역에 처하거나 양벌을 병과할 수 있으며, 법인의 경우 최고 1,500만 달러의 벌금에 처할 수 있다.[12] 상표권의 침해자에 대하여 형사적인

11) 미국의 연방상표법 제45조에서는 위조(counterfeit)를 "등록상표와 동일하거나 실질적으로 구분이 불가능한 가짜상표"라고 정의하고 있다. "A 'counterfeit' is a spurious mark which is identical with, or substantially indistinguishable from, a registered mark." 아울러 미국 연방법률(U.S. Code) 제18편 형법 및 형사소송법 제2320조 (f)항 (1)에서는 위조상표에 대하여 다음과 같이 규정하고 있다.

(1) the term "counterfeit mark" means —

(A) a spurious mark —

(i) that is used in connection with trafficking in any goods, services, labels, patches, stickers, wrappers, badges, emblems, medallions, charms, boxes, containers, cans, cases, hangtags, documentation, or packaging of any type or nature;

(ii) that is identical with, or substantially indistinguishable from, a mark registered on the principal register in the United States Patent and Trademark Office and in use, whether or not the defendant knew such mark was so registered;

(iii) that is applied to or used in connection with the goods or services for which the mark is registered with the United States Patent and Trademark Office, or is applied to or consists of a label, patch, sticker, wrapper, badge, emblem, medallion, charm, box, container, can, case, hangtag, documentation, or packaging of any type or nature that is designed, marketed, or otherwise intended to be used on or in connection with the goods or services for which the mark is registered in the United States Patent and Trademark Office; and

(iv) the use of which is likely to cause confusion, to cause mistake, or to deceive.

12) 미국 연방법률(U.S. Code) 제18편 형법 및 형사소송법 제2320조 (b)항에 따르면 다음과 같

책임을 묻는 경우에는 상표권자가 아닌 검찰이 소송의 주체가 되며, 검찰은 다음을 입증하여야 한다.

i) 피고인 침해자가 상품이나 서비스를 대가를 받고 불법 거래하거나 불법 거래하려고 시도하였을 것

ii) 피고가 「고의」로 불법 거래하거나 불법 거래를 시도하였을 것

iii) 피고가 불법 거래하거나 불법 거래를 시도한 상품이나 서비스와 관련하여 「위조상표」를 사용하였을 것

iv) 피고가 사용된 상표가 위조상표란 것을 알았을 것.

제7절 ▌선의의 상표권 침해자 등에 대한 구제 조치 제한

Ⅰ. 선의의 인쇄업자와 출판업자에 의한 상표권 침해

연방상표법 제32조 (2)(A)에서는 상표권을 침해하는 자가 오직 타인의 상표나 침해물(violating matter)을 인쇄하거나 출판하는 영업에 종사하고 있고 그가 선의의 침해자인 것이 입증된 경우 상표권자는 그 인쇄업자와 출판업자에 대하여 「장래」의 상표 또는 침해물의 인쇄만을 금지하도록 상표권 침해에 대한 구제 조치를 제한하고 있다.[13)]

이 규정하고 있다.

(b) Penalties. —

(1) In general. — Whoever commits an offense under subsection (a) —

(A) if an individual, shall be fined not more than $2,000,000 or imprisoned not more than 10 years, or both, and, if a person other than an individual, shall be fined not more than $5,000,000; and

(B) for a second or subsequent offense under subsection (a), if an individual, shall be fined not more than $5,000,000 or imprisoned not more than 20 years, or both, and if other than an individual, shall be fined not more than $15,000,000.

13) (2) Notwithstanding any other provision of this chapter, the remedies given to the owner of a right infringed under this chapter or to a person bringing an action under section 1125(a) or (d) of this title shall be limited as follows:

(A) Where an infringer or violator is engaged solely in the business of printing the mark or

II. 선의의 신문, 잡지, 기타 정기간행물의 발행인 또는 전자통신에 의한 유료 광고물의 배포자에 의한 상표권 침해

1. 장래의 발행·전송 금지

연방상표법 제32조 (2)(B)에서는 상표권 침해가 신문, 잡지, 기타 정기간행물 또는 미국의 법전 제18편 2510 (12)[14]에서 정의되는 전자통신(electronic communication)에 포함된 유료 광고물(paid advertising matter)에 의한 것으로서 당해 신문, 잡지, 기타 정기간행물의 발행인 또는 전자통신의 배포자가 선의인 경우 상표권자는 신문, 잡지, 기타 정기간행물에 의한 「장래」의 발행 또는 전자통신에 의한 「장래」의 전송에 있어서 그 광고물의 게재만을 금지하도록 상표권 침해에 대한 구제 조치를 제한하고 있다.[15]

---

violating matter for others and establishes that he or she was an innocent infringer or innocent violator, the owner of the right infringed or person bringing the action under section 1125(a) of this title shall be entitled as against such infringer or violator only to an injunction against future printing.

14) (12) "electronic communication" means any transfer of signs, signals, writing, images, sounds, data, or intelligence of any nature transmitted in whole or in part by a wire, radio, electromagnetic, photoelectronic or photooptical system that affects interstate or foreign commerce, but does not include —

(A) any wire or oral communication;

(B) any communication made through a tone-only paging device;

(C) any communication from a tracking device (as defined in section 3117 of this title); or

(D) electronic funds transfer information stored by a financial institution in a communications system used for the electronic storage and transfer of funds;

15) (B) Where the infringement or violation complained of is contained in or is part of paid advertising matter in a newspaper, magazine, or other similar periodical or in an electronic communication as defined in section 2510 (12) of title 18, United States Code, the remedies of the owner of the right infringed or person bringing the action under section 1125(a) of this title as against the publisher or distributor of such newspaper, magazine, or other similar periodical or electronic communication shall be limited to an injunction against the presentation of such advertising matter in future issues of such newspapers, magazines, or other similar periodicals or in future transmissions of such electronic communications. The limitations of this subparagraph shall apply only to innocent infringers and innocent violators.

2. 정기간행물의 발행 지연 또는 전자통신의 전송 지연에 따른 상표권 침해에 대한 구제 조치 제한

연방상표법 제32조 (2)(C)에서는 상표권 침해를 이유로 신문, 잡지, 기타 정기간행물의 특정한 호에 대한 발행을 금지하거나 침해물을 포함하는 전자통신에 의한 광고물의 게재를 금지하는 구제 조치를 취할 경우 신문, 잡지, 기타 정기간행물의 발행이나 전자통신에 의한 전송이 지연되고 그 지연이 건전한 기업의 관행에 따라 관습적으로 행하여지는 방법에서 기인되며 상표권 침해에 따른 예비적 또는 영구적 금지명령이나 긴급 잠정 금지명령을 방해하거나 지연시키기 위한 방법에서 기인되지 아니한 경우 상표권자는 예비적 또는 영구적 금지명령이나 긴급 잠정 금지명령에 의한 구제 조치를 이용할 수 없도록 규정하고 있다.

Ⅲ. 도메인 이름 등록기관, 도메인 이름 등록부 관리기관, 기타 도메인 이름 등록관청의 책임

연방상표법 제32조 (D)(i)(I)에서는 도메인 이름의 등록 거절, 등록 말소, 양도, 잠정적인 사용 정지, 영구적인 등록 취소 등의 처분을 취하는 도메인 이름의 등록기관(domain name registrar), 도메인 이름 등록부 관리기관(domain name registry), 기타 도메인 이름 등록관청(domain name registration authority)은 도메인 이름이 타인의 상표권을 침해하거나 타인의 유명상표를 희석하는 것으로 최종적으로 판단되는지 여부와 상관없이 그러한 처분을 이유로 어느 누구에 대해서든지 다음에 해당하는 경우[16]를 제외하고는 금전적 구제 또는 금지명령에 대한 책임은

---

16) (II) A domain name registrar, domain name registry, or other domain name registration authority described in subclause (I) may be subject to injunctive relief only if such registrar, registry, or other registration authority has —

(aa) not expeditiously deposited with a court, in which an action has been filed regarding the disposition of the domain name, documents sufficient for the court to establish the court's control and authority regarding the disposition of the registration and use of the domain name;

(bb) transferred, suspended, or otherwise modified the domain name during the pendency of the action, except upon order of the court; or

(cc) willfully failed to comply with any such court order.

지지 않는다고 규정하고 있다.[17]

i) 도메인 이름에 대한 처분과 관련한 소송을 관할하는 법원에 도메인 이름의 등록과 사용의 처분과 관련된 법원의 통제와 권한을 설정하기에 충분한 서류를 신속히 제출하지 않은 경우

ii) 법원이 명령이 없었음에도 불구하고 소송 진행 중에 도메인 이름을 양도, 정지, 또는 다른 방식으로 수정한 경우

iii) 법원의 명령을 고의적으로(willfully) 준수하지 않은 경우.

제8절 ▌우리나라의 제도와 비교 · 분석

Ⅰ. 우리나라의 제도

1. 의 의

우리나라에서는 상표권은 설정등록에 의하여 발생한다(법 §82①). 이 경우 상표권자는 지정상품에 대하여 그 등록상표를 사용할 권리를 독점하게 되고(법 §89) 상표권자 이외의 자가 법률상 정당한 권원 없이 등록된 상표와 동일 · 유사한 상표를 그 지정상품과 동일 · 유사한 상품에 사용하는 경우에는 상표권을 침해하게 된다(법 §108①i). 상표권을 침해하는 경우 상표권자 또는 전용사용권자는 상표권을 침해한 자에 대하여 i) 침해금지청구, ii) 손해배상청구, iii) 신용회복조치의 청구 등과 같은 민사적인 구제 조치를 취할 수 있을 뿐만 아니라 iv) 7년 이하의 징역 또는 1억 원 이하의 벌금에 처할 수 있는 형사적인 구제 조치를 취할 수도 있다(법 §230).

---

17) (D)(i)(I) A domain name registrar, a domain name registry, or other domain name registration authority that takes any action described under clause (ii) affecting a domain name shall not be liable for monetary relief or, except as provided in subclause (II), for injunctive relief, to any person for such action, regardless of whether the domain name is finally determined to infringe or dilute the mark.

2. 법정손해배상제도

상표권자 또는 전용사용권자는 자기가 사용하고 있는 등록상표와 같거나 동일성이 있는 상표를 그 지정상품과 같거나 동일성이 있는 상품에 사용하여 자기의 상표권 또는 전용사용권을 고의나 과실로 침해한 자에 대하여 상표법 제109조에 따른 손해배상을 청구하는 대신 5천만 원 이하의 범위에서 상당한 금액을 손해액으로 하여 배상을 청구할 수 있다. 이 경우 법원은 변론 전체의 취지와 증거조사의 결과를 고려하여 상당한 손해액을 인정할 수 있다(법 §111①). 또한 상표권자 또는 전용사용권자는 자기가 사용하고 있는 등록상표와 같거나 동일성이 있는 상표를 그 지정상품과 같거나 동일성이 있는 상품에 사용하여 자기의 상표권 또는 전용사용권을 고의나 과실로 침해한 행위에 대하여 손해배상을 청구한 경우 법원이 변론을 종결할 때까지 그 청구를 법정손해배상청구로 변경할 수 있다(법 §111②). 이러한 법정손해배상제도는 우리나라가 한 · 미 FTA 협정 체결을 위하여 미국의 요청을 상표법에 반영한 것이다.

II. 미국의 제도와 비교

1. 형사적 구제 조치

우리나라는 상표권의 침해가 있는 경우 침해의 유형을 일반적인 상표권의 침해와 상표위조행위로 인한 상표권의 침해로 구분하지 않고 형사 처벌을 인정하고 있다. 그러나 미국은 상표권의 침해를 일반적인 상표권의 침해행위와 상표위조행위에 의한 상표권의 침해행위로 구분하여 일반적인 상표권의 침해행위에 대해서는 형사 처벌을 인정하지 않지만 상표위조행위에 의한 상표권의 침해행위에 대해서는 형사 처벌을 인정하고 있다.

2. 징벌적 배상제도와 증액배상제도

1) 징벌적 배상제도

우리나라의 상표법과 미국의 연방상표법에는 징벌적 배상제도를 두고 있지 않다. 다만 미국은 보통법상 불법행위에 대한 민사소송의 경우 징벌적 배상이 인정되고 있으며 뉴욕주와 같이 징벌적 배상제도를 인정하고 있는 주법에 따라 손해배상을 청구하는 경우에는 징벌적 배상을 받을 수 있다.

2) 증액배상제도

미국의 연방상표법에서는 침해자가 「악의로」 상표권을 침해한 경우와 같은 경우 당해 사안에 관한 제반 사정을 고려하여 상표권자의 실제 손해액의 3배를 초과하지 아니하는 범위 내에서(not exceeding three times) 손해를 배상하도록 하는 증액배상제도를 인정하고 있으나 우리나라에는 이러한 증액배상제도를 인정하고 있지 않다.

제 14 장 상표권 침해 주장에 대한 항변

제1절 총 설

상표권자(원고)가 상표권을 침해한 자(피고)를 상대로 상표권 침해소송을 제기하는 경우 상표권자에 의하여 제소당한 피고는 ⅰ) 적극적인 항변 수단으로서 원고의 상표등록의 유효성을 문제 삼아 그 효력을 부인하거나, ⅱ) 소극적인 항변 수단으로서 원고의 상표권은 그 효력이 제한되어 피고에 의한 상표의 사용은 법적으로 가능하다거나 피고도 상표를 사용할 정당한 권한이 있다고 주장하거나 피고가 상표를 원고와 공존하여 사용한다고 하더라도 상품의 출처 또는 후원관계 등에 관하여 소비자의 혼동 가능성이 없으므로 피고의 상표 사용은 상표권자의 상표권을 침해하는 행위에 해당하지 않는다고 항변할 수도 있다. 이하에서는 상표권자의 상표권 침해 주장에 대한 피고가 취할 수 있는 항변 수단들에 대해서 구체적으로 살펴보기로 한다.

제2절 적극적인 항변 수단

Ⅰ. 상표등록의 유효성 공격

1. 상표등록 후 5년 전

연방상표법에 따라 원고가 상표를 「주등록부」에 등록하면 그 등록은 유효한 것으로 일응 추정되고 등록 후 5년 전까지는 연방상표법에서 규정하고 있는 「모든」 부등록사유를 근거로 하여 원고의 상표등록의 유효성을 다툴 수 있다.

2. 상표등록 후 5년 이후

상표권자의 상표가 「주등록부」에 등록된 후 5년이 지나면 등록상표에 「불가쟁력」의 효력이 발생한다. 따라서 피고는 원고의 상표등록의 유효성에 대하여 다툴 수 있는 근거가 지극히 제한된다.[1] 그러나 원고의 등록상표가 상품의 보통명칭이 된 경우 피고는 원고의 상표권이 효력이 없다고 항변할 수 있다. 한편 연방상표법에 따라 상표가 주등록부에 등록되면 등록상표가 유효한 것으로 추정되므로 상표가 등록된 경우 상표가 보통명칭에 해당된다는 것을 입증할 책임은 피고에게 있지만 미등록상표일 경우에는 원고가 보통명칭에 해당되지 않는다는 것을 입증하여야 한다.

II. 상표의 기능성 주장

상표는 상품의 출처를 표시하는 식별력이 있는 표장이지만 비기능적이어야 하므로 기능적인 표장은 식별력 유무와 관계없이 상표로서 보호될 수 없다. 따라서 피고는 원고의 상표가 기능적이라는 사실을 입증하여 상표로서 보호되지 않는다고 항변할 수 있다.

III. 상표권의 포기 주장

1. 의 의

1) 의 의

넓은 의미에 있어서 상표권의 포기는 상표권자가 상표를 재사용할 의사가 없

---

1) 원고의 상표가 등록된 지 5년이 지나게 되면 피고는 원고의 등록상표가 고유의 식별력이 없거나 사용에 의한 식별력을 취득하지 못하였다는 이유로 상표로서 보호될 수 없다는 주장을 할 수 없게 된다.

이 그 사용을 오랫동안 중단하는 좁은 의미의 상표권의 실제 포기는 물론이고 상표권자가 작위 또는 부작위에 의하여 상표의 상품에 대한 출처표시로서의 기능을 상실한 경우를 포함한다. 이 경우 피고는 상표권 침해소송에서 원고인 상표권자의 상표권이 포기된 것이라고 항변할 수 있다.

2) 등록상표의 변형사용과 상표권의 포기

상표권자가 연방상표법에 따라 등록된 상표를 그대로 사용하지 않고 등록상표의 구성 중 일부분을 변경하여 사용하는 경우 등록상표는 상표권자의 불사용에 의하여 상표권이 포기된 것으로 볼 것인지가 문제되는데 이 경우 양 상표 간 「법률적인 동일성」(legal equivalents)이 인정되고 변경된 상표가 계속 사용된다면 등록상표에 대한 상표권이 포기된 것으로 인정되지 않는다. 한편 법률적인 동일성은 등록상표와 이후 등록상표의 구성 중 일부분을 변경한 상표가 소비자에게 「동일하고 연속적인 상업적 인상」을 주고(create the same, continuing commercial impression) 변경된 상표가 등록상표의 「요지를 변경」(materially differ from or alter the character)하지 않는 경우를 말한다.[2)]

2. 상표권 포기의 유형

1) 의 의

상표권의 포기를 보다 세분화하면 ⅰ) 상표권의 실제 포기, ⅱ) 법적 포기로 구분된다.

2) 실제 포기

(1) 의 의 상표권의 실제 포기(actual abandonment)란 "상표권자가 앞으로 상표를 재사용하지 않을 의사를 가지고 상표의 사용을 중단하는 것"을 말한다. 따라서 단순히 상표의 사용이 중단되었다는 사실만으로는 상표권의 실제 포기로 인정되지 않는다. 상표권의 실제 포기로 인정되기 위해서는 객관적인 상표의 불사용과 상표권자의 주관적인 상표의 불사용 의사가 필요하다.

(2) 상표를 재사용할 의사 상표를 재사용할 의사는 상표권자가 사용을 중단한 상표를 상업적으로 다시 사용할 계획이 있는 것을 말한다.[3)] 「상표를 재사용할 의사」(intent to resume use)가 있는지의 여부는 제반 사정에 의해서 추정되며 재사

2) Van Dyne-Crotty, Inc. v. Wear-Guard Corp., 926 F.2d 1156, 1159 (Fed. Cir. 1991).
3) Exxon Corp. v. Humble Exploration Co., Inc., 695 F.2d 96 (5th Cir. 1983).

용할 시기와 관련해서도 합리적으로 예견될 수 있는 미래여야 한다.[4] 다만, 상표권자가 상표의 사용을 중단한 기간이 길어질 경우 상표권자는 상표권을 포기할 의사가 있는 것으로 인정될 가능성은 높아진다. 연방상표법에 따르면 상표권자가 3년 이상 상표를 계속 사용하지 않은 경우 상표권 포기의 일응의 증거가 된다.[5][6]

(3) 상표권의 실제 포기 후 상표권자에 의한 상표의 재사용 상표권자가 등록상표의 상표권을 실제 포기한 이후에 등록상표를 다시 사용한다고 하더라도 상표권의 실제 포기의 효력은 소멸되지 않는다. 따라서 상표권자가 등록상표를 실제 포기한 이후에 제3자가 등록상표를 사용한다고 하더라도 상표권의 침해는 발생하지 않는다.[7]

3) 법적 포기

(1) 의 의 법적 포기(constructive or legal abandonment)란 "상표권자의 의도와는 관계없이 상표권자의 작위나 부작위에 의하여 상표의 식별력이 상실됨으로 인하여 법적으로 상표권의 포기로 의제되는 경우"를 말한다. 법적 포기의 대표적인 사례로는 i) 상표권자의 무제한적인 등록상표의 사용허락, ii) 상표권자의 사용권자의 상품에 대한 품질관리 부재, iii) 제3자에 의한 등록상표의 무단 사용 등

---

4) Emergency One, Inc. v. American FireEagle, Limited, 228 F.3d 531, 536 (4th Cir. 2000).

5) 미국의 연방상표법 제45조에서는 "A mark shall be deemed to be 'abandoned' if either of the following occurs:

(1) When its use has been discontinued with intent not to resume such use. Intent not to resume may be inferred from circumstances. Nonuse for 3 consecutive years shall be *prima facie* evidence of abandonment. 'Use' of a mark means the bona fide use of such mark made in the ordinary course of trade, and not made merely to reserve a right in a mark.

(2) When any course of conduct of the owner, including acts of omission as well as commission, causes the mark to become the generic name for the goods or services on or in connection with which it is used or otherwise to lose its significance as a mark. Purchaser motivation shall not be a test for determining abandonment under this paragraph."라고 규정하고 있다.

6) 상표가 사용된 날로부터 3년이 경과하지 아니한 경우에는 상표권이 포기되었다고 주장하는 자가 상표권자가 상표의 사용을 재개할 의사가 없다는 것을 입증하여야 하고, 상표가 사용된 날로부터 3년이 경과한 경우에는 상표권자가 자기의 상표를 3년 이상 사용하지 않았음에도 불구하고 상표권을 포기할 의사가 없으며 장래 상표의 사용을 재개할 의사가 있음을 입증하여야 한다.

7) AmBrit, Inc. v. Kraft, Inc., 805 F.2d 974 (11st Cir. 1986). 나종갑, 미국상표법연구, 한남대학교 출판부, 2005, 274면 참조.

을 들 수 있다.

(2) **상표권자의 무제한적인 사용허락** 상표권자가 등록상표의 사용허락을 무제한적으로 허락하게 되면 당해 등록상표의 상품의 출처표시로서의 기능을 상실하게 되어 상표로서 기능을 할 수 없게 된다.

(3) **상표권자의 사용권자 상품에 대한 품질관리 부재** 연방상표법에서는 상표권자가 타인에게 등록상표의 사용을 허락하는 경우 반드시 사용권자가 생산하는 상품이나 제공하는 서비스에 대하여 품질을 관리하도록 하고 있다. 따라서 상표권자가 타인에게 등록상표 사용을 허락하였지만 사용권자의 상품에 관한 품질관리나 사용권자의 등록상표의 사용에 관한 상표관리를 하지 않는 경우에는 상표권자가 상표권을 「포기」한 것으로 간주한다.

(4) **제3자의 무단 사용** 법원은 상표권자가 상표관리를 소홀히 하여 이미 상표권자의 상표가 제3자에 의하여 무단으로 도용되거나 남용되어 사용되고 있는 경우 등록상표는 더 이상 상품의 출처표시로서의 기능을 상실하게 되므로 상표권자의 등록상표에 대한 독점적인 소유권은 소멸했다고 보고 있다. 따라서 피고는 과거나 현재에 제3자가 상표를 무단으로 사용하고 있음을 입증하여 상표권자의 상표권이 포기되었다고 항변할 수 있다. 법원은 i) 제3자에 의한 상표권의 침해가 광범위하게 발생할수록, ii) 제3자의 상품이 상표권자의 상품과 동일하거나 유사할수록 상표권의 포기로 인정할 가능성이 높게 된다.

3. 상표권의 포기와 형평법상 묵인 및 권리 주장의 해태에 의한 실효와의 관계

상표권의 포기가 인정되는 사유가 발생하는 경우 「누구나」 당해 상표등록의 취소심판을 청구할 수 있고 상표권의 포기가 인정되는 경우 누구나 당해 등록상표를 사용할 수 있다. 그러나 형평법상의 묵인 또는 권리 주장의 해태에 의한 실효는 「특정한 사건과 관련된 특정한 당사자」에 대해서만 상표권을 주장할 수 없다. 따라서 상표권의 포기와 형평법상의 묵인 또는 권리 주장의 해태에 의한 실효는 그 요건과 효과에 있어서 서로 상이한 제도라고 볼 수 있다.[8]

---

8) 나종갑, 앞의 책, 278면 참조.

Ⅳ. 형평법에 의한 항변

1. 의 의

1) 의 의

연방상표법 제19조에서는 모든 당사자계 쟁송절차에서 권리 주장의 해태(懈怠, laches), 금반언(禁反言, estoppel) 및 묵인(黙認, acquiescence)에 관한 형평법상의 원칙이 적용 가능한 경우에는 이를 참작하고 적용할 수 있다고 규정하고 있다.[9)]

2) 상표등록에 불가쟁력의 효력이 발생한 경우

연방상표법 제33조 (b)항 (9)에서는 불가쟁력의 효력이 발생한 등록상표에 대해서도 권리 주장의 해태, 금반언 및 묵인을 포함한 형평법상의 원칙이 적용 가능한 경우 이를 적용할 수 있다고 규정하고 있다.[10)]

2. 권리 주장의 해태에 의한 실효

1) 의 의

권리 주장의 해태란 "원고인 상표권자가 피고에 의한 상표의 무단 사용으로 자신의 상표권이 침해되고 있다는 사실을 알고 있거나 알 만한 상당한 이유가 있음에도 불구하고 정당한 이유 없이 상표권을 행사하지 않을 경우 상표권자는 더 이상 피고에 대하여 상표권을 주장하지 못한다는 형평법상의 원칙"을 말한다. 다만, 원고가 정당한 이유로 상표권을 행사하지 못한 경우에는 상표권자의 권리 주장의 해태에 의한 항변은 인정되지 않는다.

2) 인정 요건

권리 주장의 해태를 인정받기 위해서는 피고는 ⅰ) 권리 주장을 해태하였으며, ⅱ) 그 해태에 정당한 이유가 없었고, ⅲ) 원고의 해태로 피고에게 지나친 손해를 입혔다는 것을 입증하여야 한다.[11)] 법원은 해태의 기간과 그러한 해태로 인하

---

9) 미국의 연방상표법 제19조에 따르면 "In all inter partes proceedings equitable principles of laches, estoppel, and acquiescence, where applicable, may be considered and applied."라고 규정하고 있다.

10) 미국의 연방상표법 제33조 (b)항 (9)에서는 "(9) That equitable principles, including laches, estoppel, and acquiescence, are applicable."이라고 규정하고 있다.

11) Groucho's Franchise Sys., LLC v. Grouchy's Deli, Inc., 2017 U.S. App. LEXIS 5437, 6 (11th Cir. 2017).

여 입게 될 피고의 손해를 고려하여 융통성 있게 이 기준을 적용하여야 한다.[12)]

3) 해태 기간

상표권자가 상표권이 침해되고 있다는 사실을 알게 되었음에도 불구하고 얼마나 오랜 기간 동안 정당한 이유 없이 상표권을 행사하지 않은 경우에 상표권자의 권리 주장의 해태의 법리를 적용할 수 있는지에 대해서는 법원마다 상이한 견해를 취하고 있다. 참고로 제6 연방순회구 항소법원은 특허법에서 규정된 6년의 제척기간을 유추적용하여 6년이 경과하면 상표권자는 상표권의 침해를 주장하지 못한다고 판시한 바 있다.[13)]

4) 고의에 의한 상표권 침해와 권리 주장의 해태에 의한 실효

권리 주장의 해태에 의한 실효는 형평법상의 항변(equitable defences) 수단이므로 피고가 고의로 원고의 상표권을 침해한 경우에는 피고는 원고의 해태 기간에 관계없이 원고의 권리 주장의 해태에 의한 실효를 주장할 수 없다.[14)]

3. 상표권자의 묵인과 금반언

1) 묵 인

묵인이란 "원고인 상표권자가 취한 행동이나 진술 등으로 원고가 피고에게 상표권을 행사하지 않을 것이라는 확신을 피고에게 주는 행위"를 말한다.

2) 금반언

금반언이란 영미법상 「신의성실의 원칙」에서 파생된 원칙으로 "상표권자가 일단 특정한 의사표시를 한 이상 그 후에 이에 반하는 주장을 해서는 안 된다는 원칙"을 말한다.

4. 상표권자의 자책

상표권자의 자책(unclean hands)에 의한 항변은 "상표권자인 원고가 당해 사건과 관련하여 스스로 잘못이 있는 경우 원고의 주장을 인정할 수 없다는 원칙"을 말한다. 따라서 상표권자가 등록상표에 의도적으로 중요한 사항에 대한 허위사실을 표시하는 등 상표권자가 등록상표를 올바르게 사용하지 못한 것에 대하여 일정한

---

12) Citibank, N.A. v. Citibanc Group, Inc., 724 F.2d 1540, 1546 (11th Cir. 1984).

13) 우종균, "미국 상표법", 특허청, 53면 참조.

14) Hermes Int'l v. Lederer de Paris Fifth Ave., Inc., 219 F.3d 104, 107 (2d Cir. 2000).

책임이 있는 경우 상표권자는 제3자에 대하여 상표권을 주장할 수 없게 된다.[15][16]

5. 사 기

연방상표법에 따른 상표등록이나 그 등록의 유지와 관련하여 상표권자에 의한 사기 행위(fraud)가 있었다면 그 상표등록은 취소된다. 따라서 상표등록과 관련하여 상표권자가 제출한 서류가 위조되었거나 허위사실이 기재된 경우 상표등록이 취소된다. 다만, 이 경우 연방상표법상 상표등록이 취소된다고 하더라도 연방상표법 제43조 (a)항에 규정된 미등록상표에 대한 보호는 받을 수 있다.[17]

제3절 소극적인 항변 수단

Ⅰ. 피고의 선사용

피고는 원고가 상표를 연방상표법에 따라 출원하기 전부터 또는 원고가 상표를 사용하기 전부터 선의로 미국의 일부 지역에서 상거래상 상표를 사용해 왔다고 항변할 수 있다(senior use defence).

15) 우종균, 앞의 자료, 53면 참조.

16) Worden v. California Fig Syrup Co., 187 U.S. 516 (1903). 이 사건은 원고인 Worden & Co. 사가 '설사약'에 대하여 'SYRUP OF FIGS'라는 상표를 사용하였고 피고인 California Fig Syrup Co.사도 동일한 상표를 '설사약'에 사용하였다. 그런데 원고의 설사약 상품에는 'fig syrup' 성분이 없고 'senna syrup'을 사용함에도 불구하고 'SYRUP OF FIGS'라는 상표를 사용하여 소비자를 기망하였으므로 원고의 피고의 상표 사용에 대한 금지명령 청구는 이유 없다고 판시하였다.

17) Orient Express Trading Co. v. Federated Dept. Stores, Inc.,842 F.2d 650 (2d Cir. 1988).

II. 선사용자의 상표가 사용된 지역으로부터 멀리 떨어진 지역에서의 후사용자의 선의의 사용

1. 의 의

보통법에 따른 상표권은 원칙적으로 상표가 실제로 사용된 지역과 상품에 한정되어 그 효력이 미친다. 따라서 비록 선사용자(senior user)인 원고가 상표를 미국의 어느 특정 지역에서 먼저 사용하였다고 하더라도 원고의 상표 사용 지역과 지리적으로 멀리 떨어진 지역에서 선의로 사용하는 후사용자(junior user)인 피고에게는 원고의 상표권의 효력이 미치지 않는다고 항변할 수 있다.[18]

연구 113 후사용자의 멀리 떨어진 지역에서의 선의의 사용에 의한 항변

○ **[갑과 을의 상표 사용]** 갑(甲)은 선사용자로서 캘리포니아주 샌디에이고와 네바다주 라스베이거스에서 A 상표를 a 상품에 대하여 2011년 10월에 사용하기 시작하였는데 을(乙)은 갑의 캘리포니아주 샌디에이고와 네바다주 라스베이거스에서의 A 상표의 사용을 알지 못한 상태에서 2012년 1월부터 플로리다주 마이애미에서 갑의 A 상표와 유사한 A′ 상표를 a 상품에 사용하기 시작하였다.

18) 이를 'Remote-area, good-faith junior user defense' 또는 'Tea Rose-Rectanus doctrine defence'라고도 칭한다.

○ **[갑의 상표권 침해소송 제기와 을의 항변]** A 상표를 캘리포니아주 샌디에이고와 네바다주 라스베이거스에서 먼저 사용한 갑이 을의 A′ 상표의 플로리다주 마이애미에서의 사용 사실을 알고 을을 상대로 보통법상의 상표권 침해소송을 제기하는 경우 을은 비록 갑의 A 상표보다 A′ 상표를 후에 사용하였지만 갑이 A 상표를 캘리포니아주 샌디에이고와 네바다주 라스베이거스에서 사용되고 있다는 사실을 알지 못한 상태에서 사용하였고, 갑이 A 상표를 사용하는 지역인 캘리포니아주 샌디에이고와 네바다주 라스베이거스와 을이 A′ 상표를 사용하는 지역인 플로리다주 마이애미는 지리적으로 멀리 떨어져 있고 갑이 플로리다주 마이애미에서는 A 상표를 사용하지 않기 때문에 상품의 출처 또는 후원관계 등에 관하여 소비자의 혼동 가능성이 없으므로 플로리다주 마이애미에서의 보통법에 의한 상표권은 을이 가진다고 항변할 수 있다.

○ **[갑이 플로리다주 마이애미에서 A 상표를 사용하여 상품을 판매하기 시작하는 경우 을의 갑의 A 상표에 대한 사용금지 가능성]** 을은 플로리다주 마이애미에서 A′ 상표의 a 상품에 대한 보통법에 의한 상표권을 가지고 있으므로 만일 갑이 A 상표를 사용한 상품을 플로리다주 마이애미에서 판매하기 시작하는 경우 을은 갑의 A 상표의 플로리다주 마이애미에서의 사용을 금지시킬 수 있다. 즉, 갑과 을은 각자의 격리된 지역에서 상표를 동시에 공존사용할 수 있다.

2. 선 의

선의(good-faith)란 미국 내에서 타인이 상표를 선사용하고 있다는 것을 알지 못하거나 선사용자로부터 통지(notice)를 받거나 법률상 통지로 의제되는 행위(constructive notice)가 없는 상태에서 상표를 사용하는 것을 말한다.

연구 114 연방상표법상 주등록부에 상표등록 시 Constructive Notice의 효과

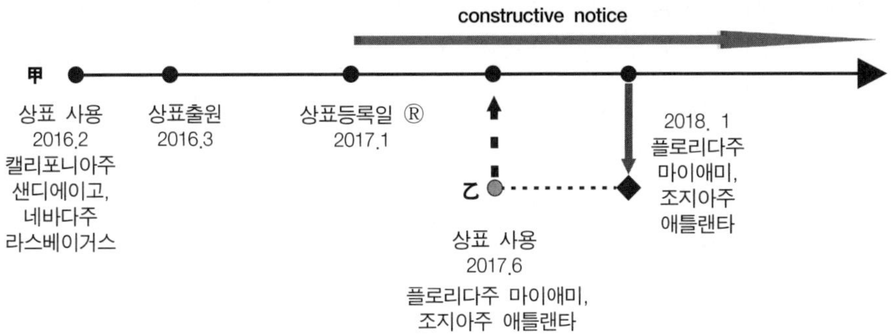

○ **[갑의 A 상표 등록]** 갑은 캘리포니아주 샌디에이고와 네바다주 라스베이거스에서 2016년 2월부터 A 상표를 a 상품에 상업적으로 사용하기 시작하였다. 갑은 그 후 2017년 1월에 A 상표를 a 상품에 대하여 연방상표법에 따라 「주등록부」에 상표를 등록하였다.

○ **[을의 A′ 상표 사용]** 을은 갑이 A 상표를 등록한 2017년 1월 이후인 2017년 6월에 갑의 A 상표와 유사한 A′ 상표를 a 상품에 갑이 A 상표를 실제 사용하고 있는 캘리포니아주 샌디에이고와 네바다주 라스베이거스로부터 지리적으로 멀리 떨어져 있는 플로리다주 마이애미와 조지아주 애틀랜타에서 상업적으로 사용하기 시작하였으며 을은 갑의 A 상표의 사용과 연방상표법에 따른 상표등록을 알지 못한다.

○ **[갑이 을의 상표 사용 지역에서 A 상표를 사용하는 경우 을의 A′ 상표의 사용금지 가능성]** 갑이 2018년 1월에 플로리다주 마이애미와 조지아주 애틀랜타에까지 영업을 확장하여 A 상표를 a 상품에 대하여 사용하는 경우 갑은 을의 A′ 상표의 a 상품에 대한 공존사용이 상품의 출처 또는 후원관계 등에 관하여 소비자의 혼동을 일으킬 가능성이 있다고 주장하면서 을을 상대로 상표권 침해금지소송을 제기하면 을의 플로리다주 마이애미와 조지아주 애틀랜타에서 A′ 상표의 사용을 금지시킬 수 있게 된다. 왜냐하면 비록 플로리다주 마이애미와 조지아주 애틀랜타에서는 을이 갑보다 A′ 상표를 먼저 사용했지만 갑이 A 상표를 등록함에 따라 연방상표법 제22조의 규정에 의해 갑의 등록상표 A에 대한 소유권이 상표등록일에 「미국 전역」에 통지되었다고 의제되기 때문에 을의 A′ 상표의 a 상품에 대한 사용은 선의에 해당하지 않게 되어 을은 후사용자의 멀리 떨어진 지역에서의 선의의 사용에 의한 항변을 할 수 없게 되기 때문이다.

3. 멀리 떨어진 지역

선사용자의 상표가 사용된 지역으로부터 멀리 떨어진 지역에 해당하는지의 여부를 판단하기 위해서는 먼저 선사용자의 상표가 사용된 지역적 경계가 확정되어야 하는데 이 지역적 경계를 확정하기 위해서는 선사용자가 상표를 사용한 상품을 판매하는 지역은 물론 선사용자의 상품이 판매되지 않았지만 선사용자의 영업이 다른 지역으로까지 확장하는 것이 자연스럽게 예상되는지[19] 또는 선사용자의 상표를 부착한 상품에 대한 광고나 명성에 의하여 그 상표의 존재가 알려진 정도도 고려하여야 한다. 따라서 선사용자의 상표가 사용된 지역으로부터 멀리 떨어진 지역이란 "선사용자의 상표가 사용된 상품이 판매에 의하든 아니면 선사용자의 상표를 부착한 상품에 대한 광고나 명성에 의하든 선사용자의 상표의 존재가 알려지지 않는 지역으로서 선사용자의 영업이 확장될 것으로 자연스럽게 예상되지 아니한 지역"을 의미한다.

Ⅲ. 공정사용

1. 의 의

공정사용(fair use)은 통상 ⅰ) 후사용자인 피고가 자신의 상품을 설명하기 위해서 원고의 선사용 상표를 사용한 경우를 의미하는 「전형적인 공정사용」(classic fair use), 「법정 공정사용」(statutory fair use) 또는 「기술적 공정사용」(descriptive fair use), ⅱ) 피고가 실제 상표권자인 원고의 상품을 지칭하기 위하여 사용하는 「지명적 공정사용」(nominative fair use)으로 구분한다. 그러나 공정사용을 보다 세분화한다면 ⅲ) 예술 또는 표현의 자유에 의한 공정사용(artistic or First Amendment fair use), ⅳ) 재생상품에 대한 공정사용(fair use on reconditioned goods)을 추가할 수 있다.

2. 전형적인 공정사용

1) 의 의

연방상표법 제33조 (b)항 (4)[20]에 따라 원고의 상표를 자신의 상품의 출처에

19) 이를 '자연적 확대 지역 원칙'(natural zone of expansion doctrine)이라고 한다.

20) "(4) That the use of the name, term, or device charged to be an infringement is a use,

대한 표시로서가 아니라 자신의 상품의 성질이나 특성을 설명하기 위하여 선의로 사용한 경우에는 원고의 상표권을 침해하지 않는 공정사용이 되어 원고의 상표권 침해 주장에 대하여 항변할 수 있다. 이러한 전형적인 공정사용은 상표권의 외적 한계를 설정해 주는 것으로서 특정인이 기술적 상표를 독점하는 것은 거래시장에서 공정한 경쟁을 저해하고 소비자에게 유용한 정보를 제공하는 흐름을 손상시키는 행위라고 보아[21] 연방상표법상 공정사용에 해당한다고 규정한 점에서 「법정 공정사용」(statutory fair use)이라고도 불린다.

2) 인정 요건

피고는 전형적인 공정사용(classic fair use)을 인정받기 위하여 i) 관련된 표장을 상품의 출처표시로서 사용하지 않았으며, ii) 관련된 표장을 자기의 상품을 설명하는 기술적인 의미로 사용하였고, iii) 선의로 사용하였음을 입증하여야 한다.[22]

(

) vs. 

(taste "sweet-tart")[23]

---

otherwise than as a mark, of the party's individual name in his own business, or of the individual name of anyone in privity with such party, or of a term or device which is descriptive of and used fairly and in good faith only to describe the goods or services of such party, or their geographic origin; or"

21) Uche U. Ewelukwa, Comparative Trademark Law: Fair Use Defense in the United States and Europe – the Changing Landscape of Trademark Law, 13 Widener L. Rev. 97, 129 (2006); 송선미, "상표 공정사용의 유형에 관한 연구", 고려대학교 박사학위 논문, 2014, 47면 참조.

22) Int'l Stamp Art, Inc. v. United States Postal Serv., 456 F.3d 1270, 1274 (11th Cir. 2006); EMI Catalogue P'ship v. Hill, Holliday, Connors, & Cosmopulos, Inc., 228 F.3d 56, 64 (2d Cir. 2000).

23) Sunmark, Inc. v. Ocean Spray Cranberries, Inc., 64 F.3d 1055 (7th Cir. 1995) 이 사건은 캔디에 대한 Sweetarts 상표의 상표권자인 Sunmark사가 Ocean Spray Cranberries사가 자사의 크랜베리 주스에 대한 광고에서 'tasting sweet and tart' 또는 'sweet-tart'라는 표현을 써서 광고를 하자 상표권 침해금지를 청구한 사건에서 법원은 Ocean Spray Cranberries사가 자신의 상품을 설명하기 위하여 'sweet-tart'라는 표현을 사용하는 것은 공정한 사용이라고 판단하였다.

3) 혼동 가능성이 있는 경우 전형적인 공정사용의 항변 가능성

연방상표법 제33조 (b)항 (4)에서 원고의 상표를 기술적으로 선의로 사용하는 경우에는 전형적인 공정사용이 인정될 수 있다고만 규정하고 있고 혼동 가능성에 대해서는 언급하고 있지 않으므로 전형적인 공정사용을 주장하는 피고는 조문에서 규정된 기술적으로 사용하고 선의로 사용하고 있다는 것만을 입증하면 충분하고 상품의 출처나 후원관계 등에 대한 소비자의 혼동 가능성이 없다는 것에 대해서는 입증할 필요가 없다. 따라서 상품의 출처나 후원관계 등에 대한 소비자의 혼동 가능성이 있는 경우에도 전형적인 공정사용의 항변이 가능하다.[24]

3. 지명적 공정사용

1) 의 의

지명적 공정사용(nominative fair use)은 1992년 제9 연방순회구 항소법원의「New Kids on the Block v. News America Publishing, Inc. 사건」[25]에서 처음으로 인정된 개념으로 피고가 원고의 상품을 설명하기 위하여 원고의 상표를 이용하지만 피고의 궁극적인 목적은 자신의 상품을 설명한다는 것이다. 예를 들어 '통닭집 체인점업'에 대한 '처갓집' 서비스표의 소유자가 "「처갓집」에서는 항상「하림」닭으로만 치킨을 만듭니다."라고 광고를 한다고 할 때 비록 원재료인 통닭의 상표로「하림」이라고 하는 타인의 상표를 사용하지만 원래의 목적은 자기의 서비스표인 '처갓집'의 통닭집 체인점업을 광고하는 것이다. 이러한 지명적 공정사용은 비교광고나 원재료, 소재, 부품 등을 표시하는 후사용자에 의해 많이 활용된다. 이 경우 피고는 원고의 상표권의 침해에 해당하지 않는다고 항변할 수 있다.

---

24) KP Permanent Make-Up, Inc. v. Lasting Impression, Inc., 125 S.Ct. 542 (2004). 특허청 · 한국지식재산연구원, 지식재산 법제도와 정책 동향—국내외 지식재산 법제도 비교 분석(상표법), 534~535면 참조.

25) New Kids on the Block v. News America Publ'g, Inc., 971 F.2d 302, 306 (9th Cir. 1992).

Mattel사 인형

vs.

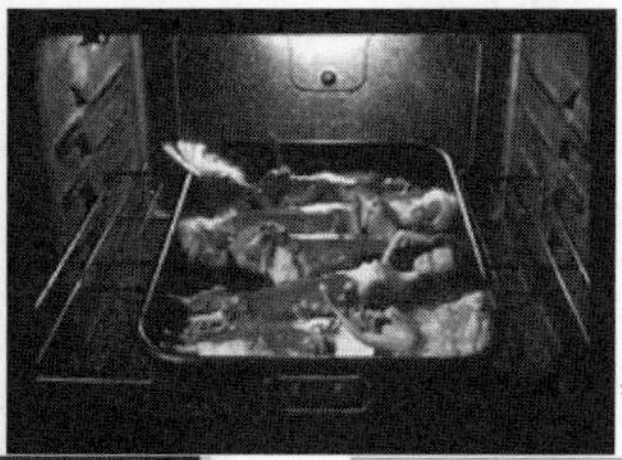

,[26]

,[27]

,[28]

2) 지명적 공정사용의 인정 요건

지명적 공정사용으로 인정되기 위해서는 i) 원고의 상표를 사용하지 않고서는 원고의 상품이나 서비스를 설명할 수 없고, ii) 피고는 원고의 상품이나 서비스를 설명하기에 필요한 합리적인 정도로만 원고의 상표를 사용하여야 하며, iii) 원고의 동의나 후원관계를 암시할 만한 행위를 하지 않아야 한다.[29]

---

26) Mattel, Inc. v. Walking Mountain Productions, 353 F.3d 792 (9th Cir. 2003). 이 사건에서 'Barbie' 상표의 상표권자인 Mattel사는 Tom Forsythe가 Food Chain Barbie라는 사진을 찍어 판매하자 Mattel사는 상표권 침해금지소송을 제기하였다. 법원은 Forsythe가 사진에 Barbie 인형을 사용한 것은 사진에서 Barbie 인형 제품의 이미지를 구성하는 데 필요하며, Forsythe가 Barbie에 관한 사회적인 함의를 표현하기 위한 목적을 수행하기 위하여 합리적으로 필요한 정도만큼만 사용하였고 합리적인 소비자라면 Mattel사가 Forsythe와 후원관계나 계약관계에 있다고 믿을 가능성이 아주 낮기 때문에 Forsythe의 Barbie 인형의 사용은 지명적 공정사용에 해당된다고 판단하였다.

27) 최종상품인 '스타킹' 상표인 'Venus'에 타인의 상표로서 원재료 소재에 대한 상표인 'LYCRA'를 사용하고 있다. 따라서 소비자는 'LYCRA 소재로 만든 VENUS 상표의 스타킹'으로 인식하지 'LYCRA표 스타킹'으로 인식하지 않으므로 최종상품에 대한 출처의 혼동 가능성은 없다.

28) 최종상품인 '등산모자' 상표인 'K2'에 타인의 상표로서 원재료인 '직물지'에 대한 상표인 'GORETEX'를 사용하고 있다. 따라서 소비자는 'GORETEX 소재로 만든 K2 상표의 등산모자'로 인식하지 'GORETEX 상표의 등산모자'로 인식하지 않으므로 최종상품인 등산모자에 대한 출처의 혼동 가능성은 없다.

3) 비교광고

(1) 의 의 비교광고(comparative advertising)란 일반적으로 "자기의 상품에 대한 광고에서 동일 · 유사한 상품에 관한 타인의 상표를 게재하는 행위"를 말한다. 지명적 공정사용은 비교광고에서 많이 활용되고 있는데 미국에서는 비교광고가 소비자에게 상품에 대한 보다 정확한 정보를 제공하고 공정한 거래에 도움이 된다고 보아 비교광고를 폭넓게 허용하고 있다.[30)]

(2) **비교광고와 유명상표의 희석** 비교광고는 통상 시장에 새로 진입한 상표의 상품을 기존의 유명한 경쟁상표의 상품과 서로 비교하는 경우에 많이 활용되기 때문에 유명상표의 희석에 의한 상표권 침해가 발생하는지의 여부가 문제된다. 미국 법원은 통상 유명상표를 이용하여 자기의 상표를 보다 쉽게 광고하려는 의도가 명백한 경우에는 상표권의 침해에 해당한다고 보지만 소비자에게 두 상품의 품질 등을 객관적으로 비교하여 보여줌으로써 소비자의 합리적인 선택에 도움을 주려는 의도가 명백한 경우에는 상표권의 침해에 해당한다고 보지 아니한다.[31)]

---

29) New Kids on the Block v. News America Publishing, Inc. & Gannett Satellite Information Network, Inc. 971 F.2d 302 (9th Cir. 1992) 참조. 특허청 · 한국지식재산연구원, 지식재산 법제도와 정책 동향—국내외 지식재산 법제도 비교 분석(상표법), 528면 참조.

30) 미국의 연방거래위원회 규칙(Federal Trade Commission Regulations) 제14.15조 (b)항에서 연방거래위원회는 비교광고 시 경업자의 명칭 등에 대하여 언급하는 것은 장려하지만 "명확하고 소비자의 기만을 피하기 위한 공개를 하도록" 규정하고 있다.

§ 14.15 In regard to comparative advertising.

(b) Policy Statement. The Federal Trade Commission has determined that it would be of benefit to advertisers, advertising agencies, broadcasters, and self-regulation entities to restate its current policy concerning comparative advertising. Commission policy in the area of comparative advertising encourages the naming of, or reference to competitiors, but requires clarity, and, if necessary, disclosure to avoid deception of the consumer. Additionally, the use of truthful comparative advertising should not be restrained by broadcasters or self-regulation entities.

31) Smith v. Chanel, Inc., 402 F2d 562 (9th Cir. 1968). 이 사건에서 Chanel사는 인기 있고 값비싼 향수인 'No 5'라는 향수를 제조하여 판매하고 있었는데 Smith는 Chanel사의 'No 5' 향수와 거의 동일한 냄새를 가진 향수를 개발하여 'Second Chance'라는 상표로 만들어 그 상품의 포장상자에 'No 5' 향수와 냄새가 유사하다고 표기하고 그 포장박스에 넣어서 아주 저렴한 가격에 판매하기 시작하였다. 이에 Chanel사는 향기의 모방을 금지할 수 없었기 때문에 Smith의 모방제품 향수의 제조금지를 청구할 수는 없었다. 다만 Chanel사는 Smith가 모방제품을 제조할 수 있는 것은 인정하지만 Smith가 Chanel사의 'No 5' 향수의 모방제품을 만들었다고 공개적으로 광고할 수는 없다고 주장하였다. 이에 대해 제9 연방순회구 항소법원

vs.

"25% Lower in calories than Wethers® original candy"

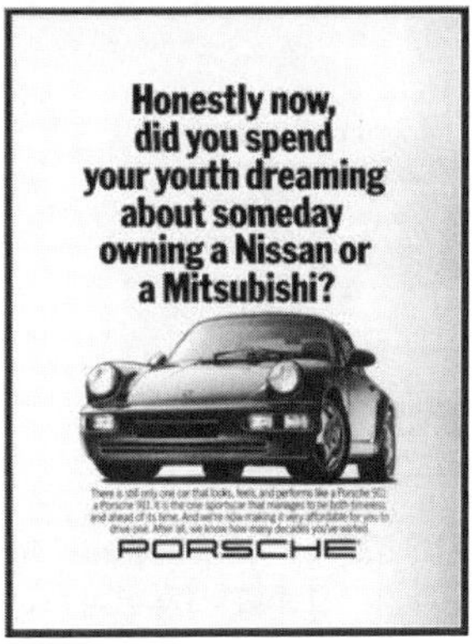

4. 예술 또는 표현의 자유에 의한 공정사용

예술 또는 표현의 자유에 의한 공정사용이란 "상표가 창작물로서 예술작품과 관련성이 있고 상표의 사용이 작품의 출처나 내용에 관하여 명시적으로 오인을 유발하는 것이 아니라면 상표권을 침해하는 것이 아니라 공정한 사용으로 보는 원

은 Smith는 그의 모방제품이 Chanel사의 향수와 동등하다고 광고하는 것은 합법적이며, Smith가 Chanel사의 신용을 무임승차(free ride)하는 것보다 자유로운 경쟁에 의해 증대된 소비자의 이익이 오히려 더 중요하다고 판단하였다.

칙"을 말한다.

vs.

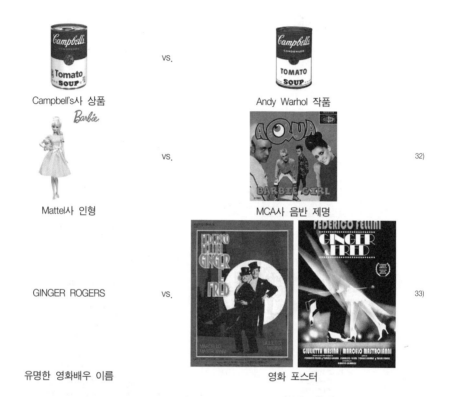

Campbell's사 상품 Andy Warhol 작품

vs.

32)

Mattel사 인형 MCA사 음반 제명

GINGER ROGERS vs.

33)

유명한 영화배우 이름 영화 포스터

---

32) Mattel, Inc. v. MCA Records, Inc., 296 F.3d 894 (9th Cir. 2000). 이 사건에서 Mattel사는 Barbie라는 상표의 상표권자인데 북유럽 댄스그룹 AQUA가 부른 'Barbie Girl'이라는 노래 때문(노래 가사에 "you can brush my hair, undress me everywhere"와 같은 가사가 있음)에 이 노래를 발매한 MCA Records사를 상대로 상표권 침해소송을 제기하였으나 제9 연방순회구 항소법원은 미국의 연방헌법 수정조항 제1조에 따른 표현의 자유와 지명적 공정사용을 이유로 상표권 침해를 부정하였다.

33) Rogers v. Grimaldi, 875 F.2d 994 (2d Cir. 1989). 이 사건은 유명한 여자 배우인 Ginger Rogers는 Alberto Grimaldi와 MGM사를 1986년 Federico Fellini film의 'Ginger and Fred' 제목의 영화의 제작과 배포에 의한 상표권 침해와 퍼블리시티권 침해 등을 사유로 법원에 제소하였으나 1심 법원은 이를 기각하였고 2심인 제2 연방순회구 항소법원도 상표권에 근거하여 예술작품과 관련되지만 애매한 영화의 제명을 금지하는 것은 부당하게 표현의 자유를 제한할 수 있다고 하면서 연방상표법 제43조 (a)항은 예술작품의 제명이 유명인에 의한 저작, 후원, 보증을 명백하게 표시하거나 작품의 내용을 명백하게 오인시키지 않는 한 유명인의 이름을 예술작품의 제명으로 최소한으로 적절하게 사용(minimally relevant use)하는 것을 금지하고 있지 않다고 판단하면서 1심법원의 판결을 지지하였다.

5. 수리 또는 재생상품에 대한 공정사용

수리 또는 재생상품에 대한 공정사용이란 "수리하는 자나 재생상품의 생산자는 수리 또는 재생되기 전의 원래의 상품에 대한 설명을 하기 위하여 원제조자의 상표를 일정한 조건하에서 사용할 수 있다는 원칙"을 말한다. 법원은 상품의 수리나 재생의 과정으로 원상품을 중대하게 변경하지 않았다면 「최초 판매의 원칙」(the first sale doctrine)[34]에 따라 원제조자의 상표를 사용할 수 있지만,[35] 상품의 수리나 재생의 과정으로 원상품을 중대하게 변경한 경우에는 원상품과 재생상품 간 품질의 차이가 커서 원상품의 상표를 그대로 사용하는 경우 잘못된 사용에 해당되기 때문에 최초 판매의 원칙이 적용될 수 없으므로 원제조자의 상표를 사용할 수 없다고 판단하고 있다.[36]

---

34) 최초 판매의 원칙이란 "어느 소비자가 상표권자로부터 상표를 부착한 상품을 구매한 경우 그 소비자는 그 구매한 상품을 판매하고자 하는 경우 상표권자로부터 간섭을 받거나 비용지불을 하지 않고 할 수 있다는 원칙"이다. 즉, "상표권자의 상표권은 시장에서 상품이 소비자에게 판매되는 순간 소진되어 더 이상 그 상품에 대하여 통제할 수 없다는 원칙"을 말한다.

35) Champion Spark Plug Co. v. Sanders, 331 U.S. 125 (1947).

36) Rolex Watch, U.S.A., Inc. v. Michel Co., 179 F.3d 704 (9th Cir. 1999). 이 사건에서 1심 법원은 롤렉스 시계를 수리할 때 정품인 부품을 전혀 사용하지 않으면서 수리된 롤렉스 시계에 원제품에 표시된 롤렉스 상표를 그대로 유지하여 수리된 롤렉스 시계를 판매하거나 롤렉스 시계의 정품이 아닌 시계줄에 롤렉스 상표를 표시하는 행위는 상표권 침해에 해당하지만 정품이 아닌 롤렉스 부품에 피고가 롤렉스 상표가 아닌 자신의 고유 상표를 표시하고 상품의 태그나 송장, 판촉물, 광고물에 정품이 아닌 부품을 사용하였다는 표시를 문자로 표시하는 경우 상표권의 침해에 해당하지 않는다고 판단하였으나 2심인 제9 연방순회구 항소법원은 정품이 아닌 부품을 이용하여 수리된 시계나 새롭게 개조된 시계는 원제품과 동일성이 인정되지 않으므로 상표권 침해에 해당한다고 판단하였다. 아울러 법원은 설령 피고가 정품이 아닌 롤렉스 부품에 롤렉스 상표가 아닌 자신의 상표를 표시하고 상품의 태그나 송장, 판촉물, 광고물에 정품이 아닌 부품을 사용하였다는 표시를 문자로 표시하였다고 하더라도 수리된 롤렉스 시계에 남아있는 롤렉스 상표가 상품의 출처표시 기능을 하기 때문에 상표권 침해에 해당한다고 판단하였다. 특허청 · 한국지식재산연구원, 지식재산 법제도와 정책 동향—국내외 지식재산 법제도 비교 분석(상표법), 403~404면 참조.

Ⅳ. 패러디 및 연방헌법 수정조항 제1조에 따른 표현의 자유

1. 패러디

패러디(parady)란 "희극적 효과나 사회적인 비평을 위하여 원작의 표현과 형식을 흉내 내는 것"을 말한다.[37] 패러디의 경우 미국의 연방헌법 수정조항 제1조[38]에서 규정하는 표현의 자유에 의거하여 법원은 피고가 원고의 상표를 희화화하여 표현한 것이 분명한 경우 소비자가 원고의 상품과 피고의 상품 간 상품의 출처나 후원관계 등에 관하여 혼동할 가능성이 없다고 보아 상표권의 침해로 보지 아니한다. 따라서 피고는 원고의 상표를 패러디하여 비상업적으로 사용하거나 상업적으로 사용한다고 하더라도 원고의 상표를 희화적으로 표현한 것에 불과하여 소비자가 상품의 출처나 후원관계 등에 관하여 혼동이 발생할 가능성이 없다고 항변할 수 있다.

---

37) 장주영, 미국 저작권 판례(증보판), 육법사, 2012, 347면 참조.

38) 제1조 (종교, 언론 및 출판의 자유와 집회 및 청원의 권리) 연방의회는 국교를 정하거나 자유로운 신앙 행위를 금지하는 법률을 제정할 수 없다. 또한 언론, 출판의 자유와 국민이 평화로이 집회할 수 있는 권리와 불만 사항을 해결하기 위하여 정부에게 청원할 수 있는 권리를 제한하는 법률을 제정할 수 없다.

39) Louis Vuitton Malletier S.A. v. Haute Diggity Dog, LLC, 507 F.3d 252, 258 (4th Cir. 2009).

그러나 패러디한 상표가 적당한 풍자와 해학을 표현한다기보다 소비자가 유명한 상표의 소유자인 원고의 상품에 대하여 마약이나 포르노 또는 성적인 문제와 관련하여 나쁜 인상이나 평판을 갖게 한다면 이는 원고의 유명상표의 명성을 손상시키는 유명상표의 희석행위에 해당하여 금지된다.[41]

2. 연방헌법 수정조항 제1조

패러디 상표의 경우 미국의 연방헌법 수정조항 제1조로 항변할 수 있는지가 문제가 되기도 한다. 그런데 통상 미국의 연방헌법 수정조항 제1조는 언론, 출판 등의 자유에 관련된 사항이므로 상업적으로 거래되는 상품에 부착되는 상표와 같이 상업적인 패러디로서의 사용보다는 뉴스의 논설, 만평, 잡지의 기사, 책자나 영화의 제호 등과 같은 「비상업적」인 패러디로 사용하는 경우에 그 항변이 인정될 가능성이 훨씬 높다.

Ⅴ. 진정상품 병행수입

1. 의 의

진정상품(genuine goods)이란 「위조상품」의 상대적 개념으로서 "진정한 상표권자 또는 사용권자에 의해서 적법하게 제조되어 유통된 상품"을 말한다. 「병행수입」(竝行輸入, parallel importation)이란 "상표권자 또는 상표권의 전용사용권자 등이 정상적인 유통 경로를 통하여 외국상품을 수입하는 경우 제3자가 다른 유통 경로를 통하여 동일한 상품을 국내 독점수입업자의 허락을 받지 않고 병행하여 수입하

40) 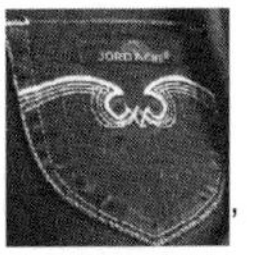, vs. 

JORDACHE

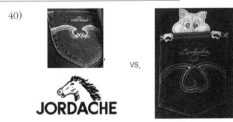

Jordache Enterprises, Inc. v. Hogg Wyld, Ltd., 828 F2d 1482 (10th Cir. 1987). 이 사건에서 여성 의류 업체인 Jordache Enterprises 사는 피고가 여성용 엑스트라라지 사이즈 청바지에 'Lardashe' 상표를 사용하자 상표권 침해를 주장하였다. 그러나 제10 연방순회구 항소법원은 피고의 상표는 소비자에게 상품의 출처나 후원관계 등에 관하여 혼동을 일으킬 가능성이 없어 상표권 침해를 구성하지 않는다고 판단하였다.

41) 특허청, 미국 상표법 · 제도에 관한 분석 및 시사점, 2006, 89면 참조.

는 행위"를 말한다.[42]

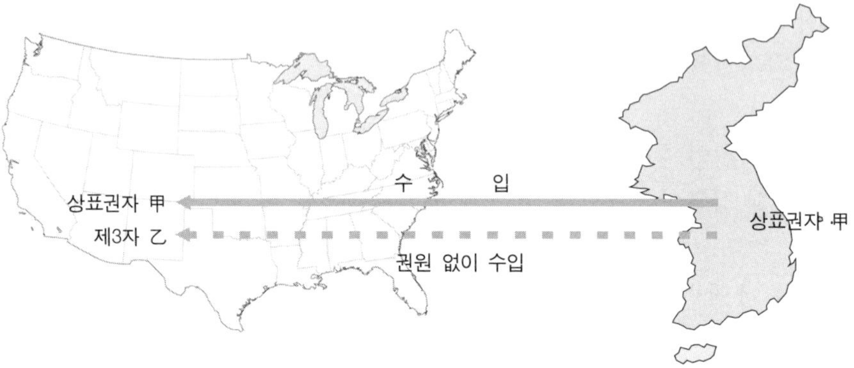

2. 진정상품 병행수입의 허용 여부에 관한 학설[43]

1) 금지이론

(1) **속지주의 원칙** 파리협약의 「각국 상표 독립의 원칙」에 따라 한 국가의 상표권은 타국에서의 행위에 의하여 침해되지 않으며 한 국가에서의 상표권의 성립 · 내용 · 범위는 동일 권리자에 의해 타국에서 등록된 상표권의 존속에 의존하지 않고 서로 독립된다는 상표권에 관한 「속지주의 원칙」을 말한다.

(2) **속지주의 원칙과 병행수입 금지** 속지주의 원칙에 따르면 상표권자는 자신과 법률적 · 경제적 관계가 없는 자가 외국에서 동일한 상표를 부착한 상표를 제조 · 유통하여 그 상품이 제3자에 의해 수입되는 경우 병행수입을 금지할 수 있게 된다.

2) 허용이론

(1) **의 의** 파리협약의 각국 상표 독립의 원칙에 의할 경우 진정상품의 병행수입을 허용할 수 없기 때문에 이 원칙의 이론적 한계를 극복하기 위한 논의가 활발하게 전개되었는데 이 중 미국에서 가장 유력한 이론이 「최초 판매이론」과 「보편성 원칙」이다.[44]

---

42) 문삼섭, 상표법(제2판), 세창출판사, 2004, 586면 참조.

43) 문삼섭, 앞의 책, 593~595면에서 재인용.

44) 기타 병행수입 허용에 관한 이론으로는 상표기능이론, 공중오인설 및 실질적 위법성론 등

(2) **최초 판매이론** 최초 판매이론(the first sale doctrine)이란 "상표권자는 외국에서 상표를 적법하게 표시하여 소비자에게 판매한 경우 이미 판매이익을 취했기 때문에 상표권이 없어졌으므로 그 후 제3자에 의한 수입 · 판매행위를 금지시킬 수 없다는 이론"으로 「권리소진이론」(權利消盡理論, doctrine of exhaustion of rights)과 밀접한 관련성을 가진다. 권리소진이론은 "권리가 화체된 상품이 상표권자에 의하여 일단 소비자에게 판매되면 상표권자는 이미 상표권에 내재하는 이익을 얻었으므로 당해 판매된 상품에 관한 상표권은 소진되었다고 보는 이론"이다. 권리소진이론은 그 적용 범위에 따라 국내에서만 적용하는 「국내 소진이론」(domestic exhaustion, territorial exhaustion)과 국제적으로 적용하는 「국제 소진이론」(international exhaustion)으로 나뉜다.

(3) **보편성 원칙** 보편성 원칙(principle of universality)은 "상품의 유통 경로는 무시하고 제조업자만을 상품의 출처로 인정하는 이론"이다. 즉, 상품이 어디에서 제조되고 어느 나라에서 수입되었는지에 관계없이 그 상품의 근원을 정확히 보이면 족하다는 이론으로 초기의 미국 법원에서 주로 채택한 원칙이다.

이 있다.

ⅰ) 상표기능이론: 상표 보호의 직접적인 대상은 「상표의 기능」이며 이를 보호함으로써 궁극적으로 상표권자의 이익뿐만 아니라 소비자의 이익도 아울러 보호하고자 하는 이론으로 진정상품의 수입은 상표권자나 소비자 양자의 이익을 해치지 아니하며 사실상 상품의 출처나 품질에 대하여 소비자가 오인하거나 혼동할 우려도 없으므로 상표법상 진정상품의 병행수입과 판매를 금지시킬 이유가 없다는 이론이다.

ⅱ) 공중오인론: 스위스의 판례, 독일의 학설의 입장으로 속지주의의 원칙에 기초하면서도 상표권은 공중의 오인 · 혼동의 위험이 있는 경우에만 보호된다는 이론이다. 즉, 공중에게 오인 · 혼동이 발생할 우려가 있는지의 여부를 기준으로 하여 상표권의 침해 여부와 병행수입의 허용 여부를 판단하는 이론이다.

ⅲ) 실질적 위법성론: 1970년 일본 오사카 지방재판소의 Parker 사건에서 채택한 이론으로서 그 후 일본의 여러 판결에서 지지된 이론이다. 진정상품을 수입하여 판매한 자는 형식적으로는 등록상표에 대해 어떠한 사용권을 가지고 있지는 않지만 진정상품을 수입하여 판매하는 행위는 상표 보호의 본질에 비추어 볼 때 실질적인 위법성을 결하고 상표권의 침해를 구성하지 않는다고 보는 이론이다.

3. 연 혁[45)]

1) 초 기

미국은 진정상품의 병행수입의 허용 여부에 관하여 연방상표법상 명문의 규정을 두지 않는 상태에서 「보편성 원칙」에 따라 1886년 「Apollinaris Co. v. Scherer 사건」[46)] 등에서 위조상품의 수입만을 금지할 뿐 진정상품의 병행수입은 연방상표법의 입법 취지에 반하지 않는다고 보아 진정상품의 병행수입을 허용하는 입장이었다.

2) 1921년 연방관세법상 관련규정 제정과 1923년 A. Bourjois & Co., Inc. v. Katzel 사건

1921년 9월에 제정되어 1922년에 시행된 연방관세법 제526조 (a)항[47)] 및 1923년의 「A. Bourjois & Co., Inc. v. Katzel 사건」의 연방대법원 판결[48)]을 계기로 「속지주의 원칙」에 따라 진정상품의 병행수입을 금지하는 입장으로 전환하게 되었다.

3) 1972년 연방관세법 행정규칙 제133.21조 (c)항 신설

1972년에 신설된 연방관세법 행정규칙 제133.21조 (c)항[49)50)]에서 연방관세법

---

45) 문삼섭, 앞의 책, 591~592면에서 재인용.

46) Apollinaris Co. v. Scherer, 27 F. 18 (C.C.S.D.N.Y. 1886).

47) 현행 제1526조로 다음과 같이 규정하고 있다.

(a) Importation prohibited

Except as provided in subsection (d) of this section, it shall be unlawful to import into the United States any merchandise of foreign manufacture if such merchandise, or the label, sign, print, package, wrapper, or receptacle, bears a trademark owned by a citizen of, or by a corporation or association created or organized within, the United States, and registered in the Patent and Trademark Office by a person domiciled in the United States, under the provisions of sections 81 to 109 of title 15, and if a copy of the certificate of registration of such trademark is filed with the Secretary of the Treasury, in the manner provided in section 106 of said title 15, unless written consent of the owner of such trademark is produced at the time of making entry. 이 규정에 따르면 미국시민이나 미국 내에서 설립된 기업 등이 소유하고 그 상표가 미국에 주소를 갖는 자에 의해 특허상표청에 등록된 경우 그 상표권자의 서면에 의한 동의 없이 그 상표를 부착한 어떠한 외국에서 제조된 상품(any merchandise of foreign manufacture)의 미국 내 수입은 불법이라고 규정함으로써 병행수입을 원천적으로 금지하고 있다.

48) A. Bourjois & Co., Inc. v. Katzel 260 U.S. 689 (1923).

49) 동 규정에 따르면 다음의 어느 하나에 해당하는 경우에는 연방관세법 제526조 (a)항의 적용을 배제하여 병행수입을 허용하였다.

第526조 (a)항의 해석기준을 제시하여 연방관세법 第526조 (a)항을 그대로 적용하지 않고 상표에 대한 진정한 지배자가 누구인지를 고려하여 진정상품 병행수입을 제한적으로 허용하였다. 그 이후의 판례들은 연방관세법 행정규칙의 적법성 및 유효성 여부에 대하여 연방관세법 第526조 (a)항을 그대로 적용하여야 한다는 입장과 이를 조금 더 완화하는 연방관세법 행정규칙을 적용하여야 한다는 입장으로 나누어져 있어 통일된 일반 원칙이 없었다.

4) 1988년 K Mart 사건

연방대법원의 1988년 「K Mart 사건」 판결[51]에서 연방관세법 행정규칙 중 일부 조항을 합법으로 판시[52]함으로써 진정상품 병행수입의 허용범위에 관한 논란은 어느 정도 일단락되었다.

---

i) 외국과 미국의 상표권자가 동일인 또는 동일회사에 의하여 소유되어 있는 경우

ii) 외국과 미국의 상표권자가 서로 모기업과 자회사의 관계가 있거나 공동소유 또는 지배하에 있는 경우

iii) 미국의 상표권자가 외국기업에게 상표사용권을 허락한 경우.

50) K Mart 사건 당시의 연방관세법 행정규칙 제133.21조는 다음과 같이 규정되어 있었다.

(a) 관세당국에 등록된 등록상표를 모방하는 상표를 붙인 물품의 수입은 위법이고, 그 수입은 거절되며, 몰수의 대상이 된다.

(b) 미국인에 의해 소유되고 있는 등록상표와 동일한 상표를 붙인 외국 제품은 압수 또는 몰수의 대상이 된다. 다만, (c)의 경우는 제외된다.

(c)

(1) 외국과 미국의 상표권자가 동일인(person) 또는 동일회사(business entity)에 의하여 소유되어 있는 경우

(2) 외국과 미국의 상표권자가 서로 모기업과 자회사의 관계(parent-subsidiary company)가 있거나 공동소유 또는 지배(common ownership or control)하에 있는 경우

(3) 미국의 상표권자가 외국기업에게 상표사용권을 허락한 경우

51) K Mart Corp. v. Cartier, Inc. 485 U.S. 176 (1988).

52) 미국 대법원은 연방관세법 행정규칙 제133.21조 (c)항 중 i) 외국과 미국의 상표권자가 동일인 또는 동일회사에 의하여 소유되어 있는 경우, ii) 외국과 미국의 상표권자가 서로 모기업과 자회사의 관계가 있거나 공동소유 또는 지배하에 있는 경우에 해당하여 병행수입을 허용하는 조치는 연방관세법 第526조 (a)항의 모호성을 제거하는 행정조치로서 인정된다고 판시하였으나 iii)의 경우, 즉, 미국의 상표권자가 외국기업에게 상표사용권을 허락한 경우의 예외조치 인정은 위법한 행정조치라고 판시하였다. 왜냐하면 비록 미국의 상표권자가 외국기업에게 상표의 사용을 허락하였다고 하더라도 그 외국기업은 독립적인 기관이기 때문에 연방관세법 第526조 (a)항의 적용을 자동으로 면제해줄 수는 없다는 것이다.

5) 1993년 Lever Brothers 사건[53]

이 사건은 계열회사 관계에 있는 미국과 영국의 회사가 동일한 상표를 사용하여 '비누'와 '주방세제'를 제조하였으나 양 사의 상품은 물리적인 구성 성분과 상품의 외형이 상이하였다. 이러한 상황하에서 제3자가 영국회사가 제조한 상품을 미국으로 수입하여 판매하자 미국의 Lever Brothers사는 제3자에 의한 영국회사 제품의 수입을 금지해 달라고 관세청에 요청하였다. 관세청은 영국과 미국의 회사는 서로 계열회사 관계에 있으므로 영국회사에서 제조된 상품도 위조상품이 아닌 진정상품에 해당하며 비록 양 사의 제품 간 물리적인 구성 성분이나 상품의 외형은 다르지만 미국회사의 계열회사인 영국회사의 제품에 해당하므로 제3자가 영국회사의 제품을 수입하는 것을 금지할 수 없다는 이유로 미국의 Lever Brothers사의 수입금지 요청을 거절하였다. 이에 미국의 Lever Brothers사가 미국 연방정부를 상대로 소송을 제기한 사건으로 컬럼비아 특별구 연방항소법원은 비록 영국회사가 미국회사의 계열회사에 해당하여 관계법령상 병행수입이 허용되는 경우에 해당된다고 할지라도 영국회사의 제품은 미국회사의 제품과 다른 구성 성분으로 제조하기 때문에 미국 내에서 판매가 의도된 동일한 상표의 제품과 「물리적 · 물질적인 차이」가 있으므로(physically and materially different) 영국에서 제조된 동일한 상표의 상품을 수입하면서 미국에서 제조되어 판매되는 동일한 상표의 상품과 다른 특징을 소비자에게 설명하여 주지 않을 경우 미국의 소비자는 이러한 차이로 인하여 영국회사의 제품이 진정상품이 아닌 것으로 인식할 수 있으므로 연방상표법 제42조[54] 규정에 위반된다고 판시하였다.[55]

53) Lever Brothers Co. v. United States, 981 F.2d 1330 (D.C. Cir. 1993).

54) §42 Importation of goods bearing infringing marks or names forbidden
Except as provided in subsection (d) of section 526 of the Tariff Act of 1930, no article of imported merchandise which shall copy or simulate the name of any domestic manufacture, or manufacturer, or trader, or of any manufacturer or trader located in any foreign country which, by treaty, convention, or law affords similar privileges to citizens of the United States, or which shall copy or simulate a trademark registered in accordance with the provisions of this chapter or shall bear a name or mark calculated to induce the public to believe that the article is manufactured in the United States, or that it is manufactured in any foreign country or locality other than the country or locality in which it is in fact manufactured, shall be admitted to entry at any customhouse of the United States; and, in order to aid the officers of the customs in enforcing this prohibition, any domestic manufacturer or trader, and any foreign manufacturer or trader, who is entitled under the provisions of a treaty, convention,

6) Lever-rule

1988년 연방대법원의 「K Mart 사건」 이후 병행수입의 허용범위에 관한 논란이 일단락되자 개도국에서 생산된 진정상품들이 미국으로 병행수입이 확대되었다. 이러한 상황하에서 미국 내 시장에서 미국산과 외국산을 구별할 수 있도록 하여 미국 내 제조사를 보호하는 한편 소비자의 혼동을 방지할 필요가 있었고 1993년 「Lever Brothers 사건」의 판결 결과를 연방관세법 행정규칙에 반영할 필요가 있었다. 이에 따라 관세청은 연방관세법 행정규칙을 개정하여[56] 1999년 3월 26일

---

declaration, or agreement between the United States and any foreign country to the advantages afforded by law to citizens of the United States in respect to trademarks and commercial names, may require his name and residence, and the name of the locality in which his goods are manufactured, and a copy of the certificate of registration of his trademark, issued in accordance with the provisions of this chapter, to be recorded in books which shall be kept for this purpose in the Department of the Treasury, under such regulations as the Secretary of the Treasury shall prescribe, and may furnish to the Department facsimiles of his name, the name of the locality in which his goods are manufactured, or of his registered trademark, and thereupon the Secretary of the Treasury shall cause one or more copies of the same to be transmitted to each collector or other proper officer of customs.

55) 한국경제연구학회, "병행수입(parallel imports) 활성화를 위한 개선방안", 2008, 50~51면 참조.

56) § 133.23 Restrictions on importation of gray market articles.

(a) Restricted gray market articles defined. "Restricted gray market articles" are foreign-made articles bearing a genuine trademark or trade name identical with or substantially indistinguishable from one owned and recorded by a citizen of the United States or a corporation or association created or organized within the United States and imported without the authorization of the U.S. owner. "Restricted gray market goods" include goods bearing a genuine trademark or trade name which is:

(1) Independent licensee. Applied by a licensee (including a manufacturer) independent of the U.S. owner, or

(2) Foreign owner. Applied under the authority of a foreign trademark or trade name owner other than the U.S. owner, a parent or subsidiary of the U.S. owner, or a party otherwise subject to common ownership or control with the U.S. owner (see §§ 133.2(d) and 133.12(d) of this part), from whom the U.S. owner acquired the domestic title, or to whom the U.S. owner sold the foreign title(s); or

(3) "Lever-rule". Applied by the U.S. owner, a parent or subsidiary of the U.S. owner, or a party otherwise subject to common ownership or control with the U.S. owner (see §§ 133.2(d) and 133.12(d) of this part), to goods that the Customs Service has determined to be

부터는 병행수입 상품의 경우 비록 진정상품에 해당하더라도 소비자의 혼동을 방

---

physically and materially different from the articles authorized by the U.S. trademark owner for importation or sale in the U.S. (as defined in § 133.2 of this part).

(b)Labeling of physically and materially different goods. Goods determined by the Customs Service to be physically and materially different under the procedures of this part, bearing a genuine mark applied under the authority of the U.S. owner, a parent or subsidiary of the U.S. owner, or a party otherwise subject to common ownership or control with the U.S. owner (see §§ 133.2(d) and 133.12(d) of this part), shall not be detained under the provisions of paragraph (c) of this section where the merchandise or its packaging bears a conspicuous and legible label designed to remain on the product until the first point of sale to a retail consumer in the United States stating that: "This product is not a product authorized by the United States trademark owner for importation and is physically and materially different from the authorized product." The label must be in close proximity to the trademark as it appears in its most prominent location on the article itself or the retail package or container. Other information designed to dispel consumer confusion may also be added.

(c) Denial of entry. All restricted gray market goods imported into the United States shall be denied entry and subject to detention as provided in § 133.25, except as provided in paragraph (b) of this section.

(d) Relief from detention of gray market articles. Gray market goods subject to the restrictions of this section shall be detained for 30 days from the date on which the goods are presented for Customs examination, to permit the importer to establish that any of the following exceptions, as well as the circumstances described above in § 133.22(c), are applicable:

(1) The trademark or trade name was applied under the authority of a foreign trademark or trade name owner who is the same as the U.S. owner, a parent or subsidiary of the U.S. owner, or a party otherwise subject to common ownership or control with the U.S. owner (in an instance covered by §§ 133.2(d) and 133.12(d) of this part); and/or

(2) For goods bearing a genuine mark applied under the authority of the U.S. owner, a parent or subsidiary of the U.S. owner, or a party otherwise subject to common ownership or control with the U.S. owner, that the merchandise as imported is not physically and materially different, as described in § 133.2(e), from articles authorized by the U.S. owner for importation or sale in the United States; or

(3) Where goods are detained for violation of § 133.23(a)(3), as physically and materially different from the articles authorized by the U.S. trademark owner for importation or sale in the U.S., a label in compliance with § 133.23(b) is applied to the goods.

(e) Release of detained articles. Articles detained in accordance with § 133.25 may be released to the importer during the 30-day period of detention if any of the circumstances allowing exemption from trademark restriction set forth in § 133.22(c) of this subpart or in paragraph (d) of this section are established.

지하기 위하여 외국에서 제조된 상품임을 표시한 라벨[57]을 부착하도록 하고 있다.[58]

4. 허용 여부

미국의 법원은 일반적으로 미국의 상표권자가 판매하는 상품과 제3자가 병행수입하는 상품이 동일하고 미국의 상표권자와 외국의 제조업자가 동일하거나 서로 모회사와 자회사 관계처럼 관련이 있는 기업인 경우 제3자의 미국으로의 수입과 판매는 상표권의 침해에 해당한다고 보지 않고 있다. 따라서 피고가 이러한 사정을 들어 자기가 수입한 상품은 진정상품의 병행수입에 해당한다고 항변할 수 있다. 다만, 미국의 상표권자와 외국의 제조업자가 서로 관련된 회사라고 하더라도 병행수입된 상품이 미국에서 판매되고 있는 상품과 제품의 품질이나 등급, 원료,

---

(f) Seizure. If the importer has not obtained release of detained articles within the period of detention as provided in § 133.25 of this subpart, the merchandise shall be seized and forfeiture proceedings instituted. The importer shall be notified of the seizure and liability of forfeiture and his right to petition for relief in accordance with the provisions of part 171 of this chapter.

57) 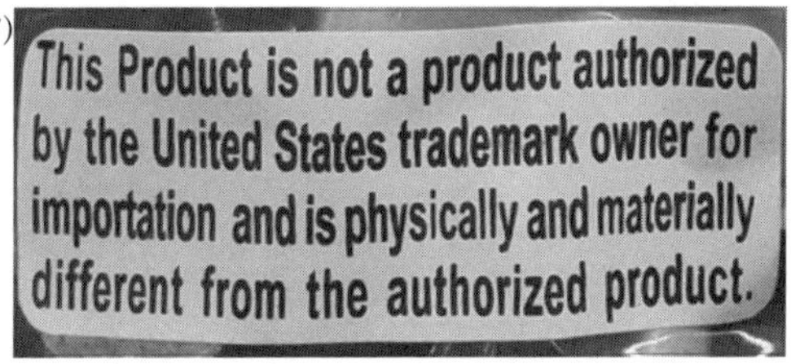

이 라벨은 "이 제품은 미국의 상표권자에 의해서 수입이 허용된 것은 아니며 미국의 상표권자에 의해서 수입이 허용된 것과 물리적·재료적으로 차이가 있습니다."(This product is not a product authorized by the United States trademark owner for importation and is physically and materially different from the authorized product.)라는 내용을 담고 있다. 이와 같은 라벨은 Lever Brothers 사건과 관련된 판례에서 유래되었기 때문에 「Lever-rule」이라고도 한다.

58) 한국경제연구학회, 앞의 논문, 47면 참조.

품질보증의 정도가 다른 경우에는 소비자에게 혼동을 일으킬 가능성이 있기 때문에 Lever-rule에 따라 외국에서 제조된 상품임을 표시한 라벨을 부착하지 않는 경우 상표권의 침해를 구성한다고 보아 진정상품의 병행수입을 금지하고 있다.

VI. 기타 항변

기타 상표권자의 동의에 의한 사용이거나 원고의 상표 사용이 반독점법 위반에 해당하는 경우로서 피고가 피해를 받은 경우 이를 근거로 항변할 수도 있다.

제4절 우리나라의 제도와 비교 · 분석

Ⅰ. 우리나라의 제도

1. 의 의

상표권 침해 주장에 대한 항변은 미국과 같이 상표권자가 자기의 상표권을 침해하였다고 의심되는 자를 상대로 법원에 상표권 침해소송을 제기하면 피고가 원고의 상표등록의 유효성 등을 문제 삼아 반소(counterclaim)로서 상표등록을 취소하는 소송을 제기하는 것과 같은 항변을 할 때 상표권 침해소송을 관할하는 법원에서 피고가 원고의 상표권을 침해했는지 여부에 대한 선결문제로서 상표등록의 유효성 등에 대하여 판단할 때 피고에게 유효한 항변수단으로 작용하지만, 우리나라에서는 상표등록의 무효 또는 취소 여부를 상표권 침해소송을 관할하는 법원이 아닌 특허심판원에서 별도로 판단하기 때문에 미국에서의 상표권 침해 주장에 대한 항변 수단은 우리나라에서는 상표권 침해 주장에 대한 적절한 항변 수단일 경우도 없지 않지만 대부분 항변 수단보다는 대응 수단에 머무르는 경우가 많다. 상표권자 또는 전용사용권자가 상표권 침해소송을 제기하는 경우 피고가 대응할 수 있는 수단으로는 ⅰ) 피고가 사용하고 있는 상표가 상표권의 권리범위에 포함되지 않는다는 소극적 권리범위확인심판을 청구하거나, ⅱ) 피고의 상표 사용에 대하여 정당한 권한이 있다는 것을 입증하거나, iii) 상표권자의 상표등록에 대하여 특허심판원에 상표등록의 무효심판을 청구하거나, iv) 원고인 상표권자 또는 전용사용권자가 권리를 남용하고 있다는 것을 입증하는 방법 등이 있다.

2. 소극적 권리범위 확인심판 청구

피고가 사용하고 있는 상표가 원고인 상표권자 또는 전용사용권자의 권리범위에 속하지 않는다고 특허심판원에 소극적 권리범위확인심판을 청구하는 방법이 있으나 특허심판원의 심결은 동일한 상표분쟁에 관하여 민 · 형사 사건을 담당하는 법원을 구속하지 않으므로 법원은 동일한 사안에 대하여 특허심판원과 다르게 판단할 수 있다. 따라서 소극적 권리범위 확인심판 청구는 상표권자의 상표권 침해 주장에 대한 완전한 항변 수단으로는 한계가 있다.

3. 정당한 권한의 주장

침해주장의 대상이 되는 상표권 또는 전용사용권에 대하여 피고는 당해 상표를 사용할 정당한 권한이 있음을 입증함으로써 원고의 상표권 침해주장을 유효하게 항변할 수 있다. 예를 들어 피고가 특허권 등의 존속기간만료 후에 상표를 사용할 권리가 있는 경우 피고가 원권리의 범위 내에서 법적으로 원고의 등록상표와 동일 또는 유사한 상표를 사용하고 있다는 것을 입증하면 원고의 상표권 침해주장에 대항할 수 있다.

4. 상표등록의 무효심판 청구

피고는 원고인 상표권자의 상표등록에 무효사유가 있는지를 철저하게 조사하여 무효사유가 있는 경우 특허심판원에 상표등록의 무효심판을 청구함으로써 상표권 침해 주장에 대하여 적극적으로 대응할 수 있다. 그러나 상표권침해금지청구소송이나 손해배상청구소송 등에서 이와 같은 상표등록의 무효주장을 하더라도 법원에서는 그 사실에 대한 판단을 하지 않는 것이 일반적이다. 따라서 상표등록에 관한 무효사유를 갖는 등록상표에 대해 상표권 침해소송이 제기된 경우에 즉시 특허심판원에 상표등록의 무효심판을 제기하고 그 취지를 법원에 진술하는 것이 필요하다. 이 경우 법원은 필요하다고 인정되는 경우 특허심판원에서 무효심결이 확정될 때까지 소송절차를 중지할 수 있다.

5. 상표권자의 권리남용 주장

상표권도 민법상의 일반원칙인 「신의성실의 원칙」에 따라야 하며, 그 권리는 남용하지 못한다(민법 §2). 우리나라의 대법원 판례에서도 「전통가구 사임당 사건」[59]과 「비제바노 사건」,[60] 「진한커피 사건」[61] 등에서 상표의 등록이나 상표권의 양수가 자기의 상품을 타 업자의 상품과 식별시킬 목적으로 한 것이 아니고, 국내에 널리 인식되어 사용되고 있는 타인의 상표가 상표등록이 되어 있지 아니함을 알고, 그와 동일 또는 유사한 상표나 상호, 표지 등을 사용하여 일반 수요자로 하여금 타인의 상품과 혼동을 일으키게 하거나 타인의 영업상의 시설이나 활동과 혼동을 불러일으키게 하여 이익을 얻을 목적으로 형식상 상표권을 취득하는 경우에는 상표의 출원이나 상표권의 양수 자체가 부정경쟁행위를 목적으로 하는 것으로서, 가사 권리행사의 외형을 갖추었다 하더라도 이는 상표법을 악용하거나 남용한 것이 되어 상표법에 의한 적법한 권리의 행사라고 인정할 수 없으며 오히려 부정경쟁행위에 해당한다고 판시하고 있다.

6. 권리 실효 주장 문제

상표권자나 전용사용권자가 피고의 상표권 침해 사실을 알면서 장기간 상표권의 침해금지청구를 하지 않은 채 등록상표의 사용을 오랫동안 묵인함에 따라 상대방은 이제 그 권리를 상표권자나 전용사용권자가 행사하지 않을 것이라고 신뢰할 만한 정당한 이유가 있는 경우에는 신의성실의 원칙에 따라 상표권의 행사는 허용되지 않아야 하는지의 문제이다. 이 문제와 관련하여 우리나라에서는 아직까지 이를 공식적으로 인정하는 판례는 없다.

II. 미국의 제도와 비교

1. 항변(대응) 수단

미국에서 인정하는 상표등록의 유효성에 대한 공격, 상표의 기능성 등의 경

---

59) 대법원 1993. 1. 19. 선고 92도2054 판결 참조.
60) 대법원 2000. 5. 12. 선고 98다49142 판결 참조.
61) 대법원 2007. 1. 25. 선고 2005다67223 판결 참조.

우 우리나라의 상표등록의 무효심판의 청구와 유사한 대응 수단이며, 상표권의 포기의 경우 그 전부는 아니더라도 등록상표의 불사용의 경우에는 우리나라의 상표등록의 취소심판 청구와 대응된다. 또한 공정사용과 비교광고, 진정상품의 병행수입, 패러디 등도 우리나라에서도 인정될 수 있는 항변 수단에 해당한다. 그러나 우리나라에서는 미국에서 형평법상의 항변 수단인 i) 권리 주장의 해태에 의한 실효, ii) 상표권자의 묵인과 금반언, iii) 상표권자의 자책 등은 피고의 항변 수단으로 인정되지 않는다.

2. 항변(대응) 절차

미국의 경우 원고가 상표권 침해소송을 제기하는 경우 피고는 원고의 상표등록의 유효성에 대하여 침해소송이 제기된 법원에 반소(counterclaim)를 제기하여 분쟁을 일괄적으로 해결할 수 있으나 우리나라의 경우 상표등록의 유효성을 다투기 위해서는 법원에 반소를 제기할 수 없고 특허심판원에 상표등록의 무효심판을 청구하여 법원의 소송절차와 별개의 심판절차를 진행하여야 한다는 점에서 차이가 있다.

제 15 장

유명상표의 희석과 사이버스쿼팅 행위 방지

제1절 총 설

Ⅰ. 희석이론

1. 의 의

미국은 교통과 통신의 발전에 따른 국제무역의 확대와 상거래 기술의 변화 등에 따라 연방상표법을 적절히 개정하여 현실에 부합되는 상표제도로 발전시켜 왔다. 국제무역의 증가와 명품에 대한 소비자의 수요가 증가하고 유명상표의 강한 식별력을 희석하거나 유명상표의 명성을 손상시키는 유명상표의 희석행위가 발생하게 되었다. 그런데 기존의 전통적인 혼동이론으로는 유명상표의 소유자를 적절히 보호하는 데 한계가 있어 판례법과 주법에서 발전된 유명상표의 희석이론을 연방차원에서 입법화하게 된다.

2. 희석이론과 상표권의 상표 사용으로부터의 독립

「상표권의 상표 사용에의 부속 원칙」은 상표의 상품에 대한 출처표시 기능과 관련하여 상품의 출처에 관하여 소비자의 혼동을 방지하고자 하는 「혼동이론」을 바탕으로 하고 있었으나 상표의 광고 선전 기능과 재산적 기능이 점차 중요해지고 상표 보호의 취지가 상품의 출처나 후원관계 등의 혼동으로부터 소비자를 보호하는 부정경쟁방지법적 관점에서 상표 자체가 가진 재산적인 가치를 중요시하는 재산법적 관점으로 발전하게 됨에 따라 상표권이 상표 사용으로부터 점차 독립적으로 보호하여야 할 필요가 있게 되었고「희석이론」이 그 이론적 기초를 제공하게 되었다. 미국의 보통법상 상표권의 근간을 이루는 상표권의 상표 사용에의 부속 원칙은 연방상표법에 따라 상표를 등록함으로써 상표를 실제 사용하지 않는 지역에 까지 상표권을 확장시킬 수 있게 되었으며, 외국에서의 상표등록을 기초로 상표출원을 하는 경우 미국 내에서는 상표를 실제 사용하지 않더라도 상표권을 취득할 수 있게 됨에 따라 그 예외가 인정되었다. 또한 희석이론의 등장에 따라 상표를 실제로 사용하지 않는 비유사한 상품과 상품의 출처 또는 후원관계 등에 관하여 혼동 가능성이 없는 상품에까지 상표권의 보호 범위가 확대되었다는 점에서 상표권의 상표 사용으로부터 독립을 인정하는 범위가 점차 확장되게 되었다. 이를 그림으로 나타내면 다음과 같다.

연구 115 희석이론과 상표권의 상표 사용으로부터의 독립

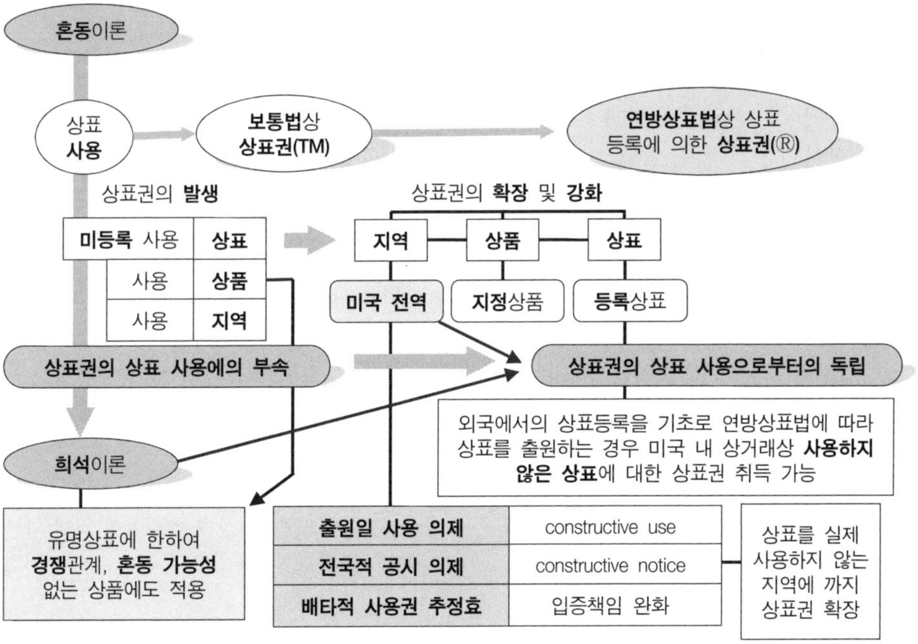

Ⅱ. 사이버스쿼팅방지 소비자보호법

인터넷의 등장에 따라 도메인 이름의 중요성이 급부상함에 따라 사이버스쿼팅 행위와 같은 상표와 도메인 이름의 등록 · 사용 및 이전과 관련된 문제를 기존의 혼동이론과 희석이론으로는 적절히 해결할 수 없게 되자 이를 규제하기 위하여 사이버스쿼팅방지 소비자보호법(Anticybersquatting Consumer Protection Act of 1999)을 제정하였다.

제2절 ▮ 유명상표의 희석행위 방지법

Ⅰ. 희석이론의 발전

1. 희석이론의 기원

1) 의 의

희석이론의 기원으로는 1898년 영국의 KODAK CYCLE 사건에서 찾는 견해[1]와 1924년 독일의 ODOL 사건에서 찾는 견해[2]가 있다.

2) 1898년 영국의 KODAK CYCLES 사건[3]

이 사건에서 상표권자(원고)인 Eastman Photographic Material사는 'KODAK' 상표를 '카메라'에 사용하고 있었는데 '자전거'의 생산자(피고)인 John Griffiths Cycle사가 'KODAK CYCLES' 상표를 '자전거'에 사용하자 원고가 상표권 침해와

---

1) 희석이론이 영국의 보통법에서 유래된 것으로서 'KODAK' 상표가 '자전거'에 사용되어 상표권의 침해를 인정한 것이 그 기원이라는 주장이다. 김원오, "저명상표의 희석화 침해 이론의 실체와 적용요건", 「지적소유권법 연구」, 제4집, 한국지적소유권학회, 2000, 344~345면 참조.

2) 육소영, "미국법상 상표의 희석화 보호규정에 관한 분석", 「CLIS Monthly」, 2003권 2호, 전자통신정책연구원, 2003; 육소영, "미국 상표법상의 희석화 조항의 적용과 기원", 「지식재산21」, 2010년 11월호, 특허청, 34면 참조.

3) Eastman Photographic Materials Co Ltd., v. John Griffiths Cycle Corp. Ltd., and Kodak Cycle Co. Ltd., 15 R.P.C. 105, 110 (1898).

passing-off를 근거로 피고 상표의 사용금지를 청구한 사건에서 법원은 'KODAK' 상표를 원고가 '카메라'와 '필름'에 사용하고 동일한 상표를 피고가 '자전거'에 사용하는 경우 소비자가 원고와 피고 간에 일정한 연관관계가 있다고 혼동을 일으킬 가능성이 없다고 하더라도 피고의 'KODAK CYCLES' 상표의 사용이 원고의 'KODAK' 상표의 명성을 손상시킨다고 판단하여 피고의 'KODAK CYCLES' 상표의 사용을 금지하는 판결을 내렸다.

3) 1924년 독일의 ODOL 사건[4)]

이 사건에서 상표권자(원고)는 'ODOL' 상표를 '구강세척제'에 사용하고 있었는데 '철도용 철강제품'의 생산자(피고)가 'ODOL' 상표를 출원하여 등록하자 상표등록의 취소를 청구한 사건에서 법원은 원고의 'ODOL' 상표의 '구강세척제'가 소비자에게 좋은 품질을 가진 상품으로 널리 인식되고 있으므로 소비자가 피고의 'ODOL' 상표를 듣거나 보는 경우 비록 상품의 출처나 후원관계 등에 관한 소비자의 혼동을 일으킬 가능성이 없다고 하더라도 적어도 피고의 상품인 '철도용 철강제품'도 원고의 상품인 '구강세척제'처럼 좋은 품질을 가지고 있을 것이라고 추정하게 되고 이는 공서양속(good morals)에 반한다고 판단하면서 원고의 상표가 많은 사람에 의해 자신의 상품을 식별하는 표지로 사용된다면 원고 상표의 판매력(selling power)은 감소하게 된다고 판시하면서 이러한 현상을 희석이라고 명명하였다고 한다.[5)6)]

2. 1927년 Frank I. Schechter의 논문

미국에서의 희석이론은 Frank I. Schechter의 "상표 보호의 합리적 기초"(The Rational Basis of Trademark Protection)라는 논문을 그 효시로 보고 있다. Schechter 교수는 동 논문에서 상표권자에게 상표의 주된 가치는 단순히 상품의 출처를 표시하는 기능이 아니라 그것이 부착된 상품의 인상, 좋은 경험 등과 결합하는 것에 있으므로 상표권자가 상표를 사용하는 상품과 경쟁하지 않은 비경쟁상품에 상표를 사용함으로써 상표의 유일성을 점차 사라지게 하거나 분산시키는 희석행위로부

4) Landgericht Elberfeld, 25 Juristische Wochenschrift 502 (1924) 참조.
5) Frank I. Schechter, "The Rational Basis of Trademark Protection", 40 Harv. L . Rev. 813, 831~832 (1927).
6) 육소영, 앞의 논문, 34면 참조.

터 상표의 가치를 보호함으로써 상표권자의 재산권을 보호하여야 한다고 주장하였다.[7][8] 그러나 이러한 Frank I. Schechter 교수의 1927년의 주장에도 불구하고 미국에서는 오랫동안 유명상표의 희석으로부터의 보호가 인정되지 않았다.

3. 유명상표의 희석행위 방지를 위한 각 주의 입법 노력과 판례의 동향

1) 각 주의 입법 노력

미국의 연방상표법에서는 희석이론을 명문으로 도입하고 있지 않았으나 1947년 매사추세츠주[9]를 시발로 하여 일리노이주와 뉴욕주 등 30여개의 주법에서 유명상표의 희석행위 방지 규정이 명문화되었다.

2) 법원 판례의 동향

(1) 의 의 　미국의 법원들은 희석이론이 다소 난해하고 상표권자의 권리를 지나치게 확대할 가능성이 있으며 유명상표의 희석행위를 금지하는 주법이 연방상표법상의 주목적인 통일성에 반한다는 이유로 주법상 명문의 희석행위 방지 규정이 도입되었음에도 불구하고 이 규정의 적용에 다소 소극적이었다.

(2) 1977년 Allied Maintenance Corp. v. Allied Mechanical Trades Inc. 사건[10] 이 사건에서 법원은 상품의 출처에 관한 소비자의 혼동 가능성이나 상표권자와 침해자 간 경쟁관계가 성립하지 않는다고 하더라도 뉴욕주의 희석화방지법(General Business Law, § 368-d)을 적용하여 상표권의 침해를 인정함으로써 다른 법원들이 유명상표의 희석행위에 의한 상표권의 침해를 널리 인정하는 방향으로 선회시키는 계기를 마련하였다.

---

7) 이대희, "상표법상의 희석이론에 관한 고찰", 「변시연구」, 한빛지적소유권센터, 1998.5, 27면 참조.

8) 1920년 연방상표법이 적용되던 시대에 등장한 논문으로 1920년 연방상표법에 따를 경우 상표권자의 상표를 유사하게 모방(colorable imitating)한 상표를 「실질적으로 동일한 성질의 상품」(merchandise of substantially the same descriptive properties)에 부착한 경우에만 상표권의 침해를 인정하였으므로 상표권자의 상표를 비경쟁상품에 사용하는 경우에는 상표권의 침해에 해당하지 않게 되어 타인에 의한 무단사용을 금지할 수 없었다.

9) 사업적 명성의 혼동 가능성 또는 상표의 식별력을 희석할 가능성이 있는 경우에는 양 당사자 간에 경쟁관계가 없거나 상품이나 서비스의 출처에 관하여 혼동 가능성이 없는 경우에도 상표권 침해에 해당하거나 부정경쟁행위에 해당한다고 규정하여 당해 희석행위를 금지하는 명령의 사유가 된다.

10) 42 N.Y. 2d 538 (1977).

4. 1995년 연방희석화방지법 제정

1) 의 의

미국의 30여 개의 주법에서는 인정되어 왔으나 연방상표법에서는 인정되지 않았던 「유명상표 희석이론」을 연방 차원에서 도입하여 비록 유명상표의 소유자와 「경쟁관계」나 「혼동 가능성」이 없다고 하더라도 유명상표의 식별력을 약화시키는 희석행위를 금지시킬 수 있는 권한을 부여하는 「연방희석화방지법」(Federal Trademark Dilution Act of 1995)을 제정하여 1996년 1월 16일부터 시행하게 되었다. 이로서 미국은 유명상표의 희석행위로부터의 보호를 주차원이 아닌 연방차원에서 통일되게 적용할 수 있게 되었다.

2) 상표의 명성과 식별력 판단 기준

1995년 연방희석화방지법에서는 어떠한 상표가 유명상표에 해당하는지에 대하여 구체적으로 정의를 하지는 않았지만 법원이 상표의 「명성과 식별력」(fame and distinctiveness)을 판단하는 8가지 「예시적인 기준」을 제시하였다.

i) 상표의 식별력 정도(the degree of inherent or acquired distinctiveness of the mark)

ii) 상표의 상품에 대한 사용 기간과 범위(the duration and extent of use of the mark in connection with the goods or services with which the mark is used)

iii) 상표의 광고 기간과 범위(the duration and extent of advertising and publicity of the mark)

iv) 상표가 사용된 거래의 지리적 범위(the geographical extent of the trading area in which the mark is used)

v) 상표가 사용된 상품의 거래 경로(the channels of trade for the goods or services with which the mark is used)

vi) 거래 지역이나 경로에서의 그 상표가 알려진 정도(the degree of recognition of the mark in the trading areas and channels of trade used by the marks' owner and the person against whom the injunction is sought)

vii) 제3자에 의한 동일 또는 유사한 상표 사용의 성질과 범위(the nature and extent of use of the same or similar marks by third parties)

viii) 상표가 1881년 연방상표법, 1905년 연방상표법 또는 현행 연방상표법상의 주등록부에 등록이 되었는지 여부(whether the mark was registered under the Act of

March 3, 1881, or the Act of February 20, 1905, or on the principal register).

3) 효 과

연방희석화방지법에 따라 유명상표는 일반적인 상표권의 침해소송과는 달리 유명상표의 상품의 출처 또는 후원관계 등에 관한 소비자의 「혼동 가능성」이 없어도 희석될 수 있으며, 등록된 유명상표는 물론 미등록된 유명상표도 타인의 희석행위로부터 보호받을 수 있게 되었다.[11]

5. 1999년 연방희석화방지법 개정법

1995년 연방희석화방지법에서는 연방상표법에 유명상표의 희석행위를 금지할 수 있는 규정은 마련하였지만 타인이 유명상표를 희석시키는 상표를 출원하는 경우 그 등록을 거절하거나 착오로 등록된 경우 그 등록을 취소시킬 수 있는 명문의 근거 규정을 두고 있지 않았다. 따라서 1999년에는 「연방희석화방지법 개정법」(Trademark Amendments Act of 1999)을 마련하여 유명상표를 희석시키는 상표의 경우 이의신청에 의한 상표등록의 거절이유, 착오로 등록 시 상표등록의 취소사유로 규정하게 되었다.

6. 2006년 연방희석화방지법 재개정법

1) 배 경

(1) 1995년 연방희석화방지법의 입법 과정의 미숙　　1995년 연방희석화방지법은 하원에서 안건에 대한 보고서만 발표하고 공청회 개최를 통한 법적용의 범위와 한계 등에 대한 충분한 토론과 논의 절차를 거치지 않고 신속하게 통과되어 1996년 1월 16일부터 시행하였다. 따라서 실제 사건을 담당하는 법원마다 관련 규정을 주관적으로 해석하여 적용하였기 때문에 분쟁 당사자들은 소송의 결과를 예측하기 어려웠다.[12]

(2) Moseley 사건　　특히 이러한 문제점은 「Moseley v. V Secret Catalogue, Inc., 사건」[13]에서 최고조에 달하였다. 제6 연방순회구 항소법원은 이 사건과 관련하여 희석의 정황증거(circumstantial evidence)가 충분하다면 실제 희석의 증거

---

11) 우종균, "미국 상표법", 특허청, 6면 참조.

12) 김동욱, "미 연방희석화 개정법(TDRA of 2006) 핵심 내용", 특허청, 참조.

13) Moseley v. V Secret Catalogue, Inc., 537 U.S. 418 (2003).

(actual evidence)가 없다고 하더라도 희석으로 인한 침해를 인정하여야 한다고 판시하였으나, 연방대법원은 이에 대한 상고심에서 원심을 파기하고 「실제 희석」(actual dilution)의 증거가 있어야 한다고 판시한 것이다. 연방의회는 연방대법원의 판결 후 이러한 문제점을 입법적으로 해결하기 위하여 마련한 것이 2006년 「연방희석화방지법 재개정법」(Trademark Dilution Revision Act of 2006)이다.[14)]

2) 주요 내용[15)]

(1) 희석의 인정 요건을 실제 희석에서 희석 가능성으로 완화 연방대법원은 「Moseley 사건」에서 희석의 인정 요건으로 「실제 희석」의 증거를 요한다고 판시하였으나 2006년 연방희석화방지법 재개정법에서는 희석의 인정 요건을 「희석 가능성」으로 완화시킴으로써 실질적으로 유명상표의 보호 범위를 확대하는 효과를 가져왔다.

(2) 유명상표의 정의 규정 마련

가. 의 의 1995년 연방희석화방지법에서는 유명상표에 대한 정의 규정을 두지 않았었다. 다만, 희석으로 인한 상표권 침해의 판단 기준으로서 상표의 「명성과 식별력」을 판단하는 8가지 기준을 마련하였는데 사건을 담당하는 법원들이 그 규정을 각자 다르게 해석하여 적용함에 따라 극심한 혼란이 야기되었다.[16)] 이러한 법원들의 해석과 적용의 혼란을 최소화하기 위해서 2006년 연방희석화방지법 재개정법에서는 유명상표를 "상표소유자의 상품 또는 서비스의 출처표시로서 「미국 전역」의 「일반 소비자」에게 널리 알려진 상표"(widely recognized by the general consuming public of the United States as a designation of source of the goods or services of the mark's owner)라고 정의하였다. 따라서 틈새시장이나 특정한 지역에서만 잘 알려진(niche fame) 상표는 유명상표에 해당하지 않게 되었다.[17)]

VICTOR'S SECRET (성인용품) vs. VICTORIA'S SECRET (여성용 속옷)

14) 김동욱, 앞의 논문, 2~3면 참조.

15) 김동욱, 앞의 논문, 3~6면 참조.

16) 일부 연방순회구 항소법원의 경우 「명성」(fame)과 관련하여 「미국 전역」에서 잘 알려진 상표가 아니라 「일부 지역이나 계층」에서만 잘 알려진 상표(niche market fame)까지 포함하여 보호하는 등 법원들 간의 상표의 명성에 대한 통일된 해석과 적용이 이루어지지 못해 유리한 재판적을 찾아다니는 forum shopping과 소송과열 등의 폐단을 가져왔다.

17) "A mark is famous if it is widely recognized by the general consuming public of the United

나. 상표의 유명성 여부에 관한 판단 기준 법원은 어느 상표가 일반 소비자에게 유명하게 알려졌는지 여부를 판단하기 위하여 다음의 요소들을 포함한 일체의 관련된 요소들을 고려할 수 있도록 규정하고 있다.

i) 상표소유자 또는 제3자에 의한 상표의 광고 및 홍보 기간, 정도 및 지리적 범위

ii) 상표로 판매된 상품 또는 제공된 서비스의 금액, 수량 및 지리적 범위

iii) 상표의 실제 인식도

iv) 상표가 1881년 연방상표법 또는 1905년 연방상표법에 의해 등록되었는지 또는 현행 연방상표법상의 주등록부에 등록되었는지 여부.

(3) 유명상표의 희석을 2가지 유형으로 구분 연방대법원은 「Moseley 사건」에서 피고가 원고의 상표를 '성인용품'에 사용하는 행위는 1995년의 연방희석화방지법상 "유명상표의 식별력을 약화시키는 행위"18)에 포함되지 않는다고 해석함에 따라 1995년의 연방희석화방지법상 유명상표의 명성의 손상에 의한 희석은 보호되기 어렵다는 암시를 주게 되었다. 따라서 2006년 연방희석화방지법 재개정법에서는 명성의 손상에 의한 희석도 유명상표의 희석행위에 포함된다는 것을 명확히 하기 위하여 유명상표의 희석행위의 유형을 유명상표를 대상으로 하는 「식별력의 약화행위」와 더불어 「명성의 손상행위」를 명시적으로 규정하였다.

(4) 적용 예외 범위의 확대

가. 의 의 2006년 연방희석화방지법 재개정법에서는 미국의 연방헌법 수정조항 제1조(First Amendment)에 따른 표현의 자유 규정과의 조화를 위하여 비교광고 행위를 포함한 「비상업적인 공정사용 행위」에는 유명상표의 희석행위에 관한 규정이 적용되지 않도록 하였다. 즉, i) 소비자에게 상품의 비교광고나 판촉활동을 통한 정보의 제공, ii) 뉴스보도나 패러디 등의 보고나 논평 등과 같은 유명상표의 「비상업적인 공정사용 행위」에는 유명상표의 희석행위에 관한 규정을 적용할 수 없게 하였다.

나. 연방상표법에 등록된 상표에 대한 주법 적용 배제 1995년 연방희석화방지법상 상표가 연방상표법에 따라 등록된 경우 주법에 의한 유명상표의 희석을

States as a designation of source of the goods or services of the mark's owner." 연방상표법 제43조 (c)항 (2) 참조.

18) The lessening of the capacity of a famous mark to identify and distinguish goods and services.

이유로 하는 소송의 대상이 되지 않는다.[19] 2006년 연방희석화방지법 재개정법에서는 연방상표법에 따라 등록된 상표에 대해서는 보통법이나 주법에 의한 유명상표의 희석을 이유로 하는 소송의 대상이 되지 않도록 명시적으로 규정하였다.[20]

II. 희석의 유형

1. 식별력의 약화에 의한 희석[21]

1) 의 의

식별력의 약화에 의한 희석(dilution by blurring)은 전형적인 유명상표의 희석행위로서 통상 "비유사한 상품에 유명상표 또는 이와 유사한 상표를 무단으로 사용함으로써 유명상표의 상품에 관한 출처표시 기능인 식별력을 약화시키는 행위"를 말한다.

2) 판단 기준

법원은 식별력의 약화에 의한 희석을 판단할 때에는 다음의 요소들을 포함한 일체의 관련된 요소들(all relevant factors)을 고려할 수 있다(may).

i) 상표의 유사성의 정도[22]

ii) 유명상표의 식별력의 강도

iii) 유명상표의 소유자가 당해 상표를 실질적으로 독점하여 사용하고 있는

---

19) H.R. REP. No. 104-374 (1995) 참조.

20) 연방상표법 제43조 (c)항 (6)에서는 다음과 같이 규정하고 있다.

"(6) Ownership of valid registration a complete bar to action. — The ownership by a person of a valid registration under the Act of March 3, 1881, or the Act of February 20, 1905, or on the principal register under this Act shall be a complete bar to an action against that person, with respect to that mark, that —

(A) is brought by another person under the common law or a statute of a State; and

(B)

(i) seeks to prevent dilution by blurring or dilution by tarnishment; or

(ii) asserts any claim of actual or likely damage or harm to the distinctiveness or reputation of a mark, label, or form of advertisement."

21) 대표적인 사례로서 '자동차' 상표로서 유명한 Rolls-Royce 상표를 제3자가 '레스토랑'에 사용함으로써 자사의 상표의 식별력이 희석되는 것을 방지하기 위하여 Rolls-Royce사는 다음과 같이 광고를 한 바 있다.

범위

iv) 유명상표의 인식도

v) 후사용자가 유명상표와의 관련성을 야기할 의도를 가지고 있었는지 여부

vi) 후사용자의 상표와 유명상표 간 발생한 실제 연상.

22) 

제2 연방순회구 항소법원은 Starbucks Corp. v. Wolfe's Borough Coffee, Inc. 사건에서 상표의 유사성의 정도(the degree of similarity between the mark or trade name and the famous mark)를 적용하는 경우 양 상표가 실질적으로 유사할 것(substantial similarity)을 요하지 않는다고 판시하였다.

2. 명성의 손상에 의한 희석[23)]

1) 의 의

명성의 손상에 의한 희석(dilution by tarnishment)이란 "유명상표를 무단으로 사용하여 유명상표 소유자와 품질이 저급한 상품, 불미스러운 상품, 불건전한 상품 또는 영업을 의식적 또는 무의식적으로 연관시켜 유명상표 소유자에 의해서 구축된 상표의 긍정적 이미지나 좋은 평가를 손상시키는 행위"를 말한다.

2) 상표권자의 진정상품을 판매하는 경우에도 명성의 손상에 의한 희석의 발생 가능성

명성의 손상에 의한 희석은 통상 위조상품의 판매와 같이 유명상표를 무단으로 품질이 저급한 상품 등에 사용하는 경우에 발생한다. 그런데 만약 상표권자의 진정상품을 재판매하는 경우에도 발생할 수 있는지가 문제가 될 수 있다. 법원은 목감기 사탕인 「HALLS 사건」[24)]과 관련하여 목감기 사탕 제품의 품질이 훼손되어 더 이상 상표권자의 품질 기준에 부합하지 못하는 제품을 판매하는 경우에도 상표권자의 유명상표의 이미지를 손상시킬 수 있다고 판단하였으나 공인되지 않는 수리점에서 공인된 수리점의 품질 기준에 따르지 않고 수리된 진공청소기를 판매한다고 하더라도 그 행위는 명성의 손상에 의한 희석에 해당하지 않는다고 판단하였다.[25)]

---

23) Coca-Cola Co. v. Gemini Rising, Inc., 346 F. Supp. 1183 (E.D.N.Y. 1972) 사건에서 포스터 제조업체인 피고회사는 등록된 코카콜라 상표에서 사용되는 동일한 글자체와 붉은색을 배경으로 'Enjoy Cocaine'이라는 구절을 넣은 '포스터'를 인쇄하여 판매하였는데 이러한 포스터로 인하여 많은 소비자는 코카콜라사와 신문사에 어떻게 코카콜라사가 마약의 사용을 후원 · 승인하는 운동을 할 수 있는지 문의하면서 포스터의 배포를 중단하지 않으면 코카콜라사 제품에 대한 불매운동을 벌이겠다고 위협하였다. 법원은 포스터의 출처 또는 이에 대한 후원 또는 승인 등에 관하여 혼동 가능성을 원고인 코카콜라사가 입증하였다고 판단하여 연방상표법에 의한 금지명령에 의한 구제를 인정하였다. 그러나 법원은 이러한 혼동 가능성이 없더라도 뉴욕주의 희석화방지법에 의하여 금지명령에 의한 구제를 허용하였을 것이라고 판시함으로써 유명상표의 희석에 의한 상표권의 침해를 간접적으로 인정하였다.

24) Warner-Lambert Co. v. Northside Dev. Corp., 86 F.3d 3, 6 (2d Cir. 1996).

25) Scott Fetzer Co. v. House of Vacuums Inc., 381 F.3d 477, 489-90 (5th Cir. 2004).

Ⅲ. 희석행위에 대한 구제 수단

유명상표의 소유자는 자기의 유명상표가 타인의 희석행위에 의하여 침해된 경우 침해금지를 청구할 수 있다. 아울러 침해자의 「고의성」(willful intention)이 입증되는 경우 손해배상이나 예외적인 경우 변호사 비용 등의 청구와 같은 구제를 받을 수도 있다. 2006년 연방희석화방지법 재개정법은 침해금지의 청구와 관련해서는 그 법이 시행되기 전에 발생한 희석행위에 근거하여 청구된 사건에 대해서도 소급하여 적용되지만 금전적 손해배상과 관련해서는 이 법이 시행된 2006년 10월 6일 이후에 발생한 피고의 고의에 의한(willful)[26] 희석행위에 대해서만 적용된다.[27] 따라서 2006년 10월 6일 전에 발생한 희석행위에 대한 금전적 손해배상에 대해서는 1995년 연방희석화방지법의 규정을 적용하여야 한다.[28]

Ⅳ. 연방희석화방지법과 각 주의 희석화방지법과의 관계

연방희석화방지법과 각 주의 희석화방지법은 공존한다. 따라서 연방상표법에 의하여 미국 전역에서의 유명성이 부인된다고 하더라도 주법상의 희석화방지법이나 판례법에 의한 구제는 가능하다. 그러나 연방상표법에 따라 등록된 상표에 대해서는 주법 또는 판례법을 근거로 하여 희석화 방지소송을 제기할 수는 없다.[29]

---

26) 법원은 피고에게 유명상표의 희석행위에 대한 고의성이 있는지의 여부를 판단할 때 피고가 원고의 유명상표의 존재를 알고 있다는 사실만으로는 부족하고 다른 여러 가지 정황들이 고려되어야 한다고 판단하고 있다. Farouk Sys., Inc. v. Parmar, No. H-07-3384, 2008 WL 3852350, at 5(S.D. Tex. Aug. 14., 2008).

27) 연방상표법 제43조 (c)항 (5)(B)에서 다음과 같이 규정하고 있다.
"(B) in a claim arising under this subsection —
(ⅰ) by reason of dilution by blurring, the person against whom the injunction is sought willfully intended to trade on the recognition of the famous mark; or
(ⅱ) by reason of dilution by tarnishment, the person against whom the injunction is sought willfully intended to harm the reputation of the famous mark.".

28) 1995년 연방희석화방지법에 따르면 유명상표의 희석화와 관련된 금전적 손해배상을 청구하기 위해서는 희석 가능성이 아니라 실제 희석이 발생하여야 한다.

29) 연방상표법 제43조 (c)항 (6) 참조.

Ⅴ. 희석이론에 대한 비판[30)]

1. 혼동이론과 판단 기준의 중첩 문제

"혼동이론이 끝나는 종점에서 희석이론이 시작된다"는 말처럼 역사적으로 고찰할 때 혼동이론이 안고 있는 문제점을 극복하기 위하여 등장한 이론이 희석이론이지만 연방순회구 항소법원들이 제시하는 혼동 가능성의 판단 기준들과 희석행위의 판단 기준들이 상당부분 중첩된다는 비판이 있다. 즉, 이론적으로는 혼동이론의 종점이 희석이론의 시점이지만 실제로는 법원은 많은 경우 혼동이론이 적용될 수 있는 경우에도 희석이론을 적용하는 사례도 적지 않아 그 경계가 명확하지 않다는 비판이 있다.[31)]

2. 상표권의 지나친 보호 문제

희석이론에 따를 경우 상표권의 보호 범위를 지나치게 확장하여 혼동 가능성이 없는 비유사한 상품에 대해서까지 동일 또는 유사한 상표의 사용을 제한하게 됨으로써 새로 시장에 진입하려는 경업자나 비유사한 상품을 취급하는 경업자의 상표선택을 지나치게 제한하는 효과를 가져온다는 비판이 있다. 따라서 희석이론에 의한 상표권의 지나친 확장을 방지하기 위하여 희석이론을 모든 상표에 대하여 적용하는 것이 아니라 유명상표에 한정하여 적용하고 있으며 어느 상표가 유명한지에 대한 판단도 i) 상표의 사용기간, ii) 상표의 식별력의 강약, iii) 상표에 대한 인식의 정도, iv) 상표의 사용 방법 등 복합요소의 판단 기준을 고려하여 판단하도록 하고 있다.

3. 언론과 표현의 자유에 대한 위협 및 특정 단어에 대한 독점 우려

비록 2006년 연방희석화방지법 재개정법상 명문으로 비상업적 상표의 사용에 대해서는 적용을 배제하고 있으나 상표의 사용행위가 상업적인 성격과 비상업적인 성격을 모두 포함하거나 비상업적인 상표의 사용 개념을 지나치게 좁게 해석

---

30) 이영주, "미국 상표법상 희석화 이론과 판례분석", 서강대학교 석사학위 논문, 2002.1, 60~62면 참조.

31) David S. Welkowitz, "Reexamining Trademark Dilution", 44 VAND. L. REV. 531, 1991, 544면 참조.

할 경우 희석이론이 언론과 표현의 자유를 제약하는 결과를 가져올 수 있다는 비판이다.[32] 아울러 홍보용 제품이나 대체재 또는 보완재 등의 상품에 기술적 또는 기능적인 목적으로 사용되는 유명상표까지도 희석이론으로 보호할 경우에는 특정한 단어를 유명상표의 소유자에게 독점시키는 결과를 가져올 수 있다는 비판이 있다.[33]

제3절 ▌사이버스쿼팅방지 소비자보호법

Ⅰ. 배 경

1. 도메인 이름의 등장과 사이버스쿼팅 행위 발생[34]

1) 도메인 이름

도메인 이름이란 "인터넷상 호스트컴퓨터의 주소에 해당하는 숫자로 된 주소(IP Address)에 상응하는 알파벳 및 숫자의 일련의 결합으로서 기본적으로 IP Address를 따르는 인터넷 프로토콜이 숫자체계로 이루어져 있어 이를 기억하기 어려우므로 이를 해결하기 위하여 서버컴퓨터 운영기관의 고유명을 문자나 숫자로 부여한 것"을 말한다.[35]

---

32) Arlen W. Langvardt, "Trademark Rights and First Amendment Wrongs: Protection the former Without committing the Latter", 83 Trademark Reporter 633, 1993, 653~657면 참조.

33) Milton W. Handler, "Are the State Antidilution Laws compatible with the National Protection of Trademarks?", 75 The Trademark Reporter 269, 1985, 278~279면 참조. 송재섭, "상표 희석화 이론의 해석과 적용", 서울대학교 박사학위 논문, 2006, 292~293면 참조.

34) 문삼섭, 상표법(제2판), 세창출판사, 2004, 1179~1180면에서 인용.

35) 미국의 연방상표법에서는 제45조에서 도메인 이름을 "인터넷 전자 주소의 일부로서 도메인 이름 등록기관(domain name registrar), 도메인 이름 등록부 관리기관(domain name registry), 기타 도메인 이름 등록관청(domain name registration authority)에 의하여 등록되거나 할당된 알파벳과 숫자로 조합된 명칭"이라고 정의하고 있다. 한편 우리나라의 부정경쟁방지법 제2조 제4호에서는 도메인 이름을 "인터넷상의 숫자로 된 주소에 해당하는 숫자 · 문자 · 기호 또는 이들의 결합을 말한다."라고 규정하고 있으며, 인터넷주소자원에 관한 법률 제2조 제1호 나목에서는 도메인 이름을 "인터넷에서 인터넷 프로토콜 주소를 사람이 기억하기 쉽도록 하기 위하여 만들어진 것"으로 정의하고 있다.

2) 사이버스쿼팅 행위의 발생 원인

(1) **인터넷의 상업화에 따른 도메인 이름의 중요성 증대** 인터넷의 급속한 보급과 전자상거래에 관한 보안기술의 발달로 기존의 오프라인상의 상품 및 서비스의 거래와 병행한 전자상거래의 비중이 높아짐에 따라 전 세계의 기업들은 인터넷상의 전자쇼핑몰이나 인터넷 사이트의 문패라고 할 수 있는 도메인 이름을 글로벌한 전자상거래 시장에서 새로운 영업매체로 인식하기 시작하였다. 따라서 각 기업들은 인터넷상에서의 경쟁력을 확보하기 위하여 기억하기 쉬운 도메인 이름이나 글로벌한 기업이미지 통일화 전략에 따라 기존의 상호나 상표와 동일한 도메인 이름을 등록하기 시작하였으며, 인터넷 이용자들도 각 기업의 인터넷 사이트를 접속할 때 그 기업의 상호나 상표를 도메인 이름으로 추측하여 접속하는 경향이 확대됨에 따라 상호나 상표의 소유자와 도메인 이름을 선점한 자 간의 분쟁이 발생하기 시작하였다.

(2) **선착순 원칙에 따른 도메인 이름의 등록제도** 상표는 상품이 비유사하여 상품출처의 혼동 가능성이 없는 경우 동일한 상표가 다수 등록될 수 있으며, 상표제도는 속지주의 원칙에 기초하므로 동일한 상품에 대하여 동일한 상표가 전 세계적으로 다수의 상표권자에 의해 소유될 수 있다. 그러나 도메인 이름은 「선착순 원칙」(first come, first served)에 따라 등록되므로 상표권자가 아닌 부당한 이득을 취할 목적을 가진 제3자에 의해서도 등록될 수 있다.

2. 혼동이론 및 희석이론에 의한 사이버스쿼팅 행위 규제의 한계

1) 혼동이론의 한계

전통적인 혼동이론은 「상표의 사용」을 전제로 소비자에게 상품의 출처나 후원관계 등에 있어서 혼동 가능성이 있는 경우에 적용이 가능하다. 그러나 상표와 동일하거나 혼동을 일으킬 정도로 유사한 도메인 이름을 부당한 이득을 취할 목적으로 등록하는 행위가 모두 상표의 사용을 구성하여 소비자에게 상품의 출처나 후원관계 등의 혼동 가능성이 있다고 보기는 어렵다.

2) 희석이론의 한계

단순히 도메인 이름을 등록하거나 불법적으로 거래하는 행위 자체만으로는 유명상표의 식별력을 약화하거나 명성을 손상시킨다고 보기는 어렵다.

3) 새로운 규제 법률의 제정 필요

전통적인 혼동이론과 희석이론만으로는 새롭게 등장한 부정경쟁행위인 사이버스쿼팅 행위를 완벽하게 규제하기에는 한계가 있었다. 따라서 미국의 연방의회는 사이버스쿼팅 행위로부터 상표권자를 적절하게 보호하기 위하여 새로운 법률을 제정할 필요가 있어 「사이버스쿼팅방지 소비자보호법」(Anticyber-squatting Consumer Protection Act of 1999)을 제정하였다.[36)]

II. 보호 대상

1. 상 표

사이버스쿼팅 행위로부터 보호되는 대상은 「넓은 의미의 상표」(mark)로서 상표, 서비스표, 단체표장, 증명표장을 포함한다. 이러한 상표는 반드시 연방상표법에 따라 등록된 상표로 한정할 필요는 없다. 따라서 보통법에 따라 보호되는 미등록상표도 사이버스쿼팅방지 소비자보호법의 대상이 될 수 있다.

2. 성 명

사이버스쿼팅 행위로부터 보호되는 대상은 상표뿐만 아니라 타인의 성명(personal name)도 포함된다. 따라서 생존하는 사람의 이름을 그 사람에게 판매할 의도로 도메인 이름을 등록하는 행위도 보호의 대상에 포함된다.

III. 연방상표법상 사이버스쿼팅 행위의 성립 요건[37)]

1. 사이버스쿼팅 행위의 정의[38)]

사이버스쿼팅 행위란 "상표와 동일하거나 혼동을 일으킬 정도로 유사하거나

36) 이 법의 제정으로 연방상표법 제43조 (d)항이 신설되었다.
37) 권혁중, "미국 연방 사이버스쿼팅금지법(Anti-cybersquatting Consumer Protection Act) 고찰 —사이버스페이스(Cyberspace)에서의 상표보호를 중심으로, 2005, 특허청, 23~53면 참조.
38) 참고로 세계지식재산기구(WIPO)는 사이버스쿼팅 행위를 "도메인 이름의 악의적인 등록"(abusive registration of a domain name)으로 정의하고 있다.

유명상표의 희석을 일으킬 도메인 이름을 부당한 이득을 취할 목적으로 등록, 불법 거래 또는 사용하는 행위"를 말한다. 따라서 원고가 피고에 의한 사이버스쿼팅 행위를 주장하기 위해서는 다음과 같은 4가지 요건을 입증하여야 한다.

i) 피고가 도메인 이름을 등록, 불법 거래 또는 사용할 것

ii) 피고의 도메인 이름이 원고의 상표와 동일하거나 혼동을 일으킬 정도로 유사하거나 원고의 유명상표를 희석할 가능성이 있을 것

iii) 원고의 상표가 피고가 도메인 이름을 등록할 당시 식별력이 있을 것

iv) 피고가 원고의 상표로부터 부당한 이득을 취할 목적이 있을 것.

2. 연방상표법상 사이버스쿼팅 행위의 구체적인 성립 요건

1) 피고가 도메인 이름을 등록, 불법 거래 또는 사용할 것

도메인 이름의 「등록」이란 도메인 이름을 도메인 이름 등록기관에 등록하는 행위를 말하며, 도메인 이름의 「불법 거래」(traffic in)란 판매, 구매, 대출, 담보, 사용허락, 대가의 교환을 전제로 하는 것이라면 어떠한 행위도 불법 거래에 해당된다. 또한 도메인 이름의 「사용」이란 도메인 이름을 등록한 자 또는 그로부터 허락을 받은 자에 의한 사용을 의미한다.

2) 도메인 이름이 원고의 상표와 동일하거나 혼동을 일으킬 정도로 유사하거나 원고의 유명상표를 희석할 가능성이 있을 것

(1) **도메인 이름**　　도메인 이름은 일반 최상위 도메인 이름(gTLD: generic Top Level Domain)은 물론 국가코드 최상위 도메인 이름(ccTLD: country code Top Level Domain)도 포함한다.

(2) **상표와 혼동을 일으킬 정도로 유사**　　원고의 상표와 피고의 도메인 이름이 칭호, 외관, 관념상 유사하여 상품의 출처 또는 후원관계 등에 관하여 소비자의 혼동을 일으킬 가능성이 있다는 것을 의미한다.

(3) **유명상표의 희석**　　피고가 도메인 이름을 사용할 경우 원고의 유명상표를 희석할 가능성이 있는 경우를 의미한다.

3) 원고의 상표가 피고가 도메인 이름을 등록할 당시 식별력이 있을 것

피고가 「도메인 이름의 등록 시」를 기준으로 상품 또는 서비스와 관련하여 보통명칭에 해당하거나 기술적 상표에 해당하는 경우에는 사이버스쿼팅 행위가 성립할 수 없다.

4) 피고가 원고의 상표로부터 부당한 이득을 취할 목적이 있을 것

(1) 부당한 이득을 취할 목적의 입증의 정도　피고의 부당한 이득을 취할 목적이 있다는 것을 입증하는 데에는 「명백하고 확실한 기준」(clear and convincing standard of burden of proof)에 의할 필요는 없으며, 「통상적인 우월적인 증거기준」(normal preponderance of the evidence standard)에 의하면 충분하다.

(2) 부당한 이득을 취할 목적의 형성 시기　부당한 이득을 취할 목적의 형성 시기는 대부분의 경우 일반적으로 피고의 「도메인 이름의 등록 시」가 기준이 되겠지만 도메인 이름을 등록할 당시에는 부당한 이득을 취할 목적이 없이 합법적으로 등록하였지만 그 이후에 부당한 이득을 취할 목적으로 등록된 도메인 이름을 보유하거나 타인에게 이전하는 경우에도 사이버스쿼팅 행위가 성립될 수 있다.[39]

(3) 부당한 이득을 취할 목적의 유무 판단 시 고려 요소　피고가 부당한 이득을 취할 목적이 있었는지의 여부를 판단할 때에는 다음의 9가지의 예시적인 요소를 고려할 수 있다.

i) 도메인 이름의 등록인이 도메인 이름에 대한 상표권 또는 지식재산권을 가지고 있는지의 여부

ii) 도메인 이름이 개인의 법적인 성명이나 널리 이용되는 별명으로 구성되었는지의 정도

iii) 도메인 이름을 상품 또는 서비스와 관련하여 선의로 선사용했는지의 여부

iv) 도메인 이름의 등록인이 도메인 이름으로 접근이 가능한 웹사이트에서 상표를 비상업적으로 사용하거나 정당하게 사용했는지의 여부

v) 도메인 이름의 등록인이 웹사이트의 출처, 후원관계, 계열관계 또는 승인관계 등에 관하여 혼동 가능성을 일으켜 상업적 이득을 얻거나 상표의 가치를 떨어뜨리거나 모욕하기 위한 의도를 가지고 소비자를 상표소유자의 온라인 사이트로부터 자신의 도메인 이름의 사이트로 유인하려는 의도가 있는지의 여부

vi) 도메인 이름의 등록인이 도메인 이름을 사용할 의사 없이 등록하여 경제적 이득을 취할 목적으로 상표소유자 또는 제3자에게 양도하거나 판매하려는 시도가 있었는지의 여부

---

39) Story v. Cello Holdings, L.L.C., 347 F.3d 370, 68 USPQ2d 1641 (2d Cir. 2003).

vii) 도메인 이름의 등록인이 도메인 이름의 등록 시 중요한 연락정보를 허위로 제공하였는지의 여부

viii) 상품이나 서비스와 관련 없이 도메인 이름의 등록인이 도메인 이름의 등록 시 타인의 식별력이 있거나 유명한 상표와 동일하거나 혼동을 일으킬 정도로 유사하다는 것을 알면서 도메인 이름들을 등록하거나 취득하였는지의 여부

ix) 도메인 이름에 포함된 상표가 식별력이 있는지의 여부 또는 유명한지 여부.

상술한 복합요소의 판단 기준 중 i)~iv)의 요소들은 부당한 이득을 취할 목적이 없는 것으로 추정될 수 있는 상황들에 관한 결정 요소인 반면, v)~viii)의 요소들은 부당한 이득을 취할 목적이 존재하는 것으로 추정될 수 있는 상황들에 관한 결정 요소이다. 마지막 ix)의 요소는 상표의 식별력의 정도와 유명성의 정도에 따라 부당한 이득을 취할 목적의 존재 여부를 결정하도록 하고 있다.

IV. 구제 수단

1. 도메인 이름의 등록 취소, 이전, 손해배상 등

1) 도메인 이름의 등록 취소 등

상표권자는 사이버스쿼팅방지 소비자보호법에 따라 부당한 이득을 취할 목적으로 상표권자의 상표와 동일 또는 유사한 도메인 이름을 등록, 불법 거래하거나 사용한 자에 대하여 법원에 도메인 이름의 「등록 취소」나 도메인 이름의 상표권자에 대한 「이전」을 청구할 수 있다.

2) 손해배상

상표권자는 1심 법원에서의 판결이 내려지기 전까지 실제적인 손해나 도메인 이름 등록인의 이익을 대신하여 도메인 이름 1개당 최저 1천 달러에서 최고 10만 달러의 범위 내에서 법원이 적당하다고 판단하는 금액의 법정손해배상을 청구할 수 있다.[40]

---

40) 미국의 연방상표법 제35조 (d)항 참조.

2. 대물소송

1) 대인소송

상표권자는 사이버스쿼팅방지 소비자보호법에 따라 부당한 이득을 취할 목적으로 상표권자의 상표와 동일하거나 혼동을 일으킬 정도로 유사한 도메인 이름을 등록, 불법 거래하거나 사용한 자에 대한 대인소송(action in personam)을 제기할 수 있다.

2) 대물소송

도메인 이름의 등록인이 외국인 등이어서 민사소송상 피고로서 인적 관할권을 행사할 수 없거나 상표권자가 도메인 이름의 등록부에 등재된 전자 우편 주소나 우편주소로 도메인 이름의 등록인에게 침해 사실이나 제소 의사를 통지하고 상표권자가 법원에 제소한 이후 법원이 소송을 바로 진행할 수 있도록 제소 사실을 도메인 이름의 등록인에게 통지하는 행위를 통해 신의성실의 의무를 다하였음에도 불구하고 피고의 소재를 파악할 수 없는 경우에는 예외적으로 대물소송(action in rem)이 인정된다.[41]

Ⅴ. 발효 시기

1. 금지명령 관련

사이버스쿼팅방지 소비자보호법은 미국의 클린턴 대통령이 이 법에 서명한 1999년 11월 29일 이후에 등록된 도메인 이름뿐만 아니라 그전에 등록된 도메인 이름에 대해서도 이 법에 따른 금지명령이 인정된다.

2. 손해배상 관련

사이버스쿼팅방지 소비자보호법은 손해배상과 관련해서는 이 법에 대하여 대통령이 서명한 1999년 11월 29일부터 발생한 상표권의 침해나 희석행위에 대한 것만 인정된다.[42]

---

41) 미국의 연방상표법 제45조 (d)항 (2)(A) 참조.

42) 나종갑, 미국상표법연구, 한남대학교 출판부, 2005, 557면 참조.

제4절 ▌우리나라의 제도와 비교 · 분석

Ⅰ. 유명상표의 희석행위 방지 규정

1. 제도 도입의 연혁

미국의 경우 상술한 바와 같이 유명상표의 희석행위를 방지하기 위한 규정은 1947년의 매사추세츠주로부터 시작되어, 일리노이주, 뉴욕주 등의 주법에서 성문화되고 판례로서 축적된 이후에 1995년 연방희석화방지법 제정, 1999년 연방희석화방지법 개정법, 2006년 연방희석화방지법 재개정법을 통해 발전되고 완성되었다. 우리나라의 경우 미국과 유럽연합 회원국 등의 희석행위의 규제를 통한 유명상표에 대한 보호 동향과 학계와 업계의 의견을 수렴한 이후 정부 주도로 유명상표에 대한 희석행위 방지 규정이 상표법과 부정경쟁방지법에 도입된 점에서 차이가 있다.

2. 우리나라의 제도 현황

1) 상표법

우리나라의 상표법 제34조 제1항 제11호에서는 수요자들에게 현저하게 인식되어 있는 타인의 상품이나 영업과 혼동을 일으키게 하거나 그 식별력 또는 명성을 손상시킬 염려가 있는 상표를 부등록사유의 하나로 규정하고 있다.

2) 부정경쟁방지법

우리나라의 부정경쟁방지법 제2조 제1호 다목에서는 상품주체 혼동행위 또는 영업주체 혼동행위 외에 비상업적 사용 등 대통령령으로 정하는 정당한 사유 없이 국내에 널리 인식된 타인의 성명, 상호, 상표, 상품의 용기 · 포장, 그 밖에 타인의 상품 또는 영업임을 표시한 표지(타인의 영업임을 표시하는 표지에 관하여는 상품 판매 · 서비스 제공방법 또는 간판 · 외관 · 실내장식 등 영업제공 장소의 전체적인 외관을 포함한다)와 동일하거나 유사한 것을 사용하거나 이러한 것을 사용한 상품을 판매 · 반포 또는 수입 · 수출하여 타인의 표지의 식별력이나 명성을 손상하는 행위를 부정경쟁행위의 하나로 규정하고 있다.

3) 부정경쟁방지법 시행령

우리나라의 부정경쟁방지법 시행령 제1조의2에서는 부정경쟁방지법 제2조 제1호 다목에서 규정하는 유명상표의 희석행위의 방지 규정의 예외 사유로서 "비상업적 사용 등 대통령령으로 정하는 정당한 사유"에 대하여 다음과 같이 구체적으로 규정하고 있다.

i) 비상업적으로 사용하는 경우

ii) 뉴스보도 및 뉴스논평에 사용하는 경우

iii) 타인의 성명, 상호, 상표, 상품의 용기·포장, 그 밖에 타인의 상품 또는 영업임을 표시한 표지(이하 '표지'라 한다)가 국내에 널리 인식되기 전에 그 표지와 동일하거나 유사한 표지를 사용해온 자(그 승계인을 포함한다)가 이를 부정한 목적 없이 사용하는 경우

iv) 그 밖에 해당 표지의 사용이 공정한 상거래 관행에 어긋나지 아니한다고 인정되는 경우.

3. 미국의 제도와 비교

1) 규제 법률

우리나라는 유명상표의 희석행위 금지에 관한 규정은 부정경쟁방지법, 유명상표를 희석시키는 상표의 등록 배제와 착오로 등록 시 상표등록을 무효로 하는 절차에 관한 규정은 상표법에 각각 규정하고 있다.[43)]

---

43) 대법원은 등록상표가 저명상표라고 하더라도 상표권의 사용금지효는 동일·유사 상품에만 인정하고 이종상품에까지는 인정하지 않고 있다. 대법원은 1999. 7. 23. 선고 98후1914 판결에서 "상표법에 의하여 등록상표권에 주어지는 효력인 등록상표와 저촉되는 타인의 상표사용을 금지시킬 수 있는 효력(금지권)은 등록상표의 지정상품과 동일·유사한 상품에 사용되는 상표에 대하여만 인정되는 것이고 이종상품에 사용되는 상표에 대해서까지 그러한 효력이 미치는 것은 아니라고 할 것이며(상표법 제66조), 이는 저명상표의 경우에도 마찬가지이되 다만, 저명상표의 경우에는 상표법 제7조 제1항 제10호의 규정에 의하여 상품출처의 혼동이 생기는 경우 그 지정상품과 동일·유사하지 아니한 상품에 사용되는 동일·유사한 상표의 등록이 허용되지 아니할 뿐일 이치여서 저명상표의 상표권자로부터 그 저명상표의 지정상품과 동일·유사하지 아니한 상품에 사용되는 상표에 대한 사용금지의 경고나 등록무효 또는 등록취소의 심판을 청구당한 사실이 있다고 하여, 그 피심판청구인에게도 자신의 상표와 지정상품이 다른 저명상표의 등록취소심판을 청구할 수 있는 이해관계가 있다고 할 수 없다."라고 판시한 바 있다.

유명상표 희석행위 방지 규정	유명상표를 희석하는 상표출원 시 **상표등록 배제**	상표법 제34조 제1항 제11호 상표법 제54조 제1호 상표법 제60조 제1항
	유명상표를 희석하는 상표가 착오로 등록 시 **상표등록 무효**	상표법 제117조 제1항
	유명상표를 희석하는 **상표의 사용금지**	부정경쟁방지법 제2조 제1호 다목 부정경쟁방지법 제4조 제1항

그러나 미국은 연방상표법에서 부정경쟁방지법에 관한 규정도 두고 있으므로 연방상표법에서 모두 규정하고 있다는 점에서 차이가 있다.

유명상표 희석행위 방지 규정	유명상표를 희석하는 상표출원 시 **상표등록 배제**	연방상표법 제2조 (f)항
	유명상표를 희석하는 상표가 착오로 등록 시 **상표등록 취소**	
	유명상표를 희석하는 **상표의 사용금지**	연방상표법 제43조 (c)항

2) 유명상표의 희석행위에 대한 정의 규정

미국의 경우 연방상표법에서 희석행위에 대하여 정의하고 있으며[44] 유명상표의 희석행위를 ⅰ) 유명상표의 식별력의 약화에 의한 희석행위, ⅱ) 유명상표의 명성의 손상에 의한 희석행위로 명확하게 구분하고 상표의 유명성 여부를 판단하기 위한 4가지 고려 요소를 명시적으로 제시하고 있으나 우리나라는 상표법과 부정경쟁방지법에서 유명상표의 희석행위에 대한 명시적인 정의 규정을 두고 있지 않으며 유명상표의 희석행위를 약화와 손상으로 명확하게 구분하지도 않고 있다. 다만 규정의 해석과 판례를 통해 그 개념과 유형을 정립하고 있다.

---

44) 미국의 연방상표법 제43조 (c)항 (2)(A) 참조.

(A) For purposes of paragraph (1), a mark is famous if it is widely recognized by the general consuming public of the United States as a designation of source of the goods or services of the mark's owner. In determining whether a mark possesses the requisite degree of recognition, the court may consider all relevant factors, including the following:

(i) The duration, extent, and geographic reach of advertising and publicity of the mark, whether advertised or publicized by the owner or third parties.

(ii) The amount, volume, and geographic extent of sales of goods or services offered under the mark.

(iii) The extent of actual recognition of the mark.

(iv) Whether the mark was registered under the Act of March 3, 1881, or the Act of February 20, 1905, or on the principal register.

3) 적용의 예외 규정

미국은 유명상표의 희석행위의 방지에 관한 규정의 적용을 배제할 수 있는 예외 규정을 연방상표법에서 명시적으로 규정하고 있으나[45] 우리나라는 상표법 상에서는 명문의 규정을 두고 있지 않고 부정경쟁방지법과 부정경쟁방지법 시행령에서만 규정하고 있다

II. 사이버스쿼팅 행위 방지 규정

1. 우리나라의 제도 현황

1) 부정경쟁방지법

부정경쟁방지법 제2조 제1호 아목에서는 정당한 권원이 없는 자가 다음의 어느 하나의 목적으로 국내에 널리 인식된 타인의 성명, 상호, 상표, 그 밖의 표지와 동일하거나 유사한 도메인 이름을 등록 · 보유 · 이전 또는 사용하는 행위를 부정경쟁행위로 규정하고 있다.

i) 상표 등 표지에 대하여 정당한 권원이 있는 자 또는 제3자에게 판매하거나 대여할 목적

ii) 정당한 권원이 있는 자의 도메인 이름의 등록 및 사용을 방해할 목적

iii) 그 밖에 상업적 이익을 얻을 목적.

2) 인터넷주소자원에 관한 법률

인터넷주소자원에 관한 법률 제12조 제1항에서는 누구든지 정당한 권원이 있는 자의 도메인 이름 등의 등록을 방해하거나 정당한 권원이 있는 자로부터 부당

45) (3) Exclusions. — The following shall not be actionable as dilution by blurring or dilution by tarnishment under this subsection:

(A) Any fair use, including a nominative or descriptive fair use, or facilitation of such fair use, of a famous mark by another person other than as a designation of source for the person's own goods or services, including use in connection with —

(i) advertising or promotion that permits consumers to compare goods or services; or

(ii) identifying and parodying, criticizing, or commenting upon the famous mark owner or the goods or services of the famous mark owner.

(B) All forms of news reporting and news commentary.

(C) Any noncommercial use of a mark.

한 이득을 얻는 등 부정한 목적으로 도메인 이름 등을 등록 · 보유 또는 사용하여서는 안 된다고 규정하여 부정한 목적에 의한 도메인 이름의 등록 · 보유 또는 사용 배제를 규정하고 있다. 한편 동법 제12조 제2항에서는 부정한 목적에 의한 도메인 이름의 등록 · 보유 또는 사용에 대한 구제 조치로서 정당한 권원이 있는 자는 부정한 목적에 의하여 도메인 이름 등을 등록 · 보유 또는 사용한 자가 있으면 법원에 그 도메인 이름 등의 「등록 말소」 또는 「등록 이전」을 청구할 수 있도록 규정하고 있다(인터넷주소자원에 관한 법률 §12②).

2. 미국의 제도와 비교

1) 규제 법률

우리나라는 사이버스쿼팅 행위의 금지에 관한 규정을 부정경쟁방지법과 인터넷주소자원에 관한 법률에서 중첩적으로 규정하고 있다.

사이버스쿼팅 행위 방지 규정	부정한 목적에 의한 **도메인 이름의 등록, 보유, 이전, 사용 금지**	부정경쟁방지법 제2조 제1호 아목
	부정한 목적에 의한 **도메인 이름의 등록, 보유, 사용 금지**	인터넷주소자원에 관한 법률 제12조 제1항

그러나 미국에서는 연방상표법에서만 규정하고 있다.

사이버스쿼팅 행위 방지 규정	부당한 이득을 취할 목적으로 **도메인 이름의 등록, 불법 거래, 사용 금지**	연방상표법 제43조 (d)항

2) 규제 대상

우리나라의 인터넷주소자원에 관한 법률에 따른 규제 대상은 우리나라에서 할당되는 인터넷 프로토콜 주소와 우리나라에서 등록 · 보유 또는 사용되는 도메인 이름 등의 인터넷주소자원이고, 부정경쟁방지법은 우리나라의 국가코드 최상위 도메인 이름은 물론 일반 최상위 도메인 이름도 포함된다. 미국의 연방상표법도 국가코드 최상위 도메인 이름은 물론 일반 최상위 도메인 이름까지 포함한다.

3) 구제 조치

우리나라에서는 도메인 이름의 사용이 상표권의 침해 또는 부정경쟁방지법상의 부정경쟁행위에 해당하여 상표법상 상표권의 침해금지 또는 예방청구권이나 부정경쟁방지법상의 부정경쟁행위금지 또는 예방청구권에 기초하여 부정경쟁행위의 대상이 된 도메인 이름의 「등록 말소」를 청구할 수 있으나(부정경쟁방지법 §4②), 상표권자에 대한 도메인 이름의 등록이전 청구는 불가능하다. 다만, 인터넷 주소자원에 관한 법률에 의해서는 도메인 이름의 「등록 말소」 또는 상표권자에 대한 도메인 이름의 「등록 이전」을 청구할 수 있다. 한편 미국의 연방상표법에서는 도메인 이름의 「등록 말소」뿐만 아니라 상표권자에 대한 도메인 이름의 「등록 이전」 청구도 가능하다는 점에서 차이가 있다.[46)]

46) 미국의 연방상표법 제43조 (d)항 (C) 참조.

제 16 장

퍼블리시티권의 보호[1)]

제1절 총 설

Ⅰ. 의 의

퍼블리시티권은 1953년 미국의 판례법[2)]에 의하여 인정된 개념으로 학자와 판례에 의하여 다양한 개념정의가 시도되고 있지만[3)] 일반적으로는 "사람의 초상 · 성명 등 특정인의 동일성(identity)을 광고나 상품 등에 「상업적으로 이용」[4)]하여 재산적 이익을 얻거나 타인의 이용을 통제할 수 있는 권리"라고 정의할 수 있다.

1) 이 장의 내용은 대부분 문삼섭, 상표법(제2판), 세창출판사, 2004, 328~341면의 내용을 미국의 상표제도와 관련하여 내용을 보완하고 요약하여 정리한 것이다.

2) Healan Laboratories, Inc. v. Topps Chewing Gum, Inc., 202 F2d 866 (2d Cir.).

3) Thomas McCarthy는 퍼블리시티권을 "자신의 동일성(identity)이 상업적으로 이용되는 것을 통제할 수 있는 권리"라고 정의하고 있으며, Nimmer 교수는 퍼블리시티권을 "개인이 스스로 가꾸어 온 그의 가치를 통제하고 그로부터 이익을 얻을 수 있는 권리"로 정의하고 있고, 1995년 American Law Institute에서 발간한 The Restatement (Third) of Unfair Competition 제46조에서는 "타인의 성명, 초상 또는 다른 그의 동일성을 나타내는 징표 등을 상업적인 목적으로 동의 없이 이용함으로써 그의 상업적 가치를 이용한 자는 법정손해배상책임을 진다"라고 규정하고 있다.

4) Restatement (Third) of Unfair Competition 제47조에서는 "상품이나 서비스의 광고에 이용되거나 이용자에 의해서 판매되는 제품에 표시되거나 이용자에 의해서 제공되는 서비스와 관련하여 사용되는 경우" 상업적인 이용으로 보고 있으나 "뉴스보도, 논평, 연예, 소설이나 논픽션 저작물 또는 이들에 부수되는 광고에서의 이용"은 일반적으로 상업적인 이용으로 포함시키지 않고 있다.

Ⅱ. 타 개념과의 구분

1. 프라이버시권과의 차이점

퍼블리시티권은 사람의 초상이나 성명 등을 「상업적으로 이용」하는 권리라는 점에서 이용이나 침해의 태양을 달리하며, 그 보호법익이 초상이나 성명 등이 가지는 인격적 가치가 아닌 「재산적 가치」라는 점에서 「인격권」으로서의 「초상권」5) 또는 「성명권」과 구별된다.

연구 116 프라이버시권 vs. 퍼블리시티권

구분		권리 내용	침해 태양	법적 구제 수단
초상권 성명권	**인격적** 이익 (프라이버시권)	초상, 성명을 무단으로 촬영, 공표당하지 않을 권리	**인격적 · 정신적** 고통을 주는 행위	· 침해금지 청구 · 위자료 청구 · 명예회복 청구
	재산적 이익 (퍼블리시티권)	초상, 성명을 **상업적**인 목적으로 **독점적**으로 **이용**하는 권리	**상업적 · 경제적**인 손실을 주는 행위	· 침해금지 청구 · 손해배상 청구 · 부당이득반환 청구

2. 상표권과 비교

보통법과 연방상표법에 따른 상표권과 퍼블리시티권을 상호 비교하면 다음의 표와 같다.6)

연구 117 상표권 vs. 퍼블리시티권

구분	상표권	퍼블리시티권
보호 객체	상표	사람의 초상 · 성명 등 특정인의 동일성
출원 · 등록 절차 유무	· **보통법**상의 상표권은 출원에 의한 등록 절차가 필요 없음	출원 · 등록 절차 필요 없음

5) 사람의 얼굴, 음성, 성명, 서명 기타 사회통념상 특정인이라고 식별할 수 있는 특성이 함부로 촬영되어 공개되거나 광고 등에 무단 사용되는 것을 방지할 수 있는 권리를 통틀어 '초상권'이라 한다(서울민사지방법원 1988. 5. 11. 선고 87가합6175 판결 참조).

6) 특허청, "퍼블리시티권 보호를 위한 입법추진동향" 보고서에서 인용.

구분		상표권	퍼블리시티권
		· **주상표법**에 따라 등록된 상표의 상표권은 출원에 의한 등록 절차 필요 · **연방상표법**에 따라 등록된 상표의 상표권은 출원에 의한 등록 절차 필요	
보호범위	보호 요건	· 사용상표 또는 등록상표와 동일 · 유사한 상표 · 상품의 출처나 상표권자와의 후원관계 등에 관한 소비자의 혼동 가능성이 있는 경우	일반 공중이 퍼블리시티권의 보호 주체를 특정할 수 있으면 족함
	상품 · 서비스의 한정	· **보통법**상의 상표권은 상표를 사용하는 상품이나 서비스로 한정되는 것이 원칙 · **주상표법**에 따라 등록된 상표의 상표권은 각 주에서 관리하는 상표등록부에 등록된 상품 또는 서비스가 되는 것이 원칙 · **연방상표법**에 따라 등록된 상표의 상표권은 특허상표청이 관리하는 상표등록부에 등록된 상품 또는 서비스가 되는 것이 원칙	**모든** 상품과 서비스에 적용될 수 있음
존속기간		· **보통법**상의 상표권은 상표를 계속 사용하는 한 영구적으로 권리 유지 가능 · **주상표법** 또는 **연방상표법**에 따라 등록된 상표의 상표권의 존속기간은 상표등록일로부터 10년이며, 갱신을 통해 영구적으로 권리 유지 가능	퍼블리시티권의 존속기간을 한정하여야 한다는 견해가 다수설

3. 상품화권과의 관계

상품화권(Merchandizing right)이란 일반적으로 "캐릭터(character), 즉 만화나 TV 등에 등장하는 인물이나 동물 등에 대하여 권리를 가지고 있는 자가 이러한 소재를 상품에 이용하려는 자 등에게 이용을 허락할 수 있는 권리"를 말한다. 이러한 캐릭터의 범주에는 만화나 소설에 등장하는 가공의 인물이 포함되지만 「실존 인물」도 포함될 수도 있는데[7] 이렇게 실존 인물에 대한 상품화권이 퍼블리시티권에 해당한다.

7) 牛木理一, 商品化權, 육법출판, 1980.

제2절 ▮ 퍼블리시티권의 발전 연혁

Ⅰ. 프라이버시권의 한계

프라이버시권에 대한 권리는 일찍부터 인정되어 보호되어 왔으나 유명인은 제3자가 그의 초상이나 성명을 무단으로 이용 시 프라이버시권으로 통제하고자 하는 경우 법원은 유명인의 초상이나 성명은 일반 대중에게 이미 널리 알려져 있기 때문에 그것이 비록 대중에게 무단으로 공개되었다고 하더라도 「혼자 있을 권리」를 의미하는 프라이버시권으로는 보호받을 수 없다는 입장을 유지함으로써 유명인의 경우 프라이버시권은 일정한 범위 내에서 양보될 수밖에 없었다.

Ⅱ. 퍼블리시티권의 등장

퍼블리시티권은 1953년 미국 제2 연방순회구 항소법원의 「Haelan 사건」과 관련된 판결[8)]에서 Jerome Frank 판사가 처음으로 퍼블리시티권으로 명명하여 인

---

8) 

Haelan Laboratories, Inc. v. Topps Chewing Gum, Inc., 202 F. 2d 866 (2d Cir. 1953), cert. denied, 346 U.S. 816 (1953). 이 사건은 유명한 프로야구 선수들의 사진들을 독점적으로 이용할 수 있는 권리를 가진 원고가 동일한 프로야구 선수들의 사진을 광고에 이용한 피고를 상대로 광고행위의 금지를 청구한 사건이다. 동 판결에서는 유명인의 경우에는 초상권을 재산권으로 파악하고 그 이름을 퍼블리시티권으로 명명하여 인정한 최초의 판례로서 법원은 다음과 같이 판시하였다. "사람은 프라이버시권과는 별도로 자기 사진이 가지고 있는 공개 가치에 대하여 권리를 가지고 있다고 본다. 자신의 사진 공개에 대한 배타적인 특권을 허용할 수 있는 권리를 퍼블리시티권이라 부를 수 있다. 왜냐하면 수많은 유명인이 그의 초상이 공중에 공개됨으로써 가지게 되는 감정상의 불쾌감과는 별도로 광고에 출연한 대가를 받지 못하였다는 점에서 기분이 상할 것이라는 점은 쉽게 이해할 수 있는 일이다. 이 권리가 다른 광고주에 의한 이용을 금지하는 배타적인 허락의 대상이 될 수

정되기 시작되었고 미국 연방대법원은 1977년 「Zacchini 사건」[9]의 판결에서 퍼블리시티권을 인정하게 되었다. 미국에서 퍼블리시티권은 약 60여 년에 걸쳐 보통법에 근거하여 발전하여 왔으나 미국에서는 통일된 연방법률로는 제정되어 있지 않고 현재 약 20여개 주에서 퍼블리시티권의 침해행위를 부정경쟁행위와 관련된 상업적 불법행위(commercial tort of unfair competition)의 일환으로 보호하고 있다.[10]

제3절 ▌퍼블리시티권의 정당성과 필요성

Ⅰ. 정당성

1. 의 의

사람의 성명이나 초상을 상업적으로 이용할 권리를 인정하고 이를 보호하는 것이 과연 정당한지에 대한 문제로서 학설상 다음과 같이 입장이 나누어진다.

2. 퍼블리시티권의 긍정론

1) 자연적 재산권이론

퍼블리시티권은 당연히 인정되는 개인의 재산권이라는 입장으로서 인간이 자기의 성명이나 초상에 대하여 인격권이 인정되는 것과 마찬가지로 이들을 상업

없다면 아무런 금전적 이익을 가져다 줄 수 없다는 점은 자명하다."(정상기, "퍼블리시티권에 관한 소고", 「한국저작권논문집(II)」, 124면에서 인용).

9) Zacchini v. Scripps-Howard Broadcasting Co., 433 U.S. 564 (1977). 이 사건은 인간 포탄 공연으로 유명한 원고 Zacchini의 공연 전체를 원고의 허락을 얻지 않고 무단으로 촬영하여 방송한 Scripps-Howard Broadcasting사를 상대로 Zacchini가 손해배상을 청구한 사건으로 오하이오주의 대법원은 Zacchini의 공연은 예술성이 결여되어 저작권법상 보호되지 아니하며 피고의 촬영과 방송은 합법적인 공공의 이익을 위한 것이라는 이유로 원고인 Zacchini의 손해배상 청구를 기각하였으나 연방대법원은 퍼블리시티권 보호의 취지는 타인의 명성을 절취하여 부당이익을 취하는 것을 금지하는 것이므로 원고의 전체 공연을 무단으로 촬영하여 방송하는 것은 원고의 공연이 가진 경제적 가치에 상당한 위협을 초래하였다고 판단하였다. 한국지식재산연구원, "퍼블리시티권 보호에 대한 동향 및 시사점", 2015, 참조.

10) 특허청, "퍼블리시티권－입법 추진동향 보고－", 2005, 참조.

적으로 이용할 권리는 성문법상의 명문의 규정 유무를 불문하고 인정되어야 하며, 타인의 성명이나 초상을 이용하여 경제적 이익을 얻는 것은 부당이득에 해당한다고 보는 것이 형평의 원칙에도 부합한다는 입장이다.[11)]

2) 인센티브이론

퍼블리시티권을 인정하면 자기의 성명이나 초상이 갖게될 경제적 가치를 높이기 위하여 노력할 것이므로 이는 개인으로나 사회 전체적으로 유익하다는 입장이다.[12)]

3) 경제적 정당화이론

퍼블리시티권을 인정하게 되면 사람의 성명이나 초상에 대한 시장이 형성되어 이 시장을 통하여 성명이나 초상이라는 자원이 가장 효율적으로 사용될 수 있다는 입장이다.

4) 혼동방지이론

성명 또는 초상을 본인과 전혀 관련 없는 자가 무단으로 이용하면 소비자는 본인과 무단 이용자 간에 일정한 관계가 있는 것으로 혼동할 것이므로 퍼블리시티권을 인정하여 타인에 의한 성명이나 초상의 무단 이용을 금지시킴으로써 이러한 소비자의 혼동 가능성을 없애야 한다는 입장이다.

3. 퍼블리시티권의 부인론

1) 경제적 불평등심화론

성명이나 초상이 상업적으로 이용될 만한 경우에는 이미 그 본인이 명성과 부를 축적한 경우가 대부분이므로 퍼블리시티권을 인정하여 그 성명이나 초상을 상업적으로 이용할 권리를 독점시킨다면 부유한 자를 더욱 부유하게 함으로써 오히려 경제적 불평등을 심화한다는 입장이다.

2) 디센티브이론

초상, 성명의 상업적 가치는 본인의 노력 여하에 관계 없이 우연한 사정으로 생기는 경우가 많고 특허권이나 저작권과는 달리 본인 노력의 대가로서의 부가적

---

11) Brown Chemical Co. v. Meyer 사건(139 U.S. 542, 11S. Ct. 625, at 627, 35 L.Ed. 247 (1891). 이 사건에서 미국의 연방대법원은 "사람의 성명은 그의 재산권으로 다른 종류의 재산권과 마찬가지로 그는 그것을 이용하고 향유할 권리가 있다"고 판시하였다.

12) Zacchini v. Scripps-Howard Broadcasting Co., 433 U.S. 564 (1977).

인 수입으로 볼 수 없으므로 이미 명성을 얻은 사람은 퍼블리시티권의 인정으로 인한 수입 때문에 본래의 직업에서 노력을 게을리할 염려가 있으므로 사회적으로 디센티브로 작용될 수 있다는 입장이다.

3) 사회적 비용 증가 이론

성명이나 초상이 광고에 자유로이 이용되는 경우는 그 가치가 격감하겠지만 티셔츠와 같은 기념품에 이용되는 경우에는 많이 이용될수록 그 가치가 증가할 수 있고 퍼블리시티권을 인정하게 되면 본인과의 교섭이 필요하여 사회적 비용을 증가시킨다는 입장이다.

4) 타법에 의한 오인방지 가능 이론

퍼블리시티권의 침해 문제는 부정경쟁방지법 등 다른 법에 의하여 해결할 수 있다는 입장이다.

5) 언론의 자유 제약 이론

퍼블리시티권을 인정할 경우 성명이나 초상의 자유로운 사용이 제한되어 불가피하게 언론의 자유를 제약하는 결과를 가져오게 되므로 그 인정에 신중을 기하여야 한다는 입장이다.

II. 필요성

1. 의 의

사람에게 자기의 성명이나 초상을 상업적으로 이용할 권리를 인정한다고 하더라도 성명권, 초상권과는 별도의 재산권으로서의 퍼블리시티권을 인정할 필요가 있는지에 대한 문제로서 다음과 같은 이유가 주장되고 있다.

2. 필요성

1) 재산적 손해에 대한 배상 필요

연예인, 운동선수 등은 자기의 성명이나 초상을 이용하여 자신의 존재를 대중에게 널리 알리고자 하므로, 이들에 있어서는 일반인과는 특별한 사정이 없는 한 정신적 고통이 있을 수 없고 따라서 그로 인한 손해배상을 받을 수 없을 것이므로 그들의 성명이나 초상이 가지는 경제적 가치에 중점을 두는 퍼블리시티권을 인정함으로써 재산적인 손해에 대한 배상을 받을 수 있도록 하여야 한다는 주장이다.

2) 양도성을 가진 재산권적 성격의 퍼블리시티권 인정 필요

인격권적 성격의 성명권, 초상권은 그 성질상 타인에게 양도할 수 없는 것이므로 양도성을 가진 재산권적 성격의 퍼블리시티권을 인정하여야 자신의 성명과 초상이 가지는 경제적 가치에 대한 충분한 대가를 받을 수 있으며, 그러한 권리를 양도받은 타인도 보호받을 수 있다는 주장으로 퍼블리시티권을 인정하여야 하는 강력한 근거가 되고 있다.

제4절 퍼블리시티권의 보호 주체 및 대상

Ⅰ. 보호 주체

1. 자연인

1) 유명인

영화배우나 TV 탤런트, 운동선수나 가수 등 고객흡인력을 가진 유명인은 퍼블리시티권의 보호 주체가 될 수 있다.

2) 일반인

유명인이 아닌 일반인도 퍼블리시티권의 주체가 될 수 있는지 여부에 대해서는 견해의 대립이 있으나 미국에서는 유명인뿐만 아니라 유명하지 않는 일반인도 퍼블리시티권에 의해 보호된다고 보는 견해가 다수설이다.[13]

2. 법인 또는 단체

자연인 이외에 법인 또는 단체에 대하여도 퍼블리시티권을 인정할 것인지의 여부에 대해서도 학설의 대립이 있지만 미국에서는 다수의 학설과 판례는 법인 등의 단체에 대해서는 퍼블리시티권을 부인하고 있다. 다만 음악을 연주하는 그룹

---

13) Maheu v. CBS, Inc., 247 Cal. Rptr. 304 (Ct. App. 1988), KNB Enterprises v. Matthews, 92 Cal. Rptr. 2d 713, 717 (Cal. App. 2000); Hetter v. District Court, 874 P.2d 762, 765 (Nev. 1994).

의 명칭에 대해서는 퍼블리시티권을 인정한 사례는 있다.[14]

3. 동 물

Nimmer 교수는 동물에게도 퍼블리시티권을 인정하여야 한다고 주장하고 있으나 미국의 판례[15]에서는 퍼블리시티권은 인간의 동일성에 대한 상업적 이용을 규제하기 위한 권리이므로 동물에게까지 퍼블리시티권을 확대하여 적용하는 것은 타당하지 않다는 입장을 취하고 있다.

II. 보호 대상

1. 의 의

퍼블리시티권은 성명이나 초상은 물론이고 특정인의 동일성을 상징하는 모든 징표를 그 보호 대상으로 하고 있다.

2. 성 명

사람의 성명은 특정인을 식별할 수 있는 가장 기본적인 것으로서 퍼블리시티권의 보호 대상에 포함된다. 이 경우 성명은 성과 이름이 합쳐진 성명(full name)만을 의미하지 않고 성을 제외한 이름(first name)만으로도 보호의 대상이 될 수 있다.[16] 성명에는 본명에 한하지 아니하고 별명[17]이나 예명, 필명도 특정인을 명확

14) Bi-Rite Enterprises, Inc., v. Button Master, 555 F. Supp. 1188, 9 Media L. Rep. 1531, 217 USPQ (BNA) 910 (S.D. N.Y. 1983). 이 사건에서 법원은 퍼블리시티권은 프라이버시권과는 달리 개인뿐만 아니라 음악연주그룹 등 단체의 명칭에도 인정된다고 판시하였다.

15) 뉴욕주 지방법원은 Lawrence v. Ylla 사건[184 Misc. 807, 55 N.Y.S. 2d 343 (N.Y. Supp. 1945)]에서 애완견의 사진을 무단으로 과자광고에 이용한 사건에서 "뉴욕주 법에 따르면 퍼블리시티권은 살아 있는 사람에게만 인정된다"고 판시함으로써 동물에 대한 퍼블리시티권을 부인하였다.

16) Abdul-Jabbar v. General Motors Corp., 85 F.3d 407 (9th Cir. 1996).

17) Doe v. TCI Cablevision, 110 S.W.3d 363, 370 (Mo. 2003) 이 사건에서 전직 프로 하키선수인 Anthony Twist는 그의 별명인 Tony Twist로 널리 알려졌었는데 피고가 Tony Twist를 만화책의 캐릭터의 명칭으로 이용하자 소송을 제기한 사건에서 법원은 별명도 퍼블시티권의 보호의 대상이 된다고 인정하였다. Hirsch v. S.C. Johnson & Son, Inc., 280 N.W.2d 129 (Wis. 1979). 이 사건에서도 법원은 아메리칸 풋볼 선수의 별명인 Crazylegs도 퍼블리시티

하게 확인할 수 있다면 보호의 대상이 되며,[18] 성명을 종교에 따라 개명한 경우 개명 전의 성명도 보호의 대상이 될 수 있다.[19] 다만, 동명이인(同名異人)이 많기 때문에 성명이 동일하다는 이유만으로는 퍼블리시티권이 침해되었다고 인정되기는 힘들다. 따라서 그 성명이 이용된 상황, 기타 관련된 일체의 상황을 감안하여 특정인을 지칭한다고 인정되는 경우에는 퍼블리시티권을 침해하였다고 인정하여야 할 것이다. 그러나 유명인의 경우에는 성이나 이름 그 자체만으로 또는 이를 조금 변형한 경우나 타인의 사진에 유명인의 성명을 붙여 이용하는 경우에도 퍼블리시티권의 침해로 인정될 수 있다.

3. 초상, 사진

퍼블리시티권의 본질은 타인에 의한 특정인의 동일성의 이용에 대한 통제이므로 초상이나 사진도 퍼블리시티권의 보호 대상이다. 이 경우 반드시 그 사람의 얼굴 형상이 명확히 드러나야 하는 것은 아니며 뒷모습에 불과하더라도 전체적인 상황으로 판단할 때 특정인임을 알 수 있는 경우에는 퍼블리시티권의 침해에 해당한다.[20]

21)

22)

23)

권의 보호 대상에 해당한다고 판시하였다.

18) Carson v. Here's Johnny Portable Toilets, Inc., 698 F.2d 831. (6th Cir. 1983); Doe v. TCICablevision, 110 S.W.3d 363, 370 (Mo. 2003).

19) Abdul-Jabbar v. General Motors Corp., 85 F.3d 407 (9th Cir. 1996) 이 사건에서 법원은 프로농구선수가 종교의 개종으로 성명을 개명하였다고 하더라도 개명 전의 성명도 퍼블리시티권의 보호 대상에 포함된다고 판시하였다.

20) 미국의 Ali 사건[Ali v. Playgirl, Inc., 447 F. Supp. 723, 206 USPQ 1021, 3 Media L. Rep. 2540(D.C.N.Y. 1978)]에서 법원은 피고가 뉴스 등에서 원고를 일반적으로 지칭하던 표현인 'the greatest'라는 단어와 함께 사각의 링의 구석에 흑인복서의 초상을 게재한 것은 Ali의 초상권을 침해한 것이라고 판시하였다.

21) 출처: http://www.spreadshirt.com.

22) Vanna White v. Samsung Electronics America, Inc., 971 F.2d 1395 (9th Cir. 1992).

23) 삼성전자가 축구선수인 펠레와 닮은 사람을 광고 모델로 뉴욕타임스에 텔레비전 판매를

4. 목소리

목소리만으로도 특정인으로 인식할 수 있을 정도로 목소리가 독특하다면 퍼블리시티권의 보호 대상이 된다.[24][25]

5. 극중에서의 독특한 역할(캐릭터)

배우나 코미디언 등이 극중에서의 독특한 역할을 계속함으로써 그만이 가진 독특한 이미지를 구축할 수가 있다. 이렇게 연기자와 극중 역할의 이미지가 결합될 경우 이러한 결합도 보호 대상이 될 수 있다.

6. 기타 특정인과 동일시할 수 있는 물건

카레이서와 자동차와 같이 어떤 사람이 특정한 물건과의 밀접한 관계 속에서 유명해진 경우 그 물건을 통해서 특정인을 인식할 수 있다면 퍼블리시티권의 보호 대상이 될 수 있다.[26] 다만, 특정인이 단순히 그 물건의 소유자라는 점으로는 부족하고 그 물건이 초상이나 성명과 같이 그 사람을 상징할 정도로 밀접한 연관관계가 있어야 한다.

위한 광고를 하자 펠레가 비록 광고 문구에는 펠레라는 이름이 없지만 삼성전자가 의도적으로 펠레를 떠올리게 하는 광고를 하여 자신의 퍼블리시티권을 침해하였다고 주장하면서 삼성전자를 상대로 3천만 달러의 손해배상을 청구하였다. 이미지 출처: https://post.naver.com/viewer/postView.nhn?volumeNo=3924336&memberNo=16711396.

24) 미국의 Bette Midler 사건[Midler v. Ford Motors Co., 849 F.2d 460, 1988 Corp. L.Dec. P26, 313, 7 USPQ2d 1398, 15 Media L.Rep. 1620, GRUR Int. 1989, 338 (C.A.9. 1988)]에서 제9 연방순회구 항소법원은 피고회사가 원고의 음성과 닮은 가수로 하여금 원고의 노래를 부르게 한 행위는 원고의 퍼블리시티권을 침해한다고 판시하였다.

25) 캘리포니아 주법에서는 사람의 실제 목소리가 보호된다고 규정하고 있으며(Cal. Civ. Code §3344), 뉴욕주에서도 사람의 목소리가 보호된다고 규정하고 있다(N.Y. Civ. Rights §51).

26) 미국의 Motschenbacher 사건[Motschenbacher v. R. J. Reynolds Tobacco Co., 498 F.2d 821 (1974)]에서 법원은 피고가 그의 상품의 광고에서 유명한 자동차 경주 선수인 Motschenbacher의 자동차가 달리는 장면을 이용한 것에 대하여 비록 위 사진상으로는 원고의 모습이 보이는 것은 아니지만 원고가 이 자동차를 운전하고 있으리라는 것을 연상하기에 충분하므로 이는 원고의 퍼블리시티권을 침해한 것이라고 판시하였다.

7. 미국의 주별 보호 대상 현황[27)]

미국의 주별 퍼블리시티권의 보호 대상을 살펴보면 다음의 표와 같다.

연구 118 미국의 주별 퍼블리시티권 보호 대상

주	최초 입법 [현행법 개정]	보호 객체
California	1972 [2007]	성명, 유사물, 사진, 목소리
Florida	1967	성명, 유사물, 사진
Illinois	1999	성명, 유사물, 사진, 목소리
Indiana	1994	성명, 유사물, 사진, 목소리
Kentucky	1984	성명, 유사물
Massachusetts	1974	성명, 유사물
Nebraska	1979	성명, 유사물
Nevada	1989	성명, 유사물, 사진, 목소리
New York	1903 [1995]	성명, 유사물, 목소리
Ohio	1999	성명, 유사물, 사진, 목소리

주	최초 입법 [현행법 개정]	보호 객체
Oklahoma	1955 [1986]	성명, 유사물, 사진, 목소리
Pennsylvania	2003	성명, 유사물, 사진, 목소리
Rhode Island	1972 [1980]	성명, 유사물
Tennessee	1984	성명, 유사물, 사진
Texas	1987	성명, 유사물, 사진, 목소리
Utah	1909 [1981]	성명, 유사물
Virginia	1904 [1977]	성명, 유사물
Washington	1998 [2008]	성명, 유사물, 사진, 목소리
Wisconsin	1977	성명, 유사물

27) 특허청, 부정경쟁방지 및 영업비밀보호에 관한 법률에 의한 퍼블리시티권 보호방안 연구, 2009, 38~39면 참조.

제5절 ▌퍼블리시티권의 양도와 이용허락

Ⅰ. 퍼블리시티권의 양도성

1. 의 의

퍼블리시티권을 다른 재산권과 마찬가지로 타인에게 양도할 수 있는지의 문제로 긍정설과 부정설로 나뉜다.

2. 긍정설

퍼블리시티권의 개념이 형성된 것도 퍼블리시티권의 양도성을 인정하여야 할 필요성 때문에 나온 개념이므로 인격권으로서의 프라이버시권, 성명권 또는 초상권과 구별하여 퍼블리시티권의 재산권성을 강조하여 제3자에게 양도할 수 있다는 입장이다.

3. 부정설

퍼블리시티권의 재산권성을 인정하더라도 퍼블리시티권은 인격적 요소를 포함하지 아니한 순수한 재산권으로 보기 어렵고 프라이버시권과 함께 본인의 인격으로부터 파생되는 권리로서 본인과 불가분의 일체를 이루는 것이므로 통상의 재산권과는 달리 제3자에게 양도할 수 없다는 입장이다.

4. 정 리

미국에서는 퍼블리시티권을 자유롭게 양도할 수 있다는 입장이 학설과 판례[28)]의 주류적인 입장이며 캘리포니아주, 테네시주, 플로리다주 등 다수의 주법에서도 대부분 양도성을 명문으로 인정하고 있다.

---

28) Martin Luther King, Jr. Center for Social Change, Inc. v. American Heritage Products, Inc, 694 F.2d 674, 680 (11st Cir. 1983).

II. 퍼블리시티권의 양도 또는 이용허락과 법률관계

1. 퍼블리시티권의 양도에 따른 법률관계

1) 양수인과 제3자와의 관계

퍼블리시티권이 양도되면 양수인이 그 권리를 행사하게 된다. 따라서 양수인은 제3자가 양도인의 초상, 성명을 무단으로 광고에 이용하는 경우 양수인이 직접 제3자를 상대로 손해배상 또는 침해금지 등을 청구할 수 있다.

2) 양수인과 양도인과의 관계

퍼블리시티권이 양도되는 경우 양도인이 자기의 초상, 성명을 상업적으로 이용한 경우에도 양수인이 양도인을 상대로 퍼블리시티권의 침해에 대한 손해배상을 청구할 수 있게 된다. 다만, 퍼블리시티권이 이전된다고 하더라도 인격권으로서 초상권, 성명권은 여전히 양도인에게 남아 있으므로 제3자가 그 초상이나 성명을 무단으로 광고 등에 이용한 결과 정신적인 피해가 발생한 경우의 손해배상은 양도인만이 청구할 수 있게 된다.

2. 퍼블리시티권의 이용허락에 따른 법률관계

1) 비배타적 이용허락

퍼블리시티권을 타인에게 비배타적 이용권(non-exclusive license)의 형식으로 이용을 허락하는 경우 퍼블리시티권은 본인에게 있으므로 제3자가 퍼블리시티권을 침해하는 경우 본인만이 그 침해행위의 금지 및 손해배상 등을 청구할 수 있다.

2) 배타적 이용허락

퍼블리시티권을 타인에게 배타적 이용권(exclusive license)의 형식으로 이용을 허락한 경우 배타적 이용권자는 퍼블리시티권의 양수인과 동일한 지위가 부여되므로 제3자가 무단으로 그 성명이나 초상 등을 상업적으로 이용하는 경우 퍼블리시티권의 배타적 이용권자는 그 침해행위의 금지 및 손해배상 등을 청구할 수 있다.[29]

---

29) Bi-Rite Enterprises v. Button Master, 555 F.Supp. 1188 (S.D.N.Y. 1983).

제6절 퍼블리시티권의 상속성 및 존속기간

Ⅰ. 퍼블리시티권의 상속성(사후 존속 여부)

1. 의 의

보호 주체의 사망 후에도 퍼블리시티권을 인정할 것인지에 대해서 긍정설과 부정설로 의견이 대립하고 있다.

2. 긍정설

프라이버시권 등의 「인격권」의 경우 일신전속성이 있어 보호 주체의 사망으로 권리도 소멸한다고 보아야 하지만 퍼블리시티권은 「재산권」이므로 본인의 사망으로도 소멸되지 않고 상속인에게 상속된다는 입장이다.[30)]

3. 부정설

퍼블리시티권의 재산권성이 인정된다 하더라도 프라이버시권과 함께 본인의 인격으로부터 파생되는 권리로서 본인과 불가분의 일체를 이루는 것이므로 통상의 재산권과는 달리 본인의 사망과 함께 소멸한다는 입장이다.[31)]

4. 정 리

퍼블리시티권을 인정하는 캘리포니아주[32)] 등 대다수의 주법에서는 퍼블리시티권의 상속을 인정하고 있으나 뉴욕주[33)] 등 소수의 주에서는 퍼블리시티권을 보호 주체의 생존기간으로 제한하고 있다.

---

30) Harold R. Gordon, "Right of Property in Name, Likeness, Personality and History", 55 Nw. U. L. Rev. 553, 612 (1960).

31) 뉴욕주에서는 퍼블리시티권은 보호 주체의 사망에 의하여 소멸한다고 보고 있다.

32) Cal. Civ. Code. §3344.1 참조.

33) N.Y. Civil Rights §§50 & 51 참조.

Ⅱ. 보호 주체의 사망 후 퍼블리시티권의 인정요건

1. 의 의

보호 주체의 사망 후 퍼블리시티권을 인정받기 위한 전제 요건으로서 보호 주체가 생전에 퍼블리시티권을 이용했어야 하는지에 대하여 필요설과 불필요설로 의견이 대립하고 있다.

2. 생전이용 필요설

퍼블리시티권의 보호 주체가 사망한 후에도 퍼블리시티권을 인정받기 위해서는 보호 주체가 생전에 퍼블리시티권을 이용했을 경우에만 비로소 사후에도 인정받을 수 있다는 입장이다.[34)]

3. 생전이용 불요설

보호 주체가 생전에 퍼블리시티권을 이용하였는지의 여부와 관계없이 퍼블리시티권의 보호 주체가 사망한 후에도 퍼블리시티권을 인정받을 수 있다는 입장이다.

4. 정 리

미국의 다수 학설은 보호 주체의 사망 후 퍼블리시티권 인정의 전제요건으로서 보호 주체의 생전이용이 전제되어야 한다는 견해에 대하여 비판적인 입장을 취하고 있다. 한편 미국의 판례[35)]와 캘리포니아주 등 각 주의 법률에서도 보호 주체의 생전이용이 불필요하다는 입장을 취하고 있다.[36)]

---

34) Hicks v. Casablanca records, 464 F.Supp. 426, 204 USPQ (BNA) 126, 4 Media L. Rep. 1497 (S.D. N.Y. 1978); Lugosi v. Universal Pictures, 25 Cal.3d 813, 160 Cal. Rptr. 323, 603 P.2d 425, 5 Media L. Rep. 2185, 205 USPQ (BNA) 1090, 10 A.L.R. 4th 1150 (1979).

35) Martin Luther King, Jr. Center for Social Change, Inc. v. American Heritage Products, Inc., 250 Ga 135, 296 S.E.2d 697, 8 Media L. Rev. 2377, 216 USPQ (BNA) 711 (1982).

36) 권태상, "미국법상 퍼블리시티권", 「비교사법」, 23(1), 한국비교사법학회, 2016.2, 66면 참조.

Ⅲ. 퍼블리시티권의 존속기간

1. 의 의

퍼블리시티권의 상속을 인정하는 경우에도 존속기간을 한정할 것인가, 한정한다면 그 기간을 언제까지로 하여야 할 것인지에 관한 문제로 각 주마다 상이한 입장을 취하고 있다.

2. 존속기간 무한정설

퍼블리시티권도 재산권이므로 일반적인 재산권에 존속기간이 한정되지 않은 것처럼 퍼블리시티권의 존속기간도 한정될 수 없다는 입장이다.[37)]

3. 존속기간 한정설

아주 오래된 조상 중에 유명인이 있다면 그 성명이나 초상의 상업적 이용에 대한 대가를 후손들이 영원히 받을 수 있도록 하는 것은 혈통에 의한 신분차별을 철폐한 현대 사회의 정서에 맞지 아니하며 본인의 사망 후 시간의 흐름에 따라 사자(死者)의 성명이나 초상을 자유롭게 이용할 수 있도록 하여야 하는 공공의 이익이 조상의 명성을 이용하여 재산적 이익을 취할 수 있는 후손의 이익을 능가하게 되므로 퍼블리시티권의 존속기간을 한정할 필요가 있다는 입장이다.

4. 정 리

퍼블리시티권을 인정하는 거의 모든 학자들은 존속기간을 한정하는 것에 찬성하고 있다.[38)] 물론 그 존속기간에 대해서도 ⅰ) 50년 이상으로 보는 견해,[39)] ⅱ)

---

37) J. Thomas McCarthy, The Rights of Publicity and Privacy, 2d ed., Thomsons Reuters, 2009, Volume 2, 435면; Andrew B. Sims, "Right of Publicity: Survivability Reconsidered", 49 Fordham L. Rev. (1981) 453, 479~480면 참조.

38) 이와 같이 존속기간을 한정하여야 한다고 주장하는 근거는 ⅰ) 너무 먼 후손이 유명한 조상의 상업적 이익을 취하는 것을 방지하여야 하며, ⅱ) 퍼블리시티권은 표현의 자유 및 자유경쟁의 이익과 균형을 이루어야 하는데 표현의 자유와 자유경쟁의 이익은 시간이 흐름에 따라 상속인의 이익보다 커지고, ⅲ) 상업적 예측가능성과 확실성을 도모하기 위해서 확정된 존속기간을 정할 필요가 있다는 점이다. McCarthy, 앞의 논문, 438f면 참조, 권태상, 앞의 논문, 94면 참조.

39) 캘리포니아주 Cal. Civ. Code §3344.1(g)에서는 50년, 테네시주 Tenn. Code Ann. §47-25-1104

50년으로 보는 견해, iii) 50년보다는 짧은 기간으로 충분하다는 견해, iv) 30년으로 보는 견해, v) 20년으로 보는 견해, vi) 5~10년으로 보는 견해, vii) 배우자와 자녀의 생존기간으로 보는 견해, viii) 구체적인 사정을 감안하여 존속 여부를 판단하는 견해, ix) 성명 등이 상업적으로 이용되는 기간 동안으로 보는 견해 등이 다양하다. 미국의 주별 보호 주체의 사후 퍼블리시티권의 인정 여부와 존속기간을 살펴보면 다음과 같다.[40]

연구 119 미국의 주별 보호 주체의 사후 퍼블리시티권의 인정 여부와 존속기간

주	최초 입법 [현행법 개정]	사후 인정여부	사후 존속기간
California	1972 [2007]	○	70년
Florida	1967	○	40년
Illinois	1999	○	50년
Indiana	1994	○	100년
Kentucky	1984	○	50년
Massachusetts	1974	X[44]	-
Nebraska	1979	○	비성문화
Nevada	1989	○	50년
New York	1903 [1995]	X	-
Ohio	1999	○	60년

주	최초 입법 [현행법 개정]	사후 인정여부	사후 존속기간
Oklahoma	1955 [1986]	○	100년
Pennsylvania	2003	○	30년
Rhode Island	1972 [1980]	X[41]	-
Tennessee	1984	○	10년[42]
Texas	1987	○[43]	50년
Utah	1909 [1981]	X	-
Virginia	1904 [1977]	○	20년
Washington	1998 [2008]	○	10년/75년[45]
Wisconsin	1977	X	-

에서는 보호 주체에 의하여 개인의 성명과 동일성이 상업적으로 이용되는 한 영원히 보호된다고 규정하고 있다.

40) 특허청, 부정경쟁방지 및 영업비밀보호에 관한 법률에 의한 퍼블리시티권 보호방안 연구, 2009, 38~39면 참조.

41) '생존하는 한'이라는 조건 없이 '누구라도'(any person)라고 규정하고 있다.

42) 사후 존속기간은 10년이지만 만일 상업적 이용이 계속될 경우 연장이 가능하도록 규정하고 있다.

43) 법정 권리는 오로지 사후에만 적용되며, 생존하는 자에게는 적용되지 않는다고 규정하고 있다.

44) '생존하는 한'이라는 조건 없이 '누구라도'(any person)라고 규정하고 있다.

제7절 ▎퍼블리시티권의 침해 유형

Ⅰ. 의 의

제3자가 타인의 성명이나 초상 등을 다음과 같이 이용하는 경우에는 퍼블리시티권의 침해에 해당하게 된다.

Ⅱ. 광 고

타인의 성명이나 초상을 허락 없이 광고에 이용하는 것은 퍼블리시티권 침해의 전형적인 유형이다.[46] 이 경우 광고는 제품의 판매나 영리사업을 위한 것뿐만 아니라 자선단체, 종교단체, 교육기관, 정부기관 등 비영리단체의 홍보를 위한 광고도 포함하며 이 경우 광고행위는 허락 없이 타인의 성명이나 초상을 광고에 이용한 사실 자체만으로 퍼블리시티권의 침해가 인정된다. 다만, 광고되는 제품, 책, 연극, 뮤지컬의 창작자, 저자, 작곡자 또는 출연자를 밝히기 위하여 그의 성명이나 초상을 광고에 이용하는 경우 또는 타인의 성명이나 초상 등을 뉴스나 논평, 픽션 또는 논픽션에 이용하는 것은 공정한 사용으로서 퍼블리시티권의 침해에 해당되지 않는다.

Ⅲ. 상품에 대한 이용

허락 없이 타인의 성명이나 사진이 새겨진 상품, 예를 들면 티셔츠나 목걸이,

---

45) 권리 주체의 동일성이 상업적 가치를 가진 경우 75년, 그렇지 아니한 경우 10년으로 규정하고 있다.

46) 뉴욕주와 캘리포니아주, 플로리다주 등 다수의 주에서 광고에서의 무단 이용을 규제하고 있다.

포스터 등의 기념품을 판매하는 것도 전형적인 퍼블리시티권의 침해에 해당된다.

Ⅳ. 보도, 연예오락, 창작품에의 이용

퍼블리시티권도 연방헌법이 보장하는 언론과 표현의 자유에 의하여 제약을 받게 되므로 신문, 잡지, 방송 등에서 보도를 위하여 필요한 범위 내에서 타인의 성명이나 초상 등을 이용하는 것은 비록 언론사가 공영기관이 아니고 영리를 목적으로 보도를 하는 것이라고 하더라도 퍼블리시티권의 침해에 해당되지 아니한다. 또한 보도가 아니라 타인의 전기를 쓰거나 그 일생을 영화화하는 등의 경우에도 본인의 허락에 관계없이 그 성명이나 초상의 이용이 허용될 것인지가 논란이 되는데 미국에서는 언론의 자유는 연예오락, 픽션 · 논픽션을 포함한 창작품에까지 미치므로 본인의 허락 없이 전기를 쓰거나 소설화, 영화화 또는 연극화하여 타인의 성명이나 초상을 이용하더라도 퍼블리시티권의 침해에 해당하지 아니한다고 보고 있다.

Ⅴ. 기타의 이용

건물 등에 타인의 성명을 이용하는 행위도 퍼블리시티권의 침해행위에 해당된다. 영화관 주인이 관객을 끌기 위하여 유명한 배우나 감독의 성명을 따서 영화관의 명칭으로 이용하거나 유명한 운동선수의 성명을 따서 운동용품 판매점의 명칭으로 이용한다면 이는 성명의 상업적 이용에 해당하므로 퍼블리시티권의 침해가 인정된다. 그러나 국가나 공공기관에서 어느 특정한 유명인의 업적을 기리기 위하여 도로나 학교, 체육관 등의 건물에 그의 성명을 이용하는 것은 이를 상업적 이용이라고 보기는 어려우므로 퍼블리시티권의 침해로 보기 어렵다.

제8절 퍼블리시티권의 침해에 대한 구제

Ⅰ. 의 의

퍼블리시티권이 침해되는 경우에는 침해행위의 금지명령, 손해배상, 징벌적 손해배상 청구 등과 같은 구제 수단이 이용될 수 있다.

Ⅱ. 침해 금지명령

성명권, 초상권, 명예권, 프라이버시권 등의 인격권은 한번 침해되면 사후적인 구제 수단에 의한 회복은 사실상 불가능하다. 따라서 침해행위의 금지명령은 사전에 이러한 침해를 억제하고 일단 시작된 침해에 대하여 이를 신속히 정지 또는 제거하기 위하여 가장 실효성 있는 구제 수단이 될 수 있다. 미국의 다수의 학설과 판례[47]와 각 주의 법률에서는 퍼블리시티권의 침해에 대하여 금지명령을 인정하고 있다.

Ⅲ. 손해배상

퍼블리시티권의 침해는 불법행위에 해당하기 때문에 피해자는 침해자에게 손해배상을 청구할 수 있다.[48] 이 경우 합리적인 이용료(reasonable royalty)에 기초한 손해배상을 청구할 수 있으며[49] 정신적인 고통으로 인한 손해에 대해서도 고려될 수 있다.[50]

47) Gridiron.com, Inc. v. National Football League, player's Association, Inc., 106 F.Supp. 2d 1309, 1315-16 (S.D. Fla. 2000); Eastwood v. Superior Court, 198 Cal. Rptr. 342, 348 (Ct. App. 1983).

48) Waits v. Frito-Lay, Inc., 978 F.2d 1093 (9th Cir. 1992); Clark v. Celeb Publishing, Inc., 530 F.Supp. 979, 983 (S.D.N.Y. 1981).

49) Apple Corp Ltd. v. Leber, 229 USPQ 1015 (Cal. Super. 1986).

Ⅳ. 징벌적 손해배상

법원의 일부 판례[51]와 캘리포니아주[52]와 같이 불법행위에 대하여 징벌적 손해배상을 인정하는 주에서는 법정 요건[53]을 갖춘 경우 퍼블리시티권의 침해에 대하여 징벌적 손해배상을 청구할 수 있다.[54]

Ⅴ. 각 주별 퍼블리시티권 침해에 대한 구제 수단

연구 120 미국의 주별 퍼블리시티권 침해에 대한 구제 수단

주	최초 입법 [현행법 개정]	법적 구제 수단[55]	언론 보도 예외
California	1972 [2007]	손, 징, 변[56]	○
Florida	1967	금, 손,[57]징	○
Illinois	1999	금, 손, 징	○
Indiana	1994	금, 손,[58] 징, 변	○
Kentucky	1984	-	X
Massachusetts	1974	금, 손, 3배	X
Nebraska	1979	-[61]	○[62]
Nevada	1989	금, 손[63], 징	○
New York	1903 [1995]	금, 손, 징	X
Ohio	1999	금, 손, 징, 3배, 변	○

주	최초 입법 [현행법 개정]	법적 구제 수단	언론 보도 예외
Oklahoma	1955 [1986]	금, 손, 징, 변	○
Pennsylvania	2003	금, 손	○
Rhode Island	1972 [1980]	금, 손, 3배	X
Tennessee	1984	금, 손[59]	○
Texas	1987	손,[60] 징, 변	○
Utah	1909 [1981]	금, 손, 징, 변	X
Virginia	1904 [1977]	금, 손, 징	X
Washington	1998 [2008]	금, 손, 변	○
Wisconsin	1977	금, 손, 변	○[64]

50) Clark v. Celeb Publishing, Inc., 530 F.Supp. 979, 983 (S.D.N.Y. 1981).
51) Waits v. Frito-Lay, Inc., 978 F.2d 1093 (9th Cir. 1992).
52) Cal. Civ. Code. §§3344(a), 3344.1(a) 참조.
53) 징벌적 손해배상이 인정되려면 단지 불법행위가 행해졌다는 것만으로는 부족하고 악의(spite), 해의(malice), 사기(fraud) 등이 존재하여야 한다.
54) 권태상, 앞의 논문, 66면 참조.

제9절 ▌우리나라의 제도와 비교 · 분석

Ⅰ. 우리나라의 제도

1. 퍼블리시티권의 인정 여부

1) 의 의

우리나라에서는 퍼블리시티권의 보호에 관한 명문의 규정은 두고 있지 않다. 다만, 학설상 헌법 제10조[65]상의 인간의 존엄과 행복추구권, 제17조[66]상의 사생활의 비밀과 자유 규정에 근거하여 인격권을 인정하고 있다.

2) 학 설

퍼블리시티권을 인정하는 학설은 다음과 같이 견해가 나뉜다.

(1) 인격권의 일부설　퍼블리시티권을 프라이버시권에 속하는 권리로서 인격권의 재산권 측면의 승인이라고 파악하여 인격권의 일부로 보는 견해이다. 이 견해에 따르면 퍼블리시티권은 재산권이 아니라 인격권이므로 양도가 불가능하며 그 이용허락만 가능하고 보호 주체의 사망에 의하여 퍼블리시티권은 소멸되며 상속이 부정된다.

---

55) 금 = 금지청구, 손 = 손해배상, 징 = 징벌적 손해배상, 3배 = 3배 손해배상, 변 = 상당한 변호사 비용.

56) 또한 750달러이나 실제 손해액 중 큰 금액과 침해자의 이익액 배상을 규정하고 있다.

57) 손해배상은 합리적인 이용료를 포함할 수 있다.

58) 아울러 침해자의 무단 이용으로 인한 이익액 반환과 최소 법정손해액 1,000달러를 규정하고 있으며, 폐기와 압류명령을 규정하고 있다.

59) 피고의 이익액을 포함하며 폐기와 압류명령도 규정하고 있다.

60) 또한 2,500달러의 최소 법정손해액 또는 실제 손해액 중 큰 금액과 침해자의 이익액 배상을 규정하고 있다.

61) 단지 '법적 구제'를 부여한다고 규정하고 있다.

62) 모든 헌법상의 항변과 결부하고 있다.

63) 또한 750달러의 최소 법정손해액을 규정하고 있다.

64) 모든 언론보도의 항변을 언급하여 인정하고 있다.

65) 모든 국민은 인간으로서의 존엄과 가치를 가지며, 행복을 추구할 권리를 가진다. 국가는 개인이 가지는 불가침의 기본적 인권을 확인하고 이를 보장할 의무를 진다.

66) 모든 국민은 사생활의 비밀과 자유를 침해받지 아니한다.

(2) **독립된 권리설** 퍼블리시티권을 하나의 독립된 권리로서 인정하고 기본적으로 양도성과 상속성을 인정하여야 한다는 견해이다.

3) **판 례**

(1) **의 의** 우리나라에서는 퍼블리시티권을 보호하여야 할 필요성에 따라 일부 법원에서 퍼블리시티권을 정의하는 한편 재산적 가치를 가진 재산권으로 인정하고 있으나 일부 법원에서는 성문법상 명문의 근거가 없다는 이유로 불인정하고 있다.

(2) **인정 사례** 1991년 지방법원의 판례[67]에서 모델 등이 자기가 얻은 명성을 바탕으로 자기의 성명이나 초상을 제3자에게 대가를 받고 전속적으로 이용하게 할 수 있는 경제적 이익을 가지고 있다고 판단하여 이를 침해한 자에 대해서는 그 불법적인 이용에 대하여 이용료 상당의 손해를 재산상 손해로서 배상을 하여야 한다고 판시한 이후 1995년 「이휘소 사건」의 판결문에서 "퍼블리시티권이라 함은 재산적 가치가 있는 유명인의 성명이나 초상 등 프라이버시에 속하는 사항을 상업적으로 이용할 권리"라고 퍼블리시티권의 개념을 최초로 정의[68]하여 퍼블리시티권을 실질적으로는 인정해 주는 판례도 있었다.

(3) **불인정 사례** 법원은 i) 퍼블리시티권이 성문법으로 인정되지 않은 점, ii) 재산권으로 파악하더라도 그 당사자의 인격과 분리되어 존재하는 독립된 권리라고 보기 어려운 점, iii) 인격권은 권리자의 사망과 함께 소멸하여 상속의 대상이 되지 아니하는 점 등을 들어 퍼블리시티권을 부정하는 판례도 있으며,[69] 성문법의 근거 없이 필요성이 있다는 사정만으로는 물권과 유사한 독점 · 배타적인 재산권인 퍼블리시티권으로 인정하기 어렵다고 판단한 판례도 있다.[70]

4) **정 리**

우리나라에서는 유명인의 성명이나 초상 등이 갖는 재산적인 가치를 독점 배타적으로 지배할 수 있는 독자적인 재산권으로서의 퍼블리시티권을 단독의 명문의 법률로서는 보호하고 있지 않다.[71]

---

67) 서울민사지법 1991. 7. 25. 선고 90가합76280 판결.
68) 서울지법 1995. 6. 23. 선고 94카합9230 판결.
69) 서울지법 1997. 11. 21. 선고 97가5560 판결.
70) 서울고법 2002. 4. 16. 선고 2000나42061 판결.
71) 박영규, "인격권, 퍼블리시티권 그리고 지적재산권", 「저스티스」, 통권 제112호, 2009.8, 282면 참조.

2. 상표법상 관련 규정

1) 관련 규정

(1) **상표법 제34조 제1항 제2호** 상표법 제34조 제1항 제2호에서는 저명한 고인(故人)과의 관계를 거짓으로 표시하거나 이들을 비방 또는 모욕하거나 이들에 대한 평판을 나쁘게 할 우려가 있는 상표는 그 저명한 고인의 인격권을 보호하기 위하여 상표등록을 거절하도록 규정하고 있다.

(2) **상표법 제34조 제1항 제4호** 저명한 고인의 성명을 무단으로 상표출원을 하는 경우로서 상표법 제34조 제1항 제2호에 해당하지 아니한 경우 이러한 행위가 일반규정으로서 공공의 질서 또는 선량한 풍속을 문란하게 할 염려가 있는 상표에 해당하는지가 문제가 된다. 상표심사기준에서는 "저명한 고인의 성명 등을 도용하여 출원한 상표는 공정하고 신용 있는 거래질서 등 국제간의 신용질서를 침해할 우려가 있는 공서양속에 반하는 상표로 본다. 다만, 저명한 고인과 관련 있는 기념사업회, 기념재단, 후원연구소나 단체 등의 동의가 있거나 고인의 성명을 관리하고 있는 기념재단, 기념사업회 등이 있는지 확인할 수 없거나 존재할 가능성이 없을 정도로 오래된 고인의 경우에는 다르게 판단할 수 있다"라고 규정하여 원칙적으로 고인과 관련 있는 기념사업회, 기념단체 등으로부터 허락을 받지 아니할 경우 일반규정으로서의 공서양속 규정에 위반되어 상표등록을 받을 수 없도록 하고 있다. 그러나 법원은 「James Dean 사건」[72]에서 단순히 고인의 성명 그 자체를 상표로 사용하는 행위 자체는 선량한 도덕관념이나 국제신의에 반하는 내용이 도출될 수 없다고 판시하고 있다.

(3) **상표법 제34조 제1항 제6호** 상표법 제34조 제1항 제6호에서는 저명한 타인의 성명 · 명칭 또는 상호 · 초상 · 서명 · 인장 · 아호(雅號) · 예명(藝名) · 필명(筆名) 또는 이들의 약칭을 포함하는 상표는 그 타인의 승낙을 받은 경우를 제외하고는 그 저명한 타인의 인격권을 보호하기 위하여 상표등록을 거절하도록 규정하고 있다.

(4) **상표법 제99조 제2항** 자기의 성명 · 상호 등 인격의 동일성을 표시하는 수단을 상거래 관행에 따라 상표로 사용하는 자로서 부정경쟁의 목적이 없이 타인의 상표출원 전부터 국내에서 계속하여 사용하고 있고, 그 사용의 결과 타인의 상

---

72) 대법원 1997. 7. 8. 선고 97후242 판결; 대법원 1997. 7. 11. 선고 96후2173 판결 참조.

표출원 시에 국내 수요자 간에 그 상표가 특정인의 상품을 표시하는 것이라고 인식되어 있을 경우에는 해당 상표를 그 사용하는 상품에 대하여 계속 사용할 권리를 갖도록 규정하고 있다.

2) 상표법에 의한 퍼블리시티권 보호의 한계

상표법은 기본적으로 「등록」된 상표를 상표권으로 보호하는 데 반하여 퍼블리시티권은 상표의 등록 여부에 관계없이 보호가 필요하다는 점에서 퍼블리시티권을 완전하게 보호하는 데에는 한계가 있다.[73]

3. 부정경쟁방지법상 관련 규정

1) 보충적 일반조항의 적용 문제

부정경쟁방지법 제2조 제1호 카목에서는 「보충적 일반조항」으로서 "그 밖에 타인의 상당한 투자나 노력으로 만들어진 성과 등을 공정한 상거래 관행이나 경쟁질서에 반하는 방법으로 자신의 영업을 위하여 무단으로 사용함으로써 타인의 경제적 이익을 침해하는 행위"를 부정경쟁행위의 유형으로 규정하고 있다. 따라서 퍼블리시티권의 보호 주체가 자신의 퍼블리시티권을 이용하여 상품에 사용하거나 영업거래를 하고 타인이 퍼블리시티권을 침해하는 경우 이 규정에 의하여 퍼블리시티권이 보호받을 가능성이 있다는 견해가 있지만, 퍼블리시티권의 보호 주체가 자신의 퍼블리시티권을 이용하여 상품이나 영업상의 거래를 하지 않을 경우 퍼블리시티권의 침해행위가 정당한 경쟁행위에 해당하지 않지만 부정경쟁행위로도 볼 수 없다는 견해도 존재한다.

2) 새로운 규정의 신설 문제

부정경쟁행위의 새로운 유형으로 "정당한 권원 없이 저명한 타인의 성명·초상 등을 상업적으로 이용하는 행위"를 신설하는 방안도 고려해 볼 수 있다. 다만, 부정경쟁방지법상 퍼블리시티권을 보호한다고 하더라도 퍼블리시티권의 양도와 상속, 퍼블리시티권의 보호 주체가 사망할 경우 보호기간, 보호 주체로서 법인의 포함 여부 등이 불명확할 수 있다는 지적이 제기될 수 있다.[74]

---

73) 특허청, "퍼블리시티권－입법 추진동향 보고－", 2005, 참조.
74) 특허청, "퍼블리시티권－입법 추진동향 보고－", 2005, 참조.

4. 저작권법에 의한 보호 문제

저작권법은 기본적으로 인간의 사상과 감정의 표현인 저작물을 보호 대상으로 하고 있으나 퍼블리시티권의 보호 대상은 사람의 초상, 성명, 음성 등 특정인의 동일성이 가진 상업적 가치를 보호 대상으로 하고 있다. 따라서 사람의 초상, 성명, 음성 등 특정인의 동일성이 과연 인간의 사상과 감정의 표현인 저작물로 볼 수 있는지는 의문이다. 저작권과 퍼블리시티권을 서로 비교하면 다음의 표와 같다.[75]

연구 121 저작권 vs. 퍼블리시티권

구분	저작권	퍼블리시티권
보호 주체	저작권자 + 저작인접권자	자연인
권리 객체	· 저작자의 창작물 · 저작인접권자의 실연, 음반, 방송, 데이터베이스 등	사람의 초상 · 성명 등 특정인의 동일성
보호 범위	· 저작재산권 + 저작인격권 · 실연자의 공연권, 방송권, 전송권 등 · 음반제작자의 복제권, 전송권, 대여권 등 · 방송사업자의 복제권, 동시중계방송권, 공연권	사람의 초상 · 성명 등 특정인의 동일성을 상업적으로 이용
존속기간	원칙적으로 저작자가 생존하는 기간과 사망한 후 70년간 존속	존속기간을 한정하여야 한다는 견해가 다수설

II. 미국의 제도와 비교

1. 독자적인 보호 법률의 존재 여부

미국도 우리나라와 마찬가지로 연방차원에서 퍼블리시티권을 독자적인 법률로는 보호하고 있지 않다. 다만, 일부 주에서는 성문법에 의해서 독자적으로 보호하고 있다.

75) 특허청, 퍼블리시티권 보호를 위한 입법추진동향 보고서, 2005, 참고.

2. 미국의 연방상표법상 관련 규정

1) 연방상표법 제2조 (a)항

연방상표법 제2조 (a)항에서는 생존해 있거나 사망한 사람, 단체, 신념 또는 국가의 상징을 비방하거나 그것들과 관계가 있는 것처럼 허위로 암시하거나 또는 그것들에게 경멸, 악평을 줄 수 있는 것으로 구성되거나 이를 포함한 상표를 상표의 부등록사유로 규정하고 있다.

2) 연방상표법 제2조 (c)항

연방상표법 제2조 (c)항에서는 생존해 있는 개인의 성명, 초상, 서명으로 구성되거나 이를 포함한 것으로서 그 개인의 서면에 의한 동의가 없는 경우 또는 사망한 미국 대통령의 성명, 서명, 초상으로 구성되거나 이를 포함한 것으로서 그 미망인이 생존해 있는 동안 그 미망인의 서면에 의한 동의가 없는 경우 상표등록이 거절된다고 규정하고 있다.

3) 연방상표법 제43조 (d)항

연방상표법 제43조 (d)항 (1)(A)에서는 개인의 이름과 동일하거나 혼동을 일으킬 정도로 유사한 도메인 이름을 부당한 이득을 취할 목적으로 등록, 불법 거래 또는 사용하는 행위를 한 자는 그 개인에 의하여 제기되는 민사소송에 대하여 책임을 져야 한다고 규정하고 있다.

부 록

[부록 1] 미국과 우리나라의 상표제도 비교[1]

		미국	우리나라
상표법 체계		· 기본적으로 **보통법 체계**(common law system) → 판례법 중심, 구체적 타당성 중시 · 연방상표법 · 주상표법 **병존** 체계 · 연방상표법에 따라 등록된 상표권, 주상표법에 따라 등록된 상표권, 보통법에 따라 발생한 상표권 **병존**	· 기본적으로 **성문법 체계**(civil law system) → 성문법 중심, 법적 안정성 중시 · **단일** 상표법 체계 · **상표법**에 따라 등록된 상표권만 존재 · 다만, 국내 주지 · 저명상표는 상표법이 아닌 **부정경쟁방지법**으로 보호
정의	상표	· **상표**: 자기의 상품을 확인하고 타인에 의해 제조되거나 판매되는 상품과 식별하며 상품의 출처가 알려지지 않았더라도 상품의 출처를 표시하기 위하여 어느 한 특정인에 의해 사용되거나 또는 상표를 상업적으로 사용하고자 하는 진정한 의사를 가지고 연방상표법상의 상표등록부에 등록하기 위하여 출원한 모든 문자, 명칭, 심벌, 고안 또는 이들의 결합	· **상표**: 자기의 상품(지리적 표시가 사용되는 상품 제외, 서비스 또는 서비스의 제공에 관련된 물건 포함)과 타인의 상품을 식별하기 위하여 사용하는 **표장** · **표장**: 기호, 문자, 도형, 소리, 냄새, 입체적 형상, 홀로그램 · 동작 또는 색채 등으로서 그 구성이나 표현방식에 상관없이 상품의 출처를 나타내기 위하여 사용하는 모든 표시
	서비스표	· **서비스표**: 자기의 서비스를 확인하고 타인의 서비스와 식별하며 서비스의 출처가 알려지지 않았더라도 서비스의 출처를 표시하기 위하여 어느 한 특정인에 의해 사용되거나 또는 서비스표를 상업적으로 사용하고자 하는 진정한 의사를 가지고 연방상표법상의 상표등록부에 등록하기 위하여 출원한 모든 문자, 명칭, 심벌, 고안 또는 이들의 결합	

1) 손영식, "미국과 한국의 상표제도 비교", 특허청; 양승태, "우리나라와 미국 상표법 비교표", 특허청, 참조.

<table>
<tr><th colspan="2"></th><th>미국</th><th>우리나라</th></tr>
<tr><td rowspan="4">정의</td><td rowspan="2">증명표장</td><td rowspan="2">· 증명표장: 상품이나 서비스의 지역적 산지나 기타의 출처, 재료, 제조 방식, 품질, 정밀도, 기타 다른 특성을 증명하거나 상품 또는 서비스에 관한 작업이나 노동이 노동조합이나 단체의 구성원에 의하여 수행된 것을 증명하기 위한 것으로 그 표장의 소유자가 아닌 다른 사람에 의해 사용되거나 증명표장의 소유자가 본인이 아닌 타인에게 그 표장의 상업적 사용을 허락하려는 진정한 의사를 가지고 연방상표법상의 상표등록부에 등록하기 위하여 출원한 모든 문자, 명칭, 심벌, 고안 또는 이들의 결합</td><td>· 증명표장: 상품의 품질, 원산지, 생산방법 또는 그 밖의 특성을 증명하고 관리하는 것을 업으로 하는 자가 타인의 상품에 대하여 그 상품이 품질, 원산지, 생산방법 또는 그 밖의 특성을 충족한다는 것을 증명하는 데 사용하는 표장</td></tr>
<tr><td>· 지리적 표시 증명표장: 지리적 표시를 증명하는 것을 업으로 하는 자가 타인의 상품에 대하여 그 상품이 정해진 지리적 특성을 충족한다는 것을 증명하는 데 사용하는 표장</td></tr>
<tr><td rowspan="2">단체표장</td><td rowspan="2">· 단체표장: 협동조합, 사단, 기타 공동 단체 또는 조직의 회원에 의하여 사용되거나 협동조합, 사단, 기타 공동 단체 또는 조직이 상거래에서 사용하고자 하는 진정한 의사를 가지고 연방상표법상의 상표등록부에 등록하기 위하여 출원한 상표나 서비스표, 노동조합, 사단, 기타 조직의 소속 회원이라는 것을 나타내기 위한 표장</td><td>· 단체표장: 상품을 생산·제조·가공·판매하거나 서비스를 제공하는 자가 공동으로 설립한 법인이 직접 사용하거나 그 소속 단체원에게 사용하게 하기 위한 표장</td></tr>
<tr><td>· 지리적 표시 단체표장: 지리적 표시를 사용할 수 있는 상품을 생산·제조 또는 가공하는 자가 공동으로 설립한 법인이 직접 사용하거나 그 소속 단체원에게 사용하게 하기 위한 표장</td></tr>
<tr><td colspan="2">상표의 종류</td><td>· 상표, 서비스표, 증명표장, 단체표장</td><td>· 상표, 서비스표, 증명표장, 단체표장, 업무표장</td></tr>
<tr><td colspan="2" rowspan="2">상표의 사용</td><td>[상표의 사용]
· 상표가 다음 중 어느 하나에 해당하는 경우로서 당해 상품이 시장에서 판매되거나 상거래상 운송되는 경우 상표가 상품에 사용된 것으로 간주함
① 상표를 상품 자체에 표시하는 행위
② 상표를 상품의 포장용기에 표시하는 행위
③ 상표를 상품이나 상품의 용기에 첨부되어 있는 태그나 라벨에 표시하는 행위
④ 상표를 상품과 관련된 전시물(display)에 표시하는 행위
⑤ 곡물이나 오일과 같이 상품의 성질상 상표의 표시나 부착이 불가능한 경우 그 상품이나 상품의 판매와 관련된 문서에 표시하는 행위</td><td rowspan="2">[상표의 사용]
① 상품 또는 상품의 포장에 상표를 표시하는 행위
② 상품 또는 상품의 포장에 상표를 표시한 것을 양도 또는 인도하거나 양도 또는 인도할 목적으로 전시·수출 또는 수입하는 행위
③ 상품에 관한 광고·정가표·거래서류, 그 밖의 수단에 상표를 표시하고 전시하거나 널리 알리는 행위
④ 표장의 형상이나 소리 또는 냄새로 상표를 표시하는 행위
⑤ 전기통신회선을 통하여 제공되는 정보에 전자적 방법으로 표시하는 행위</td></tr>
<tr><td>[서비스표의 사용]
· 서비스표가 서비스의 판매나 광고를 하는 과정에서 사용되거나 전시되고 그 서비스가 상업적으로 제공되거나, 미국 내 하나 이상의 주 또는 미국과 외국에서 제공되고 그 서비스를 제공하는 자가 그 서비스에 관련된 상업에 종사하는 경우</td></tr>
</table>

구분		미국	우리나라
상표권의 발생		· **사용주의** · 연방상표법에 따라 등록하면 **상표권 강화** (정당한 권리자 추정, 상표등록 후 5년간 계속 사용되고 현재도 상업적으로 사용되고 있는 경우 불가쟁력 취득)	· **등록주의**
출원	**국내출원**	· 상표의 **사용**에 기초한 출원 · 상표의 **사용의사**에 기초한 출원 · **외국**에서의 상표**등록** 또는 상표**출원**에 기초한 출원	· 국내에서 상표를 **사용하는 자** 또는 **사용하려는 자**는 상표출원 가능 · 상표의 실제 사용 불필요
	국제상표 등록출원 (마드리드 출원)	· 마드리드 **의정서**만 가입 (2003.11.2. 발효) · 거절통지 기한: 국제사무국의 지정통지일로부터 18개월 · 이의신청에 의한 거절통지는 18개월 이후에도 가능 · **개별**수수료	· 마드리드 **의정서**만 가입(2003.4.10. 발효) · 거절통지 기한: 국제사무국의 지정통지일로부터 18개월 · 이의신청에 의한 거절통지는 18개월 이후에도 가능 · **개별**수수료 · 국제등록부상 사용권에 관한 등록은 우리나라에는 효력이 없음
지정상품 추가등록제도		· 없음	· 있음
공존사용 등록제도		· 공존사용을 주장하는 자는 동시에 사용하는 타인의 상표의 상품과 지역, 동시사용 기간, 출원인이 등록을 원하는 상품과 지역 등을 상표출원서에 기재 · 상품의 출처에 관한 소비자의 혼동, 오인, 기만을 유발하지 않도록 상표의 사용 방식, 지역 등 일정한 조건과 제한 하에서 공존사용등록 허용	· 공존사용등록제도(consent system) 없음 · **선사용권제도** 존재
상품 · 서비스 분류		· 국제상품 · 서비스 분류체계인 니스분류제도 채택(1973.9.1.)	· 국제상품 · 서비스 분류체계인 니스분류제도 채택(1998.3.1.)
우선 심사 제도	**사유**	· **특허상표청의 과실**로 인하여 상표출원이 포기된 것으로 간주되거나 상표등록이 취소되거나 상표권의 존속기간이 만료된 경우 그 포기된 상표출원 또는 효력이 상실된 상표권의 효력을 회복하는 절차의 일환으로 출원인이 새로운 상표출원을 하고 특허상표청에 우선심사를 요청한 경우 → **출원인의 요청**에 의해 자동으로 인정됨 · 출원인에게 「**특별한 구제 조치**」(extraordinary remedy)가 필요한 상황에 있는 경우 → 출원인이 특허상표청장에 **청원**하고 그 청원이 받아들여진 경우 인정됨	· 상표와 관련된 권리관계의 조속한 확정이 필요한 경우 우선심사를 신청하고 심사관이 받아들인 경우 인정됨
	신청 주체	· **출원인**의 요청이나 출원인의 특허상표청장에 대한 청원	· 출원인 또는 **이해관계인**의 신청
	배제	· 명시적인 배제규정 없음	· 우선심사신청에 관한 고시에 **국제상표등록출원**과 **지정상품추가등록출원 중 원출원에 대한 우선심사신청이 없는 경우** 불가능

	미국	우리나라
심사관의 유사여부 판단	· **혼동 가능성** · **상표**의 유사여부 + **상품**의 **관련성** 여부 + ∝(**복합요소의 판단 기준**)	· **상표**의 유사여부 + **상품**의 유사여부
심사관의 상품 · 서비스 심사	· 상품 · 서비스에 대한 **구체적 · 개별적** 심사	· **유사상품 심사기준**에 의한 심사 · 유사상품 심사기준상 유사군 코드를 참고하되 상품의 속성인 품질, 형상, 용도와 생산부문, 판매부문, 수요자의 범위 등 거래의 실정 등을 고려하여 일반거래의 통념에 따라 판단
사용에 의한 식별력 인정	· 상대적으로 **폭넓게** 인정 · **5년**간 **실질적으로 독점적이고 계속적으로 상업상 사용**된 경우 식별력을 취득하였다는 일응의 증거가 될 수 있음	· **엄격**하고 **제한적**으로 인정 · 상표출원 전부터 그 상표를 사용한 결과 수요자 간에 특정인의 상품에 관한 출처를 표시하는 것으로 식별할 수 있게 된 경우 그 상표를 사용한 상품에 한정하여 상표등록 가능
부등록사유	① 부도덕하거나, 기만적이거나, 수치스러운 내용으로 구성되거나 이를 포함한 상표 ② 미국 연방, 주, 지방자치단체 또는 외국의 국가 또는 이에 준하는 기구의 기, 문장 등으로 구성되거나 이를 포함한 상표 ③ 특정 사람, 단체, 신념, 국가의 상징을 비방, 허위 암시, 경멸, 악평을 줄 수 있는 것으로 구성되거나 이를 포함한 상표 ④ 포도주와 증류주 관련 지리적 표시로서 해당 상품의 지리적 원산지 이외의 장소를 표시하는 상표 ⑤ 생존해 있는 개인의 성명, 초상, 서명으로 구성되거나 이를 포함한 상표로서 그 개인의 서면에 의한 동의가 없는 경우 ⑥ 사망한 미국 대통령의 성명, 초상, 서명으로 구성되거나 이를 포함한 상표로서 그 미망인이 생존해 있는 동안 그 미망인의 서면에 의한 동의가 없는 경우 ⑦ 미국 특허상표청에 선등록된 타인의 상표 또는 미국 내에서 선사용되고 포기되지 않은 상표나 상호와 유사한 상표로 구성되거나 이를 포함한 상표로서 출원인의 상품에 또는 그 상품과 관련하여 사용될 경우 혼동이나 오인을 일으키거나 기만하게 할 가능성이 있는 경우 ⑧ 출원인의 상품에 또는 그와 관련하여 사용될 경우 상품의 성질 등을 단지 기술하거나 상품의 성질 등을 기만적으로 잘못 표시한 상표로 구성된 경우 ⑨ 출원인의 상품에 또는 그와 관련하여 사용될 경우 주된 의미로 지리적 출처를 단지 기술하는 상표로 구성된 경우	① 공서양속에 위반되는 상표 ② 우리나라 국기, 국장, 외국의 국기, 국장 등 ③ 국가, 인종, 민족, 종교, 공공단체, 저명한 고인 등 비방 또는 모욕 등 ④ 국가 · 공공단체 또는 이들의 기관과 공익법인의 비영리 업무나 공익사업을 표시하는 표장으로서 저명한 것과 동일 · 유사한 상표 ⑤ 정부가 개최하거나 정부의 승인을 받아 개최하는 박람회 또는 외국정부가 개최하거나 외국정부의 승인을 받아 개최하는 박람회의 상패 · 상장 또는 포장과 동일 · 유사한 표장이 있는 상표 ⑥ 저명한 타인의 성명 · 명칭 또는 상호 · 초상 · 서명 · 인장 · 아호 · 필명 또는 이들의 약칭을 포함하는 상표 ⑦ 선출원에 의한 타인의 등록상표(등록된 지리적 표시 단체표장은 제외)와 동일 · 유사한 상표로서 그 지정상품과 동일 · 유사한 상품에 사용하는 상표 ⑧ 선출원에 의한 타인의 등록된 지리적 표시 단체표장과 동일 · 유사한 상표로서 그 지정상품과 동일하다고 인식되어 있는 상품에 사용하는 상표 ⑨ 타인의 상품을 표시하는 것이라고 수요자들에게 널리 인식되어 있는 상표(지리적 표시는 제외)와 동일 · 유사한 상표로서 그 타인의 상품과 동일 · 유사한 상품에 사용하는 상표 ⑩ 특정 지역의 상품을 표시하는 것이라고 수요자들에게 널리 인식되어 있는 타인의 지리적 표시와 동일 · 유사한 상표로서 그 지리적 표시를 사용하는 상품과 동일하다고 인정되어 있는 상품에 사용하는 상표

<table>
<tr><th colspan="3"></th><th>미국</th><th>우리나라</th></tr>
<tr><td colspan="3">부등록사유</td><td>⑩ 출원인의 상품에 또는 그와 관련하여 사용될 경우 주된 의미로 지리적 출처를 기만적으로 잘못 표시한 상표로 구성된 경우
⑪ 주된 의미로 성씨로만 인식되는 용어로 구성된 상표
⑫ 전체적으로 기능적인 상표</td><td>⑪ 수요자들에게 현저하게 인식되어 있는 타인의 상품이나 영업과 혼동을 일으키게 하거나 그 식별력 또는 명성을 손상시킬 염려가 있는 상표
⑫ 상품의 품질을 오인하게 하거나 수요자를 기만할 염려가 있는 상표
⑬ 국내 또는 외국의 수요자들에게 특정인의 상품을 표시하는 것이라고 인식되어 있는 상표(지리적 표시는 제외)와 동일 · 유사한 상표로서 부당한 이익을 얻으려 하거나 그 특정인에게 손해를 입히려고 하는 등 부정한 목적으로 사용하는 상표
⑭ 국내 또는 외국의 수요자들에게 특정 지역의 상품을 표시하는 것이라고 인식되어 있는 지리적 표시와 동일 · 유사한 상표로서 부당한 이익을 얻으려 하거나 그 지리적 표시의 정당한 사용자에게 손해를 입히려고 하는 등 부정한 목적으로 사용하는 상표
⑮ WTO 회원국 내의 포도주 또는 증류주의 산지에 관한 지리적 표시로서 구성되거나 그 지리적 표시를 포함하는 상표로서 포도주 또는 증류주에 사용하려는 상표
⑯ 기능적인 상표</td></tr>
<tr><td colspan="3">부분거절제도</td><td>· 있음(일부 지정상품에 대한 거절제도 있음)</td><td>· 없음(전체 지정상품에 대한 거절제도만 있음)</td></tr>
<tr><td colspan="3">보정기간</td><td>· 6개월</td><td>· 2개월 + 연장 가능</td></tr>
<tr><td colspan="3">제3자의 정보의 제공제도</td><td>· 출원공고 전 또는 출원공고 후 이의신청 기간 중에만 제3자의 항의서(letter of protest) 제출 가능
· 상표심사정책 담당 부국장에게 제출</td><td>· 상표출원에 대한 등록여부결정 전까지 정보의 제공 가능
· 특허청장 또는 특허심판원장에게 제출</td></tr>
<tr><td rowspan="3">거절결정불복</td><td colspan="2">기간</td><td>· 거절결정일로부터 6개월 이내</td><td>· 거절결정 등본을 송달받은 날부터 30일 이내</td></tr>
<tr><td colspan="2">심사관 재심사</td><td>· 있음</td><td>· 없음</td></tr>
<tr><td colspan="2">심판</td><td>· 상표심판원에 심판청구</td><td>· 특허심판원에 심판청구</td></tr>
<tr><td colspan="2" rowspan="2">권리불요구제도</td><td>상표등록전</td><td>· 상표의 구성부분 중 식별력이 없는 일부분을 자발적으로 권리불요구 가능
· 심사관이 심사 중 권리불요구 요청 가능</td><td>· 권리불요구 제도 불인정</td></tr>
<tr><td>상표등록후</td><td>· 상표등록 후 상표의 구성 일부분에 대한 권리불요구 신청 가능</td><td>· 권리불요구 제도 불인정</td></tr>
<tr><td>이의신청</td><td colspan="2">기간</td><td>· 출원공고일로부터 30일 이내
· 기간만료 전에 서면에 의한 신청으로 기간 연장 가능</td><td>· 출원공고일부터 2개월 이내</td></tr>
</table>

		미국	우리나라
이의신청	대상	· **주등록부**에의 등록을 위해 출원된 상표로서 심사관에 의한 심사과정에서 거절이유가 발견되지 않은 출원상표 · **보조등록부**에의 등록을 위해 출원된 상표는 이의신청의 대상이 되지 아니함	· 심사관의 심사과정에서 거절이유가 발견되지 않은 **모든** 출원상표
	관할	· **상표심판원**에서 관할(**심판관**이 심판)	· **심사국** 관할(**심사관**이 심사)
상표등록	국내출원	· 상표의 **실제 사용**에 기초한 출원: 출원공고 후 이의신청이 없거나 이의신청이 있더라도 이의가 성립되지 않는 경우 상표등록 · 상표의 **사용의사**에 기초한 출원: 심사관의 상표등록결정 통지를 받은 후 소정의 기한 내에 출원인이 **상표의 사용진술서**를 제출하여 상표의 사용으로 인정되면 상표등록	· 상표등록결정을 받은 자가 상표등록료를 납부하면 특허청장이 상표권을 설정등록
	마드리드출원	· 국제사무국이 지정통지한 날부터 18개월 이내에 심사관이 거절이유를 발견하지 못하거나 거절이유를 발견하여 거절이유를 통지하였으나 국제등록명의인이 답변서 제출을 통하여 이를 모두 해소한 경우 마드리드 출원에 대하여 미국 내에서의 보호확대를 결정함 · 심사관이 국제사무국이 지정통지한 날부터 18개월 이내에 거절이유를 통지하지 않은 경우 자동으로 미국에서 상표가 등록된 것과 동일한 효력 발생	· 상표등록결정이 있는 경우 특허청장이 상표권을 설정등록
상표권의 발생		· 상표소유자의 상표의 **실제 사용 (사용주의)**	· 상표권의 **설정등록**(**등록주의**)
존속기간	국내출원	· 상표등록일로부터 10년	· 상표등록일로부터 10년 · 다만, 상표등록료를 분할납부하는 경우 2회차 등록료를 납부하지 않으면 상표등록일 또는 상표권의 존속기간갱신등록일로부터 5년이 지나면 상표권 소멸
	마드리드출원	· 미국 내에서의 보호확대 결정일로부터 국제등록일 후 10년이 되는 날까지	· 상표권의 설정등록일로부터 국제등록일 후 10년이 되는 날까지
상표등록료 분할납부제도		· **없음**	· **있음**
상표등록원부	국내출원	· 주등록부 · **보조등록부**	· 보조등록부제도 없음(단일 상표등록부)
	마드리드출원	· 주등록부 · 마드리드 출원은 **주등록부** 출원으로 봄	· 보조등록부제도 없음(단일 상표등록부)
상표의 변경	상표등록전	· 요지변경이 아닌 한 **변경 가능**	· 보정기간 내 요지변경이 아닌 한 **변경 가능**

구분		미국	우리나라
상표의 변경	상표등록 후	· 요지변경이 아닌 한 **변경 가능**	· 상표등록 후 **변경 불가**
상표의 변경	마드리드 출원	· 상표변경 불가능	· 상표변경 불가능
불가쟁력		[**국내출원**에 의해 등록된 상표] · 상표가 등록된 후 5년간 계속 사용되고 현재도 상업적으로 사용되고 있는 경우 불가쟁력의 효력이 발생하여 상표등록의 취소사유가 제한	· 상표의 사용 여부와는 무관하게 단지 상표등록 후 5년이 경과하면 **일부 무효사유**에 대해서는 상표등록의 무효심판을 청구할 수 없음
불가쟁력		[**마드리드 출원**에 의해 등록된 상표] · (**원칙**) 마드리드 출원에 대하여 미국 내에서의 보호확대가 결정된 후 5년간 계속 사용되고 현재도 상업적으로 사용되고 있는 경우 불가쟁력의 효력 발생 · (**예외**) 국제등록이 국내등록을 대체하는 경우 대체된 국내등록일 이후 5년간 계속 사용되고 현재도 상업적으로 사용되고 있는 경우 불가쟁력의 효력 발생	
상표권 유지	상표사용 선언서	[**국내출원**에 의해 등록된 상표] · 상표등록일로부터 5~6년, 9~10년 사이, 그 후 매 갱신 시 9~10년 사이 제출 **의무** → 미제출 시 상표등록 취소	· 상표사용선언서 제출제도 없음
상표권 유지	상표사용 선언서	[**마드리드 출원**에 의해 등록된 상표] · 마드리드 출원에 대하여 미국 내에서의 보호확대가 결정된 날로부터 5~6 사이, 9~10년 사이, 그 후 매 갱신 시 9~10년 사이 → 미제출 시 상표등록 취소	
상표권 유지	불가쟁의 선언서	[**국내출원**에 의해 등록된 상표] · 상표등록일로부터 5~6년 사이에 제출 가능(**선택적**)	· 불가쟁의선언서 제출제도 없음
상표권 유지	불가쟁의 선언서	[**마드리드 출원**에 의해 등록된 상표] · 마드리드 출원에 대하여 미국 내에서의 보호확대가 결정된 날로부터 5~6년 사이에 제출 가능	
상표권 유지	갱신 - 갱신	· 10년마다 갱신 가능	· 10년마다 갱신 가능
상표권 유지	갱신 - 출원	· (**출원**) 존속기간 만료일 전 1년 이내 갱신 **출원** + 만료된 후라도 6개월의 유예기간 내	· (**신청**) 존속기간 만료일 전 1년 이내 갱신 **신청** + 만료된 후라도 6개월의 유예기간 내
상표권의 양도		· **영업과 분리**하여 양도 **불가** · **영업의 전부** 또는 **일부와 함께** 양도 가능	· **영업과 분리**하여 양도 **가능** · 상표권은 지정상품마다 분할 이전 가능
상표권 이전 등록의 효력		· **제3자 대항**요건	· **효력발생** 요건

<table>
<tr><th colspan="2"></th><th>미국</th><th>우리나라</th></tr>
<tr><td colspan="2" rowspan="2">상표등록의 취소(무효)</td><td rowspan="2">· 상표등록으로 인하여 손해를 입고 있거나 입게 될 것이라고 믿는 자는 상표등록일로부터 5년 이내에 상표등록의 취소심판 청구 가능</td><td>[상표등록의 무효심판]
· 이해관계인 또는 심사관은 상표등록 요건, 부등록사유에 해당하는 경우 상표등록의 무효심판 청구 가능
· 상표등록을 무효로 한다는 심결이 확정되면 상표권은 처음부터 없었던 것으로 봄</td></tr>
<tr><td>[상표등록의 취소심판]
· 상표권자 · 전용사용권자 또는 통상사용권자 중 어느 누구도 정당한 이유 없이 등록상표를 그 지정상품에 대하여 취소심판청구일 전 계속하여 3년 이상 국내에서 사용하고 있지 아니한 경우 상표등록의 취소심판 청구 가능
· 상표등록을 취소한다는 심결이 확정되면 상표권은 그때부터 소멸됨. 다만, 불사용을 이유로 하는 경우 심판청구일에 소멸</td></tr>
<tr><td colspan="2">불사용 상표의 등록취소</td><td>· 불사용 등록상표에 대하여 직권으로 상표등록 취소 가능
· 등록상표를 다시 사용할 의사 없이 사용을 중단한 경우 상표권을 포기한 것으로 간주
· 등록상표를 계속 3년간 사용하지 않을 경우 상표권 포기의 일응의 증거가 됨</td><td>· 누구든지 등록상표의 불사용을 사유로 상표등록의 취소심판 청구가 가능하고 심판청구를 인용하는 심결이 확정될 경우 상표등록 취소</td></tr>
<tr><td colspan="2">상표등록의 취소/무효</td><td>· 상표심판원에 상표등록의 취소심판 청구 가능
· 상표권자가 선등록상표를 이유로 상표등록의 이의신청을 제기하는 경우 출원인은 상표심판원에 이의신청의 이유가 된 선등록상표에 대한 상표등록의 취소심판 청구 가능
· 상표권자가 상표권 침해소송을 제기하는 경우 피고는 침해소송이 계속중인 법원에 반소로 상표등록의 취소소송 제기 가능</td><td>· 특허심판원의 전속 관할
· 상표권자가 선등록상표를 이유로 상표등록의 이의신청을 제기하는 경우 특허심판원에 별개로 상표등록의 취소심판 청구 가능
· 상표권자가 법원에 상표권 침해소송을 제기하는 경우 피고는 특허심판원에 별개로 상표등록의 취소심판 청구 가능(상표권 침해소송이 계속중인 법원에 상표등록의 취소를 구하는 소송제기 불가능)</td></tr>
<tr><td colspan="2">상표권 침해</td><td>· 일반적인 상표권 침해와 위조상표로 인한 상표권 침해로 구분</td><td>· 일반적인 상표권 침해와 위조상표로 인한 상표권 침해로 구분하지 않음</td></tr>
<tr><td rowspan="2">구제 수단</td><td>민사</td><td>· 침해 금지명령, 손해배상(증액배상, 법정손해배상, 변호사 비용, 주법과 보통법에 따른 징벌적 배상 가능)</td><td>· 증액배상, 징벌적 배상제도 없음</td></tr>
<tr><td>형사</td><td>· 위조상표에 의한 경우에 한하여 형사적 구제 가능</td><td>· 일반적인 상표권의 침해에 대해서도 형사적 구제 가능</td></tr>
<tr><td colspan="2">상표법과 부정경쟁방지법과의 관계</td><td>· 연방상표법에 상표등록 절차와 등록된 상표권의 효력뿐만 아니라 미등록된 상표의 보호 및 부정경쟁방지 규정까지 포함</td><td>· 상표법과 부정경쟁방지법이 별도로 존재</td></tr>
</table>

	미국	우리나라
미등록상표 보호	· 연방상표법에서 미등록된 선사용 상표와 저촉되는 상표의 등록 배제와 사용 금지에 대하여 함께 규정	· 타인에 의한 미등록 국내 주지 · 저명상표의 **사용금지** → 부정경쟁방지법에서 규정 · 타인에 의한 미등록주지 · 저명상표의 **상표등록 배제** → 상표법에서 규정
상표관련 국제조약 가입	· 파리조약 · WTO · 상표법조약 · 싱가포르 조약 · 니스협약 · 마드리드 의정서	· 파리조약 · WTO · 상표법조약 · 싱가포르 조약 · 니스협약 · 비엔나협약 · 마드리드 의정서

[부록 2] 연방상표법에 따른 상표의 출원 · 심사 · 등록에 관한 절차도

Ⅰ. 상표의 실제 사용에 기초한 상표의 출원 · 심사 · 등록 · 등록 후 절차[2)]

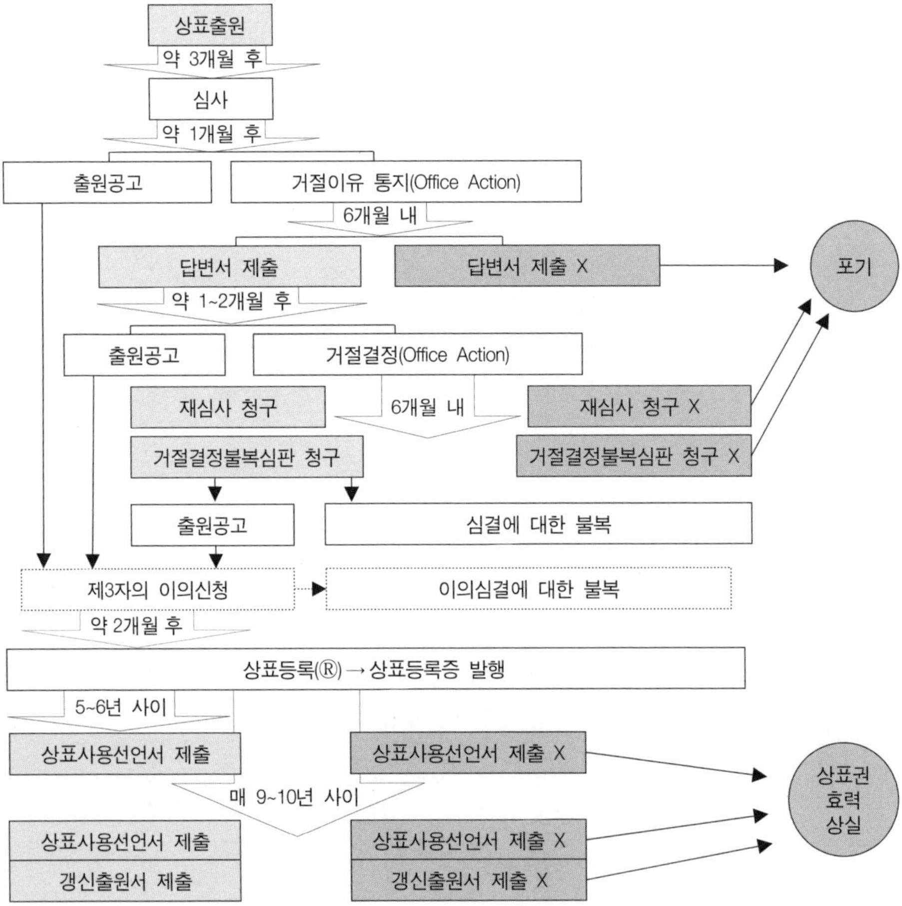

2) https://www.uspto.gov/trademark/trademark-timelines/section-1a-timeline-application-based-use-commerce 참조.

II. 상표의 사용의사에 기초한 상표의 출원 · 심사 · 등록 · 등록 후 절차[3)]

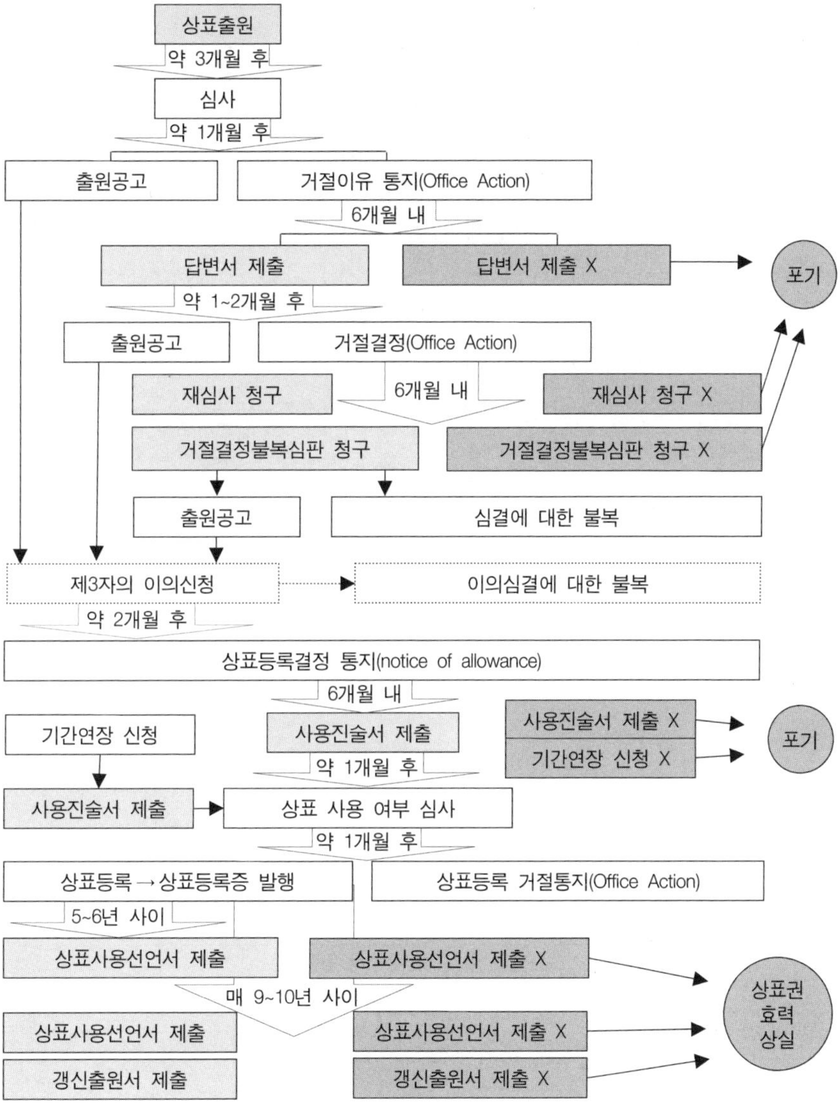

3) https://www.uspto.gov/trademark/trademark-timelines/section-1b-timeline-application-based-intent-use 참조.

Ⅲ. 외국에서의 상표출원에 기초한 상표의 출원 · 심사 · 등록 · 등록 후 절차[4)]

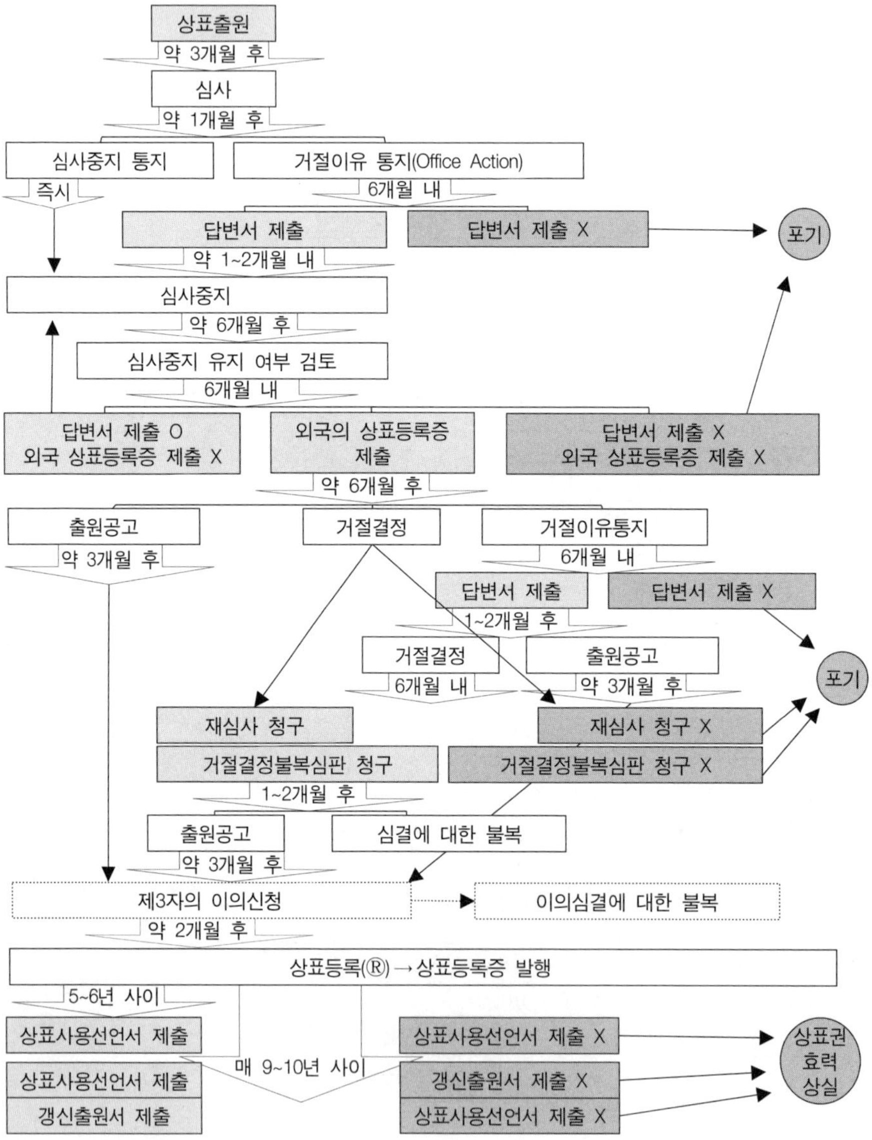

4) https://www.uspto.gov/trademark/trademark-timelines/section-44d-timeline-application-based-foreign-application 참조.

Ⅳ. 외국에서의 상표등록에 기초한 상표의 출원 · 심사 · 등록 · 등록 후 절차[5)]

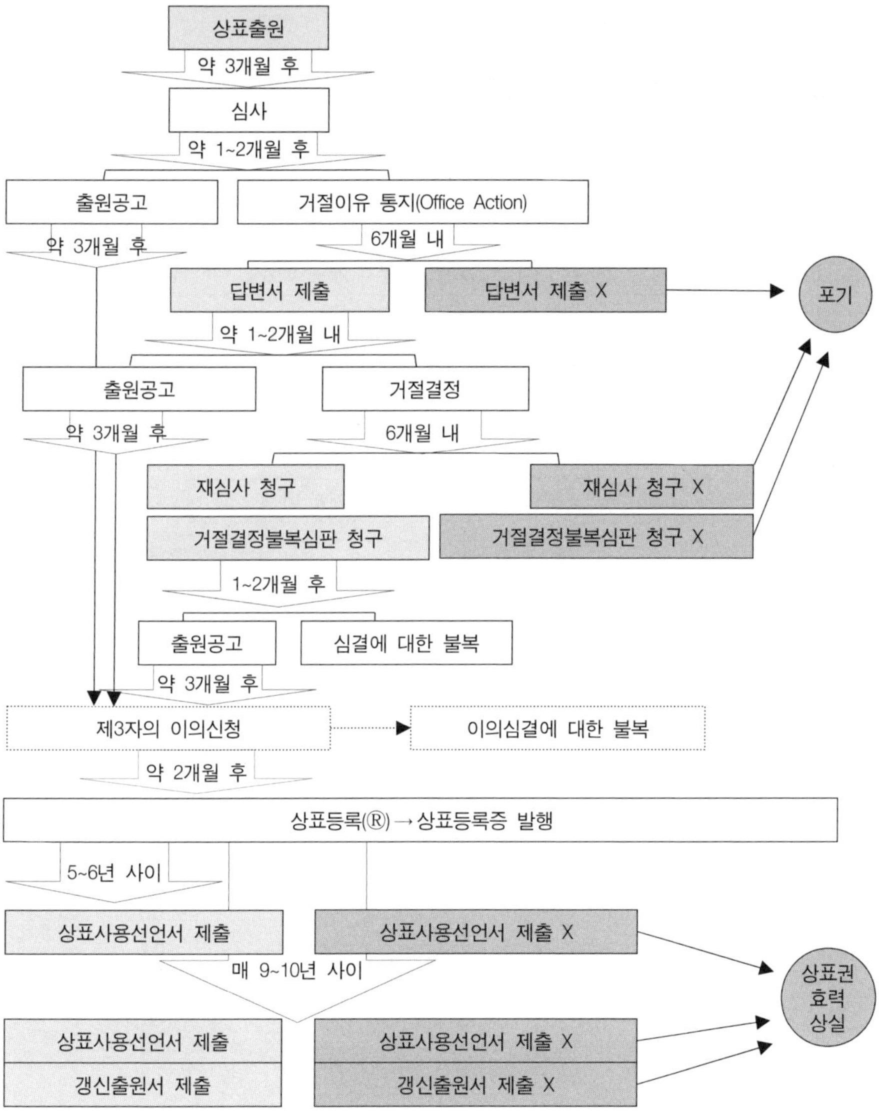

5) https://www.uspto.gov/trademark/trademark-timelines/section-44e-timeline-application-based- foreign-registration 참조.

Ⅴ. 마드리드 의정서에 의한 국제출원 시 마드리드 출원에 대한 심사 · 등록 · 등록 후 절차[6)]

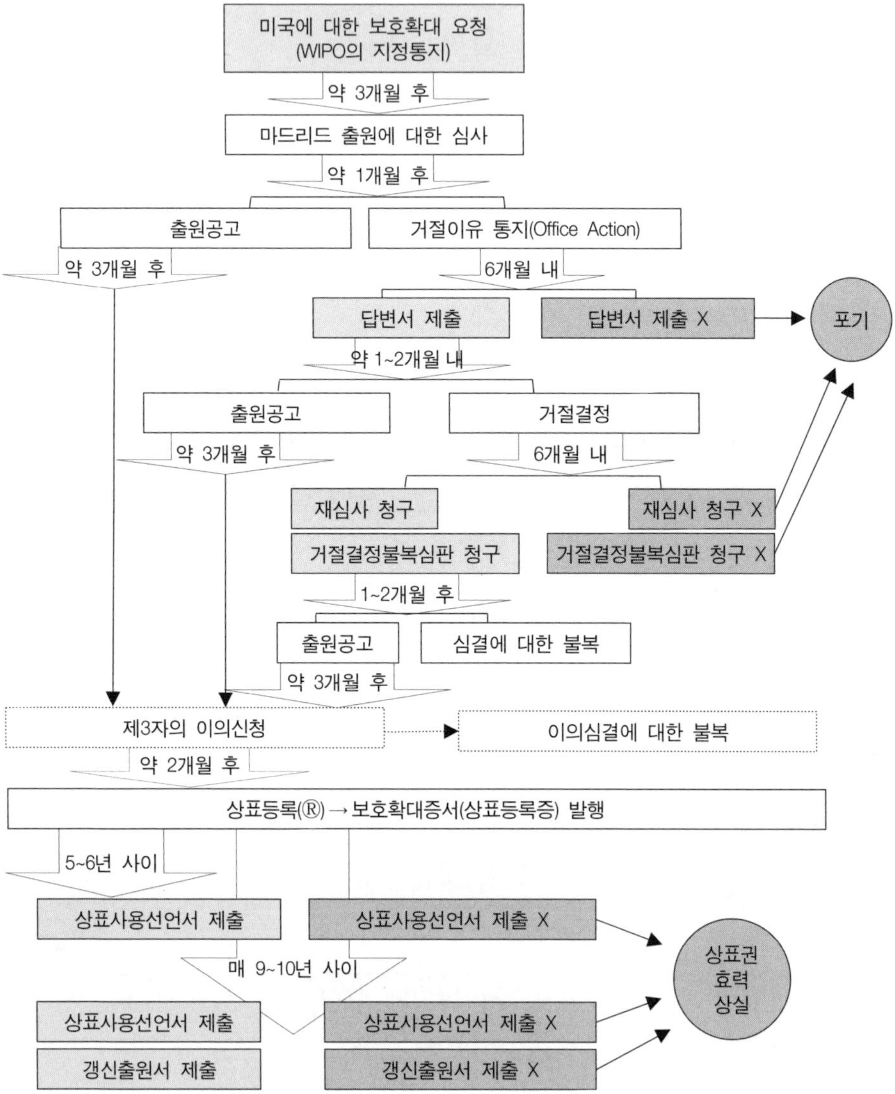

6) https://www.uspto.gov/trademark/trademark-timelines/section-66a-timeline-application-based-madrid-protocol 참조.

[부록 3] 상표등록을 위한 상품 및 서비스 분류

Ⅰ. International Classification of Goods and Services7)

1. GOODS

Class 1 Chemicals for use in industry, science and photography, as well as in agriculture, horticulture and forestry; unprocessed artificial resins, unprocessed plastics; fire extinguishing and fire prevention compositions; tempering and soldering preparations; substances for tanning animal skins and hides; adhesives for use in industry; putties and other paste fillers; compost, manures, fertilizers; biological preparations for use in industry and science.

공업/과학 및 사진용 및 농업/원예 및 임업용 화학제; 미가공 인조수지, 미가공 플라스틱; 소화(消火) 및 화재예방용 조성물; 조질제(調質濟) 및 땜납용 조제; 수피용 무두질제; 공업용 접착제; 퍼티 및 기타 페이스트 충전제; 퇴비, 거름, 비료; 산업용 및 과학용 생물학적 제제.

Class 2 Paints, varnishes, lacquers; preservatives against rust and against deterioration of wood; dyes; inks for printing, marking and engraving; raw natural resins; metals in foil and powder form for use in painting, decorating, printing and art.

페인트, 니스, 래커; 녹방지제 및 목재 보존제; 착색제, 염료; 인쇄, 표시 및 판화용 잉크; 미가공 천연수지; 도장용, 장식용, 인쇄용 및 미술용 금속박(箔) 및 금속분(紛).

Class 3 Non-medicated cosmetics and toiletry preparations; non-medicated dentifrices; perfumery, essential oils; bleaching preparations and other substances

7) 연방상표법 시행규칙 §6.1 International schedule of classes of goods and services. 2017년 1월 1일부터 시행된 니스분류 제11판으로서 2018년 1월 1일부터 시행되는 2018년 버전에 의한 분류를 따른다.

for laundry use; cleaning, polishing, scouring and abrasive preparations.

비의료용 화장품 및 세면용품; 비의료용 치약; 향료, 에센셜 오일; 표백제 및 기타 세탁용 제제; 세정/광택 및 연마재.

Class 4 Industrial oils and greases, wax; lubricants; dust absorbing, wetting and binding compositions; fuels and illuminants; candles and wicks for lighting.

공업용 오일 및 그리스, 왁스; 윤활제; 먼지흡수제, 먼지습윤제 및 먼지흡착제; 연료 및 발광체; 조명용 양초 및 심지.

Class 5 Pharmaceuticals, medical and veterinary preparations; sanitary preparations for medical purposes; dietetic food and substances adapted for medical or veterinary use, food for babies; dietary supplements for humans and animals; plasters, materials for dressings; material for stopping teeth, dental wax; disinfectants; preparations for destroying vermin; fungicides, herbicides.

약제, 의료용 및 수의과용 제제; 의료용 위생제; 의료용 또는 수의과용 식이요법 식품 및 제제, 유아용 식품; 인체용 또는 동물용 식이보충제; 플래스터, 외상치료용 재료; 치과용 충전재료, 치과용 왁스; 소독제; 해충구제제(驅除劑); 살균제, 제초제.

Class 6 Common metals and their alloys, ores; metal materials for building and construction; transportable buildings of metal; non-electric cables and wires of common metal; small items of metal hardware; metal containers for storage or transport; safes.

일반금속 및 그 합금, 광석; 금속제 건축 및 구축용 재료; 금속제 이동식 건축물; 비전기용 일반금속제 케이블 및 와이어; 소형 금속제품; 저장 또는 운반용 금속제 용기; 금고.

Class 7 Machines, machine tools, power-operated tools; motors and engines, except for land vehicles; machine coupling and transmission components, except for land vehicles; agricultural implements, other than hand-operated hand tools;

incubators for eggs; automatic vending machines.

기계, 공작기계, 전동공구; 모터 및 엔진(육상차량용은 제외); 기계 커플링 및 전동장치 부품(육상차량용은 제외); 농기구(수동식 수공구는 제외); 부란기(孵卵器); 자동판매기.

Class 8 Hand tools and implements, hand-operated; cutlery; side arms, except firearms; razors.

수동식 수공구 및 수동기구; 커틀러리; 휴대무기(화기는 제외); 면도기.

Class 9 Scientific, nautical, surveying, photographic, cinematographic, optical, weighing, measuring, signalling, checking (supervision), life-saving and teaching apparatus and instruments; apparatus and instruments for conducting, switching, transforming, accumulating, regulating or controlling electricity; apparatus for recording, transmission or reproduction of sound or images; magnetic data carriers, recording discs; compact discs, DVDs and other digital recording media; mechanisms for coin-operated apparatus; cash registers, calculating machines, data processing equipment, computers; computer software; fire-extinguishing apparatus.

과학, 항해, 측량, 사진, 영화, 광학, 계량, 측정, 신호, 검사(감시), 구명 및 교육용 기기; 전기의 전도, 전환, 변형, 축적, 조절 또는 통제를 위한 기기; 음향 또는 영상의 기록, 전송 또는 재생용 장치; 자기(磁氣)데이터 매체, 녹음디스크; CD, DVD 및 기타 디지털 기록매체; 동전작동식 기계장치; 금전등록기, 계산기, 정보처리장치, 컴퓨터; 컴퓨터 소프트웨어; 소화기기.

Class 10 Surgical, medical, dental and veterinary apparatus and instruments; artificial limbs, eyes and teeth; orthopaedic articles; suture materials; therapeutic and assistive devices adapted for the disabled; massage apparatus; apparatus, devices and articles for nursing infants; sexual activity apparatus, devices and articles

외과용, 내과용, 치과용 및 수의과용 기계기구; 의지(義肢), 의안(義眼), 의치

(義齒); 정형외과용품; 봉합용 재료; 장애인용 치료 및 재활보조장치; 안마기; 유아 수유용 기기 및 용품; 성활동용 기기 및 용품.

Class 11 Apparatus for lighting, heating, steam generating, cooking, refrigerating, drying, ventilating, water supply and sanitary purposes.

조명용, 가열용, 증기발생용, 조리용, 냉각용, 건조용, 환기용, 급수용 및 위생용 장치.

Class 12 Vehicles; apparatus for locomotion by land, air or water.

수송기계기구; 육상, 항공 또는 해상을 통해 이동하는 수송수단.

Class 13 Firearms; ammunition and projectiles; explosives; fireworks.

화기(火器); 탄약 및 발사체; 폭약; 폭죽.

Class 14 Precious metals and their alloys; jewellery, precious and semi-precious stones; horological and chronometric instruments.

귀금속 및 그 합금; 보석, 귀석 및 반귀석; 시계용구.

Class 15 Musical instruments.

악기.

Class 16 Paper and cardboard; printed matter; bookbinding material; photographs; stationery and office requisites, except furniture; adhesives for stationery or household purposes; drawing materials and materials for artists; paintbrushes; instructional and teaching materials; plastic sheets, films and bags for wrapping and packaging; printers' type, printing blocks.

종이 및 판지; 인쇄물; 제본재료; 사진; 문방구 및 사무용품(가구는 제외); 문방구용 또는 가정용 접착제; 제도용구 및 미술용 재료; 회화용 솔; 교재; 포장용 플라스틱제 시트, 필름 및 가방; 인쇄활자, 프린팅블록.

Class 17 Unprocessed and semi-processed rubber, gutta-percha, gum, asbestos, mica and substitutes for all these materials; plastics and resins in extruded form for use in manufacture; packing, stopping and insulating materials; flexible pipes, tubes and hoses, not of metal.

미가공 및 반가공 고무, 구타페르카, 고무액(gum), 석면, 운모(雲母) 및 이들의 제품; 제조용 압출성형형태의 플라스틱 및 수지; 충전용, 마개용 및 절연용 재료; 비금속제 신축관, 튜브 및 호스.

Class 18 Leather and imitations of leather; animal skins and hides; luggage and carrying bags; umbrellas and parasols; walking sticks; whips, harness and saddlery; collars, leashes and clothing for animals.

가죽 및 모조가죽; 수피; 수하물가방 및 운반용 가방; 우산 및 파라솔; 걷기용 지팡이; 채찍 및 마구(馬具); 동물용 목걸이, 가죽끈 및 의류.

Class 19 Building materials (non-metallic); non-metallic rigid pipes for building; asphalt, pitch and bitumen; non-metallic transportable buildings; monuments, not of metal.

비금속제 건축재료; 건축용 비금속제 경질관(硬質管); 아스팔트, 피치 및 역청; 비금속제 이동식 건축물; 비금속제 기념물.

Class 20 Furniture, mirrors, picture frames; containers, not of metal, for storage or transport; unworked or semi-worked bone, horn, whalebone or mother-of-pearl; shells; meerschaum; yellow amber.

가구, 거울, 액자; 보관 또는 운송용 비금속제 컨테이너; 미가공 또는 반가공 뼈, 뿔, 고래수염 또는 나전(螺鈿); 패각; 해포석(海泡石); 호박(琥珀)(원석).

Class 21 Household or kitchen utensils and containers; cookware and tableware, except forks, knives and spoons; combs and sponges; brushes, except paintbrushes; brush-making materials; articles for cleaning purposes; unworked or semi-worked glass, except building glass; glassware, porcelain and earthenware.

가정용 또는 주방용 기구 및 용기; 조리기구 및 식기(포크, 나이프 및 스푼은 제외); 빗 및 스펀지; 솔(페인트 솔은 제외); 솔 제조용 재료; 청소용구; 비건축용 미가공 또는 반가공 유리; 유리제품, 도자기제품 및 토기제품.

Class 22 Ropes and string; nets; tents and tarpaulins; awnings of textile or synthetic materials; sails; sacks for the transport and storage of materials in bulk; padding, cushioning and stuffing materials, except of paper, cardboard, rubber or plastics; raw fibrous textile materials and substitutes therefor.

로프 및 끈; 망(網); 텐트 및 타폴린; 직물제 또는 합성재료제 차양; 돛; 하역물 운반용 및 보관용 포대; 충전재료(종이/판지/고무 또는 플라스틱제는 제외); 직물용 미가공 섬유 및 그 대용품.

Class 23 Yarns and threads, for textile use.

직물용 실(絲).

Class 24 Textiles and substitutes for textiles; household linen; curtains of textile or plastic.

직물 및 직물대용품; 가정용 린넨; 직물 또는 플라스틱제 커튼.

Class 25 Clothing, footwear, headgear.

의류, 신발, 모자.

Class 26 Lace and embroidery, ribbons and braid; buttons, hooks and eyes, pins and needles; artificial flowers; hair decorations; false hair.

레이스 및 자수포, 리본 및 장식용 끈; 단추, 갈고리 단추(hooks and eyes), 핀 및 바늘; 조화(造花); 머리장식품; 가발.

Class 27 Carpets, rugs, mats and matting, linoleum and other materials for covering existing floors; wall hangings(non-textile).

카펫, 융단, 매트, 리놀륨 및 기타 바닥깔개용 재료; 비직물제 벽걸이.

Class 28 Games, toys and playthings; video game apparatus; gymnastic and sporting articles; decorations for Christmas trees.

오락용구, 장난감; 비디오게임장치; 체조 및 스포츠용품; 크리스마스트리용 장식품.

Class 29 Meat, fish, poultry and game; meat extracts; preserved, frozen, dried and cooked fruits and vegetables; jellies, jams, compotes; eggs; milk and milk products; oils and fats for food.

식육, 생선, 가금 및 엽조수; 고기진액; 가공처리, 냉동, 건조 및 조리된 과일 및 채소; 젤리, 잼, 콤폿; 달걀; 우유 및 유제품; 식용 유지(油脂).

Class 30 Coffee, tea, cocoa and artificial coffee; rice; tapioca and sago; flour and preparations made from cereals; bread, pastries and confectionery; edible ices; sugar, honey, treacle; yeast, baking-powder; salt; mustard; vinegar, sauces (condiments); spices; ice (frozen water).

커피, 차(茶), 코코아와 대용커피; 쌀; 타피오카와 사고(sago); 곡분 및 곡물조제품; 빵, 페이스트리 및 과자; 식용 얼음; 설탕, 꿀, 당밀(糖蜜); 식품용 이스트, 베이킹파우더; 소금; 겨자(향신료); 식초, 소스(조미료); 향신료; 얼음.

Class 31 Raw and unprocessed agricultural, aquacultural, horticultural and forestry products; raw and unprocessed grains and seeds; fresh fruits and vegetables, fresh herbs; natural plants and flowers; bulbs, seedlings and seeds for planting; live animals; foodstuffs and beverages for animals; malt.

미가공 농업, 수산양식, 원예 및 임업 생산물; 미가공 곡물 및 종자; 신선한 과실 및 채소, 신선한 허브; 살아 있는 식물 및 꽃; 구근(球根), 모종 및 재배용 곡물종자; 살아 있는 동물; 동물용 사료 및 음료; 맥아.

Class 32 Beers; mineral and aerated waters and other non-alcoholic beverages; fruit beverages and fruit juices; syrups and other preparations for making beverages.

맥주; 광천수, 탄산수 및 기타 무주정(無酒精)음료; 과실음료 및 과실주스; 시럽 및 음료용 제제.

Class 33 Alcoholic beverages(except beers).
알코올 음료(맥주는 제외).

Class 34 Tobacco; smokers' articles; matches.
담배; 흡연용구; 성냥.

2. SERVICES

Class 35 Advertising; business management; business administration; office functions.
광고업; 사업관리업; 기업경영업; 사무처리업.

Class 36 Insurance; financial affairs; monetary affairs; real estate affairs.
보험업; 재무업; 금융업; 부동산업.

Class 37 Building construction; repair; installation services.
건축물건설업; 수선업; 설치서비스업.

Class 38 Telecommunications.
통신업.

Class 39 Transport; packaging and storage of goods; travel arrangement.
운송업; 상품의 포장 및 보관업; 여행알선업.

Class 40 Treatment of materials.
재료처리업.

Class 41 Education; providing of training; entertainment; sporting and cultural activities.

교육업; 훈련제공업; 연예오락업; 스포츠 및 문화활동업.

Class 42 Scientific and technological services and research and design relating thereto; industrial analysis and research services; design and development of computer hardware and software.

과학적, 기술적 서비스업 및 관련 연구, 디자인업; 산업분석 및 연구 서비스업; 컴퓨터 하드웨어 및 소프트웨어의 디자인 및 개발업.

Class 43 Services for providing food and drink; temporary accommodation.

식음료제공서비스업; 임시숙박시설업.

Class 44 Medical services; veterinary services; hygienic and beauty care for human beings or animals; agriculture, horticulture and forestry services.

의료업; 수의업; 인간 또는 동물을 위한 위생 및 미용업; 농업, 원예 및 임업 서비스업.

Class 45 Legal services; security services for the physical protection of tangible property and individuals; personal and social services rendered by others to meet the needs of individuals.

법무서비스업; 유형의 재산 및 개인을 물리적으로 보호하기 위한 보안서비스업; 개인의 수요를 충족시키기 위한 타인에 의해 제공되는 사적인 또는 사회적인 서비스업.

II. 미국 고유의 상품 및 서비스 분류[8)9)]

1. 상품 분류

제1류 Raw or Partly Prepared Materials.

제2류 Receptacles.

제3류 Baggage Animal Equipments, Portfolios and Pocketbooks.

제4류 Abrasives and Polishing Materials.

제5류 Adhesives.

제6류 Chemicals and Chemical Compositions.

제7류 Cordage.

제8류 Smokers' Articles, Not Including Tobacco Products.

제9류 Explosives, Firearms, Equipments and Projectiles.

제10류 Fertilizers.

제11류 Inks and Inking Materials.

제12류 Construction Materials.

제13류 Hardware, Plumbing and Steamfitting Supplies.

제14류 Metals, Metal Castings and Forgings.

제15류 Oils and Greases.

제16류 Protective and Decorative Coatings.

제17류 Tobacco Products.

제18류 Medicines and Pharmaceutical Preparations.

제19류 Vehicles.

제20류 Linoleum and Oiled Cloth.

제21류 Electrical Apparatus, Machines and Supplies.

제22류 Games, Toys and Sporting Good.

제23류 Cutlery, Machinery, Tools and Parts Thereof.

---

8) 미국 고유의 상품 및 서비스 분류는 미국이 1973년 9월 1일부터 국제 상품 및 서비스 분류를 채택하여 주분류로 사용하기 전까지 상표등록을 위한 상품 또는 서비스의 주분류로 사용하였다.

9) 연방상표법 시행규칙 §6.2 Prior U.S. Schedule of Classes of Goods and Services.

제24류 Laundry Appliances and Machines.

제25류 Locks and Safes.

제26류 Measuring and Scientific Appliances.

제27류 Horological Instruments.

제28류 Jewelry and Precious-metal Ware.

제29류 Brooms, Brushes and Dusters.

제30류 Crockery, Earthenware and Porcelain.

제31류 Filters and Refrigerators.

제32류 Furniture and Upholstery.

제33류 Glassware.

제34류 Heating, Lighting and Ventilating Apparatus.

제35류 Belting, Hose, Machinery Packing and Non-Metallic Tires.

제36류 Musical Instruments and Supplies.

제37류 Paper and Stationery.

제38류 Prints and Publications.

제39류 Clothing.

제40류 Fancy Goods, Furnishings and Notions.

제41류 Canes, Parasols and Umbrellas.

제42류 Knitted, Netted and Textile Fabrics and Substitutes.

제43류 Thread and Yarn.

제44류 Dental, Medical and Surgical Appliances.

제45류 Soft Drinks and Carbonated Waters.

제46류 Foods and Ingredients of Foods.

제47류 Wines.

제48류 Malt Beverages and Liquors.

제49류 Distilled Alcoholic Liquors.

제50류 Merchandise Not Otherwise Classified.

제51류 Cosmetics and Toilet Preparations.

제52류 Detergents and Soaps.

2. 서비스 분류

제100류 Miscellaneous.

제101류 Advertising and Business.

제102류 Insurance and Financial.

제103류 Construction and Repair.

제104류 Communication.

제105류 Transportation and Storage.

제106류 Material Treatment.

제107류 Education and Entertainment.

Ⅲ. 미국 고유의 증명표장[10] 및 단체회원표장[11]에 관한 상품 및 서비스 분류[12]

1. 증명표장

A: GOODS CERTIFICATION MARK.

B: SERVICES CERTIFICATION MARK.

2. 단체회원표장

200 COLLECTIVE MEMBERSHIP MARK.

---

10) 연방상표법 시행규칙 §6.3 Schedule for Certification Marks.

11) 연방상표법 시행규칙 §6.4 Schedule for Collective Membership Marks.

12) 단체상표와 단체서비스표는 니스협정에 따른 국제 상품 및 서비스 분류에 따르고 있으나 단체회원표장은 구체적인 상품 또는 서비스를 기재하는 대신 'Collective Membership Mark'로 기재한다. 한편 증명표장은 상품에 대한 증명표장인 경우 'Class A: detergent'와 같이 기재하고 서비스에 대한 증명표장인 경우 'Class B: Purchasing, maintenance and repair of commercial food service equipment'와 같이 기재한다.

IV. 국제 상품 및 서비스 분류에 따른 주된 상품 또는 서비스분류 검색 시 자동으로 검색되는 관련된 상품 또는 서비스 분류 목록[13)]

주분류	관련분류
1	5, 17, 35, 42, 44, A, B, 200[14)]
2	17, 19, 35, 37, 40, 42, A, B, 200
3	5, 21, 35, 42, 44, A, B, 200
4	1, 35, 37, 42, A, B, 200
5	1, 3, 10, 35, 42, 44, A, B, 200
6	11, 17, 19, 20, 35, 37, 40, 42, A, B, 200
7	8, 11, 12, 35, 37, 40, 42, A, B, 200
8	7, 21, 35, 37, 40, 42, 45, A, B, 200
9	10, 16, 28, 35, 38, 41, 42, 44, A, B, 200
10	5, 35, 42, 44, A, B, 200
11	6, 7, 9, 19, 20, 35, 37, 40, 42, A, B, 200
12	7, 35, 37, 42, A, B, 200
13	28, 35, 42, 45, A, B, 200
14	25, 26, 35, 37, 40, 42, A, B, 200
15	28, 35, 41, 42, A, B, 200
16	9, 35, 41, 42, A, B, 200
17	1, 2, 6, 19, 35, 37, 40, 42, A, B, 200
18	14, 25, 35, 42, 44, A, B, 200
19	2, 6, 11, 17, 35, 37, 40, 42, A, B, 200
20	6, 21, 28, 35, 42, A, B, 200
21	3, 8, 20, 35, 42, 44, A, B, 200
22	23, 24, 35, 42, A, B, 200
23	22, 24, 26, 35, 42, A, B, 200
24	23, 25, 26, 35, 42, A, B, 200
25	14, 18, 24, 35, 42, A, B, 200
26	23, 24, 35, 42, A, B, 200
27	19, 24, 35, 37, 42, A, B, 200
28	9, 16, 20, 25, 35, 41, 42, A, B, 200
29	5, 30, 31, 32, 33, 35, 42, 43, A, B, 200
30	1, 5, 29, 31, 32, 33, 35, 42, 43, A, B, 200

13) 2006년 4월판에 따른 목록으로 http://tmsearch.uspto.gov/bin/gate.exe?f=help&state=4809:280vi1.1.1#Original_Filing_Basis에서 인용.

31	5, 29, 30, 32, 35, 42, 43, 44, A, B, 200
32	5, 29, 30, 31, 33, 35, 42, 43, A, B, 200
33	5, 29, 30, 31, 32, 35, 42, 43, A, B, 200
34	4, 35, 42, A, B, 200
35	36, 37, 38, 39, 40, 41, 42, 43, 44, 45, A, B, 200
36	35, 37, 38, 39, 40, 41, 42, 43, 44, 45, A, B, 200
37	35, 36, 38, 39, 40, 41, 42, 43, 44, 45, A, B, 200
38	35, 36, 37, 39, 40, 41, 42, 43, 44, 45, A, B, 200
39	35, 36, 37, 38, 40, 41, 42, 43, 44, 45, A, B, 200
40	35, 36, 37, 38, 39, 41, 42, 43, 44, 45, A, B, 200
41	35, 36, 37, 38, 39, 40, 42, 43, 44, 45, A, B, 200
42	35, 36, 37, 38, 39, 40, 41, 43, 44, 45, A, B, 200
43	35, 36, 37, 38, 39, 40, 41, 42, 44, 45, A, B, 200
44	35, 36, 37, 38, 39, 40, 41, 42, 43, 45, A, B, 200
45	35, 36, 37, 38, 39, 40, 41, 42, 43, 44, A, B, 200
A	B, 200
B	A, 200
200	41, 42, A, B

14) 예들 들면 심사관이 A라는 상표의 제1류의 지정상품 a에 대한 유사 여부 판단 시 제1류는 물론 제5류, 제17류의 상품류는 물론, 제35류, 제42류, 제44류의 서비스류, 증명표장(A, B), 단체회원표장(200)에서의 상품의 관련성 여부를 검토한다는 의미이다.

[부록 4] 미국의 주별 상표등록관련 웹사이트 주소[15)]

주	상표관련 웹사이트 주소
Alabama	http://sos.alabama.gov/administrative-services/trademarks
Alaska	https://www.commerce.alaska.gov/web/cbpl/corporations/trademarkregistration.aspx
Arizona	http://www.azsos.gov/business_services/tnt/
Arkansas	http://www.sos.arkansas.gov/BCS/Pages/default.aspx
California	http://www.sos.ca.gov/business/ts/ts.htm
Colorado	http://www.sos.state.co.us/pubs/business/forms_main.html#Trademarks
Connecticut	http://www.sots.ct.gov/sots/cwp/view.asp?a=3177&q=472426#trade
Delaware	http://corp.delaware.gov/trademark.shtml
Florida	http://form.sunbiz.org/cor_t.html
Georgia	http://sos.ga.gov/index.php/corporations/trademarks__service_marks2
Hawaii	http://cca.hawaii.gov/breg/registration/trade/
Idaho	http://www.sos.idaho.gov/tmarks/tmindex.htm
Illinois	http://www.cyberdriveillinois.com/publications/business_services/trademark.html
Indiana	http://www.in.gov/apps/sos/trademarks
Iowa	http://sos.iowa.gov/business/FormsAndFees.html#TradeServiceMarks
Kansas	http://www.kssos.org/resources/resources_faq_trademark.html
Kentucky	http://www.sos.ky.gov/bus/tmandsm/Pages/default.aspx
Louisiana	http://www.sos.la.gov/BusinessServices/FileBusinessDocuments/GetFormsAndFeeSchedule/Pages/default.aspx
Maine	http://www.maine.gov/sos/cec/corp/trademarks.html
Maryland	http://sos.maryland.gov/Pages/Trademarks/Trademarks.aspx
Massachusetts	http://www.sec.state.ma.us/cor/corpweb/cortmsm/tmsmfrm.htm
Michigan	http://michigan.gov/lara/0,4601,7-154-61343_35413_35431---,00.html
Minnesota	http://www.sos.state.mn.us/index.aspx?page=1093
Mississippi	http://www.sos.ms.gov/BusinessServices/Pages/Trademarks.aspx
Missouri	http://www.sos.mo.gov/business/trademark.asp
Montana	http://sos.mt.gov/business/Trademark/index.asp
Nebraska	http://www.sos.ne.gov/business/corp_serv/corp_form.html
Nevada	http://nvsos.gov/index.aspx?page=246
New Hampshire	http://sos.nh.gov/Corp_Div.aspx

15) https://www.uspto.gov/trademarks-getting-started/process-overview/state-trademark-information-links에서 인용.

New Jersey	http://www.state.nj.us/treasury/revenue/dcr/geninfo/corpman.shtml#TMSM
New Mexico	http://www.sos.state.nm.us/Business_Services/Trademark_FAQs.aspx
New York	http://www.nysl.nysed.gov/tradmark.htm
North Carolina	http://www.secretary.state.nc.us/trademrk/
North Dakota	http://sos.nd.gov/business/business-services/trademark-service-mark
Ohio	http://www.sos.state.oh.us/sos/Businesses/businessServices/Trademarks%20%20Service%20Marks.aspx
Oklahoma	https://www.sos.ok.gov/trademarks/default.aspx
Oregon	http://sos.oregon.gov/business/Pages/trademarks.aspx
Pennsylvania	http://www.dos.pa.gov/BusinessCharities/Business/Resources/Pages/Registration-of-a-Trademark.aspx
Rhode Island	http://sos.ri.gov/business/trademark/
South Carolina	http://www.scsos.com/Library_of_Forms_and_Fees#Trademarks
South Dakota	https://sdsos.gov/business-services/trademark-name-registration/trade-marks.aspx
Tennessee	http://tennessee.gov/sos/bus_svc/trademarks.htm
Texas	http://www.sos.state.tx.us/corp/trademark.shtml
Utah	http://corporations.utah.gov/business/tm.html
Vermont	https://www.sec.state.vt.us/corporationsbusiness-services/trademark-filing-services.aspx
Virginia	http://www.scc.virginia.gov/srf/bus/tmsm_regis.aspx
Washington	http://www.sos.wa.gov/corps/Trademarks.aspx
West Virginia	http://www.sos.wv.gov/business-licensing/trademarkservicemarks/Pages/default.aspx
Wisconsin	http://www.wdfi.org/Apostilles_Notary_Public_and_Trademarks/defaultTrademark.htm
Wyoming	http://will.state.wy.us/trademarks/ http://legisweb.state.wy.us/statutes/statutes.aspx?file=titles/Title40/T40CH1.htm
Puerto Rico	https://prtmfiling.f1hst.com/

[부록 5] INTA Model State Trademark Bill
(An Act to Provide for the Registration and Protection of Trademarks)

Section 1: Definitions

(a) The term "trademark" as used herein means any word, name, symbol, or device or any combination thereof used by a person to identify and distinguish the goods of such person, including a unique product, from those manufactured or sold by others, and to indicate the source of the goods, even if that source is unknown.

(b) The term "service mark" as used herein means any word, name, symbol, or device or any combination thereof used by a person, to identify and distinguish the services of one person, including a unique service, from the services of others, and to indicate the source of the services, even if that source is unknown. Titles, character names used by a person, and other distinctive features of radio or television programs may be registered as service marks notwithstanding that they, or the programs, may advertise the goods of the sponsor.

(c) The term "mark" as used herein includes any trademark or service mark, entitled to registration under this Act whether registered or not.

(d) The term "trade name" means any name used by a person to identify a business or vocation of such person.

(e) The term "person" and any other word or term used to designate the applicant or other party entitled to a benefit or privilege or rendered liable under the provisions of this Act includes a juristic person as well as a natural person. The term "juristic person" includes a firm, partnership, corporation, union, association, or other organization capable of suing and being sued in a court of law.

(f) The term "applicant" as used herein embraces the person filing an application for registration of a mark under this Act, and the legal representatives, successors, or assigns of such person.

(g) The term "registrant" as used herein embraces the person to whom the registration of a mark under this Act is issued, and the legal representatives, successors, or assigns of such person.

(h) The term "use" means the bona fide use of a mark in the ordinary course of trade, and not made merely to reserve a right in a mark. For the purposes of this Act, a mark shall be deemed to be in use

(1) on goods when it is placed in any manner on the goods or other containers or the displays associated therewith or on the tags or labels affixed thereto, or if the nature of the goods makes such placement impracticable, then on documents associated with the goods or their sale, and the goods are sold or transported in commerce in this state,[16] and

(2) on services when it is used or displayed in the sale or advertising of services and the services are rendered in this state.

(i) A mark shall be deemed to be "abandoned" when either of the following occurs:

(1) When its use has been discontinued with intent not to resume such use. Intent not to resume may be inferred from circumstances. Nonuse for two consecutive years shall constitute prima facie evidence of abandonment; or

(2) When any course of conduct of the owner, including acts of omission as well as commission, causes the mark to lose its significance as a mark.

(j) The term "Secretary" as used herein means the secretary of the state or the designee of the secretary charged with the administration of this Act.

(k) The term "dilution"[17] as used herein means dilution by blurring or dilution by tarnishment, regardless of the presence or absence of

(1) competition between the owner of the famous mark and other parties, or

(2) actual or likely confusion, mistake, or deception, or

(3) actual economic injury.

---

16) 주상표법의 표준안이므로 상표의 사용을 "주 내에서"라고 규정하였다.

17) 2007년도 Trademark Dilution Revision Act를 반영하여 식별력의 약화에 의한 희석과 명성의 손상에 의한 희석을 구분하여 정의하였다.

(l) The term “dilution by blurring” as used herein means association arising from the similarity between a mark or trade name and a famous mark that impairs the distinctiveness of the famous mark.

(m) The term “dilution by tarnishment” as used herein means association arising from the similarity between a mark or trade name and a famous mark that harms the reputation of the famous mark.

Section 2: Registrability

A mark by which the goods or services of any applicant for registration may be distinguished from the goods or services of others shall not be registered if it

(a) consists of or comprises immoral, deceptive or scandalous matter; or

(b) consists of or comprises matter which may disparage or falsely suggest a connection with persons, living or dead, institutions, beliefs, or national symbols, or bring them into contempt, or disrepute; or

(c) consists of or comprises the flag or coat of arms or other insignia of the United States, or of any state or municipality, or of any foreign nation, or any simulation thereof; or

(d) consists of or comprises the name, signature or portrait identifying a particular living individual, except by the individual's written consent; or

(e) consists of a mark which,

(1) when used on or in connection with the goods or services of the applicant, is merely descriptive or deceptively misdescriptive of them, or

(2) when used on or in connection with the goods or services of the applicant is primarily geographically descriptive or deceptively misdescriptive of them, or

(3) is primarily merely a surname;

provided, however, that nothing in this subsection (e) shall prevent the registration of a mark used by the applicant which has become distinctive of the applicant's goods or services. The Secretary may accept as evidence that the mark has become distinctive, as used on or in connection with the applicant's goods or services, proof of continuous use thereof as a mark by the applicant in this state for the five years before the date on which the claim of distinctiveness is made; or

(f) consists of or comprises a mark which so resembles a mark registered in this state or a mark or trade name previously used by another and not abandoned, as to be likely, when used on or in connection with the goods or services of the applicant, to cause confusion or mistake or to deceive.

Section 3: Application for Registration

(a) Subject to the limitations set forth in this Act, any person who uses a mark may file in the office of the Secretary, in a manner complying with the requirements of the Secretary, an application for registration of that mark setting forth, but not limited to, the following information:

(1) the name and business address of the person applying for such registration; and, if a corporation, the state of incorporation, or if a partnership, the state in which the partnership is organized and the names of the general partners, as specified by the Secretary,

(2) the goods or services on or in connection with which the mark is used and the mode or manner in which the mark is used on or in connection with such goods or services and the class in which such goods or services fall,

(3) the date when the mark was first used anywhere and the date when it was first used in this state by the applicant or a predecessor in interest, and

(4) a statement that the applicant is the owner of the mark, that the mark is in use, and that, to the knowledge of the person verifying the application, no other person has registered, either federally or in this state, or has the right to use such mark either in the identical form thereof or in such near resemblance thereto as to be likely, when applied to the goods or services of such other person, to

cause confusion, or to cause mistake, or to deceive.

(b) The Secretary may also require a statement as to whether an application to register the mark, or portions or a composite thereof, has been filed by the applicant or a predecessor in interest in the United States Patent and Trademark Office; and, if so, the applicant shall provide full particulars with respect thereto including the filing date and serial number of each application, the status thereof and, if any application was finally refused registration or has otherwise not resulted in a registration, the reasons therefore.

(c) The Secretary may also require that a drawing of the mark, complying with such requirements as the Secretary may specify, accompany the application.

(d) The application shall be signed and verified (by oath, affirmation or declaration subject to perjury laws) by the applicant or by a member of the firm or an officer of the corporation or association applying.

(e) The application shall be accompanied by three specimens showing the mark as actually used.

(f) The application shall be accompanied by the application fee payable to the Secretary of state.

Section 4: Filing of Applications

(a) Upon the filing of an application for registration and payment of the application fee, the Secretary may cause the application to be examined for conformity with this Act.

(b) The applicant shall provide any additional pertinent information requested by the Secretary including a description of a design mark and may make, or authorize the Secretary to make, such amendments to the application as may be reasonably requested by the Secretary or deemed by applicant to be advisable to respond to any rejection or objection.

(c) The Secretary may require the applicant to disclaim an unregisterable component of a mark otherwise registerable, and an applicant may voluntarily disclaim a component of a mark sought to be registered. No disclaimer shall prejudice or affect the applicant's or registrant's rights then existing or thereafter arising in the disclaimed matter, or the applicant's or registrant's rights of registration on another application if the disclaimed matter be or shall have become distinctive of the applicant's or registrant's goods or services.

(d) Amendments may be made by the Secretary upon the application submitted by the applicant upon applicant's agreement; or a fresh application may be required to be submitted.

(e) If the applicant is found not to be entitled to registration, the Secretary shall advise the applicant thereof and of the reasons therefor. The applicant shall have a reasonable period of time specified by the Secretary in which to reply or to amend the application, in which event the application shall then be reexamined. This procedure may be repeated until

(1) the Secretary finally refuses registration of the mark; or

(2) the applicant fails to reply or amend within the specified period, whereupon the application shall be deemed to have been abandoned.

(f) If the Secretary finally refuses registration of the mark, the applicant may seek a writ of mandamus to compel such registration. Such writ may be granted, but without costs to the Secretary, on proof that all the statements in the application are true and that the mark is otherwise entitled to registration.

(g) In the instance of applications concurrently being processed by the Secretary seeking registration of the same or confusingly similar marks for the same or related goods or services, the Secretary shall grant priority to the applications in order of filing. If a prior-filed application is granted a registration, the other application or applications shall then be rejected. Any rejected applicant may bring an action for cancellation of the registration upon grounds of prior or superior rights to the mark, in accordance with the provisions of Section 9 of this Act.

Section 5: Certificate of Registration

(a) Upon compliance by the applicant with the requirements of this Act, the Secretary shall cause a certificate of registration to be issued and delivered to the applicant. The certificate of registration shall be issued under the signature of the Secretary and the seal of the state, and it shall show the name and business address and, if a corporation, the state of incorporation, or if a partnership, the state in which the partnership is organized and the names of the general partners, as specified by the Secretary, of the person claiming ownership of the mark, the date claimed for the first use of the mark anywhere and the date claimed for the first use of the mark in this state, the class of goods or services and a description of the goods or services on or in connection with which the mark is used, a reproduction of the mark, the registration date and the term of the registration.

(b) Any certificate of registration issued by the Secretary under the provisions hereof or a copy thereof duly certified by the Secretary shall be admissible in evidence as competent and sufficient proof of the registration of such mark in any actions or judicial proceedings in any court of this state.

Section 6: Duration and Renewal

(a) A registration of mark hereunder shall be effective for a term of five years from the date of registration and, upon application filed within six months prior to the expiration of such term, in a manner complying with the requirements of the Secretary, the registration may be renewed for a like term from the end of the expiring term. A renewal fee, payable to the Secretary, shall accompany the application for renewal of the registration.

(b) A registration may be renewed for successive periods of five years in like manner.

(c) Any registration in force on the date on which this Act shall become effective shall continue in full force and effect for the unexpired term thereof and may be renewed by filing an application for renewal with the Secretary complying with the requirements of the Secretary and paying the aforementioned renewal fee therefor within six months prior to the expiration of the registration.

(d) All applications for renewal under this Act, whether of registrations made under this Act or of registrations effected under any prior act, shall include a verified statement that the mark has been and is still in use and include a specimen showing actual use of the mark on or in connection with the goods or services.

Section 7: Assignments, Changes of Name and Other Instruments

(a) Any mark and its registration hereunder shall be assignable with the good will of the business in which the mark is used, or with that part of the good will of the business connected with the use of and symbolized by the mark. Assignment shall be by instruments in writing duly executed and may be recorded with the Secretary upon the payment of the recording fee payable to the Secretary who, upon recording of the assignment, shall issue in the name of the assignee a new certificate for the remainder of the term of the registration or of the last renewal thereof. An assignment of any registration under this Act shall be void as against any subsequent purchaser for valuable consideration without notice, unless it is recorded with the Secretary within three months after the date thereof or prior to such subsequent purchase.

(b) Any registrant or applicant effecting a change of the name of the person to whom the mark was issued or for whom an application was filed may record a certificate of change of name of the registrant or applicant with the Secretary upon the payment of the recording fee. The Secretary may issue in the name of the assignee a certificate of registration of an assigned application. The Secretary may issue in the name of the assignee, a new certificate or registration for the remainder of the term of the registration or last renewal thereof.

(c) Other instruments which relate to a mark registered or application pending pursuant to this Act, such as, by way of example, licenses, security interests or mortgages, may be recorded in the discretion of the Secretary, provided that such instrument is in writing and duly executed.

(d) Acknowledgement shall be prima facie evidence of the execution of an assignment or other instrument and, when recorded by the Secretary, the record shall be prima facie evidence of execution.

(e) A photocopy of any instrument referred to in subsections (a), (b) or (c), above, shall be accepted for recording if it is certified by any of the parties thereto, or their successors, to be a true and correct copy of the original.

Section 8: Records

The Secretary shall keep for public examination a record of all marks registered or renewed under this Act, as well as a record of all documents recorded pursuant to Section 7.

Section 9: Cancellation

The Secretary shall cancel from the register, in whole or in part:

(a) any registration concerning which the Secretary shall receive a voluntary request for cancellation thereof from the registrant or the assignee of record;

(b) all registrations granted under this Act and not renewed in accordance with the provisions hereof;

(c) any registration concerning which a court of competent jurisdiction shall find

(1) that the registered mark has been abandoned,

(2) that the registrant is not the owner of the mark,

(3) that the registration was granted improperly,

(4) that the registration was obtained fraudulently,

(5) that the mark is or has become the generic name for the goods or services, or a portion thereof, for which it has been registered,

(6) that the registered mark is so similar, as to be likely to cause confusion or mistake or to deceive, to a mark registered by another person in the United States Patent and Trademark Office prior to the date of the filing of the application for registration by the registrant hereunder, and not abandoned; provided, however, that, should the registrant prove that the registrant is the owner of a concurrent registration of a mark in the United States Patent and Trademark Office covering an area including this state, the registration hereunder shall not be cancelled for such area of the state; or

(d) when a court of competent jurisdiction shall order cancellation of a registration on any ground.

Section 10: Classification

The Secretary shall by regulation establish a classification of goods and services for convenience of administration of this Act, but not to limit or extend the applicant's or registrant's rights, and a single application for registration of a mark may include any or all goods upon which, or services with which, the mark is actually being used indicating the appropriate class or classes of goods or services. When a single application includes goods or services which fall within multiple classes, the Secretary may require payment of a fee for each class. To the extent practical, the classification of goods and services should conform to the classification adopted by the United States Patent and Trademark Office.

Section 11: Fraudulent Registration

Any person who shall for himself or herself, or on behalf of any other person, procure the filing or registration of any mark in the office of the Secretary under the provisions hereof, by knowingly making any false or fraudulent representation or declaration, orally or in writing, or by any other fraudulent means, shall be liable to pay all damages sustained in consequence of such filing or registration, to be recovered by or on behalf of the party injured thereby in any court of competent jurisdiction.

Section 12: Infringement

Subject to the provisions of Section 16 hereof, any person who shall

(a) use, without the consent of the registrant, any reproduction, counterfeit, copy, or colorable imitation of a mark registered under this Act in connection with the sale, distribution, offering for sale, or advertising of any goods or services on or in connection with which such use is likely to cause confusion or mistake or to deceive as to the source of origin of such goods or services; or

(b) reproduce, counterfeit, copy or colorably imitate any such mark and apply such reproduction, counterfeit, copy or colorable imitation to labels, signs, prints, packages, wrappers, receptacles, or advertisements intended to be used upon or in connection with the sale or other distribution in this state of such goods or services;

shall be liable in a civil action by the registrant for any and all of the remedies provided in Section 14 hereof, except that under subsection (b) hereof the registrant shall not be entitled to recover profits or damages unless the acts have been committed with the intent to cause confusion or mistake or to deceive.

Section 13: Injury to Business Reputation; Dilution

(a) Subject to the principles of equity, the owner of a mark which is famous and distinctive, inherently or through acquired distinctiveness, in this state shall be entitled to an injunction against another person's commercial use of a mark or trade name, if such use begins after the mark has become famous and is likely to cause dilution of the famous mark, and to obtain such other relief as is provided in this section.

(b) A mark is famous if it is widely recognized by the general consuming public[18] of this State or a geographic area in this State[19] as a designation of source of the goods or services of the mark's owner. In determining whether a mark is famous, a court may consider factors such as, but not limited to:

(1) The duration, extent, and geographic reach of advertising and publicity of the mark in this state, whether advertised or publicized by the owner or third parties;

(2) The amount, volume, and geographic extent of sales of goods or services offered under the mark in this state;

(3) The extent of actual recognition of the mark in this state; and

(4) Whether the mark is the subject of a state registration in this state, or a federal registration under the Act of March3, 1881, or under the Act of February 20, 1905, or on the principal register under the Trademark Act of 1946, as amended.

(c) In an action brought under this section, the owner of a famous mark shall be entitled to injunctive relief throughout the geographic area in which the mark is found to have become famous prior to commencement of the junior use, but not beyond the borders of this state. If the person against whom the injunctive relief is

---

18) 「일부 지역이나 계층」(a specific channel of trade or in a specific industry)에서만 잘 알려진 상표(niche market fame)를 포함시키지 않기 위해서 「일반 소비자」(the general consuming public)에게 널리 알려진 유명상표만을 보호대상으로 한정하였다.

19) 주상표법상의 희석화 규정의 보호대상은 미국 전역에서 유명한 상표가 아니라 그 주의 영역 내에서 또는 그 주의 일부 지역에서 유명한 상표도 해당된다.

sought willfully intended to cause dilution of the famous mark, then the owner shall also be entitled to the remedies set forth in this chapter, subject to the discretion of the court and the principles of equity.

(d) The following shall not be actionable under this section:

(1) Any fair use, including a nominative or descriptive fair use, or facilitation of such fair use, of a famous mark by another person other than as a designation of source for the person's own goods or services, including use in connection with

(A) Advertising or promotion that permits consumers to compare goods or services; or

(B) Identifying and parodying, criticizing, or commenting upon the famous mark owner or the goods or services of the famous mark owner;

(2) Noncommercial use of the mark; and

(3) All forms of news reporting and news commentary.

Section 14: Remedies

(a) Any owner of a mark registered under this Act may proceed by suit to enjoin the manufacture, use, display or sale of any counterfeits or imitations thereof and any court of competent jurisdiction may grant injunctions to restrain such manufacture, use, display or sale as may be by the said court deemed just and reasonable, and may require the defendants to pay to such owner all profits derived from and/or all damages suffered by reason of such wrongful manufacture, use, display or sale; and such court may also order that any such counterfeits or imitations in the possession or under the control of any defendant in such case be delivered to an officer of the court, or to the complainant, to be destroyed. The court, in its discretion, may enter judgment for an amount not to exceed three times such profits and damages and/or reasonable attorneys' fees of the prevailing party in such cases where the court finds the other party committed such wrongful acts with knowledge or in bad faith or otherwise as according to the circumstances of the case.

(b) The enumeration of any right or remedy herein shall not affect a registrant's right to prosecute under any penal law of this state.

Section 15: Forum for Actions Regarding Registration; Service On Out of State Registrants

(a) Actions to require cancellation of a mark registered pursuant to this Act or in mandamus to compel registration of a mark pursuant to this Act shall be brought in the [name of court]. In an action in mandamus, the proceeding shall be based solely upon the record before the Secretary. In an action for cancellation, the Secretary shall not be made a party to the proceeding but shall be notified of the filing of the complaint by the clerk of the court in which it is filed and shall be given the right to intervene in the action.

(b) In any action brought against a non-resident registrant, service may be effected upon the Secretary as agent for service of the registrant in accordance with the procedures established for service upon non-resident corporations and business entities under sections 〈 〉 of the 〈general statutes〉.

Section 16: Common Law Rights

Nothing herein shall adversely affect the rights or the enforcement of rights in marks acquired in good faith at any time at common law.

Section 17: Fees

The Secretary shall by regulation prescribe the fees payable for the various applications and recording fees and for related services. Unless specified by the Secretary, the fees payable herein are not refundable.

Section 18: Severability

If any provision hereof, or the application of such provision to any person or circumstance is held invalid, the remainder of this Act shall not be affected thereby.

Section 19: Time of Taking Effect - Repeal of Prior Acts; Intent of Act

(a) This Act shall be in force and take effect after its enactment but shall not affect any suit, proceeding or appeal then pending. All acts relating to marks and parts of any other acts inconsistent herewith are hereby repealed on the effective date of this Act, provided that as to any application, suit, proceeding or appeal, and for that purpose only, pending at the time this Act takes effect such repeal shall be deemed not to be effective until final determination of said pending application, suit, proceeding or appeal.

(b) The intent of this Act is to provide a system of state trademark registration and protection substantially consistent with the federal system of trademark registration and protection under the Trademark Act of 1946, as amended. To that end, the construction given the federal Act should be examined as persuasive authority for interpreting and construing the Act.

[부록 6] 미국의 연방항소법원 및 연방지방법원의 약칭[20)]

Ⅰ. 연방항소법원의 약칭

항소법원	제1 연방순회구	제2 연방순회구	제3 연방순회구	제4 연방순회구
약칭	1st Cir.	2d Cir.	3d Cir.	4th Cir.

항소법원	제5 연방순회구	제6 연방순회국	제7 연방순회구
약칭	5th Cir.	6th Cir.	7th Cir.

항소법원	제8 연방순회구	제9 연방순회구	제10 연방순회구
약칭	8th Cir.	9th Cir.	10th Cir.

항소법원	제11 연방순회구	D.C. Circuit (컬럼비아 특별구)	Fed. Circuit (연방순회항소법원)
약칭	11th Cir.	D.C. Cir.	Fed. Cir.

Ⅱ. 연방지방법원의 약칭

법원	약칭	법원	약칭
Middle District of Alabama	M.D. Ala.	District of Montana	D. Mont.
Northern District of Alabama	N.D. Ala.	District of Nebraska	D. Neb.
Southern District of Alabama	S.D. Ala.	District of Nevada	D. Nev.
District of Alaska	D. Alaska	District of New Hampshire	D.N.H.
District of Arizona	D. Ariz.	District of New Jersey	D.N.J.
Eastern District of Arkansas	E.D. Ark	District of New Mexico	D.N.M.
Western District of Arkansas	W.D. Ark.	Eastern District of New York	E.D.N.Y.
Central District of California	C.D. Cal.	Northern District of New York	N.D.N.Y.
Eastern District of California	E.D. Cal.	Southern District of New York	S.D.N.Y.
Northern District of California	N.D. Cal.	Western District of New York	W.D.N.Y.
Southern District of California	S.D. Cal.	Eastern District of North Carolina	E.D.N.C.
District of Colorado	D. Colo.	Middle District of North Carolina	M.D.N.C.
District of Connecticut	D. Conn.	Western District of North Carolina	W.D.N.C

20) http://libguides.law.gonzaga.edu/c.php?g=302130&p=2014467 참조.

District of Delaware	D. Del.	District of North Dakota	D.N.D
District of D.C.	D.D.C.	District of the Northern Mariana Islands	D.N. Mar. I.
Middle District of Florida	M.D. Fla.	Northern District of Ohio	N.D. Ohio
Northern District of Florida	N.D. Fla.	Southern District of Ohio	S.D. Ohio
Southern District of Florida	S.D. Fla.	Eastern District of Oklahoma	E.D. Okla.
Middle District of Georgia	M.D. Ga.	Northern District of Oklahoma	N.D. Okla.
Northern District of Georgia	N.D. Ga.	Western District of Oklahoma	W.D. Okla.
Southern District of Georgia	S.D. Ga.	District of Oregon	D. Or.
District of Guam	D. Guam	Eastern District of Pennsylvania	E.D. Pa.
District of Hawaii	D. Haw.	Middle District of Pennsylvania	M.D. Pa.
District of Idaho	D. Idaho	Western District of Pennsylvania	W.D. Pa.
Central District of Illinois	C.D. Ill.	District of Puerto Rico	D.P.R.
Northern District of Illinois	N.D. Ill.	District of Rhode Island	D.R.I.
Southern District of Illinois	S.D. Ill.	District of South Carolina	D.S.C.
Northern District of Indiana	N.D. Ind.	District of South Dakota	D.S.D.
Southern District of Indiana	S.D. Ind.	Eastern District of Tennessee	E.D. Tenn.
Northern District of Iowa	N.D. Iowa	Middle District of Tennessee	M.D. Tenn.
Southern District of Iowa	S.D. Iowa	Western District of Tennessee	W.D. Tenn.
District of Kansas	D. Kan.	Eastern District of Texas	E.D. Tex.
Eastern District of Kentucky	E.D. Ky.	Northern District of Texas	N.D. Tex.
Western District of Kentucky	W.E. Ky.	Southern District of Texas	S.D. Tex.
Eastern District of Louisiana	E.D. La.	Western District of Texas	W.D. Tex.
Middle District of Louisiana	M.D. La.	District of Utah	D. Utah
Western District of Louisiana	W.D. La.	District of Vermont	D. Vt.
District of Maine	D. Me.	Eastern District of Virginia	E.D. Va.
District of Maryland	D. Md.	Western District of Virginia	W.D. Va.
District of Massachusetts	D. Mass.	District of the Virgin Islands	D.V.I.
Eastern District of Michigan	E.D. Mich.	Eastern District of Washington	E.D. Wash.
Western District of Michigan	W.D. Mich.	Western District of Washington	W.D. Wash.
District of Minnesota	D. Minn.	Northern District of West Virginia	N.D.W. Va.
Northern District of Mississippi	N.D. Miss.	Southern District of West Virginia	S.D.W. Va.
Southern District of Mississippi	S.D. Miss.	Eastern District of Wisconsin	E.D. Wis.
Eastern District of Missouri	E.D. Mo.	Western District of Wisconsin	W.D. Wis.
Western District of Missouri	W.D. Mo.	District of Wyoming	D. Wyo.

[부록 7] 미국 연방대법원의 상표관련 판례[21]

	사건	쟁점	관련 법률	판결 내용
1	Delaware & Hudson Canal Co. v. Clark, 80 U.S. 311 (1871)	지리적 명칭	-	**Lackawanna** 상품의 산지를 나타내는 지리적 명칭은 상표로 보호될 수 없음
2	McLean v. Fleming, 96 U.S. 245 (1877)	오인 가능성, 권리 주장의 해태	1870년 연방상표법	상표권의 침해가 성립되기 위해서는 소비자의 오인 가능성(likelihood of misleading purchasers)이 있어야 하며, 법원은 과거의 상표권 침해에 대하여 권리 주장을 해태한 경우 손해배상은 인정되지 않지만 피고에 의한 원고의 상표권 침해가 명백한 경우 미래의 침해행위는 금지시킬 수 있음
3	Amoskeag Manufacturing Co. v. D. Trainer & Sons, 101 U.S. 51 (1879)	품질표시	-	**A.C.A.** 상품의 품질을 나타내는 단어, 문자, 도형 또는 심벌은 상표로 보호될 수 없음
4	***In re* Trade-Mark Cases, 100 U.S. 82 (1879)**	**연방상표법 제정의 근거**	**1870년 연방상표법**	**연방헌법상 특허 및 저작권 조항(Patent and Copyright Clause)은 연방의회의 연방상표법 제정 근거가 되지 못함**
5	Liggett & Myers Tobacco Co. v. Finzer, 128 U.S. 182 (1888)	상표의 유사성, 오인 가능성	-	경쟁상품인 담배에 대하여 양 상표는 상호 비유사하여 소비자의 오인 가능성(likelihood of misleading)이 없음
6	Goodyear's Rubber Mfg. Co. v. Goodyear Rubber Co., 128 U.S. 598 (1888)	기술적 상표	-	① 'Goodyear Rubber'는 'Goodyear 발명'으로 알려진 제조 공정에 의해서 생산된 유명한 상품의 등급을 나타내는 표현이므로 특정인에게 상표로서 독점적 사용을 인정하기에 부적당함 ② 상품의 등급(class of goods)을 나타내는 상표는 보호될 수 없음
7	Menendez v. Holt, 128 U.S. 514 (1888)	조어상표, 신용의 이전, 권리주장의 해태	-	**La Favorita**(밀가루) ① 조어상표(fanciful mark)를 이용하여 상품 중에서 특별히 선정된 고품질의 상품을 표시하는 상표는 보호될 수 있음 ② 상표와 신용은 계속 유지되는 회사(continuing company)에 의해서 보유되고 그 회사로부터 분리되는 회사에게 이전되지 않음 ③ 원고가 상표권 침해 주장을 해태하는 경우 피고의 과거 상표권 침해에 대한 손해배상은 인정되지 않지만 미래의 상표권 침해행위는 금지시킬 수 있음

21) https://en.wikipedia.org/wiki/List_of_United_States_Supreme_Court_trademark_case_law 참조.

	사건	쟁점	관련 법률	판결 내용
8	Lawrence Manufacturing Co. v. Tennessee Manufacturing Co., 138 U.S. 537 (1891)	상표권 침해	-	피고가 자기의 상품을 원고의 상품인 것처럼 허위로 표시하기 위한 의도로 원고의 상표를 사용한 증거는 상표권 침해의 증거가 됨
9	Brown Chemical Co. v. Meyer et al., 139 U.S. 540 (1891)	상표권 침해, 기술적 상표, 자연인의 성으로만 구성된 상표		**Brown's Iron Bitters vs. Brown's Iron Tonic** ① 자연인의 성(surname)은 상표로서 보호될 수 없고 소비자를 기만하기 위한 사용은 허용되지 않음 ② 상표권의 침해가 성립하기 위해서는 피고의 기망 의사(fraudulent intent)가 필요함
10	Coats v. Merrick Thread Co., 149 U.S. 562 (1893)	상표권 침해, 트레이드 드레스	-	 vs.  디자인적인 제한(design constraints)으로 인하여 양 상표가 유사하거나 당 업계에서 용인되는 경우로서 피고가 자기의 상품의 포장이나 광고를 다르게 하여 자기 상품들을 충분하게 식별할 수 있다면 상표권 침해가 성립되지 않음
11	Columbia Mill Co. v. Alcorn, 150 U.S. 460 (1893)	지리적 명칭	-	**COLUMBIA**(밀가루통) 지리적 명칭(geographical names)은 배타적인 상표권으로 보호될 수 없음
12	Singer Mfg. Co. v. June Mfg. Co., 163 U.S. 169 (1896)	보통명칭, 부정경쟁행위	-	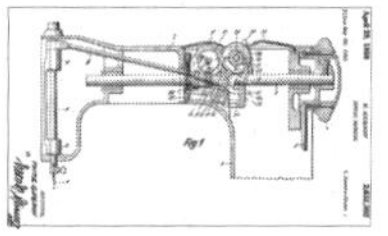  특허제품의 명칭이 그 상품을 일반적으로 기술하는 보통명칭이 된 경우로서 특허권의 존속기간이 만료되어 당해 특허가 일반 공중의 영역에 속하게 된 경우라 할지라도 만일 타인이 자기의 상품이 특허권자에 의해서 제조된 것처럼 암시하여 소비자를 오인시키는 행위는 부정경쟁행위에 해당함
13	Saxlehener v. Eisner & Mendelson Co., 179 U.S. 19 (1900)	상표권의 포기, 권리 주장의 해태, 트레이드 드레스	-	① 상표권자의 상표권이 포기되었다고 항변하는 경우에는 상표의 불사용과 상표권자의 불사용 의사를 입증하여야 함 ② 상표권자가 타인이 자기의 상표를 무단으로 사용하고 있다는 것을 알고 있거나 알았어야 하는(should have known) 경우로서 상표권자가 자기의 권리 주장을 해태하여 자기 상표가 어느 유형의 상품 전체에 대한 보통명칭이 된 경우 상표권은 소멸됨 ③ 소비자를 오인시킬 수 있는 트레이드 드레스는 상표권 침해를 구성하며 침해자가 부가적인 라벨(additional labels)을 부착한다고 하더라도 그 책임이 면책되지 아니함

	사건	쟁점	관련 법률	판결 내용
14	Elgin Nat'l Watch Co. v. Illinois Watch Case Co., 179 U.S. 665 (1901)	2차적 의미, 재판관할권	1881년 연방상표법	**Elgin** ① 지리적 명칭(geographical name)에 해당하여 연방상표법상 등록될 수 없는 상표라고 하더라도 2차적 의미를 취득하면 타인의 부정경쟁행위로부터 보호받을 수 있음 ② 1881년 연방상표법에 따르면 연방항소법원은 동일한 주내의 양 당사자 간 상표분쟁으로서 등록가능한 상표를 포함하지 않은 사건에 대해서는 재판관할권이 없음
15	Clinton E. Worden & Co. v. California Fig Syrup Co., 187 U.S. 516 (1903)	금지명령의 한계	-	상표 자체가 소비자를 기망할 의도를 가진 경우 상표권자는 형평법상의 구제 조치를 행사할 수 없음(unclean hands 원칙)
16	La Republique Francaise v. Saratoga Vichy Spring Co., 191 U.S. 427 (1903)	권리 주장의 해태, 지리적 기술적 명칭	Industrial Property Treaty (1887)	① 외국 정부는 그 정부의 이익이 단지 명목적일 경우 권리 주장의 해태의 항변에 대한 예외(rule of nullum tempus)를 주장할 수 없음 ② 보통명칭화된 지리적 명칭으로 구성된 상표로서 경업자에 의하여 수요자를 오인시키지 않게 사용되는 경우 당해 경업자에 의한 사용을 금지시킬 수 없음
17	Howe Scale Co. of 1886 v. Wyckoff, Seamans & Benedict, 198 U.S. 118 (1905)	자기의 이름으로 구성된 상표	-	**Remington** 부정경쟁행위에 해당되지 않는 한 자기의 이름을 개인이나 회사의 상표로서 거래에 사용할 수 있음
18	E.C. Atkins & Co. v. Moore, 212 U.S. 285 (1909)	상표에 대한 결정의 불복	1905년 연방상표법	상표의 등록 여부에 관한 특허상표청장의 결정을 지지하는 연방항소법원의 판결은 연방대법원에 불복할 수 있으므로 최종판결이 될 수 없음
19	A. Leschen & Sons Rope Co. v. Broderick & Bascom Rope Co., 201 U.S. 166 (1906)	상표등록	1870년 연방상표법, 1881년 연방상표법	 상표에 대한 설명은 상표등록을 받을 수 있을 정도로 충분하고 명확히 기재하여야 함
20	Standard Paint Co. v. Trinidad Asphalt Mfg. Co., 220 U.S. 446 (1911)	기술적 상표, 부정경쟁행위	1905년 연방상표법	**Ruberoid vs. Rubbero** ① 기술적 상표는 그 상표가 상품을 정확히 설명할 의도가 아니었다고 하더라도 상표등록을 받을 수 없음 ② 타인이 기술적 상표를 모방하는 행위를 부정경쟁행위로 인정해 줄 경우 기술적 상표를 상표로서 보호해 주는 것에 상응하기 때문에 기술적 상표를 타인이 모방하는 행위는 부정경쟁행위에 해당하지 아니함

	사건	쟁점	관련 법률	판결 내용
21	Baglin v. Cusenier Co., 221 U.S. 580 (1911)	지리적 명칭, 상표권의 포기	1881년 연방상표법	① 상표등록이 불가능한 지리적 표시는 다른 지리적 명칭과 혼동할 수 없음 ② 유형재산에 대한 청산인(liquidator of physical assets)은 해외 상표들에 대한 권리주장을 할 수 없음 ③ 상표권의 포기를 이유로 항변하는 경우 피고는 상표의 불사용과 상표권자의 불사용 의사를 입증하여야 함
22	Thaddeus Davids Co. v. Davids, 233 U.S. 461 (1914)	등록 가능성	1905년 연방상표법	**DAVIDS** 1905년 연방상표법이 시행되기 전 10년 이상 독점적으로 사용되어 온 자연인의 성(surnames)은 연방상표법상 다른 부등록사유에 해당하지 않으면 상표등록을 받을 수 있음
23	G. & C. Merriam Co. v. Syndicate Pub. Co., 237 U.S. 618 (1915)	등록 가능성, 보통명칭 상표	1881년 연방상표법	 ① 저작권의 존속기간이 만료된 이후 저작물을 나타내는 단어는 공중의 영역에 속하게 되며 1881년 연방상표법상 개인의 이름에 대한 상표등록은 인정하고 있지 않음 ② 사전의 제호로서 "Webster"라는 단어는 그 사전에 대한 저작권의 존속기간이 만료되어 공중의 영역에 속하게 되며 상표로서 보호되지 못함
24	Hamilton-Brown Shoe Co. v. Wolf Bros. & Co., 240 U.S. 251 (1916)	손해배상	§ 240, Judicial Code [36 Stat. at L. 1157, chap. 231]	상표권자는 피고의 이익액을 상표권자의 상표권 침해에 기인된 이익액과 피고의 상품의 본질적인 가치(intrinsic merit)에 기인된 이익액으로 구분하는 것이 불가능하기 때문에 상표권자는 이를 구분할 책임이 없음
25	**Hanover Star Milling Co. v. Metcalf, 240 U.S. 403 (1916)**	**상표권의 지역적 범위**	-	**상표소유자(갑)가 상표를 어느 특정한 지역에서만 사용하는 경우 그 상표소유자(갑)는 그의 상표의 사용을 알지 못하고 다른 지역에서 상표소유자(갑)의 상표와 동일한 상표를 계속 사용한 타인(을)의 동일한 상표의 사용을 금지시킬 수 없음**
26	**United Drug Co. v. Theodore Rectanus Co., 248 U.S. 90 (1918)**	**상표권의 성격, 상표권의 지역적 범위**	**1881년 연방상표법**	**① 상표권은 저작권이나 특허권과 달리 그 자체에 대하여 권리를 부여하는 것은 아님.** **② 상표권은 영업이나 거래에 부속되어 발생하며, 상표의 선택 자체에 의하여 상표소유자가 설령 미래에 상표를 사용하기를 희망하였다고 하더라도 아직 사용하지 않는 지역에 대해서는 보호가 인정되지 아니함**
27	Estate of P.D. Beckwith, Inc., v. Commissioner of Patents, 252 U.S. 538 (1920)	등록 가능성	1905년 연방상표법	 단순한 기술적 상표는 상표등록이 배제된다는 연방상표법상의 규정에도 불구하고 기술적인 문자에 다른 식별력이 있는 문자나 창작된 도형이 결합된 경우 출원인이 기술적인 문자부분에 대하여 권리를 불요구하는 경우 상표등록이 가능함

	사건	쟁점	관련 법률	판결 내용
28	Coca-Cola Co. v. Koke Co., of America 254 U.S. 143 (1920)	2차적 의미	1881년 연방상표법, 1905년 연방상표법	시장에서 2차적 의미를 취득한 경우 상표로서 보호될 수 있으며 타인의 부정경쟁행위로부터 보호됨
29	Baldwin Co. v. R. S. Howard Co., 256 U.S. 35 (1921)	출원상표의 등록여부결정에 대한 재심리	1905년 연방상표법	특허청장의 결정을 취소하는 컬럼비아 특별구 연방항소법원(Court of Appeals for the District of Columbia)의 판결은 연방대법원에 불복이 가능하므로 최종적인 판결이 될 수 없음
30	**A. Bourjois & Co. v. Katzel, 260 U.S. 689 (1923)**	**상표권의 이전, 진정상품의 병행수입, 상표권 침해**	**1905년 연방상표법**	**자신이 소유한 등록상표와 영업을 동시에 미국인 양수인에게 이전한 외국인 회사는 그 후 미국 시장에 진입하여 자신이 미국인 양수인에게 이전한 등록상표를 사용할 수 없음**
31	American Steel Foundries v. Robertson, 262 U.S. 209 (1923)	출원인의 구제수단	1905년 연방상표법, 35 U.S.C.A. §§145, 146	1905년 연방상표법은 특허출원에 관한 결정의 불복에 적용되는 기준과 절차를 준용하고 있으므로 출원상표의 등록이 거절된 경우 출원인은 형평법상 특허출원이 거절된 경우 얻을 수 있는 구제 수단과 동일한 구제 수단을 가짐
32	Prestonettes, Inc. v. Coty, 264 U.S. 359 (1924)	사용권	1920년 연방상표법	① 연방상표법은 상표권자의 상품을 재포장한 상품에 유통업자의 라벨을 부착하고 소비자에게 재포장된 상품 안에 상표권자의 상품이 들어 있음을 알리기 위하여 유통업자가 상표권자의 상표를 사용하는 행위로부터 상표권자를 보호하지 않음 ② 연방상표법은 제3자에 의한 등록상표의 모든 사용으로부터 상표권자를 보호하는 전권(sweeping right)을 부여한 것이 아니라 단지 소비자를 오인시킬 수 있는 제3자의 사용으로부터 상표권자를 보호함
33	U.S. ex rel. Baldwin Co. v. Robertson, 265 U.S. 168 (1924)	구제수단, 불복권한	1905년 연방상표법, 35 U.S.C.A. §§145, 146	① 1905년 연방상표법은 특허출원에 관한 결정의 불복에 적용되는 기준과 절차를 준용하고 있으므로 상표소유자는 상표등록의 취소심판에서 기각심결을 받은 후 형평법상 이에 불복하여 불복소송을 제기할 수 있음 ② 연방상표법상 상표등록의 취소심판의 양 당사자는 특허청장의 결정에 대한 불복을 연방지방법원에 제기할 수 있음
34	William R. Warner & Co. v. Eli Lilly & Co., 265 U.S. 526 (1924)	기술적 상표, 부정경쟁행위	-	① 상품의 성분, 품질, 다른 주요 특징들을 설명하는 명칭은 상표로서 보호될 수 없음 ② 어느 제조자(갑)가 어떠한 제품의 성분에 대한 배타권을 가지고 있지 않더라도 그 제조자(갑)와 동일한 성분을 이용하는 경업자(을)는 자기의 상품들을 다른 제조자(갑)의 상품으로 사칭하여 통용할 수 없음

	사건	쟁점	관련 법률	판결 내용
35	American Steel Foundries v. Robertson, 269 U.S. 372 (1926)	혼동 가능성, 상호	1905년 연방상표법	① 상표는 영업이나 거래와 연계되기 때문에 어느 한 당사자의 상표의 선택은 반드시 다른 당사자가 동일한 상표를 다른 종류의 상품에 대하여 선택하는 것을 배제할 수 없음 ② 상표는 판매되는 상품에 사용되는 것이지만 상호는 영업과 영업의 신용에 사용되는 것임
36	Postum Cereal Co. v. California Fig Nut Co., 272 U.S. 693 (1927)	출원상표의 등록여부결정에 대한 재심리	1905년 연방상표법, 1920년 연방상표법	연방대법원은 1920년 연방상표법에 따라 특허청장(Commissioner of Patents)의 항소에 대한 관할권을 부인하는 컬럼비아 특별구 연방항소법원(Court of Appeals for the District of Columbia)의 단순한 행정적인 결정을 재심리할 권한을 가지고 있지 않음
37	U.S. Printing & Lithograph Co. v. Griggs, Cooper & Co., 279 U.S. 156 (1929)	상표권의 지역적 범위	1905년 연방상표법	① 연방상표법은 주의 경계 내에서만 이루어지는 상표권의 침해행위를 금지할 수 없음 ② 보통법상의 상표권은 그 상표가 사용되지 않은 다른 주들까지 확장할 수 없음
38	Kellogg Co. v. National Biscuit Co., 305 U.S. 11 (1938)	기능성	1905년 연방상표법, 1920년 연방상표법	  트레이드 드레스의 특성을 다른 특성으로 대체할 경우 제조비용이 증가하고 품질이 저하될 가능성이 있다면 기능적임
39	Armstrong Paint & Varnish Works v. Nu-Enamel Corp., 305 U.S. 315 (1938)	부정경쟁행위	1905년 연방상표법, 1920년 연방상표법	① 연방상표법상 등록된 상표의 상표권이 상표등록의 취소로 실효된다고 하더라도 연방법원의 당해 상표의 부정경쟁행위와 관련된 소송에 대한 관할권까지 박탈하는 것은 아님 ② 2차적 의미를 획득한 상표의 소유자는 연방상표법에서 부여한 권리 외에 보통법상 타인의 부정경쟁행위에 대항할 권리를 가짐
40	**Mishawaka Rubber & Woolen Mfg. Co. v. S.S. Kresge Co., 316 U.S. 203 (1942)**	**손해배상**	**1905년 연방상표법**	**① 상표권 침해에 따른 손해액을 산정함에 있어 상표권자는 침해자가 침해상표를 부착하여 상품을 판매한 양만을 입증할 부담을 가짐 ② 타인의 상표권을 침해한 자는 손해액 산정 시 자신의 이익액 중 어떠한 부분이 침해상표의 사용이 아닌 다른 요인에 기인하였으므로 손해액 산정에서 공제되어야 한다는 것을 입증할 책임이 있음**
41	**Champion Spark Plug Co. v. Sanders, 331 U.S. 125 (1947)**	**수리업자에 의한 원상표의 이용**	**1905년 연방상표법**	**원상표가 부착된 상품을 수리하는 자는 수리된 상품에 그 상품이 수리되었다는 표시를 하고 다른 수단으로 소비자를 기망하지 않는다면 그 상품의 원상표(original trademark)를 그 상품의 수리 후에도 그대로 상품에 표시하여 유지할 수 있음**

	사건	쟁점	관련 법률	판결 내용
42	Steele v. Bulova Watch Co., 344 U.S. 280 (1952)	연방법원의 관할권	Lanham Act	연방법원은 미국회사가 그 회사의 상표권을 침해한 미국인 시민을 당사자로 하여 소송을 제기한 경우 그 미국인 시민의 행위와 그 행위의 결과가 외국의 영토적 경계(territorial limits) 내로 한정되지 않을 경우 당해 소송에 대한 관할권을 가짐
43	Dairy Queen, Inc. v. Wood, 369 U.S. 469 (1962)	배심원의 권한	-	배심원은 계약 위반 또는 상표권 침해로부터 발생하는 손해배상에 관한 법률문제를 평결할 수 있음
44	**Sears, Roebuck & Co. v. Stiffel Co., 376 U.S. 225 (1964)**	부정경쟁행위	-	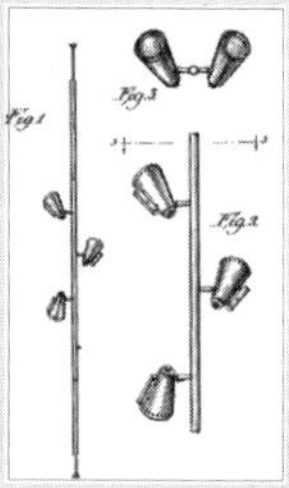 연방법인 특허법상 특허요건을 갖추지 못하여 보호되지 않는 제품은 공유의 자산(public domain)으로 누구나 복제할 수 있으며 그러한 복제행위에 의하여 상품의 출처에 관하여 소비자의 혼동이 발생할 우려가 있다고 하더라도 주법상의 부정경쟁방지법에 의하여 그 제품의 복제를 금지시킬 수 없음
45	**Compco Corp. v. Day-Brite Lighting, Inc., 376 U.S. 234 (1964)**	부정경쟁행위	-	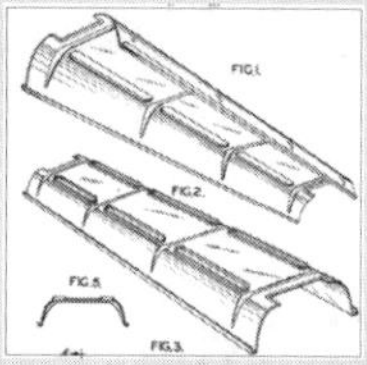 주법은 연방법인 특허법과 저작권법에 의하여 보호되지 아니한 제품의 복제행위를 금지할 수 없으며 만일 주법에 의하여 연방법인 특허법이나 저작권법상 공유의 자산에 속하는 제품의 복제행위를 금지할 경우 연방헌법 제1조 제8절 제8항의 특허 및 저작권 조항에 근거한 연방정책에 위반됨
46	**Fleischmann Distilling Corp. v. Maier Brewing Co., 386 U.S. 714 (1967)**	변호사 비용 배상	Lanham Act	연방상표법은 상표권의 침해소송에서 승소한 상표권자에게 **변호사 비용을 배상받을 수 있는 권리를 부여하지 않음**
47	United States v. Sealy, Inc., 388 U.S. 350 (1967)	독과점 금지	Sherman Antitrust Act	지역별 배타적 상표 사용권 허락(exclusive territorial trademark licenses)은 불법적인 가격담합과 가격단속(unlawful price-fixing and policing)을 내용으로 하는 경우 독과점 금지법의 위반에 해당함
48	**Inwood Laboratories, Inc. v. Ives Laboratories, Inc., 456 U.S. 844 (1982)**	기여책임	Lanham Act	① **제품의 이용이나 목적에 필수 불가결하거나 제품의 제조비용이나 품질에 영향을 준다면 기능적임** ② **타인이 상표권을 침해하도록 의도적으로 유도하거나 상표권 침해를 알았거나 알 만한 이유가 있는 타인에게 상품이나 서비스를 제공**하는 제조업자나 공급업자는 상표권 침해에 대하여 **기여책임**(contributory liability)이 있음

	사건	쟁점	관련 법률	판결 내용
49	**Park 'N Fly, Inc. v. Dollar Park & Fly, Inc., 469 U.S. 189 (1985)**	보통명칭 상표, 기술적 상표, 불가쟁력	Lanham Act	PARK'N FLY ① 보통명칭 상표는 상표로 등록될 수 없으며, **등록상표가 보통명칭화된 경우 언제든지 그 등록을 취소할 수 있음** ② 상품이나 서비스의 품질이나 특성을 설명하는 기술적 상표는 사용에 의한 식별력을 취득한 경우에만 상표등록이 허용됨 ③ 연방상표법상 **불가쟁력의 효력이 발생한 등록상표에 대해서는 기술적 상표라는 이유로 그 등록을 취소할 수 없음**
50	San Francisco Arts & Athletics, Inc. v. United States Olympic Committee, 483 U.S. 522 (1987)	"Olympic" 명칭의 성격과 사용	Lanham Act, Amateur Sports Act of 1978	① San Francisco Arts & Athletics, Inc.가 "Gay Olympic Games"라는 명칭으로 스포츠 이벤트를 조직하려고 시도하자 미국올림픽위원회가 그 명칭의 사용을 금지하는 소송을 제기한 사건 ② "Olympic"이라는 명칭은 보통명칭은 아니며, 연방의회가 "Olympic"이라는 명칭의 배타적인 사용권을 Amateur Sports Act를 통해 미국올림픽위원회에 부여하는 것은 연방헌법 수정조항 제1조에 위반되지 아니함
51	**K Mart Corp. v. Cartier, Inc., 485 U.S. 176 (1988)**	진정상품 병행수입	1930 Tariff Act, Customs Service Regulation	미국의 연방관세법 제526조 (a)항에 따라 병행수입은 금지되지만 그 예외를 규정하여 병행수입을 허용하고 있는 연방관세법 행정규칙 제133.21조 (c)항 중 i) **외국과 미국의 상표권자가 동일인 또는 동일회사에 의하여 소유되어 있는 경우**, ii) **외국과 미국의 상표권자가 서로 모기업과 자회사의 관계가 있거나 공동소유 또는 지배하에 있는 경우**에는 **합법**이지만 iii) **미국의 상표권자가 외국기업에게 상표사용권을 허락한 경우**에는 **위법**이므로 병행수입이 허용되지 아니함
52	**Two Pesos, Inc. v. Taco Cabana, Inc., 505 U.S. 763 (1992)**	트레이드 드레스, 2차적 의미	Lanham Act	트레이드 드레스도 상품이나 서비스의 출처표시의 기능을 수행하는 경우 **고유의 식별력을 가지며 그러한 트레이드 드레스는 사용에 의한 식별력을 취득했다는 것을 입증하지 않더라도 연방상표법상 보호**됨
53	**Qualitex Co. v. Jacobson Products Co., Inc., 514 U.S. 159 (1995)**	트레이드 드레스, 기능성	Lanham Act	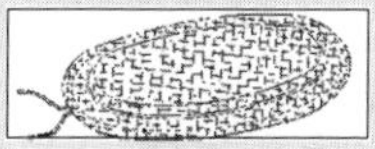 (등록상표)  (사용상표) ① 상품의 사용과 목적에 필수적인 경우 상품의 특징은 기능적임 ② 트레이드 드레스의 독점적 사용이 경업자에게 명성과 관련이 없는 중대한 불이익을 주는 경우 기능적임 ③ 색채가 기능적일 경우 법원은 색채에 대한 독점·배타적인 권리를 부여할 경우 정당한 경쟁을 저해하는지 여부를 검토하여야 함

	사건	쟁점	관련 법률	판결 내용
54	College Savings Bank v. Florida Prepaid Postsecondary Education Expense Board 527 U.S. 666 (1999)	주권 면제	Lanham Act, Trademark Remedy Clarification Act	공립학교(State school)가 "상표구제명확화법"(Trademark Remedy Clarification Act)에 따라 연방상표법상의 책임을 질 것이라고 공표한 이후에 영리를 목적으로 교육자료를 주 간 상거래에서 판매하고 광고했다고 하더라도 공립학교는 연방헌법 수정조항 제11조의 주권 면제를 포기했다고 볼 수 없음
55	**Wal-Mart Stores, Inc. v. Samara Brothers, Inc. 529 U.S. 205 (2000)**	트레이드 드레스, 2차적 의미	Lanham Act	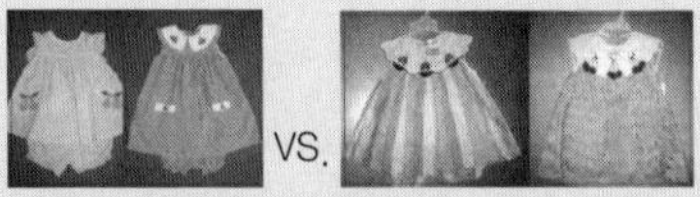 ① **상품의 형상 트레이드 드레스**는 고유의 식별력이 없으므로 연방상표법에 따라 상표로서 보호받기 위해서는 **2차적 의미를 획득하였다는 것을 입증**하여야 함 ② **상품의 포장 트레이드 드레스**는 고유의 식별력이 있는 경우 2차적 의미를 획득하였다는 것을 입증할 필요 없이 연방상표법에 따라 상표로서 보호받을 수 있음 ③ 상품의 형상 트레이드 드레스와 상품의 포장 트레이드 드레스를 구분하기 어려운 경우 상품의 형상 트레이드 드레스로 보아 2차적 의미를 획득하였다는 것을 입증하여야만 연방상표법에 따라 상표등록을 받을 수 있음
56	Cooper Industries v. Leatherman Tool Group 532 U.S. 424 (2001)	징벌적 배상	-	배심원의 징벌적 배상 평결은 사실 확정(finding of fact)의 문제라기보다 도덕적인 비난(moral condemnation)의 문제이기 때문에 항소법원은 1심 지방법원의 징벌적 배상 결정에 대한 합헌성 여부에 대하여 새로 다시 검토하여야 함
57	**TrafFix Devices, Inc. v. Marketing Displays, Inc. 532 U.S. 23 (2001)**	트레이드 드레스, 2차적 의미, 기능성	Lanham Act	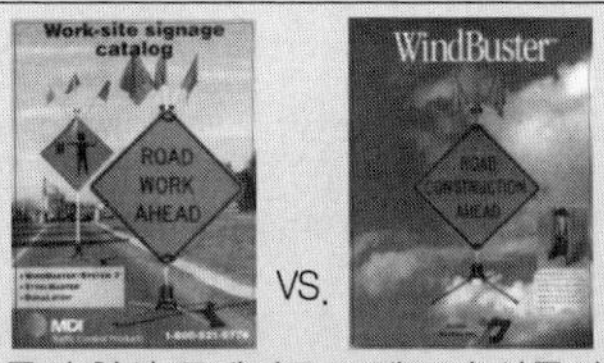 ① 상품의 형상 트레이드 드레스나 상품의 포장 트레이드 드레스가 2차적 의미를 획득하여 보호되는 경우 경업자는 당해 트레이드 드레스를 소비자에게 혼동을 불러일으키는 방법으로 사용할 수 없으나 **트레이드 드레스의 기능적인 특징은 보호되지 않음** ② 경쟁상의 필요성(competitive necessity)은 기능성의 필수 기준은 아니지만 **기능적인 특징이 상품의 사용과 목적에 필수적**이거나(essential to the use or purpose of the article) **상품의 비용이나 품질에 영향을 미치는 경우**(affects the cost or quality of the article) **기능적**임

	사건	쟁점	관련 법률	판결 내용
58	Dastar Corp. v. Twentieth Century Fox Film Corp. 539 U.S. 23 (2003)	상표법과 공유 영역에 있는 저작물과의 관계, 사칭통용행위	Lanham Act	① 상표는 비보호저작물에 대하여 저작권과 유사한 권리를 가질 수 없으며, 연방상표법은 "passing-off"와 "reverse passing-off"를 금지하고 있는데 연방상표법상 "출처의 허위표시"(false designation of origin)에서 "출처"(origin)는 유형의 상품(tangible good)의 제조자를 의미하는 것이지 그 상품을 구성하는 아이디어를 창안한 자연인이나 법인을 의미하지 아니함 ② 비디오테이프의 출처는 테이프의 제조자이지 비디오테이프 속에 내재되어 담겨진 내용을 창작한 예술가를 의미하지 않음 ③ 비디오테이프 속에 내재되어 담겨진 내용을 창작한 예술가의 권리는 상표법이 아닌 저작권법에 따른 저작권으로 보호받음
59	**Moseley v. V Secret Catalogue, Inc. 537 U.S. 418 (2003)**	유명상표의 희석	Lanham Act, 연방희석화 방지법	VICTOR'S SECRET vs. VICTORIA'S SECRET (성인용품) (여성용 속옷) 유명상표의 희석을 이유로 금지청구를 하는 경우 원고는 단순히 「**희석 가능성**」(likelihood of dilution)이 아니라 「**실제 희석**」(actual dilution)을 입증하여야 함
60	KP Permanent Makeup, Inc. v. Lasting Impression I, Inc. 543 U.S. 111 (2004)	공정사용 시 혼동 가능성이 없다는 것에 대한 입증 책임 부담	Lanham Act	연방상표법 제33조 (b)항 (4)에서는 원고의 상표를 기술적으로 사용하고 선의로 사용하는 경우에는 전형적인 공정사용이 인정된다고 규정하고 있을 뿐 혼동 가능성에 대해서는 언급하고 있지 않기 때문에 전형적인 공정사용을 주장하는 피고가 자기의 사용으로 혼동이 발생할 가능성이 없다는 것을 입증하여야 하는 책임이 없으며, 설령 상품의 출처 또는 후원관계에 관한 소비자의 혼동 가능성이 있는 경우에도 전형적인 공정사용의 항변은 적용될 수 있음
61	American Needle, Inc. v. National Football League 560 U.S. 183 (2010)	독과점 금지	Sherman Antitrust Act	미국프로풋볼리그(NFL) 팀들이 그들의 상표권 등 지식재산권의 라이선싱을 관리하기 위한 목적으로 협회를 만드는 과정에서 공모하는 것은 미국의 독점금지법 위반으로 볼 수 없음
62	US. v. Alvarez 567 U.S. (2012)	연방헌법 수정조항 제1조	Stolen Valor Act	국가로부터 훈장을 받았다고 거짓말하는 행위를 범죄로 규정한 「빼앗긴 용맹법」(Stolen Valor Act)은 미국의 연방헌법 수정조항 제1조에서 보장하는 표현의 자유 규정을 위반한 위헌법률에 해당함
63	Already, LLC v. Nike, Inc. U.S. (2013)	소의 이익, 상표권 침해	Lanham Act, Federal Trademark Dilution Act	원고의 상표권에 대한 피고의 상표권 침해에 대하여 소송을 제기하지 않겠다는 원고와 피고 간의 계약이 있었다면 원고의 상표권이 효력이 없다는 피고의 반소는 소의 이익이 없음
64	Lexmark Int'l v. Static Control Components 572 U.S. (2014)	허위광고, 원고적격	Lanham Act	연방상표법상 허위광고 소송의 원고적격 판단은 이해지역(zones of interest)과 인과관계(proximate causation)를 고려하여야 함

	사건	쟁점	관련 법률	판결 내용
65	Pom Wonderful v. Coca-Cola, Inc. 572 U.S. (2014)	허위광고, 소권	Lanham Act, Food Drug Cosmetic Act	연방상표법상 원고는 허위광고에 대하여 연방식품의약품 및 화장품법(Federal Food, Drug, and Cosmetic Act)에서도 규정하고 있는 식음료의 라벨의 사용에 관한 소송을 제기할 수 있음
66	Hana Financial, Inc. v. Hana Bank 574 U.S. (2015)	tacking 원칙	Lanham Act	Hana Financial VS. Hana Bank ① 상표소유자가 최초로 사용한 원상표(A)와 그 후 일부 변경하여 사용한 상표(A′)가 동일하고 계속되는 상업적 인상을 불러일으켜(create the same, continuing commercial impression) 소비자가 동일한 상표로 인식하는 경우 법률적인 동일성을 인정하여 변경하여 사용한 상표(A′)가 최초로 사용한 원상표(A)의 사용일까지 소급됨 ② 법률적인 동일성의 판단은 결국 원상표와 변경하여 사용한 상표가 수요자에게 동일하고 연속적인 상업적 인상을 주는지의 여부에 대한 판단으로서 법률관계가 아닌 사실관계에 관한 문제(question of fact)에 해당하므로 배심원이 판단하는 것이 타당함
67	B&B Hardware, Inc. v. Hargis Industries, Inc. U.S. (2015)	쟁점 배제효, 혼동 가능성	Lanham Act	상표의 등록요건과 상표권 침해의 판단 기준으로서 혼동 가능성의 기준은 동일하고 상표심판원의 심판의 품질과 절차의 공정성을 고려할 때 동일한 사안(single issue)에 대하여 상표등록에 대한 이의신청과 상표권 침해소송이 동시에 제기된 경우 상표등록에 대한 이의신청을 담당하는 상표심판원에서 혼동 가능성에 대한 판단이 내려진 경우 동일한 사안에 대해 상표권 침해소송을 담당하는 1심 법원은 혼동 가능성에 대한 판단이 상표심판원의 판단에 의해 배제됨
68	**Matal v. Tam 582 U.S. (2017)**	연방상표법상 특정한 사람 등을 비방하는 의미를 가진 상표의 등록 금지 규정	Lanham Act	THE SLANTS 연방상표법상 특정한 사람이나 단체를 비방하는 의미를 가지고 있는 상표의 등록을 금지하는 연방상표법 제2조 (a)항의 규정은 연방헌법 수정조항 제1조에서 보장하는 표현의 자유 규정을 위반한 위헌규정임

[부록 8] 미국의 연방항소법원별 혼동 가능성 판단을 위한 복합요소의 판단 기준(multifactor tests)[22]

Ⅰ. 연방항소법원의 관할[23]

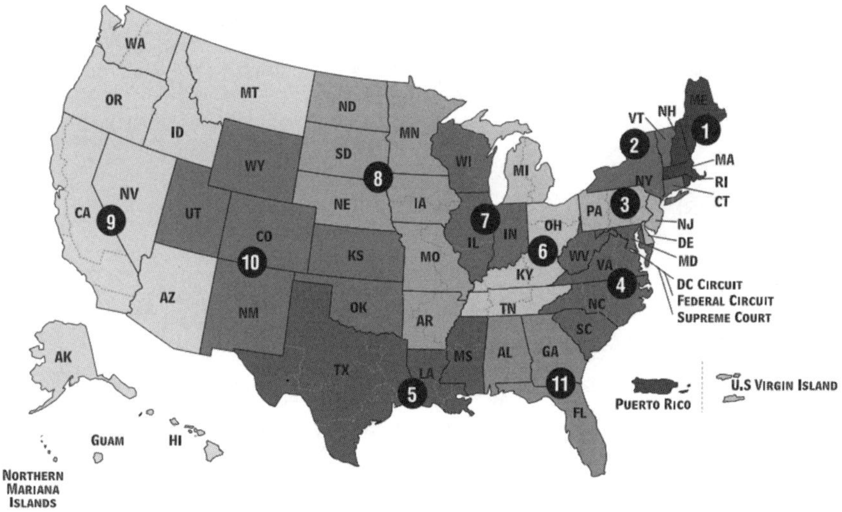

Ⅱ. 제1 연방순회구 항소법원: 8 Pignons Factors[24]

1. 상표의 유사성(the similarity of the mark)
2. 상품의 유사성(the similarity of the goods)

---

22) https://trademarkwell.com/likelihood-of-confusion-tests-by-circuit/, http://likelytocauseconfusion.com/likelihoodofconfusionfactors.html. 참조. 연방순회구 항소법원들 중에서 특히 뉴욕주를 관할하는 제2 연방순회구 항소법원과 실리콘 밸리가 있는 캘리포니아주를 관할하는 제9 연방순회구 항소법원에서 지식재산권과 관련된 중요한 판례와 기준들이 형성되고 있다.

23) 출처: http://www.uscourts.gov/about-federal-courts/court-role-and-structure.

24) Pignons S. A. de Mecanique de Precision v. Polaroid Corp., 657 F.2d 482, 487 (1st Cir. 1981).

3. 양 당사자의 거래 경로의 관련성(the relationship between the parties' channels of trade)

4. 양 당사자의 광고의 근접성(the juxtaposition of their advertising)

5. 잠재적 소비자층(the classes of prospective purchasers)

6. 실제 혼동 증거(evidence of actual confusion)

7. 피고의 상표 선택의 의도(the defendant's intent in adopting its allegedly infringing mark)

8. 원고 상표의 강도(the strength of the plaintiff 's mark).

Ⅲ. 제2 연방순회구 항소법원: 8 Polaroid Factors[25)]

1. 원고 상표의 식별력의 강도(the strength of senior user's mark)

2. 양 상표의 유사성(the degree of similarity between the two marks)

3. 상품 또는 서비스의 근접성(the proximity of the products or services)

4. 원고의 상표 사용 지역 또는 상품의 확장 가능성(the likelihood that the prior owner will bridge the gap)

5. 실제 혼동(actual confusion)

6. 피고의 상표 선택의 선의(the defendant's good faith in adopting its own mark)

7. 피고 상품의 품질(the quality of defendant's product)

8. 소비자의 세련도(the sophistication of the buyers).

Ⅳ. 제3 연방순회구 항소법원: 10 Lapp Factors[26)]

1. 상표의 유사성 정도(the degree of similarity between the owner's mark and the alleged infringing mark)

2. 원고 상표의 강도(the strength of the owner's mark)

---

25) Polaroid Corp. v. Polarad Electronics Corp., 287 F.2d 492, 495 (2d Cir. 1961).

26) Interpace Corp. v. Lapp, Inc., 721 F.2d 460, 463 (3d Cir. 1983).

3. 상품의 가격과 상품 구매 시 예상되는 소비자의 주의의 정도(the price of the goods and other factors indicative of the care and attention expected of consumers when making a purchase)

4. 실제 혼동이 발생하였다는 증거 없이 사용해 온 피고의 상표 사용 기간(the length of time the defendant has used the mark without evidence of actual confusion arising)

5. 피고의 상표 선택의 의도(the intent of the defendant in adopting the mark)

6. 실제 혼동 증거(the evidence of actual confusion)

7. 경쟁상품이 아니더라도 상품이 동일한 거래 경로와 매체를 통하여 광고되었는지의 여부(whether the goods, though not competing, are marketed through the same channels of trade and advertised through the same media)

8. 양 당사자의 판매 활동 대상의 동일성 정도(the extent to which the targets of the parties' sales efforts are the same)

9. 상품의 관련성(the relationship of the goods in the minds of the consumer because of the similarity of function)

10. 원고가 피고의 시장에서 상품을 제조할 수도 있을 것으로 소비자가 기대할 수 있거나 원고가 피고의 시장으로 확장할 것 같다는 것을 시사하는 사실(other facts suggesting that the consuming public might expect the prior owner to manufacture a product in the defendant's market, or that he is likely to expand into that market).

V. 제4 연방순회구 항소법원: 9 Pizzeria Uno-Sara Lee Factors[27]

1. 시장에서 실제 사용되는 원고 상표의 강도 또는 식별력(the strength or distinctiveness of the plaintiff 's mark as actually used in the marketplace)

2. 상표의 유사성(the similarity of the two marks to consumers)

3. 상품 및 서비스의 유사성(the similarity of the goods and services the marks

27) 1~7까지의 기준은 Pizzeria Uno Corp. v. Temple, 747 F.2d 1522, 1527 (4th Cir. 1984) 사건에 관한 판결에서 제시되었고, 나머지 8과 9의 기준은 Sara Lee Corp v. Kayser-Roth Corp., 81 F.3d 455, 463-64 (4th Cir. 1996) 사건에 관한 판결에서 추가되었다.

identify)

4. 양 당사자의 사용 설비의 유사성(the similarity of the facilities used by the mark holders)

5. 양 당사자의 광고의 유사성(the similarity of advertising used by the mark holders)

6. 피고의 의도(the defendant's intent)

7. 실제 혼동(actual confusion)

8. 피고 상품의 품질(the quality of the defendant's product)

9. 소비자의 세련도(the sophistication of the consuming public).

Ⅵ. 제5 연방순회구 항소법원: 8 Factors[28)]

1. 원고 상표의 유형(the type of mark allegedly infringed),

2. 상표의 유사성(the similarity between the two marks)

3. 상품 또는 서비스의 유사성(the similarity of the products or services)

4. 소매점과 소비자의 동질성(the identity of the retail outlets and purchasers)

5. 이용된 광고매체의 동질성(the identity of the advertising media used)

6. 피고의 의도(the defendant's intent)

7. 실제 혼동(any evidence of actual confusion)

8. 잠재적 소비자가 기울이는 주의의 정도(degree of care exercised by potential purchasers).

Ⅶ. 제6 연방순회구 항소법원: 8 Frisch's Factors[29)]

1. 원고 상표의 강도(strength of the plaintiff 's mark)

2. 상품 또는 서비스의 관련성(relatedness of the goods or services offered by the

---

28) Am. Rice Inc. v. Producers Rice Mill, Inc., 518 F.3d 321, 329 (5th Cir. 2008).

29) Frisch's Restaurants v. Elby's Big Boy, 670 F.2d 642 (6th Cir. 1982).

parties)

3. 상표의 유사성(similarity of the marks)

4. 실제 혼동 증거(evidence of actual confusion)

5. 이용된 마케팅 경로(marketing channels used)

6. 소비자의 구매 시 주의의 정도와 세련도(the probable degree of purchaser care and sophistication)

7. 피고의 상표 선택의 의도(defendant's intent in selecting the mark)

8. 상표를 사용하는 상품라인의 확장 가능성(the likelihood of either party expanding its product line using the marks).

Ⅷ. 제7 연방순회구 항소법원: 7 Factors[30)]

1. 상표의 외관과 관념에 의한 유사성(similarity between the marks in appearance and suggestion)

2. 상품의 유사성(similarity of the products)

3. 공존사용 지역과 방식(area and manner of concurrent use)

4. 소비자가 기울일 것으로 예상되는 주의의 정도(degree of care likely to be exercised by consumers)

5. 원고 상표의 강도(strength of complainant's mark)

6. 실제 혼동(actual confusion)

7. 자기의 상품을 타인의 상품이라고 사칭통용하려는 피고의 의도(intent of defendant to palm off his product as that of another).

---

30) Barbecue Max, Incorp. v. 551 Ogden, Incorp., 235 F.3d 1041 (7th Cir., 2000).

Ⅸ. 제8 연방순회구 항소법원: 6 SquirtCo Factors[31)]

1. 상표의 강도(the strength of the trademark)
2. 상표의 유사성(the similarity between the plaintiff 's and defendant's marks)
3. 상품의 경쟁적 근접성(the competitive proximity of the parties' products)
4. 소비자를 혼동시키기 위한 피고의 의도(the alleged infringer's intent to confuse the public)
5. 실제 혼동 증거(evidence of any actual confusion)
6. 원고의 잠재적 소비자에게 합리적으로 기대되는 주의의 정도(the degree of care reasonably expected of the plaintiff 's potential customers).

Ⅹ. 제9 연방순회구 항소법원: 8 Sleekcraft Factors[32)]

1. 상표의 강도(strength of the mark)
2. 상품의 근접성(proximity of the goods)
3. 상표의 유사성(similarity of the marks)
4. 실제 혼동 증거(evidence of actual confusion)
5. 이용된 판매 경로(marketing channels used)
6. 상품의 유형과 소비자의 상품 선택 시 기울일 것으로 예상되는 주의의 정도(type of goods and the degree of care likely to be exercised by the purchaser)
7. 피고의 상표 선택의 의도(defendant's intent in selecting the mark)
8. 상품라인의 확장가능성(likelihood of expansion of the product lines).

---

31) SquirtCo v. Seven-Up Co., 628 F.2d 1086, 1091 (8th Cir. 1980).

32) AMF Inc. v. Sleekcraft Boats, 599 F.2d 341, 348-49 (9th Cir.1979).

XI. 제10 연방순회구 항소법원: 6 Factors[33)]

1. 상표의 유사성(the degree of similarity between the marks)
2. 피고의 상표 선택의 의도(the intent of the alleged infringer in adopting the mark)
3. 실제 혼동 증거(evidence of actual confusion)
4. 상품 및 판매 방식의 유사성(similarity of products and manner of marketing)
5. 소비자가 기울일 것으로 예상되는 주의의 정도(the degree of care likely to be exercised by purchasers)
6. 상표의 강도(the strength or weakness of the marks).

XII. 제11 연방순회구 항소법원: 7 Factors[34)]

1. 상표의 유형(the type of mark)
2. 상표의 유사성(the similarity of the two marks)
3. 상품의 유사성(the similarity of the goods)
4. 고객의 동질성 및 소매점의 유사성(the identity of customers and similarity of retail outlets, sometimes called the similarity of trade channels)
5. 광고의 유사성(the similarity of advertising)
6. 피고의 의도(the intent, i.e., good or bad faith, of the alleged infringer)
7. 실제 혼동 증거(evidence of actual confusion, if any).

---

33) Mountain Sports, Inc. v. Chrysler Corp., 185 F.3d 1084, 1089-90 (10th Cir. 1999); Sally Beauty Co. v. Beautyco, Inc., 394 F.3d 964 (10th Cir. 2002).

34) Tally-Ho, Inc. v. Coast Community College District, 889 F.2d 1018 (11th Cir.1989); Alliance Metals, Inc., of Atlanta v. Hinely Indus., Inc., 222 F.3d 895, 907 (11th Cir. 2000).

XIII. 컬럼비아 특별구 연방항소법원: 7 Factors[35)]

1. 원고 상표의 강도(the strength of the plaintiff 's mark)
2. 상표의 유사성(the degree of similarity between the two marks)
3. 상품의 근접성(the proximity of the products)
4. 실제 혼동 증거(evidence of actual confusion)
5. 피고의 상표 선택의 목적 또는 의도(the defendant's purpose or reciprocal good faith in adopting its own mark)
6. 피고의 상품의 품질(the quality of defendant's product)
7. 소비자의 세련도(the sophistication of the buyers).

XIV. 연방순회항소법원: 13 DuPont Factors[36)]

1. 상표의 유사성(similarity of marks in appearance, sound, connotation, and commercial impression)
2. 상품의 유사성(similarity of the goods)
3. 거래 경로의 유사성(similarity of trade channels)
4. 판매 조건 및 소비자의 세련도(conditions under which sales are made and sophistication of buyers)
5. 선행상표의 명성(fame of prior mark)
6. 유사한 상품에 사용되는 유사상표의 수와 성질(the number and nature of similar marks in use on similar goods)
7. 실제 혼동(actual confusion)
8. 실제 혼동이 발생하기 전의 공존사용 기간(length of time of concurrent use without actual confusion)
9. 상표가 사용된 상품의 다양성(variety of goods on which a mark is used)
10. 출원인과 선행상표의 소유자 간 시장의 근접성(market interface between

---

35) Globalaw Ltd. v. Carmon & Carmon Law Office, 452 F. Supp. 2d 1, 48 (D.D.C. 2006).

36) *In re* E.I. duPont de Nemours & Co., 476 F.2d 1357, 1361 (CCPA 1973).

applicant and owner of prior mark)

11. 출원인이 타인을 배제할 수 있는 정도(extent to which applicant can exclude others)

12. 잠재적 혼동 가능성(extent of potential confusion)

13. 기타 요소(any other fact).

XV. 정 리[37)]

	1	2	3	4	5	6	7	8	9	10	11	D.C.C.[38)]	F.C.[39)]
❶ similarity of marks	○	○	○	○	○	○	○	○	○	○	○	○	○
❷ similarity of goods or services	○	○	○	○	○	○	○	○	○	○	○	○	○
❸ actual confusion	○	○	○	○	○	○	○	○	○	○	○	○	○
❹ extent of applicant's exclusive rights/strength of mark	○	○	○	○	○	○	○	○	○	○	○	○	○
❺ conditions under which sales are made/classes, sophistication of prospective purchasers/price/similarity of trade channels/customers	○	○	○	○	○	○	○	○	○	○	○	○	○
❻ intent/good faith	○	○	○	○	○	○	○	○	○	○	○	○	○
❼ relationship between the parties' advertising	○		○	○	○					○	○	○	○
❽ likelihood plaintiff will bridge the gap		○	○	○		○			○				○
❾ time and conditions of concurrent use without actual confusion			○			○							○

37) 경민수, 미국상표법 강의자료 참조.

38) Court of Appeals for the District of Columbia Circuit.

39) Court of Appeals for the Federal Circuit.

[부록 9] 미국의 상표관련 판례집의 종류 및 판례 인용문 해설

Ⅰ. 대법원 판례집

연방대법원의 판결문은 다음의 판례집에 게재된다.

i) 미국 정부가 발행하는 공식적인(official) 판례공보: "U.S."로 약칭되는 「United States Reports」

ii) WEST 출판사(WEST Publishing Company)가 발행하는 비공식적인 판례집: "S. Ct."로 약칭되는 「Supreme Court Reporter」

iii) LexisNexis사가 발행하는 비공식적인 판례집: "L. Ed."로 약칭되는 「United State Supreme Court Reports, Lawyer's Edition」

Ⅱ. 연방항소법원 판례집

연방항소법원의 판결문은 WEST 출판사가 발행하는 비공식적인 판례집인 「Federal Reporter」에 게재된다.

i) 「F」로 약칭되는 제1편(first series): 1880년~1924년 판결문

ii) 「F.2d」로 약칭되는 제2편(second series): 1924년~1993년 판결문

iii) 「F.3d」로 약칭되는 제3편(third series): 1993년 이후의 판결문

Ⅲ. 연방지방법원 판결문

연방지방법원의 판결문은 1932년까지는 WEST 출판사가 발행하는 비공식적인 판결문인 「Federal Reporter」에 연방항소법원의 판결문과 함께 게재되었고 1933년 이후에는 「Federal Supplement」에 게재되고 있다.

i) 1932년까지 판례: 「Federal Reporter」의 「F」로 약칭되는 제1편과 「F.2d」로 약칭되는 제2편

ii) 1933년~1998년 판례: 「F. Supp.」로 약칭되는 「Federal Supplement」

iii) 1998년~2014년 판례: 「F. Supp. 2d」로 약칭되는 「Federal Supplement」

iv) 2014년 이후 판례: 「F. Supp. 3d」로 약칭되는 「Federal Supplement」[40)]

Ⅳ. 기 타

「USPQ」(United States Patent Quarterly)는 Bureau of National Affairs, Inc.사에서 출판되는 심·판례집으로 상표심판원의 심결, 특허상표청장의 결정과 미국의 법원, BPAI[41)] 및 ITC[42)]에서 나오는 판결문과 심결문을 게재하고 있다.

Ⅴ. 정 리

법원		약칭	설명
연방대법원	United States Reports	U.S.	미국 연방대법원의 **공식**적인(official) 대법원 판례공보
	Supreme Court Reporter	S. Ct.	WEST 출판사가 발행하는 **비공식** 연방대법원 판례집
	U.S. Supreme Court Reports, Lawyer's Edition	L. Ed. L. Ed. 2d	LexisNexis사가 발행하는 **비공식** 연방대법원 판례집
연방항소법원	Federal Reporter	F. F.2d F.3d	WEST 출판사가 발행하는 **비공식** 연방항소법원 판례집
	Federal Appendix	F. App'x	WEST 출판사가 발행하는 연방항소법원의 판례 중 공식적으로 공보에 게재되지 않았던 판례집
연방지방법원	Federal Supplement	F. Supp. F. Supp. 2d F. Supp. 3d	WEST 출판사가 발행하는 **비공식** 연방지방법원 판례집

40) https://en.wikipedia.org/wiki/Federal_Supplement 참조.

41) Board of Patent Appeals and Interferences는 특허성 유무를 심판하는 기구였으나 America Invents Act에 의해서 2012년 9월 16일 「특허심판원」(Patent Trial and Appeal Board: PTAB)으로 대체되었다.

42) 미국 국제무역위원회(International Trade Commission)로 정부보조금을 받거나 덤핑으로 미국에 수출된 외국 상품이 미국 내 관련 업계에 피해를 주었는지의 여부를 판정하는 정부 기구. 한경 경제용어사전 참조.

VI. 판례 인용문 해설[43)]

1. 판례인용 예문 1

❶	❷	❸	❹	❺	❻
Wal-Mart Stores, Inc. v. Samara Brothers, Inc. et al.	529	U.S.	205,	212	(2000)

❶ 「사건명」으로 사건의 당사자를 알 수 있다. 1심에서는 원고가 사건명의 앞에, 피고가 뒤에 기재되지만 1심의 판결에 불복하는 경우에는 항소한 자가 먼저 기재된다. 이 사건에서는 Wal-Mart Stores, Inc.가 상고를 제기한 상고인이고 Samara Brothers, Inc.가 피상고인임을 알 수 있다. et al.은 당사자가 2인 이상일 경우 "~외"를 의미한다.

❷ 「판례집의 볼륨(volume) 번호」로 ❸의 판례집으로 529번째 발간된 판례집이란 의미이다.

❸ 「판례집의 약칭」으로 U.S.는 United States Reports를 의미하므로 이 사건이 대법원의 판례로서 출처가 미국 연방대법원의 공식 판례공보임을 알 수 있다.

❹ 「판례집에서 이 판례가 위치하는 첫 쪽의 번호」를 의미한다. 따라서 이 판례는 판례집의 205쪽에 있음을 알 수 있다.

❺ 「이 판례에서 인용하는 문구가 위치하는 쪽의 번호」를 의미한다. 따라서 이 판례에서 인용하는 문구가 판례집의 212쪽에 있음을 알 수 있다. 특별히 인용하는 문구가 없을 경우에는 생략한다.

❻ 「이 사건의 판결이 내려진 연도」를 의미한다.

---

43) 특허청, 우리 기업 해외진출을 위한 해외지식재산권보호 가이드북 미국, 2013, 432~437면 참조.

2. 판례인용 예문 2

❶	❷	❸	❹	❺ ❻
Campbell Soup Co. v. Armour & Co.,	175	F.2d	795	(3d. Cir. 1949)

❶ 「사건명」으로 이 사건에서는 Campbell Soup Co.가 항소인이고 Armour & Co.가 피항소인임을 알 수 있다.

❷ 「판례집의 볼륨(volume) 번호」로 ❸의 판례집으로 175번째 발간된 판례집이란 의미이다.

❸ 「판례집의 약칭」으로 F.2d는 Federal Reporter의 제2편(second series)을 의미하므로 Federal Reporter의 제2편에 수록되었음을 알 수 있다.

❹ 「판례집에서 이 판례가 위치하는 첫 쪽의 번호」를 의미한다. 따라서 이 판례는 판례집의 795쪽에 있음을 알 수 있다.

❺ 「이 사건의 판결을 내린 법원」을 의미한다. 3d. Cir.은 제3 연방순회구 항소법원을 의미하므로 이 사건이 제3 연방순회구 항소법원에서 내린 판결임을 알 수 있다.

❻ 「이 사건의 판결이 내려진 연도」를 의미하므로 이 판결이 1949년에 내려졌음을 알 수 있다.

3. 판례인용 예문 3

❶	❷	❸	❹	❺	❻ ❼
Callaway Golf Corp. v. Royal Canadian Golf Association,	125	F. Supp. 2d	1194	1204	(C.D. Cal. 2000)

❶ 「사건명」으로 이 사건에서는 Callaway Golf Corp.이 원고이고 Royal Canadian Golf Association이 피고임을 알 수 있다.

❷ 「판례집의 볼륨(volume) 번호」로 ❸의 판례집으로 125번째 발간된 판례집이란 의미이다.

❸ 「판례집의 약칭」으로 F. Supp 2d는 Federal Supplement의 제2편(second series)을 의미하므로 Federal Supplement의 제2편에 수록되었음을 알 수 있다.

❹ 「판례집에서 이 판례가 위치하는 첫 쪽의 번호」를 의미한다. 따라서 이 판례는 판례집의 1194쪽에 있음을 알 수 있다.

❺ 「이 판례에서 인용하는 문구가 위치하는 쪽의 번호」를 의미한다. 따라서 이 판례에서 인용하는 문구가 판례집의 1204쪽에 있음을 알 수 있다.

❻ 「이 사건의 판결을 내린 법원」을 의미한다. C.D. Cal.은 United States District Court for the Central District of California를 의미한다.

❼ 「이 사건의 판결이 내려진 연도」를 의미하므로 이 판결이 2000년에 내려졌음을 알 수 있다.

4. 판례인용 예문 4

❶	❷	❸	❹	❺	❻ ❼
In re Craigmyle,	224	USPQ	791,	793	(TTAB 1984)

❶ 「사건명」으로 당사자계가 아닌 결정계 사건임을 알 수 있다. 당사자계가 아닌 미국의 특허상표청의 결정에 대하여 불복한 결정계 사건의 경우에는 사건명의 앞에 라틴어로 'in the matter of'를 의미하는 「*In re*」로 표시한다.

❷ 「판례집의 볼륨(volume) 번호」로 ❸의 판례집으로 224번째 발간된 판례집이란 의미이다.

❸ 「판례집의 약칭」으로 USPQ는 United States Patent Quarterly를 의미하므로 이 심결은 이 판례집에 수록되었음을 알 수 있다.

❹ 「판례집에서 이 심결이 게재된 첫 쪽의 번호」를 의미한다. 따라서 이 심결은 판례집의 791쪽에 있음을 알 수 있다.

❺ 「이 심결에서 인용하는 문구가 위치하는 쪽의 번호」를 의미한다. 따라서 이 심결에서 인용하는 문구가 판례집의 793쪽에 있음을 알 수 있다.

❻ 「이 사건의 심결을 내린 상표심판원」을 의미한다. TTAB는 미국의 상표심판원(Trademark Trial and Appeal Board)을 의미한다.

❼ 「이 사건의 심결이 내려진 연도」를 의미하므로 이 심결이 1984년에 내려졌음을 알 수 있다.

[부록 10] 미국의 자유무역협정 체결국 목록[44)]

Ⅰ. 미국과 체결하여 현재 발효 중인 자유무역협정 목록(총 20개국)

대상 국가	명 칭
Israel	United States - Israel Free Trade Agreement (includes Palestinian Authority; 1985)
Canada, Mexico	North American Free Trade Agreement (NAFTA) (1994)
Jordan	United States - Jordan Free Trade Agreement (2001)
Australia	United States - Australia Free Trade Agreement (2004)
Chile	United States - Chile Free Trade Agreement (2004)
Singapore	United States - Singapore Free Trade Agreement (2004)
Bahrain	United States - Bahrain Free Trade Agreement (2006)
Morocco	United States - Morocco Free Trade Agreement (2006)
Oman	United States - Oman Free Trade Agreement (2006)
Peru	United States - Peru Trade Promotion Agreement (2007)
Costa Rica, El Salvador, Guatemala, Honduras, Nicaragua, the Dominican Republic	Central America - Dominican Republic Free Trade Agreement(CAFTA-DR)
Panama	United States - Panama Trade Promotion Agreement (2012)
Colombia	United States - Colombia Free Trade Agreement (2012)
Republic of Korea	United States - Republic of Korea Free Trade Agreement (2012)

Ⅱ. 미국과 자유무역협정 체결과 관련된 협상이 종료된 협정 목록

대상 국가	명 칭
European Union	Transatlantic Trade and Investment Partnership(T-TIP)
Australia, Brunei, Canada, Chile, Japan, Malaysia, Mexico, New Zealand, Peru, Singapore, Vietnam	Asia-Pacific Trade Agreement(Trans-Pacific Partnership)[45)]

44) https://ustr.gov/trade-agreements/free-trade-agreements, https://en.wikipedia.org/wiki/United_States_free-trade_agreements 참조.

45) 미국의 트럼프 대통령은 취임하자마자 2017년 1월 24일 TTP에 탈퇴하는 서명을 하였다.

Ⅲ. 미국과 자유무역협정 체결이 진행 중인 국가 목록

대상 국가	명 칭
all countries on the Western Hemisphere, except Cuba	Free Trade Area of the Americas(FTAA)
the Middle East countries	United States - Middle East Free Trade Area(US-MEFTA)
Thailand	United States - Thailand Free Trade Agreement
New Zealand	United States - New Zealand Free Trade Agreement
Ghana	United States - Ghana Free Trade Agreement
Indonesia	United States - Indonesia Free Trade Agreement
Kenya	United States - Kenya Free Trade Agreement
Kuwait	United States - Kuwait Free Trade Agreement
Malaysia	United States - Malaysia Free Trade Agreement
Mauritius	United States - Mauritius Free Trade Agreement
Mozambique	United States - Mozambique Free Trade Agreement
Taiwan	United States - Taiwan Free Trade Agreement
United Arab Emirates	United States - United Arab Emirates Free Trade Agreement
South Africa, Botswana, Lesotho, Swaziland, Namibia	United States - Southern African Customs Union Free Trade Agreement (US-SACU)
Ecuador	United States - Ecuador Free Trade Agreement
Qatar	United States - Qatar Free Trade Agreement

[부록 11] 한 · 미 자유무역협정 중 상표관련 규정

제18장 지적재산권

제18.1조 일반 규정

1. 각 당사국은 최소한 이 장에 효력을 부여한다.

국제 협정

2. 제1.2조(다른 협정과의 관계)에 더하여, 양 당사국은 무역관련 지적재산권에 관한 협정상 서로에 대한 자국의 기존의 권리 및 의무를 확인한다.

3. 각 당사국은 이 협정의 발효일[46]까지 다음의 협정을 비준하거나 가입한다.

가. 1979년에 개정된 특허협력 조약(1970년)

나. 산업재산권의 보호에 관한 파리 협약(1967년) (파리협약)

다. 문학 · 예술 저작물의 보호를 위한 베른협약(1971년) (베른협약)

라. 위성에 의하여 송신되는 프로그램 전달 신호의 배포에 관한 협약(1974년)

마. 표장의 국제등록에 관한 마드리드 협정에 대한 의정서(1989년)

바. 1980년에 개정된 특허절차상 미생물 기탁의 국제적 승인에 관한 부다페스트조약(1977년)

사. 식물신품종보호를 위한 국제 협약(1991년)

아. 상표법조약(1994년)[47]

자. 세계지적재산기구 저작권 조약(1996년), 그리고

차. 세계지적재산기구 실연 · 음반 조약(1996년)

4. 각 당사국은 다음 협정을 비준하거나 가입하기 위하여 모든 합리적인 노력을 한다.

가. 특허법 조약(2000년)

나. 산업디자인의 국제 등록에 관한 헤이그 협정(1999년),[48] 그리고

---

46) 한 · 미 자유무역협정은 2012년 3월 15일에 발효되었다.

47) 당사국은 상표법에 관한 싱가포르 조약(2006년)을 비준하거나 가입함으로써 제18.1조 제3항 아호의 의무를 충족할 수 있다. 다만, 이는 그 조약이 발효된 경우에 한한다.

48) 우리나라는 2014년 3월 31일에 가입서를 세계지식재산기구(WIPO)에 기탁하여 2014년 7월

다. 상표법에 관한 싱가포르 조약(2006년)[49]

더 광범위한 보호 및 집행

5. 당사국은 지적재산권에 대하여 이 장이 요구하는 것보다 더 광범위한 보호 및 집행을 자국법으로 규정할 수 있다. 다만, 그러한 더 광범위한 보호는 이 장에 저촉되지 아니하여야 한다.

내국민 대우

6. 이 장의 적용대상이 되는 모든 범주의 지적재산에 관하여, 각 당사국은 그러한 지적재산권과 그러한 권리로부터 파생되는 모든 혜택의 보호[50] 및 향유에 대하여 자국의 국민[51]에게 부여하는 것보다 불리하지 아니한 대우를 다른 쪽 당사국의 국민에게 부여한다. 다만, 아날로그 통신, 아날로그 무료 공중파 라디오 방송, 그리고 아날로그 무료 공중파 텔레비전 방송의 수단에 의한 음반의 이차적인 사용에 대하여는, 당사국은 다른 쪽 당사국의 실연자와 음반제작자의 권리를 다른 쪽 당사국의 영역에서 자국의 인에게 부여되는 권리로 제한할 수 있다.

7. 당사국은 자국 영역에서 이루어지는 송달을 위한 주소지를 지정하거나 자국 영역에서 대리인을 임명하도록 다른 쪽 당사국의 국민에게 요구하는 것을 포함하여, 자국의 사법 및 행정 절차와 관련하여 제6항으로부터 이탈할 수 있다. 다만, 그러한 이탈은

가. 이 장에 불합치하지 아니하는 법 및 규정의 준수를 확보하기 위하여 필요하여야 한다. 그리고

나. 무역에 대한 위장된 제한을 구성하게 될 방식으로 적용되지 아니하여야 한다.

1일부터 발효되었다.

49) 우리나라는 2016년 4월 1일에 가입서를 세계지식재산기구(WIPO)에 기탁하여 2016년 7월 1일부터 발효되었다.

50) 제6항의 목적상, "보호"는 다음을 포함한다. (1) 구체적으로 이 장의 적용대상이 되는 지적재산권의 사용에 영향을 미치는 사안뿐만 아니라 지적재산권의 이용가능성 · 취득 · 범위 · 유지 및 집행에 영향을 미치는 사안, 그리고, (2) 제18.4조 제7항에 규정된 효과적인 기술조치의 우회 금지와 제18.4조 제8항에 규정된 권리관리정보에 관한 권리 및 의무

51) 제6항, 제7항, 제18.2조 제14항 가호 및 제18.6조 제1항의 목적상, 당사국의 "국민"은 관련 권리에 관하여 제3항에 열거된 협정 및 무역관련 지적재산권에 관한 협정에 규정된 그 권리의 보호를 위한 적격성 기준을 충족하게 될 그 당사국의 [제1.4조(정의)에서 정의된] 모든 인을 포함한다.

8. 제6항은 지적재산권의 획득 또는 유지와 관련하여 세계지적재산기구의 주관하에 체결된 어느 한쪽 당사국이 당사국인 다자 협정에 규정된 절차에는 적용되지 아니한다.

기존의 대상물 및 이전의 행위에 대한 협정의 적용

9. 제18.4조 제5항을 포함하여 달리 규정된 경우를 제외하고, 이 장은 이 협정 발효일에 이미 존재하여, 보호가 주장되는 당사국의 영역에서 그 날짜에 보호되고 있거나, 이 장에 따른 보호 기준을 충족하거나 이후에 충족하게 되는 모든 대상물에 대하여 의무를 발생시킨다.

10. 제18.4조 제5항을 포함하여 이 장에 달리 규정된 경우를 제외하고, 당사국은 보호가 주장되는 당사국의 영역에서 이 협정의 발효일에 이미 공공의 영역에 속하게 된 대상물에 관한 보호를 회복하도록 요구되지 아니한다.

11. 이 장은 이 협정의 발효일 전에 일어난 행위에 대하여 의무를 발생시키지 아니한다.

투명성

12. 제21.1조(공표)에 더하여, 그리고 지적재산권의 보호 및 집행을 투명하게 하기 위한 목적으로 각 당사국은 지적재산권의 보호 또는 집행에 관한 모든 법 · 규정 및 절차가 명문화되고 공표[52)]되거나, 공표가 실행가능하지 아니한 경우에는 정부들 및 권리자가 그 내용을 인지할 수 있도록 하는 방식으로 자국의 언어로 공개되도록 보장한다.

제18.2조 지리적 표시를 포함한 상표

1. 어떠한 당사국도 등록의 요건으로 표지가 시각적으로 인식 가능할 것을 요구할 수 없으며, 어떠한 당사국도 상표를 구성하는 표지가 소리 또는 냄새라는 이유만으로 상표의 등록을 거부할 수 없다.

2. 각 당사국은 상표가 증명표장을 포함하도록 규정한다. 각 당사국은 또한 지리적 표시가 상표로서 보호될 자격이 있음을 규정한다.[53)]

---

52) 보다 명확히 하기 위하여, 당사국은 법 · 규정 또는 절차를 인터넷에 공개함으로써 제12항의 공표 요건을 충족할 수 있다.

53) 이 장의 목적상, 지리적 표시라 함은 상품의 특정 품질, 명성 또는 그 밖의 특성이 본질적으로 지리적 근원에서 비롯되는 경우, 당사국의 영역이나 당사국 영역의 지역 또는 지방을 원

3. 각 당사국은, 상품 또는 서비스의 보통명칭으로서 통용어에서 관습적으로 사용되는 용어(보통명칭)와의 관계에서 상표의 상대적 크기, 위치 또는 사용 양식에 관한 요건을 특히 포함하여, 그 보통명칭의 사용을 강제하는 자국의 조치가, 그러한 상품 또는 서비스에 관하여 사용되는 상표의 사용이나 유효성을 손상시키지 아니하도록 보장한다.

4. 각 당사국은, 등록된 상표의 소유자가 소유자의 동의를 얻지 아니한 모든 제3자가 소유자의 등록된 상표에 관한 상품 또는 서비스와 최소한 동일하거나 유사한 상품 또는 서비스에 대하여, 지리적 표시를 포함하여 동일하거나 유사한 표지를 거래의 과정에서 사용하여, 그 사용으로 인하여 혼동 가능성을 야기할 경우 그러한 사용을 금지할 수 있는 배타적 권리를 가지도록 규정한다. 지리적 표시를 포함하여, 동일한 상품 또는 서비스에 대한 동일한 표지 사용의 경우, 혼동 가능성이 있는 것으로 추정된다.

5. 각 당사국은 서술적 용어의 공정한 사용과 같이 상표에 의하여 부여되는 권리에 제한적인 예외를 규정할 수 있다. 다만, 그러한 예외는 상표권자와 제3자의 정당한 이익을 고려하여야 한다.

6. 어떠한 당사국도 어떠한 표장이 유명 표장인지를 결정하는 조건으로 그 표장이 그 당사국의 영역 또는 다른 관할권에 등록되어 있을 것을 요구할 수 없다. 이에 추가하여, 어떠한 당사국도 다음이 결여되었다는 이유만으로 유명 표장에 대한 구제를 거부할 수 없다.

가. 등록

나. 유명 표장 목록에의 등재, 또는

다. 표장의 유명성에 대한 사전 인식

7. 파리 협약 제6조의2는, 등록 여부와 관계없이, 유명상표[54]에 의하여 확인되는 상품 또는 서비스와 동일하거나 유사하지 아니한 상품 또는 서비스에 준용된다. 다만, 그 상품 또는 서비스에 관련된 그 상표의 사용이 그 상품 또는 서비스와

산지로 하는 상품임을 명시하는 표시를 말한다. 어떠한 표지(예: 문자, 숫자, 도형적인 요소 및 단색을 포함하는 색채뿐만 아니라, 지리적 명칭 및 개인의 이름을 포함하는 단어) 또는 표지의 조합도 어떤 형식이든 간에 지리적 표시가 될 자격이 있다. 이 장에서 "원산지"는 제1.4조(정의)에서 그 용어에 부여된 의미를 가지지 아니한다.

54) 표장이 유명한지 여부를 결정하는 목적상, 어떠한 당사국도 상표의 명성이 관련 상품 또는 서비스를 통상적으로 다루는 분야의 일반인의 범위를 넘어설 것을 요구할 수 없다.

상표권자 사이의 연관성을 나타내어야 할 것이며, 상표권자의 이익이 그러한 사용에 의하여 손상될 가능성이 있어야 한다.

8. 각 당사국은 관련 상품 또는 서비스에 대하여 유명상표와 동일하거나 유사한 상표 또는 지리적 표시의 사용이 혼동을 야기할 가능성이 있거나, 오인을 초래할 가능성이 있거나, 기만할 가능성이 있거나 그 상표 또는 지리적 표시와 유명 상표권자를 연관시킬 위험이 있을 가능성이 있거나, 유명상표의 명성에 대한 불공정한 이용을 구성하는 경우, 그러한 상표 또는 지리적 표시의 등록을 거절하거나 취소하고 사용을 금지하는 적절한 조치를 규정한다.

9. 각 당사국은 다음을 포함하는 상표등록제도를 규정한다.

가. 상표 등록의 거절 이유에 대한 통지를 출원인에게 서면으로 제공하는 요건. 통지는 전자적으로 제공될 수 있다.

나. 출원인이 상표당국으로부터의 통지에 대하여 답변하고, 최초 거절에 대하여 이의를 제기하며, 최종적인 등록 거절에 대하여 사법적으로 불복청구할 수 있는 기회

다. 이해당사자가 상표 출원에 대하여 이의를 제기하고 상표가 등록된 후 그 상표의 취소를 구할 수 있는 기회, 그리고

라. 이의제기 및 취소절차에서의 결정은 이유가 설명되어야 하며 서면으로 이루어져야 한다는 요건. 서면 결정은 전자적으로 제공될 수 있다.

10. 각 당사국은 다음을 규정한다.

가. 상표에 대한 전자적 출원과 상표의 전자적 처리 · 등록 및 유지를 위한 제도, 그리고

나. 온라인 데이터베이스를 포함하여 상표 출원 및 등록에 관한 공중에게 이용 가능한 전자적 데이터베이스

11. 각 당사국은 다음을 규정한다.

가. 상표 출원 또는 등록에 관계되고 상품 또는 서비스를 표시하는 각 등록 및 공표는, 수정되고 개정된 표장의 등록을 위한 상품 및 서비스의 국제분류에 관한 니스협정(1979년)(니스 분류)에 의하여 설정된 분류상의 류별로 분류하여 그 상품 또는 서비스를 그 명칭에 의해 표시한다. 그리고

나. 상품 또는 서비스는 등록이나 공표에서 니스 분류상 동일한 류로 나타난다는 이유만으로 서로 유사한 것으로 간주될 수 없다. 역으로, 각 당사국은 상품

또는 서비스가 등록이나 공표에서 니스 분류상 다른 류로 나타난다는 이유만으로 서로 유사하지 아니하다고 간주될 수 없도록 규정한다.

12. 각 당사국은 상표의 최초 등록 및 각 등록 갱신이 10년 이상의 기간이 되도록 규정한다.

13. 어떠한 당사국도 사용권의 유효성을 확립하거나, 상표에 대한 권리를 주장하거나, 또는 그 밖의 다른 목적을 위하여 상표 사용권을 등록할 것을 요구할 수 없다.

14. 당사국이 상표보호제도를 통하거나 다른 방법으로, 지리적 표시의 보호를 위하여 출원하거나 이의 인정을 청원할 수 있는 수단을 제공하는 경우, 그 당사국은 그러한 출원 및 청원(당사국이 선택한 수단과 관련되는 경우)에 대하여,

가. 자국민을 대신한 당사국의 관여를 요구함이 없이, 그러한 출원 및 청원을 접수한다.

나. 그러한 출원 및 청원을 최소한의 형식으로 처리한다.

다. 그러한 출원 및 청원의 제출을 규율하는 자국의 규정이 대중에게 쉽게 이용 가능하도록 하고 이러한 조치를 위한 절차를 명확하게 규정하도록 보장한다.

라. 일반적인 출원 및 청원의 제출 절차와 출원 및 청원의 처리과정에 관한 지침을 일반 대중이 획득할 수 있도록, 그리고 출원인, 청원인, 또는 그의 대리인이 특정 출원 및 청원의 상황을 확인하고 그에 관련된 절차적인 지침을 획득할 수 있도록, 충분한 연락정보를 이용가능하게 한다. 그리고

마. 지리적 표시를 위한 출원 및 청원이 이의제기가 가능하게 공표되도록 보장하고, 출원 또는 청원의 대상인 지리적 표시에 대한 이의제기 절차를 규정한다. 각 당사국은 또한 출원 또는 청원의 결과로 생긴 등록을 취소할 수 있는 절차를 규정한다.

15. 가. 각 당사국은 다음의 각 사항이 지리적 표시의 보호 또는 인정의 거절, 그리고 이의제기 및 취소의 근거가 되도록 규정한다.

1) 지리적 표시가, 그 당사국의 영역에서 선의로 출원 또는 등록 중이며 그 영역에서 그 지리적 표시의 보호 또는 인정일보다 앞선 우선일을 가진 상표와 혼동을 야기할 가능성이 있는 경우

2) 지리적 표시가, 선의의 사용을 통하여 그 당사국의 영역에서 상표에 대한 권리를 획득하고 그 영역에서 그 지리적 표시의 보호 또는 인정일보다 앞선 우선

일을 가진 상표와 혼동을 야기할 가능성이 있는 경우, 그리고

3) 지리적 표시가, 그 당사국의 영역에서 유명하게 되었고 그 영역에서 그 지리적 표시의 보호 또는 인정일보다 앞선 우선일을 가진 상표와 혼동을 야기할 가능성이 있는 경우

나. 가호의 목적상, 당사국의 영역에서 지리적 표시의 보호일은 다음이 된다.

1) 출원 또는 청원의 결과로 제공되는 보호 또는 인정의 경우, 그 출원 또는 청원일, 그리고

2) 그 밖의 수단을 통하여 제공되는 보호 또는 인정의 경우, 그 당사국의 법에 따른 보호 또는 인정일

제18.3조 인터넷상 도메인이름

1. 상표권의 사이버상 침해 문제를 다루기 위하여, 각 당사국은 국가코드 최상위도메인의 관리에 있어서 통일 도메인이름 분쟁해결정책에서 수립된 원칙에 기초하여 적절한 분쟁해결절차가 규정되도록 요구한다.

2. 각 당사국은 자국의 국가코드 최상위도메인의 관리에 있어서 도메인이름 등록자에 관한 연락정보의 신뢰할 수 있고 정확한 데이터베이스에 대한 온라인상 공중의 접근이 제공되도록 요구한다.

제18.10조 지적재산권 집행

일반적 의무

1. 각 당사국은 지적재산권의 집행과 관련하여 일반적으로 적용되는 최종 사법결정과 행정판정이 서면으로 이루어지고 그 결정과 판정이 기초로 하는 관련 사실의 조사결과 및 사유 또는 법적 근거를 명시하도록 규정한다. 각 당사국은 또한 그러한 결정과 판정이 공표55)되거나, 공표가 실행가능하지 아니한 경우에는 정부들과 권리자가 이를 인지하게 될 수 있는 방식으로 공중에게 자국의 언어로 달리 이용 가능하도록 규정한다.

55) 당사국은 그 결정 또는 판정을 인터넷상 공개함으로써 제1항의 공표요건을 충족시킬 수 있다.

2. 각 당사국은 자국의 민사 · 행정 및 형사 제도에서 지적재산권의 효과적인 집행을 제공하려는 자국의 노력에 대한 정보를 홍보하며,[56] 여기에는 그러한 목적으로 그 당사국이 수집할 수 있는 통계적 정보를 포함한다.

3. 저작권 또는 저작인접권에 관련되는 민사 · 행정 및 형사절차에서, 각 당사국은, 반대되는 증거가 없는 한, 저작물 · 실연 또는 음반의 저작자 · 제작자 · 실연자 또는 출판자로 통상적인 방식으로 그 성명이 표시되는 인을 그러한 저작물 · 실연 또는 음반의 지정된 권리자로 추정하도록 규정한다. 각 당사국은 또한, 반대되는 증거가 없는 한, 그러한 대상물에 저작권 또는 저작인접권이 존재하는 것으로 추정하도록 규정한다. 상표에 관련되는 민사 · 행정 및 형사 절차에서 각 당사국은 등록된 상표가 유효하다는 반증 가능한 추정을 규정한다. 특허에 관련되는 민사와 행정절차에서 각 당사국은 특허가 유효하다는 반증 가능한 추정을 규정하고, 그러한 각각의 특허 청구항은 그 밖의 청구항의 유효성과는 독립적으로 유효한 것으로 추정함을 규정한다.

민사 및 행정 절차와 구제

4. 각 당사국은 모든 지적재산권 집행에 관한 민사 사법절차를 권리자[57]에게 이용 가능하도록 한다.

5. 각 당사국은 다음을 규정한다.

가. 민사 사법절차에서, 사법당국은 침해자가 권리자에게 다음을 지급하도록 명령할 권한을 가진다.

1) 침해의 결과로 권리자가 입은 피해를 보상할 수 있는 충분한 손해배상,[58] 또는

2) 최소한 저작권 또는 저작인접권 침해 및 상표위조의 경우, 침해로 인하여 얻은 침해자의 이익. 이는 1목에 언급된 손해배상액으로 추정될 수 있다. 그리고

나. 지적재산권 침해로 인한 손해배상을 결정함에 있어서 사법당국은 특허

---

56) 보다 명확히 하기 위하여, 제2항의 어떠한 것도 당사국이 홍보하여야 하는 정보의 공표 형태, 형식 및 방법을 규정하는 것으로 의도되지 아니한다.

57) 제18.10조의 목적상, "권리자"는 그러한 권리를 주장할 수 있는 법적 지위와 권한을 가진 연합 또는 협회를 포함하고, 어느 지적재산에 포함된 하나 이상의 지적재산권을 배타적으로 가지고 있는 인을 또한 포함한다.

58) 특허침해의 경우, 침해를 보상하기에 충분한 손해배상은 합리적인 로열티보다 적어서는 아니 된다.

시장가격, 권장소비자가격 또는 권리자가 제시한 그 밖의 정당한 가치측정에 의하여 산정된 침해된 상품 또는 서비스의 가치를 고려한다.

6. 민사 사법절차에서, 각 당사국은 최소한 저작권 또는 저작인접권에 의하여 보호되는 저작물 · 음반 및 실연에 대하여, 그리고 상표위조의 경우에, 권리자의 선택에 따라 이용 가능한 법정손해배상액을 수립하거나 유지한다. 법정손해 배상액은 장래의 침해를 억지하고 침해로부터 야기된 피해를 권리자에게 완전히 보상하기에 충분한 액수이어야 한다.[59)]

7. 각 당사국은, 예외적인 상황을 제외하고, 사법당국이 저작권 또는 저작인접권의 침해, 특허 침해 또는 상표 침해에 관한 민사 사법절차의 종결 시 패소자로 하여금 승소자에게 소송비용 또는 수수료를 지급하도록 명령할 수 있는 권한을 가지도록 규정하고, 최소한 저작권 또는 저작인접권 침해 또는 고의적인 상표위조에 관한 절차에서는 합리적인 변호사 보수의 지급을 명령할 수 있는 권한을 가지도록 규정한다. 더 나아가, 각 당사국은, 최소한 예외적인 상황에서는, 사법당국이 특허 침해에 관한 민사 사법절차의 종결 시 패소자로 하여금 합리적인 변호사 보수를 승소자에게 지급하도록 명령할 수 있는 권한을 가지도록 규정한다.

8. 저작권 또는 저작인접권 침해와 상표위조에 관한 민사 사법절차에서, 각 당사국은 사법당국이 침해행위와 관련된 침해혐의가 있는 상품 · 재료 및 도구의 압류 그리고 최소한 상표위조에 대하여는 침해와 관련된 증거서류의 압류를 명령할 수 있는 권한을 가지도록 규정한다.

9. 각 당사국은 다음을 규정한다.

가. 민사 사법절차에서, 권리자의 요청이 있는 경우, 불법 복제되거나 위조된 것으로 판정된 상품은 예외적인 상황을 제외하고 폐기된다.

나. 사법당국은 그러한 불법 복제되거나 위조된 상품의 제조 또는 생성에 사용된 재료와 도구가 어떠한 종류의 보상도 없이 신속하게 폐기되거나, 예외적인 상황에서는 어떠한 종류의 보상도 없이, 추가 침해에 대한 위험을 최소화하는 방식으로 상거래 밖에서 처분되도록 명령할 수 있는 권한을 가진다. 그리고

다. 위조 상표가 부착된 상품에 관하여는, 불법적으로 부착된 상표를 단순히

59) 어떠한 당사국도 제6항을 당사국 또는 당사국의 승인이나 동의하에 행동한 제3자에 대한 침해소송에 적용하도록 요구되지 아니한다.

제거하는 것으로는 상품이 상거래로 반출되는 것을 허용하기에 충분하지 아니하다.

10. 각 당사국은 지적재산권 집행에 관한 민사 사법절차에서 사법당국이 침해 상품 또는 서비스의 생산과 유통 또는 그 유통경로에 연루된 제3자의 신원을 포함하여 어떠한 측면으로든 침해에 연루된 인 또는 인들에 관하여, 그리고 그러한 상품 또는 서비스의 생산 수단 또는 유통경로에 관하여 침해자가 소유하거나 통제하는 모든 정보를 증거 수집의 목적으로 제공하고 그 정보를 권리자 또는 사법당국에게 제공하도록 침해자에게 명령할 수 있는 권한을 가지도록 규정한다.

11. 각 당사국은 사법당국이 다음의 권한을 가지도록 규정한다.

가. 적절한 경우, 사법당국이 내린 유효한 명령을 지키지 못한 민사 사법절차의 당사자에게 벌금을 부과하거나, 그 당사자를 구류하거나 구금할 수 있는 권한, 그리고

나. 소송절차에서 생산되거나 교환된 비밀정보의 보호에 관한 사법명령의 위반에 대하여, 민사 사법절차의 당사자, 변호인, 전문가 또는 법원의 관할권이 미치는 그 밖의 인에게 제재를 부과할 수 있는 권한

12. 사건의 본안에 관한 행정적인 절차의 결과로 민사구제가 명령될 수 있는 범위에서, 각 당사국은 그러한 절차가 이 장에 명시된 원칙과 실질적으로 동등한 원칙에 부합하도록 규정한다.

13. 제18.4조 제7항 및 제8항에 기술된 행위에 관한 민사 사법절차에서, 각 당사국은 사법당국이 최소한 다음의 권한을 가지도록 규정한다.

가. 금지된 행위에 관련된 것으로 의심되는 장치 및 제품의 압류를 포함한 잠정조치를 부과할 수 있는 권한

나. 권리자가 입은 실제 손해배상액과 법정 손해배상액 중 하나의 지급을 권리자가 선택할 수 있는 기회를 제공할 수 있는 권한

다. 민사 사법절차의 종결 시 금지된 행위에 관여한 당사자가 승소한 권리자에게 소송비용과 수수료 및 합리적인 변호사 보수를 지급하도록 명령할 수 있는 권한, 그리고

라. 금지된 행위에 연루된 것으로 판정된 장치 및 제품의 폐기를 명령할 수 있는 권한

어떠한 당사국도 그 행위가 금지된 행위를 구성한다는 것을 인지하지 아니

하였고, 그렇게 믿었을 만한 사유가 없었음을 증명한 비영리 도서관 · 기록보관소 · 교육기관 또는 공공의 비상업적 방송기관에 대하여는 이 항에 따른 손해배상을 이용가능하게 할 수 없다.

14. 지적재산권 집행에 관한 민사 사법절차에서, 각 당사국은 사법당국이 특히 침해 수입품의 상거래로의 반출과 그 수출을 금지하기 위하여 당사자에게 침해를 중지하도록 명령할 수 있는 권한을 가지도록 규정한다.

15. 당사국의 사법 또는 그 밖의 권한 있는 당국이 지적재산권의 집행에 관한 민사 절차에서 기술전문가 또는 그 밖의 전문가를 임명하고 소송 당사자로 하여금 그러한 전문가 비용을 부담할 것을 요구하는 경우, 그 당사국은 특히 그러한 비용이 수행된 업무의 양 및 성격에 밀접하게 관련되고 그러한 절차의 이용을 불합리하게 억지하지 아니하도록 보장하기 위하여 노력하여야 할 것이다.

대체적 분쟁해결

16. 각 당사국은 지적재산권에 관한 민사 분쟁을 해결할 수 있는 대체적 분쟁해결절차의 사용을 허용할 수 있다.

잠정조치

17. 각 당사국은 일방적 잠정조치의 요청에 대하여 신속하게 대응한다.

18. 각 당사국은 잠정조치에 대하여 사법당국이 원고의 권리가 침해되고 있거나 그러한 침해가 임박하였다고 충분한 정도의 확실성으로 사법당국을 납득시킬 수 있도록, 합리적으로 이용가능한 모든 증거를 제공하도록 원고에게 요구할 권한을 가지도록 규정한다. 그리고 각 당사국은 피고를 보호하고 권리 남용을 방지하는 데 충분하며 그러한 절차의 이용을 불합리하게 억지하지 아니하는 수준에서 정해진 합리적인 담보 또는 이에 상당하는 보증을 제공하도록 원고에게 명령할 수 있는 권한을 가지도록 규정한다.

국경조치와 관련된 특별 요건

19. 각 당사국은 자국의 권한 있는 당국이 위조된 상표 상품이나 혼동을 일으킬 정도로 유사한 상표 상품으로 의심되는 상품, 또는 불법 복제된 저작권 상품으로 의심되는 상품[60]이 자유로운 유통에 반출되는 것을 정지시키는 절차를 개시하

60) 제19항 내지 제25항의 목적상,

가) 위조된 상표 상품이라 함은 포장을 포함하여 상품에 대하여 유효하게 등록된 상표와 동일하거나 본질적인 측면에서 그러한 상표와 식별되지 아니하는 상표를 허락 없이 부착하

는 권리자는 수입국의 법상 권리자의 지적재산권에 대한 침해가 일단 성립된다고 권한 있는 당국이 납득할 만한 충분한 증거를 제공하도록, 그리고 권한 있는 당국이 의심상품을 합리적으로 인지할 수 있도록 권리자가 알고 있을 것으로 합리적으로 기대될 수 있는 충분한 정보를 제공하도록 요구되는 것으로 규정한다. 충분한 정보를 제공하라는 요건은 이러한 절차의 이용을 불합리하게 억지하지 아니하도록 한다. 각 당사국은 상품의 반출을 정지하는 신청이 자국 영역의 모든 반입 지점에 적용되며, 신청일로부터 1년 이상의 기간 또는 그 상품이 저작권에 의하여 보호되거나 관련 상표 등록이 유효한 기간 중 짧은 기간 동안 적용 가능하도록 규정한다.

20. 각 당사국은 자국의 권한 있는 당국이 위조된 상표 상품이나 혼동을 일으킬 정도로 유사한 상표 상품으로 의심되는 상품, 또는 불법복제된 저작권 상품으로 의심되는 상품의 반출을 정지시키는 절차를 개시하는 권리자에게, 피고 및 권한 있는 당국을 보호하고 남용을 방지하기에 충분한 합리적인 담보 또는 이에 상당하는 보증을 제공하도록 요구할 수 있는 권한을 가지도록 규정한다. 각 당사국은 담보 또는 이에 상당하는 보증이 그 절차의 이용을 불합리하게 억지하지 아니하도록 규정한다. 각 당사국은 권한 있는 당국이 그 물품이 침해 상품이 아니라고 결정한 경우, 담보가 수입자 또는 수입된 물품의 소유자가 상품의 반출 정지로 인한 손실 또는 손해로부터 피해를 보지 아니하도록 하는 조건부 증서의 형태가 될 수 있도록 규정할 수 있다. 어떠한 경우에도 수입자가 위조된 상표 상품이나 혼동을 일으킬 정도로 유사한 상표 상품으로 의심되는 상품, 또는 불법복제된 저작권 상품의 점유를 취득하기 위하여 증서 또는 그 밖의 담보를 예치하도록 허용되어서는 아니 된다.

21. 권한 있는 당국이 위조된 또는 불법복제된 상품을 압수한 경우, 당사국은 압수일로부터 30일 이내에 권리자에게 탁송인 · 수입자 · 수출자 또는 수탁인의 이름과 주소를 알리고, 그 물품의 명세, 그 물품의 수량, 알려진 경우 그 물품의 원산

여, 수입국의 법에 따라 해당 상표권자의 권리를 침해한 상품을 말한다. 그리고
나) 불법복제된 저작권 상품이라 함은 권리자 또는 제작 국가에서 권리자가 정당하게 허락한 인의 동의 없이 이루어진 복제물로, 그 복제가 수입국 법에 따라 저작권 또는 저작인접권의 침해를 구성하였을 물품으로부터 직접적으로 또는 간접적으로 제작된 모든 상품을 말한다.

지국을 권리자에게 제공한다.

22. 각 당사국은 권한 있는 당국이 위조되거나 혼동을 일으킬 정도로 유사한 상표 상품 또는 불법복제된 저작권 상품으로 의심되는 수입 · 수출 또는 환적물품[61] 또는 자유무역지역의 물품에 대하여 직권으로[62] 국경조치를 개시할 수 있도록 규정한다.

23. 각 당사국은 세관당국에 의하여 반출이 정지되고 불법 복제되거나 위조된 것으로 몰수된 상품은 예외적인 상황을 제외하고는 폐기되도록 규정한다. 위조된 상표 상품에 대하여는, 불법적으로 부착된 상표를 단순히 제거하는 것으로는 그 상품의 상거래로의 반출을 허용하기에 충분하지 아니하다. 예외적인 상황을 제외하고, 어떠한 경우에도 권한 있는 당국이 위조된 상표 상품 또는 불법복제된 저작권 상품의 수출을 허용하거나 또는 그러한 상품이 그 밖의 통관절차의 대상이 되도록 허용할 권한을 가져서는 아니 된다.

24. 지적재산권을 집행하기 위한 국경조치와 관련하여 신청수수료 또는 물품보관수수료가 산정되는 경우, 각 당사국은 그 수수료를 이러한 조치의 이용을 불합리하게 억지하는 금액으로 정하지 아니하도록 규정한다.

25. 각 당사국은 상호 합의한 조건에 따라 다른 쪽 당사국에게 지적재산권에 관한 국경조치의 집행에 관한 기술적 자문을 제공하고, 양 당사국은 이러한 사안에 대한 양자적 및 지역적 협력을 증진한다.

형사절차와 구제

26. 각 당사국은 최소한 상업적 규모의 고의적인 상표위조나 저작권 또는 저작인접권 침해의 경우에 적용될 형사절차 및 처벌을 규정한다. 상업적 규모의 고의적인 저작권 또는 저작인접권 침해는 다음을 포함한다.

가. 직접적 또는 간접적인 금전적 이득의 동기가 없는 중대한 고의적인 저작권 또는 저작인접권의 침해, 그리고

나. 상업적 이익 또는 사적인 금전적 이득을 목적으로 하는 고의적인 침해[63]

61) 제22항의 목적상, 통과중인 물품이라 함은 통관절차의 간소화 및 조화에 관한 국제협약(교토협약)에 정의된 "보세운송"상의 상품 및 "환적된" 상품을 말한다.

62) 보다 명확히 하기 위하여, 양 당사국은, 직권 조치가 사인이나 권리자로부터 공식적인 고소를 요구하지 아니하는 것으로 양해한다.

63) 제26항 · 제18.4조 제7항 가호 · 제18.4조 제8항 가호와 제18.10조 제27항의 목적상 그리고, 보다 명확히 하기 위하여, "금전적 이득"은 가치를 지닌 그 어떤 것의 수령 또는 기대를 포

각 당사국은 위조되거나 불법복제된 상품의 고의적인 수입 또는 수출을 형사 처벌의 대상이 되는 불법 행위로 다룬다.64)

27. 제26항에 더하여, 각 당사국은 다음을 규정한다.

가. 침해자의 금전적인 동기를 제거하려는 정책에 합치되게, 장래의 침해를 억지하기에 충분한 벌금형뿐만 아니라 징역형 선고를 포함하는 처벌. 각 당사국은 나아가 사법당국이 형사적 침해가 상업적 이익이나 사적인 금전적 이득을 목적으로 발생하는 때에, 실제 형기의 부과를 포함하여 장래의 침해를 억지하기에 충분한 수준에서 처벌하도록 권장한다.

나. 사법당국은 위조 또는 불법복제 의심상품과, 위법행위를 행하는 데 사용된 모든 관련 재료와 도구, 위법행위에 관련된 증거 서류, 그리고 침해 행위에 기인한 모든 자산의 압수를 명령할 수 있는 권한을 가진다. 각 당사국은 압수의 대상이 되는 품목이 그 명령에 규정된 일반적인 범주에 해당하는 한, 그러한 명령이 개별적으로 그 품목을 적시할 필요는 없는 것으로 규정한다.

다. 사법당국은 특히 침해행위에 기인한 모든 자산의 몰수를 명령할 권한을 가진다.

라. 사법당국은 예외적인 경우를 제외하고, 다음을 명령한다.

1) 모든 위조되거나 불법복제된 상품과 위조 표장으로 구성된 모든 물품의 몰수 및 폐기, 그리고

2) 위조되거나 불법복제된 상품의 제작에 사용되었던 재료와 도구의 몰수 및/또는 폐기

각 당사국은 나아가 피고인에 대한 어떠한 종류의 보상도 없이 이 호와 다호에 따른 몰수 및 폐기가 이루어지도록 규정한다.

마. 형사사건에서, 사법 또는 그 밖의 권한 있는 당국은 폐기 예정인 상품과 그 밖의 재료의 목록을 유지하고, 손해배상을 위하여 민사 또는 행정 소송의 제기를 희망한다는 권리자의 통보가 있는 경우, 증거 보전을 용이하게 하기 위하여 이러한 재료를 폐기 명령으로부터 일시적으로 면제할 수 있는 권한을 가진다. 그리고

함한다.

64) 당사국은 불법복제된 상품의 수출에 관한 제26항의 의무를 배포에 관한 자국의 조치를 통하여 준수할 수 있다.

바. 자국의 권한 있는 당국은 이 장에 기술된 위법행위에 대하여 사인이나 권리자의 공식적인 고소 없이 직권으로 법적 조치를 개시할 수 있다.

28. 각 당사국은, 또한 최소한 다음에 대하여 알면서 행한 밀거래의 경우, 고의적인 상표위조 또는 저작권 침해에 해당하지 아니한 경우라도 형사절차 및 처벌이 적용되도록 규정한다.

가. 음반, 컴퓨터 프로그램이나 그 밖의 문학 저작물의 복제물, 영화나 그 밖의 영상저작물의 복제물, 또는 그러한 품목을 위한 서류나 포장에 부착 · 동봉 또는 첨부되거나 부착 · 동봉 또는 첨부되도록 고안된 위조 라벨 또는 불법 라벨, 그리고

나. 가호에 규정된 유형의 품목에 대한 위조 서류 또는 포장

제18.12조 경과 규정

1. 각 당사국은 이 협정의 발효일에 이 장에 효력을 부여한다.

2. 제1항에도 불구하고, 대한민국은 이 협정의 발효일 후 2년 이내에 제18.4조 제4항의 의무를 완전하게 이행한다.

❙ 참고 문헌 ❙

국내 문헌

1. 국내 단행본

김원준, 『상표법개론』, 피앤씨미디어, 2017.
김형진, 『미국상표법』, 지식공작소, 1999.
나운봉 · 전성률 · 이석영 · 차태훈 · 문철우 · 조동성, 『브랜드자산』, 도서출판 서울경제경영, 2005.
나종갑, 『미국상표법연구』, 한남대학교 출판부, 2005.
문삼섭, 『상표법』, 제2판, 세창출판사, 2004.
박귀련, 『영화산업과 법. 예술가를 위한 정책 프롬프터』, 우리글, 2010.
박윤근, 『미국특허 미국상표: A에서 Z까지』, 중앙경제사, 2004.
박종태, 『INSIGHT 상표법』, 한빛지적소유권센터, 2016.
(사)한국지식재산학회, 『상표권 침해소송의 이론과 실무』, 법문사, 2016.
신경섭, 『신경섭의 미국특허 이야기』, 한솜미디어, 2003.
오승건, 『상표법특강』, 제5판, 세창출판사, 1998.
원대규, 『상표법』, 한빛지적소유권센터, 2017.
육소영 · 윤권순, 『해외국가별 지식재산권 제도 분석, 미국편』, 한국발명진흥회 지식재산연구센터, 2002.
윤형근, 『윤상표법』, 도서출판 에듀비(edu-be), 2013.
장주영, 『미국 저작권 판례』, 증보판, 육법사, 2012.
정진길 · 복병준, 『길 상표법입문』, 한빛지적소유권센터, 2017.
최성우 · 정태호, 『OVA 상표법』, 한빛특허아카데미, 2011.
특허법원 국제 지식재산권법 연구센터, 『(한영, 영한) 지식재산 법률용어 사전』, 2017.
특허청, 『권리불요구제 도입과 심사품질제고를 위한 기술적 표장에 관한 연구』, 2009.
______, 『마드리드 국제출원 가이드』, 2011.
______, 『마드리드 의정서에 의한 국제상표등록제도 해설』, 2000.
______, 『미국 상표법 · 제도에 관한 분석 및 시사점』, 2006.
______, 『부정경쟁방지 및 영업비밀보호에 관한 법률에 의한 퍼블리시티권 보호방안 연구』, 2009.
______, 『비전형적 상표의 효과적인 보호 및 운영방안 연구 — 색채상표, 홀로그램 상표, 동작상표를 중심으로』, 2006.
______, 『상표법상 등록주의의 단점을 보완하기 위한 사용주의 요소 도입방안』, 2012.
______, 『상표법 조문별 개정 연혁 해설집』, 2010.
______, 『상품유사판단기준 재정립방안에 관한 연구』, 2008.
______, 『손에 잡히는 국제출원 핸드북. 틀리기 쉬운 국제출원 사례 모음』, 2015.

______, 『수요자의 상표인지도 조사방법론 수립방안에 관한 연구』, 2013.
______, 『우리기업 해외진출을 위한 해외지식재산권보호 가이드북. 미국』, 2013.
______, 『조문별 상표법 해설』, 2007.
______, 『지식재산강국을 향한 도전 30년』, 2007.
______, 『TM5(한국, 미국, 일본, 유럽, 중국) 상표법 비교』, 2013.
특허청 지적소유권연구회, 『미국지적소유권법해설』, 1988.
특허청 · 한국발명진흥회, 『각국 산업재산권제도 편람』, 1997.
특허청 · 한국지식재산연구원, 『지식재산 법제도와 정책 동향 — 국내외 지식재산 법제도 비교 분석(상표법)』, 2015.

2. 국내 논문

고충곤, "브랜드와 상표법", 「지적재산권」, 제34호, 한국지적재산권법제연구원, 2009.11.
권경희, "미국에서의 상품유사에 관한 판단연구", 「산업재산권」, 제13호, 한국지식재산학회, 2003.
권태상, "미국법상 퍼블리시티권", 「비교사법」, 제23권 제1호, 2016.2.
권혁중, "미국 연방 사이버스쿼팅금지법(Anti-cybersquatting Consumer Protection Act) 고찰 — 사이버스페이스(Cyberspace)에서의 상표보호를 중심으로", 특허청, 2005.
______, "미국의 부등록사유에 관한 연구 — Lanham Act의 규정을 중심으로", 특허청, 1997.
김동욱, "상표판례를 통해 본 한국과 미국의 상표침해이론 비교 및 침해기준 조화를 위한 상표정책 방향", 「산업재산권」, 제35호, 한국지식재산학회, 2011.8.
______, "미국 상표분쟁시 침해판단 기준으로서 다중요인기준(multi-factor test) 적용에 대한 최근 경험적 조사 결과와 소송 전략적 및 상표법적 의의", 특허청, 2010.
______, "미 연방희석화 개정법(TDRA of 2006) 핵심 내용", 특허청, 2011.
______, "한 · 미 상표법 체계(juris-prudence) · 상표정책 및 상표권의 법적 성질 비교", 「발명특허」, 한국발명진흥회, 2011.7.
______, "한 · 미 상표침해이론 비교 및 상표정책 방향", 특허청, 2010.
김연수, "미국의 상표제도 해설(1)", 「발명특허」, 제12권 제4호, 한국발명진흥회, 1987.
______, "미국의 상표제도 해설(2)", 「발명특허」, 제12권 제5호, 한국발명진흥회, 1987.
______, "미국의 상표제도 해설(3)", 「발명특허」, 제12권 제6호, 한국발명진흥회, 1987.
______, "미국의 상표제도 해설(4)", 「발명특허」, 제12권 제7호, 한국발명진흥회, 1987.
______, "미국의 상표제도 해설(완)", 「발명특허」, 제12권 제8호, 한국발명진흥회, 1987.
김원오, "저명상표의 희석화 침해 이론의 실체와 적용요건", 「지적소유권법 연구」 제4집, 한국지적소유권학회, 2000.
______, "상표법상 법정손해배상 청구요건과 손해배상액의 결정", 「상표권 침해소송의 이론과 실무」, (사)한국지식재산학회, 2016.
______, "상표의 국제등록출원체제와 마드리드 의정서 가입에 따른 상표법의 개정(下)", 「변시연구」, 한빛지적소유권센터, 2001.1.
김창화 · 김기홍, "상표공존동의제도(Trademark Coexistence Agreement)의 문제와 우리법에의 도입 여부 검토", 「과학기술법연구」 제20권 제3호, 한남대학교 과학기술법연구원, 2014.
김태선, "미국 배상배상제도 및 법정손해배상제도의 도입에 관한 소고", 「민사법학」, 제66호, 2014.
나종갑, "상표의 독립 및 종속의 이분법과 이의 변화", 「법조」, 제54권 제3호, 법조협회, 2005.
______, "일반명칭과 2차적 의미: 자유 · 재산권 · 그 한계", 「법조」, 제53권 제9호, 법조협회, 2004.
______, "커먼로상 상표법의 형성: 영국을 중심으로", 「지식재산연구」, 제10권 제3호, 한국지식재산연구원, 2015.9.
마아크 페로프, "미국의 상표제도", 「발명특허」, 제9권 제8호, 1984.
문삼섭, "미국의 상표제도상 상표권과 상표의 사용 간 관련성에 관한 소고", 「창작과 권리」, 제89호, 세창출판사, 2017.
박귀련, "영화산업과 법. 예술가를 위한 정책 프롬프터", 「우리글」, 2010.
박영규, "인격권, 퍼블리시티권 그리고 지적재산권", 「저스티스」, 통권 제112호, 2009.8.
박진희, "한 · 미 상표법 비교에 관한 연구", 중앙대학교 대학원 석사학위 논문, 1997.12.
배상철, "상표법상 상품분류 및 유사판단제도의 운용상 문제점 및 개선방안연구", 「산업재산권」, 제28호, 한국지식재산학회, 2009.4.
백준현, "개정 미연방상표법", 「변호사」, 제21집, 제524호, 서울지방변호사회, 1991.1.
서강열, "색채상표의 국제 보호 현황(상)—미국의 대법원 판례를 중심으로", 「지식재산21」, 제53호, 특허청, 1999.3.
손영식, "미국의 상표제도", 특허청, 2008.
______, "부정경쟁행위 방지에 관한 미국법 고찰", 특허청, 2007.
______, "상표법 제3조 '상표등록 받을 수 있는 자' 규정의 타당성 및 보완방안", 「지식재산연구」, 제9권 제2호, 한국지식재산연구원 · 한국지식재산학회, 2014.6.
______, "우리나라 상표보호제도의 개선방안에 관한 연구—등록주의와 사용주의의 합리적 조화를 중심으로", 한남대학교 대학원 박사학위 논문, 2014.8.
송만호, "미국 개정상표법 해설", 「발명특허」, 제15권 제7호, 한국발명진흥회, 1990.
송선미, "상표 공정사용의 유형에 관한 연구", 고려대학교 대학원 박사학위 논문, 2014.
송재섭, "상표 희석화 이론의 해석과 적용", 서울대학교 대학원 박사학위 논문, 2006.
심미랑, "상표법상 사용에 의한 식별력 취득시점 및 증명방법에 관한 고찰", 「서울대학교 법학」, 제53권 제3호, 2012.
안우환, "특수상표 제도 고찰", 특허청, 2015.
양승태, "미국 상표법 조문별 주요 내용", 특허청, 2006.
우종균, "미국 상표법", 특허청.
______, "상표법상 사용주의와 등록주의의 기원", 특허청, 2003.
______, "우리나라의 진정상품 병행수입제도", 「산업재산권」, 제2호, 한국지식재산학회, 1996.3.
______, "지적재산보호의 기초에 관한 소고—철학적 · 경제학적 논의를 중심으로", 특허청, 2004.
유재복, "상표의 희석이론에 관한 연구", 배재대학교 대학원 석사학위 논문, 2002.
육소영, 미국법상 상표의 희석화 보호규정에 대한 분석, 「CLIS Monthly」, 2003-2호, 전자통신정책

연구원, 2003.
이규호, "일방적 구제절차에 대한 미국법제 연구—지적재산권관련 사건을 중심으로"「법학연구」, 제16권 제1호, 연세대학교 법학연구원, 2006.
이대희, "상표법상의 희석이론에 관한 고찰",「변시연구」, 한빛지적소유권센터, 1998.5.
이영주, "미국 상표법상 희석화 이론과 판례분석", 서강대학교 대학원 석사학위 논문, 2002.
이정훈 · 박성수, "부정경쟁방지법상 트레이드 드레스의 기능성원리에 관한 고찰",「지식재산연구」, 제13권 제3호, 2018.
이준석, "미국 상표법제 및 판례 연구 — 현저한 지리적 명칭의 식별력 인정 여부", 특허청, 2008.
이준성, "트레이드 드레스의 법적 보호에 관한 연구 — 미국 판례를 중심으로", 충남대학교 대학원 석사학위 논문, 2006.
이지윤 · 임건면, "미국판례에서 나타난 사이버공간에서의 판매전 혼동이론에 관한 연구—도메인 네임, 메타태그, 인터넷 광고 등을 중심으로",「성균관법학」, 제20권 제2호, 성균관대학교 법학연구소, 2008.
임지연, "한-미 상표법 비교 연구 — 한 · 미 FTA 상표법 관련 쟁점을 중심으로", 숙명여자대학교 대학원 석사학위 논문, 2008.6.
정재우 · 김규남 · 신범수, "주요 국가별 병행수입 허용 기준에 관한 법 · 제도의 비교 및 시사점", 관세학회지 제16권 제3호, 한국관세학회, 2015.8.
조영선, "미국 판례법상 상표의 오인, 혼동 판단(I)",「법조」, 제53권 제10호 통권 제577호, 법조협회, 2004.10.
______, "미국 판례법상 상표의 오인, 혼동 판단(II)",「법조」, 제53권 제11호 통권 제578호, 법조협회, 2004.11.
______, "상표의 사용개념에 대한 입법론적 고찰",「저스티스」통권 105호, 2008.
______, "저작권과 상표권의 저촉 · 중복보호 등에 관한 법률문제",「저스티스」, 통권 제153호, 2016.4.
차윤근, "미국의 상표제도",「특협(特協)」, 제3권 제7호, 한국발명진흥회, 1978.
최규완, "최근 Trade Dress 보호에 대한 미국 대법원 판례와 우리의 입체상표제도 개선방향",「지식재산21」, 통권 제69호, 특허청, 2001.11.
최덕규, "기술표장과 암시표장의 식별력 판단방법",「창작과 권리」, 제44호, 세창출판사, 2006.
황영익, "한국과 미국 상표법상 표장의 식별력에 대한 비교연구", 특허청, 2007.

외국 문헌

1. 외국 단행본

Barrett, Margreth, *EMANUEL Law Outlines, Intellectual Property*, 3rd Edition, Wolters Kluwer Law & Business, 2012.
Callmann, Rudolf, *Callmann on unfair competition, trademarks and monopolies*, 4th Edition,

updated June 2018.

________________, *Trade-Marks and the Lanham Act*, Patent & Trade-Mark Institute, 1947.

Cravath, Swaine & Moore LLP, *Intellectual Property Law Answer Book 2014*, Practising Law Institute, 2014.

____________________________, *Intellectual Property Law Answer Book 2018*, Practising Law Institute, 2018.

Daphne Robert, *The New Trade-Mark Manual. A Handbook on Protection of Trade-Marks in Interstate Commerce*, The Bureau of National Affairs, Inc., 1947.

Epstein, Michael A., *Epstein on Intellectual Property*, 4th Edition, Aspen Law & Business, 1999

Hawes, James E., *Trademark Registration Practice*, updated March 2018.

Kane, Siegrun D., *Kane on Trademark Law, A Practitioner's Guide*, 6th Edition, Practising Law Institute, 2016.

Lind, Robert C., *Trademark Law*, 3rd Edition, Carolina Academic Press, 2006.

McCarthy, J. Thomas, *McCarthy on Trademarks and Unfair Competition*, 5th Edition, Westlaw Database, updated March 2018.

____________________, *The Rights of Publicity and Privacy*, 2nd Edition., Thomsons Reuters, 2009.

Smith, Lars S. and Gibbons, Llewellyn Joseph, *Mastering Trademark and Unfair Competition Law*, Carolina Academic Press, 2013.

Stim, Richard, *Trademark Law*, West Legal Studies Thomson Learning, 2000.

Toulmin, Harry Aubrey Jr. *The Trade-Mark Act of 1946 Analyzed, Annotated and Explained*, The W. H. Anderson Company, 1946.

USPTO, *Protecting Your Trademark, Enhancing Your Rights Through Federal Registration*, 2016

Wherry, Timothy Lee, *Trademarks in the Digital Age*, Scarecrow Press, 2004.

2. 외국 논문

Bone, Robert G., "Hunting Goodwill: A History of the Concept of Goodwill in Trademark Law", *86 Boston University Law Review*, 2006.

Handler, Milton W., "Are the State Antidilution Laws compatible with the National Protection of Trademarks?", *75 The Trademark Reporter*, 1985.

Langvardt, Arlen W., "Trademark Rights and First Amendment Wrongs: Protection the Former Without Committing the Latter", *83 The Trademark Reporter*, 1993.

❙ 찾아보기 ❙

ㄱ

각국 상표 독립의 원칙 582
간접침해 532, 538
거절결정 331, 395
거절결정불복심판 332, 396
거절결정불복심판청구 282
거절통지의 철회 396
결정계 심판 458, 459
경쟁이론 275
고유의 식별력 201
공정사용 572
공존사용 167
공존사용등록심판 459, 470
공존사용등록제도 54, 294, 362
관계회사 305
관념 유사 252, 510
관련상품 295, 544
관련상품 이론 6, 522, 524
광고 선전 기능 6
국제공고 389
국제등록 387
국제등록부 387
국제등록부의 경정 416
국제등록의 국내등록 대체 398
국제등록의 국내출원으로의 전환 404
국제등록의 명의변경 413
국제등록의 변경 413
국제등록의 존속기간 갱신 410
국제등록의 종속 402
국제등록의 취소 416
국제등록의 효력 388
국제등록일 387
국제사무국에서의 절차 382
권리불요구 343
권리불요구제도 218, 293, 361
권리소진이론 583
권리 주장의 해태 566
금반언 566, 567
금전적 손해배상 550
기능성 이론 22, 107, 109, 274
기만적인 231
기술적 공정사용 572
기술적 상표 217
기여책임 533
긴급 잠정 금지명령 547

ㄴ

냄새 126

ㄷ

단독사용권 434
단체상표 91
단체서비스표 91
단체회원표장 92
답변서 제출 322, 395
당사자계 심판 458, 463
대리인 315
대위침해 534
도메인 이름 80, 173, 301
동의서 250, 328, 472
동일하고 연속적인 상업적 인상 160
동일한 상업적 인상 343

동일한 성질의 상품 55, 249, 527
동작 119
등록상표의 불사용 444
등록상표의 사용허락 432
등록요건 310
등록주의 35, 194

ㅁ
마드리드 의정서 366
마드리드 의정서 시행법 64
마드리드 의정서에 의한 국제출원 314
마드리드 협정 363
맛 128
면담 329
명목상의 사용 59, 71, 171, 174, 445, 488
명성을 얻은 지역 이론 168
명성의 손상에 의한 희석 605
묵인 566, 567
미국 상품 및 서비스 보호법 66

ㅂ
방식심사 318
법률상 기능적 275
법률상의 2차적 의미 205
법률적 균등의 원칙 513
법률적인 동일성 160, 563
법적 포기 564
법정 공정사용 572
법정손해배상제도 62, 551, 559
변호사 비용 553
보조등록부 54, 71, 191, 336
보통명칭 상표 213
보통법 11, 12
보편성 원칙 583
본국관청 373
부도덕하거나 수치스러운 228
부분거절제도 359
부분포기제도 322
북미자유무역협정시행법 61, 265
불가쟁력 54, 190, 293, 336, 350, 357, 401, 468, 566
불가쟁의선언서 350
비교광고 576
비기능성 147
빛 130

ㅅ
사실상 기능적 275
사실상의 2차적 의미 205
사용에 의한 식별력 201, 202, 206, 242, 272, 283
사용에 의한 식별력 취득 59
사용주의 6, 158
사용진술서 310
사이버스쿼팅방지 소비자보호법 64, 596, 608
사이버스쿼팅 행위 610
사칭통용행위 8, 41, 45
사후지정 406
사후지정일 409
상업적 사용 59, 71, 174, 340, 488
상업적 인상 510
상표권의 상표 사용에의 부속 원칙 4, 5, 165, 169, 446, 594
상표권의 상표 사용으로부터의 독립 6
상표권의 양도 428
상표권의 존속기간 334
상표권의 포기 562
상표권의 효력 상실 444
상표권자의 실제 손해 550
상표권자의 자책 567
상표권 침해 483, 546
상표권 침해 주장에 대한 항변 561
상표등록부 71
상표등록의 이의신청 331, 360
상표등록의 이의신청에 대한 심판 458, 463

상표등록의 취소심판 458, 465
상표명확화법 57, 214
상표법개정법 58, 72, 134, 171, 203, 254, 260, 270, 309, 340
상표법조약시행법 62, 113, 135, 273
상표사용선언서 339, 357, 400
상표소유자 305
상표심사가이드 33
상표심사기준 33
상표심판 457
상표심판원 457
상표심판제도 457
상표심판편람 34
상표위조법 57, 62
상표의 보통명칭화 448
상표의 부등록사유 227
상표의 사용 70, 159, 170, 194, 198, 341
상표의 사용 견본 307, 340
상표의 상업적 사용 170, 487
상표의 선택 298
상표출원의 기초 303
상품과 장소 간의 연관성 262
상품구매 시 혼동이론 56, 496
상품구매 전 혼동이론 497
상품구매 후 혼동이론 56, 496
상품 또는 서비스 목록의 감축 415
상품 또는 서비스의 관련성 515
상품에 대한 사용 171, 487
상품의 포장 트레이드 드레스 141, 149, 150, 226
상품의 형상 트레이드 드레스 139, 149, 150, 225
상품화권 623
상호 77
색조혼동이론 109
색채 107
색채고갈이론 108
서비스 82
서비스에 대한 사용 172, 488
서비스와 장소 간의 연관성 262
서비스표의 사용 341
선사용권 195
소극적인 항변 수단 568
소리 124
속지주의 원칙 582
순방향 혼동 498
슬로건 103
식별력의 약화에 의한 희석 603
식별이론 274
실용적 기능성 23, 109
실용적인 이점 133
실제 시장 진출 지역 이론 168
실체심사 320
심미적 기능성 23, 110
심사의 순서 317
심사중지 329

ㅇ

암시적 상표 222
역방향 혼동 498
연방희석화방지법 21, 62, 280, 530, 544, 599
연방희석화방지법 개정법 63, 135, 280, 544, 600
연방희석화방지법 재개정법 21, 64, 530, 600
영구적 금지명령 548
영업의 전체적인 트레이드 드레스 143
예비적 금지명령 548
외관 유사 251, 506
외국어 균등의 원칙 99, 216, 221, 265, 292, 514
요지변경 324
우선심사 317, 355
원산지 명칭 241
위조상품금지법 66
위조상품방지소비자보호법 62, 65

위치상표 122
유사상품 295
2차적 의미 204, 291
2차적 혼동 497
인적 표지 75, 77
임의선택 상표 224, 262
입체상표 116

ㅈ

자연적 확대 지역 이론 168
잠재적 소비자 56, 494
재산적 기능 6
재심사 청구 282, 332
저촉심판 459, 476
적극적인 항변 수단 561
전용사용권 433
전체 관찰 504
전체적으로 기능적인 상표 273
전체적인 상업적 인상 220, 504
전체적인 시각적 인상 506
전형적인 공정사용 572
정정 광고 549
조어상표 224
주 간의 상거래 조항 21, 48, 50
주등록부 7, 18, 54, 71, 335, 361, 467
증액배상제도 551, 560
지리적 표시 95, 240
지명적 공정사용 572, 574
지식재산을 위한 자원 및 조직 우선화법 67
지정국관청 373, 391
진정상품 병행수입 581
집중공격 366, 402
징벌적 배상제도 19, 552, 553, 559

ㅊ

창작상표 224
청원 333
촉감 128
최초 판매이론 583
출원요건 310
출원의 보정 324
출원의 분할 327, 395
출처표시 241
출처표시 기능 6
충분한 사용 162
침해 금지명령 546
침해자의 이익 550
칭호 유사 252, 505

ㅌ

통상사용권 433
트레이드 드레스 60, 77, 131
특허 및 저작권 조항 21, 46, 47, 48

ㅍ

패러디 580
패밀리 상표 76
퍼블리시티권의 보호 621
품질보증 기능 435
프라이버시권 622

ㅎ

하우스 마크 75
항의서 330, 360
형평법에 의한 항변 566
혼동 가능성 489, 492, 540
혼동의 방향 498
혼동의 시점 496
혼동이론 6, 9, 522, 524, 594
흠결의 보정 382
희석이론 6, 9, 595, 596

A

Abercrombie 기준 149, 212, 225
Abercrombie 사건 212

A. Bourjois & Co., Inc. v. Katzel 사건 584
A. Leschen & Sons Rope Co. v. Broderick & Bascom Co. 사건 108
American Enka Corp. v. Marzall 사건 104
AMF Inc. v. Sleekcraft Boats 사건 500
Anti-Monopoly 사건 214
Anti-Monopoly, Inc. v. General Mills Fun Group, Inc. 사건 57
Apollinaris Co. v. Scherer 사건 584
Apple v. Samsung 사건 278
Aunt Jemima 사건 527

B
Benthin Management 사건 271
Black & White 사건 529
Buti 사건 175

C
Cairns 사건 495
Campbell Soup Co. v. Armour & Co. 사건 109
Chevron 기준 149
Chevron 사건 149
Christian Louboutin 사건 278
Color Lining System 113
constructive notice 181, 187, 189
constructive use 60, 180, 181, 184

D
Damnum absque injuria 원칙 246
Dawn Donut 원칙 177, 184, 189, 199
Dial-A-Mattress 사건 100, 214
DuPont 기준 501
Duraco 기준 149, 225
Duraco 사건 149, 225

F
Fleischmann Distilling Corp. v. Maier Brewing Company 사건 56

G
Gallo Winery 사건 495
Goods-Place Association Test 265
Grupo Gigante 사건 176

H
Haelan 사건 624
HALLS 사건 605
Hana Bank 사건 161
Hard Rock Licensing Corp. v. Concession Services, Inc. 사건 533

I
In re Clarke 사건 127
In re E. I. DuPont de Nemours & Co. 사건 501
International Bancorp 사건 175
Inwood 기준 276
Inwood Laboratories 사건 276
Inwood Laboratories, Inc. v. Ives Laboratories, Inc. 사건 533
ITC 사건 177

K
Kellogg 사건 276
K Mart 사건 585
KODAK CYCLES 사건 596

L
Lever Brothers 사건 586
Lever-rule 587

M
Matal v. Tam 사건 228, 235, 236
McSleep Inn 사건 529
Morton-Norwich 사건 133, 277

Moseley 사건 65, 601, 602

N
Nantucket 사건 265
New Kids on the Block v. News America Publishing, Inc. 사건 574
NutraSweet Co. v. Stadt Corp. 사건 109

O
ODOL 사건 597
Owens-Corning Fiberglas Corporation 사건 111

P
Pantone Matching System 113
Phantom 상표 99
Playboy Enterprises 사건 495
Polaroid 기준 500, 524, 528
Polaroid 사건 524
Polaroid Corp. v. Polarad Electronics. Corp. 사건 500
Prudential Insurance 사건 495

Q
Qualitex 기준 276
Qualitex 사건 111, 276

R
Rectanus 사건 166
Restatement 11
Rolls-Royce 사건 528

S
Seabrook 기준 150, 225
Seabrook 사건 150, 226
Sears-Compco 사건 132
Sleekcraft 기준 500
Sothern v. How 사건 41

T
Tacking 원칙 160
Tea Rose 사건 166
Tea Rose-Rectanus 원칙 167, 249, 471
Tiffany(NJ) Inc. v. eBay Inc. 사건 534
TrafFix 사건 137, 276
Truck Equipment Service Co. v. Fruehauf Corp. 사건 133
Two Pesos, Inc. v. Taco Cabana, Inc. 사건 134

U
United States v. Giles 사건 66
United States v. Steffens 사건 48

W
Wal-Mart 사건 112, 136

Y
Yale 사건 528

Z
Zacchini 사건 625

문삼섭

[약력]
행정학사, 법학석사 / 제37회 행정고시 합격
특허청 상표 · 디자인 심사관 / 특허심판원 상표 · 디자인 심판관, 심판장
변리사, 기술거래사 / 변리사 시험 출제 위원
현재 특허청 정보고객지원국장

[저서]
『상표법』, 특허청 국제특허연수원 표준교재(기본서, 개론서), 2002
『상표법』, 세창출판사, 2002 / 『상표법』(제2판), 세창출판사, 2004
『조문별 상표법 해설』(공저), 특허청, 2004 / 『상표법 도해』, 세창출판사, 2005

미국 상표법
–
초판 인쇄 2019년 4월 5일
초판 발행 2019년 4월 19일
–
저 자 문삼섭
발행인 이방원
–
펴낸곳 세창출판사
신고번호 제300-1990-63호
주소 03735 서울시 서대문구 경기대로 88 냉천빌딩 4층
전화 02-723-8660 팩스 02-720-4579
이메일 edit@sechangpub.co.kr 홈페이지 www.sechangpub.co.kr
–
값 42,000원

ISBN 978-89-8411-814-0 93360

이 도서의 국립중앙도서관 출판예정도서목록(CIP)은 서지정보유통지원시스템 홈페이지(http://seoji.nl.go.kr)와 국가자료종합목록시스템(http://www.nl.go.kr/kolisnet)에서 이용하실 수 있습니다. (CIP제어번호 : CIP2019011392)